广东教育年鉴编纂委员会

主　任：景李虎
副主任：李大胜　邢　锋　朱超华　阚定胜　那　佳　王　创　李璧亮　邱克楠　朱俊文　蔡文雅
委　员：（以姓氏笔画为序）
　　　　丁开万　方树生　邓旭峰　邓荣海　卢振家　冯成志　朱建华　江存余　汤贞敏　李　霞　李金俊
　　　　吴艳玲　陈东海　陈健生　邵子铀　邵允振　林锡江　欧阳谦　钟成材　倪　熙　徐仕敏　唐连章
　　　　黄小坚　黄友文　梅　毅　程五一　傅湘龙　谢春艳　谢锦群　廖荣辉　戴庆洲

　　　　刘国才　李更盛　李嘉颖　杨东凯　张　璐　张玉兰　张立江　张志和　陈秋明　陈小锋　陈育文
　　　　陈浩松　林日团　罗欣荣　胡　冬　袁清山　商学兵　梁凤鸣　彭　旭　彭银祥　樊　群

主　　编：那　佳
副 主 编：黄小坚　朱建华
编辑部主任：龙建刚
编　　辑：王蔓霞　许纯子　曾玲玲

出版说明

一、《广东教育年鉴》（以下简称《年鉴》）是由广东省教育厅组织编纂的逐年反映广东教育改革与发展情况的文献资料性工具书，是社会各界了解教育基本情况和各级教育部门交流经验的平台，是展示教育风采的重要窗口。自2007年起每年出版一卷，本卷是第十二卷。

二、本卷《年鉴》的编纂工作以习近平新时代中国特色社会主义思想为指导，全面贯彻党的十九大精神，牢固树立新发展理念，落实高质量发展要求，紧紧围绕统筹推进"五位一体"总体布局和协调推进"四个全面"战略布局，落实立德树人根本任务，发展素质教育，推进教育公平，深化教育改革，加快教育现代化进程，着力解决教育发展不平衡、不充分的问题，紧紧围绕"争先进、当标兵、建高地"中心工作，全面、系统、准确地记述全省教育的基本情况和教育现代化建设的主要举措，实事求是地总结全省教育工作的成就和经验，反映全省教育事业发展的基本面貌，为宣传、检索、研究广东教育提供权威的信息资料，促进广东教育改革发展。

三、本卷《年鉴》分"特载""重要文件""概况""各级各类教育""教育综合管理""市域教育""教育统计""学校展示"八大类目。采取三级目结构分类编辑法，以类目为一级目，以栏目为二级目，以条目为三级目。其中"各级各类教育""教育综合管理""市域教育"三个部分是主体，分别由主题相对独立的若干个栏目组成，每个栏目分为若干条目以及子条目。

四、本卷《年鉴》的基本栏目包括：中共广东省委、省政府领导同志有关教育的重要讲话，省教育厅主要负责同志的讲话，教育部有关文件，省委、省政府有关教育的重要法规、文件，省教育厅的重要文件，省教育厅年度工作要点，教育事业发展概况，教育要事录，媒体聚焦，基础教育，职业教育与终身教育，高等教育，民办教育，政策法规，发展规划，基建财务，人事管理，机关党建，教育督导，教师队伍建设，中小学德育，教育纪检监察，教育审计，体育卫生与艺术国防教育，招生考试工作，毕业生就业创业工作，教育科研，语言文字工作，教育装备，学校后勤管理，学生助学，老干部工作，安全稳定工作，政务服务，教育研究与新闻宣传出版，各地级以上市教育概况及教育成果与特色，教育统计，学校展示。

五、按目前国际国内通例，当年的年鉴反映上一年工作的基本情况。某些多年才能完成的工作任务，主要记述当年此项工作的进展情况。

六、《年鉴》发布的统计数据，由广东省教育厅发展规划处和基建财务处提供，引用应以此为准。某些条目中的数据，因统计口径不一，可能有不尽一致之处，请读者使用时注意。

七、《年鉴》的组稿以及编务工作得到了省教育厅机关各处（室）、有关直属单位，各地级以上市教育局及有关部门的积极协助和紧密配合。在《年鉴》编纂过程中，虽力求做到内容全面系统、资料准确无误、文字简明精练，但由于我们水平有限，仍有需要改进之处，欢迎读者批评指正。

《广东教育年鉴》编辑部

2018年12月

目　录

特　载

在2017年全省教育工作会议上的讲话 ……………………………………… 蓝佛安（003）
在全省高校领导干部暑期读书班上的讲话 …………………………………… 黄宁生（008）
在省市共建本科高校工作推进会上的讲话 …………………………………… 黄宁生（013）
在2017年广东省学位委员会第二次全体委员会议上的讲话 ……………… 黄宁生（016）
在2017年高校领导干部暑期读书班上的总结讲话 ………………………… 景李虎（018）

重　要　文　件

国务院教育督导委员会办公室关于做好县域义务教育优质均衡发展督导评估工作的通知
　　（国教督办函〔2017〕61号） ……………………………………………………………（025）
中共教育部党组关于印发《高校思想政治工作质量提升工程实施纲要》的通知
　　（教党〔2017〕62号） ………………………………………………………………………（027）
中华人民共和国教育部令第41号 ………………………………………………………………（032）
教育部等四部门关于印发《高中阶段教育普及攻坚计划（2017—2020年）》的通知
　　（教基〔2017〕1号） ………………………………………………………………………（038）
教育部等七部门关于印发《第二期特殊教育提升计划（2017—2020年）》的通知
　　（教基〔2017〕6号） ………………………………………………………………………（041）
教育部关于印发《中小学德育工作指南》的通知（教基〔2017〕8号） ……………………（045）
教育部关于印发《高等学校马克思主义学院建设标准（2017年本）》的通知
　　（教社科〔2017〕1号） ……………………………………………………………………（050）
　　　附　高等学校马克思主义学院建设标准（2017年本） …………………………………（050）
教育部关于进一步推进职业教育信息化发展的指导意见（教职成〔2017〕4号） …………（054）
教育部关于印发《县域义务教育优质均衡发展督导评估办法》的通知（教督〔2017〕6号） ………（057）
教育部与广东省人民政府签署学校美育改革与发展备忘录 …………………………………（060）
广东省人民政府令第243号 ………………………………………………………………………（062）
广东省人民政府关于统筹推进县域内城乡义务教育一体化改革发展的实施意见
　　（粤府〔2017〕48号） ………………………………………………………………………（065）
广东省人民政府教育督导室印发《关于进一步加强教育督导工作的意见》的通知
　　（粤府教督〔2017〕1号） …………………………………………………………………（070）
关于印发创强争先督导验收修订方案的通知（粤府教督函〔2017〕68号） ………………（073）
　　　附件1　广东省教育强镇（乡、街道）督导验收方案（修订） ……………………（073）
　　　附件2　广东省教育强县（市、区）督导验收方案（修订） ………………………（084）

附件3　广东省教育强市督导验收方案（修订） …………………………………………………………（100）
附件4　广东省推进教育现代化先进县（市、区）督导验收方案（修订） ……………………………（114）
附件5　广东省推进教育现代化先进市督导验收方案（修订） …………………………………………（141）

关于印发《广东省县域义务教育优质均衡发展督导评估实施办法》的通知
（粤府教督函〔2017〕70号） ………………………………………………………………………………（158）

中共广东省纪委　中共广东省委组织部　中共广东省委教育工委关于加强高校纪委建设的意见
（粤教工委〔2017〕1号） …………………………………………………………………………………（161）

关于印发《广东省省级教育发展专项资金管理办法》的通知（粤财教〔2017〕212号）……………（164）

广东省教育厅转发教育部关于印发《义务教育小学科学课程标准》的通知
（粤教基〔2017〕1号） ……………………………………………………………………………………（169）

广东省教育厅　省发展改革委　省财政厅　省人力资源和社会保障厅关于印发广东省发展学前教育
　　第三期行动计划的通知（粤教基〔2017〕14号） ……………………………………………………（171）

广东省教育厅关于印发《广东省教育信息化发展"十三五"规划》的通知
（粤教基函〔2017〕91号） ………………………………………………………………………………（175）
　　附件　广东省教育信息化发展"十三五"规划 …………………………………………………………（175）

转发教育部办公厅　中国残联办公厅关于做好残疾儿童少年义务教育招生入学工作的通知
（粤教基函〔2017〕96号） ………………………………………………………………………………（182）
　　附件1　教育部办公厅　中国残联办公厅关于做好残疾儿童少年义务教育招生入学工作的通知……（183）
　　附件3　2016年未入学适龄残疾儿童少年核实情况和安置计划表 ……………………………………（185）
　　附件4　2017年残疾儿童少年义务教育招生入学汇总表 ………………………………………………（186）

广东省教育厅关于印发《广东省教育厅关于广东省中小学地方课程教材审查的管理办法》的通知
（粤教基函〔2017〕200号） ………………………………………………………………………………（187）

广东省教育厅关于转发教育部《中小学综合实践活动课程指导纲要》的通知
（粤教基函〔2017〕229号） ………………………………………………………………………………（196）
　　附件　教育部关于印发《中小学综合实践活动课程指导纲要》的通知 ……………………………（197）

广东省教育厅关于印发《广东省中小学智慧校园建设指南（试行）》的通知
（粤教基函〔2017〕247号） ………………………………………………………………………………（220）
　　附件　广东省中小学智慧校园建设指南（试行） ………………………………………………………（220）

广东省教育厅印发《关于高水平高质量普及高中阶段教育的若干意见》的通知
（粤教职〔2017〕1号） ……………………………………………………………………………………（231）

广东省教育厅关于进一步加强高职院校学生实习管理工作的通知（粤教职函〔2017〕134号） ……（235）
　　附件1　实习管理检查要点 ………………………………………………………………………………（236）
　　附件2　2017—2018学年高职院校学生实习信息采集表 ……………………………………………（237）
　　附件3　2017—2018学年高职院校实习论证情况表 …………………………………………………（237）

关于做好2017—2020年广东省高等职业教育教学质量与教学改革工程相关工作的通知
（粤教职函〔2017〕184号） ………………………………………………………………………………（240）
　　附件　2017—2020年省高职教育质量工程项目一览表 ………………………………………………（241）

广东省教育厅关于印发《广东省教师队伍建设"十三五"规划》的通知（粤教师〔2017〕7号） …（242）

广东省教育厅关于印发《广东省"强师工程"实施方案（2017—2020年）》的通知
（粤教师〔2017〕8号） ……………………………………………………………………………………（249）

广东省教育厅　广东省机构编制委员会办公室　广东省财政厅　广东省人力资源和社会保障厅
　　关于推进中小学教师"县管校聘"管理改革的指导意见（粤教师〔2017〕13号） ………………（255）

印发《关于广东省深化高等教育领域简政放权放管结合优化服务改革的实施意见》的通知
（粤教人〔2017〕5号） ……………………………………………………………………………………（258）

附件1　关于广东省深化高等教育领域简政放权放管结合优化服务改革的实施意见 …………… (258)
附件2　高校需制定承接"放管服"改革事项系列配套制度（管理办法）参考目录 ………… (262)
广东省教育厅关于印发中小学创建省级艺术教育特色学校实施方案的通知
（粤教体函〔2017〕101号） ………………………………………………………………… (264)
附件　广东省中小学创建省级艺术教育特色学校实施方案 ………………………………… (264)
广东省教育厅关于进一步推进高中阶段学校考试招生制度改革的实施意见
（粤教考〔2017〕15号） …………………………………………………………………… (268)
广东省教育厅　广东省招生委员会关于2018年深入推进普通高等学校考试招生改革的通知
（粤教考函〔2017〕5号） …………………………………………………………………… (272)

概　　况

中共广东省委教育工委　广东省教育厅2017年
　工作要点 ……………………………………… (277)
2017年广东省教育事业发展概况 ……………… (283)
2017年广东省教育要事录 ……………………… (285)

媒体聚焦
"创新驱动"引领教育改革发展 ………………… (313)
产学研深度融合的"广东经验" ………………… (319)
学习十九大，加快教育现代化 ………………… (321)

各级各类教育

基础教育
学前教育 ………………………………………… (333)
　基本情况 ……………………………………… (333)
　下达中央学前教育专项资金 ………………… (333)
　开展《广东省发展学前教育第二期三年行动
　　计划（2014—2016年）》实施情况专项
　　督查 ………………………………………… (333)
　实施广东省发展学前教育第三期行动
　　计划 ………………………………………… (333)
　组织开展2017年广东省学前教育宣传月
　　活动 ………………………………………… (333)
　印发《广东省教育厅关于做好幼儿园招生
　　工作的通知》 ……………………………… (333)
　出台《广东省人民政府办公厅关于增加
　　幼儿园中小学学位和优质教育资源供
　　给的意见》 ………………………………… (333)
　建立学前教育学位需求台账 ………………… (333)
　开展幼儿园规范化管理专项督导检查
　　工作 ………………………………………… (334)

义务教育 ………………………………………… (334)
　基本情况 ……………………………………… (334)
　统筹推进县域内城乡义务教育一体化
　　改革发展 …………………………………… (334)
　攻坚克难推进"全面改薄"工作 …………… (334)
　保障随迁子女平等接受义务教育 …………… (334)
　制定出台消除义务教育大班额专项
　　规划 ………………………………………… (335)
　加强教材建设和管理 ………………………… (335)
　有效推进世界银行贷款项目 ………………… (335)
　加强乡村小规模学校和寄宿制学校
　　建设 ………………………………………… (335)
　规范义务教育学校办学行为 ………………… (335)
　加强农村留守儿童教育和关爱工作 ………… (335)
普通高中教育 …………………………………… (336)
　基本情况 ……………………………………… (336)
　推进高水平高质量普及高中阶段教育 ……… (336)
　积极推动中考制度改革及中小学生综合
　　素质评价 …………………………………… (336)
特殊教育 ………………………………………… (336)
　基本情况 ……………………………………… (336)
　做好特殊教育招生入学工作 ………………… (336)
　加强特殊教育基础能力建设 ………………… (336)
　推动实施残疾学生15年免费教育 …………… (336)
　保障特殊教育学校正常运转 ………………… (336)
　制定并印发了省第二期特殊教育提升
　　计划 ………………………………………… (336)
　落实残疾学生公用经费标准 ………………… (337)
　开展特殊教育干部培训 ……………………… (337)
民族教育 ………………………………………… (337)
　基本情况 ……………………………………… (337)
　认真做好民族教育工作 ……………………… (337)
　继续安排民族地区教育经费 ………………… (337)

开展加快发展民族教育督导检查工作 …… （337）
推进民族地区开展教育现代化先进县
　　创建工作 ………………………………（337）
教育信息化 …………………………………（337）
　基本情况 …………………………………（337）
　教育信息化工作和管理机制进一步
　　理顺 ……………………………………（337）
　教育信息化得到科学标准化发展 ………（338）
　信息技术与教育深度融合 ………………（338）
　教育大数据建设持续推进 ………………（338）
　教师信息技术应用能力不断提升 ………（338）
　网络安全保障能力大幅提升 ……………（338）
学校展示（幼儿园、小学、中学）………（339）

职业教育与终身教育

发展综述 ……………………………………（441）
高等职业教育 ………………………………（443）
　基本情况 …………………………………（443）
　专业布局结构优化 ………………………（443）
　公办民办共同发展 ………………………（443）
　现代学徒制实现双主体育人 ……………（444）
中等职业教育 ………………………………（444）
　基本情况 …………………………………（444）
　专业大类设置实现全覆盖 ………………（444）
　启动中职学校布局结构调整 ……………（446）
　校企共建实训基地 ………………………（446）
终身教育 ……………………………………（446）
　基本情况 …………………………………（446）
　研究终身教育资历框架等级标准 ………（446）
　广东省2017年全民终身学习活动周 ……（447）
　金融教育进社区 …………………………（447）
学校展示（中职、高校及其他）…………（449）

高等教育

发展综述 ……………………………………（483）
教育教学管理 ………………………………（484）
　加大"创新强校工程"统筹力度 ………（484）
　加快推进高水平理工科大学建设 ………（484）
　扎实推进转型试点工作 …………………（484）
　加强"质量工程"建设和管理 …………（485）
　推进专业建设和管理 ……………………（485）
　深化教学工作领域各项改革 ……………（485）
　认真开展审核评估 ………………………（485）
　深入实施重点领域人才培养 ……………（485）
　稳步推进学分银行建设 …………………（485）
　组织落实《高等学校学生管理规定》……（485）

党的建设工作 ………………………………（485）
　深入学习党的十九大精神 ………………（485）
　深入开展"两学一做"学习教育 ………（486）
　夯实基层党建工作基础 …………………（486）
　深入开展党建研究工作 …………………（486）
高校领导班子建设 …………………………（487）
　加强高校领导干部思想政治和能力
　　建设 ……………………………………（487）
　加强高校领导班子组织建设 ……………（487）
　规范高校领导班子任期管理 ……………（487）
　从严从实监督管理干部 …………………（487）
高校思想政治工作 …………………………（488）
　综述 ………………………………………（488）
　党的十九大精神宣传贯彻工作 …………（488）
　落实思想政治会议精神 …………………（488）
　高校思想政治理论课建设 ………………（488）
　高校意识形态工作 ………………………（488）
　高校思想政治工作队伍建设 ……………（488）
　高校实践育人工作 ………………………（489）
　网络思想政治教育 ………………………（489）
　大学生心理健康教育 ……………………（489）
　高校少数民族学生教育管理服务 ………（489）
学位工作与研究生教育 ……………………（489）
　学位工作 …………………………………（489）
　研究生工作 ………………………………（490）
科学研究工作 ………………………………（491）
　基本情况 …………………………………（491）
　科研人力资源 ……………………………（491）
　科研活动经费 ……………………………（491）
　研究机构 …………………………………（491）
　科研项目 …………………………………（491）
　科研成果 …………………………………（491）
　学术交流 …………………………………（492）
　高校科技创新工作 ………………………（492）
　知识产权 …………………………………（492）
民办教育 ……………………………………（493）
　概况 ………………………………………（493）
　民办教育分类改革 ………………………（493）
　加大扶持力度 ……………………………（493）

教育综合管理

政策法规 ……………………………………（497）
　教育立法取得新成果 ……………………（497）

依法行政再上新台阶 …………………… (497)	推进教师专业发展体系建设 …………… (506)
化解矛盾能力有新提升 ………………… (497)	加强中小学骨干教师队伍建设 ………… (506)
教育普法取得新成绩 …………………… (497)	推进落实乡村教师支持计划 …………… (507)
依法治校取得新进展 …………………… (497)	加强职业院校专业带头人和"双师型"
做好决策参谋工作 ……………………… (497)	教师队伍建设 ……………………… (507)

发展规划 ……………………………………… (498)
　　教育发展规划 ………………………… (498)
　　高校设置工作 ………………………… (498)
　　教育改革工作 ………………………… (498)
　　高等教育招生计划 …………………… (498)
　　教育统计工作 ………………………… (498)
基建财务 ……………………………………… (499)
　　全省教育基本建设投资情况 ………… (499)
　　全省教育经费投入情况 ……………… (499)
　　教育基建财务重点工作 ……………… (500)
人事管理 ……………………………………… (501)
　　综述 …………………………………… (501)
　　深化教育领域行政体制改革 ………… (501)
　　加强机构编制管理和保障 …………… (501)
　　加强干部队伍建设 …………………… (502)
　　加强高层次人才队伍建设 …………… (502)
　　做好干部职工工资福利工作 ………… (502)
机关党建 ……………………………………… (502)
　　综述 …………………………………… (502)
　　党建主题实践活动 …………………… (503)
　　机关党务工作 ………………………… (503)
　　机关工会、共青团、妇女工作 ……… (504)
　　教育扶贫工作 ………………………… (504)
教育督导 ……………………………………… (504)
　　推进"争先进、当标兵、建高地"
　　　工作 ………………………………… (504)
　　教育现代化资金管理 ………………… (505)
　　教育督导体制建设 …………………… (505)
　　国家义务教育质量监测 ……………… (505)
　　义务教育基本均衡 …………………… (505)
　　做好强镇复评下放委托督导和等级评估
　　　转移指导监督工作 ………………… (505)
　　中小学校责任督学挂牌督导创新县
　　　(市、区)评估 ……………………… (505)
　　开展教育专项督导检查 ……………… (506)
　　教育乱收费治理工作持续推进 ……… (506)
教师队伍建设 ………………………………… (506)
　　统筹谋划"十三五"教师队伍发展 … (506)
　　加强师德长效机制建设 ……………… (506)

　　加强高校高层次人才和中青年教师队伍
　　　建设 ………………………………… (507)
　　积极推进教师管理制度改革 ………… (507)
　　中小学教师培训工作 ………………… (507)
　　校(园)长培训工作 ………………… (508)
　　职业院校教师培训工作 ……………… (508)
　　教师资格工作 ………………………… (508)
　　高校教师岗前培训工作 ……………… (509)
中小学德育 …………………………………… (509)
　　综述 …………………………………… (509)
　　德育课程和校园文化建设 …………… (509)
　　中小学德育队伍建设 ………………… (509)
　　心理健康教育 ………………………… (509)
　　网络德育和校外教育 ………………… (509)
　　民族团结教育 ………………………… (510)
教育纪检监察 ………………………………… (510)
　　综述 …………………………………… (510)
　　坚持有案必查 ………………………… (510)
　　运用"四种形态" …………………… (510)
　　抓实作风建设 ………………………… (510)
　　深化以案治本 ………………………… (510)
　　坚持政治巡察 ………………………… (510)
　　推动高校纪委建设 …………………… (511)
　　强化队伍建设 ………………………… (511)
教育审计 ……………………………………… (511)
　　综述 …………………………………… (511)
　　教育审计实务工作 …………………… (511)
　　教育审计整改工作 …………………… (512)
　　教育审计机构和队伍建设 …………… (512)
　　教育创新 ……………………………… (512)
体育卫生艺术与国防教育 …………………… (512)
　　综述 …………………………………… (512)
　　教育基础设施建设及队伍建设 ……… (513)
　　打造学校体育特色 …………………… (513)
　　推进校园足球 ………………………… (513)
　　学校艺术教育工作 …………………… (514)
　　学校卫生与健康教育工作 …………… (514)
　　国防教育和学生军训工作 …………… (514)
招生考试工作 ………………………………… (514)

综述 …………………………………… (514)
机关党建 ……………………………… (514)
普通高考 ……………………………… (515)
高职院校分类考试招生改革成效显著 …… (516)
普通高校考试招生录取改革调整成效
　显著 ……………………………… (516)
"职业技能"测试方式改革试点成效
　显著 ……………………………… (516)
农村专项计划顺利实施 ……………… (516)
随迁子女异地高考政策得到有效落实 …… (516)
公安人才专项培养计划顺利实施 …… (516)
研究生考试招生制度改革平稳实施 …… (516)
高校招生"阳光工程"深入实施 ……… (516)
严格执行招生录取工作原则 ………… (517)
考试招生服务水平不断提高 ………… (517)
强化招生录取监督检查工作 ………… (517)
考试招生信息化建设 ………………… (517)
各类教育考试命题制卷工作概况 …… (517)
命题质量安全稳定 …………………… (517)
普通高中学业水平考试概况 ………… (517)
研究生招生考试概况 ………………… (517)
成人高校招生考试概况 ……………… (517)
高中阶段学校招生考试概况 ………… (517)
中考改革 ……………………………… (518)
五年一贯制高职班招生考试试点工作 …… (518)
三二分段试点工作 …………………… (518)
随迁子女就地参加中考和升学工作 … (518)
港澳台华侨联合招生考试概况 ……… (518)
自学考试 ……………………………… (518)
社会考试 ……………………………… (518)
毕业生就业创业工作 …………………… (519)
综述 …………………………………… (519)
就业概况 ……………………………… (519)
主要措施 ……………………………… (519)
教育科研 ………………………………… (521)
基本情况 ……………………………… (521)
语言文字工作 …………………………… (521)
综述 …………………………………… (521)
学校语言文字工作 …………………… (521)
第九届广东省中小学规范汉字书写
　大赛 ……………………………… (521)
语言艺术节 …………………………… (521)
普通话基本普及县域调查 …………… (522)
第20届全省推普周活动 ……………… (522)

普通话水平测试 ……………………… (522)
2017语保工程广东项目 ……………… (522)
发展规划 ……………………………… (522)
队伍建设 ……………………………… (522)
教育装备 ………………………………… (522)
综述 …………………………………… (522)
召开全省教育装备工作会议 ………… (522)
承办第73届中国教育装备展示会 …… (523)
中小学教育装备 ……………………… (523)
高等教育装备 ………………………… (523)
教育系统政府采购管理 ……………… (523)
学校后勤管理 …………………………… (524)
综述 …………………………………… (524)
制度建设 ……………………………… (524)
学校食品安全 ………………………… (524)
校服和学生床上用品 ………………… (525)
学生公寓和教师住房 ………………… (525)
高校医疗保健 ………………………… (525)
校园节能减排 ………………………… (525)
校办产业生产安全 …………………… (525)
调研和课题研究 ……………………… (525)
队伍建设 ……………………………… (525)
其他工作 ……………………………… (526)
学生助学 ………………………………… (526)
综述 …………………………………… (526)
完善资助政策 ………………………… (526)
完成"民生实事" ……………………… (526)
健全资助体系 ………………………… (526)
加强宣传力度 ………………………… (526)
抓实资助育人 ………………………… (526)
老干部工作 ……………………………… (527)
综述 …………………………………… (527)
落实各项待遇 ………………………… (527)
加强老干部党建工作 ………………… (527)
积极开展"为党的事业增添正能量"
　活动 ……………………………… (528)
安全稳定工作 …………………………… (528)
综述 …………………………………… (528)
政治维稳工作 ………………………… (528)
学校安全管理工作 …………………… (528)
学校安全教育工作 …………………… (529)
政务服务 ………………………………… (530)
综述 …………………………………… (530)
政务公开工作 ………………………… (530)

电子政务系统建设工作 …………………（531）
行政许可事项受理和转办工作 ……………（531）
政务微信工作 ………………………………（531）
对口支援工作 ………………………………（532）
教育研究与教育宣传出版 ………………………（533）
综述 …………………………………………（533）
推进南方先进教育思想理论形成与实践
高地建设 …………………………………（533）
深化基础教育研究 …………………………（535）
深化职业教育研究 …………………………（535）
深化高等教育研究 …………………………（536）
深化民办教育研究 …………………………（537）
深化基础教育课程、教材、教学研究 ……（537）
加强教育评估评审研究 ……………………（539）
深化教育宣传出版改革发展 ………………（539）

市域教育

广州市教育

概况 ………………………………………………（543）
各级各类教育 ……………………………………（545）
基础教育 ……………………………………（545）
职业与成人教育 ……………………………（546）
高等教育 ……………………………………（547）
民办教育 ……………………………………（547）
教育成果与特色 …………………………………（547）
全面通过第二期学前教育三年行动计划
督导验收 …………………………………（547）
通过《广州市发展学前教育第三期行动计划
（2017—2020 年）》 ………………………（547）
开展广州市贯彻落实《3—6 岁儿童学习与发展
指南》实验幼儿园认定工作 ……………（547）
全面实施"中小学生阅读素养提升"
行动计划 …………………………………（548）
中考首次全面实施"异地中考"新政 ……（548）
中考体育考试新增游泳项目 ………………（548）
中职办学规范管理和教育教学质量水平
稳步提升 …………………………………（548）
中职教育改革创新发展的一批项目成功
实施 ………………………………………（548）
广州市职教学会特殊教育专业指导委员会
成立 ………………………………………（548）
编制广州市教育设施布点规划 ……………（549）
完成广州市中小学校三年提升计划中期
调整 ………………………………………（549）
推动中心城区优质教育资源向全市均衡
配置 ………………………………………（549）
印发《关于新建一批广州市示范性普通
高中的实施方案》 ………………………（549）
修订广州市中小学校基础教育设施三年提升
计划奖补办法 ……………………………（549）
广州市学生参加全球《财富》论坛及国际
儿童电影节活动 …………………………（549）
开展京沪穗学生合唱交流活动 ……………（549）
学校体育工作全面加强 ……………………（549）
校园足球进一步融合发展 …………………（550）
学校国防教育不断深入 ……………………（550）
评定依法治校示范校 ………………………（550）
启动建设区域校园智慧图书管理平台 ……（550）
推进市属学校治安视频监控系统建设
应用工作 …………………………………（550）
教育后勤管理工作 …………………………（550）
打造有影响力的科研成果 …………………（550）
获表彰为 2013—2016 年度全国群众体育
先进单位 …………………………………（551）
举办第 33 届广州市青少年科技创新
大赛 ………………………………………（551）
"广州教育家培养工程"顺利启动 ………（551）
引进高层人才 ………………………………（551）
全面开展广州市示范性普通高中认定
工作 ………………………………………（551）
成立广州市人民政府教育督导委员会 ……（551）
创建"全国中小学责任督学挂牌督导
工作创新区" ……………………………（551）
加快推进广州现代职业教育体系建设 ……（551）
广州大学首次获批国家重点研发计划
项目 ………………………………………（552）
广州大学首次以第一单位在 Science 期刊
发表论文 …………………………………（552）
广州大学首获中国专利奖 …………………（552）
广州医科大学科技作品获奖 ………………（552）
广州医科大学呼吸疾病国家重点实验室
通过国家科技部评估 ……………………（553）
广州番禺职业技术学院获得中国高职教育
质量报告双"50 强" ……………………（553）
杨则文入选国家"万人计划"教学
名师 ………………………………………（553）
广州市广播电视大学举办"羊城村官上大学"

五周年系列活动 …………………………（553）

深圳市教育
概况 ……………………………………………（554）
各级各类教育 …………………………………（554）
　　基础教育 ……………………………………（554）
　　职业与成人教育 ……………………………（555）
　　高等教育 ……………………………………（555）
教育成果与特色 ………………………………（556）
　　教育综合改革 ………………………………（556）
　　教育经费投入 ………………………………（556）
　　学校安全管理 ………………………………（556）
　　教育督导 ……………………………………（556）
　　教育宣传 ……………………………………（556）
　　教育治理 ……………………………………（556）
　　教育考试 ……………………………………（556）
　　教育信息化 …………………………………（556）
　　对外交流合作 ………………………………（556）
　　教育科研 ……………………………………（557）
　　队伍建设 ……………………………………（557）
　　党风廉政建设 ………………………………（557）

珠海市教育
概况 ……………………………………………（558）
各级各类教育 …………………………………（559）
　　基础教育 ……………………………………（559）
　　职业与成人教育 ……………………………（560）
　　高等教育 ……………………………………（560）
　　民办教育与特殊教育 ………………………（560）
教育成果与特色 ………………………………（560）
　　素质教育 ……………………………………（560）
　　教育对外开放 ………………………………（561）
　　依法治教 ……………………………………（561）
　　校园安全 ……………………………………（561）
　　助学帮扶 ……………………………………（561）

汕头市教育
概况 ……………………………………………（563）
各级各类教育 …………………………………（563）
　　基础教育 ……………………………………（563）
　　职业与成人教育 ……………………………（563）
　　民办教育 ……………………………………（564）
教育成果与特色 ………………………………（564）
　　教育"创强争先"督导 ………………………（564）
　　教育投入 ……………………………………（564）
　　教育法治 ……………………………………（564）
　　学校安全教育 ………………………………（564）
　　教师队伍 ……………………………………（564）
　　教育信息化 …………………………………（565）
　　教育教学 ……………………………………（565）
　　语言文字工作 ………………………………（565）
　　第二届中小学生灯谜大会 …………………（565）
　　学校思想政治和德育 ………………………（566）
　　体育、卫生工作和艺术教育 ………………（566）
　　高考录取 ……………………………………（566）
　　中职教育专业建设 …………………………（566）
　　中职学生技能竞赛 …………………………（566）
　　中职学校教学诊断与改进工作 ……………（566）
　　创建广东省现代职业教育综合改革示范市
　　　工作 ………………………………………（567）
　　推进成人教育工作 …………………………（567）
　　扶困助学 ……………………………………（567）
　　招生考试 ……………………………………（567）
　　民办教育扶持 ………………………………（567）

佛山市教育
概况 ……………………………………………（568）
各级各类教育 …………………………………（569）
　　基础教育 ……………………………………（569）
　　职业教育 ……………………………………（570）
　　高等教育 ……………………………………（570）
　　民办教育 ……………………………………（570）
教育成果与特色 ………………………………（571）
　　立德树人工作 ………………………………（571）
　　教师队伍建设 ………………………………（571）
　　教育装备工作 ………………………………（571）
　　教育信息化 …………………………………（571）
　　安全稳定工作 ………………………………（571）
　　教育保障 ……………………………………（572）
　　教学研究和教育科研工作 …………………（572）
　　党建工作 ……………………………………（572）

韶关市教育
概况 ……………………………………………（573）
各级各类教育 …………………………………（573）
　　基础教育 ……………………………………（573）
　　职业与成人教育 ……………………………（574）
　　民办教育 ……………………………………（574）
　　高等教育 ……………………………………（574）
教育成果与特色 ………………………………（574）
　　扎实推进教育人事制度改革 ………………（574）
　　学生资助工作成效明显 ……………………（574）
　　做好异地务工人员随迁子女入学和升学

　　工作 …………………………………… (574)
　　教育教学质量稳步提高 ………………… (575)
　　体育艺术工作成绩显著 ………………… (575)

河源市教育
　概况 …………………………………………… (576)
　各级各类教育 ………………………………… (576)
　　基础教育 ………………………………… (576)
　　职业教育与成人教育 …………………… (576)
　　高等教育 ………………………………… (577)
　教育成果与特色 ……………………………… (577)
　　推进"创现"工作 ……………………… (577)
　　实施"强师工程" ……………………… (577)
　　提升教育教学质量 ……………………… (578)
　　增加市区学位供给 ……………………… (578)
　　推进教育信息化 ………………………… (578)
　　推动各级各类教育协调发展 …………… (578)
　　筹建本科院校 …………………………… (578)
　　落实立德树人根本任务 ………………… (578)

梅州市教育
　概况 …………………………………………… (579)
　各级各类教育 ………………………………… (579)
　　基础教育 ………………………………… (579)
　　中等职业教育 …………………………… (579)
　　民办教育 ………………………………… (580)
　教育成果与特色 ……………………………… (580)
　　教育"创强争先"保持粤东西北地区领先
　　　地位 …………………………………… (580)
　　各级教育均衡协调发展 ………………… (580)
　　师资整体水平进一步提高 ……………… (580)
　　教育信息化水平有新提升 ……………… (580)
　　教育惠民工程有效实施 ………………… (581)
　　教育服务水平稳步提升 ………………… (581)

惠州市教育
　概况 …………………………………………… (582)
　各级各类教育 ………………………………… (582)
　　基础教育 ………………………………… (582)
　　职业与成人教育 ………………………… (583)
　　社会办学 ………………………………… (584)
　　高等教育 ………………………………… (584)
　教育成果与特色 ……………………………… (584)
　　教育能力建设 …………………………… (584)
　　校园文化建设 …………………………… (585)
　　教师队伍建设 …………………………… (585)
　　推进教育公平 …………………………… (585)

　　高考成绩再创辉煌 ……………………… (585)
　　维护校园安全 …………………………… (586)
　　德育建设成效显著 ……………………… (586)
　　党建工作成效显著 ……………………… (586)

汕尾市教育
　概况 …………………………………………… (588)
　各级各类教育 ………………………………… (590)
　　基础教育 ………………………………… (590)
　　成人教育 ………………………………… (590)
　教育成果与特色 ……………………………… (590)
　　做好教育精准扶贫工作 ………………… (590)
　　提高教育教学质量 ……………………… (591)
　　落实立德树人根本任务 ………………… (591)

东莞市教育
　概况 …………………………………………… (592)
　各级各类教育 ………………………………… (592)
　　基础教育 ………………………………… (592)
　　职业与成人教育 ………………………… (593)
　　民办教育 ………………………………… (593)
　　高等教育 ………………………………… (594)
　教育成果与特色 ……………………………… (594)
　　教育投入 ………………………………… (594)
　　教育督导 ………………………………… (594)
　　教育装备 ………………………………… (594)
　　教育科研 ………………………………… (594)
　　教育发展研究 …………………………… (595)
　　教师专业发展 …………………………… (595)
　　教师培训 ………………………………… (595)
　　师资队伍建设 …………………………… (595)
　　"莞式慕课" …………………………… (596)
　　慕课教育信息化工程 …………………… (596)
　　普通高考 ………………………………… (596)
　　成人高考 ………………………………… (596)
　　自学考试 ………………………………… (596)
　　中职学校对外合作办学 ………………… (596)
　　制定校企合作配套政策 ………………… (597)
　　落实东西部扶贫工作 …………………… (597)
　　网络学习空间"人人通"培训基地 …… (597)
　　语言文字工作 …………………………… (597)
　　体育教育 ………………………………… (597)
　　中小学心理健康教育 …………………… (597)
　　市属学校基建工程建设 ………………… (597)
　　依法治教 ………………………………… (597)
　　学校安全管理 …………………………… (597)

教育信息化基础设施建设 …………… (598)
　　国家教育资源公共服务平台试点 ………… (598)
　　"全民终身学习活动周"活动 ………… (598)
中山市教育
　概况 ………………………………………… (599)
　各级各类教育 ……………………………… (602)
　　基础教育 ………………………………… (602)
　　职业与成人教育 ………………………… (602)
　　高等教育 ………………………………… (603)
　　民办教育 ………………………………… (603)
　教育成果与特色 …………………………… (604)
　　教育督导 ………………………………… (604)
　　教育投入 ………………………………… (604)
　　高考录取 ………………………………… (604)
　　教育科研 ………………………………… (604)
　　教师培训 ………………………………… (604)
　　教师职务评聘 …………………………… (605)
　　名教师、名校长工程 …………………… (605)
　　校长职级制评定 ………………………… (605)
　　教师资格认定及注册 …………………… (605)
　　公开招聘教职员 ………………………… (605)
　　德育教育 ………………………………… (605)
　　体育艺术教育 …………………………… (606)
　　学校卫生保健 …………………………… (606)
　　扶困助学 ………………………………… (606)
　　积分入学 ………………………………… (606)
　　学校安全工作 …………………………… (606)
　　数字化教育工程 ………………………… (606)
　　中山市教师健康基金 …………………… (607)
　　行政审批 ………………………………… (607)
江门市教育
　概况 ………………………………………… (608)
　各级各类教育 ……………………………… (611)
　　基础教育 ………………………………… (611)
　　中等职业教育 …………………………… (611)
　　高等教育 ………………………………… (612)
　教育成果与特色 …………………………… (612)
　　教学教研 ………………………………… (612)
　　教师继续教育 …………………………… (613)
　　德育工作 ………………………………… (613)
　　体卫艺教育 ……………………………… (613)
　　安全教育 ………………………………… (613)

阳江市教育
　概况 ………………………………………… (614)
　各级各类教育 ……………………………… (614)
　　基础教育 ………………………………… (614)
　　民办教育 ………………………………… (614)
　教育成果与特色 …………………………… (615)
　　教育改革不断深化 ……………………… (615)
　　素质教育扎实推进 ……………………… (615)
　　教育惠民政策全面落实 ………………… (615)
　　教师队伍不断优化 ……………………… (615)
　　校园安全工作全面加强 ………………… (615)
湛江市教育
　概况 ………………………………………… (616)
　各级各类教育 ……………………………… (616)
　　基础教育 ………………………………… (616)
　　职业与成人教育 ………………………… (617)
　　高等教育 ………………………………… (618)
　教育成果与特色 …………………………… (619)
　　教育经费投入 …………………………… (619)
　　教育信息化建设 ………………………… (619)
　　教育装备建设 …………………………… (619)
　　教师培养 ………………………………… (619)
　　教育资助 ………………………………… (619)
　　乡村教师支持计划实施方案出台 ……… (619)
　　教育资源公共服务平台建成 …………… (619)
　　教育专网启动建设 ……………………… (619)
　　首届小学教师普通话能力大赛 ………… (620)
　　东海中学开工建设 ……………………… (620)
　　湛江市实验小学建成使用 ……………… (620)
　　《湛江市第三期学前教育行动计划
　　　（2017—2020年）》出台 ……………… (620)
　　中小学在线云课堂项目建成 …………… (620)
　　湛江籍学生梁智滨、黄枫杰获第四十四届
　　　世界技能大赛冠军 …………………… (620)
　　中职学生参加技能比赛成绩优异 ……… (621)
　　学生素质教育 …………………………… (621)
　　教育教学质量逐步提升 ………………… (621)
　　全民终身学习活动周举办 ……………… (621)
茂名市教育
　概况 ………………………………………… (622)
　各级各类教育 ……………………………… (622)
　　基础教育 ………………………………… (622)
　　民办教育 ………………………………… (623)
　　职业教育 ………………………………… (623)

教育成果与特色	(624)
教育现代化推进工作	(624)
"一本五专"高校发展格局	(624)
创建职业教育综合改革示范市工作	(624)
精准扶贫	(624)
党建工作	(624)
人事制度改革	(624)
教育信息化	(625)
立德树人工作	(625)
素质教育	(625)
体育卫生和艺术工作	(625)
教育科研	(625)
安全管理	(625)
招生考试	(625)

肇庆市教育
概况 (626)
各级各类教育 (626)
　基础教育 (626)
　职业与成人教育 (628)
　高等教育 (628)
　社区教育 (629)
教育成果与特色 (629)
　教育资源下乡 (629)
　教育督导 (629)
　高考情况 (629)
　课程改革 (630)
　教育装备建设 (630)
　创新驱动发展"1133"工程实施 (630)
　肇庆实现广东省推进教育现代化先进县
　　（市、区）全覆盖 (630)
　2017年"省长杯"青少年足球联赛 (630)
　扶困助学 (630)
　强师工程 (631)
　校长教师交流轮岗 (631)
　山区教师生活补助政策 (631)

清远市教育
概况 (632)
各级各类教育 (634)
　基础教育 (634)
　职业与成人教育 (634)
　高等教育 (634)
　民办教育 (635)
教育成果与特色 (635)
　创建广东省推进教育现代化先进市 (635)

创文工作	(635)
教育督导	(635)
依法治校	(635)
法治政府建设	(635)
教育投入	(635)
基本公共教育服务均等化推进	(635)
教育装备及信息化	(636)
广清教育对口帮扶	(636)
教育科研	(636)
教育收费督查	(636)
校长聘任制	(636)
教师培训	(636)
教师职称评定	(636)
高考录取	(637)
高中阶段学校招生考试	(637)
普及高中阶段教育	(637)
对外交流活动	(637)
扶困助学	(637)
教育公平	(637)
教育新闻发布会	(637)
语言文字	(638)

潮州市教育
概况 (639)
各级各类教育 (640)
　基础教育 (640)
教育成果与特色 (640)
　教师队伍建设工作 (640)
　德育工作 (640)
　体育卫生和艺术工作 (641)
　教研工作 (641)
　教育信息化工作 (641)
　安全工作 (641)

揭阳市教育
概况 (642)
各级各类教育 (642)
　基础教育 (642)
　高职与成人教育 (643)
　民办教育 (643)
教育成果与特色 (643)
　教育"创先" (643)
　德育工作 (644)
　教育教学改革 (644)
　教师队伍建设 (644)
　体育美育 (645)

教育信息化 …………………………（645）
　　教育督导 ……………………………（645）
　　学校安全管理 ………………………（646）

云浮市教育

概况 ……………………………………（647）
各级各类教育 …………………………（648）
　　基础教育 ……………………………（648）
　　职业教育 ……………………………（649）
　　高等教育 ……………………………（649）
教育成果与特色 ………………………（649）
　　广东药科大学云浮校区建设进展迅速 ……（649）
　　教师队伍建设不断加强 ………………（650）

教育统计

广东省学校数 …………………………（653）
广东省毕业生数 ………………………（654）
广东省招生数 …………………………（655）
广东省在校学生数 ……………………（656）
广东省教职工数 ………………………（657）
广东省专任教师数 ……………………（658）
广东省各级各类教育基本情况（一）………（659）
广东省各级各类教育基本情况（二）………（660）
广东省各级各类教育基本情况（三）………（661）
广东省各级各类民办教育基本情况
　（一）…………………………………（662）
广东省各级各类民办教育基本情况
　（二）…………………………………（664）
广东省主要教育综合指标在全国排位情况
　（一）…………………………………（666）
广东省主要教育综合指标在全国排位情况
　（二）…………………………………（667）
广东省主要教育综合指标在全国排位情况
　（三）…………………………………（668）
广东省各地级以上市学校数 ……………（669）
广东省各地级以上市招生数 ……………（670）
广东省各地级以上市在校学生数 ………（671）
2017年广东省各普通高校研究生、普通本
　专科招生数和在校生数 ………………（672）

CONTENTS

SPEECH

Speech at the working meeting on education of the whole province in 2017 ·················· Lan Fo'an (003)
Speech at summer reading class for cadres of colleges and universities of the whole
　province ·· Huang Ningsheng (008)
Speech at the working meeting on promoting co-construction of universities and colleges of
　undergraduate education in Guangdong province and cities ································ Huang Ningsheng (013)
Speech at the 2nd plenary meeting of Guangdong Academic Degrees Committee in 2017 ··· Huang Ningsheng (016)
Summary speech at summer reading class for cadres of colleges and universities in 2017 ············ Jing Lihu (018)

MAIN DOCUMENTS

Notice of the Education Steering Committee Office of the State Council on supervision and assessment of
　balanced compulsory education in county areas (NO. 61, 2017) ·· (025)
Notice of Party organization of the Ministry of Education on issuing "Implementing abstract on the project of
　promoting the quality of ideological and theoretical work in colleges and universities"
　(NO. 62, 2017) ·· (027)
The NO. 41 document of the Ministry of Education of PRC ·· (032)
Notice of the Ministry of Education and other four departments on issuing "The plan of popularizing senior
　secondary education (2017—2020)" (NO. 1, 2017) ·· (038)
Notice of the Ministry of Education and other seven departments on issuing "The second-phase plan for
　promoting special education" (NO. 6, 2017) ·· (041)
Notice of the Ministry of Education on issuing "The guidance of conducting moral education in primary and
　secondary school" (NO. 8, 2017) ·· (045)
Notice of the Ministry of Education on issuing "The standard of constructing School of Marxism in colleges
　and universities (2017)" (NO. 1, 2017) ··· (050)
　Accessory　The standard of constructing School of Marxism in colleges and universities
　　　　　　(2017) ·· (050)
Guiding opinions of the Ministry of Education on promoting the development of vocational education
　informationization (NO. 4, 2017) ··· (054)
Notice of the Ministry of Education on issuing "The procedures of supervising and assessing the balanced
　development of compulsory education in county areas" (NO. 6, 2017) ·· (057)
Memorandum signed by the Ministry of Education and the People's Government of Guangdong Province
　on reforming and developing aesthetic education in school ··· (060)
The NO. 243 document of the People's Government of Guangdong Province ··· (062)

Implementing opinions of the People's Government of Guangdong Province on promoting integrative reform and development of compulsory education (NO. 48, 2017) ……………………………………… (065)

Notice of the Educational Supervision Office of the People's Government of Guangdong Province on issuing "Opinions on further promoting educational supervision" (NO. 1, 2017) …………………………… (070)

Notice on issuing revised program of supervision and acceptance of the work to be the best and first (NO. 68, 2017) ……………………………………………………………………………………… (073)

 Accessory1 Supervision and acceptance scheme of education strong town in Guangdong Province (Amendment) ………………………………………………………………… (073)

 Accessory2 Supervision and acceptance scheme for educational strong counties in Guangdong Province (Amendment) ………………………………………………………………… (084)

 Accessory3 Supervision and acceptance scheme for educational strong city in Guangdong Province (Amendment) ………………………………………………………………… (100)

 Accessory4 Supervision and acceptance scheme for advanced counties in promoting education modernization in Guangdong Province (Amendment) …………………… (114)

 Accessory5 Supervision and acceptance scheme for advanced cities promoting education modernization in Guangdong Province (Amendment) ……………………………… (141)

Notice on issuing "Implementing procedures of supervising and assessing the balanced development of compulsory education in county areas of Guangdong Province" (NO. 70, 2017) ……………… (158)

Opinions of the Discipline Inspection Commission of Guangdong Province, the Organization Department of Guangdong Province Committee and the Education of Commission of the Guangdong Province Committee on promoting the construction of discipline inspection committee in colleges and universities (NO. 1, 2017) ……………………………………………………………………………………… (161)

Notice on issuing "The procedures of managing a special fund for Guangdong provincial level educational development" (NO. 212, 2017) ……………………………………………………………………… (164)

Notice of the Ministry of Education reposted by the Department of Education of Guangdong Province on issuing "The standard of compulsory education primary school's science curriculum" (NO. 1, 2017) ……………………………………………………………………………………… (169)

Notice of the Department of Education of Guangdong Province, the Provincial Development and Reform Commission, the Provincial Department of Finance and the Provincial Department of Human Resources and Social Security on issuing the action plan in the third period of preschool education in Guangdong Province (NO. 14, 2017) ……………………………………………………………………… (171)

Notice of the Department of Education of Guangdong Province on issuing "The 13th five-year plan of developing Guangdong education informationization" (NO. 91, 2017) ……………………… (175)

 Accessory The 13th five-year plan of developing Guangdong education informationization ……… (175)

Reposted notice of the General Office of the Ministry of Education and the General Office of China Disabled Persons Federation on organizing compulsory education enrollment for disabled children (NO. 96, 2017) ……………………………………………………………………………………… (182)

 Accessory1 Notice of the General Office of the Ministry of Education and the General Office of China Disabled Persons Federation on organizing compulsory education enrollment for disabled children ……………………………………………………… (183)

 Accessory3 Verification and placement plan for children and adolescents with disabilities of school age in 2016 ………………………………………………………………………… (185)

 Accessory4 Summary of compulsory education enrollment for disabled children and adolescents in 2017 ……………………………………………………………………………………… (186)

Notice of the Department of Education of Guangdong Province on issuing "Management measures of the Department of Education of Guangdong Province on reviewing curriculum materials of primary and secondary school in Guangdong Province" (NO. 200, 2017) ………………………………………… (187)

Notice of the Department of Education of Guangdong Province on reposting "Guideline for comprehensive course of practice of primary and secondary school" of the Ministry of Education (NO. 229, 2017) ………………………………………………………………………………………… (196)

  Accessory Notice of the Ministry of Education Printing and distributing "Guideline for comprehensive course of practice of primary and secondary school" ………………… (197)

Notice of the Department of Education of Guangdong Province on issuing "Handbook (try) for constructing the system of smart campus in primary and secondary school in Guangdong Province" (NO. 247, 2017) ………………………………………………………………………………………… (220)

  Accessory Handbook (try) for constructing the system of smart campus in primary and secondary school in Guangdong Province ……………………………………… (220)

Notice of the Department of Education of Guangdong Province on issuing "Several opinions on popularizing high-level and quality high school education" (NO. 1, 2017) …………………………… (231)

Notice of the Department of Education of Guangdong Province on further promoting the management of higher vocational schools students' participation in internship programs (NO. 134, 2017) ………………… (235)

  Accessory1 Key points of practice management inspection ……………………………………… (236)

  Accessory2 Information collection tables for students'practice in higher vocational colleges in the 2017 –2018 academic year ……………………………………………… (237)

  Accessory3 Table of practice demonstration in higher vocational colleges in the 2007 –2018 academic year ………………………………………………………………………… (237)

Notice on doing relevant work of teaching quality and teaching reform project for Guangdong higher vocational education (2017—2020) (NO. 184, 2017) ………………………………………………… (240)

  Accessory List of higher vocational education quality engineering projects in Guangdong Province from 2017 –2020 …………………………………………………………………… (241)

Notice of the Department of Education of Guangdong Province on issuing "The thirteenth Five-Year Plan of constructing Guangdong teaching staff" (NO. 7, 2017) …………………………………… (242)

Notice of the Department of Education of Guangdong Province on issuing "The implement scheme (2017—2020) of the project of promoting teachers in Guangdong " (NO. 8, 2017) …………………… (249)

Guiding opinions of the Department of Education of Guangdong Province, Guangdong Commission Office of Public Sectors Reform, the Department of Finance of Guangdong Province and Human Resources and Social Security Department of Guangdong Province on promoting the management reform of the "county governed and school employed system" for primary and secondary school teachers (NO. 13, 2017) …… (255)

Issuing the notice on "The implementing opinions of further streamlining administration and delegating power to the lower levels and optimizing service reform in higher education area of Guangdong" (NO. 5, 2017) …………………………………………………………………………………………… (258)

  Accessory1 The implementing opinions of further streamlining administration and delegating power to the lower levels and optimizing service reform in higher education area of Guangdong ……………………………………………………………………… (258)

  Accessory2 Colleges and universities need to customize the reference catalogue of supporting systems (management measures) for undertaking the reform of "release and control uniforms" …………………………………………………………………… (262)

Notice of the Department of Education of Guangdong Province on issuing the implementation scheme of primary and secondary schools' constructing provincial level schools featured art education (NO. 101, 2017) ……………………………………………………………………………… (264)
 Accessory Implementation plan of establishing provincial art education characteristic schools in primary and secondary schools of Guangdong Province …………………………… (264)
Notice of the Department of Education of Guangdong Province on further promoting the reform of school enrollment and examination system in high school stage (NO. 15, 2017) ………………………… (268)
Notice of the Department of Education of Guangdong Province and Guangdong Student Recruitment Committee on further promoting the reform of the examination and enrollment of ordinary institutions of higher education in 2018 (NO. 5, 2017) …………………………………………………………… (272)

GENERAL SITUATION

Educational Bureau of Guangdong Provincial Committee of the CCP, Department of Education of Guangdong Province Working essentials of 2017 ……………………………………………………………… (277)
General situation of education development of Guangdong Province in 2017 ……………………… (283)
Significant events of Guangdong's education in 2017 …………………………………………………… (285)
Media focus
The development of educational reform led by "Innovation-driven" ………………………………… (313)
"Guangdong experience" of deeply integrating industry-university-research cooperation ………… (319)
Studying the spirit of the 19th National Congress of the CPC and speeding up educational modernization …… (321)

VARIOUS LEVELS AND SORTS OF EDUCATION

Basic education
Preschool education ……………………………………………………………………………………… (333)
 Basic situation ………………………………………………………………………………………… (333)
 Allocating central special funds for preschool education ……………………………………… (333)
 Starting special supervision of the implementation of "The second-phase three-year action plan (2014—2016) for developing preschool education in Guangdong Province" ……………… (333)
 Carrying out the third-phase action plan for preschool education in Guangdong Province ………… (333)
 Organizing the activity of Preschool Education in Guangdong Province Awareness Month in 2017 ……………………………………………………………………………………………… (333)
 Issuing the notice of the Department of Education of Guangdong Province on organizing the enrollment of kindergartens ………………………………………………………………………… (333)
 Issuing "Opinions of the General Office of the People's Government of Guangdong Province on increasing the enrollment of kindergarten and primary and secondary school and the supply of high-quality educational resources ……………………………………………………………… (333)
 Establishing the ledger of the demand for preschool degree ……………………………………… (333)
 Starting special supervision of standardized management of kindergarten …………………… (334)
Compulsory education …………………………………………………………………………………… (334)
 Basic situation ………………………………………………………………………………………… (334)
 Implementing integration reform of urban and rural compulsory education in county areas ……… (334)
 Implementing the project of "overall improving week schools" despite of difficulties …………… (334)

  Guaranteeing migrant children's equal access to compulsory education ……………………… (334)
  Working out and publishing a special project on eliminating large-class in compulsory
   education ……………………………………………………………………………………… (335)
  Promoting the construction and management of curriculum materials ………………………… (335)
  Implementing the loan project of World Bank ……………………………………………………… (335)
  Promoting the construction of small-scale rural schools and boarding schools ………………… (335)
  Standardizing the running of compulsory educational schools ………………………………… (335)
  Promoting the work of educating and caring left-behind children in rural areas ……………… (335)
 Education of ordinary high school ……………………………………………………………………… (336)
  Basic situation ……………………………………………………………………………………… (336)
  Promote the work of popularizing high-level and quality high school education ……………… (336)
  Actively promoting the reform of Senior High School Entrance Examination and overall quality
   evaluation for primary and secondary school students ……………………………………… (336)
 Special education ………………………………………………………………………………………… (336)
  Basic situation ……………………………………………………………………………………… (336)
  Organizing the enrollment of special education ………………………………………………… (336)
  Promoting basic capacity construction of special education …………………………………… (336)
  Carrying out the 15-year free education project for disabled students ………………………… (336)
  Guaranteeing normal operation of special education schools ………………………………… (336)
  Working out and issuing the second-phase plan for promoting special education in Guangdong
   Province ……………………………………………………………………………………………… (336)
  Implementing the standard of public expenditures for disabled students ……………………… (337)
  Organizing the training for special education cadres …………………………………………… (337)
 National education ……………………………………………………………………………………… (337)
  Basic situation ……………………………………………………………………………………… (337)
  Doing a good job of national education …………………………………………………………… (337)
  Approving the educational funds for minority nationality areas ………………………………… (337)
  Organizing the supervision and inspection of speeding up the development of national
   education …………………………………………………………………………………………… (337)
  Promoting the construction of advanced counties for education modernization in minority
   nationality areas …………………………………………………………………………………… (337)
 Informationized education ……………………………………………………………………………… (337)
  Basic situation ……………………………………………………………………………………… (337)
  Further arranging the work of education informationization and management system ………… (337)
  Development of education informationization becoming scientific and standardized ………… (338)
  Deep integration of information technology with education …………………………………… (338)
  Continuously promoting the construction of big data in education …………………………… (338)
  Continuously promoting teachers' application of information technology ……………………… (338)
  Greatly promoting the ability of guaranteeing network security ……………………………… (338)
 School Display (Kindergarten, Primary School, Middle School) …………………………………… (339)

Vocational education and life-long education

 Development review ……………………………………………………………………………………… (441)
 Higher vocational education …………………………………………………………………………… (443)
  Basic situation ……………………………………………………………………………………… (443)

Optimizing the structure of specialty distribution ……………………………………………………… (443)
　　Mutually developing both state-run and civilian-run vocational schools ………………………… (443)
　　Cultivating talents by two main subjects in modern apprenticeship ……………………………… (444)
Secondary vocational education ………………………………………………………………………… (444)
　　Basic situation ……………………………………………………………………………………… (444)
　　Realizing the full coverage of the setting of major categories …………………………………… (444)
　　Starting the adjustment of layout structure of secondary vocational schools …………………… (446)
　　Co-building training base by vocational schools and enterprises ………………………………… (446)
Life-long education ……………………………………………………………………………………… (446)
　　Basic situation ……………………………………………………………………………………… (446)
　　Continuingly promoting the construction of school credit banks and studying the grade standard
　　　of qualification framework ……………………………………………………………………… (446)
　　Guangdong people's lifelong study week in 2017 ………………………………………………… (447)
　　Financial education brought into communities …………………………………………………… (447)
School Display (Secondary Vocational Schools, Universities and Others) ……………………………… (449)

Higher education

Development review ……………………………………………………………………………………… (483)
Educational and teaching management ………………………………………………………………… (484)
　　Further promoting the construction of "The project of building up powerful schools by
　　　innovation" ……………………………………………………………………………………… (484)
　　Speeding up the construction of high-level universities of science and engineering …………… (484)
　　Solidly pushing forward the work of launching pilot projects of transformation ……………… (484)
　　Promoting the construction and management of "Quality engineering" ………………………… (485)
　　Promoting the construction and management of specialties ……………………………………… (485)
　　Deepening various reforms in education field …………………………………………………… (485)
　　Seriously carrying out audit and evaluation ……………………………………………………… (485)
　　Deeply implementing the cultivation of talents in key fields …………………………………… (485)
　　Steadily promoting the construction of school credit banks …………………………………… (485)
　　Implementing "The provisions on the administration of university students" …………………… (485)
Party building …………………………………………………………………………………………… (485)
　　Deeply studying the spirit of the 19th National Congress of
　　　the CPC …………………………………………………………………………………………… (485)
　　Deeply organizing the education of "two-learning and one-doing" ……………………………… (486)
　　Laying a solid foundation for Party building ……………………………………………………… (486)
　　Deeply carrying out the work of studying Party building ………………………………………… (486)
Construction of leading group of colleges and universities …………………………………………… (487)
　　Promoting the construction of ideological and political ability of the cadres of colleges and
　　　universities ……………………………………………………………………………………… (487)
　　Promoting the organizational construction of leading groups of colleges and universities ……… (487)
　　Standardizing the management of tenure of leading group of colleges and universities ………… (487)
　　Strictly and actually supervising and managing the cadres ……………………………………… (487)
Ideological and theoretical construction of universities ……………………………………………… (488)
　　Development review ……………………………………………………………………………… (488)

The work of propagandizing and carrying out the spirit of the 19th National Congress of the CPC ·················· (488)
　　Implementing the spirit of ideological and theoretical meeting ·················· (488)
　　Ideological and theoretical course construction of universities ·················· (488)
　　Ideological work of universities ·················· (488)
　　Ideological and theoretical work team construction of universities ·················· (488)
　　The work of educating university students through practice ·················· (489)
　　Internet ideological and theoretical education ·················· (489)
　　Psychological health education of students in universities ·················· (489)
　　National students' education management in universities ·················· (489)
Degree and postgraduate education ·················· (489)
　　Degree work ·················· (489)
　　Postgraduate work ·················· (490)
Science and research work ·················· (491)
　　Basic situation ·················· (491)
　　Human resource of science and research ·················· (491)
　　Fund of science and research ·················· (491)
　　Research institutions ·················· (491)
　　Science and research projects ·················· (491)
　　Science and research achievements ·················· (491)
　　Academic communication ·················· (492)
　　Technological innovation of colleges and universities ·················· (492)
　　Intellectual property rights ·················· (492)

Private education
　　General situation ·················· (493)
　　Classified reforms in private education ·················· (493)
　　Strengthening the force of supporting ·················· (493)

COMPREHENSIVE MANAGEMENT OF EDUCATION

Politics and laws ·················· (497)
　　New achievements made in the legislation of education ·················· (497)
　　New achievements made in implementing administration by law ·················· (497)
　　New ability promotion of resolving conflicts ·················· (497)
　　New achievements made in popularizing-law education ·················· (497)
　　New progress made in managing universities by law ·················· (497)
　　Doing a good job of making decisions and staff ·················· (497)
Development plan ·················· (498)
　　Plans for educational development ·················· (498)
　　The setting work of colleges and universities ·················· (498)
　　The work of educational reform ·················· (498)
　　The enrollment plan of higher education ·················· (498)
　　The work of educational statistics ·················· (498)
Capital construction and finance ·················· (499)
　　Investment situation of basic construction of Guangdong's education ·················· (499)

The situation of Guangdong's education funds input ……………………………………………… (499)
The finance of education capital construction ………………………………………………… (500)
Personnel management ……………………………………………………………………………… (501)
　General situation ………………………………………………………………………………… (501)
　Deepening the reform of administrative system in educational areas ………………………… (501)
　Promoting the management and guarantee of institution establishment …………………… (501)
　Promoting the construction of ranks of cadres ……………………………………………… (502)
　Promoting the construction of high-level talent team ……………………………………… (502)
　Guaranteeing the wage and welfare handouts for cadres and workers …………………… (502)
Administration department's CPC construction ………………………………………………… (502)
　General situation ………………………………………………………………………………… (502)
　Theme practical activities of government and CPC construction …………………………… (503)
　Party work in administration departments …………………………………………………… (503)
　Work of labor union, the Communist Youth League and women in administration departments
　　……………………………………………………………………………………………………… (504)
　The work of poverty reduction in educational area …………………………………………… (504)
Education supervision ……………………………………………………………………………… (504)
　Promoting the project of "strive for being advanced, being role models and making great
　　achievements" …………………………………………………………………………………… (504)
　Management of the funds for education modernization ……………………………………… (505)
　Construction of educational supervision ……………………………………………………… (505)
　National quality inspection of compulsory education ………………………………………… (505)
　Basic equalization of compulsory education ………………………………………………… (505)
　Doing a good job of transferring the work of re-evaluating powerful towns to supervisor and of
　　transferring the method of guidance and supervision to grade estimation ……………… (505)
　Evaluation of qualifications for hanging out the shingle of innovative county (city or district)
　　in guidance and supervision in primary and secondary schools ………………………… (505)
　Organizing special supervision project of education ………………………………………… (506)
　Continuously promoting change standards of education ……………………………………… (506)
Construction of teaching staff …………………………………………………………………… (506)
　Planning the development of teaching staff in the 13th five-year period …………………… (506)
　Strengthening the long-term mechanism of teachers' moral construction ………………… (506)
　Promoting the construction of teachers' professional development system ………………… (506)
　Strengthening the construction of core teaching body of primary and secondary schools …… (506)
　Promoting the implementation of support plan on country teachers ……………………… (507)
　Strengthening the construction of the academic leaders and "double-qualified" teaching staff
　　of vocational schools …………………………………………………………………………… (507)
　Strengthening the construction of high-level talents and the youth teaching staff of colleges and
　　universities ……………………………………………………………………………………… (507)
　Positively promoting the management system reform of teachers ………………………… (507)
　The work of training teachers of primary and secondary schools ………………………… (507)
　The work of training principals (or kindergarten leaders) …………………………………… (508)
　The work of training teachers of vocational schools ………………………………………… (508)
　The work of teacher qualification ……………………………………………………………… (508)

The work of pre-employment training teachers of colleges and universities ……………… (509)

Moral education of primary and middle schools ……………………………………………… (509)

　　General situation ……………………………………………………………………………… (509)

　　Moral education course and campus culture construction ……………………………… (509)

　　Course construction of moral education …………………………………………………… (509)

　　Mental health education ……………………………………………………………………… (509)

　　Network moral education and out-of-school education ………………………………… (509)

　　Nation's unity education ……………………………………………………………………… (510)

Supervision and auditing education ……………………………………………………………… (510)

　　General situation ……………………………………………………………………………… (510)

　　Insisting checking on-going cases …………………………………………………………… (510)

　　Practicing "four forms" ……………………………………………………………………… (510)

　　Emphasizing style construction ……………………………………………………………… (510)

　　Promoting effecting a permanent cure by case …………………………………………… (510)

　　Insisting having political inspection ………………………………………………………… (510)

　　Promoting the construction of discipline inspection commission in colleges and universities …… (511)

　　Promoting team building ……………………………………………………………………… (511)

Educational audit …………………………………………………………………………………… (511)

　　General situation ……………………………………………………………………………… (511)

　　Practical affairs of educational audit ……………………………………………………… (511)

　　The work of rectifying and reforming educational audit ………………………………… (512)

　　Institutes and groups construction of educational audit ………………………………… (512)

　　Educational innovation ………………………………………………………………………… (512)

Physical education, hygiene education, art education and education for national defense ……… (512)

　　General situation ……………………………………………………………………………… (512)

　　The construction of education infrastructure and teaching body ……………………… (513)

　　Creating physical characteristics of schools ……………………………………………… (513)

　　Promoting campus football …………………………………………………………………… (513)

　　The work of art education of schools ……………………………………………………… (514)

　　Hygiene education of schools ……………………………………………………………… (514)

　　Education of national defense and students' training …………………………………… (514)

Enrolling examination ……………………………………………………………………………… (514)

　　General situation ……………………………………………………………………………… (514)

　　Administration department's CPC construction …………………………………………… (514)

　　College Entrance Examination ……………………………………………………………… (515)

　　Remarkable success of the enrollment reform on classified examination in higher vocational
　　　　schools …………………………………………………………………………………… (516)

　　Great achievements in reform and adjustment on admission of ordinary colleges …… (516)

　　Remarkable success of implementing pilot reform on the way of testing vocational skills ……… (516)

　　Smoothly implementing special plan of countries ………………………………………… (516)

　　Effective implementation of the policy of taking College Entrance Examination in another city for
　　　　migrant children ………………………………………………………………………… (516)

　　Smooth implementation of the special training plan for public security talents ……… (516)

　　Smooth implementation of the institutional reform on Postgraduate Entrance Examination ……… (516)

In-depth implementation of the project of transparent admission of higher institutes ……… (516)
　　Strictly implementing the admission principle ……………………………………………… (517)
　　Continuously optimizing the service of enrollment examination ……………………… (517)
　　Strengthening supervision and inspection on admission …………………………………… (517)
　　The construction of admission informationization …………………………………………… (517)
　　The general situation of various tests and grading papers ………………………………… (517)
　　The confidential and stable quality of paper ………………………………………………… (517)
　　The general situation of ordinary high school proficiency test ………………………… (517)
　　The general situation of Postgraduate Entrance Examination ………………………… (517)
　　The general situation of adult college entrance exam ……………………………………… (517)
　　Enrollment examination situation of high school ……………………………………………… (517)
　　The reform on Senior High School Entrance Examination ……………………………… (518)
　　Administration pilot of five-year vocational class …………………………………………… (518)
　　Pilot of three-two-subsection ……………………………………………………………………… (518)
　　Migrant children's participating in local Senior High School Entrance Examination and other
　　　examination ……………………………………………………………………………………… (518)
　　United enrollment situation of the young in Hong Kong, Macao and Taiwan ……… (518)
　　Self-taught examination …………………………………………………………………………… (518)
　　Social examination …………………………………………………………………………………… (518)
Graduate employment and entrepreneurship ………………………………………………………… (519)
　　General situation ……………………………………………………………………………………… (519)
　　Employment situation of graduates ……………………………………………………………… (519)
　　Main measures ………………………………………………………………………………………… (519)
Education science and research ………………………………………………………………………… (521)
　　Basic situation ………………………………………………………………………………………… (521)
Language ……………………………………………………………………………………………………… (521)
　　General situation ……………………………………………………………………………………… (521)
　　Language of schools ………………………………………………………………………………… (521)
　　The 9th Guangdong standard Chinese character writing contest for primary and secondary school
　　　students ………………………………………………………………………………………………… (521)
　　Language art festival ………………………………………………………………………………… (521)
　　Survey of popularizing standard mandarin in county areas ……………………………… (522)
　　The 20th week activities of propaganda and popularization ……………………………… (522)
　　Mandarin proficiency test ………………………………………………………………………… (522)
　　2017 Language protection project of Guangdong Province ……………………………… (522)
　　Development plan …………………………………………………………………………………… (522)
　　Team construction …………………………………………………………………………………… (522)
Technical equipment of education ……………………………………………………………………… (522)
　　General situation ……………………………………………………………………………………… (522)
　　Hold the meeting of provincial basic education equipment ……………………………… (522)
　　Hosting the 73th exhibition of Chinese technical equipment of education ………… (523)
　　Basic situation of education equipment of primary and secondary schools ………… (523)
　　Basic situation of education equipment of higher education …………………………… (523)
　　Government's purchase management in education system ……………………………… (523)

Logistical management of school ·· (524)
    General situation ··· (524)
    System construction ·· (524)
    Food safety in school ·· (524)
    Uniform and bedding for students ·· (525)
    Student apartments and teachers' housing ·· (525)
    Medical care in colleges and universities ·· (525)
    Energy conservation and emission reduction in school ·· (525)
    Production security of school-run enterprise ·· (525)
    Investigation and project work ··· (525)
    Team construction ·· (525)
    Other work ··· (526)
Students' loans ··· (526)
    General situation ··· (526)
    Improving alleviation policy ·· (526)
    Completing "practical work" in people's life ·· (526)
    Improving alleviation system ·· (526)
    Strengthening the promotion ·· (526)
    Cultivating people by alleviation ··· (526)
Work on veteran cadres ·· (527)
    General situation ··· (527)
    The implementation of the treatment ·· (527)
    Strengthening the Party construction of veteran cadres ·· (527)
    Positively hold the activities of "adding positive energy for career of our Party and people" ······ (528)
Security and stabilization ·· (528)
    General situation ··· (528)
    Maintaining the stabilization on politics ·· (528)
    The security administration of schools ·· (528)
    The security education of schools ·· (529)
Government service ·· (530)
    General situation ··· (530)
    The work of making government affairs public ·· (530)
    The work of constructing the e-governmental affairs system ··································· (531)
    The work of accepting and transferring administrative licensing items ······················ (531)
    The work of administration Wechat ·· (531)
    The work of counterpart assistance ·· (532)
Education research, publication and press ··· (533)
    General situation ··· (533)
    Promoting the construction of advanced education thoughts and practice in the south ········· (533)
    Promoting basic education research ·· (535)
    Promoting vocational education research ··· (535)
    Promoting higher education research ·· (536)
    Promoting private education research ·· (537)
    Promoting teaching research of basic educational course and textbooks ·················· (537)

Promoting the research of educational assessment (review) ……………………………………… (539)
Promoting the reform and development of educational propaganda and publication ……………… (539)

EDUCATION IN VARIOUS CITIES

Education in Guangzhou

General situation ……………………………………………………………………………………… (543)
Education in various levels and classes ……………………………………………………………… (545)
 Basic education …………………………………………………………………………………… (545)
 Vocational and adult education ………………………………………………………………… (546)
 Higher education ………………………………………………………………………………… (547)
 Private education ………………………………………………………………………………… (547)
Educational products and features …………………………………………………………………… (547)
 Passing and accepting the supervision of the implementation of the second-phase three-year action plan for developing preschool education …………………………………………… (547)
 Passing "The third-phase action plan for preschool education in Guangzhou (2017—2020)" …………………………………………………………………………………………………… (547)
 Organizing the work of certifying experimental kindergartens of Guangzhou according to "The guidance of learning and development of 3 to 6-year-old children" ……………………… (547)
 Fully implementing the action plan of "Promoting primary and secondary school students' reading literacy" ………………………………………………………………………………… (548)
 Fully implementing the new policy of "taking Senior High School Entrance Examination in another city for migrant children" for the first time in Senior High School Entrance Examination ……… (548)
 Newly adding swimming to physical examination of Senior High School Entrance Examination … (548)
 Steadily promoting the standard management of running secondary vocational schools and the quality of education and teaching ……………………………………………………………… (548)
 Successfully implementing a batch of projects of the innovative development of secondary vocational education reform ……………………………………………………………………… (548)
 The establishment of the professional guidance committee for special education of Guangzhou vocational education institute …………………………………………………………………… (548)
 Compiling the layout planning of Guangzhou educational facilities ………………………… (549)
 Completing the mid-course adjustment of the three-year promotion plan of Guangzhou primary and secondary schools ………………………………………………………………… (549)
 Promoting the balanced allocation of high-quality educational resources of downtown to the whole city ………………………………………………………………………………………… (549)
 Issuing "The implementation scheme of newly constructing a batch of Guangzhou model senior high school" ………………………………………………………………………………… (549)
 Revising the method of giving the three-year promotion plan of basic educational facilities of Guangzhou primary and secondary schools subsidies ……………………………………… (549)
 Guangzhou students' participating in Fortune Global Forum and China International Children's Film Festival ……………………………………………………………………………………… (549)
 Organizing the exchange activity of chorus among students from Beijing, Shanghai and Guangzhou ………………………………………………………………………………………… (549)
 Fully promoting the work of school physical education …………………………………… (549)

Further developing campus football ……………………………………………………………… (550)
Continuously promoting the school education of national defense ……………………………… (550)
Evaluating model school of managing schools by law …………………………………………… (550)
Starting the construction of regional campus smart management platform for books ………… (550)
Promoting the construction and application of video surveillance system for public security
　　in municipal schools ……………………………………………………………………………… (550)
The work educational logistical management ……………………………………………………… (550)
Making influential achievements in scientific research …………………………………………… (550)
Awarded 2013—2016 national mass sport advanced unit ……………………………………… (551)
Hosting the 33th Guangzhou Adolescents Science & Technology Innovation Contest ………… (551)
Smoothly starting "The project of cultivating Guangzhou educationists" ……………………… (551)
Introducing high-level talents ……………………………………………………………………… (551)
Organizing the work of evaluating Guangzhou model senior high school ……………………… (551)
Establishing the educational supervision committee of Guangzhou Municipal People's
　　Government ………………………………………………………………………………………… (551)
Constructing "the innovation zone of supervisory work national hung out shingle by primary and
　　secondary school educational inspectors" …………………………………………………… (551)
Promoting the construction of Guangzhou modern vocational education system ……………… (551)
Guangzhou University's first receiving approval of National Key Research and Development
　　Project ……………………………………………………………………………………………… (552)
Guangzhou University's first publishing a thesis on Science as a primary author …………… (552)
Guangzhou University's first receiving the WIPO-SIPO award for Chinese outstanding patented
　　invention & industrial design …………………………………………………………………… (552)
Guangzhou Medical University's receiving awards for science and technology work ………… (552)
Guangzhou Medical University's passing the evaluation of State Key Laboratory of respiratory
　　disease conducted by the Ministry of Science and Technology ……………………………… (553)
Guangzhou Panyu Polytechnic's being award double top 50 in the quality report of higher
　　vocational education of China …………………………………………………………………… (553)
Yang Zewen's being elected as teaching master of national "Ten Thousand Project" ………… (553)
Guangzhou Open University's hosting a series of activities for the 5th anniversary of "Guangzhou
　　village officials' attending university" …………………………………………………………… (553)

Education in Shenzhen

General situation …………………………………………………………………………………… (554)
Education of various levels and classes ………………………………………………………… (554)
　　Basic education ………………………………………………………………………………… (554)
　　Vocational and adult education ……………………………………………………………… (555)
　　Higher education ……………………………………………………………………………… (555)
Educational products and features ……………………………………………………………… (556)
　　Comprehensive educational reform ………………………………………………………… (556)
　　Education investment ………………………………………………………………………… (556)
　　School safety administration ………………………………………………………………… (556)
　　Educational supervision ……………………………………………………………………… (556)
　　Educational propaganda ……………………………………………………………………… (556)
　　Educational governance ……………………………………………………………………… (556)

Educational examination ……………………………………………………………………… (556)
　　Education informationization ……………………………………………………………… (556)
　　Foreign communication and cooperation ………………………………………………… (556)
　　Education science and research …………………………………………………………… (557)
　　Team construction …………………………………………………………………………… (557)
　　Construction of the Party conduct and of an honest and clean government ……………… (557)

Education in Zhuhai
　General situation ………………………………………………………………………………… (558)
　Education of various levels and classes ………………………………………………………… (559)
　　Basic education ……………………………………………………………………………… (559)
　　Vocational and adult education ……………………………………………………………… (560)
　　Higher education ……………………………………………………………………………… (560)
　　Private education and special education …………………………………………………… (560)
　Educational products and features ……………………………………………………………… (560)
　　Quality education ……………………………………………………………………………… (560)
　　Educational opening-up ……………………………………………………………………… (561)
　　Rule by law …………………………………………………………………………………… (561)
　　School safety ………………………………………………………………………………… (561)
　　Student support ……………………………………………………………………………… (561)

Education in Shantou
　General situation ………………………………………………………………………………… (563)
　Education of various levels and classes ………………………………………………………… (563)
　　Basic education ……………………………………………………………………………… (563)
　　Vocational and adult education ……………………………………………………………… (563)
　　Private education ……………………………………………………………………………… (564)
　Educational products and features ……………………………………………………………… (564)
　　Supervision of being the best and first in education ……………………………………… (564)
　　Education investment ………………………………………………………………………… (564)
　　The rule of law in education ………………………………………………………………… (564)
　　Campus security education …………………………………………………………………… (564)
　　Teachers ……………………………………………………………………………………… (564)
　　Education informationization ………………………………………………………………… (565)
　　Education and teaching ……………………………………………………………………… (565)
　　Language ……………………………………………………………………………………… (565)
　　The 2nd lantern riddle guessing contest for primary and secondary school students …… (565)
　　Ideology and political education and moral education …………………………………… (566)
　　Physical training, health and arts education ………………………………………………… (566)
　　The enrollment of College …………………………………………………………………… (566)
　　Profession construction of vocational education …………………………………………… (566)
　　Vocational students' skill competition ……………………………………………………… (566)
　　Diagnosis and improvement of teaching in secondary vocational schools ……………… (566)
　　The work of constructing Guangdong model city of modern vocational education
　　　comprehensive reform ……………………………………………………………………… (567)
　　Promoting adult education …………………………………………………………………… (567)

  Education support ……………………………………………………………………………… (567)
  Entrance examination …………………………………………………………………………… (567)
  Supporting private education …………………………………………………………………… (567)
Education in Foshan
 General situation …………………………………………………………………………………… (568)
 Education of various levels and classes ………………………………………………………… (569)
  Basic education …………………………………………………………………………………… (569)
  Vocational education ……………………………………………………………………………… (570)
  Higher education …………………………………………………………………………………… (570)
  Private education ………………………………………………………………………………… (570)
 Educational products and features ……………………………………………………………… (571)
  Moral values establishment and people cultivation ………………………………………… (571)
  Construction of teaching staff ………………………………………………………………… (571)
  Education equipment ……………………………………………………………………………… (571)
  Education informationization …………………………………………………………………… (571)
  Security and stabilization ………………………………………………………………………… (571)
  Educational security ……………………………………………………………………………… (572)
  Teaching research and education science and research …………………………………… (572)
  Party construction ………………………………………………………………………………… (572)
Education in Shaoguan
 General situation …………………………………………………………………………………… (573)
 Education of various levels and classes ………………………………………………………… (573)
  Basic education …………………………………………………………………………………… (573)
  Vocational and adult education ………………………………………………………………… (574)
  Private education ………………………………………………………………………………… (574)
  Higher education …………………………………………………………………………………… (574)
 Educational products and features ……………………………………………………………… (574)
  Promoting the reform of personnel system in education …………………………………… (574)
  Evident achievement in implementing student aid …………………………………………… (574)
  Doing a good job of organizing enrollment and admission of migrant children ………… (574)
  Steadily promoting the quality of education and teaching ………………………………… (575)
  Evident achievement in sports art ……………………………………………………………… (575)
Education in Shaoguan
 General situation …………………………………………………………………………………… (576)
 Education of various levels and classes ………………………………………………………… (576)
  Basic education …………………………………………………………………………………… (576)
  Vocational and adult education ………………………………………………………………… (576)
  Higher education …………………………………………………………………………………… (577)
 Educational products and features ……………………………………………………………… (577)
  Promoting the work of "constructing education modernization" ………………………… (577)
  Implementing "the project of cultivating powerful teachers" …………………………… (577)
  Promoting the quality of education and teaching …………………………………………… (578)
  Increasing the supply of urban degree ………………………………………………………… (578)
  Promoting education informationization ……………………………………………………… (578)

  Promoting the balanced development of education of various levels and classes …… (578)
  Preparing to construct universities …… (578)
  Implementing the basic task of moral values establishment and people cultivation …… (578)

Education in Meizhou

General situation …… (579)
Education of various levels and classes …… (579)
  Basic education …… (579)
  Secondary vocational education …… (579)
  Private education …… (580)
Educational products and features …… (580)
  Holding the leading position of constructing strong education in the northwest of eastern
    Guangdong …… (580)
  Balanced development of education of various levels …… (580)
  Further promotion of the overall level of teachers …… (580)
  New promotion of the level of education informationization …… (580)
  Effective implementation of the people-benefit project of education …… (581)
  Steady promotion of the level of education services …… (581)

Education in Huizhou

General situation …… (582)
Education of various levels and classes …… (582)
  Basic education …… (582)
  Vocational and adult education …… (583)
  Society-run education …… (584)
  Higher education …… (584)
Educational products and features …… (584)
  Construction of education ability …… (584)
  Construction of campus culture …… (585)
  Construction of teacher staff …… (585)
  Promoting educational equality …… (585)
  Great achievement in scores of College Entrance Examination …… (585)
  Maintaining campus security …… (586)
  Evident achievement in the construction of moral education …… (586)
  Evident achievement in party construction …… (586)

Education in Shanwei

General situation …… (588)
Education of various levels and classes …… (590)
  Basic education …… (590)
  Adult education …… (590)
Educational products and features …… (590)
  Doing a good job of targeted poverty alleviation in education …… (590)
  Promoting the quality of education and teaching …… (591)
  Implementing the basic task of moral values establishment and people cultivation …… (591)

Education in Dongguan

General situation …… (592)

Education of various levels and classes ……………………………………………………………………… (592)
    Basic education ………………………………………………………………………………………… (592)
    Vocational and adult education ……………………………………………………………………… (593)
    Private education ……………………………………………………………………………………… (593)
    Higher education ……………………………………………………………………………………… (594)
Educational products and features ……………………………………………………………………… (594)
    Education investment ………………………………………………………………………………… (594)
    Educational supervision ……………………………………………………………………………… (594)
    Education equipment ………………………………………………………………………………… (594)
    Education science and research ……………………………………………………………………… (594)
    Research of education development ………………………………………………………………… (595)
    Teachers' professional development ………………………………………………………………… (595)
    Teachers training ……………………………………………………………………………………… (595)
    Construction of teaching staff ……………………………………………………………………… (595)
    "Dongguan-style MOOCs" …………………………………………………………………………… (596)
    The education informationization project of MOOC ……………………………………………… (596)
    College Entrance Examination ……………………………………………………………………… (596)
    Adult College Entrance Examination ……………………………………………………………… (596)
    Self-study examination ………………………………………………………………………………… (596)
    Secondary vocational schools' foreign cooperation in running schools ………………………… (596)
    Making relevant policies of school-enterprise cooperation ……………………………………… (597)
    Implementing the work of poverty alleviation in the eastern and western parts ……………… (597)
    Training base of network learning space Renrentong ……………………………………………… (597)
    Language ………………………………………………………………………………………………… (597)
    Physical education …………………………………………………………………………………… (597)
    Psychological health education for primary and secondary schools …………………………… (597)
    Construction of infrastructural project of city schools …………………………………………… (597)
    Rule by law …………………………………………………………………………………………… (597)
    School safety administration ………………………………………………………………………… (597)
    Construction of infrastructure of education informationization ………………………………… (598)
    Trial public service platform of state education resource ………………………………………… (598)
    Activity of "lifelong learning week for citizens" …………………………………………………… (598)

Education in Zhongshan

General situation ………………………………………………………………………………………… (599)
Education of various levels and classes ……………………………………………………………………… (602)
    Basic education ………………………………………………………………………………………… (602)
    Vocational and adult education ……………………………………………………………………… (602)
    Higher education ……………………………………………………………………………………… (603)
    Private education ……………………………………………………………………………………… (603)
Educational products and features ……………………………………………………………………… (604)
    Educational supervision ……………………………………………………………………………… (604)
    Educational investment ……………………………………………………………………………… (604)
    The enrollment of College Entrance Examination ……………………………………………… (604)
    Education science and research ……………………………………………………………………… (604)

Teachers training ………………………………………………………………………………………… (604)
Teacher professional title evaluation …………………………………………………………………… (605)
Famous teacher and principal project …………………………………………………………………… (605)
Principal professional title evaluation …………………………………………………………………… (605)
Teacher certification evaluation and registration ……………………………………………………… (605)
Open recruitment of staff ………………………………………………………………………………… (605)
Moral education …………………………………………………………………………………………… (605)
Physical education and arts education ………………………………………………………………… (606)
School health care ………………………………………………………………………………………… (606)
Educational support ……………………………………………………………………………………… (606)
Integral enrollment ………………………………………………………………………………………… (606)
School safety work ………………………………………………………………………………………… (606)
Digital education project ………………………………………………………………………………… (606)
Zhongshan teachers' health fund ……………………………………………………………………… (607)
Administration approval ………………………………………………………………………………… (607)

Education in Jiangmen

General situation …………………………………………………………………………………………… (608)
Education of various levels and classes ………………………………………………………………… (611)
 Basic education ………………………………………………………………………………………… (611)
 Secondary vocational education ……………………………………………………………………… (611)
 Higher education ……………………………………………………………………………………… (612)
Educational products and features ……………………………………………………………………… (612)
 Teaching research ……………………………………………………………………………………… (612)
 Teacher continuing education ………………………………………………………………………… (613)
 Moral education ………………………………………………………………………………………… (613)
 Physical education, health education and arts education ………………………………………… (613)
 Safety education ……………………………………………………………………………………… (613)

Education in Yangjiang

General situation …………………………………………………………………………………………… (614)
Education of various levels and classes ………………………………………………………………… (614)
 Basic education ………………………………………………………………………………………… (614)
 Private education ……………………………………………………………………………………… (614)
Educational products and features ……………………………………………………………………… (615)
 Deepening the reform of education …………………………………………………………………… (615)
 Promoting quality education …………………………………………………………………………… (615)
 Fully implement of education policy benefiting the people ………………………………………… (615)
 Continuously optimizing teaching staff ……………………………………………………………… (615)
 Fully promoting the work of campus security ……………………………………………………… (615)

Education in Zhanjiang

General situation …………………………………………………………………………………………… (616)
Education of various levels and classes ………………………………………………………………… (616)
 Basic education ………………………………………………………………………………………… (616)
 Vocational and adult education ……………………………………………………………………… (617)
 Higher education ……………………………………………………………………………………… (618)

Educational products and features ································· (619)
　　Educational investment ································· (619)
　　The construction of education informationization ································· (619)
　　The construction of educational equipment ································· (619)
　　Teacher training ································· (619)
　　Educational support ································· (619)
　　The publication of the implement scheme of the supporting plan for rural teachers ················ (619)
　　The successful construction of the public service platform for education resources ················ (619)
　　Starting to construct private network for education ································· (619)
　　The 1st Mandarin proficiency contest for primary school teachers ································· (620)
　　The construction of Donghai primary school ································· (620)
　　The successful construction of Zhanjiang experimental primary school ································· (620)
　　The publication of "The third-phase action plan (2017—2020) for preschool education in
　　　　Zhanjiang" ································· (620)
　　The successful construction of the project of online cloud classroom for primary and secondary
　　　　schools ································· (620)
　　Liang Zhibin and Huang Fengjie, students from Zhanjiang, won the champion of the 44th
　　　　World Skills Competition ································· (620)
　　Secondary vocational school students' having done a good job in World Skills Competition ·········· (621)
　　Quality education for students ································· (621)
　　Steadily promoting the quality of education and teaching ································· (621)
　　The conduction of lifelong learning week for citizens ································· (621)

Education in Maoming

General situation ································· (622)
Education of various levels and classes ································· (622)
　　Basic education ································· (622)
　　Private education ································· (623)
　　Vocational education ································· (623)
Educational products and features ································· (624)
　　The work of promoting education modernization ································· (624)
　　The "one undergraduate college and five colleges" development pattern of colleges and
　　　　universities ································· (624)
　　The work of constructing the model city of comprehensive reform for vocational education ······ (624)
　　Targeted poverty alleviation ································· (624)
　　Party construction ································· (624)
　　Personnel system reform ································· (624)
　　Education informatization ································· (625)
　　The work of strengthening moral education and cultivating people ································· (625)
　　Quality education ································· (625)
　　The work of physical education, hygiene education and art education ································· (625)
　　Education science and research ································· (625)
　　Safety management ································· (625)
　　Enrollment and examination ································· (625)

Education in Zhaoqing

General situation ································· (626)

Education of various levels and classes ··· (626)
　　Basic education ·· (626)
　　Vocational and adult education ··· (628)
　　Higher education ·· (628)
　　Community education ··· (629)
Educational products and features ··· (629)
　　Education resource going to the countryside ··· (629)
　　Education supervision ··· (629)
　　The situation of College Entrance Examination ··· (629)
　　School course reform ··· (630)
　　Education equipment ··· (630)
　　The implementation of the "1133" project of innovation-driven development ···················· (630)
　　Zhaoqing's realizing full coverage of Guangdong advanced counties (cities and districts) of promoting
　　　　education modernization ·· (630)
　　"The cup of governor" Youth Football League in 2017 ··· (630)
　　Education support ··· (630)
　　The project of promoting teachers ··· (631)
　　Principals and teachers exchanging their positions ·· (631)
　　Support policy for teachers in countryside ·· (631)

Education in Qingyuan

General situation ··· (632)
Education of various levels and classes ··· (634)
　　Basic education ·· (634)
　　Vocational and adult education ··· (634)
　　Higher education ·· (634)
　　Private education ·· (635)
Educational products and features ··· (635)
　　Constructing an advanced city in education modernization ·· (635)
　　The work of constructing national civilized city ··· (635)
　　Education supervision ··· (635)
　　Rule by law ·· (635)
　　The construction of government ruled by law ·· (635)
　　Education investment ··· (635)
　　Equalization of basic public education service ··· (635)
　　Education equipment and informationization ··· (636)
　　Counterpart cooperation on education between Guangzhou and Qingyuan ······················· (636)
　　Education science and research ··· (636)
　　Supervision of educational fees ··· (636)
　　Principal appointment system ··· (636)
　　Teacher training ·· (636)
　　Teacher professional title evaluation ··· (636)
　　The enrollment of College Entrance Examination ··· (637)
　　The enrollment and examination of school in senior high school stage ···························· (637)
　　Popularization of high school education ··· (637)

The activity of foreign communication ……………………………………………………………（637）
　　Education support ……………………………………………………………………………………（637）
　　Education equity ………………………………………………………………………………………（637）
　　Education press conference …………………………………………………………………………（637）
　　Language ………………………………………………………………………………………………（638）
Education in Chaozhou
　General situation …………………………………………………………………………………………（639）
　Education of various levels and classes ………………………………………………………………（640）
　　Basic education ………………………………………………………………………………………（640）
　Educational products and features ……………………………………………………………………（640）
　　The work of constructing teaching staff ……………………………………………………………（640）
　　The work of moral education …………………………………………………………………………（640）
　　Physical education, health education and art education …………………………………………（641）
　　Teaching research ……………………………………………………………………………………（641）
　　The work of education informationization …………………………………………………………（641）
　　The work of safety ……………………………………………………………………………………（641）
Education in Jieyang
　General situation …………………………………………………………………………………………（642）
　Education of various levels and classes ………………………………………………………………（642）
　　Basic education ………………………………………………………………………………………（642）
　　Higher vocational and adult education ………………………………………………………………（643）
　　Private education ……………………………………………………………………………………（643）
　Educational products and features ……………………………………………………………………（643）
　　Constructing advanced education ……………………………………………………………………（643）
　　Moral education ………………………………………………………………………………………（644）
　　The reform of education and teaching ………………………………………………………………（644）
　　The construction of teaching staff ……………………………………………………………………（644）
　　Physical education and art education ………………………………………………………………（645）
　　Education informationization …………………………………………………………………………（645）
　　Education supervision …………………………………………………………………………………（645）
　　School safety management ……………………………………………………………………………（646）
Education in Yunfu
　General situation …………………………………………………………………………………………（647）
　Education of various levels and classes ………………………………………………………………（648）
　　Basic education ………………………………………………………………………………………（648）
　　Vocational education …………………………………………………………………………………（649）
　　Higher education ………………………………………………………………………………………（649）
　Educational products and features ……………………………………………………………………（649）
　　Fast development of constructing Guangdong Medical University Yunfu District ……………（649）
　　Continuous promotion of the construction of teaching staff ……………………………………（650）

EDUCATIONAL STATISTICS

The numbers of schools in Guangdong ……………………………………………………………………… (653)

The numbers of graduates in Guangdong ……………………………………………………………………… (654)

The numbers of enrollment in Guangdong ……………………………………………………………………… (655)

The numbers of on-campus students in Guangdong ………………………………………………………… (656)

The numbers of staff in Guangdong …………………………………………………………………………… (657)

The numbers of full-time teachers in Guangdong …………………………………………………………… (658)

Basic situation of various education in Guangdong（1） …………………………………………………… (659)

Basic situation of various education in Guangdong（2） …………………………………………………… (660)

Basic situation of various education in Guangdong（3） …………………………………………………… (661)

Basic situation of various levels of private education in Guangdong（1） ……………………………… (662)

Basic situation of various levels of private education in Guangdong（2） ……………………………… (664)

National position of Guangdong's main educational integrative indexes（1） …………………………… (666)

National position of Guangdong's main educational integrative indexes（2） …………………………… (667)

National position of Guangdong's main educational integrative indexes（3） …………………………… (668)

The number of schools in main cities of Guangdong ………………………………………………………… (669)

The number of enrollment in main cities of Guangdong …………………………………………………… (670)

The numbers of on-campus students in main cities of Guangdong ……………………………………… (671)

The numbers of postgraduates, enrollment and on-campus students of ordinary universities and colleges of
　　Guangdong in 2017 ……………………………………………………………………………………… (672)

在2017年全省教育工作会议上的讲话

广东省人民政府副省长　蓝佛安

（2017年1月11日）

同志们：

今天，我们在这里召开2017年全省教育工作会议，主要任务是学习贯彻党的十八届六中全会和习近平总书记系列重要讲话精神，认真落实中央和省委、省政府关于教育工作的系列重要部署，回顾总结2016年我省教育工作情况，研究部署下一步工作。刚才，罗伟其同志总结了2016年我省教育改革发展情况，提出了2017年的工作思路，讲得很好，我完全赞成。希望全省各地、各有关部门认真贯彻落实这次会议精神，开拓创新，奋发有为，切实抓好2017年各项教育工作，推动我省教育事业发展再上新水平。

刚刚过去的2016年，在中央和省委、省政府的正确领导下，全省教育系统深入学习贯彻党的十八大、十八届历次中央全会和习近平总书记系列重要讲话精神，紧紧围绕教育"创强争先建高地"中心工作，全面加强教育系统党的建设和思想政治工作，强化省级教育统筹，完善教育投入稳定增长的长效机制，优化教育发展环境，促进学校依法办学，加强学生权益保护，推动各级各类教育协调发展，加快教育现代化进程，取得了丰硕成果。2016年，全省学前教育毛入园率达到100.97%，公益普惠幼儿园达73%以上；121个县（市、区）通过国家义务教育发展基本均衡县督导评估认定，成为全国第六个实现义务教育发展基本均衡县全覆盖的省份；教育强镇、强县、强市基本实现全覆盖，教育现代化先进县和先进市覆盖率分别达86%和78%；高等教育"创新强校工程"顺利推进，高水平理工科大学和理工类学科建设成效初显，省市共建11所本科高校取得良好开局；教育对外交流与合作取得重要进展，广东以色列理工学院、深圳北理莫斯科大学两所中外合作办学机构获批正式设立，粤港澳台交流与合作进一步深化。这些成绩的取得，是在省委、省政府的正确领导下，全省各级党委、政府高度重视，相关部门大力支持配合和教育系统广大干部职工辛勤耕耘的结果。在此，我谨代表省政府，向在座各位并通过你们向全省教育战线广大干部职工表示衷心的感谢和诚挚的问候！

同时，要清醒地认识到，教育改革发展还存在一些困难问题和不足。一是义务教育均衡发展水平与优质均衡发展目标要求还有较大距离。特别是区域和城乡之间的师资水平、教研能力、设备设施等差距还比较大。二是素质教育水平与人民群众的期望还有一定的差距。社会主义核心价值观教育有待深入，学生自主发展、自主学习、自我调适的环境和氛围亟待优化，与素质教育相适应的教师、学生评价体系亟须进一步完善。三是高校科技创新能力与全省创新驱动发展的要求还有一定差距。大学城和大学园区以及中心城市高校的科技转化能力和孵化能力有待提高。针对这些问题，我们要采取切实措施加以解决。

2017年是我省率先全面建成小康社会的攻坚之年。按照省委部署，2018年广东要率先全面建成小康社会、率先基本实现社会主义现代化，时间紧、任务重，我们必须全面认识和把握中央和省委、省政府对教育改革发展提出的重大决策部署。首先，要深刻认识教育方针的新内涵。教育方针是有关教育工作的总方向和总指针，是指导整个教育事业发展的战略原则和行动纲领。习近平总书记在全国高校思政工作会议上指出，我国高等教育发展方向要同我国发展的现实目标和未来方向紧密联系在一起，为人民服务，为中国共产党治国理政服务，为巩固和发展中国特色社会主义制度服务，为改革开放和社会主义现代化建设服务。2016年6月1日开始施行的《全国人民代表大会常务委员会关于修改〈中华人民共和国教育法〉的决定》（以下简称《教育法》修正案）对教育方针做了新表述："教育必须为社会主义现代化建设服务、为人民服务，必须与生产劳动和社会实践相结合，培养德、智、体、美等方面全面发展的社会主义建设者和接班人。"其次，要准确把握党建工作的新精神。加强高校党的基层组织建设，做好在高校教师和学生中发展党员工作，有利于提高党的基层组织做思想政治工作的能力和加强党员队伍教育管理。中小学校党组织要全面负责学校党的思想、组织、作风、反腐倡廉和制度建设，把握学校发展方向，领导学校德育和思想政治工作。民办学校要重视发挥学校党组织政治核心作用，坚持社会主义办学方向。第三，要全面理解思想政治工作的新要求。要遵循思想政治工作、教书育人、学生成长的规律，用好课堂教学主渠道，抓好学生德育工作，建立党组织主导、校长负责、群团组织参与、家庭社会联动的德育工作机制；加快构建中国特色哲学社会科学学科体系和教材体系，推出更多高水平教材；更加注重以文化人、以文育人，开展校园文化活动，推动思想政治工作传统优势同信息技术高度融合。这些都为我们做好新形势下的教育工作明确了努力方向，提供了根本遵循。希望全省各地、各有关部门切实将思想和行动统一到中央和省委、省政府的决策部署上来，牢固树立新发展理念，全面贯彻党的教育方针，坚持抓党建把方向、抓发展促公平、调结构上水平、抓队伍强基础、推改革激活力、抓安全保稳定，把教育改革创新引向深入，加大力度基本补齐教育发展短板，积极打造南方教育高地，加快推进教育现代化，为建设教育强省、人才强省和实现"三个定位、两个率先"目标提供强大的智力支持与人才支撑。在具体工作中，重点抓好以下六个方面。

一、贯彻教育方针，切实把思想政治工作贯穿教育教学全过程

思想政治工作和德育工作关系学校培养什么样的人、如何培养人以及为谁培养人这个根本问题。各级各类学校必须坚持把思想政治工作贯穿在教育教学全过程，培养德智体美全面发展的社会主义建设者和接班人。一要全面贯彻落实党的教育方针。坚持把立德树人作为中心环节，把思想政治工作贯穿教育教学全过程，实现全程育人、全方位育人。坚持正确政治方向，明确学校教育育人为本、德智体美、德育为先的教育理念，确立学校立身之本在于立德树人的办学理念。二要培养和践行社会主义核心价值观。坚持不懈抓好马克思主义理论教育，为学生一生成长奠定科学的思想基础。坚持不懈培育和弘扬社会主义核心价值观，引导广大师生做社会主义核心价值观的坚定信仰者、积极传播者、模范践行者。围绕学生、关照学生、服务学生，不断提高学生思想水平、政治觉悟、道德品质、文化素养，让学生成为德才兼备、身心健康、全面发展的人才。三要加强师德师风建设。学校教育的根本任务是人才培养，教师肩负的根本职责、首要责任是人才培养。师者，传道授业解惑。传道者自己首先要明道、信道，努力成为先进思想文化的传播者、党执政的坚定支持者，更好担起学生健康成长指导者和引路人的责任。要通过各种学习教育活动，引导广大教师以德立身、以德立学、以德施教，做到教书和育人相统一、言传和身教相统一、潜心问道和关注社会相统一、学术自由和学术规范相统一。

二、突出重点难点，提升教育现代化水平

要按照教育现代化推进会要求，重点攻坚、补齐短板，不断丰富基础教育现代化的内涵，全力以赴完成推进教育现代化的各项任务。一要坚持促进教育公平。教育公平是社会公平的重要基础。中央把"发展教育脱贫一批"作为精准扶贫的重要举措，各级政府、教育部门、各级各类学校要扎实做好保基本、兜底线、稳人心等各项工作，更加关注身处不同环境的孩子，切实维护特殊群体受教育的机会和权利，千方百计为家庭经济困难学生、进城务工人员随迁子女、留守儿童提供更多关爱和帮助。要制定并实施第二期特殊教育提升计划，继续推进标准化特殊教育学校建设，切实解决未入学适龄残疾儿童少年义务教育问题，积极发展残疾儿童学前教育，大力发展以职业教育为主的残疾人高中阶段教育，加快发展残疾人高等教育，建立布局合理、学段衔接、普职融通、医教结合的特殊教育体系。要积极开展特殊教育教学模式、教学策略和方法改革，加强个别化教育，增强教育的针对性和有效性，提高特殊教育教学质量。二要坚持提高教育质量。我们今天强调的质量，是全面建成小康社会新目标下的质量，是实现教育现代化新要求的质量，是全球教育竞争新形势下的质量。要把促进人的全面发展、适应经济社会发展需要作为根本标准，提升学校办学综合实力、学生成长成才能力、社会贡献力和国际竞争力。三要坚持协调发展。随着城镇化进程的加快、国家二孩政策的实施，对教育资源配置、教育布局和均衡发展带来新挑战。要高度重视教育规划，充分论证，统筹考虑城乡经济发展状况、未来人口变动状况和人民群众的现实需求，科学编制教育规划，统筹好教育发展规模、结构和效益，统筹好教育改革、发展和稳定。四要推进教育信息化。全面实施《教育信息化"十三五"规划》。加强偏远农村中小学信息化基础设施建设。加快推进教育

管理信息化，完善"三通两平台"建设与应用，增强优质资源应用示范效应。持续提高教师信息化技术应用能力。进一步提升教育数据管理与服务水平，开展基于大数据的教与学分析技术试验，探索建立基于数据的教育教学评价机制，充分利用现代信息技术推动教育模式、学习方式变革创新。

三、加快教育结构调整，推进各级各类教育协调发展

结构调整是提高质量的主攻方向，必须抓好教育供给侧结构性改革，增强教育结构的适应性、开放性和灵活性。一要推动学前教育扩容提质。强化学前教育规划建设，加快发展公办幼儿园和普惠性民办幼儿园，进一步扩大普惠性资源覆盖面，提高学前教育普及率。创新管理体制，充分发挥公办幼儿园、乡镇中心园辐射带动作用，推动新建园达到省规范化幼儿园标准。二要提高义务教育优质均衡水平。巩固义务教育标准化学校建设成果，推进义务教育现代化学校建设。通过推进义务教育学区制办学，推动优质教育资源共享，探索推进市域义务教育均衡发展的路径，努力缩小区域、城乡、校际间差距，提高教育发展整体水平，实现优质均衡发展。三要促进高中阶段多样特色发展。优化普通高中学校规划布局，推动普通高中向城区、县城和中心镇集中。深化课程与培养模式改革，建立具有广东特色的普通高中课程体系和质量评价制度，鼓励和倡导学校根据实际和优势形成自己的办学特色，力争做到校校有特色。着力提升中职学校内涵建设，增强中等职业教育吸引力，努力使更多的初中毕业生根据个人兴趣和特点进入中等职业学校，掌握一技之长，提高劳动年龄人口受教育年限。四要大力发展职业教育。积极推进现代职业教育综合改革试点省建设，建设一批职业教育综合改革示范市，开展中等职业教育改革发展示范项目建设学校"后示范"建设。深化校企合作，推动产教融合发展。引导高职院校开展内部质量保证体系诊断与改进工作。完善现代职业教育体系，进一步拓宽职业教育与普通高等教育衔接渠道，着力培养技术技能型人才和高素质劳动者。五要推动高等教育分类发展。深入实施高等教育"创新强校工程"，按照高水平大学、高水平理工科大学、应用型本科高校、高职院校四种类型分类建设，全面提升全省各类高校的人才培养、科学研究、社会服务和文化传承创新能力。发掘各级各类高校的发展潜力和办学特色，引导不同办学层次、不同办学类型的高校合理定位、错位发展、办出特色，在公平竞争中体现扶优扶强扶特，充分激发高校争创一流、办出特色的动力和活力，提升办学效益。六要加强学习型社会建设。全面建设学习型城市、学习型社区、学习型组织，推动各类学习资源开放共享。统筹推动全省广播电视大学系统转型发展，探索构建全省开放大学体系，打造全民学习的共享平台和终身教育学习"立交桥"。坚持办好社区教育，开展国家级、省级社区教育实验区建设。

四、加强教师队伍建设，夯实教育发展基础

教师队伍的整体素质，是提升全省教育现代化水平的发展基础。要切实加强教师队伍建设，大力实施"强师工程"，推进全省教师队伍规模、结构、质量不断发展，整体水平稳步提高。一要实施教师教育振兴行动计划，提升教师专业发展水平。深化教师教育改革，推进教师职前教育与职后专业发展有效衔接。继续实施"卓越教师"培养计划，以完善师范教育体系和提升师范生培养质量为重点，强化师范生教学基本功、教育实践环节和职业技能训练。建立健全教育行政部门、师范院校、教师发展中心、中小学校四位一体，国家、省、市、县（市、区）和学校定位准确、相互衔接、权责一致的中小学教师专业发展体系。全面落实教师全员培训制度，推进学分管理，按需精准施训，提高培训实效。二要深入实施乡村教师支持计划，加强农村教师队伍建设。继续实施"高校毕业生到农村从教上岗退费"政策，建立聘用优秀人才到乡村学校任教的"绿色通道"，扩大农村学校紧缺学科教师补充渠道。完善县域内公办义务教育学校教师和校长定期交流轮岗制度，促进教师资源在城乡、学校之间均衡配置。加强珠三角地区与粤东西北地区教师对口帮扶工作。落实提高乡村教师待遇政策，完善山区和农村边远地区学校教师生活补助制度。大力加强乡村教师专项培训。三要深入实施各类教师人才工程，加强骨干教师和高水平教师培养。实施学前教育和特殊教育教师达标提升工程。深入实施中小学"百千万人才培养工程"，加强基础教育名教师、名校长等领军人才和骨干教师培养。实施中小学教师科研能力提升工程，加强中小学教师科研教研能力建设。深入实施职业教育教师素质提升工程，加强专业带头人和"双师型"教师培养；以专业领军人才和"双师型"教师为重点，大力提升职业教育教师专业能力和水平。深入实施高等学校"珠江学者

岗位计划",健全完善高层次人才培养体系。加强学科领军人才和青年拔尖人才培养,培育一批高水平教学科研创新团队。充分发挥教育科研促进教师专业发展作用,鼓励教师开展教育教学研究,改进教学方式和方法,提高教学质量和水平。四要深化改革,完善教师管理制度体系。健全完善教师准入制度,统筹推进中小学教师资格考试和定期注册制度改革。推进教师考核评价制度改革,更加重视教师的师德、教学水平和育人业绩。全面推进中小学教师职称(职务)制度改革。积极稳妥推进义务教育学校教师"县管校聘"管理制度改革和中小学校长职级制。建立保障教师工资福利待遇的长效机制,推进建立教职工定期体检制度。完善教师表彰奖励制度和荣誉制度。健全和完善教师合法权益保障与救济机制。建立健全教师退出机制。

五、全面深化体制机制改革,激发教育发展活力

坚持优化教育体制机制改革的总体设计,完善教育综合改革方案,健全改革推进机制,体现问题导向,突出改革重点。一要加快推进教育治理体制改革。按照"放管服"改革的精神,继续推进简政放权,深化管办评分离,加快形成政府依法治理、学校依法自主办学、社会各界依法参与和监督评价的教育公共治理新格局,构建有效支撑教育现代化的教育治理体系。要优化学校内部治理结构,打通权力下放的"最后一公里"。确保学校接得住、用得好办学自主权,让广大师生有真真切切的获得感,推动形成学生主动学习、教师敬业爱岗的生动局面。二要加快推进办学体制改革。遵循供给侧结构性改革精神,加大优质、特色、多样化的教育供给。要落实新修订的《中华人民共和国民办教育促进法》(以下简称《民办教育促进法》)《国务院关于鼓励社会力量兴办教育促进民办教育健康发展的若干意见》和民办学校分类管理有关规定,研究制定我省实施办法,出台非营利性、营利性民办学校差别化扶持政策,特别是在政府补贴、购买服务、助学贷款、基金奖励、捐资激励、土地划拨和教师队伍建设等方面,加大对非营利性民办学校支持力度,鼓励社会力量和民间资本提供多样化教育服务,满足社会多层次教育需求。三要加快考试招生体制改革。按照创新驱动战略对人才的需求,遵循积极稳妥原则,推进考试招生制度改革,探索建立分类考试、综合评价、多元录取的考试招生制度。制定《广东省高中阶段学校考试招生制度改革的实施意见》,开展高中阶段学校考试招生制度综合改革试点,推进中考改革。研制我省高考综合改革方案,有序推进高考综合改革。加快推进高职院校分类考试招生工作,促进高职院校科学选拔人才。完善和深化综合评价选拔制度改革,满足高校多元化的人才选拔要求,探索建立科学的人才评价体系。四要加快构建教育对外开放新格局。巩固扩大教育对外交流成果,以开放拓展资源、促进改革,深化教育国际及港澳台交流合作。继续推进引进世界知名大学来粤合作办学,加快建设一批高水平合作办学机构和项目,重点支持广东以色列理工学院、深圳北理莫斯科大学建设,加强国际化人才培养和国际理解教育工作,推动基础教育对外交流合作。巩固和深化粤港澳在基础教育、职业教育、高等教育的交流与合作,推进粤港澳姊妹学校交流计划。做好教育涉外监管工作。

六、强化组织保障,凝聚教育改革发展合力

要圆满完成2017年的各项工作部署,必须持续加强组织领导、加大财政投入、强化督查指导和凝聚发展合力。一要加强组织领导。全面加强党对各级各类学校的领导,牢牢掌握党对教育工作的领导权,使教育战线成为坚持党的领导的坚强阵地。高等学校要加强和改善党委领导下的校长负责制,中小学要健全中小学党建工作体制,民办学校要确保正确的办学方向。加强党风廉政建设,落实从严治党要求。按照新出台的准则和条例要求,推动教育系统各级党委肩负起管党治党的主体责任。二要加强依法治教。加快完善地方教育法制体系,在学校安全、教育督导等方面有法可依。各级政府及其有关部门要不断提高依法治教意识,做到重大教育改革于法有据、重大教育决策遵循程序。教育系统特别是高等学校,要在一些敏感问题上打起十二分精神,加大引导、及时应对,坚决杜绝引发影响教育秩序和社会稳定的事件。三要加强政策配套。发展教育需要各级党委政府、各部门的共同努力,教育、规划、财政、人社、建设、国土、编制等各有关部门必须树立大局意识、全局观念,形成工作合力。按照全面深化改革的系统性、整体性、协同性的要求,推进教育改革的各项措施要同向发力、政策配套要系统集成。在加快教育发展的资源配置方面,劲往一处使、力往一处用。四要加强督查指导。完善督导评价机制,提高教育决策的执行力。建立健全教育事业发展总体综合评价机制和专项督导评估

机制，加强对教育"创强"、推进教育现代化和高等学校创新强校等中心工作的督导评估。落实国务院教育督导委员会《中小学（幼儿园）安全工作专项督导暂行办法》，重点对学生安全工作开展专项督导，提高校园安全防范水平。充分利用督导检查和审计的结果，完善激励机制、问责机制，推动建立教育改革发展保障体系和长效机制。五要加强舆论引导。建立教育改革发展的社会参与和社会评价机制，合理引导社会预期，寻求最大公约数，调动全社会一起为教育改革出谋划策，营造有利于教育改革发展的社会环境和氛围。及时总结教育改革发展成果，广泛宣传典型、推广成功经验，扩大影响、营造氛围，提高广东教育的国际国内影响力。

同志们，2017年我省教育改革发展的任务艰巨、影响深远、使命光荣。希望各地、各有关部门和全省教育系统广大教职员工认真贯彻落实中央和省委、省政府的决策部署，振奋精神，鼓足干劲，撸起袖子加油干，全力以赴确保教育改革发展取得新成效、再上新台阶，为加快建设教育强省、人才强省和创新驱动发展先行省，实现"三个定位、两个率先"目标做出新的更大贡献。

新春佳节即将到来之际，在此给大家拜个早年，恭祝大家新春快乐、工作顺利、身体健康、阖家幸福！

谢谢大家。

在全省高校领导干部暑期读书班上的讲话

广东省人民政府副省长　黄宁生

（2017年8月24日）

同志们：

今天，很高兴在全省高校领导干部暑期读书班上跟大家见面。我到省政府工作后，这是第一次近距离地与这么多高校的领导干部坐下来交流探讨。由于我刚分管这一块工作，高校又正值放假期间，还没有专门走访调研，所以今天主要是同大家交流我对推进高等教育事业发展的一些思考。这里，我主要谈三个问题。

一、认真贯彻落实全国高校思想政治工作会议精神和省第十二次党代会精神，进一步加强高校党建和意识形态工作

2016年底，党中央召开了全国高校思想政治工作会议，习近平总书记出席会议并做了重要讲话。习近平总书记的重要讲话深刻回答了培养什么样的人、如何培养人以及为谁培养人这个根本问题，覆盖了高校教书育人、科学研究、社会服务、文化传承创新等各个方面。为加强和改进我省高校思想政治工作，2017年7月，胡春华书记亲自主持召开全省高校思想政治工作会议并做了重要讲话。希望大家把学习贯彻全国、全省高校思想政治工作会议和习近平总书记重要讲话精神与省第十二次党代会精神充分结合起来，引领高校思想政治工作向纵深发展，确保学校政治安全稳定。

（一）全面落实从严管党治党主体责任，充分发挥学校党委领导核心作用

要坚持党对高校的领导。牢牢把握社会主义办学方向，全面贯彻党的教育方针，不断巩固马克思主义在高校的指导地位，切实增强道路自信、理论自信、制度自信、文化自信。要坚持学校发展与我国发展的现实目标和未来方向同步，自觉为人民服务，为中国共产党治国理政服务，为巩固和发展中国特色社会主义制度服务，为改革开放和社会主义现代化建设服务，保证高校始终成为培养社会主义事业建设者和接班人的坚强阵地。要加强和改进高校党的建设。坚持和完善党委领导下的校长负责制和民主集中制，不断完善决策机制和议事规则，不断加强高校党的基层组织建设，严肃规范组织生活，加强党员队伍教育管理，积极构建和不断完善上下贯通、相互衔接、务实管用的高校党建制度体系，激发高校党组织的"细胞"活力，进一步巩固党在高校的执政根基。要营造良好政治生态。认真践行党章、党规、党纪，推进"两学一做"学习教育常态化制度化，不断增强"四个意识"，严明政治纪律和政治规矩。持之以恒地落实"中央八项规定"精神，坚定不移地推进正风反腐，以零容忍态度惩治腐败，推动作风建设从集中整治向常态治理深入。着力规范教育管理行为，净化教书育人环境，努力营造风清气正的政治生态和良好的育人环境。

（二）全面加强高校意识形态阵地建设，不断巩固马克思主义在意识形态领域的指导地位

要加强马克思主义学院建设。以推进马克思主义学院建设为重点，深入学习马列经典著作，加强马克思主义理论学科建设和基础理论研究，深刻理解马克思主义的真谛，掌握马克思主义的立场、观点和方法。特别是把握在当代中国马克思主义理论中体现的共产党执政规律、社会主义建设规律和人类社会发展规律，引导广大师生牢固树立坚定的马克思主义信仰，在任何时候任何情况下都始终保持坚定的政治定力和战略定力，把马克思主义学院建设成为马克思主义理论教学、研究、宣传和人才培养的坚强阵地。要推进思政课建设改革创新。进一步深化中国特色社会主义和中国梦教育，推动中国特色社会主义理论体系进教材、进课堂、进头脑，培养又红又专、全面发展、德才兼备的高素质人才。培育和践行社会主义核心价值观，引导广大师生做社会主义核心价值观的坚定信仰者、积极传播者、模范践行者和党执政的坚定支持者。坚持以马克思主义为指导，严把哲学社会科学类教材编审关，加快构建中国特色哲学社会科学学科体系和教材体系，推出更多高水平教材，让大学所有课程既传递知识，更担负起立德树人的重要使命。借助创设思政课名

师工作室、名辅导员工作室等示范引领平台和思政课教师学习培训平台作用，提升思政工作队伍能力和水平。要加强宣传舆论阵地建设管理。主动适应分众化、差异化的传播趋势，结合高校受众群体实际，坚持正面引导，加快构建舆论引导新格局。针对网络媒体发展的新形势，推动成立广东高校新媒体联盟，加强新媒体监测和舆论引导，强化校园网络安全管理，努力打造良好网络舆论生态。加强校园文化建设，注重中华优秀传统文化、革命文化和社会主义先进文化的研究、阐释和宣传，坚持以文化人、以文育人，培养优良校风和学风；广泛开展文明校园创建，组织积极、健康、高雅的校园文化活动，形成积极向上的思想氛围，努力把高校建设为实现中国梦的思想库、人才库和能量库。

（三）全面排查政治工作安全隐患，确保学校政治安全稳定

要明确排查责任。学校党委和基层党组织要切实承担起政治安全隐患排查的主体责任，辅导员和党团干部要承担起具体责任，着力构建全方位的责任体系，层层设防，步步为营，压实责任，确保政治安全隐患排查任务落到实处、追责到人。学校主要领导要亲自研究部署，亲自组织指导安全隐患的排查工作，突出事前预防，注重矛盾化解，力求防患于未然。要突出排查重点。在坚持全面排查的基础上，重点对高校意识形态工作责任制、课堂教学管理、境外原版教材选用管理、讲座论坛管理、涉外交流合作管理五项制度的贯彻情况，对高校论坛管理责任制、教材管理责任制、课堂教学管理责任制、校园网络安全管理责任制、涉外资金和资助项目管理责任制以及党团组织建设工作责任制六项责任制的落实情况，对有关香港不稳定因素"倒灌"、美西领馆渗透、高校政治重点人活动、境外非政府组织渗透、网络渗透、宗教渗透、同性恋敏感群体活动七类高校防范重点执行情况进行彻底排查。对查出的有关安全隐患要详细记录，并制订针对性整改计划，及时推进工作整改。要推动专项整治。根据排查发现的情况，开展政治安全专项整治，做到边排查边整改，以排查促整改。对排查中发现的安全隐患要明确整治责任，落实到人，限期整改到位，切实做好安全隐患的预防、化解和整改工作。

二、全面提升高校创新能力，服务支撑创新驱动发展战略实施

2017年4月，习近平总书记对广东工作做出"四个坚持、三个支撑、两个走在前列"的重要批示，希望广东为全国实施创新驱动发展战略提供支撑。希望广东高校认真贯彻党中央、国务院以及省委、省政府决策部署，把全面提升创新能力摆在高校综合改革发展的核心位置，牢记使命，把握机遇，不断提升创新能力，为实施创新驱动发展战略和建设创新型国家贡献力量。

（一）着力构筑政产学研协同创新体系，提高科技创新能力

要以资源协同激发创新动力。各高校要从整合、盘活、利用内部和外部资源入手，以学科交叉融合为导向，瞄准学科发展前沿，与科研院所、行业产业企业、政府建立合作关系，努力构建协同创新战略联盟以及政产学研用一体化合作平台，引导师生承担、参与国内外的合作研究计划和联合攻关项目，夯实协同创新的基础。要积极构建资源共享体系，利用云计算、物联网等新技术手段，以资源拓展延伸为方向，建设跨学科、跨部门、跨区域、多层次、全方位、立体式的教育教学、科技创新等优质资源共享平台，充分发挥各个协同创新主体的优质资源作用，为高校创新提供可持续的资源保障。要以锐意改革凝聚创新合力。坚决破除体制机制上的束缚和障碍，充分释放和激发创新要素的活力，与协同创新各个主体协调配合、同向用力，共同打造在某个领域、某个学科、某个行业的卓越地位，努力实现优势叠加或互补。在协同创新各个主体之间探索建立人、财、物有序流动和合理调配运行机制，将协同创新平台打造成为创新创业领军人才、科技创新团队的集聚地、培育地。加强协调，畅通协同创新各个主体之间的沟通渠道，真正产生"1+1＞2"的效用，实现各自利益的最大化，最终形成协同创新的长效机制。要以制度保障提升创新能力。加强协同创新科研人才聘用、管理、考核及职称评审、聘任等制度建设，构建健全完善的人事管理制度体系，促进协同创新科技队伍的深度融合和结构改善，将高校建设成为人才培养、人才服务、人才集聚的高地。建立健全科研项目培育、遴选、评审、检查、评估等科学研究综合管理制度，充分调动科技人才主动参与项目研究的积极性、创造性。探索建立深度融合的协同创新、科研成果转化或合作开发、科研资源配置与共享、科研成果收益分配与共享等制度，切实构建起政产学研一体的协同创新制度体系，为提升协同创新能力提供制度保障。

（二）努力营造良好的科技创新环境，激发师生创新创业热情

要深化科研体制机制改革。各高校要认真贯彻

党中央、国务院和省委、省政府关于深化科研体制机制改革的决策部署，结合各自实际和办学优势，勇于打破学校科研创新体制机制上的障碍和瓶颈，研究好、领会好、使用好政策优势，用好办学自主权，尊重科技创新规律，推动学校内部科研体制机制改革，释放高校科研人员内生动力，产出高质量的科研成果，更好服务经济社会发展。要建立健全基础研究投入保障机制，加大基础研究力度，提高高校原始创新能力。加强创新平台建设，完善创新平台体系，更好服务国家重大战略需求。要完善科技人员考核评价体系。推进科技评价重点从以论文、成果数量为主向以研究质量、原创价值、推广应用和实际贡献为主转变，从比较关注短浅快的评价向更加注重成果转化和历史性评价转变，建立以能力和贡献为导向的评价和激励机制，提高科技评价科学性，真正激发科研人员的活力。要探索推进高校科技评价改革试点，重点引入行业、企业及政府机构等评价主体，构建开放多元的考核评价体系。要以质量和贡献为核心推进分类评价，建立基础研究、应用研究、技术开发以及成果转化等科研业绩等效评价机制，有效破除"重数量、轻质量""重论文、轻专利""重课题、轻转化"的评价导向。要引导推进科研诚信体系建设，建立学术诚信机制，加强学术道德舆论监督，严厉打击学术不端行为。要鼓励师生创新创业。支持教职工立足岗位、结合实际，探索创新创业之路；允许大学生（含研究生）保留学籍，休学在粤从事有利于促进科技成果转化和技术转移的创新创业活动，共同营造"大众创业、万众创新"的生动局面。积极搭建技术转移和科技成果转化、创业企业孵化、创新创业人才培养、产学研深度合作的创新创业平台，设立创新创业基金，加大对师生自主创业资金支持力度。加强创新创业导师队伍建设，加强大学生创业引领指导，为创新创业学生提供高质量辅导。加强校园创新创业文化建设，努力营造敢为人先、敢冒风险、宽容失败的氛围环境。

（三）扎实推进科技成果转移转化，提升社会服务水平

要完善科技成果转化工作机制。扩大和落实高校自行处置科技成果转移转化自主权，自主确定科技成果转化收益分配比例，切实促进科技成果产业化、资本化。制定实施高校教师分类评价制度，将专利创造、标准制定及成果转化作为可与学术论文和科研项目等效的高校教师职称评审、绩效评价、考核激励的重要依据，建立教学、科研以及成果转化等业绩等效评价的机制。激活人才活力，完善科技成果的产权保护和转移制度，提高科技成果尤其是专利的利用率，增强科技人员的成就感。要构建高校科技成果转化服务平台。利用现代信息技术，搭建面向全省高校和企事业单位科研创新信息对接平台，促进科研创新供需双方的有效交流与对接。鼓励有条件的高校以多种形式成立技术评估机构、创新服务机构和技术经纪机构等技术成果转移服务机构，为企业联系知识产权公司或事务所，帮助其进行科研成果转让，并能有效解决相关法律问题。鼓励支持在高等院校创建孵化器、技术转移中心，结合当前"双创"工作打造各类创客空间、众创空间等新型创新平台和成果转移转化平台，为科技成果转化提供更多贴近资本和市场的专业化服务平台。要建立健全资金投入机制。大力发展创业投资，培育发展天使投资人和创投机构，支持高校科技成果转化。加大金融扶持力度，鼓励开展知识产权质押贷款、股权质押贷款等贷款业务，为科技成果转化提供金融贷款支持；鼓励政策性金融机构推进金融创新，鼓励保险机构开发符合科技成果转化特点的保险品种，为科技成果转化提供金融支持和保险服务。拓宽融资渠道，完善多层次资本市场，支持企业通过股权交易、依法发行股票和债券等直接融资方式为科技成果转化项目进行融资，鼓励创业投资机构投资科技成果转化项目。

三、抓好"双一流""双高""省市共建""创新强校工程"等工作，全面开创高等教育事业发展新局面

习近平总书记指出，要全面贯彻党的教育方针，遵循教育规律，以立德树人为根本，以中国特色为统领，以支撑创新驱动发展战略、服务经济社会为导向，推动一批高水平大学和学科进入世界一流行列或前列，提升我国高等教育综合实力和国际竞争力，培养一流人才，产出一流成果。我们要抓住国家推进"双一流"大学建设的重要机遇，全力抓好高水平大学、高水平理工科大学建设，积极推进省市共建本科高校工作，持续推进高等教育"创新强校工程"，全面提高我省高等教育质量和水平。

（一）全力聚焦学科专业建设，提升学校核心竞争力

要优化学科专业顶层设计。各高校要牢固树立"大学科"建设理念，探索组建跨学科、多层次、高起点的学科群，把人才培养、科学研究、队伍建设与创新平台建设、学术环境建设、学术管理、社

会服务等纳入学科建设大系统，形成学科建设的系统工程。探索广东特色"新工科"发展模式，科学规划布局"新工科"建设，实现从以学科为导向转向以产业需求为导向，从专业分割转向跨界交叉融合，从适应服务转向支撑引领。努力构建学科专业动态调整机制，以产业需求建专业，构建工科专业新结构，推动现有工科交叉复合、工科与其他学科交叉融合、应用理科向工科延伸，培养具有创新创业意识、数字化思维和跨界整合能力的"新工科"人才。尊重学科发展和专业建设规律，处理好理科和工科的关系，加大理工科学科专业建设，培养和造就大批高素质理工科拔尖创新人才。要强化学科专业资源优化配置。引导高校优化自身学科专业布局，厚实学科专业基础，推动学科专业建设上水平、提质量。发挥经费投入的"导向"作用，新增经费投入要瞄准学科和专业，以学科专业建设的绩效为依据，在公平竞争中充分体现扶优、扶特、扶需，逐步实现从对学校拨款向对学科和专业拨款的转变。发挥高考的"指挥棒"作用，积极探索推进高考招生制度改革，增强招生计划编制科学性，推动高考录取从目前按学校录取向按专业录取转变，及时向社会公布各学校专业录取分数，接受社会和群众的评议，引领和促进学校加强学科专业建设。发挥就业的"晴雨表"作用，通过提升学生就业率和就业创业质量，倒逼学校改进专业设置，提升专业水准，更好促进学科专业建设。要推进学科创新特色发展。突出学科建设重点，善于从学校优势学科发展方向着力，通过大力引进高端人才、抓住国家战略需求和深化国际交流合作等多个途径实现学科异军突起。坚持有所为有所不为，特别是地方高校，在学科专业建设中要根据自身定位、办学历史、基础条件和现有学科专业结构，集中有限的人力、物力和财力，坚持打造一批具有明显优势和特色、为社会广泛认可、能有效支撑本地区经济社会发展的重点、特色学科专业。

（二）加快高层次人才引进培养，立足高端引领打造一流师资队伍

要加快推进以师资队伍为重点的人事制度改革。根据事业发展、学科建设和队伍建设需要，自主公开招聘人才，自主设置岗位和内设机构，完善用人管理，依法保护教师合法权益。要积极探索科研人员聘用机制改革，鼓励高校自主设立科研岗位，建设相对稳定的高校科研人才队伍。要围绕职称评审权下放，加强职称评审制度建设，改进职称评审办法，分类推进职称制度改革，按照不同学科领域、不同研究类型，建立分类评价标准，提高职称评价的针对性和科学性。推进内部薪酬分配改革，完善收入分配激励机制，重点向关键岗位、贡献突出人员倾斜，实现一流人才，创造一流业绩，获得一流报酬。要积极引进国外一流人才。研究制定引进高层次人才特别是海外高层次人才管理办法，进一步明晰和落实相关优惠政策，增强高校对海外高层次人才的吸引力。构建面向全球的人才选聘机制，以理工科专业和学科为重点，提高海外人才引进的质量和匹配度，广纳海外优秀人才。大力开展国际交流合作，重点引进境外一流人才、一流团队和一流的科技成果，形成一批致力于世界科技前沿、满足国家重大战略需求的顶尖科学家、学术领军人物和优秀创新团队。要加强中青年教师培养。把中青年教师的培养和使用作为教师队伍建设的重中之重，优化中青年教师成长发展、脱颖而出的制度环境。加强高水平中青年骨干教师培养和人才梯队建设，创新教学团队和科研团队的管理模式和资源配置方式，组织以学科群、专业群为基础的高层次人才培养和科学研究协作体系。优化实施高校各类人才培养计划，面向创新发展需要，突出培养一线创新人才、青年科技人才和高技能人才；努力打造进出顺畅的"旋转门"，促进人才在企业与高校、科研机构间双向流动，促使高校人才投身发展一线创新创业的机制更灵活、渠道更畅通，切实推动中青年教师成长成才。

（三）引领高校分类发展，促进高素质拔尖创新人才培养

要推动高校分类发展。按照"双一流"大学、高水平大学、高水平理工科大学、应用型本科高校、高职院校等建立高校分类体系，全面提升全省各类高校教学、科研、人才培养、社会服务和文化传承创新能力。紧紧围绕世界尖端科技，紧盯建设目标任务，加快推进"双一流"和"双高"大学建设，推动广东高等教育迈进全国前列。推进普通本科高校转型发展，充分发挥省市共建高校模式和各项优惠政策，加强对普通本科高校发展路径的引导，鼓励、督促转型高校结合区域和地方实际需求向应用型高校转变，加快建设高水平应用型大学。对接教育部优质专科高等职业院校计划，加快推进广东一流高职院校建设，深化校企合作，扩大校企融合度、黏合度。要探索实施高端国际化教育。加强与世界一流大学和学术机构的实质性合作，将国外优质教育资源有效融合到教学科研全过程，开展高水平人才联合培养和科学联合攻关。把握"粤港澳大湾

区"建设带来的新机遇，进一步开拓合作空间，促进粤港澳高校开展广泛交流合作，建立人才协同培养体系，打造更具活力和国际影响力的南方高等教育新高地。积极参与国际教育规则制定和国际教育教学评估、认证，切实提高我国高等教育的国际竞争力和话语权，树立中国大学的良好品牌和形象。要创新高素质人才培养。推进现代信息技术与教育教学深度融合，全面深化学分制改革，推行弹性学制，放宽学习年限，建立健全灵活多样的学习制度和人才培养体系。支持高校与有关部门、科研院所、行业企业建立协同育人机制，促进协同培养人才制度化。加强研究生教育，积极推进研究生分类培养体系建设，优化研究生学位类型结构，强化研究生导师职责，保证研究生培养质量，培育一大批适应经济社会发展需要的管理者、工程师、企业家和研发人才。积极推进个性化培养，扩大学生学习自主权、选择权，鼓励学生跨学科、跨专业学习。探索建立书院制等师生交流研讨平台，加强教材和实训基地建设，引导学生积极参加课题研究和社会实践，增加知识的深度、广度。努力构建全方位、多层次的创新创业教育工作体系，把创新创业教育贯穿人才培养全过程，培养学生创造意识、创新精神和创业能力。

同志们，因时间关系，我就讲这么多。接下来，希望大家紧紧围绕习近平总书记对广东工作重要批示精神，以高度的政治责任感和使命感，开拓进取，务实创新，全面开创我省高等教育事业发展新局面，为我省加快建设教育强省、促进经济社会平稳健康发展做出新的贡献，以优异成绩迎接党的十九大胜利召开！

谢谢大家。

在省市共建本科高校工作推进会上的讲话

广东省人民政府副省长　黄宁生

（2017年9月20日）

同志们：

今天，我们在这里召开省市共建本科高校工作推进会，主要任务是贯彻落实省委、省政府关于推进省市共建本科高校的部署要求，总结前一阶段工作，研究部署下一阶段工作。刚才，邢锋同志通报了推进省市共建本科高校工作的总体情况，专家组反馈了对各共建高校总体规划和改革方案的论证意见，各地市代表介绍了本市推进省市共建工作有关情况。大家讲得很好，我都赞同。希望各地、各有关部门、各高校认真贯彻落实这次会议精神，切实抓好省市共建高校各项工作，推动我省教育改革发展再上新水平。

推进省市共建本科高校，是加快提升我省本科高等学校综合办学实力的重要举措，也是增强我省高等学校服务地方经济社会发展功能的重要抓手。2016年以来，省委、省政府紧紧围绕实施创新驱动发展核心战略，出台实施《广东省推进省市共建本科高校实施方案》，不断丰富完善共建高校各项总体规划及改革方案，推动省与9个市11个共建高校项目顺利启动实施，取得了明显成效。突出表现在3个方面：一是在重点学科建设方面，2017年1—7月，共建高校合计新增省级重点学科达33个，增幅达173.7%。二是在人才队伍建设方面，新增国家级人才（团队）15人（个），超过2016年全年总数的87.5%；新引进具有博士学位专任教师201人，超过2016年全年总数的23.3%。三是在科研方面，签订科研成果转让合同38项，已达2016年全年总数的70.4%，为推动我省经济社会平稳健康发展做出了积极贡献。

但同时，我们也要清醒地看到，我省省市共建高校工作还存在一些问题和薄弱环节，除了刚才专家组反馈的5类共性问题外，还体现在以下6个方面：一是管理手段和管理模式不够科学。对高校的管理手段偏细，高校难以真正自主办学，转变政府职能有待提速。一些地市没有真正理解和落实"放管服"改革的要求，仍按行政管理模式管理高校，把高校当作下级行政部门进行管理，对高等教育的专业性缺乏了解，该管的没有管起来，不该管的管得过细。二是政策"落地"见效慢。一些部门、地市和高校对国家、省出台的支持高等教育改革发展的政策理解把握不到位，未能准确传达并要求一线管理和教学科研人员加以贯彻落实，缺乏可操作性强的配套措施，导致在人才引进、教师住房、基建审批、成果转化等方面仍存在统筹协调不够等问题，部分高校和科研人员处于观望状态，政策红利未能充分释放。三是改革创新动力不足。部分高校的领导班子对建立现代大学制度的认识不深，对制度设计关注不够；官本位思想仍较为严重，学术主导的氛围和环境未能完全建立起来；部分高校重"完成现阶段任务指标"、轻"解决历史遗留问题"，求稳怕乱，在人事制度、科研体制机制、学科专业动态调整机制等关键改革环节缺乏魄力，对一些长期存在的体制机制障碍"绕着走"，难以有效激活学校内部办学活力。四是学科建设思路不够清晰。部分共建高校视野不开阔，理念比较保守，对学科进行系统梳理、调整和对传统学科进行改造的力度偏弱，未能在学科建设领域实现目标引领、科学谋划。学科发展的方向不够明确，部分共建高校在推进学科建设工作中"自说自话"，学科建设与地方经济社会发展存在"两张皮"现象。五是人才队伍建设有待加强。共建高校办学基础相对薄弱，学科平台层次较低，大多数没有硕士学位授予权，且多处于经济欠发达地区，缺乏灵活优惠的引人用人政策环境，对高层次人才吸引力不强。获博士学位的教师比例偏低，11所共建高校的专任教师中获博士学位的比例仅19.7%，远低于全省本科高校平均水平（40.6%），教师队伍整体水平亟待提高。六是资金投入有待规范。部分地市在共建协议中没有明确市财政支持学校内涵建设的资金投入，存在以土地和资产划拨代替资金投入的情况，造成学校内涵建设"无米下锅"，制约学校办学水平和创新能力的有效提升。省财政资金下达到市级财政后，部分地市未

及时转拨给共建高校，影响了高校建设项目实施进度。对此，我们要高度重视，采取有力措施认真加以解决。

当前，我省正处于决胜全面建成小康社会、开启建设社会主义现代化新征程的关键阶段。推进省市共建高校各项工作，对于推动基础相对薄弱地区高等教育发展、汇聚各方资源提升地方高校办学水平、加快教育强省建设都具有十分重要的意义。下一步，全省各有关地市、部门和高校要按照省委、省政府的决策部署，推动我省省市共建高校工作再上新台阶，具体要重点抓好以下5个方面工作。

一、切实深化"放管服"改革

各地、各有关部门要认真贯彻《教育部等五部门关于深化高等教育领域简政放权放管结合优化服务改革的若干意见》和《关于广东省深化高等教育领域简政放权放管结合优化服务改革的实施意见》，着力理顺政府和高校的关系。一要推进简政放权。在学科专业设置、高校编制及岗位管理、进人用人、教师职称评审、薪酬分配、经费使用管理等方面，减少对高校具体事务的干预，进一步扩大高校自主权。要参考省对高水平大学建设高校的支持方式，按照循序渐进、权责统一的要求，把事权、人权、财权下放给高校，让高校自己决定"做什么"和"怎么做"。二要强化监管责任。把工作重心从注重事前审批向注重事中和事后监管转变，通过制定规范和标准，加强对高校工作的监管考核，确保高校对下放的自主权接得住、用得好。要着重从加强党对高校的领导、加强高校制度建设、强化绩效考核、强化审计监督、强化信息公开与社会监督等方面，加强高校办学行为的监管。三要提升服务水平。省教育厅要主动加强与教育部的沟通，积极争取教育部支持广东先行先试开展改革探索，为省内高校在招生计划、培训交流、对口帮扶、学科专业设置等方面争取更大政策空间。有关职能部门和地方政府要在教师住房、校企合作、后勤保障等方面加强协调与服务，为高校汇聚创新团队、全面对接和服务我省经济社会转型发展创造有利条件。

二、建立健全现代大学制度

与政府部门深化"放管服"改革相对应，共建高校必须深化体制机制改革创新，建立健全现代大学制度，加快实现治理能力和治理体系现代化。一要坚持和完善党委领导下的校长负责制。积极探索建立理事会、董事会等形式的法人治理结构，构建党委领导、校长负责、教授治学、社会参与、依法治校的制度体系和运行机制。二要承接好政府下放的自主权。在吃透国家和省有关改革政策的基础上，加大自身体制机制改革力度，在政策红线内大胆探索，抓住用好政府下放的自主权，积极推进人事、教学、科研、资产、财务与后勤制度改革，有效兑现政策红利。三要营造浓厚的学术氛围。克服官本位思想，培育营造学术主导、学术优先的环境和氛围，保障学术组织相对独立行使职权，让教授在学校治理中有更大话语权，体现尊重知识、尊重人才。四要深化对外交流合作。积极开展国内外科研合作和学术交流活动，探索建设高质量的中外合作办学项目和特色学院，不断提高国际化水平和国际竞争力。

三、加快学科建设发展

共建高校要围绕区域经济社会发展需求，优化学科布局，构建支撑能力更强的学科体系。一要调整优化学科专业结构。主动适应区域发展和产业升级的需要，加强与地方经济、科技等部门沟通协调，调整优化学科专业结构，打造一批既特色鲜明又服务区域经济社会发展的学科专业，提高理工科学科专业比重和办学实力。突出应用型人才培养定位，大力改革课程体系和结构。二要注重特色发展。坚持有所为有所不为，注重错位竞争与特色发展，集中有限的人力、物力、财力重点建设一批引领支撑作用突出的重点、特色学科，尽快形成学科专业的比较优势。三要完善科研创新体系。积极探索"高校+研究院+企业"的产学研合作模式，加强与高新区、高新技术企业、新型研发机构、专业镇（园区）和其他知名高校深度合作，打造一批国家级和省部级科技创新平台。构建开放多元的科研考核评价体系，以创新质量和贡献为核心，建立健全适合不同类型学科、科研载体、科研成果、科研人员的分类评价机制。

四、加强高层次人才队伍建设

一要加快推进以师资队伍为重点的人事制度改革。根据事业发展、学科建设和队伍建设需要，自主公开招聘人才，自主设置岗位和内设机构。二要推进内部薪酬分配改革。完善收入分配激励机制，重点向关键岗位、贡献突出人员倾斜，实现一流人才创造一流业绩获得一流报酬。三要加快高层次人才引进。面向海内外大力引进和汇聚一批学科或产业领军人才、学术骨干等，着力加强提供入户、社保、医疗、子女入学、配偶就业、出入境等方面的精细化、个性化服务。四要加强高水平中青年骨干教师培养。积极鼓励和选派教师到国内外高水平大学访学进修，到研究机构和企业一线参与科研实践和技术研发。

五、切实加强组织保障

一要加强组织领导。建立健全省市联动工作机制，加强统筹协调，及时研究解决共建过程中的重大问题。省教育厅要加强统筹规划，会同有关省直部门加大对共建高校的支持力度，在制定具有普遍影响的政策措施、解决带有共性的问题上发挥牵头协调和业务指导作用。省直各部门要加大政策扶持力度，形成推动工作的强大合力。各地要落实"放管服"改革要求，为高校创造良好的政策环境和发展空间。各高校要履行共建发展的主体责任，主要负责同志要亲自抓、负总责，用好用足政府下放的自主权。二要加大投入力度。有关地市政府要按共建协议，将本市共建资金列入年度预算，全面兑现对共建高校的经费支持和政策支持的各项承诺，确保支持资金在共建期间足额下达至各共建高校。除共建协议有明确约定外，不得以划拨土地、资产等其他形式顶替资金安排；不得以省财政其他专项资金抵扣本应由本级财政安排落实的资金。省财政厅要进一步优化财政资金划拨和使用方式，保障有关高校能够高效、规范地使用资金。三要强化监测评估和督查。省将定期对各地市落实《广东省推进省市共建本科高校实施方案》以及共建协议的情况进行监测评估，适时对政策落实情况和配套措施制定情况开展专项督查，确保工作落地见效。

同志们，省市共建本科高校工作是一项系统工程。希望各地、各有关部门和各高校以习近平总书记"四个坚持、三个支撑、两个走在前列"的重要批示精神为统领，认真落实中央和省委、省政府的决策部署，切实增强工作责任感、使命感和紧迫感，抢抓机遇，狠抓落实，不断提升省市共建高校的办学水平和服务能力，以优异的成绩迎接党的十九大胜利召开！

在 2017 年广东省学位委员会第二次全体委员会议上的讲话

广东省人民政府副省长　黄宁生

（2017 年 10 月 23 日）

各位委员，同志们：

今天，我们在这里召开广东省第六届学位委员会第二次全体委员会议，主要是研究和审议有关事项。刚才，我们审议推荐了自主审核单位、新增博士硕士学位授予单位和学位点以及学位点动态调整名单。今天会议时间不长，内容丰富，意义重大，开得很成功。

做好学位授权审核工作，是推动我省学位管理和研究生教育工作的重要抓手。会前，广东省学位委员会办公室（以下简称省学位办）介绍了我省 2017 年学位授权审核工作的总体情况，谈得很好，我都赞同。我省今年学位授权审核工作有 4 个亮点：一是准备工作充分。在国家学位授权审核工作启动之前，省学位办就开展了摸底调研工作，在全面分析我省学科建设现状及问题的基础上，按照提升办学层次、优化学科结构、服务发展需求的原则，研究制定了这次审核工作方案、申报指南和评议原则，为我省 2017 年学位授权审核工作打下良好基础。二是材料核查扎实。2017 年国家学位授权审核的一大改革就是以"基本条件"为申请标准，为确保新增学位授权点满足"基本条件"，先后对申请材料进行了三轮核查。不符合"基本条件"的新增学位点坚决不上报，对把握不准、存在质疑的材料，提交专家进行评议，有力确保了新增学位点的材料质量。三是专家评议严格。先委托教育部学位中心组织同行专家进行通讯评议，再分 5 个小组进行专家组评议，比教育部规定动作增加了一轮评议。特别是在专家组评议中实行回避制，评委都是外省知名专家且绝大多数是国务院学科评议组成员或全国专业学位教育指导委员会委员，评议工作公平公正；同时实行限额评议，不仅博士点实行限额，而且由省里确定的硕士点也实行限额。在这里说明一下，限额不是故意为难大家，而是考虑到送上去的学位点教育部要限额，还要同外省竞争，这样做的目的是最大程度确保我省能上更多的学位点，希望大家回去后要向"落选"的点解释清楚。四是需求导向明确。这次积极支持增列博士学位授权点，优先增列二级申报一级学科学位授权点，重点支持我省重点产业诸如高端装备、电子信息技术、新材料、新能源等领域亟须发展的学位点和专业学位类别，在同等条件下优先推荐、予以倾斜支持，需求导向更为明确。

我相信，经过各位专家的辛勤工作，这次学位授权审核的结果，一定能经得起后续的系列检验，一定能得到参评对象和社会的认同以及国务院学位办的认可。在此，我谨代表省政府，对各位专家和工作人员的辛勤付出表示衷心感谢！

借此机会，我就学位管理和研究生教育工作，谈 3 点意见。

一、积极争取政策支持，力争更大突破

研究生教育承担着高端人才供给和科学技术创新的双重使命，是培养高素质人才、实施创新驱动发展战略和加快我省高等教育强省建设的重要支撑。国务院学位办历来对我省学位与研究生教育非常重视，批准我省为开展深化专业学位研究生教育综合改革试点省，支持我省在改革培养模式、加强培养基地建设以及完善管办评分离制度等方面率先进行探索；给予我省研究生招生计划特别支持，在正常年度新增计划的基础上，每年按研究生计划总额 5% 的幅度额外为我省增加招生计划；在 2017 年学位授权审核中，国务院学位办主任李军到广东调研，为南方科技大学申报博士单位打通渠道。国务院学位办在学位与研究生教育方面给予我省大力的支持和政策倾斜。习近平总书记在党的十九大报告中指出"要进一步下放教育的办学自主权"。因此，新增博士、硕士学位点下放到省级政府部门将成为一种可能，各高校不要把精力只聚焦在目前几个博士点、硕士点的"上与下"，而要立足当前、谋划长远，顺势发力、主动作为，积极争取国家部委更多更大的政策支持，为我省在学位授权、研究生招生、高层次人才和产学研合作平台等方面更深入推进改革、更好地服务国家和我省经济社会发展重大需求及创新驱动发展战略的实施。

二、加强内涵建设，不断提升学位授权质量

近年来，我省学位与研究生教育取得了跨越式发展，为国家和地方经济社会发展提供了重要的人才支撑和智力支持，但我们也要清醒地认识到，我省学位与研究生教育整体实力仍不强，可竞争国内一流、世界一流的学科仍然偏少。因此，一方面，要加强已有学位授权点的内涵建设。各高校要以国家"双一流"、我省"双高"以及省市共建高校建设为契机，大力加强已有学位授权点的内涵建设，着力引进一批"长江学者""国家杰青""千人计划"等国家级人才，大力培养一批中青年省部级人才，整合建设一批国家级、省部级科研平台，不断提升我省学科在全国的竞争力；另一方面，要加强新增学位授权点的整体条件建设，各高校要以国家制定的《学位授权审核申请基本条件》为依据，全面提升新增学位授权点的师资队伍水平、人才培养质量、科学研究与服务社会能力，确保3年后有更多的学位点达到申报条件，所有新增学位点能顺利通过国务院学位办组织的专项评估。此外，关于新增学位授予单位的整体条件建设问题，2017年申请的11所高校中，有10所不完全满足申请基本条件。因此，各高校要高度重视单位整体条件建设，切实提升学校专任教师的博士占比、生均经费收入和师均年均科研经费，同时要降低生师比。已有博士硕士学位授权的高校也要加强单位整体条件建设，确保能顺利通过6年一轮的合格评估。

三、主动服务社会需求，优化学位授权结构

通过这次学位授权审核，可能在一定程度上提升了与产业相关的学位授权点比重，新增了医学技术、水利工程、船舶与海洋工程等学位授权点，填补了空白，增加了覆盖度，但这还是远远不够的。接下来，各高校要以学位授权审核动态调整为抓手，瞄准国家及广东省重大战略需求和紧缺人才培养，全面对接创新驱动发展战略，动态调整新增服务于战略性新兴产业、现代服务业和传统产业升级改造等亟需领域及空白领域的学位授权点，切实提高与创新驱动和产业发展相关的学科比重，不断增强高校服务我省经济社会发展的能力。

各位委员、同志们，推动我省学位与研究生教育事业改革发展，责任重大，使命光荣。希望大家认真贯彻落实中央和省委、省政府的决策部署，锐意进取，真抓实干，不断开创我省学位与研究生教育改革发展新局面，为我省加快建设教育强省、高质量全面建成小康社会做出新的贡献！

谢谢大家。

在2017年高校领导干部暑期读书班上的总结讲话

广东省教育厅厅长　景李虎

（2017年8月25日）

同志们：

为期两天的2017年高校领导干部暑期读书班就要结束了。省委、省政府对这次读书班高度重视，省委常委、宣传部部长慎海雄同志，省委常委、组织部部长邹铭同志，省政府副省长黄宁生同志专门出席读书班并做重要讲话，教育部对我省高等教育工作十分关心，高教司司长吴岩、思政司司长张东刚、法规司副司长王大泉专程到会指导并做辅导报告。这次读书班规格高、层次高，通过学习，大家更加自觉把思想认识统一到中央和省委的决策部署上来，更加明晰未来一个时期工作的方向目标、任务要求、思路举措，进一步增强了办学治校的前瞻性和针对性。

结合贯彻落实省领导讲话精神，我在这里再强调4项工作。

一、全力以赴维护高校政治安全，为党的十九大胜利召开营造安全稳定环境

各高校要贯彻落实全省高校思想政治工作会议精神，把维护政治安全作为首要任务和头等大事，坚持"稳中求进"的工作主基调，落实"积极进取、主动作为、化解矛盾、防患未然"的工作要求，着力加强对政治安全风险隐患的排查和化解。

（一）落实责任，加强排查

开学在即，各高校要对政治安全风险隐患进行新一轮排查。学校党委要负起领导责任，党委书记要负起第一责任，班子成员要负起分管责任，院（系）领导要负起直接责任，对学校政治安全隐患进行细致排查，不留死角。要把排查责任落实到岗位、落实到人，该发现的风险隐患没有发现是失职，发现了风险隐患没有及时化解、酿成大错，是渎职。在座的都是第一责任人，高校政治安全"万无一失""一失万无"。

（二）落实责任，严格整治

排查出来的各类风险隐患，必须及时、有效化解。要专人专班，一追到底。对排查出来的风险隐患，要建立台账，按照"一事一策"要求，建立工作专班，明确责任单位和责任人，制定明确的时间表和路线图，确保事事有人管、件件有着落。要建立定期会商研判机制、工作检查督促机制、工作奖励和问责机制，推动排查整治工作落实到位。要分类处置，急缓结合。要对排查出来的风险隐患进行评估，能够短时间内化解的一定要及时化解，不留后患；确实无法在短期内化解的问题，要成立由校领导"挂帅"的专班，研究制订科学、周密的管控方案，密切关注，长期跟踪，一遇苗头性问题立即处置，确保安全可控。要遵循规律，讲究策略。多年的实践经验告诉我们，政治安全工作不可"逞匹夫之勇"，政治安全工作有规律可循，把握了规律，就事半功倍，找不到规律，往往就事倍功半甚至适得其反。

（三）落实责任，保持平稳

这段时间要控制好节奏，把调子放缓，着力保持人心稳、思想稳。慎重出台可能影响学校稳定、社会稳定的重大政策、重大改革，对存在较大争议、可能带来麻烦的政策，要往后放一放，防止引发新的问题。要正确引导心理预期，营造平安祥和的校园氛围。省教育厅将在9月中下旬，结合贯彻落实全省高校思想政治工作会议精神督查，对各高校政治安全工作进行一次全面检查，推动工作更好落实。

二、用好用足我省支持高校改革发展的政策，推动广东高等教育迈进全国前列

省第十二次党代会做出"推动广东高等教育迈进全国前列"的重要部署，为确保完成这一任务，省委、省政府出台了一系列支持高校发展的政策，包括"创新强校工程"、高水平大学建设、高水平理工科大学建设、一流高职院校建设、省市共建本科高校等。与此同时，省财政对高校投入不断加大，生均拨款标准逐年提高，2017年对省属高校的生均拨款共计将近100亿元；先后安排高水平大学建设经费3年共50亿元，高水平理工科大学建设经费3

年共10亿元，现代职业教育综合改革试点省争先创优奖补资金每年约11亿元（含中央奖补资金），"创新强校工程"建设经费每年11.485亿元（其中省市共建高校建设经费每年6亿元，5年共约30亿元）。分类指导、分类建设高水平大学、高水平理工科大学、应用型本科高校、高职院校的格局基本形成，各高校合理定位、突出特色，加快发展的势头良好。

（一）持续抓好创新强校工作

2016年以来，我们认真梳理了"创新强校工程"实施以来的建设情况，印发了《广东省"十三五"高等教育"创新强校工程"总体方案（试行）》《广东省高等职业教育"创新强校工程"（2016—2020年）实施方案》和《广东省"十三五"高等教育"创新强校工程"考核办法》，给"十三五"期间我省高等教育发展确立了新目标和新任务。

"创新强校工程"是我省高等教育的总抓手，要持续抓好、不断深化。

第一，抓好本科高校创新强校工作。近期，我们完成了本科高校"创新强校工程"2016—2017学年考核。从考核情况来看，高水平大学重点项目建设高校组、硕士授权高校组、公办一般本科高校组、民办本科高校组的考核平均得分都比上一年度有所提高，提高幅度为1.65分至4.38分不等。可见，创新强校的建设成效在继续扩大，反映高校办学水平的管理体制机制改革、师资队伍、人才培养、学科建设和科学研究、社会服务、综合管理绩效评价等方面工作的成绩提升。

当然，不少问题也还继续存在。一是高校自主统筹能力还不够，与我们"创新为手段、整合为途径、强校为目的"的原则不符；二是高校体制机制改革突破还不够明显，实质性的改革举措比较缺乏；三是队伍活力不够，推进教师管理制度改革存在畏难情绪；四是本科人才培养比较薄弱，一些高校存在重科研轻教学的现象。

"十三五"期间，我们将继续深入抓好本科高校创新强校工作。一要认真对照每年考核结果，根据查摆出来的问题和不足，做好下一年度的规划和整改。我们将加强对学校指导，进一步完善"创新强校工程"管理办法，改进实施方式，提高建设成效。二要进一步完善体制机制改革。下一步，我们将重点调研深化高等教育领域"放管服"改革实施情况，落实转型发展保障措施。三要面向经济社会发展现实需求，积极调整优化学科专业结构，大力推进专业认证和专业评估，增强人才培养和科技创新的针对性。四要推动重点领域人才培养改革。加强医教协同，深化医学教育改革；完善教师教育联盟运行机制，促进教师教育资源共建共享；实施卓越教师、卓越医生、卓越工程师、卓越新闻人才、卓越农林人才、卓越法律人才等培养计划。五要科学规划专项资金的使用，完善管理制度，认真制订2017年度实施计划，细化2017年省财政补助资金使用方案，我们将加强对高校资金使用管理监督和检查，提高综合管理绩效。

第二，抓好高职院校创新强校工作。我省是高等职业教育大省，学校数和学生数体量大，全省有高职院校87所，位居全国第二，仅次于江苏省（90所），2016年我省全日制专科在校生数、招生数和毕业生数均居全国第一。近几年，我省高职教育在培养技能型人才、服务经济社会发展方面取得长足进步，但同时也存在不少问题。一是基础能力还不能满足人才培养要求，我省具备教育部规定的5个基本办学条件指标全部合格的高职院校仅12所；二是专业发展对产业的支撑能力还有待提高，高职院校理工科在校生仅占40.99%，教育部目录里的401个理工类专业，我省高职院校仅开设了205个；三是产教融合校企合作贴得不够紧，合作企业订单培养人数占全日制高职在校生人数比例仅为3.68%。

高职教育"创新强校工程"将坚持分类指导原则，省里将以A、B、C类规划考核指标评价高职院校创新强校工作，倒逼不同发展阶段高职院校合理定位、错位发展，提高质量、办出特色。从2018年开始，统筹中央财政资金和省财政专项资金，实行综合打包奖补；奖补资金根据"创新强校工程"考核结果等因素，按照"绩效优先、同类竞争"的办法安排，不确定具体项目，不额外提出项目使用的具体要求，将经费使用安排权交给学校，由学校根据自身实际自主安排，统筹用于本校"创新强校工程"建设项目。

我们将继续推进一流高职院校和品牌专业建设。对接国家"优质专科高等职业院校"工作，支持18所省一流高职院校建设单位，探索产教融合、校企合作、协同发展，打造全国一流高职院校。对接国家"骨干专业"建设，在2015年、2016年已开展两批品牌专业遴选的基础上，按照"服务发展、精致育人、强化特色、争创一流"的要求，继续面向我省经济社会发展的重点领域，重点建设若干全国领先、与国际接轨、在世界同领域具有影响力和竞争力的一类品牌专业，重点建设产教深度融合、特色鲜明、水平达到全省一流的二类品牌专业。

（二）深入推进"双高""双一流"建设工作

第一，深入推进高水平大学建设工作。高水平大学是省委、省政府亲自点题、亲自部署、亲自推进的重要工作，是我省实施创新驱动发展战略的重要抓手。两年多来，最突出的成效是体制机制改革效果明显，人才洼地效应初步形成，面向经济社会主战场、服务创新驱动发展战略的积极性空前高涨，自主创新能力显著增强，高水平大学建设成绩喜人。

目前，我们正准备组织对参建高校三年建设成效进行中期考核评估，对整体建设高校和重点建设项目进行动态调整，将部分特色鲜明、在全国同类高校位居前列的学科的院校增加进高水平大学项目建设高校中来。

大家非常关心国家正在推进的"双一流"建设。事实上，我省高水平大学建设就是广东特色的"双一流"建设。这次我省5所进入"双一流"建设候选名单（中山大学、华南理工大学列入一流大学建设高校候选名单，暨南大学、华南师范大学、广州中医药大学列入一流学科建设高校候选名单）的高校都在高水平大学建设行列，说明我们前期的建设思路是正确的。希望各高校持之以恒推进高水平大学建设，争取下一轮更多的高校跻身国家"双一流"。

第二，深入推进高水平理工科大学建设工作。高水平理工科大学建设是省委、省政府继启动高水平大学建设后，针对我们高等教育理工科建设和理工类人才培养短板提出的"补短"实招，效果相当明显。一是形成了分层分类、协同推进的工作格局。初步形成了5所高水平理工科建设高校在前引领、部分理工科本科高校转型发展、众多高校大力发展理工类学科专业，汇聚"政产学研"资源协同实施的工作格局。二是科研创新和服务社会能力大幅提升。高质量的科研成果、发明、专利、科技成果转化率稳步提高。三是理工类学科专业占比有所提高。2016年底，全省理工类本专科在校生占比达到37.89%，比2015年提高了2.4个百分点。四是理工类学科建设水平有效提升。我省现有省级重点学科337个，其中理工类164个，已经占48.7%。五是人才培养质量进一步提高。5所高水平理工科建设高校学生在各类学术竞赛中成绩越来越突出，逐渐擦亮广东省"高水平理工科大学"这个招牌。

2017年5月初，我们在东莞理工学院召开高水平理工科大学建设推进会，总结建设成绩，交流建设经验，提出"探索建立广东特色新工科发展模式"的命题。6月初，我们在佛山召开了高水平大学建设推进会，并将全省高校科技成果转化中心落户佛山，佛山市首期拿出1亿元支持高校科研成果到佛山转化。省第十二次党代会前后，中央媒体、广东媒体对高水平大学建设、高水平理工科大学建设成绩做了集中报道，大家的工作成绩，成为广东教育一道亮丽风景线。

在这里，可以负责任地告诉大家：高水平大学建设、高水平理工科大学建设的政策不会变，资金投入力度只会加强不会削弱，请大家坚定信心，行稳致远。

第三，加强国外人才和智力引进。提高高等教育质量，推动高等教育迈进我国先进行列、"双高"建设、"双一流"建设，关键靠人才。没有人才，一切都是空话。在人才队伍建设上，我们决不能放松，决不能手软，决不能犹豫。

要瞄准世界一流水平、中国一流水平，抓紧引进国际一流人才、一流团队、一流科研成果，广泛开展国际合作。要由单个引进人才的思路向人才、团队、平台、成果引进并举的思路转变。要坚持高端定位。围绕国家"一带一路"倡议、创新驱动发展战略等，立足学校学科专业建设和培养有国际竞争力人才的实际需要，瞄准国际科技前沿、交叉学科和新兴产业，大力引进"高精尖"人才。要构建灵活多样、精准高效的引才引智平台。除了继续组团赴海外招聘人才之外，还要广"撒"纳贤之"网"，如，利用其他行业、部门举办的海外招聘活动，设置教育专区、专场；通过有影响力的海外媒体，发布高层次人才和团队招聘信息；举办高层次的国际学术论坛，搭建与海外人才接触的平台；等等。要创设海外人才施展才华的平台和安居乐业的环境，使海外人才能够实现个人抱负，使他们的专长和我们的需求紧密契合，让他们"人尽其才、才尽其用"。要因校制宜、梯队建设。不同类型高校引进方式和力度可以有所不同，有条件的学校，可以把成熟的一流人才、团队和成果"立体打包"引进来；条件还不具备的学校，可以瞄准"潜力股"，引进来继续培养。

（三）着力解决省市共建高校工作中的问题

省市共建高校是省委、省政府继"双高"建设之后在高等教育领域提出的又一重大抓手，这项工作于2016年12月正式启动，半年多来，总体上进展顺利，省里的实施方案已经印发，有关高校都制订了总体规划和改革方案，正在积极推进。但从近期对有关高校的调研来看，存在的问题还比较多。就高校而言，主要表现在：一是自身发展定位不够

清晰,对学校发展的顶层设计思考不足,与地方经济社会发展结合仍然不够紧密;二是体制机制改革相对滞后;三是引进和培养人才的举措还不够多、效果还不够好,对高层次人才的吸引力不强,学校现有教师投入创新发展和服务地方的积极性还没有调动起来。

从各市看,主要问题包括:一是地市政府没有理解和落实"放管服"改革的要求,对高校放权不够,对高校服务不够;二是地方政府资金投入缺乏刚性要求,缺乏对学校真金白银的资金支持,财政下拨的专项资金不少还沉淀在地级市财政账户上,没有到学校;三是共建工作对接机制还不够完善。

省市共建高校已经列入2017年省政府重点督办事项,省领导高度重视这项工作,近期将召开省市共建工作推进会。省市共建高校要加强与所在市的沟通,该要的政策大胆要,该要的钱大胆要,该做的事情赶紧做,否则年底督办要问责。

三、接好用好高校"放管服"政策,营造办学治校宽松环境

2017年6月底,经省政府同意,省教育厅等五部门联合印发《关于广东省深化高等教育领域简政放权放管结合优化服务改革的实施意见》(以下简称《实施意见》),这是我省贯彻落实教育部等五部委意见,深化高等教育领域综合改革、落实和扩大高校办学自主权的重大举措。这次"放管服"改革范围广,包括学科专业、编制和岗位、进人用人、职称评审、薪酬分配、经费使用6个重要领域;改革力度大,对国家明确要求下放的事项,都不折不扣予以下放,有些事项在现行政策允许范围内还体现了更大的力度,比如我省在绩效工资总量核定基础上比国家更进一步,对学校高层次人才实施了年薪制、协议工资等,可在绩效工资总量之外单列高层次人才分配基金。我们期望通过不断深化高校"放管服"改革,营造出高校办学治校的宽松环境,让高校教学科研人员干事创业拥有更大自主权,把高校内在活力激发出来,促进一流人才、一流成果竞相涌现。

"放权"是"最初一公里"的工作,各高校能否走好接权用权的"中间几公里"、能不能在校内放权至院(系)和教职员工的"最后一公里"尤为关键,决定着"放管服"改革的成败。为此,省里基于确保高校接得住、接得好下放权力考虑,特别强调各高校要出台"放管服"改革配套制度,确保"活而不乱""宽松不放任"。这次"放管服"改革的制度框架是"1+2+31","1"是已出台的五部门《实施意见》,"2"是省直有关部门将出台的高校人员总量管理和绩效工资总量调控的配套文件,"31"是高校须制定的31个配套制度。省教育厅等五部门已经明确要求各高校出台配套制度,并且要求在11月底前完成。具体管理制度或实施细则要报相关业务主管部门备案,未制定具体管理制度或实施细则的高校不得承接相关事项。学校制定配套制度,除了要按时完成外,还要注重质量。一方面,要于法周延、于事简便。要不折不扣体现国家文件和省实施意见的精神和要求,文件要求落实的,一定原原本本落实,不许打折扣;文件明令禁止做的,必须坚决杜绝。要按要求向院系放权,向教职工放权,不能把简单问题再复杂化,把政府"松"的"绑"再给"勒紧",把政府"减"的"负"再给"加"回去。另一方面,要程序严密,权责一致。对各项权力流程的制定一定要严谨,该有的环节和步骤一定要齐备,特别是职称评审、薪酬分配等关系教师切实利益的事项,程序上更要周到细致,要经得起推敲,经得起倒查,还要落实权力执行单位和执行人责任,明确责任追究办法。

省教育厅在"放权"的同时,将把更多精力投入到"监管""服务"特别是"监管"上来。我们将通过督导、巡视、第三方评估等形式,加强事中事后监管,同时加强高校经济责任审计、财务管理绩效审计、科研经费审计和重大专项审计。这次"放管服"改革进一步下放了高校理财和资产管理自主权,由于近年来省财政对高等教育投入不断加大,这对各高校科学理财、规范理财、安全理财提出了更高、更严格要求。省教育厅将继续强化对高校资金管理水平和使用质量的监管,相应地,各高校要加强内部控制制度建设,切实从预算、收支、资产、政府采购、建设项目、合同等方面加强内部控制;要合理配置统筹好学校生均拨款经费、专项资金、自有经费等各类资金资源,把资源集聚在学校改革发展的"主业"上;要推进项目资金项目库建设,形成"项目等资金、资金到位即支付"的机制,提高预算执行进度。

四、创新高校管理服务模式,推动广东高校加快发展

省第十二次党代会提出要"深化教育领域综合改革",改革和创新高校管理服务模式,不断激发学校活力、动力和生产力,理应是"综合改革"的题中应有之义。"放管服"改革,更多地着眼于政府

与高校的关系，除此之外，还要发挥社会、群众、第三方机构的监督、支持力量。一方面，按照"公开是常态、不公开是例外"原则，加大高校信息公开力度，把学校办学治校行为、过程、结果公之于众，接受社会监督和评价；另一方面，引进社会、群众、第三方机构等力量，实行社会评价、群众监督、第三方评估，把单一的政府评价转变为多元评价、单一的政府监管转变为多元监督，从而形成既落实高校办学自主权，又加强政府"放管服"纵向约束，同时加强社会"监督、评价"横向约束，既充满生机活力又监管监督到位的高校管理服务新模式。

为了让高校认识、适应和把握这种管理服务新模式，最近省教育厅做了一些引导性的工作，就是通过媒体，定期把全省高校各项指标公布给社会。接下来，省教育厅还将聘请第三方机构，对各高校的整体实力和专业实力做综合评价分析并公之于众。同时，还将依托第三方机构，继续定期发布全省本科专业结构分析报告，提出鼓励增设专业和建议暂缓增设专业名单；不定期组织开展高校专业教育教学质量抽查，面向社会公布抽查结果；定期发布高校毕业生就业白皮书等指导性报告；等等。也就是说，今后，我们的家长、学生、专业研究机构、行业企业协会、普通公众，都能便利及时地拿到高校最全面的数据分析报告，从各自的价值取向角度，得出他们对于高校的评判或者印象，这种评判和印象会直接影响到高校的社会美誉度、专业热捧度以及行业企业对于毕业生的接受度等，从而倒逼高校加快改革，提高质量，加快发展。"丑媳妇总要见公婆""金杯银杯不如老百姓口碑""是骡子是马，拉出来遛遛"。

说到"拉出来遛遛"，不得不提到高考录取改革。以前高考录取是"遛"学校，以后可就要"遛"专业了。2017年，上海、浙江这两个高考综合改革试点地区完成了高考改革后的第一次录取招生，浙江率先取消录取批次，同时从以往学校平行志愿变为专业平行志愿，上海则是以"院校专业组"进行投档录取，这也是"按专业录取"的一种形式。按照计划，我省高考改革方案将在2018年出台，2021年按照新方案进行高考招生录取，届时也将实行"按专业录取"方式。"按专业录取"模式下，学生报考从"选大学"变为"选专业"，专业走向前台，学校退居幕后，这将对高校专业格局带来很大挑战。名牌院校的非优势专业可能"丢人现眼"，一般院校的优势专业可能脱颖而出，水平不高的学校、特色不明显的专业则会"雪上加霜"。2018年取消招生录取批次是肯定的，是不是一步到位实行"按专业录取"，还在研究中。

大学办得怎么样？专业办得怎么样？谁的实力强？谁的实力弱？有教育行政部门的评价，有社会的评价，有行业的评价，有第三方机构的评价，有群众口碑的评价，还有家长学生选择高考志愿的评价，多面镜子照，一定能够照出学校的真水平，照出专业的真风采。希望大家聚精会神抓专业建设，全力以赴抓改革发展，以优异的成绩赢得应有的地位和声誉。

同志们，新的学年马上来临，高校既面临挑战，又迎来机遇，既要抓好事业发展，又要抓实思想政治工作，困难不少，任务挺多，压力很大，希望大家统筹协调，科学谋划，突出重点，全面推进，奋力开创学校事业发展新局面，以优异成绩迎接党的十九大胜利召开！

★ 重要文件

MAIN DOCUMENTS

国务院教育督导委员会办公室关于做好县域义务教育优质均衡发展督导评估工作的通知

(国教督办函〔2017〕61号)

各省、自治区、直辖市教育厅（教委）、教育督导部门，新疆生产建设兵团教育局、教育督导部门：

日前，教育部印发了《县域义务教育优质均衡发展督导评估办法》（以下简称《办法》），建立县域义务教育优质均衡发展督导评估制度，将在全国开展义务教育优质均衡发展督导评估工作，对义务教育优质均衡发展县（市、区）进行督导评估认定。为贯彻落实《办法》要求，认真做好优质均衡发展督导评估工作，现就有关事项通知如下。

一、将县域义务教育优质均衡发展督导评估工作摆在重要地位

推进县域义务教育优质均衡发展，是新时期贯彻落实党中央、国务院全面建设小康社会的重要战略，满足广大人民群众对高质量教育需求的重要目标任务；是实现国家教育事业发展"十三五"规划目标的有力手段；是在实现县域义务教育基本均衡发展的基础上，走向更高水平、更加公平、更有质量的有效机制；也是当前和未来一个时期各级教育行政部门、教育督导部门的一项重要任务。各地要认真学习领会国家提出的"促进公平、提高质量"任务要求，以"办好每一所学校、教好每一个学生"为宗旨，落实《办法》相关要求，在认真做好县域义务教育基本均衡发展督导评估工作的同时，结合本地实际，研究制定本地区推进义务教育优质均衡发展督导评估工作的办法和方案，启动县域义务教育优质均衡发展评估工作。

二、启动开展县域义务教育优质均衡发展督导评估工作的主要任务

一是认真学习领会，准确把握《办法》的相关要求。与基本均衡发展督导评估体系相比，县域义务教育优质均衡发展督导评估体系体现了更高的标准化水平、更高的均衡程度、更高的质量要求，特别关注到薄弱学校、薄弱环节的改进，要求每一所学校、每一项指标都能达到标准要求，优质均衡发展评估标准对比基本均衡发展评估标准有了较大的提高。对此，各地必须转变思想观念，在开展县域义务教育优质均衡发展督导评估工作中，坚持"雪中送炭、抬高底部"，坚持"严把质量关"，在整体提高水平的前提下，不丢掉任何一所学校，坚决反对任何形式的低水平达标。

二是扎实做好研究，制定县域义务教育优质均衡发展督导评估办法和方案。各地在推进义务教育均衡发展工作中，进度不同，问题不同，措施不同。在制定本地区优质均衡发展督导评估体系时，要严格执行国家标准，同时也要针对地方实际，在督导评估内容上有所侧重，在督导评估方法上有自己的创新。在督导评估内容上，要以《办法》提出的内容为主，同时也要把国务院、教育部最新出台的相关文件、政策作为重要内容。在督导评估体系建设方面，仍要本着"以评促建"的原则，同时更加关注"社会认可"，全面提高优质均衡发展督导评估的社会信度。

三是用好信息化和大数据，建立健全县域义务教育均衡发展全程动态监测体系。各地要不断完善义务教育均衡发展监测体系，要运用好信息化技术和大数据理论，要完善监测指标、监测方法，要以科研院所、高等学校、其他第三方机构为主体，培养监测技术支持体系。通过全程监测、动态监测，及时了解本地区从基本均衡发展到优质均衡发展各时期义务教育的难点问题，以及对照国家县域义务教育优质均衡发展标准要求仍存在的诸多缺口，同时还要做好未来发展预测，为设定目标规划提高决策服务。

四是合理设计安排，做好县域义务教育优质均衡发展督导评估规划。在督导评估规划进度安排上，要把握好达标进度和达标质量的关系。要在确保质量的前提下，努力加快进度。对于条件较好、缺口较少的地方，可以规划尽早申请国家评估认定；而对于条件较差、缺口较多的地方，也要从现在开始制定长期目标，并研究分年度计划安排，而不是到

时候突出达标,降低质量。"十三五"期间,全国仍是以推进县域义务教育基本均衡发展为主要任务,确保2020年全国95%的县(市、区)实现义务教育基本均衡发展目标。但对于一些经济教育水平相对较高,尤其是本行政区域内已经实现县域义务教育基本均衡的地区,从2018年开始,要积极努力,树立典型,争取尽快达到县域义务教育优质均衡发展国家标准,组织申请国家评估认定。

请各地按照《办法》和本通知要求,积极部署开展对本行政区域内义务教育优质均衡发展县(市、区)的督导评估工作。省级督导评估相关实施办法、方案、规划等,请于11月20日前报我办备案(包括纸质版和电子版)。

联系人:吴清华

电话:010-66097361

地址:北京市西城区大木仓胡同35号(100816)

邮箱:ddbzc@moe.edu.cn

国务院教育督导委员会办公室
2017年9月8日

中共教育部党组关于印发《高校思想政治工作质量提升工程实施纲要》的通知

(教党〔2017〕62号)

各省、自治区、直辖市党委教育工作部门、教育厅(教委)，新疆生产建设兵团教育局，部属各高等学校党委，部内各司局：

《高校思想政治工作质量提升工程实施纲要》已经部党组会议审议通过，现印发给你们，请结合实际认真贯彻执行。有关落实情况，请及时报告我部思想政治工作司。

中共教育部党组

2017年12月4日

高校思想政治工作质量提升工程实施纲要

为认真学习贯彻党的十九大精神，进一步把贯彻落实全国高校思想政治工作会议和《中共中央 国务院关于加强和改进新形势下高校思想政治工作的意见》精神引向深入，大力提升高校思想政治工作质量，特制定《高校思想政治工作质量提升工程实施纲要》（以下简称《实施纲要》）。

一、目标原则

1. 总体目标。坚持以习近平新时代中国特色社会主义思想为指导，紧紧围绕统筹推进"五位一体"总体布局和协调推进"四个全面"战略布局，坚持和加强党的全面领导，充分发挥中国特色社会主义教育的育人优势，以立德树人为根本，以理想信念教育为核心，以社会主义核心价值观为引领，以全面提高人才培养能力为关键，强化基础、突出重点、建立规范、落实责任，一体化构建内容完善、标准健全、运行科学、保障有力、成效显著的高校思想政治工作质量体系，形成全员全过程全方位育人格局，切实提高工作亲和力和针对性，着力培养德智体美全面发展的社会主义建设者和接班人，着力培养担当民族复兴大任的时代新人，不断开创新时代高校思想政治工作新局面。

2. 基本原则。（1）坚持育人导向，突出价值引领。全面统筹办学治校各领域、教育教学各环节、人才培养各方面的育人资源和育人力量，推动知识传授、能力培养与理想信念、价值理念、道德观念的教育有机结合，建立健全系统化育人长效机制。（2）坚持遵循规律，勇于改革创新。遵循思想政治工作规律、教书育人规律和学生成长规律，坚持以师生为中心，把握师生思想特点和发展需求，优化内容供给、改进工作方法、创新工作载体，激活高校思想政治工作内生动力。（3）坚持问题导向，注重精准施策。聚焦重点任务、重点群体、重点领域、重点区域、薄弱环节，强化优势、补齐短板，加强分类指导、着力因材施教，着力破解高校思想政治工作领域存在的不平衡不充分问题，不断提高师生的获得感。（4）坚持协同联动，强化责任落实。加强党对高校思想政治工作的领导，落实主体责任，建立党委统一领导、部门分工负责、全员协同参与的责任体系。加强督导考核，严肃追责问责，把"软指标"变成"硬约束"。

二、基本任务

充分发挥课程、科研、实践、文化、网络、心理、管理、服务、资助、组织等方面工作的育人功能，挖掘育人要素，完善育人机制，优化评价激励，强化实施保障，切实构建"十大"育人体系。

1. 课程育人质量提升体系。大力推动以"课程思政"为目标的课堂教学改革，优化课程设置，修订专业教材，完善教学设计，加强教学管理，梳理各门专业课程所蕴含的思想政治教育元素和所承载的思想政治教育功能，融入课堂教学各环节，实现思想政治教育与知识体系教育的有机统一。

2. 科研育人质量提升体系。发挥科研育人功能，优化科研环节和程序，完善科研评价标准，改进学术评价方法，促进成果转化应用，引导师生树立正确的政治方向、价值取向、学术导向，培养师生至诚报国的理想追求、敢为人先的科学精神、开拓创新的进取意识和严谨求实的科研作风。

3. 实践育人质量提升体系。坚持理论教育与实践养成相结合，整合各类实践资源，强化项目管理，丰富实践内容，创新实践形式，拓展实践平台，完善支持机制，教育引导师生在亲身参与中增强实践能力、树立家国情怀。

4. 文化育人质量提升体系。注重以文化人、以文育人，深入开展中华优秀传统文化、革命文化、社会主义先进文化教育，推动中国特色社会主义文化繁荣兴盛，牢牢掌握高校意识形态工作领导权，践行和弘扬社会主义核心价值观，优化校风学风，繁荣校园文化，培育大学精神，建设优美环境，滋养师生心灵、涵育师生品行、引领社会风尚。

5. 网络育人质量提升体系。大力推进网络教育，加强校园网络文化建设与管理，拓展网络平台，丰富网络内容，建强网络队伍，净化网络空间，优化成果评价，推动思想政治工作传统优势同信息技术高度融合，引导师生强化网络意识，树立网络思维，提升网络文明素养，创作网络文化产品，传播主旋律、弘扬正能量，守护好网络精神家园。

6. 心理育人质量提升体系。坚持育心与育德相结合，加强人文关怀和心理疏导，深入构建教育教学、实践活动、咨询服务、预防干预、平台保障"五位一体"的心理健康教育工作格局，着力培育师生理性平和、积极向上的健康心态，促进师生心理健康素质与思想道德素质、科学文化素质协调发展。

7. 管理育人质量提升体系。把规范管理的严格要求和春风化雨、润物无声的教育方式结合起来，加强教育立法，遵守大学章程，完善校规校纪，健全自律公约，加强法治教育，全面推进依法治教，促进教育治理能力和治理体系现代化，强化科学管理对道德涵育的保障功能，大力营造治理有方、管理到位、风清气正的育人环境。

8. 服务育人质量提升体系。把解决实际问题与解决思想问题结合起来，围绕师生、关照师生、服务师生，把握师生成长发展需要，提供靶向服务，增强供给能力，积极帮助解决师生工作学习中的合理诉求，在关心人、帮助人、服务人中教育人、引导人。

9. 资助育人质量提升体系。把"扶困"与"扶智"、"扶困"与"扶志"结合起来，建立国家资助、学校奖助、社会捐助、学生自助"四位一体"的发展型资助体系，构建物质帮助、道德浸润、能力拓展、精神激励有效融合的资助育人长效机制，实现无偿资助与有偿资助、显性资助与隐性资助的有机融合，形成"解困—育人—成才—回馈"的良性循环，着力培养受助学生自立自强、诚实守信、知恩感恩、勇于担当的良好品质。

10. 组织育人质量提升体系。把组织建设与教育引领结合起来，强化高校各类组织的育人职责，增强工作活力、促进工作创新、扩大工作覆盖、提高辐射能力，发挥高校党委领导核心作用、院（系）党组织政治核心作用和基层党支部战斗堡垒作用，发挥工会、共青团、学生会、学生社团等组织的联系服务、团结凝聚师生的桥梁纽带作用，把思想政治教育贯穿各项工作和活动，促进师生全面发展。

三、主要内容

1. 统筹推进课程育人。深入推动习近平新时代中国特色社会主义思想进教材、进课堂、进头脑。完善课程设置管理、课程标准和教案评价制度，实施高校课程体系和教育教学创新计划，推动面向全体学生开设提高思想品德、人文素养、认知能力的哲学社会科学课程，创新高校思想政治理论课建设体系。修订各类专业教材，加强课堂教学设计，推进马克思主义理论研究和建设工程教材、思想政治理论课统编教材编写修订，研制课程育人指导意见，充分挖掘和运用各门课程蕴含的思想政治教育元素，作为教材讲义必要章节、课堂讲授重要内容和学生考核关键知识。发挥专业教师课程育人的主体作用，健全课程育人管理、运行体制，将课程育人作为教师思想政治工作的重要环节，作为教学督导和教师绩效考核的重要方面。加强教材使用和课堂教学管理，建立哲学社会科学专业核心课程教材目录，研制引进教材选用管理办法，建立国家优秀教材评选奖励制度，制定高校课堂教学管理指导意见，明确课堂教学的纪律要求。培育选树一批"学科育人示范课程"，建立一批"课程思政研究中心"。

2. 着力加强科研育人。改进科研环节和程序，把思想价值引领贯穿选题设计、科研立项、项目研究、成果运用全过程，把思想政治表现作为组建科研团队的底线要求。完善科研评价标准，改进学术评价方法，健全具有中国特色的学术评价标准和科研成果评价办法，构建集教育、预防、监督、惩治于一体的学术诚信体系，治理遏制学术研究、科研成果不良倾向，组织编写师生学术规范与学术道德读本，在本科生中开设相关专题讲座，在研究生中开设相应公选课程。健全优秀成果评选推广机制，服务国家和区域经济发展，促进全社会思想文化建设。培养师生科学精神和创新意识，实施科研创新团队培育支持计划、科教协同育人计划、产学研合作协同育人计划等项目，引导师生积极参与科技创新团队和科研创新训练，及时掌握科技前沿动态，培养集体攻关、联合攻坚的团队精神和协作意识。加大学术名家、优秀学术团队先进事迹的宣传教育力度。大力培育全国高校黄大年式教师团队，培养选树一批科研育人示范项目、示范团队。

3. 扎实推动实践育人。整合实践资源，拓展实践平台，依托高新技术开发区、大学科技园、城市社区、农村乡镇、工矿企业、爱国主义教育场所等，建立多种形式的社会实践、创业实习基地。丰富实践内容，创新实践形式，广泛开展社会调查、生产劳动、社会公益、志愿服务、科技发明、勤工助学等社会实践活动，深入开展好大学生暑期"三下乡""志愿服务西部计划"等传统经典项目，组织实施好"牢记时代使命，书写人生华章""百万师生追寻习近平总书记成长足迹""百万师生重走复兴之路""百万师生'一带一路'社会实践专项行动"等新时代社会实践精品项目，探索开展师生志愿服务评价认证。深入推进实践教学改革，分类制订实践教学标准，适度增加实践教学比重，原则上哲学社会科学类专业实践教学不少于总学分（学时）的15%，理工农医类专业不少于25%。加强创新创业教育，开发专门课程，健全课程体系，实施"大学生创新创业训练计划"，支持学生成立创新创业类社团。完善支持机制，推动专业课实践教学、社会实践活动、创新创业教育、志愿服务、军事训练等载体有机融合，形成实践育人统筹推进工作格局，构建"党委统筹部署、政府扎实推动、社会广泛参与、高校着力实施"的实践育人协同体系。培育建设一批实践育人与创新创业示范基地。

4. 深入推进文化育人。推进中华优秀传统文化教育，实施"中华经典诵读工程""中国传统节日振兴工程"，开展"礼敬中华优秀传统文化""戏曲进校园"等文化建设活动，展示一批体育艺术文化成果，建设一批文化传承基地，引导高雅艺术、非物质文化、民族民间优秀文化走近师生。挖掘革命文化的育人内涵，实施"革命文化教育资源库建设工程"，开展"传承红色基因、担当复兴重任"主题教育活动，组织编排展演一批以革命先驱为原型的舞台剧、以革命精神为主题的歌舞音乐、以革命文化为内涵的网络作品；有效利用重大纪念日契机和重点文化基础设施开展革命文化教育。开展社会主义先进文化教育，开展高校师生社会主义核心价值观主题教育活动，推广展示一批社会主义核心价值观教育典型案例，选树宣传一批践行社会主义核心价值观先进典型。大力繁荣校园文化，创新校园文化品牌，挖掘校史校风校训校歌的教育作用，推进"一校一品"校园文化建设，引导高校建设特色校园文化；实施"高校原创文化经典推广行动计划"，支持师生原创歌剧、舞蹈、音乐、影视等文艺精品扩大影响力和辐射力；广泛开展"我的中国梦"等主题教育活动，推选展示一批高校校园文化建设优秀成果。建设美丽校园，制作发布高校优秀人文景观、自然景观名录，推动实现校园山、水、园、林、路、馆建设达到使用、审美、教育功能的和谐统一。广泛开展文明校园创建，评选"全国文明校园"，把高校建设成为社会主义精神文明高地。

5. 创新推动网络育人。加强工作统筹，建设高校思想政治工作网，打造信息发布、工作交流和数据分析平台，加强高校思想政治工作信息管理系统共建与资源互享。强化网络意识，提高建网用网管网能力，加强师生网络素养教育，编制《高校师生网络素养指南》，引导师生增强网络安全意识，遵守网络行为规范，养成文明网络生活方式。拓展网络平台，发挥全国高校校园网站联盟作用，推动"易班"和中国大学生在线全国共建，推选展示一批校园网络名站名栏，引领建设校园网络新媒体矩阵。丰富网络内容，开展"大学生网络文化节""高校网络育人优秀作品推选展示""网络文明进校园"等网络文化建设活动，推广展示一批"网络名篇名作"。优化成果评价，建设"高校网络文化研究评价中心"，建立网络文化成果评价认证体系，推动将优秀网络文化成果纳入高校科研成果统计、列为教师职务职称评聘条件、作为师生评奖评优依据。培养网络力量，实施"网络教育名师培育支持计划""校园好网民培养选树计划"，建设一支政治强、业务精、作风硬的网络工作队伍。

6. 大力促进心理育人。加强知识教育，把心理健康教育课程纳入学校整体教学计划，组织编写大学生心理健康教育示范教材，开发建设"大学生心理健康"等在线课程，实现心理健康知识教育全覆盖。开展宣传活动，举办"5·25"大学生心理健康节等品牌活动，充分利用网络、广播、微信公众号、APP等媒体，营造心理健康教育良好氛围，提高师生心理保健能力。强化咨询服务，提高心理健康教育咨询与服务中心建设水平，按照师生比不低于1∶4 000配备心理健康教育专业教师，每校至少配备2名专业教师。加强预防干预，推广应用《中国大学生心理健康筛查量表》"中国大学生心理健康网络测评系统"，提高心理健康素质测评覆盖面和科学性；建立学校、院系、班级、宿舍"四级"预警防控体系，完善心理危机干预工作预案，建立转介诊疗机制，提升工作前瞻性、针对性。完善工作保障，研制高校师生心理健康教育指导意见，保证生均经费投入和心理咨询辅导专用场地面积，建设校内外心理健康教育素质拓展培养基地，培育建设一批"高校心理健康教育示范中心"。

7. 切实强化管理育人。完善教育法律法规体系，加快制（修）订教育规章，保障师生员工合法权益。健全依法治校、管理育人制度体系，结合大学章程、校规校纪、自律公约修订完善，研究梳理高校各管理岗位的育人元素，编制岗位说明书，明确管理育人的内容和路径，丰富完善不同岗位、不同群体公约体系，引导师生培育自觉、强化自律。加强干部队伍管理，按照社会主义政治家、教育家要求和好干部标准，选好配强各级领导干部和领导班子，制定管理干部培训五年规划，提高各类管理干部育人能力。加强教师队伍管理，严把教师聘用、人才引进政治考核关，依法依规加大对各类违反师德和学术不端行为查处力度，及时纠正不良倾向和问题。加强经费使用管理，科学编制经费预算，确保教育经费投入的育人导向。强化保障功能，健全依法治校评价指标体系，深入开展依法治校创建活动。把育人功能发挥纳入管理岗位考核评价范围，作为评奖评优条件。培育一批"管理育人示范岗"，引导管理干部用良好的管理模式和管理行为影响和培养学生。

8. 不断深化服务育人。强化育人要求，研究梳理各类服务岗位所承载的育人功能，并作为工作的职责要求，体现在聘用、培训、考核等各环节。明确育人职能，在后勤保障服务中，持续开展"节粮节水节电""节能宣传周"等主题教育活动，推动高校节约型校园建设建档，大力建设绿色校园，实施后勤员工素质提升计划，切实提高后勤保障水平和服务育人能力。在图书资料服务中，建设文献信息资源体系和服务体系，优化服务空间，注重用户体验，提高馆藏利用率和服务效率，开展信息素质教育，引导师生尊重和保护知识产权，维护信息安全。在医疗卫生服务中，制订健康教育教学计划，开展传染病预防、安全应急与急救等专题健康教育活动，培养师生公共卫生意识和卫生行为习惯。在安全保卫服务中，加强人防物防技防建设，全面开展安全教育，提高安保效能，培养师生安全意识和法制观念。增强供给能力，建设校园综合信息服务系统，充分满足师生学习、生活、工作中的合理需求。加强监督考核，落实服务目标责任制，把服务质量和育人效果作为评价服务岗位效能的依据和标准。选树一批服务育人先进典型模范，培育一批高校"服务育人示范岗"。

9. 全面推进资助育人。加强资助工作顶层设计，建立资助管理规范，完善勤工助学管理办法，构建资助对象、资助标准、资金分配、资金发放协调联动的精准资助工作体系。精准认定家庭经济困难学生，健全四级资助认定工作机制，采用家访、大数据分析和谈心谈话等方式，合理确定认定标准，建立家庭经济困难学生档案，实施动态管理。坚持资助育人导向，在奖学金评选发放环节，全面考察学生的学习成绩、创新发展、社会实践及道德品质等方面的综合表现，培养学生奋斗精神和感恩意识。在国家助学金申请发放环节，深入开展励志教育和感恩教育，培养学生爱党爱国爱社会主义意识。在国家助学贷款办理过程中，深入开展诚信教育和金融常识教育，培养学生法律意识、风险防范意识和契约精神。在勤工助学活动开展环节，着力培养学生自强不息、创新创业的进取精神。在基层就业、应征入伍学费补偿贷款代偿等工作环节中，培育学生树立正确的成才观和就业观。创新资助育人形式，实施"发展型资助的育人行动计划""家庭经济困难学生能力素养培育计划"，开展"助学·筑梦·铸人""诚信校园行"等主题教育活动，组织国家奖学金获奖学生担任"学生资助宣传大使"。培育建设一批"发展型资助的育人示范项目"，推选展示资助育人优秀案例和先进人物。

10. 积极优化组织育人。发挥各级党组织的育人保障功能，进一步理顺高校党委的领导体制机制，明确高校党委职责和决策机制，健全和完善高校党委领导下的校长负责制，推动学校各级党组织自觉担负起管党治党、办学治校、育人育才的主体责任。启动实施高校党建工作评估，全面推开校、院（系）党组织书记抓基层党建述职评议。实施教师党支部书记"双带头人"培育工程，分中央和地方两级开展示范培训。实施"高校基层党建对标争先计划",开展"不忘初心、牢记使命"主题教育,遴选培育全国百个院(系)党建工作标杆,培育建设一批先进基层党组织,培养选树一批优秀共产党员、优秀党务工作者,创建示范性网上党建园地,推选展示一批党的建设优秀工作案例。发挥各类群团组织的育人纽带功能,推动工会、共青团、学生会等群团组织创新组织动员、引领教育的载体与形式,更好地代表师生、团结师生、服务师生,支持各类师生社团开展主题鲜明、健康有益、丰富多彩的活动,充分发挥教研室、学术梯队、班级、宿舍在师生成长中的凝聚、引导、服务作用。培育建设一批文明社团、文明班级、文明宿舍。

四、实施保障

1. 强化改革驱动。推动"三全育人"综合改革,遴选部分工作基础较好的省(区、市)和高校作为"三全育人"综合改革试点。在省级层面,整合育人资源,统筹发挥校内外自然资源、红色资源、文化资源、体育资源、科技资源、国防资源和企事业单位资源的育人功能,带动支持在本地区打造"三全育人共同体",形成学校、家庭和社会教育有机结合的协同育人机制。在学校层面,以《实施纲要》所涵盖的"十大育人体系"为基础,系统梳理归纳各个群体、各个岗位的育人元素,并作为职责要求和考核内容融入整体制度设计和具体操作环节,推动全体教职员工把工作的重音和目标落在育人成效上,切实打通"三全育人"的最后一公里,形成可转化、可推广的一体化育人制度和模式。

2. 搭建工作平台。建设高校思想政治工作创新发展中心,依托部分省(区、市)和高校建设一批理论和实践研究中心,推动开展党的建设、思想政治教育、意识形态工作、维护安全稳定等方面的理论创新和实践探索。建设省级高校网络思想政治工作中心,支持各省(区、市)建设本地区网络思想政治工作中心,推动各地整合网络建设管理资源,深入开展网络意识形态研判分析、网络舆情研究引导、师生思想政治状况调查、网络文化产品创作生产等工作,统筹推动"易班"和中国大学生在线全国共建共享。建设高校思想政治工作队伍培训研修中心,依托部分省(区、市)教育工作部门和高校建设队伍培训研修中心,以强化理论武装、提升政治引领为重点,组织开展线上线下培训、高级访问研修、学历学位教育、课程体系研发、思政文库建设等工作,不断提高培训研修的覆盖面和受益率,推动理论研究和实践探索成果转化应用。

3. 建强工作队伍。完善教师评聘和考核机制,把政治标准放在首位,严格教师资格和准入制度。在教师教学评价、职务(职称)评聘、评优奖励中,把思想政治表现和育人功能发挥作为首要指标,引导广大教师不忘立德树人初心,牢记人才培养使命,将更多精力投入到教书育人工作上。加强专门力量建设,推动中央关于高校思想政治工作队伍和党务工作队伍建设的政策要求和量化指标落地。大力培育领军人才,在"长江学者奖励计划"中,加大对思想政治教育相关领域高层次人才倾斜支持力度。加大培养培训力度,开展高校思想政治工作队伍国家示范培训,遴选骨干队伍参加海内外访学研修、在职攻读博士学位。强化项目支持引领,实施"高校思想政治工作中青年杰出人才支持计划",支持出版理论和实践研究专著,培育一批高校思想政治工作精品项目,建设一批高校思想政治工作名师工作室。

4. 强化组织保障。成立高校思想政治工作委员会,加强工作统筹、决策咨询和评估督导。设立高校思想政治工作经费专项,保证《实施纲要》各项目顺利实施。健全高校思想政治工作质量评价机制,研究制定高校思想政治工作评价指标体系,创新评价方式,探索引进第三方评价机构。强化高校思想政治工作督导考核,把加强和改进高校思想政治工作纳入高校巡视、"双一流"建设、教学科研评估范围,作为各级党组织和党员干部工作考核的重要内容。各地各高校结合实际,将《实施纲要》实施纳入整体发展规划和年度工作计划,明确路线图、时间表、责任人。

中华人民共和国教育部令第 41 号

《普通高等学校学生管理规定》已于 2016 年 12 月 16 日经教育部 2016 年第 49 次部长办公会议修订通过,现将修订后的《普通高等学校学生管理规定》公布,自 2017 年 9 月 1 日起施行。

教育部部长　陈宝生
2017 年 2 月 4 日

普通高等学校学生管理规定

第一章　总　　则

第一条　为规范普通高等学校学生管理行为,维护普通高等学校正常的教育教学秩序和生活秩序,保障学生合法权益,培养德、智、体、美等方面全面发展的社会主义建设者和接班人,依据教育法、高等教育法以及有关法律、法规,制定本规定。

第二条　本规定适用于普通高等学校、承担研究生教育任务的科学研究机构(以下称学校)对接受普通高等学历教育的研究生和本科、专科(高职)学生(以下称学生)的管理。

第三条　学校要坚持社会主义办学方向,坚持马克思主义的指导地位,全面贯彻国家教育方针;要坚持以立德树人为根本,以理想信念教育为核心,培育和践行社会主义核心价值观,弘扬中华优秀传统文化和革命文化、社会主义先进文化,培养学生的社会责任感、创新精神和实践能力;要坚持依法治校,科学管理,健全和完善管理制度,规范管理行为,将管理与育人相结合,不断提高管理和服务水平。

第四条　学生应当拥护中国共产党领导,努力学习马克思列宁主义、毛泽东思想、中国特色社会主义理论体系,深入学习习近平总书记系列重要讲话精神和治国理政新理念新思想新战略,坚定中国特色社会主义道路自信、理论自信、制度自信、文化自信,树立中国特色社会主义共同理想;应当树立爱国主义思想,具有团结统一、爱好和平、勤劳勇敢、自强不息的精神;应当增强法治观念,遵守宪法、法律、法规,遵守公民道德规范,遵守学校管理制度,具有良好的道德品质和行为习惯;应当刻苦学习,勇于探索,积极实践,努力掌握现代科学文化知识和专业技能;应当积极锻炼身体,增进身心健康,提高个人修养,培养审美情趣。

第五条　实施学生管理,应当尊重和保护学生的合法权利,教育和引导学生承担应尽的义务与责任,鼓励和支持学生实行自我管理、自我服务、自我教育、自我监督。

第二章　学生的权利与义务

第六条　学生在校期间依法享有下列权利:

(一)参加学校教育教学计划安排的各项活动,使用学校提供的教育教学资源;

(二)参加社会实践、志愿服务、勤工助学、文娱体育及科技文化创新等活动,获得就业创业指导和服务;

(三)申请奖学金、助学金及助学贷款;

(四)在思想品德、学业成绩等方面获得科学、公正评价,完成学校规定学业后获得相应的学历证书、学位证书;

(五)在校内组织、参加学生团体,以适当方式参与学校管理,对学校与学生权益相关事务享有知情权、参与权、表达权和监督权;

(六)对学校给予的处理或者处分有异议,向学校、教育行政部门提出申诉,对学校、教职员工侵犯其人身权、财产权等合法权益的行为,提出申诉或者依法提起诉讼;

(七)法律、法规及学校章程规定的其他权利。

第七条　学生在校期间依法履行下列义务:

(一)遵守宪法和法律、法规;

(二)遵守学校章程和规章制度;

(三)恪守学术道德,完成规定学业;

(四)按规定缴纳学费及有关费用,履行获得贷学金及助学金的相应义务;

(五)遵守学生行为规范,尊敬师长,养成良好的思想品德和行为习惯；

（六）法律、法规及学校章程规定的其他义务。

第三章 学籍管理

第一节 入学与注册

第八条 按国家招生规定录取的新生，持录取通知书，按学校有关要求和规定的期限到校办理入学手续。因故不能按期入学的，应当向学校请假。未请假或者请假逾期的，除因不可抗力等正当事由以外，视为放弃入学资格。

第九条 学校应当在报到时对新生入学资格进行初步审查，审查合格的办理入学手续，予以注册学籍；审查发现新生的录取通知、考生信息等证明材料，与本人实际情况不符，或者有其他违反国家招生考试规定情形的，取消入学资格。

第十条 新生可以申请保留入学资格。保留入学资格期间不具有学籍。保留入学资格的条件、期限等由学校规定。

新生保留入学资格期满前应向学校申请入学，经学校审查合格后，办理入学手续。审查不合格的，取消入学资格；逾期不办理入学手续且未有因不可抗力延迟等正当理由的，视为放弃入学资格。

第十一条 学生入学后，学校应当在3个月内按照国家招生规定进行复查。复查内容主要包括以下方面：

（一）录取手续及程序等是否合乎国家招生规定；

（二）所获得的录取资格是否真实、合乎相关规定；

（三）本人及身份证明与录取通知、考生档案等是否一致；

（四）身心健康状况是否符合报考专业或者专业类别体检要求，能否保证在校正常学习、生活；

（五）艺术、体育等特殊类型录取学生的专业水平是否符合录取要求。

复查中发现学生存在弄虚作假、徇私舞弊等情形的，确定为复查不合格，应当取消学籍；情节严重的，学校应当移交有关部门调查处理。

复查中发现学生身心状况不适宜在校学习，经学校指定的二级甲等以上医院诊断，需要在家休养的，可以按照第十条的规定保留入学资格。

复查的程序和办法，由学校规定。

第十二条 每学期开学时，学生应当按学校规定办理注册手续。不能如期注册的，应当履行暂缓注册手续。未按学校规定缴纳学费或者有其他不符合注册条件的，不予注册。

家庭经济困难的学生可以申请助学贷款或者其他形式资助，办理有关手续后注册。

学校应当按照国家有关规定为家庭经济困难学生提供教育救助，完善学生资助体系，保证学生不因家庭经济困难而放弃学业。

第二节 考核与成绩记载

第十三条 学生应当参加学校教育教学计划规定的课程和各种教育教学环节（以下统称课程）的考核，考核成绩记入成绩册，并归入学籍档案。

考核分为考试和考查两种。考核和成绩评定方式，以及考核不合格的课程是否重修或者补考，由学校规定。

第十四条 学生思想品德的考核、鉴定，以本规定第四条为主要依据，采取个人小结、师生民主评议等形式进行。

学生体育成绩评定要突出过程管理，可以根据考勤、课内教学、课外锻炼活动和体质健康等情况综合评定。

第十五条 学生每学期或者每学年所修课程或者应修学分数以及升级、跳级、留级、降级等要求，由学校规定。

第十六条 学生根据学校有关规定，可以申请辅修校内其他专业或者选修其他专业课程；可以申请跨校辅修专业或者修读课程，参加学校认可的开放式网络课程学习。学生修读的课程成绩（学分），学校审核同意后，予以承认。

第十七条 学生参加创新创业、社会实践等活动以及发表论文、获得专利授权等与专业学习、学业要求相关的经历、成果，可以折算为学分，计入学业成绩。具体办法由学校规定。

学校应当鼓励、支持和指导学生参加社会实践、创新创业活动，可以建立创新创业档案、设置创新创业学分。

第十八条 学校应当健全学生学业成绩和学籍档案管理制度，真实、完整地记载、出具学生学业成绩，对通过补考、重修获得的成绩，应当予以标注。

学生严重违反考核纪律或者作弊的，该课程考核成绩记为无效，并应视其违纪或者作弊情节，给予相应的纪律处分。给予警告、严重警告、记过及留校察看处分的，经教育表现较好，可以对该课程给予补考或者重修机会。

学生因退学等情况中止学业，其在校学习期间所修课程及已获得学分，应当予以记录。学生重新参加入学考试、符合录取条件，再次入学的，其已获得学分，经录取学校认定，可以予以承认。具体办法由学校规定。

第十九条　学生应当按时参加教育教学计划规定的活动。不能按时参加的，应当事先请假并获得批准。无故缺席的，根据学校有关规定给予批评教育，情节严重的，给予相应的纪律处分。

第二十条　学校应当开展学生诚信教育，以适当方式记录学生学业、学术、品行等方面的诚信信息，建立对失信行为的约束和惩戒机制；对有严重失信行为的，可以规定给予相应的纪律处分，对违背学术诚信的，可以对其获得学位及学术称号、荣誉等作出限制。

第三节　转专业与转学

第二十一条　学生在学习期间对其他专业有兴趣和专长的，可以申请转专业；以特殊招生形式录取的学生，国家有相关规定或者录取前与学校有明确约定的，不得转专业。

学校应当制定学生转专业的具体办法，建立公平、公正的标准和程序，健全公示制度。学校根据社会对人才需求情况的发展变化，需要适当调整专业的，应当允许在读学生转到其他相关专业就读。

休学创业或退役后复学的学生，因自身情况需要转专业的，学校应当优先考虑。

第二十二条　学生一般应当在被录取学校完成学业。因患病或者有特殊困难、特别需要，无法继续在本校学习或者不适应本校学习要求的，可以申请转学。有下列情形之一，不得转学：

（一）入学未满一学期或者毕业前一年的；

（二）高考成绩低于拟转入学校相关专业同一生源地相应年份录取成绩的；

（三）由低学历层次转为高学历层次的；

（四）以定向就业招生录取的；

（五）研究生拟转入学校、专业的录取控制标准高于其所在学校、专业的；

（六）无正当转学理由的。

学生因学校培养条件改变等非本人原因需要转学的，学校应当出具证明，由所在地省级教育行政部门协调转学到同层次学校。

第二十三条　学生转学由学生本人提出申请，说明理由，经所在学校和拟转入学校同意，由转入学校负责审核转学条件及相关证明，认为符合本校培养要求且学校有培养能力的，经学校校长办公会或者专题会议研究决定，可以转入。研究生转学还应当经拟转入专业导师同意。

跨省转学的，由转出地省级教育行政部门商转入地省级教育行政部门，按转学条件确认后办理转学手续。须转户口的由转入地省级教育行政部门将有关文件抄送转入学校所在地的公安机关。

第二十四条　学校应当按照国家有关规定，建立健全学生转学的具体办法；对转学情况应当及时进行公示，并在转学完成后3个月内，由转入学校报所在地省级教育行政部门备案。

省级教育行政部门应当加强对区域内学校转学行为的监督和管理，及时纠正违规转学行为。

第四节　休学与复学

第二十五条　学生可以分阶段完成学业，除另有规定外，应当在学校规定的最长学习年限（含休学和保留学籍）内完成学业。

学生申请休学或者学校认为应当休学的，经学校批准，可以休学。休学次数和期限由学校规定。

第二十六条　学校可以根据情况建立并实行灵活的学习制度。对休学创业的学生，可以单独规定最长学习年限，并简化休学批准程序。

第二十七条　新生和在校学生应征参加中国人民解放军（含中国人民武装警察部队），学校应当保留其入学资格或者学籍至退役后2年。

学生参加学校组织的跨校联合培养项目，在联合培养学校学习期间，学校同时为其保留学籍。

学生保留学籍期间，与其实际所在的部队、学校等组织建立管理关系。

第二十八条　休学学生应当办理手续离校。学生休学期间，学校应为其保留学籍，但不享受在校学习学生待遇。因病休学学生的医疗费按国家及当地的有关规定处理。

第二十九条　学生休学期满前应当在学校规定的期限内提出复学申请，经学校复查合格，方可复学。

第五节　退　学

第三十条　学生有下列情形之一，学校可予退学处理：

（一）学业成绩未达到学校要求或者在学校规定的学习年限内未完成学业的；

（二）休学、保留学籍期满，在学校规定期限内未提出复学申请或者申请复学经复查不合格的；

（三）根据学校指定医院诊断，患有疾病或者意外伤残不能继续在校学习的；

（四）未经批准连续两周未参加学校规定的教学活动的；

（五）超过学校规定期限未注册而又未履行暂

缓注册手续的；

（六）学校规定的不能完成学业、应予退学的其他情形。

学生本人申请退学的，经学校审核同意后，办理退学手续。

第三十一条　退学学生，应当按学校规定期限办理退学手续离校。退学的研究生，按已有毕业学历和就业政策可以就业的，由学校报所在地省级毕业生就业部门办理相关手续；在学校规定期限内没有聘用单位的，应当办理退学手续离校。

退学学生的档案由学校退回其家庭所在地，户口应当按照国家相关规定迁回原户籍地或者家庭户籍所在地。

第六节　毕业与结业

第三十二条　学生在学校规定学习年限内，修完教育教学计划规定内容，成绩合格，达到学校毕业要求的，学校应当准予毕业，并在学生离校前发给毕业证书。

符合学位授予条件的，学位授予单位应当颁发学位证书。

学生提前完成教育教学计划规定内容，获得毕业所要求的学分，可以申请提前毕业。学生提前毕业的条件，由学校规定。

第三十三条　学生在学校规定学习年限内，修完教育教学计划规定内容，但未达到学校毕业要求的，学校可以准予结业，发给结业证书。

结业后是否可以补考、重修或者补作毕业设计、论文、答辩，以及是否颁发毕业证书、学位证书，由学校规定。合格后颁发的毕业证书、学位证书，毕业时间、获得学位时间按发证日期填写。

对退学学生，学校应当发给肄业证书或者写实性学习证明。

第七节　学业证书管理

第三十四条　学校应当严格按照招生时确定的办学类型和学习形式，以及学生招生录取时填报的个人信息，填写、颁发学历证书、学位证书及其他学业证书。

学生在校期间变更姓名、出生日期等证书需填写的个人信息的，应当有合理、充分的理由，并提供有法定效力的相应证明文件。学校进行审查，需要学生生源地省级教育行政部门及有关部门协助核查的，有关部门应当予以配合。

第三十五条　学校应当执行高等教育学籍学历电子注册管理制度，完善学籍学历信息管理办法，按相关规定及时完成学生学籍学历电子注册。

第三十六条　对完成本专业学业同时辅修其他专业并达到该专业辅修要求的学生，由学校发给辅修专业证书。

第三十七条　对违反国家招生规定取得入学资格或者学籍的，学校应当取消其学籍，不得发给学历证书、学位证书；已发的学历证书、学位证书，学校应当依法予以撤销。对以作弊、剽窃、抄袭等学术不端行为或者其他不正当手段获得学历证书、学位证书的，学校应当依法予以撤销。

被撤销的学历证书、学位证书已注册的，学校应当予以注销并报教育行政部门宣布无效。

第三十八条　学历证书和学位证书遗失或者损坏，经本人申请，学校核实后应当出具相应的证明书。证明书与原证书具有同等效力。

第四章　校园秩序与课外活动

第三十九条　学校、学生应当共同维护校园正常秩序，保障学校环境安全、稳定，保障学生的正常学习和生活。

第四十条　学校应当建立和完善学生参与管理的组织形式，支持和保障学生依法、依章程参与学校管理。

第四十一条　学生应当自觉遵守公民道德规范，自觉遵守学校管理制度，创造和维护文明、整洁、优美、安全的学习和生活环境，树立安全风险防范和自我保护意识，保障自身合法权益。

第四十二条　学生不得有酗酒、打架斗殴、赌博、吸毒，传播、复制、贩卖非法书刊和音像制品等违法行为；不得参与非法传销和进行邪教、封建迷信活动；不得从事或者参与有损大学生形象、有悖社会公序良俗的活动。

学校发现学生在校内有违法行为或者严重精神疾病可能对他人造成伤害的，可以依法采取或者协助有关部门采取必要措施。

第四十三条　学校应当坚持教育与宗教相分离原则。任何组织和个人不得在学校进行宗教活动。

第四十四条　学校应当建立健全学生代表大会制度，为学生会、研究生会等开展活动提供必要条件，支持其在学生管理中发挥作用。

学生可以在校内成立、参加学生团体。学生成立团体，应当按学校有关规定提出书面申请，报学校批准并施行登记和年检制度。

学生团体应当在宪法、法律、法规和学校管理制度范围内活动，接受学校的领导和管理。学生团体邀请校外组织、人员到校举办讲座等活动，需经学校批准。

第四十五条 学校提倡并支持学生及学生团体开展有益于身心健康、成长成才的学术、科技、艺术、文娱、体育等活动。

学生进行课外活动不得影响学校正常的教育教学秩序和生活秩序。

学生参加勤工助学活动应当遵守法律、法规以及学校、用工单位的管理制度，履行勤工助学活动的有关协议。

第四十六条 学生举行大型集会、游行、示威等活动，应当按法律程序和有关规定获得批准。对未获批准的，学校应当依法劝阻或者制止。

第四十七条 学生应当遵守国家和学校关于网络使用的有关规定，不得登录非法网站和传播非法文字、音频、视频资料等，不得编造或者传播虚假、有害信息；不得攻击、侵入他人计算机和移动通信网络系统。

第四十八条 学校应当建立健全学生住宿管理制度。学生应当遵守学校关于学生住宿管理的规定。鼓励和支持学生通过制定公约，实施自我管理。

第五章 奖励与处分

第四十九条 学校、省（区、市）和国家有关部门应当对在德、智、体、美等方面全面发展或者在思想品德、学业成绩、科技创造、体育竞赛、文艺活动、志愿服务及社会实践等方面表现突出的学生，给予表彰和奖励。

第五十条 对学生的表彰和奖励可以采取授予"三好学生"称号或者其他荣誉称号、颁发奖学金等多种形式，给予相应的精神鼓励或者物质奖励。

学校对学生予以表彰和奖励，以及确定推荐免试研究生、国家奖学金、公派出国留学人选等赋予学生利益的行为，应当建立公开、公平、公正的程序和规定，建立和完善相应的选拔、公示等制度。

第五十一条 对有违反法律法规、本规定以及学校纪律行为的学生，学校应当给予批评教育，并可视情节轻重，给予如下纪律处分：

（一）警告；
（二）严重警告；
（三）记过；
（四）留校察看；
（五）开除学籍。

第五十二条 学生有下列情形之一，学校可以给予开除学籍处分：

（一）违反宪法，反对四项基本原则、破坏安定团结、扰乱社会秩序的；
（二）触犯国家法律，构成刑事犯罪的；
（三）受到治安管理处罚，情节严重、性质恶劣的；
（四）代替他人或者让他人代替自己参加考试、组织作弊、使用通信设备或其他器材作弊、向他人出售考试试题或答案牟取利益，以及其他严重作弊或扰乱考试秩序行为的；
（五）学位论文、公开发表的研究成果存在抄袭、篡改、伪造等学术不端行为，情节严重的，或者代写论文、买卖论文的；
（六）违反本规定和学校规定，严重影响学校教育教学秩序、生活秩序以及公共场所管理秩序的；
（七）侵害其他个人、组织合法权益，造成严重后果的；
（八）屡次违反学校规定受到纪律处分，经教育不改的。

第五十三条 学校对学生作出处分，应当出具处分决定书。处分决定书应当包括下列内容：

（一）学生的基本信息；
（二）作出处分的事实和证据；
（三）处分的种类、依据、期限；
（四）申诉的途径和期限；
（五）其他必要内容。

第五十四条 学校给予学生处分，应当坚持教育与惩戒相结合，与学生违法、违纪行为的性质和过错的严重程度相适应。学校对学生的处分，应当做到证据充分、依据明确、定性准确、程序正当、处分适当。

第五十五条 在对学生作出处分或者其他不利决定之前，学校应当告知学生作出决定的事实、理由及依据，并告知学生享有陈述和申辩的权利，听取学生的陈述和申辩。

处理、处分决定以及处分告知书等，应当直接送达学生本人，学生拒绝签收的，可以以留置方式送达；已离校的，可以采取邮寄方式送达；难于联系的，可以利用学校网站、新闻媒体等以公告方式送达。

第五十六条 对学生作出取消入学资格、取消学籍、退学、开除学籍或者其他涉及学生重大利益的处理或者处分决定的，应当提交校长办公会或者校长授权的专门会议研究决定，并应当事先进行合法性审查。

第五十七条 除开除学籍处分以外，给予学生处分一般应当设置6到12个月期限，到期按学校规定程序予以解除。解除处分后，学生获得表彰、奖励及其他权益，不再受原处分的影响。

第五十八条 对学生的奖励、处理、处分及解除处分材料，学校应当真实完整地归入学校文书档案和本人档案。

被开除学籍的学生，由学校发给学习证明。学生按学校规定期限离校，档案由学校退回其家庭所在地，户口应当按照国家相关规定迁回原户籍地或者家庭户籍所在地。

第六章 学生申诉

第五十九条 学校应当成立学生申诉处理委员会，负责受理学生对处理或者处分决定不服提起的申诉。

学生申诉处理委员会应当由学校相关负责人、职能部门负责人、教师代表、学生代表、负责法律事务的相关机构负责人等组成，可以聘请校外法律、教育等方面专家参加。

学校应当制定学生申诉的具体办法，健全学生申诉处理委员会的组成与工作规则，提供必要条件，保证其能够客观、公正地履行职责。

第六十条 学生对学校的处理或者处分决定有异议的，可以在接到学校处理或者处分决定书之日起10日内，向学校学生申诉处理委员会提出书面申诉。

第六十一条 学生申诉处理委员会对学生提出的申诉进行复查，并在接到书面申诉之日起15日内作出复查结论并告知申诉人。情况复杂不能在规定限期内作出结论的，经学校负责人批准，可延长15日。学生申诉处理委员会认为必要的，可以建议学校暂缓执行有关决定。

学生申诉处理委员会经复查，认为做出处理或者处分的事实、依据、程序等存在不当，可以作出建议撤销或变更的复查意见，要求相关职能部门予以研究，重新提交校长办公会或者专门会议作出决定。

第六十二条 学生对复查决定有异议的，在接到学校复查决定书之日起15日内，可以向学校所在地省级教育行政部门提出书面申诉。

省级教育行政部门应当在接到学生书面申诉之日起30个工作日内，对申诉人的问题给予处理并作出决定。

第六十三条 省级教育行政部门在处理因对学校处理或者处分决定不服提起的学生申诉时，应当听取学生和学校的意见，并可根据需要进行必要的调查。根据审查结论，区别不同情况，分别作出下列处理：

（一）事实清楚、依据明确、定性准确、程序正当、处分适当的，予以维持；

（二）认定事实不存在，或者学校超越职权、违反上位法规定作出决定的，责令学校予以撤销；

（三）认定事实清楚，但认定情节有误、定性不准确，或者适用依据有错误的，责令学校变更或者重新作出决定；

（四）认定事实不清、证据不足，或者违反本规定以及学校规定的程序和权限的，责令学校重新作出决定。

第六十四条 自处理、处分或者复查决定书送达之日起，学生在申诉期内未提出申诉的视为放弃申诉，学校或者省级教育行政部门不再受理其提出的申诉。

处理、处分或者复查决定书未告知学生申诉期限的，申诉期限自学生知道或者应当知道处理或者处分决定之日起计算，但最长不得超过6个月。

第六十五条 学生认为学校及其工作人员违反本规定，侵害其合法权益的；或者学校制定的规章制度与法律法规和本规定抵触的，可以向学校所在地省级教育行政部门投诉。

教育主管部门在实施监督或者处理申诉、投诉过程中，发现学校及其工作人员有违反法律、法规及本规定的行为或者未按照本规定履行相应义务的，或者学校自行制定的相关管理制度、规定，侵害学生合法权益的，应当责令改正；发现存在违法违纪的，应当及时进行调查处理或者移送有关部门，依据有关法律和相关规定，追究有关责任人的责任。

第七章 附 则

第六十六条 学校对接受高等学历继续教育的学生、港澳台侨学生、留学生的管理，参照本规定执行。

第六十七条 学校应当根据本规定制定或修改学校的学生管理规定或者纪律处分规定，报主管教育行政部门备案（中央部委属校同时抄报所在地省级教育行政部门），并及时向学生公布。

省级教育行政部门根据本规定，指导、检查和监督本地区高等学校的学生管理工作。

第六十八条 本规定自2017年9月1日起施行。原《普通高等学校学生管理规定》（教育部令第21号）同时废止。其他有关文件规定与本规定不一致的，以本规定为准。

教育部等四部门关于印发《高中阶段教育普及攻坚计划（2017—2020年）》的通知

（教基〔2017〕1号）

各省、自治区、直辖市人民政府，国务院各部门、各直属机构：

《高中阶段教育普及攻坚计划（2017—2020年）》已经国务院同意，现印发给你们，请结合实际认真贯彻执行。

教育部 国家发展改革委
财政部 人力资源社会保障部
2017年3月24日

高中阶段教育普及攻坚计划（2017—2020年）

高中阶段教育（包括普通高中、普通中专、成人中专、职业中专、技工学校）是国民教育体系的重要环节，是学生从未成年走向成年、个性形成、自主发展的关键时期，肩负着为各类人才成长奠基、培养高素质技术技能型人才的使命。普及高中阶段教育是巩固义务教育普及成果、完善现代职业教育体系、增强高等教育发展后劲的重大举措，是适应我国经济结构转型升级、提高劳动力受教育年限的迫切需要，是进一步提升国民整体素质、建设人力资源强国的基础工程。

"十二五"以来特别是党的十八大以来，我国高中阶段教育总体上取得了较大发展，办学规模不断扩大，学校条件逐步改善，教育质量稳步提升，普及水平迈上了新台阶。但由于多方面原因，高中阶段教育仍然存在许多明显短板，一些贫困地区、民族地区、边远地区教育资源短缺，普及程度较低；普通高中教育与中等职业教育发展不协调，部分地区中职教育发展明显滞后；许多学校办学条件薄弱，难以满足基本教学需求；合理的经费投入机制尚不健全，普通高中债务问题尚未得到有效解决；教师总量不足，普通高中一些学科专任教师和中等职业教育"双师型"教师短缺；一些学校教育质量不高，普通高中缺乏特色，中等职业教育吸引力不强。这些困难和问题直接影响普及目标的实现，严重制约高中阶段教育的健康可持续发展。

为贯彻党的十八届五中全会精神，落实国民经济和社会发展第十三个五年规划纲要及国家教育事业发展"十三五"规划部署，切实解决高中阶段教育发展面临的问题和困难，在确保义务教育优先发展的基础上推进普及高中阶段教育，满足适龄青少年接受高中阶段教育的需求，特制定本计划。

一、总体要求

（一）基本原则

1. 政府主导，统筹推进。落实地方政府主体责任，动员社会各方面力量参与，发挥中央支持政策的引导激励作用，形成攻坚合力。

2. 科学规划，精准发力。综合考虑规模、结构、质量和条件保障，找准突出问题，聚焦薄弱环节，集中力量保基本、补短板、促公平。

3. 协调发展，分类指导。牢固确立职业教育在国家人才培养体系中的重要位置，巩固提高中等职业教育发展水平，实现普通高中教育和中等职业教育协调发展。

4. 制度建设，注重长效。立足当前，着眼长远，着力破解体制障碍，构建长效机制，完善治理体系，确保高中阶段教育健康、可持续发展。

（二）主要目标

到2020年，全国普及高中阶段教育，适应初中毕业生接受良好高中阶段教育的需求。全国、各省（区、市）毛入学率均达到90%以上，中西部贫困地区毛入学率显著提升；普通高中与中等职业教育结构更加合理，招生规模大体相当；学校办学条件明显改善，满足教育教学基本需要；经费投入机制更加健全,生均拨款制度全面建立;教育质量明显提升,办学特色更加鲜明,吸引力进一步增强。

（三）攻坚重点

中西部贫困地区、民族地区、边远地区、革命老区等教育基础薄弱、普及程度较低的地区,特别是集中连片特殊困难地区;家庭经济困难学生、残疾学生、进城务工人员随迁子女等特殊群体;普通高中大班额比例高、职业教育招生比例持续下降、学校运转困难等突出问题。

二、重点任务

（一）提高普及水平

着力提高教育基础薄弱地区特别是高中阶段教育毛入学率较低地区的普及程度,提高特殊群体接受高中阶段教育的机会。各地要着力推动义务教育均衡发展,提升义务教育巩固率,鼓励具备条件的地区在财力可持续的情况下适当普及更高水平的高中阶段教育。

（二）优化结构布局

统筹普通高中和中等职业教育协调发展,提高中等职业教育招生比例。积极扶持民办教育,促进公办民办共同发展。根据人口变化趋势、新型城镇化规划和产业发展需求,合理规划学校布局,有效利用高中教育资源,方便学生在县域内就学。办好必要的乡镇高中。

（三）加强条件保障

完善学校办学标准,加强学校办学条件建设。基本消除普通高中大班额现象,减少超大规模学校。优化资源配置,适应高考综合改革对学生选课走班等教育教学改革的要求。建立合理的成本分担机制,健全生均拨款制度,完善学费动态调整机制,保障学校正常运转。积极化解普通高中债务。完善和落实学生资助政策,不让一名学生因家庭经济困难而失学。

（四）提升教育质量

改革人才培养模式,落实立德树人根本任务,全面提高学生社会责任感、创新精神和实践能力。增强普通高中课程选择性,推进选课走班,满足学生多样化需求。提高中等职业教育专业吸引力,加强技术技能培养和文化基础教育,实现就业有能力、升学有基础。完善教师补充机制,提高教师专业化水平。

三、主要措施

（一）扩大教育资源

各地要结合本地区实际,在充分挖掘现有教育资源的基础上,有计划、分年度实施一些建设项目,新建、改扩建一批学校,为薄弱学校配齐必要的教育教学和生活设施设备。要坚持勤俭办学,不得脱离实际超标准超规模建设豪华校舍、校园、校门。职业教育比例较低的地区要重点扩大中等职业教育资源。在没有普通高中的县,根据人口变动趋势和实际情况,因地制宜新建或改扩建普通高中学校,方便学生在当地上学。要落实土地、税收、信贷等方面优惠政策和社保政策,支持高中阶段民办学校发展,积极支持各类办学主体通过独资、合资、合作等多种形式举办民办职业教育。要加强高中阶段特殊教育学校建设,加快发展以职业教育为主的残疾人高中阶段教育,保障好残疾人接受高中阶段教育的权利。

国家扩大实施教育基础薄弱县普通高中建设项目,支持改扩建一批普通高中教学和学生生活类校舍,扩大培养能力。继续实施普通高中改造计划,支持中西部省份贫困地区教学生活设施不能满足基本需求、尚未达到国家基本办学条件标准的普通高中学校改扩建校舍、配置图书和教学仪器设备以及体育运动场等附属设施建设。实施现代职业教育质量提升计划,支持在优化布局的基础上改善中等职业学校基本办学条件。

（二）完善经费投入机制

科学核定学校办学成本,建立合理的成本分担机制。落实以财政投入为主、其他渠道筹措经费为辅的普通高中投入机制,完善政府、行业、企业及其他社会力量依法筹集经费的中等职业教育投入机制。各地要完善财政投入机制,抓紧建立完善中等职业学校生均拨款制度和普通高中生均拨款制度。要按照非义务教育阶段受教育者合理分担教育成本的要求,确定学费标准,严格学费标准调整程序,建立动态调整机制。各地要制定普通高中学校债务偿还计划,属于2014年末前发生并已纳入存量地方政府债务清理甄别结果的,应按照地方政府债务管理政策予以偿还。

（三）完善扶困助学政策

继续实施高中阶段学校家庭经济困难学生国家资助政策。逐步分类推进中等职业教育免除学杂费,提高中等职业教育国家助学金资助标准。落实好普通高中建档立卡等家庭经济困难学生（含非建档立卡的家庭经济困难残疾学生、农村低保家庭学生、农村特困救助供养学生）免除学杂费政策。积极推进家庭经济困难的残疾学生免费教育。鼓励企事业单位、社会团体和个人设立奖助学金。

（四）加强教师队伍建设

适应普及和高考综合改革的需要，根据城乡统一的编制标准要求核定教职工编制，为学校及时补充配齐教师，特别是短缺学科教师。探索采取政府购买服务方式，解决中等职业学校"双师型"教师不足的问题。加强县域内教师统筹调配力度，探索建立校际之间教师共享机制，盘活用好教师资源。各地可以通过多种方式吸引优秀毕业生到贫困地区任教。加大中等职业学校"双师型"教师培养力度。多种方式开展高中阶段教师培训，培训项目要向教育基础薄弱地区倾斜。

（五）推动学校多样化有特色发展

深化普通高中课程改革，加强选修课程建设，充分利用校外教育资源拓展校内课程的广度和深度，增强课程的选择性和适宜性。实施职业教育产教融合工程，推动中等职业学校专业设置、课程内容、教学方式与生产实践对接，集中力量建设一批高水平职业学校，办好一批适应当地经济社会需要的特色优势专业。建立学生发展指导制度，加强对学生课程选择、升学就业等方面的指导。探索发展综合高中，完善课程实施、学籍管理、考试招生等方面支持政策，实行普职融通，为学生提供更多选择机会。建立普通高中和中等职业学校合作机制，探索课程互选、学分互认、资源互通。推进学校教育质量综合评价改革，改变单纯以升学率评价教育质量的倾向。充分利用信息化手段促进优质教育资源共享，满足个性化学习的需要。建立省域内优质学校对口帮扶贫困地区薄弱学校的机制，缩小学校之间的差距。建立学习困难及有特殊需要的学生帮扶机制，保障学生顺利完成学业。

（六）改进招生管理办法

健全教育、人力资源社会保障等相关部门招生工作协调机制，建立中等职业学校和普通高中统一招生平台，切实落实普职大体相当的要求。实行优质高中阶段学校招生名额合理分配到区域内初中的办法，招生名额适当向区域内农村学校倾斜。加大优质中等职业学校招收贫困地区学生的比例。进一步落实和完善进城务工人员随迁子女在当地参加高中阶段学校考试招生的政策措施。积极创造条件支持高中阶段学校招收残疾学生。严禁公办普通高中违规跨区域、超计划招生，争抢生源，影响其他学校正常招生。依法加强对民办高中的招生管理。

四、组织实施

（一）落实政府责任

各地要将普及高中阶段教育作为全面建成小康社会和"十三五"教育脱贫攻坚的重要任务，加强统筹规划，结合本地区实际，制定实施方案，明确省市县责任，细化政策措施，确保攻坚目标和任务落到实处。

（二）明确部门分工

各地要建立分工协作机制，形成工作合力。教育部门要积极研究完善相关政策措施，加强组织协调、过程指导和督导检查。发展改革部门要把普及高中阶段教育作为当地经济社会发展规划的重要内容，支持学校建设。财政部门要健全经费投入机制，支持改善办学条件。人力资源社会保障部门要推进技工学校发展，并会同教育部门按照有关规定完善和落实高中阶段学校教师补充、工资待遇等方面的支持政策。

（三）加强督导评估

各地要把普及高中阶段教育作为考核地方政府教育工作实绩的重要内容，建立问责机制。各省（区、市）要以地市或县为单位对普及高中阶段教育情况进行评估验收，结果向社会公布。国务院教育督导委员会办公室要以地市为单位进行督查，对各省（区、市）普及高中阶段教育情况进行评估认定。建立动态监测和复查机制，跟踪普及巩固情况。

（四）营造良好氛围

各地要广泛宣传普及高中阶段教育的重要意义，深入解读各项惠民政策措施，动员社会各界关心和支持普及高中阶段教育工作，引导学生和家长树立多样化的成才观，形成良好的氛围。

教育部等七部门关于印发《第二期特殊教育提升计划（2017—2020年）》的通知

（教基〔2017〕6号）

各省、自治区、直辖市人民政府，国务院各部委、各直属机构：

《第二期特殊教育提升计划（2017—2020年）》已经国务院同意，现印发给你们，请认真贯彻执行。

教育部　国家发展改革委　民政部
财政部　人力资源社会保障部
卫生计生委　中国残联
2017年7月17日

第二期特殊教育提升计划（2017—2020年）

为全面贯彻党中央、国务院关于办好特殊教育的要求，落实《国家教育事业发展"十三五"规划》《"十三五"加快残疾人小康进程规划纲要》，进一步提升特殊教育水平，特制定本计划。

一、重要意义

近年来，各地按照党中央、国务院的决策部署，认真实施特殊教育提升计划（2014—2016年），残疾人受教育机会不断扩大，普及水平明显提高；财政投入大幅增长，保障能力持续增强；教师队伍建设和课程教材建设取得显著成效，教育质量进一步提升。但是，残疾儿童少年义务教育在中西部农村地区特别是边远贫困地区普及水平仍然偏低，非义务教育阶段特殊教育发展整体相对滞后，特殊教育条件保障机制还不够完善，教师队伍数量不足、待遇偏低、专业水平有待提高。

实施第二期特殊教育提升计划（2017—2020年），是巩固一期成果、进一步提升残疾人受教育水平的必然要求，是推进教育公平、实现教育现代化的重要任务，是增进残疾人家庭福祉、加快残疾人小康进程的重要举措。各级政府要充分认识实施二期提升计划的重要意义，履职尽责，攻坚克难，持续推进特殊教育改革发展。

二、总体要求

（一）基本原则

1. 坚持统筹推进，普特结合。以普通学校随班就读为主体、以特殊教育学校为骨干、以送教上门和远程教育为补充，全面推进融合教育。普通学校和特殊教育学校责任共担、资源共享、相互支撑。

2. 坚持尊重差异，多元发展。尊重残疾学生的个体差异，注重潜能开发和缺陷补偿，提高特殊教育的针对性。促进残疾学生的个性化发展，为他们适应社会、融入社会奠定坚实基础。

3. 坚持普惠加特惠，特教特办。普惠性教育政策和工程项目要加大支持特殊教育的力度。根据特殊教育实际，专门制定特殊的政策措施，给予残疾学生特别扶助和优先保障。

4. 坚持政府主导，各方参与。落实各级政府及相关部门发展特殊教育的责任，加强省一级对特殊教育的统筹。充分发挥社会力量的作用，学校、家庭和社会相互配合。

（二）总体目标

到2020年，各级各类特殊教育普及水平全面提高，残疾儿童少年义务教育入学率达到95%以上，非义务教育阶段特殊教育规模显著扩大。特殊教育学校、普通学校随班就读和送教上门的运行保障能力全面增强。教育质量全面提升，建立一支数量充足、结构合理、素质优良、富有爱心的特教教师队伍，特殊教育学校国家课程教材体系基本建成，普通学校随班就读质量整体提高。

（三）重点任务

1. 完善特殊教育体系。全面普及残疾儿童少年义务教育，提高巩固水平，解决实名登记的未入学适龄残疾儿童少年就学问题。加大力度发展残疾儿童学前教育，加快发展以职业教育为主的残疾人高中阶段教育，稳步发展残疾人高等教育。

2. 增强特殊教育保障能力。统筹财政教育支出，倾斜支持特殊教育。加强无障碍设施建设。全面改善特殊教育办学条件。全面加强随班就读支持保障体系建设。健全特殊教育教师编制动态调整机制和待遇保障机制。提高残疾学生资助水平，实行家庭经济困难的残疾学生从义务教育到高中阶段教育的12年免费教育。

3. 提高特殊教育质量。促进医教结合，建立多部门合作机制，加强专业人员的配备与合作，提高残疾学生评估鉴定、入学安置、教育教学、康复训练的有效性。加强特殊教育教师培养培训，提高专业化水平。增强特殊教育教科研能力，加强特殊教育学校教材和教学资源建设，推进课程教学改革。

三、主要措施

（一）提高残疾儿童少年义务教育普及水平

以区县为单位，逐一核实未入学适龄残疾儿童少年数据。通过特殊教育学校就读、普通学校就读、儿童福利机构（含未成年人救助保护机构）特教班就读、送教上门等多种方式，落实"一人一案"，做好教育安置。儿童福利机构特教班就读和接受送教上门服务的残疾学生纳入中小学生学籍管理。

优先采用普通学校随班就读的方式，就近安排适龄残疾儿童少年接受义务教育。以区县为单位统筹规划，重点选择部分普通学校建立资源教室，配备专门从事残疾人教育的教师（以下简称资源教师），指定其招收残疾学生。其他招收残疾学生5人以上的普通学校也要逐步建立特殊教育资源教室。依托乡镇中心学校，加强对农村随班就读工作的指导。有条件的儿童福利机构继续办好特教班或特殊教育学校。

发挥特殊教育学校在实施残疾儿童少年义务教育中的骨干作用。到2020年，基本实现市（地）和30万人口以上、残疾儿童少年较多的县（市）都有一所特殊教育学校。不足30万人口没有特殊教育学校的县，由地市对行政区域内的特殊教育学校招生进行统筹。鼓励各地积极探索举办孤独症儿童少年特殊教育学校（部）。

对不能到校就读、需要专人护理的适龄残疾儿童少年，采取送教进社区、进儿童福利机构、进家庭的方式实施教育。以区县为单位完善送教上门制度，为残疾学生提供规范、有效的送教服务。

（二）加快发展非义务教育阶段特殊教育

支持普通幼儿园接收残疾儿童。在特殊教育学校和有条件的儿童福利机构、残疾儿童康复机构普遍增加学前部或附设幼儿园。在有条件的地区设置专门招收残疾孩子的特殊幼儿园。鼓励各地整合资源，为残疾儿童提供半日制、小时制、亲子同训等多种形式的早期康复教育服务。为学前教育机构中符合条件的残疾儿童提供功能评估、训练、康复辅助器具等基本康复服务。

普通高中和中等职业学校通过随班就读、举办特教班等扩大招收残疾学生的规模。招生考试机构为残疾学生参加中考提供合理便利。依托现有特殊教育和职业教育资源，各省（区、市）集中力量至少办好一所面向本地区招生的盲人高中（部）、聋人高中（部）和残疾人中等职业学校。特教高中资源不足的地市在特殊教育学校增设高中部。加强职业教育，支持校企合作，使完成义务教育且有意愿的残疾学生都能接受适宜的中等职业教育。

普通高等学校积极招收符合录取标准的残疾考生，进行必要的无障碍环境改造，给予残疾学生学业、生活上的支持和帮助。修订普通高等学校招生体检指导意见。统筹残疾人高等教育资源的布局，支持高校增设适合残疾人学习的相关专业，增加招生总量。

支持普通高校、开放大学、成人高校等面向残疾学生开展继续教育，支持各种职业教育培训机构加强残疾人职业技能培训，拓宽和完善残疾人终身学习通道。加强就业指导，做好残疾人教育与就业衔接工作。实施《"十三五"残疾青壮年文盲扫盲行动方案》，多种形式开展残疾青壮年文盲扫盲工作。

（三）健全特殊教育经费投入机制

在落实义务教育阶段特殊教育学校生均公用经费6 000元补助标准基础上，有条件的地区可以根据学校招收重度、多重残疾学生的比例，适当增加年度预算。各省（区、市）根据残疾学生类别多、程度重、教育成本高等特点，在制定学前、高中阶段和高等教育的生均财政拨款标准时，重点向特殊教育倾斜。随班就读、特教班和送教上门的义务教育阶段生均公用经费标准按特殊教育学校执行。县级以上人民政府可根据需要，设立专项补助资金，加强特殊教育基础能力建设，改善办学条件。中央财政特殊教育专项补助资金重点支持困难地区和薄弱环节。

加大残疾学生资助力度。义务教育阶段在"两免一补"的基础上，针对残疾学生特殊需要，统筹资源倾斜支持残疾学生，提高补助水平。对家庭经济困难的残疾学生实行高中阶段免费教育。学前教育和高等教育阶段优先资助残疾学生，逐步加大资助力度。建立完善残疾学生特殊学习用品、教育训练、交通费等补助政策。

鼓励和引导社会力量兴办特殊教育学校，支持符合条件的非营利性社会福利机构向残疾人提供特殊教育。积极鼓励企事业单位、社会组织、公民个人捐资助学。

（四）健全特殊教育专业支撑体系

区县建立由教育、心理、康复、社会工作等方面专家组成的残疾人教育专家委员会，健全残疾儿童入学评估机制，完善教育安置办法。建立部门间的信息交流共享机制。

支持特殊教育学校建立特殊教育资源中心，提供特殊教育指导和支持服务。没有特殊教育学校的区县，依托有条件的普通学校，整合相关方面的资源建立特殊教育资源中心。

各级教研机构配备专职和兼职特殊教育教研员。鼓励高等学校、教科研机构以多种形式为特殊教育提供专业服务。建立健全志愿者扶残助学机制。发挥乡镇（街道）、村（居）民委员会在未入学残疾儿童少年信息收集、送教上门、社会活动等方面的支持作用。加强家校合作，充分发挥家庭在残疾儿童少年教育和康复中的作用。

（五）加强专业化特殊教育教师队伍建设

支持师范类院校和其他高校扩大特殊教育专业招生规模，提高培养质量。加大特殊教育专业硕士、博士研究生培养力度。各地采取公费培养、学费减免、助学贷款代偿等措施，为中西部贫困地区定向培养特殊教育教师。鼓励有条件的高等学校加强学前、普通高中及职业教育的特教师资培养。普通师范院校和综合性院校的师范专业普遍开设特教课程。在教师资格考试中要含有一定比例的特殊教育相关内容。到2020年，所有从事特殊教育的专任教师均应取得教师资格证，非特殊教育专业毕业的教师还应经过省级教育行政部门组织的特殊教育专业培训并考核合格。加大培训力度，对特殊教育教师实行5年一周期不少于360学时的全员培训。"国培计划"加强特殊教育学校校长和骨干教师的培训。省一级承担特殊教育学校教师培训，县一级承担普通学校随班就读教师、资源教师和送教上门教师培训，增强培训的针对性和实效性。

各省（区、市）可结合地方实际制定特殊教育学校教职工编制标准，加强康复医生、康复治疗师、康复训练人员及其他专业技术人员的配备，并对招收重度、多重残疾学生较多的学校，适当增加教职工配备。为招收残疾学生的普通学校配备专兼职资源教师。落实并完善特殊教育津贴等工资倾斜政策，核定绩效工资总量时适当倾斜。对普通学校承担随班就读教学管理任务的教师，在绩效工资分配上给予倾斜。为送教上门教师、承担"医教结合"实验相关人员提供必要的工作和交通补助。根据特殊教育的特点，在职称评聘体系中建立分类评价标准。将儿童福利机构特教班教师职务（职称）评聘工作纳入当地教师职务（职称）评聘规划，拓宽晋升渠道。关心特教教师的身心健康，改善特教教师的工作和生活环境。表彰奖励教师向特殊教育教师倾斜。

（六）大力推进特殊教育课程教学改革

依据盲、聋和培智三类特殊教育学校义务教育阶段课程标准（2016年版），编写完成中小学各科教材。将新课标新教材的有关培训统筹纳入"国培计划"和省级全员培训。研制多重残疾、孤独症等学生的课程指南。加强学前、普通高中及职业教育课程资源建设。

推进差异教学和个别化教学，提高教育教学的针对性。加强特殊教育信息化建设和应用，重视教具、学具和康复辅助器具的开发与应用。加强特殊教育学校图书配备，开展书香校园活动，培养残疾儿童良好阅读习惯。创新随班就读教育教学与管理模式，建立全面的质量保障体系。完善特殊教育质量监测制度，探索适合残疾学生发展的考试评价体系。

四、组织实施

（一）加强组织领导

各地要高度重视第二期特殊教育提升计划实施方案的编制和实施工作，把提升计划的实施列入政府工作议事日程和相关部门年度任务，确保各项目标任务落到实处。各省（区、市）第二期特殊教育提升计划实施方案经省级人民政府批准后，于2017年9月1日前报教育部备案。

（二）深化体制机制改革

加强省级统筹，加大对贫困地区和特殊教育薄弱环节的支持力度。建立健全多部门协调联动的特殊教育推进机制，明确教育、发展改革、民政、财政、人力资源社会保障、卫生计生、残联等部门的任务，形成工作合力。深化用人制度改革，探索学校、医院、康复机构之间人才资源共享的途径和方法。

（三）营造关心和支持特殊教育的氛围

各地要广泛宣传实施特殊教育提升计划的重要意义，宣传特殊教育改革发展成就和优秀残疾人典型事迹，引导学生和家长充分认识特殊教育对促进残疾人成长成才和终身发展的重要作用。动员社会各界采用多种形式扶残助学，提供志愿服务，形成关心和支持特殊教育的良好氛围。

（四）加强督导检查

省级人民政府组织开展对第二期特殊教育提升计划实施情况的专项督导检查。各地要建立督导检查和问责机制，将提升计划目标任务和政策措施落实情况纳入地方各级政府考核体系。国务院教育督导部门适时组织特殊教育专项督导，结果向社会公布。

教育部关于印发《中小学德育工作指南》的通知

(教基〔2017〕8号)

各省、自治区、直辖市教育厅（教委），新疆生产建设兵团教育局：

为全面贯彻党的十八大和十八届三中、四中、五中、六中全会精神，深入贯彻落实习近平总书记系列重要讲话精神，落实立德树人根本任务，不断增强中小学德育工作的时代性、科学性和实效性，经研究，我部制定了《中小学德育工作指南》（以下简称《指南》）。现印发给你们，请认真贯彻落实。

该《指南》是指导中小学德育工作的规范性文件，适用于所有普通中小学。各地要加强组织实施，将《指南》作为学校开展德育工作的基本遵循，纳入校长和教师培训的重要内容，并将其作为教育行政部门对中小学德育工作进行督导评价的重要依据，进一步提高中小学德育工作水平。

请将贯彻落实情况及时报我部。

教育部
2017年8月17日

中小学德育工作指南

为深入贯彻落实立德树人根本任务，加强对中小学德育工作的指导，切实将党和国家关于中小学德育工作的要求落细落小落实，着力构建方向正确、内容完善、学段衔接、载体丰富、常态开展的德育工作体系，大力促进德育工作专业化、规范化、实效化，努力形成全员育人、全程育人、全方位育人的德育工作格局，特制定本指南。

一、指导思想

全面贯彻党的十八大和十八届三中、四中、五中、六中全会精神，深入贯彻习近平总书记系列重要讲话精神和治国理政新理念新思想新战略，始终坚持育人为本、德育为先，大力培育和践行社会主义核心价值观，以培养学生良好思想品德和健全人格为根本，以促进学生形成良好行为习惯为重点，以落实《中小学生守则（2015年修订）》为抓手，坚持教育与生产劳动、社会实践相结合，坚持学校教育与家庭教育、社会教育相结合，不断完善中小学德育工作长效机制，全面提高中小学德育工作水平，为中国特色社会主义事业培养合格建设者和可靠接班人。

二、基本原则

（一）坚持正确方向

加强党对中小学校的领导，全面贯彻党的教育方针，坚持社会主义办学方向，牢牢把握中小学思想政治和德育工作主导权，保证中小学校成为坚持党的领导的坚强阵地。

（二）坚持遵循规律

符合中小学生年龄特点、认知规律和教育规律，注重学段衔接和知行统一，强化道德实践、情感培育和行为习惯养成，努力增强德育工作的吸引力、感染力和针对性、实效性。

（三）坚持协同配合

发挥学校主导作用，引导家庭、社会增强育人责任意识，提高对学生道德发展、成长成人的重视程度和参与度，形成学校、家庭、社会协调一致的育人合力。

（四）坚持常态开展

推进德育工作制度化常态化，创新途径和载体，将中小学德育工作要求贯穿融入学校各项日常工作中，努力形成一以贯之、久久为功的德育工作长效机制。

三、德育目标

（一）总体目标

培养学生爱党、爱国、爱人民，增强国家意识和社会责任意识，教育学生理解、认同和拥护国家政治制度，了解中华优秀传统文化和革命文化、社会主义先进文化，增强中国特色社会主义道路自信、理论自信、制度自信、文化自信，引导学生准确理解和把握社会主义核心价值观的深刻内涵和实践要求，养成良好政治素质、道德品质、法治意识和行为习惯，形成积极健康的人格和良好心理品质，促进学生核心素养提升和全面发展，为学生一生成长奠定坚实的思想基础。

（二）学段目标

1. 小学低年级。教育和引导学生热爱中国共产党、热爱祖国、热爱人民，爱亲敬长、爱集体、爱家乡，初步了解生活中的自然、社会常识和有关祖国的知识，保护环境，爱惜资源，养成基本的文明行为习惯，形成自信向上、诚实勇敢、有责任心等良好品质。

2. 小学中高年级。教育和引导学生热爱中国共产党、热爱祖国、热爱人民，了解家乡发展变化和国家历史常识，了解中华优秀传统文化和党的光荣革命传统，理解日常生活的道德规范和文明礼貌，初步形成规则意识和民主法治观念，养成良好生活和行为习惯，具备保护生态环境的意识，形成诚实守信、友爱宽容、自尊自律、乐观向上等良好品质。

3. 初中学段。教育和引导学生热爱中国共产党、热爱祖国、热爱人民，认同中华文化，继承革命传统，弘扬民族精神，理解基本的社会规范和道德规范，树立规则意识、法治观念，培养公民意识，掌握促进身心健康发展的途径和方法，养成热爱劳动、自主自立、意志坚强的生活态度，形成尊重他人、乐于助人、善于合作、勇于创新等良好品质。

4. 高中学段。教育和引导学生热爱中国共产党、热爱祖国、热爱人民，拥护中国特色社会主义道路，弘扬民族精神，增强民族自尊心、自信心和自豪感，增强公民意识、社会责任感和民主法治观念，学习运用马克思主义基本观点和方法观察问题、分析问题和解决问题，学会正确选择人生发展道路的相关知识，具备自主、自立、自强的态度和能力，初步形成正确的世界观、人生观和价值观。

四、德育内容

（一）理想信念教育

开展马列主义、毛泽东思想学习教育，加强中国特色社会主义理论体系学习教育，引导学生深入学习习近平总书记系列重要讲话精神，领会党中央治国理政新理念新思想新战略。加强中国历史特别是近现代史教育、革命文化教育、中国特色社会主义宣传教育、"中国梦"主题宣传教育、时事政策教育，引导学生深入了解中国革命史、中国共产党史、改革开放史和社会主义发展史，继承革命传统，传承红色基因，深刻领会实现中华民族伟大复兴是中华民族近代以来最伟大的梦想，培养学生对党的政治认同、情感认同、价值认同，不断树立为共产主义远大理想和中国特色社会主义共同理想而奋斗的信念和信心。

（二）社会主义核心价值观教育

把社会主义核心价值观融入国民教育全过程，落实到中小学教育教学和管理服务各环节，深入开展爱国主义教育、国情教育、国家安全教育、民族团结教育、法治教育、诚信教育、文明礼仪教育等，引导学生牢牢把握富强、民主、文明、和谐作为国家层面的价值目标，深刻理解自由、平等、公正、法治作为社会层面的价值取向，自觉遵守爱国、敬业、诚信、友善作为公民层面的价值准则，将社会主义核心价值观内化于心、外化于行。

（三）中华优秀传统文化教育

开展家国情怀教育、社会关爱教育和人格修养教育，传承发展中华优秀传统文化，大力弘扬核心思想理念、中华传统美德、中华人文精神，引导学生了解中华优秀传统文化的历史渊源、发展脉络、精神内涵，增强文化自觉和文化自信。

（四）生态文明教育

加强节约教育和环境保护教育，开展大气、土地、水、粮食等资源的基本国情教育，帮助学生了解祖国的大好河山和地理地貌，开展节粮节水节电教育活动，推动实行垃圾分类，倡导绿色消费，引导学生树立尊重自然、顺应自然、保护自然的发展理念，养成勤俭节约、低碳环保、自觉劳动的生活习惯，形成健康文明的生活方式。

（五）心理健康教育

开展认识自我、尊重生命、学会学习、人际交往、情绪调适、升学择业、人生规划以及适应社会生活等方面的教育，引导学生增强调控心理、自主自助、应对挫折、适应环境的能力，培养学生健全的人格、积极的心态和良好的个性心理品质。

五、实施途径和要求

（一）课程育人

充分发挥课堂教学的主渠道作用，将中小学德育内容细化落实到各学科课程的教学目标之中，融入渗透到教育教学全过程。

严格落实德育课程。按照义务教育、普通高中课程方案和标准，上好道德与法治、思想政治课，落实课时，不得减少课时或挪作他用。

要围绕课程目标联系学生生活实际，挖掘课程思想内涵，充分利用时政媒体资源，精心设计教学内容，优化教学方法，发展学生道德认知，注重学生的情感体验和道德实践。

发挥其他课程德育功能。要根据不同年级和不同课程特点，充分挖掘各门课程蕴含的德育资源，将德育内容有机融入到各门课程教学中。

语文、历史、地理等课要利用课程中语言文字、传统文化、历史地理常识等丰富的思想道德教育因素，潜移默化地对学生进行世界观、人生观和价值观的引导。

数学、科学、物理、化学、生物等课要加强对学生科学精神、科学方法、科学态度、科学探究能力和逻辑思维能力的培养，促进学生树立勇于创新、求真求实的思想品质。

音乐、体育、美术、艺术等课要加强对学生审美情趣、健康体魄、意志品质、人文素养和生活方式的培养。

外语课要加强对学生国际视野、国际理解和综合人文素养的培养。

综合实践活动课要加强对学生生活技能、劳动习惯、动手实践和合作交流能力的培养。

用好地方和学校课程。要结合地方自然地理特点、民族特色、传统文化以及重大历史事件、历史名人等，因地制宜开发地方和学校德育课程，引导学生了解家乡的历史文化、自然环境、人口状况和发展成就，培养学生爱家乡、爱祖国的感情，树立维护祖国统一、加强民族团结的意识。

统筹安排地方和学校课程，开展法治教育、廉洁教育、反邪教教育、文明礼仪教育、环境教育、心理健康教育、劳动教育、毒品预防教育、影视教育等专题教育。

（二）文化育人

要依据学校办学理念，结合文明校园创建活动，因地制宜开展校园文化建设，使校园秩序良好、环境优美，校园文化积极向上、格调高雅，提高校园文明水平，让校园处处成为育人场所。

优化校园环境。学校校园建筑、设施、布置、景色要安全健康、温馨舒适，使校园内一草一木、一砖一石都体现教育的引导和熏陶。

学校要有升国旗的旗台和旗杆。建好共青团、少先队活动室。积极建设校史陈列室、图书馆（室）、广播室、学校标志性景观。

学校、教室要在明显位置张贴社会主义核心价值观24字、《中小学生守则（2015年修订）》。教室正前上方有国旗标识。

要充分利用板报、橱窗、走廊、墙壁、地面等进行文化建设，可悬挂革命领袖、科学家、英雄模范等杰出人物的画像和格言，展示学生自己创作的作品或进行主题创作。

营造文化氛围。凝练学校办学理念，加强校风教风学风建设，形成引导全校师生共同进步的精神力量。

鼓励设计符合教育规律、体现学校特点和办学理念的校徽、校训、校规、校歌、校旗等并进行教育展示。

创建校报、校刊进行宣传教育。可设计体现学校文化特色的校服。

建设班级文化，鼓励学生自主设计班名、班训、班歌、班徽、班级口号等，增强班级凝聚力。

推进书香班级、书香校园建设，向学生推荐阅读书目，调动学生阅读积极性。提倡小学生每天课外阅读至少半小时、中学生每天课外阅读至少1小时。

建设网络文化。积极建设校园绿色网络，开发网络德育资源，搭建校园网站、论坛、信箱、博客、微信群、QQ群等网上宣传交流平台，通过网络开展主题班（队）会、冬（夏）令营、家校互动等活动，引导学生合理使用网络，避免沉溺网络游戏，远离有害信息，防止网络沉迷和伤害，提升网络素养，打造清朗的校园网络文化。

（三）活动育人

要精心设计、组织开展主题明确、内容丰富、形式多样、吸引力强的教育活动，以鲜明正确的价值导向引导学生，以积极向上的力量激励学生，促进学生形成良好的思想品德和行为习惯。

开展节日纪念日活动。利用春节、元宵、清明、端午、中秋、重阳等中华传统节日以及二十四节气，开展介绍节日历史渊源、精神内涵、文化习俗等校园文化活动，增强传统节日的体验感和文化感。

利用植树节、劳动节、青年节、儿童节、教师节、国庆节等重大节庆日集中开展爱党爱国、民族团结、热爱劳动、尊师重教、爱护环境等主题教育活动。

利用学雷锋纪念日、中国共产党建党纪念日、中国人民解放军建军纪念日、七七抗战纪念日、九三抗战胜利纪念日、九一八纪念日、烈士纪念日、国家公祭日等重要纪念日，以及地球日、环境日、健康日、国家安全教育日、禁毒日、航天日、航海日等主题日，设计开展相关主题教育活动。

开展仪式教育活动。仪式教育活动要体现庄严神圣，发挥思想政治引领和道德价值引领作用，创新方式方法，与学校特色和学生个性展示相结合。

严格中小学升挂国旗制度。除寒暑假和双休日外，应当每日升挂国旗。除假期外，每周一及重大节会活动要举行升旗仪式，奏唱国歌，开展向国旗敬礼、国旗下宣誓、国旗下讲话等活动。

入团、入队要举行仪式活动。

举办入学仪式、毕业仪式、成人仪式等有特殊意义的仪式活动。

开展校园节（会）活动。举办丰富多彩、寓教于乐的校园节（会）活动，培养学生兴趣爱好，充实学生校园生活，磨炼学生意志品质，促进学生身心健康发展。

学校每学年至少举办一次科技节、艺术节、运动会、读书会。可结合学校办学特色和学生实际，自主开发校园节（会）活动，做好活动方案和应急预案。

开展团、队活动。加强学校团委对学生会组织、学生社团的指导管理。明确中学团委对初中少先队工作的领导职责，健全初中团队衔接机制。确保少先队活动时间，小学1年级至初中2年级每周安排1课时。

发挥学生会作用，完善学生社团工作管理制度，建立体育、艺术、科普、环保、志愿服务等各类学生社团。学校要创造条件为学生社团提供经费、场地、活动时间等方面保障。

要结合各学科课程教学内容及办学特色，充分利用课后时间组织学生开展丰富多彩的科技、文娱、体育等社团活动，创新学生课后服务途径。

（四）实践育人

要与综合实践活动课紧密结合，广泛开展社会实践，每学年至少安排一周时间，开展有益于学生身心发展的实践活动，不断增强学生的社会责任感、创新精神和实践能力。

开展各类主题实践。利用爱国主义教育基地、公益性文化设施、公共机构、企事业单位、各类校外活动场所、专题教育社会实践基地等资源，开展不同主题的实践活动。

利用历史博物馆、文物展览馆、物质和非物质文化遗产地等开展中华优秀传统文化教育。

利用革命纪念地、烈士陵园（墓）等开展革命传统教育。

利用法院、检察院、公安机关等开展法治教育。

利用展览馆、美术馆、音乐厅等开展文化艺术教育。

利用科技类馆室、科研机构、高新技术企业设施等开展科普教育。

利用军事博物馆、国防设施等开展国防教育。

利用环境保护和节约能源展览馆、污水处理企业等开展环境保护教育。

利用交通队、消防队、地震台等开展安全教育。

利用养老院、儿童福利机构、残疾人康复机构等社区机构等开展关爱老人、孤儿、残疾人教育。

利用体育科研院所、心理服务机构、儿童保健机构等开展健康教育。

加强劳动实践。在学校日常运行中渗透劳动教育，积极组织学生参与校园卫生保洁、绿化美化，普及校园种植。

将校外劳动纳入学校的教育教学计划，小学、初中、高中每个学段都要安排一定时间的农业生产、工业体验、商业和服务业实习等劳动实践。

教育引导学生参与洗衣服、倒垃圾、做饭、洗碗、拖地、整理房间等力所能及的家务劳动。

组织研学旅行。把研学旅行纳入学校教育教学计划，促进研学旅行与学校课程、德育体验、实践锻炼有机融合，利用好研学实践基地，有针对性地开展自然类、历史类、地理类、科技类、人文类、体验类等多种类型的研学旅行活动。

要考虑小学、初中、高中不同学段学生的身心发展特点和能力，安排适合学生年龄特征的研学旅行。

要规范研学旅行组织管理，制定研学旅行工作规程，做到"活动有方案，行前有备案，应急有预案"，明确学校、家长、学生的责任和权利。

开展学雷锋志愿服务。要广泛开展与学生年龄、智力相适应的志愿服务活动。

发挥本校团组织、少先队组织的作用，抓好学生志愿服务的具体组织、实施、考核评估等工作。

做好学生志愿服务认定记录，建立学生志愿服务记录档案，加强学生志愿服务先进典型宣传。

（五）管理育人

要积极推进学校治理现代化，提高学校管理水平，将中小学德育工作的要求贯穿于学校管理制度的每一个细节之中。

完善管理制度。制定校规校纪，健全学校管理制度，规范学校治理行为，形成全体师生广泛认同和自觉遵守的制度规范。

制定班级民主管理制度，形成学生自我教育、民主管理的班级管理模式。

制定防治学生欺凌和暴力工作制度，健全应急处置预案，建立早期预警、事中处理及事后干预等机制。

会同相关部门建立学校周边综合治理机制，对社会上损害学生身心健康的不法行为依法严肃惩处。

明确岗位责任。建立实现全员育人的具体制度，明确学校各个岗位教职员工的育人责任，规范教职工言行，提高全员育人的自觉性。

班主任要全面了解学生，加强班集体管理，强化集体教育，建设良好班风，通过多种形式加强与学生家长的沟通联系。各学科教师要主动配合班主任，共同做好班级德育工作。

加强师德师风建设。培育、宣传师德标兵、教学骨干和优秀班主任、德育工作者等先进典型，引导教师争做"四有"好教师。

实行师德"一票否决制"，把师德表现作为教师资格注册、年度考核、职务（职称）评审、岗位聘用、评优奖励的首要标准。

细化学生行为规范。落实《中小学生守则（2015年修订）》，鼓励结合实际制订小学生日常行为规范、中学生日常行为规范，教育引导学生熟知学习生活中的基本行为规范，践行每一项要求。

关爱特殊群体。要加强对经济困难家庭子女、单亲家庭子女、学习困难学生、进城务工人员随迁子女、农村留守儿童等群体的教育关爱，完善学校联系关爱机制，及时关注其心理健康状况，积极开展心理辅导，提供情感关怀，引导学生心理、人格积极健康发展。

（六）协同育人

要积极争取家庭、社会共同参与和支持学校德育工作，引导家长注重家庭、注重家教、注重家风，营造积极向上的良好社会氛围。

加强家庭教育指导。要建立健全家庭教育工作机制，统筹家长委员会、家长学校、家长会、家访、家长开放日、家长接待日等各种家校沟通渠道，丰富学校指导服务内容，及时了解、沟通和反馈学生思想状况和行为表现，认真听取家长对学校的意见和建议，促进家长了解学校办学理念、教育教学改进措施，帮助家长提高家教水平。

构建社会共育机制。要主动联系本地宣传、综治、公安、司法、民政、文化、共青团、妇联、关工委、卫计委等部门、组织，注重发挥党政机关和企事业单位领导干部、专家学者以及老干部、老战士、老专家、老教师、老模范的作用，建立多方联动机制，搭建社会育人平台，实现社会资源共享共建，净化学生成长环境，助力广大中小学生健康成长。

六、组织实施

加强组织领导。各级教育行政部门要把中小学德育工作作为教育系统党的建设的重要内容，摆上重要议事日程，加强指导和管理。学校要建立党组织主导、校长负责、群团组织参与、家庭社会联动的德育工作机制。学校党组织要充分发挥政治核心作用，切实加强对学校德育工作的领导，把握正确方向，推动解决重要问题。校长要亲自抓德育工作，规划、部署、推动学校德育工作落到实处。学校要完善党建带团建机制，加强共青团、少先队建设，在学校德育工作中发挥共青团、少先队的思想性、先进性、自主性、实践性优势。

加强条件保障。各级教育行政部门和学校要进一步改善学校办学条件，将德育工作经费纳入经费年度预算，完善优化教育手段，提供德育工作必需的场所、设施，订阅必备的参考书、报刊，配齐相应的教学仪器设备等。

加强队伍建设。各级教育行政部门和学校要重视德育队伍人员培养选拔，优化德育队伍结构，建立激励和保障机制，调动工作积极性和创造性。要有计划地培训学校党组织书记、校长、德育干部、班主任、各科教师和少先队辅导员、中学团干部，组织他们学习党的教育方针、德育理论，提高德育工作专业化水平。

加强督导评价。各级教育行政部门要将学校德育工作开展情况纳入对学校督导的重要内容，建立区域、学校德育工作评价体系，适时开展专项督导评估工作。学校要认真开展学生的品德评价，纳入综合素质评价体系，建立学生综合素质档案，做好学生成长记录，反映学生成长实际状况。

加强科学研究。各级教育行政部门、教育科研机构和学校要组织力量开展中小学德育工作研究，探索新时期德育工作特点和规律，创新德育工作的途径和方法，定期总结交流研究成果，学习借鉴先进经验和做法，增强德育工作的科学性、系统性和实效性。

教育部关于印发《高等学校马克思主义学院建设标准（2017年本）》的通知

（教社科〔2017〕1号）

各省、自治区、直辖市教育厅（教委），新疆生产建设兵团教育局，有关部门（单位）教育司（局），部属各高等学校：

为深入贯彻落实全国高校思想政治工作会议和中共中央、国务院《关于加强和改进新形势下高校思想政治工作的意见》精神，进一步建强建好高校马克思主义学院，不断提升马克思主义学院建设的科学化、规范化、现代化水平，打造马克思主义理论教学、研究、宣传和人才培养的坚强阵地，使之成为办好高校思想政治理论课的坚强战斗堡垒，我部研制了《高等学校马克思主义学院建设标准（2017年本）》。现印发给你们，请参照执行。

附：高等学校马克思主义学院建设标准（2017年本）

教育部
2017年9月14日

附

高等学校马克思主义学院建设标准
（2017年本）

一级指标	二级指标	具体要求
组织领导与管理	领导责任	1. 学校党政领导班子牢固树立政治意识、大局意识、核心意识、看齐意识，坚决贯彻落实以习近平同志为核心的党中央对进一步办好高校思想政治理论课、加强高校马克思主义学院建设的决策部署，自觉在思想上、政治上、行动上同以习近平同志为核心的党中央保持高度一致。落实学校党委书记第一责任人责任，校长要切实负起政治责任和领导责任，每学年分别到学院至少召开1次现场办公会，听取工作汇报，解决实际问题。分管思想政治理论课建设的校领导和分管教学、科研等工作的校领导要主动研究学院工作，对学院开展经常性工作指导。
		2. 校党委（常委）会议、校长办公会每学期分别至少召开1次专题会议，研究马克思主义学院建设重点工作，会议决议及时落实。推动本校马克思主义学院与其他高校马克思主义学院协同发展，主动争取与有关部门共建马克思主义学院。有计划地安排马克思主义学院教师参加社会实践和校外挂职。
		3. 把思想政治理论课作为重点课程、把马克思主义理论学科作为重点学科、把马克思主义学院作为重点学院，纳入学校发展规划，进行重点建设，全面推动思想政治理论课建设的思路攻坚、师资攻坚、教材攻坚、教法攻坚、机制攻坚，全面贯彻党的教育方针，落实好立德树人根本任务，培养德智体美全面发展的社会主义事业建设者和接班人。
	机构设置	1. 学院是直属学校领导的独立二级机构，统一开设全校思想政治理论课（包括"形势与政策"课），统一管理思想政治理论课教师，统一负责马克思主义理论学科建设。
		2. 学院党政领导班子职数合理，配备齐全，团结进取。班子成员是中共党员，长期从事思想政治理论课教学和马克思主义理论学科研究，有奉献精神，开拓进取，群众认可。

续上表

一级指标	二级指标	具体要求
组织领导与管理	机构设置	3. 按照思想政治理论课各门课程分别对应设置教研室，党政工团组织机构健全，教学委员会、学术委员会、学位评定委员会等机构运转有效。
	工作机制	1. 制定学院中长期发展规划，规划既符合思想政治理论课建设和马克思主义理论学科发展要求，又与本校重点学院建设要求相一致。
		2. 强化学院党的领导，进一步发挥学院党委（党总支）的政治核心作用，履行政治责任，保证监督党的路线方针政策及上级党组织决定的贯彻执行。认真执行民主集中制原则，通过党政联席会议讨论和决定重要事项，健全学院集体领导、党政分工合作、协调运行的工作机制，提升班子整体功能和议事决策水平。
		3. 完善学院二级教代会或教职工大会制度，实行民主管理和监督。
	基础建设	1. 学校在保障学院正常办公经费的基础上，按在校生总数每生每年不低于20元的标准提取专项经费，用于思想政治理论课教师的学术交流、实践研修等，并随着学校经费的增长逐年增加。专项经费安排使用明确，专款专用。
		2. 保证学院办公用房，原则上教授有独立的教研用房。
		3. 配备满足教学科研需要的硬件设备和图书资料室，图书期刊、音像资料齐全，更新及时。
思想政治理论课教学	教学组织	1. 按照本、专科生思想政治理论课"05方案"，研究生思想政治理论课"10方案"开课，帮助学生树立正确的世界观、人生观、价值观，引导学生正确认识世界和中国发展大势，正确认识中国特色和国际比较，正确认识时代责任和历史使命，正确认识远大抱负和脚踏实地，不断提高学生的思想水平、政治觉悟、道德品质、文化素养，坚定中国特色社会主义道路自信、理论自信、制度自信、文化自信。
		2. 落实课程学分及对应学时，不挪用或减少课堂教学学时。
		3. 使用马克思主义理论研究和建设工程统编的最新版思想政治理论课教材和教学大纲。
		4. 推行中班教学，班级规模原则上不超过100人。推广中班上课、小班研学讨论的教学模式。
		5. 充分发挥思想政治理论课的主渠道作用，充分发掘和运用各学科专业蕴含的思想政治教育资源。
	教学实施	1. 以教研室为单位建立严格的新教师试讲制度、集体备课制度、教师听课互评制度、集中命题制度等，组织教师集中研讨提问题、集中培训提素质、集中备课提质量。
		2. 具有教学大纲核准和教案评价制度，建设精彩教案、精彩课件、精彩课程资源库，实现优质教学资源共建共享。
		3. 探索考试评价方式改革，注重考查学生运用马克思主义立场、观点、方法分析问题和解决问题的能力。
	教学改革	1. 系统组织教师开展教学改革，创新教学模式，培育推广形式新颖、效果良好、受学生欢迎的教学方法，培育"配方"新颖、"工艺"精湛、"包装"时尚有特色的品牌课。
		2. 制订实践教学计划，统筹思想政治理论课各门课程的实践教学，落实学时学分、教学内容、指导教师和专项经费。实践教学原则上覆盖全体在校学生，建设相对稳定的校外教学实践基地。
		3. 依托全国高校思想政治理论课网络集体备课平台，开发在线课程，建设名师名家网络示范课，推进优质网络教学资源建设。
		4. 建立大学生思想政治理论课自主学习平台，广泛开展大学生自主学习活动。
	教学考评	1. 强化课堂教学纪律，健全课堂教学管理办法。
		2. 具有完备的教学内容和教学质量监测管理制度。

续上表

一级指标	二级指标	具体要求
思想政治理论课教学	教学考评	3. 定期组织开展优秀教学成果评选活动，将教学质量和水平作为首要评价标准，确保教师把主要精力放在研究教学内容、创新教学方法、提高教学实效上。
		4. 以学生获得感为评价导向，以"有虚有实、有棱有角、有情有义、有滋有味"为根本标准，在学生评教基础上进一步完善教师评价制度。探索实行思想政治理论课教师课堂教学退出机制。
	师资配备	1. 思想政治理论课教师要有理想信念、有道德情操、有扎实学识、有仁爱之心，坚持教书和育人相统一、言传和身教相统一、潜心问道和关注社会相统一、学术自由和学术规范相统一，做先进思想文化的传播者、党执政的坚定支持者，更好担起学生健康成长指导者和引路人的责任。
		2. 按照师生比不低于1∶350的比例设置专职教师岗位，加快配齐建强专职教师队伍。专兼职教师应具有马克思主义理论学科或相关学科背景；新任专职教师原则上是中共党员。
		3. 选聘高水平专家担任特聘教授，统筹好地方党政领导干部、企事业单位负责人、社科理论界专家、各行业先进模范以及高校党委书记校长、院（系）党政负责人、名师大家和专业课骨干教师、日常思想政治教育骨干8支队伍上思想政治理论课讲台。
		4. 建立"传帮带"工作机制，通过培训、访学、教学比赛等多种方式，切实提高教师教学能力。探索思想政治理论课教师队伍与日常思想政治教育教师队伍深度融合的工作机制。
马克思主义理论学科建设	学科设置	1. 学院是马克思主义理论学科的依托机构，严格依据国务院学位委员会发布的《授予博士、硕士学位和培养研究生的学科、专业目录》以及二级学科设置相关规定，设置马克思主义理论学科所属二级学科。
		2. 明确二级学科带头人，凝练学科研究方向，学科研究成果符合马克思主义理论学科内涵和规范。
	科学研究	1. 紧紧围绕马克思主义理论一级学科及其所属二级学科开展科研，从整体上研究马克思主义基本原理和科学体系，深入研究马克思列宁主义、毛泽东思想、邓小平理论、"三个代表"重要思想、科学发展观，深入研究习近平总书记系列重要讲话精神和党中央治国理政新理念新思想新战略；紧紧围绕发展21世纪马克思主义、当代中国马克思主义，深入研究新的历史条件下坚持和发展中国特色社会主义的重大理论和实践问题；紧紧围绕进一步办好高校思想政治理论课，深入研究思想政治理论课教学重点难点问题和教学方法改革创新。
		2. 思想政治理论课专职教师有明确的二级学科归属和研究方向。
		3. 坚持以思想政治理论课教学为核心的科研导向。开展科研成果评优奖励，加大对中青年教师的科研支持力度。
		4. 支持教师经常参与国内外高水平学术研讨交流。有条件的学院积极举办与马克思主义理论学科相关的国际性、全国性、区域性学术会议，提高马克思主义理论学科的学术影响力和国际影响力。
	人才培养	1. 探索建立本硕博相衔接的人才培养体系，支持有条件的高校设置马克思主义理论专业。
		2. 人才培养方案符合国务院学位委员会关于本学科博士、硕士学位基本要求。开设本学科所要求的核心课程。
		3. 研究生入学考试、课程设置与教学、中期综合考核、科研训练、学位论文开题和答辩等环节管理规范，保证研究生培养质量。
		4. 导师遴选和日常管理严格，保证导师对研究生的指导时间。
		5. 支持专职教师攻读本学科博士学位，安排中青年教师国内外研修。
社会服务与社会影响	决策咨询	1. 积极组织教师围绕重大现实问题、重大理论问题和重大实践经验总结开展调研，提交咨询报告。
		2. 支持教师参与各级党委政府重要文件、报告等起草工作，参与企事业单位决策咨询。
	理论宣讲	1. 支持教师参加各级宣讲团，进行马克思主义理论和党的路线方针政策宣讲。
		2. 支持教师在主流媒体刊发有影响的理论文章，创作通俗理论读物、音像作品，弘扬主旋律，传播正能量，抵制和批判各种错误思潮。

续上表

一级指标	二级指标	具体要求
党的建设与思想政治工作	支部建设	1. 按照有利于党的领导、有利于党组织活动、有利于党员教育管理的原则，调整优化支部设置，推行在教研室设置教师党支部，把学生党支部建在班级年级上，充分发挥党支部的战斗堡垒作用。
		2. 每月至少固定半天时间开展党日活动，组织师生党员学习党章党规，学习系列讲话，开展形势政策和思想理论教育，用党的理论创新最新成果武装师生头脑。
		3. 实施党员先锋工程和党员名师工程，创设党员教育管理服务示范岗，使师生党员发挥先锋模范作用。
		4. 建立师生思想政治状况定期研判制度，通过日常联系、谈心谈话等渠道，了解分析师生思想变化和动向，帮助解决实际困难和问题。
	师德师风	1. 加强教师思想政治工作，把社会主义核心价值观纳入教师教育，融入教师职前培养准入、在职培训管理全过程。
		2. 扎实推进师德建设，完善教师职业道德规范，实施师德"一票否决"。
	文化建设	1. 要大力弘扬理论联系实际的学风，注重体现时代性和实践性。培育具有自身特色的学院文化，凝练体现办院目标的院训。
		2. 引领校园文化，提升理论品质，组织举办马克思主义理论学习沙龙等活动，鼓励教师担任学生理论社团指导教师。
		3. 紧紧围绕坚持和发展中国特色社会主义这条主线，引导师生建设良好的政治文化，为巩固马克思主义在高校意识形态领域的指导地位发挥示范引领作用。

教育部关于进一步推进职业教育信息化发展的指导意见

(教职成〔2017〕4号)

各省、自治区、直辖市教育厅（教委），各计划单列市教育局，新疆生产建设兵团教育局：

为深入贯彻落实《教育信息化"十三五"规划》，全面提升信息技术支撑和引领职业教育创新发展的能力，加快推进职业教育现代化，现就进一步推进职业教育信息化发展提出如下意见。

一、准确把握进一步推进职业教育信息化发展的重要机遇与基本要求

1. "十二五"以来，职业教育信息化发展取得了较大的进展。职业教育信息化的战略部署初步形成，基础设施建设进一步加强，管理规范和技术标准不断健全，数字教育资源开发和应用持续深入，教育资源和教育管理平台建设扎实推进，教师信息化意识与能力显著增强。但从总体来看，与国家实施"互联网+"等重大战略的需求相比，与世界数字化、网络化、智能化发展的趋势相比，与实现职业教育现代化的要求相比，职业教育信息化发展水平还亟待提升。进一步推进我国职业教育信息化发展，是适应当今教育改革和信息技术创新应用趋势，如期实现职业教育现代化，为国家经济社会发展提供有力技术技能人才支撑的必然选择和战略举措。

2. 深入学习贯彻习近平总书记系列重要讲话精神，坚持服务全局、突出特色、统筹规划、协调推进、深化应用、融合创新、完善机制、持续发展，努力改善职业教育服务供给方式，提升现代化水平。职业教育信息化工作要围绕经济社会发展大局，主动服务国家重大发展战略，加大云计算、大数据、物联网、虚拟现实/增强现实、人工智能等新技术的应用，体现产教融合、校企合作、工学结合、知行合一等职业教育特色。要适应科技革命和产业革命要求，突出行业与区域特点，注重对薄弱学校的帮扶，推动协调发展。要面向职业教育各领域、各环节，以应用促融合、以融合促创新、以创新促发展，创新教学、服务和治理模式。要探索建立共建共享、开放合作新机制，鼓励行业、企业和社会参与职业教育信息化建设。

3. 到2020年，全面完成《教育信息化"十三五"规划》提出的目标任务。基础能力明显改善，落实"三通两平台"建设要求，90%以上的职业院校建成不低于《职业院校数字校园建设规范》要求的数字校园，各地普遍建立推进职业教育信息化持续健康发展的政策机制；数字教育资源更加丰富，数字教育资源基本覆盖职业院校公共基础课程和各专业领域，政府引导、市场参与的数字教育资源共建共享平台、认证标准和交易机制初步形成；应用水平显著提高，网络学习空间全面普及，线上线下混合教学模式广泛应用，自主、泛在、个性化的学习普遍开展，大数据、云计算等现代信息技术在职业院校决策、管理与服务中的应用水平普遍提升；信息素养全面提升，信息技术应用能力提升培训实现常态化，职业教育行政管理者和院（校）长的信息化领导力、保障支撑队伍的技术服务能力、教师的信息化教学能力和学生的信息素养全面提升。

二、全面落实推进职业教育信息化发展的重点任务

4. 提升职业教育信息化基础能力。广泛宣传和落实《职业院校数字校园建设规范》，采取"政府引导、标准引领、项目示范、分步实施"的方式，推进职业院校数字校园建设。加快建设具有职业教育特色的管理服务与资源服务信息化支撑平台。推动各地建设有线、无线一体化认证，高速、稳定、安全的校园网络，加强数字媒体制作室、数字化教室等教育信息化硬件基础建设，进一步优化职业院校信息化教学环境。在全国遴选推广一批示范性虚拟仿真实训基地，重点解决实训教学中"进不去、看不见、动不了、难再现"的难题。把信息化帮扶纳入职业教育东西协作行动计划，进一步加大政策、资金、技术、人才向中西部职业院校倾斜力度，采取送教上门、资源共享、教师结对等方式开展信息化帮扶，缩小区域间发展差距，实现职业教育信息化建设的均衡发展。

5. 推动优质数字教育资源共建共享。继续推进

建设国家级职业教育专业教学资源库,引导各地各职业院校根据区域、行业特点建设和完善省级、校级资源库,突出资源库"能学、辅教"的功能定位。支持行业、企业与职业院校共同建设面向社会服务的企业信息库、岗位技能标准库、人才需求信息库、创新创业案例库等开放资源。根据需要,有序引导各地各职业院校开发基于职场环境与工作过程的虚拟仿真实训资源和个性化自主学习系统。探索建设政府引导、市场参与的数字教育资源共建共享平台,服务课程开发、教学设计、教学实施与教学评价。依托专业机构,建立健全共建共享平台的资源认证标准和交易机制,进一步扩大优质资源覆盖面,强化优质资源在教育教学中的实际应用。

6. 深化教育教学模式创新。开展信息化环境下的职业教育教学模式创新研究与实践,大力推进信息技术与教育教学深度融合。着力优化人才培养模式,建设适应信息化教学需要的专业课程体系,用信息技术改造传统教学。推进网络学习空间的建设与应用,加强教与学全过程的数据采集和效果分析。鼓励教师充分、合理运用数字教育资源开展教学,解决技能培养中的重点、难点问题。推广远程协作、实时互动、翻转课堂、移动学习等信息化教学模式,最大限度地调动学习者的主观能动性,促进教与学、教与教、学与学的全面互动,进一步提高教学质量与人才培养质量。

7. 加快管理服务平台建设与应用。鼓励职业院校建成集行政、教学、科研、学生和后勤管理于一体的信息服务平台,支持学校实施校企合作信息发布、项目管理、顶岗实习管理、人力资源信息管理、就业信息分析等。推进平安校园、节能校园平台建设,实现对校园安全、能源管理过程跟踪、精准监控和数据分析。推动职业院校加强管理信息化应用,做好信息采集、统计和更新工作,提高管理效能。统筹完善信息化管理服务平台建设,建立统一集中的基础数据库,提高全国职业教育数据共享水平。充分发挥管理信息系统在学籍管理、人员管理、资产及设备管理、日常教学、实习跟踪、流程监控等重点工作中的作用,提高教育行政部门管理、服务与决策水平,推动职业教育治理能力现代化。

8. 提升师生和管理者信息素养。将信息技术应用能力纳入教师评聘考核内容。开展以深度融合信息技术为特点的培训,帮助教师树立正确的信息化教学理念、改进教学方法、提高教学质量,提高教师信息技术应用水平。进一步完善信息化教学大赛制度,国家与地方每年举办职业院校信息化教学大赛,提高参与率,积极转化大赛成果并广泛共享。推动职业院校增加信息技术在基础类课程教学中的应用,加强学生使用信息技术的综合应用训练,提高各专业学生信息化职业能力、数字化学习能力和综合信息素养。开展管理人员教育信息化领导力培训,增强各级教育行政部门、专业机构和职业院校管理者的信息化意识,提升其规划能力、执行能力和评价能力。在职业院校推广建立校领导担任首席信息官(CIO)的制度,全面负责本校信息化工作;建立信息化部门和业务部门的分工协作机制,统筹规划、归口管理。各地要将职业教育管理部门和职业院校的信息化建设效果、信息化发展水平纳入管理者绩效考核。

9. 增强网络与信息安全管控能力。各地各职业院校要按照《网络安全法》等法律法规政策要求,建立主要负责人为第一责任人的网络安全工作体系,落实网络安全责任制。结合职业教育实际,制定并完善相关规章制度,开展多种形式的教育和培训。全面实施信息安全等级保护制度,制定方案,建立多层次网络与信息安全技术防护体系,按需配置网络与信息安全防护设备和软件,构建可信、可控、可查的网络与信息安全技术防护环境。完善各地各职业院校信息公开与发布的流程、职责及相关制度,向社会各界展示成果、提供服务,努力提升职业教育吸引力。各地要制定网络与信息安全应急预案,明确应急处置流程和权限,落实应急处置技术支撑队伍,开展安全应急演练,提高网络与信息安全应急处置能力。

三、着力完善推进职业教育信息化发展的各项保障措施

10. 明确发展责任。各地要把发展职业教育信息化纳入职业教育和教育信息化的总体规划,各地教育行政部门要加强区域统筹,组织、推动、落实、监管职业教育信息化各项工作。职业院校要深化信息技术在人才培养、技术技能传承和促进创新创业中的应用,加强优质数字教育资源的开发和使用。鼓励各类信息技术企业、专业机构、行业组织等积极有序平等参与职业教育信息化建设。支持社会组织开展战略研究,提供政策建议、决策支持和咨询评估。将教育信息化作为职业院校基本办学条件纳入办学评估指标体系并开展督导。引入第三方评测,建立科学的绩效指标体系,形成制度化的评估机制。

11. 健全工作机制。职业院校要健全信息化工作组织机构,建立信息化运维管理、安全保障、人

员培训、经费保障等机制。将信息化教学研究列入职业院校科研课题，将信息化应用能力要求作为教师评聘考核的重要依据。职业院校要重视信息化专门人才的引进和培养，建立和完善信息化人才考评和激励机制，增强专业化技术支撑队伍服务能力。持续开展教育信息化专业人员能力培训，培养一批具有较强能力的信息化人才，形成结构合理的专业队伍。

12. 调动多方参与。通过生均拨款、专项经费、购买服务等方式，加大财政对职业教育信息化建设与应用的支持力度。充分发挥市场在资源配置中的决定性作用，鼓励社会资本参与职业教育信息化建设。建立健全相关信息化产品与服务的准入机制、知识产权保护机制和利益分配机制，调动参与各方的积极性。

13. 完善服务保障。鼓励各地各职业院校开展职业教育信息化的政策研究、应用研究以及相关标准规范研究，设立信息技术教育管理和教学改革专项课题，形成一批有利于职业教育信息化发展的研究成果。指导职业院校把信息化发展情况纳入年度质量报告。充分发挥信息化相关专业机构与社会组织的作用，建立信息技术交流及信息化应用推广平台，加强与行业、企业合作，定期举办职业教育信息化创新发展交流、研讨、培训以及典型应用的推广活动。

教育部
2017 年 8 月 31 日

教育部关于印发《县域义务教育优质均衡发展督导评估办法》的通知

(教督〔2017〕6号)

各省、自治区、直辖市教育厅(教委)、教育督导机构,新疆生产建设兵团教育局、教育督导机构:

为贯彻落实《中华人民共和国义务教育法》《国家中长期教育改革和发展规划纲要(2010—2020年)》《国务院关于深入推进义务教育均衡发展的意见》(国发〔2012〕48号)和《国务院关于统筹推进县域内城乡义务教育一体化改革发展的若干意见》(国发〔2016〕40号),巩固义务教育基本均衡发展成果,引导各地将义务教育均衡发展向着更高水平推进,全面提高义务教育质量,经国务院教育督导委员会同意,决定建立县域义务教育优质均衡发展督导评估制度,开展义务教育优质均衡发展县(市、区)督导评估认定工作。为此,制定了《县域义务教育优质均衡发展督导评估办法》,现印发给你们,请按照本办法要求,积极开展对本行政区域内义务教育优质均衡发展县(市、区)的督导评估工作。

教育部
2017年4月19日

县域义务教育优质均衡发展督导评估办法

第一章 总 则

第一条 为巩固义务教育基本均衡发展成果,进一步缩小义务教育城乡、校际差距,整体提高义务教育标准化建设水平和教育质量,根据《中华人民共和国义务教育法》《国家中长期教育改革和发展规划纲要(2010—2020年)》《国务院关于深入推进义务教育均衡发展的意见》和《国务院关于统筹推进县域内城乡义务教育一体化改革发展的若干意见》,决定开展县域义务教育优质均衡发展督导评估认定工作。为此,制定本办法。

第二条 县域义务教育优质均衡发展督导评估认定的对象是县(含不设区的市、市辖区和国家划定的其他县级行政区划单位,以下统称县)。

第三条 对义务教育优质均衡发展县的督导评估认定,坚持"依法实施、保障公平、注重质量、社会认可"的原则。

第四条 义务教育优质均衡发展县应具备以下基本条件:通过国家义务教育基本均衡发展认定3年以上;基本均衡发展认定后年度监测持续保持较高水平。

第二章 评估内容与标准

第五条 县域义务教育优质均衡发展督导评估认定,包括资源配置、政府保障程度、教育质量、社会认可度四个方面内容。

第六条 资源配置评估通过以下7项指标,重点评估县域义务教育学校在教师、校舍、仪器设备等方面的配置水平,同时评估这些指标的校际均衡情况。具体包括:

(一)每百名学生拥有高于规定学历教师数:小学、初中分别达到4.2人以上、5.3人以上。

(二)每百名学生拥有县级以上骨干教师数:小学、初中均达到1人以上。

(三)每百名学生拥有体育、艺术(美术、音乐)专任教师数:小学、初中均达到0.9人以上。

(四)生均教学及辅助用房面积:小学、初中分别达到4.5平方米以上、5.8平方米以上。

(五)生均体育运动场馆面积:小学、初中分别达到7.5平方米以上、10.2平方米以上。

(六)生均教学仪器设备值:小学、初中分别达到2 000元以上、2 500元以上。

（七）每百名学生拥有网络多媒体教室数：小学、初中分别达到2.3间以上、2.4间以上。

每所学校至少6项指标达到上述要求，余项不能低于要求的85%；所有指标校际差异系数，小学均小于或等于0.50，初中均小于或等于0.45。

第七条 政府保障程度评估通过以下15项指标，重点评估县级人民政府依法履职，落实国家有关法律、法规、政策要求，推进义务教育均衡发展和城乡一体化的工作成效。具体包括：

（一）县域内义务教育学校规划布局合理，符合国家规定要求。

（二）县域内城乡义务教育学校建设标准统一、教师编制标准统一、生均公用经费基准定额统一、基本装备配置标准统一。

（三）所有小学、初中每12个班级配备音乐、美术专用教室1间以上；其中，每间音乐专用教室面积不小于96平方米，每间美术专用教室面积不小于90平方米。

（四）所有小学、初中规模不超过2 000人，九年一贯制学校、十二年一贯制学校义务教育阶段规模不超过2 500人。

（五）小学、初中所有班级学生数分别不超过45人、50人。

（六）不足100名学生村小学和教学点按100名学生核定公用经费。

（七）特殊教育学校生均公用经费不低于6 000元。

（八）全县义务教育学校教师平均工资收入水平不低于当地公务员平均工资收入水平，按规定足额核定教师绩效工资总量。

（九）教师5年360学时培训完成率达到100%。

（十）县级教育行政部门在核定的教职工编制总额和岗位总量内，统筹分配各校教职工编制和岗位数量。

（十一）全县每年交流轮岗教师的比例不低于符合交流条件教师总数的10%；其中，骨干教师不低于交流轮岗教师总数的20%。

（十二）专任教师持有教师资格证上岗率达到100%。

（十三）城区和镇区公办小学、初中（均不含寄宿制学校）就近划片入学比例分别达到100%、95%以上。

（十四）全县优质高中招生名额分配比例不低于50%，并向农村初中倾斜。

（十五）留守儿童关爱体系健全，全县符合条件的随迁子女在公办学校和政府购买服务的民办学校就读的比例不低于85%。

以上15项指标均要达到要求。

第八条 教育质量评估通过以下9项指标，重点评估县域义务教育普及程度、学校管理水平、学生学业质量、综合素质发展水平。具体包括：

（一）全县初中三年巩固率达到95%以上。

（二）全县残疾儿童少年入学率达到95%以上。

（三）所有学校制定章程，实现学校管理与教学信息化。

（四）全县所有学校按照不低于学校年度公用经费预算总额的5%安排教师培训经费。

（五）教师能熟练运用信息化手段组织教学，设施设备利用率达到较高水平。

（六）所有学校德育工作、校园文化建设水平达到良好以上。

（七）课程开齐开足，教学秩序规范，综合实践活动有效开展。

（八）无过重课业负担。

（九）在国家义务教育质量监测中，相关科目学生学业水平达到Ⅲ级以上，且校际差异率低于0.15。

以上9项指标均要达到要求。

第九条 社会认可度调查的内容包括：县级人民政府及有关职能部门落实教育公平政策、推动优质资源共享，以及义务教育学校规范办学行为、实施素质教育、考试评估制度改革、提高教育质量等方面取得的成效。社会认可度调查的对象包括：学生、家长、教师、校长、人大代表、政协委员及其他群众。

社会认可度达到85%以上。

第十条 有以下情况之一的县不予认定：存在以考试方式招生；存在违规择校行为；存在重点学校或重点班；存在"有编不补"或长期聘用编外教师的情况；教育系统存在重大安全责任事故和严重违纪违规事件；有弄虚作假行为。

第三章 评估程序

第十一条 县级人民政府对本县义务教育优质均衡发展状况进行自评。自评达到要求的，报地市级复核后，向省级提出评估申请。

第十二条 省级教育督导机构对申请评估认定的县进行督导评估。评估前向社会公告，评估结果向社会公布，接受社会监督。通过省级督导评估的县，由各省（区、市）报送教育部申请审核认定。

第十三条 教育部对各省（区、市）报送的申请及相关材料进行审核，并根据需要组织实地检查。

教育部将根据审核结果，提请国务院教育督导委员会对义务教育优质均衡发展县进行认定并予以公布。

第十四条 教育部建立义务教育优质均衡发展监测和复查制度，对全国县域义务教育优质均衡发展状况进行监测，对已通过认定的县进行复查。

各省（区、市）教育督导机构建立义务教育均衡发展监测和复查制度，对通过国家认定的义务教育优质均衡发展县进行监测和复查。

第四章　评估结果

第十五条 县域义务教育优质均衡发展评估结果，是上级人民政府对县级人民政府及其主要负责人履行教育职责评价和教育发展水平综合评估的重要依据。

第十六条 各省（区、市）人民政府对本区域内实现义务教育优质均衡发展的县给予表彰，并对其工作经验进行宣传推广。

第十七条 对义务教育优质均衡发展水平监测复查结果达不到规定要求的县，由教育部报国务院教育督导委员会，根据相关规定进行问责；对连续两年下滑的县，将撤销其"义务教育优质均衡发展县"称号。

第五章　附　　则

第十八条 本办法自公布之日起施行。

教育部与广东省人民政府签署学校美育改革与发展备忘录

（2017年6月30日）

美育与德育、智育、体育相辅相成、相互促进。党的十八届三中全会对全面改进美育教学做出重要部署，《国务院办公厅关于全面加强和改进学校美育工作的意见》对学校美育改革发展提出明确要求，到2018年，学校美育要取得突破性进展，美育资源配置逐步优化，管理机制进一步完善，各级各类学校开齐开足美育课程。到2020年，初步形成大中小幼美育相互衔接、课堂教学和课外活动相互结合、普及教育与专业教育相互促进、学校美育和社会家庭美育相互联系的具有中国特色的现代化美育体系。近年来，经过各地、各有关部门的共同努力，学校美育取得了较大进展，对提高学生审美与人文素养、促进学生全面发展发挥了重要作用。但总体上看，美育仍是整个教育事业中的薄弱环节，为进一步强化美育育人功能，推进学校美育改革发展，切实落实国办要求，我部与天津、河北、内蒙古、辽宁、吉林、黑龙江、浙江、安徽、江西、河南、湖北、广东、陕西等13省（区、市）在京签署学校美育改革与发展备忘录。

一、教育部

教育部就学校美育的改革与发展在以下几个方面给予支持：支持广东省推进美育教育综合改革实验；支持广东省开展美育教育教学改革；支持广东省全国中华优秀传统文化艺术传承学校与基地建设；支持广东省全国农村学校艺术教育实验县建设；支持广东省推进美育教研科研；支持广东省全国中小学生艺术素质测评实验区建设；鼓励支持广东省开展高校艺术人才培养模式创新改革；支持广东省开展多种形式的国际交流与合作，参与中外人文交流。

二、广东省

（一）加强美育工作统筹

建立省、市、县政府分级统筹，教育、宣传、编制、发改、财政、文化、人社等部门参加的工作协调机制。

（二）开齐开足美育课程

各级各类学校开齐开足音乐、美术等艺术课程。加强公共艺术选修课和艺术团建设，创造条件开设舞蹈、戏剧（曲）等校本课程和地方课程，探索"互联网+"艺术课程建设。建立美育课程落实情况监督制度，将学校艺术教育课程开设情况纳入教育现代化先进市、先进县（市、区）验收指标体系。2018年起，对未能严格执行中小学音乐、美术等艺术课程计划的地方政府、教育主管部门负责人进行约谈和问责。

（三）加强美育教师队伍建设

加强统筹，按编制标准加强音乐、美术等艺术学科教师配备，着力解决艺术类教师结构性缺编问题，提高音乐、美术等艺术学科专任教师专业对口率。研究出台《学校美育兼职教师管理办法》，通过政府购买服务等方式，多渠道充实美育教学力量。把学校艺术教育教师培养培训纳入"强师工程"。加强美育名师建设，建设一批中小学校美育名师工作室（坊）。推动高校设立公共艺术教育管理机构。

（四）深化美育改革

进一步开展农村学校艺术教育实验县工作，促进城乡美育均衡发展。支持高校建立一批美育重点学科、美育综合实践研究基地和教学示范中心。推动学校创建艺术教育特色，形成"一校一品"或"一校多品"，到2020年创建500所省级艺术教育特色（示范）学校。

（五）传承中华优秀传统文化

突出岭南文化特色，以相关项目的建设为支撑，传承中华优秀传统文化。加强中华优秀传统文化相关学科建设，推进舞蹈、戏曲、书法、传统体育等优秀传统文化进校园，推进非物质文化遗产进课堂。建立省美育宣讲机制，开设岭南艺术名师讲堂。搭建学生美育实践平台，完善大中小学生艺术展演制度。

（六）加强对外文化艺术教育交流

支持各级教育行政部门开展与国（境）外的文

化艺术教育交流活动，弘扬中华优秀传统文化。借鉴国（境）外先进的艺术教育理念和经验，推动学校艺术教育改革发展。探索建立粤港澳台艺术教育研究及人才培养合作机制，增进人员交往和相互了解。

（七）落实美育资金保障

统筹教育资金，完善美育经费投入机制，全面改善中小学校艺术教育办学条件，配齐配足美育教学设备设施。大力推进高雅艺术进校园，创造条件让大中小学生免费观看专业艺术院团演出和优秀艺术展览。

（八）建立美育发展协同机制

建立健全社会广泛参与的美育发展协同机制，推动博物馆、美术馆、艺术馆、文化馆等公共艺术场馆对学生免费开放，并对学校使用场馆给予支持。加强高校艺术场馆建设，鼓励有条件的中小学校建设专门的艺术场馆。成立广东高校艺术教育联盟，进一步发挥大学城联盟的优势，促进全省高校美育优质资源共享。建立高校与中小学校艺术教育结对制度。

（九）完善美育工作评价

建立县级学校美育工作考核制度，开展学校美育质量监测和督导。把艺术类课程纳入高校及中等职业学校工作考核。把中小学生艺术素质测评纳入学生综合素质评价和初、高中学业水平测试。建立中小学校美育工作自评制度和学校艺术教育发展年度报告制度。

广东省人民政府令第 243 号

《广东省教育督导规定》已经 2017 年 8 月 25 日广东省人民政府第十二届 110 次常务会议通过,现予公布,自 2017 年 11 月 1 日起施行。

省长 马兴瑞
2017 年 9 月 22 日

广东省教育督导规定

第一章 总 则

第一条 为了保证教育法律、法规、规章和教育方针、政策的贯彻执行,实施素质教育,提高教育质量,促进教育公平,推进教育事业科学发展,根据《中华人民共和国教育法》《中华人民共和国义务教育法》《教育督导条例》等有关法律法规,结合本省实际,制定本规定。

第二条 本规定适用于对本省行政区域内各级各类教育实施教育督导。

教育督导包括以下内容:

(一)县级以上人民政府对下级人民政府执行教育法律、法规、规章和落实教育方针、政策的监督、指导;

(二)县级以上人民政府对本行政区域内的学校和其他教育机构(以下统称学校)教育教学工作的监督、指导;

(三)对本行政区域教育发展状况和教育质量开展评估、监测。

第三条 教育督导应当遵守教育法律、法规、规章的规定,遵循教育规律,坚持以提高教育教学质量为中心,督政与督学并举,监督与指导并重,实事求是、客观公正原则。

第四条 县级以上人民政府负责教育督导的机构(以下统称教育督导机构)承担本行政区域内的教育督导实施工作,在本级人民政府领导下独立行使督导职能,接受上级教育督导机构的指导。

第五条 县级以上人民政府应当将教育督导经费列入本级财政预算。

第二章 督 学

第六条 县级以上人民政府应当根据教育督导工作需要,为教育督导机构配备专职督学,并可以根据职责和任务设主任督学、副主任督学、督学和其他工作人员。主任督学、副主任督学由本级人民政府任免,其他专职督学的任免按干部管理权限的规定和程序办理。

第七条 县级以上人民政府或者教育督导机构可以根据需要聘任兼职督学或者兼职督学顾问。

第八条 符合国家规定条件的人员经教育督导机构考核合格后可以任命为专职督学或者聘任为兼职督学。

兼职督学由县级以上人民政府或者教育督导机构发放聘任证书,每届任期 3 年。任期届满后可以续聘,到期未续聘的自动解聘,续聘一般不得超过 3 届。

第九条 教育督导机构应当对兼职督学进行编号登记,发放督学证,并将其相关信息向学校和社会公开。

第十条 教育督导机构应当根据督学队伍的结构和特点,采取专题讲座、工作研讨、学访交流等形式,对督学进行定期培训,提高督导队伍专业化水平。

第十一条 教育督导机构负责对督学实施教育督导活动进行管理,建立兼职督学考核淘汰机制,对其履行督学职责情况进行考核;考核不合格的,按照相关规定处理。

兼职督学的具体管理办法,由县级以上人民政府教育行政主管部门或者教育督导机构另行制定。

第十二条 督学在参加教育督导活动时实行回避制度,遇到下列情形之一的,应当回避:

(一)本人与被督导单位有直接利害关系的;

(二)本人与被督导单位主要负责人有近亲属

关系的；

（三）其他可能影响客观公正督导的。

回避可由督学本人或者被督导单位提出申请，由教育督导机构批准；也可由教育督导机构直接决定。

第三章 督导实施

第十三条 县级以上人民政府教育督导机构对下列事项实施教育督导：

（一）下级人民政府贯彻执行教育法律、法规、规章和教育方针、政策情况；

（二）下级人民政府实施素质教育工作情况；

（三）下级人民政府推进义务教育均衡发展工作情况；

（四）下级人民政府及其有关职能部门履行教育职责的情况和依法治教情况；

（五）下级人民政府教育经费投入、使用、管理及教师工资福利待遇情况；

（六）本行政区域内的学校依法治校情况，实施素质教育情况，教育教学水平和质量、教育教学管理工作情况，校长和师资队伍建设情况，招生、学籍管理情况，学校安全卫生制度建设和执行情况，校舍安全、教育条件保障情况，教育投入的管理和使用情况；

（七）教育重大突发事件和问题的处理情况。

第十四条 教育督导形式分为综合督导、专项督导、经常性督导。

综合督导是指教育督导机构对一个地区或者一个部门、一所学校的教育工作进行全面、系统的督导活动。

专项督导是指教育督导机构对一个地区或者一个部门、一所学校的教育工作进行专题督导活动。

经常性督导是指督导责任区督学对所辖区域的学校进行日常检查、监督和指导。

第十五条 教育督导机构实施教育督导，可以行使下列职权：

（一）就被督导单位及其主要领导干部的教育工作向其主管部门反映情况，提出奖惩建议；

（二）对被督导单位违反有关教育法律、法规、规章和教育方针、政策的行为责令改正，提出处理建议；

（三）对危及师生人身安全、侵犯师生合法权益、扰乱正常教学秩序等行为予以制止；

（四）直接向本级人民政府和上级教育行政部门、教育督导机构反映情况，提出意见和建议。

第十六条 开展教育督导工作的主要方式：

（一）听取情况汇报；

（二）查阅、复制财务账目和与督导事项有关的文件、档案、资料；

（三）参加有关会议和教育教学活动；

（四）召开有关人员座谈会，进行个别访问、测试；

（五）就督导事项有关问题开展调查。

第十七条 被督导单位应当按照督导要求，提供真实情况和资料，配合开展督导活动，不得拒绝和阻挠。

第十八条 县级人民政府教育督导机构应当根据本行政区域内的学校布局设立若干教育督导责任区，指派责任督学对责任区内学校实施经常性督导。

第十九条 责任督学的职责：

（一）对学校依法依规办学进行监督；

（二）对学校管理和教育教学进行指导；

（三）受理、核实相关举报和投诉；

（四）发现问题并督促学校整改；

（五）向教育督导部门报告情况，并向政府有关部门提出意见。

第二十条 责任督学可以采取随机听课、查阅资料、列席会议、座谈走访、问卷调查、校园巡视等方式进行经常性督导。

第二十一条 经常性督导结束，督学应当向教育督导机构提交报告；发现违法违规办学行为或者危及师生生命安全的隐患，应当及时督促学校和相关部门处理。

第二十二条 综合督导和专项督导按照下列程序进行：

（一）确定督导事项，成立督导小组，督导小组由3名以上督学组成；

（二）教育督导机构向被督导单位发出督导通知书；

（三）被督导单位根据教育督导机构的要求组织自评，提交自评报告；

（四）督导小组对被督导单位进行现场考察；

（五）征求公众对被督导单位的意见，采取召开座谈会或者其他形式听取学生及家长和教师的意见；

（六）督导小组对被督导单位的自评报告、现场考察情况和公众的意见进行评议，形成初步督导意见；

（七）督导小组向被督导单位反馈初步督导意见，被督导单位可以进行申辩；

（八）教育督导机构根据督导小组的初步督导意见，综合分析被督导单位的申辩意见，向被督导单位作出督导意见书。

督导意见书应当就督导事项对被督导单位作出客观公正的评价；对存在的问题，提出限期整改要求和建议。

第二十三条 被督导单位如对督导意见书有异议，可以自收到督导意见书之日起15日内，向作出督导意见书的教育督导机构或者上一级教育督导机构提出书面复查申请。教育督导机构在收到书面复查申请之日起30日内作出答复。

被督导单位应当对督导意见书提出的意见和建议采取相应的整改措施，并按照规定期限向教育督导机构报告整改情况。

第二十四条 综合督导或者专项督导结束，教育督导机构应当向本级人民政府提交督导报告，并报上一级人民政府教育督导机构备案。

督导报告应当通过教育行政主管部门门户网站等途径向社会公开发布。

第二十五条 各级人民政府或者有关主管部门在对被督导单位及其主要负责人进行考核、奖惩时，应当事先征求教育督导机构的意见，将教育督导报告作为对被督导单位及其主要负责人进行考核、奖惩的重要依据。

第二十六条 县级以上人民政府教育督导机构对下一级人民政府应当每5年至少实施一次专项督导或者综合督导；县级人民政府教育督导机构对中小学校应当每3～5年实施一次综合督导；责任督学对负责的每所学校实施经常性督导每月不少于1次。

对于办学不规范、受学生及其家长和社会公众举报并查证属实的学校，应当增加督导次数。

第二十七条 县级以上人民政府应当控制和减少对学校评估检查项目和次数；教育督导机构督导中所涵盖的内容，其他部门不再进行单项重复评估。

第二十八条 教育督导机构应当根据教育的发展现状和实际需要，负责统筹开展对政府工作和教育质量的评估监测工作。

第二十九条 教育督导机构可以委托依法成立的研究机构、评估机构及其他组织，开展相关评估监测活动。

教育督导机构应当将社会组织提供的评估报告、监测结果作为实施教育督导的重要参考。

第四章　法律责任

第三十条 违反本规定的行为，法律、行政法规有处理规定的，依照法律、法规的规定处理。

第三十一条 教育督导机构违反本规定第二十二条、第二十四条、第二十六条等内容，未按照规定作出督导意见书、未按照规定提交或者发布督导报告、未按照规定周期实施教育督导的，对直接负责的主管人员和其他直接责任人员给予批评教育；情节严重的，依法给予处分。

第五章　附　　则

第三十二条 本规定自2017年11月1日起施行。2002年3月25日广东省人民政府第九届87次常务会议通过的《广东省教育督导规定》同时废止。

广东省人民政府关于统筹推进县域内城乡义务教育一体化改革发展的实施意见

（粤府〔2017〕48号）

各地级以上市人民政府，各县（市、区）人民政府，省政府各部门、各直属机构：

为落实全面建成小康社会要求，促进义务教育事业持续健康发展，根据《国务院关于统筹推进县域内城乡义务教育一体化改革发展的若干意见》（国发〔2016〕40号），现就统筹推进我省县域内城乡义务教育一体化改革发展提出如下实施意见。

一、目标任务

以提升义务教育均衡优质标准化发展水平、加快推进义务教育现代化学校建设、建立健全义务教育治理体系为重点，按照"优先发展，统筹规划；深化改革，创新机制；提高质量，公平共享；分类指导，有序推进"的基本原则，主动适应新型城镇化发展、户籍制度改革、计划生育政策调整、人口及学生流动等新要求，统筹推进县域内城乡义务教育一体化改革发展，合理规划城乡义务教育学校布局建设，增加城镇学校学位供给，保障适龄少年儿童就近入学，完善城乡义务教育经费保障机制，统筹城乡教育资源，加快缩小城乡教育差距。整体提升义务教育办学条件和教育质量，促进义务教育事业持续健康发展。

加快实现县域内义务教育资源配置标准统一。在公共资源配置上，对义务教育予以统筹规划、优先发展和重点保障，推进县域内城乡义务教育学校建设标准统一、教职工编制标准统一、生均公用经费基准定额统一、基本装备配置标准统一和"两免一补"政策城乡全覆盖。

到2020年基本消除城乡二元结构壁垒。义务教育与城镇化发展基本协调；城乡学校布局更加合理，县域内城乡教育差距进一步缩小，"乡村弱"和"城镇挤"问题得到有效解决，大班额基本消除，乡村小规模学校（含教学点）达到相应要求；城乡师资配置基本均衡，乡村教师待遇稳步提高、岗位吸引力大幅增强。乡村教育质量明显提升。义务教育普及水平进一步巩固提高，九年义务教育巩固率达到95%以上。

推进义务教育均衡优质标准化发展和现代化学校建设。到2017年，基本实现全省义务教育标准化学校全覆盖。到2018年，珠三角地区公办义务教育现代化学校覆盖率达65%以上。到2020年，珠三角地区公办义务教育现代化学校覆盖率达85%以上，粤东西北地区公办义务教育现代化学校覆盖率达68%以上。

二、主要措施

（一）科学规划学校设置，确保充足学位供给

1. 同步建设城镇学校。各地要按照城镇化发展规划、常住人口规模、学龄人口变化趋势和基本公共服务均等化的要求，科学编制城乡义务教育学校布局规划，依据中小学建设标准，动态分析教育设施用地的供需状况，预留足够的义务教育学校用地，确保城镇学校建设用地需要。要按照城市规划编制办法、城市公共设施规划的规范、城市居住区规划设计规范等标准规范，配备足够的义务教育学校。各地城乡规划主管部门在组织审查城市总体规划、控制性详细规划以及镇、村规划时，应将配套建设完善的教育设施（包括义务教育学校设施和用地等）作为审查内容，并采取论证会、听证会或者其他方式征求各相关部门、专家和公众的意见；将教育配套设施建设纳入控制性详细规划，居住区、小区用地"招拍挂"时应同时公布教育设施配套规划条件；实行教育用地联审联批制度，新建配套学校建设方案，相关部门应征得同级教育行政部门同意。严格执行城市居住区规划设计规范，依法落实城镇新建居住小区配套标准化学校建设，10 000户以上的居住区，必须单独配建中学；3 000~5 000户居住区，至少应配建一所小学。严格新建小区的规划验收，未经核实或经核实不符合规划条件的，不得组织验收。加强监督检查，对违反城乡规划的建设行为进行严肃查处，确保义务教育设施用地和建设得到有效落实。老城区改造配套学校建设不足和未达

到配建学校标准的小规模居住区，由当地政府统筹新建或改扩建配套学校，确保足够的学位供给，满足学生就近入学需要。实施"交钥匙"工程，规划要求配套建设教育设施的住宅项目，教育配套设施应与项目同步设计、同步建设、同步竣工验收，验收后无偿移交当地县级政府，县级政府应及时接收并将其办成公办学校。

2. 努力办好乡村教育。各地要结合加快水电路气等基础设施向农村延伸，在交通便利、公共服务成型的农村地区合理布局义务教育学校。同时，办好必要的乡村小规模学校。因撤并学校造成学生就学困难的，当地政府应因地制宜，采取适度增加乡镇学校寄宿床位等多种方式予以妥善解决。以提高教育质量为原则，合理建设寄宿制学校，分类妥善处理好乡村"麻雀学校"。合理制定闲置校园校舍综合利用方案，依法规范权属确认、用途变更、资产处置等程序。要切实提高教育资源使用效益，避免出现"边建设、边闲置"现象。提升乡村学校信息化水平，促进优质教育资源共享。通过开展城乡对口帮扶和一体化办学、加强校长教师轮岗交流和乡村校长教师培训、将优质高中招生分配指标向乡村初中倾斜等方式，补齐乡村教育短板，着力提升乡村教育质量。

3. 切实消除大班额。各地要通过统筹"十三五"期间义务教育学校新建和改扩建校园校舍等项目，通过城乡义务教育一体化、实施学区化集团化办学或学校联盟、均衡配置师资等方式，加大对薄弱学校和乡村学校的扶持力度，促进均衡发展，限制班额超标学校招生人数，合理分流学生，在保证零增量的基础上，逐步消除现有大班额。从2017年秋季开始，一年级和七年级班额要达到《广东省义务教育标准化学校标准》要求，到2020年基本消除小学45人以上、初中50人以上大班额（进城务工人员随迁子女占30%以上的学校，小学不超过50人，初中不超过55人）。各地要按照广东省义务教育标准化学校班额标准，结合本地实际制订消除大班额专项规划，明确工作任务、时间表和路线图。县级教育行政部门要建立消除大班额工作台账，对已有大班额学校实行销号管理，避免产生新的大班额问题。各地级以上市政府要将所辖县（市、区）人民政府制订的义务教育学校布局规划（2016—2020年）和消除大班额专项规划汇总报省教育体制改革领导小组备案。

4. 加快推进标准化学校建设。各地要按照国家和省有关要求，把义务教育标准化学校建设与全面改善贫困地区义务教育薄弱学校基本办学条件和争创教育现代化先进市、县（市、区）等工作有机结合起来，对尚未完成标准化建设的义务教育学校要建立台账，对照省统一标准，切实改善学校办学条件，落实义务教育学校管理标准，提高学校管理标准化水平，力争在2017年底前基本实现义务教育标准化学校全覆盖。完善寄宿制学校、乡村小规模学校办学标准，适当提高寄宿制学校、规模较小学校公用经费补助水平，通过政府购买服务等方式为乡镇寄宿制学校提供工勤和教学辅助服务。各地要在县域义务教育基本均衡的基础上，促进义务教育优质均衡发展，探索市域义务教育均衡发展实现路径，鼓励有条件的地区在更大范围开展城乡义务教育一体化改革发展试点，发挥引领示范作用。

（二）统筹城乡师资配置，促进教师专业发展

1. 优化教师编制管理。建立城乡统一的义务教育学校教职工编制标准。依据义务教育学校教职工编制标准、学生规模和教育教学需要，科学核定义务教育学校教职工编制，对农村边远地区学生规模较小的村小学、教学点，按照生师比和班师比相结合的方式核定教职工编制。建立城乡义务教育学校教职工编制统筹配置机制和跨区域调整机制，实行教职工编制城乡、区域统筹和动态管理，盘活编制存量，提高使用效益。严禁在有合格教师来源的情况下"有编不补"、长期聘用编外教师，严禁挤占挪用义务教育学校教职工编制和各种形式"吃空饷"。严禁管理部门与中小学校混编混岗占用教职工编制，切实提高编制使用效益。

2. 合理配置教师资源。按照教师职业特点和岗位要求，完善县域内学校教师公开招聘机制，统筹调配编内教师资源，着力解决乡村教师结构性缺员和城镇师资不足问题。深入实施"高校毕业生到农村从教上岗退费"政策，加快补充乡村教师特别是体育、音乐、美术等紧缺学科教师。研究探索退役运动员、文艺院团工作者、著名民间艺人等应聘专兼职教师的渠道和办法，更好地满足中小学体育、音乐、美术等紧缺学科师资需求。鼓励各地结合乡村教育实际，定向培养能够承担多门学科教学任务的教师。采取定期交流、跨校竞聘、学区一体化管理、学校联盟、对口支援、乡镇中心学校教师支教等途径和方式，推动城乡教师交流，重点引导优秀校长和骨干教师向乡村学校流动。县域内每学年义务教育学校教师交流轮岗的比例不低于5%，城镇学校和优质学校教师每学年到乡村学校交流轮岗的比例不低于符合交流条件教师总数的10%，其中骨

干教师不低于交流轮岗教师总数的20%。积极鼓励和引导乡村志愿支教活动。

3. 促进教师专业发展。加强教师专业发展支持体系建设，发挥省级中小学教师发展中心的辐射带动作用，鼓励各地加强县（市、区）中小学教师发展中心或教师进修学校建设，为教师专业发展提供支持。根据不同学科、不同阶段、不同层次教师专业发展和专业能力提升的递进式需求，按需精准施训，提高培训质量。落实教师、校长每5年一周期360学时的全员培训。深入实施中小学"百千万人才培养工程"，加强名教师、名校长等领军人才和骨干教师培养，发挥领军人才、骨干教师的示范引领作用。积极推进乡村教师支持计划，加强乡村学校体育、音乐、美术等紧缺学科教师培训，提高乡村教师多学科教学能力。利用信息化手段实现"名师课堂""同步课堂"共享，推进名校名师带动乡村学校薄弱学校共同发展。全面提升乡村教师运用信息技术能力，提高教师信息化应用水平。

4. 提高教师待遇保障水平。建立健全教师待遇保障长效机制，各地在核定义务教育学校绩效工资总量时统筹考虑当地公务员实际收入水平，确保县域内义务教育教师平均工资收入水平不低于当地公务员的平均工资收入水平。深入实施山区和农村边远地区学校教师生活补助政策，确保县域内农村学校教师实际工资收入水平不低于同职级县镇教师工资收入水平。突出差别化补助政策，分类分档进行补助，越往基层、越往艰苦地区补助水平越高。建立乡村教师荣誉制度，按照国家有关规定对在乡村学校长期从教的教师予以表彰，省对在乡村学校从教20年以上的教师颁发荣誉证书，各地要对在乡村学校从教10年以上的教师给予鼓励。将符合条件的边远艰苦地区乡村学校教师纳入当地政府住房保障体系，推进边远艰苦地区乡村教师周转宿舍建设。

5. 深化教师管理制度改革。合理确定县域内统一的义务教育学校岗位结构比例指导标准，实行岗位总量、等级、结构比例动态管理，逐步推动县域内同学段学校岗位结构协调并向乡村适当倾斜。健全教师准入制度，统筹推进中小学教师资格考试和定期注册制度。实施中小学教师职称制度改革，建立与事业单位聘用制度和岗位管理相统一的有效衔接、符合教师职业特点的中小学教师职称制度。落实中小学教师职称评聘结合政策，确保乡村中小学校教师职称即评即聘。深入推进教师"县管校聘"改革，县级教育行政部门依法统筹县域内中小学教师招聘录用、培养培训、职务（职称）评聘、考核评价、流动调配等管理制度。

（三）保障特殊群体教育，促进教育公平发展

1. 改革随迁子女就学机制。各地要进一步强化流入地政府责任，将随迁子女义务教育纳入城镇发展规划和财政保障范围，改革随迁子女就学机制，建立完善以居住证为主要依据的随迁子女入学政策，切实简化优化随迁子女入学流程和证明要求。坚持以公办学校为主安排随迁子女就学，公办学校学位不足的可以通过政府购买服务方式安排随迁子女在普惠性民办学校就读，依法保障随迁子女平等接受义务教育。实现混合编班和统一管理，促进随迁子女融入学校和社区。公办和民办学校都不得向随迁子女收取有别于本地户籍学生的任何费用。特大城市和随迁子女特别集中的地方，要根据实际制定出台随迁子女入学的实施意见或具体办法。

2. 加强留守儿童教育关爱保护。各地要认真贯彻落实《中共广东省委广东省人民政府关于加强农村留守儿童关爱保护工作的实施意见》（粤发〔2016〕23号）要求，切实加强留守儿童的教育关爱保护以及困境儿童的教育保障工作，落实属地责任，建立家庭、政府、学校尽职尽责，社会力量积极参与的农村留守儿童关爱保护工作体系，促进农村留守儿童健康成长。加强留守儿童关爱服务和救助保护，帮助解决实际困难，确保留守儿童人身安全。

3. 切实落实好学生资助政策。各地要加大对家庭经济困难学生的社会救助和教育资助力度，优先将建档立卡的贫困户家庭学生纳入教育资助范围。深入实施义务教育家庭经济困难学生生活费补助政策和农村义务教育学生营养改善计划，提高营养膳食质量，改善学生营养状况。继续扩大面向贫困地区定向招生专项计划招生人数，畅顺绿色升学通道。切实提高贫困家庭学生升学信心。

（四）改革教育治理体系，提高教育治理能力

1. 深化治理结构改革。各地要深化义务教育治理结构改革，完善县域内城乡义务教育一体化改革发展监测评估标准和督导评估机制，切实提高政府教育治理能力。在实行"以县为主"管理体制基础上，进一步加强省级统筹，完善乡村小规模学校办学机制和管理办法，将村小学和教学点纳入对乡村中心学校考核，加强乡村中心学校对多校区、村小学、教学点的指导和管理。

2. 健全学校管理制度。发挥学校党组织政治核心作用。坚持育人为本、德育为先，全面加强思想政治教育；大力推进学校依章程自主办学，完善学

校内部治理机制，加快建设依法办学、自主管理、民主监督、社会参与的现代学校制度；完善师生权益保护机制，完善家长委员会，推动社区参与学校治理，建立第三方评价机制，促进学校品质提升。认真落实校长负责制，健全校长和班主任工作激励机制，根据考核结果合理确定校长绩效工资水平，坚持绩效工资分配向班主任倾斜，班主任工作量按当地教师标准课时工作量一半计算。创新校外教育方式。构建校内外教育相互衔接的育人机制。探索建立学生意外伤害援助机制和涉校涉生矛盾多元化解机制，维护学校正常教育教学秩序和师生合法权益，推动平安校园建设。

3. 改革控辍保学机制。县级人民政府要完善控辍保学部门协调机制，督促监护人送适龄儿童、少年入学并完成义务教育。进一步落实县级教育行政部门、乡镇政府、村（居）委会、学校和适龄儿童父母或其他监护人控辍保学责任，建立控辍保学目标责任制和联控联保机制。县级教育行政部门要依托全国中小学生学籍信息管理系统建立控辍保学动态监测机制，加强对农村、边远、贫困、民族等重点地区，初中等重点学段，以及流动留守儿童、家庭经济贫困儿童等重点群体的监控。义务教育学校要加大对学习困难学生的帮扶力度，落实辍学学生劝返、登记和书面报告制度，劝返无效的，应书面报告县级教育行政部门和乡镇人民政府，相关部门应依法采取措施劝返复学。居民委员会和村民委员会要协助政府做好控辍保学工作。通过保障就近入学、建设乡镇寄宿制学校、增设公共交通线路、提供校车服务等方式，确保乡村适龄儿童少年不因上学不便而辍学。针对农村残疾儿童实际，做到"一人一案"，切实保障农村残疾儿童平等接受义务教育权利。

4. 规范义务教育学校办学行为。县级教育行政部门要把规范义务教育学校办学行为作为学校管理的重要内容，完善工作机制，依法实施管理。严禁学校入学考试，严禁办重点校，严禁编重点班，严禁违规补课，严禁违规收费，严禁下达升学指标，严格执行国家和省的课程方案，开齐开足开好课程，不得挤占体育、音乐、美术等课程课时。切实做到依法治校、依规办学，切实维护人民群众的利益。建立督学责任区制度，及时纠正各种不规范办学行为，切实维护中小学校正常教学秩序和办学秩序。

（五）深化教育教学改革，提高综合育人质量

1. 积极推进课程改革。开展中小学国家课程、地方课程、校本课程的实施监测工作，优化课程管理，提高课程管理的科学性和有效性。开展专题教育、地方课程和学校课程等课程整合，开设广东省中小学地方综合课程，进一步增强课程的基础性、适宜性和教学吸引力。推进特色课程建设，充分发挥人文学科的独特育人优势，进一步提升数学、科学（物理、化学、生物）等课程的育人价值。加强学科内及学科间的整合，发挥综合育人功能，不断提高学生综合运用知识解决实际问题的能力。在音乐、美术（或艺术）、体育与健康等学科中融入优秀传统艺术和体育项目，在学科教学特别是品德、科学（物理、化学、生物）教学中突出实践环节，确保综合实践和校外教育活动常态化。

2. 分类推进课堂教学改革。开展学科育人、课程优化、课堂教学、评价考试等方面的实验探索。推进实施小班化教学，加强和改进中小学实验教学，倡导教师采用启发式、探究式、讨论式、参与式等教学方式，创新教育教学方法，关注每一个学生的成长，改进优异学生的培养方式，建立学习困难学生的帮扶机制，帮助学生学会学习。

3. 提升教育信息化应用水平。深化"三通两平台"（宽带网络校校通、优质资源班班通、网络学习空间人人通，建设教育资源公共服务平台、教育管理公共服务平台）建设，切实加强偏远农村中小学信息化基础设施建设，提高信息化基础支撑能力，让每所学校、每个孩子都能共享优质的教育资源。建设中小学课程配套的基础性数字教学资源，实现优质数字教育资源全覆盖。扩大数字教育资源共享联盟范围，推动数字教育资源政企共建、多级共享。全面普及信息技术教学应用，以信息化带动教与学现代化，推动教育信息化与教育教学的深度融合，依托信息技术构建自主、探究、合作的教学方式，教师应用网络学习空间开展备课授课、家校互动、网络研修、指导学生学习等活动，促进教研方式、教学方式、学习方式和评价方式变革，形成"课堂用、经常用、普遍用"的信息化教学新局面。深入实施"中小学教师信息技术应用能力提升工程"，开展中小学校长信息化领导力培训。

三、组织保障

（一）加强党的领导

各地要进一步加强新形势下党对城乡义务教育一体化改革发展工作的领导，全面贯彻党的教育方针，坚持社会主义办学方向。高度重视义务教育学校党建工作，建立健全党委统一领导、教育部门具体负责、有关方面齐抓共管的学校党建工作领导体

制，全面加强学校党组织建设，实现党组织全覆盖。切实做好教师思想政治工作，注重从优秀教师中发展党员，充分发挥学校党组织的战斗堡垒作用和党员教师的先锋模范作用。

（二）落实政府责任

各地要高度重视，充分认识统筹推进县域内城乡义务教育一体化改革发展的重要意义，根据新型城镇化发展的总体部署和本地城镇化进程，把义务教育摆在优先发展的突出位置，纳入城镇发展规划。完善相关政策措施，通过政府购买服务、税收激励等引导和鼓励社会力量支持义务教育发展。把统筹推进县域内城乡义务教育一体化改革发展作为地方各级政府政绩考核的重要内容，完善考核机制，健全部门协调机制，形成工作合力，及时研究解决义务教育改革发展面临的重大问题和人民群众普遍关心的热点问题，确保各项改革措施落实到位、工作目标按期实现，促进义务教育与新型城镇化协调发展。

（三）明确部门职责

各级教育部门要加强同有关部门的协调沟通，编制完善义务教育规划，积极推动县域内城乡义务教育一体化改革发展各项措施落实到位。发展改革部门要将义务教育纳入国民经济和社会发展规划，在编制重大项目计划时优先支持义务教育学校建设项目。财政和教育部门要深入贯彻落实进一步完善城乡义务教育经费保障机制的相关政策，积极建立和完善城乡统一、重在农村的义务教育经费保障机制。公安部门要加强居住证管理，建立随迁子女登记制度，及时向同级教育行政部门通报有关信息。民政部门要将符合条件的特殊困难流动留守儿童和家庭经济困难儿童纳入社会救助政策保障范围，落实兜底保障职责。机构编制和人力资源社会保障部门要为推动实现统筹分配城乡学校教职工编制和岗位提供政策支持。人力资源社会保障部门要加强监督检查，依法督促落实职工带薪年休假制度，支持外出务工父母定期回乡看望留守儿童。国土资源部门要依法切实保障学校建设用地。城乡规划主管部门制定控制性详细规划涉及中小学用地的，应当征求同级教育行政部门意见，未按照规划配套建设学校的，不得发放建设工程规划核实合格书、不得办理竣工验收备案。

（四）加强督导检查

各地政府要加强对本地区落实有关义务教育工作情况的专项检查，定期向同级人民代表大会或其常务委员会报告义务教育工作情况。各地教育督导部门要开展县域内城乡义务教育一体化改革发展主要措施落实和工作目标完成情况的专项督导检查，完善督导检查结果公告制度和限期整改制度，强化督导结果运用。对因工作落实不到位，造成不良社会影响的部门和有关责任人，要严肃问责。

（五）营造良好氛围

各地要加大对国家新型城镇化规划、户籍制度改革、居住证制度、县域内城乡义务教育一体化改革发展等工作的综合宣传和政策解读力度，进一步凝聚人心，统一认识，在全社会营造关心支持义务教育工作的良好氛围。要依法推进学校信息公开，有效发挥社会监督和舆论监督的积极作用。要认真总结成功做法和典型经验，并通过多种形式进行深入宣传和推广，使义务教育改革发展更好地服务于新型城镇化建设和全面建成小康社会奋斗目标。

广东省人民政府

2017年4月19日

广东省人民政府教育督导室印发《关于进一步加强教育督导工作的意见》的通知

(粤府教督〔2017〕1号)

各地级以上市人民政府、各县（市、区）人民政府，省政府各部门、各直属机构，中直驻粤有关单位，各高等学校：

经省人民政府同意，现将《关于进一步加强教育督导工作的意见》印发给你们，请结合实际认真贯彻执行。

广东省人民政府教育督导室
2017年2月16日

关于进一步加强教育督导工作的意见

为强化教育督导，推进教育管办评分离，深化教育领域综合改革，保障教育法律法规和教育政策的贯彻执行，推进依法治教，加快建设教育强省，率先基本实现教育现代化，根据《教育督导条例》及相关文件精神，现就进一步加强我省教育督导工作提出如下意见。

一、统一思想，提高认识

（一）充分认识新时期教育督导工作重要意义

教育督导是我国的一项基本教育制度，是现代教育治理的重要方式，是现代教育制度的重要组成部分。改革开放以来，教育督导在推进我省教育事业发展中发挥了不可替代的作用。当前，全面深化教育领域综合改革对教育督导工作提出了新要求，我省教育督导工作在体制机制、督导内容、督导方式、队伍建设等诸多方面已不适应新的需要，亟待进行调整。

（二）准确把握新时期教育督导工作指导思想

全面贯彻党的十八大和十八届三中、四中、五中、六中全会精神，以《教育督导条例》为依据，以创建教育强省、推进教育现代化、打造南方教育高地为目标，以全面深化改革为动力，坚持立德树人，依法治教，强化教育督导工作，确保教育法律、法规、规章、政策得到贯彻落实。

（三）科学定位新时期教育督导改革工作主要目标

全面深化教育督导体制机制改革，健全地方各级政府依法履行教育职责的督政体制，完善各级各类学校规范办学、提高教育质量的督学机制，科学进行教育质量评估监测，形成督政、督学、评估监测一体化的现代教育督导体系，全面提高我省各级各类教育发展水平。

二、全面深化教育督导体制改革

（四）强化教育督导机构建设

进一步加强县级以上各级人民政府教育督导机构建设，保障其相对独立地开展工作并履行职能。县级以上人民政府要参照国家和省的做法，成立人民政府教育督导委员会，统筹协调本区域的教育督导工作。

（五）完善教育督导机制

深化教育督导改革，转变教育管理方式，按照决策、执行、监督相互制约、相互支持的原则和强化政府教育督导，推进管办评分离的要求，建立督促地方政府依法履行教育职责的督政机制，严格落实问责制度，引导地方政府优先发展教育事业，提高基本公共教育服务能力和水平；完善督学体制，加强督学队伍管理，监督指导各级各类学校规范办学、提高教育质量；建立教育督导部门归口管理、专业机构提供服务、社会组织多方参与的专业化教育质量评估监测体系，构建督政、督学、评估监测三位一体的教育督导格局。

（六）合理配备工作力量

根据所辖区域教育规模，结合督政、督学、评

· 重要文件 ·
MAIN DOCUMENTS

估监测的任务和学前教育、义务教育、高中阶段教育、高等教育、职业教育和社会教育发展需要，配备专职督学，聘请兼职督学及有关工作人员。

三、着力推进教育督导制度建设

（七）建立教育督导归口管理制度

各级各类教育督导（含督政、督学和评估监测）项目归口教育督导机构统筹，教育督导部门制定年度教育督导规划，报请主管部门审查批准后方可组织实施。教育督导机构综合督导或专项督导中所涵盖的内容，其他部门当年不再进行单项重复督导评估。

（八）规范和完善教育督导程序及方式

教育督导项目应当制定教育督导方案，端正指导思想，明确目标任务，规范教育督导的基本程序和具体流程，公开接受社会监督，确保教育督导依法依规，科学规范，成效显著。

（九）健全教育督导报告和限期整改制度

教育督导机构依据教育督导结果形成督导报告。对于发现的问题，要责成被督导单位限期整改，并报告整改结果。完善督导评估结果运用机制，县级以上人民政府或者有关主管部门应当将督导报告作为对被督导单位及其主要负责人进行考核、奖惩的重要依据。

四、加快建设专业化教育督导队伍

（十）建立专兼职相结合的高水平专业化督导队伍

督学由同级人民政府任命或聘任。专职督学由教育督导机构编制内人员担任，兼职督学可以由在职及退休的资深教育管理者、学校领导、专家型教师、教科研人员、高校教师等担任。根据需要可聘请人大代表、政协委员以及党委、政府等有关机构的领导干部参加教育督导工作。

（十一）建立督学资格制度、持证督导制度和考核制度

实行督学资格制度和持证督导制度，根据不同级别设立相应的督学资格条件，对督学实行分级分类管理。对督学履行职责的情况进行年度考核，对考核优秀的督学给予表扬，对考核不合格的督学予以解聘。

（十二）完善督学专业化发展机制

制定督学培训与发展制度，建立健全督学培训体系，省、地级以上市应设立督学培训基地，定期对督学进行培训，加强教育督导工作的学习和交流，大力推进督学专业化水平的提升。督学每年需参加教育督导机构组织的36学时以上培训，参加培训情况纳入督学履职情况考核的范围。

五、有效强化政府履行教育职责督导

（十三）加强和完善对教育"创强争先建高地"的综合督导

根据国家、省教育改革发展新形势、新任务，制定科学的督导标准，明确各级政府应当承担的发展教育的职责以及各相关职能部门应当担负的具体任务，及时调整督导内容，加大对各级政府推进教育"创强争先建高地"工作职责的督导。

（十四）加强对下级政府履行教育职责工作的督导

制定地级以上市、县（市、区）政府履行教育职责督导标准，并根据教育改革发展新形势、新任务和工作需要及时调整相关内容，加强对各级政府履行教育职责的督导。

（十五）加强对下级教育行政部门工作的督导

制定地级以上市、县（市、区）教育行政部门工作督导标准，对下级教育行政部门执行教育法律、法规、规章、政策情况以及解决当前教育发展过程中的热点、难点问题的情况进行督导。

六、积极落实各级各类教育的督学任务

（十六）开展基础教育督导

建立健全基础教育督导制度，制定完善幼儿园、普通中小学校、特殊教育学校等督导评估标准。针对基础教育领域的重点、热点、难点问题进行专项督导。加强义务教育标准化学校的督导，推进义务教育均衡发展。探索素质教育督导，促进学校内涵发展，提升教育教学质量和水平。

（十七）开展职业教育督导

建立职业教育督导制度，制定职业教育督导办法，加强职业教育督导工作。建立职业教育质量督导评估标准，定期开展职业院校办学水平和专业教学质量评估监测，支持第三方参与，鼓励社会各界对职业教育发展进行监督。

（十八）开展高等教育督导

建立高等教育督导制度，制定高等教育督导办法，依法开展高等教育督导工作。尊重高等学校办学自主权，建立高等学校分类督导评估标准，定期开展对高等学校办学质量和教育教学水平的评估监测，加强对成人高等教育、现代远程教育校外辅助教学机构质量监测评估，发布教育质量评估监测报

告。完善高等学校内部质量保障体系，深化高等学校教学督导。加强中外合作办学的质量监管。

（十九）积极推进民办教育督导

建立民办教育督导制度，制定和完善民办教育督导评估标准，加强对各级政府、教育行政部门和民办学校执行民办教育法律、法规、规章、政策情况的督导，对民办学校规范化办学、条件保障、校长和师资队伍水平与待遇、招生与收费制度、学校安全卫生状况、课程教学质量进行督导。开展对民办教育重点、热点、难点问题的专项督导。

（二十）加强社会教育督导

定期开展社会教育督导。督促政府有关部门切实担负起对社会教育机构的监督管理责任。建立社会教育机构资质标准，针对社会教育机构的办学条件、师资配备、场所安全卫生、教育教学活动等展开督导，保证校外教育机构规范发展。

（二十一）加强督学责任区制度建设

各地结合本地实际加强督学责任区制度建设，合理规划本区域内督学责任区，足额配备督学，建立督学工作长效机制。健全中小学（幼儿园）责任督学挂牌督导制度，实现中小学（幼儿园）责任督学挂牌督导全覆盖，规范挂牌督导程序，完善问题处理机制，切实发挥责任督学的作用。

七、科学开展教育质量评估监测

（二十二）完善教育质量评估监测机制

统筹规划教育质量评估监测工作，建立健全各级各类教育质量监测指标体系。完善教育督导和评估监测报告发布制度，规范流程，丰富载体，提高实效。

（二十三）整合评估监测机构和资源

各地教育部门要整合利用教育协会、学会、教研室以及其他具有教育评估监测职能的机构和资源，实现教育督导部门归口管理，为系统开展各级各类教育质量评估监测奠定组织基础。

（二十四）科学运用教育评估监测结果

评估监测报告按规定程序公开。充分发挥评估监测的诊断功能、导向功能、激励功能和促进功能。对评估监测中发现的问题，受评单位要在规定时间内提出整改方案并上报教育督导机构。把评估监测结果作为督导的主要依据，教育督导机构跟进检查整改情况并根据需要实行专项督导。

八、大力加强组织领导和条件保障

（二十五）切实加强对教育督导工作的组织领导

各级政府要高度重视教育督导工作，将其列入重要议事日程，研究决定教育督导改革重大事项。切实落实教育法律、法规和上级政府、教育行政部门有关教育督导的决定，充分发挥教育督导的监督、检查、评估、指导作用。各级教育督导机构要结合实际，制定具体实施方案，落实教育督导工作任务。

（二十六）充分保障教育督导经费

教育督导经费列入同级政府财政预算，保障综合督导、专项督导、评估监测、督学培训和督学责任区建设等工作。根据当地经济社会发展和工资待遇水平，确定督导工作经费标准，为督学开展工作提供必要的物质条件和经费保障。

（二十七）推进教育督导信息化建设

积极运用信息化技术手段开展教育督导工作。建立健全教育督导工作信息系统，充分利用教育质量监测数据和结果，不断提高各级各类教育督导的科学性和有效性。

关于印发创强争先督导验收修订方案的通知

（粤府教督函〔2017〕68号）

各地级以上市教育局、人民政府教育督导室：

围绕我省"争先进，当标兵，建高地"中心工作，为实事求是地建立更加科学、合理、公平的督导评估标准，引导粤东西北地区更加有力地推动教育现代化工作，结合各地教育发展的实际情况，现将重新修订的《广东省教育强镇（乡、街道）督导验收方案（修订）》《广东省教育强县（市、区）督导验收方案（修订）》《广东省教育强市督导验收方案（修订）》《广东省推进教育现代化先进县（市、区）督导验收方案（修订）》和《广东省推进教育现代化先进市督导验收方案（修订）》印发给你们。上述督导验收方案自2017年10月1日起施行，请认真组织实施。实施中遇到的问题，请径向我室反映。

附件：1. 广东省教育强镇（乡、街道）督导验收方案（修订）
2. 广东省教育强县（市、区）督导验收方案（修订）
3. 广东省教育强市督导验收方案（修订）
4. 广东省推进教育现代化先进县（市、区）督导验收方案（修订）
5. 广东省推进教育现代化先进市督导验收方案（修订）

广东省人民政府教育督导室
2017年9月28日

附件1

广东省教育强镇（乡、街道）督导验收方案（修订）

申报单位：_____
申报时间：____年____月____日
申　　报：初评（　）复评（　）

广东省人民政府教育督导室制
2017年9月修订

说　明

一、《广东省教育强镇（乡、街道）督导验收方案（修订）》（以下简称《验收方案》），是根据国家和省有关教育政策、法规以及《广东省教育创强督导验收办法（修订）》制定的。

二、本《验收方案》既是申报教育强镇（乡、街道）（以下简称教育强镇）验收、复评的申报书，也可以作为年终工作自评报告书。

三、本《验收方案》包括六部分：（一）督导验收指标体系；（二）总评分统计表；（三）自评报告；（四）县、市审核推荐意见；（五）督导验收情况记录；（六）省人民政府教育督导室和省教育厅意见。其中自评报告独立成篇。

四、教育强镇督导验收满分为100分。得分85分以上且必达指标（用黑体字标示）全部达标，为通过教育强镇督导验收。得分90分以上且必达指标全部达标，为通过教育强镇复评验收。

五、督导验收指标体系评分具体操作请看《教育强镇督导验收指标评分操作说明》。

六、本《验收方案》和《教育强镇督导验收指标评分操作说明》中的"高于""大于""以上"均含本数，"以下"不包含本数。"逐年提高"是指近3年连续每年比上年有所提高。"督导验收指标体系"中的三级指标由若干个要素构成，两个要素以上的，一般用"；"隔开。

（一）督导验收指标体系

一级指标	二级指标	三级指标	分值	自评分	他评分
一、政府责任	（一）规划与机制（18分）	1.1.1 制定教育"创强"实施方案，积极推进教育强镇创建工作；建立健全镇党委政府教育领导体制，镇党委、政府把教育工作作为镇、村及有关部门领导任期目标责任制和政绩考核的重要内容之一，解决教育改革与发展中的困难和问题；政府定期向同级人民代表大会报告教育工作情况；积极营造尊师重教的良好社会氛围。	3		
		1.1.2 多渠道筹措教育创强经费，积极发动乡贤和社会各方面力量捐资助学。	3		
		1.1.3 镇党委、政府积极解决镇内中小学新增建设用地和学校土地使用证等问题，有土地使用证的学校比例逐年提高。	3		
		1.1.4 依法履行职责，组织和督促适龄儿童、少年入学；帮助解决适龄儿童、少年由于经济、生活、行动等带来的入学困难。	3		
		1.1.5 积极采取措施防止适龄儿童、少年辍学；辖区内企事业单位无违法招用应当接受义务教育的适龄儿童、少年的现象。	3		
		1.1.6 扎实推进依法治校，全镇80%以上的中小学校实现"一校一章程"；依法维护和整治学校周边秩序，保护学生、教师、学校的合法权益，为学校提供安全保障和良好周边治安环境。	3		
	（二）改善办学条件（38分）	1.2.1 中小学布局规划科学合理，布局调整按时完成；义务教育阶段普通中小学校中公办标准化学校覆盖率100%，民办标准化学校覆盖率60%以上（教育强镇复评时达70%。如果没有达到70%以上，政府必须书面承诺2018年达到70%）；平均班额小学不超过45人、初中不超过50人，且起始年级小学无51人以上、初中无56人以上大班额现象。	10		
		1.2.2 重视学校体育卫生艺术教育，中小学校体育卫生基本条件和艺术教育基本条件达标率均达到100%。	3		
		1.2.3 中小学常规教学仪器设备达标率为100%；所有学校的实验开出率均达100%；中小学校按照规定每年补充符合师生实际需要的图书，并提高师生阅读率，新增图书比例不少于藏书标准的1%；生均图书册数小学达到20册以上，初中25册以上，高中40册以上。	6		
		1.2.4 推进数字化校园建设，全部学校接通互联网；普通中小学校网络多媒体教室占总课室数不低于60%；100%教师配备专用教学用终端，100名学生拥有学习终端不少于20台，100名学生以下的非完全小学、教学点按最大班额配备学习终端；全部学校均将教师、学生、办学条件等数据及时录入系统，并同时更新到省市各级教育信息管理平台。	6		
		1.2.5 建成1所以上公办规范化乡镇中心幼儿园，幼儿园有消防合格证明文件和收费备案表；常住人口4000人以上的行政村有相对独立的幼儿园；民办园基本达到设置标准要求，许可证办证率100%；规范化幼儿园比例达50%以上且逐年提高。	5		
		1.2.6 常住人口4万人以上的镇设立特殊教育随班就读资源课室。	4		
		1.2.7 设立成人文化技术学校或社区教育中心；成人教育培训面逐年提高。	2		
		1.2.8 完善中小学校后勤服务保障体系。学校配置足够的符合安全、卫生、健康标准的食堂、浴室、学生宿舍、厕所等基本生活设施设备。配备安全饮用水供应设施。	2		

续上表

一级指标	二级指标	三级指标	分值	自评分	他评分
一、政府责任	（三）师资队伍建设（13分）	1.3.1 按照省标准配齐配足幼儿园、中小学教师；6个班以上的非完全小学、教学点按照小学编制标准配备教师，6个班以下的非完全小学、教学点班均教师不少于1人；无代课教师。	5		
		1.3.2 义务教育阶段教师学科结构与中小学课程结构基本匹配，体育、音乐、美术、信息技术以及小学英语、科学等学科教师满足课程开设要求；学前教育教师资格证持证率达到80%，且逐年提高比例。	8		
二、教育管理与素质教育	（四）规范办学行为与素质教育（22分）	2.4.1 义务教育学校不设重点校和重点班。	3		
		2.4.2 义务教育阶段学校实行免试就近入学，无任何形式的选拔性考试行为。	3		
		2.4.3 学校严格执行课程计划，开齐开足各科课程课时；无违规集体补课现象。	3		
		2.4.4 实行收费公示制度，严格执行教育收费规定，近1年无学校违规收费现象。	3		
		2.4.5 按照省规定安排中小学作息时间；安排学生作业数量和内容符合国家和省的有关规定。	3		
		2.4.6 中小学教师无违反《中小学教师职业道德规范》行为。	2		
		2.4.7 实施素质教育，不断深化教学改革，科学评价学生德智体美等全面发展状况；加强德育工作，德育工作队伍健全；把培育和践行社会主义核心价值观融入课堂教学、社会实践、校园文化、学校管理全过程；重视中小学生安全教育和心理健康教育，开展学期初与学期末的安全教育周活动，采取积极措施排除学生心理障碍，无发生校方责任的学生伤害事故。	3		
		2.4.8 重视阳光体育运动，切实保证学生每天1小时校园体育锻炼时间；重视美育，培养学生良好的审美情趣和人文素养。	2		
	（五）办学成效（9分）	2.5.1 中小学校学生年体检率达100%；学校全面落实新生入学查验预防接种证制度；学生晨检、因病缺课登记报告制度执行良好。	2		
		2.5.2 学前教育普及水平不断提高，毛入园率达到90%以上；采取措施大力发展公办幼儿园、扶持普惠性民办幼儿园，公办幼儿园和普惠性民办幼儿园比例逐步提高。	3		
		2.5.3 义务教育普及水平进一步巩固，初中生年辍学率在1.5%以下。	2		
		2.5.4 学校全面实施《国家学生体质健康标准》，学校数据上报率达100%，学生体质健康每年优良率达到25%，且合格率达到93%。	2		

（二）总评分统计表

一级指标	二级指标	分值	得分	
			自评	他评
一、政府责任	（一）规划与机制	18		
	（二）改善办学条件	38		
	（三）师资队伍建设	13		
二、教育管理与素质教育	（四）规范办学行为与素质教育	22		
	（五）办学成效	9		
督导验收指标得分		100		

（三）自评报告

自评报告另页

（四）审核推荐意见

县（市、区）政府推荐意见：

　　经审核，　　镇（乡、街道）教育强镇督导验收指标自评分为　　分，同时其申报材料及其他各项要求均达到教育强镇（乡、街道）的标准，同意推荐　　镇（乡、街道）申报教育强镇（乡、街道）。

单位（章）
年　月　日

地市教育局审核推荐意见：

　　经审核，　　镇（乡、街道）教育强镇督导验收指标自评分为　　分，　　市教育局审核评分为　　分，同时其申报材料及其他各项要求均达到教育强镇（乡、街道）的标准，同意推荐　　镇（乡、街道）申报教育强镇（乡、街道）。

单位（章）
年　月　日

（五）督导验收情况记录

督前检查意见（可另页）：

督前检查人员（签名）
年　月　日

督导验收意见（可另页）：

正式验收人员（签名）组　长：
副组长：
组　员：
年　月　日

（六）省人民政府教育督导室和省教育厅意见

省人民政府教育督导室意见：

单位（章）
年　月　日

省教育厅意见：

单位（章）
年　月　日

教育强镇督导验收指标评分操作说明

教育强镇督导验收共有2个一级指标，5个二级指标，28个三级指标。指标具体评分操作说明如下：

1.1.1 本指标需通过查阅乡镇（街道）党代会、政府工作报告，党委、政府文件等档案和听取汇报进行评分。

佐证材料：各镇党委、政府印发的文件、领导讲话稿、政府工作报告、经验材料、会议记录、纪要及档案材料包括教育发展规划及实施纲要、主要领导及分管教育领导教育绩效考核材料，人事、经费决策及落实材料，镇（乡、街道）举行不同阶层代表参加的有关教育工作的座谈会记录等。

已制定教育"创强"实施方案，积极推进教育强镇创建工作得1分，没有制定教育"创强"实施方案的扣0.5分，没有推进教育强镇创建的扣0.5分，有推进教育强镇创建工作但成效不明显的扣0.2分（扣分是在本要素满分1分里扣除，下同）。

镇党委政府教育领导体制健全，把教育工作作为镇、村及有关部门领导任期目标责任制和政绩考核的重要内容之一，有效解决教育改革与发展中的困难和问题的得1分，镇党委政府教育领导体制不健全的扣0.5分，未把教育工作作为镇、村及有关部门领导任期目标责任制和政绩考核的重要内容之一，未能较好地解决教育改革与发展中的困难和问题的扣0.5分。

政府定期向同级人民代表大会报告教育工作情况的得0.5分，否则0分。

尊师重教的社会氛围良好的得0.5分，否则0分。

1.1.2 本指标需通过听取汇报和访谈进行评分。

积极发动乡贤和社会各方面力量捐资助学并且成效明显的得3分，积极发动过没有成效的扣1.5分，成效不明显的扣0.5分。

1.1.3 本指标需查阅建设用地、学校土地使用证等证明材料并通过听取汇报和访谈进行评分。

佐证材料：近3年镇内中小学新增建设用地数据及相关佐证材料；国土部门出具的学校土地使用证。

积极解决镇内中小学新增建设用地和学校土地使用证等问题、有土地使用证的学校比例逐年提高的得3分，未采取措施解决上述问题的扣3分，已采取措施但新增建设用地和解决学校土地使用证等问题成效不明显的1个要素扣1.5分。

1.1.4 本指标需通过查阅档案、访谈和听取汇报进行评分。

佐证材料：提供适龄儿童少年人口统计报表、义务教育在校生名册（含新生名册）、镇党委政府研究解决适龄儿童少年入学问题的会议记录、捐资助学文件及措施等相关材料。

依法履行职责，依法依规组织和督促适龄儿童、少年入学的得1分，否则0分；采取措施切实帮助解决适龄儿童、少年由于经济、生活、行动等带来的入学困难的得2分，未采取措施的扣2分，已采取措施但成效不明显的扣1分。

1.1.5 本指标需通过查阅档案、访谈和听取汇报进行评分。

佐证材料：提供适龄儿童少年统计名册、义务教育在校生名册（含新生名册）、学生学籍卡、在校生变动名册、镇党委政府研究防流控辍问题的会议记录、出台防流控辍文件及配套措施等相关材料；提供企业录用登记人员名册、有关部门联合开展禁止使用童工执法检查文件或记录等相关材料。

积极采取措施防止适龄儿童、少年辍学的得1.5分，没有防止辍学措施的扣1.5分，已采取措施但成效不明显的扣1分。

辖区内企事业单位无违法招用应当接受义务教育的适龄儿童、少年现象的得1.5分，有违法招用童工现象的扣1.5分。

1.1.6 本指标需通过实地调查、访谈和听取汇报进行评分。

佐证材料：有关依法治校工作的文件及其他规范性文件；指导当地学校依法办学的文件、会议记录及其他佐证材料；关于学校法律顾问制度建设的文件，及已建立学校顾问制度的学校名单；关于章程建设工作的文件通知（包括章程制定和核准工作细则等）及完成章程核准的学校名单。检查当地学校应提供：县级以上教育行政部门核发的章程核准书；学校教代会、工会工作资料；学校规划建设、人事、财务、教师考核与奖惩、教师聘用等重要事项、重大决策记录和公示情况等材料；学校依法维权、处理投诉等情况记录材料；学校聘请法律顾问的文件，包括聘请合同（或协议）、工作记录及法律顾问简历证明。

全镇（乡、街道）80%以上的中小学校实现"一校一章程"，以达到以下几点为完成标准：1.学校按规定程序制定章程；2.县级以上教育行政部门依法依规按程序核准并出具章程核准书；3.学校严格依照本校章程实施管理；4.按照以上3点完成章程制定、核准和实施管理的中小学校达到当地学校数量的80%（乡镇以下小学原则上以乡镇中心校为单位共同制定学校章程）。在章程建设方面达到以上4点标准，且完成其他依法治校相关工作的得2分，否则0分。

能采取措施依法维护和整治学校周边秩序，保护学生、教师、学校的合法权益，为学校提供安全保障和良好周边治安环境，成效明显的得1分，否则，未采取措施的扣1分，采取措施但成效不明显、周边环境不符合有关要求的扣0.5分。

1.2.1 本指标需通过对镇内所有中小学（含民办及非完全小学、教学点）实地调查、查阅档案并根据学年初教育事业统计数据进行评分。

佐证材料：提供经市级以上教育部门验收的义务教育标准化学校验收文件、义务教育学校在校生名册（含新生名册）、班额统计表、县级教育部门中小学校布局调整的文件等相关材料；镇政府关于民办标准化学校覆盖率在教育强镇复评时达70%的承诺书。

主要看中小学布局调整规划是否按照国家、省的要求科学制定，是否公示并经过县级政府批准，是否按批准的规划调整完毕。义务教育标准化学校需经地级以上市教育督导部门复查认定。义务教育标准化学校覆盖率（分公、民办）=已通过的义务教育标准化学校数（分公、民办）÷义务教育学校总数（分公、民办）。义务教育学校总数以学年初教育事业统计数据为准，包括独立初中、九年一贯制学校、完全小学、非完全小学、教学点。

中小学布局规划科学合理，布局调整按时完成；义务教育阶段普通中小学校中公办标准化学校覆盖率达100%、民办标准化学校覆盖率达60%（教育强镇复评时达70%）；平均班额小学不超过45人，初中不超过50人，且起始年级小学无51人以上、初中无56人以上大班额现象。上述3个要素全部达到的得10分，否则0分。

教育强镇复评时，民办标准化学校覆盖率达到70%确有困难的，应承诺积极整改、加快民办学校标准化建设，政府必须书面承诺2018年达到70%。

1.2.2 本指标需通过现场检查并根据县上报数据进行评分。

中小学校体育卫生基本条件和艺术教育基本条件达标率 = 体育卫生和艺术教育基本条件都达标的学校数 ÷ 中小学校总数 × 100%。

佐证材料：经本地区所属县（市、区）教育局体卫艺、教育装备部门核实的每所学校体育卫生、艺术教育基本条件的有关情况、基本数据等。

督导组应重点检查内容：学校音乐专用课室（含准备室）、美术专用课室（含准备室）、舞蹈室等课室分布情况材料，以及教学用设施设备、器材器具配置情况材料；学校开展艺术教育实践活动的场、馆、室、厅（含展览厅）等建筑物分布情况材料，以及设施设备、器材器具配置情况材料等。

当达到100%时，得3分。每降低1个百分点扣0.2分，扣完本指标分为止。

体育卫生和艺术教育基本条件达标学校由县级教育行政部门依据《广东省学校体育卫生基本条件标准（试行）》《广东省学校艺术教育基本条件标准（试行）》进行评估认定。

1.2.3 本指标需通过现场检查并根据学校上报数据进行评分。

佐证材料：经本地区教育装备部门核实的每所学校教育装备的基本情况、基本数据等，包括中小学常规教学仪器设备达标率、实验开出率、生均图书册数（小学、初中、高中）等。检查当地学校时应提供佐证材料：经本地区教育装备部门核实的每所学校教育装备的基本情况、基本数据等；学校的常规教学仪器台账〔根据《初中理科教学仪器配备标准》（JY/T 0386—2006）、《初中科学教学仪器配备标准》（JY/T 0387—2006）、《小学数学科学教学仪器配备标准》（JY/T 0388—2006）和《高中理科教学仪器配备标准》（JY/T 0406—2010）填写〕、固定资产明细账、购置票据等；学校实验室使用记录、学生实验课程安排等；学校图书台账、明细表、购置票据、借阅记录以及图书信息化管理系统等。

常规仪器设备达标是指达到《初中理科教学仪器配备标准》（JY/T 0386—2006）、《初中科学教学仪器配备标准》（JY/T 0387—2006）、《小学数学科学教学仪器配备标准》（JY/T 0388—2006）和《高中理科教学仪器配备标准》（JY/T 0406—2010）等标准。实验开出率是指每个学校实际开出实验总时数与计划开出实验总时数之比，计划开出实验总时数是指按照教学大纲或者所用教材规定的必做演示（分组）实验个数之和。

督导组检查时应以实地察看情况为主，同时参照本地区教育装备部门核实的情况、基本数据和省信息平台数据。在每个镇（乡、街道）现场抽查教学点、小学、初中、高中各一所。一是对照上述文件依据对常规教学仪器设备进行现场核查，检查学校常规教学仪器设备达标率是否为100%。二是现场检查学校的实验记录，以计算其实验开出率是否均达100%。三是查看学校图书管理信息系统和购书财务凭据，检查学校是否按规定每年补充新增图书比例不少于藏书标准的1%，同时现场抽查部分图书内容和借书记录，检查学校是否切实提高师生阅读率。四是现场清点计算学校实际图书册数和人数并计算生均图书册数，检查小学是否达到20册以上（非完全小学/教学点最低藏书量为2 000册），初中是否达到25册以上，高中是否达到40册以上。本指标为必达指标，因此，上述4个要素都达到得6分，否则0分。

1.2.4 本指标需通过现场检查、登录广东省教育信息平台、学籍管理平台并根据学年初教育事业统计数据进行评分。

佐证材料：本地区学校接入互联网的情况，包括与网络营运商签订的接入合同（协议）、接入学校数量及所占全部学校比例、方式、带宽等；本地区学校网络多媒体教室数量及所占全部教室比例、教学用终端和学习终端配备数量等。检查当地学校应提供：学校班级数与学生总数；教学终端数和学习终端数、终端类型等；本校教师、学生、办学条件等信息化管理系统。

接通互联网是指通过宽带营运商或教育科研网等形式，将学校内部局域网连接外部网络。

网络多媒体教室是指配备计算机、数字显示设备，且具备宽带互联网接入能力和无线网络的教室。

教学用终端是指某一级教育计入学校固定资产且使用年限未满5年的专门用于教学的终端，主要包括为服务学生学习活动而配备的个人计算机、平板电脑、掌上电脑等数字化学习终端设备。

学习终端是指用于教学的学生用终端。

数据系统是指包含教师、学生、办学条件等的信息化管理系统。

本指标共4个要素：推进数字化校园建设，全部学校接通互联网；中小学校网络多媒体教室占总课室数不低于60%；100%教师配备专用教学用终端，100名学生拥有学习终端不少于20台，100名学生以下的非完全小学、教学点按最大班额配备学习终端；全部学校均将教师、学生、办学条件等数据及时录入系统，并同时更新到省市各级教育信息管理平台。4个要素全部达到得6分，否则0分。

鉴于我省教育信息化建设发展的现状，上述部分指标可作以下年度目标分步达到：

1. "全部学校接通互联网"。2015年要求学校宽带接入比例达到90%以上，2017年100%以上。

2. "普通中小学校网络多媒体教室占总课室数不低于60%"。2015年要求多媒体教室比例不低于60%；2017年不低于80%；2020年不低于90%。

3. "100%教师配备专用教学用终端，100名学生拥有学习终端不少于20台，100名学生以下的非完全小学、教学点按最大班额配备学习终端"。2015年100名学生拥有学习终端数不少于10台；2017年不少于15台；2020年不少于20台。

4. "全部学校均将教师、学生、办学条件等数据及时录入系统，并同时更新到省市各级教育信息管理平台"。2015年50%以上；2017年80%以上；2020年100%接入。

1.2.5 本指标需查阅档案资料和通过现场检查进行评分。

佐证材料：辖区各类幼儿园名册；公办规范化乡镇中心幼儿园办学证件（含开办文件、消防合格证明文件、收费备案表等）、公办园经费投入材料、人员名册、督导验收文件；常住人口4 000人以上的行政村名册和村级幼儿园名册；民办园办学许可证件材料；经县级以上教育部门验收的规范化幼儿园验收文件。其中消防合格证明文件包括：对新建、改（扩）建的1 000平方米以上的幼儿园，需提供消防验收合格意见书，1 000平方米以下的需提供消防验收备案凭证和抽查或复查合格意见书。对既有建筑的幼儿园，需提供公安消防部门出具的消防检查合格同意投入（继续）使用意见书等。

建成1所以上公办规范化乡镇中心幼儿园且幼儿园有消防合格证明文件和收费备案表的得2分，否则0分。

常住人员4 000人以上的行政村有相对独立幼儿园的得1分，每一个符合条件的行政村没有相对独立幼儿园的扣0.1分，扣完为止。

民办园许可证办证率100%的得1分，每降低一个百分点扣0.1分，扣完为止。

规范化幼儿园比例达50%以上且逐年提高的得1分，不达50%以上的扣1分，达50%以上但近3年内未逐年提高的扣0.5分。

1.2.6 本指标需通过现场检查进行评分。

佐证材料：提供设立特殊教育随班就读资源课室相关材料，特殊教育随班就读资源课室情况统计详表等材料。

常住人口 4 万人以上的镇中心小学设立了特殊教育随班就读资源课室，且达到《广东省特殊儿童少年随班就读资源教室建设与管理实施办法（试行）》（粤教基〔2012〕8 号）规定的基本要求，得 4 分，否则 0 分。

1.2.7 本指标需通过现场检查进行评分。

已设立成人文化技术学校或社区教育中心的得 1 分，否则 0 分。

成人教育培训面逐年扩大得 1 分，否则 0 分。

佐证材料：成人文化学校或社区教育中心设立批文；机构办学条件、师资队伍、经费投入等基本情况；机构开展成人教育培训工作情况。

1.2.8 本指标需通过现场检查进行评分。

佐证材料：餐饮服务许可证；食堂食品安全量化等级证书；教工名册及总人数信息；教工宿舍建筑设计施工图（含房间数及总建筑面积等信息）等证明材料；寄宿生名册及总人数信息；学生宿舍建筑设计施工图（含房间数及总建筑面积等信息）；寄宿生人均床位信息等证明材料；学生宿舍和教学楼厕所间数及生均蹲位等证明材料；二次供水设施和自备水源供水的用水点的水质应符合《生活饮用水卫生标准》（GB 5749—2006），并取得当地卫生部门水质检验合格报告；桶装饮用水或其他类型直接供饮用的饮水应符合国家相关标准和卫生要求，并取得水质检验合格报告；饮水水嘴数等证明材料。

名词解释：1. 餐饮服务许可证，是指各级餐饮服务监管部门严格按照食品安全法的要求，对餐饮服务经营者核发的许可证件。2. 食堂食品安全量化等级证书，是指由各级食药监部门根据《广东省餐饮服务食品安全量化分级管理规定》（粤食药监食〔2011〕144 号）给符合条件的餐饮经营者颁发的等级证明文件。3. 教工宿舍人均使用面积 = 教工宿舍使用面积/教职工总人数。4. 寄宿生人均床位数 = 学生宿舍床位总数/寄宿生总数。5. 寄宿生人均宿舍使用面积 = 学生宿舍使用面积/寄宿生总数。6. 生均蹲位数 = 教学楼及学生宿舍楼厕所蹲位总数/学生总人数。

完善中小学校后勤服务保障体系，辖区内学校配置足够的符合安全、卫生、健康标准的食堂、浴室、学生宿舍、厕所（厕位够用，女生每 13 人设一个蹲位，男生每 30 人设一个蹲位）等基本生活设施［寄宿制学校应有食堂（伙房）、沐浴房，寄宿学生一人一个床位］，配备安全饮用水供应设施的得 2 分，检查中每发现 1 所学校未按上述规定配备扣 1 分，扣完为止。

1.3.1 本指标需通过现场核查、访谈并根据学年初教育事业统计数据及省编制标准进行评分。

佐证材料：提供区域内各类学校（含幼儿园）在校生数、教职员编制数、教职员实际在岗数、班级数、员生比、师生比等统计数据；6 个班以下的非完全小学、教学点需单独说明班均教师数。同时，提供电脑登录省教育信息平台，以便核查；县级以上教育行政部门开具的区域内无代课教师证明。

根据《广东省中小学教职员编制标准实施办法》（粤机编办〔2008〕73 号）、《印发广东省幼儿园编制标准（试行）的通知》（粤机编办〔2012〕232 号）等文件所规定的员生比与专任教师占教职员编制的比例折算出各级各类学校师生比（专任教师与学生比）标准为：

（一）幼儿园：1∶12.5～1∶8.7。

（二）小学：城市达 1∶20.6；县镇、农村达 1∶23.3。

（三）初中：城市达 1∶15.3；县镇、农村达 1∶18.1。

（四）高中：城市达 1∶14.7；县镇、农村达 1∶15.2。

各类学校按照上述师生比及有关要求配齐配足幼儿园、中小学教师；6 个班以上的非完全小学、教学点按照小学编制标准配备教师，6 个班以下的非完全小学、教学点班均教师不少于 1 人；无代课教师。以上 3 个要素都达到的得 5 分，否则 0 分。

1.3.2 本指标需通过现场核查、访谈并根据学年初教育事业统计数据进行评分。

佐证材料：区域内义务教育阶段学校各年级的班级数、各类学校各学科教师数、兼任多门学科教师数等统计数据；近 3 年区域内幼儿园教师中，持有幼儿园教师资格证人数，幼儿园教师总人数。检查当地学校应提供：幼儿园教师人数及持证情况，教师资格证复印件。

教师资格证特指教育部统一制发的有效证件，不能用其他"上岗证"代替。

学前教育教师资格证持证率 = 持有幼儿园教师资格证人数÷幼儿园教师人数×100%。

义务教育阶段教师学科结构与中小学课程结构基本匹配，体育、音乐、美术、信息技术以及小学英语、科学等学科教师满足课程开设要求的得 6 分，检查发现有未能满足课程开设要求的，一个科目扣1分。

学前教育教师资格证持证率达到80%，且逐年提高比例的得2分；未达80%的，每少5个百分点扣0.3分，扣完本指标分为止；已达80%，但近3年未逐年提高比例的，在本指标分中扣0.5分。

2.4.1 本指标需通过实地调查进行评分。

佐证材料：提供县级教育部门关于规范义务教育办学行为的文件、全面实施素质教育（重点是防止、纠正重点校重点班的文件）等相关材料。

主要看是否有重点校、重点班现象。若未发现且无相关违规行为投诉的得3分；若发现有则为0分。

2.4.2 本指标需通过访谈和实地调查进行评分。

佐证材料：提供县级教育部门关于义务教育招生入学、规范义务教育办学行为的文件、全面实施素质教育（重点是学生免试就近入学及考核评价方面的文件）等相关材料。

主要看幼儿园升小学、小学升初中是否有选拔性考试行为。若未发现且无相关违规行为投诉的得3分；若发现有则为0分。

2.4.3 本指标需通过访谈和实地调查进行评分。

佐证材料：提供中小学课程表、课程安排说明、科任老师教案、学生作业（部分）等相关材料。

现场检查学校课程开设情况和有关资料；访谈学校师生及社区居民核查课程安排及补课情况；接受举报和电话投诉。学校严格执行省定课程计划、按规定开齐开足各科课时的，无违规集体补课现象的，无相关违规行为投诉的，得3分，否则0分。

2.4.4 本指标要根据纪检、监察、审计部门的通报、审计报告等综合进行评分。

佐证材料：县（市、区）建立的收费公示等教育经费监督管理制度文件。近2年接受各级审计部门对教育经费进行审计的审计结果或报告，审计整改报告等。

实行收费公示制度，严格执行教育收费规定，近1年内学校无违规收费现象的，得3分，否则0分。

2.4.5 本指标要根据实地调查和上级教育部门的通报等综合进行评分。

佐证材料：中小学作息时间表、作息安排说明等。

现场应检查学校作息安排情况和有关资料；访谈学校师生及社区居民核查作息安排及学生作业等情况；接受举报和电话投诉。按规定安排中小学作息时间，安排学生作业数量和内容符合国家和省的有关规定的且无相关违规行为投诉的，得3分，否则0分。

2.4.6 本指标需通过访谈进行评分。

未发现违反《中小学教师职业道德规范》行为的，得2分。如发现有，每发现1个违规行为扣0.5分，扣完为止。

2.4.7 本指标要根据实地调查和有关部门的评估结果、通报等综合进行评分。

佐证材料：实施素质教育的相关文件；校园文化建设、教学改革研究等相关材料；本地区学校德育工作基本情况；本地区德育工作队伍（德育校长、德育主任、班主任、团委书记、少先队辅导员等）培养培训及相关待遇落实情况；本地区学校培育和践行社会主义核心价值观工作情况；本地区心理健康教育工作基本情况，学生规模1 000人以上的中学、1 200人以上的小学配备专职心理教师情况，学校设立心理辅导室情况，教师参加ABC证培训情况。检查当地学校应提供：学校德育工作基本情况；学校德育工作队伍（德育校长、德育主任、班主任、团委书记、少先队辅导员等）培养培训及相关待遇落实情况；体现培育和践行社会主义核心价值观要求的各学科教案（部分），体现培育和践行社会主义核心价值观要求的社会实践方案、总结和照片，体现培育和践行社会主义核心价值观要求的校园文化建设方案、照片，体现培育和践行社会主义核心价值观要求的学校制度（部分）、师德建设材料。学校专职心理教师姓名、毕业学校及专业、周心理健康教育课时数、开展心理咨询时间，兼职心理教师接受相关培训证书，心理辅导室管理制度、近2个月接受学生咨询记录本复印件（由负责接待学生咨询的心理教师复印，须做技术处理，不得泄露学生姓名等个人隐私）。

名词解释：专职心理教师，指的是不负责学校其他教学任务，专门承担心理健康教育课教学和对学生开展心理咨询的心理教师。

实施素质教育，不断深化教学改革，科学评价学生德智体美等全面发展状况的得1分，否则0分。

加强德育工作，德育工作队伍健全的得0.5分，否则0分。

把培育和践行社会主义核心价值观融入课堂教学、社会实践、校园文化、学校管理全过程的得0.5分，否则0分。

重视中小学生安全教育和心理健康教育，开展学期初与学期末的安全教育周活动，采取积极措施排除学生心理障碍，无发生校方责任的学生伤害事故的得1分，完小以上学校未按照规定设心理咨询室的扣0.5分，未按照规定开展安全教育周活动的扣0.2分，两年内有发生校方责任的学生伤害事故的扣0.3分。

2.4.8 本指标需通过现场检查、访谈等方法进行评分。

佐证材料：学校开展阳光活动的计划、方案、总结及活动图文资料（图片或影音资料）；保障学生每天1小时校园体育锻炼的相关学校文件规定，相关工作总结；学校教学用课室中，音乐专用课室（含准备室）、美术专用课室（含准备室）、舞蹈室等课室分布情况材料，以及教学用设施设备、器材器具配置情况材料；学校开展艺术教育实践活动的场、馆、室、厅（含展览厅）等建筑物分布情况材料，以及设施设备、器材器具配置情况材料；学校艺术教师配备情况，含学科分布、具体人数、学历层次、年龄结构、培训进修等情况材料；学校各年（班）级音乐、美术等艺术类学科开课情况、学时分配情况等材料；学校实施"体育艺术2+1"工程情况，学生艺术社团或课外艺术实践团队（小组）建设情况、组织社团参加课外（校外）艺术实践活动情况材料；学校举办艺术节、开展各项艺术实践活动的工作计划（含经费投入等）、宣传资料、情况总结等材料。

重视阳光体育运动，切实保证学生每天1小时校园体育锻炼时间；重视美育，学生在校期间能够参加至少一项艺术活动，培养一两项艺术爱好，培养学生良好的审美情趣和人文素养。上述两个要素均达到的得2分，否则0分。

2.5.1 本指标需通过现场查阅中小学校学生健康档案等资料进行评分。

佐证材料：辖区内每所学校学生体检数据统计表、新生查验证统计表、晨检记录表、因病缺课登记记录汇总表。

中小学校学生年体检率达100%；全面落实新生入学查验预防接种证制度；学生晨检、因病缺课登记报告制度执行良好。上述3个要素均达到的得2分，否则0分。

2.5.2 本指标根据学年教育事业统计数据进行评分。

佐证材料：提供幼儿园在园人数、3周岁以上6周岁以下幼儿人数数据资料；各类幼儿园名册和统计报表（分年度统计公办幼儿园、民办幼儿园、普惠性民办幼儿园）；公办幼儿园办学证件、区县级以上教育部门对普惠性民办幼儿园认定文件，发展公办幼儿园、扶持普惠性民办幼儿园的扶持政策和经费投入报表。

学前教育毛入园率＝学年初幼儿园在园人数÷3周岁以上6周岁以下幼儿人数×100%。

学前教育毛入园率根据学年教育事业统计数据进行评分。大力发展公办幼儿园、扶持普惠性民办幼儿园通过查阅档案、访谈进行评分。学前教育普及水平不断提高，毛入园率达到90%以上；采取措施大力发展公办幼儿园、扶持普惠性民办幼儿园，公办幼儿园和普惠性民办幼儿园比例逐步提高。2个要素均达到的3分，否则0分。

2.5.3 本指标根据学年教育事业统计数据进行评分。

佐证材料：提供适龄儿童少年统计名册、义务教育在校生名册（含新生名册）、学生学籍卡、在校生变动名册、镇党委政府研究防流控辍问题的会议记录、出台防流控辍文件及配套措施等相关材料。

初中生年辍学率＝上学年初中生年辍学人数÷上学年初初中在校生人数×100%。

当低于1.5%时，得2分；超过1.5%时，为0分。

2.5.4 本指标根据国家学生体质健康数据管理系统及现场检查有关数据进行评分。

佐证材料：《国家学生体质健康标准》测试原始数据记录材料；成功上报国家数据库系统网页界面截图。

学校全面实施《国家学生体质健康标准》，学校数据上报率达100%，否则0分。

每年优良率达25%，且合格率达93%的，得2分，否则0分。对优良率、合格率达标但出现1年或2年下降的，得1分。对连续3年优良率或合格率出现下降的，实行"一票否决"，不能评为教育强镇。

附件2

广东省教育强县（市、区）督导验收方案（修订）

申报单位：_____
申报时间：_____年_____月_____日
申　　报：初评（　）复评（　）

广东省人民政府教育督导室制
2017年9月修订

说　明

一、《广东省教育强县（市、区）督导验收方案（修订）》（以下简称《验收方案》），是根据国家和省有关教育政策、法规以及《广东省教育创强督导验收办法（修订）》制定的。

二、本《验收方案》既是申报教育强县（市、区）（以下简称教育强县）验收、复评的申报书，也可以作为年终工作自评报告书。本《验收方案》也适用于具有教育管理职能的非建制县级区。

三、本《验收方案》包括七部分：（一）督导验收指标体系；（二）验收评分统计表；（三）自评报告；（四）市政府审核意见；（五）督导验收情况记录；（六）省人民政府教育督导室和省教育厅意见。其中自评报告独立成篇。

四、教育强县督导验收满分为100分。得分85分以上且必达指标（用黑体字标示）全部达标，为通过教育强县督导验收。得分90分以上且必达指标全部达标，为通过教育强县复评验收。

五、督导验收指标体系评分具体操作请看《教育强县督导验收指标评分操作说明》

六、本《验收方案》和《教育强县督导验收指标评分查操作说明》中的"高于""大于""以上"均含本数。"逐年提高"是指近3年连续每年比上年有所提高。"督导验收指标体系"中的三级指标由若干个要素构成，两个要素以上的，一般用"；"隔开。

（一）督导验收指标体系

一级指标	二级指标	三级指标	分值	得分 自评	得分 他评
一、政府责任	（一）规划与体制机制（9分）	1.1.1　实施科教兴县（市、区）战略，制定切实可行的教育"创强"实施方案；建立完善与教育优先发展战略地位相适应的教育工作领导体制，配强教育分管领导，增强县（市、区）党委政府对教育改革和发展的领导、统筹、协调能力，及时研究解决教育改革与发展中的困难和问题；完善教育考核机制和问责制度，把教育事业发展和教育创强实绩作为党委、政府政绩考核的重要内容。	2		
		1.1.2　实行"以县为主"的基础教育管理体制，县（市、区）教育行政部门负责中小学教师的资格认定、招聘录用、职务评聘、培训和考核等工作；建立以县为主、县镇（街）分级负责，教育部门归口管理的学前教育管理体制。	2		
		1.1.3　城乡规划委员会将教育部门列为成员单位，完善学校建设规划、实施机制；制定县（市）基础教育学校基本建设专项规划并纳入控制性详细规划且按计划如期推进。	2		
		1.1.4　建立起决策、执行、监督相结合的管理体制，扎实推进依法治校，全县80%以上中小学校实现"一校一章程"；县（市、区）政府教育督导机构健全；配足配强专职督导人员，落实教育督导专项经费；全面实施督学责任区和中小学挂牌督导制度。	3		

续上表

一级指标	二级指标	三级指标	分值	得分 自评	得分 他评
一、政府责任	（二）经费投入与管理（10分）	1.2.1 确保一般公共预算教育支出逐年只增不减。	4		
		1.2.2 确保按在校学生人数平均的一般公共预算教育支出逐年只增不减。	4		
		1.2.3 规范教育经费监督管理，提高经费使用效益，没有贪污、截留、克扣、挪用、挤占、抵顶各种教育资金，近1年无发生教育乱收费问题。	2		
	（三）队伍建设（16分）	1.3.1 制定教师队伍建设整体规划，实施成效明显，教师队伍管理制度完善。	1		
		1.3.2 按照省标准配齐配足幼儿园、中小学、中等职业教育、特殊教育学校教师；无代课教师；制定临聘教师管理办法。	3		
		1.3.3 中小学教师学历达标率达到99.9%。	2		
		1.3.4 义务教育阶段教师学科结构与义务教育课程结构基本匹配，体育、音乐、美术、信息技术、小学英语、科学等学科教师满足课程开设要求。	1		
		1.3.5 切实加强中等职业教育教师队伍建设，"双师型"教师占专任专业课教师的比例达到60%。	2		
		1.3.6 中小学教师工资福利待遇平均水平不低于当地公务员平均水平；建立科学合理的考核评价激励机制。	1		
		1.3.7 制定鼓励引导优秀教师到农村从教的政策措施；建立山区和农村边远地区学校教师生活补助政策；落实特殊教育教师特殊岗位补助津贴。	2		
		1.3.8 建立校长、教师培训体系，培训制度完善，培训效果明显；县（市、区）教师培训机构建制完整、功能齐全、发挥作用；完成年继续教育72学时以上教师人数占专任教师比例达90%以上。	2		
		1.3.9 教师年培训经费占教师年度工资总额的比例达到1.5%以上。	2		
	（四）均衡发展（24分）	1.4.1 通过县域义务教育发展基本均衡县省级督导评估或达到省级督导评估标准。	7		
		1.4.2 中小学布局规划科学合理，布局调整按时完成；义务教育阶段普通中小学校中公办标准化学校覆盖率达100%，民办标准化学校覆盖率达70%以上；平均班额小学不超过45人、初中不超过50人，且起始年级小学无45人以上、初中无50人以上大班额现象。	8		
		1.4.3 城镇新建住宅区配套学校、幼儿园按规定与住宅区建设同步设计、同步建设、同步竣工验收并无偿移交政府使用。	2		
		1.4.4 按国务院"两个为主"的要求，保障随迁子女平等接受义务教育的权利，随迁子女入读公办学校比例逐年提高。	1		
		1.4.5 建立义务教育学校校长和教师定期交流轮岗制度，年交流轮岗比例达到5%以上。	2		
		1.4.6 实行省级优质普通高中部分招生指标直接分配到辖区内初中学校的制度，公办学校招生指标直接分配比例符合省要求。	2		

续上表

一级指标	二级指标	三级指标	分值	得分 自评	得分 他评
一、政府责任	（四）均衡发展（24分）	1.4.7 有效实施薄弱学校改造计划；财政性教育经费向薄弱学校倾斜；落实100人以下小学、教学点公用经费拨付要求。	1		
		1.4.8 重视助学工作，全面落实学前教育、义务教育、高中阶段教育家庭经济困难学生资助政策。	1		
	（五）协调发展（10分）	1.5.1 重视发展学前教育，将学前教育纳入地方教育发展规划，公办幼儿园比例达到30%以上；积极改善幼儿园办学条件，规范化幼儿园比例达50%以上，且逐年提高；不存在无证办园现象；**采取措施大力发展公办幼儿园、扶持普惠性民办幼儿园，公办幼儿园和普惠性民办幼儿园比例逐步提高。**	2		
		1.5.2 普及高中阶段教育巩固提升，高中阶段教育毛入学率逐步提高，普职比大体相当，高中阶段教育结构优化协调发展。	1		
		1.5.3 积极实施普通高中教育水平提升工程，完成省下达的薄弱普通高中改造提升任务，优质普通高中学校占比达70%以上，办学水平逐步提高；积极壮大中等职业教育，有条件的和人口大县（市）要办好中等职业学校，省重点以上中等职业学校学位占比高于70%。大力发展成人教育，重视加强社区教育。	2		
		1.5.4 积极鼓励大力促进民办教育发展，依法设立民办教育专项资金，逐步加大对民办学校的扶持；促进民办学校特色办学措施有力。	2		
		1.5.5 重视特殊教育，建立健全随班就读支持保障体系；**人口30万以上的县（市、区）按照规定设立县级标准化特殊教育学校。**	2		
		1.5.6 青少年宫、学生综合实践基地等青少年校外活动场所运行正常，无被挤占、挪用等现象；其运转、维护和开展公益性活动经费的财政保障落实。	1		
二、教育管理与素质教育	（六）规范办学行为与素质教育（12分）	2.6.1 **严格执行省定课程计划，开齐开足课程；中小学生课业负担合理，无违规集体补课现象；义务教育阶段不设重点学校和重点班。**	2		
		2.6.2 完善义务教育免试就近入学制度，义务教育学校实行免试就近入学，无任何形式的选拔性考试行为。	1		
		2.6.3 遵循幼儿身心发展规律，建立完善防止和纠正幼儿园小学化倾向的机制，全面提高保教质量。	1		
		2.6.4 **重视做好校园安全防范工作，近2年全县（市、区）没有发生1次死亡3名学生的安全事故，校园内没有发生死亡1人以上学校主要责任事故。**	1		
		2.6.5 重视学校体育、卫生、艺术教育，学生每天1小时校园体育活动落实，中小学校体育、卫生、艺术教育场地、设施等基本条件达标率均达到100%。	1		
		2.6.6 实施素质教育，不断深化教学改革，科学评价学生德智体美等全面发展状况；加强德育工作，德育工作队伍健全；把培育和践行社会主义核心价值观融入课堂教学、社会实践、校园文化、学校管理全过程；重视中小学生安全教育和心理健康教育，开展学期初与学期末的安全教育周活动，采取积极措施排除学生心理障碍。	2		

续上表

一级指标	二级指标	三级指标	分值	得分 自评	得分 他评
二、教育管理与素质教育	（六）规范办学行为与素质教育（12分）	2.6.7 阳光体育运动和校园足球工作得到有效落实；重视美育，培养学生良好的审美情趣和人文素养。	2		
		2.6.8 科研工作管理制度健全；科研年度工作按计划推进；县（市、区）教育科研工作经费投入逐年增加。	1		
		2.6.9 教育科研工作举措实、成效好，能有效促进教师发展、提高教育质量；课题研究具有一定学术水平，近3年获市级以上教育科研课题的年度立项数逐年增加；产出一批教育科研优秀成果，且不少于3项在地级市或1项在省级进行交流或推广。	1		
三、办学水平	（七）综合实力与教育装备和信息化（11分）	3.7.1 教育强镇覆盖率达到100%或教育强镇覆盖率达到80%以上并承诺2年内达到100%。	4		
		3.7.2 中小学校按照标准配齐配足常规教学仪器设备；中小学校按照规定每年补充符合师生实际需要的图书，并提高师生阅读率，新增图书比例不少于藏书标准的1%，生均图书册数小学达到20册以上，初中25册以上，高中40册以上。	3		
		3.7.3 100%教师配备专用教学用终端；100名学生拥有学习终端不少于20台，100名学生以下的非完全小学、教学点按最大班额配备学习终端；推进数字化校园建设，全部学校接通互联网，所有中小学及教学点实现数字教育资源全覆盖；普通中小学校网络多媒体教室占总课室数不低于60%；自建或者利用上级的教育管理和公共服务平台，促进优质教育资源及教育信息公开。	3		
		3.7.4 重视职业教育实习实训中心建设，独立设置的中职学校均建有实训中心和2个以上的校外实习基地；中等职业学校生均教学仪器设备值达到3 000元以上。	1		
	（八）办学成效（8分）	3.8.1 学前教育普及水平不断提高，毛入园率达到90%以上。	1		
		3.8.2 义务教育普及水平进一步巩固，初中生年辍学率在1.5%以下。	2		
		3.8.3 全面实施《国家学生体质健康标准》，学校数据上报率达100%；学生体质健康水平逐年提高，每年优良率达到25%，且合格率达到93%。	1		
		3.8.4 全日制高中阶段教育毛入学率达到85%以上。	2		
		3.8.5 高中学业水平考试成绩C级以上比例珠三角地区复评达85%以上，非珠三角地区初评达75%以上。对于非珠三角地区高中学业水平当年不达标（但不低于65%）的情况，要求采取措施进行整改并由政府作出下一年完成整改的承诺。	1		
		3.8.6 适龄视力、听力、轻中度智力残疾儿童少年义务教育入学率达到97%以上。	1		

（二）验收评分统计表

督导验收指标的得分				
一级指标	二级指标	分值	得　分	
			自评	他评
一、政府责任	（一）规划与体制机制	9		
	（二）经费投入与管理	10		
	（三）队伍建设	16		
	（四）均衡发展	24		
	（五）协调发展	10		
二、教育管理与素质教育	（六）规范办学行为与素质教育	12		
三、办学水平	（七）综合实力与教育装备和信息化	11		
	（八）办学成效	8		
督导验收得分		100		

（三）自评报告

自评报告另页

（四）市政府审核意见

经审核，　　县（市、区）教育强县督导验收指标自评分为　　分，　　市政府审核评分为　　分，同时其申报材料及其他各项要求均达到教育强县（市、区）的标准，同意推荐　　县（市、区）申报教育强县（市、区）。

单位（章）
年　月　日

（五）督导验收情况记录

督前检查意见（可另页）：

督前检查人员（签名）
年　月　日

督导验收意见（可另页）：

正式验收人员（签名）组　长：
副组长：
组　员：
年　月　日

（六）省人民政府教育督导室和省教育厅意见

省人民政府教育督导室意见：

单位（章）
年　月　日

省教育厅意见：

单位（章）
年　月　日

教育强县督导验收指标评分操作说明

教育强县督导验收指标共有3个一级指标，8个二级指标，50个三级指标。具体评分操作说明如下：

1.1.1 本指标需通过查阅档案和听取汇报进行评分。

佐证材料：地方党委、政府印发的文件、领导讲话稿、政府工作报告、经验材料、会议记录、纪要及档案材料，包括教育发展规划及实施纲要、主要领导及分管教育领导教育绩效考核材料，人事、经费决策及落实材料，政府举行不同阶层代表参加的有关教育工作的座谈会记录等。

实施科教兴县（市、区）战略，制定切实可行的教育"创强"实施方案的得1分，否则0分。

建立完善与教育优先发展战略地位相适应的教育工作领导体制，配强教育分管领导，能及时研究解决教育改革与发展中的困难和问题的得0.5分，未能建立完善相应教育工作领导体制的扣0.2分（扣分是在本要素满分0.5分里扣除，下同），未能及时研究解决困难和问题的扣0.3分。

完善教育考核机制和问责制度，把教育事业发展和教育创强实绩作为党委、政府政绩考核的重要内容的得0.5分，否则0分。

1.1.2 本指标需通过查阅档案和听取汇报进行评分。

严格按照《国务院办公厅关于完善农村义务教育管理体制的通知》（国办发〔2002〕28号）和《省政府转发国务院办公厅关于完善农村义务教育管理体制的通知》（粤府办〔2002〕55号）执行的，得1分；未能严格实行以县为主的，扣0.5分；县（市、区）教育行政部门并不完全负责中小学教师的资格认定、招聘录用、职务评聘、培训和考核等工作的，扣0.5分。

建立以县为主、县镇（街）分级负责，教育部门归口管理的学前教育管理体制。这一要素主要看镇（街）管理学前教育的职责是否明确，是否归口教育部门管理。符合的得1分，否则0分。

1.1.3 本指标需通过查阅档案、访谈等进行评分。

明确将教育部门列为城乡规划委员会成员单位、建设规划、实施机制完善的得1分，机制不完善的扣0.5分，未将教育部门列为城乡规划委员会成员单位的扣0.5分。

制定了县（市、区）基础教育学校基本建设专项规划并纳入控制性详细规划的，且按计划如期推进的得1分，否则0分。

控制性详细规划是城市、镇人民政府城乡规划主管部门根据城市、镇总体规划的要求，用以控制建设用地性质、使用强度和空间环境的规划。

1.1.4 本指标需通过查阅档案、访谈等进行评分。

佐证材料：有关加强学校法治建设的文件，包括推进依法治校的工作计划、工作总结及有关工作材料；关于重大教育行政决策的工作制度及实施情况，包括重大决策合法性审查制度等；关于学校章程建设的文件（包括章程制定和核准工作细则等），章程推进措施及核准工作佐证材料及完成章程核准的学校名单；基建、人事、财务、教师考核与奖惩、教师招聘及录用等重要事项、重大决策记录和公示情况等材料；学生及教师申诉、行政复议等依法维权处理情况记录材料；学校法律顾问制度建设的有关文件，已建立学校顾问制度的学校名单。检查当地学校应提供资料：教育行政部门颁发的章程核准书；学校章程实施情况；学校教代会、工会工作情况；学校规划建设、人事、财务、教师考核与奖惩、教师聘用等重要事项、重大决策记录和公示情况等；学校依法维权、处理投诉情况记录；建立学校法律顾问制度的文件，聘请学校法律顾问的合同、工作记录及法律顾问简历证明。

全县（市、区）80%以上的中小学校实现"一校一章程"，以达到以下几点为完成标准：1. 学校按规定程序制定章程；2. 县级以上教育行政部门依法依规按程序核准章程并出具核准书；3. 学校严格依照本校章程实施管理；4. 按照以上3点完成章程制定、核准和实施的中小学校达到当地学校数量80%（乡镇以下小学原则上以乡镇中心校为单位共同制定学校章程）。在章程建设方面达到以上4点标准，且完成其他依法治校相关工作的得1分，否则0分。

建立起决策、执行、监督相结合的管理体制，全县（市、区）80%以上的中小学校实现"一校一章程"（以下情况均视为80%以上的中小学校未实现"一校一章程"：发现该县完成章程核准的中小学校不足当地学校数量80%的；在该县所提供已完成章程核准的学校名单中，发现有学校未制定章程的；有学校存在不按章程实施管理，被投诉且被县级以上有关部门查证属实的；发现教育行政部门有重大教育决策失误行为的；教育行政领导班子成员或当地学校领导班子成员因职务犯罪被司法机关依法采取强制行为的），全县及各学校有依法治校实施方案且落实，教育普法工作有规划、有措施、有总结，全体教师每年至少参加一次专门的学法培训；县（市、区）政府教育督导机构健全；配足配强专职督导人员，落实教育督导专项经费；全面实施督学责任区和中小学挂牌督导制度。以上4个要素都达到得3分，否则0分。

1.2.3 本指标根据纪检、监察、审计部门的通报、审计报告等综合进行评分。

佐证材料：县（市、区）建立的教育经费监督管理制度文件。近两年接受各级审计部门对教育经费进行审计的审计结果或报告，审计整改报告等。

近1年内没有发现贪污、截留、克扣、挪用、挤占、抵顶各种教育资金情况，无发生教育乱收费问题，得2分，否则0分。

1.3.1 本指标需通过查阅档案、访谈等进行评分。

佐证材料：有关教师队伍建设整体规划和教师管理制度的正式文件；说明教师队伍建设整体规划实施成效的数据或实例。

督导组应根据申报材料，核查教师队伍建设整体规划和教师队伍管理制度编制情况，现场抽查幼儿园、教学点、小学、初中、高中、中职、特殊教育学校各1所。制定了教师队伍建设整体规划，实施成效明显，教师队伍管理制度完善的得1分。没有制定教师队伍建设整体规划的扣0.5分，制定了教师队伍建设整体规划但实施成效不明显的扣0.2分；教师队伍管理制度不完善的扣0.5分。

1.3.2 本指标根据现场核查、访谈并根据学年初教育事业统计数据及省编制标准进行评分。主要看是否按省编制标准配足教职员数量，是否还有代课教师，以及是否制定临聘教师管理办法。

佐证材料：区域内各类学校在校生数、教职员数、教师数、员生比；6个班以下的非完全小学、教学点的班均教师数；中等职业学校、特殊教育学校需按相应编制标准分类说明。

根据《广东省中小学教职员编制标准实施办法》（粤机编办〔2008〕73号）、《印发广东省幼儿园编制标准（试行）的通知》（粤机编办〔2012〕232号）以及《广东省特殊教育学校教职员编制标准暂行办法》（粤机编办〔2008〕109号）等文件所规定的员生比与专任教师占教职员编制的比例折算出各级各类学校师生比（专任教师与学生比）标准为：

（一）幼儿园：1∶12.5～1∶8.7。

（二）小学：城市达1∶20.6；县镇、农村达1∶23.3。

（三）初中：城市达1∶15.3；县镇、农村达1∶18.1。

（四）高中：城市达1∶14.7；县镇、农村达1∶15.2。

（五）特殊教育学校：招收盲生的学校达1∶3.5；招收聋生的学校达1∶4.1；招收智障学生的学校达1∶2.5；招收自闭症、脑瘫学生和多重残疾学生的学校达1∶2.9；招普通中小学附设的特教班达1∶4.1；开展残疾学生随班就读的普通中小学达1∶5.9；教育矫治具有严重不良行为学生的学校达1∶4.76。

中等职业技术学校按照《广东省中等职业技术学校机构编制标准》（粤机编办〔2011〕321号）配备教师。

幼儿园、中小学、中等职业技术学校和特殊教育学校教师的配置情况应分别核查，各级各类学校按照上述师生比及有关要求配齐配足的得1分，否则0分。

无代课教师的得1分，否则0分。

制定临聘教师管理办法并已执行的得1分，未制定的扣1分，已制定但未执行的扣0.5分。

1.3.3 本指标根据学年初教育事业统计数据进行评分。

佐证材料：区域内幼儿园、小学、初中、高中、中职各学段教师总数和各学段不同学历教师人数及学历达标率。

督导组应根据申报材料，对照省教育信息平台数据，核查区域内幼儿园、小学、初中、高中、中职各学段教师总数和各学段不同学历教师人数及学历达标率。小学、初中、高中和学前教育专任教师均达标的得2分，检查发现各教育阶段存在学历达标率不达99.9%的情况时，每一个教育阶段扣0.5分。

1.3.4 本指标根据现场核查、访谈并根据学年初教育事业统计数据进行评分。

佐证材料：区域内义务教育阶段学校各年级的

班级数，各类学校各学科教师数，体育、音乐、美术、信息技术、小学英语、科学等学科应配专任教师数和实配专任教师数等统计数据。

当义务教育阶段教师满足课程开设要求时，得1分。有体育、音乐、美术、信息技术、小学英语、科学教师不满足课程开设要求，每个科目扣0.2分，扣完为止。

1.3.5 本指标根据学年初教育事业统计数据进行评分。

佐证材料：有关加强中等职业学校教师队伍建设的文件；区域内中等职业学校专任专业课教师数、专任专业"双师型"教师数及专任专业"双师型"教师数占专任专业课教师数的比例数据。

"双师型"教师指同时具备教师资格和职业资格，从事职业教育工作的教师。"双师型"教师占比例＝中职学校专任专业"双师型"教师数÷中职学校专任专业课教师数×100%。当该指标达到60%时得2分；低于60%时，每降低1个百分点扣0.1分，扣完本指标为止。

1.3.6 本指标根据各县（市、区）教育、财政、人力资源和社会保障部门上报数据，并通过查阅档案、访谈等进行评分。

佐证材料：区域内中小学校教师福利待遇年报表；教师福利待遇年报表［如与各县（市、区）教育、财政、人社部门上报数据不一致，需作出说明，并由县级以上教育、财政、人社部门盖章确认］；已建立的考核评价激励机制制度和绩效工资制度等文件。

当中小学教师工资福利待遇平均水平等于或高于当地公务员平均水平时，得0.5分。当低于时，每低1个百分点扣0.1分，扣完为止。

建立科学合理的考核评价激励机制、出台了义务教育学校绩效工资制度，成效明显的，得0.5分。未制定实施方案，扣0.5分，制定了方案但成效不明显的扣0.2分。

1.3.7 本指标需通过查阅档案、访谈进行评分。

佐证材料：鼓励引导优秀教师到农村从教的政策措施和农村边远地区学校教师生活补助政策的相关文件；农村边远地区学校教师生活补助落实情况一览表；特殊教育教师特殊岗位津贴落实情况一览表。

本指标有3个要素：1. 制定鼓励引导优秀教师到农村从教的政策措施且成效明显的；2. 建立山区和农村边远地区学校教师生活补助政策并落实的；3. 落实特殊教育教师特殊岗位补助津贴的。以上3个要素均达到要求的得2分，否则0分。

1.3.8 本指标需通过查阅档案并根据各地上报的上年教师培训数据进行评分。

佐证材料：区域内有关培训制度的文件；能够说明培训效果的数据或实例；区域内教师培训机构的建制、功能、开展业务情况和实际作用的相关证明材料。检查当地学校应提供：专任教师年度参训统计。

名词解释：建立校长、教师培训体系，培训制度完善，培训效果明显指有培训规划、领导机构、执行组织、培训场室和相应设施、设备等，能正常开展培训并取得良好效果。

年继续教育72学时以上教师占比＝年继续教育72学时以上专任教师人数÷中小学专任教师人数×100%。

当县（市、区）教师培训机构达到建制完整、功能齐全、发挥作用的要求并且完成年继续教育72学时以上人数占专任教师比例达到90%的得2分，否则0分。

1.3.9 本指标需根据各地上报的上年数据进行评分。

佐证材料：被督导地区申报创强争先材料中应提供培训经费占工资总额比例佐证材料：本地区培训经费预决算和教师工资总额数据；本地区教师培训专项经费分年度拨付和使用情况。检查当地学校应提供：学校教师参训情况；教师培训经费下达、报账等开支情况。

督导组进行现场核查时。一是对照上述文件依据标准查阅当地财政部门提供的教师工资总额、教师培训经费拨付、下达等文件材料，核实培训经费是否达标。二是抽查教学点、小学、初中、高中、幼儿园各2～3所，核查学校教师培训开展情况和培训经费使用与管理情况。三是通过与教师现场座谈、交流，了解培训经费是否足额用于教师培训。

财政预算教师年培训经费占教师年度工资总额比例＝本年度县级财政预算教师年培训经费÷本年度教师工资总额×100%。此处财政预算教师培训经费是专指列入县级财政预算并直接安排下达的培训经费，辖区内幼儿园、中小学和中等职业学校按照年度公用经费预算总额5%安排的教师培训经费不列入计算。财政预算教师年培训经费比例达到1.5%以上时，得2分，否则0分。

1.4.1 本指标需通过查阅档案进行评分。

通过县域义务教育发展基本均衡县省级督导评

估或达到省级督导评估标准的得7分，否则0分。

1.4.2 本指标需通过查阅档案并根据各地级以上市上报的标准化学校复查认定结果进行评分。

佐证材料：提供经市级以上教育部门验收的义务教育标准化学校验收文件、义务教育学校在校生名册（含新生名册）、班额统计表、县级教育部门中小学校布局调整的文件等相关材料；县（市、区）政府关于民办标准化学校覆盖率达70%的承诺书。

义务教育标准化学校覆盖率（分公、民办）＝已通过的义务教育标准化学校数（分公、民办）÷义务教育学校总数（分公、民办）。

县级政府全县中小学布局调整和义务教育标准化学校建设规划按照国家、省的要求科学制定，布局调整按时完成；公办义务教育标准化学校覆盖率达到100%、民办标准化学校覆盖率达70%；平均班额小学不超过45人、初中不超过50人，且起始年级小学无45人以上、初中无50人以上大班额现象。上述3个要求均达到得7分，否则0分。

义务教育标准化学校需经地级以上市教育部门复查认定并报省人民政府教育督导室备案。

民办标准化学校覆盖率如果没有达到70%以上，政府必须书面承诺2018年达到70%，而且有分年度目标，有落实的具体方案、措施。

1.4.3 本指标需通过查阅档案、现场调查并根据学年初教育事业统计数据进行评分。

佐证材料：当地新建住宅区配套建设学校、幼儿园有关政策文件；辖区住宅小区名册及配套建设学校、幼儿园名册；规划建设部门证明材料；在建小区配套学校、幼儿园规划建设材料。

城镇新建住宅区配套学校、幼儿园按规定与住宅区建设同步设计、同步建设、同步竣工验收并无偿移交政府使用，近3年城镇学前教育、义务教育生均占地面积、校舍建筑面积持续增加的得2分，否则0分。

1.4.4 本指标需通过查阅档案、访谈并根据学年初教育事业统计数据等进行评分。

佐证材料：提供保障随迁子女接受义务教育的政策文件、教育发展规划文件、适龄儿童少年人口统计报表、随迁子女义务教育在校生名册、义务教育在校生名册（含新生名册、变动名册）等相关材料。

按国务院"两个为主"的要求，保障随迁子女平等接受义务教育的权利，随迁子女入读公办学校比例不低于50%且近3年内逐年提高的得1分，比例未达50%的扣0.5分；有1年未提高的扣0.5分，扣完本指标分为止。

随迁子女在义务教育公办学校就读比例＝随迁子女在义务教育公办学校就读人数（包括政府购买民办学校学位入学的随迁子女就读人数）÷义务教育公办学校在校就读人数（包括政府购买民办学校学位入学的随迁子女就读人数）×100%。

1.4.5 本指标需通过查阅档案、访谈并根据县上年自报数据进行评分。

义务教育学校校长或专任教师年交流轮岗比例＝上年度义务教育学校校长或专任教师交流轮岗数÷上年度义务教育学校校长或专任教师总数×100%。

建立义务教育学校校长和教师县域内交流轮岗制度的且年交流轮岗比例达到5%以上的，得2分。否则0分。

1.4.6 本指标需通过查阅档案、访谈并根据县上年自报数据进行评分。

省级优质普通高中招生指标直接分配初中比例＝直接分配初中的省级优质普通高中招生指标数÷省级优质普通高中招生总数×100%。

省级优质普通高中指省一级以上公办普通高中。

佐证材料：省级优质普通高中"指标到校"的政策文件、通知、招生实施情况相关材料。

督导组应核查省级优质普通高中"指标到校"的政策文件、分配办法、招生实施情况等有关材料；访谈学校师生及社区居民核查指标到校情况；接受举报和电话投诉。制定实施了省级优质普通高中部分招生指标直接分配到辖内初中制度，直接分配初中的公办学校招生指标比例符合省要求的，得2分，每降低1.5个百分点扣0.5分，扣完本指标分为止。

1.4.7 本指标需通过查阅档案、访谈进行评分。

政府制定了薄弱学校改造计划并有效实施的得0.5分，未制定改造计划的扣0.5分，制定改造计划但未有效实施的扣0.2分。

制定100人以下小学公用经费按照100人标准拨付制度并落实的得0.5分，未制定制度的扣0.5分，制定制度但未完全落实的扣0.2分。

1.4.8 本指标需通过查阅档案进行评分。

重视助学工作，全面落实学前教育、义务教育、高中阶段教育家庭经济困难学生资助政策的得1分，否则有一个教育阶段未落实资助政策的扣0.4分，扣完为止。

1.5.1 本指标需通过查阅档案并根据学年初教

育事业统计数据进行评分。

佐证材料：地方教育发展规划；各类幼儿园名册和统计报表（分年度统计公办幼儿园、民办幼儿园、普惠性民办幼儿园、规范化幼儿园）；经县级以上教育部门验收的规范化幼儿园验收文件；发展公办幼儿园、扶持普惠性民办幼儿园的扶持政策和经费投入报表。

公办幼儿园比例＝公办幼儿园数÷全县公办、民办幼儿园数×100％。规范化幼儿园比例＝规范化幼儿园数÷全县公办、民办幼儿园数×100％。普惠性幼儿园比例＝（公办幼儿园数＋普惠性民办幼儿园数）÷幼儿园总数×100％，比例近3年逐年提高的得1分，否则0分。

政府将学前教育纳入地方教育发展规划，积极实施学前三年发展规划等有关政策，公办幼儿园比例已达到30％以上的，得0.4分；政府未将学前教育纳入地方教育发展规划的，扣0.2分；公办幼儿园比例低于30％的，每降低2个百分点扣0.1分，扣完本0.4为止。

政府积极采取了措施，规范化幼儿园比例达50％以上，且近3年逐年提高的，得0.4分；规范化幼儿园比例低于50％的，扣0.2分；近3年内未逐年提高的扣0.2分。

没有无证办园现象的得0.2，否则0分。

大力发展公办幼儿园、扶持普惠性民办幼儿园，公办幼儿园和普惠性幼儿园比例近3年逐步提高的，得1分，否则0分。

1.5.2　本指标根据学年初教育事业统计数据进行评分。

佐证材料：本地区近3年毛入学率分年统计表，近3年在校生数据（可在有关数据库系统中提供），推动高中阶段教育结构优化协调发展的文件及其他有关证明材料。

督导组核查有关佐证材料，抽查1～2所普通高中和中职学校近3年招生情况，访谈政府有关工作人员、学校师生和社区居民，接受举报和电话投诉等。普及高中阶段教育巩固提升，高中阶段教育毛入学率逐步提高，普职比大体相当，高中阶段教育结构优化协调发展的得1分，高中阶段教育毛入学率未逐步提高的扣0.5分，普职比未做到大体相当的扣0.5分。

高中阶段教育普职比大体相当是指区域内适龄受教育者就读普通高中、中职学校（含技工学校，下同）之间的比例大体相当，计算方式为全日制高中阶段教育中，当年普通高中（或中职）在校生在高中阶段在校生中占比在45％～55％（含）之间。统计时除统计当年本区域内的普通高中、中职学校在校生人数外，在本区域外普通高中、中职学校就读的本区域适龄受教育者也应统计在内。各地须建立学生台账，精确计算比例。

1.5.3　本指标根据优质普通高中、省重点以上中等职业学校名单和学年初教育事业统计数据进行评分。

佐证材料：普通高中和市一级及以上普通高中一览表、近3年市一级及以上普通高中占比统计表，省下达的薄弱普通高中一览表、学校改薄项目完成情况及资金使用情况统计表，普通高中教育水平提升工程有关资料、普及高中教育巩固提高的有关资料，加快中职教育发展、中职招生任务分解落实有关文件，输送生源到省属及珠三角地区就读情况统计表、中等职业学校名单、省重点以上中等职业学校（含中职国家示范校、省级示范校和省重点学校）名单及批文、近3年中等职业学校在校生统计表、近3年省重点以上中等职业学校在校生统计表及学位占比统计表，近年教育事业发展规划、职业教育发展规划、成人教育发展规划及学校基本情况、重视社区教育发展情况资料，其他有关证明材料。

督导组应核查有关材料，抽查1～2所学校改薄情况；根据需要走访1所重点中职学校，了解教学质量情况；访谈学校师生、社区居民及改薄项目负责人；接受举报和电话投诉等。

优质普通高中学校占比＝优质普通高中学校数÷普通高中学校总数×100％。当占比高于70％时，得0.7分，每降低1个百分点扣0.1分，扣完0.7分为止。完成省下达的薄弱普通高中改造提升任务的得0.3分，否则扣0.3分。

薄弱普通高中是指县一级及以下（含未评级）的普通高中，包括独立高中和完全中学高中部。

优质普通高中是指地市一级以上公办普通高中。

省重点以上中等职业学校学位比例＝省重点以上中等职业学校在校生÷中等职业学校在校生×100％。积极壮大中等职业教育，有条件的和人口大县（市）（原则上50万人口以上）要办好1所成建制的中等职业学校，当省重点以上中等职业学校学位比例高于70％时，得0.7分，每降低1个百分点扣0.1分，扣完0.7分为止。

大力发展成人教育，重视加强社区教育，有规划、有措施，成效显著的得0.3分，无规划、无措施的扣0.3分，有规划、有措施但成效不明显的扣0.1分。

1.5.4 本指标需通过查阅档案、听取汇报、访谈并根据教育经费统计数据进行评分。

佐证材料：各镇党委、政府印发的文件、领导讲话稿、政府工作报告、经验材料、会议记录、纪要及档案材料，如县（市、区）教育统筹规划民办教育布局的论证、规划及相关咨询材料，县（市、区）政府及相关职能部门指导、协助并监督民办教育机构依法办学、依法维权的相关文件材料等。

依法设立了民办教育发展专项资金并逐步加大的得1分，未设立专项资金的扣1分，已设立专项资金但未逐步加大扶持力度的扣0.5分。

促进民办学校特色办学措施有力的得1分，没有具体措施的扣1分，有措施但成效不明显的扣0.5。

1.5.5 本指标需通过查阅档案、现场检查并根据学年教育事业统计数据进行评分。

佐证材料：提供本县（市、区）关于发展特殊教育的相关政策文件；建立县（市、区）特殊教育随班就读工作指导中心、随班就读资源教室的相关材料；义务教育阶段残疾儿童少年入学情况；县（市、区）特殊教育学校相关材料等。

主要看是否建立了特殊教育随班就读指导中心、30万人口以上县（市、区）是否建成1所标准化特殊教育学校。2个要素都达到的得2分，30万人口以上县（市、区）无标准化特殊教育学校的扣1分［在建设标准化特殊教育学校，以政府立项、同意批复、建设进展情况为督导验收的基本依据，上报以下材料：特殊教育机构批准设立的政府批文；编制部门核准的机构人员编制批文；财政部门拨予专项经费的文件；该机构属性的说明（单位所有制和公益性）。此外，还需报送特殊教育学校批准开工建设的政府批文和特殊教育学校建设进展情况，若主体项目已竣工，请提供验收批文。如材料不齐全不予评估。中心城区如果暂时不建区标准化特殊教育学校，则市级特殊教育学校必须100%能够满足该区残疾儿童少年入读需要，且随着人口变化，市级特殊教育学校不能全部满足该区入学需求时，必须按要求设置区标准化特殊教育学校，上报以下材料：市级特殊教育学校的基本情况、发展规划、招生的范围及对象、在校学生情况，该区适龄残疾儿童少年的名单及入学情况等，如材料不齐全不予评估］。30万人口以下的县（市、区）建立了随班就读指导中心的得2分。

1.5.6 本指标需通过查阅档案、现场检查进行评分。

佐证材料：本地区青少年校外活动场所布点情况、各青少年校外活动场所机构编制文件及现在编人数；本地区青少年校外活动场所运行情况、年财政拨款情况、年运行支出情况，有无挤占、挪用现象。检查当地青少年校外活动场所应提供：青少年校外活动场所机构编制文件、在编人员花名册；近2年财政拨款佐证材料；近2年青少年校外活动场所开展活动相关材料。

名词解释：1. 青少年校外活动场所，特指青少年宫、儿童活动中心、学生综合实践基地。2. 学生综合实践基地，是指教育部门主办或合办，以推进中小学生素质教育、提高实践能力为目的，具备室内综合实践区、室外劳动实践区、综合训练区、生活区等基本功能区，可容纳集中食宿，开展学工、学农、生命安全教育等综合实践教育活动的公益性场所。3. 挤占，是指政府部门或其他机构占用青少年校外活动场所用于办公、活动等。4. 挪用，是指除必要办公场地外，将青少年校外活动场所整体或部分场地用于非青少年校外活动用途。

青少年宫、儿童活动中心、学生综合实践基地等青少年校外活动场所运行正常，无被挤占、挪用等现象的得0.5分，否则0分。

其运转、维护和开展公益性活动经费的财政保障落实的得0.5分，否则0分。

无专门青少年校外活动场所（指青少年宫、儿童活动中心、学生综合实践基地）的本指标0分。

2.6.1 本指标需通过现场抽查和查阅信访投诉记录等进行评分。

佐证材料：中小学课程表、课程安排说明、科任老师教案、学生作业（部分）等相关材料（同时核查是否有不规范办学行为存在）。

经现场抽查，严格执行省定课程计划，开齐开足课程，实行等级加评语的评价方式，中小学生课业负担合理，无学校违规集体补课现象，义务教育阶段学校无重点校、重点班现象的，且无相关违规行为投诉的，得2分，否则0分。

2.6.2 本指标需通过查阅近2年义务教育学校的招生政策、招生方案进行评分。

佐证材料：提供县级教育部门关于义务教育招生入学、规范义务教育办学行为的文件，全面实施素质教育的文件（重点是免试就近入学、规范办学行为方面的文件）等相关材料。

制定了义务教育免试就近入学制度的，且无相关违规行为投诉的，得1分，否则0分。

义务教育学校实行免试就近入学，无任何形式的选拔性考试行为的得1分，检查发现存在通过选拔性考试入学行为的得0分。

2.6.3 本指标需通过查阅档案、现场抽查进行评分。

佐证材料：建立完善防止和纠正幼儿园小学化倾向的有关政策文件；提供学前教育保教质量的有关教研、培训、宣教活动资料。

建立防止和纠正幼儿园小学化倾向机制的得1分，未建立机制的扣0.5分，现场检查发现幼儿园小学化现象的扣0.5分。

2.6.4 本指标需根据各地公安系统、教育系统上报的校园安全责任事故统计情况进行评分。

重视校园安全防范工作，近2年全县（市、区）没有发生1次死亡3名学生的安全事故，校园内没有发生死亡1人以上学校主要责任事故的，得1分，否则0分。

2.6.5 本指标需通过现场抽查并根据各地自行上报数据进行评分。

佐证材料：经本地区所属县（市、区）教育局体卫艺、教育装备部门核实的每所学校体育卫生、艺术教育基本条件的有关情况、基本数据等。

督导组应重点检查内容：学校音乐专用课室（含准备室）、美术专用课室（含准备室）、舞蹈室等课室分布情况材料，以及教学用设施设备、器材器具配置情况材料；学校开展艺术教育实践活动的场、馆、室、厅（含展览厅）等建筑物分布情况材料，以及设施设备、器材器具配置情况材料等。

中小学校体育卫生基本条件和艺术教育基本条件达标率＝体育卫生和艺术教育基本条件都达标的学校数÷中小学校总数×100％。

当达到100％时，得1分。每降低2个百分点扣0.1分，扣完本指标分为止。

体育课没严格按规定开设或没严格做到学生每天1小时校园体育活动的扣1分。

需由县级教育行政部门依据《广东省学校体育卫生基本条件标准（试行）》和《广东省学校艺术教育基本条件标准（试行）》对中小学进行评估，并上报数据。

2.6.6 本指标要根据实地调查和有关部门的评估结果、通报等综合进行评分。

佐证材料：实施素质教育的相关文件；校园文化建设、教学改革研究等相关材料；本地区学校德育工作基本情况；本地区德育工作队伍（德育校长、德育主任、班主任、团委书记、少先队辅导员等）培养培训及相关待遇落实情况；本地区学校培育和践行社会主义核心价值观工作情况；本地区心理健康教育工作基本情况，学生规模1 000人以上的中学、1 200人以上的小学配备专职心理教师情况，学校设立心理辅导室情况，教师参加ABC证培训情况。检查当地学校应提供：学校德育工作基本情况；学校德育工作队伍（德育校长、德育主任、班主任、团委书记、少先队辅导员等）培养培训及相关待遇落实情况；体现培育和践行社会主义核心价值观要求的各学科教案（部分），体现培育和践行社会主义核心价值观要求的社会实践方案、总结和照片，体现培育和践行社会主义核心价值观要求的校园文化建设方案、照片，体现培育和践行社会主义核心价值观要求的学校制度（部分）、师德建设材料；学校专职心理教师姓名、毕业学校及专业、周心理健康教育课时数、开展心理咨询时间，兼职心理教师接受相关培训证书，心理辅导室管理制度，近2个月接受学生咨询记录本复印件（由负责接待学生咨询的心理教师复印，须作技术处理，不得泄露学生姓名等个人隐私）。

名词解释：专职心理教师，指的是不负责学校其他教学任务，专门承担心理健康教育课教学和对学生开展心理咨询的心理教师。

实施素质教育，不断深化教学改革，科学评价学生德智体美等全面发展状况的得0.5分，否则0分。

加强德育工作，德育工作队伍健全的得0.5分，否则0分。

把培育和践行社会主义核心价值观融入课堂教学、社会实践、校园文化、学校管理全过程的得0.5分，否则0分。

重视中小学生安全教育和心理健康教育，开展学期初与学期末的安全教育周活动，采取积极措施排除学生心理障碍，无发生校方责任学生伤害事故的得0.5分，完小以上学校未按照规定设心理咨询室的扣0.3分，未按照规定开展安全教育周活动的扣0.2分。

2.6.7 本指标需要查阅档案资料并根据实地调查进行评分。

佐证材料：学校开展阳光活动的计划、方案、总结及活动图文资料（图片或影音资料）；保障学生每天1小时校园体育锻炼的相关学校文件规定，相关工作总结；学校教学用课室中，音乐专用课室（含准备室）、美术专用课室（含准备室）、舞蹈室等课室分布情况材料，以及教学用设施设备、器材器具配置情况材料；学校开展艺术教育实践活动的场、馆、室、厅（含展览厅）等建筑物分布情况材料，以及设施设备、器材器具配置情况材料；学校艺术教师配备情况，含学科分布、具体人数、学历层次、年龄结构、培训进修等情况材料；学校各年（班）级音乐、美术等艺术类学科开课情况、学时分配情况等材料；学校实施"体育艺术2+1"工程情况，学生艺术社团或课外艺术实践团队（小组）建设情况、组织社团参加课外（校外）艺术实践活动情况材料；学校举办艺术节、开展各项艺术实践活动的工作计划（含经费投入等）、宣传资料、情况总结等材料。

重视阳光体育运动和校园足球工作，严格按规定开设体育课、学生每天1小时校园体育活动落实，形成"校校有特色，人人有项目、班班有队伍、月月有比赛"的学校体育格局的得1分，否则0分。

重视美育，建立课堂教学、课外活动和校园文化三位一体的艺术教育发展推进机制，培养学生良好审美情趣和人文素养的得1分，否则0分。

2.6.8 本指标需要查阅档案资料并根据实地调查进行评分。

佐证材料：关于教育科研机构设置的相关佐证材料，包括（但不仅限于）设置机构的文件、人员名册和分工职责等；关于教育科研管理制度的相关佐证材料，包括（但不仅限于）正式出台的教育科研管理文件、规章制度和管理办法等；关于教育科研规划及执行情况的相关佐证材料，包括（但不仅限于）教育科研中长期发展规划、近3年年度工作计划、近3年年度工作总结等；关于教育科研经费投入的相关佐证材料，包括（但不仅限于）被督导地区近3年用于教育科研工作的年度经费安排文件，以及用于教育科研日常管理、课题资助、成果奖励、交流活动、科研培训等相关工作的年度经费开支一览表等。

科研工作管理制度健全的得0.4分，制度不健全的扣0.4分，制度健全但执行效果不好的扣0.2分。

科研年度工作按计划推进的得0.3分，否则0分。

县（市、区）教育科研工作经费投入逐年增加的得0.3分，否则0分。

2.6.9 本指标需要查阅档案资料并根据实地调查进行评分。

佐证材料：关于教育科研课题的相关佐证材料，包括（但不仅限于）近3年获国家、省、市等上级部门立项的课题一览表（含年度、主持人、发文单位、课题名称和编号、课题类别、资助经费）等；关于教育科研成果的相关佐证材料，包括（但不仅限于）教育科研成果近5年获奖名册（含获奖者姓名、等级、发文单位、奖项类别、获奖证书复印件）；科研成果在相应区域交流和推广的文件资料、现场图片等相关材料等。

教育科研工作举措实、成效好，能有效促进教师发展、提高教育质量的得0.3分，否则0分。

课题研究具有一定学术水平，近3年获市级以上教育科研课题的年度立项数逐年增加的得0.4分，否则0分。

产出一批教育科研优秀成果，且不少于3项在地级市或1项在省级进行交流或推广的得0.3分，否则0分。

3.7.1 本指标需根据教育强镇督导验收情况进行评分，数据统计至申报前一个月。

教育强镇覆盖率=已通过教育强镇数÷应单独验收的镇数×100%。教育强镇覆盖率达到100%，或教育强镇覆盖率达到80%以上并提交县（市、区）政府承诺2年内教育强镇覆盖率达到100%的书面材料的，得4分，否则0分。

应单独验收的镇数=镇（乡、街）总数−经同意可以不单独进行教育强镇（乡）数−不具有教育管理职能的街道数。

3.7.2 本指标需通过查阅档案并根据学年教育事业统计数据、教育技术装备综合统计数据进行评分。

佐证材料：经本地区教育装备部门核实的每所学校教育装备的基本情况、基本数据等，包括中小学常规教学仪器设备达标率、实验开出率、生均图书册数（小学、初中、高中）等。检查当地学校应提供：经本地区教育装备部门核实的每所学校教育装备的基本情况、基本数据等；学校的常规教学仪器台账〔根据《初中理科教学仪器配备标准》（JY/T 0386—2006）、《初中科学教学仪器配备标准》（JY/T 0387—2006）、《小学数学科学教学仪器配备标准》（JY/T 0388—2006）和《高中理科教学仪器配备标准》（JY/T 0406—2010）填写〕、固定资产明细账、购置票据等；学校实验室使用记录、学生实验课程安排等；学校图书台账、明细表、购置票据、借阅记录以及图书信息化管理系统等。

常规仪器设备达标是指达到《初中理科教学仪器配备标准》（JY/T 0386—2006）、《初中科学教学仪器配备标准》（JY/T 0387—2006）、《小学数学科学教学仪器配备标准》（JY/T 0388—2006）和《高中理科教学仪器配备标准》（JY/T 0406—2010）等标准。实验开出率是指每个学校实际开出实验总时数与计划开出实验总时数之比，计划开出实验总时数是指按照教学大纲或者所用教材规定的必做演示（分组）实验个数之和。

生均教学仪器设备值＝教学仪器设备总值÷学生数。

按照标准配齐配足教学仪器设备的得1分，检查时发现存在未按标准配齐配足教学仪器设备问题的得0分。

中小学校按照规定每年补充符合师生实际需要的图书，并提高师生阅读率，新增图书比例不少于藏书标准的1%的得1分，图书不符合师生实际需要的扣0.5分，新增图书比例少于藏书标准的1%的扣0.5分。

当小学、初中、普通高中生均图书册数分别不低于20册、25册、40册，得1分；低于规定值的，每1阶段扣0.5分，扣完1分为止。

中小学生均图书册数＝图书册数÷学生数。

3.7.3 本指标需根据学年教育事业统计数据、各地自行上报数据和登录广东省教育信息平台进行评分。

佐证材料：本地区学校接入互联网的情况，包括与网络营运商签订的接入合同（协议）、接入学校数量及所占全部学校比例、方式、带宽等；本地区学校网络多媒体教室数量及所占全部教室比例、教学用终端和学习终端配备数量等；本地区数字教育资源共享情况，包括数字教育资源来源、数量、共享方式和学校等；本地区教师、学生、办学条件等信息化管理系统。检查当地学校应提供：教学终端数和学习终端数、终端类型等；学校获取数字教育资源来源、科目等情况；本校教师、学生、办学条件等信息化管理系统。

接通互联网是指通过宽带营运商或教育科研网等形式，将学校内部局域网连接到外部网络。

网络多媒体教室是指配备计算机、数字显示设备，且具备宽带互联网接入能力和无线网络的教室。

教学用终端是指某一级教育计入学校固定资产且使用年限未满5年的专门用于教学的终端，主要包括为服务学生学习活动而配备的个人计算机、平板电脑、掌上电脑等数字化学习终端设备。

学习终端是指用于教学的学生用终端。

数据系统是指包含教师、学生、办学条件等的信息化管理系统。

资源全覆盖是指所有学校都能通过网络或者其他方式获取数字教育资源。

本指标有5个要素：100%教师配备专用教学用终端；100名学生拥有学习终端不少于20台、100名学生以下的非完全小学、教学点按最大班额配备学习终端；推进数字化校园建设，全部学校接通互联网，所有中小学及教学点实现数字教育资源全覆盖；普通中小学校网络多媒体教室占总课室数不低于60%；自建或者利用上级的教育管理和公共服务平台，促进优质教育资源及教育信息公开。5个要素全部达标为3分，否则0分。

鉴于我省教育信息化建设发展的现状，上述部分指标可作以下年度目标分步达到：

1. "全部学校接通互联网"。2015年要求学校宽带接入比例达到90%以上，2017年100%以上。

2. "普通中小学校网络多媒体教室占总课室数不低于60%"。2015年要求多媒体教室比例不低于60%；2017年不低于80%；2020年不低于90%。

3. "100%教师配备专用教学用终端，100名学生拥有学习终端不少于20台，100名学生以下的非完全小学、教学点按最大班额配备学习终端"。2015年100名学生拥有学习终端数不少于10台；2017年不少于15台；2020年不少于20台。

3.7.4 本指标需通过现场抽查并根据学年教育事业统计数据进行评分。

佐证材料：中职学校名单、实训中心名单及有关资料、校外实训基地名单及有关资料、学校教学仪器设备统计表及汇总表、学年教育事业统计数据，其他有关证明材料。

督导组应核查有关材料，实地抽查1所学校的实训设备情况和1～2个实训基地，访谈学校师生，接受举报和电话投诉等。重视职业教育实训中心建设，独立设置的中等职业学校均建有实训中心和2个以上的校外实训基地的得0.5分，无实训中心扣0.3分，少1个校外实训基地扣0.1分。

中等职业学校（不含技工学校）生均教学仪器设备值＝中等职业学校实习实训设备值总值÷中等职业学校学生数。中等职业学校生均实习实训设备值高于3 000元的得0.5分；低于3 000元，每低100元扣0.1分，扣完1分为止。

3.8.1 本指标根据学年教育事业统计数据进行评分。

佐证材料：提供幼儿园在园人数、3周岁以上6周岁以下幼儿人数数据资料。

学前教育毛入园率＝学年初幼儿园在园人数÷3周岁以上6周岁以下幼儿人数×100%。

当学前教育毛入园率达到或超过90%时，得1分，否则0分。

3.8.2 本指标根据学年教育事业统计数据进行评分。

佐证材料：提供适龄儿童少年统计名册、义务教育在校生名册（含新生名册）、学生学籍卡、在校生变动名册、镇党委政府研究防流控辍问题的会议记录、出台防流控辍文件及配套措施等相关材料。

初中生年辍学率＝上学年初中生年辍学人数÷上学年初初中在校生人数×100%。当初中生年辍学率低于1.5%时，得2分；超过1.5%时，为0分。

3.8.3 本指标根据《国家学生体质健康标准》测试结果进行评分。

佐证材料：《国家学生体质健康标准》测试原始数据记录材料；成功上报国家数据库系统网页界面截图。数据以教育部数据为依据，被省抽查的县（市、区），以省抽查的数据为准。

全面实施《国家学生体质健康标准》，学校数据上报率达100%，否则0分；近3年每年优良率达25%、且合格率达93%的，得1分，否则0分；近3年优良率或合格率达标但如果出现1年或2年下降的，扣0.5分。对连续3年优良率或合格率出现下降的，实行"一票否决"，不能被评为教育强县（市、区）。

3.8.4 本指标根据学年教育事业统计数据进行评分。

佐证材料：高中阶段学校毛入学率统计表、高中阶段在校生情况表、高中阶段教育适龄人口统计数据、高中阶段在校生巩固率情况表、高中阶段学校招生及完成情况统计等有关文件资料，推进高中阶段教育普及水平及发展规划的有关文件资料。

督导组应核查有关材料；根据需要访谈政府有关人员，了解毛入学率统计过程情况；接受举报和电话投诉等。全日制高中阶段教育毛入学率＝本地区全日制高中阶段教育在校生人数÷本地区适龄（15～18岁）人口数×100%。当达到或超过85%时，得2分，否则0分。

3.8.5 本指标根据普通高中学生学业水平考试数据和中等职业学校就业率统计数据进行评分。

佐证材料：近3年高中学业水平考试学生成绩情况汇总表；本地区所有中职学校的基本情况、毕业生人数和就业、创业、升学、出国人数等数据。检查当地中职学校应提供：学校的毕业生名册和就业、创业、升学、出国情况等；学校的毕业生与用人单位签订的劳动合同、就业协议等证明材料；学校的毕业生成功创业的证明材料、工商注册的材料等；学校的毕业生升学、出国的录取通知书等。

督导组应核查有关材料，抽查1～2所普通高中，详细查看高二学业水平考试成绩表，了解学业水平考试学生情况；抽查不低于50%的中等职业学校，现场查验学校毕业生名册及就业佐证材料。一是对照上述文件依据标准对毕业生签订劳动合同、就业协议等情况进行现场核查。二是现场检查学校的毕业生成功创业的证明材料。三是查看学校的毕业生升学、出国的录取通知书。四是根据就业、创业、升学、出国等人数计算学校的就业率是否达到95%。

高中阶段教育质量水平不断提高，珠三角地区高中学生学业水平考试成绩C级以上比例达到或超过85%时，非珠三角地区高中学业水平考试成绩C级以上比例达到或超过75%时，得0.5分；低于85%或75%时，每降低1个百分点扣0.1分，扣完0.5分为止。

中等职业学校初次就业率＝（中等职业学校应届毕业生已就业人数＋已升学人数）÷中等职业学校应届毕业生人数×100%。中等职业学校初次就业率达到95%以上的得0.5分；初次就业率低于95%时，每降低1个百分点扣0.1分，扣完0.5分为止。

已就业（含成功创业）、升学和出国的人数都计为就业。

3.8.6 本指标需根据学年教育事业统计数据进行评分。

佐证材料：提供适龄视力、听力、轻中度智力残疾儿童少年人数数据资料；在学适龄视力、听力、轻中度智力残疾儿童少年名册和统计报表。

适龄视力、听力、轻中度智力残疾儿童少年义务教育入学率＝在学三残义务教育学生人数÷适龄视力、听力、智力残疾儿童少年人数×100%。

当上述比例达到97%以上时，得1分；低于97%时，每降低1个百分点扣0.1分，扣完为止。

附件3

广东省教育强市督导验收方案（修订）

申报单位：_____

申报时间：_____年_____月_____日

申　　报：初评（　）复评（　）

广东省人民政府教育督导室制

2017年9月修订

说　明

一、《广东省教育强市督导验收方案（修订）》（以下简称《验收方案》），是根据国家和省有关教育政策、法规以及《广东省教育创强督导验收办法（修订）》制定的。

二、本《验收方案》既是申报教育强市验收、复评的申报书，也可以作为年终工作自评报告书。

三、本《验收方案》包括五部分：（一）督导验收指标体系；（二）评分统计表；（三）自评报告；（四）督导验收情况记录；（五）省人民政府教育督导室和省教育厅意见。其中自评报告独立成篇。

四、教育强市督导验收满分为100分。

省教育强市必须达到85分以上，且达到必达标准（用黑体字标示）要求。

五、督导验收指标体系评分具体操作请看《教育强市督导验收指标评分操作说明》。

六、本《验收方案》和《教育强市督导验收指标评分操作说明》中的"高于""大于""以上"均含本数。"逐年提高"是指近3年连续每年比上年有所提高。"督导验收指标体系"中的三级指标由若干个要素构成，两个要素以上的，一般用"；"隔开。

（一）督导验收指标体系

一级指标	二级指标	三级指标	分值	得分 自评	得分 他评
一、政府责任	（一）规划与体制机制（9分）	1.1.1　实施科教兴市战略，制定切实可行的教育"创强"实施方案；建立完善与教育优先发展战略地位相适应的教育工作领导体制，配强教育分管领导，增强市党委政府对教育改革和发展的领导、统筹、协调能力，及时研究解决教育改革与发展中的困难和问题；完善教育考核机制和问责制度，把教育事业发展和教育创强实绩作为党委、政府政绩考核的重要内容。	2		
		1.1.2　建立完善教育优先发展规划、决策机制，城乡规划委员会将教育部门列为成员单位，完善学校建设规划、实施机制；**制定市、区基础教育学校基本建设专项规划并纳入控制性详细规划且按计划如期推进；城镇新建住宅区配套学校、幼儿园按规定与住宅区建设同步设计、同步建设、同步竣工验收并无偿移交政府使用。**	3		
		1.1.3　实行中等职业技术教育以地级市为主的统筹管理体制；协调解决好当地高校发展遇到的重大问题；市人民政府建立健全中等职业技术教育和高等教育领导和组织协调机制。	2		
		1.1.4　建立完善决策、执行、监督相结合的教育行政运行机制，扎实推进依法治校工作，全市80%以上的中小学校实现"一校一章程"；市人民政府教育督导机构健全，配足配强专职督导人员，落实教育督导专项经费，全面实施督学责任区和中小学挂牌督导制度。	2		

续上表

一级指标	二级指标	三级指标	分值	得分	
				自评	他评
一、政府责任	（二）经费投入与管理（11分）	1.2.1 确保一般公共预算教育支出逐年只增不减。	4.5		
		1.2.2 确保按在校学生人数平均的一般公共预算教育支出逐年只增不减。	4.5		
		1.2.3 没有贪污、截留、克扣、挪用、挤占、抵顶各种教育资金，近1年无发生教育乱收费问题。	2		
	（三）队伍建设（12分）	1.3.1 制定科学合理的教师队伍建设整体规划；教师队伍管理制度健全；建立全市范围教职员编制动态管理机制。	2		
		1.3.2 按省标准配齐配足幼儿园、中小学、中等职业技术学校和特殊教育学校教师；有效补充农村学校教师和紧缺学科教师；建立鼓励优秀教师留在本地任教的政策措施。	2		
		1.3.3 中等职业学校"双师型"教师占专任专业课教师的比例达到60%以上。	2		
		1.3.4 中小学教师学历达标率达到99.9%。	2		
		1.3.5 建立完善的教师、校长培养培训体系；按不低于教师工资总额1.5%的比例安排教师培训专项经费，并足额落实；完成中小学年继续教育72学时以上教师人数占专任教师比例达90%以上；市级骨干教师培训面达10%以上。	2		
		1.3.6 依法依规落实中小学教师工资福利待遇，教师平均工资水平不低于当地公务员平均工资水平；落实山区和农村边远地区学校教师生活补助；落实特殊教育教师特殊岗位补助津贴。	2		
	（四）均衡协调发展（33分）	1.4.1 所辖县（市、区）均通过县域义务教育发展基本均衡县省级督导评估或达到省级督导评估标准。	7		
		1.4.2 中小学布局规划科学合理，布局调整按时完成；义务教育阶段普通中小学校中公办标准化学校覆盖率达100%，民办标准化学校覆盖率达70%以上；平均班额小学不超过45人、初中不超过50人，且起始年级小学无45人以上、初中无50人以上大班额现象。	8		
		1.4.3 按国务院"两个为主"的要求，保障随迁子女平等接受义务教育的权利，随迁子女入读公办学校比例逐年提高。	2		
		1.4.4 实行省级优质普通高中部分招生指标直接分配到辖区内初中学校的制度，公办学校招生指标直接分配比例符合省要求。	2		
		1.4.5 重视发展学前教育，将学前教育纳入地方教育发展规划，公办幼儿园比例达到30%以上；采取措施大力发展公办幼儿园、扶持普惠性民办幼儿园，公办幼儿园和普惠性民办幼儿园比例逐步提高。	3		
		1.4.6 积极推动普通高中优质多样特色发展，完成省下达的改造提升薄弱高中任务，办学水平逐步提高，优质普通高中学校占比达70%以上。	2		
		1.4.7 积极壮大中等职业教育，高中阶段教育普职比大体相当；建好1所以上所起骨干示范作用的市属中等职业学校。	2		

续上表

一级指标	二级指标	三级指标	分值	得分 自评	得分 他评
一、政府责任	（四）均衡协调发展（33分）	1.4.8 积极鼓励大力促进民办教育发展，设立市级民办教育专项资金，促进民办学校规范特色发展措施有力。	2		
		1.4.9 **重视特殊教育，按照规定设立市属标准化特殊教育学校。**	2		
		1.4.10 青少年宫、学生综合实践基地等青少年校外活动场所运行正常，无被挤占、挪用、租借等现象；其运转、维护和开展公益性活动经费的财政保障落实。	2		
		1.4.11 重视助学工作，全面落实学前教育、义务教育、高中阶段教育家庭经济困难学生资助政策。	1		
二、教育管理与素质教育	（五）规范办学行为与素质教育（15分）	2.5.1 **严格执行省定课程计划，开齐开足课程**；中小学生课业负担合理，无违规集体补课现象；义务教育阶段不设重点学校和重点班。	3		
		2.5.2 完善义务教育免试就近入学制度，义务教育学校实行免试就近入学，无任何形式的选拔性考试行为。	2		
		2.5.3 遵循幼儿身心发展规律，建立完善防止和纠正幼儿园小学化倾向的机制，全面提高保教质量。	1		
		2.5.4 **重视做好校园安全防范工作，近2年全市发生1次死亡3名学生的安全事故在3起以下。**	2		
		2.5.5 实施素质教育，不断深化教学改革，科学评价学生德智体美等全面发展状况；加强德育工作，德育工作队伍健全；把培育和践行社会主义核心价值观融入课堂教学、社会实践、校园文化、学校管理全过程；重视中小学生安全教育和心理健康教育，开展学期初与学期末的安全教育周活动，采取积极措施排除学生心理障碍。	3		
		2.5.6 重视阳光体育运动，重视美育，培养学生良好的审美情趣和人文素养。	2		
		2.5.7 科研管理机构、管理制度完善，科学制定教育科研中长期发展规划，年度工作计划执行良好；教育科研经费投入逐年增加。	2		
三、办学水平	（六）综合实力与教育装备和信息化（10分）	3.6.1 **教育强县（市、区）覆盖率达到100%或教育强县（市、区）覆盖率达到80%以上并承诺2年内达到100%。**	4		
		3.6.2 按照标准配齐配足常规教学仪器设备；中小学校按照规定每年补充符合师生实际需要的图书，并提高师生阅读率，新增图书比例不少于藏书标准的1%；生均图书册数小学达到20册以上，初中25册以上，高中40册以上。	3		
		3.6.3 依托上级平台或自建市级教育资源公共服务平台和教育管理公共服务平台，促进优质教育资源普及共享，所有中小学及教学点实现数字教育资源全覆盖；**普通中小学校网络多媒体教室占总课室数不低于60%；100%教师配备专用的教学用终端，100名学生拥有学习终端不少于20台，100名学生以下的非完全小学、教学点按最大班额配备学习终端；全部学校均将教师、学生、办学条件等数据及时录入系统，并同时更新到省市各级教育信息管理平台。**	2		
		3.6.4 重视职业教育实训中心建设，中等职业学校生均教学仪器设备值达到3 000元以上。	1		

续上表

一级指标	二级指标	三级指标	分值	得分 自评	得分 他评
三、办学水平	（七）办学成效（10分）	3.7.1 学前教育普及水平不断提高，毛入园率达到90%以上。	1		
		3.7.2 初中学生巩固率不断提高，初中生年辍学率在1.5%以下。	1		
		3.7.3 全面实施《国家学生体质健康标准》，学生体质健康水平逐年提高，学生体质健康每年优良率达到25%，且合格率达到93%。全面实施初中毕业生升学体育考试制度，体育考试成绩占中考总分的8%。	2		
		3.7.4 高中阶段教育普及水平进一步提高，全日制高中阶段教育毛入学率达到85%以上。	2		
		3.7.5 高中阶段教育质量水平不断提高，高中学业水平考试成绩C级以上比例珠三角地区复评达85%以上，非珠三角地区初评75%以上；对于非珠三角地区高中学业水平当年不达标（但不低于65%）的情况，要求采取措施进行整改并由政府作出下一年完成整改的承诺；中等职业学校应届毕业生初次就业率达95%以上。	2		
		3.7.6 加快高等教育发展，每万人口市属高校全日制在校生人数逐步提高；高校应届毕业生初次就业率达85%以上。	1		
		3.7.7 适龄视力、听力、轻中度智力残疾儿童少年义务教育入学率达到97%以上。	1		

（二）评分统计表

一级指标	二级指标	分值	得分 自评	得分 他评
一、政府责任	（一）规划与体制机制	9		
	（二）经费投入与管理	11		
	（三）队伍建设	12		
	（四）均衡协调发展	33		
二、教育管理与素质教育	（五）规范办学行为与素质教育	15		
三、办学水平	（六）综合实力与教育装备和信息化	10		
	（七）办学成效	10		
督导验收指标得分合计		100		

（三）自评报告

自评报告（可另页）

（四）督导验收情况记录

督导验收意见（可另页）：

正式验收人员（签名）组　长：
　　　　　　　　　　副组长：
　　　　　　　　　　组　员：
　　　　　　　　　　年　月　日

（五）省人民政府教育督导室和省教育厅意见

省人民政府教育督导室意见：

单位（章）
年　月　日

省教育厅意见：

单位（章）
年　月　日

教育强市督导验收指标评分操作说明

教育强市督导验收指标共有 3 个一级指标，7 个二级指标，43 个三级指标。指标具体评分操作说明如下：

1.1.1　本指标需通过查阅档案和听取汇报进行评分。

佐证材料：地方党委、政府印发的文件、领导讲话稿、政府工作报告、经验材料、会议记录、纪要及档案材料包括教育发展规划及实施纲要，主要领导及分管教育领导教育绩效考核材料，人事、经费决策及落实材料，政府举行不同阶层代表参加的有关教育工作的座谈会记录等。

实施科教兴市战略，制定切实可行的教育"创强"实施方案的得 1 分，未制定方案的扣 1 分。

建立完善与教育优先发展战略地位相适应的教育工作领导体制、能及时研究解决教育改革与发展中的困难和问题的得 0.5 分，未建立完善相应教育工作领导体制的扣 0.2 分（扣分是在本要素满分 0.5 分里扣除，下同），未能及时研究解决困难和问题的扣 0.3 分。

完善教育考核机制和问责制度，把教育事业发展和教育创强实绩作为党委、政府政绩考核的重要内容的得 0.5 分，否则 0 分。

1.1.2　本指标需通过查阅会议决议、会议纪要、文件和听取汇报等进行评分。

佐证材料：提供当地新建住宅区配套建设学校有关政策文件；辖区住宅小区名册及配套建设学校名册、在校生名册（含新生名册）；规划建设部门证明材料；在建小区配套学校规划建设材料等有关材料。

决策机制完善，教育部门进入城乡规划委员会，完善学校建设规划、实施机制的得 1 分，完善学校建设规划、实施机制不完善的扣 0.5 分，教育部门未进入城乡规划委员会的扣 0.5 分。

制定了市、区基础教育学校基本建设专项规划并纳入控制性详细规划的，且按计划如期推进的得 1 分，否则 0 分。

城镇新建住宅区配套学校、幼儿园按规定与住宅区建设同步设计、同步建设、同步竣工验收并无偿移交政府使用的得 1 分，否则 0 分。

控制性详细规划是城市、镇人民政府城乡规划主管部门根据城市、镇总体规划的要求，用以控制建设用地性质、使用强度和空间环境的规划。

1.1.3　本指标需通过查阅档案进行评分。

按照《中共广东省委 广东省人民政府关于统筹推进职业技术教育改革发展的决定》（粤发〔2011〕14号）执行，建立并实行中等职业技术教育以地级市为主的统筹管理体制的得 0.5 分，否则 0 分。

制定符合当地实际的高等教育发展规划，协调解决好当地高校发展所遇到的重大问题的得 0.5 分，否则 0 分。

市人民政府成立中等职业技术教育领导小组、建立健全领导及组织协调机制的得 0.5 分，否则 0 分。佐证材料：中等职业教育统筹管理体制文件及实施情况资料，当地高校发展重大问题有关文件和措施资料，中等职业技术教育、高等教育领导和组织协调机制有关文件资料，其他有关证明材料。

市人民政府成立高等教育领导小组、建立健全领导及组织协调机制的得 0.5 分，否则 0 分。

1.1.4　本指标需通过查阅档案和听取汇报进行评分。

佐证材料：有关加强学校法治建设的文件，包括推进依法治校的工作计划、工作总结及有关工作材料；关于重大教育行政决策的工作制度及实施情况，包括重大决策合法性审查制度等；关于学校章程建设的文件（包括章程制定和核准工作细则等），章程推进措施及核准工作佐证材料及完成章程核准的学校名单；基建、人事、财务、教师考核与奖惩、教师招聘及录用等重要事项、重大决策记录和公示情况等材料；学生及教师申诉、行政复议等依法维权处理情况记录材料；学校法律顾问制度建设的有关文件，已建立学校顾问制度的学校名单。检查当地学校应提供：教育行政部门颁发的章程核准书；学校章程实施情况；学校教代会、工会工作情况；学校规划建设、人事、财务、教师考核与奖惩、教师聘用等重要事项、重大决策记录和公示情况等；学校依法维权、处理投诉情况记录；建立学校法律顾问制度的文件，聘请学校法律顾问的合同、工作记录及法律顾问简历证明。

全市 80% 以上的中小学校实现"一校一章程"，以达到以下几点为完成标准：1. 学校按规定程序制定章程；2. 市教育局依法依规按程序核准章程并出具核准书；3. 学校严格依照本校章程实施管理；4. 按照以上3点完成章程制定、核准和实施的中小学校达到当地学校数量的80%（乡镇以下小学原则上以乡镇中心校为单位共同制定学校章程）。

在章程建设方面达到以上4点标准，且完成其他依法治校相关工作的；成立了市人民政府教育督导委员会和市人民政府教育督导室并配有3名以上专职督导人员、落实教育督导专项经费、全面实施督学责任区和中小学挂牌督导制度的。达到以上两个要素的得2分，否则0分。

1.2.3 本指标根据纪检、监察、审计部门的通报、审计报告等综合进行评分。

佐证材料：县（市、区）建立的教育经费监督管理制度文件。近两年接受各级审计部门对教育经费进行审计的审计结果或报告，审计整改报告等。

近1年内全市范围内没有发生贪污、截留、克扣、挪用、挤占、抵顶各种教育资金情况，无发生教育乱收费问题，得2分，否则0分。

1.3.1 本指标需通过查阅档案、访谈等进行评分。

佐证材料：有关教师队伍建设整体规划和教师管理制度的文件；本市各县（区）在推进义务教育学校校长教师交流轮岗方面出台的政策、印发的文件，以及具体交流轮岗人数和比例；有关区域内范围教职员编制动态管理机制的文件；能够说明教师队伍建设整体规划实施成效的数据或实例。

督导组应根据申报材料，核查教师队伍建设整体规划和教师队伍管理制度、校长教师交流轮岗等情况，并在现场抽查幼儿园、教学点、小学、初中、高中、中职、特殊教育学校各1所。

制定了教师队伍建设整体规划，实施成效明显的得1分，没有制定教师队伍建设整体规划的扣0.5分，制定了教师队伍建设整体规划但实施成效不明显的扣0.5分。

教师队伍管理制度健全的得0.5分，否则0分。

建立了全市范围教职员编制动态管理机制的得0.5分，否则0分。

1.3.2 本指标根据现场核查、访谈并根据学年初教育事业统计数据及省编制标准进行评分。主要看是否按省编制标准配足教职员数量，是否还有代课教师，以及是否制定临聘教师管理办法。

佐证材料：按城市、乡镇和农村分类统计的区域内中小学校在校生数、教职员数、教师数、员生比；6个班以下的非完全小学、教学点，需单独说明班均教师数；中等职业学校、特殊教育学校需按相应编制标准分类说明；农村各类学校在校学生和教师人数及师生比；义务教育阶段学校各年级的班级数，各类学校紧缺学科（体育、音乐、美术、信息技术，小学英语、科学）教师人数及缺额率；本区域出台的鼓励优秀教师留在本地任教的政策措施。

根据《广东省中小学教职员编制标准实施办法》（粤机编办〔2008〕73号）、《印发广东省幼儿园编制标准（试行）的通知》（粤机编办〔2012〕232号）以及《广东省特殊教育学校教职员编制标准暂行办法》（粤机编办〔2008〕109号）等文件所规定的员生比与专任教师占教职员编制的比例折算出各级各类学校师生比（专任教师与学生比）标准为：

（一）幼儿园：1∶12.5～1∶8.7。

（二）小学：城市达1∶20.6；县镇、农村达1∶23.3。

（三）初中：城市达1∶15.3；县镇、农村达1∶18.1。

（四）高中：城市达1∶14.7；县镇、农村达1∶15.2。

（五）特殊教育学校：招收盲生的学校达1∶3.5；招收聋生的学校达1∶4.1；招收智障学生的学校达1∶2.5；招收自闭症、脑瘫学生和多重残疾学生的学校达1∶2.9；招普通中小学附设的特教班达1∶4.1；开展残疾学生随班就读的普通中小学达1∶5.9；教育矫治具有严重不良行为学生的学校达1∶4.76。

中等职业技术学校按照《广东省中等职业技术学校机构编制标准》（粤机编办〔2011〕321号）配备教师。

幼儿园、中小学、中等职业技术学校和特殊教育学校教师的配置情况应分别核查，各级各类学校按照上述师生比及有关要求配齐配足的得1分，否则0分。

能有效补充农村学校教师和紧缺学科教师的得0.5分，否则0分。

建立了鼓励优秀教师留在本地任教的政策措施并且成效明显的得0.5分，未建立政策措施的扣0.5分，建立了政策措施但成效不明显的扣0.2分。

1.3.3 本指标根据学年初教育事业统计数据进行评分。

佐证材料：区域内中等职业学校专任专业课教师数、专任专业"双师型"教师数及专任专业"双师型"教师数占专任专业课教师数的比例数据。

"双师型"教师占比例＝中职学校"双师型"专任专业课教师数÷中职学校专任专业课教师数×100%。"双师型"专任专业课教师达到60%以上时，得2分，否则0分。

1.3.4 本指标根据学年初教育事业统计数据进行评分。

佐证材料：区域内幼儿园、小学、初中、高中、中职各学段教师总数和各学段不同学历教师人数及学历达标率。

达标要求是中小学教师学历达标率均达到99.9%。小学、初中、高中和学前教育专任教师均达标的得2分，检查发现各教育阶段存在学历达标率不达99.9%的情况时，每一个教育阶段扣0.5分。

1.3.5 本指标需通过查阅档案并根据市人大通过的财政预算执行情况报告和各地上报的上年教师培训数据进行评分。

佐证材料：本区域建立校长、教师培训体系的有关文件；有关教师年工资总额、年教师培训专项经费预算的财政报告或报表；本地区教师培训专项经费分年度拨付和使用情况；区域内中小学校专任教师人数、完成年继续教育72学时以上教师人数及其占专任教师人数的比例；说明全市教师人数、市级骨干教师培训人数及其占全市教师人数的比例。检查当地学校应提供：专任教师和市级骨干教师年度参训统计；教师培训经费下达、报账等开支情况。

督导组进行现场核查时。一是对照上述文件依据标准查阅当地财政部门提供的教师工资总额、教师培训经费拨付、下达等文件材料，核实培训经费是否达标。二是抽查教学点、小学、初中、高中、幼儿园各2～3所，核查学校教师培训开展情况和培训经费使用与管理情况。三是通过与教师现场座谈、交流，了解培训经费是否足额用于教师培训。

建立完善的教师、校长培养培训体系指有完善的教师、校长培训培养规划、领导机构、执行组织、培训场室和相应设施、设备等，能正常开展培训并取得良好效果。

建立了完善的教师、校长培养培训体系的得0.5分，否则0分。

按不低于教师工资总额1.5%的比例安排教师培训专项经费，并足额落实的得1分，否则0分；此处教师培训专项经费是专指列入市级财政预算并直接安排下达的培训经费，辖区内幼儿园、中小学和中等职业学校按照年度公用经费预算总额5%安排的教师培训经费不列入计算。

完成中小学年继续教育72学时以上教师人数占专任教师比例达90%以上的得0.3分，否则0分。

市级骨干教师培训面达10%以上的得0.2分，否则0分。

年继续教育72学时以上教师人数占专任教师比例＝全市年继续教育72学时以上专任教师人数÷全市中小学专任教师人数×100%。

1.3.6 本指标需所辖县（市、区）教育、财政、人力资源和社会保障部门上报数据，并通过查阅档案、访谈等进行评分。

佐证材料：区域内中小学校教师福利待遇年报表；农村边远地区义务教育学校教师生活补助落实情况一览表；特殊教育教师特殊岗位津贴落实情况一览表。

当中小学教师工资福利待遇平均水平等于或高于当地公务员平均水平时，得1分。当低于时，每低1个百分点扣0.1分，扣完为止。

落实山区、农村边远地区义务教育学校教师生活补助和落实特殊教育教师特殊岗位补助津贴的得1分，否则0分。

1.4.1 本指标需通过查阅档案进行评分。

所辖县（市、区）全部通过县域义务教育发展基本均衡县省级督导评估或达到省级督导评估标准的得7分，否则0分。

1.4.2 本指标需通过查阅档案并根据各地级以上市上报的标准化学校复查认定结果进行评分。

佐证材料：提供经市级以上教育部门验收的义务教育标准化学校验收文件、义务教育学校在校生名册（含新生名册）、班额统计表、县级教育部门中小学校布局调整的文件等相关材料；市政府关于民办标准化学校覆盖率在教育强市复评时达70%的承诺书。

义务教育标准化学校覆盖率（分公、民办）＝已通过的义务教育标准化学校数（分公、民办）÷义务教育学校总数（分公、民办）。

市级政府全市中小学布局调整和义务教育标准化学校建设规划按照国家、省的要求科学制定，布局调整按时完成；公办义务教育标准化学校覆盖率达到100%、民办标准化学校覆盖率达70%；平均班额小学不超过45人、初中不超过50人，且起始年级小学无45人以上、初中无50人以上大班额现象。上述3个要求均达到得8分，否则0分。

义务教育标准化学校需经地级以上市教育部门复查认定并报省人民政府教育督导室备案。

民办标准化学校覆盖率如果没有达到70%以上，政府必须书面承诺2018年达到70%，而且有分年度目标，有落实的具体方案、措施。

1.4.3 本指标需通过查阅档案、访谈并根据学年初教育事业统计数据等进行评分。

佐证材料：提供保障随迁子女接受义务教育的政策文件、教育发展规划文件、适龄儿童少年人口统计报表、随迁子女义务教育在校生名册、义务教育在校生名册（含新生名册）等相关材料。

按国务院"两个为主"的要求，保障随迁子女平等接受义务教育的权利，随迁子女入读公办学校比例不低于50%且近3年内逐年提高的，得2分，比例未达50%的扣1分；有1年未提高的扣1分，扣完本指标分为止。

随迁子女在公办学校就读比例＝随迁子女在公办学校就读人数（包括政府购买民办学校学位入学的随迁子女就读人数）÷义务教育公办学校在校就读人数（包括政府购买民办学校学位入学的随迁子女就读人数）×100%。

1.4.4 本指标需通过查阅档案并根据市上年自报数据进行评分。

省级优质普通高中招生指标直接分配初中比例＝直接分配初中的省级优质普通高中招生指标数÷省级优质普通高中招生总数×100%。

省级优质普通高中指省一级以上公办普通高中。

佐证材料：省级优质普通高中"指标到校"的政策文件、通知、招生实施情况相关材料。

督导组应核查省级优质普通高中"指标到校"的政策文件、分配办法、招生实施情况等有关材料；访谈学校师生及社区居民核查指标到校情况；接受举报和电话投诉。实行省级优质普通高中部分招生指标直接分配到辖区内初中学校的制度，公办学校招生指标直接分配比例符合省要求的，得2分，每降低1.5个百分点扣0.5分，扣完本指标分为止。

1.4.5 本指标需通过查阅档案、访谈等进行评分。

佐证材料：地方教育发展规划；各类幼儿园名册和统计报表（分年度统计公办幼儿园、民办幼儿园、普惠性民办幼儿园、规范化幼儿园）；经县级以上教育部门验收的规范化幼儿园验收文件；发展公办幼儿园、扶持普惠性民办幼儿园的扶持政策和经费投入报表。

政府将学前教育纳入地方教育发展规划，制定并颁布实施学前教育三年行动计划等文件，大力发展公办幼儿园、扶持普惠性民办幼儿园，公办幼儿园比例已达到30%以上且近3年逐步提高、普惠性幼儿园比例近3年逐步提高的，得3分，否则0分。

公办幼儿园比例＝公办幼儿园数÷全市公办、民办幼儿园数×100%。普惠性幼儿园比例＝（公办幼儿园数＋普惠性民办幼儿园数）÷幼儿园总数×100%。

1.4.6 本指标根据优质普通高中学校名单和学年初教育事业统计数据进行评分。

佐证材料：近3年高中阶段学校招生工作计划、近3年教育事业发展规划、普通高中教育水平提升工程、改造提升薄弱高中任务有关资料、普及高中教育巩固提升的有关资料、普通高中等级学校一览表、近3年优质普通高中占比统计表，其他有关证明材料。

督导室应核查有关材料，根据需要随机抽查走访普通高中改薄情况，访谈改薄项目负责人，访谈学校师生、社区居民，接受举报和电话投诉等。

完成省下达的薄弱普通高中改造提升任务的得1分，否则0分。

优质普通高中学校占比＝优质普通高中学校数÷普通高中学校总数×100%。当占比高于70%时，得1分。低于时，每降低1个百分点扣0.1分，扣完本指标分为止。

薄弱普通高中是指县一级及以下（含未评级）的普通高中，包括独立高中和完全中学高中部。

优质普通高中是指地市一级以上公办普通高中。

1.4.7 本指标根据省重点以上中等职业学校名单和学年初教育事业统计数据进行评分。

佐证材料：近3年普通高中和中职学校在校生分年统计表，提供在校生数据（可在相关数据库系统中提供），中等职业学校名单、资质认定批文及佐证材料，政府重视职业教育、增加投入、改善办学条件的有关文件和实施情况资料，其他有关证明材料。

督导组应核查有关材料，比对年初教育事业统计数据；根据需要走访主要中等职业学校，了解近年招生情况；访谈政府有关工作负责人员、学校师生及社区居民；接受举报和电话投诉等。积极壮大中等职业教育，高中阶段教育普职比大体相当且建好1所以上起骨干示范作用的市属中等职业学校的得2分，否则0分。

高中阶段教育普职比大体相当是指区域内适龄受教育者就读普通高中、中职学校（含技工学校，下同）之间的比例大体相当，计算方式为全日制高中阶段教育中，当年普通高中（或中职）在校生在高中阶段在校生中占比在45%～55%（含）之间。统计时除统计当年本区域内的普通高中、中职学校在校生人数外，在本区域外普通高中、中职学校就读的本区域适龄受教育者也应统计在内。各地须建立学生台账，精确计算比例。起骨干示范作用的市属中等职业学校，是指国家级重点中等职业学校、省级重点中等职业学校，或者办学水平达到省级示范校以上的市属中等职业学校。

1.4.8 本指标需通过查阅档案、听取汇报等进行评分。

佐证材料：地方党委、政府印发的文件、领导讲话稿、政府工作报告、经验材料、会议记录、纪要及档案材料等，如教育统筹规划民办教育布局的论证、规划及相关咨询材料，政府及相关职能部门指导、协助并监督民办教育机构依法办学、依法维权的相关文件材料。

设立了市级民办教育发展专项资金并逐步加大的，得1分。未设立专项资金的，扣1分，已设立专项资金但未逐步加大扶持力度的扣0.5分。

促进民办学校特色办学措施有力的得1分，没有具体措施的扣1分，有措施但成效不明显的扣0.5。

1.4.9 本指标需通过查阅档案、现场检查并根据学年教育事业统计数据进行评分。

佐证材料：提供本市关于发展特殊教育的相关政策文件；建立市特殊教育学校的相关材料；义务教育阶段残疾儿童少年入学情况等。

建成了市属标准化特殊教育学校，得2分；在建设标准化特殊教育学校，以政府立项、同意批复、建设进展情况为督导验收的基本依据，上报以下材料：特殊教育机构批准设立的政府批文；编制部门核准的机构人员编制批文；财政部门拨予专项经费的文件；该机构属性的说明（单位所有制和公益性）。此外，还需报送特殊教育学校批准开工建设的政府批文和特殊教育学校建设进展情况，若主体项目已竣工，请提供验收批文。如材料不齐全不予评估。中心城区如果暂时不建区标准化特殊教育学校，则市级特殊教育学校必须100%能够满足该区残疾儿童少年入读需要，且随着人口变化，市级特殊教育学校不能全部满足该区入学需求时，必须按要求设置区标准化特殊教育学校，上报以下材料：市级特殊教育学校的基本情况、发展规划、招生的范围及对象、在校学生情况，该区适龄残疾儿童少年的名单及入学情况等。如材料不齐全不予评估。

1.4.10 本指标需通过查阅档案、现场检查进行评分。

佐证材料：本地区青少年校外活动场所布点情况、各青少年校外活动场所机构编制文件及现在编人数；本地区青少年校外活动场所运行情况、年财政拨款情况、年运行支出情况，有无挤占、挪用现象。检查当地青少年校外活动场所应提供：青少年校外活动场所机构编制文件、在编人员花名册；近两年财政拨款佐证材料；近两年青少年校外活动场所开展活动相关材料。

名词解释：1. 青少年校外活动场所，特指青少年宫、儿童活动中心、学生综合实践基地。2. 学生综合实践基地，是指教育部门主办或合办，以推进中小学生素质教育、提高实践能力为目的，具备室内综合实践区、室外劳动实践区、综合训练区、生活区等基本功能区，可容纳集中食宿，开展学工、学农、生命安全教育等综合实践教育活动的公益性场所。3. 挤占，是指政府部门或其他机构占用青少年校外活动场所用于办公、活动等。4. 挪用，是指除必要办公场地外，将青少年校外活动场所整体或部分场地用于非青少年校外活动用途。

本市所有青少年宫、学生综合实践基地等青少年校外活动场所运行正常，无被挤占、挪用、租借等现象的得1分，否则0分。

本市所有青少年宫、学生综合实践基地等青少年校外活动场所运转、维护和开展公益性活动经费的财政保障落实的得1分，否则0分。

有1个县（市、区）无专门青少年校外活动场所（指青少年宫、儿童活动中心、学生综合实践基地）扣0.5分，扣完为止。

1.4.11 本指标需通过查阅档案进行评分。

重视助学工作，全面落实学前教育、义务教育、高中阶段教育家庭经济困难学生资助政策的得1分，否则经核查发现有一个教育阶段未落实资助政策的扣0.4分，扣完为止。

2.5.1 本指标需通过现场抽查和查阅信访投诉记录等进行评分。

佐证材料：各中小学校课程表、课程安排说明、教师教案（抽样）、学生作业（抽样）等相关材料（同时核查是否有不规范办学行为存在）。

督导组应核查有关材料，抽查1～3所学校，访谈学校师生及社区居民，接受举报和电话投诉，查阅信访投诉记录等。

经现场抽查，严格执行省定课程计划，开齐开足课程，实行等级加评语的评价方式，中小学生课业负担合理，无学校违规集体补课现象的，义务教育阶段学校无重点校、重点班现象的，且无相关违规投诉的，得3分，否则0分。

2.5.2 本指标需通过查阅近2年义务教育学校的招生政策、招生方案进行评分。

佐证材料：提供县级教育部门关于义务教育招生入学、规范义务教育办学行为、全面实施素质教育的文件（重点是义务教育免试就近入学、学生考核评价方面的文件）等相关材料。

制订了义务教育免试就近入学制度的且无相关违规投诉的得1分，否则0分。

义务教育学校实行免试就近入学，无任何形式的选拔性考试行为的得1分，检查发现存在通过选拔性考试入学行为的得0分。

2.5.3 本指标需通过查阅档案、现场抽查进行评分。

佐证材料：建立完善防止和纠正幼儿园"小学化"倾向的有关政策文件；提供学前教育保教质量的有关教研、培训、宣教活动资料。

建立防止和纠正幼儿园小学化倾向机制的得1分，未建立机制的扣0.5分，现场检查发现幼儿园小学化现象的，扣0.5分。

2.5.4 本指标需根据各地公安系统、教育系统上报的校园安全责任事故统计情况进行评分。

重视做好校园安全防范工作，近2年全市发生1次死亡3名学生的安全事故在3起以下，得2分，否则0分。

2.5.5 本指标要根据实地调查和有关部门的评估结果、通报等综合进行评分。

佐证材料：实施素质教育的相关文件；校园文化建设、教学改革研究等相关材料；本地区学校德育工作基本情况；本地区德育工作队伍（德育校长、德育主任、班主任、团委书记、少先队辅导员等）培养培训及相关待遇落实情况；本地区学校培育和践行社会主义核心价值观工作情况；本地区心理健康教育工作基本情况，学生规模1 000人以上的中学、1 200人以上的小学配备专职心理教师情况，学校设立心理辅导室情况，教师参加ABC证培训情况。检查当地学校应提供：学校德育工作基本情况；学校德育工作队伍（德育校长、德育主任、班主任、团委书记、少先队辅导员等）培养培训及相关待遇落实情况；体现培育和践行社会主义核心价值观要求的各学科教案（部分），体现培育和践行社会主义核心价值观要求的社会实践方案、总结和照片，体现培育和践行社会主义核心价值观要求的校园文化建设方案、照片，体现培育和践行社会主义核心价值观要求的学校制度（部分）、师德建设材料。学校专职心理教师姓名、毕业学校及专业、周心理健康教育课时数、开展心理咨询时间，兼职心理教师接受相关培训证书，心理辅导室管理制度、近两个月接受学生咨询记录本复印件（由负责接待学生咨询的心理教师复印，须作技术处理，不得泄露学生姓名等个人隐私）。

名词解释：专职心理教师，指的是不负责学校其他教学任务，专门承担心理健康教育课教学和对学生开展心理咨询的心理教师。

实施素质教育，不断深化教学改革，科学评价学生德智体美等全面发展状况的得1分，否则0分。

加强德育工作，德育工作队伍健全的得0.5分，否则0分。

把培育和践行社会主义核心价值观融入课堂教学、社会实践、校园文化、学校管理全过程的得0.5分，否则0分。

重视中小学生安全教育和心理健康教育，开展学期初与学期末的安全教育周活动，采取积极措施排除学生心理障碍，无发生校方责任的学生伤害事故的得1分，完小以上学校未按照规定设心理咨询室的扣0.4分，未按照规定开展安全教育周活动的扣0.3分，两年内有发生校方责任的学生伤害事故的扣0.3分。

2.5.6 本指标需要查阅档案资料并根据实地调查进行评分。

佐证材料：学校开展阳光活动的计划、方案、总结及活动图文资料（图片或影音资料）；保障学生每天1小时校园体育锻炼的相关学校文件规定，相关工作总结；学校教学用课室中，音乐专用课室（含准备室）、美术专用课室（含准备室）、舞蹈室等课室分布情况材料，以及教学用设施设备、器材器具配置情况材料；学校开展艺术教育实践活动的场、馆、室、厅（含展览厅）等建筑物分布情况材料，以及设施设备、器材器具配置情况材料；学校艺术教师配备情况，含学科分布、具体人数、学历层次、年龄结构、培训进修等情况材料；学校各年（班）级音乐、美术等艺术类学科开课情况、学时分配情况等材料；学校实施"体育艺术2+1"工程情况，学生艺术社团或课外艺术实践团队（小组）建设情况、组织社团参加课外（校外）艺术实践活动情况材料；学校举办艺术节、开展各项艺术实践活动的工作计划（含经费投入等）、宣传资料、情况总结等材料。

重视阳光体育运动，建立中小学校体育工作评估制度、学校体育工作年度报告等制度的得1分，少一项制度扣0.5分。

重视美育，建立课堂教学、课外活动和校园文化三位一体的艺术教育发展推进机制，建立学校艺术教育发展年度报告制度，培养学生良好审美情趣和人文素养的得 1 分，未按规定建立艺术教育发展推进机制的扣 0.5 分，未建立学校艺术教育发展年度报告制度的扣 0.5 分。

2.5.7 本指标需要查阅档案资料并根据实地调查进行评分。

佐证材料：关于教育科研机构设置的相关佐证材料，包括（但不仅限于）设置机构的文件、人员名册和分工职责等；关于教育科研管理制度的相关佐证材料，包括（但不仅限于）正式出台的教育科研管理文件、规章制度和管理办法等；关于教育科研规划及执行情况的相关佐证材料，包括（但不仅限于）教育科研中长期发展规划、近 3 年年度工作计划、近 3 年年度工作总结等；关于教育科研经费投入的相关佐证材料，包括（但不仅限于）被督导地区近 3 年用于教育科研工作的年度经费安排文件，以及用于教育科研日常管理、课题资助、成果奖励、交流活动、科研培训等相关工作的年度经费开支一览表等；关于教育科研课题的相关佐证材料，包括（但不仅限于）近 3 年获国家、省、市等上级部门立项的课题一览表（含年度、主持人、发文单位、课题名称和编号、课题类别、资助经费）等；关于教育科研成果的相关佐证材料，包括（但不仅限于）教育科研成果近 5 年获奖名册（含获奖者姓名、等级、发文单位、奖项类别、获奖证书复印件）；科研成果在相应区域交流和推广的文件资料、现场图片等相关材料等。

科研管理机构、管理制度完善，科学制定教育科研中长期发展规划，年度工作计划执行良好的得 1.5 分，管理机构不完善的扣 0.5 分，管理制度不完善的扣 0.5 分，未制定教育科研中长期发展规划的扣 0.3 分，年度工作计划执行不力的扣 0.2 分。

教育科研经费投入逐年增加的得 0.5 分，否则 0 分。

3.6.1 本指标需根据教育强县（市、区）督导验收情况进行评分，数据统计至申报前一个月。

教育强县（市、区）覆盖率＝已通过教育强县（市、区）数÷全市县（市、区）数×100%。

县（市、区）包括具有教育管理职能的非建制区。

教育强县（市、区）覆盖率达到 100%，或教育强县（市、区）覆盖率达到 80% 以上并提交市政府承诺 2 年内教育强县覆盖率达到 100% 的书面材料的，得 4 分，否则 0 分。

3.6.2 本指标需根据学年教育事业统计数据进行评分。

佐证材料：经本地区教育装备部门核实的每所学校教育装备的基本情况、基本数据等，包括中小学常规教学仪器设备达标率、实验开出率、生均图书册数（小学、初中、高中）等。检查当地学校应提供：经本地区教育装备部门核实的每所学校教育装备的基本情况、基本数据等；学校的常规教学仪器台账［根据《初中理科教学仪器配备标准》（JY/T 0386—2006）、《初中科学教学仪器配备标准》（JY/T 0387—2006）、《小学数学科学教学仪器配备标准》（JY/T 0388—2006）和《高中理科教学仪器配备标准》（JY/T 0406—2010）填写］、固定资产明细账、购置票据等；学校实验室使用记录、学生实验课程安排等；学校图书台账、明细表、购置票据、借阅记录以及图书信息化管理系统等。

常规仪器设备达标是指达到《初中理科教学仪器配备标准》（JY/T 0386—2006）、《初中科学教学仪器配备标准》（JY/T 0387—2006）、《小学数学科学教学仪器配备标准》（JY/T 0388—2006）和《高中理科教学仪器配备标准》（JY/T 0406—2010）等标准。实验开出率是指每个学校实际开出实验总时数与计划开出实验总时数之比，计划开出实验总时数是指按照教学大纲或者所用教材规定的必做演示（分组）实验个数之和。

生均教学仪器设备值＝教学仪器设备总值÷学生数。

按照标准配齐配足教学仪器设备的得 1 分，检查时发现存在未按标准配齐配足教学仪器设备的，每发现 1 类仪器设备未配齐配足扣 0.3 分，扣完 1 分为止。

中小学校按照规定每年补充符合师生实际需要的图书，并提高师生阅读率，新增图书比例不少于藏书标准的 1% 的得 1 分，图书不符合师生实际需要的扣 0.5 分，新增图书比例少于藏书标准的 1% 的扣 0.5 分。

当小学、初中、普通高中生均图书册数分别不低于 20 册、25 册、40 册，得 1 分，低于规定值的，每 1 阶段扣 0.5 分，扣完 1 分为止。

中小学生均图书册数＝图书册数÷学生数。

3.6.3 本指标需根据学年教育事业统计数据、各地自行上报数据和登录广东省教育信息平台进行评分。

佐证材料：本地区学校接入互联网的情况，包括与网络营运商签订的接入合同（协议）、接入学校数量及所占全部学校比例、方式、带宽等；本地区学校网络多媒体教室数量及所占全部教室比例、教学用终端和学习终端配备数量等；本地区数字教育资源共享情况，包括数字教育资源来源、数量、共享方式和学校等；本地区教师、学生、办学条件等信息化管理系统建设及数据录入情况。检查当地学校应提供：教学终端数和学习终端数、终端类型等；学校获取数字教育资源来源、科目等情况；本校教师、学生、办学条件等信息化管理系统。

网络多媒体教室是指配备计算机、数字显示设备，且具备宽带互联网接入能力和无线网络的教室。

教学用终端是指某一级教育计入学校固定资产且使用年限未满5年的专门用于教学的终端，主要包括为服务学生学习活动而配备的个人计算机、平板电脑、掌上电脑等数字化学习终端设备。

学习终端是指用于教学的学生用终端。

资源全覆盖是指所有学校都能通过网络或者其他方式获取数字教育资源。

依托上级平台或自建市级教育资源公共服务平台和教育管理公共服务平台，促进优质教育资源普及共享得0.5分，否则0分；所有中小学及教学点实现数字教育资源全覆盖的得0.5分，否则0分。

普通中小学校网络多媒体教室占总课室数不低于60%；100%教师配备专用的教学用终端且100名学生拥有学习终端不少于20台、100名学生以下的非完全小学、教学点按最大班额配备学习终端；全部学校均将教师、学生、办学条件等数据及时录入系统，并同时更新到省市各级教育信息管理平台。上述3个要素全部达到得1分，否则0分。

鉴于我省教育信息化建设发展的现状，上述部分指标可作以下年度目标分步达到：

1."普通中小学校网络多媒体教室占总课室数不低于60%"。2015年要求多媒体教室比例不低于60%；2017年不低于80%；2020年不低于90%。

2."100%教师配备专用教学用终端，100名学生拥有学习终端不少于20台，100名学生以下的非完全小学、教学点按最大班额配备学习终端"。2015年100名学生拥有学习终端数不少于10台；2017年不少于15台；2020年不少于20台。

3."全部学校均将教师、学生、办学条件等数据及时录入系统，并同时更新到省市各级教育信息管理平台"。2015年50%以上；2017年80%以上；2020年100%接入。

3.6.4　本指标需通过听取汇报、现场抽查并根据学年教育事业统计数据进行评分。

佐证材料：中职学校名单、实训中心名单、教学仪器设备总值分专业统计表及汇总表、在校生分专业统计表及汇总表，全市教学仪器设备总值统计表、在校生统计表，其他有关证明材料。

督导组应核查有关材料，实地考察1～2所学校的实训设备情况，走访1～2个实训中心，访谈学校师生，接受举报和电话投诉等。

中等职业学校（不含技工学校）生均教学仪器设备值＝中等职业学校实习实训设备值总值÷中等职业学校学生数。

建有职业教育实习实训中心的得0.5分，否则0分；

中等职业学校生均实习实训设备值高于3 000元的得0.5分，低于3 000元，每低100元扣0.1分，扣完1分为止。

3.7.1　本指标根据学年教育事业统计数据进行评分。

佐证材料：提供幼儿园在园人数、3周岁以上6周岁以下幼儿人数数据资料。

学前教育毛入园率＝学年初幼儿园在园人数÷3周岁以上6周岁以下幼儿人数×100%。

当达到或超过90%时，得1分，否则0分。

3.7.2　本指标根据学年教育事业统计数据和各地自报数据进行评分。

佐证材料：提供适龄儿童少年统计名册、义务教育在校生名册（含新生名册）、学生学籍卡、在校生变动名册、镇党委政府研究防流控辍问题的会议记录、出台防流控辍文件及配套措施等相关材料。

初中生年辍学率＝上学年初中生年辍学人数÷上学年初初中在校生人数×100%。

初中学生巩固率不断提高、初中生年辍学率低于1.5%时得1分。初中生年辍学率超过1.5%时，每超0.1个百分点扣0.1分，扣完本指标分为止。

3.7.3　本指标根据国家学生体质健康数据管理系统及现场检查有关数据进行评分。

佐证材料：《国家学生体质健康标准》测试数据及评价情况；初中毕业生升学体育考试相关文件（能够证明体育考试分数和文化课总分的）。数据以教育部数据为依据。

全面实施《国家学生体质健康标准》，学校数据上报率达100%，否则0分；学生体质健康水平逐年提高，每年优良率达到25%，且合格率达到93%的得1分，否则0分。对连续3年优良率或合格率出现下降的，实行"一票否决"，不能被评为教育强市。

全面实施初中毕业生升学体育考试制度，体育考试成绩占中考总分8%的得1分，否则0分。

3.7.4 本指标根据学年教育事业统计数据进行评分。

佐证材料：高中阶段学校毛入学率统计表、高中阶段在校生情况表、高中阶段教育适龄人口统计数据、高中阶段在校生巩固率情况表、高中阶段学校招生及完成情况统计等有关文件资料，推进高中阶段教育普及水平及发展规划的有关文件资料。

全日制高中阶段教育毛入学率＝全日制高中阶段教育在校生÷高中阶段教育适龄人口×100%。当达到或超过85%时，得2分，否则0分。

3.7.5 本指标根据高中学生学业水平考试数据、学年教育事业统计数据和各地各中等职业学校上报毕业生就业数据进行评分。

佐证材料：近3年高中学业水平考试学生成绩情况汇总表；本地区所有中职学校的基本情况、毕业生人数和就业、创业、升学、出国人数等数据。检查当地中职学校应提供：学校的毕业生名册和就业、创业、升学、出国情况等；学校的毕业生与用人单位签订的劳动合同、就业协议等证明材料；学校的毕业生成功创业的证明材料、工商注册的材料等；学校的毕业生升学、出国的录取通知书等。

督导组应核查有关材料；抽查1～2所普通高中，详细查看高二学业水平考试成绩表，了解学业水平考试学生情况；抽查不低于50%的中等职业学校，现场查验学校毕业生名册及就业佐证材料。一是对照上述文件依据标准对毕业生签订劳动合同、就业协议等情况进行现场核查。二是现场检查学校的毕业生成功创业的证明材料。三是查看学校的毕业生升学、出国的录取通知书。四是根据就业、创业、升学、出国等人数计算学校的就业率是否达到95%。

珠三角高中学生学业水平考试成绩C级以上比例达到或超过85%时，非珠三角地区高中学业水平考试成绩C级以上比例达到或超过75%时得1分。低于85%或75%时，每降低1个百分点扣0.1分，扣完1分为止。

中等职业学校应届毕业生初次就业率＝中等职业学校应届毕业生就业签约人数（含升学人数）÷中等职业学校应届毕业生人数×100%。当初次就业率达到95%时，得1分。每降低1个百分点扣0.1分，扣完1分为止。

已就业（含成功创业）、升学和出国的人数都计为就业（下同）。

3.7.6 本指标根据学年教育事业统计数据进行评分。

佐证材料：本地区所有学校的基本情况、毕业生人数和就业、创业、升学、出国人数等数据。检查当地学校应提供：学校的毕业生名册和就业、创业、升学、出国情况等；学校的毕业生与用人单位签订的劳动合同、就业协议等证明材料；学校的毕业生成功创业的证明材料、工商注册的材料等；学校的毕业生升学、出国的录取通知书等。

督导组应现场抽查不低于50%的普通高校，现场查验学校毕业生名册及就业佐证材料。一是对照上述文件依据标准对毕业生签订劳动合同、就业协议等情况进行现场核查。二是现场检查学校的毕业生成功创业的证明材料。三是查看学校的毕业生升学、出国的录取通知书。四是根据就业、创业、升学、出国等人数计算学校的就业率是否达到85%。

每万人口市属高校全日制在校生人数＝上学年高校（含独立学院、民办高校）全日制在校生人数÷全市户籍人口（万人）。

每万人口市属高校全日制在校生人数连续2年高于上年时，得0.5分，仅1年高于上年的，扣0.2分，连续2年未高于上年的，扣0.5分。

高校应届毕业生初次就业率达85%以上得0.5分，每降2个百分点扣0.1分，扣完为止。

3.7.7 本指标需根据学年教育事业统计数据进行评分。

佐证材料：提供适龄视力、听力、轻中度智力残疾儿童少年人数数据资料；在学适龄视力、听力、轻中度智力残疾儿童少年名册和统计报表。

适龄视力、听力、智力残疾儿童少年义务教育入学率＝在学"三残"义务教育学生人数÷适龄视力、听力、智力残疾儿童少年人数×100%。

当比例达到97%以上时，得1分。低于97%时，每降低2个百分点扣0.1分，扣完本指标分为止。

附件4

广东省推进教育现代化先进县（市、区）督导验收方案（修订）

申报单位：_____
申报时间：_____年_____月_____日
申　　报：初评（　）复评（　）

广东省人民政府教育督导室制
2017年9月修订

说　明

一、《广东省推进教育现代化先进县（市、区）督导验收方案（修订）》（以下简称《方案》），是根据国家和省有关教育政策、法规以及《广东省推进教育现代化督导验收办法（试行）》制定的。

二、本《方案》是县（市、区）撰写本县域推进教育现代化工作自评报告的依据。

三、本《方案》包括七部分：（一）督导验收指标体系；（二）公众对教育满意度的评价意见表；（三）自评报告；（四）市人民政府教育督导室和市教育局审核意见；（五）市人民政府推荐意见；（六）督导验收指标扣分说明；（七）督导验收情况；（八）省人民政府教育督导室和省教育厅意见。其中，自评报告独立成篇。

四、推进教育现代化先进县（市、区）督导验收、复评达标要求：珠三角广州等6市为A≥34、C=0，江门、惠州和肇庆3市为A≥32、C=0，粤东西北汕头等12市为A≥30、C≤2，且所有必达指标为A，同时公众满意度达85%以上（结合义务教育发展基本均衡县公众满意度调查进行）。

"督导验收指标体系"中的"等级标准"栏所有要素评定为A，则该三级指标结论为A；有1个以上要素评定为B，则该三级指标结论为B，有1个以上要素评定为C，则该三级指标结论为C。

五、本《验收方案》中的"高于""不少于""不低于""以上"等均含本数。"逐年提高"是指近3年连续每年比上年有所提高。

（一）督导验收指标体系

一级指标	二级指标	三级指标	等级标准		评估结果		备注
			A	评估说明	自评	他评	
1.教育现代化保障	1.1 教育思想和战略规划	1.1.1 教育思想	教育优先发展战略定位清晰明确，教育思想观念先进、科学；教育发展思路清晰。坚持依法治校，推进教育治理能力现代化。	对教育的重要作用的基本认识到位，重视安排教育发展；教育发展思路比较清晰为B。			提供县域经济社会发展规划、教育发展规划。
		1.1.2 战略规划	制订有科学、系统的教育发展战略规划，城乡规划委员会将教育部门列为成员单位，完善学校建设规划、实施机制，规划实施保障有力。	制定了教育发展战略规划为B。			

续上表

一级指标	二级指标	三级指标	等级标准 A	评估说明	评估结果 自评	评估结果 他评	备 注
1. 教育现代化保障	1.2 人才资源	1.2.1 师资队伍 ★	教师配置与学科（专业）结构符合学校课程方案要求；所有学校配齐从事教学实验、实训、图书、电化教育、卫生保健及寄宿生生活指导等教辅人员。 特殊教育（含工读）学校师生比达到《广东省特殊教育学校教职员编制标准暂行办法》的要求。 幼儿园专任教师大专以上学历、小学专任教师本科以上学历的比例均达70％。 初中专任教师本科率达90％以上。 普通高中和中等职业学校教师研究生学历或硕士学位以上比例达到15％以上，中等职业学校"双师型"专任专业课教师比例达60％以上。 全面落实中小学教师专业标准要求；区域内中小学教师专业发展措施具体、经费保证、成效显著、特色鲜明。 建立名教师、名班主任、名校长培养培训体系，制度完善，培养一批在省内有影响力的名教师、名班主任、名校长。	必达A。 音乐、体育、美术教师数量满足教学需要，结构合理。 幼儿园专任教师大专以上学历的比例：2016年珠三角地区达70％，非珠三角地区达55％；2017年珠三角地区达75％，非珠三角地区达60％；2018年珠三角地区达80％，非珠三角地区达65％。 小学专任教师本科以上学历的比例：2016年珠三角地区达66％，非珠三角地区达29％；2017年珠三角地区达68％，非珠三角地区达32％；2018年珠三角地区达70％，非珠三角地区达35％。 初中专任教师本科率：2016年珠三角地区达92％，非珠三角地区达74％；2017年珠三角地区达94％，非珠三角地区达77％；2018年珠三角地区达95％，非珠三角地区达80％。 普通高中和中等职业学校教师研究生学历或硕士学位以上比例：2016年珠三角地区达16％，非珠三角地区达6％；2017年珠三角地区达17％，非珠三角地区达8％；2018年珠三角地区达18％，非珠三角地区达10％。非珠三角地区或到2020年每年增长2个百分点以上。珠三角地区或每年增长1个百分点。 如果以上该指标当年没有达到，政府必须书面承诺2018年达到，而且有落实的具体方案、措施及2016年或2017年的成效。复评时，各项指标要求不变，且不允许承诺。			（1）提供县域及各学校师资队伍情况统计详表； （2）提供县域师资培养文件、各学校的校本培训工作计划。
		1.2.2 学校管理队伍	落实有关校长（园长）专业标准，拥有一支理念先进、高素质的幼儿园园长、中小学校长队伍，校长任职条件和任用办法健全。 学校管理队伍结构合理，整体素质高。	校长普遍素质较高，任职管理制度基本健全为B。 学校管理队伍的结构基本合理为B。			

续上表

一级指标	二级指标	三级指标	等级标准		评估结果		备注
			A	评估说明	自评	他评	
1. 教育现代化保障	1.2 人才资源	1.2.3 教育行政队伍	教育行政人员95%以上拥有本科及以上学历，善用学习教育理论，熟悉教育规律、政策，有效地指导学校开展教育教学等各项工作，能有效解决工作中所遇到的实际问题。	90%～94%以上教育行政人员拥有本科及以上学历为B。			
			管理或服务的规章制度明晰，流程科学，体现服务意识。	服务意识基本到位为B。			
			建立完善的教育教学指导、管理和质量监控制度。	制度基本齐全为B。			
	1.3 经费投入	1.3.1 经费投入体制和机制★	各级各类教育经费保障机制健全完善，建立以公共财政投入体制为主、多渠道筹措教育经费的经费投入体制。	必达A。			提供政府财政预算、决算报告、审计报告等相关文件。
			建立适应当地居民收入水平的非义务教育阶段的教育成本分担机制。				
		1.3.2 经费投入水平★	确保一般公共预算教育支出逐年只增不减，确保按在校学生人数平均的一般公共预算教育支出逐年只增不减。	必达A。			
		1.3.3 经费使用的监测与效益评估	建立教育财务公开制度，教育经费使用情况监测制度完善，教育经费审计制度健全；无贪污、截留、克扣、挪用、挤占、抵顶教育资金现象。	教育经费制度基本健全为B。			提供县域监测、评估教育经费使用绩效的相关文件。
			教育经费使用的绩效评估方法科学。	根据考察评定等级。			
		1.3.4 教育收费管理★	严格执行教育收费规定，近1年没有发生教育乱收费问题。	必达A。			

续上表

一级指标	二级指标	三级指标	等级标准 A	评估说明	评估结果 自评	评估结果 他评	备注
1.教育现代化保障	1.4 办学条件	1.4.1 学前教育机构 ★	无违法办园现象，省规范化幼儿园达95%以上，公办和普惠性民办幼儿园达80%以上。	必达A。省规范化幼儿园珠三角地区达95%以上（初评时达85%以上，承诺复评时达95%以上）；非珠三角地区达70%以上（初评时达60%以上，承诺复评时达70%以上）。			（1）提供幼儿园、义务教育阶段学校、高中阶段办学条件（主要依据市级以上教育行政部门批文统计各学校所达到的等级和规范化标准情况）统计详表；（2）提供社会教育机构及其教育活动、教育项目的统计详表；（3）"优质普通高中"是指公办地市一级以上普通高中。
		1.4.2 义务教育学校 ★	义务教育阶段普通中小学校中公办标准化学校覆盖率达100%，民办标准化学校覆盖率70%以上（先进县复评时达到100%）。	必达A。民办标准化学校覆盖率如果初评没有达到70%以上，政府必须书面承诺2018年达到70%，而且有分年度目标，有落实的具体方案、措施。先进县复评时，民办标准化学校覆盖率暂时没有达到100%，政府必须书面承诺第二次复评时达到100%，而且有分年度目标，有落实的具体方案、措施。			
		1.4.3 高中阶段学校	★优质普通高中学校占比达80%以上；公办省一级以上普通高中学校招生指标分配比例达到省要求。	必达A。			
			高中阶段教育普职比大体相当。	高中阶段教育普职比大体相当是指区域内适龄受教育者就读普通高中、中职学校（含技工学校，下同）之间的比例，统计时除统计当年本区域内的普通高中、中职学校在校生人数外，在本区域外普通高中、中职学校就读的本区域适龄受教育者也应统计在内。各地须建立学生台账，精确计算比例。			
			★有条件的和人口大县（市）（原则上50万人口以上）要办好中等职业学校，100%的公办中职学校为省级以上重点学校。	必达A。针对50万人口以上的县，要办好中职学校，公办中职学校为省级以上重点中职学校，或者达到省级重点以上中等职业学校办学标准。如果因客观原因暂时未能申报评定为省级重点中职学校的，在该县（市、区）接受现代化先进县（市、区）督导验收时，可现场考察省级重点中职学校主要指标（见下表）。如当年未能达标，要求采取措施整改，并由政府作出5年内达标的承诺。			

续上表

一级指标	二级指标	三级指标	等级标准		评估结果		备注
			A	评估说明	自评	他评	
1.教育现代化保障	1.4 办学条件	1.4.3 高中阶段学校		针对50万人口以下的县，如果是历史成建制保留且不属于布局调整（撤并或整合）的，要达到国家中等职业学校设置标准；如果原来没有办中职学校且根据布局调整规划不设立中职学校的，则该项不纳入考核。			

类别 指标	中等职业学校（不含体育类、艺术类）		体育类中等职业学校（重点）	艺术类中等职业学校（重点）
	重点	合格		
占地面积	4万平方米以上	4万平方米以上	3.3万平方米以上	2万平方米以上
建筑面积	2.5万平方米以上	2.4万平方米以上	2万平方米以上	2万平方米以上
在校生规模	2 000人以上	1 200人以上	450人以上	600人以上
教学仪器设备值	第二产业为主的学校教学仪器设备值达到800万元以上；第一、三产业专业为主的学校400万元以上	—	400万元以上	400万元以上
生均教学仪器设备值	—	3 000元以上	—	—

续上表

一级指标	二级指标	三级指标	等级标准 A	评估说明	评估结果 自评	评估结果 他评	备注
1. 教育现代化保障	1.4 办学条件	1.4.4 社会教育机构	成立由地方党委或政府牵头，有关部门参与的社区教育委员会或领导小组，建立并实施社区教育各项规章制度，专（兼）职管理人员配备落实，成人职业培训机构、社区学校（学院）等教育机构办学条件良好，运作规范，形成具有社区特色的课程及活动资源。	社会教育机构基本齐全为B。			
			图书馆、博物馆、科学馆、美术馆、青少年宫、文化宫、体育中心、学生综合实践基地等机构健全，设施完备。	缺2个为B；无青少年宫为C。			
	1.5 教育体系	1.5.1 国民教育体系★	现代国民教育体系完整、衔接合理。	必达A。在建设标准化特殊教育学校，以政府立项、同意批复、建设进展情况为督导验收的基本依据，上报以下材料：特殊教育机构批准设立的政府批文；编制部门核准的机构人员编制批文；财政部门拨予专项经费的文件；该机构属性的说明（单位所有制和公益性）。此外，还需报送特殊教育学校批准开工建设的政府批文和特殊教育学校建设进展情况，若主体项目已竣工，请提供验收批文。中心城区如果暂时不建区标准化特殊教育学校，则市级特殊教育学校必须100%能够满足该区残疾儿童少年入读需要，且随着人口变化，市特殊教育学校不能全部满足该区入学需求时，必须按要求设置标准化特殊教育学校。上报以下材料：市级特殊教育学校的基本情况、发展规划、招生的范围及对象、在校学生情况，该区适龄残疾儿童少年的名单及入学情况等。			
			符合教育法规要求设置标准化特殊教育学校，特殊教育体系完善。				
			残疾儿童少年随班就读支持保障体系健全。				
		1.5.2 终身教育体系	终身教育体系完善，群体分类继续教育成效好；积极创建国家级、省级社区教育实验区，建成县（市、区）街道（乡镇）、居（村）三级社区教育网络。80%以上社区建有社区教育（文化、艺术及娱乐）中心，每年接受社区教育的社区成员占全体成员的比例达50%以上。	60%以上社区建有社区教育（文化、艺术及娱乐）中心，每年接受社区教育的社区成员占全体成员的比例达30%以上为B。			

续上表

一级指标	二级指标	三级指标	等级标准 A	评估说明	评估结果 自评	评估结果 他评	备注
1. 教育现代化保障	1.6 教育信息化	1.6.1 教育信息化建设	教育信息化规划合理。	根据考察评定等级。			提供县（市、区）及各学校的信息化建设统计表，接受评估专家的抽样调查。
			中小学宽带接入比例达到100%，城镇中小学接入带宽不低于500M，其他学校不低于100M。	达到90%～99%为B。			
			100%学校能自行设计或依托上级公共教育服务平台，建成学校门户网站和教育教学管理平台，所有教学点实现数字教育资源全覆盖。	达到90%～99%为B。			
			中小学校网络多媒体教室占总课室比例不低于90%。	达到80%～89%为B。			
			100%教师配备专用教学用终端。	达到90%为B。			
		1.6.2 教育信息化成效	80%以上教师达到《中小学教师信息技术应用能力标准》。	达到70%～79%以上为B。			提供统计材料，接受评估专家的抽样调查。
			90%的教师及初中以上学生拥有个人实名制的网络学习空间。	达到80%～89&以上为B。			
			信息技术应用创新活动参与面广，逐步形成了本地化的特色应用活动、品牌项目，有效推动了教育信息化的应用和普及。	根据考察评定等级。			
	1.7 教育交流与合作	1.7.1 交流与合作工作基础	县（市、区）教育行政部门工作职责中有明确的对外交流工作职能，有相应的工作部门；认真执行上级有关对外交流的规章制度；与国际及港澳台交流合作机制完善，制订对外交流合作工作规划、实施方案和年度工作计划，定期指导学校开展对外交流活动。	根据考察评定等级。			
		1.7.2 国际及港澳台交流与合作活动	与境外教育部门、学校等机构有较频繁的交流和合作；重视教师境外培训培养，接受境外培训培养教师的学习成果在本区内推广；辖区重视聘请外籍教师工作，有健全的管理制度，管理规范，无出现违法案件。	根据考察评定等级。"与境外教育部门、学校等机构有较频繁的交流和合作"包括：切实有效开展人员交流、信息交流、资源共享、教学科研合作等活动并建立稳定的联系（如签署合作协议或形成合作机制等），交流与合作项目在数量、经费和影响力方面逐年增长，形成一定数量的品牌项目及可推广的经验。			
			重视外国学生和港澳台学生工作，认真执行有关管理制度，妥善解决入学问题。				

续上表

一级指标	二级指标	三级指标	等级标准 A	评估说明	评估结果 自评	评估结果 他评	备注
1. 教育现代化保障	1.7 教育交流与合作	1.7.3 国际理解教育	在弘扬中华优秀传统文化基础上，加强国际理解教育，培养学生国际化素养，学生理解、尊重多元化文化，懂得并掌握基本的国际礼仪。	根据考察评定等级。			
2. 教育现代化实践	2.1 学生培养	2.1.1 培养模式★	人才培养模式不断优化，形成体系开放、机制灵活、渠道互通、选择多样的人才培养体制；建立职业院校产教融合工学结合的校企合作常态制度。	必达A。			提供县（市、区）及各学校在德、智、体、卫、艺、劳等各个方面情况的统计详表，实施《国家学生体质健康标准》数据上报情况。学生体质健康优良率根据《国家学生体质健康标准》测试结果进行评估。
		2.1.2 素质教育★	坚持立德树人，把培育和践行社会主义核心价值观生动地融入学校教育全过程，形成课堂教学、社会实践、校园文化多位一体的育人平台。	必达A。
1. 每天锻炼1小时落实不到位的，为B。
2. 数据以教育部数据为准，如当年被省抽测，则以省抽测数据为准。
3. 对连续3年优良率或合格率出现下降的，实行"一票否决"，不能评为教育现代化先进县（市、区）。近3年每年优良率、合格率达到要求，且优良率或合格率没有出现连续3年下降的，可评为A，否则不能评为A。对优良率或合格率出现1年或2年下降的，省将组织抽测并通报。			
			坚持能力为重，丰富社会实践，强化能力培养，学生的学习能力、实践能力、创新能力不断提高，促进学生学会知识技能，学会动手动脑，学会生存生活，学会做人做事。				
			明确"健康第一"培养目标，确保学生体育课程和课余活动时间；学校体育、艺术工作落实，确保学生每天在校体育锻炼1小时以上，全面落实体育、艺术"2+1"技能项目。认真实施《国家学生体质健康标准》，学生体质健康水平逐年提高，每年优良率达到25%，且合格率达到93%。				
			重视美育，培养学生良好的审美情趣和人文素养，中小学有效实施"体育、艺术2+1项目"，形成课堂教学、课外活动和校园文化三位一体的艺术教育发展推进机制。				
			重视劳动教育，培养学生热爱劳动、热爱劳动人民的情感。				
			安全教育、卫生与健康教育、国防教育常规化。				

续上表

一级指标	二级指标	三级指标	等级标准 A	评估说明	评估结果 自评	评估结果 他评	备注
2. 教育现代化实践	2.2 教育管理	2.2.1 学校管理	现代学校制度完善，实现"一校一章程"，依照章程实施管理，制度完善，建立健全教职工代表大会制度，建立中小学家长委员会和法律顾问制度。	现代学校管理制度基本完善为B。			学校规划应包括：学校的事业发展规划、师资建设规划、校园建设规划。
			学校办学目标明确，学校发展规划科学合理、实施有力。	制定学校发展规划为B。			
			学校的校风、教风、学风优良，校园文化环境建设科学，特色鲜明，校园文化活动丰富多彩。	根据考察评定等级。			
		2.2.2 教育行政管理	健全党政一把手亲自抓教育现代化建设的领导体制和目标管理责任制。	党政领导制度基本健全为B。			相关文件及实践落实的专项自评报告。
			政府的教育管理机构设置健全，分工明确；管理制度健全，管理手段先进，管理效能高。	管理机构、制度基本健全为B。			
			决策过程民主化、决策程序规范化、决策方法科学化。决策能得到全社会的监督，信息反馈渠道通畅。	基本实现决策民主化、规范化、科学化为B。			
		2.2.3 教育法治	教育法治观念普遍增强，扎实推进依法治校工作，教育法制工作机构健全，总体上形成了"政府依法行政、学校依法办学、社会依法参与、学生依法受教"的教育法治局面；教育普法工作有规划、有措施、有总结，全体教师每年至少参加一次专门的学法培训。	根据考察评定等级。			提供相关文件及其实践落实的专项自评报告。
			依法保障学校、教师、学生及家长的合法权益；教育投诉案件都能得到妥善处理，杜绝师生权益遭受侵害的现象；建立和完善校园安全综合防控体系和长效工作机制；按规定为学生购买校方责任保险。	近1年出现违法违纪现象为C。			

续上表

一级指标	二级指标	三级指标	等级标准 A	评估说明	评估结果 自评	评估结果 他评	备注
2. 教育现代化实践	2.2 教育管理	2.2.4 教育督导	县（市、区）政府教育督导机构健全；配足配强专职督导人员，落实教育督导专项经费。				
			实施督导责任区制度，创新挂牌督导机制效果好，健全各级各类学校教育教学质量保障与评估机制；实现教育督导评估工作的专业化、规范化、制度化。	根据考察评定等级。			
			以加强教育质量监测为抓手，提升教育质量，推进教育公平，促进教育区域均衡发展。				
	2.3 教育改革	2.3.1 改革理念	改革意识强烈，改革的指导思想先进、科学，能敏锐发现和深刻把握教育的热点、难点、焦点问题，采取有效的改革措施，及时予以解决。	根据考察评定等级。			
		2.3.2 改革研究	教育科研机构人员齐备，教育教学研究规范化，教育科研经费逐年增加，所有教师参加各类教育教学研究。	根据考察评定等级。			提供课题立项、研究成果、研究成果转化与应用的统计详表。
			形成浓厚的教育科研氛围，获得省级以上教育科研课题的立项逐年增加，获省级教育科研重点课题1项以上。	根据考察评定等级。			
			教育科研成果显著，在区域内有较大影响力，起到引领和示范作用。	根据考察评定等级。			
		2.3.3 改革成效	改革的创新性特征明显、成效非常显著，极大地提高了县域教育教学质量、学校管理水平，明显地促进县域教育的可持续、跨越式发展。	根据考察评定等级。			

续上表

一级指标	二级指标	三级指标	等级标准 A	评估说明	评估结果 自评	评估结果 他评	备注
3. 教育现代化成就	3.1 教育质量	3.1.1 学校教育教学水平与学生素质 ★	高中学业水平考试成绩C级以上比例珠三角地区复评达85%以上，非珠三角地区初评达75%以上。	必达A。高中学业水平考试成绩C级以上比例珠三角地区复评达85%以上，非珠三角地区初评达75%以上。对于非珠三角地区高中学业水平当年不达标（但不低于65%）的情况，要求采取措施进行整改并由政府作出下一年完成整改的承诺。			提供各学校及县域整体情况的统计详表。
			中等职业学校毕业生"双证率"达98%（艺术、体育专业达70%）以上（未开考科目除外）。				
		3.1.2 普及率与就业率	学前三年毛入学率达98%以上。	达到90%～97%为B。			
			适龄儿童少年入学率达到100%。	达到98%～99%为B。			
			九年义务教育巩固率达到95%。	达到92%～94%为B。			
			高中阶段教育毛入学率达到95%。	达到92%～94%为B。			
			中职毕业生初次就业率达到98%以上。	达到90%～97%为B。			
	3.2 教育公平	3.2.1 义务教育均衡发展水平 ★	达到国家义务教育发展基本均衡县要求，小学和初中的差异系数分别小于0.5。	必达A。			提供相关文件及在自评报告中专项表述。
		3.2.2 区域学位供给能力 ★	义务教育阶段学位供给能力系数达到1。	必达A。			
			高中教育阶段学位供给能力系数达到0.95，公办省一级以上普通高中学校招生指标分配比例达到省要求。				
		3.2.3 农村适龄人口教育机会	农村适龄人口的教育机会系数达到1。	达到0.9为B。			
		3.2.4 女性适龄人口教育机会	女性适龄人口的教育机会系数达到1。	达到0.9为B。			

续上表

一级指标	二级指标	三级指标	等级标准 A	评估说明	评估结果 自评	评估结果 他评	备注
3. 教育现代化成就	3.2 教育公平	3.2.5 随迁子女教育机会★	随迁子女在公办学校就读比例不低于50%。	必达A。在计算该比例时将政府购买用于随迁子女的学位数计入该比例。			
		3.2.6 贫困生教育机会★	学前教育、义务教育、高中阶段教育的学生资助制度健全，资助资金配套及时、到位，学生资助政策全面落实。	必达A。			
			贫困生教育机会系数达到1。				
			杜绝基础教育阶段学生因贫困而辍学的现象				
		3.2.7 残障适龄人口教育机会★	特殊教育保障机制健全。	必达A。			
			常住残障适龄人口教育机会系数达到0.97。				
		3.2.8 境外来粤工作人士子女教育机会	符合就读条件的境外来粤工作人士子女的教育机会系数高标准地保持1。	境外来粤工作人士子女教育机会系数达到1为B。			
	3.3 教育特色	3.3.1 特色的适切性	教育教学改革和发展的整体特色明显，并与当地经济社会发展需求和文化传统紧密契合。	根据考察评定等级。			在自评报告中专项表述。可结合国家和省教育综合改革试点项目内容表述。
		3.3.2 特色的影响力	标志性的教育特色在省内外具有明显的品牌意义。	教育特色在省内具有较大影响的为B。			
合计			三级指标A： 个；B： 个；C： 个。				
签名		组　长： 副组长： 组　员： 年　月　日					

（二）公众对教育满意度的评价意见表
（略）

（三）自评报告

自评报告另页

（四）市人民政府教育督导室和市教育局审核意见

市人民政府教育督导室审核意见：	市教育局审核意见：
单位（章） 年 月 日	单位（章） 年 月 日

（五）市人民政府推荐意见（略）

（六）督导验收指标扣分说明

三级指标编号和名称	自评	他评	等级要素	等级及扣分说明	专家签名

（七）督导验收情况记录

督导验收意见（可另页）：

　　　　　　　　　　　　　　　　　　验收人员（签名）组　长：
　　　　　　　　　　　　　　　　　　　　　　　　　　副组长：
　　　　　　　　　　　　　　　　　　　　　　　　　　组　员：

　　　　　　　　　　　　　　　　　　　　　　　　　年　月　日

（八）省人民政府教育督导室和省教育厅意见

省人民政府教育督导室意见：	省教育厅意见：
 　 　 　 　 　 　 单位（章） 年　月　日	 　 　 　 　 　 　 单位（章） 年　月　日

二、指标解读

推进教育现代化先进县（市、区）督导验收指标体系包括3个一级指标，13个二级指标，41个三级指标和88个具体要素，其中16个必达指标。以下内容材料方便评估者与受评者了解和把握评估标准，提高操作成效。

1. 教育现代化保障

1.1 教育思想和战略规划

1.1.1 教育思想 教育优先发展战略定位清晰明确，教育思想观念先进、科学；教育发展思路清晰。坚持依法治校，推进教育治理能力现代化。

该指标主要反映对教育现代化的认识和依法治教观念的树立。推进教育现代化，政府要全方位、高水平落实教育法律法规，坚持把教育摆在优先发展的战略地位，坚持构建以素质教育为核心科学发展观，坚持实现人的现代化的核心目标，以先进的教育理念、科学的教育治理模式推动区域教育事业的优质、创新发展，形成区域教育的独特优势。

佐证材料：（一）县（市、区）党委、政府印发的文件、政府工作报告、领导讲话、经验材料、会议记录、纪要及档案材料。（二）主要领导及分管教育领导教育绩效考核材料。（三）人事、经费决策及落实材料。（四）政府举行不同阶层代表参加的有关教育工作的座谈会记录等。

1.1.2 战略规划 制定科学、系统的教育发展战略规划，城乡规划委员会将教育部门列为成员单位，完善学校建设规划、实施机制，规划实施保障有力。

该指标主要反映中长期教育发展规划制定的主要标杆，发展规划所体现的超前性与先进性，以及教育中长期发展规划的先行性、有效性和执行度。教育发展规划是教育发展的蓝本，是政府教育思想与行动的集中体现。教育规划要适应经济社会的发展要求，要体现教育优先发展的战略定位，要呈现教育现代化的思想、目标、政策、策略以及政府各职能部门执行发展规划的进程与预期成果。更重要的是对教育发展规划执行过程的监督与检查。

佐证材料：（一）县（市、区）教育统筹规划布局的论证、规划及相关佐证材料。（二）教育改革发展规划及其执行过程的督查与检查材料等。

1.2 人才资源

1.2.1 师资队伍★

该指标主要反映教育队伍建设对推进教育现代化的作用。要求教师队伍结构优、配备齐、学历高、名师足、辐射强，重点考察区域内师资队伍建设水平及工作机制。

分指标1 教师配置与学科（专业）结构符合学校课程方案要求；所有学校配齐从事教学实验、实训、图书、电化教育、卫生保健及寄宿生生活指导等教辅人员。

佐证材料：（一）各类学校（含幼儿园）各学科应配专任教师数、实配专任教师数、兼任多门学科教师数、员生比、师生比；每所学校音乐、体育、美术教师配备数量及名单。（二）从事教学实验、实训、图书、电化教育、卫生保健及寄宿生生活指导等教辅人员数。

分指标2 特殊教育（含工读）学校师生比达到《广东省特殊教育学校教职员编制标准暂行办法》的要求。

佐证材料：区域内招收不同学生类型的特殊教育学校在校生数、教职员数、教师数、师生比。（如申报材料数据与当年省教育信息平台数据不一致，需作出说明，并由县级以上教育行政部门盖章确认。）

名词解释和计算公式：

特教教师配备省标准：教师≥教职员数×84%。

（1）招收盲生的学校，员生比≥1∶3。

（2）招收聋生的学校，员生比≥1∶3.5。

（3）招收智障学生的学校，员生比≥1∶2.5。

（4）招收自闭症、脑瘫学生和多重残疾学生的学校，员生比≥1∶2。

（5）普通中小学附设的特教班，员生比≥1∶3.5。

（6）开展残疾学生随班就读的普通中小学，员生比≥1∶5。

（7）教育矫治具有严重不良行为学生的学校，员生比≥1∶4。

分指标3 幼儿园专任教师大专以上学历、小学专任教师本科以上学历的比例均达70%。

佐证材料：（一）区域内幼儿园教师总数、不同学历教师人数、大专以上学历教师比例。（二）区域内小学教师总数、不同学历教师人数、本科以上学历教师比例。

分指标4　初中专任教师本科率达90％以上。

佐证材料：区域内初中教师总数、不同学历教师人数、本科及以上学历教师比例。

分指标5　普通高中和中等职业学校教师研究生学历或硕士学位以上比例达到15％以上，中等职业学校"双师型"专任专业课教师比例达60％以上。

佐证材料：（一）区域内公办全日制高中教师总数、不同学历教师人数、研究生学历或硕士学位以上教师比例。（二）区域内中等职业学校教师总数、不同学历教师人数、研究生学历或硕士学位以上教师比例。（三）区域内中等职业学校专任专业课教师数、专任专业"双师型"教师数及专任专业"双师型"教师数占专任专业课教师数的比例。

名词解释和计算公式：

"双师型"教师指同时具备教师资格和职业资格，从事职业教育工作的教师。

分指标6　全面落实中小学教师专业标准要求；区域内中小学教师专业发展措施具体、经费保证、成效显著、特色鲜明。

佐证材料：区域内学校落实中小学教师专业标准要求的具体举措和成效，包括出台的政策文件以及制定的相关制度等。

分指标7　建立名教师、名班主任、名校长培养培训体系，制度完善，培养一批在省内有影响力的名教师、名班主任、名校长。

佐证材料：（一）区域内建立名教师、名班主任、名校长培养培训体系的有关制度文件及培养情况，包括启动时间、培养人数、学段分布、经费投入、作用发挥等。（二）培养的在省内有影响力的名教师、名班主任、名校长人数及在本区域内所占比例。

1.2.2　学校管理队伍

该指标主要反映区域内建设高素质校长（园长）队伍的力度和成效。优质教育的发展离不开优质教育管理队伍的建设，创建"先进区"要着力完善引进、培养、交流相结合的校长（园长）管理机制，努力打造适应推进教育现代化需要的，思想觉悟高、育人水平强、治校能力精的专家型校长群落。

分指标1　落实有关校长（园长）专业标准，拥有一支理念先进、高素质的幼儿园园长、中小学校长队伍，校长任职条件和任用办法健全。

佐证材料：（一）学校落实校长（园长）专业标准的具体举措和成效，包括出台的政策文件以及制定的相关制度等。（二）中小学校长、幼儿园园长队伍整体情况介绍。（三）制定的校长任职条件和任用办法。

分指标2　学校管理队伍结构合理，整体素质高。

佐证材料：（一）学校管理队伍整体情况介绍。（二）有关学校管理队伍建设方面出台的政策和制定的制度等文件。（三）学校管理队伍建设方面取得的成效。

1.2.3　教育行政队伍

该指标主要反映区域教育行政部门及学校行政人员的管理能力和水平。推进教育现代化，要求教育行政管理人员熟悉掌握教育法律法规和方针政策，深刻领会上级管理部门对教育工作的要求，不断完善决策、执行、监督三位一体的行政管理体制，创新工作机制，促进区域教育和学校的工作体现规范、优质、高效的管理水平。

分指标1　教育行政人员95％以上拥有本科及以上学历，善用学校教育理论、熟悉教育规律、政策，有效地指导学校开展教育教学等各项工作，能有效解决工作中所遇到的实际问题。

分指标2　管理或服务的规章明晰，流程科学，体现服务意识。

分指标3　建立完善的教育教学指导、管理和质量监控制度。

佐证材料：（一）教育行政人员的人数及其学历情况。（二）教育行政队伍建设和管理的制度和相关材料。

1.3　经费投入

该指标主要反映政府对公共教育事业发展所提供的经费保障及其使用效益、绩效评估的情况。重点考察政府对教育投入"三个增长"的情况，对促进区域之间义务教育均衡发展的扶持力度，建立和完善教育经费投入和管理机制以及规范教育收费的情况。

1.3.1　经费投入体制和机制★

分指标1　各级各类教育经费保障机制健全完善，建立以公共财政投入体制为主、多渠道筹措教育经费的经费投入体制。

分指标2　建立适应当地居民收入水平的非义务教育阶段的教育成本分担机制。

1.3.2　经费投入水平★

1.3.3　经费使用的监测与效益评估

分指标1　建立教育财务公开制度，教育经费使用情况监测制度完善，教育经费审计制度健全；无贪污、截留、克扣、挪用、挤占、抵顶各种教育资金现象。

分指标2　教育经费使用的绩效评估方法科学。

1.3.4　教育收费管理★　严格执行教育收费规定，近1年没有发生教育乱收费问题。

佐证材料：（一）政府财政预算、决算报告、审计报告等相关文件；有关教育经费投入的专项材料，相关数据应经过教育、财政部门审核确认；县（市、区）政府或财政、教育部门制订的建立机制、开展监测、评估教育经费使用绩效的相关正式文件。（二）经县（市、区）级人大批准的年度县（市、区）级财政决算报表，需清晰反映教育经费和财政经常性收入的上述科目。（三）县（市、区）建立教育经费公开制度的相关文件。近两年接受各级审计部门对教育经费进行审计的审计结果或报告，审计整改报告等。（四）受检查学校提供年度部门预算报表、年度决算报表、年度教育经费统计报表；学校财政预算拨款凭证、学校（单位）进账单、支付凭证（发票）等；学校会计记账账簿等。（五）县（市、区）加强教育收费管理的文件制度和相关材料。

名词解释和计算公式：

（一）教育财政拨款（即公共财政教育拨款）：根据教育部、财政部、国家统计局全国教育经费执行情况统计公告的口径，教育财政拨款亦即公共财政教育拨款，包括公共财政预算安排的教育事业费、基建拨款和教育费附加三项，不含科研经费等其他公共财政预算安排的教育经费、地方教育附加、土地出让收入计提教育资金、政府性基金预算安排的其他教育经费。

（二）财政经常性收入：指每个财政年度都能连续不断、稳定取得的财政收入，主要包括地方固定的预算收入、两税返还、一般性转移支付三部分。根据《财政部关于统一界定地方财政经常性收入口径的意见》（财预〔2004〕20号）的规定，包括：（1）地方一般预算收入（剔除城市维护建设税、罚没收入、专项收入及国有资产经营收益等一次性收入）；（2）省核定的税收返还净额、所得税基数返还及出口退税基数返还；（3）省核定的一般性转移支付和调资专项转移支付收入；（4）行政事业性收费是否纳入地方财政经常性收入范围，由各地财政部门与人大有关部门商定。

（三）公共财政预算教育事业费支出：指在学校支出中，来源于从同级财政部门取得的205类科目（不含205类09款、205类10款、205类51款、309类）拨款的支出，包括工资福利支出、对个人和家庭的补助支出、商品和服务支出、其他资本性支出四部分。

公式：生均公共财政预算教育事业费支出＝公共财政预算教育事业费支出/年平均学生数。

（四）公共财政预算教育公用经费支出：指在学校公用经费支出中，来源于从同级财政部门取得的205类科目（不含205类09款、205类10款、205类51款、309类）拨款的支出，包括商品和服务支出、其他资本性支出两部分。

公式：生均公共财政预算教育公用经费支出＝公共财政预算教育公用经费支出/年平均学生数。

1.4　办学条件

1.4.1　学前教育机构★　无违法办园现象，省规范化幼儿园达95%以上，公办和普惠性民办幼儿园达80%以上。

该指标主要反映公办幼儿园和普惠性民办园的建设情况，幼儿园在园舍建设、硬件设施、师资配备和教学管理等方面的办学条件情况。省规范化幼儿园珠三角地区达95%以上（初评时达85%以上，承诺复评时达95%以上）；非珠三角地区达70%以上（初评时达60%以上，承诺复评时达70%以上）。

佐证材料：（一）清理整治无证学前教育工作措施文件。（二）违法办园情况材料。（三）经县级以上教育部门验收的规范化幼儿园验收文件和统计报表。（四）扶持和发展公办园和普惠性民办幼儿园的政策文件和统计报表。（五）经县级以上教育部门认定的普惠性民办幼儿园文件。

1.4.2　义务教育学校★　义务教育阶段普通中小学校中公办标准化学校覆盖率达100%，民办标准化学校覆盖率达70%以上（先进县复评时达到100%）。

该指标主要反映义务教育阶段学校标准化建设情况。加强义务教育学校标准化建设是贯彻落实国家和省关于义务教育均衡发展要求的重要举措，是指导我省义务教育学校建设的"托底标准"。推进教育现代化，务必达到义务教育学校标准化建设的比例要求，标准化办学的水平不断提升，区域义务教育均衡发展的措施得力有效。重点检查学校平均班额小学不超过45人、初中不超过50人，且起始年级小学无45人以上、初中无50人以上大班额现象。

佐证材料：（一）经市级以上教育部门验收的义务教育标准化学校验收文件、相关统计报表。

（二）义务教育学校在校生名册（含新生名册）、班额统计表等。

1.4.3 高中阶段学校

该指标主要反映高中阶段教育优质化建设情况。重点考察高中阶段教育的优质学位，包括区域内市一级以上普通高级中学比例（含国家级示范性高中），省级、国家级重点中职学校和示范性中职学校比例，以及优质普通高中学校招生指标分配的比例。

分指标1 优质普通高中学校占比达80%以上；公办省一级以上普通高中学校招生指标分配比例达到省要求。★

佐证材料：（一）区域内普通高中学校名单、学校等级批文和优质学校比例情况。（二）省级优质普通高中"指标到校"的政策文件、招生实施情况和招生数据等相关材料。

分指标2 高中阶段教育普职比大体相当。

佐证材料：近3年高中阶段学校花名册、近3年普通高中和中职学校在校生人数、普职比统计汇总表。

名词解释和计算公式：

高中阶段教育普职比大体相当是指区域内适龄受教育者就读普通高中、中职学校（含技工学校，下同）之间的比例大体相当，计算方式为全日制高中阶段教育中，当年普通高中（或中职）在校生在高中阶段在校生中占比在45%~55%（含）之间。统计时除统计当年本区域内的普通高中、中职学校在校生人数外，在本区域外普通高中、中职学校就读的本区域适龄受教育者也应统计在内。各地须建立学生台账，精确计算比例。

分指标3 有条件的和人口大县（市）（原则上50万人口以上）要办好中等职业学校，100%的公办中职学校为省级以上重点学校。★

佐证材料：中职学校等级情况分类汇总表、中职学校等级批文，其他有关证明材料。

1.4.4 社会教育机构

该指标主要反映社会教育资源的配置及其为学校教育和学生发展服务的水平。重点考察社会公共教育设施建设对推进素质教育、培养青少年全面发展工作发挥的积极作用。社会公共教育设施是国民教育和继续教育的重要补充，是学校实施素质教育的重要载体和资源；政府有责任在实施国民教育与继续教育过程中，确保其设备齐全、功能完善、服务优质，并为现代化学习型社会的建设发挥应有的作用。

分指标1 成立由地方党委或政府牵头，有关部门参与的社区教育委员会或领导小组，建立并实施社区教育各项规章制度，专（兼）职管理人员配备落实，成人职业培训机构、社区学校（学院）等教育机构办学条件良好，运作规范，形成具有社区特色的课程及活动资源。

佐证材料：（一）成立领导小组的正式文件，各项管理制度正式文件，配备编制人员的正式文件。（二）社区教育机构设立批文；机构办学条件、师资队伍、经费投入、课程资源等基本情况；机构开展教育培训工作情况。

分指标2 图书馆、博物馆、科学馆、美术馆、青少年宫、文化宫、体育中心、学生综合实践基地等机构健全，设施完备。

佐证材料：（一）上述8个机构名单、地点、机构编制文件、开展活动情况。（二）机构编制文件、财政拨款佐证材料、财政拨款与日常支出比较情况、开展活动情况。

名词解释和计算公式：

学生综合实践基地，是指教育部门主办或合办，以推进中小学生素质教育、提高实践能力为目的，具备室内综合实践区、室外劳动实践区、综合训练区、生活区等基本功能区，可容纳集中食宿，开展学工、学农、生命安全教育等综合实践教育活动的公益性场所。

1.5.1 国民教育体系★

该指标主要反映国民教育体系的完整性。重点考察国民教育体系所涵盖的层次、形态、类型、数量、学制等，是否能够满足适龄儿童、少年、青年（包括残疾儿童少年）接受国民教育的需求以及适应经济社会发展的需要。

分指标1 现代国民教育体系完整、衔接合理。

佐证材料：（一）全区学前教育、义务教育、高中阶段教育、高等教育相关统计报表。（二）全市学龄儿童少年人数（全国人口普查数为依据）以及学位供需的相关材料（包括非户籍常住学生就学供需）。

分指标2 符合教育法规要求设置标准化特殊教育学校，特殊教育体系完善。

佐证材料：（一）设置标准化特殊教育学校的详细材料。（二）特殊教育体系发展情况。

分指标3 残疾儿童少年随班就读支持保障体系健全。

佐证材料：残疾儿童少年随班就读支持保障体系建设情况。

1.5.2 终身教育体系　终身教育体系完善，群体分类继续教育成效好；积极创建国家级、省级社区教育实验区，建成县（市、区）、街道（乡镇）、居（村）三级社区教育网络。80%以上社区建有社区教育（文化、艺术及娱乐）中心，每年接受社区教育的社区成员占全体成员的比例达50%以上。

该指标主要反映终身教育体系的完善程度和发展水平。重点考察"人人皆学、时时能学、处处可学"的终身学习体系和学习型社会的构建，推进教育现代化就是要体现现代教育全民性、多样性、全时空性的特征。

佐证材料：（一）三级社区教育机构设立批文。（二）机构办学条件、师资队伍、经费投入、课程资源等基本情况。（三）机构开展教育培训人员名册及统计表、社区总数、社区居民人数、接受社区教育统计表等资料。

现场抽查1～2个社区，实地考察社区教育机构办学条件，访谈和问卷核实教育培训活动开展情况。

1.6 教育信息化

1.6.1 教育信息化建设

该指标主要反映教育信息化建设水平。重点考察优质教育信息网络的构建，教育信息化的装备；考察基础教育网络平台功能和资源库容量支持教师课程教学、专业发展和学生课程学习，多元发展的实效性；教育信息化环境良好，对教育现代化水平的提升具有较大的推进作用。

分指标1　教育信息化规划合理。

分指标2　中小学宽带接入比例达到100%，城镇中小学带宽不低于500M，其他学校不低于100M。

分指标3　100%学校能自行设计或依托上级公共教育服务平台，建成学校门户网站和教育教学管理平台，所有教学点实现数字教育资源全覆盖。

分指标4　中小学校网络多媒体教室占总课室比例不低于90%。

分指标5　100%教师配备专用教学用终端。

佐证材料：（一）本地区学校接入互联网的情况，包括与网络营运商签订的接入合同（协议）、接入学校数量及所占全部学校比例、方式、带宽等。（二）本地区学校网络多媒体教室数量及所占全部教室比例、教学用终端和学习终端配备数量等。（三）本地区数字教育资源共享情况，包括数字教育资源来源、数量、共享方式和学校等。（四）本地区公共教育服务平台（管理、资源）建设情况，教师、学生、办学条件等信息化管理系统情况。

名词解释和计算公式：

（一）网络多媒体教室是指配备计算机、数字显示设备，且具备宽带互联网接入能力和无线网络的教室。

（二）教学用终端是指某一级教育计入学校固定资产且使用年限未满5年的专门用于教学的终端，主要包括为服务学生学习活动而配备的个人计算机、平板电脑、掌上电脑等数字化学习终端设备。

（三）《中小学教师信息技术应用能力标准》是指教育部办公厅发文的中小学教师信息技术应用能力标准指南。

（四）班均带宽是指学校接入互联网（含省基础教育专网）总带宽除以现学校总班级数后的带宽数量，计算公式为：班均带宽＝学校接入互联网总带宽/现学校总班级数。

1.6.2 教育信息化成效

该指标主要反映教育信息化对推进教育现代化建设的作用和成效。重点考察中小学教师信息技术的应用能力和水平及其对教育教学模式的创新开发和应用指导力度。

分指标1　80%以上教师达到《中小学教师信息技术应用能力标准》。

分指标2　90%的教师及初中以上学生拥有个人实名制的网络学习空间。

分指标3　信息技术应用创新活动参与面广，逐步形成了本地化的特色应用活动、品牌项目，有效推动了教育信息化的应用和普及。

佐证材料：（一）本地区教师教育信息技术应用能力达标情况统计表。（二）本地区教师及初中以上学生个人实名制网络学习空间注册与应用情况统计表。（三）本地区特色化教育信息技术应用活动、品牌项目开展及效果情况说明。

名词解释和计算公式：

《中小学教师信息技术应用能力标准》是指教育部办公厅发文的中小学教师信息技术应用能力标准指南。

1.7 教育交流与合作

1.7.1 交流与合作工作基础

县（市、区）教育行政部门工作职责中有明确的对外交流工作职能，有相应的工作部门和工作经费；认真执行对外交流法律法规和上级有关对外交流的规章制度；与国际及港澳台交流合作机制完善，制订对外交流合作工作规划、实施方案和年度工作计划，定期指导所辖县（市、区）及学校开展对外交流活动。

该指标主要反映推进教育交流与合作的保障机

制。重点考察教育行政部门是否明确对外交流工作职能，并设立相应的工作部门和工作经费；工作制度、工作规划是否完善并落实到位，教育交流与合作的成效对促进教育现代化建设的成效如何体现。

佐证材料：（一）本县三定方案及相关说明描述材料。（二）提供具体工作部门及相关工作人员名单，提供经费方案相关情况及对外交流工作经费记录及其他描述材料。（三）提供本县执行国家、省及上级有关部门关于开展对外交流的法规情况，是否存在违规情况，如未经批准或越权审批中外合作办学情况，未经批准学校组织学生出境夏令营造成不良影响，是否受过通报批评，提供相关情况材料的描述；提供实施国家或省有关对外交流法规和政策的情况描述材料及相关实施细则或通知。（四）提供与国际及港澳台交流机制的证明材料，如合作协议、会议纪要、双方工作机制名录等及开展工作描述情况材料。（五）提供本县近年对外交流规划文本和实施方案、年度执行计划等材料。（六）提供本县指导学校开展对外交流工作的文件、通知、规定等文件，提供相关工作指导描述材料情况。（七）查阅核实上述资料，并根据实际情况，组织师生或相关人员访谈和调查问卷。

1.7.2　国际及港澳台交流与合作活动

该指标主要反映教育国际交流合作的状况。引进国际优质教育资源，充实国内教育体系，提升本土教育综合实力与水平，体现现代教育的开放性、包容性和全球性，也是教育实现"三个面向"的根本要求。重点考察现代化城市基础教育和高等教育的国际合作和交流项目实施情况及成效。

分指标1　与境外教育部门、学校等机构有较频繁的交流和合作；重视辖区教师境外培训培养，制定教师出境交流学习计划，教师出境的比例逐年提高，接受境外培训培养教师的学习成果在本区内推广；辖区重视聘请外籍教师工作，有健全的管理制度，管理规范。

分指标2　重视外国学生和港澳台学生工作，认真执行有关管理制度，妥善解决入学问题。

佐证材料：（一）提供开展对外交流情况的描述材料。（二）提供教师境外培训工作计划，实施情况材料，出境培训教师名录及相关情况，受训教师教学成果情况材料。（三）提供外籍教师名录及相关情况，提供指导学校对外籍教师管理规范相关文件。（四）提供本县外国及港澳台学生基本情况。（五）查阅核实上述材料，并根据实际情况，组织师生或相关人员访谈和调查问卷。

1.7.3　国际理解教育　在弘扬中华优秀传统文化基础上，加强国际理解教育，培养学生国际化素养，学生理解、尊重多元化文化，懂得并掌握基本的国际礼仪。

该指标主要反映开设跨文化教育、境外学生在本地就学和实施国际理解教育的情况。国际理解教育主要是对境外教育的深度了解，尤其是对异国文化、异质文化的借鉴、吸收与辨析，培养师生的兼容并包的文化意识，以及鉴赏与批判的能力水平，从提高对教育"三个面向"的深刻认识与理解，进而形成造就国际化人才的自觉行为。

佐证材料：（一）提供本地区支持学校开展学生交流相关情况。（二）查阅学校相关教学或讲座的记录。（三）查阅学生参与有关对外活动的记录。（四）查阅核实上述材料，并根据实际情况，组织师生或相关人员的访谈和调查问卷。

2. 教育现代化实践

2.1　学生培养

2.1.1　培养模式★　人才培养模式不断优化，形成体系开放、机制灵活、渠道互通、选择多样的人才培养体制；建立职业院校产教融合工学结合的校企合作常态制度。

该指标主要反映人才培养模式的改革创新情况。现代教育的核心任务是培养适应社会发展需求的新型人才。只有建立开放性、多样化、以人为本的新型人才培养模式，才能培养出新型的人才。

佐证材料：（一）人才培养模式、培养体制、培养政策的相关文件资料。（二）职业院校产教融合、校企合作常态制度的相关文本、样本等材料。

2.1.2　素质教育★

该指标主要反映实施素质教育的力度和成效。素质教育要求以培养人的素质为主要目标，促进学生终身发展。立德树人是教育的根本任务，积极培育和践行社会主义核心价值观是学校落实立德树人根本任务的核心要求。创新能力、社会实践能力及学习能力是新型人才所必须具备的，是人持续发展的重要能力。

其中"明确'健康第一'培养目标，确保学生体育课程和课余活动时间"要素重点考察：政府及有关部门是否认真贯彻落实国务院办公厅《关于强化学校体育促进学生身心健康全面发展的意见》（国办发〔2016〕27号）及省政府办公厅《关于强化学校体育促进学生身心健康全面发展的实施意见》（粤府办〔2016〕119号），学校是否按规定开齐、开足、上好体育课，切实保障学生每天1小时校园体育活动。

分指标 1　坚持立德树人,把培育和践行社会主义核心价值观生动地融入学校教育全过程,形成课堂教学、社会实践、校园文化多位一体的育人平台。

佐证材料:(一)培育和践行社会主义核心价值观教育活动的相关材料,如有关制度、社会实践活动(含方案、总结和照片)等。(二)校园文化建设方案、照片等。(三)师德建设材料。

分指标 2　坚持能力为重,丰富社会实践,强化能力培养,学生的学习能力、实践能力、创新能力不断提高,促进学生学会知识技能,学会动手动脑,学会生存生活,学会做人做事。

佐证材料:(一)课程安排表。(二)各类教育教学活动材料。

分指标 3　明确"健康第一"培养目标,确保学生体育课程和课余活动时间;《国家学生体质健康标准》优良率达到25%,且合格率达到93%。《国家学生体质健康标准》优良率=测试成绩达到优秀和良好的中小学生数÷中小学生总数×100%。

合格率=测试成绩达到合格的中小学生数÷中小学生总数×100%。

佐证材料:(一)反映县(区)政府及相关部门贯彻落实国务院办公厅、省政府办公厅强化学校体育工作促进学生身心健康全面发展有关要求的相关文件、材料及工作总结。(二)全县(区)体育教师配备情况,每所学校体育教师名单及课程安排表。(三)反映全县(区)校园足球开展的有关文件、材料及工作报告。(四)《国家学生体质健康标准》达标情况统计表。

分指标 4　重视美育,培养学生良好的审美情趣和人文素养,中小学有效实施"体育、艺术2+1项目",形成课堂教学、课外活动和校园文化三位一体的艺术教育发展推进机制。

佐证材料:(一)实施"体育、艺术2+1项目"的材料。(二)开展艺术教育活动的材料,如艺术节等。

分指标 5　重视劳动教育,培养学生热爱劳动、热爱劳动人民的情感。

佐证材料:开展劳动教育的材料。

分指标 6　安全教育、健康教育、国防教育常规化。

佐证材料:(一)开展安全教育、健康教育、国防教育的常规制度,如教学计划及实施情况等。(二)各类专题教育活动材料,如活动方案、总结和照片等。

2.2　教育管理

2.2.1　学校管理

该指标主要反映学校民主管理的水平以及发展特色。加强学校章程建设,建立健全教职工代表大会制度,建立中小学家长委员会和法律顾问制度,是建设依法办学、自主管理、民主监督、社会参与的现代学校制度的重要内容,是实现学校管理制度化、规范化、法治化的重要途径。管理制度科学、民主,办学目标明晰,发展规划合理,校风、教风、学风优良,特色鲜明,追求卓越,这些都是构成现代化学校的要素。

分指标 1　现代学校制度完善,实现"一校一章程",依照章程实施管理,制度完善,建立健全教职工代表大会制度,建立中小学家长委员会和法律顾问制度。

佐证材料:(一)教育部门关于学校章程建设的文件,包括章程制定和核准工作细则程序等,学校关于章程制定和教育部门开展章程核准工作的材料,完成章程核准的学校名单及章程核准书,学校依照章程实施管理相关材料等。"一校一章程",以学校严格按程序制定章程、县教育行政部门严格按程序核准以及学校按程序实施管理等作为衡量标准。(二)学校法律顾问制度建设的文件,包括"一校一法律顾问"工作文件、已建立学校顾问制度的学校名单和聘任合同等。(三)教职工代表大会制度及工作的有关材料。(四)学校家长委员会建立及运作情况、学校数量与家长委员会数量统计。

名词解释和计算公式:

中小学家长委员会,是由本校学生家长代表组成,代表全体家长参与学校民主管理,支持和监督学校做好教育工作的群众性自治组织,是学校联系广大学生家长的桥梁和纽带。

分指标 2　学校办学目标明确,学校发展规划科学合理、实施有力。

佐证材料:学校发展规划,包括学校的事业发展规划、师资建设规划、校园建设规划。

分指标 3　学校的校风、教风、学风优良,校园文化环境建设科学,特色鲜明,校园文化活动丰富多彩。

佐证材料:(一)反映校风、教风、学风的相关材料。(二)学校特色发展的相关材料。(三)校园文化建设的相关材料。

2.2.2　教育行政管理

该指标主要反映地方政府依法履行职责,领导和管理教育工作，推动教育现代化建设的情况，以及教育行政部门的管理效能和科学、民主决策的水平。

分指标1　健全党政一把手亲自抓教育现代化建设的领导体制和目标管理责任制。

佐证材料：（一）实践落实"教育行政管理"有关指标的专项自评报告。（二）健全党政领导制度的相关材料，包括文件、会议纪要等。

分指标2　政府的教育管理机构设置健全，分工明确；管理制度健全，管理手段先进，管理效能高。

佐证材料：教育局机构设置、制度建设以及运行情况等材料。

分指标3　决策过程民主化、决策程序规范化、决策方法科学化。决策能得到全社会的监督，信息反馈渠道通畅。

佐证材料：（一）科学、民主决策的相关材料，如教育行政决策的规程、教育行政部门重大决策合法性审查制度等。（二）教育人事、财务、教师考核与奖惩、教师招聘及录用等重大事件的决策记录和公示情况等材料。（三）信访工作制度等相关材料。

2.2.3　教育法治

该指标主要反映教育法治建设水平。加强教育法治建设，是加快建设社会主义法治国家的要求；是发挥法治在学校管理中的重要作用，提高学校治理法治化、科学化水平的客观需要；是深化教育体制改革，推进政校分开、管办分离，构建政府、学校、社会之间新型关系，建设现代学校制度的内在要求；是适应教育发展新形势，提高管理水平与效益，维护学校、教师、学生各方合法权益，全面提高人才培养质量，实现教育现代化的重要保障。重点考察教育行政部门及学校是否出现违法违纪现象。

分指标1　教育法治观念普遍增强，扎实推进依法治校工作，教育法制工作机构健全，总体上形成了"政府依法行政、学校依法办学、社会依法参与、学生依法受教"的教育法治局面；教育普法工作有规划、有措施、有总结，全体教师每年至少参加一次专门的学法培训。

佐证材料：（一）推进"教育法治"工作自评报告。（二）有关加强学校法治建设的文件，创建依法治校示范校活动工作文件及工作报告。（三）近3年县级以上教育行政部门依法行政工作计划及总结，教育法制工作机构建设情况。（四）教育普法工作情况，包括教育普法五年规划实施情况和年度工作总结，校长、教师普法学法工作情况。

分指标2　依法保障学校、教师、学生及家长的合法权益；教育投诉案件都能得到妥善处理，杜绝师生权益遭受侵害的现象；建立和完善校园安全综合防控体系和长效工作机制；按规定为学生购买校方责任保险。

佐证材料：（一）指导学校依法维权、处理投诉等相关材料。（二）校园安全工作的相关材料。（三）为学生购买校方责任保险的相关材料。

2.2.4　教育督导

该指标主要反映教育督导制度和教育质量监测制度在推进教育现代化建设中所发挥的作用。健全教育督导机构，加强教育督导，完善教育质量监测体系，保证教育法律、法规、规章和国家教育方针、政策的贯彻执行，实施素质教育，提升教育质量，促进教育公平，推动教育事业科学发展。

分指标1　县（市、区）政府教育督导机构健全；配足配强专职督导人员，落实教育督导专项经费。

佐证材料：（一）政府教育督导机构设置的相关材料，包括人员配置情况。（二）落实教育督导经费的相关材料。

分指标2　实施督导责任区制度，创新挂牌督导机制效果好，健全各级各类学校教育教学质量保障与评估机制；实现教育督导评估工作的专业化、规范化、制度化。

佐证材料：（一）实施督导责任区制度、挂牌督导制度的相关材料。（二）开展督导评估工作的相关材料，如计划、总结等。

分指标3　以加强教育质量监测为抓手，提升教育质量，推进教育公平，促进教育区域均衡发展。

佐证材料：开展教育质量监测的相关材料，包括监测制度、实施与成效等。

2.3　教育改革

2.3.1　改革理念　改革意识强烈，改革的指导思想先进、科学，能敏锐发现和深刻把握教育的热点、难点、焦点问题，采取有效的改革措施，及时予以解决。

该指标主要反映教育改革理念的先进性。教育改革首先应当是教育理念的改革。改革意识的强烈程度以及改革理念的先进性程度直接影响改革的推进与成效。

佐证材料：政府或教育行政部门关于教育改革的决策性文件、会议纪要等材料。

2.3.2　改革研究

该指标主要反映教育科研工作的保障机制和普

及情况。教育科研工作是教育事业的重要组成部分，发挥着基础性、全局性和先导性作用。教育科研是教育事业改革发展的"重要生产力"，是促进教师专业发展的重要途径，是推动教育事业内涵发展、科学发展和可持续发展的重要保障。

分指标1　教育科研机构人员齐备，教育教学研究规范化，教育科研经费逐年增加，所有教师参加各类教育教学研究。

佐证材料：（一）教育科研机构设置的相关材料，包括人员配置情况。（二）教育科研管理制度的相关材料。（三）教育科研规划及执行情况的相关材料，如发展规划、年度工作计划和总结等。（四）落实教育科研经费的相关材料。

分指标2　形成浓厚的教育科研氛围，获得省级以上教育科研课题的立项逐年增加，获省级教育科研重点课题1项以上。

佐证材料：课题立项材料，包括近3年获国家、省、市等上级部门立项的课题立项统计表（含年度、主持人、发文单位、课题名称和编号、课题类别、资助经费）等。

分指标3　教育科研成果显著，在区域内有较大影响力，起到引领和示范作用。

佐证材料：（一）教育科研成果材料，包括教育科研成果近3年获奖名册（含获奖者姓名、等级、发文单位、奖项类别、获奖证书复印件）。（二）科研成果在相应区域交流和推广的相关材料，如文件、现场图片等。

2.3.3　改革成效　改革的创新性特征明显、成效非常显著，极大地提高了县域教育教学质量、学校管理水平，明显地促进县域教育的可持续、跨越式发展。

该指标主要反映教育改革的创新水平以及对教育质量的促进作用。教育改革应服务于教育实践，切实有效地提高教育发展水平。

佐证材料：能反映教育教学改革成效的相关材料，如研究成果、证明材料、媒体专题报道等。

3. 教育现代化成就

3.1　教育质量

3.1.1　学校教育教学水平与学生素质★

该指标主要反映高中阶段学校的教育质量，分别以学业考试成绩和毕业生的"双证率"来反映普通高中和中等职业学校的学生素质情况。

分指标1　高中学业水平考试成绩C级以上比例珠三角地区复评达85%以上，非珠三角地区初评达75%以上。

佐证材料：（一）普通高中学业水平考试通过情况统计表。（二）学生学业水平考试成绩情况及汇总表。

分指标2　中等职业学校毕业生"双证率"达98%（艺术、体育专业达70%）以上（未开考科目除外）。

佐证材料：（一）中等职业学校"双证率"统计表。（二）全县（市、区）毕业生"双证率"情况统计及汇总表。

名词解释和计算公式：

"双证"指中等职业教育毕业证书与职业资格证书。

"双证率" = 已开考专业毕业生"双证"人数 ÷ 开考专业毕业生人数 × 100%。

3.1.2　普及率与就业率

该指标主要反映基础教育的普及程度以及中职毕业生的就业率。大力发展学前教育，均衡优质标准化发展义务教育，巩固提升高中阶段教育普及水平，尽快实现从学前三年到高中阶段的15年教育。重点考察九年义务教育入学率和巩固率。

分指标1　学前三年毛入学率达98%以上。

佐证材料：学前三年毛入学率统计表。

名词解释和计算公式：

学前教育毛入园率 = 学年初幼儿园在园人数 ÷ 3周岁以上6周岁以下幼儿人数 × 100%

分指标2　适龄儿童少年入学率达到100%。

佐证材料：适龄儿童少年入学率统计表。

分指标3　九年义务教育巩固率达到95%。

佐证材料：（一）适龄儿童少年统计名册及在校生名册。（二）九年义务教育巩固率统计表。（三）学生学籍卡及在校生变动名册等相关材料。

名词解释和计算公式：

九年义务教育巩固率 = 初中毕业班学生数 ÷ 该年级入小学一年级时学生数 × 100%。

分指标4　高中阶段教育毛入学率达到95%。

佐证材料：（一）高中阶段教育毛入学率统计表。（二）高中阶段在校生情况表。（三）高中阶段教育适龄人口统计数据。（四）推进高中阶段教育普及水平及发展规划、高中阶段学校招生等相关材料。

名词解释和计算公式：

全日制高中阶段教育毛入学率 = 本地区全日制高中阶段教育在校生人数 ÷ 本地区适龄（15～18岁）人口数 × 100%。

分指标5　中职毕业生初次就业率达到98%

以上。

佐证材料：（一）近3年中职学校毕业生就业率统计表，包括中职学校的基本情况、毕业生人数和就业、创业、升学、出国人数等。（二）中职毕业生就业率的相关材料。

名词解释和计算公式：

中等职业学校初次就业率＝（中等职业学校应届毕业生已就业和创业人数＋已升学和出国人数）÷中等职业学校应届毕业生人数×100%。

3.2 教育公平

3.2.1 义务教育均衡发展水平★ 达到国家义务教育发展基本均衡县要求；小学和初中的差异系数分别小于0.5。

该指标主要反映推动义务教育均衡发展的措施与成效。通过县域义务教育发展基本均衡县（市、区）省级督导评估或达到省级督导评估标准，是申报广东省推进教育现代化先进县（市、区）的前提条件。重点考察校际间资源配置均衡情况。

佐证材料：（一）已通过县域义务教育发展基本均衡县（市、区）省级督导评估的县（市、区）需提供相关证明材料。（二）全国义务教育发展基本均衡县（市、区）申报表。

名词解释和计算公式：

小学（初中）各评估指标的差异系数＝小学（初中）各评估指标的标准差÷小学（初中）各评估指标的平均数。

3.2.2 区域学位供给能力★

该指标主要反映中小学的建设规模与人口规模的相适应程度。优化教育资源配置，增强学位供给能力，办人民满意的教育。

分指标1 义务教育阶段学位供给能力系数达到1。

佐证材料：（一）义务教育阶段学位供给能力系数统计表。（二）优化学校布局，增强学位供给能力的相关材料。

名词解释和计算公式：

义务教育阶段学位供给能力系数＝区域义务教育阶段学位总数÷（区域常住义务教育阶段适龄人口总数×预期义务教育阶段适龄人口入学率），其中，区域义务教育阶段学位总数＝区域义务教育经费总投入÷义务教育生均教育成本。

分指标2 高中教育阶段学位供给能力系数达到0.95。

佐证材料：（一）近3年高中教育阶段学位供给能力系数统计、学位总数统计、在校学生人数统计等。（二）公办省一级以上优质普通高中"指标到校"的政策文件、招生实施情况和招生数据等相关材料。

名词解释和计算公式：

高中教育阶段学位供给能力系数＝区域高中教育阶段学位总数÷（区域常住高中教育阶段适龄人口总数×预期高中教育阶段适龄人口入学率），其中，区域高中教育阶段学位总数＝区域高中教育经费总投入÷高中教育生均教育成本。

3.2.3 农村适龄人口教育机会 农村适龄人口的教育机会系数达到1。

该指标主要反映农村适龄人口公平接受义务教育的情况。优化中小学校布局，切实保障农村适龄人口受教育的权利和义务。

佐证材料：（一）农村适龄人口的教育机会系数统计表。（二）农村中小学分布情况的相关资料。（三）保障农村适龄人口教育机会相关工作的材料，如政策文件、会议记录等。

名词解释和计算公式：

农村适龄人口教育机会系数＝（农村适龄人口在校生数÷农村适龄人口总数）÷（城镇适龄人口在校生数÷城镇适龄人口总数）。

3.2.4 女性适龄人口教育机会 女性适龄人口的教育机会系数达到1。

该指标主要反映女性适龄人口公平接受义务教育的情况，切实保障女性适龄人口受教育的权利和义务。

佐证材料：（一）女性适龄人口的教育机会系数统计表。（二）保障女性适龄人口教育机会相关工作的材料，如政策文件、会议记录等。

名词解释和计算公式：

女性适龄人口教育机会系数＝（女性适龄人口在校生数÷女性适龄人口总数）÷（男性适龄人口在校生数÷男性适龄人口总数）。

3.2.5 随迁子女教育机会★ 随迁子女在公办学校就读比例不低于50%。

该指标主要反映随迁子女公平接受义务教育的情况，切实保障随迁子女受教育的权利和义务。坚持"以流入地政府管理为主，以全日制公办中小学就读为主"原则，解决随迁子女接受义务教育问题。

佐证材料：（一）随迁子女义务教育阶段在校生名册、在公办学校就读比例统计表等。（二）保障随迁子女接受义务教育的政策文件和规划文件。（三）适龄儿童少年人口统计报表、义务教育在校生名册（含新生名册）等相关材料。

名词解释和计算公式：

随迁子女在公办学校就读比例＝随迁子女在公办义务教育阶段学校就读人数（包括政府购买民办学校学位入学的随迁子女就读人数）÷随迁子女在义务教育阶段学校就读人数。

3.2.6 贫困生教育机会★

该指标主要反映政府对基础教育阶段贫困生的资助制度以及实施成效。重点考察资助政策和资助资金的落实情况。

分指标1 学前教育、义务教育、高中阶段教育的学生资助制度健全，资助资金配套及时、到位，学生资助政策全面落实。

佐证材料：（一）政府对学前教育、义务教育、高中阶段教育学生资助政策、制度的相关材料。（二）落实资助资金的相关材料。

分指标2 贫困生教育机会系数达到1。

佐证材料：贫困生教育机会系数统计表。

名词解释和计算公式：

贫困生教育机会系数＝（贫困生适龄人口在校生数÷贫困生适龄人口总数）÷（普通家庭适龄人口在校生数÷普通家庭适龄人口总数）。

分指标3 杜绝基础教育阶段学生因贫困而辍学的现象。

佐证材料：防止贫困生辍学有关工作的材料。

3.2.7 残障适龄人口教育机会★

该指标主要反映特殊教育的办学条件以及特殊儿童少年公平接受义务教育的情况。

分指标1 特殊教育保障机制健全。

佐证材料：（一）关于特殊教育保障机制的相关材料，包括政策文件、制度、经费等。（二）特殊教育办学条件的相关材料，包括特殊教育学校办学条件、普通教育学校特殊教育资源教室建设、师资配备等相关材料。

分指标2 常住残障适龄人口教育机会系数达到0.97。

佐证材料：（一）常住残障适龄人口教育机会系数统计表。（二）残障学生在读情况统计表（含在普通教育学校随班就读人数）。

名词解释和计算公式：

残障适龄人口教育机会系数＝（残障适龄人口在校生数÷残障适龄人口总数）÷（健全适龄人口在校生数÷健全适龄人口总数）。

3.2.8 境外来粤工作人士子女教育机会 符合就读条件的境外来粤工作人士子女的教育机会系数高标准地保持1。

该指标主要反映境外来粤工作人士子女公平教育的机会，同时也反映教育的国际包容性。

佐证材料：（一）境外来粤工作人士子女的教育机会系数统计表。（二）保障境外来粤工作人士子女教育机会相关工作的材料，如政策文件、会议记录等。

名词解释和计算公式：

境外来粤工作人士子女教育机会系数＝（境外来粤工作人士子女在校生数÷境外来粤工作人士子女人口总数）÷（本地适龄人口在校生数÷本地适龄人口总数）。

3.3 教育特色

3.3.1 特色的适切性 教育教学改革和发展的整体特色明显，并与当地经济社会发展需求和文化传统紧密契合。

该指标主要反映教育特色与地区经济、文化背景相融合、相适应的关系。教育特色发展是教育教学改革和教育现代化的重要目标，将传统优秀文化融入现代教育体系是党和国家教育改革发展的重要内容。

佐证材料：教育教学改革研究成果及特色发展相关材料，包括特色学校挂牌等。

3.3.2 特色的影响力 标志性的教育特色在省内外具有明显的品牌意义。

该指标主要反映教育特色在一定区域内的影响力和先进性。推进教育现代化建设，促进教育优质快速发展，树立品牌、彰显特色，充分发挥示范、引领的作用。

佐证材料：教育特色在省内外交流、示范的相关材料。

三、创建工作重点提示

1.2.1 师资队伍★

1. 提供电脑登录省教育信息平台，以便核查。如申报材料数据与当年省教育信息平台数据不一致，需作出说明，并由县级以上教育行政部门盖章确认。

2. 若教师学历达标数据含在读人员，政府必须出具书面承诺，在2年内达到，并提供在读人员的具体在读情况（建议省明确在读学校的要求）。

1.4.1 学前教育机构★

省规范化幼儿园珠三角地区达95%以上（初评时达85%以上，承诺复评时达95%以上）；非珠三角地区达70%以上（初评时达60%以上，承诺复评时达70%以上）。

1.4.3 高中阶段学校★

优质普通高中学校占比达80%为A，70%～79%为B，低于70%为C。公办省一级以上普通高中指标到校要求：2015年40%以上，2016年50%以上。达到要求为A，低于当年要求5个百分点以内为B，低于当年要求5个百分点以上为C。

1.4.4 社会教育机构

1. 建设青少年宫等社会教育机构，以政府立项和同意批复为督导验收的基本依据，上报以下材料：当地编办已经发文成立青少年宫等社会教育机构核定编制的文件、财政部门批准运行经费的文件、新建青少年宫等社会教育机构立项文件、建筑施工图、工程预算方案、工程招标文件等材料，而且工程已动工。未建设完工前，通过各种途径解决正常运作和活动开展的场地需求；活动开展有记录，能基本满足辖区内中小学生需求。

2. 学生综合实践基地，要求是面向本区域所有中小学校、服务学生指向明确的开展综合实践教育活动的公益性场所。政府在景区、景点等旅游休闲场所挂牌的、学校自行建立的以及参观性质的德育基地、爱国主义教育基地等均不能等同于学生综合实践基地。

1.5.1 国民教育体系★

在建设标准化特殊教育学校，以政府立项、同意批复、建设进展情况为督导验收的基本依据，上报以下材料：特殊教育机构批准设立的政府批文；编制部门核准的机构人员编制批文；财政部门拨予专项经费的文件；该机构属性的说明（单位所有制和公益性）。此外，还需报送特殊教育学校批准开工建设的政府批文，若主体项目已竣工，请提供验收批文，如材料不齐全不予评估。中心城区如果暂时不建区标准化特殊教育学校，则市级特殊教育学校必须100%能够满足该区残疾儿童少年入读需要，且随着人口变化，市特殊教育学校不能全部满足该区入学需求时，必须按要求设置区标准化特殊教育学校。上报以下材料：市级特殊教育学校的基本情况、发展规划、招生的范围及对象、在校学生情况、该区适龄残疾儿童少年的名单及入学情况等，如材料不齐全不予评估。

1.6 教育信息化

"中小学宽带接入比例达到100%，城镇中小学接入带宽不低于500M，其他学校不低于100M。" 2015年城镇中小学班均接入带宽不低于4M；2017年城镇中小学班均接入带宽不低于6M，农村学校班均接入带宽不低于2M；2020年城镇中小学班均接入带宽不低于10M，农村学校班均接入带宽不低于5M，教学点接入带宽不低于4M。

该项三级指标在学校接入带宽或班均接入带宽上达到要求均为A。

"100%学校能自行设计或依托上级公共教育服务平台，建成学校门户网站和教育教学管理平台，所有教学点实现数字教育资源全覆盖。" 2015年60%以上学校建成；2017年70%；2020年100%。

"中小学校网络多媒体教室占总课室比例不低于90%。" 2015年网络多媒体教室比例不低于60%；2017年不低于80%；2020年不低于90%。

"80%以上教师达到《中小学教师信息技术应用能力标准》。" 2015年40%；2017年60%，2020年80%。

"90%的教师及初中以上学生拥有个人实名制的网络学习空间。" 2015年，50%的教师和30%的初中以上学生拥有实名网络学习空间；2017年分别为70%和50%；2020年分别为100%和80%。

2.1.2 素质教育★

按照有关规定开足开齐课程，不占用体育、艺术、实验等课时，保证学生每天1小时校园体育活动时间，并能开展丰富的社会实践等活动，促进学生素质全面发展的，才能评为A。

3.1.1 学校教育教学水平与学生素质★

珠三角地区高中学业水平考试成绩C级以上比例达85%以上。非珠三角地区高中学业水平考试成绩C级以上比例达75%以上为A。对于非珠三角地区高中学业水平当年不达标（但不低于65%）的情况，要求采取措施进行整改并由政府作出下一年完成整改的承诺。

3.1.2 普及率与就业率

如申报材料数据与当年省教育信息平台数据不一致，需作出说明，并由县级以上教育行政部门盖章确认。

3.2.1 义务教育均衡发展水平★

小学和初中的校际间差异系数分别小于0.5。

3.2.2 区域学位供给能力★

义务教育阶段学位供给能力系数达到1以上为

A，0.90～0.99为B，0.90以下为C。高中教育阶段学位供给能力系数达到0.95以上为A，0.90～0.94为B，0.90以下为C。公办省一级以上普通高中指标到校要求：2015年40%以上，2016年50%以上。达到要求为A，低于当年要求5个百分点以内为B，低于当年要求5个百分点以上为C。

3.2.5　随迁子女教育机会★

对于进城务工人员队伍庞大的地区，按差别化原则执行指标，总体要求推进工作有扎实的措施、有显著的成效，随其子女入读公办学校比例逐年提高。

附件5

广东省推进教育现代化先进市督导验收方案（修订）

申报单位：_____
申报时间：_____年_____月_____日
申　　报：初评（　　）复评（　　）

广东省人民政府教育督导室制
2017年9月修订

说　明

一、《广东省推进教育现代化先进市督导验收方案（修订）》（以下简称《方案》），是根据国家和省有关教育政策、法规以及《广东省推进教育现代化督导验收办法（试行）》制定的。

二、本《方案》是各市撰写本地推进教育现代化工作自评报告的依据。

三、本《方案》包括五部分：（一）督导验收指标体系；（二）自评报告；（三）市人民政府向省人民政府的申报请示；（四）督导验收指标扣分说明；（五）督导验收情况记录；（六）省人民政府教育督导室和省教育厅意见。其中，自评报告独立成篇。

四、推进教育现代化先进市督导验收、复评达标要求：珠三角广州等6市为A≥55、C=0，江门、惠州和肇庆三市为A≥52、C=0，粤东西北汕头等12市为A≥48、C=0。

《督导验收指标体系》中的"等级标准"栏所有要素评定为A，则该三级指标结论为A；有1个以上要素评定为B，则该三级指标结论为B，有1个以上要素评定为C，则该三级指标结论为C。

五、本《验收方案》中的"高于""不少于""不低于""以上"等均含本数。"逐年提高"是指近3年连续每年比上年有所提高。"督导验收指标体系"中的三级指标由若干个要素构成，两个要素以上的，一般用"；"隔开。

（一）督导验收指标体系

一级指标	二级指标	三级指标（A级标准）	评估说明	评估结果 自评	评估结果 他评	备　注
1. 教育地位	1.1 思想理念	1.1.1　坚持教育优先发展战略定位，坚持教育发展标准化、均衡化、信息化、多样化、优质化、国际化，积极推进教育现代化。坚持依法治校，推进教育治理能力现代化。	根据评估实际情况予以判断；无素质教育发展观念，为B；无发展规划、无优先政策，则该项指标为C。			
		1.1.2　确立素质教育为核心的教育科学发展观，明确培养目标，改革培养模式，创新培养方式。				
	1.2 发展规划	1.2.1　以国内外发达地区为标杆，制定推进本地区教育现代化的中长期教育改革发展规划。				
		1.2.2　建立完善教育优先发展规划、决策机制，城乡规划委员会将教育部门列为成员单位，完善学校建设规划、实施机制；制定市、区基础教育学校基本建设专项规划并纳入控制性详细规划且按计划如期推进；城镇新建住宅区配套学校、幼儿园按规定与住宅区建设同步设计、同步建设、同步竣工验收并无偿移交政府使用。				
	1.3 政策环境	1.3.1　优化教育改革发展的政策，构建教育优先发展的保障机制。				
		1.3.2　提升教育改革发展的优良环境，营造有利于人的全面发展的良好氛围。				

续上表

一级指标	二级指标	三级指标（A级标准）	评估说明	评估结果 自评	评估结果 他评	备注
2.教育条件	2.1 学前教育	2.1.1 省规范幼儿园达95%。	省规范化幼儿园珠三角地区达95%以上（初评时达85%以上，承诺复评时95%以上）；非珠三角地区达70%以上（初评时达60%以上，承诺复评时70%以上）。			
		2.1.2 公办幼儿园和普惠性民办幼儿园覆盖率达到80%。				
	2.2 义务教育	2.2.1 义务教育阶段普通中小学校中公办标准化学校覆盖率达100%。	未达100%的为C。			
		2.2.2 义务教育阶段普通中小学校中民办标准化学校覆盖率达70%以上（先进市复评时达100%）。	民办60%～69%为B。民办标准化学校覆盖率如果初评没有达到70%以上，政府必须书面承诺2018年达到70%，而且有分年度目标，有落实的具体方案、措施。先进市复评时，民办标准化学校覆盖率暂时没有达到100%，政府必须书面承诺第二次复评时达到100%，而且有分年度目标，有落实的具体方案、措施。			
		2.2.3 特殊教育学校门类齐全；随班就读残疾儿童学习康复得到帮助；专门（工读）教育学校转化学生成效显著。	无特殊教育学校为C。在建设标准化特殊教育学校，以政府立项、同意批复、建设进展情况为督导验收的基本依据，上报以下材料：特殊教育机构批准设立的政府批文；编制部门核准的机构人员编制批文；财政部门拨予专项经费的文件；该机构属性的说明（单位所有制和公益性）。此外，还需报			

续上表

一级指标	二级指标	三级指标（A级标准）	评估说明	评估结果 自评	评估结果 他评	备注
2. 教育条件	2.2 义务教育	2.2.3 特殊教育学校门类齐全；随班就读残疾儿童学习康复得到帮助；专门（工读）教育学校转化学生成效显著。	送特殊教育学校批准开工建设的政府批文和特殊教育学校建设进展情况，若主体项目已竣工，请提供验收批文。中心城区如果暂时不建区标准化特殊教育学校，则市级特殊教育学校必须100%能够满足该区残疾儿童少年入读需要，且随着人口变化，市特殊教育学校不能全部满足该区入学需求时，必须按要求设置标准化特殊教育学校。上报以下材料：市级特殊教育学校的基本情况、发展规划、招生的范围及对象、在校学生情况，该区适龄残疾儿童少年的名单及入学情况等。			
	2.3 高中阶段教育	2.3.1 优质普通高中学校占比达80%以上；公办省一级以上普通高中学校招生指标分配比例达到省的要求。	达到70%～79%为B。			"优质普通高中"是指公办地市一级以上普通高中。
		2.3.2 省级重点以上中等职校达80%；其中2所以上省级以上示范校。	达到75%～79%为B。			
		2.3.3 建有2个或2个以上省级及以上职业教育实训中心（基地）。	缺1个为B，缺2个为C。			
	2.4 教育信息化	2.4.1 推进教育信息化"三通两平台"工作有明显成效，90%的教师及初中以上学生拥有个人实名制的网络学习空间。	达到80%～89%为B。			
		2.4.2 中小学宽带接入比例达到100%，城镇中小学接入带宽不低于500M，其他学校不低于100M。	达到90%～99%为B。			
		2.4.3 建成市级教育资源和教育管理公共服务平台；所有教学点实现数字教育资源全覆盖；资源共建共享机制健全，有明显成效。	根据考察评定等级。			
		2.4.4 80%以上教师达到《中小学教师信息技术应用能力标准》。	达到70%～79%为B。			
		2.4.5 信息技术应用创新活动参与面广，逐步形成了本地化的特色应用活动、品牌项目，有效推动了教育信息化的应用和普及。	根据考察评定等级。			

续上表

一级指标	二级指标	三级指标（A级标准）	评估说明	评估结果 自评	评估结果 他评	备注
2. 教育条件	2.5 教师队伍	2.5.1 教师队伍整体水平高，管理制度完善，具有创新性，教师队伍充满活力，探索教师退出机制。	根据考察评定等级。			
		2.5.2 幼儿园专任教师大专以上学历、小学专任教师本科以上学历的比例均达70%；初中专任教师本科率达90%以上；普通高中和中等职业学校教师研究生学历或硕士学位以上比例达到15%以上，中等职业学校"双师型"专任专业课教师比例达60%以上。	幼儿园专任教师大专以上学历的比例：2016年珠三角地区达70%，非珠三角地区达55%；2017年珠三角地区达75%，非珠三角地区达60%；2018年珠三角地区达80%，非珠三角地区达65%。 小学专任教师本科以上学历的比例：2016年珠三角地区达66%，非珠三角地区达29%；2017年珠三角地区达68%，非珠三角地区达32%；2018年珠三角地区达70%，非珠三角地区达35%。 初中专任教师本科率：2016年珠三角地区达92%，非珠三角地区达74%；2017年珠三角地区达94%，非珠三角地区达77%；2018年珠三角地区达95%，非珠三角地区达80%。 普通高中和中等职业学校教师研究生学历或硕士学位以上比例：2016年珠三角地区达16%，非珠三角地区达6%；2017年珠三角地区达17%，非珠三角地区达8%；2018年珠三角地区达18%，非珠三角			

续上表

一级指标	二级指标	三级指标（A级标准）	评估说明	评估结果 自评	评估结果 他评	备注
2. 教育条件	2.5 教师队伍	2.5.2 幼儿园专任教师大专以上学历、小学专任教师本科以上学历的比例均达70%；初中专任教师本科率达90%以上；普通高中和中等职业学校教师研究生学历或硕士学位以上比例达到15%以上，中等职业学校"双师型"专任专业课教师比例达60%以上。	地区达10%。非珠三角地区或到2020年每年增长2个百分点以上。珠三角地区或每年增长1个百分点。如果以上该指标当年没有达到，政府必须书面承诺2018年达到，而且有落实的具体方案、措施及2016年或2017年的成效。复评时，各项指标要求不变，且不允许承诺。			
		2.5.3 建立名教师、名班主任、名校长培养培训体系，制度完善，培养一批在国内有一定影响力的名教师、名班主任、名校长。	根据考察评定等级。			
	2.6 社会公共教育设施	2.6.1 图书馆、博物馆、科学馆、美术馆、青少年宫、文化宫、体育中心、学生综合实践基地等覆盖全市，满足需求；在推进素质教育、培养青少年全面发展工作中发挥积极作用。	缺2个为B；1个县（市、区）无青少年宫为C；无市级学生综合实践基地为C。			
3. 教育管理与改革	3.1 法制保障	3.1.1 扎实推进依法治校，学校基本实现"一校一章程、一校一法律顾问"。	根据考察评定等级。			
		3.1.2 各级教育行政部门依法行政，严格执法主体，规范执法。	根据考察评定等级。			
		3.1.3 教育普法工作有规划、有措施、有总结，全体教师每年至少参加一次专门的学法培训。	根据考察评定等级。			
	3.2 规范办学行为	3.2.1 严格执行省定课程计划，开齐开足课程；中小学生课业负担合理，无违规集体补课现象；义务教育阶段不设重点学校和重点班。	根据考察评定等级。			
		3.2.2 完善义务教育就近入学制度；公办义务教育学校实行就近免试入学，民办学校自主、合理设置招生范围。	根据考察评定等级。			
		3.2.3 重视做好校园安全防范工作，近2年全市学校没有发生1次死亡3人以上校园安全责任事故。	根据考察评定等级。			
	3.3 教育督导	3.3.1 建立完善决策、执行、监督相结合的教育行政运行机制，扎实推进依法治教工作；市人民政府教育督导机构健全，配足配强专职督导人员，落实教育督导专项经费，全面实施督学责任区和中小学挂牌督导制度。	根据考察评定等级。			

续上表

一级指标	二级指标	三级指标（A级标准）	评估说明	评估结果 自评	评估结果 他评	备注
3. 教育管理与改革	3.4 教育改革	3.4.1 落实素质教育，加强德育工作，把培育和践行社会主义核心价值观融入课堂教学、社会实践、校园文化、学校管理全过程，形成"爱学习、爱劳动、爱祖国"教育活动和中华优秀传统文化教育的有效形式；重视中小学生安全教育、心理健康、卫生与健康教育，教育时间有保证，开展学期初与学期末的安全教育周活动，采取积极措施排除学生心理障碍，促进学生健康素养的养成。	根据考察评定等级。			
		3.4.2 不断深化教学改革，探索面向全体学生的高效课堂教学，积极探索启发式、探究式、参与式等教学模式，激发学生学习兴趣，培养良好学习习惯；教学研究工作扎实开展。	根据考察评定等级。			
4. 教育经费	4.1 经费投入	4.1.1 确保一般公共预算教育支出逐年只增不减。	根据考察评定等级。			
	4.2 经费管理	4.2.1 确保按在校学生人数平均的一般公共预算教育支出逐年只增不减。	根据考察评定等级。			
		4.2.2 教师工资福利待遇不低于当地公务员工资福利待遇，农村教师工资福利待遇不低于城镇教师工资福利待遇（两相当）；按不低于教师工资总额1.5%的比例安排教师培训专项经费。	教师工资福利待遇做不到"两相当"为C。			
		4.2.3 严格执行教育收费规定，近1年没有发生教育乱收费问题。	根据考察评定等级。			
5. 教育发展水平	5.1 普及程度	5.1.1 学前三年毛入园率达98%以上。	达到90%～97%为B。			
		5.1.2 高中教育阶段毛入学率达95%以上，普职比大体相当。	达到85%～94%为B。高中阶段教育普职比大体相当是指区域内适龄受教育者就读普通高中、中职学校（含技工学校，下同）之间的比例，统计时除统计当年本区域内的普通高中、中职学校在校生人数外，在本区域外普通高中、中职学校就读的本区域适龄受教育者也应统计在内。各地须建立学生台账，精确计算比例。			
		5.1.3 每万人口市属高校全日制在校生人数逐年提高；有国家或省立项重点建设的学科专业。	没提高或没有重点专业为B。			

续上表

一级指标	二级指标	三级指标（A级标准）	评估说明	评估结果 自评	评估结果 他评	备注
5. 教育发展水平	5.2 人力资源水平	5.2.1 新增劳动力平均受教育年限达14年；其中高中以上教育占95%以上。	12～13年为B；达到90%～94%为B。			
		5.2.2 主要劳动力年龄人口平均受教育年限达11.5年；其中高等教育占20%以上。	9～11年为B；达到15%～19%为B。			
	5.3 教育质量	5.3.1 建立符合规律有特色的中小学德育体系。德育形式内容丰富。德育工作针对性、实效性强。重视德育队伍建设。	根据考察评定等级。			
		5.3.2 学校体育、艺术工作落实，确保学生每天校园体育锻炼1小时；广泛开展体育、艺术"2+1"技能项目；《国家学生体质健康标准》每年优良率达到25%，且合格率达到93%。	1. 每天锻炼1小时落实不到位的，为B。2. 数据以教育部数据为准。3. 对连续3年优良率或合格率出现下降的，实行"一票否决"，不能评为教育现代化先进市。对优良率或合格率有1年或以上达不到要求的，评为B。对连续2年优良率或合格率出现下降的，评为C。			根据《国家学生体质健康标准》测试上报有关数据评估。
		5.3.3 初中毕业生升学率达95%以上。	达到92%～94%为B。			
		5.3.4 普通高中毕业生升学率达90%以上。	达到80%～89%为B。			
		5.3.5 中职教育已开考专业双证率达98%以上；初次就业率达98%以上；高中学业水平考试成绩C级以上比例珠三角地区达85%以上，其他地区达75%以上。	达到90%～97%为B。高中学业水平考试成绩C级以上比例珠三角地区达80%～84%为B，非珠三角地区达70%～74%为B。珠三角地区80%以下（不含80%），其他地区70%以下（不含70%）为C。			
		5.3.6 高校应届毕业生初次就业率达90%。	达到75%～89%为B。			

续上表

一级指标	二级指标	三级指标（A级标准）	评估说明	评估结果 自评	评估结果 他评	备注
5. 教育发展水平	5.4 国民教育	5.4.1 学前教育、义务教育（特殊教育）、高中阶段教育、高等教育等，体系完整，规模适当，比例适合，满足需求。	根据考察评定等级。			
	5.5 终身教育	5.5.1 初步构建与当地经济社会发展相适应的现代职业教育体系完善。	根据考察评定等级。			
		5.5.2 成人教育、社区教育、远程教育多元化发展，学习型社会建设成效显著；积极创建国家级、省级社区教育实验区，建立健全社区教育统筹管理体制和工作机制，落实经费保障政策和人员配备，建成市、县（区）、街道（乡镇）、居（村）四级社区教育网络，80%以上社区建有社区教育（文化、艺术及娱乐）中心，每年接受社区教育的社区成员占全体成员的比例达50%以上。	60%以上社区建有社区教育（文化、艺术及娱乐）中心，每年接受社区教育的社区成员占全体成员的比例达30%以上为B。			
	5.6 教育科研水平	5.6.1 制定全市教育科研中长期发展规划，有切实可行的举措，能按规划开展年度工作，执行情况良好；市级教育科研经费投入逐年增加。	根据考察评定等级。			
		5.6.2 形成浓厚的教育科研氛围，近3年省级以上教育科研课题的年度立项数逐年增加，近3年获省级教育科研重点课题3项以上；科研成果显著，在省内具有较大影响力，近5年获得省部级成果奖不少于5项。	根据考察评定等级。			
6. 教育公平	6.1 区际义务教育均衡发展系数	6.1.1 各县均达到国家义务教育发展基本均衡县要求；小学和初中的差异系数分别小于0.5。	小学综合差异系数≥0.5且<0.65、初中综合差异系数≥0.5且<0.55的，评定为B。			
	6.2 义务教育阶段学生入学机会	6.2.1 将随迁子女就学纳入当地教育发展规划，纳入财政保障体系。	没按要求的为B。			
		6.2.2 建立以政府为主导、社会各方面广泛参与的留守儿童关爱体系。	根据考察评定等级。			
		6.2.3 随迁子女在公办学校就读比例不低于50%。	达到40%～49%为B。在计算该比例时将政府购买用于随迁子女的学位数计入该比例。			
		6.2.4 三类残疾儿童少年入学率达97%。	达到90%～96%为B。			
	6.3 普惠性幼儿园	6.3.1 普惠性幼儿园比例逐年提高。	根据考察评定等级。			
	6.4 助学工作	6.4.1 重视助学工作，全面落实家庭经济困难学生资助政策。	根据考察评定等级。			

续上表

一级指标	二级指标	三级指标（A级标准）	评估说明	评估结果 自评	评估结果 他评	备注
7. 教育交流与合作	7.1 交流与合作工作基础	7.1.1 市教育行政部门工作职责中有明确的对外交流工作职能，有相应的工作部门和工作经费；认真执行对外交流法律法规和上级有关政策；与国际及港澳台交流合作机制完善，制订对外交流合作工作规划、实施方案和年度工作计划，定期指导督促所辖各县（市、区）及学校开展对外交流活动。	根据考察评定等级。			
	7.2 国际及港澳台合作与交流	7.2.1 与境外教育部门、学校等机构有较频繁的交流和合作；重视辖区教师境外培训培养，制订教师出境交流学习计划，教师出境的比例逐年提高，接受境外培训培养教师的学习成果在本区内推广；辖区重视聘请外籍教师工作，有健全的管理制度，管理规范。	根据考察评定等级。"与境外教育部门、学校等机构有较频繁的交流和合作"包括：切实有效开展人员交流、信息交流、资源共享、教学科研合作等活动并建立稳定的联系（如签署合作协议或形成合作机制等），交流与合作项目在数量、经费和影响力方面逐年增长，形成一定数量的品牌项目及可推广的经验。			
		7.2.2 辖区重视外国学生和港澳台学生工作，有相应的管理规范和制度，妥善解决入学问题。	根据考察评定等级。			
	7.3 国际理解教育	7.3.1 在弘扬中华优秀传统文化基础上，加强国际理解教育，培养学生国际化素养，学生理解、尊重多元化文化，懂得并掌握基本的国际礼仪。	根据考察评定等级。			
	7.4 职业教育国际化	7.4.1 中等职业学校有与国际接轨的专业课程与教学，有学生取得国际通用职业资格证书。	根据考察评定等级。			
合计		三级指标 A： 个；B： 个；C： 个。				
签名		组　长：　　　　　副组长：　　　　　组　员：				年　月　日

（二）自评报告

自评报告另页

（三）市人民政府向省人民政府的申报请示（略）

（四）督导验收指标扣分说明

三级指标编号和名称	自评	他评	等级要素	等级及扣分说明	专家签名

(五)督导验收情况记录

督导验收意见（可另页）：

验收人员（签名）组　长：
副组长：
组　员：

年　月　日

(六)省人民政府教育督导室和省教育厅意见

省人民政府教育督导室意见：

单位（章）
年　月　日

省教育厅意见：

单位（章）
年　月　日

二、指标解读

申报推进教育现代化先进市有4项前提条件（见《广东省推进教育现代化督导验收办法（试行）》第二章第五条相关说明），只有在符合4项前提条件的基础上，才能申报推进教育现代化先进市。

推进教育现代化先进市评估指标体系制定的指导思想：教育现代化必须体现人本、公平、开放、个性、效能的核心价值追求，坚持教育标准化、均衡化、信息化、多样化、优质化、国际化发展方向。根据教育现代化发展水平的核心元素，设计验收指标及其要素，并尽量将指标要素予以精简与量化，以实现督导验收的针对性、导向性和实效性。体系包括7个一级指标，29个二级指标，65个三级指标。大部分为量化指标，既有利于比较，也有利于操作。

对于该指标体系，需要准确理解把握。以下提示供创建迎评作为参考。

1. 教育地位

1.1 思想理念

该指标主要反映对教育现代化的认识高度。推进教育现代化，政府要坚持把教育摆在优先发展的战略地位，坚持"三个面向"，坚持构建以素质教育为核心科学发展观，坚持实现人的现代化的核心目标。推进的力度取决于认识的定位，推进的水平取决于认识的高度，同时反映出规划、政策、举措以及效能的水平，也折射出推进教育现代化对经济社会快速发展的推动作用。

佐证材料：市委、市政府优先发展教育的相关文件、决议、决定；主要领导的讲话、政府工作报告、会议纪要；有关职能部门的工作调研报告；教育工作会议的相关材料等。主要领导及分管教育领导教育绩效考核材料，人事、经费决策及落实材料，政府举行不同阶层代表参加的有关教育工作的座谈会记录等。反映教育部门在确立素质教育为核心的教育科学发展观、明确培养目标、改革培养模式、创新培养方式等方面所做努力的相关文件材料。

1.2 发展规划

该指标主要反映中长期教育发展规划制定的主要标杆，发展规划所体现的超前性与先进性，以及教育中长期发展规划的先行性、有效性和执行度。教育发展规划是教育发展的蓝本，是政府教育思想与行动的集中体现。教育规划要适应经济社会的发展要求，要体现教育优先发展的战略定位，要呈现教育现代化的思想、目标、政策、策略以及政府各职能部门执行发展规划的进程与预期成果。更重要的是对教育发展规划执行过程的监督与检查。

佐证材料：全市教育改革发展规划统筹论证、制定讨论、决策颁布及其执行过程的督查与执行情况反映方面的相关材料；所辖区域教育改革发展规划及其执行过程的督查与执行情况反映等相关材料。

1.3 政策环境

该指标主要反映教育发展政策和软环境建设。政策是教育发展的杠杆，在推进教育现代化的过程中，需要政府出台一系列政策予以扶持，强力的政策支撑是推进教育现代化的有效保障。软环境是教育健康发展的保证，推进教育现代化需要硬环境的支撑，更需要营造优质的软环境。软环境范围很广，更多指向人力资源环境、人文环境、政策环境、政治环境、社会环境等。

佐证材料：市委、市政府促进教育发展的各项政策的文件性材料（包括教育经费、教育用地、教育公平、教育均衡、选才用人等）；反映市委、市政府对教育软环境建设的策略、措施及其效果的相关材料等。

2. 教育条件

2.1 学前教育

该指标主要反映学前教育规范化、普惠性情况。分别考察省规范幼儿园和公办、普惠幼儿园的比例，并对不同地区提出了差异性指标。同时，对今后年度的递增率有承诺要求。

佐证材料：幼儿园名册；规范化幼儿园验收文件和统计报表。扶持和发展公办幼儿园（含公办性质幼儿园，下同）和普惠性民办幼儿园政策文件；公办幼儿园和普惠性民办幼儿园的统计报表；发展公办幼儿园和普惠性民办幼儿园的经费投入文件及报表；经县级以上教育部门认定普惠性民办幼儿园文件。

2.2 义务教育

该指标主要反映义务教育阶段学校标准化建设和特殊教育发展情况。分别考察义务教育公、民办学校标准化建设的比例，以及进义务教育均衡发展的有效性。落实广东省教育厅《广东省义务教育标准化学校标准》，实现义务教育学校标准化，是推进教育现代化的基本要求。

佐证材料：提供经市级以上教育部门验收的义务教育标准化学校验收文件、义务教育学校在校生名册（含新生名册）、班额统计表等相关材料。提供市、县（市、区）特殊教育学校、随班就读工作指导中心、随班就读资源教室（中心）建设情况材料；各类特殊教育学校办学和残疾儿童少年随班就读情况；反映残疾儿童少年入学情况统计详表。

2.3 高中阶段教育

该指标主要反映高中阶段教育优质化和普及化程度，以及职业教育发展情况。重点考察高中阶段教育的优质学位，包括地市一级普通高中比例和公办省一级普通高中（含国家级示范性高中）招生情况；省级、国家级重点中职学校和示范性中职学校比例；中等职业学校实训基地建设。

佐证材料：区域内普通高中学校登记册、学校等级批文和优质学校比例情况；公办省一级普通高中（含国家级示范性高中）"指标到校"的政策文件、招生实施情况和招生数据等相关材料。公办省一级以上普通高中指标到校要求：2014年30%以上，2015年40%以上，2016年50%以上。达到要求为A，低于当年要求5个百分点以内为B，低于当年要求5个百分点以上为C。

省级以上示范校2所以上为A，1所为B，0所为C。

建有2个及以上省级职业教育实训中心的为A，1个为B，0个为C。

中职学校等级情况一览表、省重点以上（含示范校）中职学校占比情况统计，省级以上重点学校、示范校批文，其他有关证明材料。省级职业教育实训中心（基地）一览表、实训中心批文、挂牌或者资金下达文件，其他有关证明材料。

2.4 教育信息化

该指标主要反映教育信息化建设水平及其对推进教育现代化的作用。重点考察优质教育信息网络的构建，教育信息化的装备，校园网建成比例及其信息技术的应用；考察基础教育网络平台功能和资源库容量支持教师课程教学、专业发展和学生课程学习，多元发展的实效性；教育信息化环境良好，对教育现代化水平的提升具有较大的推进作用。

佐证材料：本地区学校接入互联网的情况报表，包括与网络营运商签订的接入合同（协议）、接入学校数量、方式、带宽等；本地区数字教育资源共享情况，包括数字教育资源来源、数量、共享方式和学校等；本地区教师教育信息技术应用能力达标情况统计表；本地区教师及初中以上学生个人实名制网络学习空间注册与应用情况统计表；本地区特色化教育信息技术应用活动、品牌项目开展及效果情况说明。

"推进教育信息化'三通两平台'工作有明显成效，90%的教师及初中以上学生拥有个人实名制的网络学习空间。"2015年，50%的教师和30%的初中以上学生拥有实名网络学习空间；2017年分别为70%和50%；2020年分别为100%和80%。

"中小学宽带接入比例达到100%，城镇中小学接入带宽不低于500M，其他学校不低于100M。"2015年城镇中小学班均接入带宽不低于4M；2017年城镇中小学班均接入带宽不低于6M，农村学校班均接入带宽不低于2M；2020年城镇中小学班均接入带宽不低于10M，农村学校班均接入带宽不低于5M，教学点接入带宽不低于4M。

该项三级指标在学校接入带宽或班均接入带宽上达到要求均为A。

"80%以上教师达到《中小学教师信息技术应用能力标准》。"2015年40%；2017年60%，2020年80%。

名词解释和计算公式

（1）"三通两平台"是指国家教育部定义的"教育管理公共服务平台""教育资源公共服务平台""宽带网络校校通""优质资源班班通""个性化学习空间人人通"。

（2）《中小学教师信息技术应用能力标准》是指教育部办公厅发文的中小学教师信息技术应用能力标准指南。

（3）班均带宽是指学校接入互联网（含省基础教育专网）总带宽除以现学校总班级数后的带宽数量，计算公式为：班均带宽＝学校接入互联网总带宽/现学校总班级数。

2.5 教师队伍

该指标主要反映推进教育现代化进程中，教师队伍的整体素质和培养培训状况。其中管理机制、学历状况和名教师、名班主任、名校长的培养情况为重点。要求管理机制完善有活力，教师学历整体达标，有完善的名教师、名班主任、名校长培训规划、领导机构、执行组织、培训场室和相应设施、设备等，能正常开展培训并取得良好效果，名教师、名班主任、名校长的比例达到全省平均水平以上。

佐证材料：区域内教师队伍管理方面的有关政

策和制度文件。教师队伍整体情况介绍，包括（但不限于）专任教师的学历结构、职称结构、年龄结构、培训情况等。本市各县（区）在义务教育学校校长教师交流轮岗方面出台的政策、印发的文件，以及具体交流轮岗人数和比例。区域内各类学校专任教师总数、达到指标要求学历的专任教师人数及比例。区域内各类学校音乐、体育、美术教师专任教师总数。中等职业学校专任专业课教师人数、"双师型"专任专业课教师人数及比例。区域内建立名教师、名班主任、名校长培养培训体系的有关制度文件。本区域培养的在省内有影响力的名教师、名班主任、名校长人数及在本区域内所占比例。

2.6 社会公共教育设施

该指标主要反映社会教育资源的配置及其为学校教育和学生发展服务的水平。重点考察社会公共教育设施建设对推进素质教育、培养青少年全面发展工作发挥的积极作用。社会公共教育设施是国民教育和继续教育的重要补充，是学校实施素质教育的重要载体和资源，政府有责任在实施国民教育与继续教育过程中，确保其设备齐全、功能完善、服务优质，并为现代化学习型社会的建设发挥应有的作用。学生综合实践基地，是指政府主导、教育部门主办或合办，以推进中小学生素质教育、提高实践能力为目的，具备室内综合实践区、室外劳动实践区、综合训练区、生活区等基本功能区，可容纳集中食宿，开展学工、学农、生命安全教育等综合实践教育活动的公益性场所。

佐证材料：指标涉及的8个机构名单、地点、机构编制文件、财政拨款佐证材料、财政拨款与日常支出比较情况、开展活动情况。

3. 教育管理与改革

3.1 法制保障

该指标强调依法治校，依章管理，普法到位。要求重视和发挥学校章程和内部制度规范在学校治理中的重要作用，建立公平公正的制度环境，全面建立学校法律顾问制度，促进学校内部治理的法治化，支持学校自我约束、自我管理。

佐证材料：（一）有关加强学校法治建设的文件，推进创建依法治校示范校工作的文件及工作报告。（二）关于学校章程建设的文件（包括章程制定和核准工作细则程序等），关于学校章程制定和教育部门开展章程核准工作的材料，完成章程核准的学校名单及章程核准书，学校依照章程实施管理相关材料等。"一校一章程"，以学校严格按程序制定章程、县级教育行政部门严格按程序核准章程以及学校按章程实施管理为衡量标准。（三）学校法律顾问制度建设的文件，包括推进"一校一法律顾问"的文件、已建立学校顾问制度的学校名单和聘任合同等。（四）教育建设、人事、财务、教师考核与奖惩、教师招聘及录用等重要事项、重大决策记录和公示情况等材料。（五）学校依法维权、处理投诉情况记录材料。（六）加强教育执法的指导性文件；执法机构及人员名单等佐证材料。（七）教育普法工作情况，包括教育普法工作五年规划实施情况和年度工作总结，校长、普法学法工作情况。

3.2 规范办学行为

该指标在规范学校课程建设、减轻课业负担、实行教育公平、确保校园安全等方面提出了具体要求。对落实国家教育方针和保障学生身心安全有积极意义。

佐证材料：教育部门关于义务教育招生入学、规范义务教育办学行为、全面实施素质教育的文件等相关材料，内容包括课程设置指导、课业负担要求、义务教育招生安排、校园安全防范制度、辖区校园安全责任事故统计报表；政府有关部门提供的违规办学投诉处理记录等。

3.3 教育督导

该指标突出了教育管理改革要求，强调了现行教育管理的改革和完善，是依法治教的重中之重；对教育督导机构的人员、经费、职能提出了明确要求，关注督学责任区和挂牌督导制度的实施情况。

佐证材料：教育行政部门梳理部门职能，形成的权力清单、责任清单和负面清单；建立决策、执行、监督相结合的运行体制与机制的相关文件制度；关于依法治教的教育管理规程；重大教育行政决策合法性审查文件；关于建设教育政策和法律咨询专家委员会制度的文件；关于地方政府依法督政、督学的相关文件与规定；关于教育督导机构、编制、人员及经费的有关文件和材料；关于督学责任区管理制度和挂牌督学工作职责、目标任务以及工作绩效等材料。

3.4 教育改革

该指标从两个方面强调教育改革：一是立德树人是教育的根本任务，积极培育和践行社会主义核心价值观是学校落实立德树人根本任务的核心要求；加强中华优秀传统文化教育，是构建中华优秀传统文化传承体系、推动文化传承创新的重要途径，是培育和践行社会主义核心价值观、落实立德树人根本任务的重要基础；在中小学开展心理健康教育，是学生健康成长的需要，是全面推进素质教育的必然要求。二是把教学改革作为深化课程改革的核心环节，使新课程的理念和要求落实到课堂教学中。要以各学科课程标准为依据组织教学。要遵循学生认知规律和教学规律，根据学生的个性差异因材施教。创设有利于学生积极参与的教学环境，保护学生的好奇心和求知欲，鼓励学生独立思考、主动学习。积极推进现代信息技术在教学中的科学应用，提高学生在信息技术环境中的学习能力。鼓励教师积极探索和实验，形成不同的教学风格和特色。

佐证材料：本市学校德育工作基本情况；本市学校培育和践行社会主义核心价值观工作情况；本市"爱学习、爱劳动、爱祖国"教育活动和中华优秀传统文化教育工作情况；本市学生心理健康教育和学生安全教育工作基本情况；学生规模1 000人以上的中学、1 200人以上的小学配备专职心理教师情况，学校设立心理辅导室情况，教师参加ABC证培训情况；本市所有学校开展课堂教学改革与教学研究基本情况统计表；课堂教学改革有代表性有较大影响的整体方案；本市教改成果获奖统计表。

4. 教育经费

5. 教育发展水平

5.1 普及程度

该指标是反映教育发展水平的基础依据，主要反映学前教育三年毛入园率、高中教育阶段毛入学率和市属高校全日制在校学生提高率等普及情况，并关注高校发展质量。学前教育毛入园率是指学前教育机构在园人数与适龄儿童人口数之比率；高中阶段教育毛入学率是指高中在校生人数与户籍适龄人口之比率；高等教育毛入学率是指18岁到22岁应接受高等教育的人群中实际接受了各种高等教育人数之比率。

学前教育毛入园率 = 学年初幼儿园在园人数÷3周岁以上6周岁以下幼儿人数×100%。

佐证材料：全国人口普查相关数据；历年反映学前教育、义务教育、高中阶段教育和高等教育招生、毕业或升学的相关材料；能反映学前教育三年毛入园率、义务教育巩固率、高中教育阶段毛入学率、高等教育毛入学率四"率"的相关材料。

5.2 人力资源水平

该指标主要反映新进入劳动力市场就业人员的受教育程度和主要劳动者群体的受教育程度。指标中，主要劳动年龄人口指20～59岁，包括其中受过高中阶段及以上教育之比率，还包括其中受过高等教育之比率。

佐证材料：全市主要劳动力就业情况统计报表；新进劳动力就业情况统计报表；受教育程度统计报表和受高等教育的人数比例。

5.3 教育质量

本指标主要反映在校学生德智体诸方面的教育质量状况。指标选取具有代表性的量化比率，主要中小学生体质健康优良率；初中毕业生升学率；高中毕业生升学率和合格（C级以上）率；中职教育双证率和就业率；高校应届毕业生初次就业率。

名词解释和计算公式

（1）"双证"指中等职业教育毕业证书与职业资格证书。

（2）"双证率" = 已开考专业毕业生"双证"人数/开考专业毕业生人数×100%。

（3）中等职业学校初次就业率 = （中等职业学校应届毕业生已就业和创业人数 + 已升学人数）÷中等职业学校应届毕业生人数×100%。

（4）《国家学生体质健康标准》优良率 = 测试成绩达到优秀和良好的中小学生数÷中小学生总数×100%。

合格率 = 测试成绩达到合格的中小学生数÷中小学生总数×100%。

（5）已就业（含成功创业）、升学和出国的人数都计为就业。统计时间为9月1日。

$$就业率 = \frac{已就业人数 + 升学与出国人数}{参加就业毕业生总数} \times 100\%$$

佐证材料：学校德育体系建立情况及特色、效果资料。德育工作队伍（德育校长、德育主任、班主任、团委书记、少先队辅导员等）培养培训及相关待遇落实情况。中等职业学校"双证率"统计样表、全市毕业生"双证率"情况统计及汇总表（可在数据库系统中提供）等；近3年初中在校生名册、毕业生名册和学生毕（结、肄）业鉴定表等材料；近3年中职学校毕业生就业率情况汇总表，中职学校毕业生就业率情况汇总表，其他有关证明材料；普通高中学业水平考试通过情况统计表、学生学业水平考试成绩情况及汇总表；学校体育、美育工作相关政策文件及材料，开展体育、艺术"2+1"项目的文件或材料，《国家学生体质健康标准》测试数据及评价情况表；高校应届毕业生初次就业率情况汇总表。

5.4 国民教育

该指标主要反映国民教育体系的完整性。重点考察国民教育体系所涵盖的层次、形态、类型、数量、学制等,是否能够满足适龄儿童、少年、青年(包括残疾儿童少年)接受国民教育的需求以及适应经济社会发展的需要。

佐证材料:全市学前教育、义务教育(含特殊教育)、高中阶段教育、高等教育整体发展状况相关材料;全市学龄儿童少年人数(全国人口普查数为依据)以及学位供需的相关材料(包括非户籍常住学生就学供需)。

5.5 终身教育

该指标主要反映职业教育和社区教育体系的完善程度和发展水平。推进教育现代化就要体现现代教育全民性、多样性、全时空性的特征。考察职业教育是否形成体系并与当地社会经济发展水平相适应;了解成人教育、社区教育、远程教育多元化发展,学习型社会建设的成效;考察社区教育实验区创建及四级社区教育网络建设情况;社区教育管理体制、工作机制、经费保障和人员配备情况。

佐证材料:构建现代职业教育体系的相关文本(包括但不限于产教融合、校企合作材料;中高职衔接材料;普职相互沟通材料等)。建立统筹管理体制和工作机制的正式文件,各项管理制度正式文件,配备编制人员的正式文件;四级社区教育机构设立批文;机构办学条件、师资队伍、经费投入、课程资源等基本情况;机构开展教育培训人员名册及统计表、社区总数、居民人数、接受社区教育统计表等资料。

5.6 教育科研水平

该指标主要反映教育科研规划、组织执行、经费落实情况,教育科研开展氛围和成果水平。既体现教育科研工作发挥着基础性、全局性和先导性作用,又要求教育科研促进教师专业发展的重要途径,成为推动教育事业内涵发展、科学发展和可持续发展的重要保障。

佐证材料:教育科研规划及执行情况的相关材料,如发展规划、年度工作计划和总结等;教育科研机构设置、人员配置和教育科研管理制度的相关材料;教育科研经费拨付和运用的相关材料;近3年课题立项材料,包括获国家、省以上部门立项的课题立项统计表(含年度、主持人、发文单位、课题名称和编号、课题类别、资助经费)等;近5年重大教育科研成果获奖材料(含获奖者姓名、等级、发文单位、奖项类别、获奖证书复印件),及在相应区域交流和推广的相关材料,如文件、现场图片等。

6.1 区际义务教育均衡发展系数

本指标主要反映区域之间义务教育发展的均衡水平,不同区域儿童少年接受义务教育就学条件的公平程度。重点考察区域义务教育均衡发展中,生均享有教育资源的差异系数,通过差异系数反映区域之间均衡发展的程度。

佐证材料:市属义务教育学校均衡发展水平与各区义务教育均衡发展水平的相关数据统计表,包括采用差异系数计算得出的相关数据标准差与平均数比值的统计表。

6.2 义务教育阶段学生入学机会

该指标主要反映儿童少年接受义务教育的机会公平情况。重点考察随迁子女就学安排、留守儿童关爱体系建设等情况,并明确要求随迁子女在公办学校就读比例不低于50%、三类残疾儿童少年入学率达97%。

随迁子女在公办学校就读比例=随迁子女在公办学校就读人数(包括政府购买民办学校学位入学的随迁子女就读人数)÷义务教育公办学校在校就读人数×100%。

三类残疾儿童少年是指视力、听力、智力残疾三类残疾儿童少年;三类残疾儿童少年义务教育入学率=在学三类残疾义务教育学生人数÷三类残疾儿童少年人数×100%。

佐证材料:义务教育发展规划和市政府有关政策文件中关于随迁子女就学的相关文件材料;招生文件计划中对随迁子女义务教育阶段就学及经费安排材料;随迁子女义务教育阶段在公办学校就读比例统计表;留守儿童统计材料,关爱体系建设工作方案及活动实施情况材料;提供三类残疾儿童少年人数数据资料;在学三类残疾儿童少年名册和统计报表。

6.3 普惠性幼儿园

该指标主要反映政府对公益性学前教育的重视程度。普惠性幼儿园是指办学规范,且收费为广大工薪阶层所接受的民办幼儿园。政府在公办幼儿园数量不足的状况下可以采取购买学位的办法来逐年提高公益性幼儿园的比例。

佐证材料:市政府关于学前教育发展的相关政策;扶持和发展普惠性民办幼儿园政策文件;普惠性民办幼儿园的统计与比率报表;发展普惠性民办幼儿园的经费投入文件及报表;经县级以上教育部门认定普惠性民办幼儿园文件。

6.4 助学工作

该指标主要反映政府及社会部门重视扶贫助学工作,有政策、有资金全面落实对家庭经济困难学生的资助。

佐证材料：本市有关扶贫助学工作的相关文件及政策；近3年扶贫助学资金安排与发放情况统计表。

7. 教育交流与合作

7.1 交流与合作工作基础

该指标主要反映推进教育交流与合作的保障机制。重点考察教育行政部门是否明确对外交流工作职能，并设立相应的工作部门和工作经费；工作制度、工作规划是否完善并落实到位，教育交流与合作的成效对促进教育现代化建设的成效如何体现。

佐证材料：（一）本市三定方案及相关说明描述材料。（二）提供具体工作部门及相关工作人员名单，提供经费方案相关情况及对外交流工作经费记录及其他描述材料。（三）提供本市执行国家、省及上级有关部门关于开展对外交流的法规情况，是否存在违规情况，如未经批准或越权审批中外合作办学情况，未经批准学校组织学生出境夏令营造成不良影响，是否受过通报批评，提供相关情况材料的描述；提供实施国家或省有关对外交流法规和政策的情况描述材料及相关实施细则或通知。（四）提供与国际及港澳台交流机制的证明材料，如合作协议、会议记录、双方工作机制名录等及开展工作描述情况材料。（五）提供本市近年对外交流规划文本和实施方案、年度执行计划等材料。（六）提供本市指导下级开展对外交流工作的文件、通知、规定等文件，提供相关工作指导描述材料情况。（七）查阅核实上述资料，并根据实际情况，组织师生或相关人员访谈和调查问卷。

7.2 国际及港澳台合作与交流

该指标主要反映教育国际交流合作的状况。引进国际优质教育资源，充实国内教育体系，提升本土教育综合实力与水平，体现现代教育的开放性、包容性和全球性，也是教育实现"三个面向"的根本要求。重点考察现代化城市基础教育和高等教育的国际合作和交流项目实施情况及成效。

佐证材料：提供开展对外交流情况的描述材料；教师境外培训工作计划，实施情况材料，出境培训教师名录及相关情况，受训教师教学成果情况材料；外籍教师名录及相关情况，提供指导学校对外籍教师管理规范相关文件；本市外国及港澳台学生基本情况，提供相关招收此类学生的规范性文件；查阅核实上述材料，并根据实际情况，组织师生或相关人员的访谈和调查问卷。

7.3 国际理解教育

该指标主要反映实施国际理解教育的情况。国际理解教育主要是对境外教育的深度了解，尤其是对异国文化、异质文化的借鉴、吸收与辨析，培养师生的兼容并包的文化意识，以及鉴赏与批判的能力水平，从提高对教育"三个面向"的深刻认识与理解，进而形成造就国际化人才的自觉行为。

佐证材料：（一）提供本市支持学校开展学生交流相关情况。（二）查阅学校相关教学或讲座的记录。（三）查阅学生参与有关对外活动的记录。（四）查阅核实上述材料，并根据实际情况，组织师生或相关人员的访谈和调查问卷。

7.4 职业教育国际化

该指标要求中职学校能够积极开展国际专业课程合作，进行国际化的职业课程培训，进一步拓宽学生发展之路。

佐证材料：开展国际接轨学校专业课程一览表、中等职业学校参与国际合作交流的材料（教学标准、教材、教学案例、课程表、交流材料等），中职学生取得国际通用职业资格证书情况材料，学生证书复印件（抽样）等。

关于印发《广东省县域义务教育优质均衡发展督导评估实施办法》的通知

(粤府教督函〔2017〕70号)

各地级以上市、县(市、区)人民政府：

现将《广东省县域义务教育优质均衡发展督导评估实施办法》印发给你们，请认真组织实施。实施中遇到的问题，请径向省人民政府教育督导室反映。

广东省人民政府教育督导室
2017年10月12日

广东省县域义务教育优质均衡发展督导评估实施办法

第一章 总 则

第一条 根据《中华人民共和国义务教育法》、教育部《关于印发〈县域义务教育优质均衡发展督导评估办法〉的通知》和国务院教育督导委员会办公室《关于申请认定义务教育优质均衡发展县(市、区)有关工作的通知》，以及《广东省人民政府关于统筹推进县域内城乡义务教育一体化改革发展的实施意见》的有关精神，制定本办法。

第二条 县域义务教育优质均衡发展督导评估的对象是县(含不设区的市、市辖区和国家划定的其他县级行政区划单位，以下统称县)。

第三条 义务教育优质均衡发展县的督导评估，坚持"依法实施、保障公平、注重质量、社会认可"的原则。由省人民政府教育督导室负责组织实施，评估通过后报国家认定。

第四条 义务教育优质均衡发展县应具备以下基本条件：通过国家义务教育基本均衡发展认定三年以上；基本均衡发展认定后年度监测持续保持较高水平。

第二章 评估内容与标准

第五条 县域义务教育优质均衡发展督导评估认定，包括资源配置、政府保障程度、教育质量、社会认可度4个方面内容。

第六条 资源配置评估通过以下7项指标，重点评估县域义务教育学校在教师、校舍、仪器设备等方面的配置水平，同时评估这些指标的校际均衡情况。具体包括：

（一）每百名学生拥有高于规定学历教师数：小学、初中分别达到4.2人以上、5.3人以上。

（二）每百名学生拥有县级以上骨干教师数：小学、初中均达到1人以上。

（三）每百名学生拥有体育、艺术（美术、音乐）专任教师数：小学、初中均达到0.9人以上。

（四）生均教学及辅助用房面积：小学、初中分别达到4.5平方米以上、5.8平方米以上。

（五）生均体育运动场馆面积：小学、初中分别达到7.5平方米以上、10.2平方米以上。

（六）生均教学仪器设备值：小学、初中分别达到2 000元以上、2 500元以上。

（七）每百名学生拥有网络多媒体教室数：小学、初中分别达到2.3间以上、2.4间以上。

每所学校至少6项指标达到上述要求，余项不能低于要求的85%；所有指标校际差异系数，小学均小于或等于0.50，初中均小于或等于0.45。

第七条 政府保障程度评估通过以下15项指标，重点评估县级人民政府依法履职，落实国家有关法律、法规、政策要求，推进义务教育均衡发展和城乡一体化的工作成效。具体包括：

（一）县域内义务教育学校规划布局合理，符合国家规定要求；

（二）县域内城乡义务教育学校建设标准统一、教师编制标准统一、生均公用经费基准定额统一、基本装备配置标准统一；

（三）所有小学、初中每 12 个班级配备音乐、美术专用教室 1 间以上，其中，每间音乐专用教室面积不小于 96 平方米，每间美术专用教室面积不小于 90 平方米；

（四）所有小学、初中规模不超过 2 000 人，九年一贯制学校、十二年一贯制学校义务教育阶段规模不超过 2 500 人；

（五）小学、初中所有班级学生数分别不超过 45 人、50 人；

（六）不足 100 名学生村小学和教学点按 100 名学生核定公用经费；

（七）特殊教育学校生均公用经费不低于 6 000 元；

（八）全县义务教育学校教师平均工资收入水平不低于当地公务员平均工资收入水平，按规定足额核定教师绩效工资总量；

（九）教师 5 年 360 学时培训完成率达到 100%；

（十）县级教育行政部门在核定的教职工编制总额和岗位总量内，统筹分配各校教职工编制和岗位数量；

（十一）全县每年交流轮岗教师的比例不低于符合交流条件教师总数的 10%，其中，骨干教师不低于交流轮岗教师总数的 20%；

（十二）专任教师持有教师资格证上岗率达到 100%；

（十三）城区和镇区公办小学、初中（均不含寄宿制学校）就近划片入学比例分别达到 100%、95% 以上；

（十四）全县优质高中招生名额分配比例不低于 50%，并向农村初中倾斜；

（十五）留守儿童关爱体系健全，全县符合条件的随迁子女在公办学校和政府购买服务的民办学校就读的比例不低于 85%。

以上 15 项指标均要达到要求。

第八条 教育质量评估通过以下 9 项指标，重点评估县域义务教育普及程度、学校管理水平、学生学业质量、综合素质发展水平。具体包括：

（一）全县初中三年巩固率达到 95% 以上；

（二）全县残疾儿童少年入学率达到 95% 以上；

（三）所有学校制定章程，实现学校管理与教学信息化；

（四）全县所有学校按照不低于学校年度公用经费预算总额的 5% 安排教师培训经费；

（五）教师能熟练运用信息化手段组织教学，设施设备利用率达到较高水平；

（六）所有学校德育工作、校园文化建设水平达到良好以上；

（七）课程开齐开足，教学秩序规范，综合实践活动有效开展；

（八）无过重课业负担；

（九）在国家义务教育质量监测中，相关科目学生学业水平达到 III 级以上，且校际差异率低于 0.15。

以上 9 项指标均要达到要求。

第九条 社会认可度调查，可通过问卷、实地走访等方式进行。社会认可度调查的内容包括：县级人民政府及有关职能部门落实教育公平政策、推动优质资源共享，以及义务教育学校规范办学行为、实施素质教育、考试评估制度改革、提高教育质量等方面取得的成效。社会认可度调查的对象包括：学生、家长、教师、校长、人大代表、政协委员及其他群众。

社会认可度须达到 85% 以上。

第十条 有以下情况之一的县不予认定：存在以考试方式招生；存在违规择校行为；存在重点学校或重点班；存在"有编不补"或长期聘用编外教师的情况；教育系统存在重大安全责任事故和严重违纪违规事件；有弄虚作假行为。

第三章　评估实施

第十一条 县级自评。县级人民政府负责统筹协调相关部门，围绕本地推进义务教育优质均衡发展的基本情况，对县域内义务教育阶段学校逐校检查，发现问题和短板要及时进行整改；认真摸底、强化创建工作，合理制定申报县域义务教育优质均衡发展县的工作规划，并将规划上报市教育局教育督导室备案。创建工作完成后，可按照督导评估指标体系要求自评，并填写全国义务教育优质均衡县（市、区）申报表。

第十二条 市级复核。地级以上市教育局和市人民政府教育督导室负责复核本地区县级义务教育优质均衡发展的情况。市级复核时，要组织相关业务部门进行实地复核。县级上报的材料不规范、没有达到优质均衡发展县评估要求的县，即终止市级复核。有弄虚作假行为的，市级不予申报，并在全市范围内予以通报。复核通过的，地级以上市人民政府要出具推荐意见，由市级教育行政部门向省人民政府教育督导室提出督导评估申请。

第十三条 省级评估。省人民政府教育督导室对申报材料进行审核、向社会发布公告、到实地进行督导评估，结果向社会公布，接受社会监督。通过省级评估的县，由省教育厅、省人民政府教育督导室向教育部申请审核认定，国务院教育督导委员会对义务教育优质均衡发展县进行认定并予以公布。

第十四条 省级建立义务教育优质均衡发展监测和复查制度，对县域义务教育优质均衡发展状况进行监测，对已通过认定的县进行复查。

第十五条 义务教育优质均衡县督导评估可以与教育强县（市、区）复评和推进教育现代化先进县（市、区）督导验收或复评一并进行。

第四章 评估结果

第十六条 县域义务教育优质均衡发展评估结果与县级人民政府履行教育职责评价挂钩，作为对县级人民政府及其主要负责人履行教育职责评价和教育发展水平综合评估的重要依据。

第十七条 省人民政府对本区域内实现义务教育优质均衡发展的县给予表彰，并对其工作经验进行宣传推广。

第十八条 对义务教育优质均衡发展水平监测复查结果达不到规定要求的县，省将根据相关规定进行问责；对连续两年下滑的县，将撤销其"义务教育优质均衡发展县"称号。

第五章 附 则

第十九条 本办法由省人民政府教育督导室负责解释。

第二十条 本办法自公布之日起施行。

附件：《广东省县域义务教育优质均衡发展督导评估实施办法》有关内容说明

附件

《广东省县域义务教育优质均衡发展督导评估实施办法》有关内容说明

1. 《广东省县域义务教育优质均衡发展督导评估实施办法》（以下简称《办法》）所称的县域内义务教育学校，包括小学（含教学点）、一贯制学校、初级中学、完全中学、特殊教育学校。

2. 督导评估主要依据全国教育事业统计数据和全国教育经费统计数据进行。

3. 《办法》第六条中对资源配置评估时，不含特殊教育学校、职业中学及不足50人的教学点。

4. 《办法》第六条中所使用的评估方法是计算小学（初中）各项指标的差异系数。差异系数也叫变异系数或离散系数，是一组数据的标准差与其均值之比，并将学校规模对均衡程度的影响作为调节因素。小学（初中）各项指标的差异系数值越大，反映均衡水平越低；差异系数值越小，反映均衡水平越高。

5. 一贯制学校和完全中学的网络多媒体教室数、教学仪器设备值、体育运动场馆面积、教学及辅助用房面积四项指标需要做拆分处理。九年一贯制学校，需根据小学、初中各自规模，按照"一个小学生：一个初中生＝1∶1.1"的比例进行拆分，将其小学部、初中部占有部分分别作为单独小学、初中数据。完全中学，需根据初中、高中各自规模，按照"一个初中生：一个高中生＝1∶1.2"的比例进行拆分，将其初中部占有部分作为单独初中学校数据。十二年一贯制学校，需根据小学、初中、高中各自规模，按照"一个小学生：一个初中生：一个高中生＝1∶1.1∶1.32"的比例进行拆分，将其小学部、初中部占有部分分别作为单独小学、初中数据。对于少数地区存在的小学附设幼儿班、初中附设小学班、高中或中职附设初中班的情况，可按照上述办法做相应比例的拆分。

中共广东省纪委 中共广东省委组织部 中共广东省委教育工委关于加强高校纪委建设的意见

(粤教工委〔2017〕1号)

各普通高校党委,省直有关单位党组(党委):

为贯彻落实全面从严治党要求,加强我省高校纪委建设,深入推进高校党风廉政建设和反腐败工作,根据《中国共产党章程》《中国共产党党内监督条例》《中国共产党普通高等学校基层组织工作条例》等有关规定,结合实际制定本意见。

一、总体要求

1. 指导思想。以邓小平理论、"三个代表"重要思想、科学发展观为指导,深入贯彻习近平总书记系列重要讲话精神,加强高校纪检组织建设,完善工作体制机制,深化转职能、转方式、转作风(以下简称"三转"),聚焦主责主业,提高履职能力,为我省高校的改革发展提供坚强的纪律保障。

2. 基本原则。深化改革,健全机制;明确职能,聚焦主业;完善配置,严管厚爱;加强领导,强化保障。

二、明确职能定位

3. 聚焦主责主业。纪委是党内监督的专责机关。高校纪委要持续深化"三转",退出不属于纪委职责范围的业务工作,着力履行好监督执纪问责职责,加强对高校党组织和领导干部遵守党章党规党纪、贯彻执行党的路线方针政策情况的监督检查。

4. 规范高校纪委领导分工。高校纪委书记应集中精力抓好纪检工作,一般不分管人事、财务、大宗物品采购、基建等工作。高校纪委书记分管工作情况,应报省纪委派驻纪检组备案。高校纪委副书记不得兼任与纪检工作无关的职务。

纪委书记参加高校党委会(常委会)、校长办公(校务)会,以及研究"三重一大"等重要事项的其他会议。选拔任用领导干部,在酝酿阶段应当听取纪委书记意见。纪委副书记按规定列席高校党委会(常委会)、校长办公(校务)会等重要会议。高校二级单位纪委主要负责人、纪检委员应当参加或列席所在单位有关重要会议。

三、完善机构编制配备

5. 健全高校纪委组织机构。本科院校纪委一般设纪委委员9～15名,其中设纪委书记1名,副书记1～2名;高职院校一般设纪委委员5～9名,其中纪委书记1名,副书记1名。高校应当按规定设立纪委工作机构,并设置相应的专职管理岗位。

6. 加强高校二级单位纪委建设。高校具有独立法人资格的二级单位设立党委的,应设立纪委,配备专职纪检干部;其他二级单位设立党委的,应设立纪委或纪检委员;设立党总支、直属党支部的,应明确纪检委员。二级单位纪委、纪检委员在二级单位党组织和高校纪委领导下开展工作。二级单位主要负责人不得兼任本单位纪委书记、纪检委员。

7. 规范高校纪检干部配备。高校可参照以下标准合理配备纪检干部:教职工(在编在职,下同)总数在500人以下的,配备纪检(监察)干部3名(不含纪委书记,下同);教职工总数在500～1 000人的,配备纪检(监察)干部4～6名;教职工总数在1 000～2 000人的,配备纪检(监察)干部6～8名;教职工总数在2 000人以上的,配备纪检(监察)干部8～10名。教职工和下属经济实体较多的高校,应按上述标准的中上限配备纪检(监察)干部。

四、加强干部队伍建设

8. 选优配强纪检干部。严格按照忠诚、干净、担当的标准把好纪检干部的入口关。注重选拔政治强、作风正、德才兼备、敢于担当的干部担任纪委书记和副书记。首次任用为纪委负责人的,原则上要能干满一届。推进高校纪委书记交流轮岗,新提任纪委书记原则上交流任职;工作满5年的应有计划、有步骤地交流;满10年或两届的,原则上必须交流。任纪委副书记满两届的,原则上应轮岗或交流任职。注重选配经济、金融、财会、审计、法律等专业人才充实纪检队伍。

9. 加强培训锻炼。分层次、分阶段开展培训，重点提高高校纪检干部履行监督执纪问责的能力。对新入职的纪检干部，实行任前培训，掌握纪检工作应知应会知识后再上岗。对已入职的，要加强知识更新培训和实践能力锻炼，通过参加上级纪委执纪审查、巡视巡察等工作，"以案代训""以干代训"，提高实际操作能力。

10. 严格监督管理。按照"打铁还需自身硬"的要求，严格教育、严格管理、严格监督高校纪检干部。加强对重要岗位和关键环节的监督，对执纪违纪、以案谋私的，发现一起、查处一起；对不作为、不善为的，及时进行批评教育、组织调整，造成严重后果的给予纪律处分。

11. 健全考核评价。按照突出主业、注重实绩的原则，每年对高校纪委工作开展一次综合评价，评价结果作为高校纪委及纪检干部绩效考核、选拔任用的重要依据。对德才兼备、实绩突出的纪检干部优先提拔使用；对不敢担当、不能胜任的纪检干部要及时予以调整。

五、落实工作报告制度

12. 完善日常工作报告制度。高校纪委工作情况按规定向高校党委报告。监督执纪问责情况、重要专项工作情况及自身建设情况，每半年向省纪委派驻纪检组报告一次。每年按规定向上级纪委进行述职。

13. 建立重大问题报告制度。高校纪委发现高校党委委员及其他省管干部的问题，在向高校党委报告的同时，应当根据干部管理权限，向省纪委或省纪委派驻纪检组报告；发现高校党委主要领导干部的问题，应当直接向省纪委报告；对于群众反映强烈的问题，应当及时向省纪委派驻纪检组报告。对重大问题该发现没有发现，或发现后不报告、不处置的，按规定进行问责。

14. 健全线索处置和执纪审查情况报告制度。线索处置和执纪审查在向高校党委报告的同时，必须向省纪委派驻纪检组报告。高校纪委在执纪审查工作中，应当在研究立案意见后、向高校党委报批立案程序前，以及研究处分意见后、向高校党委报批处分程序前，分别报告省纪委派驻纪检组。其他线索处置和案件查办情况随案管数据一并上报。

六、强化工作保障

15. 加强组织领导。高校党委要认真落实全面从严治党主体责任，至少每半年专题研究1次党风廉政建设和反腐败工作。要支持纪委履职尽责，帮助解决工作中的困难和问题。

16. 加强协作指导。省纪委派驻纪检组可依照区域相邻和行业相近的原则，对联系监督的高校进行划片，安排专人联系指导，必要时可组织开展联合办案、交叉办案。

17. 加强规范化建设。高校应当支持纪委开展规范化建设。加强硬件设施建设，配备专门的办公室、独立谈话室、办公设备，保证执纪审查所需车辆的使用，有条件的可配置执纪审查车辆。加强监督网络平台建设，推进办公信息化。建立健全工作制度，完善工作程序。加强经费保障，落实纪检干部办案补贴，将执纪审查经费列入专项预算，专款专用。

高校应当结合实际制定实施办法，并抓好责任分解和落实。本意见实施情况纳入高校落实全面从严治党、履行党风廉政建设责任制的检查考核。

附件：广东省高校纪委职责清单

中共广东省纪律检查委员会
中共广东省委组织部
中共广东省委教育工作委员会
2017年5月4日

附件

广东省高校纪委职责清单

为落实转职能、转方式、转作风工作要求，明确高校纪委工作职责，促进高校纪委聚焦主责主业，切实发挥党内监督专责机关的作用，根据《中国共产党章程》《中国共产党党内监督条例》等有关规定，制定我省高校纪委职责清单。

一、协助高校党委加强党风廉政建设和组织协调反腐败工作，向高校党委提出党风廉政建设和反腐败工作的建议，督促检查党风廉政建设工作任务落实情况，协调解决反腐败工作重大事项；

二、监督检查高校党组织和党员干部执行党的路线方针政策和决议、遵守党纪条规、贯彻落实中央和省委重大决策部署的情况，坚决维护党章和其他党内法规的权威性，严明政治纪律和组织纪律；

三、监督检查高校同级党委和下级领导班子及其成员履行职责、行使权力、加强作风建设的情况，负责调查高校管理的党员干部违犯党纪的案件；

四、开展党风廉政法规制度教育和警示教育，对党员干部中存在的问题早发现、早提醒、早纠正、早查处；

五、监督检查高校组织人事纪律执行情况，就高校管理的领导干部和后备干部考察人选的党风廉洁情况提出书面意见；

六、受理对高校管理的党组织以及党员干部、工作人员的检举控告、申诉复查，并按规定进行处理；

七、领导高校二级单位纪委开展纪律审查工作；

八、对高校各级党组织落实全面从严治党主体责任不力或党员领导干部履行"一岗双责"不到位、造成不良后果的，按干部管理权限提出问责建议或直接进行问责；

九、开展纪委规范化建设，负责纪检（监察）干部日常的监督和管理；

十、组织开展对高校内设机构、直属单位的巡察，协助省委巡视组、上级主管部门做好对高校的巡视巡察工作；

十一、承办上级纪委交办的其他事项。

关于印发《广东省省级教育发展专项资金管理办法》的通知

(粤财教〔2017〕212号)

各地级以上市财政局（委）、教育局，顺德区财税局、教育局，财政省直管县（市）财政局、教育局，省属有关学校：

为进一步规范和加强省教育发展专项资金管理，提高资金使用效益，根据《广东省人民政府关于印发〈广东省省级财政专项资金管理试行办法〉的通知》（粤府〔2016〕86号）有关规定，省财政厅、省教育厅制定了《广东省教育发展专项资金使用管理办法》，现印发给你们，请遵照执行。

执行中如有问题，请及时向省财政厅、省教育厅反映。

广东省财政厅 广东省教育厅
2017年8月21日

广东省省级教育发展专项资金管理办法

第一章 总 则

第一条 为规范和加强广东省省级教育发展专项资金的管理，提高资金使用效益，根据《中华人民共和国预算法》《中华人民共和国预算法实施条例》《广东省人民政府关于印发〈广东省省级财政专项资金管理试行办法〉的通知》（粤府〔2016〕86号）等有关规定，制定本办法。

第二条 本办法所指的广东省省级教育发展专项资金（以下简称专项资金），是指由省级财政预算安排，用于支持我省教育事业发展，具有专门用途和绩效目标的资金。

中央财政补助教育资金以及按照现行财政体制按公式法、因素法计算、均衡地区间财力差距的一般性转移支付资金等，按国家和省有关规定管理。

第三条 专项资金统筹用于全省教育事业发展重点工作，根据不同时期、不同阶段各级各类教育发展的重点和需要安排。安排对象主要为各级教育主管部门、各级各类学校和教育事业单位、教师和学生，以及承担教育培训等任务（竞争性项目）的其他组织和机构。

第四条 专项资金的绩效目标。教育发展专项资金的总体绩效目标是：资金专项用于落实国家和省教育发展规划纲要以及中央和省委、省政府关于教育改革与发展有关决定，以"争先进、当标兵、建高地"为抓手，推进全省教育事业发展重点工作，力争到2018年，全省教育现代化取得重大进展，广东省推进教育现代化先进县（市、区）覆盖率达到85%；到2020年，全省教育现代化达到新高度，市县广东省推进教育现代化先进县（市、区）、先进市全覆盖。教育发展专项资金各用途资金的具体绩效目标在各用途项目管理办法中具体明确。

第五条 专项资金坚持依法设立、规范管理、严格审批、权责明确、科学论证、绩效优先、公平公开、强化监督的管理使用原则。

第二章 职责分工

第六条 财政部门的职责。

（一）省财政厅职责。负责专项资金管理的牵头组织和总体协调工作，制定专项资金管理制度、审核专项资金设立调整、组织专项资金预算编制及执行、审核省教育厅编制的年度专项资金使用总体计划及使用明细计划的合规性、办理专项资金拨付、组织实施专项资金财政监督检查和绩效评价等。

（二）市、县（市、区）财政部门的职责。

1. 对同级教育主管部门提出的申报项目进行合规性审核，配合同级教育主管部门做好项目资金申报工作。

2. 按照国库集中支付以及财政报账制度有关规定及时拨付资金。

3. 配合省级主管部门对专项资金拨付、使用以及管理情况开展专项检查、组织资金使用项目绩效评价、加强资金监督管理等。

第七条 教育主管部门的职责。

（一）省教育厅的职责。负责专项资金的具体管理工作，负责专项资金设立调整申请、专项资金预算申报、专项资金项目申报、编制年度专项资金使用总体计划及使用明细计划；按"谁使用、谁负责"的原则，负责专项资金使用安全、专项资金监督检查、专项资金绩效评价、专项资金信息公开等。

（二）市、县（市、区）教育主管部门的职责。组织申报本地项目，并对申报项目的真实性、可行性和合规性负责，组织专项资金扶持项目的实施、监督管理和绩效评价工作。

第八条 项目实施和资金使用单位职责。

（一）对申报项目及相关资料的合法性、真实性以及可行性负责。

（二）各使用单位应按照经批准的项目实施计划组织实施，确保如期完成，并达到预定目标。

（三）严格按照财政预算资金管理规定专账核算，专款专用，并确保报账凭证真实、完整。

（四）及时向教育和财政等部门汇报资金使用情况。

（五）按照有关规定开展绩效自评，并配合专项资金审计、检查等工作。

第三章 专项资金的使用范围

第九条 专项资金的使用范围：

（一）高水平大学建设，用于高水平大学重点建设高校和重点建设项目的学科建设、科学研究、技术开发、产学研合作、人才队伍建设、科研服务与条件支撑平台建设等。

（二）高校"创新强校工程"，用于本科高校"创新强校工程"奖补、重点学科建设补助、省市共建本科高校发展建设补助等。

（三）省属高校基本建设，用于补助省属高校补充和改善办学条件，提升办学硬件质量。

（四）化解高校债务，用于化解省属高校因基本建设等形成的债务。

（五）一流大学一流学科建设，用于一流大学一流学科的人才引进、学科建设、平台建设等。

（六）现代职业教育综合改革试点省争先创优奖补，主要用于高职教育"创新强校工程"、现代职业教育综合改革示范市项目、粤东西北有条件县域中等职业教育争先创优发展项目、中职教育内涵发展建设（含基本办学条件改善、实训基地建设、教学标准制定、人才培养模式改革等）、厅直属薄弱中等职业学校中高职一体化重点特色专业建设以及用于国家部委有关职业教育项目的资金配套等。

（七）省职教基地建设，主要用于省职教基地学校新校区基本建设。

（八）推进基础教育现代化，主要用于奖补欠发达地区（粤东西北地区、肇庆、惠州，江门的开平、恩平、台山市）推进基础教育现代化，补助青少年足球发展项目、省属中小学发展建设、教育信息化建设经费、省级基础教育质量监测等。

（九）强师工程，用于师德建设、教师教育发展、学前教育和特殊教育教师达标提升、中小学教师素质强化、职业教育教师能力提升、高校高水平教师队伍建设和地方奖补等教师队伍建设支出。

（十）民办教育发展，用于奖励民办教育工作成绩突出的地级以上市，奖补民办高职学校专业建设和师资队伍建设。

（十一）特殊教育学校建设和维护，用于支持欠发达地区新建、改扩建特殊教育学校，配备教育康复设施设备，建设特殊教育资源中心、资源教室等。

（十二）教育工作项目，用于各级各类教育、民族教育等发展建设、学校德育建设、招生考试、教育救灾等应急支出和教育工作经费支出。

（十三）助学贷款贴息和风险补偿，用于国家助学贷款财政贴息、国家助学贷款风险补偿财政承担部分、参加"支教、支农、支医和扶贫"高校毕业生国家助学贷款代偿等支出。

（十四）省委、省政府确定的其他重点教育支出项目。

专项资金的使用范围可根据不同时期、不同阶段各级各类教育发展的重点和需要安排，动态调整。调整的专项资金使用范围按程序在编制专项资金使用总体计划时报省政府审批。

第十条 专项资金可根据实际管理需要分用途制定项目管理办法，并在各用途项目管理办法中明确具体资金绩效目标。

第十一条 为规范管理，教育工作经费统一在教育工作项目中列支，按照统一支出标准统筹安排，除教育工作项目外，不宜在各资金用途中安排工作经费。教育工作经费的使用主体是省教育厅，委托下属单位及所属学校完成的项目原则上应按程序以政府购买服务的方式安排支出，如政府购买服务属于政府采购范畴的，严格按照政府采购程序办理并进行资金支付（以授权支付方式办理）；如政府购买服务不属于政府采购范畴的，严格按照国库集中支付有关规定进行资金支付（以直接支付方式办理）。

第四章 专项资金的申报和审核

第十二条 专项资金根据项目性质，主要按照项目制和因素法进行分配：

（一）项目制（竞争性）分配，分配结果具有可选择性、不固定使用对象的，采用专家评审等竞争性方式，从项目库中择优确定安排项目。

（二）因素法分配。支持民生事业发展、直接补助个人的资金，明确分配标准、人数或个数等，采取因素法或公式法分配；支持教育专项工作补助资金，按照工作任务和开支标准，在额度范围内据实安排。

（三）其他方式分配，对特殊困难补助以及应急支出等，采用部门集体研究、评议等《广东省省级财政专项资金管理试行办法》规定的方式进行安排。

第十三条 专项资金实行项目库管理，实行常态化、动态化管理，原则上与年度预算同步编列项目滚动预算，按轻重缓急进行排序。需组织项目申报、遴选的，提前一年启动项目申报、论证、评审、审核等工作，需要列入下一年度预算的一般性项目原则上应在每年上半年完成入库手续。具体按照本办法第十四条至十六条办理。

第十四条 省教育厅会同省财政厅（或征求省财政厅意见）依据国家、省教育中长期发展规划纲要，省委、省政府有关决定，按照各专项资金使用方向，制定、发布管理办法和专项资金申报指南（或申报通知），明确资金支持对象、用途范围、申报条件、申报程序和有关要求等。

第十五条 专项资金需由市、县（市、区）各级教育主管部门会同财政部门逐级申报、择优推荐的，经各地级以上市教育主管部门和财政部门审核汇总后，联合上报省教育厅和省财政厅。

省级单位或符合申报条件的其他组织和机构直接向省教育厅和省财政厅申报。

第十六条 申报专项资金的单位（组织或个人）应按有关条件和要求申报：

（一）符合资金管理办法和申报指南规定的支持对象、用途范围、申报条件等，不得跨范围申报专项资金。

（二）计划任务、实施方案切实可行，投入方案、预期效益、绩效目标明确清晰、科学合理。需跨年度实施项目应按照项目库管理要求，按支出计划分年度申报专项资金预算额度。

（三）一个项目只能申请一项专项资金，不得多头申报。同一项目确因特殊情况需申报多项专项资金的，必须在申报材料中注明原因并说明已获得或正在申请的其他专项资金情况。

（四）申请单位应对申报材料的真实性、可行性负责，不得弄虚作假和套取、骗取专项资金。

（五）申请单位应填报提交专项资金使用申请资料（提供电子数据和纸质资料），包括申请报告、"专项资金项目绩效目标申报表"，以及按要求需提供的其他资料。竞争性申报的项目，还须通过省教育厅省级财政专项资金管理系统进行网上申报。

第十七条 省教育厅会同省财政厅按照有关规定受理申请单位资金使用申请，对申请项目进行前置审核；在资金管理系统公布申请受理情况。

第五章 专项资金审批及执行管理

第十八条 专项资金预算编制。严格按照预算法等规定，编制教育发展专项资金预算。在编制年度预算时，必须编制资金目录清单、年度使用总体计划及提前下达计划，按规定报批后列入年度预算草案。未按规定及时编报年度预算资金使用计划的，不予列入预算安排。经法定程序批准的专项资金额度、用途范围、扶持对象、绩效目标、分配方式等作为预算执行的依据。

第十九条 专项资金使用总体计划审批。每年下半年，根据省财政部门通知，省教育厅会同省财政厅提出下一年度专项资金使用总体计划，联合报分管省领导审核、分管财政的常务副省长审批后，报省长审定。经省领导审定的下一年度专项资金使用总体计划，由省财政厅集中提交省政府常务会议审议。省教育厅根据省财政部门通知对经审定的下年度专项资金使用总体计划，编列年度预算。

第二十条 提前下达计划审批。根据经审定的下一年度专项资金使用总体计划，属于补助市县的专项资金，省财政厅商省教育厅，按年度预算编制要求相应办理提前下达。对自然灾害等突发事件处理的个别转移支付，可预留待年度预算批准后下达。

第二十一条 根据省财政部门批复的经省人民代表大会批准的专项资金预算，省教育厅商省财政厅编制使用明细计划，细化至用款单位或地区的具体执行项目及额度等内容。按项目制分配和管理的专项资金，原则上从项目库储备中择优筛选项目列入专项资金使用明细计划。

专项资金使用明细计划按规定在省财政厅和省教育厅部门网站、专项资金管理平台进行公示，公示时间为7日。

第二十二条　省财政厅对按规定批准使用的专项资金，按照预算及国库管理规定办理预算下达和资金拨付手续。

（一）用款单位属省级单位的，实行国库集中支付，由省财政厅按照国库集中支付流程办理支付手续。

（二）用款单位属市县单位的，由省财政厅向市县财政局办理预算拨付手续；市县财政局应按照专项资金具体用款项目及要求，在收到省拨付资金的30日内将资金下达到用款单位，由市县财政部门实行国库集中支付，不得截留、滞留、挪用、挤占资金。

按因素法下达、由市县或学校自行确定具体项目的专项资金，市县、学校应将具体项目安排计划以适当方式公示，并报省直有关部门和财政部门备案。

第二十三条　资金使用单位应加强对专项资金使用的管理，严格执行财务规章制度和会计核算办法，各项支出必须严格控制在批准的范围及开支标准内，严格执行财政资金使用票据销账制度。

第二十四条　资金使用单位应加快年度项目实施和预算执行进度，年度安排专项资金预算原则上在当年度使用完毕，年末结转结余资金按照省财政厅有关规定执行。对连续两年未用完的结转资金，由省财政厅收回统筹管理。涉及科研经费结转结余的，按照省有关科研项目资金管理规定执行。

第二十五条　预算年度结束后，专项资金使用单位应根据本级财政部门年度决算要求，及时编列专项资金年度决算报表，报送本级财政部门。

第二十六条　专项资金项目经费使用完毕后，资金使用单位应及时对项目经费使用情况进行财务决算，并向同级主管部门提出验收或检查申请。同级主管部门应及时组织项目验收或资金使用情况检查。对资金额度较大、影响面较广的项目，可由同级主管部门及财政部门联合进行项目验收或检查。省教育厅、省财政厅将根据专项资金执行情况组织项目绩效评价、专项检查或审计。

第二十七条　已经批准的项目经费预算必须严格执行，一般不予调整，如遇特殊情况确需调整或变动的，应由原申报部门或单位提出申请，经省教育厅审核后报省财政厅批准。涉及科研经费预算调整的，按照省有关科研项目资金管理规定执行。

第六章　专项资金信息公开

第二十八条　除涉及保密要求的信息外，省教育厅、省财政厅分别在省教育厅、省财政厅门户网站和专项资金管理平台公开如下信息：

（一）专项资金管理办法。

（二）专项资金申报指南，包括申报条件、扶持范围、扶持对象、审批部门、经办部门、经办人员、查询电话等。

（三）项目资金申报情况，包括申报单位、申报项目、申请金额等。

（四）资金分配程序和分配方式，包括资金分配各环节的审批内容和时间要求、资金分配方法、审批方式等。

（五）专项资金分配结果，包括资金分配明细项目及其金额，项目所属单位或企业等。

（六）专项资金绩效评价、监督检查和审计结果，包括项目财务决算报告、项目验收情况、绩效评价自评和重点评价报告、第三方评价报告、财政财务监督检查报告、审计结果公告等。

（七）公开接受、处理投诉情况，包括投诉事项和原因、投诉处理情况等。

（八）其他按规定应公开的内容。信息公开按照《广东省省级财政专项资金信息公开办法》规定执行。

第七章　专项资金监督评价和责任追究

第二十九条　各级资金主管部门要建立健全专项资金使用的监督检查机制和绩效考评制度，加强对专项资金使用情况的监督检查，及时发现和纠正存在问题。省财政厅和省教育厅根据项目实施情况，组织或委托有关机构开展专项资金监督检查和绩效评价工作，根据有关规定和年度工作计划组织对专项资金实施重点评价或引入第三方评价。

第三十条　专项资金实行绩效管理。

（一）在专项资金设立、申报项目入库、制定资金使用总体计划的同时，应按规定申报专项资金预期绩效目标。申报材料须设置可量化、可衡量的绩效指标，以反映专项资金预期的使用效益。经批准的绩效目标作为开展绩效监控、绩效评价的重要依据。

（二）跨年度支出的专项资金，用款单位应在每个预算年度结束后1个月内进行中期绩效自评。省财政厅、省教育厅组织对专项资金使用阶段性绩效监控，对监控中发现的问题责成项目单位进行整改。专项资金年度支出进度为资金使用绩效监控的重要监测点，并作为下年度专项资金安排的考核因素。

（三）专项资金支出完成的项目应按规定实施绩效评价。省教育厅按规定组织开展绩效自评，省财政厅根据当年工作重点，对列入当年省级财政资金重点评价范围的项目，按规定进行重点评价或委托第三方机构实施独立评价。绩效评价结果作为专项资金安排、调整、撤销及责任追究的重要依据。

第三十一条　实行专项资金管理责任追究机制。

（一）对负责专项资金管理的省直有关部门领导、内设部门领导、经办人员、以及其他部门、中介机构有关人员和评审专家在专项资金分配、审批过程中存在违法违规行为的，按照"谁审批、谁负责"的原则，视情节轻重承担相应责任。

（二）申请单位在专项资金管理、使用过程中存在违法违规行为的，依法依规作出严肃处理，追回财政专项资金，5年内暂停其申报专项资金资格，并向社会公开其违法违规信息。

（三）对涉嫌违法违规的责任人员，一律按照有关规定严肃处理。涉嫌犯罪的，依法移送司法机关追究刑事责任。

（四）市县有关部门未按规定将资金拨付到使用单位的，按照相应法律法规实施责任追究和处罚。

第八章　附　　则

第三十二条　本办法由省财政厅和省教育厅负责解释。

第三十三条　本办法自发布之日起施行。

广东省教育厅转发教育部关于印发《义务教育小学科学课程标准》的通知

(粤教基〔2017〕1号)

各地级以上市及顺德区教育局,华南师范大学附属小学:

现将《教育部关于印发〈义务教育小学科学课程标准〉的通知》(教基二〔2017〕2号)转发给你们,请根据通知要求并结合以下意见,一并贯彻执行。

一、认真组织学习科学课程标准

科学教育是立德树人工作的重要组成部分,是提升全民科学素质、建设创新型国家的基础。小学科学教育对从小激发和保护孩子的好奇心和求知欲,培养学生的科学精神和实践创新能力具有重要意义。各地要以课程为统领,切实加强小学科学教育。要全面做好课程标准的宣传和培训工作,将其纳入校长、教师培训计划,组织开展专题培训,强化全员培训,要根据实际整体设计培训课程,丰富培训方式方法,注重理论培训与实践研修相结合,帮助校长、教师深入理解课程标准的基本理念和基本要求,切实提升校长对课程的领导力,提高教师教学能力和教育教学水平。各级教育教学研究部门和学校教研组要深入开展课程教学研究,促进学校转变教育教学方式,落实课程标准要求。

二、切实开齐开好科学课程

从2017年秋季开始,小学科学课程起始年级调整为一年级。小学一、二年级在现有每周27课时的基础上,原则上按照每周增加不少于1课时安排科学课程。小学三至六年级科学课每周课时数按原要求保持不变。各地要引导科学教师落实学生发展核心素养要求,依据课程标准组织教学,切实加强对实践探究过程的指导,突出强化教学实践环节,注重引导学生动手与动脑相结合,增强学生问题意识,培养他们的创新精神和实践能力。要重视实验教学,积极推进信息技术和教学的深度融合,努力创设适宜的学习环境,促进学生积极参与、主动探究,引导学生做好每一个实验。

三、强化各项保障措施

各地要大力加强课程实施的组织领导,加强统筹规划,精心组织实施。要结合实际科学合理配置小学科学教师,逐步建立专兼职结合的教研人员队伍,运用信息化等手段提高教研水平。要加大经费投入,保证实验室建设、仪器设施设备和耗材等需要。鼓励有条件的学校利用校舍场地的各种空间,设置开放型实验探究区域,构建丰富学生实践体验的学习环境,鼓励有条件的地区和学校探索建设基于课程的多样化和特色化的创新实验室。要优化课程资源建设,重视发挥家庭、社区、校外青少年活动基地等作用,为保障课程实施创造有利条件。要加强课程实施的监测和督导,建立小学科学课程管理的反馈和改进机制,保证课程的全面落实。

广东省教育厅
2017年2月23日

教育部关于印发《义务教育小学科学课程标准》的通知

(教基二〔2017〕2号)

各省、自治区、直辖市教育厅(教委),新疆生产建设兵团教育局:

2001年启动新一轮基础教育课程改革以来,经过十余年的实践探索,小学科学课程对培养学生科学素养发挥了重要作用。但在实践中也存在课程适宜性、可操作性、时代性和整体性有待增强等问题。

为进一步加强小学科学教育，根据立德树人工作总体部署，我部组织专家对小学科学课程标准进行了修订完善，现正式印发，于2017年秋季开始执行。有关要求通知如下：

1. 充分认识小学科学教育的重要性。科学教育是立德树人工作的重要组成部分，是提升全民科学素质、建设创新型国家的基础。小学科学教育对从小激发和保护孩子的好奇心和求知欲，培养学生的科学精神和实践创新能力具有重要意义。各地要高度重视，以课程为统领，切实加强小学科学教育。

2. 全面加强学习培训工作。各地要全面做好课程标准的宣传和培训工作，纳入校长、教师培训计划，组织专题培训，强化全员培训。要结合地方教育实际特别是师资队伍情况等，整体设计培训课程，丰富培训方式方法，注重理论培训与实践研修相结合，帮助校长、教师深入理解课程标准的基本理念和基本要求，提升教育水平。

3. 确保落实规定课时。小学科学课程起始年级调整为一年级。在我部组织修订《义务教育课程设置实验方案》前，原则上要按照小学一、二年级每周不少于1课时安排课程，三至六年级的课时数保持不变。

4. 突出强化教学实践环节。各地要引导教师落实学生发展核心素养要求，依据课程标准组织教学。要重视实验教学，努力创设适宜的学习环境，促进学生积极参与、主动探究，引导学生做好每一个实验。教师要加强实践探究过程的指导，注重引导学生动手与动脑相结合，增强学生问题意识，培养他们的创新精神和实践能力。

5. 大力加强课程实施的组织领导。各地要加强统筹规划，精心组织实施。要结合实际合理配置小学科学教师，逐步建立专兼职结合的教研人员队伍。要加大经费投入，保证实验室建设、仪器设施设备和耗材等需要。要优化课程资源建设，重视发挥家庭、社区、校外青少年活动基地等作用，为保障课程实施创造有利条件。要加强课程实施的监测和督导，建立小学科学课程管理的反馈和改进机制，保证课程的全面落实。

附件：义务教育小学科学课程标准（略）

教育部
2017年1月19日

广东省教育厅 省发展改革委 省财政厅 省人力资源和社会保障厅关于印发广东省发展学前教育第三期行动计划的通知

（粤教基〔2017〕14号）

各地级以上市人民政府，各县（市、区）人民政府，省政府各部门、各直属机构：

《广东省发展学前教育第三期行动计划（2017—2020年）》业经省人民政府同意，现印发给你们，请认真贯彻实施。

广东省教育厅　广东省发展改革委
广东省财政厅　广东省人力资源和社会保障厅
2017年8月30日

广东省发展学前教育第三期行动计划（2017—2020年）

为贯彻落实党的十八届五中全会"发展学前教育，鼓励普惠性幼儿园发展"的要求，进一步落实《国务院关于当前发展学前教育的若干意见》（国发〔2010〕41号）、《国家中长期教育改革和发展规划纲要（2010—2020年）》、《教育部等四部门关于实施第三期学前教育行动计划的意见》（教基〔2017〕3号）、《广东省教育发展"十三五"规划（2016—2020年）》等文件精神，特制定本行动计划（以下简称三期行动计划）。

一、发展目标

（一）总体目标

到2020年，满足适龄儿童入园需求，基本建成广覆盖、保基本、有质量的学前教育公共服务体系。管理体制和办园体制逐步理顺，乡村幼儿园办园条件进一步改善，发展学前教育的责任进一步落实。学前教育成本分担机制普遍建立，运行保障能力显著增强。幼儿园教师配备和工资待遇保障机制进一步完善，师资力量进一步加强。幼儿园保教质量评估监管体系基本形成，办园行为普遍规范，"小学化"现象基本消除。

（二）具体目标

1. 进一步普及学前教育。到2020年，全省学前教育三年毛入园率达96%以上，其中珠江三角洲地区各县（市、区）达98%以上，其余地区各县（市、区）达92%以上。

2. 提高规范化幼儿园覆盖面。到2020年，全省规范化幼儿园比例达到80%以上，其中珠江三角洲地区各县（市、区）规范化幼儿园比例达85%以上，其余地区各县（市、区）达70%以上；各县（市、区）基本消除无证办园。

3. 扩大普惠性学前教育资源供给。到2020年，各地级以上市及县（市、区）公办幼儿园占比达30%以上，公办幼儿园和普惠性民办幼儿园占比达80%以上。

4. 提升农村学前教育水平。到2020年，全省每个乡镇建有1所以上规范化公办乡镇中心幼儿园，常住人口规模4 000人以上的行政村举办规范化普惠性幼儿园。

5. 提高幼儿园保教队伍素质。到2018年，幼儿教师持证上岗率达80%，到2020年，基本实现幼儿园教师全员持证上岗。到2020年，大专以上学历的幼儿园教师比例达75%以上，其中珠江三角洲地区各县（市、区）达到85%以上，其余地区各县（市、区）达到70%以上；取得专业技术职称的教师比例进一步提高。

6. 提升幼儿园保教质量。建立完善幼儿园质量评估体系，落实教研指导责任区工作，各地级以上市及县（市、区）配备1名以上专职教研员，指导各幼儿园开展常态化教科研活动，科学安排组织一日生活，避免"小学化"倾向。

二、重点任务

（一）增加普惠性资源供给

重点加强粤东西北地区、计生政策调整新增人口集中地区、老旧城区和城乡接合部幼儿园建设。大力发展公办幼儿园，鼓励政府机关、街道、乡镇、村集体、企事业单位、高校、部队等开办幼儿园，提供广覆盖、保基本的学前教育公共服务。鼓励社会力量举办幼儿园，扶持普惠性民办幼儿园。改善办园条件，满足基本保育教育活动需要。

（二）深化体制机制改革

落实地方各级政府发展学前教育的责任。理顺机关、城镇街道办、村集体、企事业单位办幼儿园办园体制。建立与公益普惠要求相适应的学前教育成本分担机制。深化幼儿园教师培养培训机制、补充机制、工资待遇保障机制改革和教师管理制度改革。

（三）提升保育教育质量

深化幼儿园教育改革，尊重幼儿身心发展规律和学习特点，坚持以游戏为基本活动，保教并重，养成良好的品德与行为习惯，促进幼儿身心全面和谐发展。建立健全幼儿园保教质量评估体系，推进幼儿园质量评估工作。加强学前教育教研力量，健全教研指导网络，整体提升幼儿园保教质量。做好安全防范工作，提高幼儿园安全保障水平。

三、具体措施

（一）加强学前教育规划和建设

各地统筹考虑经济社会发展、计划生育政策调整、居住区规划和居住人口规模增长趋势等因素，开展学前教育学位预测，以县为单位科学编制和实施幼儿园建设发展规划。完善幼儿园审批制度，公开幼儿园办园标准和指引，鼓励社会力量以多种形式举办幼儿园，积极稳妥有序推进民办幼儿园分类管理改革。大力发展公办幼儿园和普惠性民办幼儿园，学前教育学位资源与学前教育需求相适应。落实《广东省加强住宅小区配套幼儿园建设和管理工作的指导意见》，坚持统筹规划、合理布局、同步设计、同步建设、同步竣工、同步交付使用的原则，在城镇新建居住区和旧城改造工程中配套建设幼儿园，建成后的小区配套幼儿园统筹用于举办公办幼儿园或普惠性民办幼儿园。开展城镇住宅小区配套幼儿园专项整治，对没有按照国家和省有关新建和原有住宅小区配套幼儿园的要求建设、移交、举办成公办园或普惠性民办幼儿园的要全面整改，2018年底前整改到位。将残疾儿童学前教育纳入当地学前教育发展总体规划，支持特殊教育学校附设幼儿园或幼教班，鼓励并扶持有条件的普通幼儿园接收轻度残疾儿童随班就读等。

（二）发展普惠性幼儿园

各地要扩大公办学前教育资源，逐年新建、改扩建一批公办幼儿园，优先将中小学布局调整后的富余教育资源和其他富余公共教育资源用于举办公办幼儿园。每个乡镇办好1所以上公办中心幼儿园。鼓励政府机关、街道、乡镇、村集体、企事业单位、高校、部队等开办幼儿园。各地要将幼儿园作为新农村公共服务设施统一规划，优先建设，加快发展。常住人口规模4 000人以上的行政村举办规范化普惠性幼儿园，常住人口规模不足4 000人的行政村设分园或联合办园。贯彻落实《广东省普惠性民办幼儿园认定、扶持和管理办法》，逐年认定和扶持一批普惠性民办幼儿园。各地要通过购买服务、综合奖补、减免租金、派驻公办教师、培训教师、教研指导等方式，支持普惠性民办幼儿园发展。将各地级以上市和县（市、区）提供普惠性学位数量、比例和办园质量作为奖励和支持的依据，对达不到要求的限期整改。

（三）理顺学前教育管理体制和办园体制

落实"国务院领导，省地（市）统筹，以县为主"的学前教育管理体制。省开展广东省学前教育立法研究，鼓励各地按照立法权限出台发展学前教育地方政策。省级、地市级政府加强统筹，加大对粤东西北地区、农村地区和随迁子女流入地区的支持力度。落实县级政府主体责任，充分发挥乡镇政府的作用，积极推动各地理顺机关、城镇街道办、村集体、企事业单位办幼儿园办园体制，实行属地化管理，通过地方政府接收、与当地优质公办园合并、政府购买服务等多种形式，确保其面向社会提供普惠性服务。2017年底前，对符合条件的幼儿园，按照《事业单位登记管理暂行条例》《事业单位登记管理暂行条例实施细则》和《事业单位、社会团体及企业等组织利用国有资产举办事业单位设立登记办法（试行）》完成事业单位登记。

（四）健全学前教育成本分担机制

各地各级政府要将学前教育列入财政预算，落实财政经费保障，按照非义务教育成本分担的要求，建立起与管理体制相适应的生均拨款、收费、资助一体化的学前教育经费投入机制。省指导各地开展公办幼儿园生均拨款标准和政府购买普惠性幼儿园

服务政策的研究。各地要根据幼儿园可持续发展需要和各地实际，建立和完善公办园生均拨款和普惠性民办园的补助机制，进一步健全资助制度，确保建档立卡等家庭经济困难幼儿优先获得资助。各地要根据经济发展状况、办园成本和家庭经济承受能力，建立公办幼儿园的保教费收费标准动态调节机制。

（五）构建幼儿园教师队伍建设支持体系

健全学前教育从业人员准入制度，落实保教人员持证上岗。加大本专科层次幼儿园教师的培养力度，扩大省属高等师范院校学前教育专业的培养规模，推进中高职一体化学前教育人才培养，鼓励本省具备条件的其他高等院校开办学前教育专业，各地级以上市和县（市、区）政府建立健全本地学前教育师资培养基地。深化学前教育专业课程与教学改革，提高培养质量，强化实践能力。支持地方通过多种方式为农村和边远贫困地区培养补充合格的幼儿园教师。县级以上教育行政部门要会同机构编制、财政、人力资源社会保障等部门，采取核定编制、县（市、区）统一招考管理等方式及时补充公办幼儿园教师。根据国家有关规定和当地实际情况，完善办园成本分担机制，统筹用好相关资金，采取多种方式切实解决公办幼儿园非在编教师工资待遇偏低问题，逐步实现同工同酬。各地建立和完善民办幼儿园教师工资指导机制和待遇奖补机制，引导和监督民办幼儿园依法配足配齐教职工并保障其工资待遇。鼓励支持有条件的地区发放幼儿教师从教津贴。依法将幼儿园教职工全员纳入社保体系，鼓励民办幼儿园为教职工购买补充养老保险、建立年金制度。加强幼儿教师师德教育，践行师德规范，建立健全师德建设长效机制。各地实施幼儿园教师达标提升工程，以需求为导向创新培训模式，落实幼儿园教师全员培训。加强骨干教师、园长队伍建设，培养一批名园长和名教师，有效发挥骨干队伍作用带动幼儿园教师队伍素质提升。提升幼儿园教师教研科研能力，在课题立项、成果评比中向学前教育适当倾斜。不断完善和全面落实符合学前教育实际，有利于幼儿园教师专业发展的职称评审标准。

（六）强化幼儿园质量监管

落实教育部《幼儿园办园行为督导评估办法》，省出台幼儿园办园行为督导评估实施方案，完善幼儿园督导评估制度，促进幼儿园自主发展、内涵发展、科学发展，提高幼儿园的办园质量。各地要按照国家和省的要求建立完善幼儿园质量评估体系，将各类幼儿园纳入评估范围。落实县（市、区）政府对各类幼儿园的监管责任，协调有关部门加大监管机构和队伍的建设力度，继续做好无证幼儿园清理整治工作，消除无证幼儿园。教育行政部门要充实管理力量，建立和完善幼儿园年检制度和幼儿园动态监管机制，规范办园行为。强化幼儿园安全管理和安全教育，按规定配备幼儿园安保人员，切实落实"人防、物防、技防"措施，组织幼儿园开展必要的自救、互救、紧急疏散等应急演练。健全幼儿园内部财务制度，加强幼儿园经费使用和收费行为的监管。到2020年，各地要按照国家和省的要求，健全学前教育管理信息系统和资助系统，加强学籍和资助管理。

（七）加强幼儿园业务指导

各地级以上市和县（市、区）加强幼儿园保教指导，配足配齐学前教育教研员，落实学前教育教研经费和教研员培训，建立健全学前教育教研指导责任区机制。各地要充分创设条件推动幼儿园深入贯彻《幼儿园工作规程》《3—6岁儿童学习与发展指南》（以下简称《指南》）和《广东省幼儿园一日活动指引（试行）》，科学安排组织一日生活，以游戏为基本活动，避免"小学化"倾向。总结《指南》实验区、实验园经验，推广有价值的实验研究成果。加强乡镇中心幼儿园对农村幼儿园的业务指导，探索乡镇中心幼儿园和村级幼儿园一体化管理。鼓励各地推进乡镇中心幼儿园、优质幼儿园与其他幼儿园结对帮扶工作，提升各类幼儿园保教质量。加强玩教具配备，为幼儿创设丰富的教育环境。加强幼儿园家长委员会建设，发挥家长委员会参与幼儿园管理、保育教育、家园沟通等支持幼儿园工作的积极作用。鼓励有条件的幼儿园面向家长和社区开展公益性0～3岁早期教育指导。

四、组织实施

（一）加强组织领导

各地级以上市、县（市、区）级政府要逐级编制三期行动计划，地级以上市政府要加强统筹，加大对贫困地区的支持力度。要把三期行动计划的实施列入政府工作的重要议事日程和相关部门的年度任务，确保各项目标任务落到实处。

（二）建立投入激励机制

省财政继续统筹中央和省的资金，支持和引导地方积极发展学前教育，重点向粤东西北、农村地区和随迁子女流入地区倾斜。资金分配重点与各地扩大普惠性资源、完善管理体制、健全投入机制、资助家庭经济困难儿童入园等工作的绩效挂钩。

（三）建立工作推进机制

各地级以上市和县（市、区）人民政府要建立发展学前教育三年行动计划协调机制，明确教育、机构编制、发展改革、民政、财政、人力资源社会保障、国土、住房城乡建设、卫生计生、残联、妇联等部门的任务，着力破解长期制约学前教育发展的体制机制问题。

（四）完善督导评估机制

省建立发展学前教育专项督查机制和问责机制，对三期行动计划实施过程中学前教育规划建设、小区配套幼儿园建设与管理、学前教育成本分担机制、加强教师队伍建设等工作情况进行专项督查，并将结果向社会公布。各地要健全学前教育督促检查、考核奖惩和问责机制，建立完善幼儿园质量评估体系，将行动计划目标任务和政策措施落实情况纳入地方政府教育工作实绩的考核指标。

各地级以上市三期行动计划经市人民政府批准后，于2017年10月31日前报省教育厅备案。

广东省教育厅关于印发《广东省教育信息化发展"十三五"规划》的通知

(粤教基函〔2017〕91号)

各地级以上市及顺德区教育局，各高等学校、省属中等职业学校，华南师范大学附属中学、广东实验中学：

现将经省教育厅党组审议通过的《广东省教育信息化发展"十三五"规划》印发给你们，请结合本地、本单位工作实际，认真贯彻执行。

附件：广东省教育信息化发展"十三五"规划

广东省教育厅
2017年5月18日

附件

广东省教育信息化发展"十三五"规划

为深入贯彻党的十八大和十八届三中、四中、五中全会精神，落实中央有关教育信息化的战略部署和第二次全国教育信息化工作会议精神，落实《国家中长期教育改革和发展规划纲要（2010—2020年）》《广东省中长期教育改革和发展规划纲要（2010—2020年）》、国家《教育信息化十年发展规划（2010—2020年）》《教育信息化"十三五"规划》和《广东省教育发展"十三五"规划》确定的教育信息化目标任务，全面深入推进"十三五"教育信息化工作，加快推进广东省教育现代化，特制定本规划。

一、现状与挑战

"十二五"以来，特别是《教育信息化十年发展规划（2011—2020年）》发布以来，广东省教育信息化工作坚持促进信息技术与教育教学全面深度融合的核心理念，坚持应用驱动、机制创新的基本方针，加强顶层设计、多方协同推进，各项工作取得了突破性进展。学校网络教学环境大幅改善，全省独立建制学校互联网接入率已达100%，多媒体教室普及率达82%；优质数字教育资源日益丰富，信息化教学日渐普及；全省近1000万名师生已通过"网络学习空间"探索网络条件下的教学、学习与教研模式；教育资源公共服务平台建成并实现与国家、部分地区互联互通，资源服务体系已见雏形；教育管理公共服务平台基本建成覆盖全省学生、教职工、中小学校舍等信息的基础数据库，大多数教育管理业务实现数字化改造；实施中小学教师信息技术应用能力提升工程，全省63万名教师参与培训，教师、校长和教育行政管理者的信息化意识与能力显著增强。各级各类教育信息化也都取得丰硕成果，基础教育、职业教育、高等教育和继续教育等领域结合各自需求，在扩大资源覆盖面、促进教育公平和提高教育教学质量等方面涌现出一批利用信息技术解决教育改革发展问题的应用典型。

在总结工作进展和成效的同时，必须清醒地认识到，当前加快推进教育信息化还面临很多困难和问题，广东教育信息化与广东"四个坚持、三个支撑、两个走在前列"总目标的要求相比，与发达国家、省市深度应用、融合创新的水平相比，仍存在差距：思想认识尚需深化，一些教育行政部门和学校仍然没有充分认识到信息技术对教育的革命性影响，对教育信息化持怀疑态度，推进教育信息化的积极性有待提高，力度有待加大；信息化与教育教学"两张皮"现象仍然存在，信息技术与课堂教学融合不深入，广大师生和教育管理者的信息化教学、管理的应用水平不高、效果不强、动力不足、激励不到位等问题仍然突出,教育信息化对教育改革发展的支撑引领作用尚未凸显;我省教育信息基础设施存在短板,部分教学点仍未接入互联网,30%以上中小学接入带宽不足10M,学生信息化学习终端设备配置率低,区域、城乡、校际发展水平差距较大,利用信息技术实现优质教育资源全覆盖的有效机制尚不完善;教育信息化管理体制机制尚未理顺,"政府主导、应用驱动、多部门参与"的工作机制未能充分发挥效能,全省统一规划、整体发展的机制尚未建立,市场和企业资源整合不足,开放共享的发展格局尚未形成;网络安全意识和防护能力尚需加强,学校网络安全事件时有发生,只管建设不顾安全、只管硬件忽视软件、只管数据采集不顾数据维护的粗放式管理模式比较普遍。教育信息化仍然是广东全面实现教育现代化进程中一项紧迫而艰巨的任务。

根据《广东省中长期教育改革和发展规划纲要(2010—2020年)》和《广东省教育发展"十三五"规划》,"十三五"期间,广东将围绕"四个坚持、三个支撑、两个走在前列"总目标,到2018年率先基本实现教育现代化,持续深入推进教育治理能力和治理体系现代化、优质化、多样化、信息化和国际化"五位一体"的教育现代化建设,这对教育信息化建设提出了更高要求,需要信息技术提供更加便捷、更加智能、更加广泛、更加安全的支撑和保障。促进教育资源优质均衡迫切需要信息技术与教育教学实现深度融合、机制创新,从各级各类教育、市域乃至省域层面构建利用信息化实现优质教育资源全覆盖的机制和途径,从培养高素质、创新型人才的根本目的出发推进信息化教学的常态化、制度化;教育治理能力现代化对教育信息化提出了更高要求,充分利用信息技术的优势科学有效破解教育中的热点难点问题,实现教育管理的业务优化、流程再造、管理协同,利用大数据的优势推动教育科学决策、自治共治;随着云计算、大数据、物联网、移动计算、人工智能等新技术的迅猛发展,"互联网+"教育时代的到来,深刻改变着每个人的生活、工作、学习方式,广东智慧城市的新一轮建设也提出了智慧教育的新要求,为教育信息化带来新的动力和机遇。

二、总体要求

(一)指导思想

"十三五"期间,推进教育信息化要坚持以"四个坚持、三个支撑、两个走在前列"为统领,牢固树立和贯彻落实创新、协调、绿色、开放、共享的发展理念,以"构建网络化、数字化、个性化、终身化的教育体系,建设'人人皆学、处处能学、时时可学'的学习型社会,培养大批创新人才"为发展方向,按照"服务全局、融合创新、统筹发展、智能泛在"的原则,充分发挥信息技术对教育的革命性影响作用,通过技术创新和体制机制创新解决教育问题,实现优质教育资源公民办学校全覆盖,不断促进教育公平,实现人才培养模式和管理模式变革,持续提升教育质量和教育治理水平,形成与教育现代化发展目标相适应的教育信息化体系,深入推进教育现代化。

(二)工作原则

深化应用,服务全局。要通过服务全局构建教育信息化发展新格局,更加贴近教育改革发展中的重大现实问题、融入教育改革发展的核心领域,由点及面、由单项工作到教育教学与管理全过程,促进教育信息化全面深入应用,以教育信息化引领广东的教育现代化。

融合创新,育人为本。面向未来国力竞争和创新人才成长的需要,顺应"互联网+"的发展趋势,以创新人才培养为目标,把课程改革、教学改革、教育治理放在信息时代背景下来设计和推进,以创新促发展,推动教育服务供给方式、教学和管理模式的变革,形成教育创新、技术创新、服务创新互动并进的良好局面。

统筹协调,一体发展。按照"全省一盘棋、教育整体性、区域一体化"的原则,突破部门、层级、区域、城乡和教育系统内外的壁垒和障碍,统筹规划和整体设计教育信息化发展,形成统筹推进教育信息化协调发展的合力,实现优质教育资源的区域一体化、城乡一体化和各级各类教育一体化。

智能泛在,开放共享。面向未来5~10年的应用需求,按照"适度超前、高起点、智能化"的原则,设计便捷易用、智能高效的应用环境,充分发挥市场在资源配置中的决定性作用,大力推进基于信息技术的教育供给侧改革,优化优质教育资源服务供给模式,为实现"人人皆学、处处能学、时时可学"提供支撑。

(三)主要目标

利用信息化全面实现优质教育资源全覆盖。建成覆盖全省、互联互通、开放共享的数字教育资源云服务体系,建立优质教育资源的共建共享机制和服务供给模式,实现优质教育资源公民办学校全覆盖。

实现信息技术与教育教学深度融合。实现教育信息化向"主战场、大规模、常态化"发展，信息化服务于教育优质化、均衡化、多样化、个性化的效能显著提升，教育信息化区域规模和品牌效应彰显。

支撑现代教育治理服务能力显著提升。全面实现依托信息化条件的业务流程优化和重组，实现教育管理和服务的便捷高效，形成基于大数据的教育科学决策和个性化教育服务体系，以信息化推进教育治理现代化。

建成智能安全的信息化应用支撑环境。全面实现"三通工程"目标，建成智能、泛在、安全的信息化应用环境，为基本实现"人人皆学、处处能学、时时可学"提供保障。

三、发展任务

以"粤教翔云"为抓手，以构建智能、泛在、安全的信息化应用环境为基础，以实现优质教育资源公民办学校全覆盖和融合创新为关键，利用信息化优化、创新优质教育资源供给模式，实现更高质量、更加公平的教育。

（一）以实现优质教育资源全覆盖为重点，以信息化推进教育优质均衡发展

建设体系化优质数字教育资源。加快引进面向国家课程的数字化教材，以国家课程为主，以优化、创新课堂教与学方式为突破口，建设与国家课程对应的微课程体系和在线名师工作室，积极汇聚百家企事业单位，整合师生需要的生成性资源，建设体系完善的中小学课程配套的基础性数字教学资源，打造广东特色名师资源，支撑信息化教学的常态化开展。

推进优质教育资源的协同服务。加快推进区域平台建设和与教育资源平台的协同服务，推动数字教育资源教师参与、政企共建、多级互联、开放共享，以大数据、云计算、移动互联网等技术为基础，突破县域为主的教育体制限制和技术上的壁垒，从市域乃至全省统筹优质教育资源共建共享，以区域为单位整体推进教育信息化，实现优质教育资源的区域、公民办教育、城乡三个"一体化"。

开展教育网络扶贫行动。组织开发适合粤东西北农村义务教育学校和教学点的各年级各学科各版本教学资源并在课堂教学中常态化应用，统筹推进"专递课堂""名师课堂""名校网络课堂"三个课堂建设和应用，推广"一校带多点、一校带多校"的教学和教研组织模式。

创新数字教育资源供给服务模式。建立政府引导、市场主导、多方参与、开放平等、共建共享的信息化教育资源和服务供给模式，大力培育数字教育资源市场，鼓励企业积极提供云端支持、动态更新的适应混合学习、泛在学习等学习方式的新型数字教育资源及服务，将数字教育资源的选择权真正交给广大师生。加大数字教育资源的知识产权保护力度。制定资源审查与评价指标体系，进一步确立通过市场竞争产生优质资源、提供优质资源服务的机制，建立使用者网上评价和专家审查相结合的资源评价机制，探索鼓励企业、科研人员、教研人员、一线教师建设和推广优质教育资源的激励机制。

（二）以创新教与学方式为重点，以信息化推动教育特色多样发展

构建新型学习模式。研究"互联网+"学习的规律和方式，以深化网络学习空间"人人通"应用为抓手，依托网络学习空间推动学习方式、学习路径的优化和创新，支持学生依托网络学习空间自主学习、分享知识、交流经验、展示成果等，推广基于网络的校际合作学习、项目学习、可视化学习、翻转课堂等模式，合理灵活地利用各种课程资源和信息技术进行学习，实现学习方式的多样化，通过多种途径满足学生多样化和个性化发展的需要，实现师生"一人一空间、人人有特色"。有条件的地区探索信息技术在"众创空间"、跨学科学习（STEAM教育）、创客教育等新型教育模式中的应用。

实施"互联网+课程"创新行动。研究出台《"互联网+课程"指导纲要》，推进信息技术与国家课程、地方课程、校本课程的深度融合，拓展、丰富、深化课程的内涵和外延，将信息技术应用于课程的设计、实施、评价和管理的全过程，全面提高课程的信息化水平和学生的信息素养，加强学校、社会和网络教育资源的同步建设，重视课内外学习途径的结合，重视学校课程和更广泛的社会实践的有机结合，构建丰富开放的课程。推进信息技术课程改革，开发中小学生数字化学习能力培养课程体系，开展依托信息技术的跨学科学习，全面提高学生信息素养。面向个性化教育、国际教育、终身教育等，以创客课程、虚拟仿真课程、研学课程、项目式课程、跨学科课程、主题课程等为形式，分类引进、开发优质在线课程，完成不少于1000门的"互联网+课程"。

深化教学方式改革。加强信息技术与教学融合

研究、应用创新，全面普及信息技术教学应用，大力发展移动"互联网＋"教学，促进移动终端、教学软件和优质教学资源在教学中的广泛应用，构建学科教学、教研、创新一体化新格局，形成"课堂用、经常用、普遍用"的信息化教学新局面。依托网络学习空间推动教学、家校沟通的优化，丰富、拓展、延伸课堂，引导教师应用网络学习空间开展备课授课、家校互动、网络研修、指导学生学习等活动，支持家长应用网络学习空间与学校、教师便捷沟通、互动，关注学生学习成长过程，利用信息技术实现互动、生成、高效的教学，提高教育教学质量。充分发挥"互联网＋"优势，支持职业院校深化产教融合、校企合作，按照"纵向贯通、横向融通、外部联通"的思路，探索"虚实一体"的教学方式，建立"工学结合、校企合作、产教融合"的学习模式，构建以信息化促进产教融合的机制和路径，提高人才培养质量，有力支撑高素质技能型人才培养。创新人才培养、科学研究和社会服务模式，推动教育创新，培养学生自主学习、自主管理、自主服务的意识与能力，创新拔尖学生培养模式，促进高等教育内涵建设和质量提升。

创新评价方式。依托网络学习空间开展基于大数据的学生综合素质评价，逐步推动可穿戴设备支持下的"伴随式评价"和形成性评价，利用信息技术手段优化和变革考试流程，在有条件的地区和学校逐步推行线上线下相结合的无纸化考试。

（三）以教育大数据应用为重点，以信息化支撑教育治理体系和治理能力现代化

构建教育治理信息化支撑体系。按照"核心系统国家建、通用系统上级建、特色系统本级建"的原则，结合行政管理权责和业务具体实施、应用实际，破解长期严重制约深化应用的"条块"影响难题，加快省级教育管理公共服务平台建设，建成覆盖各级教育行政部门、各级各类学校和相关教育机构的教育管理信息化体系，全面覆盖财务管理、人事管理、学生管理、教学管理、图书管理、资产管理、校友管理等校园主要业务治理领域，促进学校构建信息化环境下的现代治理体系。全面推进移动办公，加强教育管理流程再造，提升教育电子政务的水平与效益，打造"阳光教育"。

推动教育数据整合和应用。逐步整合教育业务应用系统，积极探索开展与民政、卫生、金融等跨部门数据融合，创新体制机制实现数据的共建共享，破解数据壁垒和数据孤岛，实现门户整合、数据规范、认证互信、应用协同、流程贯通的综合平台，逐步对现有数据和应用资源进行系统集成，实现各级各类教育数据的全面汇聚和共享，在提高教育管理效能的基础上，加快管理流程优化再造，实现决策支持科学化、管理过程精细化、教学分析即时化，形成基于大数据的教育决策咨询机制和个性化教育服务模式，充分释放教育信息化的潜能，系统发挥信息化在政府职能转变、教育管理方式重构、教育管理流程再造中的作用，促进政府教育决策、管理和公共服务水平显著提高，推动教育治理能力的现代化。

利用信息化提高教育治理水平。利用信息化实现政府部门、学校、家长和社会广泛连接与信息快速互通，推动教育评价主体多元化、公共服务人性化，完善教育领域信息公开制度，使各级各类学校、相关教育机构和广大人民群众更加及时、准确地获取教育信息，更加深入地参与教育治理过程，形成一个有效的教育治理体系。

（四）加强教育信息化交流合作，以信息化促进教育国际化

加强教育信息化对外交流与合作。依托国家"一带一路"战略及有关教育对外开放的合作平台，大力推动基于互联网的区域性、全球性教育交流合作。深化与港澳台地区及发达国家的教育信息化交流合作，以信息化推动教育资源共享，积极参与国际教育信息化的应用创新项目，培养师生国际视野与竞争力，推动区域教育信息化向国际化迈进。

提高教育信息化对教育国际化的支撑能力。加强国际教育信息化研究，高度重视国外教育信息化发展趋势，学习借鉴世界一流大学先进的教学理念和模式，加强信息化对高水平大学建设、高水平理工科大学和理工类学科建设、一流高职院校建设的引领和支撑，支持与信息化深度融合过程中出现的新经济、新产业、新业态紧密相关的新兴学科、交叉学科、基础学科、创新团队建设，支持跨学科、跨领域、跨地区的协同创新，推动高校创新科研组织模式和机制，培育高等学校新兴优势学科、特色学校集群，整体提升广东高等教育信息化的国际竞争力。

（五）以补齐短板为重点，构建泛在的教育信息化基础应用环境

深化"三通"工程。实施"教育宽带网络提速扩容工程"，加快提升教育网络水平，全面提速、升级、扩容，鼓励有条件的地区和学校推进无线教育城域网、无线校园建设，高标准实现各级各类学校宽带网络全覆盖与网络教学环境全覆盖。深化优质

数字教育资源"班班通",推动多媒体教学平台、移动学习终端等交互式多媒体教学设备和优质数字教育资源进班级,实现中小学和教学点所有班级网络多媒体教学设备和优质教育资源全覆盖。扩大网络学习空间"人人通"覆盖面,利用多种方式,普及师生个人学习终端全面推进网络学习空间"人人通"开通和应用。

深化数字校园建设。继续推动各级各类学校的数字校园建设,加强各级各类学校普通教室、学科实验室、综合实验室(实训中心)、图书馆(室)等基础设施环境的信息化改造升级。鼓励有条件的学校推动数字校园升级建设智慧校园,建成支撑教学、学习、科研和管理的数字化环境。

加强教育信息化基础应用环境建设统筹。以云计算、移动互联网等新技术为基础,研究出台广东信息化基础设施应用环境建设指南,解决所有教育机构间的高速互联及各类共享应用的计算和存储资源的集约化投入,达到高速可用、安全可靠、可信共享、泛在开放的水平。

(六)完善防御体系,提高教育网络空间安全保障能力

健全网络与信息安全管理制度。全面落实国家网络与信息安全的战略部署,提高网络信息安全意识,落实网络信息安全一把手负责制,按照分级管理、逐级负责的原则,完善网络与信息安全管理制度,形成教育数据资源开放共享制度机制,确保网络安全与教育资源内容安全,做到认识到位、管理到位、责任到位、技术到位和保障到位。

加强网络安全技术保障体系建设。全面落实教育系统信息安全等级保护制度,加快全省教育行业数字证书的应用和推广工作,加强对信息技术安全工作的统筹管理,建立教育行业常态化的通报预警和督查机制,完善各级安全应急预案;对已建、新建的教育基础信息网络、重要教育信息系统和面向社会服务的教育政务信息系统进行国产密码加固,做到同步规划、同步建设、同步运行、定期评估;加强对信息系统、网站、移动应用的监测和预警能力,建成与广东教育信息化发展相适应的网络信息安全与应用服务体系。

开展网络信息安全综合治理行动。开展网络安全综合治理行动,开展教育行业网络与信息安全专项检查,加强网络信息安全技术队伍建设,开展安全管理和技术培训。

四、重点工程

(一)教育宽带网络提速扩容工程

推动教育网升级提速。继续推进省教科网和省基础教育专网的升级改造,实现"双网"融合,提升广东省教育与科研计算机网的服务性能,实现省级教育主干网络从IPv4到IPv6的升级平移,实现IPv6优先,丰富基于IPv6的应用。大力推进基于市域的教育城域网扩容提速,推动各级教育行政部门、教育机构和各级各类学校全部接入省教科网和基础教育专网,省、市、县、校四级教育网络实现高速互联。

建设无线教育网。探索校企共建、BYOD(Bring Your Own Device,自带设备)等多种方式,以物联网、云计算、移动通信技术等为基础,鼓励有条件的地区和学校开展无线教育城域网、无线校园网建设,逐步推进泛在学习环境建设。

到2020年,广东省教育和科研计算机网到各地市骨干网络带宽拓宽至60G,各市教育城域网到校接入网带宽不低于1G或城镇中小学以上学校班均接入带宽不低于50M,农村学校(含教学点)班均不低于30M。基本形成与"人人皆学、处处能学、时时可学"学习型社会建设需求相适应的信息化基础应用环境。

(二)优质数字教育资源共享工程

加快基础性优质数字教育资源共建共享。推动各级各类学校、社会机构开发集聚优质资源,加强与出版机构的合作,通过征集、购买、共享等方式汇聚优质数字教育资源,引进立体化的数字教材,开发体系化的名师微课程资源,形成体系完善的中小学课程配套的基础性数字教学资源。开展涉及社会主义核心价值观、思想品德、校园文化、校园安全、学生行为规范、中华传统文化、岭南文化等方面专题教育资源的建设。

构建数字教育资源云服务体系。推动优质教育资源开放共享,优化省级教育资源公共服务平台,扩大数字教育资源共享联盟范围,探索建立政、产、学、研、用一体的优质教育资源共享机制,推动数字教育资源教师参与、政府引导、企业建设、多级互联、开放共享,实现省级与国家、市、县互联互通,支持第三方市场资源合规接入,形成覆盖全省多级分布、互联互通的数字教育资源云服务体系。

加强优质教育资源规模化应用。继续开展"一师一优课、一课一名师"等信息化教学推广活动,大力开展"互联网+教研"活动,研究基于优质数

字教育资源的应用创新模式和教师能力培训课程，组织开展数字教育资源规模化应用试点和课题研究，推动形成"课堂用、经常用、普遍用"的信息化教学新形态。

推进"广东慕课"建设。探索职业教育、高等教育、终身教育优质数字资源的"跨院校、跨行业、跨地区"共建共享机制，建设广东高校"优质联盟"，促进优质资源和应用成果的转化推介，推动高校建设并向社会开放在线课程，实现省内院校优质资源共享，提高高校服务经济社会发展的能力。建立并完善继续教育"学分银行"制度，建设支持终身学习的在线教育评价和质量监管体系，为广大学习者提供个性化学习服务，构建职前和职后教育一体、学历和非学历教育融通的终身学习和培训体系。

到2020年，中小学课程数字化率达80%以上，基本满足信息化教学常态化应用的需要；建成不少于1 000门省级优质在线课程和不少于2万节市级优质在线课程，满足师生多样个性的教育需求；实现优质数字教育资源的国家、省、市、县和公民办学校共享。

（三）智慧教育示范工程

构建创新人才培养新型智能学习环境。推动数字校园向智慧校园升级，支持有条件的地区和学校，积极探索基于云计算、大数据、物联网、AR、VR和3D打印等的智能学习环境建设，配备先进的可交互智能设备设施，逐步建成技术支持下"可感知、可分析、可干预、可自愈"的新型学习环境。

开展智慧教育应用试点。遴选一批区域和学校，探索利用信息化推动教育优质发展、特色发展、教育治理能力和治理体系现代化、国际化的示范试点，开展基于智能信息化环境的课程改革、教与学方式变革、评价方式改革、教师专业发展、教育科学决策等智慧应用探索，推动学习、教学、评价、教研、管理的流程再造和系统创新，实现信息化支撑下教育组织形态、运行方式和教学过程全面变革，基本实现信息化促进粤东西北农村学校优质教育资源全覆盖和面向未来培养高素质人才的支撑引领作用。探索建立创新示范培育和成果推广机制，加强专家调研指导和跨区域、跨校协同，每年培育和遴选不少于50个示范成果进行推广，以点带面，形成信息化融合创新、智慧教育规模化效应。

到2020年，省级建成100所智慧校园和300个"未来教室"，培育500个智慧教育项目；各地市建成不少于10所"智慧校园"示范学校、30间未来教室样板、30个智慧教育示范项目。

（四）教师信息技术应用能力提升工程

开展教师信息化教学能力精准培训。深入实施中小学教师信息技术应用能力提升工程，推进全省教师培训服务平台建设，研究不同技术环境、不同学科的信息化教学应用模式，开展基于大数据的教师分析，建设教师在线培训课程"超市"，开展以深度融合信息技术为特点的按需培训，增强广大教师应用信息技术的意识和能力。有效利用网络学习空间和网络研修社区，开展混合式教研、在线教研、校本研修、工作坊研修等活动，构建线上线下相结合的教师终身学习服务体系。

全面提高师范生信息化教学能力。将信息化教学能力纳入师范生培养课程体系，引进开发面向师范生的信息化教学能力培养课程开发，强化师范生信息素养和应用能力培养。

加强教育信息化领导力建设。举办各级教育行政管理干部、校（园）长信息化专题培训，培养、引进一批信息化领导力和改革创新意识强的教育领军人才，建立与高校、科研机构的合作，培养一批懂技术、能创新的课改、教改拔尖人才。

加强信息化教学专业支持队伍建设。全面开展教研员信息化教学研究和指导能力培训，培养一支"互联网+"时代的教研队伍。推进电教部门角色转型，加强技术服务队伍建设。

到2020年，完成中小学教师、校（园）长、教研员、电教专业技术人员的全员培训，全省教师、校（园）长、教育行政管理人员及培训者的信息化意识、素养和能力显著提升，培养一批在信息技术应用与融合创新方面能起示范辐射作用的骨干教师、校（园）长和领军人才；形成信息化应用融合创新的专业支持服务体系。

（五）教育大数据应用工程

推进教育数据服务体系建设。建设省级教育数据中心，全面部署教育核心系统，建设全省信息系统应用体系、技术服务体系以及省级信息安全体系，实现与国家教育数据中心的无缝对接及全省各级各类教育机构的综合管理应用。全省范围内云计算数据中心规模扩展到一个主中心、多个分中心，在主中心与分中心之间实现计算资源统筹分配管理、数据异地互相备份。

推进教育大数据应用。建设涵盖省内学生、教师和学校信息的教育基础数据库，推动基于大数据的教育规划与决策支持系统建设与应用，动态掌握办学条件、学生素养、教师专业发展、教育综合发展等业务并汇聚形成数据仓库，为教师和学生的个性化发展提供服务，探索教育发展、教师发展和学生成长可监测、可评估的新路径。

推动"两平台"（教育管理公共服务平台与教育资源公共服务平台）融合。制定并推行与国家教育信息化标准相衔接的广东教育管理基础数据标准和接口规范，规范数据的全生命周期管理，确保数据完整、可用、可共享，建立数据管理与开放共享平台，支持鼓励各级教育部门以及第三方机构开发利用政府公开数据，推动教育基础数据"伴随式收集"，实现各级各类教育数据的全面汇聚和共享。构建"一站式"教育服务门户，为广大师生、各级各类学校、相关教育机构和广大人民群众提供全方位的教育信息服务。

到2020年，实现国家教育管理公共服务平台核心系统全面部署和推广应用，全省学校业务管理信息系统覆盖各项主要业务；初步实现部、省、市教育部门以及省直相关部门之间数据共享和交换；建成省级教育综合服务门户、数据中心数据管理与服务平台，初步实现基于大数据的教育科学决策和个性化教育服务。

五、保障措施

以创建"广东省教育信息化强县（市、区）、强市"为抓手，做好顶层设计和模式选择，加强统筹管理，以需求引导，保障经费投入，强化队伍建设。

（一）组织保障

加强对教育信息化的政策支持，将教育信息化纳入经济社会发展规划和信息化整体规划。出台广东省教育信息化强县（市、区）、强市建设方案和评估指标体系。完善各级各类教育行政部门的信息化组织机构建设，明确教育信息化管理部门的职能定位，加强教育信息化建设的组织协调和统筹规划，理顺各级教育管理部门与信息化管理机构间的关系。探索和建立便捷高效的教育信息化技术服务支撑机制，整合教研、电教、信息、装备等教育系统专业机构的力量，充分利用相关企业专业化服务的优势，形成合力，为学校、师生等提供优质、便捷、高效的服务。推动各级各类学校建立校领导担任CIO（首席信息官）制度，全面统筹本单位信息化的规划与发展。加强完善专家咨询制度，充分发挥专家委员会的作用，实行科学决策。

（二）制度保障

完善教育信息化相关政策。加快推进教育信息化法制建设。将教育信息化列为政府教育督导内容，将教育技术能力纳入教师资格认证与考核体系，完善教育信息化相关部门的技术人员职称（职务）评聘办法，建立教育信息化应用创新激励和资源消费政策。加强教育信息化标准建设。开展标准化基础科研，研究出台"三通工程"、教育云建设和服务、智慧校园、"互联网+课程"、优质数字教育资源等一系列教育信息化标准、规范和指南，建立市场准入制度，保障教育信息化的规范建设。建立教育信息化评估体系。完善各类信息化项目管理制度及信息化工作绩效评价制度，研究制定教育信息化检查评价办法，定期开展建设和应用效益评估。

（三）经费保障

坚持政府主导，加大财政投入，充分利用政府相关发展专项，推进教育信息化资源建设及示范性应用。制定教育信息化建设和运行维护保障经费标准等政策措施，优化经费支出结构，按照信息化建设发展需要，将基础设施和重点项目建设资金列入各级财政教育经费预算，可在生均公用经费中据实安排用于教育信息化建设和应用服务。优化教育信息化经费投入结构，制定教育信息消费政策，鼓励采用多种资金筹措方式，引入竞争机制，引导企业等社会资金投入，鼓励企业和社会力量投资并参与建设和服务，多渠道筹集教育信息化经费，健全"基础性服务政府买单、个性化服务市场运营"的长效建设机制。加大省级财政对粤东西北地区教育信息化的投入力度，引导地方加强对农村、边远地区教育信息化的经费支持力度。鼓励基础电信企业建立对各级各类学校的网络使用资费优惠机制。

（四）队伍保障

明确教育信息化队伍的岗位设定标准和专业发展路径，打造一支经验丰富、素质优良、人员稳定的技术支撑队伍。建立多层次、多形式、重实效的信息化人才培养制度，鼓励企业与高校、科研院所、职业教育等机构联合培养信息化与信息安全紧缺人才，建成一批教育信息化专业技术人才实训基地，加强对教育信息化专业技术人员的岗位培训，推行校园网络安全专业资格认证和培训，较快培育复合型、实用型信息技术人才。

转发教育部办公厅 中国残联办公厅关于做好残疾儿童少年义务教育招生入学工作的通知

(粤教基函〔2017〕96号)

各地级以上市及顺德区教育局、残联：

现将《教育部办公厅 中国残联办公厅关于做好残疾儿童少年义务教育招生入学工作的通知》（附件1）转发给你们，并结合我省实际提出如下意见，请一并遵照执行。

一、高度重视残疾人教育工作

各地要高度重视，认真贯彻落实新修订的《残疾人教育条例》，以"争先进、当标兵、建高地"为统领，加快推进特殊教育事业发展，特别是要按照"全覆盖、零拒绝"的要求，以县（市、区）为单位，根据残疾儿童少年的实际制订教育安置方案，逐一做好适龄残疾儿童少年的入学安置工作，依法保障残疾儿童少年受教育的权利。

二、切实做好未入学残疾儿童少年核实和安置工作

省残联根据全国残疾人基本服务状况与需求信息数据动态更新系统，提供了各地2016年未入学残疾儿童少年名单（详见附件2）。请各县（市、区）教育局会同县（市、区）残联，对2016年未入学残疾儿童少年的情况作进一步的核实，核实后的2016年未入学适龄残疾儿童少年数据将作为计算各地2016年适龄残疾儿童少年义务教育入学率的依据。经核实的未入学残疾儿童少年，原则上2017年秋季应全部安排入学。

三、及时报送残疾儿童少年入学情况

请各县（市、区）教育局会同县（市、区）残联，填写《2016年未入学适龄残疾儿童少年核实情况和安置计划表》（附件3），报各地级以上市教育局、残联审核、汇总，请各地级以上市及顺德区教育局、残联，于2017年6月15日前将该表分别报送省教育厅、残联，同时将电子版分别发送到省教育厅、残联邮箱；请各县（市、区）教育局会同县（市、区）残联，填写《2017年残疾儿童少年义务教育招生入学汇总表》（附件4），报各地级以上市教育局、残联审核、汇总，请各地级以上市及顺德区教育局、残联，于2017年11月15日前将该表分别报送省教育厅、残联，同时将电子版分别发送到省教育厅、残联邮箱。

省教育厅联系人：梁捷
电话：020-37628162
电子邮箱：gdtsjy1011@163.com
省残联联系人：缪伸伟
电话：020-83305853
电子邮箱：gdcljjb@163.com

附件：1. 教育部办公厅 中国残联办公厅关于做好残疾儿童少年义务教育招生入学工作的通知
2. 各市2016年未入学残疾儿童少年名单（略）
3. 2016年未入学适龄残疾儿童少年核实情况和安置计划表
4. 2017年残疾儿童少年义务教育招生入学汇总表

广东省教育厅 广东省残疾人联合会
2017年5月24日

附件1

教育部办公厅 中国残联办公厅关于做好残疾儿童少年义务教育招生入学工作的通知

（教基厅〔2017〕1号）

各省、自治区、直辖市教育厅（教委）、残联，新疆生产建设兵团教育局、残联：

国务院第161次常务会议修订通过的《残疾人教育条例》自2017年5月1日起施行。为贯彻落实该条例，进一步保障适龄残疾儿童少年接受义务教育的权利，现就做好招生入学工作通知如下。

一、高度重视，统筹安排

残疾儿童少年义务教育招生入学是义务教育工作的重要组成部分，对全面普及残疾儿童少年义务教育具有重要意义。各省（区、市）要高度重视，认真贯彻执行新修订《残疾人教育条例》的要求，针对残疾儿童少年的类别和程度制定具体的实施办法，与义务教育招生入学整体工作进行统一部署和要求。

二、认真组织入学前登记

区县教育行政部门应在当地政府领导下会同卫生、民政、残联等部门，设立残疾人教育专家委员会，建立残疾儿童少年信息交流和共享机制；残联要以全国残疾人基本服务状况和需求动态更新信息数据为基础，做好未入学适龄残疾儿童少年调查登记、统计录入、建档造册，及时向教育行政部门通报相关数据和情况，并协助做好家访和入学动员工作。区县要根据新生儿疾病筛查、学龄前儿童残疾筛查和残疾人统计等信息，对义务教育适龄残疾儿童少年进行入学前登记，全面掌握适龄残疾儿童少年的数量和残疾情况。残疾儿童少年入学年龄与当地义务教育入学年龄相同，必要时可适当提高。

三、"一人一案"落实教育安置

各地要按照"全覆盖、零拒绝"的要求，以区县为单位，根据残疾儿童的实际制订教育安置方案，逐一做好适龄残疾儿童少年的入学安置工作。优先安排残疾儿童少年就近或者到指定的具备条件的普通学校接受义务教育，对于学习和生活上需要特别支持的残疾学生，要提供专业支持。对于不能接受普通教育的残疾儿童少年，安置到特殊教育学校入学，没有特教学校的区县由地市教育行政部门统筹。对于需专人护理、不能到校就读的残疾儿童少年，通过提供送教上门或远程教育等方式实施义务教育，并纳入学籍管理。必要时，委托区县残疾人教育专家委员会，对残疾儿童少年适应学校学习生活和教育的能力进行评估，提出入学安置建议。

四、加强条件保障

以区县为单位统筹规划特殊教育资源教室建设，配好资源教师，为普通学校招收残疾儿童少年创造条件。按特教学校标准足额拨付随班就读和送教上门的残疾学生生均公用经费，落实普通学校的特教教师和承担随班就读工作教师的待遇，提高学校招收残疾儿童少年的积极性。在"两免一补"的基础上，提高补助水平，确保每一名家庭经济困难的残疾儿童少年都能入学。

五、加大社会宣传力度

各地要充分利用报纸、广播、电视、网络等宣传媒体，大力宣传残疾学生接受义务教育的重要意义，并就招生入学的政策、流程以及群众关心的问题做好答疑解惑。要积极动员残疾儿童少年家长送孩子入学，依法保障残疾儿童接受义务教育。要倡导扶残助残精神，广泛动员富有爱心的企事业单位和人士帮扶残疾学生。

招生工作结束后，各地要对本地区残疾儿童少年义务教育招生入学工作情况进行总结，填写《2017年残疾儿童少年义务教育招生入学汇总表》，于2017年11月底前分别报至教育部基础教育司和中国残联教育就业部。

附件：2017年残疾儿童少年义务教育招生入学汇总表

教育部办公厅 中国残联办公厅
2017年4月20日

附件

2017年残疾儿童少年义务教育招生入学汇总表

_____省（区、市）　　　　　　2017年　月　日

区县名称	在校残疾学生数		未入学适龄残疾儿童少年数							
	总数	其中，2017年招生入学数	合计	视力残疾	听力残疾	智力残疾	肢体残疾	言语残疾	精神残疾	多重残疾
合计										

备注：在校残疾学生数采用"教育统计数"，未入学适龄残疾儿童少年数由教育、残联共同核对后填写。

附件3

2016年未入学适龄残疾儿童少年核实情况和安置计划表

填报单位：_____教育局（盖章） _____残联（盖章） 填报时间：

序号	县（市、区）	姓名	性别	年龄	证件号码	残疾类型	残疾等级	户口类别	联系人	固话	手机	未入学原因	核实是否属于未入学适龄残疾儿童少年	计划安排入学时间		计划安排入学的形式	计划安排入学的学校名称	备注
														2017年	2018年			
1																		
2																		
3																		
4																		
5																		
6																		
7																		
8																		
9																		
10																		
11																		
12																		
13																		
14																		
15																		
16																		
17																		

联系人： 联系电话：

说明：1. 本表应列出附件2所有未入学适龄残疾儿童少年的名单，经核实不属于未入学适龄残疾儿童少年的，请在备注中简要说明原因。经核实的未入学残疾儿童少年，原则上2017年秋季应全部安排入学。2. 核实后的2016年未入学适龄残疾儿童少年数据将作为计算各地2016年适龄残疾儿童少年义务教育会同县（市、区）教育局会同县（市、区）残联填写，报各地级以上市教育局、残联审核，汇总。3. 此表由各县（市、区）教育局会同县（市、区）残联填写，汇总。

附件4

2017年残疾儿童少年义务教育招生入学汇总表

填报单位：　　　　教育局（盖章）　　　　残联（盖章）　　　　　　填报时间：

县（市、区）名称	在校残疾学生数		未入学适龄残疾儿童少年数							
	总数	其中：2017年招生入学数	合计	视力残疾	听力残疾	智力残疾	肢体残疾	言语残疾	精神残疾	多重残疾
合　　计										

联系人：　　　　　　　　　　　　　联系电话：

说明：1. 在校残疾学生数采用"教育统计数"，未入学适龄残疾儿童少年数由教育、残联共同核对后填写。2. 2017年未入学适龄残疾儿童少年数据将作为计算各地2017年适龄残疾儿童少年义务教育入学率的依据。3. 此表由各县（市、区）教育局会同县（市、区）残联填写，报各地级以上市教育局、残联审核、汇总。

广东省教育厅关于印发《广东省教育厅关于广东省中小学地方课程教材审查的管理办法》的通知

(粤教基函〔2017〕200号)

各地级以上市教育局：

根据《教育部关于废止和修改部分规章的决定》（教育部令第38号）和《中华人民共和国行政许可法》文件精神，为进一步完善和规范中小学地方课程教材编写、审定和使用工作的管理，我厅对2015年印发的《广东省教育厅关于广东省中小学地方课程教材审定管理办法》（粤教基〔2015〕8号）进行了重新修订。现将《广东省教育厅关于广东省中小学地方课程教材审查的管理办法》印发给你们，请认真遵照执行。

广东省教育厅
2017年9月22日

广东省教育厅关于广东省中小学地方课程教材审查的管理办法

第一章 总 则

第一条 为进一步加强我省中小学地方课程教材建设，完善和规范中小学地方课程教材审查和使用的管理，根据《国务院关于基础教育改革与发展的决定》（国发〔2001〕21号）及教育部《基础教育课程改革纲要》、《中小学教材编写审定管理暂行办法》（教育部令第11号）、《教育部关于废止和修改部分规章的决定》（教育部令第38号）、《中华人民共和国行政许可法》、《国务院关于第六批取消和调整行政审批项目的决定》（国发〔2012〕52号）的有关要求，特制定本办法。

第二条 本办法所称中小学地方课程教材（以下简称地方教材或教材）是指我省普通中小学在实施地方课程计划中用于课堂教学的教材（含乡土教材、专题教育用书及其配套的教学软件、音像教材和除地图册之外的教学图册）。不属于上述范围的地方教材不予审查。

第三条 省级教育行政部门负责统筹管理我省中小学地方教材的规划、初审、审定、复查及管理工作，地市教育行政部门负责辖区内地方教材的规划与统筹协调。

第四条 完成编写的地方教材，应当经省级教育行政部门审查通过，方可在中小学使用。鼓励和支持有条件的单位、团体和个人按照有关规定编写适应我省中小学教育教学需要、高质量、有特色的教材。

第五条 地方教材的编写审查包括初审、试验、审定、正式使用、复查环节。

（一）初审。教材编写单位或个人完成地方教材编写后，按规定程序报省级教育行政部门初审。

（二）试验。经初审通过的地方教材，应当按要求在规定范围内学校进行试验。

（三）审定。完成试验并根据实验情况进行修改完善后的地方教材，可按规定时限送省教育行政部门审查。

（四）正式使用。经省级教育行政部门审定通过的地方教材才能列入全省中小学地方教材目录，供学校选用。

（五）复查。全套教材使用满一个周期（3年或6年）后，编写者必须根据教材使用情况及学科发展情况，对教材进行修改完善，并按规定及时送省教育行政部门复查。

第六条 我省中小学地方课程教材申请初审、

审定和复查的受理时间为每年10月10日至10月25日。有关教材编写单位、团体或个人必须在规定时间内向省级教育行政部门申报并提交完整的申请材料，过期则当年不予受理。

第七条 地方教材的初审、审定和复查工作采用统一办理、集中办理和专家评审方式进行，办理时限为20个工作日。若20个工作日不能作出决定，经省中小学教材审定委员会同意，可以延长10日，延长期限的理由须通过书面或电话方式告知申请人。专家评审时间一般不超过40个工作日，所需时间不计算在办理期限内。

第二章 教材编写

第八条 教材编写人员必须具备以下条件：

（一）坚持党的基本路线，坚持正确的政治观点，热爱教育事业，具有良好的职业道德和责任心。

（二）能正确理解党的教育方针，了解中小学教育现状和教育改革发展趋势，有较好的教育理论基础，熟悉课程计划和学科课程标准，以及我省地方教材建设的有关规定和要求，熟悉当地基础教育发展现状和改革趋势以及经济社会、文化发展情况。

（三）主要编写人员（主编、副主编）具有相应学科的高级专业技术职务，有较深的学科造诣和丰富的教学实践经验，有改革创新精神，对本学科现状及改革发展趋势有深入的分析和研究。

（四）了解中小学生身心成长规律，熟悉教育教学规律和教材编写业务，文字表达能力强；熟悉并遵守著作版权方面的法律法规。

（五）有足够的时间和精力完成教材编写、试验和修订工作。

教育行政部门和国家公务员不得参与教材的编写工作。

第九条 教材编写的指导思想必须符合以下要求：

符合教育部《基础教育课程改革纲要》和《广东省教育厅关于中小学地方综合课程的指导纲要（试行）》的要求，以及相应学科的课程标准或课程纲要所倡导的教育教学思想原则，有利于引导学生利用已有的知识与经验，主动探索知识的发生与发展，同时也应有利于教师创造性地进行教学。

（一）对如何通过本学科的教学实施素质教育有清晰的理解和正确的导向。

（二）准确把握学科课程标准或课程纲要；符合课程标准或课程纲要的要求。

（三）在向学生提供丰富知识的同时，注意向学生进行情感、态度和价值观的教育，注重发展学生分析和解决问题的能力。

（四）努力打破学科本位，重视学科间的联系与平衡，注意联系生活、联系实际、面向未来。

（五）明确教材的使用范围和对象，适合使用教材的学生的水平和特点。

第十条 编写教材应当遵循以下原则：

（一）符合国家的有关法律、法规、政策，不侵犯他人版权。

（二）符合党的教育方针和教育要面向现代化、面向世界、面向未来的要求。

（三）符合国家课程计划和课程标准或课程纲要所规定的各项要求。

（四）符合教育教学规律，具有自身的风格和特色。

（五）体现基础教育的性质、任务和课程目标，适应我省基础教育地方课程教材建设的需要。

（六）具备在一定范围学校推广使用的条件。

第十一条 教材内容应符合以下基本要求：

（一）教材内容的选择应符合课程标准或课程纲要的要求，贯彻党和国家教育方针，落实立德树人根本任务，全面融入社会主义核心价值观，传承人类优秀文明成果，弘扬中华优秀传统文化和社会主义先进文化，强化爱国主义、民族团结、革命传统和法治教育，体现学生身心发展特点，反映社会、政治、经济、科技的发展需求。

（二）符合国情、省情，体现时代精神。根据学生所能接受的程度，反映现代教育改革的成果和科学技术发展的成果，体现素质教育要求。

（三）内容科学、正确，材料、数据准确可靠。

（四）从学生所熟悉的环境和事物出发，做到理论与实际相联系。注重结合基础知识、基本训练以及实验等实践活动，培养学生的创新精神和实践能力。

（五）教材内容的组织应多样、生动，有利于学生探究，并提出观察、实验、操作、调查、讨论的建议。编写顺序合理，教材的容量和深广度适当，深入浅出，生动活泼，可读性强，富有启发性。

第十二条 教材体系应符合以下基本要求：

（一）符合儿童、青少年身心发展规律。按照不同年龄阶段学生的生理和心理特点，建立适合学生学习的知识体系，使学生形成学科结构体系及学科间逻辑关系的空间概念。

（二）根据学生的认识规律、学习水平和学科自身的知识结构，合理安排教学内容的顺序、层次和逻辑关系，建立学科的教学体系。

（三）有利于实现课程目标，促进创新人才培养，使学生在获取和掌握知识的过程中，促进智力的发展和能力的提高，并形成良好的思想、情感、意志和品格，养成科学的态度和方法。

（四）注意本学科各部分内容之间的相互衔接及与其他学科之间的联系。

第十三条 教材的文字、插图应符合以下基本要求：

（一）语言文字要规范、简练，注意不同年龄阶段学生的语言特点，富有启发性和趣味性。

（二）照片、地图、插图和图表要和教材内容紧密配合。地图应按照国家有关规定送审。

（三）引文、摘录要准确。

（四）名称、名词、术语均应采取国际统一名称、标准或国家统一规定的名称、标准。外国人名、地名采用通用译名。简化字要符合国家正式公布的字表。

（五）标题、字母、符号、体例和标点使用必须规范、统一。

（六）计量单位采用国际单位制和国家统一规定的名称和符号。

第十四条 教材中的作业、练习和实验应符合以下要求：

内容要配合教学，体现教学目的和要求，富有启发性，注意能力的培养，注意联系学生的生活实际和社会实际；分量要适当；题目要精选；安排要有层次，能适应不同程度学生的需要；形式要多样，重视观察、实验、动手制作和社会调查；操作要简便，因地制宜，讲求实效，尽可能利用简便易行的器材和已有的条件；素材要准确，引用的事例要核实，数据要准确。

第十五条 地方教材配套的教学软件、音像教材与教学挂图应符合以下要求：

画面构图合理、主体突出、形象生动；内容科学，符合课程标准的要求，富有教育性；体现先进的教学思想和科学的教学方法；音像教材要符合国家有关规定的技术质量标准；教学软件要符合国家有关部门规定的技术标准。

第三章　教材审查程序

第十六条 教材编写完成后，应当送省教育行政部门初审。送审教材不能与已审定通过出版的同科（种）教材在指导思想、体系结构、编排形式等方面有明显类同。

教材送初审时，须先登陆广东省网上办事大厅教育厅窗口进行网上申报，并提供如下材料（材料分纸质材料完整版1套和盲评版5套及相应套数电子文本，盲评版需删除主编、出版社等相关信息，电子文本以刻录光盘形式报送，光盘封面需注明刻录内容为完整版或盲评版）：

（一）教材清样。教材清样必须是全套教材，必须文图全部定稿且完整、清楚、整齐。

（二）送审报告。报告内容包括：教材编写指导思想、教材体系结构、体例、主要特点和适用范围。

（三）试验方案。内容包括：教材试验目的、试验方法、试验计划、试验起止时间、试验范围及拟试验学校的有关情况。

（四）审查申请表。主要包括广东省中小学地方课程教材审查申请表（见附表）1份，要求填写完整、准确。

第十七条 教材初审结论分为初审通过、重新送审、初审不予通过3类。

（一）初审通过。教材基本达到审查标准，方可在规定范围的学校进行试验。

（二）重新送审。教材尚未达到审查标准，但具备修改的基础和条件，按审查意见修改后，第二年重新送审。如果第二年报送初审时仍未获得通过，省教育行政部门将不再接受该套教材的审查工作（包括初审和审定）。

（三）初审不予通过。教材不具备修改基础和条件，不得再报送初审和审定。

第十八条 教材经初审通过后，可从下一个学年起，经教材试验所在地市或县（市、区）教育行政部门同意，严格限定在400个教学班或2万名学生的范围内进行试验。试验的教材，必须履行合法出版的手续出版，确定出版社，并在教材封面左上方标明"经广东省中小学教材审定委员会××年批准试验教材"字样，在教材封底左上方标明试验教材审批号。

所试验教材须抄报省教育行政部门。

第十九条 经初审通过并进行试验的教材，至少须在整套教材试验满一学年后，方可送审定；最迟在整套教材试验满两个学年时送审定。教材报送审定前，编写者必须认真对照教材初审通知书所列的修改建议及试验中发现的问题进行修改完善。试验满两个学年后仍不送审定，或送审定未通过的教材，必须立即停止试验，不得在任何范围内继续使用。

教材送审定时，先登陆广东省网上办事大厅教育厅窗口进行网上申报，并提供如下材料（材料分纸质材料完整版1套和盲评版5套及相应套数电子文本，盲评版需删除主编、出版社等相关信息，电子文本以刻录光盘形式报送，光盘封面需注明刻录内容为完整版或盲评版）：

（一）须是经初审通过，并经过一学年以上教学试验的教材。教材须是正式出版物，教学挂图和图册送审制版图。

（二）省教育行政部门对该套教材的初审结果通知书。

（三）送审报告。报告内容包括：教材编写指导思想、教材体系结构、主要特点和适用范围；对教材全面进行修改完善的情况，特别是对照教材初审结果通知书中所列的修改建议，以及教材试验后的修改完善情况等。

（四）试验报告。试验报告内容包括：教材试验情况、效果和试验学校师生对教材的评价等。

（五）审查申请表。主要包括广东省中小学地方课程教材审查申请表（见附表）1份，要求填写完整、准确。

第二十条 审定结论分为审定通过、重新送审、审定不予通过三类。

（一）审定通过。教材基本达到审定标准，按审定意见修改完善后，报省教育行政部门复核，只有通过复核后，才能列入全省中小学地方教材用书目录，供学校选用。

（二）重新送审。教材尚未达到审定标准，但具备修改的基础和条件，按审定意见修改后，第二年重新送审。如果第二年重新送审仍未获得通过，省教育行政部门将不再接受该套教材的审定工作。

（三）审定不予通过。教材不具备修改基础和条件，不得再报送审定并立即停止试验。

第二十一条 教材的初审和审定分别包含学科专家审查、综合专家复审、政治和道德审查、审定委员会审议、批准5个程序。

（一）学科专家审查。学科专家审查委员按照国家和省的有关规定，采用个人审阅、小组讨论、投票表决等形式，对申报教材进行审查，形成学科专家审查结论，填写《广东省地方教材审查结论表》，经所有学科专家审查委员共同签名后确认。送审教材须获得三分之二以上（含三分之二）学科专家审查委员赞成通过的，方可视为学科专家审查通过。

（二）综合专家复审。综合专家审查委员按照国家和省的有关规定，采用个人审阅、小组讨论、投票表决等形式，对学科专家审查结论为通过或重新送审的送审教材进行复审，主要从需要特别关注的问题、学科内容重复交叉问题和其他相关内容进行审查，形成综合专家审查结论，填写《广东省地方教材审查结论表》，经所有综合专家审查委员共同签名后确认。送审教材须获得三分之二以上（含三分之二）综合专家审查委员赞成通过的，方可视为综合专家审查通过。

学科专家和综合专家的审查结论须包含如下4方面内容：

1. 按照本办法有关规定，对送审教材给予明确审查结论；

2. 对送审教材给予总体性评价；

3. 指出送审教材的主要优点及具体体现；

4. 指出送审教材主要的不足之处和错误，提出修改意见。对其中重大政治性、科学性错误和改正意见，必须全部写明。

（三）政治和道德专家审查。对综合专家复审审查结论为通过或重新送审的送审教材，都须进行思想政治和道德专家审查。政治和道德专家审查委员按照国家和省的有关规定，采用个人审阅、小组讨论等形式，对送审教材进行政治性、道德性审查，形成综合专家审查结论，填写《广东省地方教材审查结论表》，经所有综合专家审查委员共同签名后确认。送审教材须获得所有政治和道德专家审查委员赞成通过的，方可视为政治和道德专家审查通过。

（四）审定委员会审议。省中小学教材审定委员会根据专家审查情况对送审教材审议，作出最终审查结论。

（五）批准。经省审查通过的教材，教材编写单位和个人根据审定结果通知书提出的意见对送审教材进行修改完善后，于审查结果通知书下达之日起1个月内报省教育行政部门批准。

第四章 教材使用与复查

第二十二条 中小学地方教材只有经省审定和按时复查通过后才能列入省中小学地方教材教学用书目录，供学校选用。未通过省教育行政部门审定的地方课程教材，各地教育行政部门和学校一律不得组织征订，不得提供给中小学使用。

经审定通过的教材出版时，在教材封面左上方须标明"经广东省中小学教材审定委员会××年审定通过"字样，在教材封底左上方标明教材审批号。

第二十三条 经省审定通过的中小学地方教材，

在使用过程中，要及时总结经验，发现问题，不断改进。以全套教材使用满一个周期计，小学地方教材使用每满 6 年、中学地方教材使用每满 3 年须送省教育行政部门复查一次。教材送复查时，须先登陆广东省网上办事大厅教育厅窗口进行网上申报，并提供如下材料（材料分纸质材料完整版 1 套和盲评版 5 套及相应套数电子文本，盲评版需删除主编、出版社等相关信息，电子文本以刻录光盘形式报送，光盘封面需注明刻录内容为完整版或盲评版）：

（一）经省审定通过，准予正式出版，并已使用满 3 年的教材。

（二）省教育行政部门教材审定（或复查）结果通知。

（三）教材使用情况报告。报告内容包括：对教材全面进行修改完善的情况，特别是对照教材审定（或复查）结果通知中所列的修改建议进行修改完善的情况；教材使用情况；结合教材使用过程中出现的问题以及社会发展和时代要求，对教材进行增删、修改的情况。

（四）审查申请表。主要包括广东省中小学地方课程教材审查申请表（见附表）1 份，要求填写完整、准确。

第二十四条　教材复查的程序、办法与报送审定一样。

第二十五条　教材复查结论分为复查通过、复查不予通过两类。

（一）复查通过。教材达到有关标准，按复查意见修改后，可继续有资格列入省中小学地方教材用书目录，供学校选用。

（二）复查不予通过。教材未达到有关标准，从新学年开始停止使用，不再列入全省中小学地方教材用书目录。

第五章　审查委员

第二十六条　省教育行政部门从省中小学地方教材审查专家库中抽取审查委员，组成中小学地方教材学科专家、综合专家、政治思想和道德专家审查小组，并根据申报教材的学科及类别，以不少于 5 人为单位分成若干审议小组。省中小学地方教材审查委员由省教育行政部门聘请，当次评审会议结束后自动卸任。

第二十七条　省中小学地方教材审查委员的职责：

（一）受省教育行政部门的委托，负责对申报地方课程教材的初审、审定和复查工作，研究解决在审议中出现的问题。

（二）指导省内优秀中小学地方课程教材的评选、推荐工作。

（三）完成省教育行政部门交办的有关工作。

第二十八条　省中小学地方教材审查委员的条件：

（一）坚持党的基本路线，热爱社会主义祖国，具有良好的职业道德和改革意识，作风正派，能团结协作，秉公办事。

（二）能全面理解教育方针，熟悉课程标准，了解中小学教育及教育改革的现状和发展趋势。

（三）具有高级专业技术职务，有坚实的学科理论基础和较丰富的教学实践经验，对中小学教材有一定研究，在教师中有较高威望。

第二十九条　省中小学地方教材审查委员的工作纪律：

（一）审查教材要严格按照审查程序和标准进行，客观公正，实事求是，严格把关，依法依规独立评审。且不得以个人或某一派的学术观点作为衡量教材的标准。

（二）审查委员要严格遵守国家有关法律法规，不得接受送审单位、个人和出版单位的礼物、礼金和宴请；不得将审议讨论情况私下透露给编写、出版单位及有关人员；不得将送审教材及其修改稿转送他人或作他用。

（三）被聘担任审查委员者，本人或直系亲属与评审对象有利害关系、本人或直系亲属曾经或正在参与编写与送审教材同类教材的，应当主动提出回避。

（四）编写单位人员未经允许不得列席审查会议。审查委员会或学科审查组认为确需编写人员说明情况或听取意见时，可请主编及主要编写人员在规定时间到会说明。

（五）审查委员在评审过程中弄虚作假、徇私舞弊或涉及利益输送的，一经发现并核实，将报有关部门依法追究和查处。

第六章　检查与监督

第三十条　凡未按审查意见修改出版的教材，不得列入中小学地方教材用书目录，不得提供给中小学生使用。省教育行政部门将视情节轻重给予严肃处理。

第三十一条　违反本办法，未经初审通过擅自进行教材试验，或经初审通过擅自扩大教材试验范围者，有关部门或个人要承担相应的责任。同级教育行政部门将视情节轻重和造成的影响，给予通报批评、责令停止试验或禁止使用等处罚，并对直接责任人给予相应的处分。

第三十二条　对违反本办法第八条第六款的，由省级教育行政部门给予通报批评并责令其退出。对违反本办法第二十九条第二、第三款的，由省级教育行政部门取消其审查委员资格。

第三十三条　教材编写者认为教材管理部门、教材审定机构在教材规划、审查过程中，有违反本办法的行为，侵犯其合法权益的，可向省级教育行政部门申诉或依法提起行政复议。

第三十四条　各级教育部门对违反本办法规定的行为应及时查处，并将处理结果报省教育行政部门。

第七章　附　　则

第三十五条　教育部授权或委托我省审查的中小学教材的审查参照地方课程教材审查管理执行。

第三十六条　根据教育部规定，审查教材分国家和省两级。各市、县（区、市）教育局不需设立中小学教材审定委员会或相应机构。

第三十七条　教材审查的费用由省教育行政部门设立的教材审查专项经费承担。

第三十八条　省中小学地方课程教材审定的日常行政管理工作由省教育厅教材管理机构负责。

第三十九条　本办法由广东省教育厅负责解释。

第四十条　本办法自2017年10月22日起施行，有效期5年。《广东省教育厅关于广东省中小学地方课程教材审定的管理办法》（粤教基〔2015〕8号）同时废止。

附表

广东省中小学地方课程教材审查申请表

审查类别：＿＿＿＿＿＿＿＿
教材名称：＿＿＿＿＿＿＿＿
编写单位：＿＿＿＿＿＿＿＿
主　　编：＿＿＿＿＿＿＿＿
填表时间：＿＿＿＿＿＿＿＿

广东省教育厅印制

主编的基本情况						
姓名		性别		民族		照片
出生年月		政治面目		专业及专业技术职称		
最高学历		学位				
最后毕业高校						
现在单位				现任职务		
是否退休		是否返聘		受聘单位		
社会兼职						
工作单位	地址				邮政编码	
	电话			电子信箱		
家庭联系	地址				邮政编码	
	电话			电子信箱		

续上表

熟悉何种业务与技术，有何种工作业绩、创造发明、科研成果和著作				
何时何处参加何学术团体，任何职务				
何时何处何原因受过何奖励				
何时何处由何单位授予何专业技术职称		懂何外国语言文字，熟练程度如何		

	起始年月	在何校何系何专业	证明人	
			姓名	电话
学习经历				

	起始年月	在何地区何单位何部门工作	任何职务
工作简历（在表后请附上学历证书、专业技术资格证书及其他相关证书的复印件）			

	起始年月	已编写教材（或相关研究成果）的名称	获奖名称
教材编写的相关经历及相关研究成果			

续上表

续上表

副主编的基本情况（此部分可复制）								
姓名		性别		出生年月		民族		专业及专业技术职称	
最高学历及专业					最后毕业高校				
现在单位及职务				单位电话			住宅电话		
学习经历	起始年月		在何校何系何专业					证明人	
^	^		^					姓名	电话
^									
^									
^									
^									
^									
工作简历（在表后请附上学历证书、专业技术资格证书及其他相关证书的复印件）	起始年月			在何地区何单位何部门					任何职务
^									
^									
^									
^									
教材编写的相关经历及相关研究成果	起始年月			已编写教材（或相关研究成果）的名称					获奖名称
^									
^									
^									
其他编写人员简况（此部分可复制）								
姓名		性别		出生年月		民族		职称	
现在单位及职务				单位电话			住宅电话		

续上表

	起始年月	在何校何系何专业	证明人	
			姓名	电话
学习经历				

	起始年月	在何地区何单位何部门任何职	
工作简历（在表后请附上学历证书、专业技术资格证书及其他相关证书的复印件）			

	起始年月	已编写教材（或相关研究成果）的名称	获奖名称
教材编写的相关经历及相关研究成果			

编写单位意见
盖章　　　年　月　日

主管部门推荐意见
盖章　　　年　月　日

广东省教育厅关于转发教育部《中小学综合实践活动课程指导纲要》的通知

(粤教基函〔2017〕229号)

各地级以上市教育局、省属中小学校：

现将教育部《中小学综合实践活动课程指导纲要》（见附件，以下简称纲要）转发给你们，并提出如下要求，请认真贯彻执行。

一、要全面实施综合实践活动课程

各地和各学校要充分认识综合实践活动课程的重要意义，明确综合实践活动课程是基础教育课程体系的重要组成部分，是必修课程，自小学一年级到高中三年级必须全面实施。小学1—2年级，平均每周不少于1课时；小学3—6年级和初中，平均每周不少于2课时；高中执行课程方案相关要求，完成规定学分。

二、要认真组织纲要学习和培训

各地要加强综合实践活动课程的统筹管理和指导，认真组织纲要的学习和培训，要将纲要的培训纳入各级教师培训项目统筹实施。

三、要优化综合实践活动课程实施

各地要指导学校对照纲要目标、课程内容与活动方式等要求，对现有综合实践活动课程进行梳理、优化和再开发，切实提高综合实践活动课程的质量。教研机构要明确人员具体负责综合实践活动课程的教研和指导，确保课程实施到位。各学校要明确课程实施机构及人员、组织方式和课时安排，完善课程体系，加强过程指导和管理。

四、要建立课程激励机制

各地和各学校要明确综合实践课程教师的考核要求和办法，科学合理地计算教师工作量，把指导学生综合实践活动的工作业绩作为教师职称晋升和岗位聘任的重要依据，将综合实践活动指导教师纳入各级名教师、骨干教师培养体系，将中小学综合实践活动课程探索成果纳入基础教育教学成果评选范围，对优秀教师、优秀成果予以奖励。

五、要加强课程实施监测

各地要将综合实践活动课程实施情况纳入中小学课程实施监测，作为教育现代化检查督导的重要内容，形成持续有效的课程反馈改进机制。

附件：教育部关于印发《中小学综合实践活动课程指导纲要》的通知

广东省教育厅
2017年11月6日

附件

教育部关于印发《中小学综合实践活动课程指导纲要》的通知

（教材〔2017〕4号）

各省、自治区、直辖市教育厅（教委），新疆生产建设兵团教育局：

现将《中小学综合实践活动课程指导纲要》印发给你们，请认真贯彻执行。

各地要充分认识综合实践活动课程的重要意义，确保综合实践活动课程全面开设到位。要组织教师认真学习纲要，切实加强对综合实践活动课程的精心组织、整体设计和综合实施，不断提升课程实施水平。

教育部

2017年9月25日

中小学综合实践活动课程指导纲要

为全面贯彻党的教育方针，坚持教育与生产劳动、社会实践相结合，引导学生深入理解和践行社会主义核心价值观，充分发挥中小学综合实践活动课程在立德树人中的重要作用，特制定本纲要。

一、课程性质与基本理念

（一）课程性质

综合实践活动是从学生的真实生活和发展需要出发，从生活情境中发现问题，转化为活动主题，通过探究、服务、制作、体验等方式，培养学生综合素质的跨学科实践性课程。

综合实践活动是国家义务教育和普通高中课程方案规定的必修课程，与学科课程并列设置，是基础教育课程体系的重要组成部分。该课程由地方统筹管理和指导，具体内容以学校开发为主，自小学一年级至高中三年级全面实施。

（二）基本理念

1. 课程目标以培养学生综合素质为导向

本课程强调学生综合运用各学科知识，认识、分析和解决现实问题，提升综合素质，着力发展核心素养，特别是社会责任感、创新精神和实践能力，以适应快速变化的社会生活、职业世界和个人自主发展的需要，迎接信息时代和知识社会的挑战。

2. 课程开发面向学生的个体生活和社会生活

本课程面向学生完整的生活世界，引导学生从日常学习生活、社会生活或与大自然的接触中提出具有教育意义的活动主题，使学生获得关于自我、社会、自然的真实体验，建立学习与生活的有机联系。要避免仅从学科知识体系出发进行活动设计。

3. 课程实施注重学生主动实践和开放生成

本课程鼓励学生从自身成长需要出发，选择活动主题，主动参与并亲身经历实践过程，体验并践行价值信念。在实施过程中，随着活动的不断展开，在教师指导下，学生可根据实际需要，对活动的目标与内容、组织与方法、过程与步骤等作出动态调整，使活动不断深化。

4. 课程评价主张多元评价和综合考察

本课程要求突出评价对学生的发展价值，充分肯定学生活动方式和问题解决策略的多样性，鼓励学生自我评价与同伴间的合作交流和经验分享。提倡多采用质性评价方式，避免将评价简化为分数或等级。要将学生在综合实践活动中的各种表现和活动成果作为分析考察课程实施状况与学生发展状况的重要依据，对学生的活动过程和结果进行综合评价。

二、课程目标

（一）总目标

学生能从个体生活、社会生活及与大自然的接触中获得丰富的实践经验，形成并逐步提升对自然、社会和自我之内在联系的整体认识，具有价值体认、责任担当、问题解决、创意物化等方面的意识和能力。

（二）学段目标

1. 小学阶段具体目标

（1）价值体认：通过亲历、参与少先队活动、场馆活动和主题教育活动，参观爱国主义教育基地等，获得有积极意义的价值体验。理解并遵守公共空间的基本行为规范，初步形成集体思想、组织观念，培养对中国共产党的朴素感情，为自己是中国人感到自豪。

（2）责任担当：围绕日常生活开展服务活动，能处理生活中的基本事务，初步养成自理能力、自立精神、热爱生活的态度，具有积极参与学校和社区生活的意愿。

（3）问题解决：能在教师的引导下，结合学校、家庭生活中的现象，发现并提出自己感兴趣的问题。能将问题转化为研究小课题，体验课题研究的过程与方法，提出自己的想法，形成对问题的初步解释。

（4）创意物化：通过动手操作实践，初步掌握手工设计与制作的基本技能；学会运用信息技术，设计并制作有一定创意的数字作品。运用常见、简单的信息技术解决实际问题，服务于学习和生活。

2. 初中阶段具体目标

（1）价值体认：积极参加班团队活动、场馆体验、红色之旅等，亲历社会实践，加深有积极意义的价值体验。能主动分享体验和感受，与老师、同伴交流思想认识，形成国家认同，热爱中国共产党。通过职业体验活动，发展兴趣专长，形成积极的劳动观念和态度，具有初步的生涯规划意识和能力。

（2）责任担当：观察周围的生活环境，围绕家庭、学校、社区的需要开展服务活动，增强服务意识，养成独立的生活习惯；愿意参与学校服务活动，增强服务学校的行动能力；初步形成探究社区问题的意识，愿意参与社区服务，初步形成对自我、学校、社区负责任的态度和社会公德意识，初步具备法治观念。

（3）问题解决：能关注自然、社会、生活中的现象，深入思考并提出有价值的问题，将问题转化为有价值的研究课题，学会运用科学方法开展研究。能主动运用所学知识理解与解决问题，并作出基于证据的解释，形成基本符合规范的研究报告或其他形式的研究成果。

（4）创意物化：运用一定的操作技能解决生活中的问题，将一定的想法或创意付诸实践，通过设计、制作或装配等，制作和不断改进较为复杂的制品或用品，发展实践创新意识和审美意识，提高创意实现能力。通过信息技术的学习实践，提高利用信息技术进行分析和解决问题的能力以及数字化产品的设计与制作能力。

3. 高中阶段具体目标

（1）价值体认：通过自觉参加班团活动、走访模范人物、研学旅行、职业体验活动，组织社团活动，深化社会规则体验、国家认同、文化自信，初步体悟个人成长与职业世界、社会进步、国家发展和人类命运共同体的关系，增强根据自身兴趣专长进行生涯规划和职业选择的能力，强化对中国共产党的认识和感情，具有中国特色社会主义共同理想和国际视野。

（2）责任担当：关心他人、社区和社会发展，能持续地参与社区服务与社会实践活动，关注社区及社会存在的主要问题，热心参与志愿者活动和公益活动，增强社会责任意识和法治观念，形成主动服务他人、服务社会的情怀，理解并践行社会公德，提高社会服务能力。

（3）问题解决：能对个人感兴趣的领域开展广泛的实践探索，提出具有一定新意和深度的问题，综合运用知识分析问题，用科学方法开展研究，增强解决实际问题的能力。能及时对研究过程及研究结果进行审视、反思并优化调整，建构基于证据的、具有说服力的解释，形成比较规范的研究报告或其他形式的研究成果。

（4）创意物化：积极参与动手操作实践，熟练掌握多种操作技能，综合运用技能解决生活中的复杂问题。增强创意设计、动手操作、技术应用和物化能力。形成在实践操作中学习的意识，提高综合解决问题的能力。

三、课程内容与活动方式

学校和教师要根据综合实践活动课程的目标，并基于学生发展的实际需求，设计活动主题和具体内容，并选择相应的活动方式。

（一）内容选择与组织原则

综合实践活动课程的内容选择与组织应遵循如下原则：

1. 自主性

在主题开发与活动内容选择时，要重视学生自身发展需求，尊重学生的自主选择。教师要善于引导学生围绕活动主题，从特定的角度切入，选择具体的活动内容，并自定活动目标任务，提升自主规划和管理能力。同时，要善于捕捉和利用课程实施过程中生成的有价值的问题，指导学生深化活动主题，不断完善活动内容。

2. 实践性

综合实践活动课程强调学生亲身经历各项活动，在"动手做""实验""探究""设计""创作""反思"的过程中进行"体验""体悟""体认"，在全身心参与的活动中，发现、分析和解决问题，体验和感受生活，发展实践创新能力。

3. 开放性

综合实践活动课程面向学生的整个生活世界，具体活动内容具有开放性。教师要基于学生已有经验和兴趣专长，打破学科界限，选择综合性活动内容，鼓励学生跨领域、跨学科学习，为学生自主活动留出余地。要引导学生把自己成长的环境作为学习场所，在与家庭、学校、社区的持续互动中，不断拓展活动时空和活动内容，使自己的个性特长、实践能力、服务精神和社会责任感不断获得发展。

4. 整合性

综合实践活动课程的内容组织，要结合学生发展的年龄特点和个性特征，以促进学生的综合素质发展为核心，均衡考虑学生与自然的关系、学生与他人和社会的关系、学生与自我的关系这3个方面的内容。对活动主题的探究和体验，要体现个人、社会、自然的内在联系，强化科技、艺术、道德等方面的内在整合。

5. 连续性

综合实践活动课程的内容设计应基于学生可持续发展的要求，设计长短期相结合的主题活动，使活动内容具有递进性。要促使活动内容由简单走向复杂，使活动主题向纵深发展，不断丰富活动内容、拓展活动范围，促进学生综合素质的持续发展。要处理好学期之间、学年之间、学段之间活动内容的有机衔接与联系，构建科学合理的活动主题序列。

（二）活动方式

综合实践活动的主要方式及其关键要素：

1. 考察探究

考察探究是学生基于自身兴趣，在教师的指导下，从自然、社会和学生自身生活中选择和确定研究主题，开展研究性学习，在观察、记录和思考中，主动获取知识，分析并解决问题的过程，如野外考察、社会调查、研学旅行等，它注重运用实地观察、访谈、实验等方法，获取材料，形成理性思维、批判质疑和勇于探究的精神。考察探究的关键要素包括：发现并提出问题；提出假设，选择方法，研制工具；获取证据；提出解释或观念；交流、评价探究成果；反思和改进。

2. 社会服务

社会服务指学生在教师的指导下，走出教室，参与社会活动，以自己的劳动满足社会组织或他人的需要，如公益活动、志愿服务、勤工俭学等，它强调学生在满足被服务者需要的过程中，获得自身发展，促进相关知识技能的学习，提升实践能力，成为履职尽责、敢于担当的人。社会服务的关键要素包括：明确服务对象与需要；制订服务活动计划；开展服务行动；反思服务经历，分享活动经验。

3. 设计制作

设计制作指学生运用各种工具、工艺（包括信息技术）进行设计，并动手操作，将自己的创意、方案付诸现实，转化为物品或作品的过程，如动漫制作、编程、陶艺创作等，它注重提高学生的技术意识、工程思维、动手操作能力等。在活动过程中，鼓励学生手脑并用，灵活掌握、融会贯通各类知识和技巧，提高学生的技术操作水平、知识迁移水平，体验工匠精神等。设计制作的关键要素包括：创意设计；选择活动材料或工具；动手制作；交流展示物品或作品，反思与改进。

4. 职业体验

职业体验指学生在实际工作岗位上或模拟情境中见习、实习，体认职业角色的过程，如军训、学工、学农等，它注重让学生获得对职业生活的真切理解，发现自己的专长，培养职业兴趣，形成正确的劳动观念和人生志向，提升生涯规划能力。职业体验的关键要素包括：选择或设计职业情境；实际岗位演练；总结、反思和交流经历过程；概括提炼经验，行动应用。

综合实践活动除了以上活动方式外，还有党团队教育活动、博物馆参观等。综合实践活动方式的划分是相对的。在活动设计时可以有所侧重，以某种方式为主，兼顾其他方式；也可以整合方式实施，使不同活动要素彼此渗透、融会贯通。要充分发挥信息技术对于各类活动的支持作用，有效促进问题解决、交流协作、成果展示与分享等。

四、学校对综合实践活动课程的规划与实施

（一）课程规划

中小学校是综合实践活动课程规划的主体，应在地方指导下，对综合实践活动课程进行整体设计，将办学理念、办学特色、培养目标、教育内容等融入其中。要依据学生发展状况、学校特色、可利用的社区资源（如各级各类青少年校外活动场所、综

合实践基地和研学旅行基地等）对综合实践活动课程进行统筹考虑，形成综合实践活动课程总体实施方案；还要基于学生的年段特征、阶段性发展要求，制定具体的"学校学年（或学期）活动计划与实施方案"，对学年、学期活动作出规划。要使总体实施方案和学年（或学期）活动计划相互配套、衔接，形成促进学生持续发展的课程实施方案。

学校在课程规划时要注意处理好以下关系：

1. 综合实践活动课程的预设与生成

学校要统筹安排各年级、各班级学生的综合实践活动课时、主题、指导教师、场地设施等，加强与校外活动场所的沟通协调，为每一个学生参与活动创造必要条件，提供发展机遇，但不得以单一、僵化、固定的模式去约束所有班级、社团的具体活动过程，剥夺学生自主选择的空间。要允许和鼓励师生从生活中选择有价值的活动主题，选择适当的活动方式创造性地开展活动。要关注学生活动的生成性目标与生成性主题并引导其发展，为学生创造性的发展开辟广阔空间。

2. 综合实践活动课程与学科课程

在设计与实施综合实践活动课程中，要引导学生主动运用各门学科知识分析解决实际问题，使学科知识在综合实践活动中得到延伸、综合、重组与提升。学生在综合实践活动中所发现的问题要在相关学科教学中分析解决，所获得的知识要在相关学科教学中拓展加深。防止用学科实践活动取代综合实践活动。

3. 综合实践活动课程与专题教育

可将有关专题教育，如优秀传统文化教育、革命传统教育、国家安全教育、心理健康教育、环境教育、法治教育、知识产权教育等，转化为学生感兴趣的综合实践活动主题，让学生通过亲历感悟、实践体验、行动反思等方式实现专题教育的目标，防止将专题教育简单等同于综合实践活动课程。要在国家宪法日、国家安全教育日、全民国防教育日等重要时间节点，组织学生开展相关主题教育活动。

（二）课程实施

作为综合实践活动课程实施的主体，学校要明确实施机构及人员、组织方式等，加强过程指导和管理，确保课程实施到位。

1. 课时安排

小学1—2年级，平均每周不少于1课时；小学3—6年级和初中，平均每周不少于2课时；高中执行课程方案相关要求，完成规定学分。各学校要切实保证综合实践活动时间，在开足规定课时总数的前提下，根据具体活动需要，把课时的集中使用与分散使用有机结合起来。要根据学生活动主题的特点和需要，灵活安排、有效使用综合实践活动时间。学校要给予学生广阔的探究时空环境，保证学生活动的连续性和长期性。要处理好课内与课外的关系，合理安排时间并拓展学生的活动空间与学习场域。

2. 实施机构与人员

学校要成立综合实践活动课程领导小组，结合实际情况设置专门的综合实践活动课程中心或教研组，或由教科室、教务处、学生处等职能部门，承担起学校课程实施规划、组织、协调与管理等方面的责任，负责制定并落实学校综合实践活动课程实施方案，整合校内外教育资源，统筹协调校内外相关部门的关系，联合各方面的力量，特别是加强与校外活动场所的沟通协调，保证综合实践活动课程的有效实施。要充分发挥少先队、共青团以及学生社团组织的作用。

要建立专兼职相结合、相对稳定的指导教师队伍。学校教职工要全员参与，分工合作。原则上每所学校至少配备1名专任教师，主要负责指导学生开展综合实践活动，组织其他学科教师开展校本教研活动。各学科教师要发挥专业优势，主动承担指导任务。积极争取家长、校外活动场所指导教师、社区人才资源等有关社会力量成为综合实践活动课程的兼职指导教师，协同指导学生综合实践活动的开展。

3. 组织方式

综合实践活动以小组合作方式为主，也可以个人单独进行。小组合作范围可以从班级内部，逐步走向跨班级、跨年级、跨学校和跨区域等。要根据实际情况灵活运用各种组织方式。要引导学生根据兴趣、能力、特长、活动需要，明确分工，做到人尽其责，合理高效。既要让学生有独立思考的时间和空间，又要充分发挥合作学习的优势，重视培养学生的自主参与意识与合作沟通能力。鼓励学生利用信息技术手段突破时空界限，进行广泛的交流与密切合作。

4. 教师指导

在综合实践活动实施过程中，要处理好学生自主实践与教师有效指导的关系。教师既不能"教"综合实践活动，也不能推卸指导的责任，而应当成为学生活动的组织者、参与者和促进者。教师的指导应贯穿于综合实践活动实施的全过程。

在活动准备阶段，教师要充分结合学生经验，为学生提供活动主题选择以及提出问题的机会，引导学生构思选题，鼓励学生提出感兴趣的问题，并及时捕捉活动中学生动态生成的问题，组织学生就问题展开讨论，确立活动目标内容。要让学生积极参与活动方案的制定过程，通过合理的时间安排、责任分工、实施方法和路径选择，对活动可利用的资源及活动的可行性进行评估等，增强活动的计划性，提高学生的活动规划能力。同时，引导学生对活动方案进行组内及组间讨论，吸纳合理化建议，不断优化完善方案。

在活动实施阶段，教师要创设真实的情境，为学生提供亲身经历与现场体验的机会，让学生经历多样化的活动方式，促进学生积极参与活动过程，在现场考察、设计制作、实验探究、社会服务等活动中发现和解决问题，体验和感受学习与生活之间的联系。要加强对学生活动方式与方法的指导，帮助学生找到适合自己的学习方式和实践方式。教师指导重在激励、启迪、点拨、引导，不能对学生的活动过程包办代替。还要指导学生做好活动过程的记录和活动资料的整理。

在活动总结阶段，教师要指导学生选择合适的结果呈现方式，鼓励多种形式的结果呈现与交流，如绘画、摄影、戏剧与表演等，对活动过程和活动结果进行系统梳理和总结，促进学生自我反思与表达、同伴交流与对话。要指导学生学会通过撰写活动报告、反思日志、心得笔记等方式，反思成败得失，提升个体经验，促进知识建构，并根据同伴及教师提出的反馈意见和建议查漏补缺，明确进一步的探究方向，深化主题探究和体验。

5. 活动评价

综合实践活动情况是学生综合素质评价的重要内容。各学校和教师要以促进学生综合素质持续发展为目的设计与实施综合实践活动评价。要坚持评价的方向性、指导性、客观性、公正性等原则。

突出发展导向。坚持学生成长导向，通过对学生成长过程的观察、记录、分析，促进学校及教师把握学生的成长规律，了解学生的个性与特长，不断激发学生的潜能，为更好地促进学生成长提供依据。评价的首要功能是让学生及时获得关于学习过程的反馈，改进后续活动。要避免评价过程中只重结果、不重过程的现象。要对学生作品进行深入分析和研究，挖掘其背后蕴藏的学生的思想、创意和体验，杜绝对学生的作品随意打分和简单排名等功利主义做法。

做好写实记录。教师要指导学生客观记录参与活动的具体情况，包括活动主题、持续时间、所承担的角色、任务分工及完成情况等，及时填写活动记录单，并收集相关事实材料，如活动现场照片、作品、研究报告、实践单位证明等。活动记录、事实材料要真实、有据可查，为综合实践活动评价提供必要基础。

建立档案袋。在活动过程中，教师要指导学生分类整理、遴选具有代表性的重要活动记录、典型事实材料以及其他有关资料，编排、汇总、归档，形成每一个学生的综合实践活动档案袋，并纳入学生综合素质档案。档案袋是学生自我评价、同伴互评、教师评价学生的重要依据，也是招生录取中综合评价的重要参考。

开展科学评价。原则上每学期末，教师要依据课程目标和档案袋，结合平时对学生活动情况的观察，对学生综合素质发展水平进行科学分析，写出有关综合实践活动情况的评语，引导学生扬长避短，明确努力方向。高中学校要结合实际情况，研究制定学生综合实践活动评价标准和学分认定办法，对学生综合实践活动课程学分进行认定。

五、课程管理与保障

（一）教师培训与教研指导

地方教育行政部门和学校要加强调研，了解综合实践活动指导教师专业发展的需求，搭建多样化的交流平台，强化培训和教研，推动教师的持续发展。

1. 建立指导教师培训制度

要开展对综合实践活动课程专兼职教师的全员培训，明确培训目标，努力提升教师的跨学科知识整合能力，观察、研究学生的能力，指导学生规划、设计与实施活动的能力，课程资源的开发和利用能力等。要根据教师的实际需求，开发相应的培训课程，组织教师按照课程要求进行系统学习。要不断探索和改进培训方式方法，倡导参与式培训、案例培训和项目研究等，不断激发教师内在的学习动力。

2. 建立健全日常教研制度

各学校要通过专业引领、同伴互助、合作研究，积极开展以校为本的教研活动，及时分析、解决课程实施中遇到的问题，提高课程实施的有效性。各级教研机构要配备综合实践活动专职教研员，加强对校本教研的指导，并组织开展专题教研、区域教研、网络教研等，通过协同创新、校际联动、区域推进，提高中小学综合实践活动整体实施水平。

（二）支持体系建设与保障

1. 网络资源开发

地方教育行政部门、教研机构和学校要开发优质网络资源，遴选相关影视作品等充实资源内容，为课程实施提供资源保障。要充分发挥师生在课程资源开发中的主体性与创造性，及时总结、梳理来自教学一线的典型案例和鲜活经验，动态生成分年级、分专题的综合实践活动课程资源包。各地要探索和建立优质资源的共享与利用机制，打造省、市、县、校多级联动的共建共享平台，为课程实施提供高质量、常态化的资源支撑。

2. 硬件配套与利用

学校要为综合实践活动的实施提供配套硬件资源与耗材，并积极争取校外活动场所支持，建立课程资源的协调与共享机制，充分发挥实验室、专用教室及各类教学设施在综合实践活动课程实施过程中的作用，提高使用效益，避免资源闲置与浪费。有条件的学校可以建设专用活动室或实践基地，如创客空间等。地方教育行政部门要加强实践基地建设，强化资源统筹管理，建立健全校内外综合实践活动课程资源的利用与相互转换机制，强化公共资源间的相互联系和硬件资源的共享，为学校利用校外图书馆、博物馆、展览馆、科技馆、实践基地等各种社会资源及丰富的自然资源提供政策支持。

3. 经费保障

地方和学校要确保开展综合实践活动所需经费，支持综合实践活动课程资源和实践基地建设、专题研究等。

4. 安全保障

地方教育行政部门要与有关部门统筹协调，建立安全管控机制，分级落实安全责任。学校要设立安全风险预警机制，建立规范化的安全管理制度及管理措施。教师要增强安全意识，加强对学生的安全教育，提升学生安全防范能力，制定安全守则，落实安全措施。

（三）考核与激励机制

1. 建立健全指导教师考核激励机制

各地和学校明确综合实践活动课程教师考核要求和办法，科学合理地计算教师工作量，将指导学生综合实践活动的工作业绩作为教师职称晋升和岗位聘任的重要依据，对取得显著成效的指导教师给予表彰奖励。

2. 加强对课程实施情况的督查

将综合实践活动课程实施情况，包括课程开设情况及实施效果，纳入中小学课程实施监测，建立关于中小学综合实践活动课程的反馈改进机制。地方教育行政部门和教育督导部门要将综合实践活动实施情况作为检查督导的重要内容。

3. 开展优秀成果交流评选

依托有关专业组织、教科研机构、基础教育课程中心等，开展中小学生综合实践活动课程展示交流活动，激发广大中小学生实践创新的潜能和动力。将中小学综合实践活动课程探索成果纳入基础教育教学成果评选范围，对优秀成果予以奖励，发挥优秀成果的示范引领作用，激励广大中小学教师和专职研究人员持续性从事中小学综合实践活动课程研究和实践探索。

附件：1. 中小学综合实践活动推荐主题汇总

2. 考察探究活动推荐主题及其说明

3. 社会服务活动推荐主题及其说明

4. 设计制作活动（信息技术）推荐主题及其说明

5. 设计制作活动（劳动技术）推荐主题及其说明

6. 职业体验及其他活动推荐主题及其说明

附件1

中小学综合实践活动推荐主题汇总

活动方式 学段	考察探究活动	社会服务活动	设计制作活动		职业体验及其他活动	数量
			信息技术	劳动技术		
1—2年级	1. 神奇的影子 2. 寻找生活中的标志 3. 学习习惯调查 4. 我与蔬菜交朋友	1. 生活自理我能行 2. 争当集体劳动小能手		1. 我有一双小巧手——手工纸艺、陶艺 2. 我有一双小巧手——制作不倒翁、降落伞、陀螺等	1. 队前准备 2. 入队仪式 3. 少代会 4. 红领巾心向党	12
3—6年级	1. 节约调查与行动 2. 跟着节气去探究 3. 我也能发明 4. 关爱身边的动植物 5. 生活垃圾的研究 6. 我们的传统节日 7. 我是"非遗"小传人 8. 生活中的小窍门 9. 零食（或饮料）与健康 10. 我看家乡新变化 11. 我是校园小主人 12. 合理安排课余生活 13. 家乡特产的调查与推介 14. 学校和社会中遵守规则情况调查 15. 带着问题去春游（秋游）	1. 家务劳动我能行 2. 我是校园志愿者 3. 学习身边的小雷锋 4. 红领巾爱心义卖行动 5. 社区公益服务我参与 6. 我做环保宣传员 7. 我是尊老敬老好少年	1. 我是信息社会的"原住民" 2. "打字小能手"挑战赛 3. 我是电脑小画家 4. 网络信息辨真伪 5. 电脑文件的有效管理 6. 演示文稿展成果 7. 信息交流与安全 8. 我的电子报刊 9. 镜头下的美丽世界 10. 数字声音与生活 11. 三维趣味设计 12. 趣味编程入门 13. 程序世界中的多彩花园 14. 简易互动媒体作品设计 15. 手工制作与数字加工	1. 学做简单的家常餐 2. 巧手工艺坊 3. 魅力陶艺世界 4. 创意木艺坊 5. 安全使用与维护家用电器 6. 奇妙的绳结 7. 生活中的工具 8. 设计制作建筑模型 9. 创意设计与制作（玩具、小车、书包、垃圾箱等）	1. 今天我当家 2. 校园文化活动我参与 3. 走进博物馆、纪念馆、名人故居、农业基地 4. 我是小小养殖员 5. 创建我们自己的"银行"（如阅读、道德、环保） 6. 找个岗位去体验 7. 走进爱国主义教育基地、国防教育场所 8. 过我们10岁的生日 9. 红领巾相约中国梦 10. 来之不易的粮食 11. 走进立法、司法机关 12. 我喜爱的植物栽培技术	58

续上表

活动方式 \ 学段	考察探究活动	社会服务活动	设计制作活动		职业体验及其他活动	数量
			信息技术	劳动技术		
7—9年级	1. 身边环境污染问题研究 2. 秸秆和落叶的有效处理 3. 家乡生物资源调查及多样性保护 4. 社区（村镇）安全问题及防范 5. 家乡的传统文化研究 6. 当地老年人生活状况调查 7. 种植、养殖什么收益高 8. 中学生体质健康状况调查 9. 中学生使用电子设备的现状调查 10. 寻访家乡能人（名人） 11. 带着课题去旅行	1. 走进敬老院、福利院 2. 我为社区做贡献 3. 做个养绿护绿小能手 4. 农事季节我帮忙 5. 参与禁毒宣传活动 6. 交通秩序我维护	1. 组装我的计算机 2. 组建家庭局域网 3. 数据的分析与处理 4. 我是平面设计师 5. 二维三维的任意变换 6. 制作我的动画片 7. 走进程序世界 8. 用计算机做科学实验 9. 体验物联网 10. 开源机器人初体验	1. 探究营养与烹饪 2. 多彩布艺世界 3. 我是服装设计师——纸模服装设计与制作 4. 创作神奇的金属材料作品 5. 设计制作个性化电子作品 6. 智能大脑——走进单片机的世界 7. 模型类项目的设计与制作 8. 摄影技术与电子相册制作 9. 3D设计与打印技术的初步应用 10. 现代简单金木电工具和设备的认识与使用 11. 基于激光切割与雕刻的创意设计 12. 立体纸艺的设计与制作 13. "创客"空间 14. 生活中的仿生设计 15. 生活中工具的变化与创新	1. 举行大队建队仪式 2. 策划校园文化活动 3. 举办我们的315晚会 4. 民族节日联欢会 5. 中西方餐饮文化对比 6. 少年团校 7. 举行建团仪式（14岁生日） 8. 职业调查与体验 9. 毕业年级感恩活动 10. 制定我们的班规班约 11. 军事技能演练 12. "信息社会责任"大辩论 13. 走近现代农业技术	55

续上表

活动方式 学段	考察探究活动	社会服务活动	设计制作活动		职业体验及其他活动	数量
			信息技术	劳动技术		
10—12年级	1. 清洁能源发展现状调查及推广 2. 家乡生态环境考察及生态旅游设计 3. 食品安全状况调查 4. 家乡交通问题研究 5. 关注知识产权保护 6. 农业机械的发展变化与改进 7. 家乡土地污染状况及防治 8. 高中生考试焦虑问题研究 9. 社区管理问题调查及改进 10. 中学生网络交友的利与弊 11. 研学旅行方案设计与实施 12. 考察当地公共设施	1. 赛会服务我参与 2. 扶助身边的弱势群体 3. 做个环保志愿者 4. 做农业科技宣传员 5. 参与公共文化服务 6. 做普法志愿者			1. 制定自然灾害应急预案及演练 2. 关注中国领土争端 3. 高中生生涯规划 4. 走进社会实践基地 5. 走进军营 6. 创办学生公司 7. 18岁成人仪式 8. 业余党校 9. 我的毕业典礼我设计	27
合计	42	21	25 + 26		38	152

附录说明：

一、为了更好地理解和落实《中小学综合实践活动课程指导纲要》提出的基本活动方式，表中所推荐的活动主题分别是以某一种活动方式为主来呈现的。这些活动方式不是孤立的，一个主题活动往往包含多种活动方式，在主题实施过程中需要学生经历不同的活动方式，才能使活动更加深入和完善。

二、表中所推荐的活动主题只是样例，其主要依据是立足于学生综合素质培养的需要，体现综合实践活动的特征；贴近学生的生活实际和年龄特征，反映时代发展和科技进步的内容，同时兼顾城乡差异；落实班团队活动和相关专题教育的要求。

三、表中列出的主题均有一定弹性，难度可深可浅，时间可长可短。有些主题在不同学段都可以实施，这里只呈现在某一学段，学校可根据实际情况灵活选择和安排。

四、表中所推荐的活动主题不做硬性规定，仅供学校选择参考。学校可结合实际开发更贴近当地学生生活、富有特色的活动。

附件2

考察探究活动推荐主题及其说明

学段	活动主题	简要说明
1—2年级	1. 神奇的影子	体验踩影子游戏、手影游戏的乐趣，了解影子在生活中的应用；创作、交流简单的手影游戏、故事、舞蹈，初步体验科学探究的乐趣。
	2. 寻找生活中的标志	通过访问、观察、实地考察收集生活中的各种标志，如安全标志、交通标志、社会团体类标志、汽车标志等，理解其含义。提高收集、整理、分析和利用信息的能力，初步树立规则意识。
	3. 学习习惯调查	了解和观察本班（年级）同学在读写姿势、文具的使用、阅读与写字等方面的习惯，讨论、总结不良学习习惯的表现、危害，研究和分析养成良好学习习惯的方法；开展主题班队会，增强对学习习惯重要性的了解和重视。持续开展学习习惯宣传与纠错活动，相互帮助，自觉养成良好学习和行为习惯。
	4. 我与蔬菜交朋友	通过访问、交流了解同学们对吃蔬菜的态度；到菜市场或菜田考察蔬菜的形状、种类，了解蔬菜的营养对学生成长的重要性；选择种植一种芽苗菜，体会种植的快乐与辛苦，增进对蔬菜的情感。
3—6年级	1. 节约调查与行动	通过访问、调查、实地考察等多种方式，了解家庭（或学校、社区某些场所）用水（或电、粮食等资源，以及一次性生活用品等）的浪费情况，设计有针对性的节约方案；开展节约（合理用电、光盘行动、减少一次性用品使用）倡议与行动，并记录、分析效果，提高实践能力，增强节约资源意识。
	2. 跟着节气去探究	结合二十四节气，观察身边的植物、动物、天气等物候变化；长期坚持，认真做好记录，并尝试编制当地的自然日历，理解农业生产与物候变化的关系。关注自然现象，探索自然变化，初步树立严谨求实、一丝不苟的科学态度。
	3. 我也能发明	观察、分析、讨论日常生活中各种用品、物件使用过程中的问题；学习和运用发明创造的多种方法，针对发明创造对象进行功能改进或重新设计，并在实际生活中加以应用和检验，提高动手能力，培养创新精神。
	4. 关爱身边的动植物	观察身边常见的动植物，如校园植物、家庭（社区）宠物、大自然中的各种昆虫、农田中的动植物等；选择其中一种或多种进行小实验、分析与研究，了解其自然特征（习性）并自觉加以保护，增强关注自然、热爱自然的情感，提高科学探索能力。
	5. 生活垃圾的研究	收集资料，了解国内外垃圾分类和处理的有关内容，调查、了解身边各种生活垃圾的处理方法；分析针对现状问题可采取的措施，设计家庭（学校、社区）垃圾箱和垃圾有效分类回收的方案，增强环境保护意识。
	6. 我们的传统节日	结合时令，选择端午节、中秋节、重阳节、春节等一个或几个传统节日，利用收集资料、访问、实地考察等方法，了解节日的来历、习俗、故事等；参与体验该节日的1～2种习俗，并进行交流分享，增强对传统文化的探究意识和认同感。
	7. 我是"非遗"小传人	了解非物质文化遗产的种类、特点、保护现状（如"二十四节气"等），访问本地非物质文化遗产传承人；讨论传承和保护非物质文化的方法、措施和建议，开展非物质文化遗产的传承活动。理解、认同家乡传统文化，并乐于传承。
	8. 生活中的小窍门	通过资料收集、调查、实地考察等方式了解各种生活小窍门，通过动手实验加以验证，设计宣传方案。丰富生活经验，锻炼动手实践能力。
	9. 零食（或饮料）与健康	调查、交流同学们吃（喝）零食（饮料）的现状；通过查阅资料、访谈了解其对健康的影响，了解科学选择零食（饮料）的方法；动手制作1～2种健康零食（饮料），并召开班级展示分享会，增强健康的饮食意识。
	10. 我看家乡新变化	通过调查、访问、参观等多种方式，了解和感受家乡在经济、文化、建筑、交通、生活方式等方面的变化与发展，用摄影、绘画、手抄报、作文、故事等多种形式，展示家乡新变化。增进知家乡、爱家乡的情感，增进建设家乡和祖国的责任感、使命感。

续上表

学段	活动主题	简要说明
3—6年级	11. 我是校园小主人	通过观察、访问、实地考察等方式，了解和分析校园的自然环境、规划布局、设施设备、文化景观、文化活动以及安全保障等方面的状况，提出校园建设和发展建议，增进知学校、爱学校的责任感。
	12. 合理安排课余生活	通过调查和了解同学们在学校课间、家庭、假期等时间的生活安排情况（如学习培训、健身、业余爱好等）；分析合理安排课余生活的方法与要求，制订合理利用课余生活的计划，开展有意义的课余活动，体验并记录活动感受，养成健康生活习惯，增强自我管理意识。
	13. 家乡特产的调查与推介	通过资料收集、访问、实地考察等多种方式，了解和调查家乡的特产；设计与策划推介方案，增进热爱家乡、关心家乡、建设家乡的感情。
	14. 学校和社会中遵守规则情况调查	收集信息了解学校和社会中的各种规则，如校规校纪、交通规则、公共文明行为准则等，增强遵规守纪意识；观察同学和社会公民在遵守规则方面的实际表现；通过访谈或问卷调查了解人们遵守规则的情况；针对观察、调查中发现的实际问题，提出提高人们规则意识的建议。
	15. 带着问题去春游（秋游）	在春游（秋游）外出考察前，利用网络、书籍等多种途径，了解所去场所的基本情况、资源内容与特点，能够提出研究问题，设计考察方案；通过任务驱动的方式，有效地开展实践活动，获得研究结论。培养项目设计的意识和能力，积极参与校园生活，增强团队合作意识。
7—9年级	1. 身边环境污染问题研究	通过调查了解身边水污染、空气污染、噪声污染、土壤污染、固体废弃物污染等任一环境污染的来源、现状及对身体健康的影响，提出合理的防治污染措施，减少环境污染，培养环境保护的意识。
	2. 秸秆和落叶的有效处理	调查当地秸秆和落叶处理过程中存在的问题，分析焚烧秸秆和落叶的危害；走访能够有效处理秸秆或落叶的机构，了解处理秸秆和落叶的常用方法；开展实验，探索更加有效地处理秸秆和落叶的方法或措施，提高科学探索能力和社会责任感。
	3. 家乡生物资源调查及多样性保护	收集资料，了解家乡主要动植物资源，实地考察这些动植物资源的生长、开发与利用的情况；针对在考察中发现的问题，提出保护当地生物多样性、合理开发利用生物资源的建议，增强关注自然、保护自然的意识，增进知家乡、爱家乡的情感。
	4. 社区（村镇）安全问题及防范	实地考察社区（村镇）设施设备、人与车辆分流管理等方面的安全状况，寻找安全隐患；与管理部门沟通，提出防火、防盗等安全防范建议，并在社区中进行相关宣传，增强安全意识，提高社会责任感。
	5. 家乡的传统文化研究	收集家乡历史文化典故，考察著名历史建筑，制作传统美食；了解当地服装服饰文化和传统庆典节日文化等方面的传统文化。理解和尊重家乡的传统文化，积极参与探究学习，对传承传统文化具有历史责任感。
	6. 当地老年人生活状况调查	考察当地社会养老机构，如敬老院、老年公寓等；分别调查选择社会养老和居家养老的老年人生活状况，并对两类养老方式进行对比分析；主动为身边的老年人服务。弘扬尊老敬老的美德，加强关心老年人、积极为老年人服务的意识。
	7. 种植、养殖什么收益高	对当地自然、地理条件进行分析，了解适合的种植和养殖项目；从市场、技术、经济、工程等角度，对项目进行调查研究和分析比较，并对项目可能取得的经济效益及社会环境影响进行预测，为家庭选择合适的种植养殖项目提供参考，增强社会参与和责任意识，提高运用知识解决实际问题的能力。
	8. 中学生体质健康状况调查	收集有关视力、身体形态、身体机能、身体素质等方面的资料；统计分析体质健康状况及运动、生活习惯的数据；访问医务人员和体育教师等专业人员；提出改善体质健康的方案并长期坚持，检验效果。关注自身体质健康，养成健康合理的生活习惯。

续上表

学段	活动主题	简要说明
7—9年级	9. 中学生使用电子设备的现状调查	调查了解中学生使用手机、平板电脑、笔记本电脑等电子设备的主要目的；了解电子设备与数字生活的关系，知道过度使用电子设备对身心健康的影响；积极采取措施避免过度使用电子设备。培养较高的信息意识，提高数字化生存能力，主动适应"互联网+"等社会信息化趋势。
	10. 寻访家乡能人（名人）	收集相关材料，进行人物专访，了解家乡某个领域能人（名人）的经历与成功故事，分析其成功的原因及对家乡的影响，进行宣传。增强热爱家乡的情感，积极为家乡做贡献。
	11. 带着课题去旅行	围绕寻找红色足迹、中华文化寻根、自然生态考察等主题，收集研学旅行目的地的资料，寻找自己感兴趣的问题作为研究课题；带着课题参加研学旅行，通过实地考察和调查，完成课题研究和旅行活动。在活动中激发爱国热情，培育民族精神，增强保护自然的意识。
10—12年级	1. 清洁能源发展现状调查及推广	收集信息了解清洁能源的特点，考察当地风能、太阳能等清洁能源设施或生产企业；设计在学校或社区中使用清洁能源的方案；调查新能源汽车发展前景和推广使用中存在的问题，在社区中宣传推广清洁能源。关注清洁能源的发展，主动选择清洁能源和相关产品，减少环境污染。
	2. 家乡生态环境考察及生态旅游设计	设计方案实地考察家乡的湿地、森林、草原等自然生态环境；对当地生物多样性及保护情况进行研究，采访当地居民了解自然生态环境变化，提出保护建议；结合当地独特的自然生态条件，设计开展生态旅游的方案，在一些景点进行生态旅游的导览和讲解服务，增强热爱家乡、保护家乡自然生态环境的意识。
	3. 食品安全状况调查	收集有关食品安全的信息，分析典型食品安全事故；考察当地食品制造企业或走访食品监督部门，调查当地食品安全状况和人们的食品安全意识；提出确保食品安全的方案，尝试用简单的实验方法对常见食品进行检测，编制食品安全手册，在社区中做食品安全科普宣传。增强食品安全意识，学会选购健康、安全的食品。
	4. 家乡交通问题研究	收集资料，走访当地交通管理部门，了解交通拥堵的原因和减少拥堵的措施；到本地区比较拥堵的路口进行实地考察，记录不同时段交通拥堵的状况，对改善本地区交通拥堵问题提出建议；在学校周边做交通疏导，维护交通秩序。关注家乡交通问题，为缓解家乡交通拥堵做出自己的贡献，提高社会责任感。
	5. 关注知识产权保护	访问当地知识产权部门，了解知识产权的相关知识；对身边公众的知识产权意识和行为进行调查，提出增强公众知识产权意识的建议；在参与各种创新活动中，尊重他人知识产权，并维护自身知识产权，增强尊重知识产权的意识，提高依法维权的能力。
	6. 农业机械的发展变化与改进	收集资料，实地考察，了解从传统农具到现代化农业机械设备的发展变化过程；分析比较各种农业机械的使用效果及成本，对农业机械的合理、充分使用提出改进建议。感受科学技术对农业发展的重大影响，激发创新意识。
	7. 家乡土地污染状况及防治	收集资料、调查、实地考察、实验、走访相关部门，了解家乡土地污染状况及主要危害；分析造成土地污染的主要原因；提出防治家乡土地污染的合理措施及建议，为家乡环境保护做出自己的贡献，增强环境保护意识及社会责任意识。
	8. 高中生考试焦虑问题研究	收集与考试焦虑相关的信息资料；通过问卷调查了解高中生考试焦虑状况；与心理医生或心理教师面谈，进行考试焦虑心理测试；采取措施，减轻自身考试焦虑，策划实施团队心理减压活动。学会调控考试带来的心理压力，促进身心健康发展。
	9. 社区管理问题调查及改进	考察当前社区，分析社区在停车、清洁、安全、养宠物等方面存在的管理问题；调查居民对社区管理的看法，考察周边管理比较好的社区；走访小区管理处，提出改进意见，主动参与社区管理，维护社区环境，增强社会责任意识和积极为他人服务的意识。

续上表

学段	活动主题	简要说明
10—12年级	10. 中学生网络交友的利与弊	通过资料收集、案例分析、访谈、调查等多种途径，了解中学生网络交友的相关信息；对网络交友的利与弊进行全面分析或展开辩论。提高信息安全意识，主动适应社会信息化趋势。
	11. 研学旅行方案设计与实施	收集研学旅行目的地信息，设计研学旅行路线及行程，设计研学旅行参观考察内容，确定自己的研究课题；设计研学旅行成果的展现形式，在研学旅行活动后对设计方案进行反思和评估，提高规划、设计与实施的能力。
	12. 考察当地公共设施	选择身边文化娱乐设施、无障碍设施、公共交通设施等进行考察；调查了解公共设施的状况及公众的满意程度，与管理人员沟通，提出改进建议；利用节假日引导公众更好地使用公共设施等活动，增强公共安全意识和社会责任意识。

附件3

社会服务活动推荐主题及其说明

学段	活动主题	简要说明
1—2年级	1. 生活自理我能行	清洁个人生活用品：会洗袜子、红领巾，会刷鞋、清洗水杯、脸盆等；学习用品分类整理：按学习需要准备学习用品，归类收纳学习用品，及时整理书包；清洁居室卫生：用完的物品放回原处，扫地，垃圾分类入箱，整理床铺，衣服分类摆放等。从力所能及的自我服务劳动做起，学会料理自己的生活，养成自己的事情自己做的好习惯。
	2. 争当集体劳动小能手	集体服务劳动包括班级劳动、校园劳动、家务劳动、公益活动、社区服务等。例如：搞好（班级）公共卫生，整理红领巾队务阵地，会扫地、拖地、擦黑板、摆放桌椅等；帮助老师、家长等做力所能及的事；给校园花草树木浇水等。养成自己的事自己做、他人的事帮着做、公益（集体）的事争着做的劳动习惯和优良品质。
3—6年级	1. 家务劳动我能行	帮助家长做力所能及的家务劳动（择菜、洗菜、洗水果、整理饭桌、洗碗筷等），学会简单手工缝纫技术，学会一般衣物的洗涤（包括机洗）、晾晒和折叠方法；知道家庭安全用电、用火、用煤气等的方法，初步学会家庭触电、火灾的预防、急救与逃生。养成良好的劳动习惯，端正劳动态度，提高家庭责任感。
	2. 我是校园志愿者	通过考察、访问了解校园志愿服务需求，了解不同岗位的职责和要求；学习开展服务的方法，了解相关注意事项；开展持续、有效、多样的校园志愿服务活动。利用班级、少先队活动等多种形式进行校园志愿活动的展示交流。积极参与校园志愿活动，具有团队合作意识，热心志愿服务活动。
	3. 学习身边的小雷锋	寻访身边的"小雷锋"，总结分析他们的事迹；根据自身情况，设计自己（小组）的学雷锋行动计划，并开展实际行动，初步树立热心公益劳动、乐于助人的道德品质。
	4. 红领巾爱心义卖行动	收集闲置的书籍、学习用品、玩具、手工艺品等物品；策划与组织爱心义卖活动，并在教师建议下合理使用义卖收入；提高爱心助人、团结合作的思想和意识，增强活动策划与设计能力，初步树立"循环经济""绿色生活"的环保意识。
	5. 社区公益服务我参与	在社区或村委会参与如卫生打扫、环境维护、小广告清理等各种力所能及的便民利民性质的社区公益劳动；在班级交流分享参与过程与感悟体验，增强服务他人、社会的意识。
	6. 我做环保宣传员	调查和发现身边存在的环境问题，分析可以采取的措施和解决办法，开展环境保护宣传活动，体验绿色生活方式，树立保护环境、节约资源的观念和生态意识。
	7. 我是尊老敬老好少年	积极主动与身边的老年人沟通和交流，了解老年人的实际生活困难和需求；为身边的老年人做一些力所能及的事，并长期坚持。初步树立尊老敬老、主动为老年人提供服务的意识，增强社会责任感。
7—9年级	1. 走进敬老院、福利院	走进学校周边的敬老院、福利院、医院及社会救助机构，利用自己掌握的知识和技能，开展力所能及的志愿服务活动并长期坚持。培养关心他人、热心公益、积极为需要帮助的人提供帮助和服务的意识，增强社会责任感。
	2. 我为社区做贡献	针对社区管理和社区居民的实际需求，利用自己的知识和技能为社区提供力所能及的服务，例如生活援助、公共卫生、困难帮扶、敬老爱老、亲情陪伴、科普宣传等，增强社会责任意识和热心公益、志愿服务的意识。
	3. 做个养绿护绿小能手	积极参与对社区、学校、村庄、街道等处的绿地的养护和保护，如清除杂草、拣拾垃圾、劝阻他人破坏绿地的行为等，参与各种义务植树种草和认养绿地等活动，增强劳动意识和社会责任感。
	4. 农事季节我帮忙	在农村播种、收割等农忙季节主动参与各种农事活动；体验生产劳动的艰辛与快乐，掌握一定劳动技能。热爱劳动，勤于动手，积极主动参与劳动。

续上表

学段	活动主题	简要说明
7—9年级	5. 参与禁毒宣传活动	收集文献、访谈专家、观看展览，获得有关毒品预防的知识；承诺自己能够拒绝毒品；制作宣传手册，在社区中进行"远离毒品，珍爱生命"的宣传活动，树立珍惜生命、远离毒品的意识和社会责任意识。
	6. 交通秩序我维护	实地考察了解学校或家庭周边交通拥堵的原因；在容易出现交通拥堵的路口协助交警进行交通管理，劝阻不文明过马路的行为，提示行人注意交通安全，维护交通秩序，增强交通安全意识和社会责任意识。
10—12年级	1. 赛会服务我参与	积极参与在当地举办的各种赛会活动，在赛会活动中进行语言服务、会议服务、接待服务等多方面的志愿服务活动，并及时总结参与赛会服务的经验和感受，增强热心公益、积极为他人服务的意识。
	2. 扶助身边的弱势群体	对身边的孤寡老人、残障人士等弱势群体进行调查，了解他们在生活中的实际困难，对他们进行力所能及的帮助并长期坚持，增强关心并尊重他人、主动提供服务的意识。
	3. 做个环保志愿者	收集环境污染及监测的资料，学习环境污染检测的方法；实地考察了解当地环境特点，现场取样，进行实验检测，作为志愿者长期监测并为相应部门提供数据；开展保护环境、减少污染的宣传活动，发现破坏环境的行为及时劝阻，增强热爱并尊重自然、保护环境的意识和积极参与环境保护的社会责任感。
	4. 做农业科技宣传员	主动学习有关农业科技的知识；积极参加所在社区、乡镇开展的农业科技宣传活动；向周围的农民进行农作物施肥技术要点、合理使用农药的技术、现代农业种植养殖技术、合理购买农用物资的方法等农业科技知识的宣传和推广，用自身掌握的科学知识为家乡的农业科技普及做出贡献，增强社会责任感和热爱家乡的情感。
	5. 参与公共文化服务	走进图书馆、博物馆、公园等社会文化机构，进行志愿讲解、文化传播、图书整理、公园导览、维持秩序、图书导读等志愿服务活动，积极参与社会公共文化服务，增强人文素养和加强利用自身文化积淀服务公众的意识。
	6. 做普法志愿者	自主学习法律常识，了解《中华人民共和国宪法》《中华人民共和国国家安全法》《中华人民共和国消费者权益保护法》《中华人民共和国治安管理处罚法》和《中华人民共和国道路交通安全法》等法律法规的基本内容；结合国家宪法日、国家安全教育日、消费者权益日、世界环境日等走进社区，开展形式多样的普法宣传活动。增强法治意识，提高尊崇法治、依法行事、依法维权、热心公益和志愿服务的意识。

附件4

设计制作活动（信息技术）推荐主题及其说明

学段	活动主题	简要说明
3—6年级	1. 我是信息社会的"原住民"	认识计算机的外部组件，学习鼠标操作，体验用计算机听音乐、看电影、学习课件等。了解信息和信息处理工具，初步掌握计算机的基础知识和基本操作，认识信息、信息技术在社会生活中的重要性，建立初步的信息意识。
	2. "打字小能手"挑战赛	掌握键盘知识和基本指法，学会用键盘输入的方法，为今后的信息技术学习打好基础，体验数字化学习带来的乐趣。
	3. 我是电脑小画家	学习使用画图类的软件，利用鼠标作画来描绘身边的美好生活，熟练掌握鼠标操作的技巧，为今后的信息技术学习打好基础，同时形成相互协作、共同完成任务的意识。
	4. 网络信息辨真伪	启动浏览器，浏览网站，利用搜索引擎搜索并获取自己需要的信息，在此基础上，学习保存需要的网页。掌握在网络上搜索信息的能力，提高判断真实信息和虚假信息的能力。
	5. 电脑文件的有效管理	掌握查看文件的基本操作方法；新建文件夹，以及复制、移动、删除文件等；建立共享文件夹，在局域网中共享文件，体会文件在信息管理中的重要性。
	6. 演示文稿展成果	了解演示文稿的结构，学习在文稿中插入幻灯片，复制、删除、移动演示文稿中的幻灯片，在幻灯片中输入文字以及插入艺术字和图像；设置简单的动画效果，为演示文稿设置超链接和动作，保存、预览、打印文稿等。增强信息意识，培养利用数字化工具完成作品设计与创作的能力。
	7. 信息交流与安全	申请电子信箱并收发电子邮件，按需求管理电子信箱中的电子邮件，了解垃圾邮件的危害；学会使用一种即时通信工具；申请网络博客，并发表个人博客；了解计算机病毒，学习查杀计算机病毒的操作方法。养成规范、文明的交流习惯，树立安全意识。
	8. 我的电子报刊	录入文字并保存，设置段落对齐的方式、文字格式和间距，制作艺术字标题，在文档中插入图片，使用在线素材库，给文本框添加边框、背景、阴影等效果，绘制形状图，给文章添加页眉、页码、脚注，利用插入的表格进行求和、计算平均数、求最大数等，发布与交流电子报刊作品。了解文字处理软件的用途及使用方法，感受用表格展示信息的特点，初步形成数据处理的基本能力和意识。
	9. 镜头下的美丽世界	使用数字拍照设备拍摄图像、视频，用图像管理软件浏览图像，设置图像管理软件的参数，学习批量操作图像文件，调整图像的明暗、色调，裁剪图像，为图像添加边框，生成电子相册等；学习用视频编辑软件截取视频片段、合并视频、转换视频文件的格式等。体验数字化图像、视频为人们生活、学习带来的便利，并初步接触知识产权、肖像权等知识，增强信息意识与信息社会责任。
	10. 数字声音与生活	录制声音，保存声音，了解声音文件的基本格式，连接、混合声音，剪切声音片段，设置淡入淡出的效果，转换声音文件的格式等。体验数字化声频为人们生活、学习带来的便利，提高数字化学习与创新的信息素养，进一步加深对知识产权的理解，增强信息社会责任。
	11. 三维趣味设计	了解三维设计的基本思路，理解三维设计的应用，用三维建模软件设计一些与学习、生活相关的物品，亲历在综合情境下运用多种技术实现个性化、定制化产品研发的过程。学会利用技术解决真实问题，并初步感受文化创意产品的传播规律。
	12. 趣味编程入门	了解所学语言编程的基本思路，理解所学编程语言中程序设计的基本结构，掌握编程的方法和步骤，编写出简单的程序。通过学习简单的编程语言，初步树立计算思维的信息素养，为中高年级程序语言的学习打好基础。
	13. 程序世界中的多彩花园	利用建模的思想，使用程序编写的方式绘制各种图案，结合其他工具制作出明信片或者填色书，让不同的学生进行手工填色，完成各种各样的精彩图画。体会程序设计在美术制作领域中的作用，体会技术和艺术之间取长补短的关系，提升审美素养。

续上表

学段	活动主题	简要说明
3—6年级	14. 简易互动媒体作品设计	使用常见的外部设备,结合常见的编程语言,设计出通过多样化的信息输入方式呈现出各种有趣效果的互动作品。培养将新奇创意变为现实的意识,掌握人机互动的原理,体会跨学科学习的魅力,提高动手实践能力。
	15. 手工制作与数字加工	将电路知识和艺术设计结合起来,制作一个手绘图案的盒子,将各种电子元器件连接在盒子内部,使之成为发光的盒子。然后利用计算机将手绘的图案变成可以复制的、大规模印刷的电子文档,制作一排"发光墙"。初步了解大工业生产模式和手工模式的区别和联系,亲历单元设计以及单元联结成大型装置的过程,理解模块的概念在艺术设计中的应用。
7—9年级	1. 组装我的计算机	熟悉计算机硬件的基本构成,掌握进制与编码,了解计算机的特点,认识常见的智能终端;了解计算机软件的基本构成、开源软件的发展等。认识计算机这类智能终端对人们日常生活带来的影响,提高数字化学习与创新素养,增强信息意识。
	2. 组建家庭局域网	了解因特网的发展历史以及在我国的应用现状,了解因特网对社会的影响;熟悉IP地址和域名的组成、类型以及发展趋势,理解IP地址、网址和域名三者的对应关系;认识常见的网络类型,熟悉常用的网络设备,利用无线路由器组建无线局域网。增强健康、安全使用网络的意识,进一步提高网络应用能力,增强信息意识与信息社会责任。
	3. 数据的分析与处理	学习电子表格软件管理数据和分析数据的思路和方法,根据主题开展数据调查,了解电子表格的基本功能,编辑加工和处理调查数据,建立统计图表,分析数据反映的现象和事实,编写数据分析报告。认识数据对人们日常生活的影响,进一步提高计算思维能力、数字化学习与创新素养,增强信息意识。
	4. 我是平面设计师	了解数字图形图像的分类和特点,认识图像分辨率与输入、显示、输出分辨率的关系以及图像颜色深度、色彩与图像文件大小的关系,掌握图像的常用存储格式及其格式转换,图像压缩的必要性及其主要压缩方法,图层、通道、滤镜、路径、蒙版的综合应用。形成二维平面设计的能力和意识,提高数字化学习与创新素养,增强信息意识和信息社会责任。
	5. 二维三维的任意变换	使用纸模型软件将三维建模软件生成的立体图案,转化成为二维的平面打印机可以打印的平面图纸,并且通过折纸粘贴等方式制作立体模型。了解三维和二维之间的关系,通过比较三维打印和纸模型粘接这两种构建三维形体的方式,体会不同工艺之间的区别和联系,并且能根据需要选择不同的工艺。
	6. 制作我的动画片	认识视频和动画文件的格式,了解视频的含义以及动画的基本原理,了解视频和动画的主要应用领域,掌握动画的制作流程,能根据主题制作简单的视频和动画作品。了解动画的应用及发展前景,学习简单的动画软件,体验动画在日常生活中的广泛应用,提高数字化学习与创新素养,增强信息意识和信息社会责任。
	7. 走进程序世界	了解程序设计的基本过程和方法;熟悉程序设计语言的用法,掌握常量、变量、函数等基本概念,理解程序的三种基本结构,知道人与计算机解决问题方法的异同,尝试编写、调试程序。激发编程的兴趣,培养逻辑思维能力,进一步理解计算思维的内涵,提高数字化学习与创新素养,增强信息意识和信息社会责任。
	8. 用计算机做科学实验	通过计算机程序获取传感器实时采集的信息,并把这些信息记录在数据库中;对这些数据进行二次分析,验证之前的假设,甚至发现新的规律,初步感受大数据时代的研究方法,提高探究真实问题、发现新规律的能力。
	9. 体验物联网	通过常见的开源硬件和电子模块,利用免费的物联网云服务,搭建各种物联网作品,如校内气象站、小鸡孵化箱等项目,体验物联网的应用。理解物联网的原理,熟悉常见的传感器编程方法,掌握物联网信息传输的常见方法,培养参与科学研究的兴趣,提升综合素质。
	10. 开源机器人初体验	通过常见的电子模块,用3D打印或者激光切割等方式自制各种结构件,结合开源硬件,设计有行动能力的机器人。初步了解仿生学,分析生物的过程和结构,并把得到的分析结果用于机器人的设计,体验跨学科学习。

附件5

设计制作活动（劳动技术）推荐主题及其说明

学段	活动主题	简要说明
1—2年级	1. 我有一双小巧手——手工纸艺、陶艺	学习简单的手工制作，通过动手制作折纸、纸贴画、纸编，玩泥巴（手捏陶泥、轻黏土、软陶）等，掌握纸工、陶泥制作的简单技法，初步体验动手操作的乐趣。
	2. 我有一双小巧手——制作不倒翁、降落伞、陀螺等	选择日常生活中的多种材料，制作不倒翁、降落伞、陀螺等玩具；探究、交流制作方法，提高动手操作能力及探究兴趣。
3—6年级	1. 学做简单的家常餐	掌握几种简单的烹饪技能，学会洗菜、切菜、拌凉菜、炒家常菜和炖菜等；学会煮面条、包馄饨和包水饺等。了解健康饮食的重要性，感受劳动和生活的乐趣，形成积极的劳动态度。
	2. 巧手工艺坊	利用纸质、布质等多种材料学习传统手工艺制作技术，包括纸艺、布艺、编织、刺绣、珠艺、插花艺术等。初步树立技术意识，培养实践创新精神、动手能力和审美情趣。
	3. 魅力陶艺世界	学习陶土材料（软陶、轻黏土等）的捏塑、盘筑、镶接等基本技能；有条件的可尝试自制个性化的陶艺手工作品。学习陶艺基本技艺，自主探究创作，激发好奇心和想象力。
	4. 创意木艺坊	使用手工锯、曲线锯、木板、KT板、乳胶、砂纸等工具和材料，初步掌握木工直线锯割和曲线锯割技术，运用插接、钉接、粘接等连接方法制作小木工创意作品。在学习木工基本技艺过程中，学习创意表达，提高动手实践能力，体验工匠精神。
	5. 安全使用与维护家用电器	了解家用电器的种类并建立家用电器档案；了解1～2种家用电器的发展过程，理解创造发明对社会发展的作用；会阅读简单的家用电器说明书，并在家长指导下学习正确使用及安全维护的方法。感受技术对社会进步的影响，进一步增强技术意识，养成自主学习的良好习惯。
	6. 奇妙的绳结	了解绳结种类、符号，学习绳结的编织技法，初步掌握编织工具的使用方法，学会中国结、救生结等装饰结和实用结的设计与制作。感受中国民间艺术的魅力，理解生命意义和人生价值，提高安全意识和自我保护能力。
	7. 生活中的工具	观察五金店或调查家庭中的常用工具和简单机械；设计《生活中工具和简单机械的调查表》，将身边的常用工具（筷子、开瓶器、起子、扳手等）以及课堂教学活动中使用的工具和简单机械（剪刀、美工刀、尖嘴钳、木工小机床等）的名称、作用、用途列出来；认识其作用、原理、用途，并学会使用常用工具和简单机械。学会根据需要来选择合适工具和机械，培养科学探究精神和技术意识及能力。
	8. 设计制作建筑模型	了解房屋的一般结构；知道本地民居、校园的基本建筑式样与材料、基本特征与功能。用木板、纸板、KT板、陶泥等多种材料制作民居、校园等建筑模型。初步学习识读图纸，会表达设计思想，初步形成技术设计能力，增强环保意识、人文情怀和审美情趣。
	9. 创意设计与制作（玩具、小车、书包、垃圾箱等）	在生活中收集各种材料和用具，特别是一些废旧物品，根据一定的科学原理，尝试进行创意设计，制作简单的玩具、小车、书包、垃圾箱、水火箭等，激发创新精神，提高动手实践能力。
7—9年级	1. 探究营养与烹饪	了解本地传统美食及其营养价值，分享美食文化，学做几种家常菜肴；调查了解家庭成员营养需求和饮食习惯，提出合理的食谱，撰写健康饮食倡议书，提高健康饮食的意识，养成良好的饮食习惯。

续上表

学段	活动主题	简要说明
7—9年级	2. 多彩布艺世界	学习手工缝纫基本针法，掌握简单机缝技术，完成有实用价值的布艺创意作品的设计与制作，用缝制抱枕、印制创意T恤、改造衣服等方式，美化生活。充分发挥想象力和创造力，增强环保意识，养成节约资源的习惯，提高实践创新能力。
	3. 我是服装设计师——纸模服装设计与制作	通过简易纸模服装作品的设计与制作，学会画设计简图；根据简图裁剪制作，知道简易服装制作的一般流程，度量、设计、打样、裁剪、缝制；设计并制作一件创意纸模服装。在技术学习过程中，提高图样表达能力，进一步提升想象力、实践创新能力和审美情趣。
	4. 创作神奇的金属材料作品	认识生活中常用的金属材料，初步掌握金工工具的使用方法，学习易加工金属材料（金属丝、金属片等）的加工技能和金属作品设计的一般方法，完成金属作品的创意设计与制作，如金蝉脱壳、九连环等。激发技术学习兴趣，使个体主观表现和创造发挥相结合，提高实践创新能力。
	5. 设计制作个性化电子作品	学习电子相关知识，了解电路原理，初步掌握电子制作的基本技术和方法，能阅读简单电子线路图，运用相关工具和材料，照线路图进行连接。在此基础上，设计制作各类创意电子作品。亲历电子作品的制作过程，提高对电子产品的认识，增强学习电子知识的兴趣，提升电子制作的能力。
	6. 智能大脑——走进单片机的世界	认识生活中无处不在的单片机控制系统（如红绿灯、电梯、自动门等），了解单片机的功能，学会简单的图形化编程方法，能够实现传感器、控制电路、执行器的简单电路搭建，完成一定的功能，如模拟红绿灯、车库抬杆控制器等，激发创新精神，锻炼动手能力。有条件的学校可以开展基于单片机的智能控制学习，搭建寻迹小车、温控风扇等智能控制产品。
	7. 模型类项目的设计与制作	学习设计、制作"三模"（航模、海模、车模）等，掌握相关工具、设备的使用方法，初步认识常见的具有动力源的机械，可尝试通过改变某些条件来提高运动能力，以此增强对不同动力的再认识并取得实际操作经验。亲历模型的设计、制作过程，理解简单机械的组装、传动方式及制作流程，弘扬勤于实践、敢于质疑、勇于创新的精神，养成科学严谨的制作态度。
	8. 摄影技术与电子相册制作	掌握摄影技术以及与电子相册制作的有关知识和基本技术。通过查阅资料、课堂交流讨论及教师指导，获得小型数码相机及单镜头反光式数码相机的有关知识和摄影技术，初步学会使用数码相机；学会利用相关的图像编辑工具修饰照片和制作电子相册。拍摄兼具技术与艺术的照片，增强发现美的意识，并通过展示美——制作电子相册，提高信息技术应用能力。
	9. 3D设计与打印技术的初步应用	了解3D打印技术原理，学习三维建模的方法和使用3D打印机的方法，了解3D打印的限制条件，学习产品设计应考虑的基本原则以及设计中的人机关系；运用3D打印技术进行创新设计，打印简单模型。认识与掌握先进技术，提高创新设计能力。有条件的学校可以配备多种打印方式与打印材料的3D打印机。
	10. 现代简单金木电工具和设备的认识与使用	学习几种现代简单的金、木、电加工工具和设备的使用方法，并能安全、规范地使用工具和设备，运用不同材质来设计制作创意作品和建筑、桥梁等模型。学习掌握应用技术，培养精益求精的技术意识以及安全使用工具、设备的意识，弘扬做事情认真、敬业、执着的态度以及勇于创新的精神。
	11. 基于激光切割与雕刻的创意设计	了解激光切割的技术原理，会操作激光切割机，学习使用计算机辅助设计类软件，设计模型构件并进行激光切割，组装成立体模型；了解激光雕刻的技术原理，会进行构件表面的雕刻设计与操作。了解与认识先进技术，激发创新意识，搭建创意设计的快速展现平台。
	12. 立体纸艺的设计与制作	知道利用纸质材料进行立体构成的技术原理，学习几种简单的操作方法，设计并制作简单的纸立体构成作品。亲历纸立体构成的设计与制作过程，感悟纸工艺的应用。

续上表

学段	活动主题	简要说明
7—9年级	13. "创客"空间	大胆想象，提出符合设计原则且具有一定创造性的构思方案，主动参与创新实践，自主确定创新作品主题并进行设计，完成制作，实现奇思妙想。注意传统手工技术与现代技艺结合，在技术创新实践过程中，提升技术并交流创意，提高批判质疑和问题解决能力，弘扬"创客"精神。
	14. 生活中的仿生设计	通过调查了解生物仿生的常识，如参观博物馆仿生展览、实地考察仿生建筑，调查仿生学在生活中的应用；根据仿生原理进行仿生设计，关注生物多样性，利用各种生物的特性进行仿生设计，提高创新精神和解决问题的能力。
	15. 生活中工具的变化与创新	观察生活中灯具、清洁工具、学具、教具、灶具等各种工具存在的问题，通过参观博物馆、访谈等方式收集各种生活工具发展与变化的资料，进行创新设计或改进，制作出一个新型工具。关注生活中工具的发展带来的生活变化，体验科技的进步，激发创新精神，提高动手实践能力。

附件6

职业体验及其他活动推荐主题及其说明

学段	活动主题	简要说明
1—2年级	1. 队前准备	知道少先队组织含义和入队标准，有强烈的入队意愿，通过实际行动掌握队前教育知识和技能，用行动志愿加入光荣的少先队组织，成为一名合格的少先队员。
	2. 入队仪式	通过庄严的入队仪式，帮助队员明确身份和责任，为队员的组织成长留下痕迹。
	3. 少代会	了解或参与少代会，产生向往和体验队组织生活的情感。
	4. 红领巾心向党	了解、区分党、团、队旗的特点，了解共性，达到认识组织标志、简单了解组织间领导和发展关系的目的。
3—6年级	1. 今天我当家	通过记录家庭一日支出、制订购物计划、合理支配个人零花钱、了解购物小常识、自购学习用品、尝试当家一天、学习正确选购简单安全的食材等活动，初步树立理财意识，养成勤俭节约的生活习惯，培养对父母的感恩之心。
	2. 校园文化活动我参与	通过访问、考察等方式调查与了解本校各种校园文化活动（如值周活动，各种社团活动，各种重要节日活动，校园体育、阅读、艺术、科技节等）的实施要求，选择自己感兴趣的活动参与其中，从中发现问题，提出改进措施，增强参与服务意识，提高发现问题的能力。
	3. 走进博物馆、纪念馆、名人故居、农业基地	在外出考察前，利用网络、书籍等多种途径，了解社会资源单位的基本情况、资源内容与特点；提出研究问题，设计考察方案；通过任务驱动的方式，有效地开展实践活动，获得研究结论。增加对本地自然和社会生活的了解，增长生活经验，增强社会适应能力。
	4. 我是小小养殖员	在教师的指导和组织下，亲手饲养1～2种常见小动物（如小金鱼、小乌龟、小白兔等），农村地区的学生可以帮助家人养家禽等，记录饲养过程，完成它们成长过程的观察记录，懂得饲养的正确方法；学会用数据、照片、视频、语言描述等方法交流自己的观察结果和饲养体验。初步了解并掌握若干种小动物饲养的简单方法，增强关爱小动物以及人与动物和谐相处的生态意识。
	5. 创建我们自己的"银行"（如阅读、道德、环保）	讨论和分析如何通过创建"银行"来解决各种日常（班级）生活中的问题（如阅读问题、道德意识、环保意识培养等）；开展规则制定、任务分工、运用实验及效果分析等活动，提高活动策划与组织实施能力。
	6. 找个岗位去体验	联系学生家长单位或学校周边商场、图书馆、派出所、环保局等单位，体验理货、整理图书、打扫卫生、协警等岗位；初步体验职业，感受不同职业的劳动，体会各种职业劳动的艰辛。初步树立尊重别人劳动成果的意识，体会劳动创造幸福生活的内涵。
	7. 走进爱国主义教育基地、国防教育场所	利用网络、书籍等多种途径，了解要参观考察的爱国主义教育基地（禁毒教育基地、安全教育基地、红色旅游区）、国防教育场所的基本情况、资源内容与特点；提出自己想研究的问题，在参观和考察过程中尝试解决问题，增强爱国主义情感和国家认同感。
	8. 过我们10岁的生日	一起过10岁集体生日，凝结友情，增强集体凝聚力；梳理自己和集体的成长足迹，避免攀比等负面现象，确定自己和集体新的成长目标，关注个人与集体共同的成长、收获，感恩父母、师长、同伴。
	9. 红领巾相约中国梦	从少先队员的视角采访亲朋好友及社会各行业的人，了解个人成长、发展与实现中国梦之间的关系，激励自身努力增长本领和才干，为实现中国梦做出自己的贡献。
	10. 来之不易的粮食	调查和实地考察农民，了解当地主要粮食作物的种类，认识各种粮食作物，观察农作物生长，体验作物栽培管理（如除草、间苗、浇水、施肥等），感受粮食的来之不易，初步树立爱惜粮食、尊重他人劳动成果的意识和行为习惯。

续上表

学段	活动主题	简要说明
3—6年级	11. 走进立法、司法机关	收集信息了解人民代表大会、法院、检察院等的职能；走进当地人民代表大会、法院、检察院等；与立法、司法机关工作人员进行座谈；旁听法院庭审；组织开展"模拟审议""模拟法庭"等活动；交流分享对法律尊严的理解和认识，尊崇法治，敬畏法律，具有规则与法治意识。
	12. 我喜爱的植物栽培技术	在教师的指导和组织下，亲手种植1～2种常见农作物或花卉，观察记录它们的生长过程，掌握栽培的基本方法；学会用数据、图画、语言描述等方法交流自己的观察结果和种植体验。学会使用简单的种植小工具，初步掌握种植的一般方法，增强与自然和谐相处的生态意识。
7—9年级	1. 举行大队建队仪式	成立初一少先队大队，集体参观爱国主义教育基地，学习和了解抗战和祖国发展历史，增强民族自尊心、自信心、自豪感，增强少先队员的责任意识和爱国意识。
	2. 策划校园文化活动	调查同学们对校园文化活动的想法，结合需求策划一次校园文化活动，如科技节、艺术节、读书节、体育节等；在学校或班级中实际开展校园文化活动；在校园文化活动中承担各种志愿服务工作，树立主动参与学校管理、积极为同学服务的意识。
	3. 举办我们的"3·15"晚会	收集身边侵害消费者权益的事件和案例；走访当地消费者协会；参与消费者维权活动；在此基础上设计并举办一场"3·15"晚会，展示同学们参与消费维权活动的成果，提高依法维权的意识和能力。
	4. 民族节日联欢会	通过文献检索和对身边不同民族的人进行访谈，获得相关民族节日的资料；调查同学们对不同民族节日的了解程度；举办联欢会，进行民族服装展示、美食制作，或各种民族节日庆典、习俗表演，展示不同民族的习俗与风情。加深对各民族文化的理解和尊重，促进民族和谐。
	5. 中西方餐饮文化对比	查阅文献，到中、西餐馆考察、采访，收集相关资料，比较中西方文化差异，通过讨论、辩论、表演中西方用餐礼仪等多种方式，加深对中西方多元文化的理解和尊重，能够包容文化的多样性和差异性。
	6. 少年团校	学习党团发展历史、共青团员权利义务、团的基本常识，了解入团的程序和团员标准，在高年级团员同学带领下学习共青团的性质、任务，激发向上向善的决心。
	7. 举行建团仪式（14岁生日）	告别少先队，迎接共青团；举行新团员集体宣誓仪式；参观爱国主义教育基地。通过离队建团仪式，做好团队衔接，树立初步理想信仰，争当"中国梦"的筑梦者。
	8. 职业调查与体验	了解或亲身体验父母、亲戚所从事的职业，大致了解职业分类；选择某个职业进行体验，感受职业生活的辛苦与快乐，初步尝试制订自己职业生涯规划，增强自我规划意识，为自己将来选择和规划职业生涯奠定基础。
	9. 毕业年级感恩活动	通过参观等活动了解国情党史，感受社会温暖，理解体会父母恩、老师情；开展为父母和母校制作毕业礼物等活动，重温历史，懂得感恩，立志艰苦奋斗，培养回报社会的情感和社会责任意识。
	10. 制定我们的班规班约	自主收集并学习《中学生日常行为规范》、学校规章制度等文件；从纪律、学习、卫生、礼仪、安全以及班级特色等多方面考虑，提出本班同学需要遵守的班规班约及实施办法；全班同学参与讨论，确定班规班约；一段时间后，检查同学们对班规班约的执行情况，并针对问题做出调整，增强遵守规则的意识，提高自律能力。
	11. 军事技能演练	通过投掷、攀登、越野、远足、制作航（船）模、识图用图、无线电测向等军事活动的技能训练以及听革命传统故事，培养机智勇敢、坚忍不拔的精神，提升综合国防素质。

续上表

学段	活动主题	简要说明
7—9年级	12. "信息社会责任"大辩论	了解信息的概念及主要特征，认识信息与信息媒体的区别与联系；理解信息技术的概念，体验信息技术在社会发展中的重要作用，认识信息技术对人类生活、工作、学习的影响；了解信息技术学科的前沿发展状况，知道影响网络安全的因素和基本安全防护策略，认真思考在信息社会应遵循的信息道德规范，养成健康、安全的网络行为，增强信息意识与信息社会责任。
	13. 走近现代农业技术	在教师的指导下，参观动物饲养场，学习一种常用饲料的配制方法；采集农作物病害标本，捕捉当地常见农业害虫，向农民和农业技术人员请教病虫害的特征和防治方法，可小组合作进行简单生物治虫试验；学习无土栽培技术，学会人工配制一种培养液，尝试用水培、基质栽培等方法种植植物；合作制作简易的节水灌溉装置或人工温室装备，尝试进行日光温室种植蔬菜、花卉试验；了解当前几种先进的农业技术及其发展趋势，体会现代农业技术高效、节能、生态的优点，培养与技术相联系的经济意识、质量意识、环保意识等。
10—12年级	1. 制定自然灾害应急预案及演练	收集信息，了解当地可能发生的自然灾害；走访当地防灾减灾部门，了解防灾减灾措施；制定家庭及学校自然灾害发生时的应急预案并进行演练，提高防灾减灾的意识和能力。
	2. 关注中国领土争端	结合时事，收集当前中国有领土争端的地域，如钓鱼岛、南海诸岛等的历史，认识南海诸岛是中国领土的组成部分，钓鱼岛是中国固有领土，中国对其拥有无可争辩的主权；通过调查、访谈，了解公众对中国领土争端的态度，提出捍卫我国领土、解决领土争端的想法和观点，激发爱国主义情感，增强捍卫国家领土主权的意识。
	3. 高中生生涯规划	收集信息了解生涯规划常识，进行相关心理测试，多种途径调查了解自己的理想职业，进行职业体验，整体规划自己的职业生涯，并对其他同学的生涯规划提出建议，提升规划意识，积极为今后人生发展做好准备。
	4. 走进社会实践基地	走进博物馆、纪念馆、名人故居、农业基地、科技馆等教育基地，实地考察和收集文献了解教育基地的详细信息，认识和感受古今中外人文科技领域文明和成果。开阔视野，提高人文素养、科学素养和艺术素养。
	5. 走进军营	走进军营、学生军事训练基地，参观军营，与军营官兵共同生活训练，学习国防知识，观看经典军事题材影片，学唱革命歌曲，参与军事训练，开展各种军训相关技能竞赛，担任警卫哨等，增强国防安全意识和集体意识。
	6. 创办学生公司	收集信息，学习了解商业运行的基本模式；自愿结成小组，使用自己的零花钱作为启动资金，共同创办一个学生公司；召开股东会，竞选管理人；选定公司营销的产品，确定消费人群；开展生产和销售，产品财务登记；实际运营一段时间后进行评估和清算；总结反思公司运营的经验和教训。通过实际经营一个企业，体验创业过程，初步培养创业精神、沟通能力和营商能力。
	7. 18岁成人仪式	在国旗下进行成人宣誓，读父母信件和给父母回信，接受成人祝福，受赠宪法读本，参观爱国主义教育基地，重温国情党史，明确成人的含义及成年人的责任，思考未来发展方向，立志成长。
	8. 业余党校	学习党的基本知识、党的发展历史，明确党的性质、任务以及党员的权利义务，了解入党的程序和党员标准，激发热爱党的感情。
	9. 我的毕业典礼我设计	收集整理3年校园生活的片段；面向全体同学进行调查，据此设计和制定符合本届毕业生需求的个性化毕业典礼；开展向母校赠送礼物、与恩师话别、重温父母恩情等活动。锻炼实践能力，增强感恩意识，举办令人印象深刻的毕业典礼。

广东省教育厅关于印发《广东省中小学智慧校园建设指南(试行)》的通知

(粤教基函〔2017〕247号)

各地级以上市教育局,华南师范大学附属中学、广东实验中学,华南师范大学附属小学:

为贯彻落实《广东省教育信息化发展"十三五"规划》精神,切实有效地推进"智慧教育示范工程",引导我省智慧校园科学发展,我厅制定了《广东省中小学智慧校园建设指南(试行)》,现印发给你们,请按如下实施意见,认真贯彻执行。

一、加强统筹规划

各地(学校)要结合本地实际,做好智慧校园的顶层设计,充分整合社会资源,分类指导建设一批基础环境建设良好、融合创新水平高、应用特色鲜明的学校典型。

二、坚持应用驱动

坚持应用导向、融合创新、特色发展,促进教学、教研、教育管理和生活服务的流程再造与系统重构,实现信息技术与教育教学的深度融合,提高教育教学质量和教育管理决策水平。

三、发挥示范引领

充分发挥智慧校园典型学校辐射带动作用,建立优质教育资源共建共享机制,实现优质教育资源公民办学校全覆盖。

各地(学校)在建设智慧校园过程中遇到问题请及时与我厅基础教育与信息化处联系。

联系人:林君芬
联系电话:020-37628293

附件:广东省中小学智慧校园建设指南(试行)

广东省教育厅
2017年12月1日

附件

广东省中小学智慧校园建设指南(试行)

为切实有效地推进"智慧教育示范工程",引导我省智慧校园科学发展,研制形成《广东省中小学智慧校园建设指南(试行)》(以下简称指南)。本指南适用于广东省中小学组织开展智慧校园建设和应用。

一、内涵与特征

智慧校园是对数字校园的进一步扩展与提升,是综合运用云计算、物联网、移动互联、大数据、社交网络、人工智能等新兴信息技术,构建智能感知环境和新型的教育教学空间,智能识别师生群体的学习、工作情景和个体的特征,充分释放先进技术的优势和人类的智慧,为师生提供以人为本、智能开放的个性化创新服务,促进教学、教研、教育管理和生活服务的流程再造与系统重构,实现信息技术与教育教学的深度融合,提高教育教学质量和教育管理决策水平,形成"可感知、可诊断、可分析、可自愈"的新型校园生态。与初期的学校信息化和数字校园相比,智慧校园强调以服务于创新型人才培养为导向,以智能泛在环境为支撑,以融合创新为核心,形成开放协同的现代化校园生态。其特征如图1所示。

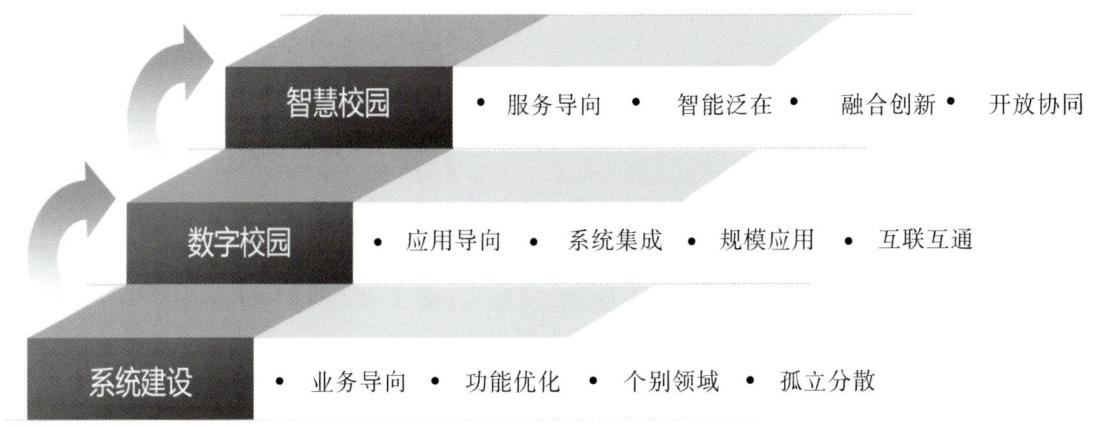

图1 校园信息化建设发展阶段

二、建设目标

提升校园环境智能化水平。应用云计算、大数据、物联网、移动互联网、社交网络、人工智能等新一代信息技术，建成能够感知环境、识别情境、记录行为、连接社群的教育教学环境，实现物理环境与虚拟环境的融合，提高从基础设施、教育资源服务、师生交互到教育教学活动的智能化水平。

实现信息技术与教育教学的融合创新。信息技术得到普遍而深入的应用，信息技术与教育教学核心业务深度融合，实现教与学方式和教育模式的变革与创新，实现标准化、精细化、智能化的教育管理和科学决策，学校的教育教学模式、管理决策模式、生活服务方式都在智慧型应用的支撑下发生了重大变革与创新，学校整体上实现智慧运行，智慧教育的功效得到充分显现。

形成协同开放的现代化校园生态。现实校园和教育教学的时空维度得到拓展，教育扩展到家庭、社群和自然社会环境，注重学生的全面和谐发展和终身持续发展，正规教育和非正规教育、校内教育和校外教育融通，注重教育的自主性、个体性和适配性，教师和社会共同为学生提供适合学生的教育资源，形成现代学校制度和组织形态。

三、建设原则

育人为本、深度融合。智慧校园建设关键在于推动信息技术与教育教学核心业务的深度融合，要遵循教育规律，以深入实施素质教育和培养学生核心素养为目的，充分发挥智慧校园对高素质人才培养和教育领域综合改革的支撑和引领作用，实现教育服务供给方式、教学和管理模式的变革，提高师生的获得感和教育教学质量。

创新驱动、整体设计。要广泛学习吸收信息技术发展的最新成果，用新的技术、新的思维方式加快教育发展方式的转型、创新，重新设计和推进学校的系统变革和内涵发展，形成新模式、新流程、新结构。要将智慧校园建设作为学校整体发展的战略，统筹规划、整体设计，为构建网络化、数字化、个性化与终身化现代教育体系提供动力，打造适应信息社会创新人才培养的虚实融合的育人环境，驱动教育创新与变革。

开放共享、特色发展。智慧校园建设要坚持共性与个性相结合，与全省教育信息化中心学校建设、当地智慧城市建设"一盘棋"，依托省"粤教翔云"和区域教育云，实现通用流程和资源服务的高度共享，鼓励学校联盟发展，避免出现"单兵作战""信息孤岛"。要坚持区域统筹、因地制宜、尊重校情，鼓励多样化、特色化发展，强化示范辐射。要坚持政府主导，鼓励企业和社会力量多渠道多途径参与智慧校园的建设与服务，形成可持续发展的工作机制。

四、建设任务

智慧校园建设是一项系统工程，涉及基础设施、模式创新和学校形态的系统重构，系统框架如图2所示。

其中智慧学习环境是基础，知识共享服务体系是关键，智慧应用是核心，特色创新是标志，师生发展是目的，可持续发展机制是保障，进而形成开放的现代校园生态。

智慧校园建设的主要任务如下：

（一）建设智慧学习环境

以感知、识别、联结为主要特征，以"云网端"为核心，形成智慧校园的新技术形态；以智能工具、知识库和社交网络为要素，构建智慧校园的虚拟空间，实现虚拟空间和物理空间的融合，形成

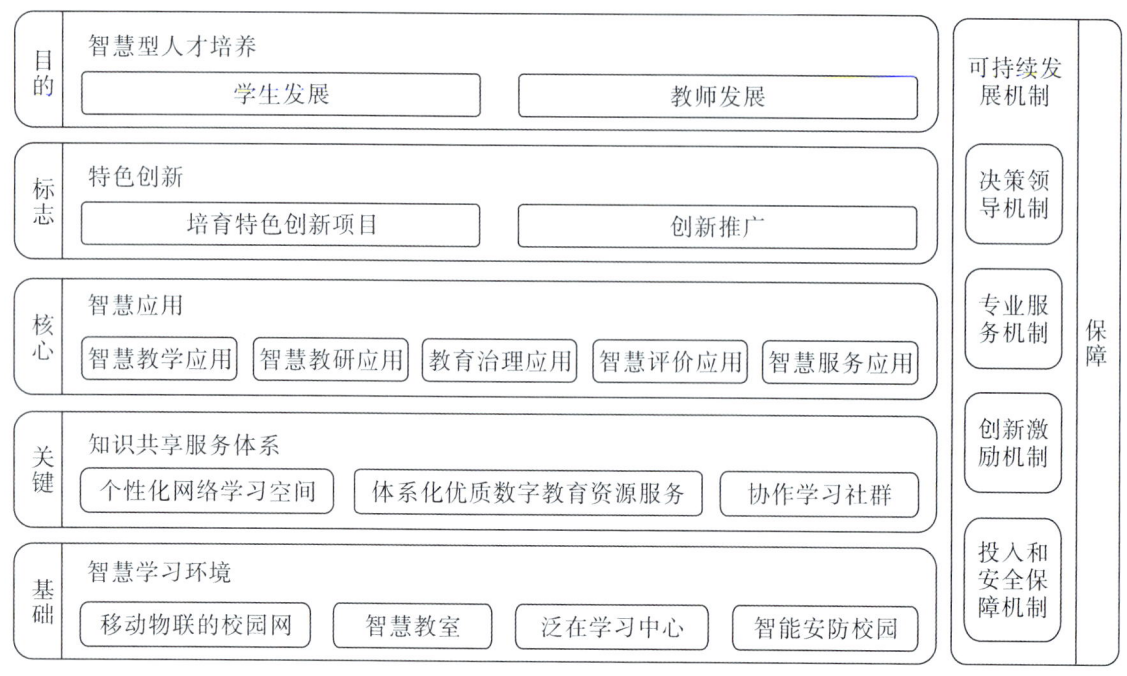

图 2　智慧校园系统框架图

"可感知、可分析、可干预、可自愈"的新型学习环境。具体建设内容如下：

1. 建设移动物联的校园网

推进校园网络扩容提速，实现网络服务全覆盖，满足教学、管理和生活服务要求。接入区域教育城域网，有独立或共享的计算能力和存储空间，学校网络出口配置固定教育网 IP 地址，接入带宽不低于1G，班均接入带宽不低于50M。以 WiFi 或 4G 技术等移动通信技术为基础，推进无线校园建设，无线网络能支持移动学习、移动教学、移动办公等应用。有条件的学校，利用智能终端建设物联校园，为智慧教育构建良好的生态环境。

2. 建设智慧教室

依托区域教育云和教学资源平台、智能学科辅助工具、在线学习社区以及第三方服务，实现课堂教学云端一体化。在全面实现每个教室拥有多媒体设备的基础上，给每个教室配备即时反馈系统，为教师配备移动教学智能终端，有条件的地区和学校逐步为学生配备移动学习终端，面向学校、教师和学生提供全方位学情分析及教学改进服务，解决学情数据采集、智能批改、学情动态诊断与个性化补救等关键问题，形成课前、课中、课后一体化教学及评价体系。教师数与教师使用移动教学终端比例不低于 1∶1，即时反馈系统教室配备率达 100%，学生拥有移动学习终端的比例逐年增大，全面实现互动教学常态化。

3. 建设泛在学习中心

以人工交互、三维仿真、虚拟现实、人工智能、大数据、3D 打印和模式识别技术等为基础，推进学科教室、实验室和图书馆等教学功能场室的升级改造，配备先进的可交互智能设备设施，建成面向智能制造、生命科学、宇宙探索、智慧阅读、艺术创作等创新实验室。把非正式学习纳入学校教育体系，拓展学校的公共空间，打破固定功能的设计思维，将学校整体作为学习空间进行重新设计，打造成数字化学习社区。鼓励有条件的学校与高校、科研机构、创新型企业、实践教育基地等共建学习体验中心，支持学生参与并进行高水平的项目学习、体验学习。

4. 构筑智能安防校园

建有智能校园安防系统，或通过区域统一上网认证进行上网，可以通过安全网关、上网行为管理系统、上网行为审计系统等工具实现对师生上网行为的管理，对师生的网站访问情况进行控制与审计，实现网络应用的"可管、可控、可用"，保障网络与信息安全。安防系统实现对校园视频监控、入侵报警、紧急呼叫求助报警、电子巡更、电子监考、学生出入控制、访客管理等统一管理和控制。有条件和特殊需要的学校，应部署消防报警系统、紧急广播与疏散系统、视频智能识别系统、应急（紧急）定位求助系统和其他特殊类型安防子系统。

（二）构建知识共享服务体系

智慧校园需要构建互连互通的知识共享服务体

系，搭建个性化网络学习空间，提供体系化优质数字教育资源服务，创建协作学习社群，为个性化教学、自主学习、合作学习提供有力支撑。

1. 搭建个性化网络学习空间

通过"粤教翔云"和区域教育云，全面实现"网络学习空间人人通"，各类信息化平台和资源无缝融入教师、学生、家长个人空间，个人空间集成了教与学、资源应用、交流协作与个性化展示等功能，成为进入各类信息化应用的唯一入口。教师个人空间融入智慧学习平台，便于教师使用教学资源开展教学活动，利用教与学行为分析系统实施精准教学，运用远程教学系统开展远程互动教学，通过视频直播、远程互动等形式为学生答疑解惑。学生个人空间融入学生远程学习平台，提供课程选修、在线学习、学习分析、资源推送、协作交流、成果展示等功能，为探索个性化学习、翻转学习、深度学习等新型教学模式提供支撑。鼓励家长开通网络空间，及时了解学生的成长，与教师、学校进行即时沟通，并通过家长空间获得更丰富的家庭教育服务。

2. 提供体系化优质数字教育资源服务

采用"共享、购买、自建"策略，实现省、市、县（区）教育资源中心互联互通，通过省、市教育资源云或公共服务平台，获得基础性数字教育资源服务。学校主要建设校本资源，结合学校教学、课程改革的需要，引进或自建一批具有校本特色的在线课程、生成性数字教育资源，逐步形成校本知识库。数字教育资源体系化，内容涵盖学校全学科、全学段，实现所有学科都能为学生提供相应的课程资源，满足信息化教学常态化的需要和学生多样化发展需求。

3. 构建协作学习社群

依托网络学习空间，结合教与学需要，构建虚实结合的学习社群、教学社群、教研社群等。各类社群的建设要突破传统学校、班级、小组的物理空间限制，根据师生项目、任务、兴趣等组建社群，形成同伴互促、协同发展的协作教育共同体。要引入外部专家、专业人员为教师和学生发展提供专业性引领。

（三）开展以模式创新为核心的智慧应用

教育信息化的目标是促进学校教育内容、教学手段和方法现代化，创新人才培养、管理和服务模式，促进教育质量全面提高。智慧校园的作用与功能要体现在学校的各项业务之中，要基于信息技术创新学校教育教学模式和管理模式，充分展现智慧校园整体效能。

1. 开展智慧教学应用

基于智慧校园，变革教与学方式，实现个性化教学、探究式学习和创造性学习。基于用户特征的推荐式学习交流系统，对课程设置、实施、评价进行全生命周期的数字化管理和"伴随式"数据收集，运用教与学过程大数据的行为记录、分析和诊断，实现教师教情、学生学情的及时精准反馈，提供教育资源的适配性服务，实现个性化学习。基于网络学习空间，综合运用学科教学工具、网络空间、创新实验室或泛在学习中心等开展智慧教学，将课堂延展为课前、课中、课后和线上、线下一体化设计的混合式学习，探索信息技术支持下的翻转课堂、探究式学习、问题解决式学习、可视化学习和知识建构式学习等，有效构建自主、合作、探究的教与学方式。基于支持O2O模式的在线学习系统和智能学习终端开展泛在学习、体验式学习、远程协作学习、跨学科学习和项目式学习等创新型开放学习。

2. 开展智慧教研应用

基于用户特征的推荐式学习交流系统，运用教与学过程大数据的行为记录、分析和诊断，实现教师教情、学生学情的及时精准反馈，开展反思性教研。开展教师专业能力诊断、分析，为教师提供差异化、按需的专业培训和指引，实现精准教研。基于知识管理的教研协作系统，构建基于项目、兴趣的教研协作社群，促进教师群体成长。

3. 开展教育治理应用

利用区域教育管理公共服务平台或基于智慧校园平台的办公管理系统、教务管理系统、课程管理系统、图书管理系统、选课管理系统、学生成长档案系统、教师评价系统、后勤管理系统、智能决策系统等，建立实名制管理网络空间。各网络空间和应用系统互联互通，并与省、市、（县）区平台实现数据共享及服务互联互通，提供统一的电子身份，支持多平台、多终端统一的用户认证方式，能将各种应用系统无缝集成。建立或使用基于大数据的学生平安监测系统、基于物联网的校园能耗监管系统、基于大数据技术的师生成长分析系统，实时动态分析学校、教师、学生发展状态和水平，实现科学决策。

4. 开展智慧评价应用

基于智慧校园开展过程性、多元化的评价，采用"共性＋个性"的模式，对学生成长和教师发展进行评价内容、方式的定制服务，利用交互技术、传感器、移动终端等实现教与学过程行为的"伴随式"数据收集。基于数据提供可视化的评价信息服务,实现多维度的学业成绩分析,以清晰、直观的图表形式显示统计结果。支持对学生的综合素质评价,按照国家与省相关文件要求建立学生综合素质管理体系,建立相应的评价量规和观测点,全面评价学生的综合素质。

5. 开展智慧服务应用

用专用APP和微信关注两种模式实现智能手机的免费接收信息,进行有效的家校互通,包括交流学生出勤情况、学习情况及在校表现等。利用新媒体,即时向校内外发布学校开展的科学、文化、艺术、课外活动、社会实践等。开设家长学校,利用家校协同社群,拓展教育渠道,实现社会共育、家校共治。

(四)智慧型人才培养

智慧校园建设以服务于创新型人才培养为目标,致力于培养信息化时代的创新型、智慧型的人才。

1. 学生发展

学生具备良好的信息素养,认识到信息对生活、学习的重要性,利用信息技术实现自我管理、自主发展、协同发展、创造性学习。能使用相关任务管理软件进行自我学习管理,如制订学习计划、安排日程、自我评价等。能利用工具获取、分析、加工、评价信息并创造信息、传递信息,能够自觉、主动利用互联网工具进行自主学习、解决实际问题。能在教师的指导下,通过个人空间进行个人学习资源管理、网络交流、在线测试等开展协作学习、探究学习、个性化学习等。学生能够利用各种建模工具、协作社群和创新实验室进行交流协作、知识建构、作品创作和知识创造,实现创造性学习。能安全、合法和负责任地应用信息技术,尊重知识产权,自觉遵守信息道德和信息伦理,不沉迷网络游戏与网络社交,自觉规范网络行为,抵制不良信息的影响。

2. 教师发展

教师具备较高的信息素养,认识到信息技术对于教育教学改革的重要意义和作用,把教学、课程和学生发展放在信息时代社会文化情境下重新设计和实施,善用技术教学,善用技术支持自身专业发展。能使用基于用户特征的推荐式学习交流系统,进行学生个性化和群体发展诊断、分析,实施个性化教学。能基于中国学生核心素养培养目标,综合运用互动教学系统、学科教学工具、网络空间、创新实验室或泛在学习中心等开展教与学活动,有效构建自主、合作、探究等新型教与学方式,构建智慧课堂。成为创造性学习的示范者和引领者,能够设计、实施和运用多元化评价,开展跨学科学习、项目式学习、创客教育等。倡导终身学习理念,通过信息技术的教学应用引导学生更好的学习与生活,能利用互动教研服务、教师培训服务和协作社群,记录和反思自己的专业发展过程,与专家和同行互动,促进自身专业成长。能安全、合法和负责任地应用信息技术,尊重知识产权,自觉遵守信息道德和信息伦理,不沉迷网络游戏与网络社交,自觉规范网络行为,抵制不良信息的影响。

(五)特色创新

智慧校园中,教师与学生的使用体验和智慧校园的改进与创新相互融合,实现学校特色创新项目的培育与推广,形成创新的校园文化。

1. 培育特色创新项目

承担市级以上的教育信息化融合创新改革项目或科研课题,参与高校、政府、信息化企业合作的前沿教育信息化实验项目,在智慧教学、智慧教研、智慧管理、学校网络文化建设、智慧学习环境建设等方面开展研究和实践创新,取得创新性成果,并有一定范围知名度。

2. 开展创新推广

学校特色创新项目成果在校内广泛应用,得到市级以上行政和相关部门认可并推广,在校外有示范辐射,形成创新扩散效应。学校建有的特色生成性资源、特色在线课程及独立开发的特色应用系统或工具在县(市、区)以上共享,创新应用教师团队承担县(市、区)范围内培训和教学改革示范,并在市级以上范围内有一定的影响力。

(六)可持续发展机制

智慧校园是基于新技术、新思维构建的新型校园形态,智慧校园的建设和应用需要体制机制的创新,强有力的领导与决策机制和激励机制,开放的专业服务机制,以及完善的投入与保障机制,是智慧校园可持续发展的前提。

1. 建立健全领导与决策机制

学校将智慧校园建设作为学校发展的重要战略目标进行整体规划,建设方案具体可行、特色鲜明。成立以一把手领导为组长的智慧校园建设领导小组和管理团队,由校级领导担任CIO(Chief Information Officer,首席信息官),负责智慧校园建设的职能部门管理、部门协调,对智慧校园进行顶层设计和统筹规划。

2. 建立专业服务机制

学校设立智慧校园协同创新中心,引入教育心理、学科教学、教育技术、信息技术等方面的专家,融合本校创新应用教师团队，为智慧校园的建设、应用和评估提供专业化、常态化的指导和服务。

3. 建立创新激励机制

要建立鼓励参与和创新的激励机制，通过专业培训、项目平台、评优评先、奖教奖学等多种方式，激励教师参与智慧校园的建设和应用创新。鼓励共建共享，建立健全特色项目和创新应用教师团队创新推广和示范辐射的机制，让每一位教师都可以更好地利用智慧校园为学校和区域的教育发展提供服务。

4. 完善投入和安全保障机制

有保障"智慧校园"建设与应用、运维的经费，并形成制度化的可持续的经费投入机制。规范BYOD（自带设备）、社会资金、智慧校园专项资金、第三方资源与服务的准入、管理和使用，健全智慧校园网络和信息数据安全管理规定，做到责任到人、制度到位。

广东省中小学智慧校园参考标准

一级指标	二级指标	指标描述	发展水平		
			3星级	4星级	5星级
一、智慧学习环境	1.1 移动物联校园网	1.1.1 接入区域教育城域网，有独立或共享的计算能力和存储空间，学校网络出口配置固定教育网IP地址，接入带宽不低于1G，班均接入带宽不低于50M； 1.1.2 无线网络支持移动学习、移动教学、移动办公等应用； 1.1.3 利用智能手机、可穿戴设备、传感器等建设物联校园。	1.1.1 全面实现； 1.1.2 局部开展； 1.1.3 零星或未开展。	1.1.1 全面实现； 1.1.2 大面积开展； 1.1.3 局部开展。	1.1.1、1.1.2 全面实现； 1.1.3 大面积开展。
	1.2 智慧教室	1.2.1 依托区域教育云和教学资源平台、智能学科辅助工具、在线学习社区及第三方服务，实现课堂教学云端一体化； 1.2.2 多媒体设备和即时反馈系统的教室配备率达100%； 1.2.3 为教师配备移动教学智能终端，教师数与教师使用移动教学终端比例不低于1:1； 1.2.4 提供学情分析及教学改进服务，解决学情数据采集、智能批改、学情动态诊断与个性化补救问题，形成课前、课中、课后一体化教学及评价体系； 1.2.5 为学生配备平板电脑或智能传感器等智能学习终端； 1.2.6 配备录播系统等教学行为记录与分析系统，实现教学行为实时记录和远程互动。	1.2.1、1.2.2、1.2.3、1.2.4 全面实现； 1.2.5、1.2.6 零星或未开展。	1.2.1、1.2.2、1.2.3、1.2.4 全面实现； 1.2.5 规模化开展；1.2.6 局部开展。	1.2.1、1.2.2、1.2.3、1.2.4 全面实现； 1.2.5 实现自带设备（BYOD）模式，大面积开展； 1.2.6 规模化开展。
	1.3 创新实验室/泛在学习中心	1.3.1 对学科教室、实验室和图书馆等各类教学功能场室进行升级改造，配备可交互智能设备设施，实现无线覆盖； 1.3.2 建成面向智能制造、生命科学、宇宙探索、智慧阅读、艺术创作等创新实验室； 1.3.3 建成面向跨学科学习的泛在学习中心。	1.3.1 全面实现； 1.3.2 自然和人文学科各1间； 1.3.3 未开展。	1.3.1 全面实现； 1.3.2 科学、艺术、数学、人文等各1间； 1.3.3 泛在学习中心1个。	1.3.1 全面实现； 1.3.2 规模化开展；1.3.3 校内1个以上，校外合作学习中心1个以上。

续上表

一级指标	二级指标	指标描述	发展水平		
			3星级	4星级	5星级
一、智慧学习环境	1.4 智能安防校园	1.4.1 支持区域统一的认证方式进行上网认证； 1.4.2 配备安全网关、上网行为管理系统、上网行为审计系统等，对师生的网站访问情况进行控制与审计； 1.4.3 安防系统实现对校园的统一管理和控制，包括视频监控、入侵报警、紧急呼叫求助报警、电子巡更、电子监考、学生出入控制、访客管理等功能； 1.4.4 部署各类安防系统，包括消防报警系统、紧急广播与疏散系统、视频智能识别系统、应急（紧急）定位求助系统和其他特殊类型安防子系统等。	1.4.1、1.4.2全面实现； 1.4.3、1.4.4未开展。	1.4.1、1.4.2全面实现； 1.4.3、1.4.4局部/零星开展。	1.4.1、1.4.2、1.4.3、1.4.4全面实现。
二、知识共享服务体系	2.1 网络学习空间	2.1.1 通过"粤教翔云"和区域教育云，实现"网络学习空间人人通"，教师、学生的开通率达100%，并鼓励家长开通网络学习空间； 2.1.2 各类信息化平台和资源融入教师、学生、家长个人空间； 2.1.3 教师个人空间融入数字化教学平台，教师可使用对应资源开展教学活动，利用行为分析系统实施精准教学，运用远程教学系统开展远程互动教学，通过视频直播、远程互动等形式为学生答疑解惑； 2.1.4 学生个人空间融入学生远程智慧化学习平台，支持对学生的日常学习情况的大数据采集与分析，提供课程选修、在线学习、学习分析、资源推送、协作交流、成果展示等功能，为个性化学习、探究式学习提供支撑。	2.1.1、2.1.2全面实现； 2.1.3、2.1.4局部实现。	2.1.1、2.1.2全面实现； 2.1.3、2.1.4大面积实现。	2.1.1、2.1.2、2.1.3、2.1.4全面实现。
	2.2 数字教育资源服务	2.2.1 学校通过省、市教育资源云或公共服务平台，获得基础性数字教育资源服务； 2.2.2 内容涵盖学校全学科、全学段，实现所有学科都能为学生提供相应的课程资源，满足信息化教学常态化的需要； 2.2.3 支持学校自动汇聚校本数字知识资产，引进或自建在线课程、生成性数字教育资源，形成校本知识库； 2.2.4 建有校本特色课程，并通过共享或购买形成特色课程库，满足学生多样化发展需要。	2.2.1全面实现； 2.2.2、2.2.3局部开展； 2.2.4零星开展/未开展。	2.2.1全面实现； 2.2.2、2.2.3规模化开展； 2.2.4局部开展。	2.2.1、2.2.2、2.2.3全面实现； 2.2.4不少于10门课程。

续上表

一级指标	二级指标	指标描述	发展水平 3星级	发展水平 4星级	发展水平 5星级
二、知识共享服务体系	2.3 协作学习社群	2.3.1 基于实体学校、班级、教研组，建有在线学习社群、教研社群、家校互动社群； 2.3.2 基于项目、任务和师生兴趣等，打破实体组织和物理空间局限，引入外部专家资源，组建跨越实体组织的在线学习社群、教研社群、项目社群等； 2.3.3 社群目标明确，特色鲜明，管理规范，有序运行。	2.3.1 全面实现； 2.3.2 局部开展； 2.3.3 制度化。	2.3.1 全面实现； 2.3.2 规模化开展，形成2个以上特色社群； 2.3.3 形成自觉行为。	2.3.1 全面实现； 2.3.2 大面积开展，形成5个以上特色社群； 2.3.3 形成社群文化。
三、智慧应用	3.1 智慧教学	3.1.1 基于用户特征的推荐式学习交流系统，对课程设置、实施、评价进行数字化管理和数据收集，运用教与学过程大数据，实现教情、学情的及时精准反馈，为学生提供个性化的学习路径和资源服务，实现个性化学习和因材施教； 3.1.2 基于网络学习空间，开展智慧教学，将课堂延展为课前、课中、课后和线上、线下一体化设计的混合式学习，探索翻转课堂、探究式学习、问题解决式学习、可视化学习和知识建构式学习等，构建自主、合作、探究的教学方式； 3.1.3 基于创新实验室或泛在学习中心，开展项目学习、跨学科学习、STEAM/STEM、基于设计的学习等创造性学习； 3.1.4 基于支持O2O模式的在线学习系统和智能学习终端开展泛在学习、体验式学习、远程协作学习等开放学习。	3.1.1 全面实现； 3.1.2、3.1.3 局部实验； 3.1.4 零星开展/未开展。	3.1.1 全面实现； 3.1.2、3.1.3 规模化开展； 3.1.4 局部开展。	3.1.1、3.1.2 全面实现； 3.1.3 大面积开展； 3.1.4 规模化开展。
	3.2 智慧教研	3.2.1 基于用户特征的推荐式学习交流系统，运用教与学过程大数据的行为记录、分析和诊断，开展反思性教研； 3.2.2 开展教师专业能力诊断、分析，为教师提供差异化、按需的专业培训和指引，开展主题化、系列化、课题化、项目化的发展性和精准性教研； 3.2.3 基于知识管理的教研协作系统和协作教研社群，促进教师群体成长。	3.2.1 全面实现； 3.2.2、3.2.3 局部开展，形成1个特色教研社群。	3.2.1 全面实现； 3.2.2、3.2.3 规模化开展，形成2个以上特色教研社群。	3.2.1、3.2.2、3.2.3、全面实现，形成4个以上特色教研社群。
	3.3 教育治理	3.3.1 利用区域教育管理公共服务平台或基于智慧校园平台的管理模块系统，建立实名制管理网络空间，实现教育管理业务流程数字化； 3.3.2 各网络空间和应用系统互联互通，与省、市区平台实现数据共享及服务互联互通，提供统一的电子身份，支持多平台、多终端统一的用户认证方式； 3.3.3 建有或使用大数据分析系统，实时动态分析学校、教师、学生发展状态和水平，实现科学决策。	3.3.1 全面实现； 3.3.2 管理服务平台实现互联互通； 3.3.3 零星/未开展。	3.3.1 全面实现； 3.3.2 管理和资源、教学平台实现互联互通； 3.3.3 局部开展，决策应用3个以上。	3.3.1、3.3.2 全面实现； 3.3.3 规模化开展，大数据决策应用5个以上。

续上表

一级指标	二级指标	指标描述	发展水平		
			3星级	4星级	5星级
三、智慧应用	3.4 智慧评价	3.4.1 开展过程性、多元化的评价，采用"共性+个性"的模式，对学生成长和教师发展进行评价内容、方式的定制服务； 3.4.2 利用交互技术、传感器、移动终端等实现教与学过程行为的"伴随式"数据收集； 3.4.3 基于数据提供可视化的评价信息服务，实现多维度的学业成绩分析，以清晰、直观的图表显示统计结果； 3.4.4 支持对学生的综合素质评价，建立学生综合素质管理体系，建立相应的评价量规和监测体系。	3.4.1、3.4.2、3.4.3 规模化开展； 3.4.4 零星/未开展。	3.4.1、3.4.2、3.4.3 大面积开展； 3.4.4 局部开展。	3.4.1、3.4.2、3.4.3 全面实现； 3.4.4 大面积开展。
	3.5 智慧服务	3.5.1 通过专用APP和微信关注两种模式实现智能手机免费接收信息，实现家校互通； 3.5.2 利用新媒体，发布学校开展的科学、文化、艺术、课外活动、社会实践等； 3.5.3 开设家长学校，利用家校协同社群，拓展教育渠道，实现社会共育、家校共治。	3.5.1 全面实现； 3.5.2 规模化开展； 3.5.3 局部开展。	3.5.1、3.5.2 全面实现； 3.5.3 大面积开展。	3.5.1、3.5.2、3.5.3 全面实现。
四、智慧人才培养	4.1 学生发展	4.1.1 安全、合法、自律和负责任地应用信息技术，自觉遵守信息道德和信息伦理，不沉迷网络游戏与网络社交； 4.1.2 信息技术应用熟练； 4.1.3 教师指导下利用网络学习空间协作学习、探究学习等； 4.1.4 应用信息技术，基于大数据分析与全过程动态评价，构建个人知识能力图谱，进行自我管理、自我评价； 4.1.5 自觉、主动应用互联网和智能工具自主学习、个性化学习、解决实际问题； 4.1.6 利用智能工具、协作社群和创新实验室等进行创造性学习。	4.1.1、4.1.2、4.1.3 全面实现； 4.1.4、4.1.5、4.1.6 局部/零星开展。	4.1.1、4.1.2、4.1.3、4.1.4 全面实现；4.1.5、4.1.6 大面积开展。	4.1.1、4.1.2、4.1.3、4.1.4、4.1.5、4.1.6 全面实现。

续上表

一级指标	二级指标	指标描述	发展水平		
			3星级	4星级	5星级
四、智慧人才培养	4.2 教师发展	4.2.1 安全、合法、自律和负责任地应用信息技术，自觉遵守信息道德和信息伦理，不沉迷网络游戏与网络社交； 4.2.2 信息技术应用熟练，教师熟练利用信息化备课支撑平台和资源平台进行电子备课和协同备课； 4.2.3 应用即时反馈系统或教学行为数据，注重教与学过程性数据的采集、汇聚、整理、分析，进行学生个性化和群体发展的诊断、分析以及精准推送相匹配的拓展资源，实施精准化、个性化教学； 4.2.4 利用互动教研服务、教师培训服务和协作社群，记录和反思自己的专业发展过程，与专家和同行互动，促进自身专业成长； 4.2.5 应用智能移动终端和网络学习空间，构建自主、合作、探究等新型教与学方式，构建智慧课堂； 4.2.6 基于创新实验室或泛在学习中心，设计、实施和运用多元化评价，开展跨学科学习、项目式学习、创客教育等。	4.2.1、4.2.2、4.2.3、4.2.4全面实现； 4.2.5、4.2.6局部开展。	4.2.1、4.2.2、4.2.3、4.2.4全面实现； 4.2.5、4.2.6规模化开展。	4.2.1、4.2.2、4.2.3、4.2.6全面实现； 4.2.5、4.2.6大面积开展。
五、特色创新	5.1 特色项目	5.1.1 组织或承担教育信息化融合创新改革项目或科研课题； 5.1.2 参与高校、政府、信息化企业合作的前沿教育信息化实验项目； 5.1.3 在智慧教学、智慧教研、智慧管理、学校网络文化建设、智慧学习环境建设等方面开展研究和实践创新，形成改革创新成果； 5.1.4 培育形成教学应用创新团队。	5.1.1、5.1.2承担市级以上项目1项，参与者包括各学科教学骨干； 5.1.3局部开展，成果在县（区、市）级以上获奖并有知名度； 5.1.4有1个教学创新团队。	5.1.1、5.1.2承担市级以上项目或课题2项以上，大面积参与； 5.1.3大面积开展，成果在市级以上获奖并有知名度； 5.1.4有2个以上教学创新团队。	5.1.1、5.1.2承担项目或课题2项以上，全面开展信息化教学创新校本研究； 5.1.3全面实现，成果在省级以上获奖并有知名度； 5.1.4有4个以上教学创新团队。
	5.2 创新推广	5.2.1 创新成果在校内广泛应用； 5.2.2 创新成果得到市级以上行政和相关部门认可并推广，在校外有示范辐射； 5.2.3 校本特色生成性资源、特色在线课程及独立开发的特色应用系统或工具在县（市、区）以上共享； 5.2.4 承担县（市、区）范围内培训和教学改革示范。	5.2.1全面实现； 5.2.2承担市级以上成果推广活动3次以上，成果推广学校3所以上； 5.2.3生成性资源和特色在线课程各1门/套； 5.2.4每学期每学科承担教学示范活动3次以上，结对帮扶学校3所以上。	5.2.1全面实现； 5.2.2承担市级以上成果推广活动5次以上，成果推广学校5所以上； 5.2.3生成性资源和特色在线课程3门/套以上； 5.2.4每学期每学科承担教学示范活动5次以上，结对帮扶学校5所以上。	5.2.1全面实现； 5.2.2省内成果推广学校10所以上； 5.2.3生成性资源和特色在线课程5门/套以上； 5.2.4成为县（市、区）培训基地，结对帮扶学校5所以上。

续上表

一级指标	二级指标	指标描述	发展水平		
			3星级	4星级	5星级
六、可持续发展机制	6.1 领导与决策机制	6.1.1 学校将智慧校园建设作为学校发展的重要战略目标进行整体规划； 6.1.2 成立以一把手领导为组长的智慧校园建设领导小组和管理团队； 6.1.3 由校级领导担任CIO，负责智慧校园建设的职能部门管理、部门协调，对智慧校园进行顶层设计和统筹规划； 6.1.4 明确智慧校园建设的职能部门、协调部门，对智慧校园进行顶层设计和统筹规划。	6.1.1、6.1.2、6.1.3、6.1.4 全面实现	6.1.1、6.1.2、6.1.3、6.1.4 全面实现	6.1.1、6.1.2、6.1.3、6.1.4 全面实现
	6.2 专业服务机制	6.2.1 学校设立智慧校园协同创新中心；协同创新中心引入教育心理、学科教学、教育技术、信息技术等方面的专家； 6.2.2 协同创新中心融合本校创新应用教师团队，为智慧校园的建设、应用和评估提供专业化、常态化的指导和服务。	6.2.1、6.2.2 全面实现	6.2.1、6.2.2 全面实现	6.2.1、6.2.2 全面实现
	6.3 创新激励机制	6.3.1 建立应用激励机制，通过专业培训、项目平台、评优评先、奖教奖学等多种方式，激励教师参与智慧校园的建设和应用创新； 6.3.2 建立创新推广和示范辐射的保障机制。	6.3.1、6.3.2 全面实现	6.3.1、6.3.2 全面实现	6.3.1、6.3.2 全面实现
	6.4 投入与安全保障	6.4.1 保障"智慧校园"建设与应用、运维的经费； 6.4.2 形成制度化的可持续的经费投入机制，鼓励学校、师生、家长和社会团体、相关企业等多元主体参与学校教育信息化建设； 6.4.3 规范BYOD（自带设备）、社会资金、智慧校园专项资金、第三方资源与服务的准入、管理和使用； 6.4.4 健全智慧校园网络和信息数据安全管理规定，做到责任到人、制度到位。	6.4.1、6.4.2、6.4.3、6.4.4 全面实现	6.4.1、6.4.2、6.4.3、6.4.4 全面实现	6.4.1、6.4.2、6.4.3、6.4.4 全面实现

备注：
1. 零星开展：学校没有规定性的要求，个别班级、教师、学生自发性地开展相关活动。
2. 局部开展：学校有组织地开展，但局限在个别年级、班级、教师、学科或社团。
3. 规模化开展：学校有组织地开展，每个年级不少于2个班，或者班级数超过学校总班级数的1/3。
4. 大面积参与：学校有组织地开展，参与的教师数和学生数不少于全校师生总数的60%。
5. 全面实现：学校有组织地开展，涉及全部班级、全部学科、全体教师、全体学生。

广东省教育厅印发《关于高水平高质量普及高中阶段教育的若干意见》的通知

（粤教职〔2017〕1号）

各地级以上市及顺德区人民政府，省属高等职业院校和高中阶段学校，省直有关单位：

经省人民政府同意，现将《关于高水平高质量普及高中阶段教育的若干意见》印发给你们，请认真贯彻执行。

广东省教育厅
2017年2月22日

关于高水平高质量普及高中阶段教育的若干意见

"十三五"是我省实现"三个定位、两个率先"目标的决胜阶段，也是率先基本实现教育现代化的攻坚时期。我省高中阶段教育要围绕教育"创强争先建高地"的总体部署，以立德树人为根本任务，以改革创新为动力，以提升质量为核心，以内涵发展为路径，以制度机制建设为重点，着力提升普及质量和协调发展水平，不断满足人民群众优质化多样化高中阶段教育需求，为率先基本实现教育现代化和打造人力资源强省奠定坚实基础。为高水平高质量普及我省高中阶段教育，经省人民政府同意，现提出如下意见。

一、基本原则和主要目标

（一）基本原则

遵循规律，以人为本。秉承立德树人，遵循经济社会发展规律、教育教学规律和高中阶段学生的成才成长规律，深入实施素质教育，系统培养学生社会责任感和核心素养，促进学生全面发展和健康自主成长。

内涵发展，提高质量。推进以办学机制、培养模式、师资建设、评价制度、保障体系等改革创新为主要内容的内涵式发展，促进特色办学和多样发展，全面提升办学水平和人才培养质量。

统筹推进，协调发展。坚持统筹普通高中和中等职业教育发展，统筹规模和质量发展，统筹珠三角地区和粤东西北地区发展，统筹优质学校和薄弱学校发展，提高整体优质协调发展水平。

（二）主要目标

到2020年，全省高中阶段教育毛入学率稳定在95%以上，普通高中和中等职业教育规模保持大体相当，现代化水平显著提高，形成布局合理、结构优化、协调发展、充满生机与活力的高中阶段教育体系，较好地满足人民群众接受优质高中阶段教育需求。普通高中形成优质多样特色发展格局，珠三角地区和粤东西北地区省一级以上普通高中比例分别努力达到80%、60%以上，学生综合素质显著提高，学生道德素质、学业成就、身心健康、艺术素养都有长足的发展。中等职业教育办学水平和服务能力明显提升，制度建设和发展环境明显优化，职业继续教育实现全覆盖，基本形成产教融合、校企合作人才培养的良好模式。

二、着力持续提升高中阶段教育普及水平和育人质量

（一）注重补短创优，提高优质学位供给水平

进一步完善高中阶段教育发展规划和学校布局结构，补短提质优化办学条件，扩大优质教育资源。分类指导普通高中全面创优，持续实施薄弱普通高中改造提升计划，使之达到市一级学校水平；实施市一级普通高中办学水平再提升专项计划，重点支持一批市一级普通高中提质促优，创建省一级学校或达到省一级学校办学标准。加强中等职业教育示范校和重点学校建设，推进中职教育"五位一体"综合实训中心和县域"四位一体"职教中心建设，

做大做强有条件的县域中职学校，推动转型发展。到2018年，粤东西北地级市城区中职学校全部达到省级重点以上的办学标准，珠三角地区所有公办中职学校努力达到省示范校以上标准。出台实施《广东省教育厅关于普通高中学校管理的规范》和《广东省中等职业学校管理规程》，进一步规范高中阶段学校办学。

（二）坚持统筹推进，提高普职协调发展水平

继续坚持以珠三角、地市城区、有条件的县城为主发展中职教育。突出中职教育以质图强，从根本上解决招生困难，促进普职协调发展。健全高中阶段学校招生工作协调机制，统筹招生政策，严格实施阳光招生，切实规范招生行为。以更加人本的方式、更加到位的宣传教育，引导初中毕业生合理分流进入中等职业学校（含技工学校，下同）学习，保持区域普职规模大体相当。努力拓宽生源渠道，把往届初中毕业生、未升学普通高中毕业生、城乡劳动者、退役士兵等纳入中职招生计划。推动高中阶段教育普职融合办学模式改革，建立中等职业学校和普通高中学校学生学分互认、学籍互转的流动机制；引导普通高中开设职业教育课程，与中等职业学校开展多形式合作办学，推动中等职业学校向普通中小学和社区教育机构开放实训基地。

（二）秉承立德树人，不断提高育人质量

把握学段特点，落实立德树人根本任务，深入开展社会主义核心价值观和中华优秀传统文化教育；坚持以生为本，强化核心素养培养，适应学生终身发展和社会发展需要；全面加强和改进高中阶段学校体育、美育工作，改善体育、美育办学条件，配齐配足体育艺术教师，开齐开足体育艺术课程，提升学生身体素质、审美情趣和人文素养，促进学生德智体美全面发展。优化社会教育资源，建立家庭、社区、学校协同育人机制，注重引导学生在参与社会实践、融入社会、服务社会中提升综合素质。强化心理健康教育和生涯规划教育，切实提高德育工作针对性、实效性。深化普通高中教学改革，积极推动因材施教成为常态教育教学实施方式和自觉行为，推行自主、合作、探究式的学习方式和启发、讨论、参与式的教学方式，提高课堂教学质量和效率；推进创新教育与特色课程建设，创新培养模式，开展分类分层教学改革，建立健全全体学生进步成长、创新拔尖人才自主发展、学困学生帮扶进步的良性机制；加强科技教育，不断提升学生的科学素养；聚焦课程建设，建立国家课程实施督查通报机制，制订实施我省深化普通高中课程改革方案，分类建立课程改革基地，优化课程结构与实施，增加课程体系的选择性和多样性，实施选课指导制度和走班制度；按照国家统一部署，进一步加强教材建设和使用管理。推进特色发展项目学校建设计划，探索建立普通高中特色发展导向评价机制，支持学校以课程为载体，培育办学特色。加强中职教学制度建设，以办学条件调研检查为基础，以教学工作诊断改进制度为核心，以质量年报制度为牵引，引导中等职业学校建立完善质量保障体系；加强产教融合、工学结合的专业教学常态施行制度建设，推动人才培养与行业标准、企业用人需求全面对接，推广项目教学、案例教学、情境教学、工作过程导向教学等模式，实施分层教学、走班制、学分制和导师制，加强实习教学管理服务；拓宽中高职衔接学生自主选择发展通道，加强中高职人才培养过程衔接；建立中职教育毕业生就业和创新创业服务体系，为职业教育毕业生提供就业、创新创业等服务，确保各项促进毕业生就业创业政策落到实处。

（四）创新教学方式，加快信息技术与教育教学融合发展

着力创建智慧校园（数字校园），加快推进"宽带网络校校通""优质数字教育资源班班通""网络学习空间人人通"，实现宽带网络学校全覆盖、网络教学环境班级全覆盖，实现网络教学、资源推送、学习生涯记录等功能的在线管理与应用。鼓励有条件的地区和学校推进无线校园建设，配备师生用教学终端。加强数字化课程资源开发与共享，普通高中要大力开展"同步课堂""名师课堂""名校网络课堂"三个课堂建设，扩大优质教育资源覆盖面；中职学校要用信息技术改造传统教学，重点解决实训教学中"进不去、看不见、动不了、难再现"的难题，推动虚拟仿真课程和实训共享平台建设。引导教师依托成熟技术和平台，创新教学教研模式、方法和手段，促进信息技术与课程教学深度融合。推动师生应用网络学习空间开展教学活动，依托网络学习空间实现学生学习、实践经历记录的采集和分析，建立学生成长模型和教学质量监测系统，不断优化教学模式，促进学生自主、个性发展。中职学校要利用信息化手段，建立就业分析和专业动态调整机制，促进职业教育与社会产业高度契合。

（五）规范涉外办学，探索引进国（境）外优质教育资源

加强国际理解教育，积极开展跨文化交流活动，增进学生对不同国家、不同文化的认识和理解。规范高中阶段涉外办学，以促进和深化我省高中课程

与教学改革为宗旨，引进国（境）外优质教育资源，优化课程实施和培养模式，促进自身课程体系建设，支持学校在教学内容、教学方法、教学环境、评价模式等方面积极改革创新，提高人才培养质量。鼓励和支持有条件的中职学校输出优质教育资源，配合我省企业"走出去"战略到国（境）外办学，增强我省学校在国际上的竞争力和影响力。

三、着力提升三支高素质专业化队伍支撑能力

（一）加快提升校长专业化治校能力

各级教育行政部门要科学制定指向立德树人、着眼治校能力水平比照提升的校长业绩评价体系，改变唯升学率的评价导向。引导高中阶段学校校长大胆实践，不断创新。实施高中阶段学校校长治理能力提升计划，重点提高普通高中校长实现多样化发展、特色化办学的理论水平和实践能力，重点提高中职学校校长推进中职教育改革创新、校企合作统筹协调能力。建立普通高中校长在省内外优质学校跟岗学习制度，整体提升普通高中校长专业化治理能力。提高专家治校的覆盖面和辐射作用，制订高中阶段学校专家型名校长的培训培育规划，创新培训培育一批专家型名校长。

（二）全面推动教师队伍高素质专业化发展

加强师德建设，在教师考核、职称评聘、评优奖励等方面实行师德"一票否决制"。促进教师专业发展，建立高校、地方、学校"三位一体"协同培养普通高中教师的新机制，培养一批高水平的名教师，充分发挥名教师的辐射带动和引领作用。通过建立名师工作室、创建优秀教学团队多种方式，充分发挥优秀老教师对青年教师的传、帮、带作用。完善产教融合、协同育人机制，加大力度建设高素质"双师型"教师队伍。建立教师实践培训基地，落实有关专业课教师到企业参加实践的制度。全面落实有关教师工资福利待遇的各项政策。完善骨干教师交流访学制度，提升教师队伍国际化视野。

（三）切实提高教研员队伍指导能力

各地教育行政部门要加强和完善教研队伍的建设，健全教研员培养培训制度，推动教研队伍提升理论水平和教学实践能力，增强对高中阶段教学工作的引领和指导作用。建立全省、区域和校本教育教学研究联盟及交流合作机制，鼓励学科间、专业间的教学研究互动，积极探索适合教师成长规律、学生身心发展规律和教育教学规律的教研体系、内容和方法，努力为教师的专业成长和学生全面发展搭好平台，充分发挥教研对教学的促进作用。探索建立职业教育教研员到相关行业、企业跟岗学习制度，提升指导专业教学、校企合作的能力。

四、着力改革治理结构方式

（一）探索创新"放管服"治理结构模式

各级政府要落实统筹推进高中阶段教育发展的主导责任，扩大学校办学自主权，构建政府、社会与学校的新型关系。进一步向学校下放（扩大）教师招聘、人员调配、干部任用、职称评审、评优惩处和课程改革、教改项目等方面的权限。建立健全对学校落实依法办学的监督制度。进一步加强对普通高中涉外办学行为的规范管理。积极支持中等职业学校解放思想、创新举措，开展产教融合、校企合作。

（二）推进现代学校制度建设

各地要制定贯彻落实国家校长任职资格标准的实施细则，探索建立以职级制为核心的校长管理体制机制，推进校长聘任制改革。推进依法治校、依法办学，依法制定和完善具有各自特色的学校章程，不断完善学校内部管理结构和决策机制，形成自我约束、自我规范的内部管理体制和监管制约机制。完善教职工代表大会和家长委员会建设，建立政府、学校、社区、家长等共同参与的治理机制。鼓励社会力量和民间资本提供多样化教育服务，扩大社会资本参与教育基础设施建设。鼓励公办学校、民办学校开展资源共享、人才交流和深度合作。鼓励民办学校品牌化、连锁化和集团化发展。强化校园安全标准化、规范化、现代化建设，大力推进安全文明校园建设，建立集人防、物防、技防为一体的现代校园治安防控体系。

（三）深化考试招生制度和评价模式改革

建立基于统一高考和学业水平考试成绩，参考综合素质评价的高校多元录取机制，加快推进高等职业院校"文化素质+职业技能"考试招生方法，使分类招考成为招生主渠道，进一步扩大高职院校招收中等职业学校学生规模，推进应用型本科高校面向中等职业学校招生，拓宽中职毕业生升学渠道，加快高素质技术技能人才培养。深化高中阶段学校招生考试制度改革，将初中学业水平考试和综合素质评价作为招生录取重要依据；鼓励地市创新机制，改革考试内容和考试模式，更加重视学生基础知识、突出基本能力测试，优化考试教育功能，以"考宽"撬动"教宽""学宽"，注重实验实践教学，探索实验教学测试新方式，强化对素质教育的导向作

用；继续落实普通高中"指标到校"政策。加快办学水平和教育质量评价模式改革，建立完善普通高中教育质量监测与社会公布制度、中等职业学校教学工作诊断改进制度和年度质量报告制度，变终结性评价为更重形成性评价、诊断性评价，变单一性评价为更重多元评价，变外在评价为更重学校内部质量保障，引导学校人才培养更加重视学生综合素质与发展能力的提升。

五、着力优化提高高中阶段教育发展保障力

（一）完善高中阶段教育投入政策

建立以生均拨款为主的财政保障体系，其中2016年建立中等职业学校生均拨款制度，并形成拨款标准调整的机制；完善薄弱学校倾斜支持的工作机制。健全高中阶段教育经费以财政投入为主，受教育者缴费和其他渠道筹措为辅的投入机制，支持各地创新方法，积极吸纳行业、企业及其他社会力量共同投入发展中职教育；完善高中阶段教育收费标准调整的程序和办法，支持各地市建立学费动态调整机制。健全助学制度，完善普通高中国家助学金政策，率先从建档立卡的家庭经济困难学生免除学杂费；落实中等职业学校免学费和国家助学金政策，逐步扩大中等职业学校免学费覆盖面，有条件的地区要努力实现免学费全覆盖；积极推进中职学校与企业合作，帮助家庭经济困难学生依法依规通过顶岗实习获得收入；鼓励各级政府和社会各界设立扶贫助学金和奖学金。

（二）优化政策执行与舆论导向环境

各级政府要把高水平高质量普及高中阶段教育作为实现教育现代化的重要内容和关键抓手，建立责任考核与绩效评价机制，明确目标要求，完善工作措施，强化保障机制；加强教育行政队伍建设，不断提高业务素质和执行能力，增强高中阶段教育发展的自觉性和积极性。积极营造良好的发展环境和舆论氛围，大力宣传高中阶段教育发展成果和先进典型，凝聚社会共识；引导社会科学评价高中阶段教育办学，树立正确的教育观、人才观、质量观，破除应试教育、重普教轻职教等错误观念的影响，合理选择教育资源，正确评价学校，营造推进素质教育和发展职业教育的良好环境。

广东省教育厅关于进一步加强高职院校学生实习管理工作的通知

（粤教职函〔2017〕134号）

各高等职业院校：

根据教育部《职业学校学生实习管理规定》（教职成〔2016〕3号，以下简称《规定》）有关要求，为进一步加强我省高职院校学生实习管理工作，规范实习管理，确保实习质量，现将有关事项通知如下。

一、加强组织领导，高度重视学生实习管理工作

各高职院校是学生实习管理工作的责任主体，要明确实习管理责任部门，修订完善实习管理规章制度，落实实习管理经费，加强实习过程管理，避免出现"廉价劳动力""变相打工""放羊式管理"等问题。要结合新生入学教育，加强实习宣传和政策解读，提升学生实习认知水平，树立顶岗实习是"教学"而不是"就业"的正确认识。要做好风险防范工作，选择专业对口、合法经营、管理规范的实习单位，为学生提供合理、符合《规定》的实习报酬，落实学生实习强制保险制度，加强顶岗实习过程指导，按照顶岗实习计划开展实习教学，防止顶岗实习"变质""变味"。

二、认真贯彻落实《规定》要求，严格执行《规定》提出的禁止性事项

各高职院校要认真落实实习组织过程中的"五不要"、实习管理过程中的"无协议不实习"、学生权利保障"六不得"、工作岗位及工作时间"三不得"等要求。确因相关专业和实习岗位有特殊要求，需要突破《规定》第十、十六条关于"顶岗实习一般为6个月"、工作岗位和工作时间"三不得"要求的，高职院校应组织开展科学、充分的专家论证，并报省教育厅；省教育厅将委托省高职教育教学指导委员会组织专家进行审核，没有特殊要求或论证不充分的，省教育厅将不予以备案。

三、定期开展实习管理检查

各高职院校要把控好实习管理工作全过程，抓住关键环节，排查突发事件和安全事故易发的重点环节，消除实习管理工作中存在的漏洞。要建立健全实习突发事件应急管理联动机制，制定实习突发事件应急预案，加强应急管理能力培训，有效预防、及时控制和妥善处置各类实习突发事件。

四、其他事项

（一）省教育厅将按照《实习管理检查要点》（附件1），定期组织专家对各高职院校落实《规定》、实习管理情况进行检查。存在重大问题的，将按照《规定》第二十六、二十七条严肃处理，并视情况需要，减少项目申报名额或停止项目申报资格。同时，为加强实习管理工作指导，省教育厅将委托省高职教育教学管理委员会组织专家对各高职院校的实习管理规章制度进行审核，审核意见供各高职院校在修改完善实习管理规章制度时参考。

（二）从2017年秋季开始，根据《规定》建立高职院校实习管理情况报送制度。请各高职院校按照要求，以学校正式公文形式，按照有关要求及时报送2017—2018学年实习管理相关材料。

报送要求：1. 2017年9月30日前，报送实习管理规章制度（正式公文扫描件和Word版）、2017—2018学年实习工作方案（Word版）、2017—2018学年高职院校实习信息采集表（附件2，实习时间为2017—2018学年第一学期或一学年的专业需要提供，其他专业不需要提供，纸质1份和Excel电子版）、备案材料（包括备案请示、论证报告和实习论证情况表等，实习论证情况表见附件3，仅突破第十、十六条规定的专业需要提交，其他专业不需提交，纸质1份和Word版）。2. 2018年1月10日前，报送2017—2018学年高职院校实习信息采集表（附件2，实习时间为2017—2018学年第二学期的专业需要提供，其他专业不需要提供，纸质1份和Excel电子版）、备案材料（要求同上）。

联系人：职业教育与终身教育处魏杰

电话：020-37629455

邮箱：jiewar@163.com

附件：1. 实习管理检查要点
2. 2017—2018学年高职院校学生实习信息采集表
3. 2017—2018学年高职院校实习论证情况表

广东省教育厅
2017年8月29日

附件1

实习管理检查要点

1. 是否按照《职业学校学生实习管理规定》修改完善学校实习管理规章制度，学校实习管理规章制度是否符合《职业学校学生实习管理规定》要求。

2. 是否存在违反"六不得"的情形，特别是违规使用劳务中介组织实习活动；是否存在安排学生从事有较高安全风险的实习内容；是否安排学生节假日实习或加班和夜班。

3. 是否在实习开始前，根据专业人才培养方案，共同制订实习计划；实习岗位是否符合专业培养目标要求，与学生所学专业对口或相近。

4. 顶岗实习学生的人数是否超过实习单位在岗职工总数的10%，是否超过同类岗位职工总数的20%。

5. 学生参加跟岗实习、顶岗实习前，职业学校、实习单位、学生是否签订符合规定、切实维护各方权益的实习协议，是否存在违规签署合同、签署虚假合同等情况。

6. 是否合理确定了实习报酬，并按实习协议约定，以货币形式、及时足额支付给学生。

7. 是否按规定制定学生实习工作具体管理办法和安全管理规定、实习学生安全及突发事件应急预案等制度性文件。

8. 是否根据国家有关规定，为实习学生投保实习责任保险。

9. 是否按要求安排了实习指导教师和专人负责学生实习期间的业务指导和日常巡视工作。

10. 是否严格履行《职业学校学生实习管理规定》中安全职责。

附件2

2017—2018 学年高职院校学生实习信息采集表

学校盖章：

| 联系人 | | 部门 | | 职务 | | 电话 | | 手机 | | 邮箱 | |

序号	学校	所在院系	年级	实习专业名称	实习专业代码	实习人数	实习起止时间	实习类型	实习时长（月）	实习单位名称（全称）	实习单位联系人及电话	跟班负责老师及电话	是否突破《规定》第十条要求	是否突破《规定》第十六条要求，突破内容	备注
范例	广东××职业技术学院	管理学院	2015级	工商企业管理	630601	50	2017年9月至2018年6月	顶岗实习	10月	××公司	××，876246285	×××，49692436	是	是，安排学生在法定节假日实习	
1															
2															
3															
…															

注：1. 年级为学生入学时间，如学生2015年入学，即填写：2015级。

2. 实习类型包括：认知实习、跟岗实习、顶岗实习。

3. 实习时长请填写实际实习时间，单位为月，请按每月30天进行折算。

4. 同一年级同一专业学生到多个单位实习的，请分开多行填写。

5. 不同年级学生，分开多行填写；不同实习类型学生，分开多行填写。

6. 顶岗实习时长超过6个月的，请在"是否突破《规定》第十条要求"处写"是"，否则填写"否"。

7. 突破《规定》第十六条要求的，请在"是否突破《规定》第十六条要求"处填写"是"，并填写突破内容。突破内容包括：安排学生从事高空、井下、放射性、有毒、易燃易爆，以及其他具有较高安全风险的实习；安排学生在法定节假日实习；安排学生加班和夜班。

8. 突破《规定》第十、十六条的，需要同时提交备案材料，备案材料要求见通知。

附件3

2017—2018 学年高职院校实习论证情况表①

学校名称（盖章）：

专业名称		专业代码	
实习学生年级②		实习时间③	2017—2018学年： □一学年 □第一学期 □第二学期
实习人数（人）		实习起止时间④	
实习类型	□跟岗实习 □顶岗实习	实习单位名称（全称）	

① 本表内容应同《2017—2018学年高职院校学生实习信息采集表》相关信息一致。

② 年级为学生入学时间，如学生2015年入学，即填写：2015级。

③ 请在相应方框打"√"，下同。

④ 实习起止时间，如2017年9月至2018年6月。

续上表

论证内容	1. □突破《规定》第十条要求，即顶岗实习时间超过6个月。 2. 突破《规定》第十六条要求： □安排学生从事高空、井下、放射性、有毒、易燃易爆，以及其他具有较高安全风险的实习； □安排学生在法定节假日实习； □安排学生加班和夜班。
依据（一般包括：国家和省相关行业规定、校企合作协议，不超过500字)①：	
理由（字数不超过1 000字)：	

① 有关文件和协议原件扫描件，应作为佐证材料附上；佐证材料不齐全的，备案不予通过。

续上表

	学校专家论证意见：			
			专家组长（签名）：	
			年　月　日	

序号	专家姓名①	单位	职务	联系电话
1				
2				
3				
4				
5				
…				

学校意见：

学校（盖章）

年　月　日

附件：相关文件和校企合作协议②

---

① 请填写学校论证专家基本情况，行数如不够，可自行增加。
② 校企合作协议须提供原件扫描件。

关于做好2017—2020年广东省高等职业教育教学质量与教学改革工程相关工作的通知

(粤教职函〔2017〕184号)

各高等职业院校：

广东省高等职业教育教学质量与教学改革工程（以下简称质量工程）自2004年启动实施以来，目前已初步建立省、校两级项目管理体系，对于推进全省高职教育教学改革起到了很好的示范推动作用。但是，在质量工程实施过程中，各高职院校工作进展不平衡，部分高职院校存在重立项轻建设、重数量轻质量、重硬件轻软件、资金执行相对较慢等问题。根据《广东省人民政府关于创建现代职业教育综合改革试点省的意见》（粤府〔2015〕12号）、《广东省高等职业教育"创新强校工程"（2016—2020年）实施方案》（粤教高〔2016〕8号）、《关于广东省深化高等教育领域简政放权放管结合优化服务改革的实施意见》（粤教人〔2017〕5号）等文件精神，为落实和扩大高职院校办学自主权，进一步做好质量工程各项工作，提高质量工程建设效益，推动全省高职院校深化教育教学改革、提高人才培养质量，现就做好2017—2020年质量工程相关工作通知如下。

一、整合质量工程项目

全面对接国家和省的各项建设任务，以广东省高等职业教育"十三五"规划项目（粤教高〔2016〕8号附件）为基准，根据我省高职教育实际，将质量工程项目整合为专业类、基地类、教师类、教学改革类四大类项目。

二、改革项目立项方式

将质量工程项目分为重点项目和一般项目。重点项目，通过学校申报、专家评审、省教育厅确认等程序产生省级质量工程建设项目；建设项目立项后，由学校按照省教育厅要求开展建设，建设期满，参加省教育厅组织开展的项目验收，验收通过的，确定为省级质量工程项目。一般项目，不再组织开展省级建设项目立项、建设工作；省教育厅公布规划安排、建设指南和认定标准，由各高职院校通过设立校级项目自主开展建设，达到认定标准的，可以认定为省级质量工程项目。

三、扩大项目管理和认定自主权

根据"放管服"工作要求，下放省级项目立项权，一般项目，除个别项目外，其他项目均由各高职院校按照省教育厅相关要求，在限额内自行组织开展项目认定工作。扩大高职院校项目管理权，除重大事项需要报省教育厅备案外，质量工程项目经费预算、具体建设内容均由各高职院校按照相关要求自行确定，各高职院校可以在履行校内专家论证程序的情况下，根据实际情况自行调整。

四、改革项目名额分配方式

以学校"创新强校工程"考核结果、校级质量工程项目资金投入、建设和管理情况为基准，综合考虑学校规模、管理水平、办学实力等，确定各高职院校质量工程项目名额。质量工程项目管理、资金管理、实习管理、学籍管理、考试招生等工作存在重大问题的，省教育厅将视情况，采取减少项目名额、取消申报资格等处理措施。

五、改革项目资助方式

除省教育厅重点开展的个别项目外，其他质量工程项目不再按项目划拨经费，由各高职院校在中央和省"创新强校工程"奖补资金、学校自筹资金中划拨专门经费进行支持，自行确定资金使用计划。

六、加强项目管理和资金管理

省教育厅建立质量工程项目管理平台，制定质量工程项目管理办法，规范质量工程项目管理和资金管理；充分发挥省高职教育教学指导委员会作用，加强质量工程项目过程管理和成果应用推广工作。中央和省财政用于质量工程项目的资金，实行专项管理，专款专用，不得用于与建设项目无关的日常公用开支与人员经费支出，严禁将专项资金用于偿还债务、支付利息、对外投资、弥补其他项目缺口等。各高职院校应严格执行国家和省有关开支范围和标准的规定，自觉接受财政、教育、审计、监察等部门的监督检查，并及时纠正存在的问题。

七、强化项目成果应用推广

各高职院校应以应用为导向，统筹实施质量工程项目，把项目作为深化教育教学改革的"助推器"，注重改革实效，不断积累改革经验，推广改革成果，切实提高人才培养质量。

附件：2017—2020年省高职教育质量工程项目一览表

广东省教育厅
2017年11月21日

附件

2017—2020年省高职教育质量工程项目一览表

序号	项目	项目类型	备注
1	一、专业类		
2	1. 品牌专业（含民族文化传承与创新、适应战略性新兴产业等产业发展急需的示范专业点）	重点项目	
3	2. 专业教学资源库	重点项目	
4	二、基地类		
5	1. 校内实践教学基地（含实训基地、公共实训中心和职业能力培养虚拟仿真实训中心）	一般项目	
6	2. 大学生校外实践教学基地	一般项目	学校认定
7	3. 应用技术协同创新中心	一般项目	学校认定
8	三、教师类		
9	1. 教学团队	一般项目	学校认定
10	2. 专业领军人才	一般项目	
11	3. 高层次技能型兼职教师	一般项目	学校认定
12	4. 技能大师工作室	一般项目	学校认定
13	四、教学改革类		
14	1. 教育教学改革研究与实践项目（含专业教学标准研制项目、学分制管理改革试点项目）	重点项目	
15	2. 精品在线开放课程［含创新创业教育专门课程（群）］	重点项目	
16	3. 大学生创新创业训练计划项目	一般项目	学校认定

广东省教育厅关于印发《广东省教师队伍建设"十三五"规划》的通知

(粤教师〔2017〕7号)

各地级以上市及顺德区教育局，各高等学校，各省属中小学校、中职学校和幼儿园：

现将《广东省教师队伍建设"十三五"规划》印发给你们，请结合实际，认真贯彻执行。

广东省教育厅
2017年6月1日

广东省教师队伍建设"十三五"规划

为进一步促进我省教师队伍规模、结构、素质协调发展，为率先基本实现教育现代化，打造南方教育高地提供坚强有力的师资保障，根据《国家中长期教育改革和发展规划纲要（2010—2020年）》《广东省中长期教育改革和发展规划纲要（2010—2020年）》《广东省教育发展"十三五"规划（2016—2020年）》等文件精神，制定本规划。

一、发展基础

（一）主要成就

1. 教师队伍数量稳步增加。2015年底，全省各级各类学校（不含技工学校）专任教师128.5万人，比2010年底增加17.8万人，增长16%。各学段生师比明显下降。

2. 教师队伍结构逐步优化。中小学体育、音乐、美术以及英语、科学、信息技术等学科教师紧缺状况有所改善，农村学校近5年新补充教师中近20%为紧缺学科教师。城乡教师水平差距不断缩小，农村中小学教师学历、职称等指标明显提升。中职学校、高职学校专业课教师中"双师型"教师的比例超过60%。

3. 教师队伍整体素质进一步提升。师德建设进一步加强，涌现出一大批师德典型。幼儿园、中小学、中职学校专任教师学历明显提升，高校具有研究生学位专任教师比例进一步提高。高校高层次人才队伍规模稳步扩大，基础教育新增一大批省级名校长、名教师培养对象和正高级教师、特级教师。

4. 教师工资福利待遇水平进一步提高。全省各地基本实现中小学教师工资福利待遇"两相当"，粤东西北地区教师平均工资水平稳步提升。在全国率先全面实行山区和农村边远地区学校教师生活补助政策。教师住房公积金、养老保险、医疗保险等制度全面落实。

5. 教师管理制度改革稳步推进。教师公开招聘制度全面落实，以岗位管理为核心的教师聘用制度逐步完善。县域内公办义务教育学校教师、校长定期交流轮岗制度实施成效明显。中小学教师资格考试和定期注册制度改革扎实推进。中小学教师职称制度改革全面实施。教师合法权益保障机制进一步完善。

（二）存在的主要问题

1. 教师队伍结构有待优化。部分地区分教点、村小学所配置的教师与教学需要有差距。音乐、体育、美术、科学等学科教师不足，补充困难。幼儿园学前教育专业毕业教师比例有待提升。农村教师老龄化问题比较突出。教师职称结构不够合理。

2. 教师资源配置有待改善。粤东西北地区高素质、高水平教师较少。农村学校、薄弱学校高水平教师缺乏，优质教师资源向农村学校、薄弱学校流动困难。民办学校教师待遇偏低，骨干教师流动性大。

3. 教师队伍整体素质有待提高。全省幼儿园教师持证上岗率低。中小学教师学历水平与教育现代化的目标要求还有较大差距。杰出教育专家缺乏，教育领军人才稀缺，教师队伍整体教研科研能力偏弱。职业教育专业课教师"双师"能力不强。青年教师教育教学技能偏弱。

4. 教师专业发展体系有待健全。市、县教师专业发展机构不健全、定位不明确、功能弱化、资源缺乏，培训者队伍整体素质不高，不能适应新时期教师专业发展需求。教师专业发展支持条件不完善、管理制度不健全。教师专业发展课程资源不能满足分类、分层、分岗和个性化培训的需求。教师培训质量监测和评价手段落后，培训质量有待提高。

5. 教师队伍建设的保障机制有待突破。各级各类学校教职员编制标准与教育事业发展的要求不相适应。县域内义务教育阶段教师定期流动的刚性约束机制有待完善。中小学教师学历提升途径有待进一步拓展。教师退出机制仍然没有取得突破。职业教育"双师型"教师来源、评价制度机制有待健全。稳定民办学校教师队伍、提升民办学校教师素质的长效机制有待健全。高校人才评价机制有待完善，人才成长环境有待改善。

（三）面临形势

1. 我省推进教育现代化对教师队伍建设提出了新的更高的要求。"十三五"时期是我省推进教育现代化的决胜时期。我省教育从注重规模扩大的外延式发展向注重提高质量的内涵式发展的转变，各级各类教育质量和水平的提升，率先基本实现教育现代化的目标，都取决于是否有一支高素质专业化的教师队伍。

2. 推进教育改革需要一支勇于创新、充满活力的教师队伍。"十三五"时期是我省深化教育领域综合改革、推进教育治理现代化的关键时期，教师是教育改革发展的实践者，只有教师勇于创新、敢于担当、积极参与，才能切实推进教育治理体系和治理能力现代化，促进教育事业健康发展。

3. 办好人民满意的教育迫切需要一支高素质专业化教师队伍。随着经济社会的迅速发展，人民群众对优质教育的期盼更高。教育领域一些高度关注的难点问题，如幼儿园"上好园难"、中小学择校等，实质上是优质教育资源缺乏或分布不均衡的问题。解决这些问题迫切需要建设一支数量充足、配置合理、结构优化、具有先进教育理念的高素质专业化教师队伍。

二、指导思想和发展目标

（一）指导思想

按照"五位一体"总体布局和"四个全面"战略布局要求，牢固树立创新、协调、绿色、开放、共享的发展理念，以"四个坚持、三个支撑、两个走在前列"为统领，围绕率先基本实现教育现代化的总目标，以提升教师师德素质和专业水平为核心，以加强农村教师队伍和高层次人才队伍建设为重点，以深化教师管理制度改革为动力，以深入实施"强师工程"为总抓手，推动教师队伍规模、结构、素质协调发展，整体素质全面提升，为我省率先基本实现教育现代化、打造南方教育高地提供坚实的师资保障。

（二）发展目标

1. 总体目标。

到2018年，教师队伍的规模、结构、素质达到基本实现教育现代化发展的要求，初步建成一支师德高尚、结构合理、业务精湛、充满活力的高素质专业化教师队伍。到2020年，广大教师普遍具有高尚的师德品行、先进的教育理念、扎实的专业知识、较强的教育教学能力、教科研创新能力和服务社会的能力，形成一支引领教育现代化发展的高素质专业化教师队伍。

2. 具体目标。

各级各类学校教师数量满足教育发展需要，生师比达到教育现代化的基本要求。到2018年，幼儿园和农村学校合格教师培养不足、补充困难的情况明显改善，义务教育阶段体育、音乐、美术、舞蹈等学科教师缺额率控制在20%以内；到2020年，基本解决体育、音乐、美术、舞蹈等学科教师结构性缺编问题，基本消除各学段、学科和地区教师紧缺的现象。

教师学历层次进一步提升。到2018年，中小学教师学历水平全部达标，高一层次学历水平达到教育现代化的基本要求，珠三角地区中小学教师学历水平达到国内教育发达地区平均水平。高职院校教师具有硕士研究生以上学历（硕士以上学位）比例达到60%，其中公办高职院校达到65%；本科高校教师具有博士学位的比例有较大提升，其中公办本科高校达到42%，高水平大学达到60%。到2020年，义务教育阶段和幼儿园教师具有高一层次学历的比例比2018年提高5个百分点左右；初中、高中和中职教师具有硕士研究生以上学历（硕士以上学位）的比例有较大幅度提升，其中高中和中职教师达到15%，珠三角地区高中和中职教师达到20%。本科高校教师具有博士学位的比例明显提升，其中公办本科高校达到45%，高水平大学达到65%。

教师队伍结构不断优化。2018年幼儿园教师持证上岗率达到80%,2020年基本实现幼儿园教师全员持证上岗。中小学教师学科结构、年龄结构、优质师资的区域分布及学段分布进一步改善。职业院校专业课教师中"双师型"教师比例明显提升,2018年达到65%以上,到2020年,"双师型"教师比例保持稳定在合理区间;高等教育教师队伍学历、职称和学缘结构进一步优化。

高水平教师队伍不断壮大。形成较为完善的中小学骨干教师培养体系,培养一批在国内外具有较大影响的基础教育名教师和名校长。健全鼓励创新的高校教师成长发展机制,实现高校高层次领军人才队伍、学术骨干队伍和青年后备人才队伍持续协调发展。到2018年,新增基础教育名校长、名教师培养对象300名左右,高等学校新增国家级领军人才(院士、"973"首席科学家、长江学者、千人计划、国家万人计划、国家教学名师和"杰青"等)、省级领军人才(珠江人才计划、广东特支计划、珠江学者、省"杰青"、高职专业领军人才等)及高水平学科(专业)带头人分别达到300人、400人、500人左右。到2020年,新增基础教育名校长、名教师培养对象600名左右,新增高等学校国家级、省级领军人才及高水平学科(专业)带头人分别达到400人、500人和600人左右。

教师队伍国际化素养进一步提高。教师参与跨国界合作、跨文化交流机制进一步完善,参加境外研习的机会进一步增大。

教师管理体制机制进一步完善。形成促进教师专业发展、激发教师队伍活力、适应教育现代化发展的教师管理制度体系,教师职业吸引力明显增强。

"十三五"教师队伍建设有关量化指标

教师队伍学历水平					
学段	学历层次	2018年目标		2020年目标	
幼儿园	大专	70%	珠三角地区80%	约75%	珠三角地区约85%
			粤东西北地区65%		粤东西北地区约70%
小学	本科	50%	珠三角地区70%	约55%	珠三角地区约75%
			粤东西北地区35%		粤东西北地区约40%
初中	本科	90%	珠三角地区95%	约95%	珠三角地区约98%
			粤东西北地区80%		粤东西北地区约85%
高中、中职	硕士	12%	其中珠三角地区18%	15%	其中珠三角地区20%
高职院校	硕士	60%	其中公办高职65%	65%	其中公办高职约70%
本科院校	博士	42%	其中高水平大学60%	45%	其中高水平大学65%
教师队伍结构					
内容		2018年目标		2020年目标	
幼儿园教师持证上岗率		80%		基本实现全员持证上岗	
职业院校专业课教师或实习指导教师中"双师型"教师的比例		65%		保持稳定在合理区间	
高层次人才队伍建设					
内容		2018年目标		2020年目标	
新增基础教育名教师名校长培养对象人数		300人左右		600人左右	
新增高等学校国家级领军人才		300人左右		400人左右	
新增高等学校省级领军人才		400人左右		500人左右	
新增高等学校高学平学科(专业)带头人		500人左右		600人左右	

三、主要任务

（一）以构建师德建设长效机制为重点，着力提升教师思想政治素质和职业道德水平

1. 健全师德教育和宣传机制。加强教师职业理想和职业道德教育，把培养良好师德师风作为学校文化建设的核心内容。建立健全教师政治理论学习制度，切实增强广大教师教书育人的责任感和使命感，引导广大教师以德立身、以德立学、以德施教，增强对中国特色社会主义的思想认同、理论认同、情感认同。拓展师德教育载体，创新师德教育内容和方法，增强师德教育的针对性和有效性。将师德教育摆在教师培养培训工作的首位，优先保证课时，加强师德教育课程建设。加强校长、教师法治教育，提高法治意识和法律素养。实行校长、教师师德承诺制度。组织开展师德先进表彰、师德征文、师德论坛、师德巡回报告等活动。加强师德先进宣传，创新师德宣传模式，弘扬高尚师德，展现当代优秀教师的精神风貌，努力营造尊师重教的浓厚社会氛围。

2. 健全师德考核制度和监督体系。进一步完善师德规范。健全师德考核制度，坚持师德与业务考核并重，把师德表现作为教师资格认定、考核、聘任（聘用）和定期注册、评价的首要内容，把师德建设作为学校办学质量和水平评估的重要指标。建立健全学校、教师、学生、家长和社会广泛参与的师德监督体系。加强学术道德和学术规范建设，健全学术不端行为监督和查处机制。在教师资格认定、录用、聘任、职务晋升、年度考核、评优评先、定期注册等管理的各环节严格落实师德"一票否决"制度。严肃查处师德违规行为。加强教师诚信体系建设，建立健全教师信用激励和惩戒制度。

（二）以完善教师教育体系和提升师范生培养质量为重点，着力推进教师教育健康有序发展

1. 完善教师教育体系。推进实施教师教育振兴行动计划。构建和完善师范生培养与在职教师培训紧密衔接、相互贯通的教师教育新体系。促进专科、本科、研究生三个层次的师范教育协调发展。优化师范教育结构，科学规划师范生培养规模，逐步实现与教师岗位需求有效对接。支持有条件的地区设置主要培养学前教育师资的高等院校。鼓励和支持有条件的高等学校开设中小学紧缺学科专业、学前教育专业和特殊教育专业，合理扩大招生规模。支持应用型本科院校、有条件的师范院校开设职业教育师范专业。探索职业院校和师范院校、职业院校和工科类院校或综合类高校合作培养职业教育师资。加强学前教育、特殊教育和中小学紧缺学科的师范生培养，按照小学和学前教育教师"全科型"、中学教师"一专多能型"的要求，实施分层次、分类别培养。建立高校与地方政府、中小学（幼儿园、中等职业学校、特殊教育学校）协同培养教师新机制。鼓励各地根据当地实际，采取定向培养、委托培养等方式，与师范院校合作培养农村学校教师。

2. 着力提升师范生培养质量。采取有效措施吸引优秀生源报考师范专业，开展师范生录取面试环节试点。积极开展师范专业认证工作。深化师范教育改革，增强教师培养的针对性和适应性。推进教师教育课程和教材体系改革，将各级各类教师专业标准要求贯穿到师范教育全过程。加强师范生师德师风教育和职业素养培养。强化师范生教学基本功和职业技能训练，落实师范生教育实践不少于1个学期制度，提高师范生的创新精神和实践能力。实施"卓越教师"培养计划。组织开展师范院校与中小学教师互聘计划，鼓励师范院校聘请中小学优秀一线教师、校长参与师范生培养。

（三）以完善教师专业发展体系和加强骨干教师培养培训为重点，着力提升中小学幼儿园教师专业发展水平

1. 扎实推进中小学教师专业发展。健全完善教育行政部门、师范院校、教师发展中心、中小学校四位一体的教师专业发展体系，发挥省级中小学教师发展中心的引领、带动、辐射作用，构建以省、市、县三级教师发展中心为支撑的教师培训体系。按照统筹规划、精细管理、精准研修的要求，加强培训需求调研，根据不同学科、不同阶段、不同层次教师专业发展的需求，建立健全教师专业发展的递进式培训课程体系。发挥国培、省培项目示范作用，推动各地开展教师、校长分类、分层、分科培训。积极推进教师校本研修培训，全面落实教师全员培训。实施学前教育和特殊教育教师能力达标提升工程，中小学教师素质强化工程。鼓励各地按"学用一致，能力为重"的原则，通过脱产学习、网络教育、自学考试、函授等方式提升中小学幼儿园教师学历。实施中小学教师信息技术应用能力提升工程，推进教师培训服务信息平台建设，研究不同技术环境、不同学科的信息化教学应用模式，开展以深度融合信息技术为特点的按需培训，有效利用网络学习空间和网络研修社区，开展混合式教研、在线教研、校本研修等活动，构建线上线下相结合的教师终身学习服务体系，大力提升教师信息化素

养，促进教育教学与信息技术的深度融合，推动实现教育理念、教学方式、教学手段的变革。提高教师管理和培训工作信息化水平。

2.加强骨干教师、校长队伍建设。深入实施中小学新一轮"百千万人才培养工程"、"广东特支计划"教学名师等项目，培养一批基础教育领军人才。省每年按全省专任教师总数的1%组织开展优秀骨干教师、校长高端研修示范培训，市、县每年按教师队伍总数的10%开展骨干教师、骨干校长提高培训。加大骨干教师、校长境外、跨区域培训力度，提升教师队伍国际视野。充分发挥基础教育领军人才和各级骨干教师在教书育人、教科研等方面的示范引领作用。加强中小学教师教科研能力建设，实施中小学教师科研能力提升工程。加强教研员队伍建设，各级要按覆盖所有学科的要求保证编制并配齐配足教研员，要突出理论研究、政策研究、课程教材教学研究、评价研究和实践指导、舆论引导的要求，加强教研员进修培训、实践锻炼和业务绩效考核。

（四）以加快紧缺学科教师补充和促进教师资源均衡配置为重点，着力加强乡村教师队伍建设

1.加大乡村幼儿园教师和中小学紧缺学科教师补充力度。完善"高校毕业生到农村从教上岗退费"政策，重点补充粤东西北地区农村中小学体育、音乐、美术、舞蹈、科学等紧缺学科教师和乡村幼儿园教师。建立完善聘用优秀人才到粤东西北地区乡村学校任教的"绿色通道"。支持有条件的地区将基础好、能力强的富余学科教师通过培训、转岗补充到乡村学校紧缺学科教学一线和乡村幼儿园。鼓励各地聘请身体健康的退休特级教师、高级教师到乡村学校支教讲学。

2.促进教师资源在城乡、学校之间均衡配置。完善县域内公办义务教育学校教师和校长定期交流轮岗制度，引导优秀校长和骨干教师向乡村学校、薄弱学校有序流动。加强珠三角地区与粤东西北地区教师对口帮扶工作，将教师培养、培训、支教等工作纳入帮扶内容。继续做好"三区"（边远贫困地区、民族地区、革命老区）人才支持计划教师专项计划，选派优秀教师到"三区"支教。

3.大力加强乡村教师专项培训。深入实施《广东省乡村教师支持计划实施办法（2015—2020年）》，推进落实"乡村教师支持计划"对乡村教师素质能力提升的要求。加强乡村学校体育、音乐、美术等紧缺学科教师培训，提高乡村教师多学科教学能力。按照乡村学校的实际需求改进培训方式，采取顶岗置换、网络研修、送教下乡、跟岗实践、专家指导、校本研修等多种形式，增强培训的针对性和实效性。加强乡村教师培训资源建设，充分利用信息技术手段，破解乡村优质教学资源不足难题。支持乡村教师在职学习深造，提高学历层次。

（五）以专业领军人才和"双师型"教师为重点，大力提升职业教育教师专业能力和水平

1.加强职业院校专业领军人才培养。实施职业院校"专业领军人才"计划，引进、培养一批具有较大影响的专业带头人。充分发挥教学名师、技能大师的示范引领作用。支持有条件的职业院校建设一批国家级和省级技能大师工作室，引进在本行业领域具有较高影响力的技能大师，以"师带徒"形式培养一批专业骨干。实施职业院校校长能力提升计划，着力提升校长现代管理理念和管理水平。完善职业院校校长选聘机制，吸引职业教育专家和优秀企业管理者担任职业院校领导干部。

2.提升专业课教师"双师"素质。鼓励职业院校从行业企业聘请优秀管理人才、高技能人才担任专职或兼职专业课教师或实习指导教师。探索和完善从行业企业引进专任教师的管理制度。推进落实专业课教师每五年到行业企业实践锻炼累计不少于六个月的制度。探索建立职业院校"双师型"教师认定考核制度。支持普通本科转型高校引进和培育"双师双能型"教师。

3.加强职业院校骨干教师和中职学校校长培训。加强职业院校师资培训基地建设，鼓励职业院校与行业协会、大中型企业等联合建立骨干教师培训基地。落实教师全员培训制度，重点提升教师技术技能教学水平，促进教师专业化发展。推进实施职业教育教师能力提升工程，组织开展职业院校骨干教师和中等职业学校校长高级研修等省级示范培训。创新培训模式，增强培训主体的自主选择性，建立健全培训质量监控保障制度，提高培训效益。

（六）以高层次人才和青年教师为重点，大力提升高等学校教师创新能力和水平

1.加强高层次人才队伍培养。深入实施人才强校战略，健全完善定位准确、层次清晰、相互衔接的高层次人才培养体系，培养一批具有国际竞争力的学科领军人才队伍。推进实施"广东特支计划"，深入实施高校"珠江学者岗位计划"，积极参加国家和省的各类人才计划。以学科领军人才为核心，依托重大项目和创新平台，培育形成一批高水平创新团队，带动高校教学、科研整体水平提高。加大对高层次人才支持力度，支持领军人才和创新团队

围绕经济社会发展中的重大战略问题开展协同攻关，在关键领域取得突破，造就一批国内外知名的科学家和学术大师。

2. 加强高校人才引进工作。以国家"千人计划"和省"珠江人才计划"等引进拔尖创新型人才和创新团队工程为引领，推进高等学校加强人才引进工作，大力引进以海内外拔尖人才为主的学科领军人才、创新科研团队核心成员和教学名师等。创新引才引智机制，加强人才柔性引进工作。积极探索团队引进、核心人才带动引进等多种引进模式。健全完善人才引进政策措施，为高等学校引进人才营造良好的制度、政策环境。

3. 加强高校青年教师的培养培训。加强高校教师发展中心建设。大力推进高校优秀青年教师国内外研修计划，培养一批具有发展潜力的青年骨干教师。鼓励各地各校加大青年教师专业发展经费投入，规范高校青年教师培养培训工作，完善青年教师继续教育和进修制度。创新高校教师岗前培训模式，建立科学的评估体系和考核办法。加强高校教师创新创业教育教学能力建设。

（七）以激发教师队伍活力为重点，深化教师管理制度改革

1. 健全教师管理制度。推动建立与教育事业发展相适应、符合教育现代化要求的教职员编制标准和岗位设置标准，建立城乡统一的教职员编制核定标准，其中村小学、教学点编制按照班师比和生师比相结合的方式核定。积极稳妥推进义务教育学校教师"县管校聘"管理制度改革，建立完善县级教育行政部门依法统筹县域内中小学教师定期注册、公开招聘、培养培训、职务（职称）评聘、考核评价、流动调配等管理制度。进一步完善幼儿园教职员配备标准，各地市应按标准核定公办幼儿园教职员编制，各办学主体按照标准配齐幼儿园教职工。健全教师职业准入制度，深入实施中小学教师资格考试和资格证书定期注册制度。全面落实幼儿园教职工持证上岗制度。完善五年一周期360学时教师全员培训制度，积极推进中小学（含中职、幼儿园）教师培训学分管理。推进实施中小学教师职称制度改革和中小学校长职级制改革。建立符合中小学教师岗位特点的评价制度，坚持德才兼备、全面考核，突出教育教学成效和实际贡献。深化高校职称制度改革，按照中央、国家以及省委、省政府部署，将高校教师职称评审权直接下放至高校。深化高校人事制度改革，推动进一步向高校下放用人自主权。推进高校教师考核评价制度改革。推进中职学校教师职称制度改革，建立中职学校正高级教师评聘制度。探索建立教师退出机制。进一步健全和完善教师合法权益保障机制。

2. 完善教师待遇保障和激励机制。建立保障教师工资福利待遇的长效机制，推动完善事业单位绩效工资制度和教师医疗、养老等社会保障政策。完善中小学教师与当地公务员工资福利待遇同步增长机制。完善和落实山区和农村边远地区教师生活补助政策，建立生活补助长效机制。完善教师表彰奖励制度，按照国家有关规定对在乡村学校长期从教的教师予以表彰。深化高校分配制度改革，鼓励高校建立完善有利于人才脱颖而出的分配激励机制，坚持向关键岗位、优秀拔尖人才、学科领军人才和优秀创新团队倾斜。鼓励各地购买或租赁商品房用作学校教师周转宿舍。鼓励高校、科研机构通过发放住房补贴或购买、租赁商品房方式，解决引进人才住房问题。关注教师身心健康，推进建立教职工定期体检制度。

（八）以规范管理和保障权益为重点，加强民办学校教师队伍建设

1. 完善民办学校教师管理制度。各地将民办学校教师队伍建设纳入教师队伍建设整体规划。规范民办学校教师聘任，民办学校应当与教师签订聘用合同或劳动合同。以属地管理为原则，建立健全民办中小学教师档案管理制度。将民办学校教师统筹纳入教师职称制度改革的范围，由学校自主设岗，按规定程序开展职称评审和聘任。建立完善鼓励公办学校优秀教师到民办学校挂职或支教制度。落实民办学校教师培训制度，民办学校教师与公办学校教师享受同机会、同标准、同要求的业务培训，民办学校应按相关要求保障教师培训经费。

2. 依法保障民办学校教师权益。积极引导和监督民办学校依法保障教师工资福利待遇和各项权益。民办学校应按时足额发放教职工的薪金，依法为教职工足额缴纳社会保险费和住房公积金。各地可通过奖补等方式，鼓励民办学校为教职工购买商业养老保险、建立年金制度，提高教师退休待遇。鼓励支持有条件的地区发放民办学校教师从教津贴。民办学校应当保障教职员工寒暑假期间带薪休假权利。完善民办学校教师争议处理机制。

四、组织与保障

（一）加强组织领导

各地、各学校应切实落实教师队伍建设的主体责任，按照国家、省的要求，结合本地、本校实际，

制定本地、本校教师队伍建设"十三五"规划并推进落实。各级教育部门要加强与编制、财政、人社等部门的沟通协调，确保有关政策措施和工作任务落实到位。

（二）落实资金保障

"十三五"期间省财政安排教育发展专项资金用于"强师工程"。各地各校要加大教师队伍建设资金投入，并建立逐步增长机制。各地应按规定落实教师培训经费。加强财政资金监管，提高资金使用效益。积极引导社会资金用于奖教支教活动和教师救助工作。

（三）加强教师管理信息化建设

构建全省教师基本信息数据库，创建教师成长模型，建立数据分析工作机制，将分析结果作为教师管理工作的基本依据。利用信息化手段开展教师资格认定、定期注册、继续教育、培养培训、职务（职称）评定、年度考核、评优评先及各类人才选拔评审等工作。加强数据和信息安全建设。加强教师管理信息化建设，与省有关数据库和网络平台深入对接，提高管理者分析、使用信息化资源的能力。

（四）加强督导检查

建立健全教师队伍建设评估指标体系。将教师队伍建设作为推进教育现代化和高校创新强校督导检查的重要内容。加强对各地各校和有关部门履行职责情况的监督检查，发现问题及时整改。涉及不履行职责、失职渎职的，要强化责任追究。

广东省教育厅关于印发《广东省"强师工程"实施方案（2017—2020年）》的通知

（粤教师〔2017〕8号）

各地级以上市及顺德区教育局，各高等学校，各省属中小学校、中职学校和幼儿园：

现将《广东省"强师工程"实施方案（2017—2020年）》印发给你们，请结合实际，认真贯彻执行。

广东省教育厅
2017年6月29日

广东省"强师工程"实施方案（2017—2020年）

为进一步加强教师队伍建设，促进我省教师队伍规模、结构、素质协调发展，为率先基本实现教育现代化，打造南方教育高地提供坚强有力的师资保障，根据《广东省中长期教育改革和发展规划纲要（2010—2020年）》《广东省教育发展"十三五"规划》《广东省教师队伍建设"十三五"规划》等文件精神，制定本实施方案。

一、工作目标

（一）总体目标

到2018年，教师队伍的规模、结构、素质达到基本实现教育现代化发展的要求，初步建成一支师德高尚、结构合理、业务精湛、充满活力的高素质专业化教师队伍。到2020年，广大教师普遍具有高尚的师德品行、先进的教育理念、扎实的专业知识、较强的教育教学能力、教科研创新能力和服务社会的能力，形成一支引领教育现代化发展的高素质专业化教师队伍。

（二）具体目标

各级各类学校教师数量满足教育发展需要，生师比达到教育现代化的基本要求。到2018年，幼儿园和农村学校合格教师培养不足、补充困难的情况明显改善，义务教育阶段体育、艺术（音乐、美术、舞蹈）等学科教师缺额率控制在20%以内；到2020年，基本解决体育、艺术（音乐、美术、舞蹈）等学科教师结构性缺编问题，基本消除各学段、学科和地区教师紧缺的现象。

教师学历层次进一步提升。到2018年，中小学教师学历水平全部达标，高一层次学历水平达到教育现代化的基本要求，珠三角地区中小学教师学历水平达到国内教育发达地区平均水平。高职院校教师具有硕士研究生以上学历（硕士以上学位）比例达到60%，其中公办高职院校达到65%；本科高校教师具有博士学位的比例有较大提升，其中公办本科高校达到42%，高水平大学达到60%。到2020年，义务教育阶段和幼儿园教师具有高一层次学历的比例比2018年提高5个百分点左右；初中、高中和中职教师具有硕士研究生以上学历（硕士以上学位）的比例有较大幅度提升，其中高中和中职教师达到15%，珠三角地区高中和中职教师达到20%。本科高校教师具有博士学位的比例明显提升，其中公办本科高校达到45%，高水平大学达到65%。

教师队伍结构不断优化。2018年幼儿园教师持证上岗率达到80%，2020年基本实现幼儿园教师全员持证上岗。中小学教师学科结构、年龄结构、优质师资的区域分布及学段分布进一步改善。职业院校专业课教师中"双师型"教师比例明显提升，2018年达到65%以上，到2020年，"双师型"教师比例保持稳定在合理区间；高等教育教师队伍学历、职称和学缘结构进一步优化。

高水平教师队伍不断壮大。形成较为完善的中小学骨干教师培养体系，培养一批在国内外具有较大影响的基础教育名教师和名校长。健全鼓励创新的高校教师成长发展机制，实现高校高层次领军人才队伍、学术骨干队伍和青年后备人才队伍持续协调发展。到2018年，新增基础教育名校长、名教师培养对象300名左右，高等学校新增国家级领军人才（院士、"973"首席科学家、长江学者、千人计划、国家万人计划、国家教学名师和"杰青"等）、省级领军人才（珠江人才计划、广东特支计划、珠江学者、省"杰青"、教学名师、高职专业领军人才等）及高水平学科（专业）带头人分别达到300人、400人、500人左右。到2020年，新增基础教育名校长、名教师培养对象600名左右，新增高等学校国家级、省级领军人才及高水平学科（专业）带头人分别达到400人、500人和600人左右。

教师队伍国际化素养进一步提高。教师参与跨国界合作、跨文化交流机制进一步完善，参加境外研习的机会进一步增大。

教师管理体制机制进一步完善。形成促进教师专业发展、激发教师队伍活力、适应教育现代化发展的教师管理制度体系，教师职业吸引力明显增强。

2017—2020年教师队伍建设有关量化指标

教师队伍学历水平					
学段	学历层次	2018年目标		2020年目标	
幼儿园	大专	70%	珠三角地区80%	约75%	珠三角地区约85%
			粤东西北地区65%		粤东西北地区约70%
小学	本科	50%	珠三角地区70%	约55%	珠三角地区约75%
			粤东西北地区35%		粤东西北地区约40%
初中	本科	90%	珠三角地区95%	约95%	珠三角地区约98%
			粤东西北地区80%		粤东西北地区约85%
高中、中职	硕士	12%	其中珠三角地区18%	15%	其中珠三角地区20%
高职院校	硕士	60%	其中公办高职65%	65%	其中公办高职约70%
本科院校	博士	42%	其中高水平大学60%	45%	其中高水平大学65%
教师队伍结构					
内容		2018年目标		2020年目标	
幼儿园教师持证上岗率		80%		基本实现全员持证上岗	
职业院校专业课教师或实习指导教师中"双师型"教师的比例		65%		保持稳定在合理区间	
高层次人才队伍建设					
内容		2018年目标		2020年目标	
新增基础教育名教师名校长培养对象人数		300人左右		600人左右	
新增高等学校国家级领军人才		300人左右		400人左右	
新增高等学校省级领军人才		400人左右		500人左右	
新增高等学校高水平学科（专业）带头人		500人左右		600人左右	

二、主要措施和内容

（一）实施师德建设工程

1. 深入开展师德教育宣传活动。每年9月份开展"师德建设主题教育月"活动。将师德教育课程作为教师继续教育课程体系的重要内容，引导广大教师以德立身、以德立学、以德施教。组织师德征文活动，开展优秀征文评选。鼓励各地选树师德先进。组织开展师德先进报告会、师德建设论坛和师德巡回报告等活动。

2. 强化师德考核和监督。加强师德考核，在教师资格认定、录用、聘任、职务晋升、年度考核、评优评先、定期注册等教师管理的各个环节严格落实"师德一票否决制"。加大师德违规惩处力度，对师德违规行为，按规定给予相应处分，对危害严重、影响恶劣的，坚决清除出教师队伍。完善师德问责机制，对师德建设工作不力、监管不到位的教育行政部门和学校，追究相关责任人的责任。

3. 建立健全教师诚信体系。实行师德承诺制度，教师与学校签订聘任合同时，应同时签订师德承诺书。建立并完善教师信用档案，采集教师守信信息和失信信息，重点包括反映教职工信用状况的奖励信息和教育违纪违规信息，特别是违反师德、学术不端、职称造假等失信信息，全面构建教育系统教职工信用数据库。建立完善省、市、县、校分级管理、使用的教职工个人信用信息管理系统。

（二）实施教师教育发展工程

1. 深化师范教育改革。推进实施教师教育振兴行动计划。研究制定吸引优秀生源报读师范院校和师范专业的政策措施。开展师范专业认证工作。深入实施"卓越教师"培养计划。各师范院校（含有师范教育的高等学校，下同）将教师专业标准要求落实到师范生培养的各个环节。加强师范生师德师风教育，提高师范生师德素养。强化师范生实践环节，严格落实师范生到中小学（幼儿园）教育实践不少于一个学期制度。支持师范院校与市县教育行政部门和中小学协同合作，通过师范生实习置换在岗中小学教师脱产培训。省组织开展"师范生顶岗实习置换农村教师培训"，每年培训农村教师约1 000人次。鼓励师范院校聘请具有丰富教育教学经验的中小学教师、校长参与师范生培养。组织开展师范生和在岗教师教育教学技能竞赛，促进师范生和在岗教师教育教学水平能力提高。推进建立教师教育联盟和学前教育、职业教育、特殊教育教师发展联盟。

2. 加强教师专业发展体系建设。构建以省、市、县三级教师专业发展机构为支撑的教师专业发展体系，推进中小学教师职前培养和职后发展一体化。深入推进省级中小学教师发展中心和省级中职教师发展中心建设，发挥示范作用。鼓励市、县统筹整合教师培训、教研、电教等机构资源，建设市、县级中小学教师专业发展机构。推进中小学教师专业发展学校建设。创新教师专业发展模式，通过推动各级教师专业发展机构和教师专业发展学校建设，构建教育行政部门、师范院校、教师专业发展机构和中小学协同培养培训教师的新机制。探索并建立适应中高职一体化的职业学校教师专业发展机制。推进高等学校教师发展中心建设，鼓励有条件的高等学校开展教师非学历培训与学历提升教育课程衔接、学分互认试点。

（三）实施学前教育和特殊教育教师达标提升工程

1. 有效补充合格幼儿园教师。严格落实幼儿园教师准入制度，新入职幼儿园教师必须具备相应教师资格证，将教师持证上岗率作为各地推进教育现代化以及民办幼儿园年检等工作的重要指标。扩大幼儿园教师来源渠道，支持有条件的地区设置主要培养学前教育师资的高等院校，鼓励符合条件的高等学校开设学前教育专业，加强幼儿园教师培养，合理扩大招生规模。支持各地将基础较好、年富力强的小学富余学科教师通过培训转岗到幼儿园任教。省组织开展乡村小学教师转岗幼儿园示范培训，每年培训100名左右转岗教师。

2. 提升幼儿园教师素质。推进落实幼儿园教师分级培训制度，省重点实施幼儿园骨干园长、骨干教师高端研修和示范培训，市、县按不低于10%的比例开展本级幼儿园骨干教师、园长提高培训和研修，组织开展新任教师培训、教师职务培训和乡村教师培训，落实幼儿园教师全员培训。省每年组织1 000名左右幼儿园骨干教师、园长进行跨年度递进式研修或专项研修，其中乡村幼儿园骨干教师、园长约400人。各地要坚持"学用一致，能力为重"原则，采取脱产学习、网络教育、自学考试、函授等方式大力提升幼儿园教师学历层次和教育教学能力水平。

3. 加强特殊教育教师培养培训。加大特殊教育教师培养力度，支持有条件的高等学校开设特殊教育专业。师范院校将特殊教育课程纳入师范专业课程体系，培养师范生的全纳教育理念和指导残疾学生随班就读的教学能力。采取集中培训和远程培训相结合的方式，省、市、县分级负责对特殊教育学校教师进行培训。省组织开展特殊教育学校校长和骨干教师研修和培训，市、县负责对特殊教育学校教师、特殊教育巡回指导教师，以及其他（普通学校、儿童福利机构、残疾儿童康复教育机构）从事特殊教育的教师实行全员培训。特殊教育教师全员培训以地级市为主统筹实施，鼓励具备条件的县区积极承担教师研修和培训任务。省级每年组织开展50名特殊教育学校校长、200名特殊教育学校骨干教师高级研修和150名普通学校随班就读资源教师专项培训。

（四）实施中小学教师素质强化工程

1. 大力加强中小学教师培训。全面落实中小学教师5年一周期全员培训制度。省通过集中面授、跟岗学习、顶岗置换、名师巡讲、校本培训、网络研修等方式，积极开展中小学优秀骨干教师高端研修、薄弱及紧缺学科骨干教师示范培训和教改重点骨干教师（教研员）专项培训。省每年组织开展6 500名左右中小学学科优秀骨干教师高端研修和示范培训。各市、县按不低于教师总数10%的比例开展市、县骨干教师研修和提高培训。省、市、县依据新课程改革内容分级开展教师专项培训和体育、艺术（音乐、美术、舞蹈）、英语和信息技术等紧缺、薄弱学科教师专项研修培训，加强思想政治教育、法治教育教师以及优秀传统文化课程教师的研修和培训。积极开展中小学教师信息技术与教育教学深度融合培训，提高学科教师运用信息技术的能力水平。加大乡村中小学教师培训力度，各级各类研修和培训项目、名额向乡村学校和乡村教师倾斜，省组织开展乡村教师专项培训，重点开展乡村中小学骨干教师置换培训和多学科教师专项培训等，每年培训约2 000人。加强中小学校本研修，建立校本研修备案制度和定期巡回指导制度。加强教研员能力建设，省级组织开展教研员能力提升研修，每年培训300人次。积极推行中小学（含中职、幼儿园）教师培训学分制管理，建立教师全员常态化研修培训机制。实施中小学教师教育科研能力提升计划，省每年立项400个左右针对中小学教师、教研员的教育科研项目。

2. 建设高素质专业化中小学校长队伍。加强中小学、幼儿园校（园）长培养培训，打造一支具备先进教育理念、视野开阔、管理水平较高的校（园）长队伍。省制定校（园）长任职资格培训与提高培训课程指南，规范各地校（园）长培训工作，重点实施中小学骨干校（园）长高端研修、高中校长任职资格培训、乡村校（园）长研修等示范性项目。市、县主要负责校（园）长任职资格培训和提高培训，按不低于10%的比例开展本级骨干校（园）长培训。省级每年组织开展1 500名中小学骨干校（园）长高端研修和专项培训，其中乡村学校校长400人；每年组织100名校（园）长后备人员培训；每年组织100名培训者和管理者参加培训团队专项研修。鼓励各地加大对校（园）长的培训力度，选派校（园）长到国内外进行培训学习，形成农村到城市、欠发达地区到珠三角、珠三角到国内外教育发达地区的校（园）长分层培训模式。

3. 加强教师、校（园）长培训支持服务能力建设。建立健全省、市、县、校四级联动的中小学教师培训管理体制和教育行政部门、师范院校、教师专业发展机构和中小学校多方协同的教师研修和培训运行机制。加强中小学教师、校长培养培训实践基地建设。到2020年，省重点建设500个左右实体和网络相结合的南粤名师、名校（园）长工作室[其中名师工作室400个、名校（园）长工作室100个]和500所中小学教师专业发展学校（其中幼儿园100所，小学200所，初中和高中各100所）；推动市、县建设约1 200个以上名师、名校（园）长工作室和2 000所中小学教师专业发展学校（其中幼儿园400所，小学800所，初中和高中各400所）。发挥名师、名校（园）长在培养优秀学科骨干教师的示范引领作用和成果辐射作用。积极开展省市县各级名师、名校（园）长工作室送教下乡、骨干教师及校（园）长跟岗实践和培养活动，每年每个工作室送教下乡不少于1次，接受骨干教师及校（园）长跟岗实践和培训不少于10人。加强对不同学科、不同阶段、不同层次教师专业发展的需求调研，加强培训质量监控、绩效评价，在大数据分析的基础上精心设计、精准施训、精细管理。加强培训课程资源建设，建立教师专业发展的递进式培训课程体系，建设"菜单式、自主性、开放式"的选学平台，逐步实现培训课程由中小学校和教师本人根据需求自主选学。全省每年新增200门左右中小学教师培训精品课程；鼓励各级教育部门与符合条件的师范院校、科研院所等单位合作，通过招标采购、共同开发、购买引进等方式引进优质培训资源，加大培训生成性成果和学员结业成果开发力度。

4. 加强中小学领军人才培养。健全完善省、市、县中小学教师领军人才培养体系。深入实施中小学新一轮"百千万人才培养工程"、"广东特支计划"教学名师等项目。到2020年,省遴选600名左右省级名教师、名校长、教育家培养对象进行培养,地级以上市遴选5 000名左右市级名教师、名校长培养对象进行培养,县(市、区)遴选50 000名左右县级名教师、名校长培养对象进行培养。加强特级教师管理,健全完善特级教师评选规范和管理规定,新增基础教育特级教师300名左右。各地要充分发挥各级领军人才的示范辐射作用,省组织省级领军人才到欠发达地区、农村地区进行巡回讲学等活动,每年受益教师10 000人次以上。

5. 进一步保障中小学教师待遇。各地要严格按照有关规定落实中小学教师工资福利待遇"两相当",健全完善教师待遇与公务员同步增长机制。进一步完善山区和农村边远地区教师生活补助制度,突出差别化补助政策,分类分档补助。建立生活补助长效机制,生活补助标准2018年提高至每人每月平均不低于1 000元。

(五)实施职业院校教师能力提升工程

1. 加强职业院校专业带头人才培养。实施"职业院校专业带头人培养计划",高等职业院校和中等职业学校分别遴选300名左右、100名左右专业带头人进行重点培养。加快高技能人才集聚,形成技术创新团队和技术研修、创新、教学改革的平台。省重点建设30个"双师型"名师工作室,开展中高职衔接专业骨干教师协同研修;实施职业院校校长能力提升计划,积极开展中职学校校长任职资格培训、提高培训和高级研修,省每年组织150名左右中职学校校长进行研修培训,提升职业院校管理者的管理理念和管理水平。

2. 加强"双师型"教师培养培训。落实职业院校专业课教师5年内到行业企业实践不少于6个月的要求。省级组织开展骨干教师专业素质和技能、青年教师企业实践和培训管理者等省级示范培训项目,每年培训2 500人左右。其中,中职教师素质和技能提升项目每年培训约2 000人,青年教师企业实践、中高职衔接及学徒制骨干教师、专业带头人、中职师资培训团队专项研修等项目每年培训约500人。组织职业院校专业教师参加国家级培训。加强职业院校骨干教师培训基地建设,鼓励和支持职业院校与行业协会、大中型企业等校企合作建立骨干教师培训基地,到2020年,省重点建设20个左右职业院校教师培训基地。做好骨干教师和校长培训绩效评价工作,建立职业院校、行业和企业共同参与的多元评价指标体系。

3. 建立职业院校与行业企业人才流动通道。支持职业院校通过人才引进、人才共享或政府购买服务等方式,聘用行业企业技术能手和能工巧匠到职业院校担任专兼职教师,吸引高层次专业技术人才到职业院校任教。加强校外兼职专业课教师的聘用、管理和培训,职业院校应按不低于专职教师10%的比例聘请校外兼职教师。

(六)实施高等学校高水平教师队伍建设工程

1. 加大高层次人才培养和引进力度。支持高校参与"两院"院士、千人计划、万人计划、长江学者、"杰青"等国家级人才项目的竞争,每年新增80名左右国家级人才。深入实施"广东特支计划""珠江学者岗位计划"等省级人才项目。每年评选100名左右珠江学者进行重点培养;进一步完善珠江学者管理制度,加强珠江学者聘期考核。支持高校赴境外高水平大学、科研机构招聘优秀人才到高校全职或兼职任教。将高层次人才培养和引进工作作为高等教育"创新强校工程"和高水平大学建设考核的重要内容。

2. 加强高校中青年教师培养培训。实施中青年教师国外访学和国内访学计划,省每年遴选500名左右高校中青年骨干教师到国内外高水平大学或科研机构访学,鼓励省内各高校之间加强中青年教师交流培养。各高校应鼓励青年教师在职攻读博士和硕士学位,并积极吸纳青年教师参与重要学术活动、重大项目研究等,努力为青年教师搭建成长平台,鼓励各地各校设立高校青年教师科研基金。支持高校教师通过公派留学渠道研修,省继续与教育部留学基金委员会联合实施地方合作项目,每年遴选150名左右优秀中青年教师到国(境)外留学。加强高校青年教师培训条件和制度建设,每所高校应按照机构编制管理规定建设高校教师专业发展机构,通过专题培训、研究交流、学术研修、质量评估等方式促进教师专业能力和水平提升。

(七)实施地方奖补工程

鼓励各市、县(市、区)进一步加大投入,加强教师队伍建设,省在对各地教师队伍建设工作进行绩效考核的基础上,对教师队伍建设规划清晰、措施到位、推进得力、成效显著的市、县(市、区),分地区、分档次实行资金奖补。奖补资金采用因素法进行安排,相关因素包括基础性因素、发展性因素和保障性因素,其中基础性因素包括教师队伍整体数量和队伍结构等情况,发展性因素包括教师队伍整体素质、能力与水平提升的情况(教师队伍配置情况,教师队伍学历、职称、年龄、学科结构情况,教师专业发展实施情况和经费落实情况,名校长、名教师和骨干教师队伍建设情况，等等），以及推进落实省"强师工程"重点工作进展等情况，保障性因素包括加强教师队伍建设的相关政策制度、经费投入、教师工资福利待遇等情况。根据我省基础教育发展实际，逐步降低基础性因素的权重，增大发展性因素、保障性因素的权重。

（八）实施教师管理制度改革工程

推进建立更加高效、更加开放、更符合教育发展规律和教师成长规律的教师管理体制机制。进一步完善教师资格制度、岗位管理制度、评价聘用制度。扎实推动中小学教师资格考试和定期注册制度改革。推进中小学教师"县管校聘"管理制度改革，探索中小学校长职级制改革。深入推进高等学校人事制度改革。深化教师职称制度改革，推进高等学校和中职学校教师职称制度改革。

三、工作要求

（一）加强组织领导

各级政府和各级各类学校是实施"强师工程"的责任主体，要把教师队伍建设工作摆在更加重要的位置。要依据"十三五"教师队伍建设的总体要求，明确本区域、本校教师队伍建设工作目标、任务和措施，分级实施，形成省、市、县和学校共同推进实施"强师工程"的强大合力，确保"十三五"教师队伍建设各项工作目标顺利实现。

（二）加强资金保障

各级政府和高等学校要将教师队伍建设经费列入本地本校年度经费预算，按规定落实保障教师工资福利、教师研修和培训、学校高层次人才引进和培养、教师表彰奖励等经费。高等学校要加大对引进人才的资助力度，对引进人才除提供安家费、周转房外，还应为高层次人才配备工作助手，适当给予科研启动费，确保高层次人才引得进、稳得住，全身心投入工作。"十三五"期间省财政安排教育发展专项资金用于"强师工程"。

（三）扎实推进落实

各地各校要充分认识到教师队伍是推进教育现代化发展的关键，增强教师队伍建设的责任感、紧迫感。要建立目标倒逼机制，对照目标要求，分解工作任务，建立推进重点工作的时间表、路线图，狠抓工作落实。要在教师管理、教师发展、教师评价和薪酬分配等工作中不断创新工作机制，充分激发教师队伍的活力。各地市和有关高等学校要建立完善鼓励优秀教师参与中小学（中职）教师专业发展的制度机制，要将教师开展中小学（中职）教师职后培训的课时纳入所在单位绩效考核工作量统一计算和评价，统一进行绩效管理。各地教育部门要加强与编制、财政、人社等部门的沟通协调，建立完善工作联动机制，形成工作合力。

（四）加强督导检查

省将"强师工程"实施情况纳入基础教育"推进现代化"和高校"创新强校"督导评估的重要内容，加强对各级政府、有关部门和学校履行职责情况的监督检查，发现问题，及时督促整改。各地市、各高校要明确所属有关部门和单位在"强师工程"建设中的责任，加强督导检查，一级抓一级，层层抓落实，确保任务落实到位，责任落实到人。加强对"强师工程"专项资金的管理和对使用情况的监督检查，建立专项资金跟踪问效和绩效评估机制。对违反规定使用、骗取、挪用、挤占、截留资金的行为，省将追回专项资金，并按照有关规定严肃处理。

广东省教育厅 广东省机构编制委员会办公室 广东省财政厅 广东省人力资源和社会保障厅关于推进中小学教师"县管校聘"管理改革的指导意见

（粤教师〔2017〕13号）

各地级以上市教育局、编办、财政局、人力资源和社会保障（人力资源）局：

根据《国务院关于加强教师队伍建设的意见》（国发〔2012〕41号）、《国务院关于统筹推进县域内城乡义务教育一体化改革发展的若干意见》（国发〔2016〕40号）和《教育部 财政部 人力资源和社会保障部关于推进县（区）域内义务教育学校校长教师交流轮岗的意见》（教师〔2014〕4号）等文件精神，为进一步深化中小学教师管理体制机制改革，加强教师统筹管理，促进县域内教育均衡发展，根据国家有关要求，结合我省实际，现就推进我省中小学教师"县管校聘"管理制度改革提出如下指导意见。

一、指导思想

认真贯彻落实党的十九大精神和习近平新时代中国特色社会主义思想，全面贯彻党的教育方针，以习近平总书记对广东提出的"四个坚持、三个支撑、两个走在前列"要求为统领，坚持义务教育"以县为主"的管理体制，全面深化教师管理制度改革，切实加强县（市、区）域内中小学教师的统筹管理，努力破解教师交流轮岗工作中遇到的困难和问题，为促进校长教师合理流动、优化教师资源配置提供制度保障，促进教育公平，促进教育均衡优质发展，努力办好人民满意的教育。

二、基本原则

（一）坚持统筹兼顾，协同推进

由县级人民政府统筹推进实施，充分发挥政策的引导作用，推进"县管校聘"管理改革与城乡义务教育一体化改革发展、校长教师交流轮岗、完善学校治理结构改革等政策措施联动实施，促进县域内教师资源的均衡配置。

（二）坚持改革创新，简政放权

要抓住关键环节，优化顶层设计，把教师管理制度改革和机制创新作为加快推进"放管服"改革的突破口，破除教师交流轮岗的管理体制障碍。

（三）坚持以人为本，激发活力

要突出校长、教师的主体地位，充分调动校长和教师的主观能动性，激发教师队伍活力。

（四）坚持公正公平，规范有序

要依法依规公开实施办法、工作流程和动态信息，规范操作程序，严肃工作纪律，强化监督，切实防止不规范、不公平的情况发生。

三、对象范围

公办中小学在编在岗教职员。

四、主要内容

（一）完善中小学教职员编制管理机制

县级机构编制部门加强对中小学教职员编制的总量管理，按照中小学教职员编制标准，会同教育行政和财政部门根据学校布局结构调整、班额、生源（含外来务工人员子女）等情况变化进行动态调整，对学生规模较小的村小学、教学点，按照教职员与学生比例和教职员与班级比例相结合的方式核定。原则上县域内中小学教职员编制总额每年核定一次，如因特殊情况需临时增加调整次数，由县级教育行政部门会同机构编制部门共同研究决定。教育行政部门在核定的编制总量内，按照教育教学规模和教师队伍结构要求统筹提出各学校教职员编制的分配方案以及动态调整意见，报同级机构编制和财政部门备案。机构编制部门会同教育行政部门及时确定中小学教职员编制使用年度计划，保证县域内专任教师满足中小学开齐开足国家规定的课程。

（二）完善中小学教职员岗位设置管理

进一步健全中小学岗位设置动态调整机制，调整优化中小学岗位结构比例。根据国家、省制定的中小学专业技术岗位结构比例控制标准和县域内中小学校编制总量，由县级人力资源社会保障部门会同教育行政部门，核定县域内中小学专业技术高、中、初级岗位总量，实行总量控制。教育行政部门在核定的岗位总量内，按照学校规模、班额、师资结构、承担教育教学改革和任务需要等情况，将岗位具体分配到各学校，结合校长教师交流轮岗情况及时动态调整，并报同级人力资源社会保障部门备案。在调整分配学校专业技术岗位时，应向农村、偏远地区学校和薄弱学校倾斜，适当增加高、中级专业技术岗位数量。

（三）完善中小学教师公开招聘制度

由县级教育行政部门按照公开招聘的政策规定，制定符合教育教学规律、教师职业特点和岗位适应性的招聘方案并组织实施，重点考查职业道德、职业精神、专业素养和从教潜能等方面的内容。鼓励和支持各地积极创新公开招聘考试办法，分类探索面试+笔试、直接面试、考察聘用等方法，遴选出热爱教育事业、真正适合当教师的人才进入教师队伍。建立完善招聘优秀人才到学校任教的"绿色通道"。

（四）完善中小学岗位聘用管理制度

落实学校用人自主权，学校按照有关规定做好教师考核评价、职称评聘、薪酬分配等管理工作。全面落实中小学教师聘用合同管理，学校依法依规与聘用人员签订聘用合同。加强对教师的工作考核，坚持公开、公平、公正的原则，以岗位职责为依据，以师德、能力、业绩、贡献为核心，制定不同工作岗位的分类考核指标和考核办法，建立完善学校、教师、学生、家长和社会多方参与的教师考核评价机制。突出考核教师师德表现、工作绩效和能力水平与岗位要求的匹配度，并将考核结果作为评先评优、职称评聘、资格注册、薪酬分配以及续订聘用合同等工作的重要依据。建立完善能上能下、能进能出的竞争性用人机制，激发中小学教师队伍的活力。

（五）完善中小学教师均衡配置机制

各地教育行政部门根据本地实际制定校长教师交流轮岗实施方案并组织实施，通过多种交流轮岗形式，逐步实现学校之间专任教师高一层次学历比例、中高级教师职称比例和骨干教师比例大体相当，实现区域内教师资源的均衡配置。要采取切实有效措施，加强对交流轮岗校长教师的管理和服务，为交流校长教师的生活和工作提供便利，积极引导优秀校长教师向农村学校、薄弱学校有序流动，缩小城乡、校际间教师队伍水平差距。县级教育行政部门要会同机构编制、财政部门加强公办中小学临聘教师管理，按照国家和省有关规定统一标准、统一招聘、统筹调配临聘教师，所需人员经费由本级财政核拨，确保临聘教师与公办教师同工同酬。学校应与临聘教师签订劳动合同。严禁"有编不补"，严禁中小学自行招聘临聘教师。注重发挥退休优秀教师的作用，支持鼓励身体健康、近期退休的优秀教师支教讲学，保障教育教学的实际需要。

（六）逐步完善教师退出机制

推进开展5年一周期的中小学教师资格定期注册，对注册不合格或逾期不注册的人员，依照规定调整出教师岗位，不得从事教学工作。严格师德考核，实行师德考核"一票否决制"，师德违规情节严重者应依照《中小学教师违反职业道德行为处理办法》及有关规定予以处理。教师年度考核不合格的，学校应按照规定调整其岗位，或者安排其离岗接受必要的培训后调整岗位，教师无正当理由不同意变更工作岗位的，或者虽同意调整到新工作岗位，但到新岗位后考核仍不合格的，学校可按有关规定解除聘用合同。聘期考核不合格的，学校可以不与其续订聘用合同，或按聘用合同约定处理。

（七）完善教职员合法权益保障机制

学校制定教职员岗位竞聘方案、考核办法等管理制度，应充分征求学校教职工的意见，并经教职工大会或代表大会审议通过后实施。涉及年度考核、评先评优、职称晋升、岗位竞聘等重要信息应予公开，实行回避制度，并按照规定进行公示，充分保障教职工的知情权、参与权和监督权。人力资源社会保障部门要完善人事争议仲裁制度，教育行政部门要健全教职工维权服务机制，学校要建立教职工申诉制度，建立健全人事争议预防和协调解决机制，按照规定设立人事争议调解组织，让教职工有充分、畅通的诉求渠道。对学校违背法律法规和有关政策的管理行为，坚决予以纠正。依法依规落实中小学教师工资福利待遇保障政策，确保县域内中小学教师平均工资水平不低于当地公务员平均工资水平，农村教师平均工资水平不低于城镇教师平均工资水平，不断提高教师的社会地位，努力营造尊师重教的良好氛围。

五、工作要求

（一）高度重视，统一思想认识

中小学教师"县管校聘"管理改革工作事关全省教育改革与发展大局，是我省深化教师管理体制机制改革的一项重要举措。各地要充分认识加快推进"县管校聘"管理改革工作的重要性和现实意义，切实提高思想认识，进一步增强改革工作的自觉性和主动性，把推进"县管校聘"管理改革工作列入重要议事日程。

（二）周密部署，稳步推进实施

各地要加强组织领导，由地方政府牵头建立健全推进改革工作协调机制，制定切实可行的工作方案，明确各有关职能部门的工作职责，细化分工，落实责任，扎实推进各项工作举措落实到位。机构编制部门负责教职工编制的核定和管理；人力资源社会保障部门负责对学校各类岗位设置的总量进行核定，建立健全教职工人事争议仲裁制度；教育行政部门负责辖区内教职工统筹调配和管理，指导学校具体做好教职工的日常管理工作；财政部门负责落实本级学校教师的工资、国家和省规定的相关待遇。

（三）加强宣传，做好正面引导

在改革过程中，各地要坚持正确的舆论导向，加大宣传力度，积极做好政策措施的解读工作，广泛听取意见建议，对可能存在的风险因素，要提早研判，做好防控预案，维护社会安全与稳定。对改革中遇到的问题及意见建议，请及时向省教育厅、省编办、省财政厅、省人力资源社会保障厅反馈。

本指导意见自 2018 年 2 月 1 日起施行，有效期 5 年。

广东省教育厅
广东省机构编制委员会办公室
广东省财政厅
广东省人力资源和社会保障厅
2017 年 12 月 16 日

印发《关于广东省深化高等教育领域简政放权放管结合优化服务改革的实施意见》的通知

(粤教人〔2017〕5号)

各地级以上市人民政府，各有关高校：

为贯彻落实教育部等五部委联合印发的《关于深化高等教育领域简政放权放管结合优化服务改革的若干意见》，经省人民政府同意，现将《关于广东省深化高等教育领域简政放权放管结合优化服务改革的实施意见》印发给你们。请各高校参照《高校需制定承接"放管服"改革事项系列配套制度（管理办法）参考目录》于2017年11月底前完成本单位相关配套制度的制定工作，认真开展"放管服"改革有关工作，确保"放管服"改革事项落到实处。

附件：1. 关于广东省深化高等教育领域简政放权放管结合优化服务改革的实施意见
2. 高校需制定承接"放管服"改革事项系列配套制度（管理办法）参考目录

广东省教育厅
广东省机构编制委员会办公室
广东省发展和改革委员会
广东省财政厅
广东省人力资源和社会保障厅
2017年6月30日

附件1

关于广东省深化高等教育领域简政放权放管结合优化服务改革的实施意见

为贯彻落实教育部、中央编办、发展改革委、财政部、人力资源社会保障部等五部委《关于深化高等教育领域简政放权放管结合优化服务改革的若干意见》，全面提升教育服务国家战略、服务我省经济社会发展和个人全面发展的能力，结合我省教育"争先进、当标兵、建高地"工作总体部署，现就深化高等教育领域简政放权放管结合优化服务改革提出如下实施意见。

一、完善高校学科专业设置机制

（一）改革学位授权审核机制

修订完善学士学位授权审核办法和评审指标体系，规范流程，简化程序。学士学位授权高校新增学士学位授予专业，由学校自主审核，报省学位委员会备案。编制全省学位授权发展规划，支持更多高校创造条件获批博士硕士学位点自主审核资格；支持高水平理工科大学参建高校积极承担国家重大科研任务，提升综合实力，突破年限限制获得博士学位授权；支持我省经济社会发展急需的学科优先获得博士、硕士学位授权。推动学位授权点的存量调整，引导高校撤销一批水平不高、办学定位不清晰的学科，增列符合经济社会发展需求、优势突出、特色鲜明的学科。加强研究生计划管理统筹权改革，提高研究生招生选拔质量；深化专业学位研究生教育综合改革，加强专业学位研究生联合培养基地建设。完善研究生培养质量保障机制，加强与国务院专业教指委及行业组织的沟通联系，试点开展专业学位硕士学位论文（作品）质量评价工作。加强学位授权点合格评估，强化评估考核结果应用，将质量评估考核、论文抽检结果与研究生教育资源分配直接挂钩。

（二）完善高校本科专业设置机制

对高校申请设置教育部《普通高等学校本科专业目录》所列专业及尚未列入该目录的新专业，省教育厅负责汇总上报教育部进行备案（审批），不再进行初审。加强本科专业设置信息服务，定期发布全省本科专业结构分析报告，提出鼓励增设专业和建议暂缓增设专业名单。在本科新设专业首届学生进入毕业学年时，组织实施新设专业评估，评估结论作为新设专业继续招生、暂停招生的依据。不定期组织开展本科专业教育教学情况抽查，对存在办学条件严重不足、教学质量低下、就业率过低等情况的，责令高校限期整改、暂停招生。

（三）改进高等职业教育（专科）专业设置

除国家控制布点专业外，高职院校可根据本校实际及经济社会发展和产业需求，以及教育行政部门的规划要求，自主设置高等职业教育（专科）专业，有关情况报省教育厅备案。建立专业设置预警机制，加强专业建设信息服务，完善高校招生、毕业生就业与专业设置联动机制。开展专业设置抽查，探索专业认证，对存在人才培养定位不适应社会需求、办学条件严重不足、教学管理不规范、就业率过低、人才培养质量不高等情况，责令有关高校限期整改或暂停招生。

二、改革高校编制及岗位管理制度

（四）积极探索实行高校人员总量管理

省教育厅会同省编办、省财政厅等相关部门，根据国家政策规定和工作部署，探索制订我省高校人员总量核定指导标准和试点方案，选择不同层次类型、工作基础好、日常管理规范的高校开展试点。试点高校人员总量实行动态调整。纳入总量管理的人员享有相应待遇和保障。机构编制、高校主管部门发现高校在人员总量管理工作中存在弄虚作假等严重问题的，对相关负责人依法依规予以处理。

（五）高校依法自主管理岗位设置

省人力资源和社会保障厅、省教育厅根据核定的人员总量，确定高级岗位比例，高校根据国家和省有关规定在人员总量内自主组织制定岗位设置方案和管理办法，并主动公开，接受监督。岗位设置方案应包括岗位总量，教学科研、管理服务等各类岗位的名称、数量、结构比例、职责任务、工作标准、任职条件等。

（六）高校自主设置内设机构

高校根据办学实际需要和精简、效能的原则，按照机构编制标准规定，自主确定教学、科研、行政职能部门等内设机构的设置和人员配备，机构设置事项报编制部门备案。鼓励高校推进内设机构取消行政级别的试点，管理人员实行职员制。改革后要保障高校内设机构人员享有相应的晋升、交流、任职、薪酬及相关待遇。

三、改善高校进人用人环境

（七）优化高校进人环境

高校根据事业发展、学科建设和队伍建设需要，自主制定招聘或解聘的条件和标准，自主公开招聘人才。政府各有关部门不统一组织高校公开招聘考试，各高校公开招聘公告、笔试成绩及面试人员名单、拟聘人员公示等信息应在同级事业单位人事综合管理部门网站公布，聘用结果报人社部门备案。人社部门对高校引进中国科学院和中国工程院院士、"千人计划"人才、"万人计划"人才、国家杰出青年基金获得者、国务院特殊津贴专家、长江学者特聘教授、省领军人才、青年拔尖人才、学科带头人和创新科研团队成员及其他急需紧缺人才，给予简化程序，提供便捷高效的人事管理服务。

（八）完善高校用人管理

高校根据其岗位设置方案和管理办法自主做好人员聘后管理。对总量内人员，高校与其签订聘用合同。在人员总量外，高校可自主灵活用工，依法签订劳动合同，依法履行合同，规范实施管理，切实保护当事人合法权益。高校支持教师在岗离岗开展科研和创新创业，要根据国家和省有关规定，制定教师到企业兼职从事科技成果转化活动、离岗创业的具体办法和操作流程。高校可以按规定设立一定比例的流动岗位，用于吸引有创新实践经验的企业家、科技人才到本单位兼职。

四、改进高校教师职称评审机制

（九）下放高校教师职称评审权

将高校教师职称评审权直接下放至高校，高校自主制定本校教学、科研、实验、图书资料等系列职称评审的操作方案、评审办法和评价标准。由高校自主组建评审委员会及评审专家库，在岗位结构比例内自主组织职称评审、自主评价、按岗聘用，对评审通过并经高校审核确认的人员纳入全省统一系统管理服务，发放统一印制、统一编号的专业技术资格证书。条件不具备、尚不能独立组织评审的高校，可采取联合评审的方式。

（十）改进教师职称评审方法

高校要将师德表现作为职称（职务）评审、岗位聘用的首要条件,对有师德禁行行为的,师德考核不合格,并依法依规给予相应处分,实行师德"一票否决"。对教学为主型、教学科研并重型和科研为主型等不同岗位教师进行分类评价。要提高教学业绩在职称(职务)评聘中的比重,注重基本教学工作量、教学质量、教改教研成果、教学奖项等教学工作实绩,克服唯学历、唯资历、唯论文的倾向。要针对不同类型、不同层次教师,按照哲学社会科学、自然科学等不同学科领域,基础研究、应用研究等不同研究类型,建立分类评价标准。对从事基础研究的教师主要考察学术贡献、理论水平和学术影响力,对从事应用研究的教师主要考察经济社会效益和实际贡献。要完善同行专家评价机制,注重引入市场评价和社会评价。对从事基础研究的教师评价以同行学术评价为主,对从事应用研究的教师评价突出市场和社会评价,对从事哲学社会科学研究的教师评价重在同行认可和社会效益。建立以"代表性成果"和实际贡献为主要内容的评价方式,采用评审、考核认定、个人述职、面试答辩、实践操作、业绩展示等多种评价方式,提高职称评价的针对性和科学性。对特殊人才通过特殊方式进行评价。

(十一)加强职称评审制度建设及监管

高校进一步完善评审专家遴选机制,加强评审专家库建设,积极吸纳高校、科研机构、企业专家,实行动态管理。健全职称评审委员会工作程序和评审规则,严肃评审纪律,明确评审委员会工作人员和评审专家责任,强化评审考核,建立倒查追责机制。建立职称评审回避制度、公示制度、公开制度,实行政策公开、标准公开、程序公开、结果公开。高校将职称评审标准、评审办法、操作方案、评审结果等报省教育厅、省人力资源和社会保障厅及高校主管部门备案。省人力资源和社会保障厅、省教育厅等部门建立职称评审巡查、随机抽查、复查、倒查、投诉等制度,完善评审过程监督管理和服务。对因把关不严、程序不规范,造成投诉较多、争议较大的高校,给予警告、责令整改;对违法违纪的责任人员,按照规定给予处理;对通过弄虚作假、暗箱操作等违纪违规行为取得的职称,一律予以撤销。

五、健全符合中国特色现代大学特点的薪酬分配制度

(十二)探索建立符合高校特点的绩效工资调控机制

省人力资源和社会保障厅、省财政厅、省教育厅等部门探索建立符合高校事业发展特点的,与本地区、本行业、本单位薪酬水平相衔接的高校绩效工资基准水平和绩效工资总量核定办法,并建立动态调整机制。重点加大对高水平大学建设单位以及高层次人才集中、服务重大战略需求、培养拔尖创新人才高校的倾斜力度,稳步提高教师薪酬水平。高校主管部门要加强对所属高校的绩效管理与考核,考核结果与绩效工资总量核定与调控挂钩。

(十三)支持高校推进内部薪酬分配改革

省人力资源和社会保障厅、省财政厅、省教育厅等有关部门要支持高校建立健全符合高校特点和发展要求、有利于提高竞争力的内部分配政策。允许高校按照保基本、强激励原则,在核定的总量内自主确定基础性与奖励性绩效工资比例。鼓励高校加强内部绩效考核并结合考核结果自主分配奖励性绩效工资,重点向关键岗位、贡献突出人员倾斜;鼓励高校对高层次人才采用协议工资、年薪制、项目工资、特别补贴、一次性奖励等分配方式,并予以单列核定;鼓励高校建立健全科技成果转化内部管理与奖励制度,自主决定科技成果转化收益分配和奖励方案,单位实施科技成果转化转让所得收益用于科研团队(人员)的奖励部分、单位承担的各类财政资助科研项目的间接费用用于科研人员的绩效支出部分暂不列入单位绩效工资总量调控管理。指导高校合理调节单位内部各岗位收入差距,除科技成果转化收入外,单位内部收入差距要保持在合理范围。

六、完善和加强高校经费使用管理

(十四)改进高校经费使用管理

进一步完善高校预算拨款制度,优化高等教育拨款结构,调整完善省属本科高校生均综合定额预算管理办法,从2017年起适当提高理学、工学、医学、文科相关学科、非通用语言相关专业生均拨款折算系数。继续完善高等教育生均拨款机制,落实基本支出经费保障。继续通过额度管理、自主安排等措施,改革科研经费管理模式,扩大高校项目资金统筹使用权。改进省属高校差旅会议管理,省属高校可根据教学、科研、管理工作实际需要,按照精简高效、厉行节约的原则,制定差旅费、会议费管理办法,确定差旅费和会议费标准。继续加强项目资金管理制度建设,完善教育专项资金管理办法。完善高校国库集中支付范围划分,落实将政府采购项目资金支付纳入财政授权支付范围政策,逐步实现省属高校人员工资薪金由学校自主发放,不再由

财政统发。各地级市应根据地方实际情况，制订或修改完善市属高校经费管理制度。

（十五）扩大高校资产处置权限

适当提高资产处置的备案和报批标准。固定资产达到或超过规定使用年限需要进行报废的，由高校自行审批，处置收入留归学校使用。各高校要建立健全校内资产处置管理办法，固定资产处置严格按照相关管理办法和规定进行，达到或超过规定使用年限尚能继续使用的，不得报废。每年年底前，学校要将本年度固定资产处置清单报主管部门备案。

（十六）提高预算编制水平和资金使用效益

高校要进一步提高预算编制水平，提前一年做好年度预算项目储备，滚动编制项目支出预算，加快财政预算执行进度。各高校要完善内控机制和资金使用管理制度，严肃财经纪律，严格按照规定管好用好各项经费和资产，不断提高资金使用效益。强化高校资产管理的主体责任，确保国有资产的安全和有效使用。高校应依法接受审计监督。

七、完善高校内部治理

（十七）加强党对高校的领导

高校要坚持和完善党委领导下的校长负责制，高校党委对本校工作实行全面领导，对本校党的建设全面负责，把握学校发展方向，决定学校重大问题，监督重大决议执行，支持校长依法独立负责地行使职权，保证以人才培养为中心的各项任务完成，切实履行管党治党、办学治校的主体责任，落实党建工作责任制，切实发挥领导核心作用。坚持党管干部、党管人才，落实"三重一大"决策制度，重要干部任免、重要人才使用、重要阵地建设、重大发展规划、重大项目安排、重大资金使用、重大评价评奖活动等要经过党委集体研究决定。强化院（系）党的领导，完善党政联席会议制度，进一步发挥院（系）党委（党总支）的政治核心作用，在教学科研管理、干部队伍、教师队伍建设中发挥主导作用，把好政治关。落实高校领导干部"一岗双责"，推行党政领导班子成员交叉任职和党政联席会议制度。加强基层党组织建设，重视党员发展和日常管理监督，优化组织设置，选优配强基层党支部书记，推进"两学一做"学习教育常态化制度化，创建学习型、服务型、创新型基层党组织，推动全面从严治党向高校基层延伸，充分发挥党支部战斗堡垒作用。切实加强党对民办高校的领导，充分发挥党组织的政治核心作用。

（十八）加强制度建设

完善"党委领导、校长负责、教授治学、民主管理、社会参与"的制度体系和治理结构。坚持社会主义办学方向和教育基本制度，健全以章程为核心的学校内部规章制度体系。根据政策法律的要求和学校发展实际，从整体设计和顶层设计两个方面组织清理、修订、完善学校的基本规章制度和具体管理规定，包括建立高校内部控制制度，建立健全与办学自主权相对应的监管制度，对学校组织机构、职责范围、领导机制等内部治理结构做出明确规定，切实保障党委领导下的校长负责制落实到位，明晰学校与二级教学单位之间的责、权、利关系，建立二级教学单位的管理体制、规章制度和治理结构，使制度体系层次合理、简洁明确、协调一致，确保高校发展治理有方、管理到位、风清气正。高校要持续开展法律法规和学校规章制度的学习宣传活动，切实提高教职工和学生的法治意识和运用法治思维、法治方式解决问题的能力，形成法治的文化自觉。遵守政治纪律、组织人事纪律和财经纪律，严格按照制度和规矩办事。高校要建立规章制度执行监督机制，建立规章制度执行情况的年度报告制度和公示制度。建立健全问责机制和申诉制度。

（十九）完善民主管理和学术治理

进一步健全高校师生员工参与民主管理和监督的工作机制，发挥教职工代表大会和群众组织作用，优化高校科研管理环境，有效消除科研管理中存在的"行政化"和"官本位"弊端，突出管理"扁平化"，实行有利于开放、协同、高效创新的现代科研管理制度。推广以项目负责人制为核心的科研团队组织模式，赋予创新领军人才更大的人财物支配权和技术路线决策权。健全以学术委员会为核心的学术管理体系与组织架构，保障学术委员会按章程相对独立行使职权、发挥作用。完善高校学术道德和学风监督机制，制定完善高校科研诚信建设制度与学术不端行为查处细则及处理办法，定期向社会公布学风建设年度报告，公开学术不端行为的调查处理结果。改革科研评价机制，以质量和贡献为核心实行分类评价，建立基础研究、应用研究、技术开发以及成果转化等科研业绩等效评价机制，有效破除"重数量、轻质量""重论文轻专利，重课题轻转化"的评价导向。注重发挥同行评议和第三方评价的作用，科学合理使用评价结果。

（二十）强化信息公开与社会监督

除涉及国家秘密、商业秘密、个人隐私以及公开可能危及国家安全、公共安全、经济安全、社会稳定和学校安全稳定的情况外，高校均应当依法依规公开学校重大决策、重大事项、重要制度等相关信息。高校应主动接受社会公众、媒体等力量的监督，利用现代信息技术手段，提高工作透明度，增强信息公开实效，让权力在阳光下运行。

八、强化监管优化服务

（二十一）加强协调与指导

省直有关部门要树立全局意识，根据国家实施改革事项的政策规定，制订落实改革事项有关配套文件。省编办会同省教育厅、省财政厅等部门制订出台高校人员总量管理相关配套文件；省人力资源和社会保障厅会同省教育厅、省财政厅等部门制订出台绩效工资总量调控相关配套文件。

（二十二）构建事中事后监管体系

省直有关部门要根据国家推进改革事项的政策规定和我省系列配套文件，切实履行监管职责。各高校要结合"学科专业设置""编制""岗位管理""进人用人""职称评审""薪酬分配""经费使用"等下放的权力事项，制定承接权力事项的具体管理制度或实施细则并报相关业务主管部门备案，未制定具体管理制度或实施细则的高校不得承接相关事项。省编办、省发展改革委、省教育厅、省财政厅、省人力资源和社会保障厅等部门进一步转变职能和管理方式，通过抽查、督导、巡视、第三方评估等方式，检查高校是否按照制定的管理制度或实施办法开展有关工作，对发现不按制度、办法、程序开展工作的高校，由相关业务主管部门牵头对违规违纪问题进行调查处理；情节严重的，暂停或收回已下放的权力事项。

（二十三）营造良好改革环境

省直有关部门要简化优化服务流程，精简和规范办事程序，缩短办理时限，改进服务质量，让高校教学科研人员从过多过苛的要求、僵硬的考核、烦琐的表格中解放出来。依托"互联网＋"，积极推动高校公共服务事项网上办理，提高办事效率。抓紧修改或废止影响高校发展和教学科研人员积极性的、不合时宜的法规政策，保持改革政策协调一致。做好改革的总结推广和宣传引导工作，营造良好氛围。

附件2

高校需制定承接"放管服"改革事项系列配套制度（管理办法）参考目录

拟下放的事项		高校需制定的系列配套制度（管理办法）参考目录
一、完善高校学科专业设置机制	改革学位授权审核机制	1. ×××大学（学院）新增学士学位授予专业审核与质量监督管理办法； 2. ×××大学（学院）博士硕士学位授权建设规划/学位点建设发展规划； 3. ×××大学（学院）深化专业学位研究生教育综合改革方案； 4. ×××大学（学院）研究生培养质量保障办法。
	完善高校本科专业设置机制	×××大学（学院）专业设置与管理办法。
	改进高等职业教育（专科）专业设置	
二、改革高校编制及岗位管理制度	积极探索实行高校人员总量管理	1. ×××大学（学院）岗位设置方案和管理办法； 2. ×××大学（学院）岗位聘用管理办法； 3. ×××大学（学院）机构设置与管理办法。
	高校依法自主管理岗位设置	
	高校自主设置内设机构	
三、改善高校进人用人环境	优化高校进人环境	1. ×××大学（学院）公开招聘工作人员管理办法； 2. ×××大学（学院）选调、引进高层次人才管理办法； 3. ×××大学（学院）教师到企业兼职从事科技成果转化活动管理办法； 4. ×××大学（学院）教师离岗创业管理办法。
	完善高校用人管理	

续上表

拟下放的事项		高校需制定的系列配套制度（管理办法）参考目录
四、改进高校教师职称评审机制	下放高校教师职称评审权	1. ×××大学（学院）教师教学、科研、实验、图书资料等系列高、中、初级职称评审标准； 2. ×××大学（学院）教师职称评审委员会评审委员库管理办法； 3. ×××大学（学院）教师职称评审委员会组织管理办法； 4. ×××大学（学院）教师职称评审办法（应说明职称申报、审核、评审、公示、发证、报备等所有步骤的内容、程序、规则、要求，以及评审考核、倒查追责等相关内容）； 5. ×××大学（学院）教师职称评审通过人员公示管理办法； 6. ×××大学（学院）教师职务聘任办法。
	改进教师职称评审方法	
	加强职称评审制度建设及监管	
五、健全符合中国特色现代大学特点的薪酬分配制度	支持高校推进内部薪酬分配改革	1. ×××大学（学院）绩效工资分配方案； 2. ×××大学（学院）高层次人才薪酬分配方案； 3. ×××大学（学院）外聘专家津补贴发放管理办法； 4. ×××大学（学院）科研人员科技成果转化奖励办法。
	加强绩效工资管理	
六、完善和加强高校经费使用管理	改进高校经费使用管理	1. ×××大学（学院）项目资金管理办法； 2. ×××大学（学院）关于国有资产处置管理制度； 3. ×××大学（学院）预算管理办法； 4. ×××大学（学院）关于资金项目遴选和项目库管理办法。
	扩大高校资产处置权限	
	提高预算编制水平和资金使用效益	
七、完善高校内部治理	加强制度建设	×××大学（学院）内部控制制度。
	完善民主管理和学术治理	1. ×××大学（学院）学术委员会章程； 2. ×××大学（学院）科研诚信建设制度与学术不端行为查处办法； 3. ×××大学（学院）科研体制机制改革实施办法； 4. ×××大学（学院）科研评价机制改革制度（办法）。

广东省教育厅关于印发中小学创建省级艺术教育特色学校实施方案的通知

(粤教体函〔2017〕101号)

各地级以上市教育局，省属中职学校，广东实验中学、华南师范大学附属中学、华南师范大学附属小学：

党的十八届三中全会明确提出"改进美育教学"，2015年国务院办公厅印发《关于全面加强和改进学校美育工作的意见》，提出了学校美育工作的目标任务和措施。为贯彻落实党中央、国务院的工作部署，2017年6月教育部与广东省人民政府签署了《学校美育改革与发展备忘录》，明确要求"推动学校创建艺术教育特色，形成'一校一品'或'一校多品'，到2020年创建500所省级艺术教育特色（示范）学校。"为落实《学校美育改革与发展备忘录》要求，现将《广东省中小学创建省级艺术教育特色学校实施方案》发给你们，请认真贯彻执行。

请各市教育行政部门于11月20日前将申报省艺术教育特色学校材料加盖公章后，寄送至省教育厅体卫艺处，并将表格电子版发至邮箱：meiyu914@163.com（邮件标题请注明"艺术特色学校申报"字样）。省属学校直接报我厅体卫艺处。申报逾期或申报材料缺项的视为放弃申报。

联系人：曾妍
电话：020-37628026
地址：广州市东风东路723号
邮编：510080

附件：广东省中小学创建省级艺术教育特色学校实施方案

广东省教育厅
2017年10月29日

附件

广东省中小学创建省级艺术教育特色学校实施方案

为贯彻落实《国务院办公厅关于全面加强和改进学校美育工作的意见》《广东省人民政府办公厅关于全面加强和改进学校美育工作的实施意见》精神，按照教育部与广东省人民政府签署的《学校美育改革与发展备忘录》关于"推动学校创建艺术教育特色，形成'一校一品'或'一校多品'，到2020年创建500所省级艺术教育特色（示范）学校"的要求，特制定本方案。

一、目标与条件

（一）总体目标

在全省中小学校开展创建艺术教育特色工作的基础上，每年创建150所省级艺术教育特色学校和一批全国中华优秀文化艺术传承学校；到2020年，建成500所省级艺术教育特色学校和100所全国中华优秀文化艺术传承学校。到2025年，建成1000所省级艺术教育特色学校和300所全国中华优秀文化艺术传承学校，基本形成"一校一品"或"一校多品"局面和具有广东特色的现代化美育体系。

（二）基本条件

1. 严格执行国家课程标准和计划，开齐开足上好艺术类课程。

2. 课外艺术活动丰富多彩，学生参与面达到100%。每一位学生掌握1～2项艺术特长。学校每年举办艺术节。

3. 拥有一支数量足够、结构合理、素质较高的专兼职艺术教育师资队伍。

4. 注重中华优秀文化艺术传承，校园文化环境好，形成本校艺术教育特色。

5. 艺术教育设施设备等条件达到国家和省的要求；具备艺术教育特色课堂教学和课外实践活动的场馆需求。

二、组织与管理

（一）自主申报

凡达到基本条件的中小学校，可按要求向县级教育行政部门提交申报材料。

（二）审核认定

县级教育行政部门根据省的相关要求，对申报学校进行材料审核和实地核查、公示，并将达到标准要求的申报学校名单及材料报市级教育行政部门。

市级教育行政部门组织专家进行审核认定、公示后（不少于5天），并根据省分配的名额，将审核认定的申报学校名单及材料报省教育厅。

（三）抽查确认

省教育厅在各市审核认定的基础上，按学校总数的一定比例进行抽查。经抽查后，如有不达标或弄虚作假的学校，将对该市审核认定的同一批学校不予确认。经公示无异议后，确认省艺术教育特色学校名单并公布。省属学校直接将申报材料报送至省教育厅审核、认定。

省教育厅在确认后，按照教育部的部署，推荐部分省艺术教育特色学校参加全国中小学中华优秀文化艺术传承学校评选。

三、其他事项

1. 各市、县级教育行政部门要切实加强对创建省级艺术教育特色学校活动的领导，将此项工作纳入本地学校美育工作发展规划和年度工作计划，做实做好。各中小学校要按照我厅《关于中小学校创建艺术教育工作特色的通知》（粤教体函〔2017〕40号）要求，围绕"一校一品"或"一校多品"，准确定位，明确学校创建艺术教育特色工作目标，创造性地开展工作，尽快形成本校艺术教育特色。

各级教育行政部门和学校要通过多种形式交流、推广、宣传典型。我厅将不定期对各地推进创建艺术教育特色工作进行检查，总结推广典型经验。

2. 各申报单位要严格按照本方案要求，依据艺术教育特色学校基本条件，实事求是准备申请材料。申请报告包括对本校近年来创建艺术教育特色的简要说明，重点描述创建艺术教育特色的做法、特点及优势等，字数不超过3 000字。对于弄虚作假的，将"一票否决"。

3. 2017年我厅将确认150所省艺术教育特色学校，名额分配见附件1。2011年教育部已评选出第一批449所"全国中华优秀文化艺术传承学校"，我省共有20所（附件3）。按照教育部关于传承学校不搞"终身制"、采取动态管理的要求，我厅将对上述20所学校一并组织复核。由市、县组织审核后上报我厅，经我厅复核通过的，将确认为省艺术教育特色学校。

附件：1. 各市申报省艺术教育特色学校名额分配表

2. 艺术特色学校申报汇总表

3. 第一批全国中小学中华优秀文化艺术传承学校名单

附件1

各市申报省艺术教育特色学校名额分配表

序号	市	名额分配
1	广州	10
2	深圳	9
3	珠海	6
4	汕头	7
5	佛山	7
6	韶关	7
7	河源	7
8	梅州	7

续上表

序号	市	名额分配
9	惠州	7
10	汕尾	6
11	东莞	6
12	中山	6
13	江门	7
14	阳江	6
15	湛江	7
16	茂名	7
17	肇庆	7
18	清远	6
19	潮州	6
20	揭阳	7
21	云浮	6

备注：省属中小学名额不在此列。

附件2

艺术教育特色学校申报汇总表

＿＿＿＿＿＿市教育局（教委）（公章）

序号	所在县（区）	推荐学校名称（务请准确填写学校全称）	艺术特色项目名称

填表人：＿＿＿＿＿　电话：＿＿＿＿＿　电子邮箱：＿＿＿＿＿

备注：1. 此表由教育行政部门汇总填写，并加盖公章。
2. 同一地区学校请按序依次填写。

附件3

第一批全国中小学中华优秀文化艺术传承学校名单

广州市南海中学	广州市荔湾区三元坊小学
广州市东风东路小学	深圳市福田区岗厦小学
深圳市宝安区宝城小学	深圳市高级中学
珠海市斗门区第三中等职业学校	汕头市林百欣中学
汕头市澄海实验小学	佛山市禅城区石湾第一小学
梅州市梅县华侨中学	惠州市龙城第二小学
东莞市常平镇第一小学	中山市东升镇胜龙小学
江门市蓬江区发展小学	茂名市第九小学
清远市连南瑶族自治县民族小学	潮州市潮安县松昌实验学校
佛山市顺德区大良实验中学	华南师范大学附属中学

广东省教育厅关于进一步推进高中阶段学校考试招生制度改革的实施意见

（粤教考〔2017〕15号）

各地级以上市教育局：

为深入学习贯彻党的十九大精神，落实《国务院关于深化考试招生制度改革的实施意见》（国发〔2014〕35号）、《广东省人民政府关于深化考试招生制度改革的实施意见》（粤府〔2016〕17号）和《教育部关于进一步推进高中阶段学校考试招生制度改革的指导意见》（教基二〔2016〕4号）的有关要求，现就推进我省高中阶段学校考试招生制度改革，提出如下实施意见。

一、总体要求

坚持育人为本、科学规范、普职并重、公平公正、因地制宜的原则，建立健全初中学业水平考试和学生综合素质评价制度，省级统筹管理，地级以上市（以下简称市）为主实施，注重改革创新，积极探索实践，鼓励先行试点。到2020年左右初步形成基于初中学业水平考试成绩、结合初中学生综合素质评价的高中阶段学校考试招生录取模式和公平科学、规范有序、监督有力的管理机制，推进义务教育优质均衡发展和高中阶段教育高水平高质量普及，促进学生全面发展健康成长，维护教育公平。

二、主要任务和措施

（一）建立健全初中学业水平考试制度

初中学业水平考试主要衡量学生达到国家规定学习要求的程度，考试成绩是学生毕业和升学的基本依据。

1. 考试科目。涵盖国家《义务教育课程设置实验方案》（7—9年级，以下简称《课程方案》）规定的全部科目，包括语文、数学、外语、道德与法治、历史、地理、物理、化学、生物、体育与健康、音乐、美术、信息技术等科目，引导学生认真学习每门课程，达到合格要求，确保初中教育的基本质量。

2. 考试内容。严格按照国家《义务教育课程标准》（7—9年级，以下简称《课程标准》）科学确定各学科考试命题内容，提高命题质量。试题要体现立德树人根本要求，以促进学生全面发展为根本，注重体现学生的科学素养、人文素质和实践能力。增强基础性和综合性，着重考核学生掌握学科基础知识与基本技能的宽度和广度，试题试卷的整体难度适当，减少单纯记忆、机械训练性质的内容，杜绝偏题、怪题；增强应用性，注重与学生生活、社会实际和科技发展等的联系，侧重考核学生在真实情境中发现问题、运用所学知识分析和解决问题的能力；增强创新性，增加探究性和开放性试题的比例，培养学生创新精神和实践能力。将物理、化学和生物中的实验操作（以下简称理化生实验操作）纳入考试范围。推进道德与法治、体育与健康、音乐、美术科目考试改革，提高学生的综合素质。

3. 考试方式。各科考试结合学科特点，以笔试为主，探索面试、口试、实践考察、实验操作和技能测试等多种方式。物理、化学和生物科目考试分为笔试和实验操作，其中实验操作成绩不低于每门科目考试总成绩的10%。积极探索应用计算机进行考试。

语文、数学、外语、道德与法治、历史、地理、物理、化学和生物9门科目考试，逐步由各市委托命题过渡到由省教育考试院统一组织命题，各市组织实施。理化生实验操作、体育与健康、音乐、美术和信息技术科目考试由市命题并组织实施。

4. 考试时间。各学科考试时间依据《课程方案》和"学完即考"的原则确定，其中委托或由省教育考试院统一命题的科目的考试时间由省教育考试院确定。学生按《课程标准》修完某学科后，方可取得该科目的考试资格。

5. 成绩呈现。考试成绩可以采用分数、等级等多种形式呈现，鼓励有条件的市仅以"等级"呈现成绩，避免学生分分计较、过度竞争。语文、数学、外语、体育与健康以分数形式呈现；其他科目可以分数或等级形式呈现。等级划分及细化具体办法由各市确定。

（二）健全初中学生综合素质评价制度

综合素质评价是对学生全面发展状况的观察、记录和分析，是培育学生良好品行、发展个性特长的重要手段。

1. 科学确定评价内容。综合素质评价内容主要包括学生的思想品德、学业水平、身心健康、艺术素养和社会实践5个方面。初中学校要根据义务教育的性质、学生年龄特点，结合教育教学实践，充分反映学生全面发展情况和个性特长，注重考查学生的日常行为和突出表现。将综合实践活动中的研究性学习、社区服务与社会实践、劳动与技术教育以及理化生实验操作和没有作为录取计分科目的学科，在综合素质评价中予以反映和体现。

2. 完善评价程序和办法。以全国中小学学生学籍信息管理系统为基础，建立全省学生综合素质评价信息管理平台；有条件的市可以根据自身实际建设学生综合素质评价信息管理平台，并与省的平台对接。初中学校要为每位学生建立综合素质评价档案，客观、真实和准确记录学生日常行为和成长过程中的突出表现。

从2017年初中一年级新生入学开始，学校要指导学生及时做好写实记录，整理遴选具有代表性的重要活动和典型事实证明材料。档案材料要突出重点，简洁明了，便于高中阶段学校在招生中使用。在每学期结束时，初中学校要将用于招生使用的活动记录和事实材料进行审核、公示，并及时将公示后确认无异议的事实材料统一导入信息管理平台。学生毕业时，学校要根据评价内容和标准，综合学生各学期的各方面表现，分别对5个方面作出写实性评价，并可以等级呈现。

3. 切实做好评价工作。各地要积极完善综合素质评价办法，做到客观真实、方便运用，并扎实开展评价工作。省教育厅制订综合素质评价的统一要求，市制订科学规范的评价体系，学校按要求实施。学校要建立健全学生综合素质评价工作机制，明确本校实施综合素质评价的具体要求和措施。要建立由年级长、班主任和相关教师组成的班级综合素质评价工作小组，具体负责所在班级综合素质评价工作，确保综合素质评价客观科学、真实可信。班主任和相关教师及学校党、团、学生组织要充分利用写实记录材料，围绕学生发展核心素养标准，对学生成长过程进行指导，引导学生培育和践行社会主义核心价值观，增强社会责任感，培养创新精神和实践能力，促进学生发展进步。

（三）改革招生录取模式

建立健全基于初中学业水平考试成绩、结合综合素质评价的招生录取模式。

1. 改革招生录取办法。各市要根据夯实基础、文理兼顾、学科课程与活动课程平衡、负担适度、稳妥推进的原则，确定纳入高中阶段学校招生录取科目及其计分比例。除语文、数学、外语、体育与健康4门科目外，至少将道德与法治、历史、物理和化学4门作为高中阶段学校招生录取科目，鼓励将道德与法治、历史、地理、物理、化学和生物6门作为高中阶段学校招生录取科目。体育与健康考试满分值权重不低于录取总分的8%。鼓励采用"分数+等级"或仅用等级的招生录取办法。有条件的市，可以探索在初中学业水平考试各门科目成绩合格的前提下，给予学生一定的自主选择录取科目的机会，发挥学科优势，促进学生发展兴趣爱好。

各市要把学生综合素质评价作为招生录取依据或参考，明确使用要求。在综合素质5个方面评价的基础上，可以突出学生某方面的发展情况作为录取依据。高中阶段学校可以采用初中学校综合素质评价结果，也可以另行组织教师等专业人员采取集体评议等方式，按要求对综合素质评价档案材料作出客观评价，并确保程序规范、结果公开。高中阶段学校在自主招生时可将综合素质评价作为主要依据。

2. 健全招生录取机制。进一步健全全省高中阶段学校招生录取工作平台，严格规范招生办法和程序。高中阶段学校招生录取均须由各市教育行政部门统筹，通过招生录取平台，按照考生网上自主填报的志愿，在规定的时间内在网上统一录取。进一步扩大高中阶段学校招生自主权，增加学校和学生的双向选择机会，促进高中阶段学校多样化、特色化发展，满足不同潜质学生的发展需要。高中阶段学校依据学校办学目标、定位和特色，制订本校依据学生学业水平考试成绩和综合素质发展等方面情况的招生标准和办法。相关标准和办法经学校主管部门批准并提前向社会公布后方可实施。

3. 加强中等职业学校（含技工学校，下同）招生录取工作。完善中等职业学校招生注册入学机制，优质中等职业学校可实行综合评价、择优录取。加大职业教育方针政策、办学情况、教育成果等方面的宣传力度，让社会更全面了解职业教育，引导学生发现职业乐趣，感受职业教育特色与魅力，增强招生吸引力。合理引导初中毕业生有序分流，鼓励和引导动手能力强、职业倾向明显的学生接受职业教育，确保普职招生比例大体相当。进一步扩大面向初中毕业生中高职贯通（含五年一贯制、三二分段制）试点院校的招生规模，不断优化专业结构，拓宽职业教育人才培养上升通道，提升中等职业教育吸引力。

（四）加强考试招生管理

健全高中阶段学校考试招生管理制度，保障考试招生工作规范有序，确保考试安全和考试诚信。

1. 做好招生计划的编制和实施工作。完善招生计划编制办法，根据普职招生规模大体相当以及区域学校布局、适宜的学校规模和班额等原则科学核定招生计划并严格执行。规范学校招生行为，明确招生条件、招生范围等基本要求，严禁无计划超计划招生，严禁违规跨区域和擅自提前组织招生，严禁利用中介机构非法招生，严禁招生乱收费和有偿招生，维护正常的招生秩序。

完善优质高中招生名额按比例合理分配到区域内初中学校的办法，每所优质高中学校招生名额分配比例不低于50%。名额分配适当向农村初中倾斜，促进义务教育均衡发展和初中教育质量全面提高。名额分配招生采用单独批次、单独录取的招生办法，原则上不得设"限制性"分数线。试点市从2017年或2018年、其他市从2020年入学的初中一年级新生起，高中阶段学校名额分配招生一律不得设"限制性"分数线。

2. 进一步完善和规范自主招生。各市可给予普通高中一定数量的自主招生名额，其中公办学校自主招生比例控制在学校年度招生计划的10%以内，选拔具有学科特长或创新潜质的优秀学生。加强对学校自主招生各环节的监管。高中学校要根据自身办学目标、定位和特色制订自主招生方案（含学校招生范围、计划、标准、办法和程序等），根据学生的初中学业水平考试成绩和综合素质评价等进行自主招生。自主招生方案须提前向社会公布同时报学校主管部门备案，招生录取的各环节和录取结果等须及时向社会公开。

3. 严格控制加分项目及分值。从2017年入学的初中一年级新生开始，取消国家规定以外的所有加分项目，体育、艺术和科技类等相关特长和表现记入学生综合素质评价档案。规范执行国家规定的特殊群体等加分政策，严格限定加分范围，严格控制加分分值，规范资格审核程序，实行加分项目、分值、资格和名单公示制度。

4. 加强招生信息监管。完善考试招生信息公开制度，深入实施招生"阳光工程"，及时向社会公布招生政策、招生条件、招生计划、考生资格、录取程序、录取结果、咨询及申诉渠道、重大违规事件及处理结果等招生信息，接受考生、学校和社会的监督，确保招生过程公开透明，结果公平公正。杜绝虚假招生，宣传欺骗等误导学生的行为。规范成绩发布，不得炒作考试"状元"和升学率。严禁以考试成绩和升学率排名排队、表彰奖励。

5. 健全管理监督机制。加强考生诚信教育和诚信档案建设，加大学校诚信机制建设，构建科学、规范、严密的考试安全体系，提高考试招生法治化水平。加强对初中学业水平考试、综合素质评价和招生录取等各个环节的监督检查。建立完善监督检查、违纪举报和申诉受理机制。按国家规定严肃查处、坚决打击违规违纪行为。完善诚信和责任追究制度，严肃查处各种徇私舞弊、弄虚作假行为，违规违纪事实记入诚信档案。健全学生权利救济机制，切实保障学生合法权益。

6. 做好随迁子女升学考试工作。根据《广东省人民政府办公厅转发省教育厅等部门关于做好进城务工人员随迁子女接受义务教育后在我省参加升学考试工作意见的通知》（粤府办〔2012〕137号），按照积极稳妥、因地制宜的原则，合理配置教育资源，进一步落实进城务工人员随迁子女在我省参加高中阶段学校考试升学的政策，保障随迁子女公平享受教育权利和升学机会。

三、组织保障

（一）加强组织领导

各市要切实加强对本地区高中阶段学校考试招生制度改革的统筹规划，明确任务和要求。从2017年初中一年级新生开始全面实施初中学业水平考试和学生综合素质评价改革，规范高中阶段学校招生行为。选择有条件的若干个市从2017年或2018年初中一年级新生开始实施高中阶段学校招生录取办法的改革试点，加强对试点市的指导，并在总结试点经验的基础上，逐步全面推开。各试点市要认真落实国家和省的要求，科学合理地设定高中阶段学校招生录取科目及其计分比例，探索建立客观真实、方便适用的综合素质评价制度和规范有效的使用办法，全面推进素质教育，克服唯分数论，减轻中小学生课业负担。在试点的基础上，全省从2020年初中一年级新生开始实施基于初中学业水平考试成绩、结合综合素质评价的招生录取办法改革。

各市要充分认识高中阶段学校考试招生制度改革的重要意义，切实加强组织领导和工作协调，明确责任，积极学习借鉴试点市的经验做法，提前做好改革准备，结合实际制订本地实施方案并报省教育厅备案后提前公布,扎实推进高中阶段学校考试招生制度改革。

(二)深化教育教学改革

落实《课程方案》,严格执行校历,合理安排教学进度,开齐开足国家规定的各门课程,严禁压缩道德与法治、理化生实验操作、音乐、美术、体育与健康和综合实践活动等课时。加强学生学业生涯规划的指导,培养学生自主发展能力。加强初中学校校长和教师队伍、命题队伍的培养和培训,转变人才培养观念,创新人才培养模式和教学方法,提升教书育人水平,切实实施素质教育,确保考试招生和综合素质评价工作客观公正、科学有效。积极发挥初中学业水平考试和综合素质评价对初中教育教学质量检测和诊断的功能,促进初中改进教育教学工作,提升教育教学质量,减轻学生过重的课业负担和学习压力。加强督导,定期对初中学校课程实施情况进行评估,把学业水平考试和学生综合素质评价情况作为评估各地和学校工作的重要内容。

(三)提升保障能力

加强学校师资配备、设施设备等方面的条件保障,满足正常教学需要。开展标准化考点建设,改善考试条件,维护平安考试的良好环境。确保初中学业水平考试所需经费,对于考试收费不足以弥补的支出,学校承担部分可从生均公用经费中开支。加强考试机构及其考务组织、招生录取等工作的基本能力建设。加强初中学业水平考试题库卷库建设,建立和完善命题组织保障和审查制度,开展试卷评估和分析,提高考试命题水平和质量。严格试卷命题、印制、运送等环节的保密要求,确保试题试卷安全。

(四)做好宣传引导工作

高中阶段学校考试招生制度改革涉及千家万户,关系百姓切身利益,政策性强,敏感度高,各地要坚持正确的舆论导向,认真做好考试招生改革政策的宣传解读工作,引导学生家长和社会更加关注学生的全面健康成长。加强家庭经济困难学生资助和中等职业学校免学费等惠民政策的宣传,及时回应学生、家长和社会关切,合理引导社会预期,积极争取社会各界的理解与支持,营造良好的舆论氛围和社会环境。

本意见自 2018 年 1 月 20 日起实施,有效期 5 年。

广东省教育厅
2017 年 12 月 15 日

广东省教育厅 广东省招生委员会关于2018年深入推进普通高等学校考试招生改革的通知

(粤教考函〔2017〕5号)

各地级以上市教育局、招生委员会，各有关高等学校：

为深入贯彻落实《国务院关于深化考试招生制度改革的实施意见》（国发〔2014〕35号）的有关精神，全面有序深化我省普通高等学校考试招生制度改革，适应创新型人才培养的时代要求，根据《广东省人民政府关于深化考试招生制度改革的实施意见》（粤府〔2016〕17号），按照稳中求进的工作总基调，坚持科学性、公平性和可操作性原则，积极稳妥推进我省普通高校考试招生单项改革，以逐步形成分类考试、综合评价、多元录取的考试招生模式。现就我省2018年深入推进普通高等学校考试招生改革有关事项通知如下。

一、深入推进普通高等学校招生录取模式改革

（一）合并本科录取批次。根据国家和我省考试招生制度改革关于"逐步减少录取批次"的要求，结合我省高校招生工作的实际，对普通高等学校招生录取批次进行适当调整、优化，以进一步扩大考生填报院校和专业志愿的选择权，引导高校加快学科专业结构调整优化步伐，促进高校特色发展，推动高等教育内涵发展和质量提升。2018年起，将原第一批本科、第二批本科两个招生录取批次合并为"本科批次"，原专科批次不变，设置本科和专科两个录取批次。批次调整合并后，本科和专科录取批次均设置一个平行志愿组，分别设置15个院校志愿数，即院校志愿数设A、B、C、D、E、F、G、H、I、J、K、L、M、N、O 15个，每所院校设6个专业志愿、1个是否服从专业调剂选项和1个不服从调剂专业志愿。录取时，本科批次文科、理科类专业三科普通高中学业水平考试科目成绩等级要求统一调整为2C及以上。根据教育部有关规定，高水平运动队、高水平艺术团、本科院校自主招生、重点高校招收贫困地区农村学生（含高校专项、地方专项）等录取最低分数线按不低于往年的标准划定。

（二）艺术体育类统考院校（专业）实行平行志愿投档录取。2018年起，将现各批次艺术（含音乐、美术，下同）、体育类统考专业的投档，从传统梯度志愿投档模式调整为平行志愿投档模式，设置一个院校志愿组，A、B、C、D、E、F 6个顺序排列的院校志愿，每所院校设6个专业志愿、1个是否服从专业调剂选项和1个不服从调剂专业志愿。各批次艺术、体育类统考专业依据招生计划和考生成绩情况，分别划定文化课和术科统考最低控制分数线，以文化课总分和术科统考分数合成的总分（文化课成绩占40%、术科成绩占60%），按"分数优先，遵循志愿"的投档原则进行投档。投档时，按考生总分及排序情况从高到低，逐个院校志愿依次检索进行投档。投出档案后，由高校根据本校录取原则择优录取。除艺术类统考专业外，其他艺术类"统+校"和校考专业各设置2个院校志愿，仍实行传统梯度志愿投档。教育部明确独立设置的本科艺术院校的"统+校"、"校考"专业（含经省招生办同意提前录取的院校）的录取工作在普通本科批次录取前进行。

（三）普通高校招收中等职业学校毕业生"3+专业技能课程证书"考试招生实行平行志愿投档录取。2018年起，在"3+专业技能课程证书"批次实行平行志愿投档录取，即按照"分数优先，遵循志愿"的原则，根据考生高考成绩从高到低的排序情况和院校志愿顺序投档，由高校择优录取。"3+专业技能课程证书"录取设本科院校和专科院校两个批次，每个批次设置一个院校志愿组。本科批次设A、B、C 3个顺序排列的院校志愿，专科批次设A、B、C、D、E、F 6个顺序排列的院校志愿，本专科批次每所院校均可填报6个专业志愿、1个是否服从专业调剂选项和1个不服从调剂专业志愿。

二、加快推进高职院校分类考试招生改革

进一步完善高职院校分类考试招生录取模式，

推动"文化素质＋职业技能"评价录取成为高职院校招生录取的主渠道。

（一）继续推进高职院校依据学考成绩招生改革。继续实施高职院校面向普通高中毕业生依据学考成绩招生改革试点，进一步扩大招生规模。省内各高职院校安排本校不低于上年度总招生计划的35%，以普通高中学业水平考试语文、数学、英语三门科目成绩总分作为录取依据，安排在2018年春季实行统一填报志愿、统一组织录取。2018年高职院校依据学考成绩招生录取，从2017年的"1个院校志愿＋9个院校平行志愿"的方式调整为一个平行志愿组，设置6个院校志愿数，每所院校可填报6个专业志愿、1个是否服从专业调剂选项和1个不服从调剂专业志愿。

（二）深化高职院校招收中等职业学校毕业生考试招生改革。一是将"3＋专业技能课程证书"的"3"即语文、数学、英语三门科目考试成绩作为中职学校毕业生"文化素质"的成绩，其考试时间2018年保持不变，2019年起调整至1月份进行，2018年做好充分的前期准备和宣传发动等工作。二是规范"3＋专业技能课程证书"中证书报考专业范围。进一步梳理规范高职院校招生专业和专业技能课程证书的对应关系，增强专业与证书之间的对应性，完善相关配套文件，更好地促进中高等职业教育的有效衔接。三是进一步扩大高职院校招收中职学校毕业生招生规模。增加高职院校面向中职学校毕业生的招生计划。2018年，省内所有高职院校应统筹面向中职学校毕业生的"3＋专业技能课程证书"、中高职衔接三二分段、面向中职学校毕业生的自主招生等招生方式，增加一定比例的招生计划面向中职学校毕业生招生。往年未面向中职学校毕业生招生的高职院校，按照2017年招生总计划的10%（其中"3＋专业技能课程证书"占3%~5%）预安排计划招收中职学校毕业生；往年招收中职学校毕业生的高职院校（含不到年度招生计划1%的高职院校），按照2017年招收中职学校毕业生计划20%的增量（其中"3＋专业技能课程证书"招生计划增量不低于5%~10%）预安排计划招收中职学校毕业生，以更好地促进技术技能型人才培养。

（三）深化面向初中毕业生的中高职贯通人才培养招生改革。继续实施面向应往届初中毕业生中高职贯通"五年一贯制""三二分段制"招生办法，并进一步加以规范和完善。选择10所左右高职院校，以艺术、体育、护理、学前教育以及技术含量高、培养周期长的专业为主，安排一定数量的招生计划，在中考改革试点市开展依据初中学业水平考试成绩、结合初中学生综合素质评价的"五年一贯制"招生录取改革试点。初中学业水平考试成绩达到生源地所在市规定的录取分数线，符合招生学校提出的综合素质评价等其他录取条件的考生，即可参加录取。各试点市"五年一贯制"录取名单须报省招生办核准。

（四）规范和完善高职院校自主招生。在原有基础上，进一步规范、完善高职院校自主招生报名、考核、录取办法。一是逐步搭建全省高职院校自主招生统一报名、测试和录取平台，从计划编制、招生章程上报、考生报名和填报志愿、院校审核考生资格和考务安排、职业适应性测试、院校上报分数线和拟录取名单、省招办审核均在该平台上进行，进一步优化流程，规范操作，提高工作效率。二是分类指导，规范考核方式。面向普通高中毕业生和中职学校毕业生的高职院校自主招生均采用"文化素质＋职业技能测试"考核方式，并将综合素质评价结果作为重要的参考因素。其中，普通高中毕业生"文化素质"统一使用全省普通高中学业水平考试的语文、数学、英语三科成绩（可以自划分数线），"职业技能测试"可以使用网上联合测试成绩，也可以由院校自主命题进行测试，即2018年高职院校（面向普通高中毕业生）自主招生考核以"学考＋网上职业适应性联合测试"或"学考＋自命题职业适应性测试"为主要评价录取模式，有特殊需求的高职院校（专业）可增加对考生的技能考核，但须提前公布；中职学校毕业生的"文化素质＋职业技能测试"由高职院校自行命题并组织测试。三是规范现代学徒制招生专业。对于无法签订劳动合同的专业，2018年暂停现代学徒制招生。

三、扎实推进普通高等学校特殊类型专业招生考试改革

（一）音乐术科统考笔试实行机考改革。2018年起，全省音乐术科统考将乐理及视唱练耳笔试部分改为计算机考试，科目名称为练耳与乐理，视唱练耳面试部分的考试内容、形式不变。考试大纲及考试模式参见《广东省2018年普通高等学校招生统一考试音乐术科考试大纲》（粤招办普〔2017〕63号）和《广东省普通高等学校招生统一考试音乐术科练耳与乐理在线考试系统（模拟）——考生端操作手册》（详见广东省教育考试院网站）。

（二）美术术科统考部分科目实行计算机辅助评卷。2018年起，我省普通高考美术术科统考，除

色彩科目外，素描和速写科目探索实行计算机辅助评卷，进一步确保考试公平公正。评卷时先将考生答卷录入计算机，然后通过计算机辅助评价系统随机调由评卷专家进行评卷。

（三）规范完善艺术类专业校考管理。根据教育部和我省的有关规定和要求，进一步加强我省艺术类校考工作管理，加大监督力度，在2017年底出台《广东省2018年普通高校艺术类专业校考管理办法》，确保艺术类校考公平公正和规范有序。积极探索播音与主持艺术、广播电视编导和舞蹈等艺术类校考专业的校际联考和省级统考的考试方式和监管办法，逐步减少专业校考。

四、积极探索高端技术技能型人才选拔培养路径

（一）积极规范和推进高职院校与本科高校协同育人试点工作。今后，省内所有应用型本科高校原则上须安排"专插本"（即本科插班生，下同）招生专业和计划。2018年，适当增加应用型本科高校特别是公办应用型本科高校招收高职院校"专插本"招生计划。在认真总结开展四年制应用型本科人才培养试点项目和三二分段专升本应用型人才培养试点项目的基础上，积极探索高职院校与本科高校协同育人的培养模式试点，创新高校协同育人机制，努力培养适应经济社会发展需要的应用型本科人才，加快现代职业教育体系建设。

（二）探索应用型本科院校招收中等职业学校毕业生试点工作。报请教育部批准后，2018年起，安排部分应用型本科院校部分专业进行"中职升本科"的招生改革试点。参加改革试点的应用型本科高校，选择部分应用性强、职业特色明显的专业（如艺术、护理、学前教育、职教师资等），2018年安排本年度一定比例的招生计划，通过"3+专业技能课程证书"考试和技能测试等方式招收中等职业学校应往届毕业生，从而打通职业教育"中职升本科"成长通道，探索高端技术技能型人才培养的新路径。

五、规范普通高校中外合作办学专业招生管理

2018年起，普通高校中外合作办学专业招生，除经教育部和省教育厅批准的中外合作办学项目外，对"学分互认""联合培养""国际班"等与国（境）外教育机构开展办学合作活动的项目不再单独编设院校代码进行招生，以上项目与本校普通专业按院校代码统一编排招生，招生计划统筹使用。招生录取时，省招生办按院校科类招生计划进行投档，如院校整体生源充足，但"学分互认""联合培养""国际班"生源不足时，剩余计划调整到其他专业使用，按录取原则录取投档考生，切实维护考生利益。单独编设院校代码的招生专业，录取考生入学后不得转入非单独编码招生专业。

六、改革高考成绩发布方式

按照《教育部办公厅关于坚持正确导向规范高考成绩发布和相关宣传工作的通知》（教学厅函〔2017〕36号）精神，坚持正确的育人导向，加强对考生成绩、录取结果等需要阶段性保密信息的管理。2018年起，高考成绩公布时，高考个人成绩只提供给考生本人，不向各地市招办、考生所在中学及其他任何单位和个人提供。考生可通过省教育考试院公布的查询渠道查询个人成绩，通过省教育考试院指定网站（渠道）打印成绩单。

积极稳妥推进普通高校考试招生制度改革，完善配套管理措施，是推进高层次创新型人才培养的必然要求，是维护考试招生工作公平公正的有力举措，是固本强基打造南方教育高地的重要抓手。各地市、县（市、区）教育局和有关高校、中学（初中、普通高中、中职学校）要高度重视，充分认识普通高校考试招生改革面临的新形势、新任务，切实加强对普通高校考试招生改革的组织领导，细化管理措施，构建科学、规范、严密的考试招生工作管理体系，落实工作责任制，通过各种渠道和方式向社会广泛开展改革的宣传引导发动工作，特别是要加强对高职院校分类考试招生改革的宣贯和发动工作，营造良好的舆论氛围和社会环境，确保2018年我省普通高校考试招生各项改革工作安全顺利实施。

此通知有效期3年，自2017年12月9日起施行。

广东省教育厅
广东省招生委员会
2017年11月9日

★ 概况

GENERAL SITUATION

中共广东省委教育工委 广东省教育厅 2017年工作要点

2017年全省教育工作的总体要求是：全面贯彻党的十八大和十八届三中、四中、五中、六中全会精神，以邓小平理论、"三个代表"重要思想、科学发展观为指导，深入贯彻习近平总书记系列重要讲话精神和治国理政新理念新思想新战略，继续保持稳中求进的工作总基调，推进教育系统全面从严治党，切实解决制约教育现代化发展的重点难点问题，统筹做好教育改革发展稳定工作，为"两个率先"提供有力的人才保障和智力支撑，以优异的成绩迎接党的十九大和省第十二次党代会胜利召开。

一、贯彻落实全国高校思想政治工作会议精神，打造党建工作的坚强堡垒

（一）深入学习贯彻习近平总书记系列重要讲话精神和治国理政新理念新思想新战略

指导高校开展习近平总书记系列重要讲话精神和党中央治国理政新理念新思想新战略重大主题宣传，积极推动习近平总书记系列重要讲话精神和党中央治国理政新理念新思想新战略进教材、进课堂、进头脑。分层次举办学习习近平总书记系列重要讲话精神研讨班，对高校领导班子、院系负责同志、哲学社会科学教学科研人员进行全面培训。深入开展习近平总书记教育思想学习研究。深入学习贯彻党的十九大精神，增强抓机关党建"一岗双责"的政治意识，抓好"三会一课"、"组织生活周"、双重组织生活会等党内生活制度，推动党建责任由"软"变"硬"，将主体责任落在实处。

（二）加强全省高校思想政治工作

制定广东省关于加强和改进新形势下高校思想政治工作的实施意见。召开全省高校思想政治工作会议，举办学习贯彻全国高校思想政治工作会议和习近平总书记重要讲话精神专题培训班。深化高校马克思主义理论研究，深化社会主义核心价值观培育和践行。推动加强党对高校的领导，完善高校党的领导管理体制。加强教师思想政治工作和大学生思想政治教育，推进实践育人和网络思想政治教育，实施"众智育人——基于易班平台的网络思政提升项目"，落实立德树人根本任务。深化民族团结教育和心理健康教育，创新思想政治工作队伍培养培训。推动高校进一步落实意识形态工作责任制，加强对课堂教学和各类思想文化阵地的建设管理，推进高校新型舆论阵地建设。

（三）加强基层党组织建设工作

继续深入开展"两学一做"学习教育。着重抓好学习型、服务型、创新型基层党支部评选活动，在全省高校基层党组织开展最佳党日评选活动，开展微党课比赛，增强基层党组织的生机和活力，推动全省高校基层党组织积极开展组织建设创新、组织生活创新、党员教育创新。推动落实《普通高等学校学生党建工作标准》，贯彻落实《关于加强中小学校党的建设工作的意见》，全面提升广东省中小学校党的建设水平。研究出台广东省《关于加强民办学校党的建设工作的意见》，进一步加强民办高校党的建设工作，更好发挥党组织的政治核心作用。继续实施暑期大学生党员社会实践活动。

（四）深化全面从严治党

进一步落实全面从严治党主体责任和监督责任，按照新出台的准则和条例要求，推动厅党组和高校党委肩负起管党治党的主体责任，严格党内政治生活，强化对党员干部日常的教育、管理和监督，营造良好的政治生态。积极探索和运用好监督执纪"四种形态"。坚持有腐必反，有贪必肃，继续严肃整治和查处国有资产、基建工程、校办企业、招生转学等方面的违规违纪问题。加强作风建设，盯紧重要节点，密切注意不正之风的新动向、新表现，深入查找隐形变异的"四风"，严肃查处公款吃喝、旅游和送礼等顶风违纪问题。深化经济责任审计工作，促进规范内部管理，加强党风廉政建设。

（五）加强教育人才和干部队伍建设

着重推动高校人事制度改革工作，认真落实"5个下放，22个自主"，切实为人才"松绑"。推进中小学校校长职级制度改革。抓好"广东特支计划"教学名师、"珠江学者岗位计划"等高层次人才遴选、培养工作，积极协调省直有关部门做好高层次

人才的配套服务工作。继续开展高校后备干部遴选培养试点,探索建立高校后备干部管理若干措施。继续完善近距离接触干部工作机制建设,促进干部识别常态化规范化制度化。全面开展高校领导班子分析研判,优化高校领导班子。配合省委组织部做好高校领导干部的组织调整工作。加强委厅机关及直属单位干部选任工作,加强编制管理,严格程序做好干部选任调配,完成好扶贫工作人员选派、年度军转干部安置等工作。全面做好离退休干部和关心下一代工作,在离退休干部中深入开展为党和人民的事业增添正能量活动。

二、深入推进教育体制机制改革,激发教育发展活力

(一)强化改革制度设计

组织实施《广东省教育综合改革重点推进事项实施方案》。健全重点改革任务台账,全力推进各项重点改革任务的落实落地。健全省、市共同推进教育综合改革机制。发布实施广东教育"十三五"规划。

(二)推进教育"放管服"改革

继续推进简政放权,深化管办评分离,加快形成政府依法治理、学校依法自主办学、社会各界依法参与和监督评价的教育公共治理新格局,构建有效支撑教育现代化的教育治理体系。继续做好行政审批取消后的事中、事后监管。加强网上办事大厅、实体政务大厅和官微"广东教育"的建设应用,大力推行"互联网+政务服务",着力打造便民高效的政务服务。

(三)推进考试招生改革

适应全国高校招生计划工作的新要求,制定高职院校招生计划管理办法,加强对高校年度招生计划的管理。积极稳妥推进考试招生制度改革,探索建立分类考试、综合评价、多元录取的考试招生制度。制定《广东省高中阶段学校考试招生制度改革的实施意见》,开展高中阶段学校考试招生制度综合改革试点,推进中考改革。研制广东省高考综合改革方案,有序推进高考综合改革。加快推进高职院校分类考试招生工作,促进高职院校科学选拔人才。完善和深化综合评价选拔制度改革,满足高校多元化的人才选拔要求,探索建立科学的人才评价体系。稳步推进自学考试和社会考试改革。

(四)加快办学体制改革

遵循供给侧结构性改革精神,加大优质、特色、多样化的教育供给。深化现代学校制度改革,全面推进学校治理能力和治理体系现代化。加大民办教育新政宣传力度,充分调动社会力量兴办教育积极性,积极稳步推进民办学校分类改革,建立完备的收费、登记制度。加强民办学校监管,依法规范民办学校办学行为,加大民办学校财务资产监管力度,全面推动民办学校信息公开,健全民办学校年检制度。

(五)进一步加强教育督导和质量监测

全面完成创建"教育强镇、强县(市、区)、强市"工作任务。加快粤东西北地区"推进教育现代化先进县(市、区)、先进市"创建工作步伐。研究制订"推进教育现代化标兵县(市、区)、标兵市"考核评估监测方案。根据国家和省委、省政府有关工作部署开展专项督导,推动解决教育重点难点问题。切实加强督导机构、队伍和作风建设,探索运用信息化手段加强督学管理。加强督学队伍的培训工作,提高督学业务能力。完善督学责任区制度,积极推进中小学校责任督学挂牌督导创新县(市、区)建设。继续开展义务教育质量监测,逐步推动广东省基础教育质量监测工作的自主化、科学化和系统化。进一步加强教育重要统计数据的核查工作,提高教育发展监测水平。

(六)加快构建教育对外开放新格局

推进国际化办学措施的制定。配合国家和省的战略部署,做好新时期广东省教育对外开放工作。继续引进优质教育资源,重点支持广东以色列理工学院、深圳北理莫斯科大学建设,支持广东省高校与国(境)外知名高校合作设立不具法人资格的中外合作办学二级机构。加强国际化人才培养,推动基础教育对外交流合作。巩固和深化粤港澳在基础教育、职业教育、高等教育的交流与合作,推进粤港澳姊妹学校缔结计划、粤港澳高校联合实验室建设计划。推进粤台教育交流合作。做好教育涉外监管工作。服务"一带一路"倡议,推动广东优质教育资源"走出去",加强与南太平洋岛国交流合作。

三、加快教育结构调整,推进各级各类教育协调发展

(一)推动学前教育扩容提质

总结全省学前教育第二期三年行动计划落实情况,研究制定学前教育第三期行动计划。加快发展公办幼儿园和普惠性民办幼儿园,进一步扩大普惠性资源覆盖面,提高学前教育普及率。创新管理体制,充分发挥公办幼儿园、乡镇中心园辐射带动作用,推动新建园达到省规范化幼儿园标准。

（二）提高义务教育优质均衡发展水平

制定出台《关于统筹推进县域内城乡义务教育一体化改革发展的实施意见》。制定出台消除义务教育学校大班额专项规划。加快完善义务教育治理体系。分类推进义务教育课程改革和课堂教学改革。巩固义务教育标准化学校建设成果，推进义务教育现代化学校建设。推进义务教育学区制办学，推动优质教育资源共享。探索推进县域义务教育均衡优质发展和市域义务教育均衡发展的路径。做好世行贷款广东省欠发达地区义务教育均衡优质标准化发展示范项目建设。

（三）推进高水平高质量普及高中阶段教育

继续巩固高中阶段教育普及成果，推动普职协调发展。促进普通高中优质多样特色发展，进一步优化普通高中学校规划布局，实施《广东省教育厅关于普通高中学校管理的规范》，深化课程与培养模式改革，深入推进普通高中特色发展，开展普通高中教育质量监测试点。着力提升中职学校内涵建设水平，增强中等职业教育吸引力，提高劳动年龄人口受教育年限。

（四）加快发展现代职业教育

积极推进现代职业教育综合改革试点省建设，建设一批职业教育综合改革示范市，推进中等职业教育改革发展示范项目建设学校"后示范"建设。建立完善中等职业学校教学工作诊断与改进制度。实施一流高职院校和品牌专业建设计划，深入开展高职教育现代学徒制试点，推进高职院校内部质量保证体系建设，加快广东终身教育学分银行建设，开展高职教育专业国际认证。继续组织好中等职业学校技能竞赛。积极支持有条件的县（市、区）开展国家和省级农村职业教育与成人教育示范县（市、区）建设，继续开展新型职业农民培养试点工作。

（五）推动高等教育分类发展

深入实施高等教育"创新强校工程"，按照高水平大学、高水平理工科大学、应用型本科高校、高职院校4种类型分类建设，全面提升全省各类高校的人才培养、科学研究、社会服务和文化传承创新能力。继续推进高水平理工科大学和理工类学科建设，注重优化理工科教育区域布局、层次和学科专业结构，提高理工类专业比例。继续推进南粤重点学科提升计划，提升高校重点学科建设水平。推进省市共建地方本科高校。推进部分本科高校转型发展，落实推动转型发展的系列保障措施。加强高校与产业、行业、企业对接，提高高校科研创新能力。调整优化学位与研究生教育结构，提高研究生教育质量。加强质量保证体系建设，开展专业认证、审核评估等工作。优化高等教育结构，出台《广东省高等学校设置"十三五"规划》，积极引进国内外知名高校来粤办学。

（六）积极发展继续教育

大力推动国家级、省级社区教育示范区及实验区建设。大力推进老年教育工作。继续举办全民终身学习活动周系列活动，加快学习型城市建设。创新发展成人高等教育和高等教育自学考试。

（七）促进民族教育健康发展

深入实施《广东省人民政府关于加快发展民族教育的实施意见》，支持民族地区乡村两级公办和普惠性民办幼儿园建设，合理配置幼儿园保教人员，改善保教条件，满足适龄幼儿入园需求。支持民族地区巩固教育"创强""创均"成果，深入推进义务教育均衡优质标准化发展。继续做好内地新疆、西藏民族学生教育管理服务工作。扎实做好以"组团式"教育人才援藏和援受两地中小学校"结对子"工作为重点的教育对口支援工作，深化援受两地教育的交流、交往、交融。

（八）提高特殊教育普及水平

研究制订《第二期特殊教育提升计划（2017—2020年）》。针对实名登记的未入学适龄残疾儿童少年残疾状况和教育需求，采取随班就读和附设特教班、特殊教育学校就读、送教上门或远程教育等方式安排适龄残疾儿童少年入学，进一步提高适龄残疾儿童少年义务教育普及率。扩大残疾学生接受学前、高中、高等教育规模。落实盲、聋、培智三类特殊教育学校义务教育课程标准。继续推进标准化特殊教育学校建设。加强特殊教育干部培训。

四、紧紧围绕立德树人根本任务，着力提高教育质量

（一）持续加强和改进大中小学德育工作

继续开展"我的中国梦"大中小学生主题教育活动。开展高校思想政治工作、中小学德育课两项督查和中小学班主任队伍现状调研。建立全省高校思想政治工作年度通报制度，编辑出版《广东高校思想政治工作新进展》。推进高校思想政治理论课微课体系构建和资源开发、利用。强化高校思想政治理论课教学指导委员会建设，开办高校思想政治理论课网上名师大讲堂，推出首批"南方红课"，推进高校思想政治理论课教学科研改革。实施"众志育人"网络思想政治教育提升计划，继续推进高校

"易班"建设。依托高校成立非实体型的广东省高校意识形态与网络理论舆情研究中心及广东高校社会主义核心价值观传播研究中心。指导各地中小学生核心素养培养工作。继续推进中小学名班主任培养工作和中小学心理健康教育特色学校、示范区创建工作，发挥特色学校的辐射带动作用。抓好中等职业学校学生公约签约仪式和践行工作，推进广东省全国家庭教育实验区建设工作，深入推进中小学校外教育，推动建立学校、家庭、社区共同参与的学生品德培养协作机制。

（二）切实加强课程教材建设

加大中小学三科国家统编教材统一使用力度，按国家的统一安排力争3年内实现统编教材全覆盖。根据国家拟出台的《中小学综合实践活动课程指导纲要》要求做好广东省地方综合实践活动课程教材的审定工作。抓好经初审通过的广东省中小学地方综合课程教材的试点工作。启动广东省创新课程指导纲要的研制工作。根据国家拟修订的义务教育课程设置方案，启动广东省义务教育课程设置和课程改革方案的研制工作。优化地方课程教材，加强中华优秀传统文化、革命传统、法治意识和国家安全、民族团结教育、岭南特色文化等内容。进一步加强对广东省教辅资料征订工作的规范管理。

（三）加强学校体育卫生艺术工作

建立广东省学校体育美育工作评价制度，启动市县学校体育美育工作评价试点。强化学校体育工作，落实体育课程开设和学生每天1小时体育活动，完善校园足球工作机制，加快校园足球省级推广学校和试点县创建工作，组织2 000名体育教师参加足球业务培训。举办第四届省长杯足球联赛（增设中学女子组）。做好第十三届全国学生运动会参赛工作和省级学校体育单项赛事，启动2018年广东省运动会筹备工作。全面加强和改进学校美育工作，签订部、省艺术教育发展备忘录。着力改善学校美育办学条件，提高美育普及水平。全面启动中小学校创建美育工作特色和美育试点县工作。进一步推进中小学生艺术素质测评实验区工作。建立健全高校美育工作相关规章制度，规范学生艺术教育活动赛事组织，举办全省第五届大学生艺术展演，开展高雅艺术进校园活动。完善学校公共卫生事故预防机制，开展学校卫生和传染病预防工作检查。开展青少年国防教育，加强学生军训和大学生征兵工作指导，完成大学生征兵任务。

（四）加强语言文字工作

召开《国家语言文字事业"十三五"发展规划》宣讲会。制定《广东省语言文字事业"十三五"发展规划》。指导督促各地市有序推进三类城市评估。开展第五批省级语言文字规范化示范校和第三批规范汉字书写教育特色校评审。开展第二届广东省"中国汉字听写"大会、第九届广东省规范汉字书写大赛、2017语言艺术节等活动。制定《省教育厅、省语委语言文字课题管理办法》，开展2017年度语言文字立项申报工作。

（五）加强新型教育智库体系建设

以为教育改革发展及人才培养提供智力支持为中心，凝聚全省教育研究力量，扎实开展教育改革发展及人才培养战略研究、政策研究、理论研究、实践研究和教育评估、教育质量监测、教育宣传出版工作。召开第五届中国南方教育高峰年会，举办南方教育大讲坛，编著出版广东教育蓝皮书，打造"岭南教育文库"，着力锻造广东教育研究品牌。组建广东省基础教育教学指导委员会及学科教学指导组，遴选基础教育研究实验基地学校，建设民办教育研究基地和综合实践教育研究与实验基地，深化教育科学发展实验区、义务教育现代化学校建设试验区工作，加快产出一批在全省乃至全国有重要影响力的教育改革发展及人才培养成果。切实推进信息技术与教育教学深度融合研究与指导，推进"互联网＋"教研工作，促进教育教学和教研管理智能化。注重国家级、省级优秀教育教学成果培育和推广。加快教育教学质量和办学水平评估与监测体系建设。

五、大力促进教育公平，保障各级各类学生受教育权利

（一）均衡配置教育资源

加快推进"全面改薄"工作，2017年年底前校舍建设竣工率和设备采购完成率均达项目规划目标，确保完成"全面改薄"任务。加强实地指导，解决规划和年度计划中的重点、难点问题。督促市、县（市、区）各级足额落实规划配套资金，规范中央补助资金的使用管理。扩大农村义务教育学生营养改善计划实施范围。继续推进世行贷款项目。

（二）促进教育入学机会公平

指导各地根据国家和省的政策要求和工作部署做好义务教育学校招生入学工作，建立完善以居住证为主要依据的随迁子女入学政策。落实和完善进城务工人员随迁子女在当地升学考试政策。进一步完善随迁子女在粤参加高考政策。

（三）提高学生精准资助水平

强力推进国家生源地助学贷款工作，做到广东

省生源地助学贷款办理对象和办理区域的全覆盖，真正做到"应贷尽贷"，有效兜底解决学生上学费用问题。根据学生贫困程度，推行国家助学金分档设置，组合好资助项目，分档发放资助资金，避免"平均资助"现象。开发广东省学生资助信息管理系统。

（四）大力提升教育信息化的建设和应用水平

加强教育信息化统筹规划，开展教育信息化发展研究，出台《广东省教育信息化发展"十三五"规划》。鼓励企业和其他社会力量开发数字教育资源，大力培育社会化资源服务市场。建立健全教育信息化应用激励机制，提升教育信息化基础设施水平，深入推进"三通两平台"的建设与应用工作。实施"优质数字教育资源共享工程"，构建实现优质数字教育资源全覆盖的有效机制，面向教育发展落后地区和特殊人群，提供公益性数字教育资源服务，扩大数字教育资源联盟覆盖面。研究出台网络、数据、资源安全管理制度和服务规范，形成教育数据资源开放共享制度机制，确保网络安全与教育资源安全。

（五）做好高校毕业生就业创业工作

服务国家发展战略，积极拓宽高校毕业生就业渠道和城乡基层就业空间，引导毕业生到中西部地区、艰苦边远地区就业创业。继续组织实施好"大学生村官""三支一扶""西部计划""教师特岗计划"等基层就业项目，鼓励毕业生到中小微企业就业。构建高校毕业生就业创业信息化平台，进一步完善毕业生网上一站式服务平台建设和移动终端上的毕业生就业创业服务系统，着力提升就业创业指导精准度。以创建第四批广东省大学生创新创业教育示范学校为契机，着力深化高校创新创业教育改革。强化创新创业实践基地等平台建设，积极组织学生参加"互联网+""挑战杯"等各类创新创业大赛，营造良好的校园创业文化氛围。着力推进校企深度合作协同育人。实施能力提升行动，提升就业指导服务水平。

六、全面提升教育保障水平，维护教育系统和谐稳定

（一）建设高素质专业化教师队伍

统筹实施教师队伍建设"十三五"规划和"十三五""强师工程"实施方案。进一步加强师德建设。按照教育部部署实施教师教育振兴行动计划，研究制订广东省加强中小学教师专业发展的政策措施。全面落实教师全员培训制度，健全培训体系，探索构建以省、市、县三级教师发展中心为支撑的教师培训体系。加强督促指导，继续实施"中小学教师素质强化工程""学前与特殊教育教师能力达标提升工程""职业教育教师素质提升工程"，推进教师培训学分管理，按需精准施训，提高培训实效。加强农村教师队伍建设，深入实施"乡村教师支持计划"，按省定标准落实农村教师生活补助政策。深入实施各类教师人才工程，加强骨干教师和高水平教师培养。深化教师管理制度改革，积极稳妥推进义务教育学校教师"县管校聘"改革，推进教师职称制度改革，继续做好中小学教师资格考试改革试点和定期注册试点工作。提高教师管理信息化水平，建设"广东教师网"，开发完善"广东省教师继续教育管理系统"。

（二）落实教育经费保障

进一步强化预算管理。提高教育重点任务保障力度，确保落实省政府部署的教育民生实事省级所需资金。落实《广东省人民政府关于进一步完善城乡义务教育经费保障机制的通知》要求。落实保障高水平大学建设、高水平理工科大学建设、省市共建高校建设、高等教育"创新强校工程"、基础教育推进现代化建设等重点项目资金。加强指导和督促，提高省级财政重点项目资金使用效益。

（三）提升教育装备保障能力

出台《广东省教育厅关于新形势下进一步加强普通中小学装备工作的实施意见》，全面实施"教育装备提升工程"。继续举办广东省中小学生教育创客大赛等活动，推动教育装备应用创新。开展"书香校园"线上阅读系列活动，推进"书香校园"建设。加强基础教育装备管理，启动基础教育现代装备建设试点工作，完善教育装备质量管理体系，开展教学仪器设备产品质量检查。加强高校装备建设和实验室安全建设管理。继续推进教育系统政府采购改革。

（四）着力构建新型后勤保障体系

积极开展教育后勤调研和课题研究，制定后勤管理服务系列标准制度。继续开展全省教育后勤监督检查，加强学校食堂食品、校服、床上用品等安全质量监管。规范学生公寓和教师住房管理，做好高校医疗保健和校办企业安全生产综合协调指导工作。推动校园环境治理和节能减排，建设"两型校园"。继续开展培训，提高队伍综合素质。举办广东省最美校服征集活动。

（五）全面加强依法治教

开展教育现代治理体系建设和治理能力现状调

研。加快完善地方教育法制体系。出台《广东省教育督导规定》，推动《广东省职业教育条例》《广东省学校安全条例》等立法。组织实施《全面推进依法治教实施意见》，推进学校依法按章治校，建立现代学校制度。落实新修订的《中华人民共和国民办教育促进法》《国务院关于鼓励社会力量兴办教育促进民办教育健康发展的若干意见》和民办学校分类管理有关规定，研究制定广东省实施办法和系列配套政策法规文件，出台非营利性、营利性民办学校差别化管理和扶持政策，包括民办学校年检规程、民办学校财务资产监督办法、营利性和非营利性民办学校收费规定、营利性和非营利性民办学校扶持与奖励办法、民办中小学（幼儿园）学校信息公开办法、营利性本科高等学校的招生简章和广告备案规程等管理细则。健全教育系统法律顾问制度。继续开展依法治校示范校创建活动，启动依法治校示范县（市、区）创建工作。组织实施"七五"普法规划，开展法制培训，提升依法治理能力。推动青少年法治教育实践基地建设。开展规范性文件清理和教育政策实施情况的评估。健全多元纠纷化解机制，做好教育行政复议和行政应诉工作。

（六）加强教育系统政风行风学风建设

加强执纪监督，盯紧重要节点，密切注意不正之风的新动向、新表现。严肃整治和查处中小学补课、乱收费等教育领域群众反映强烈的突出问题。加强行风学风建设，贯彻落实职业道德规范和学术道德规范，严肃惩治学术不端行为。继续完善内部审计制度，切实加大对教育经费的审计监督力度。深入推进教育系统巡察工作。

（七）全面维护学校安全稳定

切实加强抵御防范敌对势力渗透破坏工作，确保校园政治稳定。积极组织和指导各地开展"全国中小学生安全教育日""全国消防安全宣传日""安全生产月""禁毒"等主题安全实践活动。充分发挥新媒体作用，制作并播放学生安全法制宣传教育微电影、公益广告电视宣传片。指导各地积极参与"学校安全教育实验区"活动。贯彻落实省委、省政府创建"平安广东"规划部署，全面推进"平安校园"创建工作，切实加强校园及周边治安综合治理。指导和督导各地各学校进一步健全领导班子维稳安全工作责任制。集中开展校园消防安全整治专项行动。联合公安、安监、交通等部门开展校车安全专项督导检查活动。部署开展预防学生溺水、交通、意外伤害、校园欺凌等问题专项治理行动。

（撰稿、审稿　广东省教育厅办公室）

2017年广东省教育事业发展概况

2017年，广东教育系统深入学习贯彻党的十八大、十九大精神，深入贯彻落实习近平总书记治国理政新理念新思想新战略，全面加强教育系统党的建设，不断深化教育综合改革，推动教育各项事业迈上新台阶，为实施创新驱动发展战略和推动广东省经济社会发展提供了坚强的人才支撑和智力支持。

一、打造党建工作的坚强堡垒

加强党对教育工作的领导，完善高等学校党的领导管理体制，全面加强和改进高校思想政治工作，落实高校意识形态工作"六项责任制"，学习宣传贯彻党的十九大精神，启动实施习近平新时代中国特色社会主义思想进教材、进课堂、进学生头脑、进网络、进学生社区"五进"工作，落实立德树人根本任务。抓好学习型、服务型、创新型基层党支部评选活动。进一步落实全面从严治党主体责任和监督责任，推动厅党组和高校领导肩负起管党治党的主体责任，严格党内政治生活，强化对党员干部日常的教育、管理和监督，营造良好的政治生态。加强民办高校党的建设工作，强化民办高校党的政治核心作用。

二、深化教育综合改革

继续推进"放管服"简政放权改革，深化管办评分离，进一步完善政府依法治理、学校依法自主办学、社会各界依法参与和监督评价的教育公共治理新格局，构建有效支撑教育现代化的教育治理体系。研究制定《广东省鼓励社会力量兴办教育促进民办教育健康发展的实施意见》，完善民办学校差别化扶持政策和管理措施，推进办学体制改革。

三、基本完成教育"创强"任务

截至2017年10月，全省创建广东省教育强镇、广东省教育强县（市、区）、广东省教育强市覆盖率分别为99%、100%和95%，珠三角地区的广东省推进教育现代化先进县（市、区）和先进市覆盖率分别为100%和89%，全省121个县（市、区）全部通过国家义务教育发展基本均衡县督导评估认定，成为全国第六个实现义务教育发展基本均衡县全覆盖的省份。

四、不断扩大基础教育优质教育资源的覆盖面

统筹推进义务教育均衡优质标准化发展，实施广东省第三期发展学前教育行动计划，推动学前教育健康规范发展。增加基础教育学位供给和增加优质学位。推进普通高中优质特色多样化发展。支持经济欠发达地区建设特殊教育学校和资源教室，做好残疾儿童少年招生入学工作。全省规范化幼儿园数达到12 250所，占比70.86%；公办幼儿园和普惠性民办幼儿园占比达73.58%；义务教育标准化学校比例提高到96.99%；全省有普通高中1 031所，其中省一级学校数量近500所，约占总数的50%。

五、职业教育与广东产业对接日益紧密

以创建现代职业教育综合改革试点省为统领，注重发挥教育和产业两个领域、学校和企业两类主体的积极性，推动职业教育与经济社会融合发展。探索出"校企双制""一校多制""企业校区""园区办学""校中厂""厂中校""混合所有制"等多种办学模式。全省新增技术技能人才中70%以上由职业院校配置。职业院校三大产业相关专业在校生所占比例与全省三大产业结构发展目标基本一致。全省468所中等职业学校中，国重、省重学校的比例达到46.8%。启动一流高职建设，安排2.52亿元支持18所一流高职院校"创新强校工程"。

六、"双高"建设引领高等教育内涵发展

高等教育以"创新强校工程"为统领，以"双高"建设为牵引，以办学绩效为导向，完善适应高校分类发展的办学资源配置机制，为广东实施创新驱动发展战略提供有效支撑。"双高"建设高校入围ESI全球排名前1%的学科数量增速明显加快。全省高校已有56个学科入围ESI全球排名前1%，比2015年1月增加21个，增长60%。11所高校入选四大国际权威排行榜，位居全国第四；290个学科入选上海软科公布的中国最好学科排名，位居全国第四。建成4所具有独立法人资格的中外（内地与港澳）合作办学机构，占全国近半。

七、师资队伍素质持续提高

深入实施"强师工程",加大工作统筹力度,教师队伍数量、素质、结构进一步协调发展;加强师德师风建设,提高教师师德素养;加快构建省、市、县、校四级教师专业发展体系,扎实推进8个省级中小学教师发展中心建设,新建1个省级中职学校教师发展中心,积极推进市、县教师发展中心建设;提高教师待遇保障水平,全面落实中小学教师工资福利待遇"两相当",进一步完善农村教师生活补助政策,补助标准提高到人均不低于900元/月;进一步深化教师管理制度改革,全面推进中小学教师"县管校聘"改革、中小学和高校教师职称制度、高校"放管服"和教师评价制度改革等。

八、教育信息化稳步推进

积极推进"三通两平台"和资源公共服务平台建设,着力解决粤东西北农村、边远、贫困、民族地区基础性优质教育资源不足的问题,提高义务教育教学质量,促进教育优质均衡发展。教育宽带网络基本实现全覆盖。全省各级各类学校网络接入率达100%,教育宽带网络实现全覆盖,全省中小学基本实现"校校通",农村基层教学点的宽带接入率达95%。优质资源"班班通"不断普及和深化。全省多媒体教学进班级比例达88%,2861个教学点实现设备配备、资源配送和教学应用"三到位"。学习空间"人人通"取得重大进展。全省超过60%的教师、学生开通了网络学习空间,学生自主学习、合作交流能力和网络学习能力稳步提升。为加快推进优质数字资源的建设和传播,省教育厅与南方报业传媒集团共建省级资源公共服务平台,推动实现优质资源全省公办、民办学校全覆盖。研制《广东省中小学智慧校园建设指南》。

九、积极稳妥推进考试招生制度改革

探索建立分类考试、综合评价、多元录取的考试招生制度。加快推进高职院校分类考试招生改革、"职业技能"测试方式改革试点、减少专科录取批次、实施和规范农村专项计划4项高考单项改革工作。加快招生录取批次调整,进一步优化平行志愿投档录取模式改革。继2016年合并二本A、B类两个招生批次后,2017年广东省高考合并普通专科三A和三B批次。制定《广东省高中阶段学校考试招生制度改革的实施意见》,开展高中阶段学校考试招生制度综合改革试点,加快建立完善学生综合素质评价制度,推进中考改革。

十、对外交流合作质量和水平稳步提升

出台《关于做好新时期我省教育对外开放工作的实施意见》,对广东省教育对外开放做好顶层设计。积极推进与欧美发达国家及港澳台地区的教育合作交流机制平台建设工作,推动粤港澳高校联盟、粤港澳姊妹学校等民间交流平台发展。积极支持广东以色列理工学院、深圳北理莫斯科大学做好首年招生工作,鼓励支持天津大学佐治亚理工深圳学院等一批非独立法人的中外合作办学机构申办设立。国际学生人数稳步增长,广东省46所高校招收了175个国家和地区的2.5万名国际学生,其中本(专)科以上学历生比例达42.24%;在广东省中小学就读的外籍学生1.3万名。粤港澳教育交流合作深入发展,粤港澳高校联合实验室项目创新设立,粤港澳姊妹学校规模占全国的60%,在粤高校就读的港澳台侨学生1.2万名,占全国总规模的50%,在粤中小学就读的港澳台学生超过8.8万名,较好地解决了港澳台人士子女入读问题。

(撰稿、审稿 广东省教育厅办公室)

2017年广东省教育要事录

1月2日 广东省普通高考美术术科统一考试、广东省普通高考音乐术科统一考试笔试在广州举行，分别有3.69万人和0.76万人参加考试。

1月3—6日 省教育厅会同省财政厅、省人力资源和社会保障厅、省统计局在中山市共举办3期2016年度全省教育经费统计业务培训班，对2016年教育经费统计工作业务进行培训。

1月4—6日 广东省学位委员会组织专家委员会对广东开放大学新增学士学位授予单位和专业进行驻校实地评审。经专家委员会审核、广东省学位委员会批准，广东开放大学获批为学士学位授予单位，该校标准化工程、法学、文化产业管理、信息安全4个本科专业获批为学士学位授予专业。

1月4—18日 由省委宣传部、省教育厅、省委党校联合举办的第56、57期全省哲学社会科学骨干研修班在省委党校举行，来自全省各地宣传部门、各高校的哲学社会科学骨干人员共93人参加培训。

1月5日 省教育厅办公室转发《教育部基础教育质量监测中心〈关于下发2016年国家义务教育质量监测实施优秀组织单位名单的通知〉》，广东省人民政府教育督导室被授予"省级优秀组织单位"荣誉称号，出色完成监测实施工作的广州市越秀区教育局等56个区县教育部门被授予"县级优秀组织单位"荣誉称号。

1月5日 教育部、全国教育普法领导小组办公室印发《关于发布首届全国学生学宪法讲宪法活动结果的通知》，广东省教育厅获杰出组织奖，广东省参赛学生分获高校组、高中组、小学组一等奖和初中组二等奖的优异成绩。

1月7日 广东省中等职业技术教育专业技能课程考试全部完成，其中理论考试报考人数1.42万人，操作技能考试报考人数1.63万人。

1月7—8日 举行高等教育自学考试，报考人数10.14万人，同比增长8.3%，报考20.27万科次，同比增长8.6%。

1月7—8日 举行全省普通高中学业水平考试，21.25万人报名参加。其中，2017年新增语文、数学、英语三门考试科目作为普通高中毕业生参加高职院校录取的"文化素质"成绩。

1月7—8日 举行2016年下半年中小学教师资格考试面试，开考科目57个。在全省21个地级以上市和顺德区共设33个考区（广州市设12个考区，其他地级以上市及顺德区各设1个考区），43个考点。此次面试报名人数12 657人，实考人数12 439人，合格率为74.95%。

1月8日 教育部公布2016年（首批）国防教育特色学校，广东省有72所大中小学被评为国防教育特色学校。

1月9—20日 广东省普通高考音乐术科统一考试面试在星海音乐学院（大学城校区）举行，共0.76万人参加。

1月10—20日 在广州体育学院举行全省体育术科统一考试，全省共有1.64万人参加考试。

1月11日 省教育厅公布2016年广东省重点建设学科名单，广东医科大学临床医学等9个学科为攀峰重点学科，广东财经大学应用经济学等36个学科为优势重点学科，广州美术学院艺术学理论等41个学科为特色重点学科，韶关学院计算机科学与技术等24个学科为重点培育学科。

1月11—12日 省委教育工委召开教育系统人大代表、政协委员座谈会。省教育厅党组副书记、副厅长魏中林出席会议并讲话，来自10所高校的人大代表、政协委员代表共29人参加会议。座谈会上，魏中林介绍了2016年广东教育的发展情况，并听取与会代表委员的意见建议。

1月12日 组织召开2017年省委教育工委、省教育厅（以下简称委厅）机关老干部迎春茶话会和情况通报会。省委教育工委书记，省教育厅党组书记、厅长罗伟其出席并讲话，会议由省教育厅党组成员、副厅长王创主持。

1月12日 广东省2017年地市学生资助工作会议暨全面推进生源地助学贷款现场会在韶关乐昌市召开。全省各地市、县（市、区）教育局分管学生资助工作的领导和负责同志共300余人参加了会议。广东省教育厅副巡视员陈健出席会议并讲话。

1月13日 省委教育工委召开2016年高校党委书记抓基层党建工作述职评议，全省高校党委书记，组织关系在省委教育工委的公办高校组织部部长，高校省党代表、省人大代表、省政协委员代表参加会议。会上，28所高校党委书记进行现场述职，107 所高校党委书记进行书面述职，会议对述职情况进行了评议。

1月26日 省委教育工委书记、省教育厅党组书记景李虎一行到广州市第七十五中学，看望慰问新疆内高班学生和新疆籍管理教师，代表省委教育工委、省教育厅送去新年祝福和节日问候，勉励新疆内高班的同学们好好学习，增长才干，成为未来新疆事业的建设者，成为连接粤疆两地交往交融的桥梁和纽带。

1月 省教育厅、省审计厅联合开发的省教育系统综合监督信息平台建设项目正式启动。

1月 省政府将"资助学前教育困难家庭幼儿36.7万人"列入2017年十件民生实事重点推进。

1—6月 先后在中山大学、华南理工大学等高校组织了8场珠江学者讲坛活动。8名珠江学者就各自研究领域的相关课题做了精彩报告，并与参加论坛的师生分享科研体会、展开精彩互动。

2月6日 省教育厅公布河源市源城区源西街道等17个镇（街道）通过"广东省教育强镇"复评。

2月16日 通报2016年度广东省依法治校示范校认定结果，共认定188所学校，其中地方中小学182所，普通高校5所，省属中职学校1所。

2月21日 省教育厅会同省食品药品监督管理局召开全省教育系统食品安全和诺如病毒感染防控工作会议。

2月21日 省教育厅批复2017年省属学校和厅直属事业单位部门预算。2017年省教育厅部门预算2 430 592.725万元，比2016年增加149 600.955万元，增长6.55%。

2月25日 全国内地新疆高中班和内地新疆中职班"民族团结一家亲"演讲比赛广东省半决赛暨全省"爱在广东"民族团结教育演讲比赛中学阶段决赛在广州举行。比赛由省教育厅主办，广州市教育局承办，天河区教育局和广州市第七十五中学协办，来自省内18所内地新疆高中班和内地新疆中职班各族师生代表共300多人参加比赛。

2月25—26日 由省教育厅主办的广东省2017届高校毕业生两场供需见面活动（文科类、理工类）在广东工业大学（大学城校区）举行。时代地产、广州市设计院等近430家用人单位进场招聘，提供近13 000个工作岗位。

2月27日 根据省人民政府授权，省教育厅决定授予肇庆市鼎湖区"广东省推进教育现代化先进区"称号，授予德庆县、封开县"广东省推进教育现代化先进县"称号。

2月28日 广东省"书香校园"线上读书现场活动在佛山市三水西南中学举行，省教育厅党组成员、副厅长王创出席会议并讲话。

2月28日 国务委员、中央军委委员兼国防部部长常万全同志到广州大学附属中学调研学校国防教育工作，省教育厅副巡视员陈健陪同调研。

3月1日 省教育厅在广州市召开农村中小学幼儿园闲置校园校舍综合利用集中调研会，听取部分市、县教育局意见建议。3月29日，印发《关于加强农村中小学幼儿园闲置校园校舍管理的指导意见》，提出农村中小学幼儿园闲置校园校舍妥善保全、有效管理和合理利用的具体要求。

3月3日 省人民政府批复同意设立惠州工程职业学院。

3月4—5日 高职院校自主招生开展"职业技能"网上联合测试试点。在28所高职院校的计算机应用技术、物流管理、模具设计与制造、电子商务、建筑工程技术、汽车检测与维修技术、机电一体化、会计、电子信息工程技术、物联网应用技术等10个专业，对普通高中毕业生实施"网上职业适应性测试"试点。

3月6日 省教育厅召开2017年全国义务教育阶段学生科学学习质量、德育状况监测工作会议，121个县（市、区）（含东莞市、中山市）相关人员参加视频会议。

3月7—8日 全省高校形势与政策课春季备课会在广州举办，全省高校思想政治课教学部门负责人以及形势与政策课骨干教师近300人参加备课会。

3月8日 省教育厅组织有关省市共建高校在广州召开工作座谈会，交流讨论总体规划和改革方案编制过程中遇到的问题，指导高校进一步完善总体规划和改革方案；3月底，配合省财政厅下达首批省市共建本科高校省财政补助资金8亿元。

3月9日 省教育厅会同省财政厅、省科技厅、省人力资源和社会保障厅、省审计厅等部门在广州召开《关于进一步完善省级财政科研项目资金管理等政策的实施意见（试行）》政策宣讲会，对有关政策内涵和实施要求进行深入解读与宣讲。省直有关部门、省属（含在粤部属）高校、科研院所分管领导和科研、财务管理负责人共400余人参加了会议。

3月10日 2017年度全省高校学生工作会议在肇庆学院召开，会议总结2016年全省高校学生工作，分析、研判学生工作面临的新形势、新任务，全面部署2017年的工作。全省140余所高校170多名学生工作部门负责人参加会议。

3月11日 举行全国中小学教师资格考试笔试，广东省报考人数近7.44万人，总报考15.03万科次。

3月11—12日 举行普通高等学校本科插班生考试，全省共2.79万人报名参加考试。

3月11—14日 举行普通高考英语听说考试，实行分批分场次考试，报考人数68.49万人，是全国规模最大的"人机对话"考试。

3月13—17日 省教育厅组织在江门市新会区集中审核汇总2016年度全省教育经费统计报表。

3月15日 举办高校教师资格认定业务培训，对全省各高校经办人员进行政策解读、材料报送、系统操作及维护等方面的培训，提升经办人员的政策水平和管理能力。

3月15日 教育部、广东省人民政府、广州市政府、华南理工大学在北京签署《教育部 广东省人民政府 广州市人民政府 华南理工大学共建华南理工大学广州国际校区协议》。

3月16日 2017年全省各地市及部分县（市区）考试招生工作座谈会在广东省教育考试院召开。省教育厅党组成员、省教育考试院院长王斌伟出席并讲话。会议总结了广东省"十二五"时期及2016年考试招生工作，以问题、任务和目标为导向，围绕高考综合改革、中考改革等考试招生制度改革的思路和措施，及改进和加强各类考试组织管理等问题进行了交流讨论。

3月17日 召开全省学校食堂食品安全工作视频会议。主会场设于省教育厅，省属高校、中小学校分管领导及食品安全员等200余人在主会场参加会议，各地市教育局设分会场。

3月17日 省人民政府批复同意设立广东江门中医药职业学院。

3月18—19日 举行全国英语等级考试，全省总报考人数3.93万人，总报考7.46万科次。

3月21日 省人民政府批复同意筹设梅州南方紫琳职业学院、广州颐和职业学院。

3月21日 广东省2017年高校学生资助工作会议在广州召开。全省各高校分管学生资助工作的校领导和学生处负责同志近300人参加了会议，省教育厅党组成员、副厅长王创出席会议并讲话。会议总结了广东省2016年学生资助工作，分析了当前形势，并部署2017年高校学生资助工作。

3月22日 组织召开全省教育系统安全稳定工作会议。省委常委、宣传部部长慎海雄出席并讲话，省委教育工委书记，省教育厅党组书记、厅长景李虎与各地各学校代表签订了《学校安全稳定工作责任书》和《高校落实意识形态工作"六项责任制"责任书》。

3月24日 省教育厅认定广州市越秀区东山培正小学等500所中小学校为第一批广东省青少年校园足球推广学校，广州市天河区等24个县（市、区）为第一批省级青少年校园足球试点县（市、区）。

3月25—26日 举行剑桥少儿英语考试，广东省报考人数近1.16万人。

3月25—28日 举行全国计算机等级考试，广东省总报考人数18.11万人，总报考18.24万科次。

3月28日 省教育厅印发《关于举办"金湾杯"第七届广东省大学生职业规划大赛的通知》。

3月29日 2017年全省教育装备工作会议在江门举行。省教育厅党组成员、副厅长王创出席会议并讲话。广州市教育局、珠海市教育局、河源市教育局及江门市教育局分别做经验交流发言。江门市蓬江区委、区政府有关领导，全省各地级以上市及顺德区教育局分管局领导，教育装备部门主要负责同志以及省教育装备中心有关人员共70多人参加会议。

3月29日 省人民政府批复同意筹设广东茂名农林科技职业学院。

3月29—30日 广东省学前教育民生实事暨学前教育资助工作管理培训在广州召开。会议部署了2017年"资助学前教育困难家庭幼儿36.7万人"民生实事工作，并对学前教育资助规范化管理工作进行了系统培训。

3月30日 在深圳市南山区召开广东省学校体育卫生艺术工作现场会，贯彻落实国务院和省政府关于强化学校体育、美育等相关工作文件精神，研究部署下一步工作。省教育厅副巡视员陈健出席会议并讲话。全省各地级以上市及有关县（区）教育局领导及相关部门负责人，省教育厅体育卫生与艺术教育处相关负责同志共80多人参加了会议。

3月30日 广东教育装备高峰论坛在江门举行，论坛主题为"智慧·创新·育人——未来教学环境的构建与应用"。中国科学院院士张景中、教育部教育装备研究与发展中心主任曹志祥等做专题报告，全省各级教育装备部门负责人、中小学校校长及一线骨干教师、企业代表等近500人参加。

3月 完成2016年度广东省普通高校科技/社科统计工作，全省共有147所高校和21家高等学校附属医院参加统计工作。参加科技类统计的单位113个，其中普通高校92所，高校附属医院21所；参加人文社科类统计的单位有147个。首次实现了全省高校人文社科类统计工作的全覆盖。

3月　公布2016年度"创新强校工程"科研平台和科研项目的立项结果。立项结果分两类，一类是经学校推荐、省教育厅组织形式审查和专家评审的科研平台和科研项目，全省共有17项科研平台（其中广东省普通高校重点实验室2项、哲学社会科学重点实验室1项、工程技术研究（技术开发）中心9项、人文社科重点研究基地5项）、89项省级基础研究及应用研究重大项目（其中自然科学55项、哲学社会科学34项）和36个创新团队项目（其中自然科学23项，哲学社会科学13项）获得了立项建设；另一类是经学校推荐、省教育厅审核认定的科研项目，全省共获得立项建设项目1 044项，其中特色创新项目579项，青年创新人才项目465项。

3月　省教育厅党组在《关于省第十二次党代会征求意见的反馈意见的报告》中就未来五年广东教育改革提出"争先进、当标兵、建高地"的新目标、新任务。

3月　联合共青团广东省委、省禁毒办等8个部门印发《关于开展2017年"无毒宣传健康生活"广东省青少年禁毒宣传教育活动的通知》，开展"百县禁毒行""禁毒宣教图片千校巡展""家校共建禁毒手牵手""全省禁毒微电影视频大赛"等活动。

3—6月　开展2016年度学生资助工作绩效考评，对全省各地市、各普通高校和各省属中职学校的2016年度学生资助工作进行了绩效考评。

4月5—12日　组织4个督查工作组，对湛江、阳江、惠州、汕尾、潮州、揭阳、珠海、江门8个地市进行了实地督查，重点督查《广东省发展学前教育第二期三年行动计划（2014—2016年）》的落实情况，同时核查其他14个地市（含顺德区）落实省第二期学前教育行动计划的工作报告和数据报表。

4月6—9日　第六届广东高校辅导员职业能力大赛在珠海举行。大赛由省教育厅主办，教育部辅导员培训和研修基地（华南师范大学）承办，北京师范大学珠海分校协办，来自全省129所高校的248名优秀辅导员参加了比赛，1 000多人次观摩了比赛。

4月6—13日　依据普通高中学业水平考试语文、数学、英语3门课程成绩，首次组织高职院校开展面向普通高中毕业生录取工作，共录取毕业生6.62万人。

4月7日　"金湾杯"第七届广东省大学生职业规划大赛在吉林大学珠海学院全面启动，大赛主题是"规划当下，赢在未来"。大赛由广东省教育厅主办，珠海市金湾区人民政府、吉林大学珠海学院、广东省高等学校毕业生就业促进会、广东省大学生创业就业促进会共同承办。省教育厅副巡视员邱克楠出席大赛启动仪式并讲话，珠海市金湾区委常委童嫚，珠海市及金湾区政府有关部门负责同志，各高校就业创业工作部门主要负责人、师生代表、企业代表共约600人参加活动。

4月9—15日　组织第二次中小学新一轮"百千万人才培养工程"培养对象走进乡村教育活动。225名省级名师、名校长培养对象，分3队到云浮新兴、阳江阳春、揭阳惠来、河源东源和龙川、韶关乐昌、清远连州6个县区的83所乡村学校巡回讲学，受益乡村教师超过2万人次。

4月11日　省教育厅公布2016年"我的中国梦——爱祖国 跟党走"中小学主题教育活动的结果，评出获奖作品84项，优秀指导教师奖16项，优秀组织奖14项；"跟着课本去旅行——红色研学之旅"主题教育活动获奖作品16项。

4月11日　省教育厅会同省中小学校长培训中心召开2017年中小学校长省级培训工作研讨会，总结2016年中小学校长省级培训项目实施情况、经验和成效，布置2017年中小学校长省级培训任务，对做好省级培训工作提出明确要求。

4月11—12日　省教育厅组织专家对首批粤港澳联合实验室申报建设单位进行集中答辩评审，遴选出中山大学"热带大气海洋系统科学粤港澳联合实验室"等5家粤港澳联合实验室进入现场考察论证环节；6月，分批组织专家对5家联合实验室进行了现场考察论证，帮助有关单位对联合实验室建设的目标、任务和举措做进一步完善，并根据专家意见编制完善建设任务书。

4月11—14日　2017—2018年度粤、港、澳、闽学界埠际学校体育交流活动在中山市举行。香港、澳门、福建相关部门派员参加，省教育厅副巡视员陈健出席活动。此次交流活动对四地年度学生体育竞赛安排进行了商讨，参加活动的代表集体观摩了中山市学校体育工作开展情况，并进行了四地学校体育工作座谈交流。

4月13日　联合省质量技术监督局开展2017

年中小学校服产品质量专项监督抽查工作，对各地中小学正在使用的学生校服产品进行随机抽检，切实做好广东省校服质量的监督管理工作。

4月13日 会同省学前教育师资培训中心召开2017年幼儿园教师、园长省级培训工作研讨会，总结2016年省级项目实施情况、经验和成效，布置2017年省级培训任务。

4月13—17日 举行高职院校五年一贯制单独招生考试，共11 336人参加考试。

4月14日 省教育厅、省财政厅、省人力资源和社会保障厅、省卫生和计划生育委员会在广州联合召开原民办教师和原代课教师审核工作培训班，全面部署落实原民办代课教师审核工作。省教育厅党组成员、副厅长王创出席培训班并做动员部署讲话，全省各地级以上市以及顺德区教育、财政、人社、卫计部门有关负责同志参加了动员部署会和有关培训。

4月14日 省教育厅在广州召开2017年全省基础教育"强师工程"工作推进会。会议全面总结2016年教师队伍建设以及"强师工程"推进情况，部署推进2017年教师队伍建设和下一阶段"强师工程"实施工作。省教育厅党组成员、副厅长王创出席会议并讲话，全省各地级以上市以及顺德区教育局有关负责人，粤东西北地区部分县（市、区）教育行政部门有关负责同志和8个省级中小学教师发展中心负责同志参加会议。

4月15日 省教育厅在华南师范大学石牌校区举行2017年农村从教专场供需见面会和免费师范生双选会。全省62个县（市、区）教育局和学校进场招聘，共提供3 876个教师岗位，其中可享受"上岗退费"岗位2 595个，共有4 000多名毕业生到场求职。

4月15—16日 举行高等教育自学考试，报考人数20.35万人，同比增长6.8%，报考48.48万科次，同比增长4.1%。

4月17—23日 省教育厅党组成员、副厅长朱超华带队赴四川省甘孜州落实职业教育东西协作行动计划相关工作。组织广东3所省属优质中职学校与甘孜3所中职学校签订结对协作协议。

4月19日 广东省教育厅召开全省2017届高校毕业生就业创业工作暨第三届中国"互联网+"大学生创新创业大赛广东分赛动员部署网络视频会议。省委教育工委书记，省教育厅党组书记、厅长景李虎出席会议并讲话，省教育厅副巡视员邱克楠对第三届中国"互联网+"大学生创新创业大赛广

东分赛做了动员部署，暨南大学、肇庆学院、广州大学华软软件学院3所高校做了工作经验交流。会议主会场设在广东省教育厅，同时在深圳大学等18所高校设立分会场。80多所普通高校的领导、就业工作部门主要负责同志和研究生培养单位负责同志共160人在主会场参加会议，全省高校共320人参加了视频会议。

4月20日 通过个人申报、学校推荐、专家评审的方式，完成国家留学基金管理委员会出国留学地方合作项目人选推荐工作，共有147人通过省级专家评审，其中高级研究学者及访问学者（含博士后）项目120人，高等教育行政管理人员12人，中学英语教师出国研修项目15人。

4月23日 顺利完成2017年度成人本科毕业生申请学士学位外国语水平统考工作，全省共有60 240名考生报考。继续推进计算机化考试的试点工作，此次参加计算机化考试的学校共有8所，全部采用题库命题、随机组卷、智能化评卷等方式进行。

4月24日 省委教育工委召开高校学习习近平总书记对广东工作重要批示精神座谈会，省委教育工委书记、省教育厅厅长景李虎出席并讲话，省教育厅党组成员、驻厅纪检组组长阙定胜主持会议。座谈会上，部分高校代表分别就学习习近平总书记重要批示精神做了交流发言。

4月24日 省委副书记、省长马兴瑞主持召开会议，听取北京师范大学珠海校区建设进展情况，要求珠海市政府、省教育厅等省直相关部门加快推动珠海校区建设工作。

4月24—28日 省教育厅联合省食品药品监督管理局、省人力资源和社会保障厅组成5个工作组对全省11个地级市进行春季学校食堂、校园及周边食品安全专项督查，持续加强对学校校园及周边食品安全的监督管理。

4月24日—6月30日 为进一步提高学生防溺水安全意识和技能，强化学校预防溺水教育主体责任和家长监护责任，预防和减少学生溺水事故发生，省教育厅在中国教育学会安全教育实验区"广东省学校安全教育平台"上开展"2017年广东省中小学生（幼儿）预防溺水专题教育活动"。

4月25—28日 省教育厅党组副书记、副厅长魏中林赴西藏落实"粤藏同心幼教培训工程"相关事宜，并参加培训工程启动暨首期培训班开班仪式。培训工程由省教育厅组织实施，计划用2年时间，举办48期培训班，对全藏4 736名幼儿教师进行一

次全覆盖的轮训，加强西藏自治区幼儿教育师资队伍建设，推动西藏自治区幼儿教育事业发展。

4月26日 省委教育工委召开省委教育工委隶属高校党代表会议，省委教育工委、省教育厅有关领导和处室代表、组织关系在省委教育工委的高校党委书记及基层一线党员代表参加会议，省委教育工委书记、省教育厅厅长景李虎主持会议，会议共选举产生37名代表出席省第十二次党代会。

4月26日 省教育厅、省征兵办联合召开全省大学生征兵工作网络视频电视电话会议，会议由主任督学那佳主持。省有关部门和各高校相关负责同志等共2200人参加会议。

4月28日 开展2017—2018年节约型公共机构示范单位和公共机构能效领跑者申报审核工作，指导各高校做好申报准备工作。

4月30日 顺利完成2016/2017学年度第一学位信息报送工作，共采集并报送各类学位授予信息20 099条。其中授予博士学位792条，硕士学位3 757条，学士学位15 550条。学位信息采集完整度达到100%。

4月 教育部在广东继续开展扩大省级政府研究生招生计划管理统筹权改革试点工作，在分省计划基础上，按不超过5%的比例上浮确定广东省所属高校硕士研究生招生计划。2017年广东省实际执行硕士研究生计划总规模为20 625人，比2016年增长10.9%。计划安排向高水平大学、理工科大学和理工类学科建设高校倾斜。广东省所属高校博士计划总规模为1 328人，比2016年增长12.4%。

4月 组织开展"中国移动'和教育'杯"全国教育技术论文活动，广东省共推荐150篇论文到全国参加评选，获奖120篇，其中一等奖4名、二等奖12名、三等奖16名、优秀奖88名。

4月 广东省教育厅与南方报业传媒集团签署教育信息化合作协议，双方将共建全省权威教育资源公共服务平台，推进全省基础教育均衡优质发展，强有力支撑全省实现教育现代化、全面建成小康社会。省委教育工委书记、省教育厅党组书记、厅长景李虎出席并主持签约仪式，省教育厅党组成员、副厅长王创代表省教育厅签署合作协议。

4—8月 广东省2017年"助梦扬帆——资助高校家庭经济困难优秀大学生海外研学项目"圆满完成，共资助124名全日制普通本专科生利用暑假赴德国和美国交流研学。省教育厅党组成员、副厅长朱超华出席项目总结大会，并指出要强化资助育人理念，将项目做出品牌、做出影响力，并以此作为资助育人的新载体。

5月3日 省教育厅公布韶关市曲江区马坝镇等30个镇（街道）通过"广东省教育强镇"复评。

5月3—4日 第三届中国"互联网+"大学生创新创业大赛广东省分赛专项培训在广州城建职业学院举办。广东省教育厅副巡视员邱克楠出席并讲话。全国高校创新创业投资服务联盟秘书长马德富、副秘书长戴海涛做大赛主题解读报告，新道科技股份有限公司双创事业部副总经理张永红做大赛培训。各高校就业创业工作部门负责人、大赛负责人、师生代表共450人参加了培训。

5月3—4日 广东省学位委员会组织专家委员会对广州航海学院新增学士学位授予单位和专业进行驻校实地评审。经专家委员会审核、广东省学位委员会批准，广州航海学院获批为学士学位授予单位，其交通运输、航海技术、轮机工程、船舶电子电气工程、物流工程5个本科专业获批为学士学位授予专业。

5月3—5日 2017年全省市、县（市、区）教育局长学习研讨班在广东邮电职业技术学院举行。研讨班旨在促进市、县教育局长转变观念，及时掌握"十三五"教育改革发展的主要任务，提高教育发展统筹能力和执行能力，加快推进教育现代化。

5月4日 省纪委、省委组织部、省委教育工委联合出台《关于加强高校纪委建设的意见》，提出了高校纪委职能定位、机构编制配备、干部队伍建设、工作报告制度、工作保障等方面共17条要求，另附高校纪委职责清单。

5月5日 省政府召开广东省高考安全工作电视电话会议，省政府党组成员陈云贤出席会议并讲话，强调要多措并举，加强综合治理，确保2017年高考安全平稳进行。

5月6日 46所高职院校完成中高职衔接三二分段考生录取工作，对口163所中职学校（含技工学校），416个专业点，报送拟录取12 245人，审核通过12 100人，通过率为98.8%；审核46所高职院校招生章程，涉及对口的175所中职学校开展转段考核工作。

5月8日 省教育厅副巡视员陈健带队到梅州市开展学生体质健康抽测，标志着全省中小学生体质健康抽测评估制度正式启动。

5月8日 省教育厅通过官网和官方微信公开发布2016年全省教育经费统计快报。2016年，全省地方教育经费总投入为3 367.54亿元，比2015年增长10.5%，其中，财政性教育经费2 487.58亿元，比2015年增长10.01%。

5月9日 在广州召开中小学教师资格考试（面试）考务工作暨测评系统操作培训会，传达教育部2017年上半年中小学教师资格考试（面试）考务工作会有关精神，部署2017年上半年中小学教师资格考试（面试）考务相关工作以及面试测评系统操作使用培训。

5月9日—6月29日 2017年全国职业院校技能大赛在全国各分赛场举行。广东省共获得一等奖35项、二等奖109项、三等奖76项，总成绩位居全国第五名，其中高职组位居全国第三名。

5月10日 《广东教育综合改革专刊》创刊，以《广东教育简报》《广东教育信息》的形式编发，每月一期。择优刊登各地、各校在人才培养体制改革、考试招生制度改革、建设现代学校制度、办学体制改革、管理体制改革、扩大教育开放等教育综合改革方面的主要做法、取得成效、典型经验、存在问题及政策建议。

5月10日 经教育部备案同意，民办南华工商学院更名为广东南华工商职业学院，并转制为公办高校。

5月10日 根据省人民政府授权，省教育厅决定授予蕉岭县"广东省推进教育现代化先进县"称号。

5月11日 省委教育工委书记，省教育厅党组书记、厅长景李虎主持召开学生资助工作专题研讨会，听取学生助学工作管理中心工作汇报，研究部署学生资助工作。景李虎充分肯定了助学中心取得的成绩，对下一步学生资助工作提出了要求。

5月11—12日 举办广东省高校食品安全培训班，组织全省高校食品安全管理负责人参加，解读有关法律、规范餐饮服务操作，提高学校食品安全管理员依法管理校园食品安全的能力。

5月15—17日 省教育厅党组成员、副厅长王创带领省推进教育现代化第二视导组对韶关市浈江区、武江区、曲江区、仁化县、始兴县、乳源县等6县（区）开展推进教育现代化先进县（市、区）视导工作。

5月17日 开展主题为"传播青春正能量、营造网上精神家园"的第二届广东高校网络媒体展示节，共设动漫作品、微视频作品、公益广告作品、网文作品、设计作品5项展示活动。

5月19日 第17期广东高校学习论坛在暨南大学举办，广东省委党校常务副校长杨汉卿教授做关于学习贯彻习近平总书记重要批示精神的专题辅导报告，广州地区公办高校处级以上领导干部代表聆听了报告。

5月19日 广东省教育厅开展新疆籍少数民族大学生"爱在广东"主题教育活动，共设主题演讲、文艺作品、志愿服务项目3项活动。

5月19日 省政府党组成员陈云贤到佛山市调研检查，先后到佛山市南海区教育局保密室和南海艺术高级中学检查高考准备工作情况，并召开座谈会，对全省的高考工作提出要求。

5月19日 在佛山举行省市区校共建南方医科大学顺德校区、广东财经大学佛山校区协议签署仪式，签署《广东省教育厅 佛山市人民政府 佛山市三水区人民政府 广东财经大学共建广东财经大学佛山校区协议》和《广东省教育厅 佛山市人民政府 佛山市顺德区人民政府 南方医科大学共建南方医科大学顺德校区协议》。

5月20日 2017年广东省学前教育宣传月启动仪式在广州市天河区举行，省教育厅党组成员、副厅长那佳，广州市教育局和天河区政府负责人，以及天河区幼儿园园长代表、教师代表、家长代表共500多人参加了启动仪式。此次宣传月的主题为"游戏——点亮快乐童年"，启动仪式现场还组织了专家讲座和亲子游戏市集。

5月20—21日 由广东省教育厅主办，暨南大学承办的第二届粤港大学生城市猎奇行动（City Hunt）在广州举行，来自粤港地区的150余名大学生参加了活动。

5月20—21日 举行非学历证书考试（含中英合作商务管理与金融管理），开考3项证书24门课程，共有4.9万人报名参加考试，共计13.56万科次。

5月20—21日 举行全国大学英语四、六级口语考试，全省共有2.11万人报名参加考试，其中四级1.02万人，六级1.09万人。

5月20—21日 举行中华人民共和国普通高等学校联合招收华侨、港澳地区及台湾省学生入学考试（简称联招考试），共有4 424名考生报名参加考试。

5月20—21日 派出33个巡考组赴33个考区巡考，检查考区、考点考试安全保密和考试组织实施情况，协助考区、考点做好考试的管理工作。

5月20—21日 举行2017年上半年中小学教师资格考试面试，开考科目57个。全省21个地级以上市和顺德区共设33个考区（广州市设12个考区，其他地级以上市及顺德区各设1个考区），47

个考点。此次面试成功报名人数21 877人，实考人数21 229人，合格率为71.67%。

5月21日—6月4日 省教育厅组织30名区县督学在国家教育行政学院举办的第9期全国县区督学培训班插班学习15天。

5月22日 2017年广东高校思想政治理论课（以下简称思政课）教学质量年专项工作部署会暨广东省高校思想政治理论课教学指导委员会（以下简称教指委）年会在广州召开，省委教育工委副书记、省教育厅党组副书记、副厅长邢锋出席会议并讲话。广东高校思政课教指委委员、各高校分管思政课教学的校领导和思政课教学部负责人共290多人参加会议。

5月22日 省教育厅在广州市召开厅属74个预算单位进一步加快预算执行进度工作会议，省教育厅党组成员、副厅长王创出席会议并讲话。会议通报了各预算单位预算执行进度，总结分析了在教育支出进度工作中存在的问题和原因，并提出下一步加快支出、完善工作机制的措施。

5月22—26日 省教育厅委托教育部高等学校师资培训中心在武汉大学举办2017年广东省教育系统财务管理处级干部培训班，共105人参加。

5月23日 省教育厅公布河源市源城区新江街道等21个镇（街道）通过"广东省教育强镇"复评。

5月24日 "互联网+教研"新粤跨区域教育信息化应用交流教研活动在新疆喀什地区疏附县和广东广州市番禺区同步举行。近70多名中小学教师参加了在新疆喀什地区疏附县的现场课例应用交流教研活动。在广东番禺的远程主会场现场，共有200多名中小学教师通过互联网远程观摩实时课例直播，并与在新疆活动现场的教师同步开展网上教研活动。全国有近6万名教师通过网络观看了此次活动。

5月25日 组织开展2017年"我的中国梦——立志·修身·博学·报国"主题教育系列活动，包括爱国主义教育、社会调查、视觉影像、新媒体创意、经典诵读、歌咏评审六大类活动。

5月25日 开展主题为"热爱生命、为青春喝彩"的2017年度高校学生心理健康教育系列活动，包括原创心理漫画、原创心理剧、主题演讲、技能展示等。

5月25日 对121个县（市、区）（含东莞市、中山市）开展义务教育阶段学生科学学习质量、德育状况监测，实现了广东省义务阶段教育质量监测全覆盖。

5月25日 顺利完成2017年度同等学力人员申请硕士学位全国统考工作。广东省考区考生人数达10 028人，考试16 510科次。

5月25—26日 教育部副部长朱之文到广东省调研基础教育工作。朱之文一行围绕地方和学校需要着力解决的问题，特别是人民群众关心的热点难点问题，地方成功实践经验、制度和政策问题，实地调研了广东实验中学、佛山市南海区里水初级中学、佛山市启聪学校、佛山市禅城区明珠幼儿园，听取了佛山市教育局、广州市教育局、广州市越秀区教育局、广州市天河区教育局及广州市第二中学负责同志的工作汇报。

5月28日 举行剑桥通用五级KET、PET英语证书考试，广东省总报考人数2 769人，其中KET 1 793人，PET 976人。

5月29日 广东省学位委员会公布2017度备案新增学士学位授予专业。2017年全省共有46所高等学校新增123个学士学位授予专业。

5月31日 省教育厅与省科学院签署战略合作框架协议，双方将共建研究生联合培养示范基地，积极探索"平台+""团队+""项目+"的研究生培养模式，进一步建立健全产学研合作育人机制，并以共建研究生基地为载体，进一步加强双方在平台共建、资源共享、人才培养、科研合作、成果转化中的合作，努力将基地建成为全国专业学位研究生教育综合改革的示范点和国内外有影响力的人才培养平台。

5月31日—6月3日 教育部"迎接十九大教育看变化"中央媒体采访团走进广东，围绕广东建设高水平大学、高水平理工科大学（以下简称"双高"）服务创新驱动发展取得的成效经验以及广东以教育信息化推进教育现代化两个专题开展采访报道。

5月 省教育厅遴选669人为广东省高等学校中青年教师国内访问学者项目人选到国内著名高校访学进修，并委托教育部高等学校师资培训交流武汉中心进行志愿投递及录取调剂工作。

5月 建立乡村教师荣誉制度，会同省人力资源和社会保障厅向全省15万多名在乡村学校从教20年的教师颁发省荣誉证书，截至4月，已向各地发放省荣誉证书共13万册。

5月 广东省教育厅开展资助高校家庭经济困难优秀大学生海外研学项目，通过学校评选推荐，全省共124名高校家庭经济困难优秀大学生入选，入选学生将在8月份分批赴美国、德国等国家进行为期10~15天的研学活动。

5月 省教育厅出台《广东省教育信息化发展"十三五"规划》。规划明确2016—2020年教育信息化发展目标的主要内容是补齐短板，构建泛在的教育信息化基础应用环境，利用信息化全面实现优质教育资源公民办学校全覆盖，实现信息技术与教育教学深度融合，支撑现代教育治理服务能力显著提升，建成智能安全的信息化应用支撑环境。

4—5月 组织专家对全省50所民办高校进行年度检查，广东白云学院等47所学校年检结果为"合格"，广东信息工程职业学院、广州大学松田学院、广东新安职业技术学院3所学校年检结果为"基本合格"。

6月1日 省教育厅印发《广东省教师队伍建设"十三五"规划》。

6月1日 根据教育部、财政部、国家发展改革委印发《统筹推进世界一流大学和一流学科建设实施办法》，确定将中山大学和华南理工大学列为国家一流大学建设高校建议名单，暨南大学、华南师范大学和广州中医药大学列为国家一流学科建设高校建议名单。

6月3日 省教育厅会同佛山市人民政府在佛山召开广东省高水平大学建设推进会暨产学研对接大会。省政府党组成员陈云贤出席会议并讲话；省委教育工委书记，省教育厅党组书记、厅长景李虎发表讲话。省科技厅、省知识产权局、南方报业传媒集团、佛山市相关领导，省内多所高校主要负责同志，高校科研团队教授代表、佛山企业、研究院代表共500余人参加会议。大会发布了《广东创新驱动发展供需对接暨佛山校地合作发展报告》，开展了佛山招校引智工作推介，并举行了广东高校全面服务佛山创新驱动发展合作协议等项目签约仪式和广东高校科技成果转化中心揭牌仪式。

6月5日 公布第一批（第三周期）和第二批（第二周期）广东省中小学名班主任工作室主持人名单，确定第一批（第三周期）广东省中小学名班主任工作室主持人22名和第二批（第二周期）广东省中小学名班主任工作室主持人20名。名班主任工作室建设周期为2年（2017年5月至2019年5月）。

6月5—6日 举办广东省高校思想政治理论课课题立项获得者科研能力提升研修班，课题项目负责人共100余人参加研修班。

6月5—6日 广东省本科高校创新创业教育课程研讨会暨教师培训会在广东外语外贸大学举行。全省63所本科高校教务处处长以及本科高校教师代表近200人参加了培训活动。

6月5—12日 首届省属中职学校足球联赛在广东食品药品职业学院举行，省教育厅党组成员、副厅长王创出席开赛仪式，并为足球联赛开球。来自30多所省属中职学校的领导和教师现场观摩了比赛。

6月6日 2017年广东省节能宣传月活动启动仪式暨绿色出行骑行活动在广州大学城举行，来自省有关部门及中山大学、广东外语外贸大学等高校的数百名青年参加了骑行活动。

6月6日 根据国务院学位委员会印发《关于〈博士硕士学位授权审核办法〉的通知》和《关于开展2017年博士硕士学位授权审核工作的通知》精神，广东省学位委员会发布了《广东省学位委员会关于开展2017年博士硕士学位授权审核工作的通知》及《2017年广东省新增博士硕士学位授权点申报指南》，正式启动广东省2017年度博士硕士学位授权审核工作。

6月6日 广东省学位委员会公布2017年博士硕士学位授予立项建设单位名单。博士学位授予立项建设单位为广东财经大学、广东药科大学、广州美术学院、广州体育学院、南方科技大学、佛山科学技术学院；硕士学位授予立项建设单位为岭南师范学院、广东金融学院、南方科技大学、东莞理工学院、惠州学院、肇庆学院。

6月7日 省政府党组成员陈云贤到省教育考试院考试指挥中心对高考首日情况进行网上巡察。

6月7—8日 举行全省普通高等学校招生考试。2017年广东省高考考生报考人数达75.7万人，比2016年增加1.1万人，居全国第二。其中，普通类考生68.8万人，"3+证书"高职类考生4.4万人，高职自主招生和单考单招考生2.5万人。2017年是广东省就读普通高中的随迁子女报名参加普通高考的第二年。据统计，符合报考条件的外省户籍随迁子女考生共17 052人，比2016年增加7 495人，增幅78.4%。

6月9日 举行普通高中学业水平考试，共64.5万人报名参加考试。

6月10日 广东省教育厅满分通过国家发展改革委信用信息"双公示"现场核查。

6月13日 省教育厅党组成员、副厅长王创参加中山、林芝首次"互联网+支教"两地四校网络示范课活动。此次活动构建了两地"远程支教与公益助学"服务平台,建立了小学及初、高中远程支教点,组织名师通过互动录播系统面向受援地授课,在两地优质教育资源共建共享方面发挥示范作用。

6月14日 印发《广东省学生资助工作督查制度》,成立督查领导小组,建立各项工作制度,督促全省各地各学校落实学生资助政策,确保各阶段各项学生资助工作任务的完成。

6月14—16日 省教育厅党组成员、副厅长王创赴新疆乌鲁木齐参加全国乡村教师队伍建设暨万名教师支教工作会议。教育部充分肯定广东省支教工作,采纳广东省关于万名教师支教计划的建议,为下一步广东省实施万人支教计划夯实基础。

6月15日 组织开展全省中小学教师信息技术应用能力提升工程(以下简称"提升工程")工作推进会,总结2016年"提升工程"工作,部署与安排下半年"提升工程"工作,确保2017年如期完成总任务目标。

6月15—16日 全省电教工作暨业务培训会议在广州市教育信息中心召开,省教育厅党组成员、副厅长那佳出席会议,全省地级以上市教育局及顺德区教育局分管电教和信息化领导,各市、县(区)电教站长(馆长)、教育信息中心主任近180人参加会议。

6月16日 开通广东省自学考试成绩单网上办理业务。

6月16日 省政府党组成员陈云贤到华南师范大学评卷点视察省高考评卷工作,听取评卷工作情况汇报,并代表省政府向参加评卷工作的教师和工作人员表示慰问和感谢。陈云贤表示,希望评卷教师和工作人员发扬连续作战和艰苦奋斗的作风,扎扎实实做好评卷各项工作,坚持标准,努力维护高考的公平公正,按时保质保量完成评卷任务,确保评卷工作安全平稳顺利完成。

6月17日 第九届全国高校辅导员年度人物颁奖典礼暨全国高校辅导员工作现场会在北京交通大学举行,广东轻工职业技术学院何小梅被评为年度人物,暨南大学何小勇、广东财经大学张丹荣获年度人物提名奖。

6月17日 举行全国大学英语四、六级考试,全省共有73.98万人报名参加考试,其中报考英语四级考试44.56万人、六级考试29.29万人、小语种考试0.13万人。

6月17日 印发《广东省教育厅关于加强"十三五"广东省中小学教师培训工作的意见》,提出了"十三五"期间广东省教师队伍培训工作目标、主要任务和保障措施,用以指导今后一段时期的教师培训工作。

6月19日 广东省职教师资培养培训联盟在广东技术师范学院成立。省教育厅党组成员、副厅长王创出席成立大会并致辞,省教育厅、国家教育行政学院远程培训中心、全省各地级以上市以及顺德区教育局有关负责人,部分本科院校、高职院校、中职学校、行业企业、学会有关代表出席了成立大会。

6月20—25日 省委教育工委书记,省教育厅党组书记、厅长景李虎随广东省委书记胡春华、省长马兴瑞赴西藏林芝考察,代表广东省教育厅与林芝市政府签订《广东省教育厅与西藏林芝市共建大学生思想政治教育实践基地项目协议书》。广东省教育厅通过组织广东省13所高校与林芝市、昌都市共建大学生思想政治教育实践基地,选派大学生赴藏支教半年或一年,发挥广东省高校师范教育优势,创新思想政治教育内容方式,推进广东教育特色援藏,推动受援地教育内涵式发展,是打造教育援藏广东品牌的创新举措。

6月22日 广东省教育厅办公室转发第三届中国"互联网+"大学生创新创业大赛组委会关于开展"青年红色筑梦之旅"活动的通知,认真按要求组织高校开展好"青年红色筑梦之旅"活动,并向国家推荐符合条件的大赛项目,全省5支创业团队从全国众多项目中脱颖而出。经过全国专家评审,南方医科大学的"皂肤美——神农本草,造福中国梦"项目团队荣获第三届中国"互联网+"大学生创新创业大赛"青年红色筑梦之旅"闭门特训项目新锐创意奖。

6月22—24日 首届中国高校科技成果交易会在惠州会展中心举行。此次交易会以"跨越产学鸿沟 携手创新共赢"为主题,是贯彻落实创新驱动发展战略,以促进高校科技成果转化、推进高校与企业、金融机构全方位合作、服务社会经济发展为宗旨的大型产学研交流活动。300所海内外高校齐聚惠州,携带约1万项科技项目到场展示、交易,近3 000家企业参会,开展产学研对接合作。这是改革开放以来中国高校科技成果最大规模的一次集中展示和交易。广东省人大常委会主任李玉妹,教育部党组成员、副部长杜占元,广东省人民政府副省长袁宝成,诺贝尔物理学奖得主乔治·斯穆特,中国科学院院士韩杰才,中国工程院院士丁文江、王复明,国内外有关大学校长和代表,教育部科技司、科技发展中心、教育管理信息中心,广东省直有关单位、惠州市有关单位等，以及企业代表、技术转移机构代表、金融投资机构等约800人参加了开幕活动。

6月25日 省政府副秘书长林积在省政府主持召开省招生委员会委员会议，研究确定了2017年广东省普通高考各批次院校录取最低控制分数线。

6月26日 公布关于表彰2016—2017学年度广东省优秀学生（中学阶段）的决定，授予广州市第十六中学陆芷雅等426名同学"广东省优秀学生"称号。

6月26日 开通广东省自学考试学历证明网上办理业务。

6月26日 广东省特殊教育教师发展联盟在岭南师范学院成立。省教育厅党组成员、副厅长王创出席成立大会并致辞，省教育厅、全省各地级以上市以及顺德区教育局有关负责人、部分高校专家学者、特殊教育学校校长出席了成立大会。

6月26日 经单位推荐、专家审核、网上公示，广东省教育厅批准中山大学黄志立等241名研究生为2016—2017学年度广东省优秀学生（研究生阶段）。

6月26日 省委教育工委印发《关于开展2017年大学生党员暑期社会实践活动的通知》，经对各高校组建的实践活动团队申报实践活动项目对象审定，最终128个2017年大学生党员暑期社会实践项目和14个南粤古驿道文化创意大赛项目获得立项。

6月26—27日 省委教育工委举办全省高校组织工作业务骨干示范培训班，就贯彻落实习近平总书记关于基层党建工作的重要指示精神、组织工作业务知识等内容进行专题辅导，有关高校党委组织工作业务骨干近200人参加培训。

6月27日 "广东教育"南方号在省第十二次党代会召开之际，连续三周推送"喜迎党代会广东创新大学支撑"系列专题文章，全面展示17所"双高"参建高校的建设成效，传播热度持续上升，荣获"广东省第十二次党代会主题宣传优秀南方号"称号。

6月28日 省委常委、宣传部部长慎海雄到省委教育工委调研，强调要深入贯彻落实习近平总书记关于加强高校思想政治工作的重要讲话精神，按照中央和省委的部署要求，加强和改进高校思想政治工作，维护好全省高校意识形态安全。

6月28日 省纪委驻省教育厅纪检组出台《关于加强高校纪委规范化建设的意见》，针对高校纪委基础建设，提出有牌子、有必要的办公办案设备、

有职责清单等"十有"要求。

6月29日 省委教育工委书记，省教育厅党组书记、厅长景李虎看望慰问华南农业大学老党员、老校长卢永根院士，向老人送去组织的关怀及慰问。

6月29日 印发《广东省教育厅关于新形势下进一步做好普通中小学装备工作的实施意见》，明确"十三五"期间乃至今后一段时期广东省中小学教育装备改革发展的指导思想、发展目标、主要任务和保障措施。

6月29日 印发《广东省"强师工程"实施方案（2017—2020年）》，开展"边远贫困地区、民族地区和革命老区教师专项支持计划"。2017年春季学期全省已派出支教教师411人次，其中义务教育阶段支教教师406人次，非义务教育阶段支教教师5人次。

6月29日 经学校自主申报、地市审核推荐、省公示报送，教育部综合认定并命名广州市荔湾区海中小学等311所中小学校为全国青少年校园足球特色学校，认定命名梅州市梅江区为全国青少年校园足球试点县（区）。

6月30日 省教育厅联合省机构编制委员会办公室（以下简称省编办）、省发展改革委、省财政厅、省人力资源和社会保障厅印发《关于广东省深化高等教育领域简政放权放管结合优化服务改革的实施意见》，将高校教师职称评审权直接下放到高校。

6月30日 教育部在北京召开第二批学校美育改革发展备忘录签署暨全国学校美育工作推进会，与广东、天津、浙江、河北等13个省（自治区、直辖市）签署学校美育改革发展备忘录，交流各地经验做法，对下一阶段推进学校美育改革发展进行动员部署。广东省人民政府副秘书长林积、广东省教育厅厅长景李虎出席会议，林积代表广东省人民政府与教育部签署了学校美育改革发展备忘录。

6月 公布第十三届全国中等职业学校"文明风采"竞赛广东省复赛结果，从17 907份参赛作品中分类别评选出一等奖2 056项、二等奖3 382项、三等奖4 102项，以及优秀指导教师奖1 319项和优秀组织奖54项。

6月 开展德体美育等课程开课情况专项督查。印发《广东省人民政府教育督导室关于开展德体美育等课程开课情况专项督查工作的通知》，并于6月12日至16日对全省各有关地市开展一次德育、体育、美术、音乐及艺术课程开设情况督查。督查分省重点督查和地市交叉督查两类，其中省重点抽查

6个地市，地市交叉检查13个地市。

6月 开展中小学校（幼儿园）安全工作专项督查。印发《广东省人民政府教育督导室关于开展中小学校安全专项督查工作的通知》，并于6月26日至30日联合省公安厅、省交通运输厅等部门组织10个重点督查组对全省各地中小学校安全工作开展专项督查。

6月 广东省132个县区顺利与国家开发银行广东省分行签署生源地信用助学贷款三方合作协议，广东省生源地信用助学贷款实现办理对象和区域的全覆盖。

6月 省委教育工委组织开展广东省高校学习型、服务型、创新型党支部创建评选活动，全省157个基层党支部被评为广东省高校学习型、服务型、创新型党支部。

6月 省教育厅组织专家对广东第二师范学院、佛山科学技术学院、韩山师范学院等12所院校进行有针对性的提升科研综合能力系列培训讲座，讲座内容主要有项目申报、论文发表、成果奖申报、服务地方4个方面。

6月 经省编办核准，省教育厅（省委教育工委）对7个内设机构职能进行了调整优化。

6—11月 举办14期校园足球专项培训班，其中，裁判员培训班1期，管理人员培训班4期，非足球专项骨干体育教师培训班9期，合计培训近2 700人。

6月和11月 省委组织部、省委教育工委先后联合举办2期高校党委组织部长专题培训班，共有80所高校的组织部长参加培训学习，取得良好培训效果。

7月4日 教育部公布2017年度全国创新创业典型经验高校名单。经过学校总结、推荐申报、专家初选、社会调查和实地调研等环节，暨南大学、华南农业大学、华南师范大学获得"2017年全国创新创业典型经验高校"称号。

7月4日 组织召开省政务公开及阳光政务工程省教育厅试点项目启动会。项目建设范围涵盖信息公开目录、五公开、重点领域公开、教育数据开放、便民服务查询等内容，紧紧围绕教育改革发展和人民群众关切，以公开促落实、促规范、促服务、促效能，增强政府公信力。

7月4日 召开广东省2017年普通高校招生录取工作会。全省各地级以上市及顺德区教育局分管领导、招生办主任，各本科院校分管领导、招生办主任，高职高专院校分管领导200多人参加了会议。

7月4—5日 全省校园足球试点县（区）工作现场交流活动在广州市海珠区举行。省教育厅副巡视员陈健出席活动并讲话，全省各市、国家级试点县（区）及省级试点县（区）教育局分管领导、体卫艺处（科、股）主要负责人，及部分专家等100多人参加了交流活动。

7月5—7日 举办全省中小学教师资格定期注册工作培训，全省21个地级以上市共313人参加。邀请了教育部教师资格认定指导中心领导和专家进行有关政策解读，并对定期注册管理系统操作使用进行培训。

7月6日 组织召开广东省部分高校党委书记、校长调研督查座谈会，顺利迎接中宣部、中组部、教育部第一督查组对广东省高校思想政治工作的调研督查。

7月6日 省委教育工委在暨南大学举办第18期广东高校学习论坛，专题学习省十二次党代会精神。论坛邀请省委宣讲团成员、省社会科学院副院长赵细康研究员做题为《在新的起点上再创新局，走在前列》的专题辅导报告。广州地区高校近300名处级以上干部参加论坛聆听专题辅导报告。

7月6日—8月15日 进行广东省普通高校招生录取工作。全省共有64.12万名考生被高校录取，超额完成全省招生计划任务，比2016年增加8 000多人，其中本科录取29.12万人，比2016年增加0.2万人；专科录取35万人，比2016年增加1.2万人。

7月7日 公布2017年6月普通高中学业水平考试成绩。

7月7日 省教育厅公布2016年度学生资助工作绩效考评结果，地市教育局优秀单位3个，合格单位18个；普通高校优秀单位45所，合格高校90所，不合格高校2所；省属中等职业学校优秀学校4所，合格学校35所。全省学生资助工作整体水平有所提高。

7月8—9日 举行7月自学考试。此次考试报考考生11.28万人，比2016年同期增加2.37万人，增幅26.6%；报考总科次23.89万科次，比2016年同期增加5.64万科次，增幅30.9%；20个地级以上市和顺德区以及香港地区共设85个考点。

7月9—14日 赴新疆喀什地区开展学校思想政治教育和少数民族学生教育管理交流合作，在喀什大学设立广东省名辅导员李敏工作室分站，在疏附县设立广东省名班主任邝杰工作室分站。

7月9—14日 在四川大学举办广东省后勤干

部2017年综合素质提升培训班，来自各地市及高校共88名后勤干部参加。培训课程涉及后勤管理、心态调节、反腐、哲学思辨、创新思维等，全面提升了学校后勤干部的专业水平和综合素养。

7月10日 省委教育工委书记、省教育厅党组书记、厅长景李虎到省教育考试院检查广东省2017年普通高校招生录取工作。

7月10日 完成全国联招录取工作。共录取3 692人，录取率为83%，比2016年略有提高。按地域统计，录取香港考生2 095人，澳门考生426人，台湾考生1 097人，华侨考生74人。按录取批次统计，第一批本科录取2 316人，第二批本科录取1 242人，第一批预科录取16人，第二批预科录取118人。

7月11日 广东省教育厅、共青团广东省委员会组织完成全省青少年"我身边的法律故事"主题征文比赛专家初审、复评、公示等程序，并公布获奖名单。切实落实国家"七五普法"规划和《青少年法制教育大纲》要求，进一步开展法治宣传教育，增强青少年学生法治观念。

7月12日 省教育厅副巡视员邱克楠出席大学生创业就业战略合作签约暨示范基地挂牌仪式并讲话。广东省大学生创业就业促进会与番禺区人才交流管理办公室签订战略合作框架协议，共建大学生创业就业示范基地。广东省高等学校毕业生就业指导中心、广州市番禺区政府、广东省大学生创业就业促进会有关负责人一起参加活动。

7月12日 2017年广东–甘孜学校"结对子"学习交流活动启动仪式在广州举行，省教育厅党组成员、副厅长朱超华出席活动。甘孜州18个县（市）的100名教师、272名学生到广东省的10所学校开展以"互送一句话、互赠一个小礼品、进入一个家庭、开展一天体验、留下一次经历"为主要内容的结对子活动。

7月13—14日 召开2017年广东省高等职业院校教学工作会议。全省87所高等职业院校的主要负责人和主管教学副校长参加会议。

7月15—16日 由广东省教育厅指导、广东省教育研究院主办的第五届中国南方教育高峰年会在广州召开。教育部综合改革司司长刘自成、政策法规司原司长孙霄兵，广东省委教育工委书记、省教育厅厅长景李虎，省委教育工委副书记、省教育厅副厅长邢锋，省教育研究院院长、党委书记汤贞敏，与来自全国各地的近400名知名专家学者、大学校长、兄弟省（区、市）教育研究机构负责人，优秀

论文作者代表，广东省各地教育行政部门、教研机构、大中小学负责人，行业企业负责人，广东省教育厅各处室（单位）和广东省教育研究院各机构负责人，围绕"创新驱动发展战略与教育改革发展：理念、问题与路径"这个主题，深入探讨各级各类教育改革发展适应、支撑、引领经济社会转型发展问题。峰会开幕式由邢锋主持。

7月17日 省教育厅联合省民政厅、省财政厅、省人力资源和社会保障厅印发《家庭经济困难学生认定工作指导意见》，在全国率先开展对家庭经济困难学生科学认定工作，客观、量化、统一规范了广东省家庭经济困难学生认定工作。

7月18日 省教育厅在广州召开2018年省教育厅部门预算编制工作布置会及培训会。布置2018—2020年省级中期财政规划和2018年省教育厅部门预算编制工作，并组织预算单位参加2018年省级预算管理系统软件操作培训。

7月20日 省教育厅和省财政厅联合转发财政部、教育部《关于进一步提高博士生国家助学金资助标准的通知》，将广东省高校博士研究生国家助学金标准由每生每年10 000元提高到13 000元。

7月21日 召开全省高校思想政治工作会议，省委书记胡春华主持会议并讲话，强调要坚决落实中央有关决策部署，奋力开创全省高校思想政治工作新局面。

7月21—27日 组织承担内高班、内职班及有少数民族学生的学校教师，赴新疆家访，加强民族学生家校沟通工作。

7月25日 全省下达2017年本专科生国家奖助学金清算资金共2 254.185万元。

7月27日 教育部公布2017年度教育部人文社科研究一般项目的立项名单。广东省共有48所高校289个项目获得资助，约占全国项目数的10.17%，在所有省级行政区划中排名第二。广东省高校立项数排名全国前50的有9所，其中，中山大学38项，居全国第1位；广州大学25项，居全国第5位；华南理工大学和华南师范大学均为21项，居全国第11位；广东外语外贸大学19项，居全国第16位；暨南大学和深圳大学都是13项，居全国第37位；广东财经大学和广东工业大学都是12项，居全国第49位。

7月27日—8月10日 举办第60/61期全省哲学社会科学教学科研骨干研修班，共培训170人。

7月 授予肇庆市广宁县、怀集县"广东省推进教育现代化先进县"称号；授予梅州市梅江区、

湛江市霞山区、肇庆市广宁县、韶关市武江区、清远市清城区、韶关市武江区"广东省推进教育现代化先进县（区）"称号；授予广州市"广东省推进教育现代化先进市"称号。

7月 开展2017年度广东高校珠江学者岗位计划设岗学科（专业）和聘任人选遴选工作。经学校推荐、专家评审和公示，在中山大学等18所本科高校新增62个学科珠江学者岗位、30名本科院校珠江学者特聘教授、17名珠江学者讲座教授、44名青年珠江学者；在广东职业技术学院等6所高职院校新增6个专业珠江学者岗位、1名高职院校珠江学者特聘教授、3名珠江学者讲座教授、3名青年珠江学者。

7—8月 粤港分别选派40名英语教师和普通话教师到两地开展教学培训。"粤港语言（普通话、英语）教师培训项目"取得较好效果。该项目自1999年启动以来，已培养两地语言教师近1 200人次。

7—9月 省教育厅与国家开发银行广东省分行联合开展了"国家资助伴你成长，助学贷款助力成才"为主题的学生资助政策下乡行宣传活动，全省102所高校230支大学生志愿宣传队利用暑假时间到全省各地开展形式多样的资助政策宣传活动。

7—11月 组织全厅开展规范性文件清理及论证研究工作。为做好规范性文件清理工作，邀请暨南大学法学院朱义坤教授等4人参加规范性文件清理结果审定和论证工作。

7—12月 先后在华南理工大学、深圳信息职业技术学院等高校组织了8场珠江学者讲坛活动。8名珠江学者就各自研究领域的相关课题做了精彩报告，并与参加论坛的师生分享科研体会、展开精彩互动。

8月3—4日 第三届中国"互联网+"大学生创新创业大赛"建行杯"广东省分赛在广东工业大学顺利落下帷幕。大赛自4月启动以来，得到全省高校的高度重视和积极响应，共135所高校报名参赛，参赛项目1.4万个，参赛学生5.7万人次。广东工业大学等20所高校获优秀组织高校奖，华南理工大学绿创团队等12支项目团队获金奖。大赛同时选出银奖24个、铜奖44个、优胜奖364个、优秀创新创业导师奖30个。

8月6日 "组团式"教育人才援藏教师座谈会在广州举行，轮换选派20名教师赴藏支教。省教育厅党组成员、副厅长朱超华出席活动，省教育厅援藏干部和经验丰富的援藏教师为新轮换选派的援藏教师传授工作经验，交流工作体会。

8月9日 省教育厅组织"高中阶段教育普及攻坚计划"学校建设规划编制集中调研，对学校建设规划编制任务进行部署，省教育厅有关处室和各地市教育局分管局领导、相关部门负责人参加了调研活动。

8月14—18日 省教育厅副巡视员邱克楠率队赴西藏林芝看望慰问广东省"组团式"教育援藏教师，实地调研广东高校与西藏地市共建大学生思想政治教育实践基地（校地共建）项目落地实施情况。

8月15日 省教育厅党组成员、副厅长王创率队赴连山壮族瑶族自治县调研广东省农村义务教育学生营养改善计划试点工作。王创一行实地察看了永和中心小学和连山民族中学学生营养改善计划开展情况，听取连山壮族瑶族自治县、乳源瑶族自治县、连南瑶族自治县3个省级试点县学生营养改善计划试点工作开展情况汇报和意见建议。

8月15—19日 举办全省高校2017年新上岗辅导员省级示范培训班。

8月17—20日 召开职业院校教师国培计划工作专家座谈会，讨论职业院校教师素质提高计划2017国培项目设计、组织和资金计划安排的有关事宜，确定2017年共安排国培资金4 000万元，计划培训3 570人，项目承担单位12个。

8月21日 联合省财政厅印发《广东省省级教育发展专项资金管理办法》，进一步规范和加强教育发展专项资金管理，提高资金使用效益。

8月21日 省教育厅批复2016年省属学校和厅直属事业单位部门决算，2016年度收入总计4 093 306.51万元，支出总计4 093 306.51万元，与2015年相比，收、支总计各增加380 487.43万元，增长10.25%。

8月22日 省教育厅和省财政厅联合印发《广东省义务教育学生生活费补助资金管理办法》，规范了义务教育学生生活费补助对象、补助标准和资金下达程序。

8月22—23日 在清远举办全省民办高校董事长、党委书记和校长暑期读书班，省教育厅党组成员、巡视员赵康做辅导报告。并邀请国内知名专家讲解民办教育新法新政，组织校际间交流国内民办高校办学管理经验，对广东省民办教育工作进行研讨。

8月23日 在《南方日报》公布2017年度本科高校"创新强校工程"考核结果，公布52所本科高校得分,引发社会广泛关注。

8月23—25日 省委组织部、省委教育工委主办的2017年全省高校领导干部暑期读书班在清远举行,来自全省公办高校党委书记、校(院)长和民办高校董事长、党委书记等共300多人参加读书班。广东省领导慎海雄、邹铭、黄宁生出席并讲话,教育部有关司领导吴岩、张东刚和王大泉分别到读书班做专题报告。

8月25日 省政府第十二届110次常务会议审议通过了《广东省教育督导规定》(修订草案),自11月1日起实施。

8月25—26日 在东莞举办2017年广东省本科高校教学工作研讨会,并对第八届省级教学名师获奖代表颁奖。

8月28日 出台《关于规范高校纪委执纪审查工作的通知》,就问题线索处置、谈话函询、初步核实、立案审查、审理与处分等进行规范和指引。

8月28—29日 举办2017年内地高校少数民族学生教育高端论坛。教育部民族教育发展中心主任张强,教育部民族教育司协作处处长李彬,广东省委教育工委副书记、省教育厅副厅长邢锋同志出席活动并讲话,内地各省的新疆维吾尔自治区教育厅内地新疆学生教育管理服务工作站站长及省内外35所院校的领导、专家学者、学生工作部(处)干部和辅导员代表参加了论坛。依托广州大学成立全国首个"教育部内地高校新疆籍少数民族学生教育管理服务重点研究基地";成立了第一届广东省少数民族学生教育专家指导委员会;广东新疆籍少数民族骨干大学生卓越训练营同期开营。

8月29日 省教育厅副巡视员陈健主持召开全省第五届大学生艺术展演工作协调会。华南理工大学、广东省外语艺术职业学院校领导及相关部门负责人及体卫艺处有关同志参加了会议。

8月29日 开展2017年全省中小学"书香校园"创建系列活动,活动内容由"书香校园"评选、"点灯人"校园阅读推广人评选、寻找"阅读之星"活动组成。

8月30日 与省司法厅、省普法办联合开展广东省"青少年法治教育实践基地"创建活动,推动全省各市、县(市、区)建立1个以上多功能青少年学生法治教育实践基地并规范运作,推动全省青少年学生在小学、初中、高中阶段分别到基地接受1次以上的法治教育。

8月31日 召开全省学校食堂食品安全工作视频会议。主会场设于省教育厅,省属高校、中小学校分管领导、食品安全员等200余人参加;各地市教育局设分会场接入视频,实现全覆盖。

8月 出版《筑梦引航——广东省励志成长成才百优学子风采录》,宣传广东省优秀学生典型。

8月 组织参加第五届全国中小学实验教学说课活动。共收到说课案例147件,广东省推荐了12件优秀案例参加全国遴选,有4件优秀案例获得现场说课资格(小学科学、初中物理、初中化学、高中物理)并被评为金奖,8件优秀案例被评为银奖。

8月 经省政府同意,省教育厅、省发展改革委、省财政厅、省人力资源和社会保障厅联合印发了《广东省发展学前教育第三期行动计划(2017—2020年)》,文件提出了未来4年学前教育的发展目标、重点任务和具体措施。

8—12月 省教育厅、省综治办、省公安厅联合组织开展2015—2017年度广东省高等学校"平安校园"创建工作督查和"广东省安全文明校园"考评活动,通过以评促建,以督促改,全面提升广东省高校安全管理工作水平。

8—12月 按照中央和省的统一部署,完成承担行政职能的事业单位改革任务。撤销省学生助学工作管理中心和省教育后勤产业办公室,在省教育厅(省委教育工委)机关新设学校后勤管理处并在基建财务处挂牌学生助学工作管理办公室。

9月3日 第十三届全国学生运动会开幕式在浙江省杭州市黄龙体育馆举行。广东省副省长黄宁生,省教育厅厅长景李虎、副巡视员陈健出席了开幕式。

9月3—16日 由教育部、国家体育总局、共青团中央主办,浙江省承办的第十三届全国学生运动会在杭州市举行,来自全国各省、自治区、直辖市、新疆生产建设兵团和香港、澳门特别行政区等34个代表团参赛,竞逐10个体育项目的326个小项。广东代表团有439名学生运动员参加了游泳、田径等10个项目的比赛,共获得11枚金牌、25枚银牌、28枚铜牌的好成绩。广东省学生体育代表团被授予优秀组织奖和体育道德风尚奖;华南理工大学、广州体育学院、中山大学获得第十三届全国学生运动会"校长杯",占全国40个席位中的3个。运动会期间还召开了全国学校体育工作座谈会、学校体育科学论文报告会、全国学校体育场馆向社会开放座谈会、全国青少年校园足球摄影展等重要会议和活动。在该届全国学生运动会科学论文报告会中,广东省遴选报送160篇论文,有97篇论文分获一、二、三等奖(一等奖11篇、二等奖49篇、三等奖 37 篇），超过报送论文数量的 60%，获奖论文数量排全国第三，并获优秀组织奖。

9月4日 省委教育工委书记，省教育厅党组书记、厅长景李虎带队赴浙江省进行高考综合改革学习调研，省教育考试院党委书记、院长王斌伟，省教育厅副巡视员胡振敏及相关处室负责人陪同调研。

9月6日 省教育厅联合省财政厅、省人力资源和社会保障厅印发《关于建立完善我省中等职业学校生均拨款制度的实施意见》。明确建立覆盖全省的中等职业学校生均拨款制度，各地制订的生均财政拨款基本标准应不低于每生每年 3 000 元（包括人员经费和公用经费，不含免学费补助），其中发达地区（广州、珠海、佛山、中山、东莞、江门 6 市，不含深圳）和省属学校应不低于每生每年 5 000 元。

9月7—9日 省教育厅与省公安厅联合在珠海市实验中学召开民族学生安全教育管理培训会，形成珠海共识，全力推行内高班学生"混班混宿"制度。

9月8日 省委书记胡春华、省长马兴瑞分别赴珠海市和广东机电职业技术学院、广东岭南职业技术学院开展教师节慰问活动，看望慰问教师代表，代表省委、省政府向他们及全省广大教职员工致以节日慰问和崇高敬意。

9月10日 广东省向教育部报送的 7 个德育优秀工作案例入选全国中小学德育工作优秀案例。

9月10日 在广东财经大学举行全省本科高校"马工程"重点教材任课教师培训。

9月11日 教育部办公厅、国家旅游局办公室公布全国职业院校旅游类示范专业点名单的通知，广东省旅游职业技术学校高星级饭店运营与管理专业、广东轻工职业技术学院酒店管理专业、广州市旅游商务职业学校高星级饭店运营与管理专业、广州番禺职业技术学院旅游管理专业、深圳职业技术学院旅游管理专业共 5 个专业点入选。

9月11—14日 举办 2017 年高校安全维稳工作培训班，进行高校安保干部业务培训，部署党的十九大特别防护期校园安全维稳工作。全省 150 所高校 160 余人参加。

9月12—13日 中俄人文合作委员会第十八次会议及相关配套活动在广州和深圳成功举行，国务院副总理刘延东与俄罗斯联邦副总理戈洛杰茨共同主持委员会会议，并出席系列配套活动。委员会第十八次会议包括全体大会、签字仪式、共见记者和欢迎晚宴 4 个环节。会议期间，还举行了"中俄大学生创业孵化器"总结会、中俄合拍动画片《熊猫和开心球》发布仪式、"俄罗斯文化节"开幕式活动、深圳北理莫斯科大学开学典礼、中俄综合性大学联盟成立大会暨中俄大学校长论坛、中俄丝绸之路历史档案展等系列配套活动，立体展现了中俄两国在教育、文化、卫生、体育、旅游、媒体、电影、档案、青年等领域开展的富有成效、内容丰富的合作成果。

9月13日 举办关于义务教育学校"20 条底线"要求督导管理系统培训及召开"全面改薄"中期规划调整工作推进会。全省 21 个地市督导部门负责人，各有关地市、县（市、区）教育局"全面改薄"有关工作人员及其他有关人员共 107 人参加会议。会议传达教育部督导局对义务教育学校"20 条底线"要求督导管理系统及数据录入工作的要求。同时，对义务教育学校"20 条底线"要求督导管理系统及"全面改薄"中期规划系统调整录入进行培训讲解、答疑。会议解读了国家、省"全面改薄"工作中期规划调整的政策性文件，强调要结合城镇化进程、生育政策调整，以及统筹推进县域内城乡义务教育一体化改革要求，进一步调整完善《广东省全面改善贫困地区义务教育薄弱学校基本办学条件项目规划（2014—2018 年）》。

9月13日 教育部办公厅、中国机械工业联合会公布全国职业院校装备制造类示范专业点名单，东莞市机电工程学校模具制造技术专业、广东机电职业技术学院数控技术专业、佛山市顺德区梁銶琚职业技术学校数控技术应用专业、广东交通职业技术学院汽车检测与维修技术专业、广州铁路职业技术学院机械制造与自动化专业、深圳信息职业技术学院机械设计与制造专业、深圳职业技术学院机电一体化技术专业、顺德职业技术学院制冷与空调技术专业共 8 个专业点入选。

9月14日 省教育厅联合省禁毒办、省人力资源和社会保障厅组织开展 2017 年"护航青春·携手禁毒"广东省青少年毒品预防教育课件设计征集活动，征集作品 6 148 件，共 1 822 件作品获奖。

9月14日 由广东省互联网信息办公室指导、腾讯大粤网举办的 2017 年广东政务新媒体小编大会在广州举行，省教育厅政务微信"广东教育"编辑团队被评为"广东省政务新媒体十大优秀团队"。

9月14日 广东省教育厅决定授予深圳职业技术学院王利婕等 18 名教师第八届广东省高等学校教学名师奖，并予以表彰。

9月15日 召开了粤东西北地区推进教育现代化先进县（市、区）督导验收工作部署会，全面掌握粤东西北地区申报情况，研究部署下一阶段申报工作。省教育厅相关处室、粤东西北市县两级教育局100多人参加了会议。

9月15—21日 在全省各普通高校中开展以"双创促升级，壮大新动能"为主题的大众创业万众创新活动周活动。此次活动内容含校园内政策宣讲、双创会议论坛、大学生创业沙龙活动、双创竞赛、创新创业教育成果展、大学生创新创业学术年会、大学生创新创业项目展示与项目路演、创业项目投资对接活动等。全省教育系统共举办活动1 175场（次），参与人数约93万人，签署协议106项，达成意向92项，成交金额约6 000万元。

9月16日 公布韶关市浈江区花坪镇等23个镇（乡）通过"广东省教育强镇"复评。

9月16—17日 举行2017年下半年全国英语等级考试，广东省考生人数27 178人次，共48 336科次。

9月16—18日 "建行杯"第三届中国"互联网+"大学生创新创业大赛总决赛在西安电子科技大学举行。在该届大赛中，广东荣获优秀组织奖，华南理工大学荣获先进集体奖。代表广东参赛的项目团队共获得1金7银20铜。

9月18日 省教育厅副巡视员胡振敏赴西藏拉萨参加教育对口支援西藏暨"组团式"教育人才援藏工作会议，广东省被教育部选为先进典型在会上交流发言。

9月18—24日 组织全省111个校外教育基地申报2017年度中央专项彩票公益金支持校外活动保障和能力提升项目。

9月18日—11月17日 26名内地西藏班教师赴西藏林芝市跟班学习培训。

9月19日 举行"教育考试国家题库建设协同创新中心广东分中心"成立大会。教育部考试中心主任姜钢、副主任于涵，省教育厅党组成员、副厅长朱超华，省教育考试院院长王斌伟以及华南师范大学的负责同志出席了大会并讲话。

9月19日—23日 省教育厅在广州组织20个地级以上市集中参加2017年全国教育经费统计培训班。

9月21日 广东省教育厅印发《广东省教育厅关于印发2017届广东省普通高等学校毕业生初次就业率统计表的通知》，截至9月1日，2017年全省高校应届毕业生52.86万人，2017届普通高等学校毕业生初次就业率为95.1%。

9月21日 教育部、财政部、国家发展改革委公布世界一流大学和一流学科建设高校及建设学科名单。广东的中山大学、华南理工大学入选世界一流大学建设高校行列，暨南大学、广州中医药大学、华南师范大学入选世界一流学科建设高校行列。其中，中山大学重点建设哲学、数学、化学、生物学、生态学、材料科学与工程、电子科学与技术、基础医学、临床医学、药学、工商管理11个学科，华南理工大学重点建设化学、材料科学与工程、轻工技术与工程、农学4个学科，暨南大学重点建设药学，广州中医药大学重点建设中医学，华南师范大学重点建设物理学。

9月21日 广东省"一带一路"职业教育联盟成立大会在主办方广东轻工职业技术学院广州校区举行。教育部国际合作与交流司欧亚处处长刘剑青、广东省教育厅副厅长王创、中国教育国际交流协会秘书处主任李春生出席联盟成立大会并致辞。还有来自5个国家以及60多家政府机构、高校、行业企业的200多人参加。大会进行了揭牌仪式，审议通过了《广东省"一带一路"职业教育联盟章程（草案）》和常务理事长、副理事长单位名单。

9月23日 2017年全国创新创业典型经验高校座谈会在陕西宾馆举行，为50所创新创业典型经验高校授牌。教育部党组成员、副部长林蕙青出席会议并讲话。教育部相关司局负责同志、2017年全国创新创业典型经验高校及部分省市高校毕业生就业工作部门负责同志参加了会议。暨南大学、华南农业大学、华南师范大学获得"2017年全国创新创业典型经验高校"称号，华南农业大学校长陈晓阳在会上做典型经验发言。

9月23—26日 举行全国计算机等级考试（第49次），广东省考生人数175 497人次，共176 761科次。

9月25日 在深圳市人民政府提出申请和省教育厅推荐的基础上，教育部批复同意深圳市作为全国青少年校园足球改革试验区开展校园足球改革试验工作。

9月25日 广东省第二批西藏林芝市"组团式"教育人才培训启动仪式在广州举行，省教育厅副巡视员胡振敏出席活动，继续接纳西藏林芝30名骨干教师到广东省的19所优质中小学校跟岗学习一年。

9月25—27日 举办全省学校卫生和健康教育骨干人员观摩学习活动，邀请省内外学校卫生和法律领域的专家、学者就如何做好学校卫生保健工作进行了培训和交流，全省共计280人参加了观摩活动。

9月27日 省教育厅联合省禁毒办、省人力资源和社会保障厅开展"广东省千所省级毒品预防教育示范学校创建活动"，计划2017—2019年每年创建1 000所毒品预防教育示范学校。

9月27日 广东省自学考试委员会办公室印发通知，决定自2018年起，广东省高等教育自学考试每年的开考次数从一年4次调整为一年3次，分别为1月、4月、10月，7月不再开考。

9月27—28日 举办2017年度高校思想政治理论课青年教师教学基本功比赛决赛暨高校新任思想政治理论课教师培训班，比赛共评出一等奖6名、二等奖6名、三等奖35名、优秀奖67名。

9月28日 出台《广东省高校纪委工作评价办法（试行）》，落实高校纪委考核评价的具体制度和规定，并附《广东省高校纪委评价评分表（试行）》。

9月29日 经省编办同意，正式设立省教育厅学校后勤管理处，撤销省教育后勤产业办公室。

9月 组织以"立德树人，做好学生引路人"为主题的师德建设教育月活动，开展师德征文评选，评选出优秀征文407篇并结集出版。

9月 "边远贫困地区、民族地区和革命老区教师专项支持计划（2016—2017学年）"支教教师陆续赴受援地开展为期一年的支教工作，全年全省共选派支教教师886人次。

9月 授予滨海新区电城镇等4个镇"广东省教育强镇"称号。

9月 省教育厅调研工作组赴浙江、上海、北京、天津、辽宁、山西、陕西和省内6个地市开展学生综合素质评价工作专题调研。

9—10月 在肇庆学院成功举办第五届全省师范生教学技能大赛。

9—10月 根据省委、省政府《关于建设高水平大学的意见》和省教育厅《关于高水平大学建设绩效考核工作方案》要求，委托教育部学位与研究生教育发展中心对高水平大学5所整体建设高校和18个重点建设项目，分别从目标任务完成度、建设进步幅度、与标杆学校对比度以及推进体制机制改革等方面进行了绩效考核。

9—11月 分课程举办2017年度高校思想政治理论课骨干教师培训班，共计培训1 100人。

9—12月 在《南方都市报》开展"做好学生'引路人'"系列报道，会同省文明办开展"寻找最美教师"活动，在《羊城晚报》持续报道了25期"最美教师"，推选出10名全省"最美教师"。

9—12月 开展"全国高校黄大年式教师团队"创建活动，广东省中山大学附属第一医院临床医学教师团队等10支团队入选首批"全国高校黄大年式教师团队"。

9—12月 成立7个广东高校安全保卫区域协作中心，通过有效整合区域内资源，实现区域内高校协调联动、群策群防，共同推进区域内高校安全保卫工作协调发展，促进全省高校安全保卫工作水平整体提升。

9—12月 组织专家组分别对广东技术师范学院、广东海洋大学等9所本科高校进行了本科教学工作审核评估，推动高校本科教学质量提升。

10月10日—12月9日 35名内地新疆班教师赴新疆喀什地区跟班学习培训。

10月11日 全国人大常委会委员杨震率检查组到省教育厅就网络安全法和关于加强网络信息保护的决定（以下简称"一法一决定"）贯彻实施情况开展执法检查。省教育厅党组成员、副厅长那佳出席工作汇报会，陪同调研省教育数据中心机房、教育部信息安全等级保护测评中心广东测评部网络与信息安全实验室等基础设施情况。会上，检查组对省教育厅网络安全应急演练、日志留存、数据库防攻击、学校微信群管理等相关工作提出意见建议。杨震指出，教育系统关系到千家万户，要做好个人信息保护工作，保障广大学生的利益，要加强网络安全人才的培养，为国家网络强国战略做出贡献。检查组充分肯定了省教育厅的工作，并希望广东再接再厉，继续走在全国前列。

10月11—12日 联合国家开发银行广东省分行在广州市举办2017年高校助学贷款业务培训，全省144所普通高校和科研院所共约200名贷款经办人员参加了业务培训。

10月11—12日 举办2017年广东省中小学德育课题管理培训会。参加会议的有来自全省各地级以上市教育局德育课题管理部门负责人、2015年度广东省中小学德育课题负责人和2017年度广东省中小学德育课题负责人近200人。

10月12日 印发《广东省县域义务教育优质均衡发展督导评估实施办法》。

10月12日 上海软科发布2017"中国最好学科排名"，排名榜单包括91个一级学科，共有453所高校的4 756个学科点上榜。广东高校上榜学科290个，占上榜学科总数的6.1%，前50%学科有

290个,位居全国第四;前25%学科有149个,位居全国第五。

10月13日 省教育厅、省军区战备建设局在省教育厅联合召开了部分高校学生军训安全工作会议。省教育厅副巡视员陈健、省军区战备建设局副局长袁卫兵出席了会议并讲话。与会高校汇报了军训情况以及安全保障措施,相关军分区(警备区)以及各相关国防教育训练基地汇报了军训承训单位方面的情况。

10月16日 省教育厅和省审计厅在广东邮电职业技术学院联合举办高校内部审计人员培训班,省审计厅党组成员、经济责任审计联席会议办公室主任李业章出席并讲话。此次培训班采用专题讲座的形式进行,全省高校的内审部门负责人、审计干部共计90余人参加了培训。

10月16日 完成广东省2017年度本科专业设置工作,并向教育部报送广东省专业设置申请。2017年度,广东省共有46所普通本科高校申报备案新设专业129个,1所高校申报撤销专业4个,15所高校申报审批专业26个(含目录外新专业7个、国控专业14个、调整修业年限1个、调整学位授予门类4个)。

10月16日 联合省粮食局等多个厅局在茂名市举行广东省2017年世界粮食日和全国爱粮节粮宣传周活动启动仪式,拉开了年度世界粮食日和全国爱粮节粮宣传活动的序幕。

10月18日 组织了广东省第五批青春健康防控艾滋病试点项目学校的申报、评审和启动培训等工作。

10月19日 确定广东水利电力职业技术学院供用电技术专业教学资源库等11个项目为2017年省高职教育专业教学资源库立项建设项目,东莞职业技术学院"界面设计技术基础"等50门课程为2017年省高职教育精品在线开放课程立项建设项目。

10月20日 启动省"教学质量与教学改革工程"建设项目2017年度验收工作,2017年度共有15大类1 779项项目参加验收。

10月20日 印发《广东省幼儿园办园行为督导评估实施方案(试行)》。建立和完善幼儿园督导评估制度,程序包括幼儿园自评、县级督导、市级检查指导监督、省级抽查等方式。广东省幼儿园督导评估周期为4年,在一个周期内,各县(市、区)按属地原则对辖区内幼儿园至少进行一次督导评估,每年开展督导评估的幼儿园不少于总数的1/4。

10月21日 编制印发《广东省高校毕业生就业创业政策摘录》(以下简称《摘录》)。《摘录》收集了高校毕业生到基层就业、自主创业、参加就业实习、就业困难高校毕业生帮扶、高校毕业生入户政策、暂缓就业政策、消除就业歧视等方面的政策。

10月21日 副省长黄宁生到省教育考试院检查2017年10月自学考试开考及考务组织工作,并进行网上巡视。此次自考报考人数23.75万人,比2016年同期增加了5万人,报考人数居全国前列;在全省21个地市和香港设22个考区、190个考点、5 198个考场。

10月21—22日 举行2017年10月高等教育自学考试。

10月23日 广东省学位委员会在广州召开,副省长、省学位委员会主任委员黄宁生出席会议并讲话。会议审议了2017年广东省学位授权审核工作报告,并研究确定,推荐南方科技大学为新增博士学位授予单位,按需推荐东莞理工大学为硕士学位授予单位,推荐新增199个学位点,其中76个博士授权一级学科点、65个硕士授权一级学科点、5个专业学位博士点、53个专业学位硕士点,推荐中山大学申报新增自主审核授权单位。

10月24日 公布2016年广东省高等职业教育教学改革项目结题验收结果,广东轻工职业技术学院"高职院校学生学习成果评价研究与实践"等224个项目通过结题验收。

10月25—27日 由广东省教育技术中心组织的广东省基础教育资源公共服务建设专题培训会议在广东省佛山市举行。来自中央电化教育馆、佛山市教育局的领导以及全省21个地级市及辖区县区教育局电教站长、信息中心主任等近200人参加了会议。

10月25—28日 开展全国学生资助管理信息系统(中职资助子系统)应用培训。

10月26日 省财政清算下达2016—2017学年广东省建档立卡学生免学费和生活费补助资金共20 659.54万元。

10月26日 省教育厅党组成员、副厅长朱超华在省教育厅会见德国驻广州总领事馆代总领事雷德(Dirk Lechelt)先生、德国学术交流中心北京代表处主任博斯曼(Bossmann)女士一行,省教育厅交流合作处有关负责同志陪同会见。

10月26日 公布2016年省高等职业教育重点

专业建设项目验收结果，潮汕职业技术学院电子商务等112个省高职教育重点专业建设项目通过验收，确定为"广东省高等职业教育重点专业"。

10月26日 "建行杯"第三届中国"互联网+"大学生创新创业大赛广东高校经验交流座谈会在省教育厅召开。省教育厅副巡视员邱克楠出席会议并讲话，省教育厅相关处室负责同志以及中山大学、华南理工大学等24所高校的代表共30多人参加会议。

10月26—27日 由省委教育工委主办、广东省民办院校党建研究会承办的广东省民办院校第三届微党课比赛（决赛）在广州华商职业学院举行。来自全省31所院校的48名选手参加了比赛。省委教育工委相关负责同志、广东省高校党建研究会民办院校分会负责同志、各有关高校党委负责同志出席观摩。

10月26日—11月1日 由广东省教育厅主办，广东省外语艺术职业学院承办，广东省学生体育艺术联合会协办的2017年广东省首届省属中职篮球锦标赛在广东省外语艺术职业学院燕岭校区进行。大赛吸引了17所省属中职学校共338名教练员和运动员参加。

10月27日 广州市越秀区东风西路小学等133所中小学校被教育部认定为第一批全国青少年校园篮球特色学校。

10月27日 举办广东高校习近平新时代中国特色社会主义思想"五进"工作名师研讨会，省教育厅党组副书记、副厅长邢锋出席会议并讲话，广东高校思想政治理论课教学名师及教学指导委员会委员近100人参加研讨会。会上还举行了广东高校意识形态与网络理论舆情研究中心揭牌仪式。

10月28—29日 举行2017年全国成人高考，广东省报考人数34.3万人，比2016年增加约2.1万人。

10月29日 省教育厅印发《中小学校创建省级艺术教育特色学校实施方案》，提出到2025年完成创建1 000所省级艺术教育特色学校和300所国家级特色学校的目标，并启动了首批省级艺术教育特色学校申报工作。

10月30日 省委教育工委召开全省教育系统传达学习贯彻党的十九大精神视频会议，就迅速在广东省教育系统掀起学习贯彻党的十九大精神热潮，以党的十九大精神为指导，推进教育系统全面从严治党和教育事业改革发展进行工作部署。党的十九大代表、省委教育工委书记、省教育厅厅长景李虎做《高举旗帜 不忘初心 砥砺奋进 全面推进全省教育系统党的建设和教育事业改革发展迈上新征程》的报告，专题进行传达学习部署。

10月30日—11月3日 举办全省中小学校党务骨干示范培训班。来自全省各地市教育局分管中小学校党建的领导，部门负责人和中小学校党组织书记代表共80余人在南京师范大学进行了为期5天的学习。

10月31日 广东省2017年全民终身学习活动周总开幕式暨社区教育论坛在东莞寮步镇举行，省教育厅副巡视员胡振敏出席开幕式并讲话。该届活动周主题为"推进全民终身学习，加快建设学习型社会"，全省各行业共600多人参加了开幕式。2017年广东省首次在总开幕式活动中举行省社区教育论坛，安排专家学者与基层面对面。

10月31日 世界银行执行董事会批准广东省欠发达地区义务教育均衡优质标准化发展示范项目（贷款编号IBRD879 – CN），向中国提供贷款1.2亿美元，标志着该项目已从准备阶段转入实施阶段。

10月31日—11月10日 举办2期广东省高校组织业务工作骨干示范培训班。来自全省各高校的组织工作业务骨干和二级党组织负责人约200人，在浙江大学各进行为期5天的培训。

10月 配合省政府开展中小学幼儿园建设有关政策落实情况专项督查。

10月 印发《广东省教育厅关于开展农村义务教育寄宿制学校建设试点工作的通知》，启动韶关、清远、河源、梅州市等市农村义务教育寄宿制学校试点工作。

10月 完成省教育厅机构调整。撤销省教育厅学生助学工作管理中心，在省教育厅基建财务处挂学生助学工作管理办公室牌子。基建财务处（审计室、学生助学工作管理办公室）增加以下职责：负责全省学生资助工作，承担学校奖学、助学管理工作，协调开展国家助学贷款工作；管理省财政拨付的助学贷款贴息经费和风险补偿专项经费。

10月 授予茂名市滨海新区"广东省教育强区"称号，授予乐昌市庆云镇等3个镇"广东省教育强镇"称号。

10—12月 根据《广东省教育厅关于开展第四批大学生创新创业教育示范学校遴选工作的通知》，经过高校申报、专家网上评审、实地考察、会议终审、公示无异议及厅党组会研究等环节，遴选出南方医科大学、广东海洋大学等10所高校为第四批广东省大学生创新创业教育示范学校。

10—12月 省委教育工委组织开展了全省高校"两学一做"支部风采展示活动，各高校积极报送了基层党支部推进"两学一做"学习教育常态化制度化的典型做法。活动共收到各高校的116个支部生活创新案例和91个微党课视频。经评审打分、集体讨论，最终确定了34个支部生活创新案例和30个微党课视频为2017年省委教育工委全省高校"两学一做"支部风采展示活动优秀项目。

11月3日 第五届广东省校企协同育人交流活动在广州商学院举行，省物流行业协会负责人、省内知名物流企业负责人、开设物流管理类专业高校的专业负责人等共计130余人出席活动。

11月3日 教育部发布公告，广东省共有135所高校的2 033名本专科学生获得2016—2017学年度国家奖学金。

11月4日 举行2017年下半年全国中小学教师资格考试笔试，广东省报考人数近15万人，同比增加61%；报考近31.6万科次，同比增加46%。

11月4—8日 举办2017年"强师工程"中小学心理健康教育教师系列培训。

11月5日 举办第三届全国高校"校园好声音"华南区域赛，星海音乐学院代表广东省参加全国总决赛，晋级前六，创下历史最好成绩。

11月5日 广东省教育厅·甘孜藏族自治州教育对口支援工作座谈会暨职业教育东西协作签字仪式在四川甘孜州举行。

11月6日 广东省高校体育工作校长研讨会在华南师范大学石牌校区举行。全省各高校主管体育的校领导、体育部门负责人共200多人参加会议。省教育厅副巡视员陈健出席研讨活动并讲话。

11月6日 由省委教育工委举办的广东高校学习论坛暨由省委组织部、省委教育工委举办的全省高校基层党支部书记示范培训班顺利召开。省委教育工委副书记，省教育厅党组副书记、副厅长邢锋主持会议并讲话。会议邀请党的十九大代表、中山大学党委书记陈春声为全省高校基层党支部书记示范培训班学员做报告，学习解读党的十九大精神。开班仪式后，首期四个培训班将在中山大学、华南师范大学、广东外语外贸大学、广东技术师范学院同期开展，共计416名高校基层党支部书记参加。示范培训结束后，学校组织部统一安排开展覆盖各校全部基层党支部书记的全员培训，共计培训高校基层党支部书记10 812名。

11月6—8日 全国高等职业院校体育教师技能大赛广东省选拔赛在华南师范大学（大学城校区）举行。马明兵等36人分别获得青年组和中年组一、二、三等奖。易木寿等11人代表广东省参加11月23—27日在江苏省苏州市举行的"第二届全国高等职业院校体育教师教学技能大赛"。

11月6—26日 2017年广东省"省长杯"青少年足球联赛（大学组）在广州举行。省教育厅副巡视员陈健、华南师范大学党委副书记刁振强及省内100多所高校主管体育的校领导、体育部门负责人、部分学生等共700多人出席开幕式。该届联赛共有79所高校93支队伍2 491名教练员和运动员参赛，参赛范围、队伍、学校数、人数为历届之最，并首次增设女子足球项目。

11月8—10日 中国教育学会2017年度课堂教学展示与观摩（培训）系列活动暨第十三届小学数学教学改革观摩交流展示培训活动在广东省佛山市举行。

11月9日 省教育厅、省财政厅明确依托广东技术师范学院建设省级中等职业学校教师发展中心，建立健全广东省中等职业学校教师专业发展体系。

11月9日 广东–西澳高校对接会在广州召开。澳大利亚西澳州教育及培训部部长苏·艾勒莉女士率领由西澳大学等5所西澳高校校长、副校长及代表组成的西澳洲高等教育代表团一行访问广东省教育厅，并与中山大学等12所广东高校校领导及国际交流事务负责人举行合作对接会。

11月9日 承办2017年全国高等教育自学考试命题中心业务交流与培训会。教育部考试中心副主任杨松，广东省教育厅党组成员、省教育考试院院长王斌伟，广东省教育考试院副院长孔智军等出席会议。

11月10日 印发《广东省教育厅 广东省招生委员会关于2018年深入推进普通高等学校考试招生改革的通知》，就广东省2018年普通高校考试招生改革进行部署，明确2018年普通高校考试招生改革的具体任务和具体措施，积极稳步推进广东省考试招生制度改革，更好地促进人才的选拔和培养。

11月11日 举办首届广东省高校美育工作研讨活动，全省各高校分管领导或部门负责人共160人参加了研讨活动。

11月11日 组织举办广东省中小学校最美校服大赛。全省101所学校的春秋、夏、冬装共780款校服参赛，40款进入决赛，共评选出一等奖4个、二等奖8个、三等奖12个、优秀奖14个。

11月11—13日 广东省第五届大学生艺术展演活动开幕式在华南理工大学举行，省教育厅领导及省委宣传部、省文化厅有关领导,全省部分高校领导或部门负责人、参赛师生共300多人参加。参加此次展演活动的高校达100多所,参赛高校数量、参赛人数、论文数量(819篇)、作品数量等均创历届记录。

11月13日 确定广东省外语艺术职业学院语文教育等16个专业通过2018年新设教育类国控专业评审。

11月13—17日 举办全省公办高校党委统战部部长培训班,来自全省高校分管本校统战工作的有关负责同志或党委统战部部长约90人,在四川大学进行了为期5天的培训。

11月14日 授予汕头市龙湖区和金平区"广东省推进教育现代化先进区"称号。

11月14日 广东省高校社会主义核心价值观传播研究中心揭牌仪式在广东外语外贸大学举行。省委教育工委副书记,省教育厅党组副书记、副厅长邢锋出席并发表讲话,广东外语外贸大学党委书记、校长隋广军,校党委副书记、副校长阳爱民,广州地区高校党委宣传部负责人及广东外语外贸大学相关部门负责同志共100多人参加揭牌仪式。

11月14—17日 举办全省高校宣传部部长学习贯彻习近平新时代中国特色社会主义思想研修班。省委教育工委副书记,省教育厅党组副书记、副厅长邢锋就全省高校宣传系统学习贯彻习近平新时代中国特色社会主义思想做了全面部署。

11月15日 召开2018年全国硕士研究生招生考试安全工作视频会议暨广东省2018年全国硕士研究生考务工作培训会。教育部视频会后,广东省招生委员会副主任、省考试院院长王斌伟结合副部长林蕙青的讲话精神和要求,就做好2018年硕士研究生考试安全和考务工作做了讲话。

11月16日 印发《广东省国家助学贷款还款救助操作细则》,从2018年起在广东省对五类特殊困难的国家助学贷款借款学生开展还款救助工作。

11月17—18日 省教育厅组织开展2017年研究生教育创新计划项目遴选工作。根据工作要求,研究生创新计划项目按照学校组织评选推荐、省教育厅组织认定的程序进行。根据专家审核结果,认定93项学位与研究生改革研究项目、41项研究生示范课程建设项目、37项研究生学术论坛项目、25项暑假学校项目、55项联合培养研究生示范基地项目、57项学位与研究生改革研究其他类型项目。

11月18日 粤港合作联席会议第二十次会议在香港特区政府总部举办,广东省教育厅厅长景李虎与香港教育局局长杨润雄代表双方签署《关于加强粤港高等教育交流合作备忘录》。双方就加快两地高等教育发展、共同参与粤港澳大湾区城市群建设和"一带一路"建设,实现双方共同发展,打造南方教育高地达成了多项共识,包括巩固完善两地高校合作机制,推动两地师生交流和高校教育教学合作,加强粤港高层次科研合作、科研成果分享转化和学术交流合作,推动粤港高等职业教育机构在教育培训、师资交流、技能竞赛等方面的合作。

11月18—19日 举行2017年下半年全国大学英语四、六级口语考试。广东省考生人数13 306人,其中四级考试4 800人,六级考试8 506人。

11月18—19日 举行2017年下半年非学历行业证书考试,广东省报考人数38 267人,102 738科次。其中销售管理水平考试项目为停考前最后一次组织考试。

11月18—19日 联合省红十字会在华南师范大学成功举办2017年高等学校应急救护大赛,共有20支参赛队伍约200人参赛。

11月19日 全国民办高校党建工作推进会在武汉东湖学院召开,贯彻落实党的十九大精神,学习贯彻新时代中国特色社会主义思想,研究部署进一步加强民办高校党建工作的举措安排。省委教育工委副书记,省教育厅党组副书记、副厅长邢锋在会上做了题为《建立健全民办高校党组织参与决策和监督机制》的交流发言。

11月20日 广东省外语艺术职业学院牵头成立了广东省学前教育教师发展联盟,整合学前教育资源,形成结构合理的区域学前师资培养培训新体系,促进广东省学前教育内涵式发展。

11月20日 全国内港姊妹学校平台建设会议在珠海举行。教育部港澳台办主任刘锦在会上对粤港姊妹学校的工作及成效给予高度评价,认为广东与港澳缔结姊妹学校的规模占据全国"半壁江山",成果显著。

11月20日 与省人力资源和社会保障厅联合开展促进义务教育发展先进评选表彰活动,评选表彰40个先进集体和80名先进个人。

11月20—23日 组织中山大学等12所高校45名师生赴港开展粤港青年学生庆祝香港回归20周年主题交流活动,助力粤港澳大湾区文化交流。

11月20日—12月1日 分两期举办广东高校宣传骨干"学习宣传党的十九大精神"培训班,共计培训160人。

11月21日 举办广东教育系统党的十九大精

神宣讲团成立动员会。省委常委、宣传部部长慎海雄出席并做宣讲动员讲话。动员会结束后，慎海雄为省委教育工委全体干部职工做专题学习辅导。

11月22日 启动广东教育系统党的十九大精神宣讲"六个一百"行动，党的十九大代表，省委教育工委书记，省教育厅党组书记、厅长景李虎主讲教育系统党的十九大精神宣讲团首场报告会，来自广州大学城10所高校近1 000名大学生及教师代表现场聆听报告。

11月22日 召开2017年广东省教育考试招生信息化战略研讨会。省教育厅、省教育考试院有关负责人，有关专家，各地级以上市及部分县（市、区）招生考试机构、部分考点负责人代表共100多人参加了会议。省教育厅党组成员，省教育考试院党委书记、院长，省招生办主任王斌伟做了讲话。

11月22—23日 召开学前教育、中职教育学生资助工作规范化检查部署工作会议。

11月22—24日 全国中小学生艺术素质测评工作现场推进会在苏州召开，会议总结和交流中小学生艺术素质测评试点工作开展所取得的经验与成绩，探索与谋划下一步中小学艺术素质测评工作的思路与举措，广东省深圳市南山区海滨实验小学在会上做工作经验交流。

11月23—25日 举办广东省第二届中小学心理教师专业能力大赛，全省各地的90多名优秀中小学心理教师参加了决赛，各地区教育局和心理教师代表近600人观摩了大赛。经现场组织专家评审，确定一等奖20名、二等奖36名、三等奖27名、最佳单项奖17名。

11月24日 公布广东省2017年各类成人高校招生录取最低分数线。

11月24日 省教育厅会同省卫生计生委联合召开了全省学校结核病防控工作会议，省教育厅副巡视员陈健出席会议并对进一步做好诺如病毒、结核病等学校常见传染病的防控工作提出要求。各市教育局、省属中职学校和各普通高校分管领导近200人参加会议。

11月24日 在佛山科技学院举行全国新工科与产业学院建设交流活动，来自省内外高校的专家、代表300多人参加了活动。同期，广东省增列广东石油化工学院、五邑大学为高水平理工科大学建设高校，并举行建设协议签约仪式，由省教育厅、茂名市政府、江门市政府代表三方签订建设协议。

11月24日 印发《广东省普通高等学校本科新设专业评估工作方案（试行）》，对普通高校本科新设专业开展评估，评估结论作为专业正常招生、限制招生、暂停招生的主要依据，加强专业设置事中事后监管，倒逼高校加强专业建设。

11月25—27日 教育部主办的2017年全国职业院校教师信息化教学大赛现场决赛在山东省济南市举办。广东省共有36项作品获奖。其中，一等奖9项、二等奖7项、三等奖20项。同时，广东省还荣获团体成绩第五名与"最佳组织奖"。

11月26日 举办"学习宣传贯彻党的十九大精神——千名高校优秀辅导员'校园巡讲'活动"广东省高校专场报告会，省委教育工委副书记，省教育厅党组副书记、副厅长邢锋出席活动并讲话，广东技术师范学院陈小花等5名全国优秀辅导员做专题报告，南方医科大学等6所高校师生共1 000多人出席活动。

11月26日—12月15日 2017年广东省"省长杯"青少年足球联赛（高中、中职组）全省总决赛在肇庆市举行。省教育厅副巡视员陈健、肇庆市人民政府副市长陈宣群、广东省新闻出版广电局副巡视员王官、中国教育科学研究院体育卫生艺术研究所所长吴键等出席开幕式。总决赛共有来自21个市及省直学校的1 500多名青少年运动员参赛，分设高中男子组、高中女子组以及中职组，共65支参赛球队在为期半个月的赛程里赛足137场，赛事规模之大、覆盖范围之广为历届之最。

11月27日 广东省教育厅公布2016年高职院校高层次技能型兼职教师名单，认定广东轻工职业技术学院徐隆久等112人为2016年省高职院校高层次技能型兼职教师。

11月27日 举办广东高校心理健康教育研讨会。省委教育工委副书记，省教育厅党组副书记、副厅长邢锋出席活动并讲话。大会成立了第三届广东省普通高等学校学生心理健康教育专家指导委员会；组织开展了广东省高校大学生心理健康教育与咨询区域中心考核工作，首批心理健康教育与咨询区域中心完成周期建设任务。

11月27日—12月6日 开展幼儿园办园行为专项督导检查，对湛江、阳江、惠州、汕尾、潮州、揭阳、珠海、江门8个地市进行了实地督查，对广东省10个地市20所红黄蓝直营和加盟幼儿园进行了全覆盖实地专项督查。督查重点包括办园条件、安全卫生、保育教育、教职工队伍、内部管理5个方面。重点督查第三期学前教育行动计划的落实以及幼儿园办园行为督导评估开展情况。

11月28日 组织参加第二届全国学生"学宪

法讲宪法"演讲比赛，广东省 4 名选手在全国总决赛中获一等奖 2 名，二、三等奖各 1 名，并获团体二等奖。

11 月 28 日 首届广东省校园足球高峰论坛在广东肇庆中学举行。省教育厅体育与艺术教育处、省教育研究院、各市教育局和试点县教育局分管领导、部分专家共 100 多人参加。

11 月 29 日 广东省学校食品安全工作会议在惠州举行。省教育厅相关处室、全省各地级市教育局、各高校、省属中职学校和中小学分管学校食品安全的领导共 196 人参加了会议。省教育厅副巡视员李亚娟出席会议并讲话，全面总结了广东省学校食品安全工作的经验，并宣布启用"广东省学校食品安全监管系统"大数据平台。

11 月 29—30 日 全省中小学特色课程建设展示暨优秀成果交流活动在深圳市龙华区举行。

11 月 29 日—12 月 1 日 2017 年粤桂琼赣滇五省区高校思想政治理论课青年教师基本功大赛在江西省南昌市举办，广东省 4 名参赛青年教师表现优异，获一等奖 1 名、二等奖 3 名，连续 2 年在该赛事获最优成绩。

11 月 30 日 公布广东省 2016—2017 学年度高校国家励志奖学金获奖者名单，共有 137 所高校的 51 318 名学生获得 2016—2017 学年度国家励志奖学金。

11 月 30 日 省委教育工委书记，省教育厅党组书记、厅长景李虎率省委教育工委有关部门同志先后赴华南师范大学、广东第二师范学院、广东轻工职业技术学院开展"书记项目"专项调研。2017年省委教育工委确定"规范高校基层组织生活提升组织生活质量"为题的"书记项目"以来，景李虎认真抓实研究、部署、检查和落实，切实履行第一责任人职责，推动"书记项目"取得实效。

11 月 30 日—12 月 1 日 全省教育审计能力提升培训班在肇庆学院举行。主要任务是认真学习贯彻党的十九大精神，深入学习贯彻落实中央和省的关于审计工作的政策文件，提高教育审计人员综合素质和能力，不忘初心，牢记使命，在把广东建设成为向世界展示习近平新时代中国特色社会主义思想的重要"窗口"和"示范区"的新征程中，奋力推动广东省教育审计工作新发展。此次培训班以专题讲座的形式进行，全省教育系统的内部审计部门负责人、审计干部共 250 余人参加了培训学习。

11 月 广东省生源地信用助学贷款共签订合同 27 921 份，贷款金额为 2.17 亿元；高校助学贷款共签订合同 32 606 份，合同金额为 2.33 亿元。2017年省教育厅联合国家开发银行广东省分行合计发放国家助学贷款金额为 4.5 亿元，较 2016 年提高 28.57%；高校助学贷款平均结清率为 99.05%，较 2016 年提高 0.47%。

11 月 教育部全国学生资助管理中心公布第四届"助学·筑梦·铸人"主题宣传活动获奖名单，广东省学生助学工作管理中心获得优秀组织奖。广东省高校 2 人获得学生征文二等奖，8 人获得学生征文三等奖，3 人获得教师征文优秀奖，4 人获得视频优秀奖，1 人获得宣传画优秀奖。

11 月 印发《广东省教育厅关于省直教育系统政府采购的负面清单》。

11 月 由高校领导干部组成的广东省高校"校长杯"乒乓球队参加第十三届全国高校"校长杯"乒乓球比赛，获得第七名。

11 月 组织各地教育行政部门立即进行全面排查，尤其是对红黄蓝教育集团旗下的幼儿园进行实地检查，排除安全隐患，加强幼儿园规范管理，密切关注工作动态。

11 月 完成广东省民族教育专项资金补助项目的分配工作。

11 月 开展 2017 年度珠江学者期中期满考核工作，对 2014 年遴选的 17 名首聘期满的、2012 年遴选的 17 名聘期即将结束的高校珠江学者分别进行期中和期满考核。考核结果均为合格以上。

11—12 月 认真做好推荐党的十九大代表和新一届全国、全省人大代表和政协委员工作。严格按照省委、省人大、省政协的部署和要求，在委厅各相关处室和各高校的大力协助下，迅速制订方案，组织党组织关系隶属省委教育工委的高校及省教育厅直属有关单位，严把政治关、廉洁关，周密安排，精心组织，规范开展推荐选举工作，推荐了一批高校代表委员。

11—12 月 根据省政府《关于研究部署教育科技相关重点工作的会议纪要》（省政府工作会议纪要〔2017〕139 号），省教育厅统筹整合高等教育项目资金，联合省财政厅编制《2018—2020 年高等教育"冲一流、补短板、强特色"工作计划及资金安排方案》，并报省政府第十二届 126 次常务会议审议通过。

11—12 月 广东省教育厅联合南方日报社对广州等 8 个市开展推进教育现代化全媒体采访，总结创建"广东省推进教育现代化先进市"的经验做法，专访 5 名市长、1 名副市长、2 名教育局局长。

12月1日 省教育厅认定广雅中学等800所中小学校为第二批省级青少年校园足球推广学校，广州市越秀区等17个县（市、区）为第二批省级青少年校园足球试点县（市、区）。

12月1—3日 举办第三届全省中职学校德育课教师教学基本功比赛决赛。比赛决出了一等奖10名、二等奖14名、三等奖19名、优秀组织奖3个。

12月2日 分3期开展基础教育教研员信息技术应用能力提升研修活动。全省360多名教研员参与研修活动。广东省教育技术中心讲师团队担任讲课，讲课教师均为全国教育教学信息化大奖赛课例一等奖获得者，团队以讲座和说课的方式，解析了信息技术环境下的教与学、新媒体新技术与课堂重构等内容，分享了应用信息技术转变教学模式、实现高效课堂的案例。

12月3日 会同团省委等部门开展"千名青年律师千场学生法律服务"活动。

12月4日 组织委厅干部参加教育部国家宪法日晨读视频活动。

12月4—8日 省教育厅在河源市分2期举办2017年度全省教育经费统计业务培训班。

12月4—8日 开展教育后勤综合大检查。组织12个检查组就有关学校食堂食品等后勤工作对全省8个地市开展随机抽查、11所厅直属中职学校进行检查，抽检学校正在使用的大米、食用油等食材。

12月4—8日 迎接国家对广东省16个申报全国中小学校责任督学挂牌督导创新县（市、区）进行实地核查。

12月4—15日 开展成人高考录取工作。据统计，2017年广东省共录取29.6万人，其中专升本录取103 059人，高起本录取5 564人，高起专（脱产）录取5 732人，高起专（非脱产）录取181 916人。

12月5日 广东省-新南威尔士州第26次联合经济会议在广州白天鹅宾馆召开，省长马兴瑞会见了代表团一行。马兴瑞与贝雷吉利安州长分别做了主旨演讲，两省州领导人签署了2017年联合声明，并见证了双方8个合作项目签约。省教育厅厅长景李虎陪同会见。在由省教育厅牵头举办的教育分论坛中，来自新南威尔士州的6所高校及部分教育服务机构企业代表，与广东省8所高校领导及企业代表围绕"科技创新与服务经济""终身教育与职业教育""信息技术与教育教学""大学国际交流合作"4个议题展开学术交流及讨论。

12月5日 召开高校配备专职少数民族辅导员专题工作座谈会，落实推进高校按照师生比"1∶50"配备新疆籍少数民族辅导员工作。

12月5—9日 由香港岭南大学、香港校长专业发展促进会、仁济医院董事局、香港中学校长会、香港小学教育领导学会共同举办的第九届大中华区校长交流论坛在香港举行。

12月6日 教育部公布全国第一批中小学生研学实践教育基地、营地名单，广东省5个单位（广东省博物馆、广东科学中心、广州神农草堂中医药博物馆、广东丹霞山国家级自然保护区、孙中山故居纪念馆）被评为"全国中小学生研学实践基地"。

12月7日 组织广东省5家全国中小学生研学实践基地编报中央彩票公益金支持中小学生研学实践教育基地项目预算工作。

12月7—8日 广东省本科高校教学名师讲坛暨教师教学发展中心建设经验交流活动在华南师范大学举行。省教育厅党组副书记、副厅长魏中林出席活动并讲话。

12月8日 广东省高校党建研究会本科分会2017年年会在肇庆学院召开。省委教育工委副书记，省教育厅党组副书记、副厅长邢锋出席会议并讲话，肇庆学院党委书记曾桓松致欢迎辞，高校党建研究会本科分会会长、广州中医药大学党委书记张建华主持会议，并对研究会过去一年的工作进行了总结。省委教育工委、省教育厅组织处，中山大学、华南理工大学、华南师范大学等广东公办本科高校有关负责同志共70余人出席大会。

12月8日 省人民政府教育督导室被教育部基础教育质量监测中心授予2017年国家义务教育质量监测实施"省级优秀组织单位"。

12月8日 在广州中医药大学举办2017年度广东省教育系统政府采购工作培训。省直属高等学校、中职学校和地级以上市教育局分管领导、采购管理部门负责人以及招标代理机构等138个单位共260多人参加了培训。

12月9—11日 由广东省教育厅主办，韶关学院承办的广东省第三届高校体育教育专业学生基本功大赛在韶关学院举办。参赛单位有暨南大学、华南师范大学、深圳大学等13所高校，共计203名体育教育专业学生参赛。

12月10日 举办2017年我能我秀——质量年广东高校思想政治理论课曹群名师工作室教学创新展示活动。80多名来自广东高职院校的一线思政课教师现场观摩，省内外近4 600名思政课教师和学生在网上观看直播。

12月11日 公布广东省首批学生资助工作专家库入选专家名单,确定368人入选。

12月11日 由星海音乐学院发起的粤港澳大湾区音乐教育联盟举办成立大会,联合湾区内24所艺术高校和各大文艺院团(香港方面包括香港演艺学院、香港浸会大学文学院、香港浸会大学、香港中文大学、香港中乐团),搭建音乐发展的共享平台。

12月11—14日 全国中职学生资助规范管理与信息核查部署工作会议在贵州召开,广东省教育厅助学部门以《工匠精神打造系统"零误差"》为题,介绍中职资助子系统运行效率和学生资助工作成效。

12月11—29日 开展基础教育装备产品质量专项检查行动。委托广东产品质量监督检验研究院对广州、惠州、江门、清远等市的16所中小学校教学仪器设备进行现场检查及抽查检验工作。共测试测量51批次教学仪器设备,其中26批次样品未发现不合格,占51%;25批次样品发现不合格,占49%。

12月12日 2017年省政府来粤留学生奖学金评审结果揭晓,全省24所高校1 341名国际学生获奖。

12月12—14日 省教育厅在河源市举办省属学校基建管理培训班,落实省委、省政府和省直有关部门对省属单位基建管理的有关要求,进一步加强省属学校基本建设管理队伍建设,全面提升基本建设管理工作规范化、制度化水平,共120人参加培训。

12月15日 西安交通大学党委书记张迈曾、校长王树国带队赴广东省推进省校合作。广东省委书记李希会见了张迈曾、王树国一行。随后,省政府组织召开省校合作对接会,副省长黄宁生出席会议,省直有关部门负责同志参加会议,省教育厅党组成员、副厅长王创主持会议。双方就省校合作相关事宜进行了深入交流,达成初步合作意向。

12月15日 2017年度全省高校社科/科技统计工作培训会在广东外语外贸大学召开。教育部社科司领导及有关专家在会上传达了教育部关于该项工作的最新精神和要求,并讲解有关统计指标的内涵口径和相关信息系统的使用方法,并布置2017年度广东省高校社科/科技统计工作相关事宜。

12月15日 印发《广东省教育厅关于进一步推进高中阶段学校考试招生制度改革的实施意见》,对广东省中考改革提出了规定和要求。

12月15日 深港校长论坛在香港中文大学举行,活动以"专业领航、育人为本"为主题,组织粤港澳三地共约350名中小学幼校长(园长)参加。香港中联办教科部副部长刘建丰、深圳市教育局局长张基宏、广东省教育厅的代表以及香港教育局局长杨润雄、澳门教育暨青年局的代表参加了此次活动。

12月16日 广东省教育厅与中国行为法学会行政执法行为研究会联合主办"依法治国、依规治党与行政执法"高端论坛。省教育厅党组成员、副厅长那佳出席论坛并致辞。国家行政学院、北京大学等单位的100余位专家学者,及新华社、人民日报等新闻媒体单位的记者朋友参加了此次论坛。在论坛开幕式上还正式批准了暨南大学党内法规研究中心、华南师范大学党内法规研究中心、广东外语外贸大学党内法规研究中心、深圳大学党内法规研究中心4家研究机构为广东省普通高校人文社科重点研究基地。

12月16日 举行2017年下半年全国大学英语四、六级考试。广东省考生人数696 143人,同比增长3.07%,其中四级考生39.67万人、六级考生29.93万人。

12月17—19日 省教育厅在广州市举办2017年全省特殊教育干部培训班。省教育厅党组成员、副厅长王创出席开班式并做动员讲话,省教育厅基础教育与信息化处有关负责同志以及全省各地级以上市、县(市、区)教育局负责特殊教育工作的同志共约170人参加了培训。

12月18日 教育部科技司正式批准广东省教育厅开展高校科技成果转化示范基地建设试点工作。省教育厅综合有关地市的产业发展特点、高等教育资源布局、地市政府积极性等因素,选取珠江东岸的惠州市、珠江西岸的佛山市开展高校科技成果转化试点工作,着力整合地方政府等各方面资源形成推进高校科技成果转化的强大合力,支持惠州市建设中国高校(华南)科技成果转化中心,支持佛山市建设广东高校科技成果转化中心。

12月18日 全省下达2018年学前教育家庭经济困难儿童资助资金37 533.5万元。

12月18日 完成2017年度省教育教学成果奖(高等教育)评选工作,共评出特等奖3项、一等奖102项、二等奖120项,40余所本科高校获奖。

12月18日 澳大利亚昆士兰州凯恩斯市副市长特里·詹姆斯(Terry James)先生率该市政府代表团一行8人到广东省教育厅交流访问。省教育厅副巡视员胡振敏会见到访客人，省教育厅交流合作处及广州市教育局有关负责同志参加了会见。

12月18日 粤港澳高校联盟与广东省产学研合作促进会合作举办第二届"广东国际应用科技交易博览会暨粤港澳大湾区创新与投资展"以及粤港澳大湾区高校创新论坛，积极发挥高校科技创新的引领作用，促进粤港澳三地产学研成果转化。

12月19日 《南方日报》A版以《建人才成长"立交桥"，助学习型社会建设》为题，全版报道广东发布全国首个终身教育资历框架等级地方标准。

12月20日 教育部公布认定首批（2017年）中小学国防教育示范学校，广东省有22所中小学被定为国防教育示范学校。

12月20日 完成2017年学前教育、高中阶段学生资助工作规范化检查。此次检查历时8个月，共组成14个专家组赴粤东粤西10个地级市、17所省属中职学校，并出具检查通报。

12月20—22日 省教育厅在广州市从化区开展2017年度财务决算编报业务培训，总结、通报2016年度财务决算工作情况以及2013—2015年省属高校财务检查情况，培训2017年度部门决算、企业决算、固定资产投资决算报表和政府部门财务报告编报工作。

12月21日 协助教育部对广东科技学院完成本科教学工作合格评估，促进学校本科教学发展。

12月21日 省教育厅在华南师范大学组织召开全省教育硕士培养模式改革研讨会。与会人员围绕教育硕士联合培养基地建设、案例库建设、课程与教材开发、实践能力培养与实践教学等内容，广泛开展讨论交流，进一步探索教育专业学位研究生教育改革发展路径。会上，韩山师范学院、肇庆学院、岭南师范学院、韶关学院4所高校与华南师范大学签订了联合培养教育硕士的合作协议。

12月21日 广东省教育厅公布第二批省级农村职业教育和成人教育示范县名单及创建名单。惠州博罗县等3县（市）为第二批省级农村职业教育和成人教育示范县。韶关乐昌市等13个县（市）入围第二批省级农村职业教育和成人教育示范县创建名单。

12月22日 广东省教育厅公布截至2017年底通过备案的中等职业学校学前教育专业点名单。2018年起，除已备案的99所中等职业学校学前教育专业外，其余中等职业学校不得设置学前教育专业，不得以本校名义招生，也不得与其他学校或机构开展学前教育专业联合办学。

12月22日 举办首届广东高校新媒体成果展示节，来自全省高校的宣传部负责人和部分高校官微运维人员近200人参加开幕式和论坛。展示节现场对获得广东本科高校和高职高专院校"十佳新媒体推文"的单位进行了颁奖。经广东高校新媒体联盟评定后，省教育厅官微定期发布广东省高校官微排行榜。

12月23—24日 举行广东省2018年全国硕士研究生招生考试，全省10万多名考生在27个考点、3 691个考场参加考试。

12月24日 在华南农业大学举办第一届粤港澳大湾区大学生创新创业项目对接洽谈活动，省教育厅党组书记、厅长景李虎出席活动并讲话。全省共择优筛选近800个大学生创新创业项目、近150家知名投资机构参加活动。活动当天，投资机构与项目团队共达成55份投资意向，投资意向金额约1.2亿元。此次活动搭建了大学生创新创业项目与社会投资对接平台，展示了广东省高校创新创业教育成果，进一步激发大学生创新创业热情，促进高校创新创业教育。

12月25日 印发《广东省教育厅 广东省机构编制委员会办公室 广东省人力资源和社会保障厅 广东省财政厅关于推进县级教师发展中心建设的意见》，提出建设县级教师发展中心的重要意义、指导思想、基本原则、目标任务、工作要求。

12月26日 广东省初中教育发展联盟成立大会暨首届论坛在广东实验中学举行。省教育厅党组成员、副厅长王创与有关业务处室负责同志，以及来自省内20个地市的首批99所联盟学校代表参加了成立大会。

12月26日 公布"广东省首届百佳学生资助工作单位典型"和"广东省首届百佳学生资助工作者典型"名单，确定广东省64个学生资助工作单位典型和82名学生资助工作者典型。

12月26—28日 中国教育装备行业协会主办，广东省教育厅、广州市政府承办的第73届中国教育装备展示会在广州举办。省教育厅副厅长朱超华出席开幕式和衔接会并讲话。与第72届展示会相比，第73届展示会展馆面积达到15万平方米，增加约4万平方米；展位数量约8 000个，增加近1 000个，其中特装展位7 000余个，占展出面积的87.5%；参展企业1 300余家，增加100余家，到场观众达15.94万人次，展位面积、展位数、参展人数、参展团组等均为历届之最。

12月27—28日 副省长黄宁生赴清远市阳山县调研农村义务教育寄宿制学校试点和乡村小规模学校办学情况。

12月28日 召开广东省高考综合改革专家咨询委员会成立大会暨第一次全体会议。省委教育工委书记，省教育厅党组书记、厅长景李虎为专家咨询委员会各位委员颁发聘书，并就下一步如何发挥专家咨询委员会的作用及做好广东省高考综合改革方案做了重要讲话。

12月28日 广东省教育厅主办，广东第二师范学院承办的2017年中小学教师培训团队专项培训（西藏林芝、四川甘孜教研员）项目举行结业典礼。2017年广东省将西藏林芝、新疆喀什、四川甘孜共100名骨干教师和管理人员纳入了"强师工程"省级培训项目统一安排。

12月28日 在广州召开中小学教师资格考试（面试）考务工作暨测评系统操作培训会，传达教育部2017年下半年中小学教师资格考试（面试）考务工作会有关精神，部署2017年下半年中小学教师资格考试（面试）考务相关工作以及面试测评系统操作使用培训。

12月28日 教育部学位与研究生教育发展中心发布全国第四轮学科评估结果。广东共有21所高校的311个学科参加第四轮学科评估，其中有20所高校的255个学科入选，总数位居全国第7；前10%（A类）学科31个，位居全国第6；前20%（B+及以上）学科74个，位居全国第6。入选的255个学科中，进入A+档次（前2%）的学科有4个，占全国的1.7%；进入A类（前10%）的学科有31个，占全国的4.2%；进入B类（前40%）的学科有127个，占全国的5.7%；97个学科进入C类（前70%）。

12月 省教育厅组织多场粤港澳姊妹学校缔结仪式，新增230对粤港澳姊妹学校。广东省粤港姊妹学校已达591对，粤澳姊妹学校达39对。

12月 省级职业教育基地建设进度加快。首期工程安排进驻的5所省属高职院校均已取得可研批复，3所院校已完成招投标并签订总承包合同。省财政年度追加安排征地拆迁资金5亿元，新安排学校建设资金9 600万元；省教育厅会同省财政厅等联合印发了《省级职业技术教育示范基地（清远）代建项目建设管理办法》。

12月 圆满完成"建档立卡贫困户子女每人每学年生活费补助标准提高""资助学前教育困难家庭幼儿36.7万人""对城乡义务教育家庭经济困难寄宿生，按小学每生每年1 000元、初中每生每年1 250元标准给予生活费补助，分别增长100%、67%""全面开展普通高校本专科生和研究生生源地信用助学贷款工作"4项2017年省政府民生实事。

12月 出版《广东省2016年学生资助发展研究报告》和《广东省十年（2007—2016）学生资助发展研究报告》，宣传介绍广东省学生资助工作取得的成效。

12月 开展2017年度高校纪委工作评价。经过高校纪委自评、检查组现场评价、审核汇总、工委会议审定，34所接受评价的高校，有12所被评为优秀，21所被评为合格，1所不合格。

12月 省人民政府办公厅出台《广东省人民政府办公厅关于增加幼儿园中小学学位和优质教育资源供给的意见》（粤府办〔2017〕67号），文件提出了增加幼儿园中小学学位和优质教育资源供给的具体工作要求，包括科学测算学位需求、编制建设规划、落实教育用地、加快校舍建设、鼓励多元办学、加强内涵建设等。

12月 广东省教育厅印发《广东省中小学智慧校园建设指南（试行）》，引导广东省智慧校园建设科学规范发展。

12月 省教育厅联合省编办、省财政厅、省人力资源和社会保障厅印发《关于推进中小学教师"县管校聘"管理改革的指导意见》，统筹县域内教师编制和岗位管理，推动教师从"学校人"向"系统人"转变。

12月 省补助的71个县（市、区）全面落实了山区和农村边远地区学校教师生活补助。全省33万名山区和农村教师享受生活补助，人均岗位津贴达912元/月。全面落实县域内义务教育学校校长教师定期交流轮岗制度，2017年全省近4万名校长教师参与交流，占公办教师总数的5.32%，其中县级以上骨干教师约占20.87%。

（撰稿、审稿　广东省教育厅办公室）

媒体聚焦

"创新驱动"引领教育改革发展

策划语

目前，我省正在全面推进教育现代化。创新驱动发展战略，对于深化教育领域综合改革，推进教育现代化有着现实而深远的重要意义。2017年7月15日至16日，以"创新驱动发展战略与教育改革发展：理念、问题与路径"为主题的第五届中国南方教育高峰年会在广州召开。本届峰会先后两度组织综合论坛，并组织基础教育、职业教育、高等教育、民办教育平行论坛，汇集优秀论文90篇，发表主题演讲46人，专家学者近50人次与主题演讲嘉宾对话研讨，全体参会人员对各级各类教育适应创新驱动发展战略要求、担当创新驱动发展使命各抒己见，提出了很多颇具战略性、前瞻性、创新性、针对性的理念和路径方法。

聚焦峰会主题，关注峰会视点，本刊编辑部策划了"'创新驱动'引领教育改革发展"主题报道，以专题的形式把峰会的精彩之处集中呈现给广大读者。

品味时代之思
—— 第五届中国南方教育高峰年会侧记

这是南方的盛会，这是思维的盛宴，这是教育的峰会。

"公平、质量、创新：全球化背景下区域教育现代化暨中国南方教育高地建设。"

"创造国家及区域未来：深化教育领域综合改革的使命、战略与重点。"

"教育治理现代化：法治与改革发展同行。"

"以创新、协调、绿色、开放、共享的理念引领教育改革发展。"

"创新驱动发展战略与教育改革发展：理念、问题与路径。"

每一届的南方教育高峰年会都围绕着凸显时代脉搏的核心关键词，展开对当前我国教育改革发展探索的主旨演讲与焦点研讨。峰会上立足于时代精神、鼓舞人心的交流都见证着新时期的教育理念、观点随着经济社会发展的传承与创新，为推进区域教育现代化提供了产量丰富的思想理论支撑。

7月15日至16日，第五届中国南方教育高峰年会在广州举行，教育部综合改革司司长刘自成，教育部政策法规司原司长孙霄兵，广东省委教育工委书记、广东省教育厅厅长景李虎，广东省委教育工委副书记、广东省教育厅副厅长邢锋，广东省教育研究院院长、党委书记汤贞敏，与来自全国各地的300多名知名专家学者等出席本次峰会。

峰会上，40多名国内著名专家学者围绕"创新驱动发展战略与教育改革发展：理念、问题与路径"主题分享教育研究成果，剖析教育问题症结，畅想教育美好未来。此次峰会还利用新媒体手段进行多形式的直播，向社会各界及时传播峰会上形成的成果。

主动求思变：奏响时代之强音

深入实施创新驱动发展战略，是我国实现更高质量、更高效率、更加公平、更可持续发展的必由之路。这对教育改革发展及人才培养创新来说，既是挑战，更是机遇。这次峰会主要研讨创新驱动发展战略背景下，基本实现教育现代化的重点、热点、难点问题，基础教育核心素养培育与课程改革，现代职业教育体系建设，高等教育创新创业教育体系建设，推进世界一流大学和一流学科建设，民办教育分类管理的理想目标、现实挑战与可行对策，区域教育联动发展的战略思路与推进策略，信息技术与教育教学深度融合的路径与方法。

教育部综合改革司司长刘自成，广东省委教育工委书记、广东省教育厅厅长景李虎先后做主旨演讲，揭开峰会序幕。

刘自成深刻论述了实施创新驱动发展战略背景下我国教育改革发展面临的新方位、新命题、新任务，从时间和空间两个维度对怎样深化教育综合改革、推进教育科学发展、培养高素质人才和开展教育研究给出了方法论上的指引和参照。他指出，创新驱动发展战略关键在人才驱动，基础在教育驱动，会议围绕"创新驱动"和"教育改革发展"两个关键词展开研讨，既体现时代精神，又扎根中国大地。

只有创新人才培养体制，才能为创新驱动发展战略提供源源不断的人才支撑。教育现代化的核心是人的现代化，教育的基本功能是教书育人，教育的根本任务是立德树人。刘自成还引用了一个例子深入浅出地来阐述人才培养需要更新理念以适应时代要求："随着形势的发展，教育对象正在发生变化。有人说，'50后''60后'是用一根手指使用手机；'70后''80后'是用两根手指使用手机；'90后''00后'是用四根手指使用手机。这是为什么呢？人的行为模式发生了变化。还有人说，'90前'是'苹果'，'苹果'是有规则的；'90后'是'生姜'，'生姜'是没有规则的。在这样的情况下，'苹果'如何培养'生姜'？这表明当前的人才培养面临很多挑战，需要我们更新理念、方式，为社会主义培养合格的建设者和可靠的接班人，为创新驱动发展战略培养源源不断的创新型人才。"最后，刘自成提出，要深入研究教育领域综合改革，研究教育与科技的关系，就要改革办学体制、完善管理体制，坚持本色、放眼世界、立足当下、着眼长远，凝聚智慧，同频共振地推进教育改革发展。

景李虎在分析广东实施创新驱动发展战略的基础上，从对接经济社会发展和产业需求、综合发挥多主体多要素作用、加快培养创新人才三方面阐述了深化教育领域综合改革以助推创新驱动发展战略实施的基本路径。一是服务创新驱动发展战略，必须紧盯经济社会发展和产业需求，形成经济社会发展、产业需求和教育事业相互支撑、相互促进、相互拉动、竞相发展的良性机制，坚定不移推进教育领域供给侧结构性改革。只有引导高校走出"象牙塔"，面向经济社会发展办学，面向产业办学，为国家和区域发展提供各类人才、科技成果和社会服务，才能既推动社会进步发展，又保持高等教育蓬勃生命力。二是服务创新驱动发展战略，必须综合运用政府、产业、市场、金融等要素，形成促进高校科技成果转化的良好条件和氛围。具体而言，就是要充分发挥政府政策的导向作用，提高科研工作与产业需求对接的精准度，提高科研产品与市场需求对接的精准度，鼓励金融资本发挥在科研成果转化、高新技术企业孵化以及科技产品商业化、市场化过程中的推动、催化、激励作用。三是服务创新驱动发展战略，必须加快培养创新人才。人才是根本，人才是核心要素。创新驱动本质上是人才驱动。培养高素质创新人才是服务创新驱动发展战略的基本任务，要积极探索适应新一轮产业革命的人才培养模式，优化和完善人才培养机制，加快培养创新驱动发展战略所需要的创新型人才。景李虎最后强调，要以提高教育质量和促进教育公平为重点，优化教育结构，全面深化教育领域综合改革，加快教育信息化，着力推进教育治理体系和治理能力现代化，全方位提升教育服务创新驱动发展战略的能力。

交流谋共识：集聚众家之智慧

论坛上，专家学者们既上接天气又下接地气的演讲与对话赢得了与会嘉宾的阵阵掌声。在基础教育论坛，深圳市教育科学研究院院长叶文梓提出了一个观点——觉者为师，他认为为师者的历史规律应该是人之初的长者为师，到后来的智者为师，再到现在的专者为师，最后到将来的觉者为师。他从何为觉者为师、为什么要培养觉者为师展开论述，最后提出修炼成觉者之师的路径和方法。面向未来创新驱动，开展职业教育供给侧改革，培养适应发展的人才，共谋职业教育发展的中国道路，是职业教育论坛形成的共识。高等教育论坛新观点、新思想不断，有专家学者提出要真正实现高等教育国际化就要勇于打破西方一贯倡导的教育价值观，并对高等教育国际化是硬件设备的国际化，抑或是师资的国际化，抑或是学习方法的国际化做深入交流。民办教育论坛聚焦于分类管理背景下民办教育改革发展的实践问题，内容既有宏观又有微观的，既有政策理论层面又有实践操作层面的，有专家学者以鲜活案例引入就新政之后的民办教育该怎么走做深入探索，也有专家学者提出富有建设性的民办教育办学模式。

教育部政策法规司原司长孙霄兵在论坛演讲时表示，公办学校一直以来受到行政管理体制的制约，导致效率很低，他建议应该向民办学校学习，"民办学校的优势是，它能自己决定自己的待遇薪酬、编制岗位，它可以聘请更为优秀的教师和人员，对于民办学校提高质量有绝对性的影响"。孙霄兵由此提出，公办学校可以从中得到启发，实行新的拨款统筹制，或者叫综合承包责任制——"编制、级别、岗位比例、总额、权限，这些东西都没必要实行下去，学校就靠经费管理"。在这种管理体制下，大学校长可以像欧美大学校长一样，不用再"跑编制"，只需解决一个问题，就是经费，有了经费，可以自主设置自己的院所、自主聘请教授、自主决定教师的工资和级别。

广东省教育研究院院长汤贞敏在做总结时表示，教育要自觉扛起服务创新驱动发展战略的时代旗帜。创新不会从天而降，不会自然生长。人才是创新的根基，是自主创新的源泉。而人才的成长，根本落脚点在教育。教育强，则创新强。要精准切中制约教育改革发展及人才培养创新的问题病理：宏观上缺乏有利于创新人才孕育成长的土壤与环境，中观上缺乏有利于创新人才冒尖的管理与制度，微观上缺乏有利于创新人才成长的自由与空间。要正确把握深化教育改革发展及人才培养创新的总体理念与路径。充分体现创新、协调、绿色、开放、共享的发展理念。充分把握教育改革发展及人才培养创新是全面的改革发展、全面的创新，是全程的改革发展、全程的创新，是面向世界的改革发展、面向全球的创新。

在峰会上，来自全国各地的相关领域的专家学者等，立足于教育现代化的大视野，科学把脉教育改革发展的理论与实践，为解决创新驱动发展战略与教育改革发展面临的现实难题提供了有益的借鉴和启示，为实施创新驱动发展战略、深化教育领域综合改革、切实办好人民满意的教育提供了富有启发性和可供借鉴的途径与方法。

基础教育：构建创新驱动之合力

在实施创新驱动发展战略的背景下，以创新驱动教育发展，革新教育的理论、模式、方法、技术，推动教育现代化，是基础教育改革的应有之义和思维自觉。在基础教育分论坛上，与会专家围绕基础教育的新探索、新思路、新技术、新使命，进行了精彩阐述。

新探索：基础教育展现活力

以创新驱动教育发展，没有既定的方法，也没有现成的答案，只能通过分析实际问题、发挥自身优势，在探索中不断前进。

广西壮族自治区教育研究院院长覃壮才在《推进教育现代化重点难点和着力点研究——以广西为例》的主题报告中，以教育现代化的提出背景为逻辑起点，在阐述教育现代化的概念内涵的基础上，介绍了广西推进教育现代化的具体经验。

海南省教育研究培训院副院长李洪山做了《构建课程体系，改进学习行为：学生核心素养发展的一种路径》的主题演讲。李洪山论述了核心素养的内涵，并分享了海南省信息化同步课堂实验项目的开展情况，以及学校校本课程体系构建和学生学习行为改进的相关实践。

东莞市教育局副局长何炳基以《用心打造"莞式慕课"，让每一个学生受到最适合的教育》为主题，从打造本土化慕课教育、促进教育均衡发展、推动高效课堂建设、引领智慧课堂建设四方面，阐述了"莞式慕课"的行动定位、外延目标、内涵目标、前瞻目标。

新思路：基础教育绽放魅力

课程是推进教育改革的重要环节，也是落实立德树人的关键途径。创新驱动教育发展，需要紧密围绕课程改革，以跨界融合的思路创新课程设计。

广东省教育研究院教学教材研究室副主任钟守权在《地方课程创新与教育创新》的主题报告中，从地方课程的困境中引出了当前教育的困境，通过总结地方课程改革探索的基本历程，从思想创新、价值创新、实施创新三方面提出了创新地方课程的建议。

暨南大学理工学院副教授张伟做了《STEAM教育与青少年创造力培养》的主题演讲。STEAM教育是科学（science）、技术（technology）、工程（engineering）、艺术（arts）、数学（mathematics）的缩写。张伟以"是什么——为什么——怎么样"的逻辑思路，讲述了STEAM教育的发展历程、实施要点和相关案例，并以问题的形式提出了STEAM教育的发展趋势。

新技术：基础教育增添动力

只有将信息技术与教育教学有机融合，让技术的逻辑与教育的逻辑交相辉映，才能为教育改革注入源源不断的动力。

广东省教育研究院教学教材研究室主任曾令鹏以"现实状况——现存问题——建设目标——内容功能——推进策略"为主线，做了《推进优质数字教育资源建设与应用，助力广东教育现代化——广东基础教育数字教育资源超市建设构想》的主题报告。

华南师范大学网络教育学院院长许晓艺在《新技术促进县域教育均衡发展的模式研究与实践探索》的主题演讲中，分析了县域教育均衡现状与问题，并介绍了新技术促进县域教育均衡发展的新模式、实践案例与成果。

新使命：基础教育富含张力

新时期下，教师需要在学生成长与自身发展之间保持动态平衡，实现教学相长、师生共进。

深圳市教育科学研究院院长叶文梓从"觉者为师"的内涵、实践意义、培养路径三方面，做了《觉者为师——教师专业化的困境与超越》的主题报告，强调了彰显人生价值、升华生命意义、提升品质素养、转变生活方式对教师的重要作用。

广西师范大学教育学部谭天美博士做了《校本教研主体互动的缺失与回归》的主题演讲，在论述校本教研主体互动缺失的三大表征和校本教研主体互动的意蕴与旨归的基础上，提出回归生活世界的校本教研主体互动策略。

职业教育：创新驱动下的现代职业教育体系建设

在职业教育分论坛上，与会的教育科研机构学者、行业企业专家以及各职业院校代表，围绕在创新驱动发展战略背景下现代职业教育体系建设的热点、难点等相关问题，从国内外的实践经验及具体行业的发展情况出发，展开了热烈的探讨，共谋职业教育发展的中国道路。

现代职业教育体系是一项极其复杂、庞大的工程，通过职业教育的体制机制变革，构建广东特色的现代职业教育体系，可为广东省的产业转型升级、创新驱动发展提供技能型人才支撑。面向未来创新驱动，开展职业教育供给侧改革，培养适应发展的人才，是职业教育分论坛的三点共识。

广东技术师范学院院长郭杰认为，构建具有广东特色的现代职业教育体系，一是必须推进职业教育供给侧改革；二是切实推行教育教学改革；三是加强职教师资队伍的建设；四是积极鼓励企业深度融合，建立校企结合的长效机制。

广州番禺职业技术学院党委书记孟源北认为，创新发展是国家未来的发展战略，学校应紧跟国家发展战略来改革课堂教学，适应社会对人才的需求，从而推动职业教育的发展。创新驱动的关键在于培养适应中国产业转型升级的人才，而提高人才培养质量，必须要优化专业群的发展，改革人才的培养模式，完善师资队伍的建设。

广东省教育研究院副院长李海东介绍了近5年来广东特色现代职业教育标准体系建设的相关内容，指出标准是科学管理与发展的重要标志，现代职业教育的发展离不开标准，广东特色的现代职业教育标准体系的建设，将会引领职业教育的科学发展和内涵建设。

广州市教育研究院副院长查吉德提出了治理现代化视角下职业教育政策供给问题的策略：一是厘清政策边界，正确处理政府、市场、社会和学校的关系；二是明晰政策主体责任，做好政策间的有效衔接；三是推进新型教育智库建设，提高政策的科学化、民主化水平。

中山市教育和体育局副局长黎国喜以中山市为例，介绍了中山市推进"职业教育供给侧"改革的措施，提出三个关键点：推进中等职业学校布局调整，专业结构布局调整以及本科层次职业教育发展。

广东省物联网协会教育分会会长、广东泽诚教育科技有限公司董事长陈玉琪做了《科技赋能·教育创新》主题演讲，从企业的角度探讨了职业教育的创新，同时指出了职业教育教学实践中存在的问题：学科系统化与工作实际要求存在偏差；质量监控以投入评价为主，与教育产出联系比较少；毕业生无法满足快速发展的高新技术行业的创新要求。

江苏省职业教育与终身教育研究所所长方建华做了《从能力本位到素质本位——中职生职业核心素养评价体系构建的理论与实践》主题演讲，指出应正确把握中职教育的本质规律，彻底纠正功利主义、工具主义、科学主义、唯技术主义、一元化的职业教育价值观，真正实现职业教育学生评价的价值理念从"知识本位""技能本位""能力本位"走向"人格本位""素质本位"，这是时代的抉择，更是职业教育的本质追求。

广东建设职业技术学院院长赵鹏飞分享了该院"一带一路"职业教育校企协同走进非洲的经验，广东邮电职业技术学院院长陈玉欢分享了广东邮电职业技术学院用企业思维管理高职院校带来的成效以及启示。

高等教育：深化人才培养 实现创新驱动

在高等教育分论坛上，省内外专家围绕创新驱动发展战略下高水平大学的建设和创新创业人才培养的有关问题展开讨论，为促进高等教育改革与创新发展提供了多样化的思路和启示。

深化对双一流和高水平大学建设的认识

武汉大学本科生院副院长黄明东教授认为，"双一流"从本质来看，就是战略标准的建设问题。有了自己的标准才能够成为世界一流大学。同时，研究型大学"双一流"建设中要以学科建设为基础。

湖北省教育科学研究院副研究员刘国卫认为，创新驱动发展战略下的世界一流大学建设路径应以更新教育理念为根本点，以深化制度创新为支撑点，以深化科技创新为立足点，以培养创新创业人才为着力点。

岭南师范学院副院长黄威教授指出，高水平大学建设应该从服务国家和区域经济社会发展，坚持一流标准，完善治理结构和管理机制，建立与完善长聘与短聘相结合的教师聘任制度四个方面加强。他还强调，高水平大学建设的重点在于大学建设的规律。

进一步完善和创新人才培养机制

创新驱动关键是要落实到人的问题上。华南师范大学教育科学学院院长卢晓中教授认为，人的现代化是教育现代化的关键和核心，也是教育现代化的终极旨归所在。人的现代化，就是教育把人"化"为现代人的过程，这一教育过程中人的现代性要素不断生成和增长。不同的年龄阶段实际上有不同的阶段性特征，这就决定了素质教育既要针对不同年龄阶段所必备的素质要求来展开，同时又需关注各阶段教育的前后衔接要求。大学素质教育要着眼于人的可持续发展、人的素质综合发展、人的适应与创造的一致性发展。

武汉大学本科生院副院长黄明东教授认为，高等学校人才培养标准建设应该是一个体系，需要各个方面共同努力才能完成。具体包括学科建设标准、专业建设标准、课程建设标准、学科建设标准、试卷设计标准，等等。他强调建立中国高等教育人才培养标准最大的问题就是信心问题，只有坚定了中国标准的信心，将标准做起来并宣传、推广，逐步完善，才能引领世界高等教育的发展。

佛山科学技术学院党委书记曾峥教授认为，创新创业教育要贯穿人才培养全过程，强化系统工程，要突出与专业教育相结合，实现同频共振。广州市南方人力资源评价中心有限公司副总经理邓仕平建议从健全创新创业领导机制、以智慧课堂推进创新创业教育体系发展、健全创新创业服务体系三个方面来建立和完善高等教育创新创业教育体系。

关于师范教育现代化和教育全球化问题

广东第二师范学院院长廖伟群教授认为，教师队伍现代化是教育现代化的重要组成部分，也是满足现代化教育发展和改革需要的基本要求。在创新驱动发展战略的指导下，师范教育现代化应该从国情出发，学习世界各国教育改革的先进经验，坚持制度创新、机制创新、人才培养模式创新等，以加快教师队伍建设步伐。

广东外语外贸大学高等教育研究中心主任陈伟光教授认为，教育全球化需要全球教育治理。在全球教育治理的过程中，谁的权力最大，就由谁制定标准。中国的标准、中国治理的理念、中国治理的制度能不能向全球推广，这就是国家之间的制度之争。中国的教育制度如果能形成全球化的趋势，中国就真正崛起了。

民办教育：探索发展新路径

在民办教育分论坛上，来自不同地区、相关行业的专家，围绕当前备受关注的新修订的《中华人民共和国民办教育促进法》对中国民办教育的影响，以及中国民办教育的发展途径等问题，分别做了主题发言。

无锡太湖学院高等教育研究所所长阙明坤从独立学院的发展现状、混合所有制办学模式及其存在的风险等方面，对独立学院办学体制创新进行了探讨，并提出了独立学院选择营利模式的操作路径，即：先转设为民办本科，然后再登记选择为营利性；重新签订办学合作协议，明晰公办高校的无形资产占比，明确管理费的收取办法。他提出，未来独立学院的发展一定是多元发展，不宜实行"一刀切"的处理办法。

北京理工大学珠海学院副院长甄勇教授认为，当前我国高等教育和留学人群从精英化向大众化转型，同时，国家实行"走出去"战略对人才的需求，对于当前的中国民办高校发展来说是最好的时机。所以民办高校利用国际化来发展自己，同时重新定位、重新树立自己的品牌，借用海外的市场、海外的资源、海外的模式来重塑自己的竞争力，是一个非常好的出路。

上海市教育科学研究院民办教育研究所所长董圣足对新的《中华人民共和国民办教育促进法》及政策走向提出10条个人建议：1. 要尽快明确民办学校税收政策；2. 放开收费管制；3. 明确民办学校的特许含义，实施最低注册资本制度；4. 银监局加强对商业银行的监管；5. 变更管理；6. 明确规定举办者及其代表在决策机构中占比上限；7. 全面清理公参民办学校；8. 放开除面向在校生的学科和学科延伸以外的其他所有培训；9. 放宽培训教育机构教师资格条件；10. 授权地方政府建立教育执法机构及执法队伍。

北京市君泽君（广州）律师事务所合伙人余苏律师从法律的角度，提出对《中华人民共和国民办教育促进法》及其实施细则和条例的一些建议。第一，在民办学校登记时，工商局登记名称和办学许可证的学校名称应当有所区别；第二，应当根据新《中华人民共和国民办教育促进法》的规定进行"先证后照"，对民办学校进行一个比较有力的监管；第三，在进行法人登记的时候需要明确主体形式；第四，拓宽民办教育的投资渠道、办学资金来源；第五，将营利性学校和非营利性学校的收费权分开。

广东省教育研究院民办教育研究室主任耿景海从国家宏观政策的变化、地方民办教育的配套政策等方面，就分类管理背景下的民办学校如何设计退出机制进行了探讨。同时，他还呼吁尽快出台教育行业特殊优惠税收政策。

广州市教育研究院副研究员杨静从分类管理背景下,提出目前义务教育民办学校教师发展所面临的现实困境。她认为,广州市民办学校教师面临着生师比超标、教师学历层次低、职称结构拖后腿、教师年龄结构失衡、民办教师权益难落实等诸多难题,已经成为广州市基础教育教师队伍发展的瓶颈问题。

毕马威(广州)税务合伙人孙昭首先从新的《民办教育促进法》出发,基于过渡和运营两个时期,探讨了民办教育的财税问题。然后从民办教育的机制、财务架构的角度,探讨了民办教育在后续发展中如何进行。她认为,民办教育对于营利性还是非营利、学校运作模式,以及未来是否要走向资本市场化,要有一个合理的筹划。

【记者观察】

<h3 style="text-align:center;color:red">聚焦教育改革发展,
以创新的姿态引领教育前行</h3>

2017年7月15日至16日,以"创新驱动发展战略与教育改革发展:理念、问题与路径"为主题的第五届中国南方教育高峰年会在广州召开。

创新驱动发展是党中央站在实现"两个一百年"奋斗目标的高度提出的战略部署,任务重大、意义深远。2015年广东提出"加快建设创新驱动发展先行省"的战略目标。2017年4月初,习近平总书记专门对广东工作做出"四个坚持、三个支撑、两个走在前列"重要批示,希望广东为全国推进创新驱动发展战略提供支撑。教育部综合改革司司长刘自成指出:"创新驱动发展战略关键在人才驱动,基础在教育驱动,所以这次会议围绕'创新驱动'和'教育改革发展'两个关键词展开研讨,既体现时代精神,又扎根中国大地,意义深远。"广东省委教育工委书记、广东省教育厅厅长景李虎指出:"本届峰会以'创新驱动发展战略与教育改革发展:理念、问题与路径'为主题,充分体现了教育改革发展服务经济社会发展大局的战略指导思想。"

回顾中国南方教育高峰年会,至今已举办了五届。首届峰会于2013年6月22日至23日召开,围绕"公平、质量、创新:全球化背景下区域教育现代化暨中国南方教育高地建设"主题,共同探讨了全球化背景下区域教育现代化暨中国南方教育高地建设的理论问题与实践路径,为新时期教育改革发展和现代化建设把脉切诊;第二届峰会则围绕"创造国家及区域未来:深化教育领域综合改革的使命、战略与重点"主题展开研讨与对话,探讨了深化教育领域综合改革的顶层设计问题,提出了深化教育领域综合改革的战略重点、基本路径与主要举措;第三届峰会围绕"教育治理现代化:法治与改革发展同行"主题,共议教育改革发展大计,为解决全面依法治教、推进教育治理体系和治理能力现代化面临的现实难题提出了种种设想和方案,对深化教育领域综合改革和推进中国南方教育高地建设提供了十分有益的借鉴与启示;第四届峰会围绕"以创新、协调、绿色、开放、共享的理念引领教育改革发展"主题展开研讨,以应对、化解教育变革中各种风险和挑战;第五届峰会则探讨了"创新驱动发展战略与教育改革发展:理念、问题与路径"主题,以共谋教育适应、支撑和服务经济社会发展大计,共绘教育改革发展和教育现代化建设蓝图。由此可见,五届中国南方教育高峰年会从不同的侧重点共同指向了"教育改革发展"这一聚焦点,有针对性地探讨了时代发展大势下教育改革发展的理论问题、战略思考与实践路径,并致力于以创新的姿态引领教育前行。

"举办峰会,旨在为政府官员、知名专家学者、教育工作者建立一个对教育改革发展及人才培养重大理论、战略、政策、实践问题展开研讨和对话的高层平台,以创新教育思想、促进教育改革、引领教育发展,助推中国教育现代化及南方教育高地建设。"中国南方教育高峰年会连续举办了五届,紧贴时代脉搏,关注教育热点难点,汇聚专家、学者,为广东教育改革发展提供了许多新的理念及可行路径,已成为教育改革发展与现代化建设新思想、新举措的重要汇聚地,对我省推进教育现代化、建设南方教育高地起到了重要的影响作用。

本文来源:《广东教育》(综合)2017年第8期,有删改;记者 罗 峰 黄博彦 朱守锂 钟嘉仪 李少杰 黄日暖 王思静

· 概 况 ·
GENERAL SITUATION

产学研深度融合的"广东经验"

编者按

感受"天河二号"超级计算机世界第一的运算速度，参观国家高端智库中山大学粤港澳发展研究院，走进广东工业大学2万余平方米的"创客空间"……2017年6月1日至3日，由教育部新闻办组织的16家中央媒体，以"迎接十九大·教育看变化"为主题，围绕广东"双高"建设服务创新驱动发展取得的成效经验以及以教育信息化推进教育现代化两个专题开展采访。我刊记者全程跟随采访，本期首先推出"双高"建设报道。

2015年4月，广东省委、省政府以超常规的投入力度和改革举措，以服务广东经济社会发展和创新驱动发展战略为重点，在全国率先开展高水平大学建设工作，随后又相继启动实施高水平理工科大学和理工类学科建设、省市共建本科高校和特色重点学科建设等重点工程，形成分层次、分类型统筹推进高等教育改革发展的清晰路径。"双高"建设两年来，17所参建高校组成高水平大学群，积极面向经济社会发展的主战场，用科研成果强有力支撑广东创新驱动发展、全面建成小康社会。

大手笔投入，超常规改革

据省教育厅副厅长王创介绍，广东对"双高"建设的财政投入力度前所未有。省财政安排高水平大学建设专项资金50亿元，生均拨款标准提高经费50亿元，带动广州、深圳投入超过30亿元。省财政安排专项经费10亿元，带动深圳、佛山、东莞市政府投入超过80亿元。据不完全统计，2015年以来，广东仅在高水平大学建设、高水平理工科大学建设、省市共建高校建设、特色重点学科建设等方面就新增投入294.53亿元，其中省财政新增投入123.62亿元，带动地市财政新增投入170.91亿元。

广东围绕"人、财、物"等影响和制约高校创新发展的关键领域和核心环节，密集出台了一系列在全国具有突破性意义的政策措施文件，极大地调动了省内高水平大学建设高校深化改革、创新发展的动力与活力。省教育厅牵头出台《关于深化高校科研体制机制改革的实施意见》，提出创新高校科研组织管理形式、高校科研评价考核机制的9条具体措施，有效调动了高校科研人员创新创业的积极性。省财政厅牵头出台《关于进一步深化政府采购管理制度改革的意见》，对参建高校科研仪器设备实行统一动态项目库管理，着力解决科研仪器采购周期长、程序繁杂的问题。省人力资源和社会保障厅牵头出台《高水平大学建设人事制度改革试点方案》，提出"五个下放、两个完善、一个加强"意见，进一步激活高校人才队伍活力。省委组织部、省人民政府外事办公室牵头出台《关于加强和改进教学科研人员因公临时出国管理工作的实施意见的通知》，对因公临时出国实施区别管理、优化审批程序，解决了高校科研人员出国交流的最大障碍。

人才汇聚效应增强，国际影响力提升

中山大学外引内育，实行"教师系列+研究系列"，引进各类高层次人才。2015年至今，中大新增6名院士全职到岗工作，新增教育部"长江学者"教授21人（特聘教授7人，青年学者14人），4名"杰青"、55名"青年千人"，其中2016年有30人入选"青年千人"，居全国高校第二。近两年来，中山大学从海内外引进了2 000多人，初步实现了队伍的倍增，汇聚了一大批优秀学术骨干，特别是大力推进博士后和专职科研队伍建设，扩大青年人才"蓄水池"，打造学校师资队伍"战略储备"。其他"双高"参建高校也依据校情和地情，量体裁衣，创新引进、培养、激励、约束机制，营造了人才培养的良好生态环境。截至2016年底，参建高校两年新增国家级人才426人，较建设初期基本翻番。新增省级人才350人，基本占到建设初期的50%。接下来，广东将大力开展工科专业认证，调整专业结构，重点优化工学人才培养结构，探索建立广东理工科发展模式。同时深入实施"广东特支计划""珠江学者岗位计划""千百十人才工程"等人才培养工程，加大培养力度，打造人才培养项目品牌。

人才汇聚带来了显著影响力，随着各校优秀学科、研究平台的建立和发展，广东高校基础研究国际影响力提升。根据最新统计，参建高校入围ESI排名前1%学科数增幅明显加快。与2014全年仅新增1个学科相比，2015年、2016年分别增加5个和9个学科。参建高校共51个学科入围ESI排名前1%，比2015年1月增加16个学科，增长46%；有5个学科入围全球排名前1‰，跃居全国第三。

搭建产学研融合平台，推动科技成果转化

6月3日，为进一步推进产教融合、协同创新，"2017年广东省高水平大学建设推进会暨产学研对接大会"在佛山市召开。省内42所高校和佛山市内6所研究院、600余家企业参与此次对接大会，参展成果150多项。会议发布了《广东创新驱动发展供需对接暨佛山校地合作发展报告》，举行了广东高校全面服务佛山创新驱动发展合作协议等项目签约仪式，及广东高校科技成果转化中心揭牌仪式，签署了《广东高校全面服务佛山创新驱动发展战略合作框架协议》。

广东准备在高校聚集地区，如广州大学城、钟落潭大学校区、清远职教基地等地，建设若干个科技成果转化及创新创业公共服务平台，加上网络化运作，将高校、科研机构、企业、市场、金融机构等有效连接起来，使高校的教学科研更加贴近企业和市场需求。推动科技成果尽快找到市场，金融资本尽快找到最佳投资项目，真正实现人才链、创新链、产业链、资金链"四链"的深度融合。

广东工业大学牵头或参与组建产学研创新战略联盟近30个，建立各类校企创新平台100多个，覆盖广东主导产业。与全省20个地区、23个高新区、200多个专业镇、20多个广东省重点行业、一大批龙头企业开展全方位的战略合作；服务广东企业已超过6 000家，解决企业技术难题1万多个，有力支撑了广东企业的快速发展和转型升级。王成勇教授团队围绕石墨烯加工领域提出了系统的脆性碳素零部件高速精密加工理论，探索研究了一系列脆性碳素零部件高速精密加工工艺优化方法，其研发的石墨舟、碳素热场和石墨电极产品在太阳能、模具骨干企业中得到应用推广，近三年累计新增销售额51.3亿元，新增利润5.7亿元，产生了良好的社会经济效益。

华南理工大学的科技成果"果蔬全流程绿色加工技术与装备"项目针对果蔬加工过程中面临的外形各异、分解加工困难、热加工损失大、高耗低效等问题，发明系列关键技术与装备并产业化，实现果蔬全冷程综合绿色加工。相关成果已在30多个国家超过200家企业推广应用；授权发明专利36件，授权国际专利3件；开发荔枝、柚子等岭南特色果酒果醋产品20多个，获批新药1个，保健食品2个；荣获广东省专利金奖、广东省科学技术一等奖。

服务经济社会发展，对接产业需求

广东工业大学坚持"与广东崛起共成长、为广东发展做贡献"的办学理念，产学研合作覆盖全省所有地市，服务超过6 000多家，助推产业转型升级，实现从"适应、服务"向"支撑、引领"转变。广工大佛山数控装备研究院主要瞄准珠江西岸先进装备制造业需求，围绕机器人、精密装备、3D打印等智能制造领域，进行关键技术与产品研发和企业服务，已培育孵化80多个高端创业项目，吸引社会投资资金超3亿元，注册实体公司60多家，研发创新产品超过60项，申请专利超400件，服务地方企业超500家，已实现技术服务收入超亿元。学校博士后秦磊创办的新鹏机器人公司，创办三年时间销售额超亿元，成为国内卫浴行业打磨机器人的翘楚，带动佛山本土卫浴行业走向智能制造。学校"青年千人"刘冠峰教授支持的韦达尔团队，研发了面向电子、汽车等行业的等离子设备，其性能提升了2倍，能耗和成本均下降50%，填补了国内设备技术的空白。

高校是培养人才的重要基地，也是汇聚创新资源的重要载体。2016年，广东"双高"参建高校承担国家自然科学基金1 959项，增长8.8%，首次有8所参建高校立项数名列全国高校前100名；承担国家重点研发计划重点专项29项，总经费4.33亿元；获省应用型科技研发及重大科技成果转化专项99项，占全省总数的62%。两年来，参建高校获省科学技术一、二等奖50项，占全省的50%；获企事业单位横向经费19.68亿元，占全省高校科研经费总额的18.5%。此外，参建高校还纷纷与地方政府、行业、企业共建研究院、企业研发中心、新型研发机构等平台近500个，与广州、深圳等地市合作共建新型研发机构近30个，服务企业超过2 000家。

本文来源：《广东教育》（综合）2017年第7期；记者　魏文琦

学习十九大，加快教育现代化

"建设教育强国是中华民族伟大复兴的基础工程，"党的十九大报告强调，"必须把教育事业放在优先位置，加快教育现代化，办好人民满意的教育。"

本期特邀我省教育系统的十九大代表以"学习十九大，加快教育现代化"为焦点，畅谈学习宣传、贯彻落实十九大精神的切身体会与相关做法，以期为我们深入学习十九大提供鲜活的关注点。

其中，十九大代表、广东省委教育工委书记、省教育厅厅长景李虎的《以习近平新时代中国特色社会主义思想为指导 办好人民满意的教育》学习长文，立足我省教育发展实际，强调站在"新时代"历史方位，以习近平新时代中国特色社会主义思想为指导，为推动我省教育高质量发展、加快推进我省教育现代化提出了切实可行的思路与建议，值得我省教育人深刻学习领会，并付诸到伟大的新时代教育改革与发展实践之中。

以习近平新时代中国特色社会主义思想为指导 办好人民满意的教育

广东省教育厅　景李虎

学习宣传贯彻党的十九大精神，是当前和今后一个时期全省教育系统的首要政治任务。习近平总书记在10月27日新一届中共中央政治局第一次集体学习时强调，学习贯彻党的十九大精神，要在学懂、弄通、做实上下功夫。11月1日印发的《中共中央关于认真学习宣传贯彻党的十九大精神的决定》要求，学习贯彻党的十九大精神，要把着力点落实到"六个聚焦"上，即聚焦到习近平新时代中国特色社会主义思想是党必须长期坚持的指导思想上，聚焦到5年来党和国家事业取得历史性成就和发生历史性变革上，聚焦到做出中国特色社会主义进入了新时代、我国社会主要矛盾已经转化为人民日益增长的美好生活需要和不平衡不充分的发展之间的矛盾等重大政治论断的深远影响上，聚焦到贯彻落实党的十九大的重大决策部署上，聚焦到以习近平同志为核心的新一届中央领导集体是深受全党全国各族人民拥护和信赖的领导集体上，聚焦到习近平总书记是全党拥护、人民爱戴、当之无愧的党的领袖上。深入学习十九大精神，就要认真按照中央要求，着力"六个聚焦"，紧紧围绕"学懂、弄通、做实"要求来学习，推动我省教育高质量发展。

一、牢记新时代党的历史使命，奋发有为，不辱使命

党的十九大做出中国特色社会主义进入新时代的重大判断，并用"3个意味着"对新时代进行了阐释：第一，意味着近代以来久经磨难的中华民族迎来了从站起来、富起来到强起来的伟大飞跃，迎来了实现中华民族伟大复兴的光明前景；第二，意味着科学社会主义在21世纪的中国焕发出强大生机活力，在世界上高高举起了中国特色社会主义伟大旗帜；第三，意味着中国特色社会主义道路、理论、制度、文化不断发展，拓展了发展中国家走向现代化的途径，给世界上那些既希望加快发展又希望保持自身独立性的国家和民族提供了全新选择，为解决人类问题贡献了中国智慧和中国方案。其中，"强起来""焕发出强大生机活力""贡献了中国智慧和中国方案"等表述，无不在传递着这样的信息，我们迎来了中国发展史上、中华民族发展史上的重要时间节点，在这一重要节点，我们比历史上任何时期都更接近、也更有信心和能力实现中华民族伟大复兴的目标。在这样的关键时期，我们要牢记中国共产党人的初心和使命，这个初心和使命，就是为中国人民谋幸福、为中华民族谋复兴；我们要牢记新时代中国共产党人的历史使命，这个历史使命就是实现中华民族伟大复兴。

二、用习近平新时代中国特色社会主义思想武装头脑、指导实践、推动工作

习近平新时代中国特色社会主义思想，是党的十九大报告的灵魂和主线。十九大通过的党章修正案，把习近平新时代中国特色社会主义思想同马克思列宁主义、毛泽东思想、邓小平理论、"三个代表"重要思想、科学发展观一道确立为党的行动指南，写入党章。学习贯彻党的十九大精神，最根本的就是要全面领会和深刻把握习近平新时代中国特色社会主义思想，并将之贯彻落实到教育工作的方

方面面。十九大报告的第三部分对习近平新时代中国特色社会主义思想进行了全面、深刻的阐述,其中,用"8个明确"概括了这一思想的主要内容,同时,提出了新时代坚持和发展中国特色社会主义的基本方略,并概括为"14个坚持"。习近平新时代中国特色社会主义思想,是全党的指导思想和行动指南,理所当然也是教育工作的指导思想和行动指南,每一个"明确"、每一个"坚持",我们都必须不折不扣在教育工作实践中予以贯彻落实。我们要联系习近平总书记系列重要讲话,联系十九大报告全文,联系自身工作实际,把"8个明确""14个坚持"真正学懂弄通,并体现到明年的工作谋划上,贯彻到我省教育现代化建设的新征程中。

用习近平新时代中国特色社会主义思想武装头脑、指导实践、推动工作,最根本、最关键的是要高度讲政治,加强政治能力建设。我们一定要保持清醒头脑,做政治上的明白人,牢固树立政治意识、大局意识、核心意识、看齐意识,坚定自觉地忠诚核心、拥戴核心、维护核心、捍卫核心,坚决维护以习近平同志为核心的党中央权威和集中统一领导,始终在思想上政治上行动上同以习近平同志为核心的党中央保持高度一致。

三、准确把握新时代我国社会主要矛盾,深刻分析教育现状,抓重点、补短板、强弱项

党的十九大做出了中国特色社会主义进入了新时代、我国社会主要矛盾已经转化为人民日益增长的美好生活需要和不平衡不充分的发展之间的矛盾的重大政治论断,这一重大政治判断完全符合广东教育实际,是我们分析教育现状、研究改进措施、解决教育问题的有力思想武器和方法论指导。

首先,从"人民日益增长的美好生活需要"来看,"有学上""有书读"早已不能满足老百姓对美好生活的需要,"上好学""读好书"才是他们的期盼、向往和追求。这也就是习近平总书记所讲的人民对"更好的教育"的期盼。这是从家长的角度来讲的。从教师的角度来讲,他们也有对美好生活的需要,这种需要反映到教育领域,就是对更好的工作条件和生活待遇、更多的培养成长和职业生涯提高机会、更强的荣誉感和幸福感的期盼等。还有,从学生的角度来看,他们对美好生活的需要,至少应当包括有更加美丽的校园环境,更加关心自己的老师,更加交心亲密的小伙伴,更加高质量的课堂教学,更加及时有效的情感、学业、就业指导,更加理解自己的爸爸妈妈等。家长、教师、学生都是我们的工作对象,知道他们想要什么,才能明白我们应该干什么。

其次,从"不平衡不充分的发展"来看,我们确实存在不少问题,其中有旧问题,也有新问题。比如,从经济发展和教育发展的关系看,广东经济总量连续28年位列全国第一,教育质量与经济总量不匹配,教育对经济社会发展支撑力不够,呈现不平衡不充分状态;从不同区域教育发展现状看,珠三角地区与粤东西北地区教育发展落差明显,不平衡不充分现象十分突出;从市、县(区、市)教育发展现状看,地级以上市之间、县(区、市)之间教育发展不平衡不充分现象依然存在;即使在县(区、市)域内,群众对校际教育发展不平衡不充分状况感受真切,增加优质教育资源成为群众的热切期盼;从学位供给角度看,城市压力明显大于农村;从提升教育质量角度看,农村任务比城市重得多;从解决随迁子女就学问题看,珠三角地区城市的压力远远超过粤东西北地区;从教师队伍现状看,城市矛盾表现在编制紧缺,农村问题则是素质能力不足;还有,经济越发达,民办教育越发达,政府对民办教育的依赖性也越强;企业对高端制造技能型人才需求多,职业教育精准育人少;高等教育高校多名校少;等等。这些都是我省教育发展不平衡不充分的表现。

把新时代家长、教师、学生对教育的需要搞得明明白白,把现阶段教育不平衡不充分的表现弄得清清楚楚,工作重点就出来了,短板就凸显了,弱项就暴露了,我们的工作也就能有的放矢,抓得准重点,补得上短板,强得了弱项,精准施策,事半功倍,从而不断解决好教育的主要矛盾,让群众对教育有更多的获得感和幸福感。

四、优先发展教育事业,做强做优基础工程,加快教育现代化,办好人民满意的教育

(一)优先发展教育事业

十九大报告讲要优先发展教育事业。优先发展就是排在第一,优先发展就是独一无二。在民生领域,国家对教育事业的重视是空前的,也就是说,无论遇到什么情况,无论遇到什么困难,国家都会把教育事业的发展排在首位、排在前列,优先支持、优先保障。

为什么要优先发展教育,十九大报告也给出了答案:因为"建设教育强国是中华民族伟大复兴的

基础性工程，必须把教育事业放在优先位置"。

（二）做强做优基础工程

所谓基础工程，就是支撑一切上层建筑的平台。教育的复兴关系到整个中国各产业的复兴，关系到中华民族的整体复兴。所有产业从事的人才，都是靠教育来培养；所有产业的提升，都是思维的创新；所有产业的接续，都是教育来传承。所以，鼎力扛起中华民族伟大复兴的基础工程的大梁，是我们每个教育工作者义不容辞的责任。

（三）加快教育现代化

什么是教育现代化？教育现代化是一个动态过程。

教育现代化体现在优质、公平、均衡、多样、创新、国际化、信息化上。

优质的教育，满足人们日益增长的对美好生活的向往，要求有足够的优质教师和教育工作者，使用以学习者为中心的优秀教学方法，师生享受到优质的教学资源。

教育公平是社会公平的基础。要关注身处不同环境中的孩子，千方百计为家庭经济困难学生、进城务工人员子女、残疾儿童少年等群体提供更多的关爱和帮助。

教育均衡的关键在于优质教育资源如何调配。只有推动教育均衡，才会有教育公平，进而才会有社会公平、公正。

在科技、社会和经济发展日新月异的今天，人才需求的多元化要求学校培养人也要多样化，迫切需要教育多样化的发展，为每个学生提供选择的机会，以及以新的方式进行各种不同学习的机会。

为迎接新时代的挑战，要着重研究与解决在教育领域如何培养学生的创新意识、创新精神和创新能力的问题，为人的创新素质的持续发展打下好的基础。

教育的国际化，要求面向世界，服务"一带一路"倡议，做好教育对外开放工作，拓展教育资源，面向海外、面向港澳引进高水平人才，培育形成广东教育发展新的比较优势，提升国际竞争力和区域辐射力。

教育现代化最终是人的现代化，这是核心。人的现代化既是教育现代化的必要条件，也是教育现代化的基本表征，也可以说是教育现代化的出发点和归宿。

（四）办好人民满意的教育

人民对教育事业有什么不满意？

学前教育，在家门口上不了幼儿园，幼儿园的学费给家庭经济上带来很大的压力，群众会不满意。

义务教育阶段，提供的优质学位少，城乡学校差异大，不能就近入学，群众会不满意。

高中阶段教育，办学缺乏特色，教师水平不高，区域发展不平衡，群众会不满意。

职业教育，上升通道不够、不畅，学不到真本领，群众会不满意。

高等教育，服务创新驱动发展能力不足，专业结构和课程设置不能适应市场和社会的需要，人才培养一直得不到应有重视，群众也会不满意。

把这些问题逐步解决了，我们人民满意的教育就办好了。

五、把十九大精神贯彻落实到广东教育工作中

（一）全局工作

1. 加强党建工作，全面从严治党，建设大中小幼一体化的德育体系。要坚持党对教育工作的领导，任何时候都不能含糊、不能动摇，这是办好我国教育的优势和保证。我们要牢牢记住那句话："党政军民学、东西南北中，党是领导一切的。"抓好党建是我们最重要的工作，抓好党建是我们最大的政绩。

这些年全面从严治党提高了党的凝聚力、战斗力、号召力，密切了党群、干群关系，改变了社会风气，特别对于我们的孩子、学生是影响深远的，让我们的孩子、学生小的时候就看到泾渭分明的标准，养成令行禁止的习惯。我们的党风廉政建设，我们的全面从严治党工作要进一步抓下去，不能够放松，不能够松懈！教育系统的全面从严治党工作功在当代，利在千秋。

要贯彻落实党委领导下的校长负责制，全面落实高校领导班子党建工作责任清单，进一步强化党委书记党建第一责任和其他党员领导干部"一岗双责"，继续组织实施高校党建"书记项目"，带动高校党建工作创新。要加强基层组织建设，以提升组织力为重点，突出基层党组织的政治功能，把基层党组织建设成为坚强的战斗堡垒。要加强教师党支部建设，推动教师党支部覆盖面不断扩大、战斗堡垒作用不断增强，把教师思想政治工作和从严教育管理教师党员落到支部。要加强高校学生党建工作，建立健全学生党建工作机制，明确学生党建工作责任人，形成常态化的长效机制。要高度重视中小学校党建工作，牢固树立"加强中小学校党建是发展基础教育、办好人民满意教育根本保证"的思想理念，发挥地市教育局党组织在加强中小学党建工作

中"连接点""传动轴"的作用,推动地级市成立市委教育工委。要高度重视民办学校党的建设工作,明确民办学校党委的政治核心地位和监督保障作用。通过学校章程规范和明确党委职责,明晰党委的权责界限,强化党组织在办学定位、发展规划、预算决算、干部任免中的作用。

我们要扎实推进习近平新时代中国特色社会主义思想进校园、进教材、进课堂、进网络、进学生社区"五进"工作,构建以社会主义核心价值观为引领的大中小幼一体化德育体系,深入开展理想信念教育,以爱国主义为核心的民族精神和以改革创新为核心的时代精神教育,中华优秀传统文化和革命文化、社会主义先进文化教育,道德教育,社会责任教育以及法治教育,突出认知能力、合作能力、创新能力、职业能力培养,坚定广大师生跟党走中国特色社会主义道路的信心和决心。

2. 用好政府履行教育职责评价抓手,解决教育事业难题,推动"争先进、当标兵"工作。2017年5月,国务院办公厅印发《对省级人民政府履行教育职责的评价办法》,要求自2018年起,每年对省级政府履行教育职责的情况进行评价,并通报评价结果。评价结果作为对各市、县级政府及其有关部门领导班子和领导干部考核、奖惩的重要依据。这个评价是督促各级地方政府做好教育工作的有力抓手,要充分发挥这个抓手的作用,推动解决教育事业的难点难题。省委、省政府将教育"创强、争先"督导验收确定为省级考核项目,极大地推动了我省教育事业的发展。其中,"创建教育强市、强县(市、区)"已经基本完成,"推进教育现代化先进市、先进县(市、区)"正在顺利推进。在此基础上,进一步推进基础教育优质均衡发展,需要有新目标、新抓手。为此,将教育督导省级考核项目"创强、争先",升级为"争先进、当标兵",即"推进教育现代化先进市、先进县(市、区)""争当教育现代化标兵市、标兵县(市、区)"。这将是接下来抓工作的新平台。

(二)学前教育

保障学前教育学位供给。学前教育不在义务教育范畴,但学前教育是每个家庭的刚性需求,这种刚性需求超过对住房的刚性需求,政府掌握的学前教育资源很少,全省有8个市公办幼儿园不到30%,最低的仅有4.4%,政府调控学前教育的手段有限、效果有限,学前教育可以办成营利性幼儿园,但政府定价依据不足,政府限价作用有限——这种状况很像前几年的房地产状况,要么供给不足,要么价格飞涨。为了控制房价,政府可以限购,为了控制幼儿园收费上涨,政府能够出台政策限制孩子上幼儿园吗?肯定不行!前几年,全国议论的焦点是房子,全民口诛笔伐的对象是房价。明年后年,如果全国议论的焦点是入园难,全民声讨的事情是入园贵,那就是我们的失职。

所以,学前教育是我们当前工作的燃眉之急——根据预测应该增加的学位数一定要达到!公办幼儿园的比例一定要达到!普惠性幼儿园的比例一定要达到!收费一定要管住!政府的支持政策一定要到位!而且,我们要有应对危急的预案,出现这样的情况怎么应对、出现那样的情况怎么应对,要心中有数,兵来将挡,水来土掩。

(三)基础教育

1. 增加优质教育资源,实现优质均衡发展。要结合贯彻落实《国务院关于统筹推进县域内城乡义务教育一体化改革发展的若干意见》,动态分析教育设施用地的供需状况,有序扩充城镇义务教育资源。要通过集团化办学、联合办学、委托管理、对口帮扶等措施,扩大优质教育资源覆盖面,增加基础教育优质学位供给。这件事情如果做好了,群众的获得感就会更强。群众对教育有什么获得感?优质学位他能够得到,他的孩子能够全面发展、能够成功、能够成才,仅此而已。这个事情,我们回避不了!

2. 加强教师队伍建设。省、市、县、校教师发展体系建设要尽快完善。教师"县管校聘"改革、校长职级制等重点改革已经破冰、渐次铺开,还要继续深入推进。继续实施"乡村教师支持计划",设置出新的激励措施,更好地配置农村教师资源,确保农村教师队伍稳定、结构合理、素质提升。省、市、县、校分层分类又相互衔接的培训体系已经初步建立起来,将提高教师培训的针对性和精准度,把省级培训项目做成高端、做成精品。同时发挥各类教师联盟、师范教育联盟的积极作用。启动"新师范"工作,使师范院校(专业)和教师工作全过程、全方位精准对接,成为提高教师培养、使用、培训循环体系的发动机、驱动器,把优秀学生培养成教师,让先进的教育理念、教育方法落地,让教师队伍能力水平不断提升。

3. 加快教育信息化建设。让优质教育资源无差别地覆盖全省不同地区,信息化是最主要的手段。加快教育信息化建设是基础教育优质均衡发展的必然要求。"同步课程"要争取早日上线,将最好的资源传送到全省每一个角落。

4. 加快寄宿制学校建设、教学点整合。省教育厅正在积极推进粤东西北地区寄宿制学校建设工作。现已摸清了全省义务教育学校教学点、有寄宿学生的学校数和学生数。在此基础上，省教育厅将韶关、河源、清远作为我省寄宿制学校建设工作试点市，其余各地市也要选择一个条件成熟的县（市、区），先行开展试点工作，合理确定县域内教学点、村小学、中心小学、初中学校布局，以及寄宿制学校和非寄宿制学校的设置，处理好提高教育教学质量与方便学生就近上学的关系，通过试点积累成功经验，以点带面推进其他项目县（市、区）工作。

5. 做好校内课后服务。目前正在完善做好校内课后服务的指导意见，家长的"后顾之忧"有望得到缓解。校内课后服务将坚持公益普惠性，严禁违规乱收费，同时将争取中小学教职工在按质按量完成正常职责工作任务后，参与校内课后服务教学和管理工作取得相应的劳务报酬。

（四）职业教育

1. 打通中职、高职、本科上升通道。目前《关于2018年深入推进普通高等学校考试招生改革的通知》（以下简称《通知》）正在面向社会公开征求意见，《通知》对打通通道做了精心设计，明年效果会体现出来，将来我们职业教育的通道会更多、更宽敞，水流会更大、更畅顺。

2. 校企精准对接、精准育人。高新技术企业、龙头企业、标志性大企业招不到技术精湛的高端制造人才，职教院校毕业生找不到理想的工作，这是职业教育的主要问题，职教院校自成一体的封闭性思维是职业教育和企业需求"两张皮"的症结所在。我们要积极推动职业教育与产业、行业更加紧密结合，要以企业需求为导向，促进职业教育与经济社会发展需求精准对接，培养高新技术企业、龙头企业、大企业急需的高端技能型人才。职教院校要主动对接企业人才标准、生产标准、技术标准，创新校企合作办学机制，提高精准育人比例，增加精准育人数量，提高精准育人质量。职业教育"校企精准对接、精准育人"这个口号要在广东喊出来、喊响亮，率先做出成绩。

3. 整合资源，做大做强职业教育。加大基本建设投入，补强职业院校资源不足的短板，尽快达到国家规定的标准。深入推进职业院校中高职一体化，调整中职学校管理体制，优化中职专业结构，开展中高职贯通培养，推动集团化办学。

（五）高等教育

1. 把人才队伍建设放在首位，以世界眼光、全球胸怀引进人才。没有人，一切都无从谈起。加强高校高层次人才队伍建设，深入实施高校"珠江学者岗位计划"。加强青年教师培养，实施优秀青年教师培养计划和青年骨干教师国内外访学研修计划。优化环境，创新机制，支持面向全球引进创新领军人才和学术团队，加强教师国际交流与培训。完善利于人才脱颖而出的分配激励机制，坚持向关键岗位、优秀拔尖人才、学科领军人才和优秀创新团队倾斜。我们是改革开放的前沿，我们有宽松的环境，我们有很好的创业条件，一定要发挥好地缘优势，着力聚集人才。

2. 加强学科建设，打造高端平台。有了人，要发挥作用、产生成果必须有平台。要加大国家级协同创新中心的培育建设力度，引导和支持高校主动对接省内重大创新平台、高新区、专业镇等创新载体，推动新兴产业集群发展。指导高校建立科学合理评价标准，建立健全开放评价办法。推动高校与地方政府共建联合研究院、工业技术研究院等校地合作的新型研发机构。引导高校完善科研成果转移转化的机制和办法，培育一批推进科研成果转移转化的专业机构和团队。

3. 狠抓体制机制创新，让放管服政策尽快落地。要系统设计全省高等教育分类体系，建立多元化高等教育分层评估体系，健全高校分类定位标准和分类指导、分类发展、分类评估机制，整合高等教育资源，改革高校资源配置模式，建立完善以办学绩效为导向，适应高校分类发展的办学资源配置机制，引导高校在本层次本类型中各安其位、办出特色、争创一流。进一步明确高校办学权利和义务，落实高校办学主体地位，坚持放权与监管同步，运用法律法规、政策、标准、拨款、信息服务等手段加强对高校的宏观管理。

（六）招生考试制度改革

积极稳妥推进招生考试制度改革，主动应对基础教育变化变革。基础教育基于互联网的教育技术和教学方式带来的变革，以教师和学科为中心的传统教学模式正在被打破，基础教育更加重视培养学生的独立思考能力、问题意识和创新精神。招生考试制度改革要主动应对基础教育变化变革，并倒逼基础教育深化改革。

六、学习实践习近平新时代中国特色社会主义思想要从娃娃抓起

大家都清楚，重要的事情要从娃娃抓起。娃娃入脑入心，影响一辈子，受用一辈子，管用一辈子。习近平新时代中国特色社会主义思想作为我们党的

指导思想,已经写入了党章。中国共产党人要完成新时代历史使命,实现中华民族伟大复兴,最根本的就是要把习近平新时代中国特色社会主义思想作为行动指南和科学指引,最关键、最紧迫的就是尽快推动习近平新时代中国特色社会主义思想成为全党全国人民的理想信念、行动指南。到本世纪中叶,现在10岁左右的小学生,刚刚40岁;现在17岁、18岁的中学生,不过50岁;现在20多岁的大学生,也就50岁出头。他们正是中华民族伟大复兴的见证者、参与者、奋斗者、贡献者,他们正是实现中国梦的骨干一代、挑大梁的一代。因此,让习近平新时代中国特色社会主义思想在现在的娃娃心里扎根、在现在的学生头脑里扎根,是实现中华民族伟大复兴的关键保证。

为此,与其他部门不一样的是,教育系统学习贯彻党的十九大精神,除了全体教育工作者要学习、要受教育以外,还要从娃娃抓起,从大中小学生抓起,推动习近平新时代中国特色社会主义思想进校园、进教材、进课堂、进网络、进学生社区"五进"工作,教育引导广大学生知晓、了解、理解和掌握习近平新时代中国特色社会主义思想,让习近平新时代中国特色社会主义思想成为孩子们的思想自觉、行为习惯和现实行动。进校园,重点要针对不同年龄段学生,科学、合理设计习近平新时代中国特色社会主义思想学习教育的目标、内容、途径、方法,使之层层深入、有机衔接。进教材,由于教材编写的大部分事权在国家,国家肯定很快会根据党的十九大精神对教材进行修订,我们能做的就是严格执行国家有关统编教材及马克思主义理论研究和建设工程重点教材使用的规定,确保教材中有关习近平新时代中国特色社会主义思想的教学内容得到不折不扣落实。进课堂,重点要加强德育课程、思政课程,注重学科德育、课程思政,引导广大教师自觉把习近平新时代中国特色社会主义思想贯穿融合渗透至课堂教学全过程。进网络,重点要把习近平新时代中国特色社会主义思想嵌入网络德育和网络思想政治教育体系,让广大学生在"无人不网、无时不网、无处不网"的网络生态中"人人、时时、处处"接触得到、学习得了习近平新时代中国特色社会主义思想。进学生社区,重点要注重发挥团队组织、学生会的引领作用,把习近平新时代中国特色社会主义思想列为"青马工程"、学生理论社团建设的重要内容。

七、深化教育体制机制改革,向改革要动力、要生产力

深化教育体制机制改革,在宏观政策制定、顶层设计上要从改革创新要发展动力,同时就我们自己的日常运作机制、沟通协调机制、工作推进机制而言,也要着重于提高政治站位,强化责任担当,树立全局视野,增强服务意识,凝聚工作合力,着力于从自己做起,从改变自己做起,以思想观念的转变和心态的调整,带动行为、行动的改变。

躬逢盛世,应大展宏图、大有作为,不辜负时代、不辜负国家、不辜负岗位,用自己的努力为国家添彩、为时代争光,也让自己的人生焕发光彩。

教育系统的干部政治素质好,专业能力强,想做事、能做事,能做成事。凭着我们的政治忠诚,凭着我们的敬业精神,凭着我们的智慧和能力,我们一定能够全面贯彻落实好党的十九大精神,在以习近平同志为核心的党中央集中统一领导下,办好人民满意的教育。

要让每一个孩子的人生都出彩

广州市天河区华阳小学　周　洁

党的十九大报告提出,要努力"办好人民满意的教育",对"培养什么人、怎样培养人"赋予了新的内涵,教育的作用和地位得到进一步凸显,推进教育事业科学发展的方向更为明确,作为一名基层的基础教育工作者,我倍感振奋,也深感责任重大。使命在心,责任在肩,从北京回来后,我不断在思考两件事:如何将党的十九大精神及自己参加十九大会场内外的感受传达出去?如何在未来工作中更好地落实贯彻会议精神?

一、三个坚持,引导孩子扣好人生第一粒扣子

党的十九大报告让我坚定了要"坚持三件事、当好三个角色"的决心。

(一)坚持立德树人,当好社会主义核心价值观的传播者

我将引领所在的华阳小学,始终把"立德树人"作为教育的根本任务、核心使命,以德育为先,以课堂为主阵地,以活动为抓手,深度践行

社会主义核心价值观，传承中华优秀传统文化。如继续开展以"好家风伴我成长"为主题的相关活动，继续引导每个班级完善自己的班级家风等。在立德树人的前提下，"发展素质教育，推进教育公平，培养德智体美全面发展的社会主义建设者和接班人"。

（二）坚持以生为本，当好孩子健康成长的引路人

深化教育改革，首先就要关注孩子的健康成长。我校会继续响应广东省"以特色课程建设为抓手，打造'一校一品'"的要求，深度践行生本理念，构建"七彩生本自立课程"体系，充分尊重和信任孩子，努力让每一个孩子都出彩。作为教育工作者，我将和我的团队立足自己的本职岗位，为孩子的健康成长服务，努力做好孩子的引路人。

（三）坚持文化自信，当好中华优秀传统文化的传承者

党的十九大报告指出："文化是一个国家、一个民族的灵魂。文化兴国运兴，文化强民族强。没有高度的文化自信，没有文化的繁荣兴盛，就没有中华民族伟大复兴。"因此，学校也将持续开展"我们的节日""穿越粤语时光"等主题活动，让孩子们学习和传承岭南优秀传统文化、中华传统节日文化。同时，利用广州市"山海对话"的党建平台，我校师生会进一步接受红色教育，传承红色文化，坚定师生的理想信念，让红色基因代代相传。

二、深入思考，为推进现代化优质教育而努力

推进教育现代化发展，其实与我们每一个教育工作者息息相关。作为一名校长，我将引领华阳团队在推进教育现代化方面做示范引领，将优质资源辐射更多区域，为满足"人民对优质教育的需求"而努力。

（一）生本教育，服务发展

党的十九大报告提出，"努力让每个孩子都能享有公平而有质量的教育"，就是要把更多优质教育资源惠及更多人。生本教育的核心是尊重孩子、相信孩子、全面发展孩子，只有25年办学历史的华阳小学，一直坚持做生本教育，致力于为孩子做服务，为孩子们提供更适合的教育。例如学校的班级特色课程建设、走班制探索等，教师、家长甚至学生都可以申请开课，学生可以选择自己感兴趣的课程去听。正是因为有了"为了每一个

孩子阳光健康成长"的教育理念和广东教育开放、包容、务实、创新的发展理念，才有了华阳小学这么一所办学只有25年的年轻学校的蓬勃发展。下一步，学校会在课程设置上做更多尝试，完善学校走班、选课，推进多层级、多元化的课程实施，发掘每一个孩子的个性、特长、兴趣，做适合他们的教育。

（二）广纳资源，开放发展

一花独放不是春，百花齐放春满园。作为生本教育的领航学校，华阳小学同时也是天河区生本联盟、"以学定教单元整体教学"模式联盟、广州市创新学术团队等的发起者和组织者。一方面，将华阳多年来探索的教育教学经验辐射更多的学校；另一方面，学习其他学校好的教育教学经验。今后，在引领联盟学校的开放发展方面，华阳会以更开放的姿态，辐射引领，资源共享，取长补短，在原有的基础上，不断提升办学水平，促进学生全面发展。同时，作为广州市家长学校，华阳小学也将进一步做好家校共建，广纳一切利于学生发展的教育资源，实现开放发展。

（三）与时俱进，创新发展

教育和经济社会发展一样，有客观的发展规律，面对的更是一个个鲜活的生命。经济社会发展需要不断改革创新，教育同样要打破传统教学模式，扭转"分数GDP"的短期思维，勇于开拓创新，呵护每一个孩子的天性，让他们走得更远更好。从这个意义上说，践行生本理念，正是习近平总书记"五大发展理念"在教育领域的生动体现，再一次闪现出新时代中国特色社会主义思想的耀眼光芒。我校将着力探索新型教育模式，重视个性教育、重视信息技术革命对教育领域的深层次影响、系统性变革和颠覆式创新，以"广州市智慧校园"建设为契机，丰富教育信息化资源，完善信息化管理运行，努力探索引领未来创新型社会发展的教育学习模式。

"'努力让每个孩子都能享有公平而有质量的教育'，是党的十九大报告中掷地有声的话语，也应该成为我们各级政府以及每一位教育工作者的目标。"参加完十九大会议后，我在宣讲中再三提到党的十九大报告对教育的重视。在面向华阳小学200多位教师宣讲时，我还提到了许多代表的感叹：在他们的成长过程中，老师起着多么重要的作用。我一再跟教师们举这些例子，是希望他们与孩子沟通好，建立心灵连接点，因为只有这样，教育才能更好地落实。

传达贯彻落实好十九大精神
加快高等教育内涵式发展

广东技术师范学院　陈小花

10月17日下午的预备会议，我第一次走进人民大会堂，抬头看大会堂门口大大的国徽第一次离自己这么近，特别激动。走进庄严的人民大会堂，就想起当时小学课本《参观人民大会堂》描述的大会堂里那颗五角星。刚好，我坐在大会堂19排1号，抬头一看，大大的五角星就在我头顶，旁边亮着无数盏水晶灯，再往前一看，正对主席台大大的党徽，那一刻，我发现自己眼角里流出热泪，一开始我以为是因为灯光照射，其实是无法掩饰自己内心的那份激动，热泪盈眶。

作为一名来自基层的、唯一目前还在辅导员岗位上的党代表，这次参会，我不仅代表着全国近14万名辅导员，也带着和我最贴近的青年大学生群体的心声，倍感荣幸又深感责任重大。

一、加快教育现代化，促高等教育内涵式发展

党的十九大报告指出，必须"把教育事业放在优先位置，加快教育现代化，办好人民满意的教育"，"加快一流大学和一流学科建设，实现高等教育内涵式发展"。

我认为，实现教育的现代化和高等教育的内涵式发展，两者是互通的，教育的现代化是内涵式发展的核心要素。要实现教育的现代化，必须立足于两个层面，一是技术层面的现代化，二是理念层面的现代化。

具体而言，在技术层面的现代化上，在当前新媒体的语境下，高校教师要不断地学习新技术、掌握新话语。我想，要贴近青年学子的"心"，则要先贴近青年学子的"行"。仅有俯视的关爱显得过于单薄，要先去了解当下青年的关注焦点和行为方式，熟悉他们的话语体系，用他们乐于接受、易于接受的形式来开展思政工作，才是有效的。

在理念层面的现代化中，一是自身要具备"终身学习"的理念，因为知识的更新速度很快，一个高校辅导员，不仅需要具备事务处理的具体实践能力，还要有意地锻炼自身的观察和研究能力，用科研成果更好地推动事务处理；二是要牢牢把握对学生"创新精神"的培育。党的十九大报告提出："加快建设创新型国家。"要建设创新型国家，就要有创新型的人才，那什么是创新型人才？在我的理解中，应该是理论和实践并重的知行合一的人才。这就要提到职业教育，目前，国家大力推行应用型大学的建设，党的十九大报告提出，要"完善职业教育和培训体系，深化产教融合、校企合作"，就像我所在的学校——广东技术师范学院，它是首批广东省普通本科转型高校之一，目前正朝着创建广东技术师范大学的目标迈进。要注意的是，向"实践"转型不代表对"理论"的抛弃，而是在夯实理论的基础上提升自主学习能力、动手能力和创新精神。

二、贯彻十九大精神，让会议精神入心入脑

（一）运用各单位宣讲、全国巡讲等机会加强宣传

十九大会议期间，我接受了教育部高校辅导员研究会的邀请，在开会前后的8天时间里，为教育部高校辅导员的微信公众号录制了8期"小花说会"，第一时间让全国十几万高校辅导员感受到会议的气氛。十九大闭幕后，我每天都有一场关于十九大精神的分享会、宣讲会。接下来，我又将马不停蹄踏上宣讲的征程，11月底到12月初，参加教育部思政司举办的辅导员十九大全国宣讲活动。传达好、贯彻好、落实好十九大精神，真正实现将十九大精神入心入脑，让它落地生根、开花结果，这是我当前最大的使命。履行好新的使命，迈进新的时代，把握好新的要求，贯彻好新的思想，共同绘好新的蓝图，一起迈进新的征程。

（二）牢牢把握"立德树人"的根本任务

去年12月，习近平总书记在全国思政会议上的讲话里提到"培养什么人""如何培养人""为谁培养人"这个问题。高校肩负着引领学生思想的重要任务，加强对青年学生的理想信念教育，重视对青年学生进行思想政治引领和价值引领，带领广大青年学生坚定不移听党话、跟党走，指引青年学生努力成长为中国特色社会主义事业的合格建设者和可靠接班人，是高校思想政治工作者的根本任务。作为一名高校辅导员，要履行好引领青年学生成长成才的使命职责，首先要求我们必须千方百计提升自身职业能力，为此要做到"三信"：一是坚守信仰，作为大学生的知心朋友和人生导师，辅导员自身要有坚定的共产主义信仰；二是坚定信念，在日益多元化的社会环境下，辅导员必须坚定信念，提升政治敏锐性与鉴别力，在纷繁复杂的价值观念中，能

够准确无误地告诉学生对与错、是与非；三是令人信服，辅导员必须以"四有"好老师为准则，做真正值得学生信任、让学生服气的好老师。

（三）积极贯彻"青年使命"的引导教育

党的十九大报告指出："青年一代有理想、有本领、有担当，国家就有前途，民族就有希望。"我想，要深刻把握这里面的三个关键词：理想、本领、担当。我认为，这三个关键词代表着三个层面：理想是前提，它决定一个人做事情的高度和格局；本领是基础，它决定个人的贡献能力、输出能力；担当是保障，它引导一个人对社会做出正面的贡献，而非运用一技之长去投机取巧。这三者缺一不可，很好地诠释了"青年使命"的深刻内涵。

本文来源：《广东教育》（综合）2017年第12期

各级各类教育

VARIOUS LEVELS AND SORTS OF EDUCATION

基础教育

学前教育

【基本情况】截至2017年12月，全省共有幼儿园18 048所，比2016年增加760所；公办幼儿园4 910所，占比27.2%；在园幼儿441.41万人，比2016年增加19.74万人，增长4.68%；全省学前教育毛入园率达109.08%，比2016年提高4.08个百分点；规范化幼儿园13 483所，占比74.7%。全省共有幼儿园教职工51.51万人，比2016年增加4.57万人。其中，专任教师28.17万人，比2016年增加2.52万人，师生比为1∶15.67。幼儿园占地面积为3 851万平方米，生均占地面积8.72平方米；校舍建筑面积为2 953万平方米，生均建筑面积6.69平方米。

【下达中央学前教育专项资金】下达2017年中央财政支持学前教育发展资金6 640万元，2018年中央财政支持学前教育发展资金1.28亿元，支持全省各地市学前教育发展。

【开展《广东省发展学前教育第二期三年行动计划（2014—2016年）》实施情况专项督查】2017年4月5—12日，根据国务院、教育部、省政府及有关部门的文件精神和要求，省政府教育督导室组织4个督查工作组，对湛江、阳江、惠州、汕尾、潮州、揭阳、珠海、江门8个地市进行了实地督查，重点督查《广东省发展学前教育第二期三年行动计划（2014—2016年）》的落实情况。与此同时，核查了其他14个地市（含顺德区）落实省第二期学前教育行动计划的工作报告和数据报表。督查结束后，刊发督查通报向全省通报督查结果。

【实施广东省发展学前教育第三期行动计划】2017年4月15日，广东省教育厅、广东省发展改革委、广东省财政厅、广东省人力资源和社会保障厅联合转发《教育部等四部门关于实施第三期学前教育行动计划的意见》，要求各地级以上市及顺德区人民政府高度重视、统筹规划，按照教育部等四部门意见认真研究制定第三期学前教育行动计划，建立健全推进机制推动工作落实。

2017年8月底，经省政府同意，省教育厅、省发展改革委、省财政厅、省人力资源和社会保障厅联合印发了《广东省发展学前教育第三期行动计划（2017—2020年）》（粤教基〔2017〕14号），文件提出了未来四年学前教育的发展目标、重点任务和具体措施。

【组织开展2017年广东省学前教育宣传月活动】2017年5月20日，省教育厅在广州市天河区举办广东省学前教育宣传月启动仪式，省教育厅副厅长那佳、广州市教育局和天河区政府负责人，以及天河区幼儿园园长代表、教师代表、家长代表共500多人参加了启动仪式。此次宣传月的主题为"游戏——点亮快乐童年"，启动仪式现场还组织了专家讲座和亲子游戏市集。5月20日至6月20日，全省各地市举办形式多样的学前教育宣传活动，引导社会各界关心支持学前教育，树立科学的育儿理念。

【印发《广东省教育厅关于做好幼儿园招生工作的通知》】为促进依法办园、依规办园，营造规范有序的招生环境，更好地为幼儿和家长提供优质服务，2017年6月1日，省教育厅印发了《广东省教育厅关于做好幼儿园招生工作的通知》（粤教基函〔2017〕102号）。对全省各类幼儿园招生工作提出如下四方面要求：一是明确招生对象，制订招生计划；二是制定招生简章，及时上报备案；三是公开招生信息，积极宣传公示；四是加强招生管理，严格招生程序。

【出台《广东省人民政府办公厅关于增加幼儿园中小学学位和优质教育资源供给的意见》】2017年10月，省教育厅配合省政府开展中小学幼儿园建设有关政策落实情况专项督查。12月，省人民政府办公厅出台《广东省人民政府办公厅关于增加幼儿园中小学学位和优质教育资源供给的意见》（粤府办〔2017〕67号），文件提出了增加幼儿园中小学学位和优质教育资源供给的具体工作要求，包括科学测算学位需求、编制建设规划、落实教育用地、加快校舍建设、鼓励多元办学、加强内涵建设等。

【建立学前教育学位需求台账】2017年11月，省教育厅印发《广东省教育厅办公室关于填报学前教育学位需求台账的通知》（粤教基办函〔2017〕82号），组织各地填报学前教育学位需求台账，为

【开展幼儿园规范化管理专项督导检查工作】2017年11月底，国内几起"虐童"事件发生后，各地教育行政部门立即进行全面排查，尤其是对红黄蓝教育集团旗下的幼儿园进行实地检查，加强幼儿园规范管理，密切关注工作动态。

义务教育

【基本情况】2017年，广东省义务教育阶段学校有13 794所，其中，小学10 258所，普通初中3 536所，分别比2016年增加52所，增加64所。广东省义务教育阶段在校学生数达1 298.06万人〔其中跨县（市、区）流动的非户籍学生为474.2万人，约占义务教育阶段在校生总数的36.5%，247.37万名非户籍学生入读公办义务教育学校，占非户籍学生总数的52.17%〕，其中，小学在校生941.96万人，初中在校生356.1万人，分别比2016年增加36.74万人和8.26万人。小学招生174.37万人，专任教师418 656人。小学学龄儿童入学率为100%。普通初中招生126.68万人，专任教师279 821人。至2017年底，全省义务教育标准化学校覆盖率达97.4%。

【统筹推进县域内城乡义务教育一体化改革发展】认真贯彻落实《国务院关于统筹推进县域内城乡义务教育一体化改革发展的若干意见》（国发〔2016〕40号）要求，结合广东省实际，于2017年4月以省政府的名义印发了《关于统筹推进县域内城乡义务教育一体化改革发展的实施意见》（粤府〔2017〕48号），立足于广东省义务教育均衡发展水平不高、"乡村弱""城镇挤"等主要问题，按照"一体化"思路下的破冰攻坚原则，在合理规划城乡义务教育学校布局建设、完善城乡义务教育经费保障机制、统筹城乡教育资源配置、提高乡村教育质量、稳定乡村生源、提高乡村教师待遇、促进教师专业发展、保障随迁子女就学、加强留守儿童关爱保护等方面提出了务实的措施、办法，并在全省市（县、区）教育局局长培训班上进行了专题解读，推动各地予以贯彻实施。2017年6月，根据《国家教改领导小组办公室关于开展统筹推进县域内城乡义务教育一体化改革发展督察工作的通知》（教改办函〔2017〕22号）要求，省教育厅就落实《国务院关于统筹推进县域内城乡义务教育一体化改革发展的若干意见》文件有关情况，认真开展了自查工作，并将省统筹推进县域内城乡义务教育一体化改革发展工作自查情况报送国家教育体制改革办。2017年11月—12月，印发了《广东省教育厅办公室关于提供县域内城乡义务教育一体化发展改革推进情况材料的通知》，配合省委改革办及第三方机构南方农村报社在全省开展县域内城乡义务教育一体化改革落实情况检查评估工作，并向教育部及省委改革办提交自查报告。

【攻坚克难推进"全面改薄"工作】会同省财政厅联合发文《广东省教育厅 省财政厅关于进一步加强全面改善贫困地区义务教育薄弱学校基本办学条件中期有关工作的通知》（粤教基〔2017〕152号），组织全省粤东西北12个地市61个县进行"全面改薄"项目实施方案和项目总规划调整编制工作；召开全省"全面改薄"项目专项工作推进会，对工程项目进度滞后的市、县进行通报批评。狠抓项目管理工作，落实好"全面改薄"项目"双月报"的通报工作，并将全省项目进展情况每两个月通报一次。根据全国改善贫困地区义务教育薄弱学校基本办学条件领导小组办公室（以下简称全国改薄办）截至2017年12月的数据通报情况，全省累计投入薄弱学校改造资金93.91亿元，校舍建设已竣工399万平方米，竣工率达96.48%；已完成购置生活设施和教学仪器设备采购完成率达100%，位居全国前3位。组织各地完成公办学校"20条底线"的全面自查工作，自查覆盖率达100%。经自查，全省"20条底线"达标学校为17 319所，达标率为95%，工作取得明显成效。

【保障随迁子女平等接受义务教育】省教育厅要求各地贯彻落实《关于做好进城务工人员随迁子女义务教育工作的意见》，创新分类管理、分类服务以及纳入积分制管理等工作机制，结合实际进一步完善随迁子女义务教育政策，在确保随迁子女"有学上"的基础上努力让他们"上好学"。广州、深圳、东莞、中山、佛山、珠海、肇庆、惠州、江门等市根据中央和省的有关要求，以进城务工人员的服务年限、居住条件、参加社保等方面情况作为依据，探索随迁子女积分制入读公办学校管理办法，制定并完善随迁子女入学政策。印发《广东省人民政府关于统筹推进县域内城乡义务教育一体化改革发展的实施意见》，进一步明确要求各地改革随迁子女就学机制，建立完善以居住证为主要依据的随迁子女入学政策，切实简化优化随迁子女入学流程和证明要求。2017年11月，配合省人力资源和社会保障厅，做好国务院农民工工作领导小组开展的第十一次全国农民工工作督查，与国务院农民工工作领导小组前往惠州、中山、东莞开展访谈、抽查及问卷调查工作。截至2017年底，广东省跨县（市、区）流动的非户籍学生为474.2万人，约占义务教育阶段在校生总数的36.5%（含进城务工人员随迁子女322.12万人，其中小学248.04万人、初中74.08万人，约占义务教育阶段在校生总数的24.81%）。全省有247.37万名非户籍学生入读公办义务教育学校，占非户籍学生总数的52.17%（其中含163.21万名进城务工人员随迁子女入读义务教育阶段公办学校，占进城务工人员随迁子女总数的50.67%）。

【制定出台消除义务教育大班额专项规划】2017年6月，省教育厅研制了《广东省消除大班额专项规划（2016—2020年）》（以下简称《规划》），经省政府同意并报国家教育体制改革领导小组备案后，在全省印发实施。《规划》要求各地要通过统筹"十三五"期间义务教育学校新建和改扩建校园校舍等项目，通过城乡义务教育一体化、实施学区化集团化办学或学校联盟、均衡配置师资等方式，加大对薄弱学校和乡村学校的扶持力度，促进均衡发展，限制班额超标学校招生人数，合理分流学生，在保证零增量的基础上，采取有效措施，逐步消除现有大班额。从2017年秋季开始，一年级和七年级班额要达到《广东省义务教育标准化学校标准》要求，到2020年基本消除小学45人以上、初中50人以上大班额（进城务工人员随迁子女占30%以上的学校，小学不超过50人，初中不超过55人）。据统计，2017学年，全省66人以上大班额降至329个，降幅达46.42%；56人以上大班额减少约1 200个，降幅为11.28%。

【加强教材建设和管理】根据《中共中央办公厅 国务院办公厅关于加强和改进新形势下中小学教材建设的意见》（中办国办发〔2016〕66号），推动出台《关于加强和改进新形势下大中小学教材建设的实施意见》，进一步规范教材建设工作。组织有关人员对《广东省教育厅关于印发〈中小学地方课程教材审定管理办法（修订）〉的通知》（粤教基〔2015〕8号）进行全面的梳理和修订。印发《广东省教育厅办公室关于做好中小学教辅材料核查工作的通知》，统一部署了教辅材料核查工作，完成了东莞台商子弟学校秋季学期153种教材及配套材料审查工作。根据国家教材委员会统一部署，组织推荐了38名国家教材委专家委员会专家入库。开展全覆盖排查整治"问题地图"工作。在全省开展了地方课程教材和教辅材料的"问题地图"排查整治专项工作，共发现17种教辅材料、21套地方课程教材存在"问题地图"情况，并及时整改。

【有效推进世界银行贷款项目】2017年1月，省政府批准了世界银行贷款项目建设方案。5月，省发展改革委批复该项目可行性研究报告。6月，世行团队到广东省开展技术讨论工作，双方就项目建设目标、方案、项目监测指标达成一致意见。7月，国家发展改革委批复该项目资金申请报告。8月，财政部组织省财政厅和省教育厅，与世行进行谈判，双方达成了一致意见。9月，省教育厅组织项目县（市、区）教育局开展基建项目的前期准备工作。2017年11月，世界银行执行董事会批准了广东省欠发达地区义务教育均衡优质标准化发展示范项目。11月，省教育厅举办了世行贷款项目业务培训班，为项目的实施做准备。

【加强乡村小规模学校和寄宿制学校建设】2017年10月，省教育厅印发《广东省教育厅关于开展农村义务教育寄宿制学校建设试点工作的通知》（粤教基函〔2017〕212号），在韶关、清远、河源、梅州4市启动农村义务教育寄宿制学校试点工作。广东省副省长黄宁生赴试点4市调研农村义务教育寄宿制学校试点和乡村小规模学校办学情况。

【规范义务教育学校办学行为】及时转发了《教育部办公厅关于做好2017年义务教育招生入学工作的通知》（教基一厅〔2017〕1号），要求各地加强工作统筹，科学制定招生政策，明确工作推进步骤、时间节点和保障措施，明确人员分工，落实工作责任，确保招生入学工作平稳有序。配合开展义务教育阶段学校办学行为专项督导，进一步规范义务教育学校办学行为。

【加强农村留守儿童教育和关爱工作】认真贯彻《国务院关于加强农村留守儿童关爱保护工作的意见》，配合省民政厅制定并印发《广东省民政厅 广东省教育厅 广东省公安厅等7部门贯彻落实国务院关于加强农村留守儿童关爱保护工作意见的函》、《中共广东省委 广东省人民政府关于加强农村留守儿童关爱保护工作的实施意见》等文件，配合省侨办前往台山开展洋留守儿童调研工作。

普通高中教育

【基本情况】2017年，广东省普通高中学校有1 030所，在校生189.27万人，专任教师15.14万人，高中阶段教育毛入学率为96.48%。

【推进高水平高质量普及高中阶段教育】围绕广东省率先基本实现教育现代化的发展目标，立足提升普及质量、实现内涵发展，经省人民政府同意，印发《关于高水平高质量普及高中阶段教育的意见》，在高中阶段教育基础能力建设和优质学位供给等方面提出了新的发展目标。贯彻落实教育部等四部门《高中阶段教育普及攻坚计划（2017—2020年）》（教基〔2017〕1号），集中地级以上市教育局召开工作部署会，专题分析研判高中阶段教育普及形势，制定"高中阶段教育普及攻坚计划"学校建设规划编制方案，扎实推进高水平高质量普及高中阶段教育。出台《广东省教育厅关于下达2017年高中阶段学校指导性招生任务的通知》（粤教职函〔2017〕20号），核定下达2017年高中阶段教育年度招生任务共计106.6万人，并分解落实到各市，确保高中阶段教育毛入学率稳定在95%以上。

【积极推动中考制度改革及中小学生综合素质评价】推进高中阶段学校招生考试制度改革，建立基于初中学业水平考试成绩、结合综合素质评价的中考录取模式，改革方案已正式印发实施。启动高中阶段学校招生考试制度改革试点工作，确定广州、深圳、佛山、东莞、中山、韶关、湛江、汕头8个地市作为中考改革试点地市，在2018年前开展试点工作。并先后赴北京、天津、辽宁、山西、陕西、浙江、上海和省内有关地市进行实地调研。在广泛征求意见的基础上，起草了《关于实施初中学生综合素质评价的指导意见（试行）》，并经厅党组审议通过。

特 殊 教 育

【基本情况】2017学年，全省有特殊教育学校133所，比上一学年增加6所，增长4.7%；特殊教育学生44 084人，比上一学年增加了6 328人，增长16.8%；特殊教育学校教职工5 426人，比上一学年增加440人，增长8.8%，其中专任教师4 451人，比上一学年增加382人，增长9.4%。

【做好特殊教育招生入学工作】2017年5月，省教育厅、省残疾人联合会转发了《教育部办公厅中国残联办公厅关于做好残疾儿童少年义务教育招生入学工作的通知》，指导各地做好残疾儿童少年义务教育招生入学工作，特别是对未入学残疾儿童少年名单进行逐一核实，按"一人一案"的要求组织入学。

【加强特殊教育基础能力建设】2017年3月，省财政厅下达了2017年建设维护资金2亿元，支持广东省欠发达地区新建、改扩建特殊教育学校，配备教育康复设施设备，建设特殊教育资源中心、资源教室。12月，省财政厅提前下达2018年特殊教育中央补助经费1 411万元，支持欠发达地区特殊教育学校配备教学专用设备设施和仪器，建设特殊教育资源中心（教室）等。

【推动实施残疾学生15年免费教育】在全省范围内实施免费义务教育的基础上，从2015年春季学期起，在全省范围内实施高中阶段残疾学生免费教育，免收学杂费、课本费。2017年，广州市、深圳市、佛山市、东莞市、中山市、汕头市、清远市及珠海市、江门市、茂名市、揭阳市的大部分县（市、区）已实施从学前教育到高中阶段残疾学生15年免费教育。

【保障特殊教育学校正常运转】提高义务教育阶段残疾学生生均公用经费标准，特殊教育学校学生按不低于普通学生8～10倍的标准拨付，附设特教班学生按不低于5倍且每年不低于6 000元的标准拨付，随班就读、送教上门学生，按每年不低于6 000元的标准拨付，公用经费省、市、县分担比例和拨付方式与现行普通学校相同，保障了特殊教育学校正常运转。

【制定并印发了省第二期特殊教育提升计划】

·各级各类教育·
VARIOUS LEVELS AND SORTS OF EDUCATION

根据《残疾人教育条例》《教育部等七部门关于印发〈第二期特殊教育提升计划（2017—2020年）〉的通知》，起草了《广东省第二期特殊教育提升计划（2017—2020年）》。2018年1月，经省政府同意，省教育厅等七部门联合予以印发。

【落实残疾学生公用经费标准】2017年12月，省财政厅提前下达了2018年义务教育阶段残疾学生公用经费、课本费补助资金2.35亿元。

【开展特殊教育干部培训】2017年12月18日至19日，举办了2017年全省特殊教育干部培训班，全省各地级以上市、县（市、区）教育局负责特殊教育工作的同志共约170人参加了培训。

民族教育

【基本情况】截至2017年底，全省民族地区（3个民族自治县、7个民族乡）共有基础教育学校266所，其中公办学校244所；班级2 263个，在校学生76 511人，教职工6 424人；学校占地面积为293.6万平方米，建筑面积为102.5万平方米。

【认真做好民族教育工作】组织广东省民族地区（3个民族自治县和7个民族乡）申报2018年民族教育补助项目，开展加快发展民族教育督导检查工作，推进民族地区教育现代化成效显著，乳源瑶族自治县、连南瑶族自治县通过"广东省推进教育现代化先进县"督导验收。着力推进内地民族班稳定健康发展，顺利完成2017年新疆、西藏内高班1 522名学生招生工作。切实做好教育管理服务工作，进一步改善内地民族班办学条件，全面推进落实混班混宿等改革措施。加强内地民族班教师队伍建设，第二批61名赴新疆、西藏跟班学习培训教师圆满完成培训任务。

【继续安排民族地区教育经费】2017年，省财政安排民族教育补助经费1 000万元，2017年将连南瑶族自治县民族小学、乳源瑶族自治县乳源中学新建扩容项目列为重点支持项目，分别予以300万元和250万元资金补助；对连山壮族瑶族自治县连山佛山希望小学、连州市三水民族幼儿园和乳源瑶族自治县大布中心幼儿园各安排100万元，乳源瑶族自治县民族实验学校、龙门县蓝田中心小学和东源县民族中学各安排50万元资金支持学校完善设施设备，改进教育教学环境。

【开展加快发展民族教育督导检查工作】根据《广东省人民政府关于加快发展民族教育的实施意见》（粤府〔2016〕21号）精神，为落实教育部办公厅、国家民委办公厅所印发的《关于继续开展加快发展民族教育督导检查工作的通知》（教民厅函〔2017〕18号）的工作部署，2017年10月中旬，组织开展省民族地区教育发展情况的调研，形成了《广东省教育厅 广东省民族宗教委关于加快发展民族教育督查工作的自查报告》，总结近年来广东省民族教育工作发展情况及存在问题。

【推进民族地区开展教育现代化先进县创建工作】2017年，乳源瑶族自治县、连南瑶族自治县分别于9月、11月通过省"推进教育现代化先进县"督导验收；连山壮族瑶族自治县积极筹措资金，积极推进教育现代化。

教育信息化

【基本情况】教育宽带网络基本实现全覆盖，全省各级各类学校网络宽带接入率达100%。优质资源"班班通"不断普及和深化，全省多媒体教学进普通课室比例达91%；学习空间"人人通"取得重大进展，全省超过61%的教师和学生开通了网络学习空间。

【教育信息化工作和管理机制进一步理顺】制定了《广东省教育信息化发展"十三五"规划》，印发了《2017年广东省教育信息化工作要点》，明确了广东省教育信息化"十三五"目标任务和2017年的重点工作。谋划成立"基础教育与信息化处"，加强教育信息化行政统筹力度，着力破解基础教育信息化特别是信息化教学深度应用的瓶颈，推动课程与教学改革融合创新。成立了以省教育厅厅长景李虎为组长的网络安全与信息化领导小组，明确了厅各处室（单位）的职责分工。

【教育信息化得到科学标准化发展】制定了《广东省中小学智慧校园建设指南》《广东省基础教育资源公共服务建设系列指南》。《广东省基础教育资源公共服务建设系列指南》包括《2017—2020年广东省数字教学资源建设指南》《广东省基础教育资源元数据标准应用指南》和《广东省基础教育优质资源"班班通"建设与应用指南》；印发了《广东省数字教育教学资源与应用接入及管理办法》《广东省教育资源公共服务平台信息发布管理办法（试行）》和《广东省基础教育资源公共服务标准规范》。

【信息技术与教育深度融合】开展"互联网+教研"和"互联网+名师"工作室活动，提升全省教师教研能力，扩大名优资源的辐射影响。开展名师、名校（园）长工作室的建设，以茂名市为试点，探索基于网络的名师、名教研员工作室建设。依托省教育资源公共服务平台开展"互联网+应用"的活动，构建"双融双创"在线互动社区。

【教育大数据建设持续推进】实现了各业务系统之间数据共享。在教育部统招的数据交换模块基础上，规划建设了广东省教育数据交换平台，利用交换平台汇聚数据中心所有数据，实现了部省之间、数据中心内部各业务系统间、省与地市区县学校之间、教育厅与其他厅局之间的实时数据交换共享。

【教师信息技术应用能力不断提升】深入实施"中小学教师信息技术应用能力提升工程"，完成管理者、培训者和骨干教师培训2 500名，全省118万名中小学专任教师信息化应用能力培训率达100%。全省中小学教师积极参与教育部"一师一优课、一课一名师"活动，参与教师超过35万人。

【网络安全保障能力大幅提升】印发了《广东省教育行业信息系统安全等级保护工作方案》，制定了《广东省教育行业信息安全等级保护工作指南》，有效指导广东省教育行业各级单位开展信息安全等级保护工作。建立《广东省教育网络与信息安全通报预警平台》，对全省教育行业的网站和信息系统实施7×24小时的监测和等级保护综合管理。组织开展多种形式的网络安全培训，做好专业培训、专业技能考核、人才引进等工作，提高网络技术保障队伍的工作能力和服务能力；在有条件有能力的高校开设网络安全专业，培养网络安全复合型人才，建立网络安全后备队伍；推动网络安全相关领域的科研工作，增强高校承担和解决信息安全方面重大理论和技术问题的能力。

（撰稿　冯婉燕　梁春晓　莫玉音　陈炎耀　段中岳　叶振华　区湛生；审稿　方树生　张宏伟　赵　琦　李　霞　区湛生）

广东省育才幼儿院一院

2017年11月7日，广东省副省长黄宁生（前排右二）一行到省一幼调研

2017年5月10日，省一幼在第五届中国幼儿园园长大会上展出教育成果，院长陈蕾（右）向省教育厅副厅长王创（中）、时任越秀区教育局副局长危淑玲（左）介绍教育成果

院长陈蕾（中）带领工作室学员进行访校活动

2017年是"十三五"规划的开篇之年。新的形式、新的挑战，也带来新的发展契机。在上级领导的直接关怀和指导下，广东省育才幼儿院一院（以下简称省一幼）努力践行党的十九大提出的"深化教育改革，加快教育现代化，办好人民满意的教育"指导思想，紧抓队伍建设，力行改革创新，积极推进教育质量的持续提升，以崭新的成绩拥抱新时代的到来。

研究出色，绽放精彩

全院各部门围绕教育发展、儿童需要、服务质量展开多方向的研究，不断改进工作方法、内容，教师队伍成长迅速，教育事业稳健发展，取得新的成果。教研力度持续加强，研究成果《美术治疗》获广东省教育教学成果（基础教育）评选二等奖；广东省"十二五"规划课题"幼儿园立体纸工课程以及对幼儿智能发展的研究"顺利结题。全年教师获奖累计34人次，在各期刊发表论文7篇，多名教师面向全国、省、市、区幼教同行进行宣讲。同时，幼儿参加越秀区第二届快乐体操比赛，获器械团体第一名和多项单项第一、二、三等奖；参加广州市幼儿篮球交流花会，获团体"运球接力""传接球"两个项目三等奖。

携手共进，互利共赢

省一幼继续发挥幼教行业引领作用，出色地承担国家、省、市、区示范接待任务，向同行展示育才多年丰厚的文化积淀和卓有成效的教育探索，促进同行间的交流分享，推动幼教事业的发展。5月，第五届中国幼儿园园长大会在广州召开，省一幼在会场展出的教育成果受到高度关注和好评。陈蕾院长工作室完成周期培养工作，主持人和学员共发表了5篇研究论文，陈蕾院长工作室和主持人获得项目部门考核"优秀"。6月，省一幼被评为广州市首批指南实验园。

展望未来，不负众望

沉甸甸的成果记录了育才人的智慧与辛劳，凝聚了育才人团结奋进的力量。未来，广东省育才幼儿院一院将不忘初心，不负众望，砥砺奋进，继续推进幼儿院的高品质发展，为幼教事业的发展与繁荣贡献力量。

河源市和平县阳明中心幼儿园

河源市和平县阳明中心幼儿园由和平县人民政府投资2000多万元，于2016年9月建成并正式投入使用，总占地面积10000平方米，总建筑面积约8300平方米。崭新的校舍、先进的设施设备为幼儿创造了一个优美、舒适、健康的生活和学习环境。开办以来，幼儿园取得了良好的社会声誉，深受广大家长、幼儿的喜爱，同时也得到了县委、县政府和上级主管部门的充分肯定。

幼儿园现有15个教学班，在园幼儿550人，教职工65人（教师持证率达100%），专任教师38人（全部具有大专以上学历）。专业的管理者和团结协作的教师团队秉承着"给孩子一个健康快乐的童年"的宗旨，通过开展园本培训、外出学习、举办园内技能比赛、开展课题研究和参加各级各类比赛等方式，快速地成长起来，教师们在各级各类竞赛中也取得了累累硕果。

宽阔的户外活动场地，为开展户外游戏活动提供了条件，幼儿园着重在"体育活动""户外游戏"方面下功夫，已开展了多项体育活动课程，如"快乐体育大循环""快乐轮滑""快乐传统游戏"等课程，深得小朋友的喜爱。2017年成功举办"快乐炫动"体育节，为幼儿园"快乐体育"的特色注入了更加丰富的内涵。

为促进幼儿的全面发展，幼儿园开展了很多传统常规性的活动，如"小小值日生"、"亲子长卷画"、"庆六一"文艺活动、防火防震安全演练、"家长开放日"、"母亲节护蛋行动"等，这些活动极大地丰富了孩子们的生活，陶冶孩子们的道德情操。

幼儿园在2016—2017学年度获得和平县"教书育人"先进单位称号；2017年顺利通过了河源市"阳光厨房"、河源市"A级厨房"评估；2017年通过了和平县一级幼儿园评估。

"快乐炫动"体育节开幕式团体操活动

"快乐花样篮球"展示活动

"快乐轮滑"体育活动

全体教职工大合照

东莞台商子弟学校

成人礼上，小学部学生为高二学姐献上祝福

学生登上台湾玉山顶峰

学校精心打造的"中华文化教育馆"

东莞台商子弟学校（以下简称台校）创立于2000年9月，由广东省教育厅直接管理，举办者是东莞市台商投资企业协会（以下简称市台协），创办人是时任市台协会长、现为学校董事长的叶宏灯先生。这是一所公益性的学校，建校资金来源于以台商企业为主体的（包括潢涌村等）社会各界人士的捐助，所收学费全部用于学校日常营运及未来发展，学校董事会负责决策与督导校务经营、监督校产（社会公共财产）管理。学校秉承"培育优质子弟，增进家庭和谐，开展社会公益活动，助推两岸文化教育交流"的办学宗旨，坚持"全人教育、温馨校园、终身学习"的办学理念，制定了"策略联盟、科技资讯、知识管理"的经营策略，以台湾教育模式办学。学校创校校长是吴灿阳，现任校长是王天才，师资来自两岸（台湾约占70%）及国外，使用经广东省教育厅、广东省台湾事务办公室审查核准的台版教材，学历两岸承认。台校是一所包括幼儿园、小学、初中、高中的全日制住宿型学校，经历了17年的努力办学，校务蒸蒸日上，学生人数从698人增加到近2500人。教学质量不断提升，历年高中毕业生中有98%升上两岸的大学（余下2%选择海外升学），其中大多数进入台湾地区的大学，如台湾大学、台湾"清华大学"、台湾交通大学、台湾成功大学、台湾科技大学、台湾淡江大学等，进入的大陆大学有北京大学、清华大学、浙江大学、复旦大学、中山大学、厦门大学等。

每年的3月底是台校的"传统文化实践周"。2017年，学校除了例行的高二学生成年礼大典之外，还举行了精心打造的"中华文化教育馆"启用仪式。为了更好地落实中华优秀传统文化教育，学校将行政大楼"丽德楼"三楼改造为占地500平方米的以弘扬中华文明为核心的教育空间，包含原有的"典范墙""文化廊""思源堂"，还有全新设计的"丽德书院""华夏厅""国艺堂"。其中"华夏厅"取材于华夏五千年文明之精华，搭配国文与社会科课程内容，通过现代媒体科技进行展示，提高学生的学习动机和兴趣；"国艺堂"用于培养学生的书画、茶道、古筝等文艺情操。台校的"中华文化教育馆"营造了文化色彩浓郁的教学情境，结合创新的教学方法、动静交互的活动以及科技与人文融合的新媒体，成为了优质中华文化的教育基地。

广州市增城区凤凰城中英文学校

校长沈建军

学校外籍教师

校本博雅课程丰富多彩

凤凰城中英文学校创办于2003年，隶属于博实乐教育集团，是IB世界学校，中国大陆地区首批剑桥英语学校和广州市"博雅教育"特色学校。小学PYP项目于2016年7月得到IB国际文凭组织正式授权；中学MYP项目目前属于候选阶段，将于2018年11月1日迎来咨询访问，有望于2019年7月获得国际文凭组织的正式授权。

凤凰城中英文学校位于广州市碧桂园凤凰城，占地面积9.53万平方米，建筑面积10.8万平方米，在校学生4300余人，教职员工近600人，是一所九年一贯制高端民办学校。经过十几年的深耕细作，凤凰城学校形成了传统教育与国际教育联袂发展、比翼齐飞的良好局面。

理念先进，为学生的终身发展奠基

凤凰城中英文学校融合中西教育优势，实施博雅教育。致力于培养"人格自尊、行为自律、精神自强、心理自信、学习自主、生活自理""通情达理、与众不同"的学生。学校以"博学雅正"为校训，以"永葆激情，追求卓越"为教风，以"养成教育、成功教育、赏识教育"为实施策略，竭力打造"博雅教育，英语领先，全面发展"三大特色，期待学生在学业成绩之外，养成阅读习惯，掌握健身技能，提高艺术修养，使"每个人以自己的速度取得进步"。

师资优良，有好教师才有好教育

学校由英语教育和国际教育专家沈建军领导管理，其身兼国际文凭组织DP项目国际考试巡视官，PYP项目文件审核官、培训官和授权官数职。学校高薪聘请海内外教育精英加盟博实乐教育，倾力打造"专业+敬业"的优秀教师团队。学校管理及教师团队含省级骨干教师、市基础教育教师培训教学专家库专家、市中心教研组成员等专业学术精英多名，多人获教育

招生电话：（020）82800963
学校网址：http://www.bgyfhc.cn
校　　址：广东省广州市增城区广园东碧桂园凤凰城

四届获"羊城小市长"称号的学生（左起：李一松、郑雯文、郑晴文、黄翔）

部、广东省、广州市优质课评比一等奖，多个科组被评为广州市优秀科组。学校通过"教师四友"能力提升工程和"青蓝工程"着力培养教师的职业精神、教育信念和教育教学水平，并强调教师自律和示范，以身教的力量影响和带动学生成长进步。

博雅课程，为学生的卓越发展搭台

学校聚焦课堂，抓住"效率"和"趣味"两个核心要素，开展"魅力课堂"研究，追求优质轻负的"绿色生态课堂"。除了基础学科课程，学校还建构起综合能力课程和个性特长课程体系，包含了国学经典诵读、科学研究、科技制作、社交礼仪、竞赛技巧、健身方法、艺术修养、简单通用技术八大校本课程，并形成了体育节、艺术节、科技节、读书节、语言节等节日文化课程，多渠道、全方位培养学生的综合素质、创新精神和实践能力。凤凰学子多人次获全国中小学生英语竞赛和英语演讲比赛、全国海陆空模型争霸赛、全国青少年建筑模型竞赛、全国小金钟音乐大赛、广东省民办学校文艺调演等高端赛事的金奖、特等奖或一等奖。学生连续四届获"羊城小市长"殊荣，体现出明显的素质优势。

质量一流，素质高的孩子不会输在考场

全面发展、素质优异、生命状态好的孩子学业成绩一定不会差。凤凰城中英文学校在学生招录基本不设门槛的情况下，小升初考试和中考成绩连年创优。中考全员平均分多次取得增城区第一名和第二名，一般高出广州市平均分100多分；前二分之一的学生平均分达690分以上，众多学生被华南师范大学附属中学、广东实验中学、广东广雅中学、广州市第二中学、广州市执信中学等名校录取。"低进高出，高进优出"，凤凰城学校用一流的质量兑现了"办一所学生综合素质和学业成绩双赢的学校"的承诺。

追求理想，荣誉不期而至

凭着突出的办学业绩，凤凰城中英文学校成为IB国际文凭（PYP）授权学校、全国科技体育传统校、全国特色建设示范学校、中国大陆首批剑桥英语学校、全国小学生日常英语教学实验学校、全国青少年冰心文学创作大赛文学创作基地、广东省少年儿童科学教育体验活动示范学校、广州市德育示范学校、广州市规范化学校、广州市民办教育先进单位。

站在新的历史起点，凤凰城中英文学校正凝神聚力，追求质量发展、内涵发展、创新发展，朝着"做有温度的教育，办有品位的学校"的高远目标阔步前行！

学校是全国民办教育特色建设先进学校

学校成为中国大陆首批剑桥英语学校

2016年学校被评为广州市义务教育阶段"博雅教育"特色学校

广州市广大附属实验学校

校长陈锦元

学生在课间用英语进行交流

教学楼

广州市广大附属实验学校创建于1998年，校园占地面积53000多平方米，建筑面积68000多平方米，育人环境优美，文化底蕴深厚。学校现有教学班74个（中学部40个、国际部2个、小学部32个），在校学生3388人，教职工269人。凭着成功的管理模式和显著的办学成效，学校先后获得广州市一级学校、广州市标准化学校、广州市依法治校示范学校、广州市健康学校、广州市规范汉字书写特色学校、广东省安全文明校园、广东省高中教学水平优秀等级学校等荣誉称号，成功跻身于广州市优秀学校行列。

学校拥有一支师德高尚、教学严谨、乐于奉献的高素质教师队伍，学生群体文明有礼、勤学上进、志趣高雅，形成了"德高品正、乐教善育"的教风和"志高趣雅、勤学善思"的学风。学校始终坚持"面向全体学生，优化教育过程，培养素质特长，促进全面发展"的教育原则，构建了以"面向全体、分层教学、培优补差、人人成才"为主要特色的教学模式，让优等生变得更加优秀，促进不同层次、不同类别的学生都得到转化、提高和发展。

学校在"高山更高"的学校精神内涵的引领下，教学成绩不断攀升，教育教学质量突飞猛进，获得广州市普通高中毕业班工作二等奖、白云区一等奖。学校连续八年在小学毕业考中名列白云区第一；中考成绩连年在白云区稳居前列；学校高一新生最低录取线连续两年位居白云区公民办高中第一名，超过广州市30所国家级示范性高中；2016年高考，学校本科上线人数188人，本科上线率达73%；学生在全国、省、市、区的学科竞赛中共获得1300多个奖项。学校积极开展支援西部地区教育工作，在贵州省黔南州设立了"贵州广大附校独山分校"，该校连续两届夺得黔南州中考总平均分第一名。

在教育教学成绩不断提升的同时，学校加大基础硬件设施投入力度，新建了1栋教学楼、一个可容纳400人的多功能会议厅和2栋电梯教师公寓，扩建饭堂，改造原有游泳池，校园面貌焕然一新，教师住宿条件得到较大的改善。

在民办教育不断发展壮大的今天，学校将加快前进的步伐，不断促进内涵发展，提升核心竞争力，进一步扩大社会影响力，力争创办一所社会满意、大众认可的"南粤精品学校"。

放飞梦想　走向国际

——华南师范大学附属南沙小学

华南师范大学附属南沙小学（以下简称华附南小）于2015年9月正式开办，是南沙区委、区政府携手华南师范大学共同打造的一所公办学校。学校地处南沙区进港大道星河山海湾小区旁，校园占地约3.07万平方米，建筑面积近2万平方米；办学规模为36个教学班，现有一至四年级共16个班；拥有在校学生722名，教师47名。学校师生朝气蓬勃、积极进取，在全新教育理念指导下稳步迈进，谱写着新的教育篇章。

学校始终坚持依法办学，自觉规范办学行为，建立"自我约束、自主发展"的办学机制；全面推进精神文明建设和素质教育，办学质量、办学效益及工作效率不断提升，取得了令人瞩目的成绩。学校先后被授予广州市义务教育标准化学校、广州市防震减灾科普示范校、南沙区规范化学校、2016年度南沙区维稳及综治工作先进集体、南沙区安全文明校园、南沙区平安学校、南沙区"最美校园"、南沙区特色学校等称号，在南沙区中小学校园文化建设评比中获得一等奖。

学校教师有志有为，在各级各类赛事中屡创佳绩，获区级以上奖项达51项，其中省级奖项7项、市级奖项10项、区级奖项31项。学校注重培养学生"奋发有为、勇夺第一"的意识与精神，坚持实行"学代会"制度，深化学生自我管理机制改革；营造"刻苦勤奋、虚心向学"的学风，通过实施"三观课程"，培养学生开拓进取的人生态度，让学生拥有活跃的生命体验，形成积极的生活方式，助力学生健康成长。学校学生获区级以上奖项达191项，其中省级奖项37项、市级奖项72项、区级奖项82项。

放飞梦想，走向世界。在现代化、国际化的教育征程上，华附南小将成为南沙基础教育探索的新典范，不断谱写广州基础教育实践的新篇章。

才艺出众的学生管乐团

庆元旦文艺汇演

大课间活动

美丽校园，红棉花开

学校鸟瞰图

深圳市宝安区松岗第二小学

教师在各类竞赛中屡获佳绩

学生在中国少年科学院小院士评选活动中获佳绩

科技社团参加广东省创作比赛现场

深圳市宝安区松岗第二小学创办于2011年9月，是一所起点较高的区办全日制小学。学校坚持"整体发展、突出个性"的办学策略，确立"生命教育，扬长发展"为办学理念，秉承"蒙以养正，润泽生命"的校训，全面实施素质教育，为学生的幸福成长奠基。

学校坚持内涵式发展，构建以"生态教学、生态德育"为主线的生命教育体系。实践"尊重、和谐、开放、快乐"的生态教学课堂；把"认识生命、尊重生命、热爱生命、超越生命"的生态德育理念与校园飞扬节、科技节、体育节、读书节四大传统节日有机融合，给学生提供多种体验和展示的平台。学校在发展学生核心素养的过程中，以培养兴趣和发展特长为主要目的，做到人人参与。学校共设有诵读、写作、数独、英语口语等35个学科社团，足球、科技、武术、阮乐、舞蹈、书法、版画等33个专业社团，并逐步形成了以体育艺术、科技教育为主要特色的精品校本课程。

学校体育艺术以传统武术教育为主要特色。武术操、长拳、南拳、太极功夫扇、简化太极拳等项目分阶段普及在体育课程中。武术专业社团荣获2012年香港第十届国际武术节集体拳术金奖；在"国旅杯"第五届厦门国际武术大赛中获得一等奖10个、二等奖2个，并获集体拳术二等奖；在深圳市第八届和第九届运动会武术比赛中共摘得4金、8银、6铜，并被评为"武术先进单位"。

科技教育是学校兴起的又一特色项目，2016年，学校被宝安区教育局授牌为"创客营基地校"。几年来，科技教育取得了累累硕果，社团成员在中国少年科学院小院士评选活动中，获评"中国少年科学院小院士"2名、"中国少年科学院预备小院士"2名；在第七届中国小小发明家创意大赛中，学生获得一等奖4个、二等奖2个；在深圳市学生创客节活动中，学生作品《智能体育馆》获得省级一等奖，并受邀参加广东省创客比赛获特等奖；同时，学校有11件学生科技作品已经获得国家专利。

学校开展"研、训、教"一体化教研活动，为教师的专业成长提供了广阔的发展空间，团队研修成果丰硕。近一年来，有18人次获国家级奖项，6人次获市级奖项，38人次获区奖项，20人次获街道奖项。

阮乐社团演奏《团结之歌》

深圳市宝安区天骄小学

校长巨晓山

学校概况 深圳市宝安区天骄小学创建于2002年9月。学校坐落于深圳市宝安区宝城75区锦花路西侧，占地面积21025平方米。学校共有教学班47个，学生2361人，教职工144人。天骄小学秉承"办未来学校，育杰出公民"的办学理念，培养具有"民族文化底色、国际发展视野、个性表达方式、终身学习品质、服务社会意识、幸福生活能力"的未来杰出公民，实施"智力课程、能力课程、潜力课程、魅力课程"四级课程，坚持学生"道德水平、健康指标、学业成绩、特长发展"四个维度的质量观，探索以互联网大数据为基础的学力评价、活力评价、潜力评价和游戏化评价，让每一个孩子多姿多彩、自由绽放。学校发展态势良好，孕育并夯实了"为发现而学、为改变而学、为未来而学"的良好学风，以及"为学习而教、为创造而教、为未来而教"的良好教风。

艺体特色 艺体特色是学校的一面旗帜，舞之翼舞蹈团、骄扬舞蹈团、天骄管乐团、星空合唱团、青鸟话剧社、超轻土立体画社、网球社团、跑操团队等一大批明星社团，为省市输送了大批艺术苗子。

游戏化课改 学校游戏化课改走在全国前列。以内容整合、方法整合、思维整合为三大抓手，以游戏为魂、兴趣为魄，整合学科课程，形成游戏化全课程，例如小一始业课程、科学探秘、文字游戏、历史探秘、天文探索、军事大观、数字侦探等，内容丰富有趣。游戏化学习渗透到多学科中，教师乐教，学生乐学。

信息化、国际化 学校是中国中小学信息技术创新应用示范学校、深圳首批"微软中国创新学校"。借助信息化技术，实现了学生在玩中学、主动学。"国际发展视野"为学校发展定位之一，学校注重中外教学模式、文化的融合，在低年级段实行全外教英语小班化教学"4T（the ticket to tomorrow）工程"。学校立足深圳，依托粤港澳大湾区的经济社会发展，面向国际，以锐意改革创新的精神，发展更高质量、更加公平的教育，实现特色发展、品牌发展、优质发展、和谐发展，办有温度、有情怀、有故事、有风格的未来学校，为社会培养更多杰出人才。

幽静雅致的校园

学校教师在区工会教职工演出中精彩亮相

"游戏化全课程"项目学习之"生命与四季"主题学习开课仪式

深圳市光明区爱华小学

深圳市光明区爱华小学创办于1982年，学校占地面积21457平方米，建筑面积9281平方米。现有教学班24个，学生1265人，教职工88人。

办学36年来，在历任学校领导班子和师生的努力下，学校以"精彩生活每一天"的校训为指引，秉承"为生命的无限可能奠基"的办学理念，以"管理有效、教学创新、德育务实、服务周到"为目标，追求内涵优质特色发展。加强教师队伍建设，强化常规教学管理，深化课堂教学改革实践，注重学生行为规范的养成教育及学习习惯的培养，全面提高教学质量，着力打造"安全爱华、情商爱华、质量爱华和幸福爱华"。

一路走来，爱华人既传承学校办学传统，又结合学生、学校发展需要不断创新。学校贯彻落实新区"特色兴校、科研兴师、引扶兴科"的理念，立足区域校情，充分发挥自主性、能动性，持续探索学校特色建设项目，丰富内涵，凸显特色，打造教育品牌，不断满足辖区市民的教育民生需求，建设"市民身边的好学校"。学校先后取得多项荣誉：2007—2011年连续四年荣获"深圳市广播体操标兵学校"称号；2010年1月，被评为广东省体育特色学校；2011年2月，被评为深圳市首批素质教育体育特色创建资格学校；2011年6月，被评为广东省绿色学校；2011年10月，被评为广东省中小学校长培训实践基地；2012年被评为深圳市广播体操标兵（传统）学校；2015年5月，被评为全国跳绳大课间示范校和全国跳绳示范校；2015年12月，被评为中华优秀传统文化教育百家试验学校；2016年1月，被评为全国跳绳强心计划试点单位及全国传统跳绳项目试点单位；2016年4月，被评为深圳市中小学综合素养（身心健康）试点学校；2016年7月，被评为全国跳绳优秀示范校；2017年12月，被评为全国"新基础教育"研究基地学校。

校长华建明

跳绳社团的学生表演花式跳绳《绳飞舞韵》

学校学生参加高尔夫比赛合影

深圳市龙岗区坂田街道宝岗小学

教师团队

图书角

科技节展演

学校概况 深圳市龙岗区坂田街道宝岗小学位于坂田街道岗头社区，毗邻华为技术有限公司。学校创办于1930年，始名为"千昌学校"，是一所具有光荣革命历史的小学。学校几经易名，2000年4月改名为现在的"宝岗小学"。学校占地面积12472平方米，建筑面积10864平方米，绿化面积6523平方米。现有教学班24个，学生1132人，专职教师73人。教师中具有研究生学历2人、本科学历51人、大专学历12人，副高级职称2人、中级职称28人。

办学思想 2017年，在校长陈国文的带领下，学校重新修订了办学思想的系列内容，形成了"以人为本，和谐发展"的办学理念，"办适合孩子健康成长、和谐发展的现代化学校"的办学目标，"立德修身，以行传爱"的校训，"以诚立品，以善立行"的校风，"以爱育爱，以智启智"的教风，"以勤促学，以乐求业"的学风。学校以"培养文明守纪、乐学善思、发展健全、充满活力的学生"为学生培养目标，以"精心培养一支师德高尚、业务精通、团结奋进，具有前瞻意识和现代教育理念的教师队伍"为教师培养目标。

办学效益 学校近五年来进行了较大的软硬件建设，从原来的12个教学班扩至现在的24个教学班，解决了辖区内大量来深建设者子女的读书问题。教学质量稳步提升，2013年教学质量综合进步率达157%，为全区整体教学水平进步最快的学校。2014年教学质量综合进步率达127%。2017区质量抽测数学、语文均达到良好，科学抽测达到优秀，体质检测达到区平均水平。学校联合社区和家庭开展以"感恩"为主题的特色教育，开设感恩社会、感恩老师、感恩大自然、感恩父母四大块内容，在各项感恩活动的感染、熏陶下，学生行为习惯良好，在社区享有较好的口碑。近三年来，学校严格执行一岗双责制，安全管理全天候无缝对接，校园平安和谐，无责任事故发生。

深圳市龙岗区龙城街道爱联小学

校长陈付良和学生交谈中

学生在上体育课

校园一角

学校办学理念体系

办学理念：实施促进师生健康发展的教育
办学目标：办一所（能促进师生）可持续发展的学校
培养目标：做最好的自己
校　　训：厚德、笃学
校　　风：勤奋、文明、求实、创新
教　　风：敬业、奉献、严谨、进取
学　　风：勤学、苦练、善思、好问
校　　歌：《爱小荣光》
誓　　词：家庭的荣辱，我的责任
　　　　　学校的荣辱，我的责任
　　　　　国家的荣辱，我的责任

　　深圳市龙岗区龙城街道爱联小学创办于1940年，是一所具有光荣历史传统的学校。学校地处深圳市龙岗大道2065号，占地面积19450平方米，建筑面积7848平方米，现有教学班30个，学生1484人。学校教学设备设施基本完善，30个教学班均配有多媒体教学平台，设有信息技术、书法、图书、音乐舞蹈、美术、科学等功能室。学校有专任教师93人，均具有小学或更高层次的教师任职资格，其中大专学历23人，本科学历70人，专任教师学历达标率为100%。

　　学校全面贯彻党和国家的教育方针，以依法治校为基础，以新课程实施为突破口，以提高教师素质为关键，全面推进素质教育。通过各方的共同努力，取得了较为明显的办学效益，曾获得深圳市办学效益奖，并高分通过深圳市办学水平评估以及深圳市依法治校示范校复评检查工作。学校先后被评为深圳市一级学校、全国写字教育实验学校、龙岗区书法教育实验基地、全国书法教育实验学校、深圳市美术书法艺术教育特色学校、全国书法教育先进学校、深圳市绿色学校、深圳市优秀安全文明小区、广东省巾帼文明示范岗、龙岗区依法治校示范学校。

深圳市宝安区实验学校

深圳市宝安区实验学校创办于2005年8月，是宝安区第一所公办九年一贯制实验学校。学校坐落于宝安新中心区，建筑面积56784平方米，环境优美，设施先进，功能场馆齐全；现有教学班89个，学生4686人。

学校秉承"在学习中领悟幸福真谛，在奋斗中启航幸福人生"的办学理念，在全国率先实施"2+2"特色教育项目，打造了体育、艺术、英语等特色品牌。学校以"生态智慧"课堂为主阵地，以"特色星期五""阳光特长一小时""四点半活动"等第二课堂活动为实施途径，构建了以培养学生的审美情趣、创新能力、实践能力为主，包含特长课程、特色课程、拓展课程、社团课程、活动课程、实践课程六大校本课程的"奋斗幸福"校本课程体系，引导学生全面发展，促进教师专业成长，提升学校办学品位。

学校精心打造了"指尖上的魔术——数学魔术课程""妙啊妙趣味数学""青少年个人形象管理"3门"深圳市委托开发好课程"以及"国学经典诵读""数字美术：SAI绘画""作文巧引路""批注式阅读""思维导图与数学学习""竞技跳绳入门"6门"深圳市遴选好课程"；开设了校园高尔夫、马晓春围棋、朗读表演、无人机、车模、3D打印等超过100门特色课程，供学生自主选择；成立了武术队、合唱队、管弦乐队、民乐队、舞蹈队、跳绳队等28个体育艺术校队和街舞队、动漫社团、Cosplay社团等5个学生社团。

学校管理科学规范，课程丰富，凸显特色，教育教学质量优异。学校连续两年被评为宝安区初中教学管理标兵单位，2017年被评为深圳市教育工作先进单位。此外，学校还先后被授予全国体育工作示范校、全国青少年校园足球特色学校、广东省校园篮球推广学校、广东省安全文明校园、深圳市平安校园、深圳市推进现代学校制度建设先进校、全国跳绳优秀示范学校、广东省武术传统项目学校、深圳市高水平运动项目学校（武术）、深圳市体育传统项目学校（乒乓球、田径）等荣誉称号。学校女子舞蹈队创编的舞蹈《月愿》在第九届"小荷风采"全国少儿舞蹈展演总决赛中荣获金奖。李子凡同学被评为"全国最美中学生""南粤优秀少年"。

"十余载锐意进取，不懈探索；一代人团结奋斗，大胆实践。"学校在建设九年一贯制特色学校的进程中走出了一条创新之路，日渐成为一所具有较高水准的城市化、信息化、国际化、现代化特色学校、品牌学校。

学校学生在"蒙特梭利模拟联合国第一次深圳校际联席会议"上表现突出，斩获殊荣

学校女子舞蹈队荣获第九届全国"小荷风采"少儿舞蹈大赛金奖

学校武术队

国学经典吟诵活动

深圳市龙岗区甘李学校

精诚团结、务实创新的教师团队

学校合唱队

学校跳绳队

学校美术队

学校舞蹈队

深圳市龙岗区甘李学校开办于2012年8月，地处深圳市龙岗区吉华街道，是由龙岗区教育局管辖的一所九年一贯制公办学校。学校占地面积28595平方米，建筑面积16789平方米；办学规模为36个教学班（小学24个班、中学12个班），现有学生1638人、教职员工140余人。

学校秉承"发现自我、追求梦想"的校训，坚持"尊重与爱"的办学理念，形成了"平等、合作、进取"的校风、"真诚、执着、求索"的教风和"积极、自主、探究"的学风，努力实现"让孩子喜欢、让家长放心、让社会满意"的办学目标。

2017年，学校在设施基本完善、规模基本建立、制度基本规范的前提下，进入了向更高标准提升的转折期。学校新一届领导班子提出了"学校发展的最终目的是学生的发展，而推动学生发展的关键是教师的专业能力"的治校理念，将工作规划的重心放在教师专业成长上，致力于提升教师的专业能力和专业素养，打造一支"师德修养好、教育理念新、教学能力强、专业知识博、文化底蕴厚"的优秀教师团队。

学校鼓励教师大胆创新、勇于尝试，为教师的创新实践提供条件、承担责任，让教师以轻松的心态面对工作的挑战，从挑战中增长教育经验、感受教育乐趣、积累教育智慧；搭建教师多元学习、专项培训平台，为教师的学习提供最大限度的时间和经费保障；支持教师参与上级主管部门举办的专业培训、专业竞赛；定期邀请教育专家学者到学校讲学，安排教师外出学习；组织教师分享学习收获，让教师在学习中进步、在交流中成长；支持教师研究课题、开发课程，引领教师向"研究型教师"方向发展。

课题研究是教师专业发展的重要平台。2017年，学校教师在各级各类课题申报和论文比赛中获奖达70多项，其中包括国家级奖励1项、省级奖励1项、市级奖励15项。优秀的教学成绩彰显出教师专业能力的提升以及对学生学习能力的影响和作用，也充分印证了"推动学生发展的关键是教师的专业能力"这一治校理念。

2017年，学校开发了以传承优秀"客家文化"为主题的系列校本课程，充分利用学校所处的甘坑客家小镇社区资源，精心打造了小学1~6年级传统文化特色课程。传统文化特色课程体系的构建，为学校的特色发展确立了方向和路径，也为教师的发展提供了广阔的空间。

在关注教师发展的同时，学校以促进学生的"良好行为习惯养成"和"自主能力发展"为核心目标，建立起完善的育人系统，并将重点落在"课程体系""活动体系"构建两个部分。其中"课程体系"包括以学科教学为主的国家课程和以特色教学为辅的校本课程。截至2017年，学校已开发的较为成熟的校本课程有体育类的足球课、跳绳课，艺术类的手工课、形体课，以及科技类的模型课。这些课程根据不同年级段学生的成长需求进行设置，以其有"足够的师资"和

学校文化广场

教师合唱队

学校足球队

"充分的时间"为保障，对学生素养和能力的提升起到极大的推动作用。"活动体系"主要以贯穿整个学年的"六大节"（体育节、语言节、艺术节、科技节、读书节、合唱节）为主线，通过定期举办符合学生身心发展的系列活动，培养学生兴趣爱好、规范学生行为举止、展示学生个性特长、陶冶学生思想情操，促进学生全面、健康成长。

学校将德育元素融入"课程体系"和"活动体系"的构建与实施中，让学生的"外在行为习惯"转化为"内在心理品质"，培养学生的行为自觉性；将课堂交给学生，让学生从"被动的知识输入"转化为"主动的学习探求"，培养学生思维的主动性；面向全体学生开展德育活动，让学生从"消极的旁观者"转化为"积极的参与者"，培养学生成长的自主性。

经过多年的摸索与实践，学校的育人思想和育人体系已初具规模。学生在学习态度、学习能力、精神风貌等各方面都呈现出不同程度的变化和进步。学生参加各级各项比赛屡创佳绩，其中健美操队、跳绳队获得国家级竞赛奖项，足球队、美术队、合唱队获得市级竞赛奖项。

行稳致远结硕果 砥砺奋进续新篇

——深圳外国语学校

深外（龙岗）国际部开办启动仪式

深外学生代表队在美国学术五项全能中国赛中表现优异，进入美国总决赛

2017届高三级11名学生被保送北京大学、清华大学

年度概况

深圳外国语学校（以下简称深外）是一所有着鲜明外语特色的品牌学校，是深圳市教育局直属学校、广东省一级学校、国家级示范性高中、全国首批国际生态学校、全国依法治校示范校，是全国首批13所可保送20%高中毕业生上重点大学的外国语学校之一。学校拥有一校六部（1个初中部、2个高中部、2个国际部、1所附属小学），现有师生7000余人，办学规模在深圳地区位居前列，中高考成绩在省市同类学校中名列前茅，被誉为"深圳教育强市的一张闪亮的名片"。

2017年，学校新增了"龙华高中部"和"龙岗国际部"，为集团化办学开创了全新局面；蝉联"全国文明单位"荣誉称号，获评为"中国先锋高中50强""中国百强中学""全国生态文明教育示范学校"，被深圳市教育局授予"深圳市高考工作卓越奖"。

教育成果与特色

多元办学模式领跑"深圳教育"。学校积极探索多元办学模式，致力于提高学校的品牌影响力，为深圳教育提供更多优质学位。2000年、2002年、2011年，学校先后创办了深外东海附属小学、深外龙岗分校、深外国际部。各校部办学成绩显著，社会效益良好，学位供不应求。成功的办学实践，让深外成为名副其实的"名校孵化器"。2017年，学校迎来了跨越式发展的全新局面，相继开办了深圳外国语学校（龙岗）国际部、深圳外国语学校（龙华）高中部两个新校部，根据深圳市委、市政府"高水平、高起点建设学校"的办学要求进行建设，印证了教育的"深圳速度"和"深圳质量"。深外"一校六部"规模初具，集团化办学迎来发展新纪元。

雄厚师资力量提升"深外质量"。名师是名校的基石。学校内强师资、外塑品牌，着力建设业务精湛、乐于奉献、具有强烈事业心及使命感的管理队伍，建设符合"四有教师""四个引路人""四个相统一"标准的教师队伍，建设服务意识强、责任心强的教育教学服务保障队伍。学校积极实施师德师风建设工程，完善教师职称和考核评价制度，加大教师表彰力度，增强教师的职业荣誉感。2017年，全校有多名教师获得市级以上荣誉，其中梅煜老师被评为"2017全国生态文明教育创新人物"，深外附小汪娱校长荣获2017年深圳市"十佳校长"称号，甘磊老师被评为深圳市"年度教师"，李兴梅、姜华老师被评为深圳市"我最喜爱的班主任"，龚文婷、梁云洁、王大庆、宋晓勤、杨素宁、姚亮6名教师均获得"深圳市2017年高考工作先进个人"荣誉称号。

搭建成才立交桥，探索创新型人才培养模式。学校积极探索创新型人才培养模式，实施针对学生个性发展和专业特长的"私人定制"课程，积极拓展基础、高级、讲座、实践四大类课程，为学生搭建全方位成长平台。学校定期邀请专家学者到学校开设讲座，提升和拓展学生的知识视野和眼界，2017年邀请了世界顶级科学家、诺贝尔化学奖获得者巴瑞·夏普莱斯教授以及南方科技大学刘科院士等重量级专家到校讲学，与深外学子面对面交流。巴瑞·夏普莱斯教授在讲座结束后欣然为深外题词："这是一所令人振奋的学校！在理解和探讨高深问题上，学校师生充满自信，见多识广。我在这里感到了强烈的好奇心，令人惊叹！愿这所学校永远保持卓越！"2017年9月，深外国际部携手大族激光集团建设的SWIS-HANS创客空间与机器人实验室投入使用，成为深圳中小学创客教育领域的又一标杆。

依托名师工作室，发挥名校示范辐射作用。2017年，学校加强名师工作室建设。以谢增生、郭华、许书华、袁智斌老师为主持人的深圳市中小学名师工作室持续开展各项工作，充分发挥了名师工作室主持人的引领、示范作用，同时也彰显了深外作为名校的辐射效应。学校以多种形式强化对深圳市光明新区高级中学、深圳市富源学校、河源市田家炳实验中学的帮扶力度，并达到了预期效果，大幅度提升了这三所学校的中考优秀率与高考重点录取率；借鉴兄弟学校的办学经验，促进自身的发展，为实现教育均衡化发展做出了积极的贡献。

校　　长：罗来金

副校长：李　武　张传平

"一课两讲"教研活动

深外初中部举行"中考壮行仪式"

深外高中部外语节汇报演出

科技节活动

人大附中深圳学校

人大附中深圳学校是中国人民大学附属中学（以下简称人大附中）承办的全日制公办学校，是人大附中联合学校的成员校之一。学校继承和发扬人大附中"爱和尊重"的核心理念，以"崇德、博学、求实、创新"为校训，致力于培养"全面发展+突出特长+创新精神+高尚品德"的"鹏程英才"，创办具有"人大附中特色"的生态型、智慧型、创新型学校。

合作办学签约仪式

特色课程

合唱表演

学校建有九年一贯部和高中部两个校区，总占地面积约14万平方米，总建筑面积达12万平方米以上；各校区均实现"智慧校园"管理，各类功能教室齐全，设施一流、功能完备，为学生开展丰富多彩的课内外学习活动创造了良好的条件。

学校按照人大附中的标准招聘和培训教师，打造了一支热爱教育事业、理念先进、教学水平一流、勇于创新的教师队伍；拥有特级教师6人，省级以上骨干教师、学科带头人15人，"孔雀计划"海外高层次人才4人；高级教师占教师总数的38%以上，博士及博士后占教师总人数的12%，硕士研究生以上学历教师占教师总人数的52%以上。

篮球比赛

学校坚持"尊重个性，细致关爱，全员育人"的管理理念，关注每一名学生的成长；创新管理方式，在高中实行"导师制"教学模式，让学生根据自身发展需求选择导师，给予学生学业上的辅导、心理上的疏导、生活上的指导和思想上的引导。

地理实验室

学校在充分发挥人大附中课程和教育资源优势的基础上，根据学生的学习和成长需求，结合大鹏新区地域文化特色和生态环境优势设计特色课程；与本地高新科技企业、科研院所合作，深度开发与生态、生命、海洋等主题相关的系列课程；纵向采用"基础课程—拓展课程—创新课程"的结构，横向从"文化基础—自主发展—社会参与—生长探索"四个维度上，精心构建课程体系。在保证基础课程顺利实施的前提下，学校还开设了多元化、个性化的拓展课程，满足学生的多样化发展需求。

珠海市金湾区第一小学

珠海市金湾区第一小学坐落在美丽的珠海大道旁，是由珠海市、金湾区两级人民政府投资5300多万元，于2003年8月建成并投入使用的规范化学校。学校占地面积85729平方米，校园设计布局合理，教学设施优良，师资力量雄厚。

学校以"办广东省第一流的高品质现代化学校"为办学目标，通过树立积极的价值观，着力校园文化建设、特色品牌建设、课程和教学改革建设，追求第一流的高品质教育。"第一品质"是学校全体师生共同的追求，包括"追求高品质快乐人生""追求高品质阳光教育""追求高品质金色阳光做事观"。校园生机勃勃、欣欣向荣。在学校这个大家园里，每一位成员都幸福、快乐，都能够获得充分的发展。

办学十余年，学校先后被评为全国特色学校、国家新课改示范学校、第三届"关爱明天，普法先行"青少年普法教育活动"零犯罪学校"、广东省红旗大队、广东省校本培训示范学校、广东省书香校园、广东省一级档案管理单位、广东省交通安全文明学校、广东省绿色学校、广东省校务公开先进单位、广东省巾帼文明岗、广东省英特尔未来教育项目推广示范学校。学校曾荣获广东省第七届基础教育成果二等奖、广东省小学生诗歌节诗歌教育示范学校优秀组织奖、第十届亚洲太平洋机器人锦标赛创新奖、珠海市青少年艺术花会原创节目比赛金奖、珠海市U12篮球比赛亚军等各级各类奖项。学校还在2017年被评为全国青少年校园足球特色学校，同年入选第一批省级青少年校园足球推广学校。学校的羽毛球特色教学成绩斐然，学生羽毛球队连续斩获市级比赛的桂冠。

高大的教学楼

学校第十二届金色花才艺汇演活动

学校创客机器人比赛

学校爱心义卖会活动

佛山市高明区沧江中学附属小学

2017年学校第七届体育节开幕式民族文化展演

学校第三届读书节开幕式朗诵表演《弟子规》

学生参加高明区诵诗节表演

佛山市高明区沧江中学附属小学创办于2010年9月。校园坐落在皂幕山下，屹立在沧江河畔，风景秀丽，环境幽雅，育人环境良好。学校占地面积43200平方米，建筑面积40792平方米。

学校现代化教学设施齐全，是一所年轻、有活力的寄宿制学校。为发展学生个性特长，促进学生全面发展，学校成立了30多个社团，配建有国学堂、武学堂、羽毛球馆、乒乓球馆、多媒体计算机网络室、舞蹈室、音乐室、美术室、书法室等功能场室。学校现有6个年级58个教学班，共2300多名学生；拥有一支睿智、年轻、进取的高素质教师团队，其中全国优秀教师1人，市级名师9人，区级名师7人。

学校秉承现代先进的教育理念，探索适合儿童发展的教育规律，使基础教育回归本真。注重学生核心素养的培养，发展学校教育教学特色。学校课程设置和课堂教学主要开展"为未知而教，为未来而学"引领式的改革。实施"三大模块"（常规德育、主题德育和实践性德育）、"二个系统"（学生的自我管理系统和家校的合力管理系统）、"一个支撑点"（德育队伍的学习提升）的"三二一"德育管理模式；以国家核心课程为基点，构建了一条主线（阳光·快乐·好学·敏行）、三个层面（基础性、拓展性、个性化）、六大领域（人文底蕴、学会学习、科学素养、实践创新、健康生活、责任担当）的"一三六"阳光课程体系。课堂上探索以教师为主导、学生为主体的课堂教学模式，转变教师的教学行为，培养学生自主学习的品质，实践全面育人的目标。

学校的发展日新月异，办学七年来先后被评为广东省安全文明学校、广东省义务教育规范化学校、广东省诗歌教育示范学校、广东省食品安全示范学校食堂、广东省语言文字规范化示范学校、佛山市优质学校。

全体师生将不忘初心，以只争朝夕的拼搏精神、时不待我的昂扬斗志，用实际行动，擦亮沧江中学附属小学的教育品牌。

校园文化艺术节上教职工表演健身操

佛山市南海区桂城街道桂江小学

佛山市南海区桂城街道桂江小学建校于2004年9月，校园总占地面积约3.73万平方米，是一所全日制公办学校。

学校制定了"让学生多元化发展，为孩子幸福人生奠基"的办学宗旨，以"开启潜能、蓄力未来——每一个孩子都是一个远航者"为办学理念，全力推进"启航教育"的品牌规划，通过对校本"新动力"课程与智慧校园的研究、开发、建设，推进学校的特色发展。学校先后被评为全国校园足球特色学校、全国小小科学家实验学校、广东省中小学艺术教育特色学校、广东省书香校园、广东省诗歌教育示范学校、广东省绿色学校等。

"启航教育"规划是指以追求"德育""课程改革与开发""教育科研"三大领域的优质发展理念为核心，通过完善制度和规范管理，全面实施综合课改，体现素质教育理念的基础教育形态。在智慧校园中，在新动力课程的润泽下，学生群体呈多元化发展，实现"全面而多能"的育人目标。

学校开设的"修德、崇艺、炼能"新动力课程，以"适合学生发展，多样性选择"作为课程建设总体目标，发展至今已细分为"五力""三层"，"五力"包括生命力、领导力、审美力、创造力、文化力五种课程设计，"三层"即基础课程、拓展课程、个性化课程三个层面，涉及"身体与心理健康""公民与社会""艺术与审美""科学与技术""人文与语言"等多个课程领域，给学生以远航人生的动力，有效达成"修德立品、崇艺树美、炼能善思"三位一体的课程培养目标。

桂江小学"启航教育"成果突显，其中"江之韵"合唱团成为学校一面鲜艳的旗帜，斩获了多个国际、国家级金奖。2017年，受文化部邀请，合唱团远赴德国参加中德建交45周年庆典活动，获得了该音乐庆典"A级合唱团"荣誉称号；合唱团在2017年7月参加第四届新加坡国际合唱节，荣获童声组和民谣组"双金奖"，同时还斩获了该合唱节唯一的大奖——新作品最佳演绎奖。

2017年5月27日，教育部科技司、中央电化教育馆领导在广东省教育技术中心领导的陪同下到学校调研

学校"江之韵"合唱团赴德国参加中德建交45周年音乐庆典

学校实现教育教学信息化，构建"智慧课堂"教学模式

课程成果展示之"男足女舞"家长公开日活动现场

佛山市顺德区凤城实验学校

校长刘丽华

奖教奖学颁奖大会

学生在全国中小学生机器人比赛中荣获一等奖

学生在顺德区中小学机器人比赛中获得一等奖

佛山市顺德区政府地处大良凤岭公园后面的"凤山"山麓，该山因形似凤凰而得名，故顺德大良的别称亦叫"凤城"。1962年，顺德县人民政府创建凤城中学；2017年4月，顺德区大门小学整体并入凤城初级中学，改制为九年一贯制学校，并更名为顺德凤城实验学校。

办学多年来，学校规模不断扩大，实力不断增强，现有教学班75个，教职工300多人，学生3800多人。校园占地面积91160平方米，建筑面积46525平方米，校内花木繁茂、遍地绿茵、环境宜人，教学楼、科学楼、体艺馆、艺术楼、图书馆、生活楼等校舍布局井然有序。

学校办学成绩斐然，先后被评为广东省一级学校、广东省心理健康教育示范学校、广东省信息技术现代化实验校、佛山市中小学思想道德教育工作先进单位、佛山市法制教育先进学校、佛山市关心下一代工作先进集体，连续多年被评为顺德区先进学校。学校"雏凤"文学社被评为"全国中学生十佳文学社"，"惠美"合唱团多次获省、市级奖励；一大批师生在国家、省、市、区级各类竞赛中屡创佳绩；学生中考成绩优秀率、普高上线率逐年攀升；2013届学生梁颖怡在2016年高考中荣获广东省文科第一名。

学校积极传承顺德传统文化，弘扬改革开放"务实为先"的人文精神，以"为先"精神为激励，高举"为先"教育大旗，不断更新教育观念，探索素质教育的新途径、新方法，着力打造具有顺德地域文化特色的"为先教育"品牌。

机器人比赛

国际象棋比赛

亲子活动

学校全面推进"五大项目"改革，包括基于学校管理效能化的机构改革，基于教师成长的职级制改革，基于学生能力培养的"动态分层走班"教学改革，多元化课程构建，基于家长和学生成长的家长学分制、学生学分制、德育导师制改革。项目革新举措受到上级领导、教育专家的肯定，率先在初中阶段实施动态"学科分层走班"教学改革，实现了"低进高出、高进优出"的教学目标。

2017年，学校再次迈向新征程，通过走多元化、国际化、规模化办学之路，促进学校教育教学水平再上新台阶。学校与百年老校上海育才初级中学合作开办"育才实验班"，共享上海国际化教育；与美国启培菲尔德学校缔结成姊妹学校，探索开办国际班；与杭州市清河实验学校缔结成姊妹学校，探讨九年一贯制办学模式；与佛山市顺德区第一中学、顺德区实验中学合作，创立共享专业化教育的初高衔接班；与中国教育部Go Campus中心开展国际教育合作，开设"国际典范课堂"实验课程。

校园文化艺术节

面对改革中出现的新情况、新问题，"凤实人"不断研究、不断探索、不断调整，力争在变革中求新、求进、提升，着力打造一所具有"顺德文化特质"的区域内示范性优质学校。

学校荣誉室

佛山市三水区西南街道北江小学

"精彩班级"与学校吉祥物"贝贝""江江"合影

灵动课堂教学

儿童文学作家、诗人安武林老师校园讲座活动

校园网球队队员合影

佛山市三水区西南街道北江小学成立于2015年9月。学校坐落在三水区西南街道北江新区，与北江为邻，占地面积2.7万平方米，建筑面积2.2万平方米，是一所高标准、高起点的义务教育标准化学校。现有学生1272人，教职工90人。

学校秉承"怀博远，崇上善"的核心理念，实施"若水教育"，打造校园水文化，让无声的教育浸润学生的心灵；构建若水德育，以多元评价培养学生水样品格；打造灵动课堂，让学生成为学习的主人，发展核心素养；构建七彩课程，培养"心智俱强、多元发展的风范少年"。学校被评为广东省绿色学校、全国校园网球特色学校。

文化：于无声处沐浴人心

校园内树影婆娑、绿草如茵、鸟语花香，清幽雅致的生态环境激发学生对真善美的追求；水韵文化艺术长廊、小水滴班级评比墙、树下花旁的温馨提示牌等，实现了自然景观与人文景观的和谐统一。"学校无闲处，处处皆育人"，学校让一景一品"春风化雨，润物无声"，达到"此时无声胜有声"的育人境界。

德育：于多元中润泽成长

学校秉承"全员育人、全程育人、全方位育人"的育人思想，构建立体联动的育人模式。开发学生阅读校本教材《"若水德育"知识读本》，组织学生参加"学科融合"活动，在精彩艺术活动、七彩社团活动、缤纷亲子活动等若水德育课程体系中，培养学生"善""容""勤""恒""韧"的水样品格。

课堂：于灵动中提升素养

学校专注于打造注重学生生命灵动的课堂，选择最切合学生实际的教育。语文学科从学生的阅读教学入手，数学学科研究非线性教学模式，英语学科研究自然拼读法，注重平等交流、自主参与、过程合作与分享等方式，通过教师的唤醒、激励、引导、启发、评价等，让学生在倾听与思考、分享与合作中顿悟升华。

课程：于七彩课程展现缤纷

学校根据自身的文化特质，构建包含国家规定课程、地方课程、校本课程的七彩课程。其中，品格发展的课程包括仪式典礼、节庆活动、体育艺术科技、亲子互动、读书节、书画展等社会实践生活体验类课程；智慧成长的课程包括海量阅读、校园网球、创客等学科拓展课程。七彩课程既发展了学校特色，又培养了学生核心素养，让每一滴小水珠都绽放出七色光彩。

乐昌市坪石镇金鸡小学

学校校门

金鸡报晓雕塑

金鸡艺术节书画作品展

校运会运动员风采

乐昌市坪石镇金鸡小学是坪石镇的中心小学,学校历史悠久,创办于1950年9月。早在20世纪80年代初,学校就因推行"全校讲普通话"这一特色被评为"全国推普先进单位"。

学校占地面积28049平方米,校舍建筑面积12110平方米;建有标准的200米塑胶跑道、塑胶弹性篮球场,运动场总面积15220平方米;图书室藏书量48690册,教学功能室、教学设施设备齐全;校园布局合理,育人环境优美。

学校有教学班44个,在校学生2365人。师资力量雄厚,有专任教师106人,其中高级职称6人,中级职称88人,初级职称12人。教师学历达标率为100%。学校有特级教师1名,乐昌市名教师、学科带头人16人,省、市、县骨干教师若干名。

学校打造"金鸡文化"特色教育理念——"金鸡报晓立远志,闻鸡起舞勤学习",以达到"金鸡独立梦成真,金鸡成才变凤凰"的育人效果。学校围绕"金鸡文化"特色教育,秉承"勤博雅健"的校风,"文博气华"的教风,"勤学励新"的学风,不断深化教育教学改革,提升教育教学质量。围绕"金鸡文化"开展丰富多彩的阳光德育活动;"一花(校花金鸡菊)、一鼓(腰鼓队)、一字(书法特色)、一球(足球,全国足球网点校)"凸显学校"金鸡文化"教育特色。学校依托乡村少年宫,开设了国学、书法、腰鼓、美术、舞蹈、篮球、羽毛球、乒乓球、鼓号仪仗队等20多个兴趣班,促进学生全面均衡发展。

学校先后荣获广东省巾帼文明岗、全国优秀家长学校实验基地、韶关市教科研先进单位、韶关市先进教工之家等多项称号。

金鸡菊节学生赏花、画花、赞花

河源市源城区雅居乐小学

2017年4月，学校举行全体师生"预防溺水"宣誓签名活动

2017年12月，学校举行"践行社会主义核心价值观，扣好人生第一粒扣子"大型文艺汇演活动

学校概况

河源市源城区雅居乐小学开办于2011年9月，学校占地面积25060平方米，建筑面积16700平方米，开设有68个教学班。学校的办学理念是"为学校的持续发展创造条件，为教师的专业发展铺设平台，为学生的终身发展奠定基础"，围绕"创品牌学校，育世纪新人"的办学目标，以"崇德、崇学、崇雅、崇行"为校训，努力实施目标管理、制度管理、层级管理、人本管理等科学化管理。同时，通过实施"五化"（行政管理规范化、队伍管理素质化、教育管理实效化、教学管理精细化、后勤管理保障化），促进学校迅速崛起。学校以"雅"文化教育和客家传统文化教育为特色，开办以来共承担1个国家级、4个省级、1个市级、4个区级课题研究。

师资力量

管理团队：学校管理队伍主要由管理骨干及业绩突出的名师组成，他们中有享受国务院特殊津贴专家、全国未成年人思想道德建设先进工作者、全国模范教师、全国"三八"红旗手、广东省特级教师、南粤优秀教师、广东省优秀少先队辅导员、河源市"名校长工作室"主持人、河源市"十佳"校长。

教师团队：教师平均年龄32岁；大专学历占27%，本科学历占71%；小学高级教师5人，其中小学正高级教师1人；享受国务院特殊津贴教师1人，国家级骨干教师1人，省特级教师2人，省级骨干教师7人，广东省南粤优秀教师3人。

业绩成果

学校师生在科技制作、体育艺术、论文习作、教学技能等大赛中荣获市级以上奖励达1269人次，学校教学质量近6年接受市、区教育局检测均名列前茅，学校获全国五一巾帼标兵岗、全国未成年人思想道德建设工作先进单位、广东省巾帼文明岗、广东省红旗大队、广东省青少年科学教育特色学校、广东省安全文明校园、广东省义务教育标准化学校、河源市校园文化示范校、河源市绿色学校、河源市家长委员会建设工作示范校、河源市知识产权教育示范学校、河源市德育示范学校、河源市关心下一代工作先进集体等集体荣誉近80项。

教师、家长志愿者联动在上学、放学的交通要道进行交通劝导

梅州市五华县长布镇中心小学

行政班子规划学校发展愿景

全镇小学二年级语文研讨课

校园足球三级联赛

梅州市五华县长布镇中心小学地处粤北山区，管理着全镇16间完全小学、11间教学点、1间中心幼儿园，现有教职工282人，学生4640人。2012年以来，五华县长布镇中心小学在教育教学方面取得了显著的成绩，被誉为"山沟里的金凤凰"，先后被评为梅州市德育示范学校、梅州市文明校园、梅州市少先队先进中队、梅州市千名教师大家访活动先进学校、五华县四强党支部、五华县先进学校。

学校坚持"培养学生的核心素养"为办学方向，以"打造适合学生的教育"为办学目标。在教育教学活动中，学校重点培养学生的人文底蕴、科学精神、学会学习、健康生活、责任担当、实践创新六大素养，为学生的终身发展打下良好的基础，使学生全面发展。

学校坚持以科研促教为突破口，全面提升教师的业务素质。地处山区，教师素质良莠不齐，是制约学校发展的短板，为此，学校树立科研兴教促教的指导思想，要求每间学校都要申报实验课题，鼓励、指导教师撰写学科论文。2012年以来，实验已结题的课题有省级3个、市级5个、县级24个，发表CN期刊论文13篇，获国家级奖5篇、市级奖5篇、县级奖32篇。通过科研能力的提升，教师的教学办学理念、教学方法的更新、课堂教学的能力整体上了一个台阶，学校的科研能力走在五华县学校的前列。

学校坚持特色办学，不断提高办学水平。学校根据自身特点，选准特色办学的突破口，努力培养"合格+特长"学生，创建"合格+特色"学校，影响和带动全镇小学实施各自的特色教育，逐步形成农村小学特色教育格局。2012年以来，首批特色办学的学校取得了可喜的成绩：第一小学足球已成规模，参加首届五华县"国沅杯"赛获第三名，学校被确立为广东省第二批校园足球推广学校和梅州市校园足球特色学校。琴口小学师生每天坚持不少于20分钟的书法学习，师生参加各类书法比赛，获国家级奖9人次，市、县级奖4人次。怡亚通长安希望小学扎实推进"传统文化进校园"特色办学，以《弟子规》《三字经》《百家姓》等为内容编成的体操在大课间铺开。在办学质量和竞争力提高的过程中，学校摸索出了一条适合农村学校特色办学的发展之路。

元旦文艺汇演

华中师范大学附属惠州大亚湾第二小学

学校小龙人院线首映仪式

校园电视台

学校书吧

华中师范大学附属惠州大亚湾第二小学由惠州大亚湾经济技术开发区、华中师范大学、东圳房地产公司三方合作创办。学校于2017年9月建校，坐落在广东省惠州市大亚湾经济技术开发区龙光城，占地面积1.65万平方米，建筑面积11039平方米。办学规模30个班，已开办13个班，在校学生541人；教师35人，其中中学高级教师2人，市级学科带头人2人。

学校秉承华中师范大学阳光教育理念，以生命哲学为基础，以地方文化——惠州之"惠"和龙光之"龙"作为学校文化元素，确立了"教育就是生长人的性灵"的教育哲学，设计了以"龙的传人，惠的少年"为育人目标，以"过一种生长性灵的学校生活"为办学理念，以"办一所灵性飞扬、生动活泼、自由自在的现代小学校"为办学愿景的学校文化发展规划，初步建构了将母体文化基因的传承、地域文化精神的赓续与未来教育趋势的追求有机融合的校园文化体系。

学校以"过一种生长性灵的学校生活"为引领，致力于性灵生长课程的开发，建构了基础性课程、拓展性课程、品牌性课程的总体课程框架。基础性课程聚焦学校教育哲学和办学理念，将国家课程进行校本化理解与实践，凸显课程的生活化、灵动性和生长性。重视与儿童生活的联系，追求内容与形式的生动有趣，寓教于玩，寓教于乐。同时，聚焦人的性灵生长，开发生动德育、生活作文、生命行吟等适合儿童的课程。拓展性课程根据地方的文化资源、学校的办学目标以及学生的成长需求，整体思考、逐步开发、做强做精学校社团课程，同时进行写字育人、写意山水、写真童年等学科拓展课程的研发。品牌性课程以"享受闲暇"为主体，形成最能体现办学主张的独特性休闲课程，给孩子充分自由、自主、自在的时间和空间，提供享受闲暇的空间、平台、资源、机会与能力，让孩子学会安顿自己的天性、心灵、灵魂，学会追求幸福，从而提升生活的品质。

学校是一所标准化、现代化的校园，拥有风雨操场、校园电视台、小剧场、图书馆、心理咨询室、艺术馆、3D实践活动室、艺术课室等一流的教学设施，配备了国内最先进的远程同步课室及协同备课系统，为课程实施和教学研究提供了有力保障。

学校舞蹈房

学校开展第二届"生命行吟"实践活动——走进深圳地质公园

惠州市龙门县龙城第三小学

校长刘玲芳

惠州市龙门县龙城第三小学创办于1986年。学校历史悠久，底蕴丰厚，人才辈出。学校高举"和善文化"的旗帜，秉承"让'和善种子'生根发芽"的办学理念；以人为本，立德树人，五育并举，创建"和善教育"管理模式；培养学生综合素养，把学校打造成平安校园、文明家园、文化圣园、智慧校园、创新乐园；打造和衷共济、博学乐教、精业善道的教师团队，促进师生和谐发展；以"品德高尚，优雅智慧，体魄健壮，勇于创新"为培养目标，培养"和乐融融，勤学善思"的学风，培养"和谐、友善"的校风，形成"体艺双馨"的办学特色，办成"方向正、队伍精、校园美、设备良、负担轻、质量高、有特色"的现代新型学校，让学生快乐成长，让教师幸福工作，让学校和谐发展。

学校被评定为全国"中国好老师"公益行动计划基地学校。教师们凭着开放的教育思想，以良好的人文素养、忘我的敬业精神、无私的奉献精神、创新的科学态度，为社会输送了一批批优秀学生。

龙门县龙门中学

龙门县龙门中学创办于1929年，是全县唯一一所重点高中、广东省高中教学水平优秀学校、广东省一级学校、广东省国家级示范性普通高中。学校地处龙门县城西南近郊，占地面积8万多平方米，校园碧水环绕、古木成荫、环境优雅。现有在校学生2845人，教职员工266人。

在县委、县政府和县科教局的大力支持下，学校功能场室按国家级示范性普通高中的标准配齐配足。学校是龙门县唯一高考定点考点。学校教师队伍云集了全县的教育教学骨干，以中青年教师为主，充满活力又不乏经验，有特级教师1人，全国优秀教师、南粤优秀教师和市首席教师等省市级优秀教师40多人。学校教师学历达标率为100%，其中通过研究生学习的教师有40多人。

学校逐步确立了"以人为本，师生相长"的办学理念，深入推进"高效课堂"，形成了"分类培养""低进高出"的办学模式，并取得显著的成绩。学校先后被评为广东省文明单位、广东省绿色学校、广东省依法治校示范校，并获得惠州市教育科研成果奖一等奖等30多项省市级荣誉。

校门

 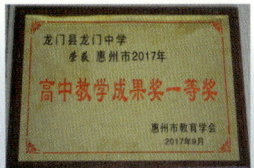

学校荣誉

惠州市东湖双语学校

惠州市东湖双语学校是2001年经惠州市惠城区教育局批准，由惠州市隆生企业投资兴建的一所九年一贯制民办学校。学校占地面积11000平方米，建筑面积8700平方米；教学设施设备先进，教室均配有信息化教学平台，特色功能教室齐备。学校师资力量雄厚，拥有一支专业、和谐、稳定的教师团队；坚持小班化教学，关注每个学生的成长。

学校秉承"素质教育+特色教育，立德树人，融贯中西"的办学理念，着力打造英语和信息技术特色，培养学生的信息化素养和国际视野，现已成为一所"社会认可、家长满意、孩子向往"的素质教育优质品牌学校。

学校坚持"依法治校、以德立校、以质兴校"，以"提升学生核心素养，培养优雅文明学生，打造高素质师资队伍，营建和谐校园文化氛围"为目标，不断推进教育教学改革，在素质教育方面取得累累硕果。学校曾荣获全国教育科学"十一五"规划教育部重点课题"中国基础英语素质教育的途径与方法"优秀实验基地奖、课题研究杰出贡献奖，多次获得全国小学生英语能力竞赛优秀组织奖、中国儿童青少年计算机表演赛（广东赛区）优秀组织奖、广东省中小学电脑作品评比活动最佳组织奖、广东省中小学生英语电脑作品评比活动优秀组织奖等；学校网站被评为广东省中小学优秀网站；英语科组被评为2016年惠州市示范科组，英语、数学、语文、体育科组多次被评为惠城区示范科组；学生在各级各类竞赛中获奖达4000多人次。

学校独特的人文环境、鲜明的办学特色促进了学生的和谐发展，赢得了社会各界的广泛赞誉。学校先后被评为教育部中小学信息化试点单位、广东省第四批现代教育技术实验学校、广东省诗歌教育示范校、惠州市一级学校、惠州市优秀民办学校、惠州市书香校园、惠州市优质教育资源建设与应用先进集体、惠州市语言文字规范化示范校、惠州市安全文明校园、惠州市4A等级社会组织、惠城区依法治校示范校、惠城区文明校园、惠城区平安校园等，获得惠城区初中教育教学质量进步奖，连续多年获得"惠城区义务教育阶段教学质量综合评价优秀学校"称号。

学校顺利通过教育部（第一批）教育信息化试点单位评估验收

学生绘制京剧脸谱

学生表演英语童话剧《灰姑娘》

惠州市惠东县平山中心小学

惠州市惠东县平山中心小学是一所街道中心小学,现有在校学生3440人,在编教职工195人。学校立足当下,本着"本土化、个性化、人文化"的原则,对办学宗旨、发展愿景、发展战略和总体规划进行科学定位,坚持"以德立校"的德育指导思想,以"活力教育、幸福人生"为核心理念,确立了"培养至真、至诚、至善、至美的心智健全、品格高尚的阳光少年"的育人目标。师生团队凝聚智慧,不断开拓进取,共同打造充满勃勃生机的活力校园。

校长叶桂新

学校组织学生参加惠东县中小学学生心理拓展训练活动

活力激扬校园 学校依据当前教育形势,重新审视学校的发展历史与现状规模,整合传统资源和优势资源,致力于打造"生态校园、活力德育、智趣课堂、悦学班级、魅力师生、合力家校"的全新教育模式;学校积极营造"让人文教育、科学教育、艺术教育激扬校园,让书声、歌声、笑声飞扬校园"的良好育人氛围,以校园文化、班级文化建设为载体,以构建"悦学班级""智趣课堂"为抓手,努力实现育人目标。

亲子绘画比赛

书香溢满校园 学校以打造"书香校园"为特色,2012年申报了省级课题"经典传承文明,诵读滋润人生"并积极开展课题研究。学校在校园内举办了一系列读书活动,把经典诵读纳入课程体系,将每年六月、十一月定为"读书活动月",每学月开展"悦读之星"评选活动。学校在建设好图书室、阅览室的基础上,还在教学楼的每一层设立了充满童真童趣色彩的书吧,在每个班级的课室设立图书角。整个校园满溢着浓郁的书香,学生在校园书香的熏陶中健康、茁壮成长。

经典诵读活动

艺术律动校园 学校立足校情,依托少先队和"乡村少年宫"开展形式多样的校园活动,多措并举创造良好的育人条件,尽量满足孩子们的终身发展需要;依据学生的年龄特点和兴趣爱好,组建了象棋、舞蹈、书法、绘画、篮球、足球、跆拳道、合唱团、乐器班等多个社团活动小组,定期举办丰富多彩的课外活动,提高学生的综合素养。学校把每年的六一儿童节和元旦节定为"校园艺术节"和"阳光体育节",为学生搭建了展示才艺的平台。

学校荣誉橱窗

学校先后被评为广东省依法治校示范学校、广东省安全文明校园、惠州市中国象棋体育传统项目学校,获得惠州市未成年人思想道德建设"旭日奖"。

校园鸟瞰图

校　址:广东省惠州市惠东县平山镇营盘路36号
邮　编:516300

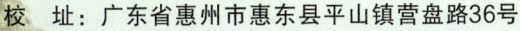

惠州市仲恺高新区惠南实验学校

"暖阳"青少年志愿者服务队

博学楼

国学厅

图书馆阅览室

运动场

惠州市仲恺高新区惠南实验学校坐落在惠州市仲恺高新区惠南科技园，创办于2014年9月，是惠州市第一所公办外来工子弟学校。学校新校区于2017年9月正式建成并投入使用，校园占地面积27656平方米，建筑面积11380平方米，绿化率达30%。学校现有教学班27个（小学部22个班、初中部5个班），在校学生1350人；教职工83人，其中党员33人，具有研究生学历3人，具有本科学历80人。

学校秉承"以学生发展为本"的办学理念，全面实施素质教育，以"整体化、强化特色、争创名校"为办学策略，确立了"为学生成为幸福人生的创造者和文明社会的建设者奠定基础"的办学目标，力争办成一所"有文化底蕴、有个性特色、有品牌优势"的优质学校。

学校布局合理，校园环境优美，园庭式建筑物散发着古色古香的韵味。四栋教学楼以"学、识、知、雅"命名，分别为博学楼、博识楼、博知楼、博雅楼，体现了学校深厚的文化底蕴。学校硬件设施齐全，校园功能分区明确，配备了具有国内先进技术的"云课室""班班通""触摸屏一体机"等日常教学设备；建有信息技术中心、电脑室、舞蹈室、音乐室、书法室、美术室、科学物理实验室、生物化学实验室、图书阅览室等功能场所，以及现代化学术报告厅、分区运动场所等。校园文化布置工作坚持全员参与，设有"走廊文化""楼面文化""井盖文化""班级文化"，进一步培养孩子们的审美趣味。

在人文教育方面，学校积极开展系列爱国主义教育、节日主题教育、"朱砂启智"开笔礼、少先队团员入队仪式等活动，让孩子们的内心充满"仪式感"和"成就感"；以"十好教育"、学雷锋教育、法治教育、文明校园创建、"三全育人"、经典诵读、"暖阳"志愿者活动、年度夏令营等活动为切入点，擦亮学校教育品牌。在"暖阳"志愿者服务队开展的系列项目活动中，最具特色的是"5:00第二课堂"，该项目在仲恺高新区"众志成城"志愿服务项目PK大赛中获得第一名。学校依托"暖阳"志愿者服务队，在学生队伍中组建了"暖阳"青少年志愿者服务队，主要服务于学校的学生管理工作，对全体学生起到模范带头作用。学校先后被评为广东省学雷锋活动示范点、广东省校园足球推广学校、广东省依法治校示范校。

惠南实验学校在惠南教育、"仲恺教育"乃至惠州教育中始终散发着自己独特的光芒，锐意改革，不断创新，为实现中国梦添砖加瓦。

汕尾市海丰县实验小学

汕尾市海丰县实验小学位于交通方便、环境幽雅的县城北郊莲花大道边、海丰碧桂园的西侧，背靠粤东名山——莲花山。

学校始建于2014年10月，2017年9月1日正式开办，属海丰县教育局直管学校，也是海丰县第一所实施教师"县管校聘"的试点学校，师资全部由学校从全县公立小学公职教师中选调，按编制及岗位设置聘用。校园总占地面积23913.91平方米，总建筑面积约10130平方米。现有1~6年级教学班20个，学生983人，平均班额49人。教职工57人，其中专任教师52人，管理人员5人，高级职称1人，中级职称44人，大学本科学历34人，占59.7%，专科学历23人，学历达标率为100%，师生比为1：17.25。

学校累计投入配套资金1000多万元，按照标准化学校的要求配套了先进、完备的教学设备设施。设有250米环形塑胶跑道运动场；实现了教室多媒体教学平台和校园千兆网络、无线WiFi全覆盖，各项功能室设备齐全，为学生的全面发展提供了强有力的保障。

学校以"崇文尚德，追求卓越"为办学宗旨，以打造"师生乐园"为办学理念，以"实干塑造未来，好学成就人生"为校训，以创建"教育现代化优质品牌学校"为奋斗目标，坚持"以人为本，立德树人，全面贯彻党的教育方针，全面实施素质教育"的办学方向。

学校围绕办学理念，创建了"一团一社一队"（艺术团、文学社和运动队），启动创建"书香校园"计划，积极开展"一团一社一队"和"书香校园"的创建活动，使全校师生乐此不疲，以校为家，在乐中教，在玩中学，达到了"学而不厌，诲人不倦"的效果，校风、学风良好，艺体特色教学逐渐凸显，教育教学质量明显提高，教师队伍德才迸发、团结奋进、求真务实、开拓创新。开办不到一年，学校各项工作呈现出良好势头，赢得了社会各界的广泛赞誉，成为县城一所学生满意、家长放心、社会信赖的知名公办小学，为海丰县基础教育的快速发展、均衡发展做出了贡献。

广东省教育厅副厅长王创（居中）到学校调研

学校落成仪式全体教职工合照

学校多媒体教室

鹤山市沙坪街道第六小学

鹤山市沙坪街道第六小学创办于2012年。学校坐落在风景优美的大雁山脚下，是一所高起点、高配置、高要求的全日制公办小学。学校占地32850平方米，校舍建筑面积13267平方米。学校建筑依山而建，错落有致，与周围的环境融为一体。校园分为教学、休息、就餐、运动四个区域，每个区域互不干扰，符合学生学习、生活的规律和特点。设有少先队队部室、计算机室、音乐室、美术室、舞蹈室、实验室、图书室、书法室、心理辅导室、科研室、督导室、学术报告厅。拥有足球场、篮球场、游泳池、体育馆、师生食堂等场馆，教育教学设施及室场建设达到广东省规范化学校的标准。

学校被评为人民教育出版社中华优秀传统文化教育示范学校

2017年，学校有在校学生1209人；教师54人，其中小学高级教师1人，小学一级教师33人，江门市名校长培养对象1人，名班主任1人，鹤山市名教师1人，鹤山市学科带头人10人，教师学历达标率为100%。

学校坚持以"文化育人，多元发展"为办学理念，以"办人民满意的教育"为工作目标，以学生发展为根本，坚定不移地推进教学方式和学习方式的转变，以提高课堂教学效率为重点，全面提高教育教学质量。学校先后被评为国家社会科学基金"十二五"规划教育学重点课题中华优秀传统文化教育示范学校、江门市绿色学校、江门市生态文明示范单位——森林学校、第一届江门市文明校园。2017年是沙坪街道第六小学丰收的一年，教师个人荣获国家级奖15人次，省级奖13人次，江门市级奖励17人次，鹤山市级奖励69人次；学生个人获省级奖励14人次，江门市级奖励68人次，鹤山市级奖励79人次。

学生在上书法课

此外，学校还以彰显个性特长为抓手，以合唱、书法、足球为特色建设；全面开展兴趣选修活动，选修课达36项；学校合唱团2017年荣获第六届中国童声合唱节金奖；大力发展校园足球运动并把足球课纳入日常课程设置，2017年被评为全国青少年校园足球特色学校、广东省第一批省级青少年校园足球推广学校。学校足球队荣获广东省五人足球争霸赛江门城市赛区女子组冠军、男子组亚军，江门市"中国体育彩票杯"中小学足球锦标赛女子组第二名、男子组第三名，江门市"映美杯"青少年校园足球四级联赛男子组第一名、女子组第二名。

学生合唱团参加第六届中国童声合唱节表演

江门市江海区华兴小学

江门市江海区华兴小学是一所百年老校，原名为"恕明女学校"。走在校园中，可以感受到浓浓的书香气息以及深厚的历史底蕴，而"恕明教育"则是学校屹立于历史长河的根本。百年以来，华兴小学一直坚持着建立融洽和谐的校园，体现平等公正的管理过程，营造平等宽容的师生关系，体现教育公平，培育恕人律己、明道立德的师生。2017年8月落成的新教学楼，承载了华兴小学师生更多的梦想，在推进学校现代化建设的进程中，这所百年老校也正在焕发着新的生机。

百年华兴，薪火相传。百年的探索和积淀，孕育了华兴小学独特的"恕明文化"，前人高瞻远瞩，后人继往开来，"恕明文化"指引着一代代华兴人在继承中发展，在发展中创新。

学校着力推广"恕明教育"，开展"恕明活动"。以"恕明"三礼（入学礼、入队礼、毕业礼）来提高学生归属感和荣誉感，以"恕明"五节（体育节、艺术节、感恩节、科技节、读书节）来发挥学生参与活动的积极性，并充分挖掘传统节日所蕴含的深远道德教育价值，组织开展中华传统文化体验活动，开展"恕明"班级、"恕明"学生评比活动，发挥学生自我教育能力。学校所提倡的"恕明课堂"以"爱心"为基石，突出学生的主体地位，建立了一种民主、平等、宽容、融洽的新型课堂教学模式。

作为江门市青少年书法教育研究基地，从2006年开始，学校一直致力于开展书法特色教育，拥有江海区中小学优秀特色教育项目。除了书法特色教育外，学校还积极开展众多传统文化教育活动。如民乐戏曲、舞蹈、国画、剪纸等，满足了学生不同的发展需要，取得了良好的教育效果。

华兴小学是一个具有浓厚文化氛围的精神家园，学校环境建设已实现绿化、美化、净化、艺术化，突出教育性、知识性、艺术性。学校已逐步成为一所"精品型"学校，在切实改善办学条件的同时，更取得了较强的育人效果和社会效应。

"恕人律己，明道立德"，华兴小学走过了百年的历程，伴随着时代的激流，又跨入了新的征程。未来，华兴小学必将延续百年的精髓，扬帆起航向未来，努力铸就新辉煌。

学校一年级新生开笔礼

"华兴学子展风采 童心飞扬庆六一"文艺汇演活动

学校书法展现场

校园文化墙

新旧教学楼

江门市江海区礼乐街道中心小学

江门市江海区礼乐街道中心小学创办于1922年，办学历史悠久，文化底蕴深厚，校园环境优美，是一所功能齐全、设备先进的现代化学校，现有教学班24个，在校学生1105人。

学校占地面积21000平方米，建筑面积8500平方米；建有5层教学楼3栋，办公楼1栋；配有队部室、图书室、阅览室、美术室、音乐舞蹈室、心理咨询室、体育器材室、广播室、录播室、电脑室、多媒体综合电教室、多功能报告厅等功能室，教学设施设备一应俱全；每个教室和功能室均装备了多媒体教学平台，并与国际互联网相连接，全面实行信息化教学；设有全自动校园广播系统、教师办公网络系统；新建200米标准运动场1个、足球场1个、篮球场1个、羽毛球场1个。完善的教育教学设施和先进的教学设备为师生提供了良好的工作和学习环境。

学校师资力量雄厚，拥有一支高素质的教师队伍。现有专职教师50人，其中高级教师2人、一级教师44人、二级教师4人，教师学历达标率为100%。

学校秉承"立德树人、全面发展"的办学理念，坚持"质量兴校、特色强校"的办学宗旨，发扬"知礼明理、快乐成功"的校训精神，形成了"文明好学、团结进取"的校风；着力打造高质量、有品牌的特色学校，致力于培养适应现代社会发展需要的高素质人才。学校办学质量逐年上升，在江海区和礼乐街道名列前茅，受到上级部门和学生、家长的一致认可，在社会上享有较高的声誉。

学校在近百年的发展历程中，谱写了辉煌的教育篇章，先后被评为江门市绿色学校、江门市优秀家长学校、江门市体育特色学校、江门市创建"美丽校园"先进单位、江海区文明单位、广东省依法治校示范校、江门市安全文明校园、江门市语言文字规范化示范校等，2005年12月被评为广东省一级学校。学校共获得集体荣誉9次，其中国家级荣誉1次、市级荣誉5次、区级荣誉3次；教师获区级以上奖励共102人次，其中国家级奖励33人次、省级奖励16人次、市级奖励27人次、区级奖励26人次；学生获区级以上奖励共238人次，其中国家级奖励84人次、省级奖励17人次、市级奖励67人次、区级奖励71人次。

学校经典吟诵节目《声律启蒙·东》在江门市国学经典吟诵大赛中获得二等奖

学校合唱团参加江海区义工联合会成立十周年表彰大会

"欢乐童年 放飞梦想"庆六一文艺汇演

学生参观生和堂公司生产基地

"比巧心·庆中秋"学生灯笼展

江门市新会圭峰小学

江门市新会圭峰小学（原新会师范附属小学）复办于1994年，2003年独立办学后改用现名，2005年被评为广东省一级学校，是一所直属新会区教育局管理的高起点、高标准的现代化学校。学校占地面积约2.67万平方米，建筑面积2.8万平方米；现有教学班73个，学生4950人；拥有教职工248人，其中专任教师233人，本科以上学历教师占98%。

学校秉承"让幸福成为教育的不懈追求"的办学理念，以"办人民满意教育，创特色品牌学校，育幸福快乐学生"为目标，形成了"立足新会—辐射五邑—知名广东—走向全国"的名校办学发展思路。学校以"青蓝工程""名师工程""智囊团工程"为载体，构建"研训一体"的教师专业发展模式，培养了一大批骨干教学名师。现有广东省教育系统"百千万人才培养工程"名校长培养对象1人，广东省骨干教师培养对象12人，江门市"名师名医名家"2人，江门市教育专家培养对象2人，江门市专家工作室主持人1人，江门市学科带头人4人，江门市兼职教研员7人，新会区名教师10人，新会区名班主任3名，新会区兼职教研员6人，新会区学科带头人13人，新会区名师工作室主持人2人。学校有近50名教师获得区级以上教学赛课活动一等奖，12名教师获得省级以上一等奖。

学校坚持"特色办学、素质育人"理念，打造"开放、活力、高效"的"幸福课堂"，构建了"九大课程""七大社团""五大节日"的生态化课程体系；引导学生立足于课堂，拓展于课外，致力于把学生培养成为"德才兼备、全面发展、独具个性、充满活力"的现代文明人。学生在国学、书画、器乐、英语口语、科技制作等各类比赛中获奖达3000多人次。

学校教育教学质量在新会区名列前茅，先后被评为全国艺术教育特色单位、全国"真语文·真教育"培训基地、全国名师培训基地（新会工作中心）、全国小小科学家实验学校、中华优秀传统文化教育示范学校、国家基础教育实验中心外语实验学校、全国少年军校示范校、广东省德育示范校、广东省安全文明校园、广东省绿色学校、广东省心理健康教育示范校、广东省红领巾示范校、广东省依法治校示范校、广东省现代教育技术实验校园、广东省中小学校本培训示范校、广东省书香校园、广东省语言文字规范化示范学校、广东省规范汉字书写特色教育示范校等。

校　址：广东省江门市新会区会城街道育才路61号
邮　编：529100

礼拜孔子，开蒙启智

科技创新，畅想未来

阳光体育，活力无限

艺术之花，美丽绽放

阳江市实验小学

开笔礼：校长点朱砂

艺术节活动

学校仪仗队风采

电子阅览室

  阳江市实验小学坐落于阳江市区漠江路三塘园1号，于1990年建成并招生办学。校园占地面积24474平方米，建筑面积11597平方米，现有教学班52个，学生2200多人；教职工147人，其中高级教师2人、一级教师124人，教师学历达标率为100%。校园处处洋溢着浓厚的育人氛围，是一所环境优雅、校风优良、设备齐全、特色凸显的公立完全小学。

  学校办学28年，管理模式稳定，教师教育教学风格日渐成熟，发展呈稳健上升趋势。学校以"七彩路上，奔跑不息"为办学核心理念，以"阳光六年，幸福一生"为学校愿景，以"向上向善，至真至美"为校训，形成"向阳而行，活泼多彩"的校风、"阳光育人，智慧育人"的教风、"博学求真，迎难而上"的学风。学校全面推进素质教育与学校内涵文化建设，构建了"阳光政务、阳光团队、阳光德育、阳光课堂、阳光家庭、阳光服务、阳光品质"七大课程体系，让每一位学生的生命在阳光下绽放，让孩子们拥有多彩的梦想和阳光的童年，打造"阳光教育"特色教育品牌。

  学校坚持走科研兴校之路，先后承担9个科研课题的研究，成果显著，有1项省级课题获优秀奖，2项课题获阳江市教育教研一等奖、1项获二等奖、2项获优秀奖。学校现有省级课题3项。近三年，学校教师共获123项（次）不同层次的奖励，学生参加各类各级比赛共获1720项（次）奖励。学校先后20多次被市级报刊和新闻媒体宣传报道，在社会上享有较高的声誉。学校先后被评为全国优秀家长学校、广东省依法治校示范校、广东省红领巾示范校、广东省义务教育标准化学校、广东省安全文明学校、广东省书香校园、广东省红旗大队、广东省诗歌教育示范学校等。

  阳江市实验小学将继续乘着教育现代化这股春风，以高质量的教育为依托，不断丰富教育内涵，打造阳光教育品牌，让学校成为"教师享受教育的快乐、学生享受快乐的教育"的七彩校园！

雷州市新城中心小学

雷州市新城中心小学创建于1982年秋季，位于国家级历史文化名城雷州城中心区域，毗邻风光旖旎、人文气息浓郁、闻名遐迩的雷州西湖。校园占地面积7800平方米，建筑面积31280平方米。

学校在雷州市委、市政府和市教育局的关怀与领导下，坚持"育人为本、德育为首、教学为主"的教育思想导向，以"质量立校、特色兴校、品牌扬校"为办学目标，注重教师的学历提升和专业培训，形成了"班级目标自治"的管理特色。学校着力打造特色校园文化，开展丰富多彩的活动，培养学生良好的行为习惯，成为了一所"学生向往、家长放心、社会公认"的品牌学校。

学校现有教学班76个，学生5200多人；教师248人，其中具有副高级职称15人，具有本科学历213人，教师学历全部达标。学校环境优美，办学条件优越，教学设施设备齐全，每个班均安装了多媒体教学平台，实现互联网全覆盖，为全面实施现代化教育提供了有力的保障。

在德育方面，学校注重师德教育及学生行为习惯养成教育，倡导"不求人人成才，但求人人成功"的教育理念，取得了显著的成效。学校先后获得全国青少年禁毒教育"6·27工程"示范学校、广东省依法治校示范学校、广东省交通安全文明示范学校、广东省禁毒示范学校、广东省少先队红旗大队、湛江市规范化学校、湛江市特色文化校园、湛江市校务公开先进单位、雷州市中小学德育与安全工作优秀单位等荣誉称号。

在教学方面，学校以"质量立校、特色兴校、品牌扬校"为目标，狠抓教学常规管理，扎实开展校本研究；注重选派教师参加各级各类培训，先后选派了38名教师参加国家、省、市级以及香港、台湾等地区的骨干教师培训，每学期都邀请名师专家到学校给教师们"传经送宝"。通过参加培训和学习交流，苏伟仲校长成为广东省名校长工作室成员、湛江市首批名校长工作室主持人，林晓云老师成为广东省名班主任工作室成员、湛江市名师工作室主持人。学校教师参加高效课堂教学比赛，荣获国家级奖项2人、省级奖项15人、市级奖项30人；有80多名教师撰写教育教学论文并获得国家、省、市级奖励；教师积极参与课题研究，共有15个课题获准立项为国家、省、市级课题；有8名教师被评为南粤优秀教师。学校学生参加"世界阅读日粤港澳创作比赛"和"小作家杯"等各类作文竞赛，获奖人数多、奖项级别高。学校每年都被评为雷州市教学效果检测优秀单位。在雷州市小学教学质量检测前400名优秀学生中，学校学生占了132名。

校长苏伟仲

学生创意手工艺作品展示活动

"快乐大课间"活动

精彩纷呈的文艺汇演

茂名市茂南区高山镇中心小学

茂名市茂南区高山镇中心小学成立于1994年，占地面积14665平方米，建筑面积7826平方米。学校现有教学班36个，学生近1700人。学校秉承"在激励中成长"的办学理念，贯彻落实素质教育，实施精细化管理，教育教学质量进一步提升，取得了丰硕的办学成果。

学校校园环境优美，各功能室齐全，教育设备设施完善，是一所现代化的育人学校。学校拥有设备先进的电子计算机室、录播室、智慧教室、音乐室、舞蹈室、科学实验室、美术室、图书阅览室、多功能电教室、可容纳近400人的阶梯教室等，功能室、教室均配备电教平台；学校拥有完善的计算机校园网络系统，校园内已实现了无线网络信号全覆盖。

学校根据自身发展的实际，科学管理，依法治校，以德治教，以"感恩、文雅、乐学、自强"的目标培养学生，以"全面育人，和谐发展"的目标发展学校。在德育方面，学校构建"激励德育"模式，围绕"梦想""创新""成长"三个主题开展德育工作，通过实施《年级守则》分层激励制度、奖励卡激励制度、文明班评比制度、班级之星评比制度，让学生在激励中成长。

学校重视教学质量的提升，以质量强校。在教学管理方面，学校致力于师资队伍的建设，注重教学的创新，围绕"师生共成长"的理念，构建了"学科课程""责任课程""创新课程"的"激励课程"教学模式，以课堂为主阵地，运用现代化信息技术，以教学改革、课堂改革为突破口，打造特色课堂、高效课堂；以精细化管理为抓手，促进教学水平的全面提高；以校本培训为途径，以课题研究为突破口，以研促教，提高教师专业水平，有力地促进学校教育教学质量稳步提升。

学校全面贯彻落实素质教育，大力丰富社团活动，培养学生的兴趣和特长，促进学生全面发展。学校先后被评为"中国好老师"公益教育基地、广东省首批安全示范基地、广东省首批校本培训示范学校、广东省文学社成员单位、广东省书香校园、茂名市安全文明校园、茂名市德育先进学校、茂名市规范化示范学校、茂名市特色学校、茂名市文明校园、茂名市社会主义核心价值观实践基地、茂名市先进红旗团总支、茂名市三八红旗集体、茂名市少先队红旗大队、茂名市语言文字规范化示范学校、茂名市依法治校示范学校等。

教学楼

学校书吧

学校合唱团

学生表演感恩手语操

清远市特殊教育学校

清远市特殊教育学校创办于2010年,位于清远市清新区太和镇万寿村。学校现有在校学生448人,其中听障学生163人、智障学生285人;拥有教职工188人,其中在职在编教职工129人。

党的十九大召开以来,学校迎来新的发展转型期。学校根据教育部《第二期特殊教育提升计划(2017—2020年)》以及清远市委、市政府提出的关于将清远市特殊教育学校建设成全市特殊教育"五大中心"(实验基地、指导中心、培训中心、职教中心、教学研究中心)的发展定位,面向全市招生,教育类型涵盖义务教育阶段教育、高中阶段教育(含中等职业教育),并重点向高中(中职)阶段特殊教育类型发展。学校的义务教育阶段教育主要招收听力(语言)障碍、智障、自闭、脑瘫(主要面向连南、连山招生)等特殊学生,高中阶段教育主要招收听障、智障等残疾类型学生。

学校不断深化探索"普教"与"职教"两个类型教育同步发展,突出校园安全与文明的工作重点,以"学会感恩、学会劳动、学会技能、学会生存"等教育内容为主要抓手,致力于将残疾学生培养成为"自尊、自爱、自信、自强的合格劳动者"。学校坚持把"立德树人"作为德育工作的首要任务,围绕"关爱、感恩"的办学思想和"养成教育、安全教育"两个核心,多形式、多方位地开展德育教育。

学校坚持教学与康复同步的办学方向,先后成立了"正面管教"工作坊和"清远市特殊教育学校指导中心",有计划地组织青年教师参加省市各级各类教学培训,同时开展研讨课、汇报课、示范课等教研活动,提高教师的专业水平和教学能力。

学校注重培养与发展各类残疾儿童的体艺才能,举办丰富多彩的音体美活动,培养特殊学生的健康审美情趣;利用各专业教师的优势,成功举办了第四届校园文化艺术节、"庆元旦·跨新年"文艺汇演、DIY彩绘油纸伞、师生美术作品展等活动。在清远市第七届残疾人运动会比赛中,学校体育健儿荣获5金、5银、4铜的好成绩。

2017年5月,清远市教育局局长张玉兰(右三)、市卫生和计划生育局副局长罗家泉(右二)、市残联副理事长张文(右一)、市人社局调研员赖林建(左三)、市民政局副局长钟剑明(左二)以及学校校长何耀初(左一)出席清远市特殊教育学校指导中心成立暨揭牌仪式活动

学校第七届课堂教学技能大赛颁奖仪式

学校在清远市第七届残疾人运动会比赛中荣获5金、5银、4铜

"庆元旦·跨新年"文艺汇演中,教师与学生同台表演精彩节目

连山壮族瑶族自治县民族小学

连山壮族瑶族自治县民族小学(以下简称连山民族小学)位于连山县城东出口,坐落在吉田镇石古山下,于2014年8月动工建设,2015年8月30日建成并投入使用。校园占地面积2.4万平方米,建筑面积1.2万平方米,总投资达3484万元。连山民族小学的建成,是"广清教育对口帮扶"工作的一项重要成果,充分体现了党和政府对少数民族地区教育事业的重视和关怀。

学校办学条件优越,教学设施设备齐全,民族文化底蕴深厚。校园布局合理,环境幽美,景色怡人,建筑物群具有浓郁的民族风格,尽显古朴雅致之韵,又兼容现代化之美,是一所宜教宜学的花园式学校。

学校开设了19个教学班,现有学生871人(其中寄宿生401人,占46%),教职工56人。自办学以来,连山民族小学始终把人的发展作为学校发展的第一要务。学校办学效益逐年提高,2015年被评为首批全国青少年校园足球特色学校;2016年入选"中国好教师"公益行为计划实验基地;2017年被教育部授予"全国第二批传统优秀文化传承学校"称号,被国家民族事务委员会授予第五批"全国民族团结进步示范单位"称号。学校组织师生参加清远市各类艺术团体比赛,荣获集体一等奖3项、二等奖3项、三等奖2项。学校教师积极参与省、市各学科教学基本功比赛,其中赵代媛老师在2016年清远市青年教师小学语文素养比赛中获得一等奖,在2017年广东省第六届青年教师小学语文素养大赛中荣获一等奖;另有4名青年教师代表连山县参加清远市教学基本功比赛,分别获得二等奖。

清远市小学语文赵代媛名师工作室在学校挂牌成立

学生表演瑶族小长鼓舞

竖笛兴趣小组演奏"笛声雅韵"

学生古筝合奏

计算机教室

学校民韵艺术社团参加2017年清远市中小学生"童心向党"合唱大赛荣获二等奖

潮州市湘桥区昌黎路小学

潮州市湘桥区昌黎路小学是潮州市湘桥区一所有影响力的百年名校。学校在"崇贤、尚学、守正、笃行"的校训精神和"塑造健全人格,奠基幸福人生"的办学理念指引下,实施"文化立校,品质强校"发展策略,办学业绩显著。学校先后荣获全国学习科学研究先进集体、全国社区志愿者先进单位、全国优秀家长学校、全国巾帼文明岗、广东省红领巾示范校、广东省安全文明校园、广东省规范汉字书写教育特色校等称号。

学校着力推进现代化学校建设,在提高办学整体水平的基础上,把握校情,充分发挥"昌黎遗泽"文化资源优势,着力抓好特色文化的营造、特色课程的开发、特色课题的研究,在探索教育环境化、课程化、活动化、课题化"四化"模式上迈开了新的步伐。

特色文化营造 校园文化品位直接影响到所培养人的品位,富有鲜明特色的校园文化是创建现代特色学校的外在表现。学校的办学思想与富有特色的校园文化无限融合,让学校教育富有灵魂、个性鲜明。

特色课程开发 课程结构影响和决定着学生的素质结构,富有特色的课程是实施特色建设的蓝图,有针对性地开设特色校本课程是发展学生个性特长的有效途径。

特色课题研究 教育科研是学校创新发展的动力,学校围绕"以人格教育为突破口,促进学生全面素质提高"思路深化课题研究。延伸小学生学会学习的理论与实践研究、小学生成长促进方式研究等各项研究,以特色课题研究推进学校整体改革,提升办学品位。

在推进教育现代化的征程中,学校围绕"办人民满意学校"的目标,搭建适应教育新常态的实践平台,塑造专业素养,创造适合每一个学生的成长环境发展特色教育,充分挖掘"昌黎遗泽"文化内涵,形成并丰富了"和悦教育"思想。

和悦教育思想的基本框架:

教育口号——和悦教育,激扬梦想!

一个核心——培养真、善、美和谐共生的知、情、意全面发展的人。

二条法则——无限和合教育情境,无限悦乐成长心理。

三维目标——以和齐心,以悦怡情,和悦生长。

四项建设——和悦精神指引,和悦情境塑造,和悦组织规程,和悦行为张扬。

N方呈现——组织管理,环境氛围,德育活动,课堂教学,课程资源……

校长郭永波

学生信息技术教育课

校园跳蚤市场义卖活动

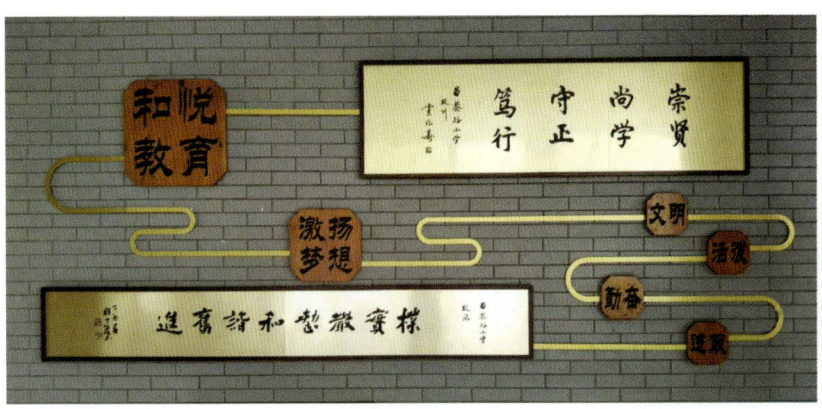

学校特色文化角

主题绘画比赛

惠来县寄陇学校

惠来县寄陇学校位于惠来县东陇镇寄陇村，隶属惠来县教育局直接管理，是一所九年一贯制公办学校，先后被评为揭阳市书香校园、揭阳市平安校园、揭阳市语言文字规范化示范学校、揭阳市创文示范学校、广东省依法治校示范学校、广东省安全文明校园等。

学校正门

校园主干道和教学大楼

学校分为中学部和小学部两个校区，中学部创建于1991年，小学部创建于1951年，2008年9月两个校区合二为一，正式命名为惠来县寄陇学校。校园占地总面积约2.6万平方米，拥有先进多媒体教室40多间，可容纳学生2000多人；教学区、运动区、生活区分区明确、布局合理，图书馆、现代化功能室、实验室等教学设施设备齐全，校园特色文化建设显著。学校现有在校学生1700多人，教职工110多人，其中广东省省级骨干校长1人、南粤优秀教师1人、揭阳市名班主任1人、高级教师6人，教师学历达标率为100%。

文化长廊

学校确立了"培养具有远大理想、文明优雅、会学习有担当的接班人"的办学目标，秉承"绿色、生本、数字"的办学理念，注重"一训三风"建设，发扬"团结爱校、勤奋进取"的校训精神，形成了"言行明礼、学思惟勤"的校风、"敬业爱生、博学善教"的教风和"尊师守纪、勤学善思"的学风；不断完善制度，加强规范管理，致力于提升办学质量、丰富教育内涵。

学校办学特色日益彰显，综合实力显著增强，深受各界好评。学校注重培养学生的综合素质，特别是在学科教学方面，注重一步一个脚印夯实基础。中考成绩连年攀升，跃居全县农村学校前列。

学校着力打造"诗词特色学校""书画特色学校""舞蹈特色学校"，致力于建设一个"让师生有归属感"的精神家园；精心创建了"书香长廊""书香亭""仪容镜""校树文化""木棉文化""石头文化""生态文化""伟人文化"等富有特色的校园文化，营造了"学校无闲处，处处教育人"的育人环境。展望未来，学校将以顽强拼搏的精神和昂扬向上的姿态，朝着"建设一所有品位、有特色、有文化底蕴的魅力校园"的目标奋力迈进。

运动场

揭阳市特殊教育学校

揭阳市特殊教育学校于2013年由揭阳市机构编制委员会批准设立，为正科级公益一类事业单位，归揭阳市教育局直属管理。学校为适龄残疾儿童少年提供义务教育，承担对残疾学生进行劳动技能培训和职业指导等工作。

校长江周敏

学校地处揭阳产业园管委会中心地带，人文环境优美，社区条件完善。校园占地面积约1.67万平方米，建筑面积1.5万平方米；教育教学设施先进，拥有标准化教室15间、师生宿舍22间，建有感统训练室、多感官康复训练室、言语与听力训练室、运动康复室、沙盘教育室、畅游与舞蹈室、录播室、家政室、评估室、图书室、资源教室等15个教学辅助功能室，建设指标均达到或优于《特殊教育学校建设标准（建标156—2011）》。

学校是一所综合性特殊教育学校，现有在校生102人；拥有在编教师60名，教师学历达标率为100%，90%以上的教师参加过国培、省培行动计划；教师中有5人获得国家三级心理咨询师以上资格，18人获得国家级手语翻译、自闭症康复等资格证书。

学校秉承"融通导合、适性扬才"的办学理念，着力实施教育观念的"四个转变"，取得丰硕的教育教学成果。学校自主开发了"身心障碍学生行为问题评估诊断系统"软件，编写了《生活适应》《地方手语》等校本教材，其中《地方手语》获得广东省特殊教育学校课程建设优秀成果交流活动课程组二等奖。学生参加省市各类比赛获得多项殊荣：学生舞蹈节目《舞角齐飞》在第九届广东省残疾人艺术汇演中获得铜奖；王珊妮等4名学生参加"我的海洋梦·2014粤港澳海洋生物绘画比赛"，获得广东赛区鼓励奖；陈浩英同学参加第七届广东省中小学生汉字书写比赛决赛，获得小学组优秀奖。学校于2014年被共青团广东省委确定为"阳光助残"省级联系单位，2017年被华南师范大学确定为"学训研"教育基地。

学校积极参与各种服务性支持活动，参加公益演出5场，协助公检法机关开展审讯工作达30场，承办省市特殊教育师资培训及理论研讨会5场、社区手语教学活动4场、高校学生特殊教育讲座3场，承担残疾儿童咨询、评估、康复等活动共计200多场。

学校在"起步晚、底子薄"的背景下，彰显出创新发展的巨大潜力，实现了自身的跨越式发展，充分发挥了揭阳市特殊教育的试验基地、培训中心、指导中心和教学研究中心的职能与作用。

学校正门

2017年元旦文艺汇演

感统训练功能室

校本教材

罗定市罗平镇中心小学

美丽校园

科技节之手工作品成果展示

罗定市罗平镇中心小学创办于1912年，原名诚正小学。1920年改名为罗平第二高级小学，中华人民共和国成立后更名为罗定县第四区第一小学，1978年更名为罗平镇中心小学。2003年，由于校园办学规模不断扩大，经镇委、镇政府及上级教育主管部门同意，学校决定在长岗坡渡槽边征地39493.33平方米增建中心校高年级部，如今，学校两个校区共有占地面积46493平方米，建筑面积17161平方米；开设1～6年级共48个教学班；共有学生2077人，专任教师128人，职工16人。

罗平镇中心小学全力打造"诚正文化"，确立"传承诚正文化，培育创新人才"的办学理念；以"诚正基础课程，诚正校本课程，书法、足球特色课程和诚正七彩课程"为主阵地，创设良好的校园文化、班级文化，培育师生人文精神和提升师生的人文素养，达到"正品德、正仪表、正纪律、正言行、正课堂、正兴趣"的教育目标，打造"美丽花园、书香校园、快乐家园"的特色学校；以读书节、体育节、艺术节、科技节为载体，为师生搭建自我展示的舞台，促进广大师生全面发展和个性发展，使学校文化彰显个性，提升办学品位。

学校教育教学质量不断提升，得到了上级和社会各界的一致好评。学校连续多年被评为罗定市文明学校，先后获"广东省食品安全示范学校食堂"和"云浮市毒品预防教育示范学校"称号。2017年9月，罗定市小学教学工作现场会在罗平镇中心小学召开；学校参加第十二届广东省青少年科学调查体验活动获得"示范学校"称号。

艺术节歌唱比赛活动

学校是罗定市禁毒重点整治专项行动先进集体

学校在第十二届广东省青少年科学调查体验活动中荣获优秀活动示范学校称号

云浮市云硫小学

学校概况

云浮市云硫小学创办于1974年,前身是云浮硫铁矿企业集团公司的职工子弟学校,2009年4月移交云浮市云城区人民政府管理。学校现有学生3027人,教师152人。学校占地面积为23971.52平方米,建筑面积为14685.45平方米。功能场室配备完善,每个教室都配备有一体机,500M的光纤网络覆盖全校。

办学特色

云硫小学以"明德养正,博学勤行"为校训,打造"书香人文"的办学特色。2014年,学校引入语文主题阅读课改项目,与书香校园建设相结合,大大提高了课堂教学效率,增加了学生的阅读量,取得了良好的效果。2016年,在北京举行的第二届中国教育创新成果公益博览会上,学校的语文主题阅读课改项目研究成果成功参展;在2017年全国教育创新区域联盟年会上,学校的语文主题阅读课改项目得到了与会专家的高度认可。

云硫小学是云浮市优秀传统文化教育试点学校,学校将书香品牌建设与传统文化相融合,充分发挥文化育人的重要作用。每周开设一节国学课,以《立德树人》为学习载体,并分年级增加《弟子规》《三字经》《常礼举要》《增广贤文》《千字文》等国学经典作为辅助的诵读资料。学校还积极开展传统文化教育有关活动,如开展"学八礼,做文雅少年"活动,孝敬长辈的孝亲活动;结合重要的节日如春节、元宵节、中秋节等开展弘扬传统节日文化活动;充分利用学校乡村少年宫的平台,开展剪纸、书法、国画、泥塑、灯笼制作等传统技艺教育活动,让学生在国粹中吸取营养、丰富内涵、优化品格。

办学成果

云硫小学先后被评为云城区文明学校、云浮市德育示范学校、云浮市少先队红旗大队、广东省语言文字规范化示范学校,并被人民教育出版社评为"践行国学精华、创新育人模式"实验学校,取得"书香校园"称号。学校2011年至2017年连续七年被云城区教育局评为教学质量先进单位。2016年12月,学校被云城区教育局评为优秀课改学校。

2017年4月28日,云硫小学举办第二届读书节图书跳蚤市场活动

2017年5月,中小学语文主题阅读研修班在云硫小学举行

2017年5月31日,云硫小学经典诵读节目《中华少年》参加共青团云浮市委员会在市府广场舞台举办的迎"六一"文艺汇演活动

2017年9月3日,云硫小学举办"迎中秋传统文化进校园"实践活动

2017年11月27日,云硫小学举办2017年体育节活动

广州市西关培英中学

学校概况 广州市西关培英中学创办于1879年，是一所历史悠久、文化底蕴深厚的百年名校。学校秉承"信、望、爱"的校训，以"弘扬白绿精神，坚持全人教育，培育现代英才"为办学理念。学校拥有一支师德高尚、业务精良的教师队伍，现任校长刘晓玲曾先后任广州市芳村区人大常委、荔湾区人大常委、广州市人大代表、中学数学名师工作站站长。百余年间，学校人才辈出，杰出校友遍及世界各地，如革命先驱陈铁军烈士，美国华人科学家协会副主席刘赐江先生，美国太空能源专家余瑞楚先生，中国"跳水之父"梁伯熙，国际欧亚科学院院士何建邦，全国劳动模范、中国工程院院士罗绍基，中国科学院研究员杨自强，香港著名实业家、广州市荣誉市民蔡建中教授，著名画家伍启中、叶献民，著名音乐家郑湘娟、陈怡，南粤巾帼十杰李婉芬，全国劳动模范罗颂平等。

教学成果 学校践行"以人为本，自主合作，和谐互动，全面发展"的教学理念，坚持美术、游泳、管弦乐、摄影、武术等办学特色，先后获得全国教育科学"十五""十一五"规划课题实验学校、广州市体育传统项目学校（武术、游泳）、荔湾区爱国主义教育基地、第七届全国游泳之乡、苏霍姆林斯基中国友好实验学校、中美校联盟成员学校、北京大学青少年艺术人才研究基地、语文教师专业化发展工程基地等称号。学校积极组织学生参加各级各类艺术大赛，获得近百个奖项。学校拥有"白绿"摄影社、武术队、游泳队、"白鹭"文学社等30多个学生社团，全面培养学生的能力，并取得显著成绩。

学校荣誉 学校高考成绩年年攀升，连续5年获得"广州市高中毕业班工作二等奖"和"荔湾区高考突出贡献奖"，一批学生考取国内知名高校，实现连续5年高考100%上线。2012—2017年连续6年的中考以优异成绩获得"荔湾区初中毕业班全面育人奖"。学校为表彰优秀学生和教师，设立了"蔡建中奖教奖学金""赵亮祖音乐艺术基金""李朝柱体育基金""余瑞楚奖助学金""唐荃学业进步奖学金"，培英校董会每年选派优秀学生免费到美国、加拿大游学，为学生成才提供更有利的条件。

校长刘晓玲

知名校友中国工程院院士罗绍基先生（左）回母校探访

学校演奏《我心永恒》和《Mozart at the North Pole》获得一等奖

培英会所优秀毕业生奖学金颁奖仪式

高三学生参加广州市18岁成人宣誓仪式

广州市第八十二中学

广州市第八十二中学于1977年8月建校，学校锐意进取，不断创新，努力提高教育教学质量，2015年新的领导班子成立，学校迎来了新的发展机遇。学校确立了"教好一个孩子，成就一个家庭"的办学理念，提出"培养人文素养与科学精神兼备的现代人"的培养目标。学校积极引导教师改变观念，实行课程改革，促进学生多元发展。一是稳步推进生涯规划课程，引导学生了解自己，树立信心，激发学生的学习兴趣和成长意识。二是继续深化科技课程建设，初一年级全面开展创客教育，编印了校本教材《阳光小创客——App Inventor简明实例教程》，大批学生获得国家级、省级、市级等科技竞赛奖项。新建智慧课室和创客室，科技课程更上一层楼。三是全面铺开"行走课程"，教师们自主开发课程，带领学生们融入自然，走进社会，了解广府文化，加强团队合作意识，提高自主学习能力。四是体育和艺术教育取得多项突破，学校啦啦操队、女子足球队、合唱队、舞蹈队、粤语讲古队等在省、市、区各级各类比赛中荣获多项荣誉。

在全校师生的努力下，学校先后获得了广东省义务教育标准化学校、广州市义务教育规范化学校、广州市绿色学校、广州市安全文明校园、越秀区义务教育特色学校、越秀区依法治校示范校等荣誉称号。

2017年11月18日，广州市第八十二中学举行了建校40周年暨校园艺术节文化展示活动。校长李红龙回顾了学校的发展历程。师生挥洒笔墨丹青，用书画向母校献上厚礼，祝愿母校办学蒸蒸日上，再创新辉煌！八十二中人将不忘初心，砥砺前行，践行学校的办学理念，努力办成一所老百姓身边的好学校。

2017年啦啦操比赛

2017年田径运动会开幕式

合唱演出

经典美文朗诵　　　　　　　　　　学生在打印制作吉他

广州市白云区桃园中学

广州市白云区桃园中学创办于2004年，是一所由国家级示范性高中——广州市第65中学承办并委派校长，按照高起点、高标准的要求建设的现代化、有特色的高品质全日制初级中学。自创办以来，分别通过"白云区一级学校""白云区课改优秀学校""白云区义务教育阶段特色学校"验收评估，并于2015年通过社会组织等级评估，成为AAAA级学校。

校长何玉华

学校国旗班

学校严格按省一级学校标准建设，努力创建"师资一流、管理一流、设施一流、绩业一流"的教育教学环境。设有多媒体教室18间，配有标准办公楼、实验楼、体育馆、舞蹈室、游泳池、地理园、生物园等教学设施。2017年，学校饭堂以高分通过广州市餐饮服务食品安全量化A级评审。

学校重视德育教育，坚持"以人为本，人人成人，人人成才"的办学理念，致力于"阳光、健康、睿智"的人格培养，把德育教育融汇在教育教学的每一个细节之中，从课堂教学到主题班会，从日常起居到社会实践，无不把立德树人作为教育的主线，并收到了良好的效果。学校先后获得广州市安全文明学校、广州市白云区民办教育先进单位、最具竞争力民办中学、最佳教学管理奖等荣誉称号。

校运会开幕式

饭堂

学校注重特色建设，开展形式多样的第二课堂和学生竞赛活动。做到德育、智育、美育齐头并进，先后被授予广东省葫芦丝教学示范单位、广州市规范汉字书写教育特色学校、白云区义务教育阶段特色学校、白云区区域性课堂改革试点学校等称号。

游泳池

学校创业十余年，取得累累硕果。学校毕业生的优秀率、合格率、平均分连年均居全区、全市前列。近年来，学校中考成绩更是稳居广州市前30名之列，2015学年、2017学年还获得白云区"初中毕业班工作特等奖"。学校有300多人在全国、省、市、区各类竞赛中获奖。

广州市增城区荔城中学

广州市增城区荔城中学创办于1996年，学校占地面积64593平方米，建筑面积49925平方米，校园布局合理、青山环抱、环境幽雅。学校各类教学设施设备完善，有教学楼3幢，综合楼、办公楼、科学楼和艺术楼各1幢；有体育馆1个、篮球场7个、排球场1个、羽毛球场14个以及400米标准化田径运动场（含人工草皮足球场）1个；有学生宿舍（配备热水和空调）10幢、学生饭堂2个、教工宿舍2幢；有智慧课室1间、智慧阅览室1间、录播室1间、创客实验室1间和物化生实验室多间。各种现代教育教学设备设施充分向学生开放，使用率高，满足了高中常规教育教学的正常需要。

学校现有教学班46个，学生2132人；教职工240人，区市级以上名校长、名教师和骨干教师有55人，所占比例为23%，高级教师有45人，所占比例为18.75%。学校以"办好人民满意的学校"为价值追求，确立了"爱人•树人•立人"的现代办学理念，以"多思自主、多维评价、多元发展"为教学理念和"以人为本、以爱育爱、科学发展"的现代办学思路，坚持"依法治校，以德立校，以人为本"的办学方向。

办学19年来，学校以安全稳定为基础，以规范化、制度化为标尺，加强制度建设，扎实推进依法治校建设进程，受到了上级教育部门的肯定和社会的好评，实现了跨越式发展。学校先后被评为增城市一级学校、广州市一级学校、广东省一级学校、广东省教学水平评估优秀学校、广州市学校民主管理三星级单位、广东省绿色学校、广州市优秀家长学校、增城市教书育人先进单位、广州市文明单位、广州市首批特色课程学校、增城特色课程标兵学校、广州市语言文字规范化示范学校、广州市规范汉字书写教育特色学校、广东省第一批依法治校示范校、增城区教书育人先进单位、广州市文明单位等称号，2017年被评为广州市安全文明校园。

智慧课堂

美术训练

成人宣誓仪式

学生琴房

学校荣誉

广东华侨中学
GUANGDONG OVERSEAS CHINESE HIGH SCHOOL

广东华侨中学创建于1930年，历史悠久，文化底蕴深厚。学校是直属于广州市教育局领导的国家级示范性普通高中，是全省唯一以"广东"冠名的华侨中学，是广东省中华文化传承基地和广州市基础教育国际交流与合作基地。学校始终秉承"爱国、正直、奋发、图强"的校训，奋发有为、砥砺前行，发展成为南粤大地基础教育的一张靓丽名片。

广州市教育局党组书记、局长樊群（右二），副局长林洽生（右一）到学校调研

校长李子良（中）点燃校运会主火炬台

广东华侨中学坚持"以生为本，以学生健康发展、全面发展、终身发展为本"的教育理念，在特定的历史条件和长期的教育实践中逐渐形成并发展了"华侨文化"特色，它不仅赋予教育以品质和内涵，更引领学校教育发展的方向和未来。学校成立了广东华侨中学学生发展指导委员会，积极搭建多元平台，以科技节、体育节、艺术节、班主任文化节、读书节、社团节等特色综合性活动为主阵地，营造出欣欣向荣的学校文化氛围。

广东以色列理工学院理学院院长诺姆教授（左二）为学校师生做主题讲座

当前，广东华侨中学正在积极推进"创新人才培养"计划，构建"必修课程+选修课程+特色课程+社团活动+研学拓展"五位一体的课程体系，融合STEM教育理念，强调知识与能力、实践与创新并重，为学生量身定做个性化课程，培养基础厚实、勤于实践、勇于创新的高素质拔尖创新人才。2017年以来，学校先后加入华东师范大学霍益萍教授团队"天际学生发展联盟"、"南都教育联盟"、"穗港澳STEM教育联盟"、广东省环境教育促进会（副理事长单位）、广东省中小学研学协会（副会长单位）等，为学生全面发展创建多种高层次平台。

著名作家、广东文学院院长熊育群与学校师生畅谈文学之旅

学校举办首届诗会

广东华侨中学主动适应基础教育国际化趋势，以国际化办学理念为先导，开展全方位、多层次的国际交流活动，与全球十余所学校签署友好学校合作协议，积极创建国际化教育基地，不断为广州打造"世界前列、全国一流、广州特色、示范引领"的现代化教育贡献力量。

创新班学生在北京大学研学

广州市南海中学

广州市南海中学是荔湾教育的窗口学校，其办学历史可追溯到创建于雍正元年（1723年）的"南海义学"，1803年扩建并更名为"西湖书院"，1904年在"废科举、兴学堂"的社会大潮的推动下改办为新式学堂，1907年更名为"南海中学堂"，1912年正式命名为"广州市南海中学"，1953年易名为"广州市第十一中学"，2006年复名为"广州市南海中学"。学校虽历经多次易名变迁，却始终屹立在富有文化底蕴、独具岭南风情的西关热土上，在羊城树立了"校园雅、校风良、管理严、质量好"的良好声誉。

学校砥砺奋进，坚持内涵发展，于2005年被评为广东省一级学校，2011年被确定为广东省重点扶持的"提升500所普通高中办学水平"项目学校之一，2017年12月被评为广州市示范性普通高中。此外，学校还先后获得广东省普通高中教学水平优秀等级学校、广东省安全文明校园、广东省现代教育技术实验学校、广东省义务教育标准化学校、广东省体育特色学校、广东省首批健康促进金牌学校、广东省特级档案综合管理单位等荣誉称号。

学校拥有初中部和高中部两个校区，总占地面积约27000平方米，共有教学班48个，教职工198人，其中正高级教师1人、高级教师50人、广州市优秀教师35人。

百年老校，薪火相传。学校先后涌现出中国人民政治协商会议第十一届全国委员会副主席马万祺、中国工程院院士莫伯治、中国果树学家李沛文、中国著名文史学家袁伟时、中山大学中文系教授黄天骥、广东省美术家协会副主席卢延光、著名媒体人董嘉耀等杰出校友。

学校秉承"任重致远"的校训，以"创办一所管理高效、教育优质、科研领先、特色鲜明的学校"为目标，大力推进教育现代化。学校高考成绩在广州市同类中学中名列前茅，本科上线率达80%，多名学子考取清华大学、吉林大学、中山大学、华南理工大学等全国重点高校；初中办学成绩优异，连年荣获荔湾区初中毕业班工作"全面育人奖"。

学校积极传承百年"致远文化"，着力打造以责任感教育为核心的"致远教育"特色品牌，培养学生"以天下为己任"的责任意识和"积跬步至千里"的实干品行。"致远教育"特色课程顺利通过广州市普通高中特色课程重点立项，其中粤剧、美术、跆拳道三大特色项目已成为学校对外展示的亮丽名片。学校连年举办荔湾区"香凝杯"中小学生现场书画大赛，连续10年蝉联广州市中学生跆拳道赛团体冠军，被评为第一批全国中小学中华优秀文化艺术传承学校。

学校连续十一年蝉联广州市中学生跆拳道赛团体冠军，并荣获全国中学生跆拳道赛华南赛区冠军

学生表演的粤剧节目《炫彩青春耀梨园》在广州市中小学优秀传统文化艺术展演中大获好评

半边亭

校训石

百年名校　斯文相承　魅力省实　精彩无限
——广东实验中学

广东实验中学（以下简称省实）是直属广东省教育厅领导的省级重点中学、广东省首批国家级示范性高中，先后被授予全国文明单位、全国师德建设先进集体、广东省先进集体、广东省文明单位等荣誉称号，形成了"一校六区"的发展格局。跨越百年历程，斯文一脉相承。省实秉承"以人为本、以德树人、以质立校"的办学理念，培养了包括邓锡铭、黄耀祥、范海福、蔡睿贤、姜伯驹、岑可法、钟南山等院士在内的万千优秀学子。

学校连续五年有学生进入广东省高考总分前十名，2017届高考重点率再创新高，一大批学生被国内外一流高校录取。在广东省教育教学成果评选中，学校荣获2项一等奖。胡金兰、黎小敏、陈岸春、阳珂、胡正勇、张铁牛、丁之境、刘立雄等教师成为新一轮广东省中小学名教师工作室主持人。在广东省中小学青年教师教学能力大赛中，学校有7名教师获得一等奖。

2017年，省实办学再创佳绩，素质教育之路越走越宽。时任教育部副部长朱之文到学校调研，充分肯定了省实的办学成果。在省教育厅的指导下，省实发起成立广东省初中教育发展联盟，并当选为理事长单位学校。2017年，学校积极实施"拔尖计划"，创新拔尖人才培养机制，与多家科研院所共建科学拔尖人才联合培养基地。诺贝尔化学奖得主阿龙·切哈诺沃教授、罗伯特·柯尔教授，以及俞大鹏、姚开泰、徐扬生等院士先后到学校讲学，与省实学子进行了深入交流。

学校以科技、体育、艺术教育为抓手，推动了素质教育与特色教育的同步发展。省实学生黄盛骞、陈倚天入选天文奥赛国家集训队，黄盛骞同学还夺得亚太天文奥林匹克竞赛银牌；黄正农同学在2017丘成桐中学科学奖全球总决赛中获得铜奖；省实学生代表广州联队参加国际遗传工程机器大赛获得全球团体金奖（中学组）；在国际青少年创新设计大赛中，省实学生荣获国际金奖及"国际未来创新人才奖"。

省实无线电测向队参加亚太地区无线电测向锦标赛（正式组），夺得8金、10银、3铜。李泊霖同学蝉联世界航海模型锦标赛M级项目青年组世界冠军；劳敏皓同学在全国车辆模型锦标赛中获得2金、1银，成为该领域最年轻的运动健将。在世界中学生网球锦标赛中，省实男子网球队代表中国参赛，获第六名，创造了中国队参赛的最好成绩；在全国中学生网球锦标赛中，省实网球队获得2项第一、1项第二；在全国中学生羽毛球锦标赛中，省实羽毛球队夺得团体冠军。

2017年，省实艺术团队建设再上一层楼，成立了交响乐团，合唱团荣获巴塞罗那"金色之声"合唱比赛总冠军，民乐团荣获第五届世界乐团大赛金奖。

李泊霖同学在第十九届世界航海模型锦标赛中蝉联M级项目青年组世界冠军

黄盛骞同学在第十三届亚太天文奥林匹克竞赛中获得银牌

学校第二届"青春诗会"

深圳市西乡中学

教师合影

学校初中部

学校高中部

广东省国家级示范性普通高中

广东省一级学校

深圳市西乡中学（以下简称西中）创办于1969年，是广东省一级学校、广东省国家级示范性普通高中、全国科技体育传统学校、全国航空特色学校，连续11年被评为深圳市高考工作先进单位。学校有高中、初中两个校区，总占地面积10.4万平方米，在校师生超过6000人。

乐学有恒 这里有最适合学生发展的求学氛围。"创造适合学生发展的教育，让师生成功幸福"，以此为办学理念，西中教师因材施教，以生为本，构建适合学生发展的课程体系，打造自主探究、快乐学习的既高效又有特色的生态课堂，让各个层次的学生能找到适合发展的平台。"低进高出、高进优出、优进特出"的育人能力让各届学子圆梦启航。

善励会导 这里有最适合学生发展的师资团队。校长蔡景贤是宝安区教育科研专家工作室主持人、深圳市优秀教师、宝安区第六届党代表。学校现有中学高级教师139人，博士1人，硕士109人，省级优秀教师5人。在近三届的市、区教师综合素质竞赛中，西中是宝安区获得一等奖及获奖总数最多的学校；在近两年的深圳市高考命题大赛中，西中获奖人数及奖项均居宝安区第一。西中已形成了"以赛促研，以研促教"的良好氛围。

特色鲜明 这里有最适合学生发展的成才课程。科创、美术、音乐教育享誉深圳。科技创新是西中一颗璀璨明珠，"西乡中学创客梦工厂"被深圳市教育局授予首批"深圳市中小学创客实践室"称号。师生在历届全国青少年科技创新大赛中屡创佳绩，所获国家、省、市各级专项奖达30多项，有20多名学生获得国家专利，有十几项专利申请待批，在市同类学校中遥遥领先。美术高考成绩享誉鹏城，先后培养了1000多名美术生，一批学子考进清华大学美术学院、中央美术学院等九大美院。音乐特长生也从这里飞跃龙门，400多人考入中央音乐学院、中国音乐学院、北京电影学院、美国纽约州立大学CRANE音乐学院等国内外著名院校。学校被授予"宝安区高中艺术素养（美术、音乐）示范基地"。西乡中学获"深圳市高中艺术术科特色班自主招生"资格，成为宝安区首批获得该资格的学校。

攀蟾折桂 这里有最适合学生发展的成功舞台。西中连续9年向清华大学、北京大学输送了12名优秀学子；高考重点、本科上线率均超年度目标；美术、音乐、体育、传媒、航空等方面全面开花；高考成绩连年在宝安区名列前茅。"左清华，右北大"已然成为西中最耀眼的名片之一。

西中人将继续秉持"择高处立，就平处坐，向宽处行"的校训，弘扬"相互成就，共同发展"的学校精神，深化教学改革，加强队伍建设，扩大对外合作，打造品牌西中。

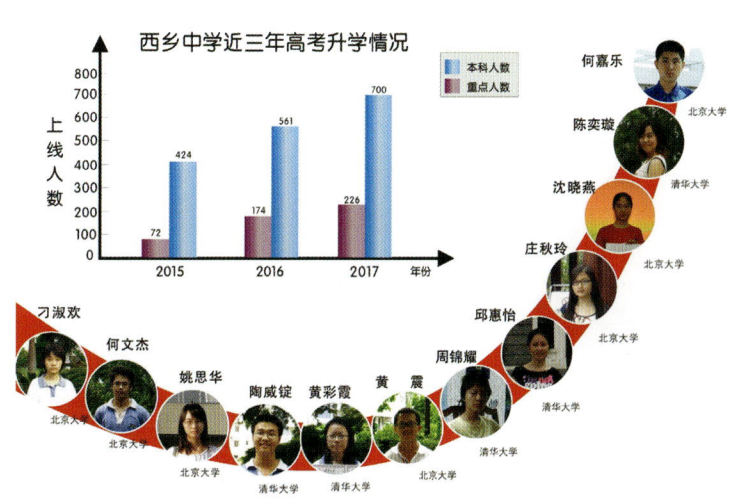
高考成绩

深圳市大鹏华侨中学

深圳市大鹏华侨中学创办于1957年9月，前身是王母小学，曾名为大鹏华侨中学，由以王少清女士、梁锦浩先生、陈树榕先生等为代表的470多名大鹏爱国侨胞共同捐资兴建。学校位于广东省深圳市东部美丽的大鹏半岛，是一所隶属于大鹏新区公共事业局的全日制公办初级中学。学校占地面积61000平方米，建筑面积13018平方米，绿化面积23120平方米，绿化率达100%，是一所园林式、花园式、公园式生态学校。现有教学班18个，普通课室18间，功能室24间；学生766人，教职工90人，专任教师学历达标率为100%。

学校在"达人教育"主题文化的引领下，秉承"本真发展，达己达人"的办学理念，坚持"为师生发展竭力，为家校幸福勠力，为社区繁荣鼎力"的办学宗旨，以培养"志明、坚毅、学达的鹏城少年"为育人目标，走"质量立校、人才强校、科研兴校、文化彰校"之路。落实"精细化、精致化、精品化"的管理目标，形成了务实、科学、民主、高效的扁平化目标管理格局。在教育教学方面形成了"一心（以国家必修课程为主体的核心课程）、二翼（涵盖认知技能、自我成长、文化审美、体育健康、实践服务、研究创造六个板块内容的校本课程和美术、体育、科技三大特色精品社团课程共同构成的拓展型课程）、三维（根据学生基础分层教学和"走班制"教学，开展培优、补差和志愿者晚修辅导，实现家校培养模式融合化）、四化（国家课程校本化，校本课程个性化，社团活动课程化，培养方式多元化）"的精美课程体系，构建尊重人、发展人、幸福人的生命课堂，全面建设和谐校园、生态校园、幸福校园。

学校是深圳市一级学校、深圳市绿色学校、深圳市（帆板）体育传统项目学校、深圳市禁毒预防宣传教育示范学校、广东省一级学校、广东省足球特色推广学校、全国生态文明教育示范学校和中国新样态学校联盟实验学校。

学校党支部书记、校长曾立文

"智慧课堂"教学实践观摩活动

第四期"校长激励对象"入选学生

校健美操队喜获全国街舞啦啦操大赛冠军、全国花球啦啦操大赛亚军

校　址：广东省深圳市大鹏新区大鹏办事处迎宾南路8号
邮　编：518120
电　话：（0755）84316081（教务处）

深圳市龙岗区龙城初级中学

学生在进行小组合作学习

学生在进行科学小探究

学生义工在为社区居民写春联

学生在表演歌唱节目

龙城初级中学是深圳市龙岗区直属公办学校，广东省一级学校。学校占地面积36000平方米，建筑面积32000平方米。现有教学班42个，专任教师172人。

学校汲取人本主义思想精髓，培养学生文化自信，打造了独具特色的理念文化和物质文化。确立"以人为本，为学生的人格和学力发展奠基，为学生终身发展奠基"的办学理念，创设贴近师生、有利身心健康、提高生命质量、促进和谐发展的校园文化氛围，锻造出"拼搏、团队、感恩"的龙城精神，形成了五大阵地（风采走廊、书香广场、悦读书坊、星光大道、开放校史馆）和五大园林（铭园、栖园、曦园、泽园、琅园）的校园文化景观带。

学校推进课程改革，构建适应人工智能时代要求、培养五大核心能力的初中FCCC课程体系。以"培养高素养现代中国人"为目标，借助人工智能技术的智能教育云服务平台，探索以个性化、智慧型和开放性为特征的未来教育实现路径，创建面向未来的新型教育组织形式，实行走班教学，为学生提供更丰富的课程供给，实现以学定教、精准教学、多元评价，培养学生主动学习与信息整合能力、民族情怀与公民素养、批判性思维与创新能力、社会交往与国际视野、自我修炼与审美能力五大核心能力。学校教育教学质量、师生发展水平长期位居全市前列，办学效益不断凸显。

学校形成了管理干部、骨干教师、青年教师梯队培养的模式，分类推进教师专业成长工作，形成一支相互衔接、融通促进、动态管理的人才梯队。加强青年干部、后备干部选拔和培养，优秀教师通过竞选走上管理岗位；帮助骨干教师总结经验，提升理论高度，提供展示机会；为青年教师搭建提升自身学养、丰厚自身积淀的龙初大讲堂、青年读书会等学习平台，促进青年教师快速成长。

学校通过多元活动促进学生全面发展。一是从学生认知水平和身心发展规律出发，开展仪式教育、积极品质培养、习惯培养、中华传统教育等12个序列的德育活动。二是打造"艺术""体育"两张教育名片，推行体育教师循环授课制和艺术模块教学，每位学生至少掌握一项运动技能和一门艺术特长。三是开展英语节、读书月、体艺节等八大文化节活动，丰富校园生活。四是成立创客实验室，将创客教育与艺术、科学、信息技术等学科紧密相连，以"小制作"作为切入点，增强学生实践能力。

学校全面推进学生核心能力培养，努力做先进教育理念的传播者和教育品牌的拓展者，办人民满意的优质教育，先后获得广东省依法治校示范校、广东省安全文明校园、广东省德育示范校等50余项荣誉。

深圳市新安中学（集团）

集团第一实验学校代表广东省参加全国青少年无线电锦标赛，勇夺团体冠军

集团高中部学生周子瀛在广东省"南粤长城杯"电视网络演讲比赛中荣获一等奖

集团初中部着力营造"墨香校园"，推动学校优质特色发展

深圳市新安中学（集团）（以下简称集团）成立于2017年4月，位于粤港澳大湾区前海核心区域的宝安中心区，由创建于1988年的深圳新安中学作为龙头学校组建而成，是深圳市宝安区教育局直属的公办基础教育集团，下辖高中部、初中部、第一实验学校、外国语学校、第二外国语学校五个校区，总规模为240个教学班，现有学生约1.2万名。集团的成立，是宝安区委、区政府为进一步深化教育改革、服务宝安产业高端发展和"湾区核心"建设的一项重大决策部署，对于加快推进宝安教育优质均衡发展，扩大优质教育资源，更好地满足人民群众迫切的优质学位需求具有重要意义。

名家领航 集团党委书记、校长高妙添是中学化学特级教师、广东省中小学名校长工作室主持人、深圳市名校长、广东省中小学校长培训中心兼职研究员、华南师范大学化学与环境学院兼职研究生导师、广东第二师范学院基础教育研究中心兼职教授，先后荣获南粤优秀教育工作者等40多项荣誉称号，在《人民教育》等核心刊物上发表论文近40篇，编写《创新型学校的变革》等15部教育教学论著。在高妙添校长的引领下，集团各校区以"育人为本、和谐发展"为办学理念，贯彻传承统一的集团核心文化，按照集团化办学改革"五创五统"的总体要求和"强校放权"的总体原则，深入实施"党建引领工程""规范管理工程""质量提升工程""名师锻造工程""智慧校园工程"等，初步建立了一套具有"新中特色"的集团化办学管理运行体系，为集团及各校区的平稳、高效、优质发展提供了坚实的保障。

师资雄厚 集团把加强教师队伍建设作为推动集团科学高端发展的重要举措，不断夯实集团发展根基，通过加强业务学习、落实教学常规、强化校本教研、实施师徒结对、开展民主评教、建立激励机制等举措，不断提高教师的政治素养、师德水平和业务能力。集团充分发挥名师、骨干教师的示范引领作用，为教师专业发展和名师培育锻造提供了广阔的平台和空

间。集团现有广东省中小学名校长工作室1个,深圳市名师工作室3个,宝安区名师工作室11个;拥有正高级教师3人,特级教师9人,高级教师180人,区级以上学科带头人80余人。集团统一调配各校区的管理干部和师资力量,为各校区提高办学水平、打造特色品牌提供了有力的人才支撑。

特色发展 集团以新安中学原有的发展优势和文化为根基,明确了"努力打造实验创新、特色发展的滨海名校"的发展定位,分别在五个校区实施特色发展战略。集团高中部以"课程改革创新+综合实践活动"为发展特色,打造"课程开发建设创新、课堂教学模式创新、学生综合素养教育实践创新"的特色学校;初中部以"德育创新+体育艺术"为发展特色,打造"弘扬个性、全面发展"的特色学校;第一实验学校以"科技创客+体育教育"为发展特色,打造"科技创客与体育专长特优发展"的特色学校;外国语学校以"外语(国际)教育+生态智慧教育"为发展特色,打造"培育具有国际视野、创新发展的现代化公民"的特色学校;第二外国语学校以"外语(国际)教育+国学(人文)教育"为发展特色,打造"融合社会主义核心价值观的个性文化教育"的特色学校。

业绩卓著 在集团的统一管理下,五个校区均实施了优质、高端、各具特色的办学策略,并取得了卓越的办学业绩。集团龙头学校新安中学是广东省国家级示范性普通高中、广东省一级学校、广东省德育示范学校,先后为剑桥大学、清华大学、北京大学、中山大学等国内外知名品牌大学输送了1000多名高中优秀毕业生,连续11年获得深圳市高考工作卓越奖,综合办学实力位居深圳市前列;集团初中部是全国书法教育示范学校、广东省德育示范学校、广东省体育传统项目学校,连续六年荣获宝安区初中教学管理标兵单位或先进单位称号;第一实验学校是全国科技体育传统学校、全国机器人奥林匹克实验学校,是深圳市唯一一所获得首批"广东省青少年科技教育创新团队"称号的学校;外国语学校以课程改革创新为抓手,在教育管理和课程建设方面与国际接轨,深入开展外语与学科融合教学,极力彰显"外语(国际)教育、生态教育、智慧教育、科技创新"特色,让学生得到最好的发展,其特色活动和办学成效受到国家级教育类主流媒体的关注和报道;第二外国语学校依托粤港澳大湾区、深圳国际会展中心、广深科技创新走廊的区域优势,按照高起点规划、高标准建设,取得了一系列突出的成果。

集团外国语学校首届国际文化节

集团高中部连续11年获深圳市高考工作卓越奖

集团组织机构图

珠海市第三中学

珠海市第三中学（以下简称三中）创建于1983年，隶属于珠海市教育局，是一所以音乐、美术、体育等为特色的公办普通高中。学校依山向海，校园环境优美，校内建筑错落有致。学校办学规模为48个教学班，现有学生2200人，专任教师175人，其中高级教师85人，硕士研究生40人。

学校秉承"求真、崇善、尚美"的校训，坚持"以学生发展为本，为社会需要育人"的办学理念和"面向全体、教有所长、学有所得"的教学理念，经过30多年的发展，走出了一条"以人为本、育人为先、教学相长、注重特色、办人民满意的学校"的办学之路，赢得了良好的社会声誉。学校是广东省一级学校、广东省普通高中教学水平优秀等级学校、广东省绿色学校、广东省依法治校示范校、广东省篮球项目传统学校、广东省书香校园、全国群众体育先进单位、全国地理科普教育基地、珠海市文明单位、珠海市文明校园。

学校一直以来特别重视体育、音乐、美术和心理健康教育，着力提升学生身心素质和艺术素养，打造特色教育品牌，彰显学校办学特色，取得了一系列骄人的成绩，逐步形成了三中的办学特色。一是坚持"艺德为先，因材施教，以美育人"的艺术特长教育理念，艺术类学生培养成绩显著。"高中美术特长教育"项目被批准为珠海市中小学校特色项目培育对象，"中学音乐经典古诗词原创歌曲开发"被批准为珠海市中小学校本精品课程，并成立了珠海市舞蹈工作室。二是定期举办"校长杯"篮球赛等体育活动，学生参加市级、省级体育竞赛成绩突出，体育生高考捷报频传，篮球项目还被批准为珠海市中小学校特色项目。三是坚持"海"样人格、"韵"力发展的心育理念，培养大海般包容、进取，身心和谐发展的三中人。四是坚持书香校园理念，打造图书馆阅读特色。"中小学图书馆阅读推广与书香校园"项目被批准为珠海市中小学校特色项目。《中学书香校园创新发展的研究与实践》成果荣获2017年广东省教育教学成果奖（基础教育）一等奖。

艺术科组师生美术作品展

语文科组古诗文吟诵会

学校举办图书推荐暨书展活动

校园一景

男子篮球队获得"2017中国三对三篮球联赛"华南大区赛第二名

珠海市艺术高级中学

珠海市艺术高级中学创办于2012年，是珠海市教育局直属全日制公办普通高中学校，也是唯一一所纯艺术类（文化+专业教育）特色高中学校。

学校校园格调雅致，明快整洁，艺术氛围浓郁。汉白玉主题雕塑——艺术之神阿波罗迎面屹立，随处可见的各种大小壁画构成立体大画布，七彩钢琴墙、涂鸦墙、艺术沙井盖点缀校园，巨幅3D地画、公共艺术区、各种大型雕塑和彩绘雕塑烘托出与众不同的艺术氛围，校园绿化造型生动，树木花草俯仰生姿，绿意盎然。

学校办学以学生成长发展为本，理念先进，思路明确，师资雄厚，管理得当。文化课着力构建适合于艺术生高考的教学体系，专业课坚持"专业、系统、充足"的教学原则。教师队伍带班、教学、专业规划与指导经验丰富，教师联动机制帮助学生文化、专业均衡发展。一批特聘高水平兼职教师活跃于专业课堂。

学校实行小班化教学。课程设置与作息安排凸显艺术教育特点，科学合理，相得益彰。设施设备先进齐全，有专业琴房近50间，大小音乐专业教室11间，舞蹈专业教室1间，传媒专业教室1间，小型音乐厅1间；超大美术专业教室2间，专业画室4间，雕塑专业教室、天光画室、小型美术馆各1间；还有开放式图书馆及阅读休闲区、体育馆、塑胶跑道运动场及各类球场，各种配套设施不断完善。

学校积极拓展对外合作交流空间，与国内外艺术院校建立联系，举办专家讲座，开展学术研讨。开阔师生视野，提高办学水平，拓展学生国内外升学途径。学校办学业绩优良，高考连创佳绩。近几年第一批本科上线率稳居全市三甲，本科上线率达70%，高考各项数据连年超越珠海市平均指标。学校先后荣获各级各类专业比赛特等奖、金奖数十个。一大批学生分别考入中央音乐学院、中央美术学院等艺术院校和综合性大学，部分学生毕业后进入国外艺术院校继续深造。

学校致力于打造珠三角最好的艺术高中，建设"艺术家的摇篮"，为有志于走上艺术之路的莘莘学子照亮前程的灯火，帮助每一个学子圆艺术之梦，实现艺术理想，开创美好人生。

音乐厅

音乐工作室

美术馆

运动场

巨幅3D地画

佛山市南海区石门中学

佛山市南海区石门中学始建于1932年,是首批广东省国家级示范性普通高中,第一所广东省一级学校,首批佛山市卓越高中创建学校,佛山市第一所清华大学生源中学。

石门中学在传承百年历史文化精髓与发掘现实潜力的结合点上,提出"办新时代'立人教育',育未来社会引领者和建设者"的办学理念,开创出"创新、多元、共生"的新局面。近年来,学校教学质量长盛不衰,素质教育成果叠出,教育教学各项评价指标连年领跑佛山,在广东省高中优秀指数排名中列佛山第一、广东省前十。学校高考重点本科率逐年递增,2017年高考上重点线人数在佛山率先突破千人大关。谭慧仪同学夺得广东省文科总分第一名,进入广东理科总分前十名的学生有2人,进入全省总分前100名的学生有8人,有7人被清华大学、北京大学录取,2人被香港大学录取,1人被中央美术学院录取。考上"985"高校分数线的学生占了40%,考上"211"高校分数线的学生占了75%。学科竞赛成绩突出,2017年石门中学学科竞赛成绩进入全国一百强。近年来,信息学特长生参加全国信息学分区联赛,累计有126人获得全国一等奖,获奖总人数列广东省第一名,校团体总分连续多年获广东省第一名或第二名。参加亚太地区信息学竞赛,共获金牌7枚、银牌17枚、铜牌9枚。此外,石门中学游泳队、辩论队、合唱团、舞蹈队等品牌社团在各级比赛中屡获大奖,参加机器人大赛、科技创新项目、地理奥赛等各级赛事也捷报频传,学校的"走进军营,历练自我""走进山区,奉献爱心""走进工厂,职业体验"和"走进新农村,家国情怀"等体验活动成为省内外知名的素质教育品牌。

石门中学坚决贯彻全国教育大会精神,落实立德树人根本任务,坚持"办新时代'立人教育',育未来社会引领者和建设者"的办学理念,秉承"科学、协作、拼搏"的精神,落实"朴素教育",树时代先锋,朝着建设"中国品格、世界品质"的一流品牌高中的目标迈出更加坚实的步伐。

信息学教师江涛(右三)辅导2017届5名学生参加全国信息学竞赛,获清华大学、北京大学保送或预录取资格

学校合唱团唱响维也纳金色大厅

学校举办第31届体育艺术节文艺晚会

学校舞蹈队汇报演出

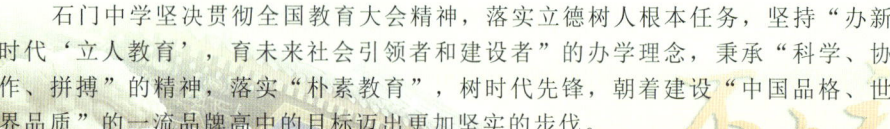

佛山市南海实验中学

南海实验中学创办于2001年，坐落于佛山市南海区桂城街道中心地段，地处珠三角腹地。学校秉承千年古郡之文化传统，乘"幸福教育"之伟轮，不断丰富校园文化底蕴，提高文化内涵，促进学生全面发展，助力教师修身养性，铸就学校辉煌成绩。

学校办学十七年，各学科成绩独占鳌头，培养了一批批素质全面的优秀毕业生，他们先后被清华大学、北京大学、香港中文大学、香港大学等国内名校和牛津大学、剑桥大学、耶鲁大学、康纳尔大学、新加坡国立大学等世界顶级学府录取，还培养出"珠江小姐"冠军杨韵（现任佛山电视台新闻主播），多伦多电影节最佳外语影片、平遥国际电影展"最佳女主角"黄尧，佛山首位职业棋手、两夺全国围棋冠军的罗嘉琪等优秀学子。学校还连续十六年蝉联南海区中考冠军，办学成绩享誉佛山。继2014届毕业生谭慧仪荣获广东省高考文科第一名后，2015届毕业生中又有4名学生（谭泽霖、李芊、陈健柏、邱衍衔）考入清华大学、北京大学等名校。

南海实验中学以先进的办学理念、优良的教育环境、自主多元的校园氛围、放眼世界的国际化教育特色而蜚声南粤。在"幸福1+N"教育理念的指引下，学校立足立德树人，为孩子的终身发展奠基，形成以仁孝节、读书节、体艺节、器乐节、科技节、数学英语文化节为核心的六大校园文化品牌。"人人都有一颗仁孝之心"是南实人共同的行为准则和道德标准，"人人能写一手漂亮的字""人人会讲一口流利的英语""人人参与一项科学探究""人人都有一项健体专长""人人都会一门乐器"是南实人化艺为德，实现知、情、意、行合一的不懈实践。

南实人不忘初心，砥砺前行，向着合和共生、唯实求真的道路不断求索；南实人知常明变，革故鼎新，坚持守正出新，正道致远。南实人敬畏教育，以凤凰涅槃之心力淬炼教学炉火之纯青；南实人奉行仁孝教育，以"老吾老以及人之老，幼吾幼以及人之幼"之爱心描绘幸福教育之鸿图；南实人践行"幸福1+N"的教育理念，内化于心，外化于行，强根固本，筑就素质教育的坚实阵地，为每一个孩子的终身发展奠基。

古韵琵琶

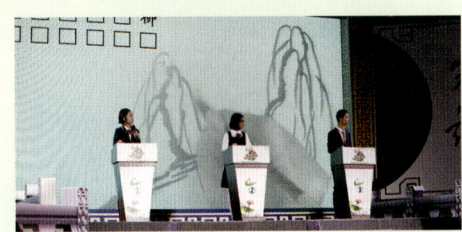

诗词大会

武术表演

2017年中考高分学生合影

广东顺德德胜学校

国际部课堂教学

科技节活动

足球选修课活动

学校正门

学校概况

广东顺德德胜学校创办于2001年，其前身是百年名校佛山市顺德区第一中学的初中部。学校是一所民办完全中学，形成了初中、高中、国际"三部一体"的办学格局，现有教学班103个（初中班63个、高中班24个、国际班16个），学生4188人。学校拥有在校教职工391人，其中国内部327人、国际部64人；教师中有特级教师5人、正高级教师2人、高级教师68人、一级教师105人，博士研究生6人、硕士研究生145人，国家级、省级骨干教师19人，外籍教师34人。自办学以来，学校以"培养具有学者精神和领袖气质的优秀公民"为目标，致力于推动学校的"一体化、国际化、特色化、优质化"内涵发展，创建了"德胜教育特色"与"德胜办学模式"，在追求卓越中向"世界级学校"的办学愿景不断迈进。

教育成果与特色

学校办学成绩优异，初中部连续12年位居顺德区中考总分第一名，每学年均有8人左右进入全区中考总分前十名；2017年中考成绩再创辉煌，3人取得700分以上，13人进入全区前十名。高中部教学质量逐年提升，高考成绩呈跨越式发展，连续三年本科上线率超过96%；陈俊杰同学在2016年高考中夺得佛山市理科总分第二名，被清华大学录取；国际部首届毕业生在IB考试中取得总平均分35分（满分45分）的优异成绩，龚婧冕、潘栩悦等多名学生被英国帝国理工大学、美国加州大学等世界著名大学录取，超过50%的学生被世界前100名大学录取。学校被清华大学评为"优质生源学校"，成为对外经济贸易大学认定的第一所"优质生源基地"，是广东省唯一一所与新加坡华侨中学建立合作关系的中学，是加拿大多伦多大学在佛山市唯一的绿色通道合作学校。自办学以来，学校先后获得全国民办教育示范学校、全国民办教育改革与创新示范学校、全国学校体育工作示范学校、广东省一级学校、广东省德育示范学校、广东省首批安全文明校园等25项省级以上荣誉称号。

扁平管理 学校确立了董事会领导下的校长负责制，建立校务委员会决策层以及由部门、年级、学科系主任组成的行政执行层扁平化管理体系，稳步推进学校管理扁平化。

教师成长 学校构建了"必修+选修""课题+研修"的教师培训模式，实行"双主双线"的教师校本培训管理机制，走出了一条"发展性、督导式、全构型"的校本化教师培训之路，有效促进了教师专业化发展。

升学模式 学校引领国内教育改革潮流，着力培养"全面发展、热爱生活、热爱服务社会"的人才，拓宽学生的国际视野，培养学生非凡的领导能力。2017年，欧阳晓彤、汤忠和、吴瑞婷同学被加拿大多伦多大学、澳大利亚莫纳什大学等世界著名高等学府录取。

系统德育 学校积极实施"五个一"（一笔字、一席话、一举止、一千米、一颗心）工程，建立"人文德育"课程体系，开展系统化德育教育；秉承"为学生一生发展奠基"的宗旨，设立"学生领袖培养部"，构建学生领袖教育体系；成立"学生领袖会"，为学生创设"领导力"体验舞台，不断提升学生的领袖素养。

学生领袖

课程特色 学校着力打造具有"德胜特色"的"双板块"课程体系，将国家规定的必修课程划定为"第一板块课程"，将满足学生个性发展和兴趣特长发展的课程划定为"第二板块课程"。学校开发了丰富的校本课程，供学生自主选修；现已开设45门辅助课程、111门拓展课程和56项体育项目，形成了国学经典、科技创新、英语教育、体艺教育四大校本课程特色。

分层教学 学校实行分层教学，综合学生的学习动机、基础知识掌握程度、能力水平进行分层，设计有梯度的教学目标，使不同层次的学生都得到适合的发展；实施分层管理，具体体现在教学目标和教学计划分层，练习和作业分层，测试和评价分层以及辅导分层；建立导师工作室，组建导师团队，实施导师制人才培养模式，充分挖掘学生的潜能。

学校舞蹈队

社会实践 学校广开教育之大门，积极开展"全员化、课程化"社会实践、游学、社区服务等活动，让教育不再有"围墙"，在各种社会实践活动中全面提升学生的个人素养。学校逐步推进游学活动"课程化"，现已形成"顺德制造""约会三峡""传奇之旅""卓越之旅"以及赴英国、澳大利亚学习交流等16条"经典游学路线"，引起了社会的广泛关注。

学校被评为清华大学2016年生源中学

校　　长：胡华生
校　　址：广东省佛山市顺德区大良新城区民兴路
邮　　编：528300
电　　话：（0757）22325006（传真）

乐昌市第一中学

孔子雕像

第一教学大楼

高考百日誓师

女子足球队勇夺"省长杯"青少年足球联赛第四名

元旦暨校庆文艺汇演

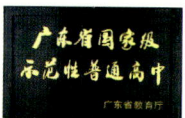

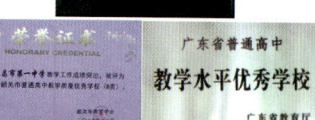

学校荣誉

乐昌市第一中学创建于1928年秋,前身为昌山书院,期间七易其名,九迁其址,1994年乐昌撤县设市后定名为乐昌市第一中学。2002年被评为广东省一级学校,2010年被评为广东省教学水平优秀学校、广东省国家级示范性普通高中。89载的传承,铸就了深厚的底蕴,淬炼了"爱国、团结、求实、奋进"的校训,形成了"有志、勤奋、严谨、朴实、全面"的校风、"敬业、爱生、严谨、创新"的教风、"尊师、守纪、勤奋、进取"的学风,践行了"乐在其中、昌于品质"的办学理念和"以人为本、以质为重、以法为准、以和为贵"的管理思想。

学校占地面积约13.33万平方米,校园布局合理、环境幽雅、绿树成荫、鸟语花香。学校设有60个高中教学班(另外,2017年9月复办2个初中创新实验班),在校学生3400多人,在编教职工245人。专任教师学历达标率为100%,有硕士研究生16人、研究生进修班学历教师34人、高级教师77人。

2017年高考,学校一本上线233人(专项61人),二本以上上线912人(比2016年增加153人),本科上线率高达70%;一本上线人数和一本上线率、本科上线人数和本科上线率等各项指标均名列韶关各县(市、区)重点中学第一。学校被评为"2017年乐昌市学校管理和教育教学先进单位"和"2017年韶关市普通高中教学质量优秀学校"。

2017年,学校男子篮球队在韶关市第十五届青少年运动会暨第二十二届中学生"英东杯"篮球比赛中勇夺亚军。舞蹈队在韶关市第二十二届中小学"英东杯"文艺竞赛中荣获中学组民族集体舞第一名。女子足球队代表韶关市参加2017年广东省"省长杯"青少年足球联赛全省总决赛,勇夺高中组第四名,创造了韶关市青少年女子足球队参加省赛的历史最好成绩。

学校先后荣获广东省校本培训示范校、广东省安全文明校园、广东省依法治校示范校、广东省书香校园、广东省模范职工之家等荣誉20多项。学校将继续乘着国家发展和教育改革的东风,凝心聚力,开拓创新,砥砺前行,坚持以质量为中心,进一步强化教师队伍建设、优化育人环境和日常管理,努力践行"乐在其中、昌于品质"的办学理念,书写"办人民满意粤北名校"的新篇章。

广东连平中学

连平中学创办于1926年秋，地处粤北山区，坐落在连平县城西北郊的凤山下、鹤水边。学校占地面积210082.7平方米，建筑面积61141平方米。2017年，学校有教学班49个，学生2349人；教职工214人，专任教师197人，其中高级教师89人，中级教师91人，研究生1人，本科学历教师190人，高中教师资格（含职称）达标率为98%。各科配备均衡，师资力量雄厚。校内绿树成荫、花草飘香、环境优美，是学生读书、长知、立德、修身、成才的理想园地。

优秀学生获颁奖状

学生军训

学生篮球赛

学校运动会

学校元旦文艺汇演

学校围绕"办人民满意的现代化优质学校"的奋斗目标，秉承"文明守纪，立志成才"的校训，确立了"以素质教育为导向、向管理要质量、以质量求生存、以创新谋发展"的办学理念，坚持走"依法治校、以德立校、科研兴校、质量强校"的路子，形成了"严谨、敬业、求实、创新"的教风和"勤学、多思、活泼、奋进"的学风。

学校落实教育教学常规管理，立足校本教研，着力构建教学质量监控与保障系统，落实教学目标管理，以课程改革为突破口，努力构建具有学校特色的课程体系，建立了良好的教学秩序，创设了和谐的教学环境。学校注重师资队伍建设，师德教育和进修、培训工作常抓不懈。学校积极贯彻自主德育模式，强化法制意识，常年开展丰富多彩的文艺活动，不断丰富校训内涵，学生遵纪守法、文明礼貌，违法犯罪率为零。优越的校园环境，"稳步、扎实、有序、规范"的学校管理，良好的文化氛围，促进了学校教育教学质量的全面提高。

连平中学先后荣获广东省师德建设先进集体、广东省中小学普及普通话先进单位、广东省绿色学校、广东省贯彻实施《学校体育卫生工作条例》先进单位、全国五四红旗团委创建单位、河源市一级学校、广东省一级学校、广东省普通高中教学水平评估优秀学校、广东省国家级示范性高中等称号，2017年被评为连平县科普示范学校。连平中学的办学经验和教育成果日益彰显，逐渐发展成为一所教育教学质量优良、有一定示范辐射作用、后续发展力较强、社会声誉较高的高级中学。

学生志愿者活动

河源市正德中学

河源市正德中学开办于2016年9月，是直属河源市教育局的一所全寄宿制民办完全中学，位于环境幽雅的"华南城·十里东岸"园林墅区内，由当代著名教育改革家魏书生担任总校长。学校按照国家级示范性学校标准进行建设，办学规模为80个教学班，可容纳学生3000人。

物理实验课

生物课堂

学校秉承"正道明德、厚学笃行"的校训，以"办人民满意教育"为宗旨，着力打造"锻炼健强体魄，塑造健全人格，提高综合素质，突出英语特色"的育人特色；坚持"为学生终身发展打下坚实基础"的办学理念，注重对学生综合素质的培养，强调"先成人，后成才"，培养学生的责任意识和行动能力，引导学生学会做人、学会生活、学会学习、学会发展。

学校以"正文化"为主题，积极打造品牌文化特色，构建"幸福校园"文化，通过制作品牌节目《正德一周新闻联播》，创办校报，以及开展读书月、科技活动月、感恩月、社会实践活动月、校园艺术节等"校园主题月"活动，拓宽学生的知识面，丰富充实学生的精神生活。

小组合作探究学习

学校全面实施素质教育，走在教改前沿，形成了"尽责有根、用心无痕"的教风和"求真求新、致用致远"的学风；以科组集备为抓手、课程改革为载体，利用现代教育技术优化课堂教学，打造精英教师团队；结合学校"小班制"教学特色，构建小组师徒合作探究学习模式，推行"走班制教学"，营造轻松活跃的学习氛围。

学校教育教学成绩卓著，2017年荣获河源市"平安校园"称号，被认定为"广东省义务教育标准化学校"；申报国家"十三五"规划课题子课题"基于互联网环境加强山区初中学生英语听说训练与实践性研究"顺利通过国家级审批立项；教师在各级各类竞赛及评选活动中频频获奖，其中获国家级、省级、市级奖项达232人次；在第二届广东省地理教师技能微课视频制作展示大赛中，黄剑峰老师荣获一等奖；彭子豪同学的创意作品"多功能无线触控笔"在2016年广东省中小学生创客大赛中荣获省级二等奖。

创客社团综合实践活动

河源市正德中学，这所充满年轻活力的学校，集岭南山水园林之精华，汇客家文化传统之积淀，在探索中不断创新、追求卓越，赢得了学生家长的认可和社会的赞誉，正朝着"打造南粤高端新型学府"的目标努力迈进。

美术社团户外写生活动

五华县平安中学

五华县平安中学始建于1982年8月，坐落于广东省五华县棉洋镇平安村。学校现有教学班15个，学生631人；教职工45人，教师学历达标率为100%。学校占地面积23750平方米，其中，校舍建筑面积9194平方米。学校设有实验室、图书室、音乐室、美术室、多媒体室等功能场室共18个，图书馆藏书20108册。学校运动场地包括2个篮球场、1个羽毛球场、1个60米直跑道运动场、1个200米环形跑道运动场。

2017年，学校投资兴建了大屏幕电子显示屏，兴建了"校友桥"，安装了16套多功能一体机。同时彻底解决了教师楼的供水问题，并在学生宿舍加装了隔热层，改善了办学条件，优化了育人环境。

学校以"依法治校，人文育人"为办学宗旨，坚持"规范+特色"的管理模式，围绕"育人"这一根本任务，积极推进教育教学改革，形成"基础落实，行政巡查""向课堂要效果""课后辅导，教师坐班""弱科一对一"等机制，使教育教学取得长足的进步。特别从兴建大屏幕显示屏以来，鉴于农村学生现状，校长曾宪机提出了"看视屏，做好人"的特色教育。以晨会为主渠道，以视屏为载体，以校园文化为依托，以墙报、班报为阵地，重点推进学校的特色教育，并且通过组织"看视屏，做好人"征文比赛，让学生积极参与，学有所思，写有所悟，有力地提升了学生的个人素养，也使学校德育工作迈上了新的台阶。

学校中考成绩显著，多次受到上级表彰，2017年还被评为棉洋镇先进基层党组织、五华县先进学校。

学校班子成员

学校召开市教育科研立项课题开题报告会

学生文体活动

学生荣获奖学金

学生消防安全演练

五华县兴华中学

学校召开行政会议研究教学工作

五华县兴华中学始建于1982年，是县管初级中学。学校占地面积约53333平方米，建筑面积约36065平方米。校园布局合理，环境幽雅，设施设备俱全。现有学生3621人，专任教师243人，其中高级教师109人，一级教师113人。

学校坚持"面向全体，注重个性，科学发展"的办学理念，以"质量一流，打造名校"为办学目标，以"修德、博学、和谐、育才"为校训，以"爱生、善诱、严谨、求实"为教风，以"崇文敬师，勤奋进取"为学风，形成了"团结拼搏，共谋发展"的良好校风。学校重视课堂教学改革，以"先学后教，当堂训练"为教学模式，打造高效课堂，促进教学质量的提高。近三年来，学校立项县级课题16项，结题市级课题1项、县级课题18项，在各级刊物上发表教育教学论文33篇。

学校中考成绩综合排名连续多年居全县第一，每年有100多名学生考上市以上重点高中，约250人考上县重点高中。2017年，邓耿文同学以总分988.5分的好成绩排名梅州市第二名。

学校强化德育工作，创新德育模式，构建以法制副校长、团委、家长学校为德育平台的育人网络，通过规范学生的行为，使学生养成良好的行为习惯，促进学生健康发展。学校开展"校园足球"特色教育，男女足球队参加省、市比赛均取得优异成绩。学校连续多年被评为五华县先进学校、五华县高考优秀生源学校、五华县先进党支部。2017年，学校还被评为国家级国防教育特色学校和国家级校园足球特色学校。

法制教育课

学生文艺演出

参加五华县中学生运动会获奖学生合影

五华县高级中学

校门

纳贤楼

教师公开课

学生信息课

学生参加五华县千人硬笔书法大赛获奖

班级球赛

　　五华县高级中学创办于2016年，是一所按国家级示范性高中标准兴建的县内唯一全寄宿制高级中学，是五华县委、县政府投资近4亿元倾力打造的一张教育名片。学校毗邻秀丽的蒲丽顶省级森林公园和即将开发建设的五华客家美丽小镇，环境优美、交通便利，被誉为"五华最美学校"。2017年被评为广东省书香校园、梅州市文明校园、梅州市依法治校先进单位，是梅县铁汉生态足球俱乐部青少年培训基地、五华县党建示范单位。

　　学校占地面积约16.53万平方米，有学生4238人，教师301人。学校师资力量雄厚，管理团队优秀。校长钟声辉是广东省骨干校长培养对象，曾作为访问学者到北京师范大学学习先进教育理念，工作责任心强，获"南粤优秀教师""梅州市名校长"等荣誉；教师中获市级以上荣誉称号的优秀教师23人，高级教师68人，一级教师153人。学校办学硬件设施先进完善，教学、生活、运动、办公、休闲五区分明，布局合理；建设有1000M校园网络，所有教室装配先进的触摸一体机教学平台，完全可以满足信息化教学的需要；着力打造"儒家文化、客家文化、树种文化"相融合的"球魂"特色校园文化，营造良好的文化育人环境；生活区的学生公寓按每房8人、1卫1浴的标准建设，设施完善，满足学生全寄宿的要求，并建设有市内唯一的中水处理系统，为学生的健康成长提供良好的学习生活环境。

　　学校秉承"崇德尚学、臻于至爱"的校训，坚持"以人为本、彰显特色、和谐发展"的办学理念，以"使每一位学生走向成功、让每一位教师体现价值"为办学目标，以"志存高远、追求真善"为校风，以"博学善教润无声、尊重差异扬个性"为教风，以"勤学乐学奠基人生、自觉自信完善自我"为学风。积极贯彻落实依法治校、依法治教理念，健全各项管理制度，不断创新办学模式，采取全封闭全寄宿管理，努力提高办学效益。采取"请进来、走出去"的方式，加强教师业务培训，打造一支业务精湛、师德高尚的师资队伍。紧跟教育发展形势，不断深化教学改革，学校教育教学质量稳步提升，2017年高考超额完成县下达的管理目标。

　　承青山神韵，沐悠悠清风。学校全面实施素质教育，积极探索"高质量、有特色、现代化"的教育发展模式，努力打造鲜明的办学特色，树立起五华县特色办学的一面新旗帜。

校　址：广东省梅州市五华县水寨镇大坝蒲丽顶森林公园旁（水华公路6公里处）

网　址：http://www.whgjzx.com

电　话：（0753）8598082

五华县田家炳中学

五华县田家炳中学创办于1995年秋，是由著名旅港实业家、慈善家田家炳先生捐助兴建的公办高级中学，是广东省一级学校、国家级定点考场、全国青少年校园足球特色学校、梅州市足球传统项目学校。

学校地处五华河畔、县城中心，交通便利。现有占地面积7万平方米，建筑面积4.8万平方米；绿化面积2.55万平方米，绿化覆盖率达85%，绿树成荫，环境优雅；校园布局合理，教学区、运动区和生活区相互分开，教学、运动等设施设备先进齐全，能够满足现代教学和管理的需求。

学校有教学班77个，在校生4600多人；教职员工370人，其中高级教师92人，中级教师175人，南粤优秀教师3人，"嘉应名校长"1人，"嘉应名师"3人，叶剑英基金优秀教师6人，县级优秀教师100多人，所有专任教师都具有本科以上学历或中级以上职称，教师队伍师德高尚、业务精湛、结构合理、充满活力。

学校树立"以人为本，素质为重，面向全体，和谐发展"的办学理念，旨在通过教育者和受教育者的共同努力，创设优美的育人环境，实现自然与人的和谐发展，全面提升学生素质，为学生的个性发展和终身学习打好基础。

学校在县委、县政府的正确领导和社会各界的大力支持下，不断改善办学条件，深化教育教学改革，实现了又好又快和谐发展，获得广东省朝阳读书活动先进单位、广东省书香校园、广东省依法治校示范校、广东省安全文明学校、梅州市绿色学校、五华县先进单位等荣誉称号及各种奖励达29项。学校全面贯彻国家足球改革政策，积极开展校园足球运动，打造梅州足球品牌。学生足球队参加2017年7月在内蒙古包头市举办的全国田家炳中学足球邀请赛荣获冠军，参加2017年9月梅州市"市长杯"青少年校园足球联赛荣获高中组第四名。

五华县田家炳中学教风严谨、学风勤苦、校风敦厚、教育教学质量优良，已成为梅州市享有良好声誉的知名学校。

学校荣获全国田家炳中学足球邀请赛冠军

学校体育艺术节活动

惠东县平山第二中学

惠东县平山第二中学坐落在惠东飞鹅岭山下西枝江边的南湖畔，现有学生2497人，教职工147人。学校占地面积27000多平方米，校园环境整洁美观、布局合理，校内绿树成荫，楼宇错落有致，心理室、图书室、法治室等场室设施齐全先进。

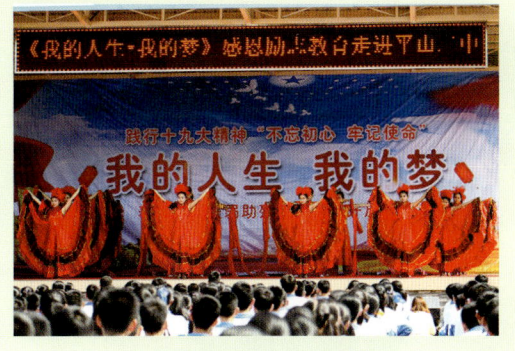
感恩励志教育文艺演出

校运会开幕式

拔河比赛

学生在阅览室里读书

学校围绕立德树人的根本任务，大力践行社会主义核心价值观，扎实做好精神文明创建工作；实施"特色文化促文明创建"策略，以特色文化为抓手，积极推进文明校园建设；以创建文明校园提升办学内涵，提高全体师生的文明素养，营造优美育人环境，构建和谐美丽校园，打造特色品牌学校。

学校先后被评为惠州市关心下一代工作先进学校、惠州市应急逃生演练示范校、惠州市第六批安全文明校园、惠州市依法治校示范校、惠州市文明窗口单位、惠州市文明校园、惠东县中小学2017年度德育工作先进单位、惠东县创文先进单位等，荣获广东省校务公开民主管理贯标认证优秀等次、惠州市第五届未成年人思想道德建设先进学校"旭日奖"。

学校秉承"励精图治、合力共进"的校训，提炼出"精进教育"的文化核心理念，其内涵包括三个方面：树立良好品格，立品以树人；树立优良品质，立品以精教；形成特色品牌，立品以兴校。

建立"共进"德育体系。学校以"雁群精神、合力共进"的学校精神为核心价值导向，建立了"团结进取、积极向上、和谐合作、互动合作、资源整合、合力共营、共赢共进"的德育体系。

构建"渐进"教学模式。学校以"循序渐进、精致育人"的教育教学理念为指导，构建立足常规、夯实基础、循序渐进、踏实超越的"以渐进促精进"的教学模式，着力打造优质高效课堂。

营造"乐进"校园文化。学校以"励精图治、合力共进"的校训为指导思想，积极传播正能量，促进师生"和谐相容、团结进取、共同发展"，营造了"悦读、悦学、悦纳"校园文化氛围，构建了"阳光快乐、共进共赢"的课堂文化、班级文化和团队文化。

教学楼

海丰县陆安高级中学
HAIFENG LU'AN SENIOR HIGH SCHOOL

汕尾市海丰县陆安高级中学是一所县属公办高中学校，汕尾市一级学校。其前身是有百年办学历史的广东陆安师范学校，著名校友有中国农民运动的杰出领袖彭湃，中国民俗学之父钟敬文，抗战烈士、战地文学开拓者丘东平等。

学习共同体建设

学生参加散文诗朗诵会获奖

文化艺术节活动

学校坐落在海丰县莲花教育园区，占地面积14.8万平方米，建筑面积7.5万平方米，办学规模为66个标准高中教学班、3300个学位。学校按现代化学校的标准设计、建设和配置，教育教学、运动、生活等硬件设施齐全，建有体育馆、游泳池、陶艺馆、传媒演播室、创客室、录播室等，是汕尾市乃至粤东地区建设标准、起点、配置超前的一所公办高中学校。

学校以"承百年陆安传统，扬雁行文化精神"为办学理念，坚持以人为本、立德树人，努力践行"雁行文化"，以"创建有陆安底蕴、海丰气派的粤东名校"为办学愿景，努力构建"自主、协同、共进"的"敬文共同体"，"一训三风"落地开花，着力打造学校办学特色，"培养有母校情结、家国情怀、国际视野的现代公民"。

学校实行全寄宿封闭管理，现有在校生2019人，教学班41个。现有教职工180人，平均年龄35岁，其中，特级教师1人，研究生6人，高级教师13人，一级教师64人。

学校以课题研究为引领，走科研兴校之路。大力推进省、市、县级课题研究，以教科研促进教师教育理念的现代化，推动教师专业成长和学校内涵发展。近三年，学校已结题课题50个，获立项开展研究的课题32个。学校被认定为广东省基础教育实验基地学校，地理科组被评为广东省中学地理学科优秀教研组。学校以社团活动为平台，扬个性发展之长。设有陶艺、跆拳道、咏春拳、器乐、文学等30多个社团，由学生自我管理、自主活动。学校每年举办文化科技节等综合性活动，为学生搭建施展才华的平台。近五年，考生获体育、美术术科高考总分全市第一名的有5人次；2017年，学校陶艺社被广东省学生联合会评为广东省优秀学生社团。

学校连续六年荣获海丰县高考优胜单位或高考达标单位。学校教师被评为省南粤优秀教师3人次，市优秀教师（校长、班主任、教坛新星、学科带头人）21人次，县优秀教师（班主任、学科带头人）39人次。在各类比赛中，学生获国家级二等奖4人次；省级一等奖6人次，二、三等奖22人次；市、县一等奖21人次。

体育馆

标准运动场

游泳池

运动场

东莞市第七高级中学

学校概况 东莞市第七高级中学是由东莞市政府投资建设的市直属全日制高中，学校位于东江之滨的国家级生态风情名镇——企石镇，占地面积97800平方米，总建筑面积63000平方米，学校将岭南传统园林的空间格局与现代园林的气度相融合，营造出绿荫掩映、山水相连、百花争艳、融入自然的诗意环境。办学规模初期为42个班，学位2100个。

教师队伍 学校有一支爱岗敬业、无私奉献的教师群体，有国家级骨干教师2人，南粤优秀教师2人，省级骨干教师1人，市级名班主任1人，市级学科带头人4人，市级教学能手18人，市优秀教师3人，具有硕士学位的教师20人。2017年，学校有30多名教师获得教育教学论文、科研成果、优质课比赛等市级以上奖励。参加市优课微课比赛，获一等奖微课56节、优课25节，获二、三等奖微课超过50节，创新案例获二等奖2个、三等奖1个，同时，有12个课题获得东莞市教育科研立项。

教学效果 学校管理规范，教风优良，教学效果明显。积极实施新课改，努力寻找教学质量的新增长点，以"以人为本"的教育理念推进新课程改革，以缜密的谋划指导办学行为，以精细务实的工作态度积极应对新课改的要求。确立了学生全面发展的教学观，学校课程目标注重知识与技能、过程与方法、情感态度与价值观的统一，面向全体学生，重视培养学生的创新精神、实践能力和个性特长。学校在市教育局的正确领导下，在社会各界及家长的大力支持下，教育教学质量稳步提高，每年向高校输送大批优质毕业生。

校园生活 学校践行"立德树人"的根本任务，秉持"一切为了学生的成长和发展"的办学理念，对学生严中有爱、严中有情。建立健全"家庭、学校、社会三位一体"和"双线网络"的德育模式，倡导"人人入社团，天天有活动，个个有特长"，现有模型社、秋枫文学社、邀星天文社、3D打印社、摄影社、模拟飞行社、舞蹈团等学生团体26个，力争通过各类活动为学生的终身发展插上腾飞的翅膀。学校定期举办成人礼、毕业礼、体育艺术节、文化科技节、读书节，校园活动丰富多彩，有声有色。

学校获评为东莞市科普教育协会副会长单位

学校行政楼

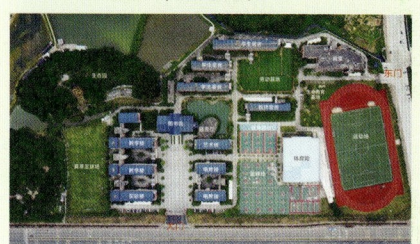
学校鸟瞰图

社团招新活动

天文社活动

文化科技节活动

东莞市塘厦中学

东莞市塘厦中学创办于1947年，原名为"东莞县立塘厦中学"，2005年被评为广东省一级学校，2011年被评为广东省普通高中教学水平优秀学校，同年被批准为广东省国家级示范性普通高中。学校先后被评为全国百佳中小学校园文化建设创新学校、东莞市文明校园、东莞市文明单位、东莞市现代教育技术实验学校、东莞市文化建设标兵学校、东莞市园林式单位、广东省中学校长培训基地。

学校党支部书记、校长况国平

教育理念先进 学校确立了"以人为本，为学生终身发展奠定基础"的办学理念，以学生发展为本，为高校输送多元化的人才。学校切实按照"立德、笃学、创新，努力创办适合师生发展的优质学校"的目标要求，调动一切有利于学校发展的积极因素，高举科研"旗"，紧绷质量"弦"，下活德育"棋"，出好管理"牌"，打造东莞慧教育，努力塑造文化校园，为不同层次、不同特长、不同需求的学生搭建多元化的成长平台。

校园十大歌手比赛

教师队伍精良 学校以"感恩、求真"的校训和"和谐、自律"的校风孕育了严谨求实的教育风尚，拥有一支敬业爱生、业务精良的师资队伍。学校有专任教师203人，中级职称以上教师143人，中学高级教师35人，硕士研究生38人；40多人次先后获得南粤优秀教师、东莞市优秀教育工作者、东莞市优秀教师、东莞市优秀班主任、东莞市教学先进个人、东莞市学科带头人、东莞市教学能手等荣誉称号；学校数学科组、英语科组、政治科组和地理科组先后被评为东莞市先进科组。

中德交流活动

教学成绩优异 学校坚持"文理并举、多元发展"的培养模式。教学成绩各项指标均居全市同类学校前列，真正实现了学校"低进高出、高进优出"的培养目标。

校园文化深厚 东莞市塘厦中学是当时东莞县最早设立的六间老牌中学之一。经过71年光阴的洗礼，学校积淀了深厚的文化底蕴：体育节、艺术节、读书节、宿舍文化节四大活动培养大胆创新、个性鲜明的学生；校园十大歌手比赛、校庆文艺晚会为能歌善舞的学生提供展现自我的平台；街舞社、悦音社、摄影社、辩论社、文学社、广播站、电视台、舞蹈队、篮球社、足球社、羽毛球社、乒乓球社等社团丰富了学生的课余生活；十八岁成人礼、高中毕业典礼让学生学会感恩、勇于担当。

体育节学生风采

育人环境优美 学校校园占地面积16.67万平方米，建筑面积68330平方米，馆藏图书14万册。学校建设取国内外名校之精华，集科学性、人文性、现代性于一体，布局科学，设备先进，环境幽雅，人文与自然和谐统一。学校实行后勤管理社会化，委托专业物业管理有限公司实行全寄宿封闭式管理，是莘莘学子修身立德、求学深造的理想乐园。

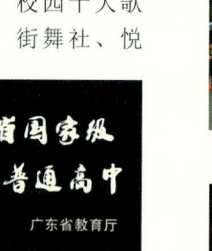

学校荣誉

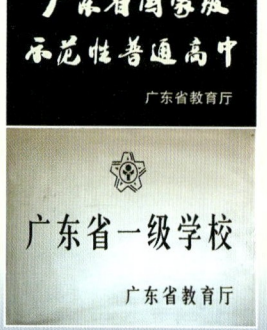

学校举行国际理解教育研讨活动

鹤山市共和中学

鹤山市共和中学是鹤山市共和镇属农村初级中学。1965年8月创办，2009年8月迁入新校区。新校区占地面积14.5万平方米，建筑面积3万多平方米。硬件设施按省一类标准配备，校园建筑体现安全意识和人性化理念。学校现有教学班19个，学生924人，在编教职工54人，专任教师51人，专任教师本科率超过90%。

学校管理科学规范，办学质量亮点纷呈。

一是素质教育突出。鹤山市共和中学是"鹤山市创建素质教育示范学校"3所中学之一。

二是课程改革力度大，教育教学质量好。学校虽然远离城区，但课程改革工作和教育教学质量却走在鹤山市学校的前列。课程改革成果"六环双评"课堂教学模式得到鹤山市和江门市教育界领导和老师们的高度认可。2017年4月7日，校长古君涛在恩平市大槐中学举行的"江门市高效课堂经验交流暨校长论坛大会"上做了经验推介，《鹤山教育报》2017年第2期第2版也用整个版面介绍了共和中学的课程改革成果。12月5日，江门市2017年秋季初中新课程课堂教学观摩交流活动在共和中学举行，来自江门市800多名校长及骨干教师参与"六环双评"课堂教学模式交流活动。

三是安全工作意识强，制度完善。学校连续多年未发生过安全事故。学校不但多次代表鹤山市学校和江门市学校迎接上级安全工作检查，还曾代表广东省学校迎接教育部组织的省际交叉安全工作检查，均取得好成绩。学校先后被评为鹤山市安全文明校园和江门市安全文明校园。

四是食堂设备齐全，管理规范。学校被评为广东省餐饮服务食品安全量化分级管理A级单位、广东省餐饮服务食品安全示范单位、广东省餐饮服务食品安全示范学校食堂。

五是体育艺术活动丰富，成绩优秀。保证学生每天有超过1小时的体艺活动时间。参加鹤山市中小学生田径运动会，蝉联三届团体总分冠军；参加江门市中小学生田径运动会，获得两届团体总分第三名。此外，还获得了"2017年鹤山市中小学生'童心向党'合唱比赛"金奖。

六是整体成绩良好，获得多项荣誉。学校先后获得广东省体育传统项目（田径）学校、广东省校园足球推广学校、广东省优秀职工书屋、江门市体育传统项目（田径）学校、江门市足球特色学校、江门市毒品预防教育示范学校、江门市防控地震示范学校等荣誉。

孙中山铜像揭幕

校长古君涛在江门市校长论坛介绍课改经验

教师参加足球教学培训

学校运动队先后多届获鹤山市初中生田径运动会冠军

学校开展"诵读中华经典，弘扬文明新风"朗诵比赛

学校鸟瞰图

江门市新会东方红中学

江门市新会东方红中学（以下简称东中）创办于1975年，是一所镇属普通完全中学。学校现有教学班51个，学生2446人；教职工196人，其中中学高级教师48人，中学一级教师104人。

办学多年来，东中已发展成为一所环境优雅、设备先进、师资精良、管理精细、校风良好、特色鲜明的城镇品牌学校。校园布局合理，教学功能室齐全，设有心理健康教育中心、教学研究中心、信息网络管理中心、学生社团活动中心、学生发展服务中心等。

东中始终紧跟时代发展的步伐，不断追求卓越、超越自我，实现了学校发展史上的三次飞跃；坚持"以和谐求发展，以传承谋超越"的发展思路，遵循"生命幸福教育"的教育思想，坚持以立德树人为目标，不断促进学校的特色建设和内涵发展。

坚持以课题研究为先导，实施科研促教，强师为先。学校积极推进名师工程建设，实施"骨干—能手—名师"三级培养策略；推进扁平化管理工作，强化"以班主任为核心的班级教师管理团队"和"以备课组长为核心的班科教师备考团队"的建设。学校现有市区级以上名校长、名教师、名班主任5人，区级学科带头人16人，校级名教师16人，校级教学能手22人，校级"师德之星"24人。

坚持以课程改革为载体，打造高效课堂，课改为重。学校实施"小组+学对"学习模式和"20·10·10"高效备考课堂教学模式，定期举办丰富多彩的学生社团活动，加强心理健康教育课程体系建设，促进学生多元发展。

坚持以传统文化为抓手，加强文化建设，以文化人。学校积极传承和弘扬中华优秀传统文化精髓，将传统文化教育融入校本特色课程的建设中，促进学生核心素养的提升。

岁月无声，春华秋实。东中先后被授予广东省一级学校、广东省普通高中教学水平优秀学校、广东省心理健康教育特色学校、广东省现代教育技术实验学校、广东省中学生志愿服务示范校、广东省首批中学示范团校创建单位、江门市首批特色学校等荣誉称号。

走进新时代，踏上新征程。展望未来，东中将一如既往地办好人民满意的教育，致力于"培育好学生，塑造好教师，建设好学校"，进一步凝聚"东中力量"，创出"东中特色"，打造"东中品牌"，实现"创建新时期教育现代化学校"的办学目标。

学校"名教师"颁奖典礼上，校长肖春满（左一）与获奖教师合影

学生参加新会区第五届"李锦记杯"高中生辩论赛获得季军

校园雕塑

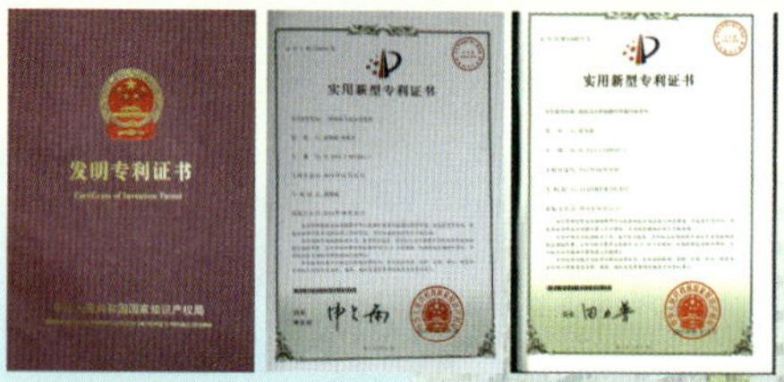

师生作品获得国家发明专利证书

雷州市第一中学

雷州市第一中学建校于1926年，是粤西地区办学历史最为悠久的学校之一，先后被评为雷州市重点中学、广东省一级学校、广东省现代教育技术实验学校、广东省普通高中教学水平优秀学校等。

学校现有两个校区，老校区（初中部）位于美丽的雷城西湖畔，占地面积5.2万平方米，办学历史悠久，文化底蕴深厚；新校区（高中部）坐落于雷州西湖水库北侧，占地面积约16.33万平方米。学校环境优美，校园建筑设计风格新颖，设施设备齐全。

学校现有教学班156个，学生8796人；拥有教职员工608人，专职教师567人，其中高级教师116人，一级教师179人，特级教师2人，"百千万人才培养工程"培养对象4人，省级先进教师14人，湛江市骨干教师22人，市县各类先进教师共206人；成立了湛江市中小学名师工作室3个，广东省中小学名师工作室1个。

学校重视学生升学需求，关注学生终身发展，培养学生"学会做人、学会学习、学会生活、学会生存"，不断提高学生的综合素养。学校定期开展"新宇文学社""楹联社"等社团活动，举办学科知识竞赛、生物标本模型制作比赛、雷州"名人讲堂"、"孝悌文化讲座"等；成立了"爱书人公益团队"、校园志愿者服务队，通过丰富多彩的校园文化活动，促进学生的全面发展。学校积极构建"有知识、有方法、有生活、有境界"的"四有课堂"，举办青年教师与中老教师"同台比武""同课异构"等赛课活动，开展"教研沙龙""青蓝工程"等教学研究活动，促进教师的专业成长。

学校教学科研成绩突出，有5个省级课题获准立项，其中有2项获得广东省普教成果奖。教师参加各类教学竞赛和论文评选，其中获省级荣誉10人、获市级荣誉30人、获县级荣誉100人；多名教师在各级刊物上发表论文共计100多篇。在2017年高考中，学校以仅占湛江市0.28%的优秀生源，培养出占湛江市2.6%的优秀学生，高考升本率居湛江市同级同类学校前列，被湛江市教育局评为高中教学质量先进单位，形成了"低进高出"的办学效益。

雷州"名人讲堂"进校园活动在学校举行

高三学生成人礼仪式

学校建校91周年校庆晚会

广东高州中学初中校区

综合大楼

校园一角

硬笔书法现场比赛

广东高州中学前身是元代的府学，1905年改制为中学。2002年高中部搬迁，高中、初中独立办学，留在原址的初中部于2007年定名为"广东高州中学初中校区"。学校现有学生近4300人，教职员工280人，其中专任教师266人，特级教师1人，正高级教师1人，高级教师98人。

学校占地面积43509平方米，建筑面积78000平方米。校园古朴优雅、宁静美丽。校内有高州精神文明标志之一的"学砚塘"，有象征人才辈出的"丁颖楼"，有高州市最大的教学楼"高文楼"。学校建成了国学堂、书法室、版画室、集邮活动室等特色功能场室，图书阅览室达3000平方米，馆藏图书108925册，大大丰富了学校教育教学内涵。

学校秉承"求真、至善、达美"的办学理念，坚守"严、勤、实、活"的校风，培育"高标准、严要求、勤学习、苦钻研"的学风，发扬"力争最好"的精神，以"培养全面发展、个性化发展和可持续发展的高素质人才"为目标，朝着"校园人文化、设施现代化、管理科学化、教育优质化、办学特色鲜明的示范性品牌初中"方向奋进。

学校积淀形成了以"力争最好"为精神核心的特色校园文化——砚塘文化，包含校史文化、国学文化、竞争文化、国防教育文化、心理健康文化等多方面内容，引领着学校快速和谐地发展。学校还大力开展第二课堂活动，传统项目有演讲、书法、版画和集邮等，全面实施素质教育，取得了辉煌的成绩，学生在各级各类比赛中屡获殊荣。自独立办学以来，学校考上城区四大高中的人数稳居全市第一。

学校先后获得全国国防教育特色学校、全国青少年集邮示范基地、首届广东省文明校园、广东省书香校园、广东省安全文明校园、广东省巾帼文明岗、广东省基础教育实验基地学校、广东省中小学校本培训示范学校、广东省《师资建设》教师发展学校、茂名市培育和践行社会主义核心价值观学校示范点、第一批茂名市中小学心理健康教育特色学校等荣誉称号。

茂名祥和中学

学校概况 茂名祥和中学成立于2013年7月,是在原茂名市第一中学的校址上创办的,是市委、市政府和市教育局重点扶持发展的一所全日制公办初中。现有教学班79个,学生4688人,在编在职教师263人,其中高级教师71人,中级教师82人。

办学条件 学校校园环境优美,占地面积8万多平方米,建筑面积7万多平方米。设有现代化的教学楼、录播室、天文台、电视台、科学楼、行政楼、艺术楼、学生公寓、开放式图书馆、体育馆、游泳池、篮球场、400米环形塑胶跑道运动场等先进的教学设施设备,建有校园网、数字化广播系统、视频安全监控系统和多媒体教学系统,为学生提供一流的教育服务,满足教育教学各项活动的开展。

文化氛围 学校加强"一训三风"建设,科学规划校园环境文化建设,包括班级文化、景观布局、楼层和校道的重新命名以及楼梯的国学文化打造,使学生在传统优秀文化的熏陶感染下健康成长。

学校管理 学校坚持立德树人,创新管理模式和育人模式,构建"一条主线两个联盟三方整合"的管理模式,即以"学校—政教处—年级组—班主任—辅导老师"为主线,依托班主任联盟和楼层联盟,整合学校、家庭和社会三方力量,共同解决困扰学生学习、情感、成长等问题,促进孩子们健康持续发展。

社团活动 学校开设了管乐、书法、陶艺、学生电视台等社团活动,不仅丰富了学生的课余生活,培养了学生的综合能力,而且为校园增添了活力,推动了素质教育上新台阶。社团活动已形成了"百花齐放、蓬勃发展"的局面,大大地提升了学校的办学品位。

办学成果 学校先后被确定为中国教育技术协会信息技术教育专业委员会理事代表大会常务理事单位、广东省初中教育发展联盟首届理事学校、广东省交通安全文明示范学校、广东省依法治校示范校。

国学长廊

智慧云课堂

3D创作课堂

足球社团活动

管乐社团活动

化州市第一中学

化州市第一中学创办于1914年。原址位于化州城宝山脚下西南面，1979年被定为县重点中学，1995年被评为广东省一级学校，2002年化州市委、市政府在化州城北岸开发区征地40公顷作新校址，2003年动工兴建，2004年9月高一级新生搬到新校区上课，2011年8月学校完成整体搬迁。学校于2006年被定为国家教师基金"十一五"规划重点课题实验学校，2008年被评为广东省国家级示范性普通高中，2011年12月被评为全国文明单位。

实验楼

图书馆

学校西湖美景

学校布局合理，环境优美，设备设施先进，师资实力雄厚，现有中学高级教师207人，特级教师、正高职称教师4人。

一直以来，学校秉承"明德、博学、笃志、敏行"的校训，坚持"以人为本、文化育人、科研兴校"的办学理念，形成了"爱国、文明、勤奋、创新"的校风。学校全体师生不忘初心，砥砺前行，育人环境不断优化，教学管理不断完善，教育教学工作稳步发展，学生参加国家级、省级各类竞赛成绩突出，高考上线人数节节攀升，成绩在县市重点中学中名列前茅。2017年高考，600分以上考生55人，排茂名市第一位，重点上线人数957人。

学校素质教育成绩显著，是广东省传统项目（排球）学校，校排球队多次代表茂名市参加省和全国赛，曾获全国中学生排球赛男子组第四名和广东省传统项目学校排球赛女子组亚军的好成绩。学校文工团编排的节目《飞》获邀参加"广东省少年先锋号"2011年少年儿童春节联欢晚会演出。

学校文艺节目《飞》获得省第四届中小学生艺术展演二等奖

学校屡获殊荣，先后获得了全国文明单位、全国第三届和谐校园先进学校、全国青少年信息学(计算机)奥林匹克联赛成绩显著学校、全国群众体育先进集体、广东省文明单位、广东省安全文明校园、广东省普教系统先进单位、广东省依法治校示范校、广东省十项工程劳动竞赛优胜单位、广东省体育特色学校、广东省"书香岭南"全民读书活动书香校园、广东省中小学知识产权教育试点学校、广东省五四红旗团委、广东省楹联文化基地、广东省先进职工之家等荣誉称号。

信宜市信宜中学

学校概况 信宜中学位于有"南国玉都"之称的信宜市，是南粤一所历史悠久、人才辈出、具有明显办学风格的优质独立高中。学校创办于1892年，2006年成为茂名地区首批三所"广东省国家级示范性高中"之一，曾获全国生态环境保护教育示范学校、广东省现代教育技术实验学校、广东省文明单位、广东省中小学校本培训示范学校、广东省普通高中教学水平优秀学校等荣誉称号。

办学规模 校园占地面积约41.33万平方米，建筑面积近15万平方米。学校现有高中三个年级共120个教学班，在校生8500多人；教职工487人，专任教师454人，其中特级教师6人，名师、骨干教师、优秀教师80多人，中高级职称教师300多人。

队伍建设 构建促进教师成长的平台，成立四个"名教师工作室"，开展了第七届"教学新星"大赛和第二届"班主任技能大赛"，继续推进新老教师结对帮扶和"教学开放日"活动，坚持组织备课组长外出发达地区听课交流学习，选送20多名教学骨干参加全国、省市级培训，取得良好成效。校长钟国胜被评为茂名市第八批优秀专家和拔尖人才，吴卫东等12名教师被评为茂名市、信宜市优秀教师或优秀班主任。

教研工作 教科研工作取得较大成效，进一步完善了教科研相关制度，积极营造教研氛围。教研成果获奖和发表的质量及数量均大幅提升，在《广东教育》《师道》等省级杂志发表论文20多篇，获省市级奖励论文100多篇；新增省级立项课题3个，茂名市级立项课题5个；数学科组被评为茂名市优秀教研组，高二语文备课组被评为茂名市优秀备课组。

教学质量 一是学科竞赛取得显著成效。学生参加各种竞赛，成绩突出，获全国奖50多人次，省级奖70多人次。二是学校各项教育教学考核指标保持在茂名地区领先位置，高考再创佳绩。其中尖子生成绩突出，上重点线854人，比2016年增加52人；上本科线2866人，比2016年增加9人；专科线上线率达98.5%。

示范作用 学校不断推进"人本发展"的办学理念，全力建设"绿色生态"校园，构建"人格和谐"的德育体系，打造"快速成长"的师资队伍，倡导"师生互动"的教学模式，在省内外发挥了重要的示范作用。一年来，成功承办信宜市"教学开放日"、茂名市"五校联盟"备考等大型活动，成功入选广东省基础教育研究实验基地学校。接待国内外教育考察团、交流团、观光团等共计50多团10000多人次，进一步提升了学校影响力和示范作用。

名师工作室成立大会

班主任表彰

"十佳学生"表彰

跑操比赛

艺术节活动

高州市第二中学

学校概况 高州市第二中学创办于1905年3月15日，前身是"茂名中学堂"，是晚清"废科举、兴学堂"时期高州城创办最早的学校之一，先后获得教育部教育科研先进单位、全国五一巾帼标兵岗等60多项省市级以上荣誉称号。学校占地约37.33万平方米，现有教学班115个，师生员工共6000多人；拥有教职工500多人，其中特级教师1人、正高级教师2人、高级教师154人、一级教师179人、在职研究生23人。

办学理念：融核心素养　育时代英才
校　　训：常教常青　好学力行
校　　风：传承至真　立德至诚
教　　风：安教善教　教明其道
学　　风：勤勉致远　止于问答
办学特色：绿色育人　树木树人

师资建设 学校不断完善工作的"量化""质化""绩效评定"三类考核制度，引导、激励、成就教师的专业化发展；实施备课组制度、问卷测评制度、高考评价与奖励制度、竞赛与校本教研奖励制度、教师职称评定制度、评优推先制度等，激发教职工的责任感，促进教师的专业成长。

德育工作 学校将环境建设与校园文化相融合，使校园每个角落都散发出高雅的书香韵味。在文化气息浓郁的校园中，道路有名字，楼房有雅称，园林有标志，楼梯有画像，墙壁有口号，走廊有故事，树木有语录，教室有标语，班级有文化……从墙壁到地面，从操场到饭堂，从整体建筑到局部区域，处处彰显出"人文·绿色·生态·科技"的德育主题，营造了"让墙壁说话，让设施启智"的良好育人环境。

设施改善 学校精心打造了占地约为2500平方米的"常青孔子文化广场"以及占地约为800平方米的"读书广场"，建成了约1300平方米的大型开放式阅览室、可容纳200多人的智能演播室、可容纳700多人的"常青报告厅"等。

学校荣誉 2017年，学校先后被评为第十八届广东省中小学电脑制作活动茂名市初赛先进组织单位、茂名市五四红旗团委、茂名市寻找"最美南粤少年"活动优秀组织单位、全国青少年校园足球特色学校、广东省绿色学校等；2017年7月，黄钜光校长、夏承志副校长被评定为"高中正高级教师"；2017年12月，学校通过"广东省国家级示范性普通高级中学"初期评估。

学校召开广东省国家级示范性普通高中评估动员大会

常青孔子文化广场

教学大楼

学校荣誉

佛冈县城东中学

学校概况 2017年，城东中学有教学班50个，学生2454人，教职工163人。其中，在读研究生教师3人，本科学历教师143人，专科学历教师10人，中学高级教师16人，中学一级教师104人，中学二级教师32人，中学三级教师1人。

设施建设 2017年，学校共投入151.4万元完善各项基础设施及设备，提升办学硬件水平。其中，房屋及构筑物69万元，41套"班班通"电教平台24万元，教学仪器设备23万元，办公设备22万元，新装伸缩闸门及不锈钢大门3.8万元，新增学生课桌椅510套2.7万元，新增图书770册2万元，新装校门LED电子屏1.5万元。塑胶运动场正式投入使用，优化了校园环境，学校办学条件显著提升。

师德师风 学校高度重视师德师风建设，定期组织教师学习《中华人民共和国教师法》《中小学教师职业道德规范》及有关文件精神，要求班子成员真抓实干、树正气、讲奉献、率先垂范，要求中层干部求真务实、讲团结、尽其责、开拓创新，要求全体教职工严于律己，提高思想觉悟。

教学教研 抓好常规教学，重视教研课改，对教师备课、听课、作业批改、开展公开课等情况进行针对性督查。全年分科、分批、分时段派出教师参加国家级培训2人次，省级培训403人次，市级培训43人次，县级培训171人次。全年共派出4名骨干教师参加省级跟岗培训，组织行政教师参加2017年广东省干部网络培训，组织全体教师参加2017年教师"提升工程"学科教师培训。全年培训经费近20万元。

师生荣誉 邓焕兰老师被评为佛冈县"最美教师"，王艳同学被评为清远市"美德少年"。参加"一师一优课、一课一名师"活动，获省级优课8人、市级优课26人、县级优课22人。参加广东省中小学英语3A课堂教学范式资源征集活动，获资源展示奖1人。参加"夏青杯"朗诵大赛暨广东省第二届"广朗杯"朗诵大赛，获清远赛区季军1人。参加"美丽地球，绿色发展"清远市中小学环保演讲大赛（初中组），获优秀指导教师奖1人。参加清远市第25届中小学青年教师基本功比赛，获二等奖1人。

学校获"清远市中小学生优秀童谣传唱大赛"一等奖

学校获"佛冈县中小学优秀童谣传唱比赛"一等奖

学校开展"诵读《子弟规》·做美德少年"活动

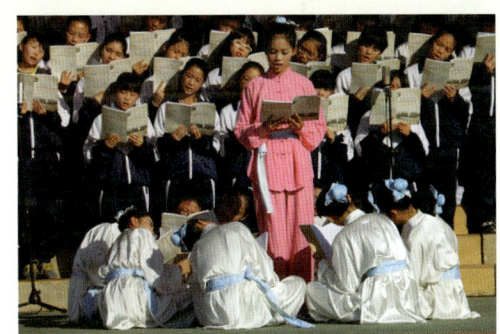
学校开展"中华经典诵读"活动

连州市北山中学

连州市北山中学是一所全日制初级中学，清远市一级学校。其前身为创建于1958年的"连县巾峰农业技术学校"，经过三易校址，六次更名，于2011年8月18日迁入现址连州市东源路99号办学。学校占地面积95738平方米，建筑面积49580平方米，绿化用地面积27695平方米，布局规范合理，环境优美，建有一个标准400米塑胶田径场及多个篮球场、羽毛球场等运动场地。学校基础设施完善，功能室、教学设备齐全。

2017年，学校有教学班67个，在校学生3315人，在编教职工224人，其中专任教师209人，专任教师学历达标率为100%；专任教师中有高级教师29人，一级教师172人，初级教师8人。

学校以"志存高远，力学笃行"为校训，以"办成在清远地区具有先导性、实验性、开放性的现代化学校"为办学目标，遵循"以师生共同发展为本"的办学理念，全面推进素质教育。学校先后获得广东省现代教育技术实验学校、全国校园文学"十二五"规划课题实验学校、广东省中小学校本培训示范学校、清远市绿色学校、北京四中数字校园合作学校、广东省安全文明校园等荣誉称号，是广东省初中教育发展联盟的首批会员，全国首批足球、篮球特色学校。2017年9月，学校被广东省教育厅评为广东省依法治校示范校。

2017年，学校在教学科研、竞赛、比赛中均取得优异成绩，其中学校获得省、市级表彰3次，教师获得省、市级表彰102人次，学生获得省、市级表彰70人次。2017年中考，学校有7名考生包揽连州市总分前七名，65名考生进入连州市前100名，146名考生进入连州市前300名。学校音乐、美术、舞蹈队多次参加清远市文化艺术节获得金奖；体育运动队包揽连州市初中所有体育团体比赛项目的第一名，其中男子足球队2017年再获清远市"市长杯"足球联赛（高中组）暨初中小学足球联赛总决赛初中组（男子）冠军。学校教师游远方参加首届广东省中小学青年教师教学能力大赛（初中物理组）获二等奖；胡卫国老师获得了清远市第25届中小学青年教师教学基本功比赛一等奖和最佳课堂教学奖，郑亮秀老师获二等奖；2017年12月，成美琴、吴小莲被评为清远市第二批"名班主任"、黄梅芳被评为"名教师"。学校现已结题国家级课题3个，省、市、县级课题21个，还有16个省、市、县级课题正在开展研究工作。 在全校师生的共同努力下，北山中学已成为连州市教育的窗口学校，是一所家长满意、学生向往的初级中学。

学校教学科研课题结题会议

学校足球队获2017年清远市"市长杯"初中男子组第一名

学校大课间活动

学校"每月之星"专栏

英德市英城街中学

学校概况 英德市英城街中学地处英德市英城凤凰路15号,是一所隶属英城街道的全日制公立初级中学。学校创办于1964年,占地面积32532平方米,建筑面积23207平方米。现有教学班48个,其中七年级17个班、八年级15个班、九年级16个班,共有学生2385人,其中寄宿生1120人。教职工185人,其中专任教师180人,具有高级职称16人、中级职称144人,教师学历达标率为100%。2017年,学校在英城街道党工委、办事处和英德市教育局的关心和支持下,紧紧围绕"走改革创新之路,办文化特色教育",抓实抓细安全稳定工作,外塑形象,内提质量,使学校教育环境更加良好、内部管理更加规范、学校文化更具特色、教育成果更加优质,得到了社会各界的高度赞誉。

党建工作 落实"三会一课",创建"党员先锋岗",开展"双培养"工程,树立了党员队伍良好形象,发挥了党员教师模范作用,打造了优秀基层党支部。学校党支部书记朱玉强当选为清远市、英德市两级党代表,学校党支部被评为英德市先进基层党组织。

队伍建设 驾好"先锋岗""双培养"和"教学能手"三驾马车,握好"末位淘汰制"一条鞭子,优化绩效考核,打造出一支锐意创新、具有服务意识的管理团队和一支爱岗敬业、具有奉献精神的教师队伍,学校被评为英德市人才工作先进单位。

教学工作 以"导学案"为抓手,落实教学常规,突出课题引领,打造"一模多式"。2017年,学校中考成绩保持稳步增长,249人考入英德国家示范性高中,七、八年级期末质检"一分两率"优势明显,继续在全市公立学校领先。学校陈建强老师主持的"英德市初中物理名师工作室"和郭俊杰老师主持的"初中生物名师工作室"在2017年3月挂牌,学校获得英德市2017年教育教学质量评比一等奖。

德育工作 落实精细化管理,突出立德树人思想,强化养成教育,完善学校、家庭、社会三位一体教育体系。师生精神面貌喜人,学校被评为清远市2017年文明校园、英德市家长学校示范校。

特色建设 完善硬件建设,营造良好氛围,突出活动载体,提升软实力,有计划、分步骤推进"雅行教育"学校文化特色建设工作。2017年,有48个教育考察团到学校观摩交流,学校被评为清远市学校文化建设示范校。

交流发展

爱的教育

丰富课间

书香满园

连南瑶族自治县田家炳民族中学

连南瑶族自治县田家炳民族中学创办于1953年8月,在六十多年的发展历程中,她三易其址,六易其名,是一所历经风雨的古稀老校。

近年来,学校得到各级政府和社会各界热心人士的大力支持,学校设施设备、校园校舍发生了翻天覆地的变化,办学规模日益扩大,师资力量逐渐增强。现有教学班60个,学生2790人(少数民族学生2039人,住宿生1284人);教职工226人,专任教师202人,其中初中高级教师11人,中级教师151人,广东省特级教师1人,教师学历达标率为100%。学校占地面积73160平方米,校舍建筑面积28853平方米,运动场地面积30799平方米。学校拥有7栋教学楼(有主教学楼、物理楼、生化楼、艺术楼),1栋三层楼的图书馆(藏书77945册),5栋学生宿舍;室内体育馆、录播室、电子阅览室各1间,多媒体教室85间,还设有理生化实验室、心理咨询室、美术室、音乐舞蹈室、刺绣室、书法室、文学室、团队室等多功能教室。

学校还大力开展具有民族特色的体育、艺术活动,将珍珠球、蹴球、板鞋、竹竿舞、押加等民族特色项目引入课堂;组建了学生合唱队、舞蹈队、铜管乐队,精心编排瑶族特色歌舞;邀请民间瑶族艺人、兄弟学校专业骨干、文化部门专家到校指导。2017年,学校被评为广东省艺术教育特色学校、广东省民族团结进步创建活动示范单位。

学校认真贯彻执行党的教育方针,以"善·美"教育为办学理念,以"至善如山,大美若瑶"为校训,以"明德至善,善问臻美"为校风,以"循循善诱,孜孜润美"为教风,以"乐学善思,雅言美行"为学风,借鉴"德能教育"和"以生为本教育",构建"正心向上,齐心向美"的学校精神。学校注重课题研究,以课题促发展,提高教育教学质量,已有17个省市课题结题。学校先后被评为广东省安全文明校园、广东省体育特色学校、全国足球特色学校、广东省书香校园、广东省标准化学校、广东省现代教育技术实验学校、广东省中小学校本培训示范学校、广东省特级档案综合管理单位。

展望未来,连南田家炳民族中学将围绕"善·美"核心文化和"让学生全面发展,让善美源远流长"的办学宗旨,积极探索艺术教育的途径和模式,全面提高学生的艺术素养,增强学生的民族自豪感,发展学生个性特长,促进学生和谐健康发展,努力打造质量一流、特色突出的广东名校。

省市教育督导检查组到学校进行开学专项督导检查

县教育局局长邓海锋(右一)到学校调研

教师们参加"瑶微课"操作流程培训

学校开展《弟子规》主题班会暨班主任信息技术应用能力比赛

学校举办校园足球联赛

清远市清城区清城中学

清远市清城区清城中学始建于1852年，占地面积68643平方米，校园环境优美，文化底蕴深厚，设施设备完善。学校现有教学班73个，学生3600多名，专任教师240多名。

学校教师参加2017年清城区教职工文艺汇演

国学教室

明确学校发展方向。在教育大变革、教育多元融合发展的今天，学校秉承与时俱进、开拓创新的精神，在传承学校优秀文化的基础上，提炼出"仁和"核心文化，明确学校发展方向和目标，促进了学校办学内涵的提升。

引领教师专业发展。学校围绕"仁慈、善教、创新、善导"的总体要求，通过省、市、区三级培训，校本培训以及形式多样的教研活动，培养教师的"仁爱、仁慈"之心，助推教师的教育理论水平及教学水平不断提高；通过名校长、名教师、名班主任工作室建设，引领教师专业化发展；实行教师专业成长积分制，促进教师专业成长。

航模室

提高学生综合素质。学校以"仁爱、乐学、善思、博学"为育人目标，致力于提高学生的综合素质；实施文明习惯养成教育，引导学生树立"谈吐文雅、举止文明"的良好形象；开设丰富多彩的校本课程，举办"贤美少年"评选、志愿者服务、读书节和社会大讲堂等活动，让学生在掌握书本知识的同时，对军事、艺术、经济、国际形势等方面的资讯有所了解，开阔学生视野，提升学生的境界与格局。

推进校本课程建设。学校秉承"人文润德、科学启智"的办学理念，以培养学生的"人文素养、科学素养"为主线，以"人与自我、人与自然、人与社会、人与宇宙"为板块，推进校本课程的开发和研究。

学校"礼园"

学校办学效益显著，先后被授予全国学校艺术教育先进单位、全国艺术教育特色单位、广东省航空航天特色学校、广东省安全文明校园、广东省中小学教师培训实践基地、广东省基础教育研究实验基地等称号，实现了"在清远名列前茅，在粤北示范引领，在广东小有名气"的建设目标。

清远市清新区第三中学

清远市清新区第三中学是清新区委、区政府于2008年高标准打造的一所重点完全中学。校园占地面积约16.4万平方米，所有设施设备均按照广东省一级学校标准配备；现有120个教学班，在校学生6500多人。

学校党总支部书记、校长李英祺

清远市清新区副区长戴少枚（右二），清新区教育局局长梁镜河（左二）在李英祺校长的陪同下到学校调研

学校在"悦纳教育"主题文化的引领下，秉承"求真求善、悦己悦人"的办学理念，以"培养快乐灵动、和谐包容的新时代英才"为育人目标，走"以德立校、人文养校"之路，着力打造"悦和管理、悦善德育、悦融课堂、悦真教学、悦美校园"的办学特色，形成了"分部管理、以级为主"的管理格局；坚持"七化"管理，即学校管理精细化、课堂教学规范化、德育教育序列化、校园活动多样化、学生评价多元化、宿舍管理准军事化、后勤管理社会化；在教育教学方面形成了"以课堂教学为主阵地，主题教育活动月为主线，拓展性课程为补充"的三位一体的课程体系。

学校先后被评为清新区高中教学质量优秀学校、清远市一级学校、清远市高中教学质量优秀学校、清远市第一批集邮示范学校、清远市"正面管教"工作示范学校、清远市第一届"十佳学生"资助工作单位典型、广东省科普特色学校、广东省德育示范学校、广东省足球特色推广学校、广东省毒品预防教育示范学校、全国第一批青少年篮球特色学校等。学校男子篮球队代表清远市参加全国校园篮球特色学校联赛（广东赛区）选拔赛，荣获广东省第三名（学校是粤东西北地区唯一一所参赛并获奖的学校）。

满园春色半园湖，八面书香四季飘。学校是莘莘学子成长成才的理想之地，尤如北江迷雾中的一颗教育明珠，闪烁着璀璨而独特的光芒。

校　　长：李英祺
校　　址：广东省清远市清新区城市规划区51号区内
邮　　编：511800
电　　话：（0763）5383950

优美的校园环境

校园一景

学校鸟瞰图

饶平县城西实验中学

课堂教学新模式

教育教学帮扶活动受聘签字仪式

饶平县城西实验中学创建于2011年秋，位于钱东镇港墘村。学校总投资近9000万元，建设规模宏大，布局合理，格调高雅，各类教育文体设施先进齐备。学校共有教学班44个，在校生2562人，内宿生1400多人。教职工182名，其中本科学历教师占90%以上，"985"和"211"院校毕业生多名，硕士1名；参加"国培计划"培训4人，潮州市初中学科中心组成员7人，省、市、县级骨干教师一大批，教师团体年龄结构配比合理。

学校以优化课堂结构为根本，营造浓厚的学习氛围，增强学科训练有效性，提升课堂效能，提升办学品位。借助"校园之星"的评选，大力开展课外文体活动，全面优化育人环境。学校以"低难度，大容量，快节奏，速反馈"为教学常规要求，以"人人参与，积极主动，快乐进行"为实施德育工作的指导思想，全面优化教学教育质量。学校在教学科研上取得了优异的成绩，获2017年"县中学青年教师教学观摩赛"各科目奖项3人，获2017年"潮州市青年教师说课比赛"奖项7人，获2017年"中小学教育教学论文竞赛"奖项9人，还有在教学能力大赛、语文优秀作文教学设计等各类比赛中均有获奖。

2017年中考，全校考生以总平均分567.8分的成绩傲视同侪，全县万名考生中，学校考生囊括了前10名，26名考生排在前30名，67名考生排在前100名，485人考上国家示范性高中；杨诗宇同学以总分732分的中考成绩摘取潮州市总分第一名，并摘取了"潮汕星河奖学业奖"个人一等奖的桂冠。

教工体育比赛

艺术节表演

学生食堂

惠来县前詹中学

学校概况 惠来县前詹中学创办于1965年,是惠来县东部沿海的一所农村初级中学。学校占地面积5.7万平方米,建筑面积1.3万平方米,绿化面积约3万平方米。在校生1429人,教学班28个,教职工114人,专任教师学历达标率为100%。

校园环境 学校校园绿树成荫、整洁有序、环境优美,人文气息浓厚。校区规划科学,配套完善,楼房设计新颖,布局合理,三区分明(即东边宿舍区、西边运动区、中间教学区)。

办学条件 2017年,学校按照教育强镇的标准,全面配套完善教育设施设备,现有普通教室33间(其中多媒体教室28间)、物理实验室、化学实验室、生物实验室、电脑室各2间,多媒体电教室、语音室、图书室各1间,图书室藏书近19万册。标准400米环形塑胶跑道、七人足球场及四个篮球场已经建成并投入使用。

教学质量 学校注重校风、教风、学风建设,坚持管理育人、服务育人、环境育人,狠抓学校管理,健全激励机制,不断提高办学水平和效益,办人民满意的教育。从2005年以来,中考成绩每年都上一个新台阶,各项指标均居全县同类学校前列,连续十多年被授予"惠来县中考成绩优异单位";学生参加各类竞赛,共有185人次获奖;教师参加各类业务能力竞赛,共有136人次获奖;学校先后被评为惠来县文明单位,揭阳市绿色学校、平安校园、文明单位、书香校园、中小学规范管理示范学校、语言文字规范化学校,广东省绿色学校、中小学教师继续教育校本培训示范学校、安全文明校园。2017年学校被省推荐申报全国青少年校园足球特色学校。

展望未来 全体师生将继续秉承"笃学、前瞻"的校训,坚持"质量立校、品牌立校"的办学理念,内强素质,外塑形象,积极有效地推进校园建设,探索有效的教学途径,强化内部管理,努力做到既能发扬传统,又能与时俱进,为学校的可持续发展做出新的贡献。

学校管理团队

学生在上书法课

综合楼

瞻远亭

揭西县纪达中学

学校大门

学校举行"博纳杯"校园歌唱比赛

学校开展禁毒签名活动

足球训练课

校园一角

揭西县纪达中学创建于1984年，是由马来西亚爱国华侨拿督黄纪达先生独资捐建的一所公办初级中学。学校位于揭西县城西郊，背靠榕江南河，紧邻驰名海内外的三山国王祖庙，占地面积47358平方米，总建筑面积24360平方米。现有教学班35个，在校学生1680人，教职员工136人。

学校创办以来始终秉承"团结、勤奋、求实、进取"的校训，坚持以"一个中心、两个坚持、三个加强"（即"全面实施素质教育为中心，坚持以德育为首、坚持教育教学改革，加强学校管理、加强师资队伍建设、加强校园文化建设"）为办学思路，始终贯彻"规范加特色，和谐促发展"的办学理念，走依法治校、文化立校、教研兴校、内涵发展的道路。

学校以教学教研为抓手，稳步推进教学质量；以师德师风建设为主题，加强师资队伍建设；以规范化学校为依托，推动校园文化建设。学校紧扣时代主题，以高度的政治敏锐度和责任感，推动教育教学工作稳步发展。上下一心，硕果累累，连续8年教学质量综合测评获县一等奖，是广东省安全文明校园、广东省中小学校本培训示范学校、广东省分级阅读示范基地、揭阳市德育示范学校、揭阳市语言文字规范化示范校。

当前揭西县正处于教育蓬勃发展的大好时期，揭西县纪达中学将以全面推进教育现代化建设为契机，立德树人，迎接挑战，为民族的伟大复兴奉献力量，不断提高学校的教育教学质量，力争成为揭西县发展初中教育的示范窗口，成为揭西教育的骄傲。

揭阳产业转移工业园白塔中学

白塔中学创办于1950年，原名"磐岭中学"，1968年更名为"白塔中学"，1989年更名为"南侨中学"，2007年搬迁到新校区，并复名"白塔中学"。学校地理位置优越，交通便捷，校园占地面积约85333平方米。现有学生1300多人，教学班26个，教职工110人，专任教师100%本科毕业，有研究生学历教师1人。学校设施设备配套齐全，环境优美。

体艺馆

田径场

实验楼

宿舍楼

班际篮球赛

化学实验课

合唱比赛

学校树立"育德育能，成人成才"的办学理念，坚守"明德正行，厚学致远"的校训，形成了"爱、勤、严、新"的校风、"文明守纪、乐学奋进"的学风和"敬业乐群、言传身教"的教风，以"健全人格，发展个性，奠基人生"为培养目标，形成了"德育为首、教学为主、育人为本"的办学特色。

学校办学六十多年来，积累了丰富的教育管理经验、厚实的文化底蕴，形成了卓有成效的办学特色，以"更新观念，让学生接受更好的教育"为指导思想，高度重视学生的体质健康、思想品德、理想信念、科学文化等核心素质的培养；真抓实干、严格管理、与时俱进、勇于创新，不断推动学生素质的提高和学校科学发展，为社会、国家培养了一批批建设者和优秀人才。

学校秉承优良的办学传统，以"让每个学生都进步，让每个学生都成才"为培养目标，实施"因材施教，分层推进"的教育策略；实行分层编班常态教学、个性化辅导动态培优方式，推行"以入量出、高进优出"的评价机制，注重过程督导，为学生成人、成才提供优越条件和锻炼平台。

学校推行全员管理、全程管理和全方位管理的"三全"管理机制，制定规范教育的措施和量化制度，实行精细化管理，以培养学生"自主管理"为主题，构建事事时时有人管、人人时时有事管的管理网络，以"每个学生都重要，每个学生都可以培养"的思想，群策群力，各显其能，加强督导，让每一个学生都有适合的发展，提高了管理育人、服务育人、环境育人的实效。

学校先后被评为全国青少年校园足球特色学校、国家级国防教育特色学校、揭阳市首批朝阳读书示范学校、揭阳市书香校园、揭阳市平安校园、揭阳市体育工作优秀学校、揭阳市高考成绩优良单位。

揭阳空港经济区新华中学

新华中学创办于1950年，位于揭阳空港经济区炮台镇桃山村。学校现有教学班38个，学生2103人，教职员工218人，拥有一批市、区级骨干教师、学科带头人和名师名班主任。学校坚持"培养德才兼备的创新型人才"的办学目标，秉承"明德至善、笃教厚学"的校训，勤谨务实，团结进取，是揭阳空港经济区次重点高级中学、揭阳市一级学校、国家级考试定点考点，先后被评为广东省依法治校示范校、广东省青少年毒品预防教育创建示范学校、揭阳市平安校园。

在上级党政、教育主管部门的领导下，学校凝心聚力谋发展，硬件环境明显改善，管理制度逐步健全，教学质量稳步提高，竞争力和聚合力不断增强，并着力推进"三重"核心工作：一是重思想，树引领。立德树人是教育的根本任务。学校十分重视社会主义核心价值观的培育和践行，努力推进习近平新时代中国特色社会主义思想进校园、进课堂、进师生头脑。同时，以养成教育为主旋律，让每一个学生都能健康快乐成长。二是重教改，促成长。教育教学质量是学校发展的生命线。学校全力推进教研教改工作，以课题研究、晒课、微课为主要抓手，形成以学科组为单位的集体教研氛围，不断提高教师教育教学能力和课堂效率。学校已申报省、市科研课题各1个和区科研课题2个，并成立各学科的课题研究工作室。学校高考成绩连年取得新突破，2016年、2017年连续两年被揭阳市教育局授予"高考成绩优异"锦旗。三是重文化，提内涵。校园文化建设是学校内涵发展、特色发展的重要推力。学校有浓厚的文化气息和深厚的文化积淀，以"明于德，诚于信，笃于教，敏于学"的新华精神为依托，精心布设校园环境文化，创办了校刊《春华》《秋韵》等，成立了广播站、文学社、礼仪社等15个社团组织。学校已连续举办3届校园文化艺术节，开创了全区教育之先河，提升了办学品位。

潮起海天阔，扬帆正当时。新华中学将以推进创建教育现代化先进区为契机，高举习近平新时代中国特色社会主义思想伟大旗帜，不忘初心，砥砺奋进，为推动新华中学教育事业再创新局面而奋斗。

校长卢伟辉

校园足球运动

图书馆一角

普宁市第三中学

普宁市第三中学创办于1982年，位于揭阳市普宁市流沙城区中心，是一所完全中学，被评为揭阳市一级学校、揭阳市十佳校园、国家级定点考场。

学校建设布局合理、绿树成荫、环境幽雅，是绿、净、美、静的育人胜地。学校制定了教研、教改等考评制度，建立班级管理制度和学生跟踪教育信息收集系统，形成个案培养机制，逐步实现管理网络化。学校硬件设施和教学设备逐步完善，建有理化生实验室、电脑室、多媒体室、监控室、美术室、音乐室、图书馆、阅览室、VCM教学平台等。校园网联通全校，网络教学资源丰富。

学校积极发扬"严谨、勤奋、求实、创新"的校训精神，秉承"立德树人、追求卓越"的办学理念，坚持"健全人格、全面发展"的教育理念和"善教活学、教学相长"的教学理念，打造了"以诗育人、弘扬国粹"的办学特色。

学校现有师生共3860人，拥有在职教职工225人，其中初中专任教师96人，高中专任教师106人，高级教师（含研究生）26人，中学一级教师136人。2015年9月，普宁市委、市政府召开全市教育工作会议，明确指出"把普宁市第三中学建设成区域性优质学位、示范性学校"。学校办学质量逐年稳步提升，高考成绩屡创新高，实现了"低进高出"的办学效益；高考上线率达88%，受到上级主管部门、学生家长和社会各界人士的一致好评；2017年高考，林浩庆同学考上北京邮电大学，吕思敏同学考上华南农业大学，陈琨同学考上深圳大学。

学校新一届领导班子团结奋进、求真务实、爱岗敬业，内强素质、外树形象，以高度的责任感推进学校的教育教学质量再上新台阶，致力于把学校办成一所"学生向往、家长放心、社会认可的完全中学"，并朝着创建"广东省一级学校"的目标奋力迈进。

广东中华诗词学会考察团一行到学校考察，对学校的特色诗教活动给予了充分的肯定

"立丰"奖教奖学基金成立仪式在学校举行

学校女子篮球队参加普宁市中学生篮球比赛荣获高中女子组冠军

运动场

普宁市华美实验学校

普宁市华美实验学校是由普宁市华美教育投资有限公司投资兴建的一所高起点、高标准、高质量的新型完全中学，初中部创办于2005年，2009年增设高中部，先后被授予广东省民办教育专业委员会理事长单位、广东省文明单位、广东省青年文明号、全国五四红旗团委、普宁市重点中学等称号。

校长詹创丰

英语听力训练

学校坐落于揭阳市普宁大南山北麓、练江支流南畔，依山傍水，环境优美；设施配套一流，运动场地宽阔平坦，各类运动器材齐备，办学条件十分优越，在粤东地区首屈一指。学校坚持高起点建设、高效能管理，重质量、求特色、重创新、铸品牌。现有学生10000多人，教职工1000多人。

学校全面贯彻党的教育方针，秉承"从严治校、提高素质、因材施教、全面发展"的教育理念，不断探索与实践，创建优良教育氛围，打造学生成长乐园；通过开展养成、感恩、励志、前途理想教育等一系列活动，提升学生道德品格。学校管理规范，要求严格，教职工工作勤奋，学生学习认真。

舞蹈队参加比赛

学校坚持"以质量求生存，以特色谋发展"的办学思路，遵循教育规律，积极推进课堂教学改革，努力打造"华美教学"特色。初中部践行"先学后教、当堂训练"的课堂教学模式，高中部推行"五步教学法"的教学原则；推进"主体学习"课堂建设，培养学生主动学习的良好习惯，教学质量显著提高。

学校教育教学成绩优秀。2014年高考，洪冬玲同学勇夺广东省理科总分第一名，赖贝琪同学名列全省理科第5名。在6届高考中，学校共有15名学生被清华大学、北京大学录取。学校以优异的整体办学成果享誉粤东，赢得了社会各界的高度认可。

校园足球队训练课

学校认真贯彻落实体育卫生工作的两个条例，是广东省体育（乒乓球）传统项目学校、广东第二批校园足球推广学校、广东省校园篮球特色学校。学校注重学生的全面发展，每年都举办歌咏、书法、绘画、乒乓球、篮球、足球比赛和体育节等活动，丰富学生的课余生活，培养学生良好的意志品质，提高学生身体素质，促进学生的综合素养得到提升。学校各代表队参加各级舞蹈、书法、篮球、足球、乒乓球、羽毛球、象棋等比赛，均为学校争得了荣誉。

学生在课间愉快交流学习心得

展望未来，学校正凝心合力、图强创新，朝着"创建全国一流名校"的目标阔步前进。

普宁市燎原中学

普宁市燎原中学创建于1955年7月，地处"广东十大最美古村落"之一的泥沟村，是一所广东省义务教育规范化学校、"中国好老师"公益行动计划基地校。

学校占地面积41400平方米，校园环境优美雅致，教育教学设施齐全；现有教学班25个，学生1166人，教职工100人。学校秉承"团结、严谨、奋发、进取"的校训，以特色办学为抓手，积极开展第二课堂活动，办"温暖人心"的教育。

学校坚持走科研兴教之路，推行"分层教学"模式，因材施教，让每一个孩子健康快乐地成长；深入推进书法教育，确立了"端端正正写字，堂堂正正做人"的育人目标，让学生在写字过程中"释放活力、弘扬个性、走向蓬勃"；在各年级学生之中评选出"身体好、性格好、行为好"的"新三好学生"，通过"五星学生""五星级文明班"评比，实施德育自治，促进学生自我管理、自我提高。

学校大力构建适应不同学生个性特点的特色课程，广泛开展灯谜社、英歌队、"翰墨书香"书法研习班、创客空间、"燎中之声"广播站、绘画班、舞蹈队、合唱团、足球队、篮球队、文采飞扬、趣味化学、时事辩论等20多项第二课堂活动，全面开阔学生的视野，为学生提供了展示才艺的广阔舞台。

学校先后获得普宁市先进基层团组织、普宁市文明单位、普宁市首批德育示范学校、普宁市平安校园、普宁市绿色校园、普宁市规范管理示范学校、揭阳市文明学校、揭阳市先进职工之家、揭阳市语言文字规范化示范校、揭阳市规范汉字书写教育特色学校、揭阳市首批"朝阳读书"活动示范学校、揭阳市青少年毒品预防教育创建示范学校等荣誉称号，2017年11月顺利通过"广东省依法治校示范校"认定检查。

校长张伟芬在"新三好学生"培养对象动员会上致辞

学校教师刘习旋在普宁市初中语文教学研讨活动中讲授优质示范课

书法研习课

广播站成员在奖教奖学金颁奖仪式上表演节目

足球训练

罗定市太平中学

罗定市太平中学前身是抗战期间由司徒杰（从广州逃难至太平镇的教师）等人创办的华侨中学，曾五度易名，1968年起才正式定名为太平中学，此后至1990年，曾有近20年时间开设高中。2015年7月，根据中小学布局调整的安排，太平中学扩大办学规模，设置校本部和东校区。

太平中学一校两区，占地面积90909平方米，总建筑面积28760平方米，有标准的400米田径运动场、篮球场、乒乓球台、单双杠等体育设施一应俱全；学校按《广东省初级中学教育装备标准》配备多功能教室、心理咨询室、美术室、音乐舞蹈室等功能场室，并建有校园网络、校园广播系统、视频监控系统，满足了现代化的教学需要。太平中学在罗定地区久负盛名，被评为广东省朝阳读书活动先进单位、2017国防教育特色学校，学校食堂被评为广东食品安全示范学校食堂。

学校坚持"以生为本，质量至上"的办学理念，建立了精细化考核机制，把小事做细，细事做精，使教师对教育教学工作精雕细琢，把常规工作做到极致。实行层级管理，落实"谁分管谁负责""谁的班级谁负责""谁的课堂谁负责""谁的宿舍谁负责"的岗位责任制，激发教职工的责任感和担当意识。大力推广"五步教学法"，有效提高了课堂教学质量。学校教育教学成绩优秀，2017年获"罗定市初中教学质量综合水平一等奖"；中考成绩突出，各项成绩均居全市乡镇中学首位。学校重视素质教育，广泛开展形式多样的文体活动，文化氛围浓郁，每年举办艺术节、体育节、科技节等大型活动，丰富校园生活，开拓学生视野，取得了骄人成绩。师生参加各类文体比赛，屡获一等奖殊荣。

不忘初心，牢记使命，办人民满意的教育是太平中学坚定不移的办学宗旨。

校长、党支部书记： 陈世平
副校长： 梁成龙　彭许成　邹志伟　陈争雄
校　址： 广东省罗定市太平镇城西大道67号
邮　编： 527231
邮　箱： LD3271613@126.com

学校班子成员

获"园丁杯"各项比赛奖项的教师合影

省专家组到太平中学进行"创强"复评

学校省级课题开题报告会

学校首届高中校友回母校合影留念

云浮市云城区安塘中学

学校召开云城区初中语文"主题阅读"研讨活动

学校核心文化体系
办学理念：弘毅
办学宗旨：培养自强向上、自信活泼、自主求知的阳光学子
校训：厚德笃学、弘毅致远
校风：明、严、实、勤、恒、全
教风：弘文立教
学风：毅学求真

云城区安塘中学位于安塘街道夏小公路侧，始于清末秀才陈竹岩先生1904年创办的"弘毅一等学堂"。中华人民共和国成立后，私塾学堂改名为安塘中心校，1968年8月开始改办中学。现在学校占地面积20677平方米，建筑面积9796平方米，教学班18个，学生868人，在岗教师59人。多年来，学校以"弘毅"为办学理念，努力打造"弘毅"传统文化教育，以继承和发扬中华民族优秀传统文化为特色，以特色促发展，使学校办学品位不断提升。学校校风正、教风严、学风浓。教师为人师表、教书育人，学生德、智、体、美、劳全面发展。学校先后被评为全国"语文科学"实验学校、广东省普法先进单位、云浮市先进集体、云浮市文明学校、云城区平安学校。

学生在上书法课

学校扎实地开展德育活动，多渠道引导学生养成遵章守纪、举止文明、行为规范的良好习惯。教学中重视进行"三主"（以学生为主体、教师为主导、训练为主线）教学，"寓教于学"（寓思想教育于各科教学之中）和"启发式"教学，教学过程坚持做到"三先三后"（先预习后听课，先复习后作业，先思考后问人）的学法指导。数学推广"启、读、练、知、结"的教学法，语文实践"粗读、细读、精读"三读教学法，还开展"英语每天一句""数学每日一题""语文每周一记"等实践活动。

宏毅堂书吧

2017年，云城区大力推进教育现代化，学校配置了标准的学生电脑室、班班通宽带网络和多媒体教学平台，教育教学现代化水平进一步提升。百年老校重新焕发青春和活力，学校也由一所农村"麻雀学校"变为一所标准化、现代化、园林式的学校。

学生文艺表演

绿意校园

新兴县田家炳中学

新兴县田家炳中学是一所县直属完全中学，创办于1940年秋季，原名"甘棠中学"，中华人民共和国成立后更名为"天堂中学"；1999年11月，为表彰香港著名实业家及慈善家田家炳先生捐资办学之善举，学校更名为新兴县田家炳中学；2003年1月，学校被评为云浮市一级学校。

学校现占地面积86000平方米，建筑面积27076平方米；拥有教学班44个（初中部22个班、高中部22个班），学生1933人；现有教职工185人，其中专任教师175人。

为谋求学校发展，学校领导班子以"青松精神"为核心，提炼出切合学校实际发展的校园文化——"青松文化"。学校正视学生的实际需求，尊重学生的喜爱发展，通过宣传"青松文化"内涵意蕴、实施"青松课堂"教学模式、建立"青松文化"德育体系、构建"青松文化"管理模式等一系列措施，探索出一套符合学校长远发展的新模式，彰显出鲜明的办学特色。

学校办学成果丰硕，赢得社会普遍赞誉。教学质量逐步提高，2014—2015年连续两年被评为新兴县教书育人先进集体，2016—2017年连续两年被评为新兴县教育系统"两德"先进单位。初中教学水平位居全县前列，高中教育成果显著，实现了"低进优出"的办学效益。高考成绩呈直线上升，2014年上本科线有11人，学校获新兴县高考特别奖；2015年上本科线有36人；2016年上本科线有35人，居全市同类高中第二名。学校不断加强设施建设并充分利用现代教育技术设备，2015年荣获"广东省现代教育技术实验学校"称号；着手抓好学校德育工作，连续多年保持违法犯罪率为零，2016年荣获"广东省安全文明校园"称号；承担市级课题"粤西乡镇学校'强师工程'的行动研究方案"的研究并顺利结题。学校教师参加省、市、县教学教研活动评比，共有163人次获奖。学生参加各类竞赛屡创佳绩，2012年获新兴县中小学艺术表演一等奖；参加2017年新兴县第31届中小学生运动会，分别获得体育道德风尚奖、田径初中组团体总分第二名、田径高中组团体总分第三名。

在今后的办学历程中，学校将继续全面贯彻落实国家教育方针，开拓创新、不断进取，致力于把学校建设成为粤西地区"具有体艺特色的优质乡镇完中"。

新兴县副县长梁志莲（前排中）、县教育局长崔有辉（前排右一）在学校校长陆锦清（前排左一）的陪同下到田家炳中学指导高考备考工作

学校首届校园文化艺术节

田径运动会

校园一角

·各级各类教育·
VARIOUS LEVELS AND SORTS OF EDUCATION

职业教育与终身教育

发 展 综 述

2017年初，经有关部门批准，省教育厅整合成立了职业教育与终身教育处，统筹职业教育与终身教育综合管理工作，着力推进全省职业教育与终身教育系统厚植优势、补足短板，提升服务教育结构优化与经济社会发展的能力，为广东省加快实现"四个走在前列"提供坚实的人才保障和智力支撑。

（一）稳定规模，确保职业教育健康发展

2017年，全省中等职业学校（含技工学校）完成招生51.1万人，高中阶段教育毛入学率超过95%；全省高等职业院校完成招生27万人，招生规模占据全日制普通本专科总数的半壁江山。

（二）制度引领，抓好现代职业教育综合改革试点省建设

一是配合起草《广东省职业教育条例》（以下简称《条例》）。全程参与省人大及省法制办的立法调研、修改文稿等工作，《条例》已正式报请省人大常委会审议。二是加强职业教育质量保证体系建设。建立完善广东省职业院校内部质量管理制度，推进教学诊断与改进工作常态化，确定7所高职院校和36所中职学校为省级教学诊断与改进工作试点单位。编制《广东省职业教育专业设置分析报告（2017年）》（含中职、高职），完善职业院校专业设置信息发布机制，推动职业院校专业精准对接产业发展需求。发布高等职业院校质量年度报告和中等职业学校毕业生就业统计分析报告，建立健全职业教育质量报告制度，提升职业教育的社会影响力。三是推进创建现代职业教育综合改革示范市。2017年，省级财政投入1亿元支持广州、河源、湛江、韶关等第二批建设现代职业教育综合改革示范市，确立江门、惠州、肇庆、梅州4市为第三批现代职业教育综合改革示范市立项建设单位。

（三）扎实推进，加快现代职业教育体系建设

完善高职院校自主招生和中高职贯通培养方式，拓宽职业院校毕业生上升通道，扩大高技能人才培养规模。2017年，组织49所高职院校和197所中职学校在747个专业点实施中高职三二分段对接，高职招生计划3.2万人，规模相比2016年增加0.7万人；28所高职院校与16所本科院校在44个专业点开展高职本科三二分段协同育人，招生计划3150人，规模相比2016年增加40%；11所高职院校和9所本科院校在20个专业点开展高职本科四年制协同育人试点，招生计划数905人，探索高职本科"4+0"协同培养模式。为解决广东省学前教育发展对合格幼儿园教师的需求，制定《关于加大幼儿园教师培养力度 提高职业院校学前教育专业人才培养质量的工作方案》，探索开展高职学前教育专业学院建设，推动高职院校学前教育专业扩大招生规模，强化中高职学前教育专业协同育人，推进职业院校和幼儿园精准对接、精准育人，加快提升合格幼儿园教师的培养和供给能力。

（四）打造高地，全力推进高等职业教育"创新强校工程"

召开全省高职院校教学工作会议，推动制定并实施学校"创新强校工程"（2016—2020年）建设规划，开展2017年"创新强校工程"考核，推动全省高职院校在各自定位上有效发展，建设具有广东特色的高等职业教育高地。落实和扩大高职院校办学自主权，改革省高职教育质量工程立项方式和资助方式，完善省校两级项目管理体系。支持18所院校开展一流高职院校建设，组织开展省示范校验收和品牌专业建设，开展省高职教育专业教学资源库和精品在线开放课程、教学名师、高层次技能型兼职教师、专业领军人才申报评审和教改项目、重点专业验收工作，打造广东省高等职业教育高峰。组织开展人才培养工作状态数据采集工作，完成3所院校基本办学条件核查评估和3所院校人才培养工作评估。

（五）精准对接，深化职业教育校企协同育人

大力推进职业教育现代学徒制。做好第一批现代学徒制试点工作经验的总结梳理，扩大现代学徒制试点规模，开展现代学徒制试点检查，规范试点工作；组织34所高职院校在96个专业点开展现代学徒制试点，招生计划3675人；12家单位（院校、行业）确定为教育部第二批现代学徒制试点单位。教育部高度肯定广东省现代学徒制工作的推进成效及管理经验，并将全国职业院校现代学徒制工作指

导委员会主任单位和管理平台设在广东省。贯彻落实《教育部关于深入推进职业教育集团化办学的意见》，推动职业教育集团实质化运作。全省共成立区域和行业职业教育集团65家，参与单位包括371所职业院校、205个行业协会、4 000多家企业，初步实现招生、培养、实训、就业、培训与技术服务一条龙。围绕行业产业新标准新变化，对接人才培养新要求，广泛开展职业院校技能大赛。2017年全国职业院校技能大赛中，广东省代表队中职组获一等奖13项，相比2016年增加2项；高职组获一等奖22项、二等奖51项、三等奖50项，获奖数量居全国第三。全国职业院校教师信息化大赛中，广东省参赛人数154人，数量居全国首位；荣获一等奖9项、二等奖7项、三等奖20项，创历届新高，跃居团体成绩前五名，并荣获最佳组织奖。开展大学习、深调研、真落实活动，深入高新企业、园区中小微企业群调研，召开高等职业院校"新工科"建设座谈会和高职院校专业建设论坛，组织地市教育行政部门、职业院校、行业企业代表开展职业教育"双精准"研讨。

（六）攻坚克难，加快省级职教基地（清远）首期工程建设速度

5所进驻院校均已取得可研批复，广东建设职业技术学院等3所院校已完成招投标并签订总承包合同，清场交地87万平方米，占征地总面积的33%。省财政追加安排征地拆迁资金5亿元，累计下达清远市征地拆迁资金15.888亿元；省财政新安排建设资金9 600万元，累计安排学校校区建设资金3.820 5亿元。省政府颁布第245号政府令将9项涉及省级职教基地（清远）建设的行政职权事项委托清远市实施，省教育厅起草了《省级职业技术教育示范基地（清远）代建项目建设管理办法》。

（七）加强监管，规范职业院校办学行为

加强职业院校学生实习管理，贯彻落实《职业学校学生实习管理规定》（以下《规定》），组织全省职业院校自查自纠、立行立改，督促有关职业院校对与《规定》有关条款不符的行为开展论证与备案工作。研制《广东省普通高等学校高等职业教育（专科）专业设置实施细则》；推动12所高职院校在13个专业开展IEET工程及科技教育认证，探索专业认证工作；完成2017年高职院校新增专业、新办专业检查及2018年拟招生专业申报工作。适应国家规范职业资格证书对职业教育提出的新要求，开展职业院校"双证书"调研。加强中等职业学校国家控制专业备案管理，组织开展第三批学前教育专业备案检查工作，印发《关于加强中等职业学校学前教育专业办学管理的通知》，明确未获得省级教育行政部门备案的中等职业学校学前教育专业从2017年秋季开始停止招生。加强中等职业学校学籍管理，印发《关于进一步规范中等职业学校学生学籍管理的通知》，规范春季招生、联合办学等办学行为。

（八）试点带动，积极推动终身教育

完成2017年高等学历继续教育拟招生专业申报和信息核验工作。提请省政府办公厅印发《关于大力推动老年教育发展的实施意见》。完成第二批国家级农村职业教育与成人教育示范县认定工作，启动第四批创建工作。完成全省10个省社区教育实验区的认定。在东莞举办了2017年全民终身学习活动周广东省总开幕式。

高等职业教育

【基本情况】 截至2017年底,广东省共有独立设置高职院校87所(公办院校60所,民办院校27所),其中11所国家示范(骨干)高职院校,18所省一流高职建设院校,25所省示范高职院校。从院校类型看,以综合性高职院校和理工类高职院校为主体,综合类高职院校占51%,理工类高职院校占24%。全省高职院校招生27万人,报到率为83.4%。全省高职院校在校生73.7万人,占全国的8.5%,居全国第一,较2016年增加了近1万人,增幅1.29%。全省高职院校毕业生23.6万人,较2016年增加7475人,增幅3.27%。

【专业布局结构优化】 2017年,广东高职院校共开设18个专业大类81个专业类相关专业,覆盖《普通高等学校高等职业教育(专科)专业目录》(以下简称《目录》)列举专业类总数的80%;共开设441个专业,占《目录》列举专业总数的57.57%;专业布点数达到3162个(专业布点数占比情况详见图1)。

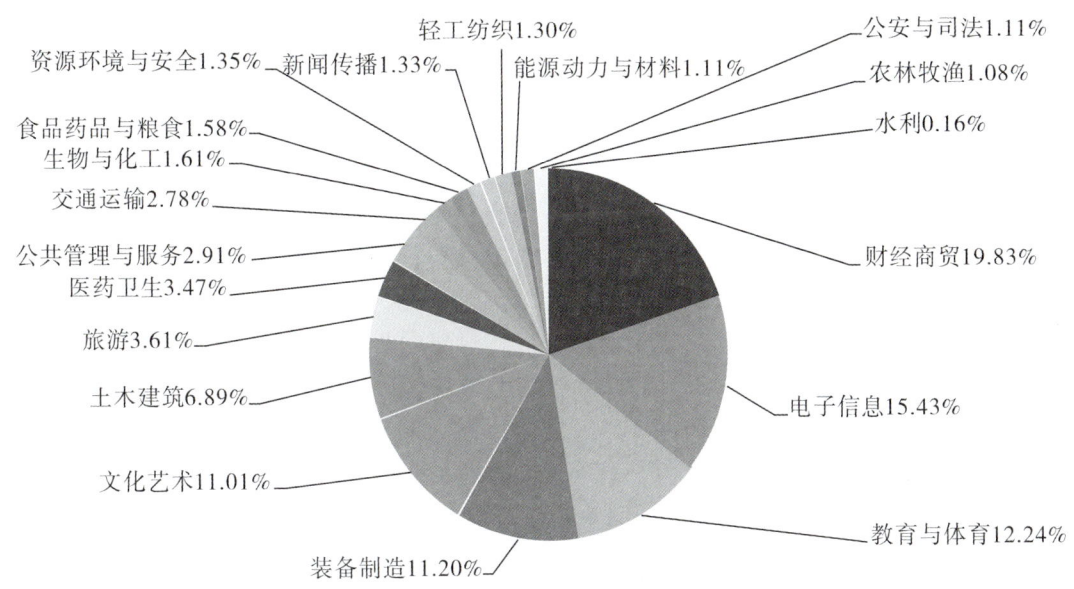

图1 广东省高职院校专业布点数占比情况

广东高职院校紧紧围绕战略性新兴产业、先进制造业、现代服务业等重点发展产业发展要求,加快调整优化专业布局结构,满足产业结构转型升级对专业人才特别是技术技能人才的紧迫需求。

【公办民办共同发展】 从院校类型看(见图2),以综合性高职院校和理工类高职院校为主体,呈多元并存发展的格局;其中,综合类高职院校占52%,理工类高职院校占24%。

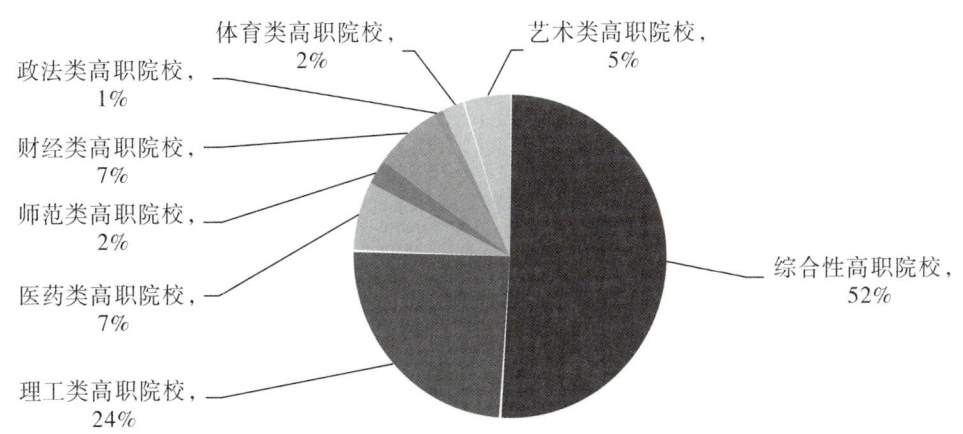

图2 2017年广东省高职院校类型结构

从所有制性质看，公办院校60所，民办院校27所，公办高职院校的在校生规模逐年上升，民办高职院校的在校生规模基本稳定（见图3）。2017年，民办高职院校在校生占总体规模的29.73%，是广东高等职业教育的重要组成部分。

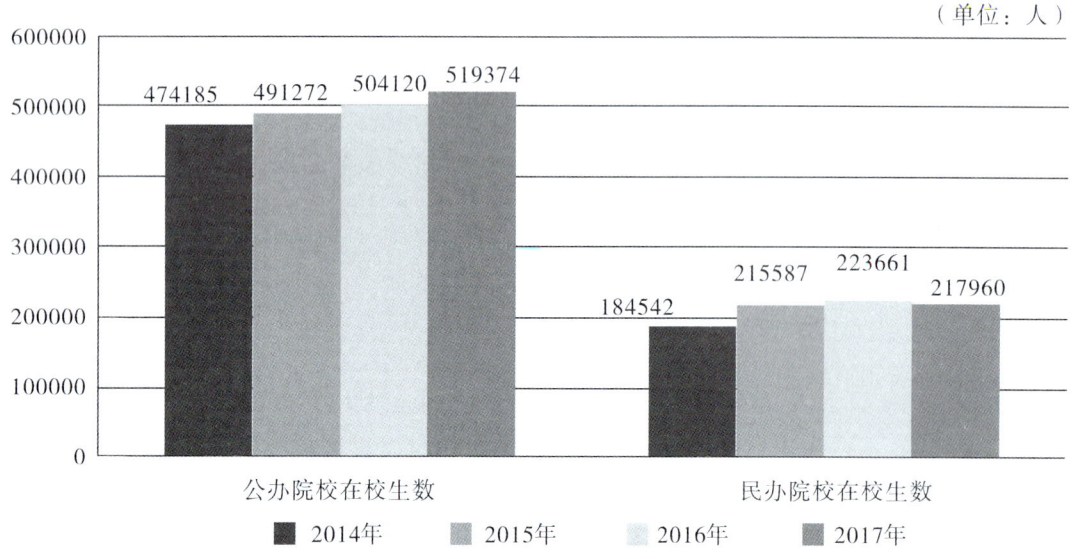

图3 2014—2017年广东省公办、民办高职院校在校生规模比较

【现代学徒制实现双主体育人】广东高职院校紧扣"双精准"，落实产教融合，逐步实现了"校企精准对接，跨界精准育人"；率先开展现代学徒制试点，政府推动、校企双主体育人的广东经验成为我国现代学徒制试点的典型代表，社会认同度不断提升，示范引领作用和社会影响逐步凸显。

广州铁路职业技术学院积极探索"学校+行业基地+中小微企业"协同的现代学徒制人才培养模式，联合国家数字家庭产业基地和广州合立正通信息科技有限公司成立行业学徒中心推动现代学徒培养，带动了产业链上下游的10多个中小微企业。广东科贸职业学院与温氏集团下属公司开平市温氏畜牧有限公司开平分公司联合开展现代学徒制试点，由专兼职教师组成导师团队指导学员课程学习，实现课程导师、岗位导师对学员指导相交叉、双覆盖。

中等职业教育

【基本情况】截至2017年底，全省中等职业学校共459所（公办学校343所，民办学校116所）（不含技工学校），其中省级或以上重点中职学校（以下称优质中职学校）共176所。全省中等职业学校（含技工学校）招生51.1万人；在校生99.3万人，较2016年同期减少7.2万人；毕业生34.2万人，较2016年减少4.7万人。

【专业大类设置实现全覆盖】对照国家发布的《中等职业学校专业目录》（2010版），全省实现了19个专业大类全覆盖。其中，覆盖率超过70%的有教育类、信息技术类、医药卫生类、休闲保健类、公共管理与服务类、财经商贸类（见表1）。

表1 广东中等职业教育开设专业覆盖统计表

（单位：个）

专业大类名称	专业大类共有专业数	未开设的专业数	已开设的专业数	开设比例
16 教育类	1	0	1	100%
09 信息技术类	18	2	16	89%

续上表

专业大类名称	专业大类共有专业数	未开设的专业数	已开设的专业数	开设比例
10 医药卫生类	28	5	23	82%
11 休闲保健类	4	1	3	75%
18 公共管理与服务类	15	4	11	73%
12 财经商贸类	21	6	15	71%
08 交通运输类	30	10	20	67%
15 体育与健身	3	1	2	67%
17 司法服务类	3	1	2	67%
01 农林牧渔类	32	11	21	66%
07 轻纺食品类	15	6	9	60%
14 文化艺术类	35	15	20	57%
04 土木水利类	18	8	10	56%
05 加工制造类	34	15	19	56%
13 旅游服务类	9	4	5	56%
06 石油化工类	13	6	7	54%
03 能源与新能源类	19	16	3	16%
02 资源环境类	23	20	3	13%
19 其他	1	0	1	100%
总计	322	131	191	59%

2017年，全省共设有3 875个专业点，专业点设置最多的5个大类分别是财经商贸类、信息技术类、加工制造类、文化艺术类、交通运输类（见图4）。上述5个专业大类的专业布点数约占全省专业布点数的75%。

（单位：个）

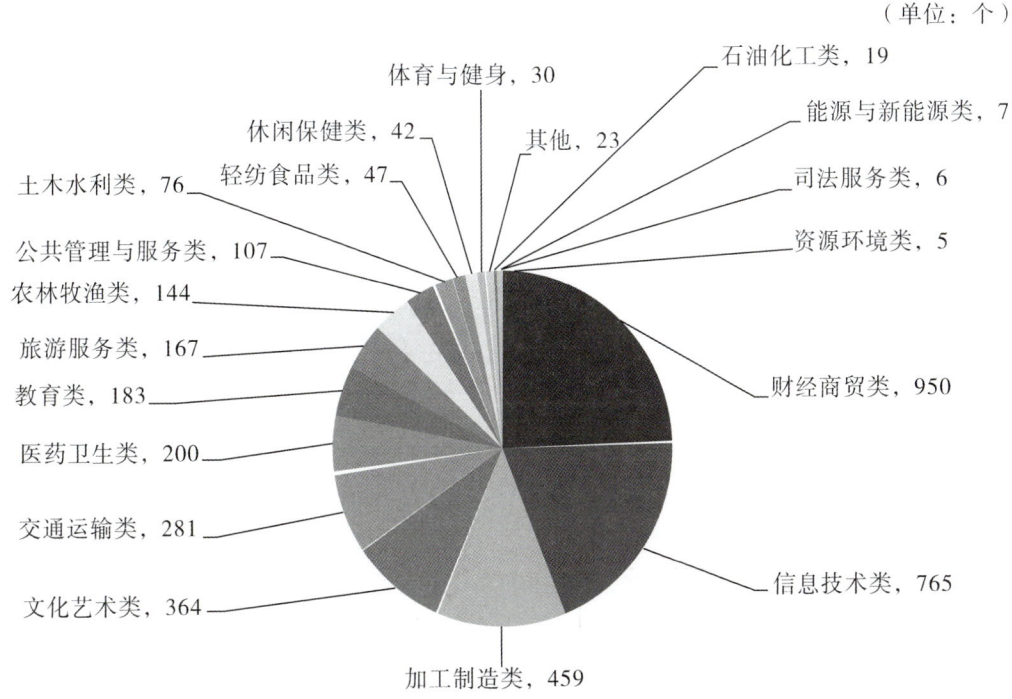

图4 广东省中等职业教育专业布点数情况

【启动中职学校布局结构调整】2017年，全省共有中等职业学校459所（不含技工学校），与2016年相比，学校数量减少9所（见表2）。全省共建有39所国家中等职业教育改革发展示范校；124所国家级重点中等职业学校；48所省级示范校；225所省级重点中等职业学校。省级以上重点学校数量约占总数的49%。

2017年，全省中等职业教育（含技工学校）招生51.1万人，普通高中学校招生61.1万人，普职招生比例为54.5∶45.5（见图5），与2016年的比例基本持平。

表2　2016年和2017年广东省中等职业学校数

（单位：所）

年份	学校数	公办学校数	民办学校数
2016年	468	350	118
2017年	459	343	116
2017比2016年增加数	-9	-7	-2

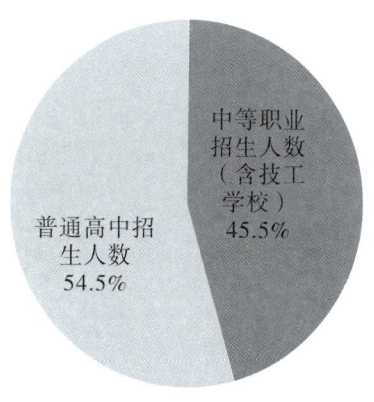

图5　广东省普职招生比例

【校企共建实训基地】中山教育科技股份有限公司投资建设中德合作职业技能人才培训基地，开展德国"双元制"教育本土化实践。学生毕业后除获得本校毕业证书和国内中（高）级工证外，还将获得德国AHK职业资格证书。2017年，基地迎来首批300名学员，主要来自于广东理工职业学院、中山市中等专业学校等7所中高职院校，预计未来三年将达到1000人规模。

在佛山市教育局指导协调下，2017年佛山市共建成了包括"中恺汽车公共实训中心"等4个混合所有制性质的公共实训中心。4个中心分别由1～2所中职学校联合1～3家合作行业、企业，校企联合创建。公共实训中心的特色在于体制创新，打破单一公有或私有的机制，真正实现了产教融合、校企深度合作。

终身教育

【基本情况】2017年，全省已建成省级及以上社区教育示范区、实验区109个（其中国家级社区教育示范区、实验区26个，广东省社区教育实验区83个）。10个县（市、区）入选国家级农村职业教育与成人教育示范县创建入围名单，6个地级以上市加入全国学习型城市建设联盟。全省基本建成面向人人、面向社会的终身教育体系，在创新终身教育理念和管理机制上取得了明显成效。

【研究终身教育资历框架等级标准】2017年3月，由广东开放大学牵头研究的《广东终身教育资历等级标准》（DB44/T 1988—2017）（以下简称《标准》），经广东省质量技术监督局批准发布并且报国家标准化委员会备案。《标准》将资历成果分为7级，明确了普通教育、职业教育、培训及业绩相互之间的关系，并从知识、技能、能力三个维度确立了各等级的标准，是国内第一个资历框架等级地方标准，也是广东职业教育的创新亮点。该标准有四个特点：一是参考了欧盟资历架构，充分借鉴香港资历架构、澳大利亚资历框架和国家开放大学学分银行制度体系等的成功经验和做法；二是在省教育厅和省质量技术监督局的指导下，由广东开放大学牵头，联合100多个单位、200多名专家共同研制而成；三是研究项目成果的转化和广东省职业教育教学标准、中高本衔接一体化协同育人、职业技能鉴定"一试三证"等实践经验的结晶；四是成为广东省构建终身教育体系和学习型社会建设的重要制度基础，是各级各类教育纵横之间沟通和衔接的重要依据，是行业能力标准的母标准。

【广东省2017年全民终身学习活动周】2017年10月31日，广东省2017年全民终身学习活动周总开幕式暨社区教育论坛在东莞市寮步镇举行。该届活动周以"推进全民终身学习，加快建设学习型社会"为主题，由广东省教育厅主办，广东省成人教育协会、东莞市教育局、东莞市成人教育协会承办，寮步镇人民政府协办。广州市天河区、南沙区，韶关市浈江区、曲江区、乳源瑶族自治县，鹤山市，清远市清城区、英德市、佛冈县、连南瑶族自治县10个县（市、区）被确定2017年广东省社区教育实验区。开平、博罗、信宜为2017年第二批省级农村职业教育和成人教育示范县（市、区），英德、大埔、高州、阳春、化州、惠东、台山、新兴、恩平、始兴、乐昌、紫金、龙门被列入省级示范县（市、区）创建入围名单。

【金融教育进社区】2017年，广东开放大学与广东省金融消费权益保护联合会在全省范围内继续联合开展"金融教育进社区与助力青年创业创新"项目。各市县开放大学和省金融系统各单位合作深入社区开展金融知识宣讲活动，围绕创业创新举办一系列讲座培训，初步形成了社区教育品牌和影响力。自2015年项目启动以来，工作逐步深入，在2016年增加开展网络和移动金融教育形式以后，2017年合作双方又联合启动"百社（社区）千校（学校）金融读书角"建设工程，首批10个社区金融读书角在江门、佛山、韶关、东莞和广州等地启动建设。项目实施以来惠及居民和中小学生累计达66万人次。

（撰稿　王魏锋　张家浚　穆　静；审稿　吴艳玲）

广东省经济贸易职业技术学校

广东省经济贸易职业技术学校创办于1965年,是广东省教育厅直属公办国家级重点中等职业学校,先后被评为首批国家中等职业教育改革发展示范学校、全国职业教育先进单位、全国教育系统先进集体、全国模范职工之家、广东省普及高中阶段教育工作先进集体。

学校管理严格,师资雄厚,拥有多名教学名师、南粤优秀教师和省级优秀班主任。2017年,学校招生近2000人,在校生规模达6200多人。学校坚持"和谐教育、强化技能、特色办学"的办学理念,积极推进"两课堂三融合四推进"人才培养模式的改革,取得了较好的办学效益和社会效益。

学校构建了对接商贸流通领域物流、商流、资金流、信息流"四流融通"的专业链群,设有物流电商、经贸外语、信息技术、财会金融、文化艺术五大专业类目共计20个专业(技能)方向,其中物流服务与管理、电子商务、商品经营、市场营销、商务英语、计算机应用、会计7个专业是广东省重点建设专业。学校已发展成为一所以物流专业为龙头,财经商贸、信息技术类等多专业协调发展的,具有鲜明物资流通行业特色的中职学校。

学校的物流专业是一个拥有先进专业实践教学设施、工学结合紧密、专业特色鲜明、满足物流行业对专业人才的多元化需求,对物流职业教育具有引领作用的示范性专业,在广东省居于龙头地位。学校是全国物流教育教学指导委员会副主任委员单位、中国教育技术协会职业教育专业委员会主任委员单位、广东省职业技术教育学会物流专业指导委员会主任委员单位、广东省物流行业协会副会长单位和广东省金属材料流通协会副会长单位,也是全国物流人才培养基地、广东物资集团公司人才培养基地、广东省中职师资培训基地(青年教师企业实践项目)、广东省物流技能竞赛基地等。

学校积极探索集团化办学模式,整合物流企业与合作院校的优势资源,牵头组建和运营广东省物流职教集团,为推动区域经济社会发展做出了积极的贡献。

校　址:广东省广州市白云区鹤龙二路1121号
邮　编:510440
电　话:(020)62659621(传真)
网　址:www.gdjmxx.com

教师节目表演

学生专业汇报演出

商务外语实训中心

物联网实训中心

物流叉车技能训练

广东省商业职业技术学校

学校现任领导（从左至右：党委书记许日就，校长杜汉清，党委副书记兼纪委书记沈纪彬）

学校足球队在广东省属中职学校足球联赛中夺得冠军

学校舞狮队

茶艺社成员正在学习茶道

教学大楼

广东省商业职业技术学校是直属广东省教育厅的公办全日制商贸类国家级重点中职学校，创办于1951年，先后获得广东省职业技术教育工作先进集体、广东省德育示范学校、培育和践行社会主义核心价值观示范点、广东省汉字书写教育特色学校等荣誉称号。

学校现有在校生4500多人，开设了财经商贸、文化艺术、公共管理与服务、教育和技工等10多个专业，其中电子商务、市场营销、会计、商务英语4个专业均被评为广东省中职学校重点骨干专业。学校是广东省职业院校中高职"三二分段衔接"试点学校，2011年牵头成立了"广东省商业职业教育集团"（全省首个由省属中职学校牵头成立的职业教育集团），以成功校友的企业为主，以商业类行业协（学）会为辅，以商贸类中职学校为核心，以广佛商业类中职学校联合体为重点，以"三二分段"和国际化办学为新方向，着力构建职业教育链。

环境优美，师资优质。学校位于华南"千年商都"广州，地处珠江桥头，邻近广州地铁五号线及滘口客运站，环境优美，交通便利。学校师资力量雄厚，拥有一支稳定的高素质教师队伍，其中具有中、高级专业技术职称的教师达上百人，"双师型"教师占专业教师总数的80%。

设备先进，管理规范。学校实行半封闭式管理，管理规范细致。课室升级配备了纳米互动系统，各专业实训室配置完善，宿舍配有太阳能热水装置，宿舍、课室、实训室、饭堂均安装了空调。

升学道畅，就业路宽。学校与广东工贸职业技术学院联合办学，开设"3+2"中高职衔接班；与国家开放大学等多个办学实体合作，开办成人大专班；与新西兰怀卡托理工学院合作，以定向输送的形式为学生继续深造和出国留学创造了便利的条件。学校成立了"实习就业科"，为毕业生提供就业指导服务；每年举办校园招聘会，为学生提供就业机会；毕业生就业率保持在98%以上，初次就业月薪普遍达3000元左右。

展望未来，学校将继续完善现代化教学设施，顺应职业教育事业的发展要求，努力开创职业教育的新局面。

广州市旅游商务职业学校

广州市旅游商务职业学校是首批国家中等职业教育改革发展示范学校、国家级重点中等职业学校。改革开放以来，学校发展步入快车道，办学规模从2个班发展到110个班；专业数量从2个专业扩展到18个专业；教师队伍从30人增加到325人；校企合作模式从最初的寻找实习点，发展到校企双方互建实训室，再到构建起基于产教融合的校企一体化课程。

"中国·广州市旅游商务职业学校-葡萄牙工作站"在葡萄牙国家旅游局挂牌成立

学校支持承办享有"烹饪界奥林匹克"美誉的"博古斯世界烹饪大赛"的中国区选拔赛

学校拥有一支师德高尚、教学素质扎实、专业技能过硬、科研能力强、学历达标高的教师队伍，为教学质量的稳步提升提供了保障。学校设有旅游与文化系、商务外语系、烹饪与营养系、经济管理系、传媒与形象设计系五个专业系共18个专业，致力于把高星级饭店运营与管理、旅游服务与管理、中餐烹饪与营养膳食、西餐烹饪等传统专业以及茶艺与茶营销等新专业打造成品牌专业，其中高星级饭店运营与管理专业被确定为"全国职业院校旅游类示范专业点"。

由广州市旅游局、从化区政府与学校联手打造的广东省首个粤菜师傅工作室在从化区西和村正式成立

学校办学特色鲜明，教育成果丰硕，先后被评为全国职业教育先进单位、广东省中华文化传承基地、广东省模范职工之家、广州市星级家长学校等，获得2项国家级教学成果奖二等奖。学校积极承办由广州市教育局主办的"穗港澳台四地技能节"，成为颇具影响力的交流平台；参与组建粤港澳大湾区旅游教育联盟，牵头成立全国烹饪教育联盟，实现资源共享、人才共育；参与实施"粤菜师傅"工程，助推乡村振兴战略。

学校不断完善"校店合一"的办学模式，建立了"三平台三基地"校企合作机制；牵头成立了由189家企业、行业和院校加盟的广州市旅游商务职业教育集团，校企合作成效显著；先后与21家国外教育机构建立合作关系，有效开展教师交流与培训、学生实习就业与交流、课程合作与交流等活动。

学校大力推进职业教育的国际化发展，实现专业课程与国际标准对接，积极引领中华厨艺、茶艺教育的国际交流，正朝着"广东一流、全国品牌、具有国际影响"的办学目标不断迈进。

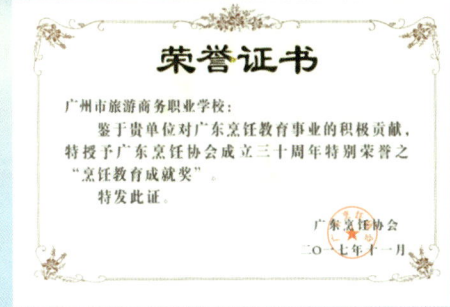

学校被广东烹饪协会授予"烹饪教育成就奖"

广东省工业贸易职业技术学校

学校概况 广东省工业贸易职业技术学校创办于1958年，是广东省教育厅直属公办重点中等职业学校。学校始终坚持社会主义办学方向，强调修身立德，注重技能培养，倡导个性发展，以"培养德智体美劳全面发展、一专多能的技术技能型人才"为目标，办学至今已培养了2万余名毕业生，毕业生深受用人单位的欢迎和好评。学校办学效益显著，是广东省职业教育先进单位，多次被上级教育主管部门授予"教育先进单位""文明校园"等称号。

体育节运动会进场式

艺术节文艺汇演

师资设备 学校位于珠江三角洲腹地佛山市南海区，校园环境优美，校风优良。现有在校学生4000余人，教职工近200人，其中具有中高级职称的教师100多人，师资力量雄厚。学校现代化教学设施配置合理完善，拥有能满足各专业实训及实习需求的教学设备、校内实训场地、校外实习基地共80多个，用于教学的计算机1500多台，图书馆纸质藏书10多万册。

招生就业 学校根据社会人才发展需要，开设了以机械技术类、电气技术类、财经商贸类、信息技术类、基础教育类为主的16个专业；注重为学生拓宽升学通道，与广东省外语艺术职业技术学院等院校联合办学，开设多个"中高职三二分段"人才培养专业；与广东职业技术学院等院校合作，开展"三二分段五年贯通"人才培养试点工作。

办学成绩 学校致力于教育教学改革，不断创新人才培养模式，推进产教深度融合、校企广泛合作，在教育教学方法、教学内容、教学模式和考核方式创新上取得了丰硕的成果。学校重视教学研究及技术创新，教研工作成效显著，共获得300多项国家专利。学校师生多次代表广东省参加全国技能大赛荣获一等奖。

学校遵循职业教育规律，坚持"内外兼修"的工作思路，秉承"厚德强技、知行合一"的办学理念，以实现"双精准"育人和学校可持续发展为目标，不断提升办学基础能力，改善办学条件，经过近60年的办学积淀，现已发展成为一所具有现代先进职教理念和强劲竞争力的品牌中职学校。

技能节学生竞技

心灵驿站

艺术楼

河源市卫生学校

河源市卫生学校创办于1943年，2012年9月迁入河源市区东江教育城办学，是国家中等职业教育改革发展示范学校、国家级重点中等职业学校。校园占地面积28万平方米，建筑面积10.8万平方米。学校现有在校学生10749人，其中中职学生6330人，成人高等教育大专、本科学生4419人。

学校护理专业学生在2017年广东中等职业学校技能大赛中荣获奖项

学校依山傍水，校园环境优美，文化氛围浓郁，教学设施先进，建有投资达数千万元的护理实训中心、康复实训中心、基础实训中心、助产实训中心和药品流通中心；设有办公室、人事保卫科、教务科、学生科、后勤科、招生与就业科、继续教育中心七个内设机构，党支部、工会、团委会等党群组织，以及医学教研室、教学督导室和公共基础学部、医学基础学部、护理学部、药学学部、医学技术学部等教学管理机构。学校全日制中专班开设了护理、中医护理、助产、药剂、医学检验、中医康复保健、康复技术、农村医学8个专业，其中护理、助产、药剂专业为省级重点建设专业；成人高等教育大专、本科班开设了临床医学、护理、助产、药学、医学检验、康复技术6个专业。学校拥有实习教学医院、药企共168所，教学实习基地遍及全市、珠江三角洲及江西赣州等地区。

学校师资力量雄厚，拥有教职员工255人，其中副高以上职称教师67人、博士1人、研究生20人。学校坚持"以服务为宗旨、以就业为导向、以技能为核心、以素质教育为根本"的办学思想，实行"理实一体"的教学模式和"学做一体"的教学方法，着力打造"暖心德育"品牌，建设"最美学校"，构建"温暖校园"，培养具有"扎实专业知识、过硬专业技能、良好人文素养、优秀思维品质"的高素质医疗卫生人才。学校教师中有31人次获国家级奖励、53人次获省级奖励，教师论文发表数量在全省中职卫生学校中排名第一。学生参加国家级技能竞赛，有10人次获一等奖，19人次获二等奖；参加省级技能竞赛，有33人次获得一等奖。学生护士资格考试通过率80%以上，就业率达98%以上。

学校先后被授予全国和谐校园先进学校、全国模范职工小家、全国首批中等职业教育改革发展示范学校、广东省安全文明校园、广东省教育系统先进基层党组织、广东省五四红旗团委、广东省依法治校示范校、广东省书香校园、河源市文明单位、河源市直机关党建工作示范点、河源市德育示范学校、河源市优秀护理集体等荣誉称号。

五四文艺晚会

毕业生供需见面会

学校运动场

校运会现场全景

陆丰市第二职业技术学校

陆丰市第二职业技术学校是一所创办于2009年秋季的公立职业技术学校,校园占地面积9.3万平方米,坐落于陆丰市陆城霞湖高速出口右侧300米处,交通便利,依山傍水,是办学宝地、育人摇篮。

学校校区规划合理,教学实训区、生活区、运动区、文化功能区四区相对独立,建有

学校青年志愿者协会开展志愿服务活动

学生朗读比赛

规范标准的综合楼、教学楼、学生宿舍楼、食堂、实训大楼,建筑面积约3.8万平方米;配有图书室、多媒体电教室、计算机室、舞蹈室、钢琴室、音乐室、语音室、艺术室、机电实训室,以及汽修实训中心、电子电工实训中心、会计专业实训中心、计算机应用专业实训中心、学前教育专业实训中心等;拥有田径运动场(含标准8道塑胶跑道)、标准篮球场、排球场、室内乒乓球室,教学、生活、运动设施设备配置齐全,为学生提供了良好的学习和生活环境。

学校现有教职工169人,全日制在校生近3000人。学校积极推进办学模式改革,除了自主开设学前教育、会计、汽车运用与维修、电子技术应用、计算机应用、电子商务、戏曲表演、美术设计与制作、机器人应用与维护等专业外,还先后与汕尾职业技术学院、惠州经济职业技术学院、广东省外语艺术职业学院开展"三二分段(大专)"合作办学,利用高职院校的办学优势带动,实现资源共享、优势互补。

德艺广场及教学实训楼

学校办学整体水平和影响力不断提升,取得了丰硕的办学成果。2010年,郑庆逢校长先后被评为汕尾市优秀校长、广东省职业技术教育工作先进个人,学校党支部被评为汕尾市、陆丰市先进基层党组织;2011年,学校被评为陆丰市文明单位;2015年,学校被评为广东省语言文字规范化示范学校、学校团委被评为广东省五四红旗团委;2016年,学校被评为广东省安全文明校园、汕尾市首批省级重点职校,向着"创建国家级重点中等职业学校"的目标迈进。2017年,学校先后被评为广东省校园足球推广学校、广东省艺术特色学校、广东省依法治校示范校、广东省中等职业学校教学诊断与改进试点学校。学生社团蓬勃发展,2013年,合唱团被评为全省十佳社团;2015年,舞蹈团被评为广东省优秀学生社团;2016年,汽车爱好者协会等多个学生社团参加省级中职学校社团优秀成果展示分别获得一、二、三等奖;2017年,舞蹈团被评为广东省团员先锋岗,汽车爱好者协会被评为"汕尾市先进文明号"。

运动场

东莞市电子科技学校

东莞市电子科技学校成立于1993年，坐落于东莞市塘厦镇环市南路2号，是东莞市直属公办国家级重点职业学校、广东省示范性中职学校、广东省绿色学校、首批全国中等职业学校教学工作合格评估试点学校，连续10多年获得东莞市中等职业教育质量一等奖。

由东莞市海霖动画制作有限公司与学校联袂打造的全国首部校企合作大型原创动画片《吉祥宝宝》央视首播仪式在学校举行

学校荣获2017年全国职业院校技能大赛（中职组）计算机检测维修与数据恢复赛项一等奖

学校占地面积约10.67万平方米，建筑面积9万多平方米，建有3个省、市级示范性食堂。学校现有全日制在校生4500多人，教职工300余人，其中专任教师246人、硕士研究生78人；师资力量雄厚，拥有全国优秀教师1名，广东省专业名师、东莞市专业带头人多名。

学校仿照大学管理模式，实行专业部制管理，设立电子、计算机、财经、艺术、国际文化五大专业部；开设了15个专业共20个专业方向，其中电子技术应用、计算机应用均为省重点专业、省示范专业，此外，还开设了无人机驾驶与维修、工业机器人、通信技术、3D打印等高科技前沿专业。学校按照省级实训中心建设要求，建设了电子、机电、计算机、财经、动漫、艺术六个"五位一体"实训中心，拥有SMT、联想PC+、电梯、无人机、机器人、影视动漫、华南3D打印、电子商务等现代化实训中心，专业设备先进。

学校在2017年广东省"省长杯"青少年足球联赛全省总决赛中夺冠

学校的电子信息、通信技术、电梯技术、物联网、IT服务、会计事务、体育专业等多个专业方向系部先后与东莞职业技术学院、广东省体育职业技术学院、广东科贸职业学院、广东交通职业技术学院等多所高职院校开办"三二分段"联贯教育直升大专班，有3名学生考入体育类本科院校；电子、计算机等专业部与新西兰国立联合理工学院合作办学，先后有3批共29名学生赴新西兰深造。学校与新加坡等国家和中国台湾等地区的教育及企业部门合作办学，致力于培养具有国际职业教育背景的高技能人才。有5名电梯专业学生被新加坡其士公司录取，成为东莞市首批"国际工匠"；财经ERP专业学生赴台湾地区的高校参加了为期2个月的技能学习并考取相应证书。学校学生高考录取率达99%，毕业生就业前景广阔，就业率达100%，为东莞本地乃至珠江三角洲产业经济转型发展培养了20000余名技能型人才。

学校电梯工程技术专业学生赴新加坡工作

东莞市经济贸易学校

学校召开庆祝中国共产党建党96周年表彰大会

2017年教师节表彰大会

2017年第一期SYB创业培训班开班

学校概况 东莞市经济贸易学校是东莞市教育局直属公办中等职业技术学校，创办于1958年，原名为"东莞县农业技术学校"，是首批国家级重点中专学校。学校于2003年更名为"东莞市经济贸易学校"，2011年与同为"国家级重点中专学校"的东莞市职业技术学校合并，成立新的"东莞市经济贸易学校"。2013年，学校被确定为国家中等职业学校示范学校创建单位，是经教育部、财政部、人社部批准的东莞市仅有的两所国家示范学校建设单位之一，2015年通过省专家组验收，现已通过教育部验收。学校坐落于东莞市莞城区，分设校本部（学院路校区）和莞城校区（新风路校区），总占地面积10.67万平方米，总建筑面积10.94万平方米，固定资产总值2.27亿元。校园环境舒适优雅，文化底蕴深厚，教学、学习及生活设施配套完善。学校建有理实一体化大型实训场室96间，数字化教学资源丰富，辐射带动效果显著。

办学理念 学校坚持"育人为本，面向市场，做强服务，争创一流"的办学理念，以"立足区域经济，面向现代服务业，培养高素质劳动者和技能型人才"为办学目标，秉承"崇德尚能、知行合一"的校训，形成了"诚信、阳光、敬业、创新"的校风，致力于办名校、铸名师，打造阳光学生、阳光校园。

师资力量 学校现有教职员工499人，在校学生4069人，整体师生比约为1:15。学校着力打造一支师德高尚、教学水平高、学科结构合理、数量规模能满足教学工作需要、适应现代职业教育要求的专兼职教师队伍。学校专任教师中，兼职教师占5%以上，专业教师占60%，具有高级职称的教师超过20%，具有研究生学历的教师约占20%；专业教师中，"双师型"教师占比达95%，技师级教师占比达30%以上，专业教师拥有每年平均1个月以上的企业工作经历，现有5名市级教学名师。

学校承办2017年东莞市中职财经类骨干教师专业发展新动向研修活动

学校承办2017年东莞市职业院校技能大赛物流服务与管理专业项目竞赛

学校计算机教研组组织召开计算机网络技术专业建设指导委员会会议

教育成果 学校教育成果丰硕，先后获得东莞市未成年人思想道德建设示范基地、东莞市会计电算化培训基地、广东省中职课程改革试点学校、广东技术师范学院教学实习基地、广东省中职校长挂职培训基地、国家计算机技能鉴定培训基地、国家物流师职业资格认证基地、全国青少年道德培养实验基地、全国重点建设职业教育师资培训实践实训基地等荣誉称号。《中国教育报》《南方日报》等媒体先后对学校的国家中等职业学校示范学校创建单位建设成果和办学成果进行报道，学校的办学经验辐射到省内外同类院校，被全国各地多所学校引用和借鉴。学校坚持"双证书"（技能证和毕业证）制度，学生双证率达99%，毕业生就业率达100%。学生通过高考、"三二分段"及自主招生等方式参加升学考试，升学率达94%以上。学生参加各项技能竞赛获得市级以上奖项217项，其中省部级和国家级奖项达91项。

办学特色 2017年，学校立足东莞地方产业办学，打造财经、信息技术类、商贸、旅游服务四大特色专业群；依托行业，联合企业和国内外高职院校，积极开展"订单式"人才培养、"三二分段"人才培养以及国际联合办学；突出对学生职业技能和职业素养的培养，对接产业、培育特色、打造品牌，扎实推进专业教学改革。建校50多年来，学校毕业生遍及珠江三角洲地区，深受社会、行业企业的好评和广泛认可。学校成为引领东莞现代服务业人才培养的重要高地，为区域中职教育的发展提供了示范样板。

学校与韶关市仁化县中等职业学校、韶关市北江中等职业学校开展交流合作活动

学校举办建校59周年庆典文艺晚会

东莞市纺织服装学校

东莞市纺织服装学校地处东莞滨海新区，是国家级重点职业学校。自20世纪90年代起，学校开"依托产业办专业"之先河，依托虎门镇重点规划的服装制造业，开设了服装制作与生产管理专业。

基本情况 学校总占地面积约17.33万平方米，拥有在校学生3000多人。教职工300多人，其中中高级教师占60%，取得硕士学位的教师约占20%，"双师型"教师占90%；拥有"广东特支计划"教学名师1人，东莞市名师1人、名师培养对象3人，东莞市名校长培养对象1人、名教育家培养对象1人。学校建有广东省示范性实训中心1个，校内专业实训室42个，校内工作室11个，"校中厂"实训教育基地3个，"厂中校"实训教学基地5个，拥有价值近8000万元的先进实训设备。

办学理念 学校紧跟世界职业教育发展大趋势，提出了"专业创造价值，职业成就人生"的办学理念和"面向产业、服务产业、提升产业"的专业办学思路，致力于"为教师、学生、社会创造真实而持久的价值，办一所受人尊敬的职业学校"。学校以服务发展、促进就业为导向，探索并实施"产教融合、校企合作"的人才培养模式，注重培养学生的"六大核心素养"（专业素养、职业素养、健康素养、信息素养、创新素养、安全素养），着力打造美丽校园、价值校园、快乐校园、平安校园、智慧校园、创新校园。

办学特色 学校坚持以立德树人为根本，积极培育和践行社会主义核心价值观，构建"美好"德育。坚持深化产教融合，以价值链接为核心，依托产业开设专业，促进教育链、人才链与产业链、创新链有机衔接；课程对接岗位，为学生高质量就业提供有力的保障；推行面向企业真实生产环境的任务式培养模式，将产教融合落实到技能训练中，提高学生多元技能融合的专业化水平；以项目合作为载体，构建以创新工作室为依托的人才培养模式，开展产学研合作，提升产教融合品质；以产教融合助力精准扶贫。

办学效益 学校办学效益不断提升，先后被评为广东省职业教育先进单位、广东省信息技术实验学校、广东省心理健康教育特色学校、东莞市文明校园、东莞市民族团结进步模范学校、东莞市教育教学质量评估优秀单位等。

学校教师在2017年全国"创新杯"英语教师信息化微课教学设计大赛中荣获特等奖

学生到校企合作共建的"厂中校"实习，由企业师傅手把手进行指导

舞蹈队在学校2017年元旦晚会上演出

学校建立了"清真饭堂"，为少数民族学生就餐提供方便

校园主干道

阳春市中等职业技术学校

阳春市中等职业技术学校创建于2006年5月，位于阳春市春城街道阳春大道北，是一所集中职学历教育、劳动技能培训和中小学生实践教育为一体的中等职业学校，先后获得广东省重点中等职业学校、广东省依法治校示范校、广东省新型职业农民培养试点学校、广东省中学示范团校创建单位、教育部国防教育特色学校、阳江市中学生志愿服务示

2017年教师节，阳江市委慰问团到学校开展教师慰问活动。图为阳江市委副书记黎泽林（右）为学校颁发教师节慰问金，校长伍绍灿（左）代表学校接受慰问金

范单位、阳江市工人先锋号、阳江市"平安细胞"建设平安校园示范点、阳江市安全文明校园、阳春市花园式单位等荣誉称号，学生食堂被评为"广东省食品安全示范学校食堂"。学校规划建设用地35.22万平方米，校园建筑总面积6.88万平方米，其中校内实训场所面积1.84万平方米。

学校设有服装设计与工艺、汽车运用与维修、畜牧兽医等17个专业，配置了近5000万元的教学实训设备，拥有中央财政资金支持建设实训中心1个、省财政资金支持建设实训中心8个。现有教学班131个，全日制学生6547人；教职工287人，其中专任教师233人，"双师型"教师120人。

学校着力打造"培养成人、成才、成功、德能兼备的现代职业人"的"三成教育"特色和"礼行德育"特色，坚持"以人为本、技能为主、全面发展"的办学理念和"服务学生、服务家长、服务企业、服务社会"的办学宗旨，构建了"德能兼备、九训共育、人人出彩"的学生职业素养成长模式，实现"人人可成才"的育人目标。学校以"家文化"为核心进行校园文化建设，形成了"温暖热情、友爱包容、彼此支持、成就彼此、共同成就事业"的校风、"爱生、爱校、爱职教，用心、用力、用真情"的教风和"学思结合、手脑并用、知行统一"的学风，打造了具有"积极向上、自信阳光、温暖友爱"文化氛围的校园生态环境。

学校毕业生就业率达100%，其中对口就业率达90%以上。学校准确把握国家教育战略要求，开设了"3+证书"普通高考班，为学生开辟了中职教育通往高职教育的升学通道，让中职学生也能圆大学梦。

学校领导班子集中学习党的十九大精神

2017年阳春共青团五四团日主题活动在学校举行

学校新建成的第二实训中心

学校外景

广东省连州卫生学校

广东省连州卫生学校创建于1947年，1951年更名为"广东省第六医士学校"，1994年更名为"广东省连州卫生学校"，是一所省市共管的省重点中等职业学校。

学校概况 学校占地约5.51万平方米，建筑面积4万多平方米，图书馆藏书10万多册；拥有各类实验实训室36间，附属医院（连州市红十字会医院）1所。学校开设了护理、助产、农村医学、医学检验技术、药剂、中医康复保健、中医美容、口腔修复工艺等医药卫生类专业。全校现有教师及常年外聘教师128人，其中高级讲师、讲师、正（副）主任医师、主治医师共有75人。

办学理念 学校秉承"德能与技能并重，德能为先、一专多能"的办学理念，以内涵发展为主旨，以开拓创新为动力，以提高人才培养质量为核心，立足清远、面向基层，不断提高学校的卫生职业教育质量。

德育工作 2017年，学校继续开展德能教育活动，传承中华优秀传统文化，以学习和力行《弟子规》为抓手，以礼仪教育为外化，围绕立德树人的根本任务，推进文明校园创建，被评为"清远市文明校园"。

校园文化 学校积极开展以"中国梦"为主题的校园文化系列活动，大力推行"雅行"教育，在全校开展第二课堂、校园文化艺术节、校园文化开放日等活动，为学生提供展示特长的平台，营造良好的生命生长环境，使学生在活动中培养阳光健康的心态，提升综合素质。

依法治校 学校大力推进依法治校，将依法治校工作落到实处，结合学校特点和实际情况，认真开展"依法治校示范校"建设工作，被评为清远市依法治校示范校、清远市毒品预防教育示范校。

教育成果 学校护理专业学生参加2017年广东省中等职业学校护理技能竞赛荣获团体一等奖，医学检验、美容、中药等专业学生先后在各类竞赛中取得优异的成绩。学校教师积极参加全国职业院校教师检验技能竞赛，其中梁惠冰老师荣获"血常规检验"项目一等奖，李秉青老师荣获"生化检验"项目一等奖。

校　　长：吴伟健

副校长：潘运珍　黄妙丹　唐英辉

学校领导和参赛教师在全国卫生职业院校"迈克生物杯"教师检验技能竞赛现场合影

学校举行"立德雅行"主题演讲比赛

硬笔书法比赛

学生展示《弟子规》韵律操

揭阳捷和职业技术学校

揭阳捷和职业技术学校是一所公办全日制中等职业学校，是揭阳市第一家公立中职学校、广东省第一家由华侨捐资创办的职业学校，被评为首批国家级重点中等职业学校。

办学历史悠久。学校创设于1964年，前身为揭阳红旗中学，曾更名为"揭阳县职业技术高级中学""揭阳捷和工业中学"，2010年正式易名为"揭阳捷和职业技术学校"。

办学条件优良。学校基础设施配套完善，教学设备先进

学校学生在2017年广东省职业学校学生语文应用能力竞赛中喜获佳绩

学校积极推进"现代学徒制"试点工作，定期举办"企业师傅进校园"活动

齐全。校园占地面积约10万平方米，建有100多间实验实训室和一批校外实习实训基地，拥有3个省级重点专业、1个省级"双精准"示范专业，形成了以科技、工贸、财经、艺术为主干的多专业、多学科协调发展的办学格局。学校师资力量雄厚，"双师型"教师比例高；办学规模逐年增长，现有在校生3500多人。

艺术节舞蹈表演

办学思路清晰。学校秉承"责任高于一切，发展在于努力"的校训，坚持"以人为本、知行合一、担当责任、和谐发展"的办学理念，确立了"性格开朗、兴趣广泛、一技之长、社会欢迎"的人才培养目标。学校提出了"一二三四五"的办学思路，即围绕"一个中心"（一切为了学生和学校的发展），立足于"两个重点"（守时守信、礼仪教育），不断创新"立德、立业、立人"的"三立育人"思路，打造"文化捷和、文德捷和、文艺捷和、文明捷和"的"四文建校"特色，构建学历教育、社区教育、技能培训、联合办学、校企合一"五位一体"的办学模式。

毕业生供需见面会现场

办学特色鲜明。学校大力推进校企合作及产教融合，与省内外多家大型企业合作办学，与高校开展"三二分段制"联合办学，与企业、行业试行"现代学徒制"办学模式，承担揭阳市"十万电商人才培育工程"项目、揭阳市退役士兵技能培训工作，先后与当地200多家知名企业建立长期合作关系。学校积极探索"依法治校与人文关怀结合"的管理模式，开办形式多样的活动，组建"社团超市"，培养学生"一专多能"，为学生的多元发展打下坚实的基础。

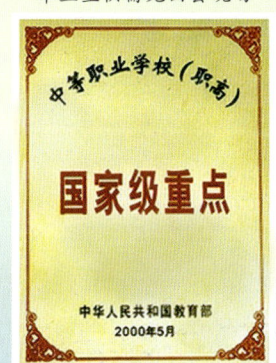

学校被评为首批国家级重点中等职业学校

办学成效显著。学校先后被授予广东省依法治校示范学校、广东省安全文明校园、广东省绿色学校、广东省语言文字规范化示范学校、广东省五四红旗团委、全国职工培训优秀示范点等荣誉称号，是粤东中职教育的一颗璀璨的明珠。

广东工贸职业技术学院

广东工贸职业技术学院是广东省人民政府直属的全日制普通高等职业院校，是广东省示范性高等职业院校、广东省18所一流高职院校建设单位之一。截至2017年底，学校有天河和白云两个校区，占地总面积69.2万平方米，校舍建筑面积24.29万平方米；专任教师646人，具有高级职称人数占29.1%。2017届毕业生总体就业率为99.43%，就业率和就业质量位于全省同类高校的前列。

2017年，学校适应新时期高职院校发展的新常态和新要求，锐意改革、求实创新，扎实推进各项工作。

一是党委谋划学院发展全局。坚持党的领导，制定《党的十九大精神"六个一百"宣讲行动实施方案》和《关于加强和改进新形势下学院思想政治工作的实施方案》，贯彻落实党的十九大精神和全国思想政治工作会议精神。

二是产业学院创新人才培养模式。对接产业构建专业群，将46个专业优化调整为35个。在VR/AR、智能制造、新能源汽车等领域构建5个以龙头企业为主要合作企业的工科产业学院，精准对接产业需求协同培养卓越技术技能人才。

三是创新创业教育树立品牌。与广州市茂名商会和广东万讯网农业股份有限公司共建"工贸·万讯创新创业学院"，探索实施农村电商，助推精准扶贫新模式。2017年，学院获国家级竞赛奖项77项，其中一等奖4项；获省部级竞赛奖项206项，其中特等奖3项、一等奖15项。

四是"强师工程"成效显著。修订完善了《广东工贸职业技术学院高层次人才引进（特别资助）管理暂行办法》等4项制度文件。截至2017年底，学院有省级优秀专业教学团队5个，青年珠江学者1名，广东省高等职业教育专业领军人才2名，广东省高层次技能型兼职教师32人。

五是教学科研水平有所提升。制定《广东工贸职业技术学院科研体制机制改革实施办法》等系列文件。2017年获批教育部和广东省科技厅重大科研和社会服务平台各1个，获批国家数字校园试验校立项；获省级以上项目45项，其中省科技厅项目2项，省哲学社会科学项目2项；获省级教育教学成果二等奖5项。

六是国际合作交流凸显特色。与中国有色矿业集团有限公司签订《"对接'一带一路'，服务中国制造2025"校企深度合作框架协议》，招收"一带一路"沿线国家留学生，选派学生到海外实习实训基地联合培养。

集团理事长、学院院长何汉武教授与武汉华中数控股份有限公司董事长陈吉红共同为广东工贸-华中数控智能制造产业学院揭牌

广东省VRAR+职业教育信息化工程技术研究中心揭牌

教师在讲解如何操作虚拟现实设备

英国林肯大学David Bramston教授（右四）到学校交流访问

广东培正学院

广东培正学院原名私立培正商学院，是一所非营利性民办学校。2005年3月，学校经教育部批准升格为本科院校，更名为广东培正学院；2009年通过广东省学位委员会学士学位授予权单位评估，取得本科学士学位授予资格；2012年5月，通过教育部本科教学工作合格评估。

办学24年来，学校始终坚持"公益办学、规范办学、诚信办学、特色办学、质量至上"的办学理念，不断深化改革，加强现代民办大学建设，促进学校全面协调、可持续发展。学校拥有省级重点培育学科2个，本科专业35个，获得学士学位授予权专业24个，基本形成适应广东地方经济和现代服务业发展，以管理学、经济学为主干，管理学、经济学、文学、法学、艺术学、工学、理学协调发展的学科专业格局。应用型人才培养质量逐年提高，毕业生就业率连年维持在95%以上，毕业生普遍受到用人单位的欢迎。

学校坚持社会主义办学方向，秉承"培智、正德、尚行、立新"的校训和"董事会领导、校长负责、党委政治核心"的治理体制机制，以"立德树人"为根本任务，为社会培养有用之材，为广东的经济和社会发展贡献力量。

学校积极接受本科教学工作审核评估，始终坚持把迎评促建作为全面提升教育教学质量、促进学校改革发展的历史性机遇。全面深化教学改革，深化内涵建设，积极稳妥地推动学校向应用型大学转变，促进本科教育教学质量不断提高。

学校先后获评全国民办高校先进单位、广东省先进民办学校、全国民办教育先进集体、广东省创新创业教育示范学校，并荣获中国民办教育协会颁发的"创新创业成果孵化奖"。2017年，学校荣获广东省总工会颁发的"广东省五一劳动奖状"。

英语角

新年音乐会

广东轻工职业技术学院

广东轻工职业技术学院成立于1999年，是一所全日制高等职业技术学校。学校拥有广州和南海两个校区，校园总面积100万平方米，校舍建筑面积43万平方米。现有在校生共2万多人；教职工1200余人，其中，专任教师883人，高级职称教师403人，"双师素质"教师598人，还有国务院特殊津贴专家、国家级教学名师等一批优秀教师。学校建立了一个由企业一线技术人员、能工巧匠、高级经理等组成的优质兼职教师资源库。学校在广东省高职院校教师队伍建设考核中连续三年排名第一。

学院设有机电技术学院、食品与生物技术学院、轻化工技术学院、信息技术学院、管理学院、汽车技术学院、生态环境技术学院、财贸学院、艺术设计学院、应用外语学院、创业学院等二级学院。整合成69个专业，增设了6个工科、1个设计类专业，形成19个专业群、3个协同教学中心。

学校进一步探索"寓研于教"的新思路、新模式，全面推进学校的科研和技术服务工作。在重要科研方面，新增国家自然科学青年基金项目1项、教育部高校示范马克思主义学院和优秀教学科研团队建设项目1项、人文社会科学研究规划基金项目2项；在为社会服务和企业服务方面，签订横向课题项目总数54项，合同经费与2016年同比增长6倍；在技术专利工作方面，获得51项专利授权；在科研获奖及成果转化方面，黎彧教授的专利成果在全国发明展览会中荣获最佳发明奖，向华博士的新型凹版表印荧光防伪油墨专利技术转化成效显著。

学校牵头组建了广东省"一带一路"职业教育联盟，广东轻工职业技术学院菲律宾分校正式签约，马来西亚合作项目正式落地，输出了广轻职教模式，服务了"一带一路"沿线国家及地区，国际化办学呈现新气象。2017年，共有来自超过26个国家的80名国际留学生就读汉语言培训班；学校与澳大利亚阳光海岸大学合作举办食品营养与检测和财务管理专业"2+2"升本项目；与澳大利亚北悉尼学院合作举办商务英语国际商务管理专业；与马来西亚汝来大学、DRB-HICOM大学、吉隆坡大学、成功礼待大学、亚洲E大学等7所大学在专本硕海外直通车、师资交流、学生互换、汉语培训、带薪实习等方面进行了深入的探讨并分别签署了合作意向书或谅解备忘录。

学校创新招生模式，通过多渠道、多层次、全方位和立体式的招生宣传工作，提升了宣传效果，优化了生源质量。2017年录取7723名新生，计划完成率为99.01%，四年制应用型本科专业录取均一次性满档。2017届毕业生初次就业率为97.91%，专业对口率为85.4%，毕业生就业质量稳步提升。

广州校区校门

学校牵头成立广东"一带一路"职教联盟

学校历史文化长廊

广州卫生职业技术学院

2017年，广州卫生职业技术学院有全日制高职高专在校生4341人，中职在校生1233人，成人教育学生2583人；专任教师235人，其中副高以上职称87人，"双师型"教师116人，新入编教师16人。共设11个专业，其中护理专业是广东省示范性建设专业，老年服务与管理专业是广东省首批二类品牌建设专业，临床医学专业是广州市示范专业；药学、口腔医学、医学检验技术和医学影像技术专业是广州市示范性建设专业。共开设课程217门。

学院完成了"创新强校工程"建设规划（2016—2020年）编制和2016年考核。推进广州市白云区第二人民医院创建为学院非直属附属医院。与广州龙氏医疗科技有限公司等7家企业签署了合作协议。学生参加校外各级各类技能竞赛，共获奖30人次，其中获国家级奖9人次，获国家级团体三等奖1次。参加各类创新创业大赛，荣获第七届广东省大学生职业生涯规划大赛一等奖1人，荣获第十四届"挑战杯"广东大学生课外学术科技作品竞赛5个奖项。2017年全国护士执业资格考试高职高专学生通过率为99.8%。学院获得市级科研立项21项。开展各类培训5428人次、各类鉴定6189人次。生命科学馆被认定为"广东省青少年科技教育基地"，与香江集团健康谷、从化区良口镇卫生院、启维心智医院、城郊街卫生院共建大学生社会实践基地。

学院全年共录取1800人，其中普通高考录取1051人，学业水平考试共录取501人，"3+证书"录取248人。普通高考录取分数线较2016年有所提高，生源质量有所提升。专科毕业生就业率为99.83%，对口就业率为96.27%。

学院调整内设机构，设管理机构9个、系部9个、教辅部门5个、党群组织2个。设立名师工作室，举办四期教师发展沙龙活动。与芬兰于韦斯屈莱应用科技大学签订战略框架协议，开展"3+2"专科衔接本科护理人才培养合作，就学分认可达成共识。与澳门镜湖学院、香港仁安医院护士学校对"养老服务人才培养粤港澳台合作示范基地项目"建设达成合作意向。学院开通了官方微信公众号，成立了新媒体工作室，建立了立体化宣传格局。

学院与香江集团签订战略合作协议

学院与芬兰于韦斯屈莱应用科技大学签订谅解备忘录

广州卫生职业技术学院附属白云医院签约仪式暨揭牌典礼

学院举行"大参林订单班"校企合作办学签约仪式

护理系学子在全国护理技能大赛中荣获二等奖

检验系学子参加全国检验技能竞赛喜获二等奖

老年服务与管理专业郑恩恩同学获广东省大学生职业规划大赛一等奖

中山大学新华学院

中山大学新华学院是2005年由中山大学与广东东宝集团有限公司联合申办，经教育部批准设立的独立学院。学校有广州和东莞2个校区，占地总面积137.07万平方米，校舍建筑面积44.51万平方米；已招收13届学生，在校生22260人；专任教师931人，高级职称教师占37%；2017年新增1个专业，共有40个专业，其中生物医学工程、听力与言语康复学、医学影像技术是广东省独立学院中唯一开设的专业，公共管理学科和医学技术学科在2017年分别获批省级特色重点学科和省级重点培育学科。

2017年，学校坚持"学术强校、质量立校"的发展方略，根据国家与地区对专业人才的需求，优化学科专业结构，深化教学改革，培养高素质应用型人才。

一是提高教育教学质量，创新人才培养模式。搭建"慕课荟萃"平台，汇聚400多门优质网络课程；建立"学分银行"制度，制定学分认定和转换管理办法，探索以学习者为中心的弹性学习制度和完善的学习成果认证机制；深化"逸仙新华班"人才培养模式改革，遴选特长学生组成"逸仙新华班"，实行"一人一课表"、"2+2"制、"三导师制"、"激越四段式"教学方法和学生自主网络学习方法改革。

2017年1月14日，中国共产党中山大学新华学院第一次代表大会在广州校区召开

二是学术强校，提升科研成果质量。推进"创新强校工程"，获省财政厅230万元专项资金，学校配套资金531万元；教师发表高水平论文数量比2016年增长90%，省部级科研项目立项数量比2016年增长120%；探索产学研发展方向与路径，获国家专利4项，软件著作权登记1项；聚焦前沿科学发展，承办大型学术研讨会7场。

2017年5月20日，中国社会语言学会首届高峰论坛在中山大学新华学院东莞校区举行。图为与会专家学者在论坛现场合影

三是推进"六大人才计划"。引进高层次人才24人，云集教育部"长江学者"特聘教授、国务院政府特殊津贴专家。引进博士10人，遴选培养青年骨干教师20人，引进首席教授、学科带头人9人，增加督导4人。

四是学校社会影响力和竞争力日益提高。2017年7月，在省民政厅主办的2016年度全省性社会组织等级评估中，学校被评为民办高校中唯一的5A级社会组织。据艾瑞深中国校友会网发布的《2017中国独立学院排行榜300强》，学校位居全国第29名，广东省第6名；据浙江树人大学中国民办高等教育研究院发布的《2016中国民办高校（本科）及独立学院科研竞争力评价研究报告》，学校位居中国独立学院第12名，广东省第4名。据广东省138所高校公布的2016届毕业生就业质量年度报告，学校以99.9%的就业率在广东省二本高校中排名第二。

校　址：广东省广州市天河区龙洞华美路19号（510520）
　　　　广东省东莞市麻涌镇沿江西一路7号（523133）
电　话：（020）87065915（学校电话）
　　　　（0769）82676855、（020）87065995（招生热线）
网　址：http://www.xhsysu.edu.cn

2017年5月27日，由广东省药学会主办，澳大利亚昆士兰大学、中山大学孙逸仙纪念医院、中山大学新华学院联合承办的首届中澳临床药学论坛暨中澳临床药学实践培训班在广东广州举行

2017年6月8日至12日，广东省首届测绘地理信息行业职业技能竞赛在中山大学新华学院东莞校区举办

2017年7月20日，中山大学新华学院在2016年度全省性社会组织等级评估中被评为5A级社会组织

广东科贸职业学院

广东科贸职业学院成立于1985年，是经广东省人民政府批准，教育部备案，广东省教育厅直属的公办普通高等学校，前身是被誉为"广东农业科技与管理干部摇篮"的广东省农业管理干部学院。2013年被广东省教育厅、广东省财政厅确定为第三批广东省示范性高职院校立项建设单位。

学校拥有广州白云石井校区、天河五山校区、天河凤凰校区三个校区，现有占地面积91万平方米，校舍总建筑面积23.53万平方米，教学仪器设备9409.86万元。拥有覆盖所有专业群的校内实训基地22个、校外实训基地173个，各类实验室、实训室185个，已建设中央财政专项支持职业教育实训基地2个、省级实训基地5个、省级公共实训中心1个、省级大学生校外实践基地7个、院级大学生校外实践基地23个；立项省级大学生创新创业训练计划项目20个，设有"国家职业技能鉴定所"。

学校设有覆盖土木建筑类、农林牧渔类、生物化工类、餐饮旅游类、财经管理类、信息工程类、艺术设计类、人文外语类、商贸营销类九大专业群共37个专业，建成商检技术、园林工程技术2个中央财政支持专业，园艺技术、畜牧兽医2个省级重点培育专业，商检技术、动物医学2个省级二类品牌专业，立项建设畜牧兽医、园艺技术、市场营销、药品生物技术-食品生物技术4个省级重点专业，以及11个院级品牌专业和13个院级重点专业。

学校积极开展对外交流合作，先后和英国、荷兰、新西兰、澳大利亚、芬兰等国家和台湾地区的14所高校签订了交流合作协议，开展了学生赴台交流学习、赴美带薪实习项目。启动开展园艺国际资格BTEC证书项目和"2+1""3+0"双专科文凭证书中外联合培养项目。学校招生规模稳步扩大、生源质量逐步提高，新生报到率稳定在90%左右，毕业生双证书获取率达90%以上，初次平均就业率达97%以上。

学校下属广东省家禽科学研究所是全国三大省级家禽研究所之一，还设有农业经济研究所、职业教育研究所。学校有国家和省级科研平台5个，包括岭南绿色农业职业教育"星创天地"、广东家禽应用技术协同创新发展中心、广东省生态型野化茶科技创新中心、广东省肉鸽科技创新中心、广东省现代农业（肉鸽）产业技术研发中心。

校　址：广东省广州市白云区石井街石庆路388号（510430）
　　　　广东省广州市天河区科华街273号（510640）
电　话：（020）22014998
传　真：（020）22014686

校训石

学校举办2017园林景观设计比赛

学校举办校园文化艺术节活动

学校微信公众号二维码

私立华联学院

私立华联学院创立于1990年，是中国首批改革开放大潮中最早成立的民办高校之一。学院从艰苦创业到发展壮大，始终坚持社会主义办学方向，践行党的教育方针。

坚守初心，志存高远

1990年，刚退休的侯德富教授在党鼓励发展民营经济的政策鼓舞下，自告奋勇牵头联合华南理工大学、华南师范大学、暨南大学、广东民族学院等高校的一班离退休教授，本着"教育强国、关心下一代成长"的宗旨和"用知识改变命运"的理念创办了私立华联学院。27年的心血付出、智慧奉献与使命坚守，学院从当年63个学生、5个教工的规模发展到今天拥有广州、清远两个校区，并设有12个系。学院先后被评为广东省首届十佳民办高等学校、广东省最具竞争力民办高校十强、广东省最具就业竞争力民办高校十强、2008（首届）中国民办大学50强、全国关心成长模范学校、全国德育管理先进学校，并荣获中国民办教育创新与发展贡献奖等奖项。校长侯德富被授予"中国关心成长卓越贡献人物""全国民办学校优秀校长""中国十大杰出民办教育家""中国民办教育终身成就奖"等荣誉。

立德树人，以德施教

2017年，学院实施"立陶强生，立陶强校，立陶强师"实验工程，被广东省教育厅评为广东省高校校园文化建设优秀成果三等奖。学生社团建设展现出蓬勃生命力，诗书文娱、体育竞技各类社团总量达50个。

协同育人，助推区域经济

以改革谋发展，以创新求突破。学院以高度的责任心和使命感始终把提升教育质量、创新人才培养模式放在第一位；学院现建有12个系，42个专业，实施"一专业一特色一亮点"的特色发展，强调内涵建设，精准对接行业和岗位需求，把教育教学改革的着力点放在强化学生实践操作能力和职业技能的培养上。截至2017年，全院建有77个校内创业实习实训基地、80个校外实训基地，走出了一条学校、行业、企业协同育人的成功之路。私立华联学院已累计为国家和社会培养了近5万名实用型建设人才，毕业生平均就业率保持在96%以上。

学院建立"青年就业创业见习基地"

学院立项产学合作协同育人项目

学院加强对外交流合作

学院第19届校运会师生合影 　　学院开办学子创新创业园 　　足球场 　　学院举办迎新晚会艺术表演

中山大学南方学院

中山大学南方学院是一所多学科全日制应用型本科高等学校,2016年被遴选为广东省普通本科转型试点高校。2017年是中山大学南方学院为实现"建成国内一流民办大学"的办学目标,实施"打基础、出特色、上水平"三个"三年发展规划",以及完成第二阶段任务的关键一年。学校深入学习贯彻习近平新时代中国特色社会主义思想和党的十九大精神,落实立德树人根本任务,牢牢把握社会主义办学方向,在师资建设、学科建设、校企合作、国际合作等方面取得了喜人的成效。

学校组织师生观看党的十九大开幕会盛况直播

学校文学与传媒学院与广州澳新资讯科技有限公司共建新媒体实验室

师资建设成效显著。学校大力实施"人才强校"战略,特聘知名学者夏书章、黄天骥、陈平原等担任学术顾问,聘请巴曙松、任剑涛等具有重要影响力的专家学者担任讲座教授;不断完善并创新人才引进机制,2016—2017年共引进来自台湾地区的博士46名。截至2017年底,学校拥有专任教师452人,其中副高及以上职称教师占22%。

校企合作签约仪式

学科建设稳步推进。学校不断优化学科专业结构,加大学科专业建设力度。现有2个省级重点学科(电子商务、计算机科学与技术)、1个省级专业综合改革试点专业(行政管理学专业)和5个校级特色专业。2017年,学校有9个校级应用型人才培养课程项目和1个校级创新创业教育课程项目获准立项。学校教师在SCI、SSCI、EI等国内外重要索引收录的期刊上共发表论文25篇,申报科研成果专项奖励223项,最终确定奖励成果69项。

人才培养成果丰硕。学校实施"自由转专业"制度,推行"完全学分制",先后开展了"政商研究院"、"ACCA、CGA实验班"等精英化人才培养项目,构建独具特色的高素质应用型人才培养体系;创造性地实施"思政、通识、学工"三位一体的育人理念,形成了培养学生"成人"的多维育人体系。学生就业率超过93%,毕业生社会认可度高。

"致青春,梦启航"毕业晚会

校政行企联合育人。2017年,学校结合各学科专业集群特色和行业发展趋势,加强校企合作,先后与华中科技大学广东校友会、京东、澳新资讯科技有限公司等企业和平台签约合作;与云康集团共同设立了"云康菁鹰奖学金",不断创新育人模式。

拓展国际交流合作。学校加强实质性国际合作,深入推进国际化办学。2017年,学校和中国国际人才交流基金会签署合作协议,共同设立"南方国际教育发展专项基金";经广东省教育厅批准,学校获得国际招生资格;在中外联合培养等项目上取得实质性突破,先后与美国迈阿密大学、中西州立大学,英国牛津大学、威斯康辛大学等世界著名高等学府建立了合作办学关系。

学生参加2017年暑期海外名校访学项目活动

深圳北理莫斯科大学

2017年开学典礼合照

小班教学

杜纳耶娃教授开设俄语讲座

学校概况　深圳北理莫斯科大学是中俄两国元首达成共识创建，由深圳市人民政府、北京理工大学和莫斯科国立罗蒙诺索夫大学合作设立的具有独立法人资格的中外合作大学。2016年10月27日，学校获教育部批准正式设立。2017年9月13日，习近平主席与普京总统分别为学校开学典礼致贺辞，中共中央政治局委员、国务院副总理刘延东和俄罗斯副总理戈罗杰茨共同启动开学。

目标定位　学校是国内第一所引进俄罗斯优质教育资源的中外合作大学，以建设独具特色的世界一流国际化综合性研究型大学为目标，承载着国家"一带一路"倡议发展人才培养的光荣使命，致力于开展精英教育以及高水平的研究和创新活动，为中俄战略合作与区域经济社会发展培养高质量的创新人才，提供高水平的学术成果。学校以高精尖为教育发展方向，计划开展本科、硕士和博士层次的学历教育以及非学历教育。学校采用中文、俄语、英语三种语言进行教学，学生毕业可以拿到莫斯科大学和深圳北理莫斯科大学颁发的两个文凭。

办学规模　2017年是学校首次面向全社会招生，采用基于高考的"6：3：1综合评价"招生模式。本科教学开设国际经济与贸易、俄罗斯语言文学（俄语）、数学与应用数学、材料科学与工程四个专业，共计招收学生113人。硕士教学招收纳米生物技术、系统生态学、俄罗斯语言文学三个专业，共计招收学生23人。学校远期学生规模为在校生总数5000人。同时，学校不仅招收中国学生，还将招收俄罗斯、中亚和东欧地区的留学生，承担东西方文化交流等项目，为促进"一带一路"科技教育文化交流、为中国高等教育与欧亚地区乃至世界高等教育的交流与合作搭建平台。

学生身着宇航服模拟太空作业

生物科学专业学生在上课

舞蹈社团学生表演舞蹈《Ei Ei》

研究生招生培养

教学科研 学校将在莫斯科大学和北京理工大学的优势学科领域开展教学科研活动，在学科专业设置上文理工并重，服务于中俄两国文化、教育和科技合作，兼顾深圳市社会经济发展需要，培养拥有扎实专业知识、深厚人文素养和实践创新能力的优秀人才，并根据发展需要建立若干研究中心。学校的学科专业将以满足中俄战略发展需求为目标，以学科交叉融合为特色进行设置。课程设置突出理论与应用相结合，教学方法尝试研究讨论式教学、自主和交互式教学和项目驱动式教学等教学方法。通过教学改革，培养学生探究问题的兴趣、自学能力和独立思考的能力。学校学科建设将充分发挥莫斯科大学和北京理工大学学科特色，贯彻国家鼓励新兴交叉学科的政策，通过交叉学科专业设置及培养方案的改革，培养理工结合、文理渗透的复合型创新人才。

教师队伍 学校教师部分由莫斯科大学和北京理工大学选派，部分由学校面向全球招聘。其中，莫斯科大学选派的教师不少于学校教师总数的50%。

中俄学生交流活动

学校鸟瞰图

惠州学院

2017年9月,学院代表在省市共建本科高校工作推进会上汇报工作

惠州学院政法学院"金秋"系列活动入选广东省"高校学生事务管理优秀项目"

学院举办2017年"千人跑,共传善"荧光夜跑活动

惠州学院是广东省省属公办综合性本科大学、广东省普通本科转型试点高校、广东省省市共建本科高校,是硕士学位授予立项建设单位。学校前身为1946年创办的广东省立惠州师范学校。办学70多年来,历经广东省立惠州师范学校、惠阳师范专科学校、惠州大学、全日制普通本科——惠州学院的发展变迁,始终坚持服务国家经济社会发展,矢志不渝,薪火相传,形成了以"阆苑储英,人竞向学"的校训和"敦重明辨,求真致用"的大学精神,培养和造就了近15万名毕业生,是东江流域高级应用型人才的摇篮。

学校占地面积近166.67万平方米,设有18个二级学院、33个研究机构,开设54个本科专业,涵盖理、工、农、文、法、经济、历史、管理、教育、艺术等学科门类,有国家级特色专业1个、省级特色专业5个、省级综合改革试点专业8个。面向全国23个省(自治区、直辖市)招生,现有全日制在校生16809人,成人教育类学生10750人。现有专任教师751人,其中教授(正高)101人,副教授(副高)246人,博士245人;同美国、俄罗斯、日本等13个国家和中国港澳台地区近40所高校建立了合作关系。现有省级重点学科3个,建成或在建高层次科研创新平台50个。拥有广东省首批协同育人平台——卓越法律人才协同育人平台,广东省实验教学示范中心10个,国家级、省级大学生校外实践教学基地10个,省级人才培养模式创新试验区7个,光电产业关键技术协同创新中心、大数据协同创新中心、新一代IT协同创新中心等一批校政行企共建的协同创新中心。

当前,惠州学院正处于省市共建、转型发展的战略机遇期。学校立足惠州,融入粤港澳大湾区,服务广东,辐射全国,培养具有国际视野、创新精神的高素质应用型人才,建设理工科特色鲜明、教师教育协调发展的高水平应用型大学的办学定位明确坚定。

2017年,学校转型发展、省市共建等重点工作成效喜人。省、市两级

政府及教育行政部门等主要领导多次到校调研，给予具体指导和充分认可；市委、市政府全力支持学校转型发展，将共建工作列入市教育发展"十三五"规划纲要。结合"新工科"建设，密切关联地方电子、化工、大健康等支柱产业的特色产业学院/研究院筹建取得重大进展，惠州学院仲恺信息产业学院挂牌成立。夏佳文院士主持的项目——广东省重离子加速器工程研发中心落户学校，并与哈尔滨工业大学、华中科技大学、北京大学联合申报项目签约；王复明院士领衔的惠州市非开挖工程检测与修复技术重点实验室建设全面启动。人才培养水平稳步提升。瞄准惠州市"2+2+N"产业体系发展前沿，优化学科专业布局，实行专业分类发展和动态管理，新增本科专业3个、重点学科2个，开展工程教育认证专业13个。省级"质量工程"项目100%结题验收，建有"嵌入式课程"达130门，开设"双创管理实验班"等特色班达24个。派出150人次赴境外友好高校交流学习。参加省级以上学科竞赛获奖598项（其中国际类11项，国家级314项）。"惠州学院创新创业学院"成立。入选全国高校创新人才培养暨学科竞赛评估TOP300（排名第184位），获批为广东省第二批省级双创示范基地。学院文理科投档线均超出省二本线70分以上，本科毕业生初次就业率达96.86%。重点学科建设和成果转化不断强化。三个研究中心被评为广东省科技厅"广东省工程技术研究中心"。"广东省荔枝与龙眼科技创新中心"获批为第一批广东省现代农业科技创新中心。成立科技成果转化领导机构和技术转移中心。立项纵向、横向项目近200项。被SCI、EI、SSCI、CSSCI收录论文112篇。高水平师资队伍建设提速，拥有"双师双能型"教师265名，1名教师荣获第八届广东省高等学校"教学名师"称号；大力推进"强师工程"，结合市"人才双高计划""人才双十行动"，共引进高层次人才25人。彰显学科、人才优势，服务地方水平提升，参与筹办首届中国高校科技成果会（学校遴选32项转化项目参与展示和推介）、2017中国手机创新周、第六届中国（惠州）物联网+云计算技术应用博览会，承办"蓝火大讲堂·院士报告会"系列讲座、潼湖高校科技成果转化实验区大学创新园筹备建设工作片区（华南片区）座谈会等大型活动。招录成人教育新生7976人。承接企事业培训项目46期，惠及3万多人次。"惠州智库"项目社会声誉良好，产生直接、间接经济效益逾10亿元。推进依法治校，文明校园建设持续推进。全面深入学习宣传贯彻党的十九大精神，坚持全面从严治党，强化党的思想建设、组织建设、作风建设、制度建设、反腐倡廉建设，为学校建设各项事业提供坚强的政治保障。

书院石

丰湖书院牌坊

金山湖游泳跳水馆

金山湖综合体育馆

蓬瀛湖、校友公园风光

惠州经济职业技术学院

惠州经济职业技术学院创办于2004年3月，是经广东省人民政府批准、教育部备案，广东省教育厅主管的全日制民办普通高等院校。学校招收国家计划大学专科学生。

学校坐落于惠州市惠城区马安新乐教育园，交通便利，素以教育管理严格、教师教学严谨、学生学习氛围浓郁著称。学校占地面积约53.33万平方米，建筑面积21万平方米，建立了金融实训中心、工业中心、长青汽修车行、安东尼服装实训工厂等20个高起点、高水准的校内实践基地，70多个校内实训室，80多个校外实训基地，拥有气势宏伟的图书馆大楼、先进的教学设备、完善的体育运动场所、标准的学生公寓等设施。

学校设有财经学院、工商学院、信息工程学院、外国语学院、艺术设计学院、汽车与机械工程学院、建筑工程学院、国际教育学院、继续教育学院、创业文化学院、大学体育部、公共课部、思想政治理论课教学部等院部，拥有一支高素质、敬业爱岗的"双师型"教师队伍。学校开设有38个专业，在校生11000余人，已具有招收"一带一路"沿线国家留学生的资质。

学校成立继续教育学院，开设成人教育大专脱产班与函授班，并与多所名校合作开办"专升本"相沟通班。学校拥有国家劳动和社会保障部授权的"国家职业技能鉴定所"，形成了为学生和社会提供多层次、全方位专业技能和职业资格考证的服务体系，被指定为广东省中小企业培训示范基地和惠州市高技能人才实训基地。学校重视第二课堂建设，校园文化生活丰富，成立了品雅女子书院、瑜伽社等48个学生社团。

学校董事长姚梅发荣获"广东省好雇主"称号，校长助理姚丽红荣获"广东当代民办教育举办人突出贡献奖"。学校被中国民办教育百强评选组委会授予"2017年度中国民办教育百强"称号，被教育部认定为"全国国防教育特色学校"，被广东省高职院校公共英语课程教学指导委员会及广东省高等学校公共计算机课程教学指导委员会授予2012—2016年度广东省英语、计算机考务工作"先进单位"称号。学校在2017年"善行100·快乐月捐季"活动中荣获全国高校第一；学校财经学院团总支获2017年度"全国五四红旗团委（团支部）"称号；学校军鹰队代表广东省参加"全国高等学校2017年度军事课教学展示竞赛"获第一名并获得团体一等奖。学校在全国大学生创新创业大赛广东省选拔赛中斩获2银1铜并荣膺"优秀组织高校奖"，并在全国大赛中获得两个铜奖；艺术设计学院被授予"2017年度中国纺织行业人才建设示范院校"称号。

杨勋先生在学院学术报告厅做"创业与守业"主题讲座

学院举办2017年迎春晚会

学院被评为全国国防教育特色学校

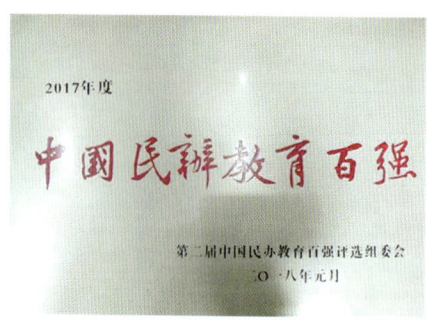

学院被评为"2017(第二届)中国民办教育百强单位"

东莞理工学院

2017年，东莞理工学院有普通全日制学生20429人，成人高等学历教育学生10743人，联合培养研究生130人。设有15个学院、43个本科专业。现有教职工1394人，其中专任教师1110人，正高职称176人，副高职称328人，博士492人；院士（双聘、特聘）6人，"长江学者"10人，国家杰出青年基金获得者10人，"千人计划"学者9人，海外杰出人才8人，"千百十工程"国家级培养对象1人，省级培养对象10人，享受国务院政府特殊津贴专家11人。

2017年3月11日，学校与奇虎360公司共建网络安全产业学院

2017年4月22日，名誉校长杨振宁到校参加校庆25周年系列活动

推进重点学科建设。顺利完成教育部本科教学审核评估工作。新增2个硕士学位授权点，5个学科获批为省重点学科，"环境工程"省级重点学科获批2017年中央财政支持地方高校发展专项资金项目资助。新增4个专业，完成5个专业申报，全年课程立项项目37个，36项省级项目、32项校级教育教学改革项目通过验收，14个项目获省级教学改革立项，8个项目获省质量工程立项，2个项目分别获省教学成果一等奖和二等奖。

加强科技产业创新服务。推进科研体制机制"1+N"制度体系建设和高层次人才项目平台建设，新增广东省工程技术研究中心5个。完成26个重大项目评审，安排资金9亿多元。加强横向科研项目合作，合同经费达8892.2万元，年度科研总经费约4.6亿元。参研的科研成果获国家技术发明二等奖。学校被确立为"东莞市智能制造专业技术培训基地"，并被授予"东莞市智能制造系统服务重点单位"称号。

加强国际合作办学新格局。学校与法国国立工艺学院、美国新墨西哥大学、英国爱丁堡龙比亚大学、英国谢菲尔德大学、澳大利亚悉尼科技大学等40多所世界知名大学签订了合作与交流协议。获教育部批准与法国国立工艺学院成立中法联合学院，新建"俄罗斯交流中心"和"澳大利亚创新中心"。与澳大利亚斯威本理工大学达成共建国际联合实验室和博士研究生联合培养合作意向。与汤加王国教育部达成留学生招生合作，招收来自14个国家的96名留学生。启动"4+1"工管复合型中美本硕联合培养项目，建立了金融学专业国际班。

2017年5月18日，学校与中国信息安全测评中心共建网络空间安全创新基地

校　　址：广东省东莞市松山湖科技产业园区大学路1号
邮　　编：523808
电　　话：（0769）22861199
传　　真：（0769）22861680

2017年6月16日，东莞理工学院法国国立工艺学院联合学院揭牌成立

2017年12月3日，东莞理工学院澳大利亚创新中心举行签字揭幕仪式

东莞理工学院城市学院

学院概况 东莞理工学院城市学院是2004年经国家教育部批准，由东莞理工学院、广东鸿发投资集团有限公司合作举办的全日制本科独立学院，现有在校生2万余人。学院以著名物理学家杨振宁的题词"学而知不足"为校训。

党建工作 加强党建工作，深入学习宣传贯彻党的十九大精神，认真组织开展"两学一做"学习教育，落实民主生活会制度，积极开展党委中心组学习活动，做好党员的发展教育工作。

创新强校 着力推进体制机制创新，优化内部治理结构，开展中层干部换届工作，完善薪酬体系与绩效考核体系，积极探索二级学院发展路径。全年立项建设75项"创新强校工程"项目，资助项目建设经费共计125万元，"创新强校工程"年度考核取得历史性突破。学院8个省级"教学质量与教学改革工程"项目通过验收。全面推进教学工作量化管理，加强教学全过程的跟踪督查。聘请校内外兼职创业导师50多名，有力推动学院"双创"教育。新建12个实践基地，加强与政、行、企等单位合作，开设"注册会计师3+1创新班"。

人才引进 重视高层次人才引进工作，拓宽人才引进渠道，引进正高职称人才1名、副高职称人才4名（含博士3名）、博士6名，同时从台湾地区的高校引进6名高层次人才。教师职称评审工作连续三年居省内同类院校前列；15名教师获准高校教师资格，认定工作通过率达100%。

教学保障 图书馆藏量逐年增长，纸质及电子图书种类不断丰富；数字化校园建设稳步推进。商科虚拟仿真实践教学基地顺利建成并投入使用，带动学院各类实践教学整体发展。后勤保障体系改革有序开展，校园安全管理与消防责任落实到位，全年无重大安全事故发生。

交流合作 选派学生出国/境学习64人次；保荐15名学生参加澳门城市大学、澳门科技大学保研项目；选派39名学生赴台湾地区参加一学期交流交换项目；金融学"2+2国际班"正式招生；建立大学生海外实习基地，派送6名学生赴美国带薪实习。

2017年6月29日，学院举行庆祝中国共产党成立96周年活动

2017年11月14日，学院举行商科实训中心落成仪式

2017年5月31日，学院男篮夺得第二届东莞大学生篮球联赛总冠军

2017年7月6日，东莞理工学院城市学院设千人考场

广东科技学院

学院概况 广东科技学院创建于2003年，是教育部批准设立的以工学为主，管理学、经济学、文学、艺术学等多学科协调发展的全日制普通本科院校，拥有学士学位授予权，致力于培养经济社会发展需要的高素质应用型人才。学院拥有各类图书280.5万册，教学仪器设备总值10752.28万余元。学院承担国家计划内招生任务，2017年开设本科招生专业27个。

学校承办第三届CUBA中国大学生篮球联赛（阳光组）全国总决赛并获得突出贡献奖

教学科研 2017年12月，学院顺利接受了教育部组织的本科教学工作合格评估。学院高度重视信息化建设，建设了云桌面实验室47间，安装部署云桌面系统2472个，并利用云平台建设了27个本科专业教学资源库，建设空间在线课程300门。2017年，经教育部批准，学院成为"网络学习空间人人通"专项培训基地，被授予"全国先进社科组织"荣誉称号。全年共获批院外立项课题39项，申请专利48件。教职员工共发表论文995篇，其中核心期刊59篇（含双核心18篇），被三大检索系统收录41篇，外刊22篇，译文32篇。全年学生参加各类学科专业竞赛获得388项奖励，其中国家级78项、省级242项、市厅级68项。

学生就业 学院积极推进校企合作，利用就业信息网为学生提供"一站式"就业服务。2017届毕业生初次就业率为94.36%，最终就业率为99.75%。

创新创业 2017年，学院开设了"商业模式创新"等16门选修课程，成功申报为东莞市级SYB创业培训定点机构，培养了31名国家认证的SYB创业培训导师。学院学生获得第二届中国大学生跨境电商创新创业大赛总决赛一等奖以及4项三等奖，在第六届中国创新创业大赛2017赢在东莞科技创新创业大学生赛总决赛中获得一等奖以及二等奖、三等奖各2项。成功申报35个国家级、省级大学生创新创业训练项目，获得财政资助20万元。

对外交流 2017年，学院与英国安格利亚鲁斯金大学合作共建的英语（国际商务管理）国际班成功开班；选派21名学生分赴台湾树德科技大学等3所高校进行为期一学期的研修；成功开展了44名学生暑期赴美带薪社会实践项目；组织132人次参加莞港青少年志愿工作者双向交流活动；组织15名学生参加境内外大学生文化夏令营活动，其中9名学生先后被国外知名大学录取；成功举办首届中美大学生文化交流活动。

学校与宏远篮球俱乐部签订合作协议

外贸业务专业实验室

金融工程专业实验室

过户物流单证实务实验室

网络学习空间人人通专项培训基地学校

广东文理职业学院

广东文理职业学院隶属广东省教育厅,是经广东省人民政府批准设立,教育部备案,面向全国招生的全日制普通高等院校。

学院坐落在南海之滨的湛江市,现有用地面积约100万平方米,建筑面积40多万平方米。拥有现代化的教学大楼、图书馆,高标准的学生公寓、艺术馆和运动场馆。实验实训中心达10万多平方米,具备教学、培训、科技开发、生产四位一体功能。校外实训实习基地223家,覆盖所有开设的专业。

学院常务副院长刘周堂

学生阳煜参加全国职业技术院校技能大赛,荣获"动漫制作"赛项一等奖(第二名)

学院秉承"生态文理、人文文理、特色文理、品牌文理"的办学理念,设有"三院七系一部",开设专业50个。2017年,学院有全日制在校生11299人,毕业生就业率达98%;教职工901人,其中专任教师658人,高级职称教师260人,研究生学历教师313人。

学院积极开展党建育人工作,编撰出版《民办高校党建育人探索》丛书。学院加强党的建设,在学院董事会的支持下,探索"以党委为政治核心的董事会领导下的校长负责制",建立党建长效机制。这一举措具有理论、实践价值和创新意义,得到国家教育行政学院原党委书记、常务副院长黄百炼教授以及国家教育发展研究中心战略发展部主任马陆亭教授等专家的肯定和鼓励。《人民日报》以《广东文理职业学院以党建促思政——"随车员"变成"导航员"》为题进行了报道,《中国教育报》以《广东文理职业学院探索民办高职加强党建新途径——变"随车员"成"导航员"》为题进行了报道。

学院图书馆会议厅

2017年,学院教师承担省级项目25项,校级创新强校项目52项,其中"电子研发中心的建设与完善"获得广东省科技厅专项资金100万元资助;学院教师在国内外期刊上发表论文93篇;参加"富田杯"工业设计大赛,有52件作品获奖并申报获得专利。颜大胜、林春、李贵龙等主编的《民办高校党建育人探索》由广东高等教育出版社出版。阳煜同学在全国职业院校技能大赛高职组动漫制作大赛中获得第二名(一等奖);彭卉老师指导的市场营销组获得广东省一等奖。

学院先后被评为全国文明单位、全国军民共建社会主义精神文明单位、广东省文明单位、广东省军民共建先进单位、全省爱国拥军模范单位。

学院环境

学院荣誉

肇庆学院

肇庆学院由广东省人民政府举办,是省市共建的地方综合性大学。学校现有主校区和星湖校区两个校园,校园占地总面积850620平方米,校舍建筑面积约52.9万平方米。学校先后获得全国毕业生就业典型经验高校、全国绿化模范单位、广东省文明单位、广东省高校治安综合治理先进学校、广东省安全文明校园、广东省节能型示范高校、广东省应用型本科转型试点高校、广东省创新创业教育示范校、广东省依法治校示范校等荣誉称号。学校2016年顺利通过本科教学审核评估,2017年获批"国家级大学科技园培育单位"和"硕士学位授予立项建设单位"。"创新强校工程"2017年考核成绩位居广东省同类院校首位。

学校现有全日制在校生22910人,函授生5897人,教职工1427人,其中,专任教师1015人,"双聘"院士1人,外聘兼职教师337人,专任教师中教授等正高职称人员128人,副教授等副高职称人员355人,副高以上职称教师占专任教师总数的47.59%;教师中有博士264人、硕士535人,拥有硕士以上学位教师占专任教师总数的78.72%。学校大力实施人才工程,一批享誉海内外的专家、学者受聘担任学校的客座教授,以"人才特区"高层次人才为标志的高水平师资队伍正在形成并不断壮大。

学校现有教学仪器设备超过2.2亿元,图书馆纸质藏书172.5万册,电子图书96.1万册。学校拥有1个省级协同创新发展中心、1个教育部批准特色专业、1个国家级本科专业综合改革试点、6个省级特色专业、1个省级优势重点学科、2个省级特色重点学科、2个省级重点培育学科、3个省市共建学科、11个省级实践教学基地、8个省级实验教学示范中心。

学校实施开放办学战略,与德国富克旺根艺术大学合办中德设计学院;牵头组织成立广东省艺术学科教师发展联盟,担任联盟理事长单位。"115"塔式创新创业教育体系、"U-G-S"三位一体教师教育人才培养模式、以书院制改革为载体的文化育人模式成为学校应用型人才培养的办学特色,办学水平和社会声誉不断提升。

学校召开本科教学工作审核评估专家组见面会

学校召开第九次教学工作会议

学校召开2017年学生带班党员工作总结与聘任大会

学校举办2017年创新创业文化节总结表彰大会暨创新创业成果展开幕式

肇庆医学高等专科学校

肇庆医学高等专科学校是广东省唯一的一所医学高等专科学校，学校前身为创建于1958年的中山医学院肇庆分院；2004年5月，经教育部批准改建为医学高等专科学校。现有端州、鼎湖和北校区3个校区，占地面积34.13万平方米，建筑面积21万平方米；有肇庆市第一人民医院等3所直属附属医院。现有教职工700余人，其中专任教师占78%，专任教师中高级职称人数比例超过45%；全日制专科在校生1万余人。学校设有临床医学、护理、口腔医学、药学、中医学、助产、医学检验技术、医学影像技术、康复治疗技术、护理（涉外护理）、护理（高职）、医药营销、卫生检验与检疫技术、中药学、针灸推拿、口腔治疗技术、卫生财会统计、中医骨伤、预防医学19个专业；其中临床医学、护理、助产、口腔医学、中医学、药学、医学检验技术7个专业为省重点专业。

学校召开第九届六次职工代表大会

学校秉承"育人为本、质量立校、人才强校、特色兴校"的办学理念，坚持"立足广东、辐射全国、面向基层、服务社会"的办学定位，走"校院合作、医教结合"的发展道路，为基层医疗卫生单位培养"下得去、用得好、留得住"的具有"大医精诚"和仁爱之心、全心全意为病人服务的医学人才，建校60年来，累计培养各类卫生专业人才6万余名。

学校召开2017年广东省医药卫生类中职学校创新发展研讨会

近年来，学校办学质量与水平不断提升，毕业生总体就业率达98%以上，专业对口率达90%以上；护理执业资格考试的一次通过率达99%以上；临床助理执业医师考试首次通过率超过50%以上；口腔职业资格考试首次通过率达70%以上，居于国内同类院校领先水平。2017年，临床助理执业医师考试成绩又创新高，平均分高出全国20个百分点，良好的人才培养质量极大地提升了学校的社会知名度和美誉度。学校是广东省高职教育医药卫生类专业教学指导委员会主任委员单位、广东省职业技术教育学会医卫类专业指导委员会主任委员单位、广东省康复医学会康复教育分会会长单位、广东省卫生职业教育协会副会长单位、广东省医学教育协会副会长单位，并已成为广东省农村、社区医药卫生行业高素质应用型专业人才培养基地，在职医药卫生技术人员继续教育培训基地，先进医护技术吸收、消化、转移和创新基地，国家紧缺（护理）人才培养培训试点基地。学校先后被评为广东省依法治校示范校、广东省职业教育先进单位、广东省职业技术教育培训基地建设先进单位、广东省文明单位、广东省文明校园。

附属韶山医院挂牌

如今，学校正在肇庆市委、市政府的大力支持下，主动对接基层医疗卫生及健康产业，大力实施"创新强校、创优升本"工程，力争在"十三五"期间创建成本科医学院。

学校第一届科协成员及嘉宾合影

广东教育出版社

单位荣誉

出版社概况 广东教育出版社（Guangdong Education Publishing House）成立于1985年，是南方出版传媒股份有限公司（上市公司股票代码：601900）属下一家面向教育、服务教育、具有教材教辅出版资质的综合性出版单位，是广东省内唯一一家一级出版单位。主要编辑出版教材、教学参考书、青少年读物、教育理论读物、工具书、综合类图书、音像读物和数字出版产品等，每年出版图书约1500种。自建社以来，广东教育出版社始终以坚持正确出版导向、弘扬先进文化为宗旨，坚持围绕中心、服务大局的出版思路，取得了良好的社会效益和经济效益。1998年，被中共中央宣传部、国家新闻出版总署评为"全国优秀出版社"；2000年，综合实力在全国560多家出版社中列第10位；2006年，被人事部、新闻出版总署评为"全国新闻出版系统先进单位"；2009年，在新闻出版总署对全国图书出版单位的首次评级中，被评为一级并被授予"全国百佳图书出版单位"称号。社党委先后两次被评为全省和省直属机关"先进基层党组织"。

教材教辅 出版包括高中《语文》《物理》、初中《物理》、小学《书法练习指导》等在内的共14科教材经全国中小学教材审定委员会审查通过，在全国范围内使用，获审通过的教材科目数在全国地方出版社中位居前列。在省编教材和目录教辅生产方面，有《综合实践活动》《中小学公共安全教育》《诚信教育》《走进岭南文化》《国防教育》等近30种。从2013年中小学教辅材料送评开始至今，出版社教辅被列入省编目录的教辅超过400种，教辅使用量在全省各地级市占比最高。

期刊杂志 《课程教学研究》秉承"关注教育现实，引领理性思考"的办刊理念，重视基础教育的理论探索、课程改革的动态捕捉、课堂教学的价值梳理、教育资源的品牌展示，为从事中小学教育的教学、科研、管理人员和师范院校的师生提供具有在场感的阅读。

乐橙空间 "乐橙空间"作为广东教育出版社响应国家深化教育体制机制改革等举措的重要示范，是以"3S"课程观（of student, by student, for student）为指导，以学生为主体，以学生健康、快乐、智慧成长为出发点而构建的"课程体验空间"品牌。"乐橙空间"依托广东教育出版社34年教材研发经验及累累硕果，坚持"主题课程化""课程活动化""活动装备化""装备空间化"理念，为地方教育部门、学校、教育培训机构及社区提供个性化定制的一站式教育资源研发和服务体验新空间。

资深教育专家成尚荣老师在乐橙空间发布会上致辞

本版图书 在本版图书方面，共有400多种图书获国家级及省部级奖励，31种图书获得国家级大奖，囊括中国政府出版奖、中国图书奖、"五个一"工程奖、中华优秀出版物奖、国家"三个一百"原创出版工程奖等多种奖项，获国家级大奖的项目数在全省出版社中名列前茅。

重点基金项目 广东教育出版社承担国家及省部级重点出版工程近30项，获得国家级政府出版资助金超过3000万元。当前，有多个数字化项目获得国家和省级文化产业资金支持，其中"基于学习轨迹分析的个性化智能教学平台"项目和"中小学书法教育全媒体运营平台"项目被评为广东新闻出版数字化转型升级示范项目。

☆广东省中小学教材、教辅发行单位　　☆广东省文明单位、先进集体　　☆国有控股上市公司

矢志不渝为教育　科学发展谱新篇
——广东教育书店有限公司

广东教育书店有限公司（以下简称公司）是1992年11月由广东省教育厅批准成立的，从2002年起参与广东省中小学教材发行工作，是广东省中小学教材和配套教学用书发行单位，也是广东省文化体制改革试点单位和省属国有骨干文化企业，主要经营幼儿园、中小学、中职、大中专教材及配套教学用书，以及图书馆用书等教育装备、音像制品、电子出版物等。公司拥有覆盖全省、触觉灵敏、反应快捷的连锁发行网络，建立了发书及时、服务周到、配送高效的现代物流配送体系，培养了一支朝气蓬勃、战斗力强、有丰富教材发行经验的员工队伍。公司作为国有控股上市企业（股票名称：广弘控股；股票代码：000529SZ），具有完善的法人治理结构和内控运营体系，通过了ISO9001质量管理体系认证、ISO14001环境管理体系认证和T28001职业健康安全管理体系认证，为每学期圆满完成教学用书发行任务提供了强有力的机制和制度保障。

公司成立25年来，一直秉承"服务教育、服务社会"的宗旨，坚持以促进青少年健康成长为己任，积极配合各级教育部门开展教育教学改革、新教材推广、师资培训及校园文化建设等活动，努力为全省师生提供高质量的教育教学用书和良好的服务。公司全体员工以高度的事业心和责任感，全力以赴做好全省中小学教材的征订发行工作，送好每一本书，确保了每年春秋两季"课前到书，人手一册"任务的圆满完成，维护了广东省中小学教材发行的良好秩序和稳定大局，取得了"政府满意、学校满意、家长满意"的良好效果。

公司在努力做好中小学教材及配套教学用书发行服务工作的基础上，充分发挥省属国有骨干文化企业的主渠道作用，积极参与广东省社会主义精神文明建设、"教育强省"和"文化强省"工作建设，并热心社会公益事业，累计向社会捐款2000多万元，捐赠图书500多万册，捐建"农家书屋"50家，得到了省委、省政府和上级部门的肯定和好评。公司先后被评为全国教育图书发行先进单位、广东省先进集体、广东省文明单位、广东省"守合同重信用"企业，公司有两名员工分别被授予全国五一劳动奖章、广东省五一劳动奖章。

站在新起点，谋划新发展。公司在省教育厅等上级部门的关心支持下，将进一步深化改革，开拓创新，一如既往为全省的教育事业做好服务，为广东创建"教育强省""文化强省"以及打造教育高地做出应有的贡献。

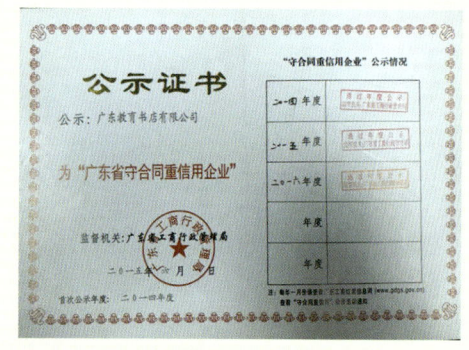

公司荣誉

地　　址：广东省广州市花城大道6号名门大厦豪名阁24楼
邮　　编：510623　　电　　话：(020)38299587(传真)
邮　　箱：gdjysd@126.com

高等教育

发展综述

（一）高等教育规模明显扩大

截至2017年底，全省共有普通高校151所，比2010年增加20所，增幅达15%，学校数排全国第二位；普通本专科在校生数192.58万人，排全国第二位。高等教育毛入学率达到38.71%，同比提高3.61个百分点。全省共有研究生培养机构28个，其中，普通高校25个，科研机构3个。研究生招生3.88万人，同比增加0.64人，其中，博士生招生3 997人，硕士生招生3.48万人。在学研究生10.29万人，同比增加10 037人，增长率为10.81%，其中，在学博士生1.57万人，在学硕士生8.72万人。毕业研究生2.71万人，同比减少7人，增长率为-0.03%，其中，毕业博士生3 055人，毕业硕士生2.41万人。普通高等教育本专科共招生57.08万人，同比增加2.10万人，增长率为3.81%，其中，本科招生28.56万人，专科招生28.52万人；在校生192.58万人，同比增加3.29万人，增长1.74%，其中在校本科生110.58万人，在校专科生82万人；毕业生51.12万人，同比增加2.18万人，增长4.46%，其中本科毕业24.56万人，专科毕业26.57万人。成人高等教育本专科共招生25.49万人，同比增加3万人；在校生65.31万人，同比增加0.11万人；毕业生23.65万人，同比增加2.57万人。普通高等学校教职工14.81万人，同比增加5 195人；专任教师10.44万人，同比增加3 221人。成人高等学校教职工4 180人，同比增加171人；专任教师2 509人，同比增加71人。普通高等学校校舍总建筑面积7 269.93万平方米，同比减少338.35平方米，生均校舍面积25.91平方米，同比减少1.69平方米；图书2亿册，同比减少594.49万册，生均图书74.30册，同比增加0.83册；教学科研仪器设备总值386.66亿元，同比增加47.50亿元，生均科研仪器设备值13 780.64元，同比增加1 477.17元。

（二）高等教育结构不断优化

全省有普通高校151所，其中本科院校64所、专科院校87所。民办高校54所（含中外合作办学高校4所），占普通高校总数的35.76%，形成办学体制多元化的格局。粤东西北地区普通高校25所，与"十二五"时期相比高校数量略有增加，高等教育资源区域分布得到优化。2017年，哈尔滨工业大学深圳校区获教育部批准，北京师范大学珠海校区的转型发展已经启动，广东药科大学云浮校区建设加速，华南理工大学广州国际校区即将动工，广州交通大学筹建工作稳步推进。

（三）高等教育分类发展格局初步形成

系统推进高水平大学建设、高水平理工科大学和理工类学科建设、省市共建本科高校、应用型本科高校建设、一流高职院校建设和特色重点学科建设，进一步优化高等教育结构，建立完善高校分类发展的办学资源配置机制，统筹推进高等教育分类发展。理工类学科专业结构得到优化，2017年全省新增理工类本科专业72个，全省理工类本专科在校生占比接近40%。

（四）"双高""双一流"建设成效明显

启动"双高"大学建设以来，省财政累计下拨50亿元（其中2017年投入15亿元）、地市政府累计投入近110亿元专项用于"双高""双一流"建设。2017年9月，教育部公布了"双一流"建设高校及建设学科名单，广东省5所高校18个学科入选，其中，中山大学和华南理工大学列为国家一流大学建设高校，暨南大学、华南师范大学和广州中医药大学列为国家一流学科建设高校，为广东省"双一流"建设打下坚实基础。

（五）人才培养质量稳步提升

深入推进人才培养模式改革，出台《广东省深化医教协同进一步推进医学教育改革与发展实施方案》，大力深化创新创业教育改革，2017年，广东省有3所高校进入全国创新创业典型经验高校50强。举办第三届中国"互联网+"大学生创新创业大赛和第一届粤港澳大湾区大学生创新创业项目对接洽谈活动，搭建学生实践锻炼平台。学生创新活力和实践能力不断提升，近千名学生在全国大学生创新创业大赛、全国职业院校技能大赛等各类科技创新竞赛活动中屡获大奖，在国际顶级刊物发表论文的篇数和学生数逐年增加，广东省高校毕业生初次就业率稳定在95%以上，毕业生就业率和就业质量明

（六）高校自主创新能力和服务经济社会发展水平不断增强

截至2017年12月，全省高校已有56个学科入围ESI全球排名前1%，比2015年1月增加21个，增长60%。11所高校入选四大国际权威排行榜，位居全国第四；290个学科入选上海软科公布的中国最好学科排名，位居全国第四。共有国家重点实验室等国家级创新平台63个，省部级重点创新平台357个。据统计，我省"双高"建设高校与地方政府、行业、企业共建研究院、新型研发机构、产学研基地等平台近500个，服务企业超过2 000家，并在支撑广东省创新驱动发展、"卫生强省"、南方教育高地、特色农业现代化建设方面发挥了重要作用。

（七）教育国际化水平显著提升

出台《关于做好新时期我省教育对外开放工作的实施意见》，推动成立粤港澳高校联盟、粤港澳姊妹学校平台项目，粤港澳姊妹学校达479对，规模约占全国七成；广东省可招收港澳学生高校增至47所，免试招收香港学生高校达21所。粤港澳台教育交流合作深入发展，粤港澳高校联合实验室项目创新设立，粤港澳姊妹学校规模占全国60%，在粤高校就读的港澳台侨学生1.2万名，占全国总规模50%，在粤中小学就读的港澳台学生超过8.8万名，较好地解决了港澳台人士子女入读问题。

（八）对外教育交流逐年扩大

成功承办中俄人文合作委员会第十八次会议及配套活动，举办高校海外高层次人才招聘会，引进高水平国际人才。来粤国际学生人数稳步增长，广东省46所高校招收了来自世界175个国家和地区的2.5万名国际学生，其中本（专）科以上学历生比例达42.24%；在广东省中小学就读的外籍学生1.3万名。打造促进境外交流合作平台。广东省与境外教育部门签署省级层面合作备忘（协议）8项，打造广东与英国、美国、加拿大、波兰、德国、瑞典等国家及港澳台地区的教育合作交流平台。

（九）中外合作办学工作取得进展

全省新增具有独立法人资格的中外合作办学机构3个，包括香港中文大学（深圳）、深圳北理莫斯科大学、广东以色列理工学院，其中，广东以色列理工学院、深圳北理莫斯科大学于2017年首次招生；鼓励支持天津大学佐治亚理工深圳学院等一批非独立法人的中外合作办学机构申办设立。全省共有不具有独立法人资格的中外合作办学机构3个。全省经批准实施的中外合作办学项目70个，累计培养学生约4.4万人。

（十）师资队伍素质稳步提升

深入实施"强师工程"，加大工作统筹力度，严格落实"师德一票否决制"。成立4个省教师教育联盟，积极探索广东"新师范"建设。实施"强师工程"和特殊教育教师达标提升、中小学教师素质强化和中职学校教师能力提升工程省级培训项目，共培训骨干教师2万人。全省高校新增中国科学院院士2人，5人获得国家杰出青年科学基金建议资助项目，20人获得国家自然科学基金优秀青年基金项目，74人入选第13批国家"千人计划"青年项目，22人入选2016年"长江学者"。深入推进高等学校珠江学者岗位计划，68个珠江学者岗位和98名珠江学者人选。

教育教学管理

【加大"创新强校工程"统筹力度】 进一步修订"创新强校工程"资金管理办法，已完成2016—2017年度高等教育"创新强校工程"考核工作，首次对考核结果进行公布，社会反响积极热烈。考核结果反映出四类高校的平均分均有所提高，在管理体制机制改革、师资队伍、人才培养、学科建设和科学研究、社会服务、综合管理绩效评价等方面均有亮点。

【加快推进高水平理工科大学建设】 2017年5月，召开全省理工科大学和理工类学科建设推进会，出台《广东省高水平理工科大学建设考核办法》，完成高水平理工科大学建设考核工作。2017年新增理工类本科专业72个。将五邑大学、广东省石油化工学院增列为高水平理工科大学建设高校，并签订省市校共建协议。

【扎实推进转型试点工作】 组织遴选广东金融学院等14所高校为广东省普通本科转型试点高校。组织开展实施情况调研。为加强应用型人才培养，在省"教学质量与教学改革工程"框架下，单独立项45门应用型人才培养课程项目，构建以工作过程系统化、典型工作任务等为基础的新型课程体系。

【加强"质量工程"建设和管理】按照"减量、提质、增效"的总体思路，一方面全面收紧项目立项数量，提高项目层次水平；另一方面加强事后监管，强化验收工作，确保建设质量。2017年共组织15大类1 500多个项目的验收评审工作，通过验收1 379项，暂缓通过156项，不予通过27项，总通过率为88.28%。完成第八届广东省教育教学成果奖（高等教育）评审，共评出特等奖3项、一等奖102项、二等奖120项，公示期内未收到任何异议。

【推进专业建设和管理】制定《广东省普通高等学校本科新设专业评估工作方案（试行）》，强化专业设置的事后监管。印发《关于开展普通高等学校专业认证工作的意见》，组织学校制订"十三五"专业认证规划。召开全省本科专业设置工作会议，发布建议暂缓增设和鼓励增设专业名单，积极引导高校对接重点产业及领域需求设置和调整专业，不断改善专业结构和布局。2017年度广东省共有46所普通本科高校申报备案新设专业129个，1所高校申报撤销专业4个，15所高校申报审批专业26个。

组织全省本科高校开展2017年度高等学历继续教育拟招生专业补偿专业申报，全省32所高校166个高等学历继续教育专科专业完成申报并获教育部批准。

【深化教学工作领域各项改革】深化创新创业教育改革，组织培训创新创业教师，遴选出61门创新创业教育课程立项建设，专门开发"批创性思维课程"和"创新思维课程"以在线开放课程形式免费提供给全省高校师生使用。深化学分制管理改革，指导高校完善与学分制改革配套的教务管理制度。深化校企协同育人改革，继续推进新闻、法律、师范等行业人才互聘，召开教师教育工作座谈会，加强与百度、思科、艾默生等知名公司的人才培养合作。

【认真开展审核评估】完成广东工业大学、广东外语外贸大学、深圳大学等12所本科教学工作审核评估。完善评估组织工作，明确专家工作质量要求，强化审核评估成效，出台《广东省教育厅关于印发〈广东省普通高等学校本科教学工作审核评估整改工作方案（试行）〉的通知》，加强整改落实环节，切实提高人才培养质量和本科教学水平。

【深入实施重点领域人才培养】开展全省医学教育改革调研，推进医教协同，2017年9月出台《广东省人民政府办公厅关于印发广东省深化医教协同进一步推进医学教育改革与发展实施方案的通知》。推进"新师范"建设，拟定广东省"新师范"建设方案，组建全省教师教育联盟，开展"4+2"师范生培养模式改革，加强卓越教师培养计划专业管理，推进高师院校与中小学师资互聘，召开专门会议组织学校做好师范专业认证准备。加强工程教育模式改革，服务广东省制造业发展。率先组织召开探索建立广东特色新工科发展模式研讨会。7月底，广东省作为省级教育行政部门的唯一代表在教育部举办的全国新工科培训会上做经验介绍。11月份，举行"广东省高校新工科与产业学院建设经验交流活动"，省内外代表300多人参会。11月3日，举行第五届广东省校企协同育人交流活动，12个单位签订物流管理类人才合作培养协议。

【稳步推进学分银行建设】研制了《广东终身教育资历框架等级标准》，由广东省质量技术监督局发布，并已在国家标准化管理委员会备案，填补国内此类标准的空白。启动行业资历标准的研制，建设学分银行信息管理平台，初步完成系列学习成果认定转换制度，完成广东终身教育学分银行对外服务窗口中心建设。

【组织落实《高等学校学生管理规定》】教育部《普通高等学校学生管理规定》于2017年9月1日正式实施。为做好实施准备工作，主动邀请全国知名专家和教育部有关领导到广东做报告，开展对全省本科高校的培训，并组织学校有关部门负责人赴外地学习、培训。指导各校制订学生管理规定，尽力减少实施过程存在法律风险。

（撰稿　李成军；审稿　郑　文）

党的建设工作

【深入学习党的十九大精神】一是全方位部署。年初，印发2017年党建工作要点，制定学习培训工作方案，会同驻厅纪检组召开全省高校党建暨党风廉政工作会议，对学习工作进行总体部署。党的十九大召开后，及时印发通知，制订活动方案，组织全省教育系统深入学习贯彻落实党的十九大精神和

《习近平谈治国理政》（第二卷）。利用省党员教育网在高校组织开展系列学用活动，组织考学，定期通报情况。二是全覆盖传达。组织全省教育系统党员师生集中收看党的十九大开幕式。召开全省教育系统视频会议，十九大代表、省教育厅党组书记景李虎讲话进行传达学习，并提出贯彻意见，全省教育系统各级领导干部和基层组织负责人4 700多人参会。三是多形式学习。举办2期广东高校学习论坛，分别就省第十二次党代会和党的十九大精神进行学习。委托国家教育行政学院、中组部全国干部教育培训浙江大学基地、四川大学全国干部教育培训基地以及广东省的中山大学等高校，对高校组织、统战、地市教育局党组织党务骨干进行集中培训，共计10 416人。

【深入开展"两学一做"学习教育】制定实施方案。组织高校开展学习教育专题组织生活会和民主评议党员活动，全省高校13万余名党员参加。对基层党建五项重点工作、基层党组织按期换届、高校完善学习教育常态化制度化机制、高校二级党组织落实上级有关工作情况、"三会一课"的落实情况、发展党员工作和党费收缴情况等进行检查，落实整改。

【夯实基层党建工作基础】一是抓实"关键少数"。开展高校党委书记抓基层党建述职评议考核工作。2017年初，协助省委组织部，组织高校党委书记开展2016年度基层党建述职评议考核工作。为更好地做好2017年度述职工作，印发通知，制定工作方案，组织开展入校现场交叉检查，为述职评议考核更加科学化打下基础。以"书记项目"推动党建质量提升。对2016年36个"书记项目"进行了通报表扬，立项140个2017年"书记项目"。二是抓好民办学校党建。修订民办高校督查工作指标体系。研究制定关于加强民办学校党的建设工作的实施意见。对督查整改落实情况再进行督查。将党建专项督查结果纳入民办高校年度检查。强化保障，做好两新组织财政专项资金预算、审核下拨工作。按照每名党员300元的标准下拨党建工作经费，并将民办学校党费100%返还学校党组织。在教育部举办的全国民办高校党建工作推进会上，省教育厅党组副书记、副厅长邢锋代表委厅做大会交流发言。《中国教育报》刊登了广东省的经验材料。三是抓实党支部建设。在高校创建159个"学习型服务型创新型党支部"。开展"两学一做"支部风采展评选，评选了34个优秀基层党支部生活创新案例和30个微党课视频。举办民办院校"微党课"比赛。四是抓实党员队伍建设。评选中国科学院院士卢永根为"全省教育系统优秀共产党员"。严格执行发展党员"三投票五公示一答辩"制度，抓好高校发展党员工作。严格规范党员党籍和组织关系管理，发放流动党员证近2 000本。认真做好党员信息管理系统和信息采集，得到中组部督查组的肯定。做好党费收集使用管理工作。制定清缴党费的使用管理办法。做好党员激励关怀工作。春节期间，对高校生活困难党员、老党员进行慰问。通报表扬优秀组织工作部门9个，优秀组织工作者14名。创新党建活动品牌。组织开展"万名党员下基层、城市乡村党旗红"暑假大学生党员社会实践活动，对128个社会实践优秀项目和14个南粤古驿道文化创意大赛项目立项资助，并对30个取得丰硕成果的优秀项目予以通报表扬。五是加强高校统一战线工作。配合省委统战部，草拟了有关加强高校统战工作的实施意见，并由省委办公厅印发。组织高校统战部部长培训班。推荐8名党外干部参加省委统战部培训。对全省151所高校民主党派和无党派人士信息进行采集，及时掌握广东省高校民主党派和无党派人士情况。六是认真做好推荐党的十九大代表和新一届全国、全省人大代表和政协委员工作。

【深入开展党建研究工作】在委厅工作简报上设立了《教育系统党建专刊》，把各校好经验、好做法和省委教育工委的有关工作情况及时报送给各级领导部门，宣传至各高校，促进上情下达、下情上传和基层学习交流。党建专刊简报共编发13期，刊登了省委教育工委党建工作动态31篇（条），各高校工作动态和经验材料55篇（条）。发挥教育系统优势，强化理论研究。依托"书记项目"和高校理论研究会本科、高职高专、民办高校3个分会和高校统战理论研究会开展理论研究，征集了一大批优秀理论文章，立项党建课题258项，并对其中50个优秀项目予以资助。完成教育部委托的高校党员数量和质量问题课题研究。与省委组织部联合开展高校高知群体发展党员课题研究。

（撰稿 徐鹏飞；审稿 白建刚）

高校领导班子建设

【加强高校领导干部思想政治和能力建设】 按照全面从严治党的要求，不断加强和改进高校党的建设，提高高校领导干部思想政治素质。认真学习贯彻习近平新时代中国特色社会主义思想和党的十九大精神，认真学习贯彻习近平总书记系列重要讲话精神和对广东重要批示精神，不断增强"四个意识"、坚定"四个自信"，坚决维护习近平总书记的核心地位，坚决维护以习近平同志为核心的党中央权威和集中统一领导。全面从严加强高校党的建设，巩固和发挥学校党委领导核心作用，牢牢把握高校意识形态工作的领导权、管理权和话语权。

举办2017年全省高校领导干部暑期读书班，省委常委、宣传部部长慎海雄，省委常委、组织部部长邹铭，副省长黄宁生同志出席读书班并做重要讲话，教育部有关领导做专题报告，全省公办高校党委书记、校长和民办高校董事长、校长近300人参加读书班，省内多家媒体对读书班做了详细报道，在高校中反响较大。结合从严治党、从严管理干部要求，会同省委组织部举办2期高校组织部长专题培训班，80所高校的党委组织部部长参加培训，取得良好效果。选送255名高校干部参加国家教育行政学院、教育部中南教育管理干部培训中心、省委党校学习，其中厅级领导干部51人，处级领导干部204人。

【加强高校领导班子组织建设】 改进工作方式，提高选人用人精准度。加强领导班子分析研判，对8所高校开展班子分析研判工作，与领导班子成员、中层干部及各类代表进行个别谈话400多人次，综合分析研判情况，客观准确掌握高校领导班子状况。多渠道、多层次、近距离接触干部，从办学定位、人才培养、科学研究、服务社会、财务状况以及困难问题等11个方面，与10所高校近500人次的干部进行不同形式谈话，全面了解学校发展、领导班子成员、优秀中层正职和高层次人才的德才表现、发展潜力和主要不足，夯实知事识人的工作基础。

会同省委组织部，对华南农业大学、广州中医药大学等43所高校及相关附属医院领导班子进行调整配备，共涉及领导干部96人次，其中提拔使用27人，平级交流轮岗12人，兼任职务5人，接收军转干部1人，免职24人，退休27人，及时优化充实了领导班子队伍。

【规范高校领导班子任期管理】 会同省委组织部修订印发《中共广东省委办公厅关于印发〈广东省高等学校领导班子任期制实施办法〉的通知》（粤办发〔2017〕9号），完善高校领导班子任期管理。会同省委组织部，按照高校党政班子任期"届满超过3年""届满1～3年"和"今年届满"3类情况对高校进行全面梳理，全面掌握高校换届工作情况。制定换届工作台账，分类推进高校换届，对广东医科大学等9所高校（医院）开展换届考核工作，并指导有关高校（医院）召开党代会，推进学校党委换届，重新任命4所高校（医院）行政领导班子。

【从严从实监督管理干部】 按照从严监督管理干部的要求，通过专项监督与日常监督相结合，加大干部监督力度。推进高校领导班子成员全面履行"一岗双责"，严肃党内政治生活。对42所省属高校291名领导干部进行年度考核，并对各学校领导班子考核中排名靠后的领导干部进行约谈整改；对28名试用期满领导干部开展试用期满考核。对33所高校开展选人用人"一报告两评议"工作，督促学校对评议中反映的问题进行整改，加强对高校干部选任工作监督。组织73所高校140名党政主要负责同志进行书面述廉，并督促9名主要负责同志按省纪委要求进行整改。开展个人有关事项填报及核查工作，加强对高校干部政治规矩、政治纪律的监督。审核高校领导干部因私出国（境）134人次，审核22所高校领导干部社团兼职备案46人次，审核办理20所高校重要部门人事任免备案53人次。

（撰稿　贾林东；审稿　谢锦群）

高校思想政治工作

【综述】 2017年，全省各高校紧紧围绕迎接、服务、保障党的十九大召开和学习、宣传、贯彻党的十九大精神这一主线，坚持以学校、教师和学生为中心，深入贯彻全国、全省高校思想政治工作会议精神，高校思想政治工作呈现面上铺开、多点发力、亮点纷呈的良好态势，《光明日报》《南方日报》等多家主流媒体对广东省高校思想政治工作做了报道。

【党的十九大精神宣传贯彻工作】 党的十九大召开前后，在《广东教育信息》连续刊登10则信息，报道广东省教育系统迎接党的十九大召开、学习宣传贯彻党的十九大精神的举措。举办广东高校习近平新时代中国特色社会主义思想"五进"工作研讨会，推进习近平新时代中国特色社会主义思想进校园、进课堂、进教材、进网络、进学生社区。成立广东教育系统党的十九大精神宣讲团，在全省教育系统开展集中宣讲，时任省委常委、宣传部部长慎海雄在宣讲团成立大会做动员讲话，省教育厅厅长景李虎主讲宣讲团"第一讲"，近1000名大学生和教师代表聆听宣讲。举办学习宣传贯彻党的十九大精神——千名高校优秀辅导员"校园巡讲"广东高校专场报告会。开展广东教育系统党的十九大精神宣讲"六个一百"行动，通过"百名高校书记校长宣讲党的十九大""百名高校组织、宣传、学工部长宣讲党的十九大""百名高校思想政治课名师宣讲党的十九大""百名高校优秀辅导员宣讲党的十九大""百个项目研究阐释党的十九大""百个大学生红色理论社团研习党的十九大"，实现教育系统党的十九大精神宣讲两个"全覆盖"，即高校全覆盖、干部师生全覆盖。

【落实思想政治会议精神】 全国高校思想政治工作会议（以下简称全国会议）结束后，迅速召开学习会议精神座谈会，印发学习贯彻会议精神的通知。顺利迎接中宣部、中组部、教育部第一督查组对广东省贯彻落实全国会议精神的督查，并借助督查宣传广东高校思想政治工作经验和成果。积极推动广东省高校思想政治工作会议（以下简称全省会议）召开和省委、省政府《关于加强和改进新形势下高校思想政治工作的实施意见》（以下简称《实施意见》）出台，《实施意见》于6月29日印发，全省会议于7月21日召开，时任省委书记胡春华出席会议并讲话，广东高校思想政治工作进入一个新的历史发展阶段。抓好全省会议和《实施意见》贯彻落实工作，第一时间印发学习贯彻全省会议的通知、贯彻落实全省会议精神任务清单，9月中下旬组织开展贯彻落实全省会议精神专项督查。依托高校成立广东高校意识形态与网络理论舆情研究中心、广东高校社会主义核心价值观传播与研究中心、广东高校网络舆情分析研究中心，打造高校思想政治工作智库。

【高校思想政治理论课建设】 把2017年定为广东高校思想政治理论课教学质量年，组织我省思政课教学指导委员会全体委员赴全省所有高校开展听课和调研指导，继续实施高校党委书记、校长每学期上第一堂思想政治理论课制度，并在秋季学期把高校院（系）党组织书记、院长（系主任）纳入这一制度，结集出版《我上思政"第一课"精品文集（第一辑）》。持续推动高校落实思想政治理论课建设标准，开发"南方红课""思政课名师大讲堂""名师工作室教学创新展示"等网络教学资源。

【高校意识形态工作】 印发工作方案，完善"三个机制、五项制度、六项责任制、七类防范重点"的高校政治安全工作机制，实施2017年全省高校政治安全专项行动。召开全省高校政治安全工作会议，与高校党委签订意识形态工作责任书。多次开展教育系统意识形态安全风险隐患专项排查化解，建立工作台账，每月动态更新，不放过任何一处隐患。开展教育系统意识形态安全月研判、季度研判，提高工作的预见性和针对性。开展全省高校政治安全专项督查，做到全覆盖。经过努力，广东省教育系统全年保持政治稳定，为党的十九大胜利召开营造良好氛围。

【高校思想政治工作队伍建设】 一是建好示范引领平台。扎实推进思政课名师工作室工作，对名辅导员工作室开展中期检查，完成心理健康教育与咨询区域中心首个周期建设任务。鼓励高校辅导员在职攻读博士学位。二是建好比赛"练兵"平台。举办2017年度高校思政课青年教师基本功比赛、辅导员职业技能比赛、高校心理教师基本功比赛。选派优秀教师代表参加2017年粤桂琼赣滇五省（区）

· 各级各类教育 ·
VARIOUS LEVELS AND SORTS OF EDUCATION

高校思政课青年教师教学基本功比赛，获得赛事最佳成绩。三是建好培训交流平台。继续举办哲学社会科学教学科研骨干研修班、高校思政课骨干教师培训班、高校宣传部长及宣传骨干培训班和高校思想政治教育骨干及辅导员培训班。搭建辅导员国内交流平台，组织开展优秀辅导员申报国内高校访问学者计划。四是建好科学研究平台。组织开展2018年度省教育科学规划课题（德育专项）和高校思政课题的申报、评审、立项工作。五是建好典型引领平台。华南师范大学马克思主义学院院长陈金龙入选教育部"长江学者"特聘教授，广东技术师范学院辅导员陈小花当选为中国共产党第十九次全国代表大会代表，广东水利电力职业技术学院思政课教师林冬妹被评为"南粤楷模"，广东轻工职业技术学院何小梅被评为第九届"全国高校辅导员年度人物"。

【高校实践育人工作】举办全省高校2017年度学生工作会议和实践育人研讨会。继续开展高校师生思想政治状况滚动调查，调查表明广东大学生思想状况保持积极向上的良好态势。开展"我的中国梦——立志·修身·博学·报国"大学生主题教育活动，举办第二届粤港大学生城市猎奇行动（City Hunt）、粤港青年学生庆祝香港回归20周年主题交流活动。组织"百名法学家百场报告会"广州地区高校师生专场暨南粤法治报告会第三十七讲。承办第三届全国高校"校园好声音"华南片区赛，星海音乐学院代表广东省成功晋级总决赛，广东省获优秀组织奖。

【网络思想政治教育】成立广东高校易班联盟，推进"众智育人"省级易班平台建设，以"传播青春正能量 营造网上精神家园"为主题，举行第二届广东高校网络媒体展示节，开展高校网络育人优秀原创作品推选，全面展示大学生优秀网络文化成果和高校新媒体平台。承办全国易班共建工作推进会，开展第三、四、五批易班建设。举行高校优秀校报和优秀网站评选展示活动，组织首届广东高校官方新媒体展示节，评选高校官方新媒体优秀推文，定期发布广东省高校新媒体排行榜。

【大学生心理健康教育】成立第三届广东省高校学生心理健康教育专家指导委员会。召开广东高校心理健康教育研讨会。对广东省高校大学生心理健康教育与咨询区域中心建设工作开展现场考核。在学生自杀易发多发节点，下发紧急通知要求高校开展学生心理危机排查，做好心理健康教育与咨询工作。以"热爱生命 为青春喝彩"为主题，举行2017年度"5·25"高校学生心理健康教育系列活动。

【高校少数民族学生教育管理服务】开展全省高校配备专职少数民族辅导员工作专项督查，对高校落实"1∶50"配备专职少数民族辅导员情况进行全面摸底。开展2016—2017年度内派服务管理教师学年考核，落实2017年新疆内派服务管理教师选派工作。举办第二届内地高校少数民族学生教育高端研讨会暨培训会，探索少数民族大学生思想教育管理的有效途径。举办2017年广东新疆籍少数民族骨干大学生卓越训练营，提高新疆籍少数民族骨干大学生的综合素质和领导能力。组织开展暑期新疆籍少数民族学生家访活动。开展新疆籍少数民族大学生"爱在广东"主题教育活动。创新开展思想政治教育援疆，在喀什大学设立名辅导员李敏工作室分站。

（撰稿 汪芸；审稿 袁本新）

学位工作与研究生教育

【学位工作】（一）稳步推进学位授权审核工作

2017年学位授权审核工作中，南方科技大学新增为博士学位授予单位；东莞理工学院新增为硕士学位授予单位；全省通过博士授权点47个，全国排名第二，其中一级学科学术型博士点31个，全国排名第一；另外，通过硕士学位授权点116个，其中一级学科学术型硕士点63个，专业学位硕士点53个。授权审核中，广东省博士点授权审核推荐通过比例为61.8%，在全国排名第一。

（二）实施学位授权点动态调整

省学位委员会根据国务院学位办有关文件精神和《广东省学位委员关于做好博士、硕士学位授权学科和专业学位授权类别动态调整工作的若干意见》，将学位点动态调整与学位论文抽检、研究生招生、教师队伍建设以及学术学风建设等工作直接挂钩。撤销华南理工大学、广东海洋大学2所高校2个学位授权点，同时在广东海洋大学新增列1个学位点。全省学位授权点的结构进一步优化，更加适应广东省急需的应用类学科的建设和发展。

（三）做好新增单位授权审核工作和新增专业审核备案工作

省学位委员会根据《广东省学位委员会 广东省教育厅关于普通高等学校学士学位授权审核工作的暂行办法》的要求，一是组织专家对广东开放大学申请新增学士学位授予单位和专业进行了通信评审和实地评审，并于2017年5月批准广东开放大学为学士学位授予单位，同时批准该校标准化工程、法学、文化产业管理、信息安全4个本科专业为学士学位授予专业。二是组织专家对广州航海学院申请新增学士学位授予单位和专业进行了通信评审和实地评审，并于2017年6月批准广州航海学院为学士学位授予单位，同时批准该校航海技术、轮机工程、船舶电子电气工程、交通运输、物流工程5个本科专业为学士学位授予专业。三是对全省46所本科院校提交的123个新增学士学位授予专业进行审核论证，采取多种形式对各校的审核论证情况进行抽查，确保新增专业授权审核工作质量。

【研究生工作】2017年，广东省研究生教育得到进一步发展。全省共招收全日制研究生38 394人（其中博士生3 706人，占9.7%；硕士生34 688人，占90.3%），在校全日制研究生106 346人（其中博士生15 365万人，占14.4%；硕士生90 981人，占85.6%）。

（一）大力加强学术学位研究生课程建设

2017年，根据教育部学位管理与研究生教育司《关于开展2016年研究生课程建设试点项目工作的通知》的有关要求，经组织专家论证，并上报教育部批准同意，确定中山大学、华南理工大学、广东财经大学为研究生课程建设试点单位，自当年起启动试点工作。各试点单位在认真分析本单位课程建设工作现状、全面规划课程建设的基础上，对前期制定的试点工作方案进一步修改完善，明确了试点工作具体内容和推进举措，多渠道、全方位地开展研究生课程建设试点工作。通过试点项目的建设，广东省研究生课程的管理监督机制、课程结构、师资队伍结构、教学水平等得以优化，适应了国家经济社会发展需求，研究生综合素质和学术水平得到全面提高。

（二）着力加强和完善研究生培养质量体系建设

围绕国家学位与研究生教育"服务需求、提升质量"的工作中心，不断加强和完善研究生培养质量体系建设。一是督促各研究生培养单位加强制度建设，制定研究生培养全过程的管理制度，落实导师责任，加强培养过程的监督与管理。二是探索制订研究生培养标准，初步制定了5个专业类别专业实践基本要求及评价指标体系。三是加大对学位论文抽检力度，重点领域逐年提高论文抽检比例，督促培养单位实行学位论文双盲评审制度和追溯问责制。四是引入行业企业第三方评价，对毕业专业硕士职后信息进行追踪。五是试点探索硕士专业学位申请制度，并逐步把专业学位研究生实践能力纳入毕业考核指标体系。六是扎实推进专业研究生教育综合改革，围绕现代产业需求，调整培养单位类型、调整学位点结构、调整研究生招生计划，着力优化研究生教育结构，引导行业企业全过程深度参与部分专业类别特别是工程硕士的培养。

（三）深入推进专业学位综合改革

2017年，以专业学位综合改革试点为抓手，继续深入推进研究生教育综合改革。一方面抓好25个改革项目的实施工作，以"项目"牵引，创新人才培养模式，改革管理体制。另一方面积极推进与佛山、东莞、中山以及省科学院研究生联合培养基地建设，围绕地方经济发展和产业升级转型的关键性课题以及企业需解决的实际问题开展研究生联合培养，学科链、专业链精准对接产业链。

（四）优化研究生培养体系

2017年5月，省教育厅与省科学院签署了战略合作框架协议，将省科学院的创新资源纳入广东省研究生培养体系。双方将共建研究生联合培养基地，建立全口径的科教合作机制，整合高校和科学院资源，进一步加强平台共建、资源共享、人才培养、科研合作、成果转化等方面的合作。

（五）深入实施研究生教育创新计划

以广东省优秀学生（研究生阶段）评选等工作为抓手，深入推进研究生教育创新计划。一是认定研究生学术论坛、暑期学校、示范课程、联合培养研究生示范基地、教改项目等研究生创新培养计划项目等308项。二是评选表彰中山大学黄志立等241名研究生为2016—2017学年度广东省优秀学生（研究生阶段）。

（六）加强学位与研究生教育质量保证和监督体系建设

按照国家教育督导委员会的统一部署，2017年广东省硕士学位论文抽检工作按照"随机抽取，均衡比例"的原则组织，共抽检论文801篇，其中从全省27个硕士学位授予单位12 523篇学术学位论文中抽取776篇论文，占全省学术学位论文总数的

6.2%，另外25篇为保密期满的学位论文。经第三方机构评议，其中1篇论文被认定为"存在问题学位论文"，占送审论文总数的0.12%。抽检工作的依据、程序、标准、结果除了上报教育部之外，还通报全省学位授予单位，并且通过微信公众号等新媒体主动向社会公开，在全省各学位授予单位、广大师生间产生较大影响，取得良好的效果。

（撰稿　刘凌飞；审稿　杨立群）

科学研究工作

【基本情况】2017年，全省共有151所高校和21家高等学校附属医院参加广东省普通高校科技/社科统计工作。参加科技类统计的单位有133个，其中普通高校112所，高校附属医院21家（相比2016年新增20所高校）；参加人文社科类统计的单位有150个，均为高校（相比2016年新增3所高校）。

【科研人力资源】2017年全省普通高校从事教学与研究人员总数为124 473人，其中理、工、农、医类（以下简称科技类）人数为72 012人，人文社会科学类（以下简称人文社科类）人数为52 461人。

全省普通高校从事教学与研究人员中，具有高级职称（正高和副高职称之和）的人数为41 960人，其中科技类高级职称有25 930人，人文社科类有16 030人。具有博士学位者共28 653人，其中科技类有19 593人，人文社科类有9 060人。

【科研活动经费】2017年全省普通高校当年投入科研经费总额为187.71亿元。其中科技类经费为167.83亿元，占总经费的89.41%；人文社科类经费为19.86亿元，占总经费的10.59%。

全省普通高校当年政府投入的科研经费为133.42亿元，占全省普通高校当年投入科研总经费的71.08%。其中投入至科技类的经费为123.05亿元，占科技类总经费的73.32%；投入至人文社科类的经费为10.37亿元，占人文社科类总经费的52.17%。

全省普通高校当年企事业单位投入的科研经费为32.01亿元，占全省高校当年投入科研总经费的17.05%。其中投入至科技类的经费为27.74亿元，占科技类总经费的16.53%；投入至人文社科类的经费为4.27亿元，占人文社科类总经费的21.49%。

全省普通高校当年其他经费投入的科研经费为22.28亿元，占全省高校当年投入科研总经费的11.87%。其中投入至科技类的经费为17.04亿元，占科技类总经费的10.15%；投入至人文社科类的经费为5.24亿元，占人文社科类总经费的26.34%。

【研究机构】2017年全省普通高校共拥有上级主管部门批准的研究机构1 422个。其中科技活动机构1 098个，包括国家级机构53个，省部级机构801个，其他主管部门机构244个；人文社科研究活动机构324个，包括国家高端智库2个，教育部重点研究基地8个，省部共建基地3个，省级基地73个，省级实验室14个，其他主管部门机构211个。

【科研项目】2017年全省普通高校投入项目经费合计118.97亿元，占全省普通高校当年投入科研经费的63.38%。在研项目84 211项，其中当年新立项项目32 237项，当年新立项项目投入经费85.56亿元。

科技类项目当年投入经费109亿元，在研项目48 910项；其中新立项项目21 369项，新立项项目当年投入经费77.58亿元。

人文社科类项目当年投入经费9.97亿元，在研项目35 301项；其中新立项项目10 868项，新立项项目当年投入经费7.98亿元。

【科研成果】（一）发表学术论文

2017年全省普通高校共发表学术论文87 815篇，其中在国外发表学术论文28 716篇。全年发表科技类学术论文62 605篇，其中在国外发表学术论文27 246篇，三大索引（SCI、EI、ISTP）收录论文28 932篇。发表人文社科类学术论文25 210篇，其中在国外发表学术论文1 470篇。

（二）出版图书

2017年全省普通高校出版各类图书2 965部，其中出版科技类图书925部，人文社科类图书2 040部。全省普通高校出版专著1 080部，其中科技类出版专著231部，人文社科类出版专著849部。

（三）技术转让

2017年全省普通高校签订技术转让合同680项，合同金额19 194.4万元，当年实际收入11 976.6万元。

（四）专利

2017年全省普通高校专利申请20 042件，其中发明专利11 818件，占专利申请总数的58.97%；专利授权8 616件，其中发明专利3 527件。据报表显示，全省高校拥有专利30 020件，其中发明专利13 657件，占专利拥有总数的45.49%。

（五）成果获奖

2017年全省普通高校共获得各类成果奖416项。其中，科技领域获得国家级二等奖以上奖励15项，省部级二等奖以上奖励114项；人文社科领域获得部级奖228项。

（六）项目验收和成果鉴定

2017年全省普通高校科技类项目中共有129项国家级重大、重点项目验收。其中，"973"项目10项，国家科技支撑计划项目9项，"863"项目11项，国家自然科学基金重大、重点项目96项，军工项目3项。

全省普通高校人文社科类项目中，国家级项目结项155项，教育部人文社会科学研究项目结项297项。

【学术交流】2017年，全省高校在开展科技类学术交流方面，共派出合作研究人员2 752人次，接受2 060人次；出席国际学术会议10 287人次，交流论文4 735篇；主办国际学术会议197场次，形成国际学术会议特邀报告1 366篇。

在开展人文社科类学术交流方面，共派出合作研究人员1 176人次，接受796人次；出席国际学术会议1 816人次，交流论文1 125篇；主办国际学术会议196场次。

另外，截至2017年12月31日，全省普通高校主办学术期刊195种。其中，科技类学术期刊111种，人文社科类学术期刊84种。

【高校科技创新工作】（一）高校重点平台建设

为进一步提升广东省高等学校自主创新能力，按照"需求导向、学校自主、政府统筹、分类指导"的建设思路，构建服务于广东省经济社会发展的平台建设体系，增强重点平台的活力，力争实现广东高校重点创新平台整体实力的迅速提升。经组织专家遴选，确定了四类28个省级重点平台立项建设，其中广东省普通高校重点实验室12个，广东省普通高校工程技术研究（技术开发）中心7个，广东省普通高校哲学社会科学重点实验室4个，广东省普通高校人文社科重点研究基地5个。

（二）高校重大科研项目立项

按照"需求导向、学校自主、政府统筹、分类指导"的原则，围绕国家和广东省经济发展和社会可持续发展的重大科学和技术问题，充分发挥高校建设主体作用，组织跨学科、跨领域的高水平科学研究，分期规划，合理布局，重点突破，力争全面提升广东省高校承担重大科研项目、产出重大成果的能力。经高校推荐认定，组织专家遴选，确定了四类1 876项省级重大科研项目立项建设，其中，基础研究及应用研究重大项目146项（包括专科院校19项）、省级创新团队项目57项（包括专科院校12项）、省级特色创新项目（含教育科类项目）940项（包括专科院校291项）、省级青年创新人才项目733项（包括专科院校229项）。

（三）成果获奖

2017年广东高校在国家科学技术奖励中共获13项通用项目奖。其中国家技术发明奖项目2项，均为第一完成单位；国家科技进步奖项目11项，包括第一完成单位1项，参与10项。

广东省高校获得省科技奖励93项。其中，省突出贡献奖2项；省科技一等奖第一完成单位13项，参与5项；省科技二等奖第一完成单位21项，参与6项；省科技三等奖第一完成单位22项，参与24项。

【知识产权】（一）专利申请与授权

2017年广东省高校申请专利量为20 042件（相比2016年新增4 709件），其中发明专利申请量为11 818件。广东省高校专利授权量为8 616件（相比2016年新增1 157件），其中发明专利授权量为3 527件。

（二）专利技术的实施

37所省内公办本科院校与工厂企业生产部门签订技术转让合同600项，合同金额达18 619.4万元，2017年实际收入11 537.9万元。27所省内民办本科院校签订技术转让合同22项，合同金额为223.7万元，2017年实际收入96.9万元。

（撰稿　刘黎明；审稿　张　婧）

民办教育

【概况】 至2017年底,广东省有各级各类民办学校(含幼儿园,不含培训机构)1.52万所,在校生692.84万人。其中,民办幼儿园13 138所,在园幼儿299.72万人;义务教育阶段民办学校1 693所,在校生289.97万人;民办普通高中191所,在校生21.56万人;民办中职学校116所,在校生16.14万人;民办高校54所(其中有27所民办本科高校,含16所独立学院;4所中外合作办学高校;23所民办高职院校),在校生65.45万人。

【民办教育分类改革】 认真贯彻落实国家民办教育新法新政的系列文件,结合广东省实际,制定《广东省人民政府关于鼓励社会力量兴办教育促进民办教育健康发展的实施意见》并报省政府审议通过。加大民办教育新法新政宣传力度,指导各地各校分类管理改革,遵循"一市一策、一校一案"原则,推动民办学校分类改革。加强规范管理,提升教育质量,创新体制机制。做好非法集资风险排查,有效防控风险发生。

【加大扶持力度】 协调有关部门,落实民办教育扶持政策。指导各地因地制宜、精准施策,制定地方实施的具体措施,加大经费奖补资助等扶持力度。2017年,广东省采取竞争性分配方式,完成2017年度省级民办教育专项资金奖补工作,省财政核拨6 600万元,支持10个民办高职院校专业建设项目、11个民办高职院校师资队伍建设项目和9个地市奖补项目,用于扶持省内民办高职院校特色专业发展和教师队伍建设,提升民办教育内涵建设水平。

(撰稿 陈子华;审稿 邵允振)

★ 教育综合管理

GENERAL MANAGEMENT IN EDUCATION

政策法规

【教育立法取得新成果】 完成《广东省教育督导规定》修订并颁布实施，《广东省职业教育条例（草案）》经省政府审议通过，提交省人大常委会审议。制定广东省教育五年立法规划和2018年立法计划。修订省教育厅《规范性文件办理规定》，完成9份规范性文件的审查发布。制定省教育厅《文件清理工作方案》，完成153份省政府文件和560份省教育厅部门规范性文件的清理工作。

【依法行政再上新台阶】 落实法治政府建设实施纲要，建立机关法律顾问制度，完成法律顾问选聘。做好2016年度依法行政考评，总分86.01分，比2015年度提高3.82个百分点。干部法治意识明显增强，依法行政工作机制更加完善，工作更加规范，社会认可度明显提高。建立了省教育厅公平竞争审查工作机制，牵头完成国家督察组对广东省教育厅的抽查工作。

【化解矛盾能力有新提升】 完善行政复议、行政诉讼、申诉办理程序，保障办理规范高效。全年办理行政复议14件，其中受理行政复议7件，作为被申请人参加复议7件；办理行政诉讼10件，有效维护了各方的合法权益。配合处理信访事务，会诊疑难杂症，推动工作规范化，机关干部和老百姓用法治思维化解矛盾、解决问题的意识逐步增强。

【教育普法取得新成绩】 联合省司法厅、省普法办印发《关于开展广东省"青少年法治教育实践基地"创建活动的通知》，开展基地标准化创建活动，推动全省各市、县（市、区）建立1个以上多功能青少年学生法治教育实践基地，提出到2020年全省打造100个省级基地的目标。与省委政法委等部门制定《关于推进青少年学生法治教育工作方案》，开展形式多样的青少年普法活动。组织参加第二届全国学生"学宪法讲宪法"演讲比赛，广东省4名选手在全国总决赛中获一等奖2名，二、三等奖各1名，并获团体二等奖。组织全厅干部参加教育部国家宪法日晨读视频活动。会同团省委等部门开展"千名青年律师千场学生法律服务"活动，与省税务部门举办青少年税收课堂，开展"税法第一课·南粤时政学堂"及"税法进校园"系列活动。

【依法治校取得新进展】 修订《广东省依法治校创建活动认定评分标准》，全面开展依法治校及其示范校创建活动，明确到2020年全省大中小学全面达到依法治校基本标准，建成一批示范校。修订省级示范校认定指标，把强化党建工作、德育为先、治理规范及其特色作为重要指标。组织2017年度依法治校示范校认定工作，遴选192所依法治校示范校，省级示范校累计达858所。

【做好决策参谋工作】 为上级部门提供综合性或专题性调研报告等10余份。起草《广东教育调研报告》报省政府主要领导，《新世纪以来广东省教育改革发展概述》送省政府办公厅；《广东教育发展不平衡不充分问题调研报告》送省委政研室，《广东省教育厅实施〈民办教育促进法〉可能导致部分学校终止办学的风险研判》送省委政法委，《广东省民办教育改革发展报告》送省民盟，起草《2018年全国教育工作会议书面交流材料》《广东省中小学以章程建设为核心的现代学校制度建设工作报告》《广东省教育厅贯彻落实民办教育新法新政情况报告》《广东省教育厅促进民办普通高中教育发展和规范办学行为报告》《〈民办教育促进法实施条例〉修订研究报告及修正案建议稿》分送教育部政法司、规划司、基教司等。不少意见建议受到上级部门和领导的重视，在国家层面的立法和规则制定中发出广东声音、贡献广东智慧、提供广东方案。

落实中办（中共中央办公厅）、国办（国务院办公厅）文件精神，起草广东省《关于加强和改进新形势下大中小学教材建设的实施意见》，以省委办公厅、省政府办公厅名义印发。这是全国第一份地方教材建设的文件，明确了广东省新形势下教材建设的指导思想、主要任务和保障机制，受到国家教材局高度重视。起草《广东省人民政府关于鼓励社会力量兴办教育促进民办教育健康发展的实施意见》《民办学校分类登记办理规程》《营利性民办学校监督管理规程》及民办高校及中小学章程（参考文本）等，推动国家民办教育新法新政的落实。

（撰稿　陈子华；审稿　邵允振）

发 展 规 划

【教育发展规划】一是印发《广东省教育发展"十三五"规划》，确立未来5年广东教育的发展目标和主要任务。制定分工方案，做好目标分解和责任分工。制作《广东教育十年》的微视频，邀请委厅领导通过微课形式解读教育"十三五"规划，形成良好舆论氛围。二是落实好省各专项规划中教育方面的工作要求，统筹做好省经济社会发展"十三五"规划纲要、珠三角发展规划纲要、促进粤东西北地区振兴发展、珠三角基本公共服务均等化、沿海经济带发展规划、海陆丰革命老区振兴发展规划等省一级综合性、各行业规划中教育部分的任务。三是研究制定《教育脱贫攻坚"十三五"规划实施方案》，明确广东省教育扶贫攻坚的总体要求、任务措施、实施步骤和组织保障，加快推动教育脱贫攻坚工作。

【高校设置工作】一是出台了《广东省高等学校设置"十三五"规划》（以下简称《规划》），经由省政府报送教育部通过备案。《规划》确定了广东省"十三五"期间高等学校设置的总量，包括新增8所本科高校和10所高职高专院校，3所本科高校更名为大学等。在8所本科高校中，新设立4所，民办高职升格本科4所。二是完成5所本科高校设置事项的审核推荐工作，广东技术师范学院更名为广东技术师范大学，新设深圳技术大学，以及广东工商职业技术学院等3所民办高职升格为本科。申报材料已按教育部要求以省政府名义上报。三是积极推动广州交通大学的筹建工作，指导广州市、广州航海学院完成《广州交通大学筹建工作方案》，并组织专家论证会。方案已正式提交广州市，进入启动实施阶段。四是大力引进国内一流大学在珠江三角洲地区办校区，提升高等教育发展水平。哈尔滨工业大学深圳校区获教育部批准，2018年将以独立招生代码在广东招收本科生，北京师范大学珠海校区的转型发展已经启动，华南理工大学广州国际校区即将动工。五是鼓励和支持省内高校在欠发达地区办校区，填补区域空白。广东药科大学云浮校区于2017年9月开工建设，广东技术师范学院河源校区已经签署合作协议，清远、汕尾引进省内本科高校的工作正在积极协调中。

【教育改革工作】一是组织起草广东省《关于深化教育体制机制改革的实施意见》，全面部署党的十九大后广东省教育领域综合改革的各项重点任务。二是发挥"改革办"的统筹协调作用，重点推进高校教师职称制度改革、县域内中小学教师"县管校聘"、创建职业教育综合改革试点省3项国家部署在广东省的改革试点项目向全国推广，总结省级政府教育统筹、教育"创强"、普及高中阶段教育、加强农村教师队伍建设等6方面的改革成效并在此基础上形成广东经验。三是启动教育体制综合改革项目总结验收工作，全面评估各地、各校改革实施效果，加大宣传推广力度。四是筹备部省联席会议，进一步争取教育部对广东教育改革的特殊支持。

【高等教育招生计划】一是积极争取高等教育招生计划，教育部2017年安排广东省属高校（不含部委属高校和科研单位）博士招生总计划1 343人，比2016年增加148人；硕士招生总计划20 625人，比2016年增加2 012人；本科招生总计划27.3万人，比2016年增加0.6万人（不含本科插班生计划）；专科招生总计划34.5万人，比2016年增加0.7万人。二是进一步规范招生计划分配管理办法，严格以学校基本办学条件为基础，完善数据测算模型，重点倾斜"双高"建设高校，统筹安排分学校招生计划，确保计划分配科学、公正、合理。三是做好成人高等教育招生计划编报及管理工作，2017年广东省成人招生计划为25.57万人，比2016年增加8.1%，其中本科招生计划9.37万人，专科招生计划18.28万人。进一步加强对成人高等教育校外教学点的规范管理，促进成人高等教育健康发展。2017年高等教育毛入学率预计为38.3%，比2016年提高3.2个百分点。

【教育统计工作】一是按时保质完成教育事业统计培训、汇总上报工作，组织基层统计人员开展共13期业务培训，培训2 888人次。完善省教育信息平台报表生成、网络直报和系统校验功能，先于教育部要求的时间完成数据审核汇总工作。二是做好教育信息统计发布及相关指标考评工作，统计、整理《广东省2016/2017学年教育事业统计简报》及各项教育年鉴数据，指导并委托省教育统计学会牵头开展教育事业重要统计数据核查工作，为全省教育"创强""争先"评估验收提供基础数据支撑，为省直部门开展各类考核评估提供数据咨询服务。三是大力推进"教育大数据应用工程",编制完成《广东省教育大数据应用工程建设方案》,制定出台《广东省教育数据管理办法》。研制完成在国内领先、具有广东特色的教育科学决策模型、教师发展模型和学生成长模型并通过专家论证验收。采购并开通"中国知网"知识资源总库,为全厅干部开展教育研究提供海量资源共享。

(撰稿 魏天翔;审稿 陈亚林)

基建财务

【全省教育基本建设投资情况】2017年,全省地方所属各级学校基本建设完成投资2 555 746万元,施工面积14 434 361平方米,竣工面积9 665 638平方米(其中,教学及辅助用房6 011 739平方米,行政办公用房413 181平方米,生活服务用房2 112 639米,教职工住宅19 311平方米,其他用房1 108 768平方米)。

【全省教育经费投入情况】(一)教育经费投入总体情况

2017年,全省地方教育经费总投入3 861.03亿元,比2016年增加493.49亿元,增长14.65%。其中,财政性教育经费为2 879.31亿元,比2016年增加391.73亿元,增长15.75%;公共财政预算内教育经费(不含教育费附加、地方教育附加和从土地出让收益中计提的教育资金)2 704.2亿元,比2016年增加379.24亿元,增长16.31%;教育费附加为154.76亿元,比2016年增加9.4亿元,增长6.47%;民办学校举办投入35.77亿元,比2016年下降了29.29%,社会捐赠经费8.43亿元,比2016年下降了9.43%,事业收入871.66亿元(其中,学杂费745.87亿元,比2016年增长12.82%),比2016年增长12.6%;其他收入65.86亿元,比2016年增长了43.37%(详见表1)。

表1 2017年全省地方教育经费投入情况

项目	2016年(亿元)	2017年(亿元)	2017年比2016年增长(%)
总计	3 367.54	3 861.03	14.65
一、国家财政性教育经费	2 487.58	2 879.31	15.75
其中:1.公共财政预算内教育经费	2 324.96	2 704.20	16.31
2.教育费附加	145.36	154.76	6.47
3.地方教育附加	—	—	—
二、民办学校中举办者投入	50.29	35.77	-29.29
三、社会捐赠经费	9.31	8.43	-9.43
四、事业收入	774.13	871.66	12.60
其中:学杂费	661.14	745.87	12.82
五、其他收入	45.94	65.86	43.37

(二)落实"两个比例"和"三个增长"情况

1."两个比例"情况。2017年,全省财政性教育经费为2 879.31亿元,占全省地方生产总值89 879.23亿元(初步核算数)的比重为3.2%,比2016年提高了0.07个百分点。全省公共财政教育支出占公共财政支出比例为16.78%,比2016年提升了0.09个百分点(见表2)。

2."三个增长"情况。2017年,全省公共财政教育支出(包括教育事业费、基建经费、教育费附加、地方教育附加和从土地出让收益计提的教育资金)为2 522.55亿元,比2016年增长12.42%。

从生均公共财政预算教育事业费支出看,小学、初中、普通高中、中等职业学校、普通高等学校分别为11 267.58元、16 084.37元、15 642.56元、13 861.44元、24 149.23元,比2016年分别增长12.71%、17.18%、16.05%、19.51%、18.39%

（见表2）。

从生均公共财政预算公用经费支出看，小学、初中、普通高中、中等职业学校、普通高等学校分别为2 699.99元、3 597.45元、3 241.87元、4 694.61元、10 254.16元，比2016年分别增长8.47%、9.73%、4.82%、8.43%、18.33%（见表2）。

表2　2017年广东"两个比例"和"三个增长"情况

项目	2016年	2017年	增长（%）
一、两个比例	—	—	—
（一）财政性教育经费占生产总值的比例（%）	3.13	3.20	0.07
（二）公共财政教育支出占公共财政支出的比例（%）	16.69	16.78	0.09
二、三个增长	—	—	—
（一）公共财政教育支出增长（亿元）	2 243.90	2 522.55	12.42
（二）生均公共财政预算教育事业费支出（元）	—	—	—
普通小学	9 997.31	11 267.58	12.71
普通初中	13 725.98	16 084.37	17.18
普通高中	13 478.72	15 642.56	16.05
中等职业学校	11 598.22	13 861.44	19.51
普通高校	20 398.26	24 149.23	18.39
（三）生均公共财政预算公用经费支出（元）	—	—	—
普通小学	2 489.27	2 699.99	8.47
普通初中	3 278.49	3 597.45	9.73
普通高中	3 092.79	3 241.87	4.82
中等职业学校	4 329.79	4 694.61	8.43
普通高校	8 665.85	10 254.16	18.33

【教育基建财务重点工作】（一）教育经费保障能力持续提高

一是省级财政教育支出持续增长。2017年，省财政预算安排教育支出541.45亿元，比2016年预算增长13.2%。二是中期财政规划和年度预算引导作用明显强化。同步布置并紧锣密鼓开展2018—2020年省级中期财政规划和2018年省教育厅部门预算编制工作。编制工作突出保障重点支出，加强预算编制的准确性，据实编好、编细项目库入库项目。三是预算执行进度明显加快。进一步完善了部门预算单位国库集中支付资金下达和支出进度情况通报机制，从6月份起每两周通报各业务处室专项经费下达进度、省属预算单位支出进度和重点项目支出进度情况，督促各预算单位加强预算执行管理。截至12月22日，省教育厅国库集中支付资金平均支出进度为88.17%，同比提高了21.86个百分点。四是高等教育拨款结构进一步优化。调整完善省属本科高校生均综合定额预算管理办法，从2017年起适当提高理学、工学、医学、文科相关学科、非通用语言相关专业生均拨款折算系数。根据省政府领导的批示，研究拟订进一步优化高等教育支出结构方案，以"冲一流、补短板、强特色"为工作思路，结合高校办学水平、建设目标以及区域特点，将广东省实施的双一流、高水平大学、高水平理工科大学、省市共建本科高校以及特色重点学科建设等系列工程，整合成三大建设计划，各项建设计划建设高校不重复。2018—2020年累计安排资金130多亿元。五是省属高校基建规划顺利完成。指导学校根据事业发展规划和校园总体规划，梳理短板，突出重点，优先改善教学实验实训科研用房条件，适度改善学生生活、体育运动设施和基础设施，严格控制行政办公用房，严禁楼堂馆所项目。初步建议纳入省级财政支持项目库的项目共199个，总建筑面积391万平方米，总投资179亿元，申请政府投资137.4亿元。

· 教育综合管理 ·

GENERAL MANAGEMENT IN EDUCATION

（二）推进高校基建财务工作"放管服"改革

扩大省属高校基建项目决策自主权。落实省委办公厅、省府办公厅《关于进一步完善省级财政科研项目资金管理等政策的实施意见（试行）》（粤委办〔2017〕13号），省属高校基本建设投资项目，由主管部门指导编制五年建设规划报省发展改革委。对列入规划且使用政府投资建设的项目，省发展改革委不再审批项目建议书，直接审批项目可行性研究报告；对列入规划利用自有资金、不申请政府投资建设的项目，由省属高校自主决策，向发展改革部门申请网上备案，不再进行审批；扩大高校财务统筹自主权。完善高校国库集中支付范围划分，落实将政府采购项目资金支付纳入财政授权支付范围政策，逐步实现省属高校人员工资薪金由学校自主发放，不再由财政统发；扩大高校资产处置权。提高资产处置的备案和报批标准，固定资产达到或超过规定使用年限需要进行报废的，由高校自行审批，处置收入留归学校使用，固定资产处置清单报主管部门备案。国有资产管理日常工作顺利完成。

（三）财务管理制度建设有新成果

一是推进建立中职生均拨款制度。省财政厅、省教育厅印发《关于建立完善我省中等职业学校生均拨款制度的实施意见》（以下简称《意见》）。《意见》明确建立覆盖全省的中等职业学校生均拨款制度，各地制订的生均财政拨款基本标准应不低于每生每年3 000元（包括人员经费和公用经费，不含免学费补助），其中发达地区（广州、珠海、佛山、中山、东莞、江门6市，不含深圳）和省属学校应不低于每生每年5 000元。二是完善教育专项资金管理办法。印发实施《广东省省级教育发展专项资金管理办法》《中央财政支持地方高校改革发展资金管理细则（试行）》等资金管理办法。三是协助修订《广东省高等学校中外合作办学收费管理办法（试行）》。该办法于2017年8月31日试行期满，根据省政府要求，积极配合省发展改革委开展修订工作，协助做好相关调研、论证和征求学校意见工作，多次参与办法的讨论和意见反馈，现已基本完成修订工作，待报省政府同意后执行。四是进一步完善学校住宿费政策。积极协助省发展改革委对省公办高校、中等职业院校住宿费相关政策进行完善。经过对相关高校和中职学校住宿条件进行摸查和征求学校意见，根据"就低不就高"的原则，对相关住宿费进行规范管理，由学校根据规定自行进行公示收费，进一步简化核准程序。

（撰稿　杨　超　卢振家；审稿　蔡文雅）

人事管理

【综述】2017年，广东省人事管理处在厅党组和厅领导的正确领导下，认真学习贯彻习近平总书记系列重要讲话精神特别是十九大报告，积极贯彻落实省党代会精神和厅党组各项决策部署，深入开展"两学一做"学习教育，切实提高人事管理服务能力和质量，努力为委厅中心工作优化体制机制环境、强化人力资源支撑保障。

【深化教育领域行政体制改革】积极推动高等教育领域"放管服"改革，牵头贯彻落实教育部等5部委有关文件精神，会同省直有关部门制定《关于广东省深化高等教育领域简政放权放管结合优化服务改革的实施意见》，在全国较早印发高等教育领域"放管服"改革文件，并积极协调有关部门推动"放管服"政策落实。不断推进行政审批制度改革，省教育厅9类21项行政许可事项全部通过行政审批标准化合法性审查，进一步调整完善省教育厅权责清单。积极做好行政许可和行政处罚"双公示"工作，年度公示行政许可信息共计5 266条。配合做好下放省级管理权限工作，经省政府同意，委托广州、深圳市政府实施行政许可事项1项，委托广州市、深圳市教育行政管理部门实施行政许可事项2项，下放广州市、深圳市教育行政管理部门实施行政许可事项1项；向地级以上市下放行政职权1项。积极做好国务院新取消行政许可事项中涉及省教育厅的4项行政许可事项的后续监管工作。

【加强机构编制管理和保障】一是调整优化委厅内设机构和职能配置。根据事业发展需要，经省机构编制委员会办公室核准，省教育厅机关部分内设机构职能进行调整优化，人员配置相应做出调整。二是顺利完成承担行政职能的事业单位改革任务。按照中央和省的统一部署，撤销省学生助学工作管理中心和省教育后勤产业办公室，在省教育厅机关新设学校后勤管理处并在基建财务处挂牌学生助学工作管理办公室，新设机构职能、人员配置及原机构人员安置工作顺利完成。三是稳妥推进广东教育杂志社、广东食品药品职业学院直属广东食品药品职业学院职业技能鉴定所、广东省中药研究所3个从事生产经营活动的事业单位改革工作。四是推动加强省属学校机构编制保障。指导、审核、协调办理19项省属院校机构编制事项，核定省教育厅直属中职学校内设机构及其领导职数设置事项6项。五是深入开展机构编制问题自查，建立内部机构编制事项管理与机构编制问题整改的联动机制；认真开展防治"吃空饷"长效机制建立情况自查。

【加强干部队伍建设】一是严格按规定选拔任用干部。共提拔使用干部52名，有28名干部交流轮岗。协调省公务员局重新核定了委厅机关和直属参公管理事业单位职位设置方案。完成5所厅属学校领导班子换届工作。根据省委统一部署，从省教育厅机关选派1名处级干部、从省内教育系统选派6名专技人才作为第八批援疆干部人才进疆工作。二是加强干部培训培养。年度共选派60名干部参加脱产培训，组织教育系统干部23人次参加脱产培训。修订《委厅干部挂职锻炼管理办法》，全年共安排33名干部挂职锻炼。调整优化委厅干部到信访岗位锻炼安排办法，全年共安排18名干部进行锻炼。三是加强对下属单位及干部的日常监督管理。积极配合协助省委巡视组对省教育厅党组开展巡视。认真完成委厅及直属学校2016年度选人用人"一报告两评议"工作、委厅退（离）休领导干部在社会团体兼职情况自查工作、委厅各级领导干部接受国际和民间奖励情况自查工作、清理规范委厅干部在行业协会商会兼职工作等。从严抓好干部个人事项报告、干部因私出国（境）管理工作。扎实做好干部人事档案专项审核、日常管理工作。按规定免去4名涉嫌违纪干部职务，对5名不适宜担任现职干部进行调整，给予3名干部政纪处分，对2名干部进行诫勉，对11名干部进行批评教育，始终保持对干部选拔任用工作中不正之风的高压态势。研究制定《广东省教育厅关于加强下属单位管理的实施意见》。牵头推进14家厅属企业有关问题的整改工作。四是做好人员调配工作。录用4名参照公务员法管理单位工作人员，选调3名事业单位工作人员，办理25人次转（调）任手续。指导厅直属学校开展公开招聘11次，设招聘岗位135个，年度内完成聘用64人。指导、核准厅直属单位完成19次401人次岗位聘用调整。配合完成广东松山职业技术学院273名教职工的划转入编工作。

【加强高层次人才队伍建设】一是积极完善教育人才政策。承办东部省份教育人才工作会议。转发教育部党组高层次人才发展指导意见，并提出广东省9条贯彻实施意见，明确要求高校要"将人才引进的目光更多地聚焦海外高层次人才""不鼓励、不支持省内高校之间互挖人才；不鼓励、不支持珠三角地区高校到粤东西北地区高校挖抢人才；不鼓励从国家中西部、东北地区高校挖抢人才"。二是扎实推动人才项目工作。遴选报送40名"万人计划"教学名师、10名"百千万人才工程"国家级人选候选人、62名"长江学者"特聘教授候选人，推荐2名2017年度全国教书育人楷模。完成2017年"广东特支计划"教学名师评选工作。三是积极推进教育人才工作。协助完成省人才工作政策修订、人才项目考核验收等工作。牵头组织2017年省教育教学成果奖遴选工作。完成入选国家和省重大人才工程的高层次人才及有关专家信息统计工作。

【做好干部职工工资福利工作】一是组织完成省教育厅机关2016年度绩效考核自评工作，经过省考核办考核，省教育厅获得二等奖。二是按时发放各项工资福利待遇。协调省人力资源社会保障厅核定省教育厅政务服务中心绩效工资总量，完成在职人员绩效工资发放，并同步调整住房改革性补贴和住房公积金。及时调整、落实干部职工各项工资福利，规范发放2016年度应休未休假补贴。组织省教育厅直属事业单位、省属高校做好绩效工资申报、初核工作，协调省人力资源社会保障厅核定52个单位的绩效工资。三是稳妥做好养老保险改革工作。扎实做好省教育厅机关、直属事业单位养老保险登记工作；认真审核省属高校养老保险登记信息。

（撰稿　吴思维；审稿　徐仕敏）

机关党建

【综述】2017年，广东省教育厅机关党委办公室认真贯彻落实党的十八届六中全会、十九大和省委十一届八次全会精神，紧紧围绕服务落实"五位一体"总体布局和"四个全面"战略布局，以全面

·教育综合管理·

GENERAL MANAGEMENT IN EDUCATION

从严治党为主线,进一步严明党的纪律,严肃党内政治生活,充分发挥基层党组织战斗堡垒作用和党员先锋模范作用,不断提高省教育厅党建工作水平,为做好广东教育"争先进、当标兵、建高地"各项工作提供了坚强有力的组织保障。

【党建主题实践活动】(一)提高政治站位,认真学习贯彻习近平新时代中国特色社会主义思想和党的十九大精神

在党的十九大胜利召开后,按照中央和省委部署要求,制定印发《省教育厅关于认真学习宣传贯彻党的十九大精神的通知》。景李虎同志作为党的十九大代表,返穗后立即主持召开厅党组扩大会议,向全厅干部传达党的十九大精神。集中两天半时间组织厅党组理论学习中心组(扩大)学习讨论会,深入系统学习党的十九大精神和省委十二届二次全会精神。组织全体党员干部收看习近平总书记在第十九次全国代表大会上的报告,为委厅各党支部、全体党员发放党章、《习近平谈治国理政(第二卷)》、党的十九大报告等学习材料,邀请专家学者做党的十九大精神宣讲报告,全覆盖做好学习贯彻党的十九大精神考学工作,切实学懂弄通党的十九大精神。

(二)加强思想政治建设,推进"两学一做"学习教育常态化制度化

制定印发《省教育厅党组理论学习中心组专题学习计划》,2017年共召开5次中心组学习研讨会,健全完善了以党组中心组学习为龙头、党支部学习为重点和个人自学相结合的多种学习教育形式。紧密联系党建工作实际,把着力点放在夯实基层基础上,把基层党组织充分发挥政治优势、做好政治思想工作摆上突出位置,牢固树立"四个意识",及时传达学习党中央、省委重要会议和文件精神,切实把机关党员干部队伍思想统一到中央和省委重大决策部署上来。制定印发《推进"两学一做"学习教育常态化制度化的实施方案》,充分调动各党支部的积极性、主动性、创造性,采取党课辅导、主题教育、座谈交流、读书小组、考学等多种形式专题学、系统学,进一步将理想信念教育、思想政治工作融入日常、抓在经常。

(三)开展党性锤炼活动

坚持把党性教育、党性修养、党性锤炼结合起来,开展专题式、现场式和体验式党性锤炼教育。组织基层党组织书记、支委到遵义、红旗渠干部学院开展党性锤炼,组织入党发展对象、预备党员到省内革命传统教育基地、精准扶贫对口村开展党性锤炼,历次活动共计130余人参加。

(四)多形式开展党风廉政教育

制定印发《2017年广东省教育厅纪律教育学习月活动方案》。组织召开纪律教育学习月活动动员暨专题报告会,由省委教育工委书记,省教育厅党组书记、厅长景李虎进行动员讲话,对开展好纪律教育学习月活动提出了全面要求。重点深入抓好《中国共产党廉洁自律准则》《中国共产党纪律处分条例》《关于实行党政领导干部问责的暂行规定》《广东省党的问责工作实施办法》等重要党内法规的学习教育。完成"五个一"规定动作,包括:邀请阙定胜组长做专题报告,以案说纪、以案说法,用身边事教育身边人;组织厅机关党员干部180余人前往广东省反腐倡廉教育基地进行反腐倡廉党性宗旨教育;组织厅机关党员干部观看《派出所所长谭耀华》《冼夫人》等教育片;各支部书记结合"三会一课"规定动作,开展一系列谈心提醒教育活动;组织党员干部开展考学工作,在职党员干部做到应考尽考。

【机关党务工作】(一)强化基层党组织规范化管理

制定并落实《2017年省教育厅直属机关党建工作计划》。按照省委组织部要求做好党组织和党员基本信息采集工作,并在此工作基础上指导基层党组织认真做好2017年度党内统计工作。根据党组织隶属关系和干部管理权限,按照分级负责原则,对所属基层党组织换届情况进行梳理,建立换届提醒管理台账。2017年,共指导60个党支部(其中机关党支部9个,直属单位党支部51个)、1个党总支、1个直属学校党委顺利完成换届选举工作。认真做好党的十九大代表、省第十二次党代会代表推荐选举工作。严格执行党费收缴、使用、管理制度,及时提醒督促党员按时交纳党费。严格标准做好党员发展和管理工作,切实提高发展党员质量,"七一"前夕组织预备党员入党宣誓仪式,通过仪式教育号召新发展党员践行入党誓词。

(二)着力提高组织生活质量

认真贯彻《关于新形势下党内政治生活的若干准则》《关于进一步严格省直单位党的组织生活制度的意见》及党章对党支部建设的最新要求,严格执行党支部"三会一课"、专题组织生活会、民主评议党员等组织生活制度,印发《关于召开专题组织生活会和开展民主评议党员的通知》《省教育厅党务工作记录本》,进一步规范程序、严格标准、细化要求。组织党支部活动记录情况检查,确保各党

支部组织生活如期开展、如实记录。继续开展"组织生活周"活动，厅领导以普通党员身份参加支部组织生活作为一项制度性规定，已形成自觉，长期坚持。注重挖掘党支部建设典型示范，编印简报总结推广一批典型案例，使全厅基层党支部组织生活学有标杆、做有榜样。

（三）加强党风廉政建设

落实《广东省教育厅党风廉政建设主体责任清单》，督促领导干部履行好"一岗双责"，真正做到"两手抓、两促进"。认真落实广东省纪委、广东省直机关工委、广东省人社厅《关于加强省直单位机关纪委建设的若干意见》，进一步明确厅机关纪委职能，扎实推进厅各级机关纪委建设。接受驻厅纪检组的业务指导，形成工作合力，预防和严惩腐败。

【机关工会、共青团、妇女工作】（一）加强群团组织自身建设

积极发挥群团组织的桥梁纽带作用，汇聚工会、团委、妇委会工作力量，共促"四个之家"建设。指导4所直属学校团委完成团代会换届工作。积极做好中央、省直团工委推优申报工作，获评全国优秀共青团员1名、全省优秀共青团员20名、百佳团支部书记1人、五四红旗党支部2个。指导直属学校团组织紧密结合学校实际，大力推进志愿服务工作常态化、长效化。

（二）积极发挥厅机关工会作用，丰富机关文化生活、营造健康和谐氛围

把社会主义核心价值观融入机关文化建设，营造机关文化氛围。组织厅机关工会小组成员参加省直机关第三届趣味运动会暨棋类比赛，获得各项好成绩。继续支持机关工会各兴趣小组开展经常性体育锻炼和对外交流活动。制定落实《广东省教育厅直属机关工会关于发放各类奖励、补助和慰问金（品）的实施办法（试行）》、转发《广东省直属机关工会帮扶工作制度》。组织各工会小组集中观看红色电影《建军大业》，向工会成员发放生日慰问的蛋糕券、节日慰问品，组织工会小组成员参加户外徒步活动等。继续支持机关妇委会定期开展瑜伽活动。积极组织单身青年联谊联欢，推动解决青年干部实际困难。积极开展"三八"妇女节等节日活动。

（三）做好厅机关计生工作

做好计生政策的宣传教育工作，坚持贯彻《广东省人口与计划生育条例》等计生政策精神，配合人事管理处做好最新婚育假标准的落实。通过建立各处室计生工作联系人体系、做好计生联系函调查、妇科检查等工作方式做好委厅计划生育管理服务工作。完成2017年度计划生育达标审核，落实委厅及各直属单位计划生育达标奖、三年达标奖的发放和审批工作。

【教育扶贫工作】（一）调整委厅精准扶贫工作领导小组，全面统筹教育扶贫工作

根据最新教育扶贫需要及厅人员变动情况，调整了领导小组人员名单及具体职能，将教育扶贫的统筹工作一并纳入厅精准扶贫工作领导小组的职能中。发挥统筹作用，配合各相关处室全面推动《广东省教育厅关于推进教育精准扶贫精准脱贫三年攻坚的实施方案》的全面落实。协助省扶贫开发办公室，牵头开展全省精准扶贫工作的考核、督查、巡查等工作。

（二）进一步做好对黄坑村定点帮扶工作

在完成2016年脱贫任务的基础上，充分尊重村民发展意愿，基础设施不断完善，光伏发电有序启动，种养产业稳步推进，电商平台启动运营，教育资助全面覆盖，医保社保、入户慰问覆盖到位。完成黄坑村下辖四方坑村文体广场、大戏台的建设，启动"黄坑土拨薯"精准扶贫产业项目等。以厅机关工会名义向黄坑村采购当地种植的番薯及大米，一方面作为厅机关工会成员的节日慰问品，另一方面也帮助了黄坑村实现增收。

（三）组织开展扶贫爱心捐赠活动

配合省扶贫办，开展2017年"广东扶贫济困日"爱心捐赠活动，得到委厅各级党组织、广大党员群众、各直属学校积极响应和大力支持。

（撰稿　战叡沨；审稿　朱俊文）

教 育 督 导

【推进"争先进、当标兵、建高地"工作】2017年，全省131个县实现了教育强县全覆盖，珠三角地区47个县实现了推进教育现代化先进县（市、区）全覆盖。

开展攻坚粤东西北地区创建推进教育现代化先进县（市、区）视导，召开粤东西北的工作部署

会。2017年4—5月，组织7个小组以厅领导为组长，对粤东西北地区开展了第一阶段视导工作。粤东西北计划申报31个教育现代化先进县（市、区），已受理申报30个。粤东西北12个市，除潮州市外，都实现了推进教育现代化先进县申报零的突破。9月15日，召开了粤东西北地区推进教育现代化先进县（市、区）督导验收工作部署会，全面掌握粤东西北地区申报情况，研究部署下一阶段申报工作。省教育厅相关行政处室、粤东西北市县两级教育局100多人参加了会议。

做好教育强镇复评工作，夯实推进教育现代化基础。做好教育强镇复评审核工作，截至12月，共公布认定了91个教育强镇通过复评。

【**教育现代化资金管理**】加快下达省财政奖补资金。2017年，省财政安排专项资金13.65亿元，支持粤东西北各县（市、区）建设教育现代化。自2012年9月至2017年10月，全省分16批下拨义务教育规范化学校建设和学前发展、特殊教育、基础教育"创强"、原中央苏区县和民族自治县教育发展、义务教育发展均衡县补短板和推进基础教育现代化等省级奖补专项资金累计共142.68亿元。

实行"双月报"通报制度。定期向有关市政府发布《教育创强争先工作进展和省级专项资金使用情况通报》。截至2017年10月底，88个计划2016—2020年通过推进教育现代化先进县（市、区）的单位，已累计投入168.10亿元，其中计划2016—2017年进行督导验收的36个县（市、区）累计投入87.94亿元，占计划投入的62.9%。

【**教育督导体制建设**】制定《对市、县级人民政府履行教育职责的评价办法》。根据中共中央办公厅、国务院办公厅印发《关于深化教育体制机制改革的意见》和国务院办公厅印发《对省级人民政府履行教育职责的评价办法》的要求，起草了《对市、县级人民政府履行教育职责的评价办法》。12月15日，广东省人民政府第十二届122次常务会议审议通过了该办法。

完成了《广东省教育督导规定》修订工作。2012年，国务院颁布施行《教育督导条例》后，省教育厅即启动了对《广东省教育督导规定》的修订工作。修订工作历时5年，于2017年8月25日，广东省人民政府第十二届110次常务会议审议通过了《广东省教育督导规定》，自11月1日起实施。

印发了《关于进一步加强教育督导工作的意见》。该文件为广东省各级教育督导机构建设和推进教育督导改革发展做出了顶层设计和宏观指导。

进一步完善了推进教育现代化相关文件。印发《关于做好推进教育现代化实施方案和年度工作计划报备工作的通知》。对"创强争先"指标进行了修订，于9月28日将新修订的验收方案下发全省执行。印发了《广东省县域义务教育优质均衡发展督导评估实施办法》。研究制订广东省义务教育现代化学校建设、幼儿园办园行为督导评估系列文件。

【**国家义务教育质量监测**】全面开展义务教育质量监测。对全省121个县区开展义务教育阶段学生科学学习质量、德育状况监测。5月25日，顺利完成了全省的测试工作。积极组织专家调研，抓好2016年义务教育质量监测报告撰写工作。组织广东省骨干督学分两批到3个地级市和19个县区开展调研。开展了3期义务教育质量监测培训，共计培训省基础教育质量监测骨干督学300人次。深化2015年义务教育质量监测结果应用，邀请教育部质量监测专家解读与分析义务教育质量监测报告结果。

广东省教育厅教育督导室被教育部基础教育质量监测中心授予2017年国家义务教育质量监测实施优秀组织单位。

【**义务教育基本均衡**】省教育厅与省人力资源和社会保障厅联合开展促进义务教育发展先进评选表彰活动，评选表彰40个先进集体和80名先进个人。将义务教育基本均衡县巩固提高与推进教育现代化先进县创建工作统筹起来。对已经通过义务教育基本均衡评估认定的县（市、区）实施动态监测。

【**做好强镇复评下放委托督导和等级评估转移指导监督工作**】印发了《关于做好教育强镇（乡、街道）复评工作的通知》，教育强镇复评由省人民政府教育督导室委托地级市人民政府教育督导室组织实施，省主要负责抽查监督。

监督指导等级学校转移评估工作。指导广东省教育评估协会和广东教育督导学会开展"高中省一级学校等级评估""国家级示范性普通高级中学评估""省一级幼儿园评估"转移评估工作。组织专家对2016年度两家社会组织开展评估情况进行核查。

【**中小学校责任督学挂牌督导创新县（市、区）评估**】3月20日，国务院教育督导委员会公布了首批全国中小学校责任督学挂牌督导创新县（市、区）名单，广东省有广州市番禺区、深圳市南山区、肇庆市端州区和江门市新会区4个区上榜。10月下旬开始，省教育厅教育督导室组织专家分为5个组，对2017年申报挂牌督导创新县（市、区）的9个县开展省级评估验收。配合做好国家实地核查工作，12月4—8日，国务院教育督导委员会办公室对广东省2016年申报全国中小学校责任督学挂牌督导创新县（市、区）的16个县进行实地核查。

【开展教育专项督导检查】共组织督学专家240余人次，开展了7次专项督导检查，累计覆盖全省21个地级以上市、121个县（区、市）（含交叉检查），内容涵盖学前教育、开学保障、校园安全、课程开设、幼儿园办学、义务教育底线要求等。针对多地发生幼儿在幼儿园受到侵害事件，按照省委、省政府领导批示精神，省教育厅派出6个督查组，到12个市开展幼儿园办园行为专项督导检查。全省各地幼儿园办园行为基本规范。

【教育乱收费治理工作持续推进】根据厅职能调整方案，2016年开始，治理教育乱收费工作转由教育督导室负责。省治理办印发了《关于报送市级治理教育乱收费工作机构有关情况的通知》，继续在全省建立教育收费动态监测点，根据各地中小学教育收费信访举报情况选取50所中小学校集中进行监测。

加大教育收费信访调查处理力度。省治理办进一步畅通举报渠道，健全教育收费信访投诉快速督办和定期通报机制，2017年1月至9月，省治理办共受理教育收费信访件102件。

指导相关高校有序推进高校艺术类等专业退费。根据省委、省政府领导的批示精神，省教育厅与省发展改革委等有关部门积极配合，制定了高校收费问题解决工作方案。

（撰稿 李 超；审稿 关奕佳 任 洁 钟 凌）

教师队伍建设

【统筹谋划"十三五"教师队伍发展】一是研究制定《广东省教师队伍建设"十三五"规划》和《广东省"强师工程"实施方案（2017—2020年）》。坚持目标导向、问题导向、改革导向，提出了"十三五"广东省教师队伍建设的工作目标、主要任务和政策措施。二是加大督促指导力度。召开全省教师工作推进会和分片区工作推进会，深入总结工作进展情况，研究分析存在的突出问题，部署"十三五"时期"强师工程"有关工作。把"强师工程"目标任务融入基础教育"争先进、当标兵、建高地"和高等教育"创新强校"、高水平大学建设、"双一流"建设等工作统筹推进。三是规范"强师工程"项目和资金管理，督促指导各地、各校按照规定管理使用好项目经费，提高使用效益和效率。2017年继续安排"强师工程"方向资金共5.04亿元。教师节期间，《南方日报》专版报道了广东省推进实施"强师工程"的工作实效。

【加强师德长效机制建设】一是加强师德教育。组织以"立德树人、做好学生引路人"为主题的师德建设教育月活动，开展上一届师德征文评选，评选出优秀征文407篇并结集出版，部署新一届主题征文活动。二是加大师德指导监督力度，严肃查处师德违规行为，严格落实"师德一票否决制"。强化对中小学校和在职中小学教师有偿补课行为的查处力度。三是做好第33个教师节系列庆祝活动。四是开展"全国高校黄大年式教师团队"创建活动，广东省10个优秀高校教师团队获评。五是加强师德先进宣传。在《南方都市报》开展"做好学生'引路人'"系列报道，会同省文明办在《羊城晚报》开展"寻找最美教师"系列报道，推选10名广东"最美教师"。

【推进教师专业发展体系建设】一是扎实推进省级中小学教师发展中心建设。各省级中小学教师发展中心积极探索，与各地教育行政部门、中小学校建立教师专业发展"校地联动""校校合作"工作机制，全省中小学教师专业发展的新体系、新资源、新机制初步建立并推进落实。2017年"强师工程"省级中小学教师培训80%的项目和资金由各中心通过竞争获得。各发展中心积极承担市县教师培训项目。积极推进北京师范大学（广东）省级中小学教师发展中心建设。二是推动成立教师专业发展联盟。分别在广东技术师范学院、岭南师范学院、广东省外语艺术职业学院成立职教、特教、幼教教师发展联盟，共享资源，促进各类教师专业发展。三是统筹推进市、县级教师发展中心建设。指导各地整合教师培训、教研、科研和电教职能和资源，建设县级教师发展中心，促进教师培训工作重心下移，更好地为教师专业发展服务。

【加强中小学骨干教师队伍建设】一是推进"百千万人才培养工程"。按计划组织第二批培养对象的培养工作。对第一批20名教育家培养对象和第一批3个项目承担单位进行考核。二是发挥骨干教师示范引领作用。组织200多名省级名教师、名校长培养对象，分3队走进云浮新兴、阳江阳春、揭阳惠来、河源东源和龙川、韶关乐昌、清远连州6个县区的83所乡村学校，受益乡村教师超过2万人次。三是督促指导各地按照10%的比例培养本地中小学骨干教师。

【推进落实乡村教师支持计划】一是推进中小学教师均衡配置。深入实施"上岗退费"政策，组织开展"农村教师专场供需见面会"，新增上岗退费教师2 360人。推进落实县域内中小学校长教师定期交流轮岗制度，2017年全省近4万名校长教师参与交流，占公办教师总数的5.32%，其中县级以上骨干教师约占20.87%。进一步规范中小学体育美育兼职教师管理。二是提高乡村教师待遇。落实省政府"民生实事"，进一步完善农村教师生活补助政策，补助标准从2016年人均不低于800元/月提高到人均不低于900元/月。省补助的71个县区全部按标准落实，共有33万名农村教师享受人均912元/月的生活补助，最高达到1 750元/月。深入落实中小学教师工作福利待遇"两相当"，粤东西北地区中小学教师月均工资水平比2016年增长7%。三是加大对欠发达地区的支持力度。开展"'三区'教师专项支持计划"，省级安排派出教师支教411人次。四是向乡村学校从教20年的教师颁发省荣誉证书16万册，协助教育部颁发乡村从教30年国家荣誉证书。

【加强职业院校专业带头人和"双师型"教师队伍建设】一是从教师队伍规模、结构、专业发展、制度保障等方面对高职院校教师队伍建设情况进行检查考核，督促指导职业学校加强教师队伍建设。二是推进落实专业教师每5年必须累计不少于6个月到企业或生产服务一线实践的制度。三是依托广东技术师范学院建设省级中职学校教师发展中心，探索构建教育部门、中职学校、行业企业和高等院校共同参与、职前职后衔接的中职教师专业发展新体系。

【加强高校高层次人才和中青年教师队伍建设】一是深入推进高等学校珠江学者岗位计划。2017年新增68个珠江学者岗位和98名珠江学者。二是积极参与国家和省高层次人才项目申报，新增2名中科院院士，22名长江学者，67名"青年千人计划"人才，5名国家"杰青"，20名国家"优青"。三是充分发挥高层次人才示范引领作用，全年举办16场

· 教育综合管理 ·
GENERAL MANAGEMENT IN EDUCATION

"珠江学者讲坛"。四是与国家留学基金管理委员会联合实施国家公派出国留学地方合作项目，共推荐147人赴境外留学。五是实施高校中青年教师国内访问学者计划，选派669名中青年教师到国内"985""211"高校访学进修。

【积极推进教师管理制度改革】一是有序推进教师职称制度改革。按国家要求取消高校副教授职称评审权。推动落实高校"放管服"改革，将高校教师职称评审权直接下放到高校。面对全省所有高校分批召开了十多场座谈会，依托广东高校人事管理研究会面向全省高校、依托省民办教育协会面向所有民办高校分别召开了2场推进高校教师职称制度改革的研讨会，积极指导推动高校落实职称制度改革工作。会同省人力资源和社会保障厅按照规定对高校报送的教师职称评聘制度文件开展审核备案工作。二是推进中小学教师"县管校聘"管理制度改革。会同有关部门印发《关于推进中小学教师"县管校聘"管理改革的指导意见》，县域内统筹教师编制和岗位管理，推动教师从"学校人"向"系统人"转变，积极指导韶关市申报并获批国家级示范区。三是贯彻落实"全国教师教育振兴暨教师队伍建设工作会议""全国教师队伍建设综合改革推进会"精神，抓紧研究起草广东省的配套文件。四是积极推进教师管理信息系统建设。全省已录入学校（机构）36 720所、教师1 472 384人，各地完成审核教师信息的比例达96.6%。

【中小学教师培训工作】加强中小学教师培训制度建设。制定和印发《广东省教育厅关于加强"十三五"广东省中小学教师培训工作的意见》《广东省教育厅 广东省机构编制委员会办公室 广东省人力资源和社会保障厅 广东省财政厅关于推进县级教师发展中心建设的意见》和《省级培训项目实施管理指南》等文件，教师培训制度建设有新成效。

做好"国培计划"项目培训人员的遴选推荐工作。全年全省选派1 010人（含教师952人、教研员58人）参加"国培计划"项目的培训，为广东省培养培训一批优秀骨干教师；积极开展义务教育道德与法治、语文、历史学科统编教材教师培训工作，在时间紧、任务重、要求高的情况下，顺利完成广东省小学一年级、二年级和初中一年级、二年级10万多名"三科"教师培训任务，确保在2017年秋季新版统编教材顺利落地使用。

认真组织实施"强师工程"学前和特殊教育教师达标提升工程、中小学教师素质强化工程省级培训项目。一是开展跨区域合作卓越教师高端研修、

中小学骨干教师高端研修、优秀青年教师成长助力研修、培训团队专项研修等中小学骨干教师研修项目。二是开展音乐、美术、体育、英语、书法和中华经典诵写等紧缺学科领域骨干教师培训项目。三是开展乡村小学教师多学科教学能力提升培训、乡村中小学实验教师专项培训、乡村教师置换培训等乡村教师培训项目。四是开展特殊儿童心理与教育评估培训、孤独症儿童教育与康复务实培训、智障教育骨干教师培训、随班就读骨干教师培训等特殊教育教师培训项目。五是开展幼儿园骨干教师能力提升高端研修、幼教培训团队专项研修、乡村幼儿园教师访名园培训、乡村幼儿园转岗教师培训等学前教育教师培训项目等21个项目，共培训7 025名中小学及幼儿园教师。通过培训，提升了骨干教师的教育教学理念和方法，进一步促进了教师的专业发展水平。

积极推进"中小学教师信息技术应用能力提升工程"。建立定期通报制度，督促各地加快提升工程进度。经过各地努力，至2017年底，全省共1 004 183人已参加"提升工程"培训，全面完成广东省100万名中小学教师信息技术应用能力提升工程培训目标任务。

创新培训模式，建立名教师、名校（园）长工作室制度。组织专家对2015—2017年中小学教师、校（园）长工作室主持人进行考核。开展新一轮（2018—2020年）中小学（含幼儿园、特殊教育）名师、名校（园）长工作室主持人遴选工作。通过发挥名教师、名校（园）长的示范引领作用，以团队为纽带，以师带徒形式，以3年为一个周期，培养一批优秀青年骨干教师和校（园）长。

规范培训管理，提高培训针对性、实效性和精准度。一是年初分别召开全省学前教育、中小学教师、校长（园长）省级培训工作研讨会，部署2017年省级培训工作。二是健全管理制度，制定并印发了《广东省"强师工程"中小学幼儿园教师、校（园）长省级培训项目实施指南》，从训前、训中、训后3个方面加强省级项目管理。三是组织专家对2017年省级培训项目培训实施方案进行审核完善，严把培训方案质量。四是组织专家开展对省级培训项目质量检查和绩效评估，以评促改，以评促建，促进各地各单位加强项目管理，提高培训成效。

【校（园）长培训工作】做好"校长国培计划"学员选派工作。按质保量完成"校长国培计划"项目培训人员遴选推荐工作，选派41名校（园）长参加"校长国培计划"项目研修，为广东省培养培训一批优秀骨干校（园）长。

做好中小学、幼儿园校（园）长省级培训工作。开展特殊教育学校校长高级研修、中小学骨干校长高级研修、跨区域合作中小学校长高级研修、中小学校长培训团队专项研修、中小学校长培训工作管理者赴台交流研修、普通高中学校校长能力提升专项培训、中小学后备校长人员培训、普通高中学校校长任职资格培训、乡村中小学校长培训、乡村中小学校长省内外跟岗学习、幼儿园骨干园长高级研修、乡村幼儿园园长培训等项目研修，共培训1 534名校（园）长。通过培训，更新校（园）长教育观念，提升校（园）长管理能力和治校办学能力。

【职业院校教师培训工作】开展职业院校教师国家级、省级培训项目。2017年广东省高职、中职省级培训共培训教师5 612人次。其中，中职省级培训计划数为3 320人，培训完成3 190人次，完成率为96%；高职省级培训计划数为2 000人，培训完成2 422人次，完成率为120%。2017年中职国培项目推迟至2018年实施，已遴选出参训人员。

完善职业院校教师培训管理体系，增强对职业院校教师的培训力度，推进校企合作，完善工学结合的教师培养模式。一是加强职业院校教师培训前期的调研工作，科学设置职业院校培训项目；二是合理安排职业院校项目申报与审核流程，择优选取培训项目；三是科学规范职业院校师资培训项目的评审工作，并完善评估体系；四是加强培训中的过程管理和项目评估督导；五是完善职业院校教师培训的绩效评估考核体系。

【教师资格工作】开展各类教师资格认定工作。2017年共认定教师资格80 759人，其中幼儿园教师资格9 250人、小学教师资格12 825人、初级中学教师资格18 278人、高级中学教师资格26 629人、中等职业学校教师资格4 915人、中等职业学校实习指导教师资格39人、高等学校教师资格4 915人。

组织开展中小学教师资格考试面试工作。全年共有58 154人参加中小学教师资格考试面试，其中上半年21 229人，下半年36 925人。制定新增学科（心理健康教育、日语、俄语和信息技术、小学全科）面试办法。组织专家检查验收新增考点。开展省级考官培训，邀请教育部考试中心专家对209名省级考官开展相关培训。

积极推进中小学教师资格定期注册改革试点工作。印发《广东省教育厅关于做好中小学教师资格定期注册试点工作的通知》，举办中小学教师资格定期注册培训会，邀请教育部专家对全省140多个认定机构的近300名负责人员开展相关业务培训，全年共完成40万名教师资格定期注册工作。

【高校教师岗前培训工作】高校教师岗前培训工作规范有序。继续委托华南师范大学等8所师范院校承担高校新教师岗前培训，全年完成5 288名新入职高校教师的培训任务。

（撰稿 龙海山 秦 玲 马桂波 莫 凡；审稿 傅湘龙 廖荣辉 杨 澎 李 霞）

中小学德育

【综述】2017年，全省各级教育行政部门和中小学校以学习、宣传、贯彻党的十九大精神及全国中小学党建和德育工作会议精神为主线，以《中小学德育工作指南》提出的德育工作四个基本原则、五项主要内容和六大创新途径为基本遵循，不断强化顶层设计，优化工作内容，创新方式方法，推动全省中小学及中等职业学校德育工作形成新气象。

【德育课程和校园文化建设】完成中职学校德育课优质建设课程项目中期检查。举办第三届广东省中等职业学校德育课教师教学基本功比赛决赛暨德育课教学研讨会。以建党95周年、纪念红军长征胜利80周年、喜迎党的十九大、纪念建军90周年、香港回归20周年等重大节点为契机，广泛开展中国特色社会主义和中国梦宣传教育，持续开展"拥军爱国跟党走——不忘初心好少年"中小学主题教育活动，公布2016年"我的中国梦——爱祖国跟党走"中小学主题教育活动的结果。与中央级媒体联合开展"新华社走进中小学校园系列公益活动启动仪式暨纪念红军长征胜利80周年多媒体图片展"等活动，不断深化爱国主义和革命传统教育。组织开展第十三届全国中等职业学校"文明风采"竞赛广东复赛活动，广东省学生作品参加全国决赛获得一等奖26个、二等奖76个、三等奖93个、优秀奖264个，获奖数量居全国前列。广东省竞赛组委会荣获第十三届全国中等职业学校"文明风采"竞赛组织贡献奖。启动第十四届全国中等职业学校"文明风采"竞赛广东复赛活动。推进文明校园创建工作，与省文明办等单位召开广东省文明校园创建工作推进会，开展第一届广东省文明校园评选，确定首批省级文明校园10所高校、20所中学及30所小学。在全省中小学校（含中职学校）中开展"书香校园"系列创建活动，包括"书香校园"、"点灯人"校园阅读推广人、"阅读之星"3项活动。全省各地中小学校积极申报，千余所学校完成了"书香校园"申报，有数千名阅读推广人和数千名学生分别参加了"点灯人"校园阅读推广人和"阅读之星"评选。积极选树先进典型，表彰426名2016—2017学年度广东省优秀学生（中学阶段）。协助教育部基础教育一司遴选"2016寻找最美孝心少年"大型公益活动候选人。

【中小学德育队伍建设】强化"名班主任"品牌建设，打造优质、高效的班主任队伍。省中小学名班主任培养、省中小学工作室的建设完善了班主任队伍建设顶层设计。对第一批（第二周期）、第二批（第一周期）广东省中小学名班主任工作室主持人进行期满考核，并指导第一批（第三周期）、第二批（第二周期）工作室的启动和建设工作；对第三批广东省中小学名班主任工作室主持人进行中期考核，完成第五批广东省中小学名班主任培养对象的培养工作。加强名班主任和名班主任培养对象心理健康教育专业能力提升。举办省级中小学名班主任和名班主任培养对象心理健康教育专业能力提升项目。

【心理健康教育】推进心理健康教育示范区建设，提高心理健康教育教师的专业素养。在特色学校建设基础上，开展广东省心理健康教育示范区的培育工作。举办2017年"强师工程"中小学心理健康教育教师系列培训。搭建心理教师展示综合专业素养的交流平台。举办广东省第二届中小学心理教师专业能力大赛决赛，全省各地的90多名优秀中小学心理教师参加，各地教育局和心理教师代表近600人观摩大赛。组织优秀教师代表参加10月24日至27日在杭州举办的第三届全国中小学心理健康教育课堂教学研讨观摩课比赛，获得2个一等奖、1个二等奖的优异成绩。

【网络德育和校外教育】面向广东全省15 000余所中小学校、逾1 600万名中小学生推出"新华·南粤时政学堂"，全面助力全省中小学生德育工作。已建立起视频节目、网站、手机终端（微信）、线下活动融合发展的全媒体体系，成为广东省开展中小学时事教育与德育宣传工作的创新品牌。

为广泛开展中小学生研学实践教育活动，会同18个厅局遴选20个"全国中小学生研学实践教育基地"、2个"全国中小学生研学实践教育营地"报教育部审核。广东省博物馆等5家单位获评"全国中小学生研学实践教育基地"。丰富学校德育资源，强化学校与社会的联系。完成2017年中央专项彩票公益金支持青少年校外教育事业项目的申报，做好校外教育实践基地的项目开展工作。

【民族团结教育】举办广东内地新疆高中班、内地新疆中职班"民族团结一家亲"演讲比赛半决赛暨全省"爱在广东"民族团结教育演讲比赛中学阶段决赛。在喀什市疏附县设立名班主任邝杰工作室分站，继续深入推进广东省内地新疆班民族团结教育工作，构筑民族团结的钢铁长城。

（撰稿　汪　芸；审稿　袁本新）

教育纪检监察

【综述】2017年，广东省教育纪检监察工作深入贯彻落实党的十九大精神和习近平新时代中国特色社会主义思想，认真贯彻落实中央纪委和省纪委的决策部署，聚焦主业主责，加大纪律审查力度，积极实践监督执纪"四种形态"，较好地发挥了监督"探头"作用，同时，针对案件暴露出的问题，着力查漏补缺、堵塞漏洞，抓好规章制度建设，坚定不移推进省级教育系统全面从严治党不断向纵深发展。

【坚持有案必查】加强信访件处置工作，全年共受理群众来信来访724件，其中，上级转办交办336件，实名举报74件。严格执行线索处置和查办案件"双报告"制度，上报线索处置和案件查办情况139条，其中，问题线索70条，立案31条，处分38条；向省纪委移交省管干部问题线索8条。严肃查处重点领域腐败问题，全年立案31件31人，查处处级干部22人（1人被移送司法机关处理），收缴违纪款5100多万元，待追缴违纪款1400多万元；经省纪委批准，对3人采取"双规"措施，配合公安机关对5人采取监视居住措施，在谈话点开展谈话400多人次。

【运用"四种形态"】落实抓早抓小工作机制，扎实开展谈话提醒工作，全年，省教育厅领导开展谈话提醒达30人次。开展"以案明纪明心"警示教育约谈工作，对省教育厅各处室在编人员和厅属单位中层以上干部，逐个进行集体约谈，至2017年年底，已约谈18个处室（单位），涉及干部328人。加大信访函询诫勉力度，全年函询15人次，给予诫勉谈话1人。严把选拔任用干部廉政关，全年出具党风廉政意见回复函67人次，其中提出否定意见1人次。全年给予党政纪处分24人，其中，轻处分16人，重处分7人，严重违纪涉嫌违法移送司法机关处理1人，运用后三种形态做出处理的人数分别约占受处分人数的67%、29%和4%。

【抓实作风建设】坚决查处顶风违纪行为，全年对违反中央"八项规定"精神问题立案6件，查处包括公车私用、私设"小金库"、私分单位稿酬、滥发津补贴等违纪问题，形成很大的震慑作用，如查处省教育研究院私分单位稿酬问题，对两名责任人进行立案查处，并提请省纪委对该院党委进行问责；查处广东省石油化工职业技术学校滥发津补贴问题，对涉事的两任校长均予以立案审查。

【深化以案治本】针对案件中暴露出的制度不健全、机制不完善等问题，积极开展以案治本工作，如对华南师范大学基础教育培训与研究院私设"小金库"违纪案、广东第二师范学院违规组织公款旅游案、广东工程职业技术学院原纪委书记违纪案等典型案件进行通报，要求广大党员干部引以为戒。在纪律教育月期间，面向省教育厅全体党员干部开展专题辅导报告，以案说纪。堵塞管理漏洞，全年共发出监察建议书12份，要求相关单位完善制度。如查处省教育厅借调人员系列违纪案后，及时召开大会，向省教育厅内全体借调人员通报案件情况，要求借调人员自觉加强纪律约束，同时，发出监察建议书，要求驻在单位完善管理办法，规范借调人员的借调手续和管理监督。

【坚持政治巡察】在省教育厅党组主导下巡察4家厅属单位，坚持政治巡察的战略定位，聚焦党的领导、全面从严治党，着力发现被巡察单位党的领导弱化、党的建设缺失、全面从严治党不力等问题；全年分2轮进行巡察，上半年对2家单位进行巡察，下半年对2家单位进行巡察，共发现主要问题77个。严把问题整改关，对认识不到位、整改思路不清晰、不敢触及人和事、不动真格的，一律不予过关。形成巡察在前、纪律审查跟进的联动机制。

【推动高校纪委建设】推动省纪委、省委组织部、省委教育工委联合印发《关于加强高校纪委建设的意见》，促进高校纪委加强改善聚焦主业主责、规范化建设、人员编制、干部配备和二级单位纪委建设等方面的工作。推动出台《广东省高校纪委工作评价办法》，对2017年度高校纪委工作进行评价，并将评价结果予以通报。印发《关于规范高校纪委执纪审查工作的通知》，推动高校加大执纪审查力度。全年，省纪委驻省教育厅纪检组联系监督的35所高校共谈话提醒2 466人次，同比增长约10%；有28所高校上报自办案85件，办案高校数和自办案件数比2016年分别增长147%和277%，高校纪委监督执纪问责宽松软现象得到初步改善。提名考察3名高职院校纪委书记、10名高校纪委副书记和1名大学附属医院纪委书记，并推动对在同一学校任职满两届的3名高职院校纪委书记进行交流轮岗。

【强化队伍建设】深入学习贯彻党的十九大精神和习近平新时代中国特色社会主义思想，切实用以武装头脑、指导实践、推动工作。积极推进"两学一做"学习教育常态化制度化，自觉增强"四个意识"，打牢理想信念根基。健全线索处置、谈话函询、审查审理等制度，切实提高纪检队伍的监督执纪工作规范化水平。着力提升干部履职能力，选派8名干部参加中央纪委和省纪委培训班，选送154名高校纪委干部参加中央纪委培训班，组织30多名高校干部到省纪委驻省教育厅纪检组参加"以案代训""以干代训"。

（撰稿　钟成材　蒋　华　黄博彦；审稿　阙定胜）

教 育 审 计

【综述】2017年，广东省教育厅印发了《关于认真做好2017年教育审计工作的通知》，部署了全年的教育审计工作，加强队伍建设，提高政治站位，深入开展"两学一做"制度化、常态化。各级教育行政部门和高校紧紧围绕"争先进、当标兵、建高地"，坚持"三个服务"，积极履行审计职责，进一步加大教育审计工作力度，充分发挥内部审计"免疫系统"基础防线作用，为保障全省教育经济健康安全运行做出了积极贡献。2017年广东省教育系统共开展审计项目30 555项，审计总金额2 272.35亿元，提出审计建议10 175条，查出有问题资金10.99亿元，促进增收节支6.64亿元。

【教育审计实务工作】2017年，广东省教育审计按照突出重点、全面审计的要求，加大审计监督力度，积极开展各项审计实务工作。

深入开展经济责任审计。根据中央两办和教育部关于经济责任审计的有关文件精神，积极指导各级教育行政部门、各高校继续深入开展经济责任审计工作，努力促进领导干部勤政廉政、依法履行职责，充分发挥经济责任审计在促进科学决策，推进依法治教，完善监督机制等方面的作用。一年来，全省教育系统共开展领导干部经济责任审计约1 028项。省教育厅审计室根据厅领导指示精神，继续推进多所高校党政领导干部经济责任同步审计及厅直属学校校长经济责任审计工作，组织开展对韩山师范学院、广东第二师范学院、广东食品药品职业学院、广东工贸职业技术学院4所高校党政主要领导干部和对省石油化工职业技术学校、省经济贸易职业技术学校、省华侨职业技术学校、省理工职业技术学校、省商业职业技术学校、省轻工职业技术学校6所中职学校校长经济责任审计工作。通过审计，强化了对教育经济领域领导干部权力运行的监督，为考核使用干部提供了重要依据，提高了领导干部经济责任意识和依法治教意识，促进被审部门和单位规范内部管理，加强党风廉政建设。

着力加强专项审计调查。2017年，全省教育系统围绕教育发展的重点和群众关注的热点问题，积极开展专项审计调查工作，一年来，广东省教育系统共开展专项审计调查909项，提交审计调查报告603个。2017年，省教育厅审计室先后组织开展了对汕头大学等2个单位国有资产管理情况的专项审计调查工作，对嘉应学院、教研院、广东科学技术职业学院等单位及部分厅属中职学校的专项审计调查，并对广东音像教材出版社有限公司和广东高等教育出版社有限公司经营管理情况进行全面审计工作。通过审计，重点掌握被审单位国有资产的管理与使用情况，揭示管理和使用中存在的突出问题，加强对国有资产的管理，提高使用效益。

认真开展财务预决算审计和财务收支审计。为加强教育经费预算收支和决算管理，规范学校的财务管理，保障教育资金安全有效使用，省教育厅审计室指导全省教育审计机构认真开展预算执行与决算审计和财务收支审计，促进本部门、本单位加强经费预算管理，规范财务行为，提高经费使用效益。一年间，广东省教育系统开展财务预决算审计和财务收支审计1 402项。

深入开展基建工程审计。2017年，全省教育系统审计机构继续深入开展工程项目审计，对重点工程项目实施全过程跟踪审计，对工程项目投资决策、投资预算、竣工结算、财务决算等各阶段的经济管理活动进行审计监督，有效地控制了工程造价，节约了大量的基建资金。一年来，广东省教育系统开展建设工程审计10 497项，核减工程造价4.22亿元。

努力开展扶贫资金审计。为全力服务"精准扶贫"工作，推动"精准扶贫"政策措施落实，首次组织开展扶贫资金专项审计工作。一年来，组织了对省教育厅机关和南方医科大学、广东工业大学、广东轻工职业技术学院3所高校近几年扶贫资金管理使用情况的专项审计调查，加强了扶贫项目的管理，进一步规范了扶贫资金的管理和使用。

认真开展清产核资工作。组织开展了对厅属14家企业的清产核资工作。通过此项工作的开展，进一步加强对厅属企业的管理，真实反映企业的资产及财务状况，核实资产质量，分析存在的问题，提出整改建议和意见，为科学评价和考核企业经营绩效及国有资产保值增值提供依据。

协助纪检部门查办有关经济案件。在2017年对嘉应学院、教研院、广东科学技术职业学院等单位以及部分厅属中职学校的有关问题进行专项调查的工作中，协助驻厅纪检组查办有关案件，促进了党风廉政建设。

【教育审计整改工作】为进一步加大教育审计工作力度，充分发挥"温度计""体检表"的作用，在用好审计成果、狠抓整改落实上下功夫，努力以整改促提升、以整改优管理，把审计成果转化为推动工作发展的强大动力。2017年，检查通报了广东财经大学科研经费审计调查发现的问题和整改情况，组织对广东省外贸职业技术学校等2个单位进行后续审计或整改情况检查，通过加强跟踪审计和整改调查，进一步压实了责任，聚焦重点问题，推动了审计整改各项措施的贯彻落实。

【教育审计机构和队伍建设】2017年，针对广东省教育审计工作的开展情况和审计人员的知识结构，全省教育系统审计人员积极参加有关培训学习，加快审计人员的知识更新，不断提高审计人员的综合素质。为迎接党的十九大召开，省教育厅和省审计厅联合举办全省高校内部审计人员培训班，对高校内审人员准确把握审计工作面临的新形势和新任务、落实推进广东省教育审计工作全覆盖要求具有重要指导意义。党的十九大闭幕后，指导教育审计协会举办全省教育审计能力提升培训班，以上率下带头学、带头讲、带头干，有力带动全省教育审计系统学习宣传贯彻党的十九大精神，继续深入开展"两学一做"制度化、常态化，强化"四个意识"，增强"四个自信"，使得贯彻落实党的十九大精神、在新时代再创广东教育审计发展新局面成为全省教育审计系统的共同行动、共同目标。一年来，全省教育审计人员参加各类培训合计2 945人次。

【教育创新】加快推进综合监督信息平台建设。为进一步提高广东省高校内部管理和内部监督机制及外部监督机制的信息化水平，提高监管工作效率，2017年，省教育厅审计室联合省审计厅研究开发建设广东省教育系统综合监督信息平台，并已进入试运行阶段。

开展审计质量评价，更好地发挥审计职能。针对审计室人手少、任务重、专业要求高的现状，审计室在组织审计项目时，通常采取聘请会计师事务所的方式来协助审计组开展工作。为进一步提升审计质量，根据国家和省的有关法规制度，结合实际，制定了广东省教育厅审计服务质量评价体系，在审计实务中，组织专家对审计实务进行质量评价，力争在确保审计质量和提高审计效益的基础上，更好地发挥审计职能。

（撰稿　李　赞；审稿　丁开万　陈　斌）

体育卫生艺术与国防教育

【综述】2017年，学校体育卫生艺术与国防教育工作以"争先进、当标兵、建高地"为统领，以学习贯彻党的十九大精神为主线，用习近平新时代中国特色社会主义思想武装头脑、指导实践、推动工作,按照委厅工作部署,围绕转观念、重普及、抓创新、创特色、促发展的工作思路,凝心聚力,召开了全省学校体育卫生美育与国防教育工作会,明确了高校体育美育工作新要求,全面实施阳光体育计划、落实每天1小时校园体育活动、推动义务教育阶段学校"体育、艺术2+1项目"深入开展,加强制度、基础设施和队伍建设,积极开展调查研究;以课程结合活动为载体,以增强学生体质健康、培养学生艺术素质、提高学生国防意识为目标,切实解决学校体育、卫生与健康、艺术教育、国防教育和学生军训改革中的热点、焦点和难点问题,积极推动全省学校体育卫生艺术和国防教育工作,取得了新突破新发展。

【教育基础设施建设及队伍建设】明确工作抓手。3月底在深圳召开了全省学校体育卫生美育与国防教育工作会,研究部署学校体育卫生艺术与国防教育工作,总结推广深圳开展"430活动"经验。会议达成了共识,提出要把体育美育工作、学生体质健康纳入政府工作考核,与教育现代化工作督导验收硬挂钩,并以此为抓手,按照国务院办公厅文件要求,对学生体质健康水平连续3年下降的地区和学校,在教育工作评估中,实行"一票否决"。会后,中央政府网站、各地报纸、互联网等对广东省建立学生体质健康水平测试制度做了报道,引起了社会各界对学生体质健康的关注和重视。

坚持全面贯彻党的教育方针。以"立德树人"为根本任务,以强健体魄、培养素质为目标,突出基础性和普及性,把工作重心放在基础教育,重点放在普及,为学生终身发展奠定基础。

狠抓教学环节。把课堂教学作为主阵地,狠抓课程落实,对全省中小学校音乐、体育、美术课程开设进行专项督查,对课程开设达标率较低的地市进行通报。

加强业务培训。举办全省高职院校体育教师教学基本功大赛和第三届全省高校体育教育专业学生基本功大赛,促进高校体育教师和体育教育专业学生专业水平的提高。

【打造学校体育特色】建立健全省级学生竞赛体系。进一步健全全省性大学生、中学生体育单项比赛体系和艺术比赛活动体系等。

举办全省大学生和中学生田径、游泳等23个单项体育赛事等活动,同时积极组织相关学校参加全国青少年足球夏令营、CUBA大学生篮球赛等10多个项目的比赛。

积极争取各界支持,探索逐步放开大学生体育赛事,首次采取高校承办、社会力量赞助的形式举办全省大学生网球赛,共59所高校参赛近700名运动员,规模超过历届。

圆满完成第十三届全国学生运动会参赛任务。9月3—16日,广东省学生体育代表团在杭州参加了第十三届全国学生运动会,共派出439名学生运动员和57名教练员参加了游泳、田径、篮球、足球、排球、乒乓球、健美操、武术、羽毛球、网球共10个大项目的比赛,共获得11枚金牌、25枚银牌、28枚铜牌,被授予优秀组织奖和体育道德风尚奖。华南理工大学、广州体育学院、中山大学获第十三届全国学生运动会"校长杯"(全国共40所高校获奖)。在该届全国学生运动会科学论文报告会上,广东省有97篇论文获奖(一等奖11篇、二等奖49篇、三等奖37篇),数量排全国第三,获奖论文数占报送论文160篇的60.6%,并获优秀组织奖。

明确省属中职学校体育工作新任务。召开首届省属中职学校体育工作专题研讨会。30多所省属中职学校分管领导及体育工作负责人参加会议,进一步明确中职学校体育的方向、目标和任务。

启动校园篮球特色学校创建工作。130所学校被教育部定为首批全国校园篮球特色学校。

【推进校园足球】试点推进成效显著。41个县(区)通过省级校园足球试点县(区)认定。深圳市、梅江区分别被定为全国校园足球改革试验区和试点区。

足球培训力度前所未有。健全省、市、县、校四级校园足球师资培训体系,举办省级培训班14期,共培训学校领导和体育教师2 700名。

校园足球特色校创建成效好。1 300所学校被认定为省级校园足球推广学校,312所学校被评为全国校园足球特色学校。

普及面明显扩大。召开省校园足球试点县工作研讨会。举办首届校园足球论坛、大中小学生校园足球摄影比赛、征文比赛和微电影创作比赛。通过校园足球送教下乡、培训、宣传和加强场地建设,大大地扩大了校园足球普及面、覆盖面。

竞赛体系更加完善。进一步完善省、市、县、校四级青少年足球联赛。举办了第四届"省长杯"青少年足球赛(学校组),并新增设中学女子组、大学女子组,高校和中学参赛队分别达93支和65支,参赛人数达4 248人,比赛共340场,规模创历届之最。

影响力更广。通过组织省长杯学生足球联赛开幕式,征集会徽、会旗和吉祥物,召开新闻发布会,网络直播赛事等形式，以及邀请10多家主流媒体和各高校、各市教育行政部门分管领导、体育工作部门负责人参加开幕式和观摩比赛，加大宣传力度，积极发挥省校园足球协会和学生体育联合会的作用，校园足球氛围更浓，影响力明显扩大。

建立学生体质健康抽查制度。把学生体质健康纳入教育现代化工作，作为督导验收重要指标，按照先体质健康测试，后开展教育现代化先进区、先进市督导验收的原则，对学生体质健康不达标的，实行一票否决。共抽查了12个市35个县区，并把抽测结果通报各市政府。抽测了8所高校学生体质健康并召开抽查工作研讨会，在全省高校体育工作会通报抽测结果。开展学生体质健康抽测，在全省教育系统产生了积极影响，引起了各级政府、教育部门、学校和社会对学生体质健康的重视和关注，促进了学生体质健康工作的开展。

【学校艺术教育工作】加强美育顶层设计。经认真开展调查研究、起草和反复论证，并经省政府同意，6月30日，教育部和省政府在北京签署了部、省学校美育改革发展备忘录。备忘录进一步明确了今后几年广东省学校美育发展的目标任务。省政府副秘书长林积代表省政府参加了签署仪式。

启动艺术教育特色校创建工作。省教育厅先后印发《关于中小学校创建艺术教育工作特色的通知》《广东省中小学创建省级艺术教育特色学校实施方案》等文件，提出创建1000所省级艺术教育特色学校的目标并启动了特色校申报工作。44所学校被教育部评为全国优秀传统文化艺术传承学校。

举办了广东省第五届大学生艺术展演活动，100多所高校参赛，参赛人数、论文数、作品数等均创历届之最。

【学校卫生与健康教育工作】完善学校公共卫生防控工作机制。加强与卫生部门的沟通配合，先后印发了进一步防控诺如病毒感染、登革热、流感、结核病等工作的系列文件，召开全省学校结核病防控工作会议，指导各地各校做好防控结核病等常见传染病工作。以"青春健康"防控艾滋病项目高校试点为抓手推动艾滋病防控工作，在全省50所高校开展艾滋病防控工作试点。举办全省学校卫生和健康教育骨干人员观摩学习活动。加强督查，5月和12月先后开展学校结核病防控工作督查，共抽查了10个市和8所高校，并及时印发督查通报。

【国防教育和学生军训工作】完善国防教育工作机制。举办提高学生综合国防素质研讨班和高校武装部门负责人培训班，举办首届广东高校国旗护卫队交流展示活动，举办第五届"南粤长城杯"大中学生演讲比赛等。召开了省大学生征兵工作网络视频电视电话会议，超额完成了大学生征兵工作。董业权同志被国防部征兵办公室评为2016年度征兵先进个人。

启动国防教育特色校创建工作。279所学校被教育部评为全国国防教育特色学校，22所学校被评为全国国防教育示范校。

（撰稿　侯　波　林柏春　董业权　许　颖　曾　妍；审稿　许顺兴）

招生考试工作

【综述】2017年，广东省各类考试平稳顺利实施，共组织包括普通高考、研究生考试、普高术科统考、成人高考、高中学考、初中学考、自学考试、社会考试等在内的13大类19种28项49场考试，各类考试考生超过1000万人次，录取新生171万人，为广东省教育事业的科学发展做出了积极贡献。

【机关党建】（一）深入开展学习宣传贯彻党的十九大精神活动

通过组织集中观看党的十九大开幕式、传达学习党的十九大精神及上级贯彻意见、开展"六个一"活动和推出宣传专栏及简报等多种形式认真学习宣传贯彻党的十九大精神，并以此为契机，推动全面完成2017年各项工作任务。

（二）切实把巡察整改工作落实到位

将巡察反馈的五大方面18项问题，分解成43项任务，逐条逐项抓好落实。至12月31日，完成38件，完成率达88%。

（三）加强思想政治建设，落实党建主体责任

一是发挥领导班子的带头示范作用，召开3次党委理论中心组学习会。二是开展"安全保密学习教育""学习贯彻省第十二次党代会精神""纪律教育月""学习贯彻党的十九大会议精神"4个主题活动；举办安全保密知识竞赛，全院干部职工共128人参加，参与率达93.4%。三是创新政治理论学习

形式。全年举办安全保密、网络信息安全等专题辅导讲座4场,参加辅导讲座4场、党员考学活动2次、省直处级干部专题研讨班6期35人次,制作宣传栏8期,观看党性教育专题片6批次,发放各类学习资料500余册。

(四)抓好党风廉政建设,落实执纪问责

一是落实党风廉政建设"两个责任",增补党委委员、纪委委员各1人,配备专职纪检干部1人。二是抓好廉政宣传教育。三是抓好廉政风险防控。编印《广东省教育考试院岗位职责廉政风险防控汇编》,确定高风险点95个、中风险点209个;开展"亲属经商"备案工作。四是加强工作纪律和作风监督。

(五)加强干部职工队伍建设,认真开展工青妇工作

一是加强队伍建设。进一步理顺处室职能,出台干部轮岗交流暂行办法,推动干部11人次、职工18人次轮岗交流,安排集中学习15批次。二是开展业务研究。针对工作推进中的重点、热点和难点问题,共开展13个课题的业务研究,申报省教育科研项目11个。三是发挥群团组织作用。完善工会议事制度,组织开展丰富多彩的文体活动和联谊活动。四是积极开展对外交流。组织参加教育部考试中心举办的乒乓球比赛和省直机关工会举办的趣味运动会等,获"最佳风尚奖"。五是关心帮扶干部职工。共慰问困难干部职工43人次,举办慰问退休干部茶话会,走访慰问退休干部。组织扶贫济困日、"幸福工程救助贫困母亲"活动,全院共捐款14 000元。

【普通高考】(一)概况

2017年,广东省普通高校招生报考75.32万人(其中符合报考条件的外省户籍随迁子女考生共17 036人,比2016年增加7 466人,增幅为78%),比2016年增加2.02万人,报考人数位居全国第二。其中报考普通高考的考生68.8万人,报考高等职业学院招收中职学校毕业生"3+专业技能课程证书"考试的考生4.29万人。在普通高考考生中,文科考生27.94万人,理科考生33.83万人,体育、艺术类考生7.03万人。全国1 500多所高校在广东省共录取考生64.12万人,完成招生计划的101%,各类各批次均超额完成招生计划。其中,本科层次共录取近29.12万人,比2016年增加0.2万人;专科层次共录取35万人,比2016年增加2.7万人,较好地完成了招生任务,促进了不同层次、不同类型高校的协调发展。

(二)考试环境综合治理不断加强

2017年,通过进一步健全联席会议制度,不断完善"平安考试"的部门联动工作体系和工作机制,积极会同省有关职能部门联合开展了"打击销售作弊器材""净化涉考网络环境""净化考点周边环境"和"打击替考作弊"4项集中整治行动,全力推进考试环境综合治理工作,为考生创造了和谐有序的考试环境。考试期间,进一步完善和健全各级考试有关部门共同值班制度,保密局、公安厅、经信委、卫计委的联络员直接到考试值班室共同值班。宣传、经信、公安、安全、工商、保密、卫生、环保、电力、交通、气象、武警等有关部门积极配合、各司其职、各负其责,努力营造了公平、和谐的考试招生环境。

(三)考试安全保密规范到位

2017年,继续强化第一责任的意识,建立安全保密责任人制度,省与各地市、县(市、区)逐级签订安全保密责任书,进一步完善安全保密工作责任制。强化试卷安全保密设施建设和条件保障,切实抓好保密室、试卷分发场所、试卷运送等重点环节的电子监控建设,通过认真做好试卷命制安全保密、建立监控录像6小时回放制度和重点操作结束及时回放制度、设立从考务办公室到考场的"封闭式"专用通道等措施,确保试题试卷安全保密万无一失。

(四)考风考纪持续好转

2017年,严格考点考场管理,严肃考风考纪,有力维护了考试公平公正。一是进一步加强和完善制度建设,落实分级管理责任制度、重大问题及时报告制度、零报告制度、招生考试过程督查制度、违纪舞弊通报制度等,大大提高了招生考试管理水平。二是加强教育培训和考试管理,严肃考风考纪,严厉查处舞弊行为,加强标准化考点建设、考前检查和考试期间巡视等,继续使用金属探测仪防范作弊。考试期间,全省启用了130多座无线电监测站,派出50多台无线电监测车对考点周边非法无线电信号进行监测和巡逻,有力防范和打击了非法利用无线电设备作弊等行为。全面启用身份识别和无线电屏蔽系统,考试过程实现实时网上远程监控,违纪违规人数持续下降。

(五)高考综合改革方案研制扎实有效

2017年,先后赴省外高考改革试点省份和先进地区学习借鉴经验,深入全省大部分地市围绕当前广东省高考综合改革迫切需要解决的主要问题和存在困难,广泛开展调研活动,找准解决问题的关键,

认真研究解决问题的政策措施，研制了广东省高考综合改革方案初稿。

（六）普通高等学校考试招生单项改革稳步推进

研究制订《关于2018年深入推进普通高等学校考试招生改革的通知》（粤教考函〔2017〕5号）和《2018年普通高校考试招生改革的实施方案》，改革涉及合并本科录取批次、深化面向初中毕业生的中高职贯通人才培养招生改革、探索应用型本科院校招收中等职业学校毕业生试点等6个方面14项具体任务，进一步构建完善了公平、公正、科学、规范、严密的考试招生工作管理体系。

【高职院校分类考试招生改革成效显著】2017年，首次面向普通高中生，推行以普通高中学业水平考试语文、数学、英语3门科目成绩作为"文化素质"的主要依据进行录取的改革，效果良好。共有16.8万名普通高中学生报考，安排招生计划近7万人，实际录取6.62万人，完成招生计划的94.3%。改革试点赢得考生、家长和社会的普遍赞誉。

【普通高校考试招生录取改革调整成效显著】2017年起，将原第三批专科A类与B类两个招生录取批次合并为"第三批专科批次"，普通类专业从原梯度志愿调整为平行志愿，参照本科平行志愿设置方式，设2个志愿组，进一步提高考生志愿的满足率和满意度。

【"职业技能"测试方式改革试点成效显著】2017年，安排10个专业，在28所自主招生的高职院校开展"职业技能"网上联合测试试点工作，让学生先观看专业介绍视频，然后直接在电脑上作答，测试其对专业及工作岗位的初步认知情况。其成绩作为高职院校录取的基本条件之一。"网测"改革试点，克服了以往仅仅依靠面试测试职业技能又无法大规模展开的不足，提高了考生对专业的认知度，也减轻了院校组考工作压力和考生赴考应考负担，受到试点院校和广大考生、家长的普遍欢迎。

【农村专项计划顺利实施】2017年，广东省进一步扩大了专项计划招生院校的数量和规模，从2016年的12所增加到14所（增加了东莞理工学院、佛山科学技术学院），招生计划从2016年的1 500人增加到1 650人。2017年共17 704人报名地方专项计划，经审核共3 959人符合报考条件，实际录取1 663人，较好地完成了预期的目标任务；高校专项计划共1 828名考生在教育部阳光平台上填报了高校专项计划，审核通过1 165人，录取107人。切实提高了广东省贫困地区农村学生上重点高校的比例，缩小了贫困地区农村学生与其他地区的差距，进一步促进了教育公平。

【随迁子女异地高考政策得到有效落实】2017年全省符合报考条件的外省户籍随迁子女考生共17 036人，比2016年增加7 466人，增幅为78%。本专科共录取15 528人，占随迁子女考生总数的91.1%。其中，第一批本科共录取随迁子女考生3 082人，占随迁子女考生总数的18.1%，比2016年增加1.8个百分点。本科层次共录取随迁子女考生8 758人，占随迁子女考生总数的51.4%，比2016年增加2.4个百分点。随迁子女一本录取率、本科录取率、总录取率均比2016年有提高。通过认真做好随迁子女高考招生录取工作，切实保障随迁子女公平享受教育权利和升学机会，维护社会的和谐稳定。

【公安人才专项培养计划顺利实施】2017年，广东省开展面向粤东西北地区公安专业人才专项培养工作，重点为粤东西北地区的公安基层一线、警力不足地区培养公安专业人才。专项培养计划实行单列招生计划、单独志愿、统一录取。

【研究生考试招生制度改革平稳实施】2017年，广东省全面实施全日制与非全日制研究生招生统筹，进一步规范了研究生考试招生管理，全省共录取硕士研究生3.4万多人。

【高校招生"阳光工程"深入实施】继续严格按照"阳光工程"的工作要求，不断规范高校招生工作行为，重点做好高校招生章程的制定和发布工作，要求各高校按照教育部有关规定和程序，将学校的办学性质、办学条件、招生专业、招生计划、录取条件、录取原则、收费标准等如实地体现在招生章程中，使高校招生工作真正做到有章可依。进一步加大审核力度，依据国家政策规定对各高校招生章程进行审核，审核通过后方可向社会公布，且不得擅自更改，使高校招生章程更加规范、更加透明。

严格落实教育部招生信息"十公开"的工作要求，及时公开招生政策、招生资格、招生章程、招生计划、考生资格、录取程序、录取结果、咨询及申诉渠道、重大事件违规处理结果、录取新生复查结果等信息。认真做好各类招生专业目录的编制工作，及时公开招生信息。进一步强化特殊类型招生信息的公示，要求高校通过本校招生网站和教育部阳光平台及时公开有关信息，准确公示合格考生名单，主动接受考生、家长和社会的监督。

【严格执行招生录取工作原则】在招生录取过程中，严格执行招生录取政策，严禁点档、点招，严格执行本科、专科录取不对个人降分的原则，本科、专科录取坚持在全省公布的最低控制分数线上，严格按考生志愿顺序从高分到低分投档，凡未达到录取分数线或投档线的，一律不得投档、录取，有力维护了招生录取的公平公正。

【考试招生服务水平不断提高】加强高校考试招生宣传载体及网络平台建设，通过报纸、电视、广东省教育考试院官方微信（以下简称官微）、官网等各种媒体，及时、全面、准确、广泛地发布招生信息及有关的温馨提示，并通过"高考访谈""民生热线"等多渠道为考生提供咨询服务。做好考试安全防范工作，确保考生安全顺利赴考。做好特殊考生的考试安排工作，2017年，为全省8名严重视力障碍考生专门印制了放大字号试卷，为31名严重视力障碍及脑瘫考生延长30%的考试时间，允许41名听力障碍考生佩戴助听器参加高考，确保每一位考生不因非意愿因素失去考试机会。认真组织好二次录取，增加考生录取机会，最大限度地保护考生的权益，也帮助学校顺利完成了招生任务，不断提高招生录取工作的社会满意度。

【强化招生录取监督检查工作】2017年，在各类招生考试组织工作中，均设立纪检监察组，全程参与招生考试监督，强化了对录取工作重点岗位、重点环节、重点时段的监督检查，维护招生考试公平公正。招生工作人员签订责任书，强化责任意识和法纪观念，确保招生工作严格按政策办事、按制度办事、按程序办事。各高校认真贯彻落实教育部和广东省的有关精神和规定，坚持依法治考治招，坚决贯彻"六不准"和"十严禁"的要求，认真落实"26个不得"，切实加强录取监督检查，严肃招生工作纪律。

【考试招生信息化建设】一是加强信息化顶层设计，出台《广东省教育考试院信息化发展规划（2017—2020年）》，以建设"智慧考试院"为抓手，统筹推进广东省教育考试招生信息化建设。二是积极应用"互联网+"技术。官微于2017年3月份成功上线，截至2017年12月31日，"粉丝"数达142万多人，阅读总次数1 930万次，成为最具权威、影响力最大的考试招生官方平台。普通高考、成人高考、自考、高中学业水平等教育考试均实现了网上缴费，极大地方便了考生。"无纸化体检"在7个地市成功试行，体检效率和数据准确性明显提高。三是大力提升信息化管理水平。升级改造考务应急指挥中心，将教育考试视频会议系统由标清升级成高清，运卷车辆启用APP，上线保密室值班自动查询系统，考务指挥和应急处理的信息化水平显著提升。

【各类教育考试命题制卷工作概况】2017年共组织9种类型13次考试的命题工作，封闭入闱命题166天，聘请命题、审题教师400多人次。命制试卷1 447套。其中，高考英语听说考试12套，高考艺术类考试美术术科3科6套，音乐术科3科156套；1月、4月、7月自考全国统考卷21门105套，省统考卷606门984套；高职招生专业技能考试3科6套；1月、6月、11月高中学业水平考试9科66套；初中毕业生学业考试9科18套；高等职业学院五年一贯制单独招生考试3科6套；中职技能考试13科70套；本科插班生考试9科18套。各类试题试卷严格按照命题流程，符合科学性、规范性和公平性要求，试卷质量以及安全保密均万无一失，社会反映良好，得到教育教学和研究部门的普遍认可。

【命题质量安全稳定】2017年，通过加强命题队伍建设，强化命题研究和安全保密工作，确保全年高考类试题安全、科学、规范，难度平稳，区分度稳步提升。非高考类试题贯彻基础教育和社会考试的基本要求，连续数年保持零差错。在命题和试卷印制过程中，通过落实责任制度，严格工作流程，细致抓好每一个工作环节，确保安全保密万无一失。全年没有出现任何试卷泄密、用错卷或无试卷等重大事故。

【普通高中学业水平考试概况】2017年，组织普通高中学业水平考试2次，参加考试学生共85.8万人，比2016年增加13.51万人次，增长18.69%。

【研究生招生考试概况】2017年，广东省参加全国硕士研究生考试的考生85 307人，全国报考广东省29个硕士研究生招生单位的人数达112 599人（含推免生），实际录取34 851人（含推免生），比2016年增加6 154人，增长21.44%。

【成人高校招生考试概况】2017年，广东省成人高考考生共34.33万多人，居全国前列，共录取29.63万多人。其中专科升本科录取10.31万多人，高中起点本科录取5 564人，高中起点专科（脱产）层次录取5 732人，高中起点专科（非脱产）录取18.19万人。

【高中阶段学校招生考试概况】2017年，共组织5次高中阶段学校招生考试，报考总人数260.75万人，录取109.91万人。

【中考改革】2017年，出台《广东省教育厅关于进一步推进高中阶段学校考试招生制度改革的实施意见》（粤教考〔2017〕15号），明确了中考改革的基本原则、改革任务时间表和路线图，通过建立健全初中学业水平考试制度，健全学生综合素质评价制度，改革招生录取模式，健全招生录取机制，加强考试招生管理等，力争到2020年左右初步形成基于初中学业水平考试成绩、结合综合素质评价的高中阶段学校考试招生录取模式和公平科学、规范有序、监督有力的管理机制。同时，做好宣传解读引导工作，及时回应学生、家长和社会关切，合理引导社会预期，稳步有序推进中考改革。

【五年一贯制高职班招生考试试点工作】2017年，五年一贯制高职招生考试考生1.16万人，其中五年一贯制招生院校16所50个专业原计划招生5 790人，实际录取5 868人，完成计划的101.35%，录取率1.97∶1。

【三二分段试点工作】2017年，三二分段共46所高职院校对口163所中职学校（含技工学校）、416个专业点，转段考核考生2.3万人；中职段录取5.83万人，高职学段录取1.21万人。

【随迁子女就地参加中考和升学工作】2017年，随迁子女中考录取人数全省共12.84万人（其中外省籍6.92万人，比2016年增加0.31万人，增长4.7%）；普通高中招收随迁子女7.81万人，比2016年增加0.05万人，增长0.6%（其中外省籍录取3.83万人，比2016年增加0.34万人，增长9.7%）；中职学校招收随迁子女5.03万人。高职院校共录取初中、中职学校（含技工学校）随迁子女781人，其中五年制295人、中高职衔接三二分段486人。

【港澳台华侨联合招生考试概况】2017年参加全国联招录取的内地普通高等学校共计307所，比2016年增加了10所。报名考生共4 424人，共录取3 692人，录取率为83.5%。另外，录取香港免试生1 295人、对澳保送生721人、对台学测生582人。

【自学考试】（一）概况

2017年，共组织自学考试4次，开考专业129个（其中专科58个、本科71个），累计新生报名19.2万人，报考规模65.5万人次、150.4万科次，考生人数居全国前列。

（二）专业建设管理得到加强

进一步加强自考专业建设，优化主考学校结构，建立主考学校退出机制，顺利完成中山大学原主考专业新主考学校遴选工作。

（三）考务管理进一步规范

加强考务工作指导，狠抓考风考纪，全年考试未发生群体舞弊事件。针对监狱考点和服刑人员参加自学考试的特殊情况，加强监狱考点管理。设计并使用新版试卷版式，考试平稳、顺利进行。

（四）自考信息化建设逐步加强

推进主考学校开展助学学生学籍注册工作，初步建成助学学生学籍信息化管理系统。推进自学考试网络助学和无纸化考试建设，鼓励有关主考学校建设远程助学平台、委考无纸化平台及配套课件和题库，部分主考学校已实现网上辅导和委考无纸化。积极引导和督促地市考办做好社会助学机构的登记备案工作。

（五）服务质量和水平不断提升

制定台湾籍考生免考自考公共政治课方案，并获全国考办批复执行。为特殊考生参加自学考试提供便利，接收服刑人员报考4 136人次、10 825科次，协助视（听）力障碍考生报考93人次、263科次。开通自考成绩单和学历证明网上办理通道，考生可在网上办理两项业务，有效破解了以往考生须现场办理、领取时来回奔波的困扰。全年审核毕业申请32 653人次。

【社会考试】（一）概况

2017年，组织实施了中小学教师资格考试（笔试）、全国大学英语四级考试、全国大学英语六级考试、全国计算机等级考试、全国英语等级考试、非学历证书考试等11项22场考试，累计报考约223万人次、268万科次，其中全国大学英语四级考试、全国大学英语六级考试、计算机等级考试等多项考试报考人数规模继续保持全国前列。全年完成答题卡扫描480多万张，完成评卷150多万份。

（二）规范管理进一步加强

严格落实安全保密工作制度，加强培训工作，进一步强化考点和主考的责任，减少了执考失误的现象。严格按标准执行检查验收程序，检查验收58个大学英语四六级考点保密室，其中通过验收51个，要求其整改的保密室7个。突出资料审核和实地检查，把好考点准入关。先后派出5个工作组，检查验收考点19个，批复设立考点15个，否决了4个考点申请，进一步规范了相关考试项目发展。

（三）考务管理水平不断提高

不断优化考试管理，努力构建高校规范工作体系，继续考前组织开展考务培训会、监察员培训会和考后进行考试情况通报的"2＋1"考务管理模式。全年组织培训18次，培训人员近2 000人，进一步提高了各地市、各考点社考工作队伍的业务素质。进一步规范执考行为，不断提高执考质量，考官执考错漏率下降60%。加强考官培训工作，全年共开展考官培训8批次，培训考官459人。

（四）社会考试项目调整优化及信息化应用进展顺利

做好销售管理水平中英合作管理段和基础段等考试项目的停考过渡工作，妥善处理非学历证书考试有关项目停考后的遗留问题。配合完成省中职技能课程考试，社会考试数据处理、经营性收费考试项目等业务和人员的移交工作。建设社会考试综合报名系统。在顺利完成全国计算机等级、中国书画等级考试新版考务系统启用工作的基础上，2017年推动该两项考试实现网上报考缴费功能，进一步提升了服务水平。

（撰稿　郑　喆；审稿　王斌伟）

毕业生就业创业工作

【综述】2017年高校毕业生供求总量矛盾和就业结构矛盾并存，长期压力和短期压力叠加，就业形势复杂严峻。在教育部的指导下，在广东省委、省政府的正确领导下，全省教育系统围绕"争先进、当标兵、建高地"中心工作，认真落实中央《关于进一步引导和鼓励高校毕业生到基层工作的意见》，全面实施"高校毕业生就业创业促进计划"，坚持引导和鼓励高校毕业生到基层就业创业，着力提升就业创业精准指导服务水平，不断提升就业质量，确保高校毕业生充分就业。2017届高校毕业生就业创业各项工作进展顺利，就业局势保持稳定。暨南大学、华南农业大学、华南师范大学3所高校获评2017年度全国创新创业典型经验高校50强。华南理工大学、暨南大学、华南师范大学、广东工业大学、深圳大学5所高校获评全国第二批深化创新创业教育改革示范学校。

【就业概况】广东省2017届普通高等学校毕业生共有52.86万人，比2016年增加2.3万人，人数再创新高。截至9月1日，毕业生初次就业率为95.1%；毕业生暂不就业率为0.08%，待就业率为4.83%。高校毕业生充分就业的态势持续稳定，就业状况与2016年同期大致相当，呈现以下特点：一是按就业区域流向统计，大多数毕业生集中在大中城市和珠三角地区就业。珠三角地区9个地级以上市共吸纳38.66万名毕业生，占已就业毕业生的82.19%。二是按就业单位类型统计，大部分的高校毕业生在基层和非公有制单位就业。全省42.10万名高校毕业生在基层和非公有制单位就业，占已就业毕业生的89.49%，同比提高0.99个百分点。三是按学科（专业大类）统计，全省各学科（专业大类）的就业率有一定差距。例如：研究生就业率较高的专业有经济学类（96.59%）、工学类（96.37%）和医学类（94.13%），就业率较低的专业有哲学类（82.45%）、教育学类（83.74%）和历史学类（84.97%）。

【主要措施】（一）明确部署，确保工作措施到位

4月初及时召开了全省高校毕业生就业创业工作网络视频会议，厅长和分管厅领导分别对全省高校毕业生就业创业工作提出具体要求并进行全面部署。及时组织全省高校参加国务院、教育部及省政府组织召开的一系列关于高校毕业生就业工作的会议，并对会议精神进行贯彻落实。各高校及时召开就业工作会议，多层次、多形式传达会议精神，层层分解任务，制定具体措施，确保工作认识到位、责任到位、措施到位、落实到位。

（二）开展调研，全面推进就业创业工作

一是开展粤东西北地区高校毕业生就业创业工作调研活动。由分管厅领导带队，分成4个调研小组，于6月至7月期间赴粤东西北地区24所高校进行实地调研，调研学校落实全国、全省相关会议精神和履行《2017年广东省普通高校毕业生就业创业工作目标责任书》情况，高校毕业生就业创业工作进展情况等。通过调研，进一步摸清了粤东西北地区高校工作现状，准确掌握了就业创业工作的进展情况、典型经验做法和存在困难及意见建议，有力推动粤东西北地区高校毕业生就业创业工作，也为开展好下一步工作提供支撑。二是不定期对珠三角地区高校毕业生就业创业工作进行调研和督促。检查就业创业各项工作进展情况和政策落实情况，并共同深入分析原因，督促对存在问题及时整改，推动学校完成2017年高校毕业生就业创业目标任务。

（三）多管齐下，努力拓宽毕业生就业渠道

一是强化校园招聘，搭建学生与企业对接平台。共面向2017届高校毕业生举办65场全省招聘活动，共计2万多家企业参加招聘活动，提供岗位数42万多个。全省高校共举办大型招聘会334场，提供就业岗位超过85万个。二是提供信息化服务平台，组织网上招聘活动。超过4万家企业参与了网络招聘，为毕业生提供了8.5万多个职位。同时，还积极组织高校参加教育部举办的各种形式的招聘活动。基本形成了校园招聘活动"期期有专场，月月有市场，周周有招聘，天天有面试"的特色。三是落实好基层就业项目。引导高校毕业生到城乡基层、中小企业、中西部地区和艰苦边远地区就业。组织举办了"2017年广东高校毕业生到农村从教供需见面会"活动，向毕业生提供农村教师岗位3800多个。"西部计划"项目招募207名高校毕业生，"山区计划"项目招募322名高校毕业生，"三支一扶计划"项目招募1 500名高校毕业生，西藏专项招录128名高校毕业生。

（四）强化服务，做好就业指导服务工作

一是以职业规划大赛为抓手，提升大学生职业素养与教师职业指导能力。于2017年4月至6月举办"金湾杯"第七届广东省大学生职业规划大赛。共有来自省内135所高校的15.1万名在校生报名参赛，提交职业规划作品11.46万份。参赛高校数量占全省高校总数的92%，创下历届大赛的新高。围绕赛事主题，在高校举办了19场职业生涯规划巡回讲座，超过7 500名学生进场聆听专家的讲授，并交流互动。赛事期间举办生涯教育论坛，丰富了赛事的活动内容，新增复赛培训环节，凸显了赛事的教育意义。该届大赛在搭建与地方经济发展对接的平台、宣传地方发展战略和人才引进政策方面，也进行了十分有益的尝试。二是做好就业数据统计和分析。4月份，发布了《广东省2016年普通高校毕业生就业工作白皮书》，从广东省高等学校毕业生基本情况、各院校就业工作情况、毕业生就业数据统计等方面对就业工作进行统计分析，为高校调整专业结构，改进人才培养模式提供参考。三是加强对就业指导人员的培养。2017年共组织培训17期，培训914人。各高校积极组织校内业务培训，提高人员业务素质。同时邀请部分企业家和企业人力资源部门的负责同志走进校园，担任毕业生就业校外指导师，对毕业生就业进行全程指导。四是加强就业创业政策宣传。认真梳理国家和省就业创业工作政策文件，并将其编印成册，印发各高校学习使用。

（五）搭建平台，提升创新创业教育实效

一是举办第三届中国"互联网＋"大学生创新创业大赛"建行杯"广东省分赛。全省共有135所高校报名参赛，占全省高校总数的92%；项目数1.4万个，参赛学生超5.7万人（次）。参赛高校、项目数量和参赛学生人数均有较大增幅。广东代表团在全国比赛中成绩优异，荣获该届赛事优秀组织奖（全国共10个），华南理工大学荣获先进集体奖，广东项目团队共获1金7银20铜。二是做好创新创业典型经验高校推荐和申报工作。教育部启动开展了2017年全国高校创新创业总结宣传工作。经过学校总结、推荐申报、专家初选、社会调查和实地调研等环节，暨南大学、华南农业大学、华南师范大学3所高校获评2017年度全国创新创业典型经验高校50强。三是开展广东省创新创业教育示范学校遴选工作。9月至12月，组织开展全省第四批大学生创新创业教育示范学校遴选工作，全省共有39所高校（2所为建设学校）提交了申报材料，经过专家网评、会评、实地考察等环节，共评选出10所高校为全省第四批大学生创新创业教育示范学校，在全省高校中起到了良好的示范带动作用。四是开展"大众创业万众创新"活动周活动。9月，在全省各普通高校中开展以"双创促升级，壮大新动能"为主题的"大众创业万众创新"活动周活动，并取得了显著的成效。全省教育系统共举办活动1 175场（次），参与人数约93万人次，签署协议106项，达成意向92项，成交金额约6 000万元。五是举办第一届粤港澳大湾区大学生创新创业项目对接洽谈活动。12月24日，在华南农业大学举办第一届粤港澳大湾区大学生创新创业项目对接洽谈活动，全省共择优筛选700多个大学生创新创业项目参加活动，其中香港和澳门学生团队也参加了活动。活动同时吸引了国内近150家知名投资机构参加，并通过现场路演洽谈方式签订了一批意向书。一些符合条件的优秀项目还将由广东金融高新区股权交易中心推荐挂牌并提供后续投融资服务。

（撰稿　伍金清　审稿　刘　卓）

教育科研

【基本情况】一是完成2018年省教育科学规划课题评审和立项工作。省教育科学规划办于2017年6月组织广东省教育科学"十三五"规划2018年度中小学教师教育科研能力提升计划项目的申报评审认定工作，共立项434项，其中重点项目60项、一般项目374项。一般项目的评审工作由省教育厅委托各地级市教育部门负责（省直单位由省教育厅组织评审）。各地级市教育部门组织人员对本地区申报一般项目进行形式审查，并组织专家对申报项目进行竞争性评审，经地市教育部门领导班子集体讨论后确定建议立项项目。评审结果报送省教育厅，省教育厅组织专家进行审查后予以认定。

二是加强教育科研项目的中后期管理，及时受理全国规划办和省教育厅教育科研类立项项目的开题、变更和结题鉴定工作。2017年度完成研究任务进行结题的省级教育科研课题437项。此外，为进一步加强和规范省教育科学研究项目管理，杜绝长期无故推延课题研究现象，2017年2月发布通知，对2009—2011年度立项还未结项的广东省教育科学规划课题进行集中清理，经专家评审，对272个项目予以撤项处理，19个项目延期结项。

三是完成全国教育科学规划课题申报和立项工作。2017年度全国教育科学规划课题立项数中，广东省数量和质量均有所提高。广东省获得全国教育科学"十三五"规划2017年度立项课题32项，其中国家一般课题15项、青年课题3项、教育部重点课题9项、教育部青年课题5项，经费资助共397万元。

（撰稿　刘黎明；审稿　黄黎露）

语言文字工作

【综述】2017年，广东省语言文字工作委员会办公室认真贯彻党的十九大精神，以"弘扬社会主义核心价值观、传承中华优秀传统文化、服务优先发展教育事业"为统揽，以《关于实施中华优秀传统文化发展工程的意见》和《国家语言文字事业"十三五"发展规划》等重要文件及其举措的出台为契机，注重结合广东省实际，汇聚行政主导、基层实施、专家服务三方资源力量，创新举措，推动语言文字工作取得新发展。

【学校语言文字工作】开展第五批省级语言文字规范化示范校和第三批省级规范汉字书写特色校评审，充分发挥示范校和特色校的辐射作用，不断提高学校语言文字工作规范化和规范汉字书写水平。全省共有国家级语言文字规范化示范校27所、省级语言文字规范化示范校221所、省级规范汉字书写教育特色校63所。

【第九届广东省中小学规范汉字书写大赛】2017年7月6日，广东省教育厅、广东省语言文字工作委员会印发了《广东省教育厅 广东省语言文字工作委员会关于举办第九届广东省中小学规范汉字书写大赛的通知》（粤教语〔2017〕18号）。全省中小学教师和学生积极参与，共2 700名中小学生及教师分别获得特等奖和一、二、三等奖，189名教师获得优秀指导教师奖。该届大赛作品形式多样、内容丰富，相当一部分作品达到了较高的书写水准，对推动全省规范汉字书写教育工作具有极大的推动作用。

【语言艺术节】由中共广东省委宣传部、广东省教育厅、广东省语言文字工作委员会主办，华南师范大学承办的"青春中国梦·2017南粤大学生语言艺术节"活动于2017年11月11—12日在华南师范大学（大学城校区）举办。

此次语言艺术节以"青春中国梦"为主题，下设"学·辩·思——中华文化经典品读大赛""姓·家·国——主题故事大讲坛"两个子比赛，每个比赛分设专业组和非专业组，共计4 000余人参加选拔，45所高校的47个作品晋级省级决赛。共评出特等奖6个、一等奖16个、二等奖25个，优秀指导老师6名，最佳创意奖、最佳台风奖和最佳人气奖各4个。语言艺术节的举办为在大学生中广泛实施中华经典工程传承、弘扬中华优秀传统文化、提高语言艺术素养搭建了一个很好的平台,并发挥引领推动的作用。

【普通话基本普及县域调查】根据教育部、国家语言文字工作委员会部署,全面开展全省县域普通话普及情况调查。此次调查共组织1 500名调查员,覆盖全省21个地级市、78个县(市、区)、299个镇(街),报送78 000个样本,为广东省开展普通话基本普及县域验收和制定语言文字政策提供了科学依据。

【第20届全省推普周活动】2017年9月11—17日是全国第20届推普周,中山市被确定为全省推普周活动重点城市。活动期间举办了规范汉字展、经典诵读、汉字书写等系列活动。9月9日上午,在中山市举行了全省推普周启动仪式,广东省教育厅党组成员、副厅长朱超华出席活动并讲话。其他各市和高校也举办了丰富多彩、形式多样的宣传活动,语言文字工作的社会影响力和民众对语言文字政策的知晓度得到进一步提高。

【普通话水平测试】进一步加强普通话水平测试工作的管理,加强审核环节工作,严肃考试纪律,力保测试工作的严肃性和公正性。举办了广东省普通话培训测试站考务技术员培训班,进一步提高了测试站的技术管理和信息化水平。2017年,广东省参加普通话水平测试人数298 302人次,其中语文教师6 417人次,非语文教师13 931人次,师范生81 760人次,非师范生155 956人次,演播人员83人次,公务员239人次,窗口服务人员134人次,其他人员39 782人次。

【2017语保工程广东项目】选定19个汉语方言和2个濒危方言调查点开展调查,制订了调查方案,举办了广东项目启动仪式和汉语方言现场调查培训班。坚持"以行政的力度推动,用专业的严谨推进"原则,建立省市县教育部门统筹管理、共同参与组织协调、首席专家分片包干指导、监督落实、课题负责人负主责、上一年度经验反馈、借鉴,关键环节(阶段)督促检查、保障质量4个工作机制,实行台账管理、阶段通报制度,对培训提高、调查前期、中期检查、预验收、验收、订正完善等关键环节进行落实式检查,确保顺利通过教育部、国家语委验收。中期检查受到教育部、国家语委通报表扬,被评为优秀等次。香洲、金平、博罗、大埔4个调查点获得优秀课题。

【发展规划】制定了《广东省语言文字事业"十三五"发展规划》,明确了"十三五"时期全省语言文字工作四大目标(到2020年全省范围内国家通用语言文字基本普及;各级各类学校语言文字规范化标准体系和教育教学体系基本建立;民众语言文字应用能力进一步提高;语言文字资源保护开发利用成效明显)、六大任务(服务国家战略部署,推广普及国家通用语言文字;服务推进教育现代化要求,全面加强学校语言文字工作;围绕重点领域,加强语言文字社会治理服务体系建设;发挥语言文字载体作用,拓展中华优秀文化传承弘扬功能;加强语言资源保护工作,开发利用岭南语言文字资源;发挥"互联网+"服务功能,提升语言文字信息应用与处理水平)、五大举措(健全管理体制、强化法制保障、推进队伍建设、强化科研支持、保障经费投入),明晰了"十三五"时期广东语言文字事业发展的思路。

【队伍建设】成立了广东省教育厅语言文字工作专家咨询委员会,设名誉主任1名、主任委员1名、副主任委员4名、委员12名。发挥专家在全省语言文字事业顶层设计、规划编制、政策研究、制度建设中的咨询作用。

(撰稿　张文跃;审稿　邵子铀)

教 育 装 备

【综述】2017年,广东省教育装备中心围绕教育"争先进、当标兵、建高地"中心工作,按照"抓建设、重质量、强管理、促应用"的工作思路,全面推进"教育装备提升工程",为广东教育现代化提供有力条件保障和技术支撑。2017年,全省中小学教学仪器设备总值342.58亿元,比2016年增加28.27亿元;图书(不含电子图书)4.56亿册,比2016年增加0.14亿册;计算机292.98万台,比2016年增加27.64万台;网络多媒体教室41.57万间,比2016年增加5.58万间。

【召开全省教育装备工作会议】2017年3月29日,全省教育装备工作会议在江门召开。广东省教育厅副厅长王创出席会议并讲话;广州市教育局、珠海市教育局、河源市教育局及江门市教育局分别做经验交流发言。江门市蓬江区委、区政府有关领导，全省各地级以上市及顺德区教育局分管局领导，教育装备部门主要负责同志以及省教育装备中心有关人员共70多人参加会议。

【承办第73届中国教育装备展示会】2017年12月26日至28日，广东省教育厅与广州市人民政府共同承办的第73届中国教育装备展示会在广州琶洲国际会展中心举行。教育部原副部长、教育部关心下一代工作委员会主任李卫红，原国家教委副主任、中国教育装备行业协会名誉会长柳斌，教育部关心下一代工作委员会常务副主任、中国教育装备行业协会会长王富，四川省委教育工委书记、省教育厅厅长朱世宏，广东省教育厅副厅长朱超华，广州市人民政府副秘书长张建华等领导和嘉宾出席开幕式。该届展示会展位面积、展位数、参展人数等均为历届之最。展馆面积达到15万平方米，较第72届增加约4万平方米；展位数量约8 000个，比第72届增加近1 000个，其中特装展位7 000余个，占展出面积的87.5%；参展企业1 300余家，比第72届增加100余家。广东省参展的企业有314家，使用展位2 503个。展示会期间，总到场观众71 064人。

【中小学教育装备】2017年3月，组织了以"智慧·创新·育人——未来教学环境的构建与应用"为主题的广东教育装备高峰论坛，邀请了中国科学院院士张景中、教育部教育装备发展和研究中心主任曹志祥等知名学者、专家做专题报告。各级教育装备部门负责人、中小学校校长及一线骨干教师、企业代表等近500人参加了活动。

10—11月，省教育装备中心组织调研组赴佛山市、深圳市、中山市、广州市、汕头市、潮州市、揭阳市共7个地市30所中小学校开展未来教室建设工作实地调研，形成了《〈广东省未来教室建设指引〉起草工作调研报告》，为起草《广东省未来教室建设指引》提供了科学依据。

12月11—29日，省教育装备中心委托广东产品质量监督检验研究院在广州市、惠州市、江门市、清远市四市分别对中小学校的教学仪器设备进行了现场检查及抽查检验工作。现场检查及抽样检验合共51批次教学仪器设备，经检验，26批次样品合格，占51%，25批次样品不合格，占49%。检查结果说明广东省中小学校的仪器设备质量合格率低，存在隐患，亟待加强质量管理工作。

【高等教育装备】2016—2017学年，全省高校实验室有7 244个，总面积达到619.61万平方米，比2015—2016学年增加了20.55万平方米，增长3.43%。全省高校单价800元（含）以上的教学科研仪器设备总台（件）数达到246.74万台（件），比2015—2016学年净增20.89万台（件）；仪器设备总值达到296.3亿元，比2015—2016学年净增35.44亿元，增幅为13.59%。单价40万元（含）以上的仪器仪表类教学科研贵重仪器设备4 021台（件），总值41.21亿元，比2015—2016学年增加693台（件），金额增加7.1亿元。全省高校投入到实验实训室的总经费为47.13亿元，比2015—2016学年增加10.57亿元，增长28.91%。全省本科高校实验室开设教学实验项目82 514个，承担科研课题及社会服务项目20 140项。

9月23日，印发《广东省教育厅关于开展全省教育系统危险化学品安全综合治理专项检查工作的通知》（粤教装备函〔2017〕22号），在全省教育系统开展危险化学品安全综合治理专项检查工作。11月6日，印发《广东省教育厅关于开展全省教育系统危险化学品安全综合治理工作实地检查的通知》（粤教装备函〔2017〕32号），共派出5个检查组，对广州市教育局等25个单位的危险化学品安全综合治理工作进行实地检查。

【教育系统政府采购管理】1月，"广东省高水平大学科研仪器设备动态项目库"被评为"政府采购15年全国精品项目"。

11月，广东省教育厅制定《广东省省直教育系统政府采购负面清单》，结合实践过程中出现的质疑、投诉的典型案例，将不符合法律法规和政府采购、招投标行业的标准及规则的条款明确排除，确保采购活动公平并满足充分竞争。

12月，在广州中医药大学举办2017年度广东省教育系统政府采购工作培训。邀请财政部政府采购专家吴小明进行政府采购实务操作和风险防控专题讲座，组织了全省教育系统首届政府采购工作联展，并向参培人员印发了省直教育系统政府采购负面清单和省直教育系统招标文件范本。

（撰稿　黄晓滨　杨文金　陈永利　郑双东　陈亮　吴据江　张衍龙；审稿　彭红光）

学校后勤管理

【综述】2017年，广东省教育厅学校后勤管理处（教育后勤产业办）认真贯彻落实党的十八大、十九大和习近平总书记系列重要讲话的精神，紧紧围绕省教育厅"争先进、当标兵、建高地"的中心任务，坚持"三服务两育人"宗旨，以"衣"（学生校服、床上用品）、"食"（食堂和食品安全）、"住"（学生公寓宿舍、教师周转房）、"医"（高校校医院）、"能"（节能环保）、"境"（校园环境）为工作重点，抓好制度建设、监督检查、培训教育和自身建设，进一步推动构建"平安后勤""公平后勤""文化后勤""效率后勤""绿色后勤"和"智慧后勤"六大保障体系，较好地完成了各项工作。

【制度建设】以改革创新为立脚点，持续推进制度建设，出台多个规范管理文件，促进学校后勤工作管理规范化、标准化。联合多个相关部门印发《关于学校食堂食品安全管理的规定》（粤食药监局食营〔2017〕53号），就学校食堂食品安全的基本要求、安全责任、监督管理、应急处置等做了细致规定，切实保障师生在校食品安全。联合省工商行政管理局和省质量技术监督局印发《关于进一步加强中小学生校服管理的意见》（粤教后勤函〔2017〕2号），从校服采购与服务的各个环节强化监管，堵塞制度漏洞，规范校服采购流程，让校服采购行为市场化、公开化，并在政府指导下建立起行业规范体系，促进校服市场的品牌化经营，同时加强行业监管，强化对校服产业的社会监督作用，促进广东省中小学生校服工作规范管理，健康有序发展。制定《广东省教育厅关于规范高等学校快递服务进校园工作的意见》，推动校园快递服务社会化，通过校企合作共建智能配送平台，打通校园快递"最后一公里"，使"互联网+校园快递"成为广东省高校"智慧后勤""绿色后勤"建设的有机组成部分。联合省人民政府机关事务管理局印发《关于进一步加强我省学校节约能源资源工作的意见》（粤教后勤函〔2017〕36号），要求学校提高认识，加强组织领导，落实资金保障，强化监督考核，牢固树立和贯彻落实创新、协调、绿色、开放、共享的发展理念，促进形成勤俭节约、节能环保、绿色低碳、文明健康的社会风尚，充分发挥教育系统在公共机构节能中的示范带头作用，为广东省生态文明和美丽广东建设贡献力量。印发《关于进一步做好学生参加城乡居民基本医疗保险工作的通知》（粤教后勤函〔2017〕32号），确保广东省各级各类学校在校学生全部纳入城乡居民基本医疗保险，将各级各类学校学生纳入基本医疗保险，保障学生身体健康安全，增强学生及其家庭抵御疾病风险的能力，切实保障学生基本医疗要求。

【学校食品安全】召开食品安全工作会议，部署工作。一是春秋开学之际，两次召开全省学校食堂食品安全工作视频会议，部署有关学校食堂食品安全工作。主会场设于省教育厅，各地市教育局和各高校设分会场接入视频，实现全覆盖。二是在惠州召开全省学校食品安全工作会议。会议全面总结2017年学校食品安全工作的经验，并部署2018年工作。启用"广东省学校食品安全监管系统"大数据平台，建立食材数据库、食谱数据库、从业人员数据库、加工方式数据库、留样数据库等，利用云计算、物联网、视频智能分析等技术，对学校食堂的食品原材料采购验收、粗加工、烹调、餐具消毒等"九大管控"进行全程管控，并逐步与学校"明厨亮灶"视频平台对接，运用大数据系统解决学校食品安全的监管问题。狠抓学校食品安全检查。联合省食品安全委员会办公室印发《关于开展2017年春秋两季学校食堂及校园周边食品安全专项检查工作的通知》（粤食安办明电〔2017〕3号），与有关厅局联合组成5个工作组对全省11个地级市进行春季学校食堂、校园及周边食品安全专项督查，加强对学校校园及周边食品安全的监督管理。印发《广东省教育厅重点排查安全隐患确保校园食品安全的紧急通知》（粤教后勤函〔2017〕16号），要求各地各校组织开展学校食堂食品安全大检查，拉网式对学校食品安全各个环节开展排查，严防食源性突发事件发生。开展教育后勤综合大检查。组织12个检查组就有关学校食堂食品等后勤工作对全省8个地市开展随机抽查、11所厅直属中职学校进行检查，抽检了学校正在使用的大米、食用油。做好食品安全宣传教育活动。开展广东省食品药品安全科普展和食品安全进校园活动，分别在农林下路小学和东环中学举行食品安全进校园专题讲座，同时也在全省学校开展食品安全科普宣教活动，发放食品安全宣传画报和宣传小册，使食品安全知识进校园、进教材、进课堂、进头脑，提高广大师生食品安全意识和应对食品安全风险的能力，增强师生食品安全意识，使学校成为食品安全事故防范和宣传的重要阵地。举办广东省高校食品安全培训班，全省教育部门食品安全管理负责人员共430人受训。

【校服和学生床上用品】开展校服质量安全专项检查。联合省质量技术监督局开展2017年中小学校服产品质量专项监督抽查工作，对22个地级市各中小学正在使用的300批次学生校服随机抽检，并召开新闻发布会向社会公布抽检结果。举办"广东省学校最美校服大赛"。全省101所学校的春秋、夏、冬装共780款校服报名参赛。经专家初评，有40款校服入选决赛，共评选出一等奖4个、二等奖8个、三等奖12个、优秀奖13个。

【学生公寓和教师住房】扎实推进《广东省高等学校学生公寓（宿舍）管理办法（试行）》的实施工作，在全省各高校开展自查工作，并组织综合性检查。进行学校食堂和公寓基本情况的摸底排查，收集和整理全省普通高校公寓（宿舍）数量、管理模式等方面的信息，更深入了解各高校公寓（宿舍）情况。赴东莞对宿舍管理工作进行调研和专项督导，针对宿舍电热水器使用安全隐患督促整改并给予指导意见。开展广州地区教职工住房现状网络问卷调查。积极推动高校相对集中区域的地方政府与高校积极合作，召开广州地区省部属高等学校租赁广州市新就业无房职工公共租赁住房工作推进会，推动广州地区高等学校申请广州市第二批人才住房。2017年为广州地区高等学校争取教师周转房近3 000套，缓解了中青年教师住房困难问题。

【高校医疗保健】支持成立广东省高校医疗保健协会。开展普通高校及省属中小学学校医疗机构基本状况普查，对各学校医疗机构管理机制、硬件设施、人员配置进行摸底调查。经初步统计，广东省159所高等院校固定服务对象为173.83万人，医疗机构人数为1 723人。印发《广东省教育厅办公室关于开展广州地区大学生应急救护培训工作的通知》（粤教后勤办函〔2017〕8号），安排广州地区39所高校，每校100名学生骨干于4月至11月轮流接受应急救护培训，提高学生安全防范意识和自救互救能力。联合省人力资源和社会保障厅印发《关于进一步做好学生参加城乡居民基本医疗保险工作的通知》（粤教后勤函〔2017〕32号），确保广东省各级各类学校在校学生全部纳入城乡居民基本医疗保险，切实保障学生基本医疗要求。与广州市无偿献血工作委员会办公室联合举办广州地区高校无偿献血负责人培训班，共有44人参训。联合省红十字会在华南师范大学成功举办2017年高等学校应急救护大赛，共有20支参赛队伍约200人参赛。

【校园节能减排】启动2017—2018年节约型公共机构示范单位和公共机构能效领跑者申报审核工作，共7所高校获得了"广东省节约型公共机构示范单位"的称号。省财政厅下达2017年省级治污保洁和节能减排专项资金，省属8所高校（附属医院）获得了540万元节能改造专项经费。联合省人民政府机关事务管理局印发《关于进一步加强我省学校节约能源资源工作的意见》（粤教后勤函〔2017〕36号），引导全省各级各类学校"十三五"时期节约能源资源工作有序开展。联合14个省级部门，印发《2017年广东省节能宣传月和低碳日活动方案》，在全省开展系列绿色节能活动，宣传节约资源和保护环境的基本国策、倡导勤俭节约的社会风尚、营造绿色节能的社会氛围。在中山大学开展2017年广东省节能宣传月活动启动仪式暨绿色出行骑行活动，300余人参加了活动。联合有关单位开展2017年"童在蓝天下"广东省第一届青少年节能风尚系列活动，通过开展书画比赛、主题研学、科普活动等，引导青少年树立勤俭节约的意识、践行节能低碳的理念。协助华南师范大学、广东技术师范学院和南方医科大学南方医院做好治污保洁和节能减排专项资金的申报。

【校办产业生产安全】开展"安全生产月""安全生产事故警示周"宣传活动。组织开展2017年广东省高校校办企业经济信息统计，认真做好相关信息审核上报工作，确保数据准确。在全省范围内开展学校后勤安全自查工作，印发《广东省教育厅关于切实加强我省学校后勤产业安全生产工作的通知》（粤教后勤函〔2017〕14号）及《广东省教育厅关于进一步加强学校后勤安全管理工作的通知》（粤教后勤函〔2017〕23号），部署后勤保障安全大检查，整改安全隐患，确保师生安全。

【调研和课题研究】积极开展全省教育后勤和校办产业工作调研，聚焦学校后勤改革发展中遇到的重点、难点和热点问题，组织开展后勤工作课题研究，共有18个研究项目立项。

【队伍建设】在四川大学举办后勤干部2017年综合素质提升培训班，来自各地市及高校的共88名后勤干部参加。培训课程涉及后勤管理、心态调节、反腐、哲学思辨、创新思维等，全面提升了学校后勤干部的专业水平和综合素养。评选出佛山市教育局财务基建科等40个单位为先进集体、华南理工大学后勤处合同与造价管理科科长夏永好等65名同志为先进个人，提升了后勤队伍的凝聚力和向心力。

【其他工作】积极指导省高校后勤协会和中小学校后勤协会开展工作；配合督导室开展春季、秋季开学检查；做好广东省教育后勤产业网的信息上传及厅微信平台宣传工作，做好学生订票、火车票优惠卡办理、"口岸行"、节粮宣传等工作。

（撰稿　胡沛均；审稿　程五一）

学生助学

【综述】2017年，广东省学生助学工作全面贯彻党的教育方针，坚持稳中求进工作总基调，在完善学生资助政策体系、健全资助工作制度、加强资助规范管理、扩大资助政策宣传、努力实现精准资助和助力精准扶贫等方面取得了显著的工作成效。2017年共下达学生资助资金78.6亿元，总资助人数432万人。其中各级财政投入61.7亿元，资助学生336万人；社会资助1.6亿元，资助人数为4.3万人；学校资助资金总额为15.3亿元，资助人数为91.9万人。学前教育资助3.9亿元，资助幼儿36.8万人；义务教育资助9.4亿元，资助学生151.5万人；中职教育资助27.2亿元，资助学生82万人；普通高中资助总金额为5.1亿元，资助学生23.8万人；高校本专科资助24.1亿元，资助学生127.2万人；研究生阶段资助9亿元，资助学生10.9万人。

【完善资助政策】2017年，实现生源地助学贷款全覆盖，出台制订家庭经济困难学生认定办法。扩大政策覆盖范围，将"与普惠性幼儿园收费相当的民办幼儿园"纳入资助范围，将科研院所、党校等研究生培养单位和预科生纳入资助体系。完善城乡义务教育学生资助政策，小学生每生每年补助1 000元、初中生每生每年补助1 250元。提高博士研究生国家助学金标准，由每生每年10 000元提高到每生每年13 000元。

【完成"民生实事"】一是建档立卡贫困户子女每人每学年生活费补助标准提高，全省建档立卡学生26.7万人，补助金额9.83亿元。二是资助学前教育困难家庭幼儿36.7万人，资助学前教育幼儿36.8万人，发放补助3.9亿元。三是对城乡义务教育家庭经济困难寄宿生，按小学每生每年1 000元、初中每生每年1 250元标准给予生活费补助，分别增长100%、67%，发放城乡义务教育家庭经济困难寄宿生生活费补助1.6亿元，补助学生15万人。四是全面开展普通高校本专科生和研究生生源地信用助学贷款工作，全省132个县区为近3万名大学生发放生源地助学贷款2.2亿元。

【健全资助体系】一是健全制度和机制。修订完善资金管理办法，优化流程和资金拨付程序，确保资助政策执行规范、资金拨付及时。二是完善咨询监督机制。在暑期开学季开通24小时资助热线电话。三是加强规范化管理。建立资助工作进度定期报送制度，完善中职资助工作三级管理制度。四是加大监督检查力度。制定《广东省学生资助工作督查制度》，开展专项检查。五是加强队伍建设。成立专家库，开展"双百佳"评选活动，评选出先进单位和优秀个人。六是提高信息化水平。广东省全面启用"全国学生资助管理信息系统"，使用率在全国排前列，率先开发"家庭经济困难学生认定系统"和"奖助学金评审系统"，全国领先。

【加强宣传力度】一是制订宣传方案，在全省教育系统开展学生资助政策宣传。二是在关键时点，印发各教育阶段资助政策资料。三是通过不同媒体不同宣传方式，对政策进行宣传解析。四是暑假期间开展"国家资助和助学贷款政策下乡行"活动。五是编写广东省资助丛书，出版了《2016年学生资助工作发展报告》《十年（2007—2016年）学生资助工作发展报告》《筑梦引航——广东省励志成长成才百优学子风采录》。六是紧抓学校、班主任、学生、学生家长4个关键要素，实行定制式资助宣传。

【抓实资助育人】一是加强研究，总结做法和经验，实施"高校资助育人提升计划"；二是开展"助梦扬帆——广东省资助高校家庭经济困难优秀大学生海外研学项目"；三是建立综合素质提升训练基地；四是举办专场招聘会，实现优质就业；五是开展优秀事迹、精准资助案例征集活动。

（撰稿　卢　宁　丁瑶芳　朱顺平　任　柱；审稿　薛　彪　卓　越）

老干部工作

【综述】 2017年，在厅党组和分管副厅长的正确领导下，在省委老干部局的指导下，老干部工作以习近平总书记系列重要讲话精神为指导，配合委厅中心工作，服务于广东省教育"争先进、当标兵、建高地"大局，以老干部党支部为纽带，以文体娱乐活动为载体，始终坚持"服务""和谐"的理念，以落实老干部待遇为重点，积极引导老干部为党的事业增添正能量，以"让老同志满意，让厅党组放心"为工作目标，使老干部工作呈现出新成效、新亮点，也为老干部安度晚年提供了有力保障。

【落实各项待遇】 为进一步做好新形势下的老干部工作，离退休人员服务处（以下简称离退休处）始终将落实好老干部各项待遇作为工作的重点。

（一）落实老干部政治待遇

2017年1月12日，组织召开委厅机关老干部春节团会和情况通报会，300多人参加。1月16日，组织召开委厅机关离休及副厅级以上老领导迎春茶话会，60多人参加。3月10日，组织离退休女同志前往从化开展庆祝"三八"妇女节活动，70多人参加。5月，组织委厅15个离退休活动小组开展端午节活动，360人参加。6月9日，组织委厅老领导参加省委领导传达学习省第十二次党代会精神报告会，15人参加。7月，组织委厅机关、直属单位离休及副厅级以上退休老干部到从化温泉广东省干部疗养院进行健康疗养。8月，组织"八一"建军节老干部茶话会，省教育厅党组成员、副厅长朱超华出席并讲话，省教育厅人事管理处负责人、离退休处全体人员以及103岁老红军梁集祥等委厅离退休干部中复转军人共50余人参加。10月，组织厅离退休干部前往南方医院体检；为2017年满70岁以及80岁以上老干部举行重阳集体祝寿活动，80多名老同志参加。11月，组织下半年第二批80多名老同志赴肇庆鼎湖山参加健康疗养。

（二）安排走访慰问活动

春节期间，离退休处组织走访慰问了60多名老同志，其中，省教育厅副厅长王创代表厅党组带队上门慰问了老红军老领导梁集祥等同志。2017年5月31日，省教育厅厅长景李虎带领厅办公室和离退休处工作人员专程登门看望老领导、原高校工委书记、离休干部杜联坚同志。6月29日，在"七一"前，组织开展走访慰问老党员、老干部活动。8月4日，省教育厅厅长景李虎看望了老领导梁集祥、庞正等老同志。

（三）落实离退休干部的生活待遇

一是按照省委老干部局有关文件精神，帮助4名建国初期参加革命工作的退休干部落实了护理和医疗补助金。二是帮助2名有特殊困难老党员申请生活补助。三是帮助王祚奇同志报销异地急诊医疗费26万元。四是帮助李明宗同志落实离休干部每月1 200元的护理费。

（四）认真做好日常服务保障工作

按时每月发放医疗记账单；为6名同志办理退休接收手续；办理老干部医疗审批、出国出境等相关手续；到医院慰问因病住院老干部48人次；为3名因病去世老同志办理善后事宜。认真做好老干部信访工作，帮助解决实际问题。对老干部反映的各种问题和困难做到事事有回应、有落实，有效地保障了老干部队伍的和谐稳定。

（五）开展形式多样的活动

一是2017年上半年，组织了两批老同志各30多人，分别到厦门、肇庆参观学习。二是依托老干部活动室组织开展活动，组织象棋、乒乓球、羽毛球、门球交流比赛7场次。三是动员部分老同志参加省老年歌唱团、舞蹈队和老干大学的活动。通过一系列活动，有效丰富了老干部晚年生活。

【加强老干部党建工作】 一是2017年3月份顺利完成了老干部党总支的换届选举工作。二是组织召开老干部党总支换届座谈会。新一届老干部党总支委员、各支部书记、离退休处全体同志共40多人参加了会议。会议学习了有关文件精神，研究了2017年老干部党建工作计划，通报了有关老干部的工作情况。三是做好离退休党员信息统计采集工作。按省委老干部局要求，做好2016年离退休党员基本情况统计工作；配合党办做好离退休党员基本信息采集工作。四是认真组织政治理论学习。每月集中一次，进行理论学习，同时，给老干部每人订阅两刊一报，为每个党支部购买《广东老干部政治理论读本》《离退休干部党支部学习参考》等学习资料。五是做好"南粤七一"纪念章发放工作。在"七一"前，配合机关党办做好50年党龄的老干部的统计工作，并及时将"南粤七一"纪念章发放到老干部手中。

【积极开展"为党的事业增添正能量"活动】 一是组织开展"畅谈""建言"活动。组织15个党支部（约250多名离退休干部）开展了"建言""畅谈"座谈活动。组织老同志从全面建成小康社会、全面深化改革、全面依法治国、全面从严治党，以及广东教育发展等多个角度畅谈党的十八大以来发展变化，展望党的十九大胜利召开。通过老干部微信群对活动进行宣传报道，获得良好反响。二是开展征集"我最喜爱的习近平总书记的一句话"100句和"十八大以来"正能量微语100句活动。各离退休党员踊跃参加活动，共收集到正能量微语200多条，从中选取优秀的微语上报省委老干部局，并组织老同志学习"双百句"最新成果。三是组织老领导到岭南职业学院、惠州经济学院、广州康大学院、中山纪念中学等参观调研，为学校建言献策，受到欢迎。四是做好党的十九大精神的学习宣传工作。积极组织老干部通过电视、手机、网络、广播等多种途径，收看或聆听习近平代表十八届中央委员会向大会做的报告。2017年10月30日上午，老干部党总支召开总支扩大会，传达学习党的十九大精神，总支全体委员和15个党支部书记等30多名老干部参加会议。11月10日，组织部分老干部参加省委组织部、省委老干部局举办的广东省老干部学习贯彻党的十九大精神报告会。15个党支部先后举行支部活动，传达学习了党的十九大精神。

（撰稿 林 青；审稿 陈健生）

安全稳定工作

【综述】 2017年，广东省教育系统安全稳定工作以迎接党的十九大胜利召开，创造安全稳定的校园环境为主线，以维护全省教育系统重大活动、重要事件和"敏感期"安全稳定为重点，以创建"平安校园"为载体，立足解决学校安全稳定的重点难点问题，进一步加强学校稳定工作和校园安全管理，强化机制体制建设，广泛开展宣传教育，深入开展安全隐患和不稳定因素的排查整治。校园安全工作机制进一步健全，安全法制建设水平进一步提高，安全事故和学生非正常死亡人数继续保持下降态势，师生安全意识和防护能力得到进一步提高，全省教育系统保持了安全稳定的良好局面。

【政治维稳工作】 健全校园安全隐患和不稳定因素排查化解机制，结合重要时间节点，组织开展了10余次各类安全稳定隐患排查工作；健全安全稳定形势研判机制，坚持每季度分析研判会商制度。指导各高校重点完善讲座论坛管理、课堂教学管理、境外原版教材选用管理、涉外交流合作项目管理、学生社团管理、校园网络安全管理等制度。加强民族学生的管理，全力推行内高班学生"混班混宿"制度，召开全省民族学生安全教育现场会，形成"珠海共识"。结合维护高校政治安全专项整治工作，重点对敏感期、重要节点校园安全稳定工作专题部署。先后8次启动"特别防护期"维护校园稳定应急值守工作机制。重视和加强校园反邪教工作，联合省委政法委印发《关于做好新形势下教育系统反邪教工作通知》，部署反邪教斗争和警示教育工作。加强校园重大政治活动、敏感节点、节假日校园安全防控，严厉查处校园涉反邪教事（案）件，创新校园反邪教警示教育方式载体，强化工作保障，建立完善反邪教防范体系。

【学校安全管理工作】 加强校园安全防范和管理。印发《关于进一步加强校园安全管理工作的紧急通知》，督促各地各学校进一步落实校园安全管理工作的主体责任，开展涉校安全隐患排查整治工作。印发《关于切实加强中小学（幼儿园）周边安全风险防控工作的紧急通知》，会同综治、公安、工商、食药监、文化、城市管理等部门，以护校安园、打非治违等专项整治工作为抓手，以学校周边特殊人群和游商走贩、违规经营摊点为重点，全面开展安全隐患大排查，及时化解涉校涉生矛盾纠纷，消除各类安全隐患，确保学校周边环境安全、稳定、有序。党的十九大召开前，印发《关于全面加强校园安全防范工作的紧急通知》，全面部署校园安全防范工作，确保学校安全稳定。11月份，针对其他省市发生的幼儿园安全事件，印发《关于立即开展幼儿园安全隐患排查工作的紧急通知》，对全省幼儿园规范办园行为、安全隐患等情况进行全面排查。

开展"平安校园"创建工作。联合省综治办、省公安厅印发《关于印发〈2017年全省中小学幼儿园"护校安园"专项工作实施方案〉的通知》，进一步健全学校及周边安全防范工作机制，强化校园安全防范和安全风险隐患排查整改，加强校园及周边治安巡逻防控，严厉打击涉校违法犯罪行为。联合省综治办、省公安厅印发《广东省中小学校（幼儿园）创建"平安校园"及第六批"广东省安全文明校园"工作方案》《广东省高等学校"平安校园"创建工作督查及"广东省安全文明校园"申报考评工作方案》，在全省范围内全面深入开展"平安校园"和"广东省安全文明校园"创建考评工作，联合省综治办、省公安厅等部门对各地各学校创建工作情况开展实地考评验收。

开展消防安全专项治理。印发《关于印发〈2017年全省教育系统夏季消防检查工作方案〉〈全省教育系统"三小"场所、出租屋和电动自行车消防安全专项治理"回头看"行动方案〉的通知》《关于开展高层建筑消防安全综合治理工作的通知》《关于开展电气火灾综合治理工作的通知》等文件，部署开展校园消防安全专项整治、排查工作。

强化学生溺水事故预防工作。上半年，印发《关于转发教育部办公厅关于防范学生溺水事故的预警通知》。各地各学校积极主动协调本级政府以及水利、农业、公安、建设、海事等部门，加强对山塘水库、江河湖海等危险水域的监管和风险隐患排查整改，强化协调联动机制。加强与周边村居委会、工矿企业等社团组织的沟通联系，协调有关单位做好危险水域的巡查管控，严防学生私自下水游泳。暑假期间，开展"千名校（园）长走村居"和"万名教师大家访"活动，加强与学校附近村（居）委会和家长的沟通联系，督促其履行好监护职责。"五一""十一"等节假日前，向各地各学校发出防溺水预警信息，提醒各地加强安全防范，严防学生溺水事故。

开展校车安全攻坚治理及学生上下学交通安全整治。联合省公安厅、省交通运输厅印发《关于开展校车安全攻坚治理工作的通知》，在全省范围内开展校车安全和学生上下学交通安全攻坚治理工作。进一步规范全省校车安全管理，严厉打击非法营运车辆运送学生上下学行为，大力提升学生上下学交通保障能力，有效预防校车交通安全事故。春季开学，派出检查组赴东莞、惠州等市对校车安全攻坚治理开展情况进行重点检查。联合公安、交通运输等部门对全省各地攻坚治理开展情况进行督导检查，制定《校车安全攻坚治理检查评分表》，对各地工作开展情况进行量化考评，并将考评结果纳入"平安校园"创建、综治考评、安全生产责任制考核等内容。

开展校园欺凌专项治理工作。指导各地各学校深化开展校园欺凌专项治理行动，督导各地全面贯彻落实《广东省教育厅等十三部门防治中小学生欺凌和暴力工作方案》，进一步明确职责和任务分工，建立完善校园欺凌预防、处理制度和早期预警、事中处理及事后干预等机制；督导有关地区严肃查处学校校园欺凌暴力问题，建立健全责任倒查和问责工作机制。

【学校安全教育工作】全面推进中小学校安全教育实验区工作。2017年全省学校普遍开展中小学校安全教育实验区工作，通过中国教育学会安全教育实验区"广东省安全教育平台"开展标准化、信息化、规范化、常态化的安全教育，建立完善学校安全宣传教育工作长效机制。安全教育实验区"平台"登记注册在线学校24 913所、班级295 525个，参与教育活动教师313 212名、学生10 787 386名，收到了较好的教育成效。

部署开展安全主题宣传教育活动。根据形势任务和季节特点，先后在全省教育系统部署开展"全国中小学生安全教育日""全民国家安全教育日""防灾减灾日""网络安全宣传周""安全消防日""安全交通日"和预防"校园贷"、预防校园欺凌、预防电信诈骗等专题教育活动，增强学校安全教育的针对性和实效性。

开展防灾减灾教育。根据教育部和省减灾委工作部署，印发《关于转发国家减灾委员会关于做好2017年防灾减灾日有关工作的通知》，在防灾减灾日和宣传周期间，广泛发动师生积极参与，普遍开展防灾减灾知识宣传教育、校园安全隐患专项检查等活动。

开展预防学生溺水安全宣传教育。印发《关于开展学生防溺水体验式教学百场巡回宣讲活动的通知》，委托惠州市心连心公益协会在全省范围内开展学生防溺水体验式教学百场巡回宣讲活动289场次。联合广东海事局开展第二届全国中小学生水上交通安全暨防溺水知识网络竞赛活动。

开展校车安全管理及服务规范学习教育活动。联合省公安厅、省交通运输厅印发《关于开展校车安全管理及服务规范学习教育活动的通知》，在全省深入开展校车安全管理人员、校车驾驶员、校车随车照管员全员学习教育活动，实现了100%培训到位。

开展消防安全宣传教育活动。联合省公安消防总队印发《关于开展2017年消防安全宣传教育暑期专项行动的通知》，开展消防安全宣传教育暑期专项行动。各地各学校围绕暑期消防安全主题，开展了"消防安全示范课"评选、"我是小小消防员"主题绘画作文比赛、首届全国中小学生消防安全网上知识竞赛、消防安全"四个一"活动。针对异地务工人员子弟、留守儿童、外籍青少年等不同群体，开设"大手拉小手""消防一日行"等深度体验活动。依托基层消防队站、公安、教育、团市委等职能部门联合举办"小候鸟""小特警"消防夏令营活动，联合省级主流媒体组织百名小记者"进消防"系列活动，组织开展模拟火灾逃生、模拟报火警、着消防服、登消防车、消防趣味比赛等体验活动。印发《关于开展2017年"119"消防安全月专题教育活动的通知》，开展"119"消防安全月专题教育活动。

毒品预防教育工作。贯彻落实全省禁毒工作会议精神，研究教育系统禁毒工作，参与主办、协助组织学校师生参加全省禁毒宣传系列活动。持续推进青少年毒品预防教育"6·27"工程建设，联合省禁毒办和省人力资源社会保障厅共同制定《广东省千所省级毒品预防教育示范学校创建工作方案（2017—2019年）》，确定1 000所学校为2017年重点创建学校。重点围绕毒品预防教育"八个一"项目开展创建，探索学校禁毒教育与家庭、社会的衔接机制，达到学生接受禁毒知识教育、开展禁毒预防宣传教育活动、在校学生无涉毒行为、家长禁毒知晓率"四个百分百"目标。组织开展青少年毒品预防教育课件设计征集活动。通过征集活动，鼓励和吸引教师探索研究毒品预防教育，提高毒品预防教育的有效性和针对性。

开展应急疏散演练活动。各地各学校深入贯彻落实教育部《中小学幼儿园应急疏散演练指南》《中小学幼儿园应急疏散演练技术规程（试行）》精神，中小学校每月、幼儿园每季度至少开展一次应急疏散演练活动。在全省范围内部署开展应急疏散演练示范学校创建活动。结合第22个"全国中小学生安全教育日"活动，在珠海市举办应急疏散示范演练活动。全省各地各学校按照全国全省安全教育日活动工作部署，普遍组织开展了形式多样、内容丰富的安全宣传教育和应急疏散演练。

开展专项安全教育活动。深入推广"天天讲安全"的宣传教育模式，要求各班级利用放学前2～3分钟开展提醒式安全教育。以网络安全宣传周为契机，组织开展第四届网络安全宣传周活动，部署开展网络信息安全专项行动，开展防范电信诈骗、防范网络借贷风险、防范P2P"高利贷"陷阱等专项活动。组织开展"扫黄打非——护苗行动"，绿色阅读主题教育活动提高了青少年学生对读物的认识。组织开展全民国家安全教育日系列活动，举办广东高校学习贯彻"总体国家安全观"座谈会，举办"全民国家安全教育日"广东高校主题报告会，广泛宣传《中华人民共和国国家安全法》。指导学校落实"将国家安全教育纳入国民教育体系"的要求，有针对性地规划制定国家安全教育教学内容。广东省教育系统"全民国家安全教育日"系列宣传教育活动得到有关领导的肯定和中央媒体的关注报道。

（撰稿　罗　洁；审稿　王自成）

政 务 服 务

【综述】2017年，广东省教育厅政务服务中心深入学习贯彻党的十九大精神，以习近平新时代中国特色社会主义思想为指导，紧紧围绕广东省教育"争先进、当标兵、建高地"中心工作，勇于担当，主动作为，建设阳光政务平台，坚持全面政务公开；创新政务微信服务模式，关注阅读人数屡创新高；规定和自选动作深度结合，教育对口支援工作做实做细。

【政务公开工作】（一）主动公开、及时全面

坚持以公开为常态，除涉密等特殊事项外，将厅机关廉政风险较高的业务职权全部纳入阳光政务信息公开建设，主动上网公开，让每一个细节尤其是群众最关心、最需要了解的"权、钱、人、事"等重点领域事项公开作为重点，接受社会监督，提高政务公开的透明度和彻底性。同时针对公开项目的不同情况，确定公开时间，做到常规性工作定期公开、临时性工作随时公开、固定性工作长期公开。2017年广东省教育厅通过政府门户网站主动公开政府信息2 468条。

（二）信用信息双公示规范扎实

行政许可和行政处罚信用信息"双公示"是信息公开的重要组成部分，近年来国家推广监督的力

度越来越大,该工作是打造透明政府和公信政府的重要体现,李克强总理甚至亲自提议将"双公示"的期限由20个工作日改为7个工作日。2017年5月,省教育厅及时根据"双公示"工作的实际发展需要,将省教育厅官方网站"双公示"专栏进行开发设计,完善功能,同时还对《广东省教育厅行政许可、行政处罚信息公示及数据报送工作实施方案》做出修订,对"双公示"工作目标、具体内容及分工做了更加明确细致的要求。2017年省教育厅在信用"双公示"专栏公示行政许可信息19 555条,行政处罚信息0条(期间省教育厅未有行政处罚)。2017年6月,国家发展改革委组织第三方评估公司对省教育厅"双公示"工作进行现场考核,省教育厅获得满分的佳绩。

(三)依申请公开严谨有据

政府信息依申请公开工作是公众了解政府行为的直接途径,也是公众维护自身权利的有力武器,更是政府与群众的沟通桥梁。随着政府普法水平不断提高,公民法律意识的增强,依申请公开政府信息成为公民获取政府信息的一个重要方式,但实践工作个别具体问题存在较多争议,根据依申请公开工作的特殊情况,政务服务中心坚持依法依规和利民便民的原则开展依申请公开工作,加强与政策法规处及业务处室的联系,以公开为常态、不公开为例外,法制牌与感情牌并行,对依法无法提供信息给申请人的,保持与申请人的交流沟通,尽量做好解释工作,力求群众理解。2017年共成功受理信息依申请公开75人次,创历年新高。

【电子政务系统建设工作】2017年3月,省教育厅申报的广东省政务公开及阳光政务工程试点项目获批(共有4个试点部门:省委组织部、省经济和信息化委、省教育厅、省交通运输厅),项目中标金额251万元,经费由省经济和信息化委统一划拨。该项目以标准规范、便民服务、数据应用、深化监管为导向,以"1机制+3平台"(政务公开机制、政务信息公开门户、阳光政务一体化管理平台、阳光政务专题资源库)建设为抓手,内容涵盖信息公开目录、重点领域信息公开、"五公开"、"双公示"、行政审批在线监管、政府数据开放等政务公开的方方面面,打造阳光透明、智能高效、共享开放、便民互动的政务体系。项目单位于8月驻场正式启动建设,已完成系统的需求分析和原型设计,准备进入开发阶段,预计2018年9月前验收完成。

【行政许可事项受理和转办工作】(一)推进网上办事大厅应用,提高服务质量

省教育厅在网上办事大厅共进驻事项47项,其中行政许可事项21项(含子项)、公共服务事项26项。2017年通过网上办事大厅办理的业务量共计269笔。行政许可事项的网上全流程办理率为95.2%。优化公共服务事项,根据实际情况进行动态调整,不断贴近群众生活需要。

(二)减少到现场次数,推进便民高效

减少到现场次数是深化"放管服"改革的重要举措,也是机关绩效考核和网上办事大厅建设的重要考核指标。根据2017年省网上办事大厅建设的相关要求,省教育厅积极进行优化整改,采取改变申请送达方式、优化业务流程等方式,做到群众少跑腿、信息多跑路。21项行政许可中,除已实现零跑动的3个事项外,有17项将到现场次数从1次减少为0次,有1项将到现场次数从2次减少为1次。

(三)推进省统一申办平台进驻,打造一网式服务

2017年先后将流程复杂的6项涉外行政许可、权责清单新增(或拆分)的8项行政许可进行多轮材料梳理及业务沟通后,进驻到省统一申办平台,实现统一申办、统一受理、统一审批。省教育厅的行政许可除1项(高等学校教师资格认定)使用国家垂直系统外,其他都进驻省统一申办平台。

(四)推进行政审批标准化,促进行政审批规范化

严格实施行政许可事项目录管理,将2017年权责清单新增(或拆分)的8项行政许可及时发布在省网上办事大厅。配合省教育厅人事管理处,指导和跟进各相关业务处室,为行政许可事项编写标准化的办事指南和业务手册,优化重组行政审批要素,梳理再造行政审批流程,细化量化审批裁量标准。通过省机构编制委员会办公室组织的合规性审核和合法性审核后,标准化成果已在9月面向社会发布及应用,在省级教育系统标准化应用中走在前列。

【政务微信工作】(一)立足本位,资讯发布有条不紊

2017年"广东教育"政务微信公众号关注人数突破74万人,比2016年同期增长了13.7万人;全年阅读总量超过2 066万次。2017年9月省教育厅官微团队荣获"广东省十大优秀政务微信团队"荣誉称号。2017年4月20日,"广东教育"南方号开始独立编辑运营,关注人数达4万余人,阅读量达65万次,在《南方日报》每月公布的南方号影响力排行榜省直单位分榜中排前3,并获得"2017全国两会南方号影响力排行榜十五强"和"广东省第十

二次党代会主题宣传优秀南方号"等称号。

（二）创新方式，政务服务方便快捷

2017年8月，省教育厅官微在实现微信查询高考成绩、微信查询录取结果、微信对接网上办事大厅等功能的基础上，在全国率先推行微信办理学历认证服务，群众可通过"广东教育"获得一站式服务，递交材料、完成审核、缴交费用全流程业务微信办理。

（三）点面结合，策划专题推波助澜

2017年结合我省教育工作部署，策划推送"粤教热议十九大""粤教新征程""创新驱动 大学支撑""教育十三五规划·厅长上微课""名师谈备考""大学生就业"等20多个专题系列，涵盖各个教育热点话题，有效回应群众关切，不断凝聚社会共识。

【对口支援工作】（一）久久为功抓落实，规定动作一丝不苟

一是有效落实"组团式"教育人才援藏工作。广东"组团式"教师团队管理教学经验被作为先进典型推广，教师团队按照制度化、优质化、精细化、多样化、温情化、高效化"六化"管理模式，抓好组团队伍建设；工作中突出"两个融合"，注重发挥"三个作用"，明确了"五个示范"和"四得一相当"的工作目标，得到上级及相关部门肯定。"十二五"期间广东省选派"三区计划""双百计划"教师60人、研究生支教团10批、大学生志愿者20人赴藏支教，积累了丰富的援藏支教经验。"十三五"以来，按教育部要求，广东省保质保量选派50名"组团式"教育人才赴藏支教。2017年，"组团"教师还充分发挥资源优势，联系广东省内企业捐款捐物近260万元，彰显爱心，促进民族共融。牵头举办了首次中学师生"筑梦西藏"美术书法展，采取"一对一""一对多""多对一"的结对互助模式，共同提高教育教学水平。2017年巴宜区中学中考成绩较往年提高57分，超过学校历史最好成绩45分，实现学校省级课题"零"的突破，夺得自治区教学大赛2个一等奖、5个二等奖、1个三等奖，获得自治区级课题1项、市级课题10项。二是全面落实职业教育东西协作。2017年，省教育厅深入开展东西职业院校协作全覆盖行动、东西中职招生协作兜底行动、支持职业院校全面参与东西劳务协作，以及南疆职业教育全覆盖，以职教促产业，以产业助脱贫，充分发挥职业教育助力扶贫攻坚，提升职业教育服务当地经济社会发展的能力和水平。省教育厅在2017年3月印发贯彻落实实施方案，组织了3所国家级示范性中职学校与甘孜州的中职学校进行对接，在11月与甘孜州政府签订职教协作框架协议，推进相关地市分别与西藏林芝市，广西壮族自治区，四川甘孜藏族自治州和凉山彝族自治州，贵州黔南和毕节，云南昭通、怒江和西双版纳等11个受援地签订了《职业教育东西协作行动计划落实协议书》，确保东西职教协作全面对接、全面实施、取得成效。

（二）真抓实干显成效，自选动作精彩纷呈

一是共建大学生思想政治教育实践育人基地。2017年省教育厅将省属13所高校与林芝市、昌都市共建大学生思想政治教育实践育人基地项目纳入广东省与林芝市签约项目，由广东省教育厅与林芝市政府签署省市合作协议1项，在此基础上按每所高校对接林芝市一个县、区的模式签署校地共建子协议13项。围绕协议，立足校地实际，供应"按需点单"式教育支援，"有求必应"提供相应培训或选派相应专业师范生援藏支教或引导毕业生赴藏就业，"量身定做"协同推进教学改革，推动教育援藏向精准化、校本化、网络化和科学化发展，开启了广东省教育援藏的新模式。通过共建双方师生互动、教育惠民和文化传播，广泛开展爱国主义和民族认同教育，打开大学生认识西藏、藏族孩子了解祖国的理解之窗，搭建起藏汉文化交流的友谊之桥，创新了广东省民族团结教育的新形式。截至2017年底，已有广州大学、韶关学院、嘉应学院等8所省属高校派出105名大学生到林芝市实习支教。各高校自筹经费给予每名支教大学生每月2 000元生活补助。此举在一定程度上缓解了林芝市特别是所辖县、区等基层学校教师尤其是音乐、体育、美术教师紧缺的矛盾，受到当地民众欢迎。二是多形式开展师资交流培训。培训形式新，省教育厅将受援地师资培训按广东省一个地市的方式，纳入广东省"强师工程"省级培训项目统一安排，让受援地教师与广东省优秀骨干教师同学习、同食宿、同成长，深入交流教育教学理念，建立深厚民族认同。2016年以来，受援地骨干教师共166人参加了培训。培训理念新，省教育厅在2017年配合省统战部、省民族宗教事务委员会（以下简称省民宗委）实施"粤藏同心幼教培训工程"，由省统战部、省民宗委筹措经费近2 000万元，用2年时间举办48期培训班，对全藏4 736名幼儿教师进行全覆盖轮训。三是深入开展中小学"结对子""手拉手"活动。"结对子""手拉手""组团式""走亲戚"被受援地誉为最受欢迎教育对口支援活动，通过学校结对子活动，

增进了友谊和感情，增长了见识和能力，给两地学校特别是受援地学校带来实实在在的获得感。近年来，省教育厅组织优质中小学、职业院校206所与受援地学校组成"结对子""手拉手"关系，两地学校及师生间开展"点对点"精准双向顶岗挂职、互走亲戚、书信互动和网络交流，促进学校交往交流交融。四川省甘孜州在"十三五"期间，每年在援川总盘子经费中列支200万元支持学校结对子活动。省教育厅自2010年以来，每年给予经费120万元支持广东结对子学校开展教育对口支援活动。

（撰稿 黄 伟；审稿 梅 毅）

教育研究与教育宣传出版

【综述】2017年，广东省教育研究院坚持以邓小平理论、"三个代表"重要思想、科学发展观、习近平新时代中国特色社会主义思想为指导，认真学习贯彻党的十九大精神，从筑牢建设教育强国这个中华民族伟大复兴的基础工程出发，紧紧围绕省教育厅中心工作，强化服务，与省教育厅各有关处室（单位）紧密合作，完成了主要工作目标任务。

【推进南方先进教育思想理论形成与实践高地建设】一是积极服务国家和省教育改革发展决策。第一，承接国家、教育部和省重要教育问题研究。应国家教育体制改革领导小组办公室要求，提交"扩大教育对外开放问题"建议书。圆满完成教育部职业教育与成人教育司委托项目"现代学徒制试点"研究2016年度任务，继续承担2017年度任务。完成教育部职业技术教育中心研究所2016年度"落实全国职业教育工作会议精神定期监督工作机制"联合研究项目"现代学徒制实施效果分析"和"智能制造对人力资源开发的影响研究"结项工作。完成广东省承担的全国2017年基础教育满意度调查工作。第二，研究谋划广东新时代教育现代化工作。立足现实、前瞻未来，集中院内骨干力量聚焦教育改革发展特别是加快教育现代化面临的主要矛盾与重点、热点、难点问题，研究分析教育阶段性特征与发展趋势，研制《广东省教育现代化2030》《关于深化教育体制机制改革的实施意见》等文件稿，并对《中国教育现代化2030》《关于深化教育体制机制改革的意见》等文件稿向教育部提出相关意见和建议。第三，参与研制多项教育政策文本。起草《广东省民办学校分类登记管理办法》《广东省民办教育分类管理实施细则》，深度参与广东省《关于鼓励社会力量兴办教育促进民办教育健康发展的意见》起草与咨询论证工作，参与《广东省营利性民办学校监督管理实施细则》论证和《广东省中小学生综合素质评价》研制。第四，参与教育政策咨询工作。多次参与教育部职业教育与成人教育司召开的民办教育专家咨询会、教育部发展规划司召开的民办教育分类管理与《民办教育促进法实施条例》修订专家咨询会，就落实民办教育分类管理新政积极建言献策。参与教育部组织的"关于开展促进民办教育健康发展有关工作专题研讨"工作，撰写《凝聚共识，增强民办教育分类管理改革定力》情况通报；参与全国民办教育大会领导讲话稿起草工作。参加"庆祝第三十三个教师节暨2017中国教师发展论坛"和地方普通本科高校转型发展研讨会，提出有关政策意见和建议。

二是教育科学研究品牌地位得到巩固提升。第一，广东教育蓝皮书获得省内外高度关注。以省教育研究院力量为主体、为核心，出版广东教育蓝皮书——《广东教育改革发展研究报告（2017）》。通过文献研究、调查研究、比较研究、数据分析、理论探索、政策解读，总结2016年全省各级各类教育改革发展取得的成就经验和存在的困难问题，分析、研判、预测2017年全省教育改革发展面临的形势任务和将要解决的热点、难点问题。积极做好广东教育蓝皮书——《广东教育改革发展研究报告（2018）》的调研、撰稿工作。第二，举办第五届中国南方教育高峰年会和南方教育大讲坛。第五届中国南方教育高峰年会围绕"创新驱动发展战略与教育改革发展：理念、问题与路径"，探讨教育改革发展适应、支撑、引领经济社会转型发展问题。来自全国各地的300多名知名专家学者、大中小学校长、教育行政部门负责人、教育研究机构负责人和论文作者代表参加峰会，46名专家学者发表主旨演讲和主题演讲，收集优秀论文100余篇，编辑出版峰会论文集《南方教育评论——2017中国南方教育高峰年会思维盛宴》。组织举行2场南方教育大讲坛，第一场由省教育研究院研究员庄弼主讲《幼儿动作发展与人的一生——从"3岁定终身"说起》，第二场邀请教育部教育发展研究中心战略研究室主任高书国研究员主讲《2030中国教育——全面普及背景下的教育战略选择》。第三，打造"岭南教育文库"研究出版工程。启动2017年度"岭南教育文库"选题申报，组织召开遴选会，通过专家遴选资助出版4部专著，包括《广东教育史》《钟荣光集》《高等教育：向美国学习什么》《校本学习研究的原理与方法》。

三是与教育行政部门、教育研究机构、学校协同开展相关重要工作。第一，引领基础教育教学内涵发展。认真配合省教育厅人事管理处组织开展2017广东教育教学成果奖（基础教育）评审工作，收集全省上报材料518份，协助组织专家评审会，共评出特等奖3项、一等奖95项、二等奖120项。经过公示后，协助省教育厅人事管理处准备评审成果汇报材料呈厅党组审议后报省政府审批。与广东省教科文卫工会共同承办首届全省中小学青年教师教学能力大赛，直接参赛教师近万人。各组别各学科（专业）决赛共评出教师一等奖198名、二等奖295名、三等奖611名，总决赛5个组别第一名按程序授予广东省"五一劳动奖章"，对整体提升全省中小学教师教学能力、专业水平起到重要促进作用。开展全省基础教育教研员专题研修。有针对性地组织教研员基础研修班、县（市、区）级骨干研修班、地市级骨干研修班、教研管理（主任或副主任）研修班。邀请全国知名专家学者或先进教研机构负责人就深化教育体制机制改革、课程论、学习心理学、教研活动组织与形式、团队建设等内容授课，帮助教研员深刻领会新时代教研员职业道德内涵和基本要求，正确认识专业发展的迫切性与意义；更新教育观念，提高职业道德素养和专业水平；理解课程与教学改革的重点、热点、难点问题，探究反思课程与教学，提高课程、教材、教学、评价实施指导水平；了解现代教育技术对教育教学改革发展的影响，提高运用现代教育技术推进教育教学改革发展的能力；了解国际、国内教育改革发展状况，开阔学术视野，活跃学术思维。第二，配合教育部、省直部门完成相关工作。积极参与教育部及相关部门的工作，包括参与教育部普通高中有关学科课程标准审读工作；协助教育部基础教育课程教材发展中心开展教研机构状况专题调研工作；参与教育部《学校体育美育兼职教师管理办法》研制工作；参与教育部职业技术教育中心研究所高职教育专业评估研究项目的调研、评审工作。配合省直有关部门完成相关工作，包括配合省委宣传部、省教育厅、南方报业传媒集团、省作家协会举办广东小学生诗歌节；配合省教育厅基础教育与信息化处《学生综合素质评价方案和平台研发方案》的研究工作；参与省教育厅科研处《广东省高等教育学科建设中长期规划》的编写工作；参与省教育考试院《广东省教育厅关于进一步推进高中阶段学校考试招生制度改革的实施意见》的研讨工作；配合省教育厅教育督导室参与有关教育督导工作。第三，加强与省内外教育研究机构交流合作。牵头组织2017年全省教育科学研究及教学研究工作会议暨教育研究联盟论坛，传达学习全国教育科学研究及教学研究年度工作会议精神。前往山西、四川等地开展教育改革发展情况调研学习。参加首届博鳌生态语文教育创新发展论坛。参加香港校长专业发展促进会等举办的以"培育世界公民与推动博雅教育"为主题的2017大中华区中小学校长交流论坛。第四，参加教育研究国际交流。参加美国斯坦福大学"科技成果转化与产业创新中心建设"专题研讨班。推进英国现代学徒制留学项目，推动2017国家留学基金委和省教育厅地方成班派出子项目——英国现代学徒制留学项目。重点围绕工科专业（如机电一体化、应用电子技术、汽车制造、汽车检测与维修、建筑工程技术等专业），适度考虑文科专业（如物流管理专业），研究确立项目人员的来源、专业要求、学习方式和内容。参加2017 Education+世界职业教育大会，会议由德国联邦教育署职业研究所BIBB策划组织，以"通往未来专业世界2025，可持续发展的职业教育"为主题，研讨国际职业教育改革发展前沿热点。第五，与省教育技术中心协同开展"一师一优课、一课一名师"活动。开展2016—2017年度"一师一优课、一课一名师"活动和全省教学点优课活动，其中教学点省级优课评审从各市推荐的300节市级优课中评出112节省级优课。全省共35.6万名教师参与晒课，晒课35.7万节；各市共推荐优课10 600节，省评出优课5 036节，推荐2 000节参加部级优课评审，其中992节被评为部级优课，数量排名全国第四，居江苏、辽宁、北京之后。此外，积极支持公安边防部队高等专科学校信息化教学大赛。

四是努力推进教育科研项目。第一，成功申报一批教育科研项目并认真组织开题。包括组织国家社科基金项目、全国教育科学规划项目、省社科基金项目、省基础教育课程体系改革专项资金项目、省教育科学规划项目、省教育厅业务研究课题等的申报工作。获批全国教育科学"十三五"规划国家

·教育综合管理·
GENERAL MANAGEMENT IN EDUCATION

一般课题1项、教育部青年课题2项,广东省教育科学"十三五"规划"强师工程"项目2017年度重点课题2项、一般课题6项,广州市哲学社会科学一般课题1项。与此同时,组织完成全国教育科学"十三五"规划国家一般课题、青年课题开题和广东省教育科学规划2017年度8项"强师工程"课题开题。第二,完成一批教育科研项目结题。组织完成省教育研究院2013—2015年省基础教育课程改革专项4个项目结题、广东省教育科学"十二五"规划4项重点课题和7项一般课题结题、广东省高等职业教育教学改革项目3项结题、第八批委厅机关业务研究项目1项结题。同时,组织审核广东省教育科学"十二五"规划中小学教学研究项目12项结题,完成省教育研究院教育研究课题近300项结题,协助省教育厅清理2009—2011省教育科学规划课题30余项,引领带动全省教科研发展。

【深化基础教育研究】一是深化基础教育改革发展战略、政策与理论研究。高质量完成"广东基本实现教育现代化"研究中的7个项目;编著出版《广东推进基础教育现代化策略与路径探索》,为广东省基本实现教育现代化提供理论基础和政策参考。省高等学校学科与专业建设教育科研重大项目"广东基本实现教育现代化理论、指标体系与路径研究"通过结题并获评"优秀";省教育综合改革体制专项"广东省率先基本实现教育现代化评价指标体系应用研究"通过结题并获评"良好";省基础教育课程改革研究项目"建立广东义务教育质量监测体系研究""广东省基础教育现代化评价指标体系研究"和省教育科学规划课题"广东基础教育质量监测与评价体系研究"通过结题;省教育科研"十二五"规划课题"新儒家思潮对我国基础教育改革与发展的影响研究"通过结题并获评"优秀";省基础教育课程改革专项资金项目"广东省普惠性幼儿园认定的政策研究"通过结题。

二是推动基础教育研究成果向实践转化。第一,推介展示基础教育特色课程优秀成果。在全省基础教育系统开展"全省特色课程建设优秀成果评选交流展示活动",收到791份申报材料,评出特色课程建设方案115份、特色教材242份和特色读物59份。组织举办广东省中小学特色课程建设展示暨优秀成果交流活动,各级教研机构、400多所中小学的1 100余名代表参加活动。第二,推进基础教育研究实验基地学校建设。根据《广东省基础教育研究实验基地学校建设实施方案》,在学校申报和资料审查基础上,组织通过初审的196所学校进行答辩,最终182所被确定为基础教育研究实验基地学校,为充分发挥基地学校在基础教育研究和教育教学改革发展中的示范、辐射与带动作用搭建平台。

三是加强指导基层单位开展基础教育改革发展研究。继续指导中山市南头镇义务教育现代化学校建设,落实中山市南头镇共建义务教育现代化学校实验区系列工作,包括组织到广州3所学校跟岗学习、与广东实验中学"同课异构"教研活动、小学教研系列活动等;指导南头镇课题成果提炼和总结,参与课题结题论证;为全镇幼儿园园长做《3—6岁儿童学习与发展指南》及《广东省幼儿园一日活动指引》的政策解读报告。与中大黄埔国际教育集团合作建立国际化教育实验基地。

四是少先队教育研究工作取得新突破。与广东教育杂志社合作,组织发表以"践行社会主义核心价值观"为主题的优秀活动案例20余篇,受到广泛关注。面向全省开展少先队活动课优秀成果征集活动,收到活动课实录、FLASH动画设计、原创微视频、特色系列新闻照片、活动案例等共892份,并组织分类评选,优秀成果将结集出版。先后为清远、中山、佛山、广州、深圳和贵州、新疆等地培训少先队辅导员。与少先队广东省工作委员会举办"2017年广东省少先队辅导员岗位风采大赛",推动少先队辅导员专业成长。

【深化职业教育研究】一是扎实推进现代职业教育科研工作。第一,职业教育专业教学标准和课程标准研制工作取得阶段性成果。全年成功研制80个专业教学标准和1 000门课程标准,其中,第二批30个标准研制项目通过省级验收,第三批32个标准研制项目即将进入省级验收环节;18个中高职衔接、高职本科衔接专业教学标准和课程标准出版。深度参与制定的《广东终身教育资历框架等级标准》成为全国首个地方标准。第二,做好各项职业教育研究课题结题工作。省教育科研重大项目"现代职业教育背景下广东中高职衔接体制构建的理论与实践"通过结题并被评为"优秀"。完成广东省教育科学"十二五"规划课题、高职教育教改项目、委厅机关业务工作研究项目结题工作,包括"校企合作背景下高职院校校园文化建设模式研究与实践""职业教育教学改革信息化平台的研究与实践""中高职衔接专业教学标准建设的理论与实践"等。受省教育厅委托,组织2016年省高等职业教育教学改革项目结题验收审核工作,最终评出"优秀"等次项目7项、"良好"等次项目30项、"合格"等次项目188项、"不合格"等次项目3项。

同时，提出下一步继续规范全省高职教改项目管理工作的建议。完成顺德现代职业教育研究院委托的"区域职业院校人才培养质量年度报告""'一带一路'背景下顺德职业教育中外合作与交流的发展路径研究""区域应用技能型人才中高本一体化培养模式"等课题的结题工作。第三，组织申报省级职业教育教学成果奖。组织对有关职业教育专业教学标准和课程标准、广东省中等职业学校公共艺术教育教学改革研究与实践成果的提炼与总结，《"能力核心 系统培养"的中高职衔接专业教学标准研制与实践》与《融入中华优秀传统文化的中职公共艺术教育教学改革与实践》荣获2017广东省职业教育教学成果奖一等奖。第四，召开全省职业教育科研专题研讨会。各地级以上市教育局教研室（教科院、教研中心）职业教育科研负责同志、高职院校职业教育研究机构负责同志共100多人参加会议。会议总结了全省职业教育科研工作整体情况，就"我省职业教育教科研现状分析及发展""职业院校教育科研工作组织与实施""区域职业教育教研科研队伍建设"等问题交流经验做法，并就"职业院校教师教学能力提升的策略研究""职业院校立德树人和工匠精神培养研究""职业院校服务智能制造发展的策略研究"等问题深入研讨。

二是着力研究职业教育领域重点问题。第一，组织、指导全省高职院校质量年报工作，编制高职教育省级质量年度报告。组织开展全省典型案例征集活动，以期充分反映广东高职院校服务创新驱动发展战略等的典型事迹和能力水平。组织召开全省高职质量年报工作会议，为提高年报编制质量所开展的合规性检查、数据核查等工作做有针对性的专项辅导。据2017年中国高职质量年度报告，广东高职质量年报多项指标名列全国前茅，在院校质量年报合规性评价中的地区得分位列全国第一，在省级质量年报合规性评价等级排序中处于A等次，位列全国第三。广东9所学校入围2016年高等职业院校服务贡献50强，位列全国首位；3所学校入围2016年高等职业院校国际影响50强。全国质量年报列举院校典型案例13个，涉及40所学校，其中广东学校5所；代表性图片19幅，其中广东3幅。第二，打造现代学徒制研究与实践高地。依托教育部和省级项目，积极开展现代学徒制研究，深入分析广东现代学徒制的实践，总结提炼固化广东现代学徒制的理论与实践成果，编辑出版的《广东特色现代学徒制理论与实践探索》成为指导我国现代学徒制实践的重要学习参考文献。第三，完成高职院校自主招生研究报告。根据职业教育考试招生制度改革总体方案，认真总结高职院校自主招生工作的做法、成效和经验，以专业分析和考生需求为切入点，完成高职院校自主招生研究报告和高职院校高考招生研究报告，为建立具有职业教育特色的考试招生制度提供决策参考，为广大考生和家长提供重要参考信息，有利于广大考生更好地选择职业院校及专业。

【深化高等教育研究】一是深入开展省深化教育领域综合改革试点项目研究工作。第一，完成"广东高水平大学建设评价指标体系研究与实践"研究。经中山大学、华南理工大学、暨南大学、华南农业大学、南方医科大学、华南师范大学、广东工业大学7所高水平大学建设单位进行试点及反馈修改，形成《广东高水平大学建设评价指标体系》和《广东高水平大学建设评估方案》，项目顺利结题。第二，完成"广东省高校分类建设标准与指导"研究。与华南理工大学、华南师范大学、南方医科大学、广东工业大学等协同完成《广东省一流大学和高水平大学建设标准》，与广州医科大学、广东金融学院、肇庆学院、广州航海学院、广州商学院等协同完成《广东省应用型本科学校建设标准》，与广州番禺职业技术学院、广东水利电力职业技术学院、广东女子职业技术学院等协同完成《广东省职业技术技能型院校建设标准》。《广东省应用型本科学校建设标准》印发至广东财经大学、广东医科大学、仲恺农业工程学院、岭南师范学院、广东石油化工学院、广东金融学院、韶关学院、广东白云学院等本科院校试测；《广东省职业技术技能型院校建设标准》印发至广东省外语艺术职业学院、广东水利电力职业技术学院、广东农工商职业技术学院、广州番禺职业技术学院、中山火炬职业技术学院、肇庆医学高等专科学校、茂名职业技术学院、揭阳职业技术学院8所院校试测，获得高度评价。先后召开《广东省一流大学与高水平大学建设标准》研讨会、《广东省应用型本科学校建设标准》研讨会、《广东省职业技术技能型院校建设标准》研讨会3场研讨会，形成《广东高校分类建设标准》。

二是完成2016年广东省普通本科高校教学质量报告。受省教育厅高等教育处委托，根据教育部相关要求，开展《广东省2016年度普通本科高校教学质量报告》编制工作。与省教育厅发展规划处、高等教育处等核实相关数据，并对全省本科高校相关数据全面汇总、统计与分析，形成《广东省2016年度普通本科高校教学质量报告》并提交省教育厅高等教育处。

三是开展高等教育其他课题、项目研究。第一，完成深圳市龙岗区教育国际化研究子课题"深圳龙岗区教育国际化与高等教育发展研究"。形成《深圳市龙岗区教育国际化研究报告》和《深圳市龙岗区高等教育发展研究报告》。开展全国教育科学规划教育部青年课题"产业转型时期区域高校学科专业结构优化——以珠三角为例"研究；深入开展广东省教育科学"十三五"规划 2017 年度研究项目（德育专项）"广东高校宣传思想工作队伍建设状况调查研究"；稳步开展第九批委厅业务工作研究项目"依法治校视阈下的大学章程实践研究"；参与省教育科学"十三五"规划 2017 年度"强师工程"重点课题"区域教育智库建设路径研究——基于大数据背景下广东教育研究机构实践探索"、全国教育科学规划教育部青年课题"标准化视角下中国特色高等职业教育专业教学标准体系研究"等课题研究。第二，协同广东外语外贸大学加拿大研究中心、顺德职业技术学院开展专业国际认证机构研究。翻译大量文献资料，对商科、工程类、航天航空类、医学教育类、食品类、人力资源管理、教育类、航海类等专业领域国际权威认证机构做较为全面的介绍，形成约 1.6 万字的报告提交省教育厅高等教育处，供开展专业认证决策参考。

四是积极参加全国优秀高等教育研究机构评选。充分凝练高等教育研究室 2012 年下半年以来在高等教育理论研究、战略研究、政策研究、实践研究等方面所取得的成果，彰显省教育研究院作为省级教育研究机构在高等教育研究领域为国家和广东高等教育改革发展所发挥的重要智库作用，被中国高等教育学会评为第五届全国优秀高等教育研究机构。

五是协助筹备广东省高等教育学会换届工作。根据省教育厅主要领导指示，牵头协助开展广东省高等教育学会换届工作。参照中国高等教育学会换届做法和《广东省高等教育学会章程》，开展换届工作方案制订和学会章程及其他有关规章制度修订、制订工作；与省社会组织管理局对接，听取对学会换届工作的意见建议，为开展换届工作做好基础性工作。

【深化民办教育研究】一是积极开展新时代民办教育研究。关注民办教育法律法规和政策热点变化，结合民办教育管理改革面临的重点与难点问题，研究撰写《民办高校分类管理改革的关键：保护举办者产权》《中美民办（私立）高校社会捐赠差异的成因及对策》等论文。"分类管理背景下义务教育阶段民办学校风险防范研究"获省教育科学"十三五"规划 2017 年度课题立项；"非营利背景下义务教育阶段民办学校风险防范研究"获全国教育科学"十三五"规划 2017 年度教育部青年项目。

二是服务全国及广东民办教育改革发展。协助省教育厅政策法规处组织 2017 年民办高校年检工作，负责收集材料、组织初审、安排实地考察、撰写年检总报告等。配合省教育厅政策法规处，先后赴广州、深圳、东莞、佛山、湛江等地市开展 30 多场民办教育分类管理政策调研。协助珠海市、深圳市龙岗区制订《民办学校优质高端发展实施方案》；先后赴中山市、云浮市、广州市番禺区、佛山市三水区、广州城建职业学院、广东财经大学华商学院等宣讲新修订的《民办教育促进法》。参加教育部有关部门的民办教育工作。受河南省民办教育协会邀请，赴河南省宣讲民办教育新政精神。

三是举办民办中小学骨干教师教学与科研能力培训班。在东莞市举办首期广东省民办中小学骨干教师高级研修班，全省各地民办中小学 220 多名教师参加研修。研修班上，研究员耿景海、傅荣、吴旋洲以及高级教师石晓芸分别以《课程效果评价方法》《教育科研成果评价方法》《学情诊断与有效教学策略》《微课在思想品德课中的应用与探索》为题，深入讲解提高教育科研素养和教学技能的策略与方法；正高级教师王土荣、黄远以及特级教师江伟英分别围绕《学生发展与中学语文教学综合改革实验研究》《中学化学精品课例开发的实践研究》《利用思维导图提高小学生读写能力的研究与实践》等国家级教学成果奖获奖项目分享经验，详细介绍优秀教学成果培育、提炼、总结、推广的路径与方法，为促进民办中小学教师专业成长，进而提高民办中小学教育教学质量提供有力支撑。

【深化基础教育课程、教材、教学研究】一是"同一堂课"新型网络教研取得丰硕成果。积极深化基础教育课程改革，促进各学科教学研究与信息技术深度融合，探索"互联网+教研"模式，与省教育技术中心、南方网等单位联合推出"同一堂课"系列网络教研活动。先后在深圳、东莞、中山、佛山、揭阳、广州、深圳龙华等地举办初中语文、初中数学、初中英语、小学数学、小学语文、小学科学等学科教学与信息技术深度融合专题网络教研活动，省内外教师 20 多万人次参与学习研讨，建设了一批优质教育教学资源，创新了教研方式，促进了优质教育教学资源同时共享。

二是学科教研基地建设引领教研转型。教育部基础教育课程教材发展中心为了引领教研工作全面转型，充分发挥教研专业职能作用，使教研工作更好地为全面深化课程改革、提高教育质量服务，依托有学科优势的地方教研机构，在全国建设一批学科教研基地。省教育研究院初中历史学科荣获教育部首批"学科教研基地"。首批学科教研基地包括小学语文（山东省）、道德与法治（江苏省）、小学数学（北京市）、小学英语（上海市）、小学科学（浙江省）、初中历史（广东省）共6个。

三是教研员队伍建设得到有力加强。第一，教研高层次人才队伍建设取得优秀成绩。省教育研究院《高中思想政治学科培养学生社会参与能力的策略研究与实践》《中学数学"导学—解疑—深评"螺旋型教学模式的创新与实践》《初中体育"行政班+选项"教学研究与实践》《"三维四式"课程整合模型构建与开发的理论与实践》获评为2017广东基础教育类教学成果奖一等奖。教学教材研究室小学数学教研员鲍银霞、初中数学教研员吴有昌、高中政治教研员陈式华获评为新一轮中小学名师工作室主持人。第二，开展"三科"教师教材培训。贯彻中央在课程教材中全面落实社会主义核心价值观、中华优秀传统文化、革命传统、民族团结、法治教育、国家安全教育等要求，组织义务教育道德与法治、语文、历史"三科"教师教材培训，分别在广州、惠州、珠海举办粤东、粤西北、珠三角片区"三科"县级教研员和骨干教师培训，受训教研员和骨干教师共1 700人。同时积极指导县级"三科"教师培训，使参训教师充分认识"三科"所代表的国家意志与所体现的主流意识形态，发挥"三科"对年轻一代的教育功能，培养学生形成良好的情感、积极的态度和正确的价值观。第三，积极开展校园足球专项工作。分别在中山市、惠州市龙门县开展全省体育教研员校园足球培训工作，发挥教研员在校园足球方面引领和指导的关键作用。进行校园足球送教下基层和宣讲活动。已在茂名高州市、电白区，阳江阳东区、阳春市，湛江吴川市、廉江市以及汕头市开展，3 200多名一线体育教师和5 000多名学生参加。开展校园足球教科研专项课题工作。各地申报课题381项，经专家评审立项117项。通过课题研究，推动各地探索青少年校园足球科学发展道路。配合省教育厅做好国家青少年足球特色学校复核与省校园足球推广学校检查认定工作，遍及全省所有县（市、区），为校园足球健康发展奠定坚实基础。

四是深入基层一线服务受到广泛好评。第一，对边远薄弱地区教育帮扶力度加大。统筹安排各学科教研员到边远薄弱地区送教支教，包括各学科教研员到韶关市始兴县开展"名师大课堂""同课异构""辩课论课"等活动；高中学科组教研员到潮州市、揭阳市揭西县等地开展教学指导；义务教育学科组教研员应肇庆市、云浮市教育局教研室要求，组织学科骨干教师到当地开展"同课异构""辩课论课""专家引领"等活动，深受欢迎，有效提升欠发达地区基础教育教学改革发展水平。第二，乡村教学指导针对性进一步增强。探索开展"广东省乡村小学数学课程实施状况"调研活动，组织全省各地45名小学数学教研员和骨干教师到梅州、潮州、惠州、云浮、茂名、清远、韶关7个地市的14个县（市、区），与26名校领导和14名教研组长座谈，与教师、家长和小学生各84人座谈，问卷调查150多名教师、84名家长和1 500多名小学生，邀请28名教师执教研讨课，组织400多名教研员和教师参加研讨交流活动，全面了解乡村小学数学课程实施状况，摸清乡村教师在数学课程实施中遇到的困难和问题，并给予有针对性的指导。第三，开展粤东西北地区高中通用技术教师培训。突出促进教育区域均衡发展与教师培训，推动粤东西北地区高中通用技术课程开设，提高教师对学科核心素养的理解与运用。为此，主要面向粤东西北地区高中通用技术教师举办3场培训，有470余名教师参加。培训期间，共举办6场专家报告、9节优秀示范观摩课、3次高中技术教师沙龙活动和3次广东技术教师读书会。

六是扎实开展课程改革项目研究。第一，继续开展"提升全省中小学教师专业发展水平的途径与方法研究"项目。研究形成中小学教师专业能力结构和指标体系，整体把握全省中小学教师队伍存在的主要问题及原因，分析现有教师专业发展的体制机制，提出符合教师专业发展理论、具有时代精神和切合广东实际的中小学教师能力提升培养思路、目标任务、措施办法。积极探索以项目活动促进教师专业发展的方法，开展青年教师教学能力大赛和中小学学科优质课展评交流活动，以求让教师在项目活动中学习、发展。同时针对学校工作岗位的要求，开展校长、教务主任、学科教研组长专业发展研究，力求全方位提出学校各工作岗位职责、目标任务、工作方法及提升途径的解决办法，整体提升中小学教学质量和水平。第二，继续开展"中学理科实验考试评价研究"项目。针对中学理科（物理、化学、生物）实验考试评价存在的问题，在已有初中、高中学业水平考试中的理科实验操作考试基础上，借鉴国内外大型实验考试评价项目经验，利用现代信息技术手段，探索符合广东实际的大规模理科实验考试方法及具体操作方案。第三，完成有关教材、教辅材料的研究、编写或修订工作。参与高中部分国家教材研究、编写或修订工作。高质量完成由省教育厅审查通过并列入书目的各科教材、教辅材料研究、编写或修订工作。

【加强教育评估评审研究】一是认真协助开展教育教学质量、科研工作、办学水平、办学效益、选优定级等评估评审工作。第一，组织开展各级各类学校的教育教学质量、科研工作、办学水平、办学效益、选优定级等评估评审工作。严格做好"特支计划"教学名师评审工作。高要求做好高等教育相关项目评估评审工作。组织对广州华商职业学院、广东南方职业技术学院、广东创新科技职业学院人才培养评估进行现场考察，对广东创新科技职业学院、广东行政职业学院、广东环境保护工程职业学院人才培养评估进行办学条件核查。协助做好广东普通高校本科专业评估前期工作，参与《广东省普通高等学校本科专业评估工作方案（试行）》修改完善工作。高质量做好依法治校示范校评审工作。协助修订评分标准，开展2017学年省依法治校示范校（中小学、中职学校）实地抽查评估。第二，高质量完成省属中小学（幼儿园）高级教师职称评审工作。组织开展省直中小学（幼儿园）职称申报工作，共118名教师申报，其中省属幼儿园推荐37名、省属小学推荐14名、省属中学推荐67名；申报高级教师70人、一级教师28人、二级教师20人。经学科组评审，通过97人，学科组通过率为82.2%；经评委会评审，最后通过95人，总通过率为80.5%。

二是扎实开展教育评估评审科学研究，促进成果转化应用。第一，PISA研究工作持续深入开展。以"PISA视角下中国经济发达区域的中学生发展基础素养状况及提升路径研究"为题，牵头申报国家社会科学基金"十三五"规划2017年度教育学一般课题并成功立项，确立了研究抓手。课题顺利开题并获得好评。召开系列专题研讨会议，从数学素养、财经素养、阅读素养、科学素养等不同角度汇报交流研究成果，互相启发，收到良好效果。第二，财经素养教育实践研究稳步推进。省教育研究院成为中国财经素养教育协同创新中心（以下简称协同中心）协同单位，广东19所基础教育单位获选成为协同中心第二批实验基地，参加中国教育科学论坛之"财经素养教育的探索与实践"分论坛。加强与外省（市）相关单位交流，积极参与、配合协同中心组织的专项工作会议和调研活动，如协同中心与西南财经大学和重庆课堂内外杂志社举办的第3届中学生财经素养大赛决赛，与协同中心在广州举办财经素养教育专题调研座谈会。在全省遴选53所财经素养教育实践研究课题学校并举办首期教师业务培训。第三，相关教育评估评审科研项目深入推进。省教育科研"十二五"规划2015年度重点项目"基于PISA数学素养测评视角培养初中生数学交流素养的方法研究"顺利结题，鉴定结果为优秀。省教育科研"十三五"规划2016年度一般项目"广东省第三方教育评估机构的培育策略研究""高中生生涯素养研究"深入推进并取得阶段性成果。总结广东省教育体制综合改革试点项目"加强第三方评估机构建设，深入推进教育管办评分离"阶段性成果，协助做好试点项目的总结评估工作。不断丰富学术产出，《写给爸爸妈妈的教育故事》整套6本出版发行；"基于PISA2015数学素养测评视角培养初中生数学素养的方法研究"项目成果产生较强辐射带动作用，公开发表18篇研究论文、2篇硕士学位论文，形成14节优秀研讨课例；《网络版幼儿成长档案袋的构建》论文在2017世界幼儿教育联会亚太区研讨会上交流；以"《幼儿园教师专业标准》背景下的说课"为主题在广东教育学会学前教育专业委员会年会做专题报告。

三是切实加强实践指导，不断提升广东省教育评估协会专业化、规范化水平。第一，认真开展省教育厅转移评估项目。指导协会依照省有关评估标准和要求，组织专家对13所申报省一级幼儿园、5所申报省一级普通高中、5所申报省级重点中等职业学校的单位进行评估。在肯定成绩的同时帮助受评单位查找问题，并提出具有针对性、建设性、可操作性的意见建议，促使受评单位进一步提高教育教学质量和办学水平。第二，积极承接各类教育评估评审和科学研究项目。受广州市教育局委托，组织专家对广州市教育重大事项——《广州市中小学布点规划成果》进行风险评估，得到委托方高度肯定。完成深圳大学学科建设与发展办公室委托的《深圳市地方普通高校2017年度中央财政支持地方高校发展专项资金申报项目》评审。完成深圳市龙岗区教育局委托的九大研究课题结题工作，研究成果——《龙岗区教育局九大课题研究报告》得到结题专家组成员一致好评。

【深化教育宣传出版改革发展】一是教育宣传舆论立体矩阵为推进教育改革发展及人才培养创造

良好舆论氛围。围绕"推进教育现代化，建设南方教育高地"总目标，聚焦广东省教育现代化建设，强化与各级教育行政部门和基层学校的联系合作，与省教育厅门户网站、微信平台协同，与国家及省内主流媒体配合，充分发挥省教育研究院门户网站、"广东教育研究"微信公众平台和广东教育杂志社各期刊、南方教育网、"广东教育传媒"微信平台以及广东高等教育出版社、广东音像教材出版社的作用，营造教育舆论引导多维格局。在省教育研究院网站发布各类新闻、信息，网站点击率全年累计1 002.5万次；协调院属网站、公众号无缝联动，并将重要新闻及时报送到省教育厅门户网站和官方微信平台。加强宣传策划，在各级各类主流媒体上发布省教育研究院宣传新闻报道200多条，努力增强社会影响力和社会美誉度。

二是教育宣传出版转型升级加快。第一，传统出版结构不断优化。广东教育杂志社对《广东教育（综合）》《广东教育（职教）》《广东教育（高中）》《广东第二课堂（小学）》《广东第二课堂（中学）》《师道（情智）》《师道（教研）》《高教探索》等期刊的栏目设置、内容编排、专题策划、版式设计都做了局部调整优化。广东高等教育出版社完成11套基础教育教材的初审、复审或审查并送省教育厅备案，组织开发《学生综合素质评价手册》《中小学生成长记录手册》《创客教育》等新教材项目，有序推进《金版学案》《快乐课堂》《高考王》《中考省题模拟冲刺试卷》等重要教辅材料的修订、出版和营销工作，继续推进"广东现代职业教育体系建设示范教材""现代职业教育标准体系建设系列丛书""广东中高职衔接专业教学标准"编写出版。广东音像教材出版社由提供产品及售后服务向提供课堂教学服务转变，由单纯的产品销售向产品与教学设备结合销售转变，由提供单一线下教学服务产品向提供线上线下相结合的产品转变，由提供单学科的传统产品向提供多学科并与信息化技术相融合的产品转变。第二，数字化出版稳步推进。"广东教育杂志社历史期刊数字化及检索数据库平台"项目持续推进，与中国知网、万方数据、龙源期刊网等知名期刊数据平台加强电子刊业务合作，《广东教育（综合）》《广东第二课堂》被中国新闻出版研究院评为教育教学类2017TOP100数字阅读影响力期刊。广东高等教育出版社入选省ISLI标准应用试点单位，率先装配ISLI系统，推进数字化转型升级；出版"互联网+"创新教材《Photoshop CC项目化教程》《新编大学生心理健康教育》等，加强纸质教材与信息技术融合；"高等教育融合出版大数据平台建设"入选2017年国家新闻出版改革发展项目库，"大中专学校教育数字出版云平台"（"好的课"网）通过验收。广东音像教材出版社2017年度文化产业发展专项资金重大项目中的"推动传统媒体和新兴媒体融合发展"类别完成了项目申报，申报主题为"数字化转型升级技术装备配置优化项目"，拟申报资金295万元；积极参与省教育技术中心主导的广东特色青少年法治教育专题资源建设采购项目应标工作，积极介入中考数学重点难点微课资源建设项目。第三，教育宣传出版社会效益和经济效益"双提升"。广东教育杂志社在严峻的市场挑战下，大力拓展期刊发行征订和经营工作，全年实现总收入约3 300万元（其中码洋1 800万元）、总利润180多万元。《广东教育（综合）》刊发陈洪义工作室系列文章的课题获得2017年广东省教育教学成果奖（基础教育类）特等奖；《广东教育（高中）》适应广东高考使用全国卷重大变化，联系名校名师组稿，服务师生备考；《高教探索》继续保持"三个核心"（全国中文核心期刊、CSSCI来源期刊、RCCSE中国核心学术期刊）。二是广东高等教育出版社全年共发印图书697种，实现生产总码洋3.52亿元、总利润近2 500万元，较2016年增长约11%。主动承担"粤版百种好书"出版工程，努力打造经典好书；组织20多名全国知名专家学者召开"文化自信与中国现当代文学丛书""文体与跨文体研究丛书"重点选题论证会；开发的"广东碑刻铭文集""紫荆花开20年丛书"等选题获得省委宣传部重大主题出版资助（各10万元），"'一带一路'与香港""'一带一路'建设与粤港澳合作发展"入选教育部社会科学司2017年全国高校出版社主题出版选题；《小康体育理论与实践探索：全面建设小康社会进程中大众体育服务体系的研究·兼论"珠江三角洲体育带"的构建研究报告》《教育现代化论（广东教育现代化研究丛书）》在广东省人民政府举办的"广东省第七届哲学社会科学优秀成果评审"中荣获二等奖；《百岁非梦》获评人民网、健康时报社"健康中国十大人气图书"。三是广东音像教材出版社全年实现总发行码洋4 847万元，利润总额约290万元，较2016年增幅约15%。与各地市学科教研室共同定期组织全省开展初中数学三维导学案课堂教学改革研讨，为开展实验活动提供较好的教学体验和实践；省教育综合改革试点项目"中小学数字教材教辅教学模式创新与规模化应用试点工程"结题。

（撰稿、审稿　广东省教育研究院）

市域教育

EDUCATION IN VARIOUS CITIES

广州市教育

概　　况

印发《广州教育事业发展第十三个五年规划（2016—2020年）》。出台《广州市人民政府关于加快发展现代职业教育的实施意见》《广州市基础教育高层次人才引进办法（试行）》，制订推进市属优质教育资源集团化办学、推进区域学区化办学、推进老年教育发展等实施方案，完成《广州市幼儿教育管理规定》修订草案。成功创建"广东省推进教育现代化先进市"，获"广东省职业教育综合改革示范市创建单位"。

推进教育设施规划和布局调整。中小学布点规划"1+N"成果体系报市政府审定，学前教育、职业教育布点规划通过专家评审。优化科技教育城入驻院校调整方案，优化普通高等学校和职业院校布局，广州交通大学纳入省高校设置"十三五"规划并加紧筹建，北京大学经济学院华南分院、中国科学院大学广州学院落户广州。

推进优质教育资源做大做强。制定《关于进一步推动中心城区优质教育资源向外围城区辐射延伸工作方案》，推动广州市第二中学、广州大学附属中学到南沙区托管学校，广雅中学到花都区、广州市铁一中学到白云区、广州市第六中学到从化区新建校区，向天河区输出广州中学、广州奥林匹克中学校名品牌，向黄埔区输出广东实验中学校名品牌。推进优质教育资源集团化办学，组建教育集团19个（市属4个）、学区66个、教育联盟5个，覆盖中小学1066所，服务学生106.3万名。探索推进基础教育拔尖创新人才培养。

加快构建现代职业教育体系。市属高职院校共82个专业点开展中高职三二分段试点，招生计划数3 525人，同比增长40%。大力推进产教融合、校企合作，起草《广州市IAB产教融合与人才支撑计划》。新增广州工程技术职业学院为教育部现代学徒制试点单位，省级范围扩大至5所市属高职院校。进一步完善中职教育教学质量检测与评价体系，4所市属学校列入省级试点。

推进实施各项招生考试改革。坚持免试就近入学原则，建立招生舆情反应机制，规范招生行为，继续实施义务教育学校招生网上报名和公办幼儿园电脑派位招生。开展高考招生制度改革，市属高职院校分类考试招生试点进展顺利，报考人数达到预期，共录取12 928人（含自主招生录取7 219人）。9.3万名考生参加中考，建立健全随迁人员子女报考资格网上联审机制，异地中考政策顺利落地，圆满实现平安招考目标。

坚持立德树人。深化培育和践行社会主义核心价值观。《羊城时政学堂》获评全国中小学德育工作优秀案例，实现全市中小学全覆盖。规范实施中小学综合实践课程，深化革命文化和爱国主义教育。创建国家级文明校园3所、省级文明校园4所、市级文明校园65所。提升中小学生阅读素养，推进"书香校园"建设，实施第四批中小学心理健康教育特色学校争创计划，强化生命安全教育和学生心理危机干预。建立家庭教育实践基地26个。班主任工作有新提升。

全面提升学生体质体能。顺利完成民生实事，学生体质体能得到积极改善，合格率为94.7%、优良率为34.5%。全市有1 486所中小学校落实在校每天1小时体育活动时间，904所学校达到体育特色"一校一品"要求，90%学校食堂制定膳食营养食谱。1 008所学校开展校园足球活动，640所获评市校园足球推广学校。成功举办首届广州国际友城青少年足球交流和2017全国城际校园足球交流比赛。有序推进健康促进与学生防病工作。白云区积极探索区内学校体育设施共享。

促进培养学生艺术素质。完善课堂教学、艺术活动及校园文化"三位一体"的艺术教育工作机制，举办第二届"羊城学校美育节"，继续建设艺术教育重点基地学校，搭建粤剧传统教育特色学校交流平台，支持建好广州青年交响乐团，组织参加《财富》全球论坛合唱表演及国际儿童电影节。创新开展京沪穗港青少年合唱、舞蹈观摩交流活动，探索建立京沪穗城际青少年合唱联盟机制。

提升学生科学素养。创建市科学教育特色学校和特色科学教育基地，积极开展科技体育进校园活动和创客教育。参加全国青少年航空航天、车模、纸飞机赛，金牌和奖牌总数均列全国第一。广州市执信中学学生团队获2017年丘成桐中学科学奖全球总决赛生物金奖，广州市学生共获得奖项9个，占全省的81.81%。获评2016—2017年度省级"优课"963节，位列全省第一。广州市教育局、越秀区教育局、越秀区净慧体校获评"2013—2016年度全国群众体育先进单位"。认真开展水资源保护、垃圾分类、环境、知识产权、质量、防震减灾教育。"广州市青少年科技教育网"上线试运行。

建设高水平教师队伍。研究制定《广州市基础教育人才引进办法（试行）》，刚柔并济引进基础教育名校长、名教师53名。把指导高三学生工作纳入年度绩效考核体系，加大奖励力度，单列500万元奖励市属优秀高三教师。创新实施"广州教育家培养工程"，确定首批培养对象36名。推进新一轮"百千万人才培养工程"，评定教育专家、名校（园）长、名教师工作室主持人397人、培养对象956人，认定市级骨干教师917人。启动实施"广州百名校长名校跟岗访学计划"，实施学前教育师资专项培养项目。建立"广州市教育人才资源储备库"。

建设高标准基础设施。完成中小学校三年提升计划（2016—2018年）中期调整，调整后涵盖三大类、220个项目，可提供学位18.75万个。2017年完成新改扩建中小学43所，新增学位5.2万个。新增示范性高中项目立项16所、立项率达80%，开工6所（含完工1所）、开工率达30%。校园功能微改造已开工16所（含完工1所）。全年共下达各区财政奖励补助资金8.81亿元，累计下达16.4亿元。学校体育卫生基础设施升级改造项目已完工2 262项，完工率达91.43%。

建设全覆盖信息化体系。编制《广州市教育信息化"十三五"规划》《广州市"教育u时代"信息化提升工程实施方案》。首批71所中小学（含中职学校）智慧校园样板校和实验校建设初具成效。广州市教育科研网经6期建设，光纤总长度近40 000千米，实现宽带网络"校校通"。建设"数字教育城"公共服务云平台，实现优质教育资源"班班通"和学习空间"人人通"，平台优质资源总量已超过120TB。教育信息化基本实现"网络全覆盖、资源全覆盖、服务全覆盖"。

依法治教工作机制不断完善。深化"放管服"改革，梳理形成权责清单73项（含市招考办13项）。取消行政审批中介服务事项7项，进一步减轻办事群众负担。积极做好省下放委托的4项行政审批事项承接工作。评估认定省依法治校示范校24所、市依法治校示范校45所。严格执行学校法制教育教材、课程、师资、经费"四落实"，实施学生法制教育评价制度。加强制度建设，推进干部队伍法治教育和普法工作。

平安校园建设工作卓有成效。全面打造"安全教育第一课"品牌，创建"广州市安全文明校园"87所，累计已达650所。扎实开展消防、交通、食品卫生、自然灾害防范、危险化学品、治安、集体活动、预防校园欺凌和暴力、危险性玩具清理整顿等专项行动，创建"更干净、更整洁、更平安、更有序"校园及周边环境。狠抓防溺水、校车安全专项治理，学生溺水事故连续三年显著下降。反邪教、反恐、防范非法宗教渗透、禁毒、扫黄打非成效明显。做好党的十九大和《财富》全球论坛特别防护期安全工作。

教育督导机制创新成效明显。推动成立广州市人民政府教育督导委员会，完成全市义务教育均衡发展水平监测，组织开展学前教育第二期三年行动计划、中小学校安全管理、春秋两季开学、民办中小学规范办学行为、义务教育学校办学条件"20条底线"、学校体育卫生工作6项专项督导。番禺区被评为教育部第一批全国中小学校责任督学挂牌督导创新县（市、区）。市人民政府教育督导室和越秀区教育局、海珠区教育局、番禺区教育局获评"广东省促进义务教育均衡发展先进集体"。加大教育乱收费治理力度，投诉量同比大幅下降。

中小学教育质量综合评价改革纵深推进。进一步完善具有广州特色的科学评价指标体系，初步建成评价数据云平台，积累建立数据常模，先进分析技术尤其是LPA等新技术的运用，获得教育部肯定和好评。海珠区整体参与教育质量评价改革实验，全市实验学校数量扩大到486所。完成第二期中小学教育质量评价测试，出具市、区、校级报告逾500份。

平稳实施积分入学制度，全年共安排24 760名随迁子女入读义务教育学校起始年级，占申请总人数的63.29%，其中安排入读公办学校的学生数为24 038人，占安排学位总数的97%，实现"2017学年起以公办学校和政府补贴的民办学校学位解决随迁子女入读小学一年级和初中一年级的比例不低于50%"的目标任务。稳步推进异地中考政策，共有逾2.9万名随迁子女在广州参加中考，其中1.4万名符合报考公办普通高中资格。

推进教育资助工作。全市共资助义务教育和普通高中学校各类贫困学生近8 000人次，资助中职学生9万多人次，基本实现"应助尽助"目标。在全省率先实施特殊教育15年全免费教育，完成省民生实事"资助学前教育困难家庭幼儿36.7万人"和"生源地信用助学贷款"任务。全年共投入帮扶资金164万元，帮助改善办学条件，培训师资2 056人次，派出支教教师32名。大力推动双语教育，疏附县中小学双语教育普及率已达87%。加强教育信息化帮扶，搭建数字教育资源共享平台，免费开放"广州数字教育城"教育资源。帮扶广梅产业园开展中高职衔接人才培养。

各级各类教育

【基础教育】（一）学前教育

2017年，广州市有幼儿园1 775所，在园幼儿483 497人，3周岁及以上幼儿毛入园率达113.69%。全市有幼儿园教职工69 863人，其中园长3 443人，专任教师34 096人。园长学历达标率为100%，其中学前教育专业毕业的占81.91%，专科及以上毕业的占96.86%，小学高级职称及以上的占14.49%；专任教师学历达标率为99.5%，其中学前教育专业毕业的占84.5%，专科及以上毕业的占79.98%，小学高级职称及以上的占2.45%（见表1）。

表1　2017年广州市幼儿园基本情况

项目	单位	数量	比2016年增长（%）
幼儿园	所	1 775	4.84
其中：民办幼儿园	所	1 245	6.32
在园幼儿	人	483 797	4.48
教职工人	人	69 863	6.31
其中：园长	人	3 443	7.05
园长学历达标率	%	100	0
其中：专任教师	人	34 096	4.42
教师学历达标率	%	99.50	-0.03

（二）义务教育

2017年，广州市有小学961所，在校生1 004 695人，专任教师54 863人；初中397所，在校生338 751人，专任教师28 227人；高中121所，在校生170 676人，专任教师14 569人（见表2）。

表2　2017年广州市中小学校基本情况

项目	单位	数量	比2016年增长（%）
小学教育	—	—	—
小学	所	961	0.84
在校生	人	1 004 695	3.73
适龄儿童毛入学率	%	101.59	-0.17
小学生毕业率	%	99.67	-0.46
小学毕业生升学率	%	95.75	2.64
小学教职工	人	58 827	3.91
其中：专任教师	人	54 863	5.35
中级职称以上教师	%	44.46	-4.53
普通中学	—	—	—
学校	所	518	0.78
其中：初级中学	所	397	1.79
完全（高级）中学	所	121	-2.42
在校学生数	人	50 9427	-1.13
其中：初中在校生	人	338 751	2.84
高中在校生	人	170 676	-3.18
初中生毕业率	%	97.88	-1.12
初中毕业生升学率	%	95.21	-0.24
高中生毕业率	%	99.73	-0.02
高中毕业生升学率	%	95.36	0.66
教职工	人	51 338	3.70
其中：专任教师	人	42 796	3.12
其中：初中教师	人	28 227	2.52
高中教师	人	14 569	1.51
初中教师学历达标率	%	100	0.01
其中：本科及以上	%	91.77	0.62
中级职称以上	%	59.53	-0.76
高中教师学历达标率	%	99.75	0.01
其中：高级职称以上	%	32.13	1.14
研究生学历	%	16.72	0.31

认定义务教育阶段标准化学校41所，义务教育学校标准化覆盖率达94.97%，公办覆盖率达100%。开展义务教育学校校长教师交流轮岗，启动"区管校聘"市级试点，深入推进从化、增城等七区卓越中小学校长促进工程。以信息化促进均衡化，扩大优质教育资源覆盖面。

（三）特殊教育

特殊教育深度融合发展。在全省率先实施特殊学生15年免费教育，积极推进特殊教育向学前和高中阶段延伸。新改建资源教室38间、新增特教班2个，已建成资源教室163间、特教班31个，开展特殊教育的普通学校达581所，就读学生占特殊学生总数逾四成。新增融合试点幼儿园9间，开设10个专业22个中职启能班。广州市新穗学校首批61名学员顺利取得初中毕业证书。广州市教育研究院、广州市启聪学校、白云区三方签约共建广州实验教育集团融合实验学校，创特殊教育融合发展新模式。

出台《关于推进普通学校特殊教育工作的指导意见》，进一步推进和规范普通学校特殊教育工作。组织开展学前融合教育、孤独症儿童随班就读等专项培训，切实提升融合教育质量。进一步扩大中职启能班招生规模。特殊教育学校高中学生参加单考单招取得优异成绩，广州市启聪学校学生高考创下90%本科录取率的新高，广州市启明学校3人考上大专院校，其余全部就业。启动"爱的种子"校园文化倡导活动，进一步建立健全对特殊学生的政府、学校、社会、家庭四位一体的关怀、教育、支持体系。广州市启聪学校、广州市启明学校、广州市新穗学校等积极开展国际交流与合作，通过缔结姊妹学校、参与"手语双语共融教育计划"、"穗港姊妹一家亲，特教携手育英才"等活动，提升特殊学校办学水平。

2017年7月，广州市新穗学校石井校区61名首批初三学员顺利毕业并获得初中毕业证。认真落实了省市领导"给特殊孩子一张合格的毕业证书"的批示精神。成功举办中国教育学会工读教育分会2017年年会及现场会。

（四）普通高中教育

普通高中优质示范发展。认定广州市示范性普通高中10所，增加示范性高中学位1.2万个，示范性高中学位占比达60%，优质学位供给更加充裕。高考一本上线率为24.72%，同比提高2.5个百分点，一本上线率超九成的学校从2所增加到5所；二本上线率为67.35%，大专上线率为99.38%，继续保持全省领先。北京大学、清华大学在广州市录取学生49人，占全省24%，输送空军飞行学员10人，占全省26%，均居全省第一。

【职业与成人教育】（一）中等职业教育

2017年，广州市有中等职业学校51所，在校生96 850人，招生29 531人，毕业生38 379人；教职工7 039人，专任教师5 217人。技工学校27所，在校生109 331人，招生32 368人，毕业生25 738人；教职工5 487人，专任教师9 383人。

2017年，印发《广州市人民政府关于加快发展现代职业教育的实施意见》和《广州市发展改革委、教育局、人力资源和社会保障局关于印发职业教育发展规划（2016—2020年）的通知》，完善全市层面职业教育改革发展的顶层制度设计，部署通过推进构建现代职业教育体系、深化体制机制改革、提高人才培养质量、强化发展保障等重点任务，力争到2020年，形成党委领导、政府推动、行业企业支持、社会力量充分参与的多元化办学格局；遵循组团式、特色化、中高职一体化发展路径，打造支撑广州市创新驱动发展战略和供给侧结构性改革、结构优化、特色鲜明、品牌效应突出的专业集群；构建与广州现代产业体系相匹配、产教深度融合、纵向衔接、横向贯通，学校教育与职业培训并举、公办民办协调发展的，体现终身教育理念，世界前列、全国一流、广州特色、示范引领的现代职业教育体系。

推动7个职教集团和15个专业指导委员会建设，广州市铁路职业技术学院2个专业获评"国家示范专业"。提升产教融合和校企合作水平，推进"能工巧匠进校园"，加强高级技术技能人才和"双师型"高素质教师队伍建设。大力培育"劳模精神"和"工匠精神"，广州市建筑工程职业学校梁智滨同学获世界技能大赛砌筑项目冠军，市属中职学校获省教育教学成果一等奖4项、二等奖3项。全市参加省赛获奖学生占全省近40%，参加国赛学生占比超过30%，学生、教师获省级以上赛项数量均位居全省第一。

2017年5月14日，举办2017年职业教育活动周启动仪式，启动仪式精心筛选16所职业院校的200多名师生联袂展演，展示广州职业教育紧跟产业发展，紧贴学生成长取得的成果。广州市以"共筑职教梦 喜迎十九大"为主题开展活动周系列活动，各区教育局、各职业院校自行组织开展"四开放"及"职业教育进社区"等系列活动，广州市招生考试委员会办公室提供招生宣传服务，送职教政策进中学校园，广州市职业技术教育学会联合广州

·市域教育·
EDUCATION IN VARIOUS CITIES

日报粤传媒、广州日报大洋网开展职业教育金睿奖评选。

（二）成人教育

积极推进老年教育的发展，草拟广州市推进老年教育发展的实施方案各部门分工计划。依托广州城市职业学院开展全市基层社区教育工作者定期培训，加强国家和省的老年教育发展政策、总体要求和目标任务的专项培训，使社区教育与社会热门政策紧密接轨。依托广州市广播电视大学数字化学习服务指导中心进行数字化学习网络和实体建设，为全市居民不断增强的学习需求提供有力支撑。南沙区、天河区创建省社区教育实验区并接受复评。推进广州市广播电视大学的转型工作。成功举办2017年广州市全民终身学习活动周。天河区、南沙区成功创建成为广东省社区教育实验区，至此，11个区全部成为广东省社区教育试验区。

【高等教育】大力推进高水平大学建设工作。2017年，成立广州市高水平大学建设领导小组。推进广州大学、广州医科大学人事制度改革。印发《广州大学高水平大学建设方案（2016—2020年）》和《广州医科大学高水平大学建设方案（2016—2020年）》。两所大学学科专业平台、人才培养质量、科技研发成果等建设成效显著，刚柔并济大力引进高层次人才。广州大学引进院士1人、长江特聘教授4人、国家杰出青年8人、国家"千人计划"入选者6人、国家"千人计划"青年千人2人；广州医科大学引进院士1人、长江特聘教授3人、青年长江学者1人、国家杰出青年11人、国家"千人计划"入选者4人、国家"千人计划"青年千人5人。

高等教育内涵提升发展。积极支持广州番禺职业技术学院、广州铁路职业技术学院建设省一流高职院校，支持广州番禺职业技术学院试点实施四年制本科培养。推进省轨道交通协同育人中心改革。加快建设华南理工大学广州国际校区，主动服务在穗高校，建立协同育人机制。高校毕业生就业创业工作考核获评优秀，广州工程技术职业学院初次就业率位列全省第一。

【民办教育】民办教育规范有序发展。深入学习贯彻《民办教育促进法》，研究制订《广州市民办教育分类扶持和管理办法》。指导各区建立健全民办学校风险准备金制度和综合执法机制，有序开展无证幼儿园清理整治，积极推进民办义务教育标准化学校建设，标准化民办学校占比83%。促进民办教育规范特色发展，民办基础教育国际交流与合作有新进展。

教育成果与特色

【全面通过第二期学前教育三年行动计划督导验收】广州市第二期学前教育三年行动计划各项工作落实到位，在《广东省发展学前教育第二期三年行动计划（2014—2016年）》专项督查情况的通报中，多项工作目标获得肯定。2017年，广州市人民政府教育督导室组成督导验收组，对各区实施《广州市发展学前教育第二期三年行动计划（2014—2016年）》工作进行督导验收。广州市11个区全部通过督导验收，其中番禺、越秀2个区为优秀。

【通过《广州市发展学前教育第三期行动计划(2017—2020年)》】《广州市发展学前教育第三期行动计划（2017—2020年）》（以下简称《三期计划》）于2017年12月27日经市政府第15届30次常务会议审议通过。《三期计划》明确了2017—2020年期间广州市学前教育发展目标、实现路径和保障措施，基本形成"公益、普惠、均衡、优质"的学前教育公共服务体系，是广州市未来三年学前教育工作的纲领性文件。主要亮点：一是突出强化学前教育顶层设计；二是突出发展公益普惠性学前教育导向；三是注重推动学前教育持续健康发展的政策研究；四是着力理顺学前教育管理体制和办园体制；五是注重促进学前教育内涵发展的有效措施；六是进一步加大对学前教育的政府投入。

【开展广州市贯彻落实《3—6岁儿童学习与发展指南》实验幼儿园认定工作】为进一步构建《3—6岁儿童学习与发展指南》的实践探索和研究平台，推动各类幼儿园科学保教，根据《广州市教育局关于建设广州市贯彻落实〈3—6岁儿童学习与发展指南〉实验幼儿园的指导意见》（穗教基教二〔2016〕58号），广州市开展首批贯彻落实《3—6岁儿童学习与发展指南》实验幼儿园认定工作。共认定覆盖城乡、各种类型的《3—6岁儿童学习与发展指南》实验幼儿园100所。

【全面实施"中小学生阅读素养提升"行动计划】2017年10月,广州市教育局出台《关于进一步提升中小学生阅读素养的指导意见》,明确要将提升中小学生阅读素养工作打造成为广州基础教育的特色与亮点。通过系统推进一系列项目、开展系列主题活动、扎实推进全学科阅读、全面加强阅读指导队伍建设、构建科学的阅读测评框架体系等工作,促进不同阶段学生达成以下目标:小学阶段,培养学生的阅读兴趣及掌握一定的阅读方法,引导学生逐步养成良好阅读习惯;初中阶段,扩大学生的阅读视野,拓展学生的阅读范围,指导学生形成独立阅读的能力,引导学生形成注重阅读品质的意识,使学生能根据需要和爱好逐步学会甄选和使用图书;高中阶段,在进一步提高学生独立阅读能力的基础上,树立正确价值观,培养学生的阅读鉴赏和阅读评价能力。

【中考首次全面实施"异地中考"新政】2017年,来穗人员随迁子女在广州市参加高中阶段学校招生考试政策全面实施。具有广州市初中3年完整学籍的非广州户籍应届生,其父亲或母亲满足在广州市具有连续3年合法稳定职业、连续3年合法稳定住所、缴纳广州市社会保险(含基本养老保险和基本医疗保险)累计满3年,并持有《广东省居住证》的,可以报考省、市属公办普通高中和毕业学校所在区属公办普通高中。各公办普通高中招收符合条件的随迁子女不超过学校所在批次招生计划的8%。为稳妥推进该项工作实施,一是将随迁子女资格审核纳入"中考服务平台"与报名工作同步开展,依托市政府信息共享交换平台,通过与市人力资源和社会保障局、市来穗人员服务管理局以及市公安局等职能部门的数据推送,对社保、居住证、户籍等相关资格条件进行自动审核,实现审核工作的信息化和便利化。二是加强政策宣传。于年初发布随迁子女资格审核工作通知,及早发布简报、问答、微信图解等讯息对审核条件进行全面解读,让家长提前做好材料准备。最终通过随迁子女资格审核的考生有12 961人。

【中考体育考试新增游泳项目】2017年中考体育考试必考项目新增100米游泳,考生可在1 000米(男)/800米(女)和100米游泳之间选择一项参加考试,全市统一设置1个游泳考点在广东实验中学初中校区游泳馆(奥龙堡体育馆),考试于2017年5月23—25日进行。全市报考100米游泳项目的考生共1 201人,其中男生810人、女生391人,主要集中在越秀区、荔湾区、海珠区和天河区,有959人,约占游泳考生总数的80%。考点实现视频监控系统全覆盖,全程记录考生考试情况。

【中职办学规范管理和教育教学质量水平稳步提升】中职教学诊断与改进工作全面铺开,初步形成以诊改为抓手,促进学校规范管理、提高内涵建设水平的良好机制,4所学校成功认定为省级试点学校,国家级和省级试点学校数量位居地市第一,诊改试点学校工作成效明显,继续在全省发挥引领、示范和辐射作用。全市48所中职学校共1 003个毕业班开展了毕业班工作评价,认定优秀等级学校19所,优秀率达43%。省级重点以上学校提供优质学位占比78%。广州市中职学校申报广东省级教育教学成果奖共获奖7项,占比24%;其中一等奖4项、占比30.76%,二等奖3项、占比20%,获奖总数及一等奖数量居地市第一。广州市建筑工程职业学校梁智滨代表中国获得第44届世界技能大赛砌筑项目金牌。广州中职学生代表队参加全省技能大赛参赛人数占比39%,参加全国职业院校竞赛参赛人数占比35%,广州市教育局获"长期支持服务广东省中职学校技能大赛突出贡献奖"。中职教师代表队参加全省信息化教学大赛获一等奖占比23%,广州市教育局获"突出贡献奖";参加2017年全国职业院校信息化教学大赛获一等奖1项、二等奖3项、三等奖1项。

【中职教育改革创新发展的一批项目成功实施】启动建设2017年广东省创建现代职业教育综合改革试点省4个争先创优项目。新开发设置专业(方向)8个;新增中职市级示范专业7个,示范教产对接、校企合作项目2个,市级专业教学指导方案4个,市级立项精品课程25门;新增认定市级精品课程35门,市级支持的行业、企业能工巧匠岗位45个;新引进行业、企业兼职教师210名。参与三二分段试点的中职学校达27所,对口高职院校23所,专业点102个(同比2016年增加20个),招生计划4 335人(同比2016年增加1 005人),占全省计划的13.5%。成立广州市番禺区现代商贸职业教育集团。

【广州市职教学会特殊教育专业指导委员会成立】2017年4月17日,广州市职业技术教育学会特殊教育专业指导委员会成立。充分发挥指导委员会的桥梁和纽带作用,紧密结合广东市中职学校特殊教育发展特点,积极组织和促进各中职学校之间的交流,构建相互沟通、合作平台,集智、合力研究中职学校特殊教育教学工作,促进中职学校启能班(特殊教育班)的教学管理及教研工作水平的提高，为广州市中职学校特殊教育的发展做出贡献。

【编制广州市教育设施布点规划】按照"多规合一"的思路，以全市城乡规划"一张图"为工作平台，广州市教育局联合市规划部门开展全市教育设施布局规划编制工作。中小学布点规划已编制完成，形成《广州市中小学发展策略研究与布点规划》和11个区《广州市中小学控制导则》等规划成果，并报送市政府审定，成为全市首批"多规合一"三个专项试点之一，已纳入"多规合一"城乡规划一张图GIS平台参考层。学前教育和职业教育布点规划已形成阶段性成果，并通过第一轮专家评审。按照新一轮城市总体规划编制工作总体部署，研究制定面向2035年的《教育专项规划大纲》。

【完成广州市中小学校三年提升计划中期调整】2017年9月，经市政府同意，广州市教育局联合市发展改革委、市财政局印发《广州市中小学校三年提升计划（2016—2018年）中期调整方案》。调整后的提升计划涵盖中小学校基础教育设施提升项目、新增示范性高中项目和校园功能微改造项目三类共220所学校，项目完成后可提供约18.75万个公办中小学学位。2017年完成新改扩建中小学43所，新增学位5.2万个。新增示范性高中项目立项16所、立项率达80%，开工6所（含完工1所）、开工率达30%。校园功能微改造开工16所（含完工1所）。

【推动中心城区优质教育资源向全市均衡配置】广州市教育局制定了《关于进一步推动中心城区优质教育资源向外围城区辐射延伸工作方案》，确定了直接建校、委托管理、品牌输出、合作帮扶、专业指导、设立优质民办学校6种辐射路径和策略，明确提出加强区内辐射、加大市属教育资源辐射力度和推动中心城区各类教育资源辐射延伸三步走的推动实施方案。推动广州市第二中学、广州大学附属中学到南沙区托管学校，广东广雅中学到花都区、广州市铁一中学到白云区、广州市第六中学到从化区新建校区，向天河区输出广州中学、广州奥林匹克中学校名品牌，向黄埔区输出广东实验中学校名品牌。提前实现每个外围城区均有1所市属中小学校在该区域新建公办学校校区，每间市属中小学校均到外围城区新建1所公办学校校区的市属学校辐射延伸目标。

【印发《关于新建一批广州市示范性普通高中的实施方案》】2017年5月，经广州市政府第15届11次常务会议审议通过，广州市教育局印发《关于新建一批广州市示范性普通高中的实施方案》。到2020年，全市新建32所（含3个原有广东省国家级示范高中新建校区）广州市示范性普通高中，全市示范性高中从41所增加到70所；在办学规模基本稳定的情况下，增加示范性高中学位5.5万个，全市示范性高中学位占普通高中学位比例从56%增至85%。

【修订广州市中小学校基础教育设施三年提升计划奖补办法】2016年7月，经广州市政府同意，广州市教育局会同市发展改革委、市财政局联合印发了《广州市中小学校基础教育设施三年提升计划（2016—2018年）基本建设财政奖励补助办法》（穗教发〔2016〕79号，以下简称《奖补办法》），创新性地提出"先干先给，多干多给，快干快给"的原则。2017年8月，经广州市政府同意，广州市教育局会同市发展改革委、市财政局对《奖补办法》进行修订并印发《广州市教育局 广州市发展改革委 广州市财政局关于印发广州市中小学校基础教育设施三年提升计划（2016—2018年）财政奖励补助办法的通知》（穗教发〔2017〕90号）。截至2017年底，市本级累计下达各区奖补资金16.4亿元。

【广州市学生参加全球《财富》论坛及国际儿童电影节活动】广州市组织400多名中小学生参加了2017年12月6—8日举行的"《财富》全球论坛2017广州"开幕音乐会、欢迎酒会和参观演出等活动，以精彩的艺术表现，向世界传递了广州的美妙声音，展示了中国学生的青春风采。并于11月15日至19日积极配合组委会做好"第13届中国国际儿童电影节"中外优秀儿童电影校园展映以及电影节400多名小配音、小主持、小评委的选拔，推选优秀少儿节目参加国际儿童电影节开闭幕式表演以及电影节期间中外优秀儿童影片校园展映和组织学生观影等相关工作。

【开展京沪穗学生合唱交流活动】2017年11月10—13日，广州市教育局组织开展了"2017年京沪穗学生合唱交流活动"，特邀北京市通州区潞河中学金帆合唱团、上海学生合唱团，与广州市优秀学生合唱团，在星海音乐厅举行了音乐会。就学生合唱团及艺术教育发展顶层设计及相关机制等问题，以及建立城际合唱联盟发展等议题进行座谈和研讨，为下一步城际合唱联盟活动的开展打下了很好的基础。

【学校体育工作全面加强】2017年，广州市教育局加大学校体育工作管理力度，制定下发《广州市教育局关于强化学校体育促进学生身心健康全面发展的实施意见》，启动每月学校体育工作检查机制，组织开展全市中小学校体育课程落实情况专项检查和全市学校体育卫生工作专项督查，研究探讨初中毕业生升学考试体育考试改革方案。22项课题进入广东省校园足球课题立项，其中重点课题3项，位居全省第一。广泛开展各类学生阳光体育运动，组织全市优秀大课间评比展示活动，高水准举办各类市级体育专项赛事30多项，成功组织第十七届广州市青少年运动会学校体育组12项比赛。

【校园足球进一步融合发展】2017年，广州市教育局印发《广州市青少年校园足球发展计划（2017—2020年）》，对广州市校园足球未来发展进行全景规划。全市54%的学校在体育课中设置了足球教学内容，53%的学校有使用足球教材，每周足球课时达到1.8小时，市级以上校园足球推广学校普及足球课堂教学。举办第三届全市中小学生足球联赛，参赛学校达1200多所，参赛规模达到1300多支队伍、2.5万多名学生，比赛场次近4000场，基本建立"政府主导、学校主体、企业支持、社会参与"，小学、初中、高中上下贯通，学校与社会相互融合的校园足球竞赛体系。足球专项教师达到近800人，全年培训达到800余人次，市级以上校园足球推广学校基本配齐专项教师。建立广州国际友城青少年足球交流平台，2017年10月，成功举办首届广州国际友城青少年足球交流活动；11月，举办2017全国城际校园足球研讨暨城际校园足球交流比赛，《中国教育报》2017年12月11日专版刊发了《健康为基、素质为先、育人为本——校园足球融合式发展的广州模式》，中央电视台等各类主流媒体进行了报道。

【学校国防教育不断深入】坚持把课堂教学作为国防教育的主渠道、主阵地，把国防教育纳入课程计划，开展多种形式教学活动。组织学生参加省市"南粤长城杯"中学生电视演讲大赛、广州市海防宣传日等活动，对学生集中进行国防教育。会同市国防教育中心开展国防教育"五进"活动，全年组织16次专题讲座，听课学生达到近万人。指导爱国主义教育基地开展"国旗进校园活动"，覆盖学校达到160多所，普及以国旗教育为主题为爱国主义教育。持续抓好人民防空教育，全年在市劳动技校培训初中学生80批次、23591人。加强教育系统国防教育骨干队伍建设并逐步形成机制，9月，组织全市学校国防教育骨干军营训练日活动，进入军营接受国防教育，学习训练军事技能；10月，组织全市中学生军事技能训练成果会操，11个区和市属学校13个方队、5个课目展示队伍，近1000多人参加，全面展现了广州市中学生国防教育成果和军事训练风采。至2017年，全市有全国国防教育示范学校2所、特色学校20所。

【评定依法治校示范校】根据《广州市教育局关于申报2017年度广东省依法治校示范校及开展第六批广州市依法治校示范校评选的通知》（穗教政审〔2017〕11号），经广州市教育评估和教师继续教育指导中心初评，广东省教育厅、广州市教育局评估认定，评出文德路小学等45所"广州市依法治校示范校"，并有24所学校被评为"广东省依法治校示范校"。

【启动建设区域校园智慧图书管理平台】2017年，广州市启动建设区域校园智慧图书管理平台，其功能模块包括采编管理、馆藏管理、流通管理、期刊管理、配套管理、WebOPAC、系统管理、分析挖掘、云服务端和移动设备端等，并与广州市数字教育城系统对接。该平台建成后将实现全市图书统一编码管理，实现区域内全部中小学图书馆的图书联网信息化管理，联通传统图书馆与自助馆，实现试点学校间图书通借通还，促进图书资源利用，为管理部门的统筹管理提供有效的支撑数据。2017年11月完成第一期建设，共覆盖海珠区、天河区两个试点区全部中小学校共175个校区，该平台和其他地区的同类图书管理平台对接，实现全市数据互通互联。

【推进市属学校治安视频监控系统建设应用工作】广州市继续推进市属学校治安视监控系统建设应用工作，视频采集点已从2013年的8281个增建到18301个，5年期间采集点数量增长超过1倍，覆盖学校门口、围墙、操场等学生重点活动区域，以高科技手段进一步夯实校园技防基础；同时，在市属学校广泛开展监看员培训，加速推进监看员持证上岗，深化系统应用，提升广州市校园综合治安管理水平。

【教育后勤管理工作】2017年4月25日，广州市制定的《广州市中小学校服管理办法》（穗教规字〔2017〕1号）经广州市人民政府法制办公室规范性文件审查通过并发布实施。2017年5月1日，联合广州纤维产品检测研究院制定的DBJ440100/T 279—2017《中小学、幼儿园校（园）服质量技术规范》，经广州市质量技术监督局批准发布并实施。以上规范性文件的颁布实施将进一步加强指导、规范全市学校、管理部门、生产销售企业开展相关工作。

【打造有影响力的科研成果】做好2017年度市

教育科学规划课题申报和立项工作，共立项148项课题，其中重大课题通过公开招标的方式，委托来自全国高校和科研机构的高水平科研团队承担。开展2017年广州市教学成果遴选，择优立项100项优秀成果予以培育。组织市基础教育系统和中等职业教育系统申报2017年省级教育教学成果并取得佳绩，获广东省教育教学成果奖（基础教育）43个奖项，其中特等奖1项、一等奖22项、二等奖20项，各类奖项均居全省第一；获广东省教育教学成果奖（中等职业教育）6项，其中一等奖3项、二等奖3项，居全省第一。

【获表彰为2013—2016年度全国群众体育先进单位】第十三届全国运动会于2017年8月27日在天津开幕。期间，国家体育总局发出关于表彰2013—2016年度全国群众体育先进单位和先进个人的决定。广州市教育局因在开展青少年科技体育特别是航海模型教育活动中的突出表现，获表彰为2013—2016年度全国群众体育先进单位。

【举办第33届广州市青少年科技创新大赛】第33届广州市青少年科技创新大赛在2017年9—12月期间举办。2017年12月22—24日在广东番禺中学举行了终评展示及颁奖活动。共收到各基层组织选送的参赛项目806项，其中青少年科学研究论文189项、发明创造作品202项、科技实践活动65项、科幻绘画233幅、科技辅导员创新项目62项、优秀组织奖22项、优秀科技辅导员奖33项。经过资格审查，评委会对符合初审资格的项目进行网上初评，分别评选出青少年科学研究论文152项，发明创造作品160项，共计312个项目进入在广东番禺中学进行的终评展示和答辩，同时还展出了35幅优秀的少年儿童科学幻想绘画。经评审，评出一、二、三等奖，并选拔出优秀的项目参加2018年举办的第33届广东省青少年科技创新大赛。

【"广州教育家培养工程"顺利启动】2017年6月29—30日，"广州教育家培养工程"顺利启动。北京师范大学（教育部小学校长培训中心）和华东师范大学（教育部中学校长培训中心）13名专家到广州进行现场遴选，从全市示范性高中与义务教育阶段遴选首批共36名广州教育家培养对象，同时举行开班典礼。该工程采取师徒制、理论和实践双导师制以及三年动态淘汰机制。

【引进高层人才】2017年8月，广州市教育局、市委组织部、市编办、市财政局、市人社局、市住建委等部门联合出台了《广州市基础教育高层次人才引进办法（试行）》。该文件为广州市基础教育高端人才引进工作提供有力的配套资金、政策支持和制度保障。截至2017年底，全市共引进高层次人才53名，其中杰出人才37名（含柔性引进3名）、骨干人才16名。市级财政下达人才引进专项资金1 929万元。

【全面开展广州市示范性普通高中认定工作】2017年，广州市教育局立足以评促建、以评促发展，全面开展广州市示范性普通高中认定工作，致力打造一批在先进办学理念、先进教学设计、先进设施设备、领军人才建设等方面具有鲜明特色和优势的普通高中优质学校，满足人民群众对优质教育的需求。3月，出台《广州市示范性普通高中学校认定办法和指标体系》。在组织专家组对15所申报学校进行全面视导的基础上，共认定广州市示范性普通高中学校10所，包括广州外国语学校、广州市第97中学、广东外语外贸大学附属外语学校、广州科学城中学、广州市第21中学、广州市南海中学、广州市西关外国语学校、广州市第113中学、广州市第75中学、广州市白云中学。

【成立广州市人民政府教育督导委员会】2017年10月，广州市人民政府教育督导委员会正式成立，这是贯彻落实《教育督导条例》和国家、省市教育发展规划纲要的具体行动，是整合部门力量、强化协同监督、提升教育治理能力现代化水平、保障教育事业健康发展的机制保障，也是转变政府职能、改进政府管理服务方式的重要举措，是广州市深化教育督导改革前进道路上的重要里程碑。广州市人民政府教育督导委员会由广州市副市长王东担任主任，市政府副秘书长张建华、市教育局局长樊群担任副主任，市委组织部、市编办、市发展改革委、市教育局、市科技创新委、市公安局、市财政局、市人力资源和社会保障局、市国土规划委、市住房城乡建设委、市卫生计生委11个部门为成员单位。

【创建"全国中小学责任督学挂牌督导工作创新区"】在广东省推荐的基础上，经国务院教育督导委员办公室组织专家材料审查、实地核查，广州市花都区被认定为第二批"全国中小学校责任督学挂牌督导创新县（市、区）"。至此，继番禺区成功创建为全国首批"全国中小学校责任督学挂牌督导创新县（市、区）"之后，广州市已有2个区被国务院教育督导委员会认定为"全国中小学校责任督学挂牌督导创新县（市、区）"。

【加快推进广州现代职业教育体系建设】加快构建现代职业教育体系，提升广州市职业教育整体吸引力，努力适应广州建设国家重要中心城市所需高素质技术技能型人才培养的需求。一是做好顶层设计，推动《广州市人民政府关于加快发展现代职业教育的实施意见》（以下简称《实施意见》）正式印发实施。《实施意见》以破解制约广州市职业教育发展的关键问题为导向，创新提出深化管理、办学、人事、投资4项体制改革和职业教育发展的6项机制。二是积极探索中高职衔接人才培养模式的改革，进一步加大中高职衔接三二分段等人才培养模式改革的力度。2017年，市属高职院校共82个专业点开展中高职三二分段试点，招生计划数为3525人，较2016年增长40%。加快推进高职院校分类招考，自2017年起，开始采取高中学业水平考试成绩的方式进行高职院校招生录取改革。三是大力推进产教融合、校企合作，主动对接产业发展计划，配合广州市IAB战略的实施，起草《广州市IAB产教融合与人才支撑计划》。启动谋划与广州开发区共建"产教融合示范区"工作。现代学徒制改革试点范围扩大至5所高职院校，新增广州工程技术职业学院为教育部现代学徒制试点单位。

【广州大学首次获批国家重点研发计划项目】2017年，广州大学首次获批国家重点研发计划项目——"工业化建筑隔震及消能减震关键技术"。该项目立项总预算为6077万元，整合了包括广州大学、哈尔滨工业大学、东南大学、中国建筑科学研究院、同济大学、湖南大学、大连理工大学、中建科技有限公司等28家国内相关领域实力最雄厚的高校、科研院所、设计单位和企业。

项目旨在面向我国当前大规模城镇化进程中建筑产业工业化及其防震减灾的重大战略需求，寻求突破我国工业化建筑在地震高烈度区推广应用的关键技术瓶颈，构建与工业化建筑结构技术融合的隔震、消能减震成套技术成果并完成工程示范，以加快实现我国工业化建筑隔减震结构抗罕遇、极罕遇地震的性能目标，培育相关产业链，促进工业化建筑整体防震减灾能力的提升，具有重要的社会经济效益。

【广州大学首次以第一单位在Science期刊发表论文】2017年8月，广州大学地理科学学院"千人计划"引进人才章典教授关于旧石器时代人类定居的评论文章在Science期刊发表，这是广州大学首次以第一单位在Science期刊发表论文。章典教授在1986年到西藏高原进行学术研究时在离拉萨市85千米外的邱桑遗址发现了19个手印和脚印以及一个火坑的遗迹。1995年他重返旧地考察时带回一些样本，与香港大学李盛华副教授使用光学分析方法测年证实章典教授带回来的手脚印有2万年的历史。此项发现证实西藏在冰河时代已经有人类居住，这比以往所认定的最早的西藏人类遗迹还早了约16 000多年。章典教授的研究成果在《美国地球物理学研究通讯》（Geographical Research Letter）上发表后立即引起国际科学界、社会科学界和大众传媒的高度关注。英国《自然》杂志立即发表评论文章称该发现对青藏高原的冰盖理论做出了"盖棺论定"，将人类占领高原的历史推前了1万年，并将西藏的人类历史推前15 000年。美国《探索者》、德国《科学》及俄国《科学院院刊》都对上述发现进行了详细报道。同时，许多国际传媒如电视（CNN、StarTV等）、报纸［World Daily（USA）、United Morning News（Singapore）、《明报》、《南华早报》、《东方日报》等］和网站也都报道了该重要发现。

【广州大学首获中国专利奖】2017年11月，广州大学发明专利"定向纤维气凝胶隔热复合材料制备方法"（发明人：土木工程学院吴会军、廖云丹、丁云飞）获第十九届中国专利优秀奖，实现了该校国家专利奖零的突破。"定向纤维气凝胶隔热复合材料制备方法"针对建筑、工业等领域绝热材料性能差、易燃、耐久性差等共性问题，以导热系数最小的气凝胶纳米材料为突破点，发明了定向纤维气凝胶超级绝热材料及其低成本快速制备技术，突破了气凝胶隔热保温节能应用的低强度和高成本瓶颈，不但具有较好的力学性能，还能有效地维持超级绝热性能，使相关材料不但能满足建筑、工业等领域的防火阻燃和保温需求，还能满足航天、航空、军用等对材料苛刻的热防护要求及轻质化需要。根据统计，2017年1月1日至11月30日，该校专利申请量达到355项，比2016年全年递增40%以上；专利授权量达到157项，其中授权发明专利比2016年全年递增68%，达历史新高。

【广州医科大学科技作品获奖】以广州医科大学第三临床学院2012级本科生潘龙为负责人的科技作品《程序性坏死在呼吸窘迫综合征炎症反应中的作用研究》荣获第十五届"挑战杯"全国大学生课外学术科技作品竞赛二等奖。急性呼吸窘迫综合征（简称ARDS）的肺损伤往往被认为是由毒素或其他物质破坏肺泡上皮细胞引起，继而大量炎症细胞浸润，最终导致肺组织细胞在巨大压力下被动死亡。潘龙团队的研究成果发现程序性坏死参与ARDS，即ARDS的部分肺细胞坏死是在特定因素激发下主动地发生的，这意味着ARDS发病进程是可以被阻

断的，这为 ARDS 的临床治疗提供了一个新的可能的靶点。该研究成果获得国家专利 1 项，也荣获第十四届"挑战杯"广东大学生课外学术科技作品竞赛特等奖。第十五届"挑战杯"全国大学生学术科技竞赛历时两年，共有 2 000 多所高校的 28 594 件作品参加选拔，最终只有 755 件作品进入全国总决赛，广州医科大学此次所获得的二等奖是连续 5 届晋级全国决赛取得的第 3 个二等奖，成绩位列全省同类医学院校前列。

【广州医科大学呼吸疾病国家重点实验室通过国家科技部评估】2017 年 6 月 26 日，国家科技部公布了 2016 年 75 个生物和医学领域国家重点实验室评估结果，广州医科大学呼吸疾病国家重点实验室以第 5 名的优异成绩通过评估，并被评定为优秀类，这是唯一一所以市属高校为依托单位获评优秀的国家重点实验室，也是广东省此次唯一获评优秀的国家重点实验室。呼吸疾病国家重点实验室依托广州医科大学，并与中国科学院广州生物医药与健康研究院合作共建，于 2007 年 10 月获科技部批准，2010 年 6 月通过验收，2011 年 3 月首次通过科技部评估。呼吸疾病国家重点实验室面向国际科学前沿和国家战略需求，以常见和危害重大的呼吸系统疾病的诊断、治疗和预防研究为主要方向，在人才培养、科学研究、学科建设、临床诊疗、产学研转化、对外合作交流等方面取得了优异成绩，已发展成为在国内领先、在国际上有较强影响力，集科研、教学和医疗于一体的呼吸疾病应用基础研究和临床诊治研究中心以及人才培养基地。

【广州番禺职业技术学院获得中国高职教育质量报告双"50 强"】由全国高职高专校长联席会议主办的《2017 年中国高等职业教育质量年度报告》（以下简称《报告》）在北京发布，全国范围 1 298 所高职院校参加评价。《报告》发布了"全国高职院校国际影响力 50 强"和"全国高职院校服务贡献 50 强"单位，广州番禺职业技术学院荣列两个"50 强"榜单（获得双"50 强"的高校全国共 11 所，广东省仅 2 所）。

【杨则文入选国家"万人计划"教学名师】根据中共中央组织部办公厅下发《关于印发第三批国家"万人计划"入选人员名单的通知》，广州番禺职业技术学院财经学院院长杨则文教授入选"万人计划"教学名师。广州番禺职业技术学院已有 3 人入选国家"万人计划"教学名师，是全省高校中唯一一所连续三届均有人员入选的学校。

"国家高层次人才特殊支持计划"（"万人计划"）是国家 2012 年启动实施的重大人才工程，计划用 10 年左右时间，有计划、有重点地遴选支持 10 000 名左右国家级高层次人才，形成与引进海外高层次人才计划相互补充、相互衔接的国内高层次创新创业人才队伍开发体系。

【广州市广播电视大学举办"羊城村官上大学"五周年系列活动】2017 年 11 月 29 日，广州市广播电视大学举办学习宣传贯彻党的十九大精神暨"羊城村官上大学"工程实施五周年系列活动。自 2012 年以来，全市共有 6 000 多名农村基层干部通过"羊城村官上大学"工程圆了大学梦。2017 年，全市村干部大专以上学历的比例由项目实施前的 12% 增加到了 39.7%，村党组织书记大专以上学历达 72.8%。"羊城村官上大学"工程已成为领导放心、干部受益、社会满意的精品工程，成为广州实施乡村振兴战略的有力抓手。

5 年来，该校开展"羊城村官上大学"工程，探索出了"多向联动"的项目运行模式、"菜单定制"的课程建设模式、侧重实践的"6 + N"教学模式以及"文化互惠"的发展联盟模式，全面提升了农村基层干部综合素质，开拓了农村基层干部学习培训的新途径，为农村基层干部提升素质创建了可复制可推广的新模式，走出了一条符合广州市情的农村干部继续教育新路子，为广州新农村建设提供了智力支持。

（撰稿　郭海清　刘贝铌　陆仁炎　何佳娴　沈蔓　陈锦冰　鞠研娜　邱文珊　吴松海　陈娟　李耀喜　刘林睿　梁立丹　谢怡　蔡璟仪　刘鲲　肖贻杰　邢晓天　陈丽　朱宝莉　周文平　高云　李哲洋　周诗根　麦智荣　谢雄俊　伍菲　袁永辉　邱国俊　王依红　刘琦宝　雷凤宇　李建平　李晓云；审稿　刘贝铌　郭海清　陆仁炎）

深圳市教育

概况

2017年,深圳市教育系统认真贯彻教育部、广东省教育厅工作部署,在深圳市委、市政府的坚强领导下,紧紧围绕"办好人民满意教育"的中心任务,突出问题导向,狠抓工作落实,教育事业取得新进步。牵头举办中俄人文合作委员会第十八次会议深圳配套活动、将港澳籍子女纳入教育基本公共服务范畴等重大工作圆满完成,得到教育部、广东省教育厅等上级单位的肯定。

截至2017年底,全市共有各级各类学校(含幼儿园)2 437所,各级各类在校学生208.27万人,教职工达19.07万人。全市学前教育毛入园率达118.97%,高中教育毛入学率达111.86%。全市公办义务教育标准化学校覆盖率达100%,规范化幼儿园覆盖率达97%。

各级各类教育

【基础教育】基础教育发展质量稳步提高。完成新建、改扩建30所义务教育公办学校和4所公办普通高中,新增义务教育公办学位4万个、公办普通高中学位6 600个。2017年高考再获优异成绩,一本录取率达25.4%,稳居全省前列;将港澳籍人员子女入学纳入深圳市基本公共服务范围,符合条件的港澳籍子女可申请就读深圳市公办学校,共有2 963名"双非"儿童安排到公办学校就读;深圳市入选"全国青少年校园足球改革试验区"(广东省唯一),53所中小学入选"全国青少年校园足球特色学校";开展民办教育"托底"、学前教育"托底改薄"专项行动,实施民办高中质量提升工程,薄弱学校、幼儿园办学质量提升明显;落实立德树人根本任务,加强社会主义核心价值观教育,中小学文明校园创建率达100%。

科技创新教育成效显著。启动《深圳市中小学科技创新教育三年行动计划(2018—2020年)》编制工作,以课程建设、师资建设、平台建设、实践基地建设为主要抓手,在基础教育阶段全面普及并提升中小学生科技素养和创新素养;财政安排2 061万元在全市中小学建设100个3D技术实验室,启动600个探究性小课题研究;强化深圳市科技教育特色,组织"创客教育课程生态建设论坛",组织学生创客制作大赛,设Arduino开源机器人挑战赛、创客马拉松、Scratch现场制作大赛等7个比赛项目。

学前教育普惠优质发展。新增87所幼儿园,新增学位约2.8万个,其中89.4%位于原特区外,幼儿园学位能基本满足需要;新增167所普惠园,全市已建成1 210所普惠园,占比达到72%,基本覆盖有条件的社区;向46.6万名符合条件的在园儿童发放近7亿元健康成长补贴;投入幼儿园等级评估奖励经费2 900万元,奖励通过市一级以上评估的94所幼儿园;启动扶持264所薄弱幼儿园的"托底改薄"专项行动;委托60个社会机构面向社区开展家园共育公益指导活动;17个市级学前教育"苗圃工程"名师工作室开展实践性师资培训和专题研究,全年培训1 000多人次;组织全市幼儿园教师教育基本功比赛,全市近2 000名幼儿园教师参加培训和比赛;举办11项19班次市级学前教育专项培训,共计培训2 950人次。

民办教育发展环境逐步改善。2017年民办学校义务教育"两免一补"学生约45万人次,发放资金约3.8亿元;印发《深圳市民办教育发展专项资金管理办法》《深圳市民办学校义务教育阶段学位补贴办法》《深圳市民办中小学教师长期从教津贴实施办法》《深圳市民办教育发展专项资金奖励和资助项目实施细则》和《深圳市幼儿园保教人员长期从教津贴实施办法》等文件,调整优化全市民办中小学及学前教育相关惠民补贴政策,进一步加大民办教育保障力度;加大对民办高中学校质量提升工程的投入,向64所参与结对帮扶的公民办高中学校下达1 280万元资助经费，提升民办高中学校质量。

【职业与成人教育】 加强职业教育顶层设计。出台《深圳市人民政府关于加快建设现代职业体系的意见》（深府〔2017〕49号）和《深圳市职业教育改革发展"十三五"规划》（深教〔2017〕286号），为深圳市构建适应发展需求、产教深度融合、人才培养层次健全、中职高职衔接、职业教育与普通教育贯通、体现终身教育理念、世界一流、中国特色、深圳特点的现代职业教育体系明确了方向。

职业教育对外合作步伐加快。推进与德国等职业教育先进国家合作，与德国巴伐利亚州文教部签署《职业教育合作备忘录》框架下的4项合作协议；举行深圳信息职业技术中德学院和中德职业教育合作研究中心挂牌仪式；信息学院中德学院2017年秋季招生160人；首批30名职业院校教师前往德国进行为期2个月的海外培训；与波兰、芬兰代表团洽谈开展职业教育合作与交流事宜。

职业院校创建工作高效推进。加强职业院校内涵建设，提升职业院校管理和教学水平，积极推进深圳职业技术学校和深圳信息职业技术学校创建广东省一流职业院校和世界一流职业院校；深圳广播电视大学学校转型发展方案原则通过市政府常务会议审议；深圳市第二职业技术学校和深圳市龙岗职业技术学校进行国家级验收；深圳艺术学校和深圳市龙岗区第二职业技术学校通过省级重点中等职业学校评估；推进职业院校管理水平提升行动计划、国际化三年行动计划。

职业技能大赛再创佳绩。深圳市代表队荣获全国职业院校技能大赛中职组一等奖12个、其他奖49个，高职组一等奖4个、其他奖4个；荣获广东省职业院校技能大赛优秀组织奖，中职学生组一等奖9个、其他奖90个，教师组一等奖1个、其他奖10个；高职组一等奖22个、其他奖81个；荣获全国中等职业学校"文明风采"竞赛组织贡献奖、一等奖7个、其他奖55个；荣获全国职业院校信息化教学大赛一等奖1个、其他奖8个。

全民素质教育深入推进。举办2017年全民终身学习活动周系列活动，举办各类专题讲座、免费教育和技能培训等丰富多样的学习活动，参加各类教育咨询和学习培训的群众达175万人次；全市创建学习型社区100个，为社区居民学习提供有效地教育服务平台；罗湖、盐田两区通过省级社区教育实验区的复评工作；评选出2017年深圳市"百姓学习之星"10人，"终身学习品牌"项目10个。

【高等教育】 高水平大学建设成效显著。深圳大学新增1个学科进入ESI世界排名前1%，新增2个国家级科研平台，新增7个一级学科博士学位授权点；南方科技大学新增7个一级学科硕士学位授权点，副校长汤涛当选为中国科学院院士，这是深圳高校产生的首位院士；香港中文大学（深圳）连续2年成为广东省内本科院校中录取分数最高的大学，2名外籍教师分别当选中科院院士和工程院院士，30万平方米的一期校园全面交付使用。

新高校建设取得重大突破。哈尔滨工业大学（深圳）获教育部批准以单独招生代码开展本科教育，2017年招收本科生564名，录取分数线高出重点线110分；深圳北理莫斯科大学2017年招收117名本科生和26名硕士研究生，2017年9月13日，深圳北理莫斯科大学召开首届学生开学典礼，国家主席习近平和俄罗斯总统普京分别发来贺词，国务院副总理刘延东和俄罗斯联邦政府副总理戈洛杰茨出席活动并致辞；深圳技术大学（筹）依托深圳大学招收首批226名本科生，先后顺利通过省教育厅和教育部组织的高校设置评议委员会去筹设立考察评议。

名校合作办学成果丰硕。与北京大学、清华大学洽谈合作办学协议和合作办学方案，积极争取教育部支持；中国科学院大学深圳校区建设纳入《深圳市政府 中国科学院共同推进建设深圳国际科技产业创新中心合作协议书》；与暨南大学就深化合作协议书进行洽谈并达成共识，签署深化合作办学协议；天津大学佐治亚理工深圳学院、深圳墨尔本生命健康工程学院等重点项目向教育部提交筹设申请。

积极推进高校体制机制改革。2017年评审鹏城学者长、短期特聘教授各20名，修订《深圳市高等学校鹏城学者计划实施办法》，争取提高鹏城学者计划规模和财政资助力度；鼓励和引导高校吸引社会资金，拓宽资金来源渠道，会同市财政部门给予高校社会捐赠配比资金2.6亿元；会同南方科技大学开展理事会换届工作，进一步完善理事会治理机制；南方科技大学、深圳大学与麻省理工学院等世界一流名校开展深度合作；深圳技术大学与德国慕尼黑应用技术大学等19所国外高校签署合作协议或达成合作意向；高校积极参与市委、市政府"十大行动计划"，挂牌建设4个诺贝尔奖实验室，建设高水平科技创新平台。

教育成果与特色

【教育综合改革】在市教育综合改革领导小组领导下，按照改革工作任务分工，落实《深圳市深化教育领域综合改革方案（2015—2020年）》《深圳市教育发展"十三五"规划》等文件要求，持续推进高等教育、学前教育、校长职级制等国家教改重点项目。以国际化视野和现代化标准，加快构建创新型开放式现代城市教育体系，打造教育"深圳质量"，为全国教育改革探索新路。

【教育经费投入】2017年全市国家财政性教育经费投入593亿元，投入结构进一步优化，教育经费预算执行与重点工作匹配度增强。保障基本运行经费的同时，加大学位建设、学位补贴等方面投入。发放在园儿童健康成长补贴6.99亿元，惠及46.6万名儿童；发放民办学位补贴16.67亿元，惠及学生51.9万人次；发放幼儿园保教人员长期从教津贴3.16亿元、民办教师长期从教津贴2.02亿元，惠及保教人员3.5万名、民办教师3.7万人次。

【学校安全管理】构建学校风险分级管控和隐患排查整治双重预防机制。出台并施行《深圳市实施〈校车安全管理条例〉若干规定》（市政府令第294号），组织10所学校开展"安全双重预防机制评估"试点，完成30所市级"毒品预防宣传教育示范学校"评选，并启动百所省级"毒品预防宣传教育示范学校"创建工作。推行学校食品安全第三方监管，72家学校食堂提升为A级。完成新一轮学校及学生"双险"招标和投保工作，大力推进学生校内午餐午休工作，有效提升学生安全保障水平。

【教育督导】强化教育督导，成立市政府教育督导委员会，实施公办学校义务教育学位建设、学前教育三年行动计划、特殊教育提升计划3个专项督导，推动区级政府落实教育重点工程。完成第五届市督学聘任，建立市督导评估专家库和首批6个市督学工作室。全年共组织完成436所学校、幼儿园、学习型社区评估。福田、罗湖、南山、盐田、宝安、龙岗6区获评"全国中小学校责任督学挂牌督导创新区"。区一级及以下民办学校义务教育质量监测工作获评2017年深圳市质量强市十件大事之一。

【教育宣传】及时宣传教育新风貌，"深圳教育"微信、微博不断创新内容、优化结构，以原创新闻与教育资讯为主，紧跟时政大事、重要节点、重大决策等，做到权威、及时、准确，微信公众号关注人数超过17万人，"深圳教育"微博关注人数超87万人，"深圳教育"微信公众号在深圳政务微信影响力排行榜一直处于前十。在《深圳特区报》和《南方都市报》上开辟"深圳教育通"和"深教周刊"版面，刊登教育信息，在教育和民众之间继续构架信息桥梁。舆情处置稳妥及时、成效显著。

【教育治理】制定并公布2017年度重大行政决策事项目录和听证事项目录，按规定对规范性文件进行合法性审查。统一编制全市教育系统A、B、C类行政审批服务事项共计59项，行政处罚、行政强制和行政检查事项共计78项，中介服务事项共计37项；已有178所中小学校建成国家和省、市级依法治校示范校；编撰出版《青少年法治教育读本》（试用本）一套四册，并汇编《校园说法》受到读者好评；开展"学宪法讲宪法"、法治宣传教育周、法治知识网络大赛等系列普法活动。

【教育考试】2017年深圳市组织开展了普通高考、中考、硕士研究生入学考试、自学考试、成人高考、普通高中学业水平考试、初中学业水平考试、教育类社会考试共八大类教育考试38次，各类考生总人数达81万人次，教育考试规模创新高。不断优化考生服务工作，编印并免费发放各类宣传指导材料24万册；"深圳招考网"和"深圳招考办"微信公众号点击量突破5000万次；在研究生考试中首次引入"人脸识别"技术，受到省教育考试院的肯定和推广。

【教育信息化】初步建成一批迫切需要的深圳教育云应用项目，在12所中小学校开展教学应用试点；编撰并出版《"智慧校园"建设与应用案例集》第二、三辑，拍摄制作宣传片，发挥"智慧校园"示范学校的辐射引领作用，带动薄弱学校共同发展进步；"网络课堂"共享自建优质课例视频资源超过26000节，点播量超过1900万人次；在全国范围内率先建立基础教育CIO建设管理制度和开展相关业务培训，全市近300所中小学校领导参加，有效提升各学校的教育信息化统筹、规划和管理的能力与水平。

【对外交流合作】推动9所学校申报教育部AFS

国际文化交流项目，组织6所学校参加中德PASCH项目年度会议；推动市局直属学校200多名师生赴美国、日本等国参加各类比赛活动；20所中小学与新加坡等"一带一路"国家的学校缔结为友好学校；推动深圳柏朗思观澜湖外籍人员子女学校获批设立，深圳市此类学校总数达到8所；组织参加"庆祝香港回归二十周年粤港学校大会演"暨粤港姊妹学校交流等一系列活动；成功举办2017年深港校长论坛，200余名深港校长参加；31所深圳中小学校与港澳学校缔结为姊妹学校，深港澳姊妹学校达到250对；4.5万名师生与港澳姊妹学校师生开展了200多项教育交流活动。

【教育科研】评审出1 000项学生小课题，其中600项为市政府资助项目；65门"好课程"成果获得省级荣誉；评定出第三批20个教育科研专家工作室；409项教育科研规划课题立项，获得2017年省教育教学成果奖一等奖16项、二等奖15项；进一步推进"四个一"进校园活动，提升学生综合素养，153个创客作品参加学生创客节比赛；举办高水平教育论坛5期，各继续教育平台共开设605门专业课，10万余名教师参加继续教育培训；编辑出版《深圳教学研究》《深圳教育蓝皮书（2016—2017年卷）》。

【队伍建设】实施中小学校长职级制，印发《深圳市中小学校长职级制管理办法》及其配套工资制度，为校长建立专业化发展通道；建成50所教师专业发展基地学校和60个幼儿园教师专业发展基地园（优质示范园），常态化开展大规模、专业化教师培训。修订出台《中小学（含幼儿园）教师和校长继续教育学时管理办法》，建立教师培训新模式；开展教师"梯级培养"，扶持青年教师加快成长；建成18个省、市名班主任工作室，班主任工作得到强化；积极发挥名师辐射引领作用，面向薄弱地区、民办学校开展"订单式"名师送培工作，培训教师1万余名；出台《深圳市关于大力加强教师阅读工作的实施意见》，推动阅读成为深圳教师的习惯；印发《深圳市公办中小学购买教育服务实施办法》，逐步稳妥解决现有临聘教师存量问题。

【党风廉政建设】市委、市政府在全省各市中率先出台《关于加强和改进新形势下高校思想政治工作的实施意见》，全方位、多途径创新特区高校思想政治工作；成立深圳特区高校思想政治工作研究中心，建立高校思想政治教育创新课程数据库，致力打造全国有影响力的高校思政研究重要平台；成立香港中文大学（深圳）党委和深圳北理莫斯科大学党委，强化中外合作高校党建工作；开展民办学校、中小学党建工作专项督查，扎实开展"两学一做"学习教育，全市涌现出一批教育系统"两学一做"先锋模范；加强党风廉政建设，出台《深圳市教育局关于深入推进阳光招生改革的若干措施》，有效防控招生风险。

（撰稿　鲍　魁；审稿　蔡茂洲）

珠海市教育

概况

2017年，珠海市有幼儿园318所，在园幼儿77 854人，招生15 980人，毕业15 025人。全市幼儿园教职工11 178人，其中专任教师5 768人。小学122所，在校生162 238人，招生29 876人，毕业22 605人。全市小学专任教师6 900人。学龄儿童净入学率为101.82%；小学毕业生升学率为97.18%。普通中学74所，在校生90 237人，招生32 461人，毕业27 283人。其中初中54所，普通高中20所；初中在校生60 246人，招生21 968人，毕业18 079人；普通高中在校生29 991人，招生10 493人，毕业9 204人。全市普通中学专任教师8 359人，其中初中专任教师5 319人，普通高中专任教师3 040人。初中毕业生升学率为93.57%，高中阶段毛入学率为116.6%；普通高中与职业高中在校生比例为51∶49。特殊教育学校2所，在校生472人，招生98人，毕业57人，教职工149人，其中专任教师110人。中等职业学校13所，在校生26 257人，招生10 020人，毕业8 984人，专任教师1 505人。全市有中山大学珠海校区等10所高校，全日制本专科在校生超过13.6万人，招生36 000多人，毕业超过30 000人，专任教师6 500多人。

2017年，珠海市教育局牢固树立和贯彻落实创新、协调、绿色、开放、共享的发展理念，紧紧围绕市委、市政府中心工作，大力深化教育领域综合改革，扎实开展各项工作，教育现代化发展水平进一步提升。

（一）教育系统党的建设进一步加强

全市教育系统深入学习贯彻党的十九大、十八届六中全会和习近平总书记系列重要讲话及对广东工作重要批示精神，以及省第十二次党代会、市第八次党代会精神，切实把思想统一到中央、省委、市委各项决策部署上来。深入开展"大学习大培训"，着力开展"五进"工作，确保全市教育工作在党的十九大精神指引下开展。召开了全市高校思想政治工作会议，出台了加强和改进高校思想政治工作的若干措施，完善了高校思想政治工作制度机制。深入推进教育系统"两学一做"常态化制度化，引导党员干部践行"四讲四有"，展示先锋形象；引导党支部加强自身建设，发挥主体作用。进一步加强基层党组织建设，确立了局机关党委、吉林大学珠海学院、珠海市第一中学等10个标准化建设试点单位，大力推进全市中小学和民办学校党的组织和党的工作有效覆盖。扎实开展纪律教育月活动，加强廉洁自律和警示教育。进一步加强机关廉政文化建设，开展廉洁文化进校园活动，营造良好的育人环境。

（二）教育领域综合改革进一步深化

编制发布了《珠海市教育发展"十三五"规划》，明确了到2020年教育发展的目标、工作任务及改革措施。组织开展了中小学考试招生制度、教师队伍建设和民办教育调研等系列带根本性的改革调研，研究制定珠海市中小学考试招生制度改革意见、新一轮"强师工程"行动计划、教育提质创优建高地实施意见等系列政策文件。市教育局调整优化了部分内设机构和职能配置，进一步完善权责清单，将原市教育局审批的非学历教育培训机构（除非学历高等教育机构外）的年检、变更登记等事项下放所属区教育局办理，保留行政许可事项16项、公共服务事项32项。深化管办评分离，委托华南师范大学教科院对珠海市现行中小学考试招生制度实施情况进行评估，完成2014—2016年强师工程专项资金第三方绩效评价。

（三）教育优质均衡特色发展进一步推进

努力扩大学位供给，积极推进市民生实事12所中小学校建设，已完成4所学校建设，其中中山大学附属小学和附属中学、礼和小学已招生，其余8所学校建设按计划有序推进。金湾一中（广东实验中学珠海金湾学校）建设全面竣工。按国家级示范性普通高中标准建设的珠海中学项目已于10月底举行开工仪式。大力促进学前教育公益性普惠性发展，积极推进学前教育第二期三年行动计划各项工作，组织起草《珠海市学前教育第三期三年行动计划（2018—2020年）》，进一步明确学前教育发展思路。切实提高义务教育优质均衡发展水平，研究出台了《珠海市2017年普通中小学招生考试工作实施意见》，指导各区制定义务教育招生细则，圆满完成义务教育学校招生工作。

（四）师资队伍建设进一步加强

切实加强教师队伍建设，狠抓师德师风建设，开展中小学校和在职中小学教师有偿补课专项督查。开展"我喜爱的老师"评选活动，廖秋玲等21名教师被评为"我喜爱的老师"，推荐叶芬等3名教师参加"广东最美教师"评选。积极推进名师队伍建设，遴选推荐省特支计划名师、名校长、中小学名师工作室主持人12名，其中文园中学宋朝华被评选为"广东省特支计划教学名师"。扎实做好学校岗位设置、岗位聘任和中小学教师专业技术资格评审、中小学教师资格考试和注册等工作，调整和增补了中小学教师职称评审委员会专家库，向省推荐中小学正高级教师13名，全年共有785人申领中小学（幼儿园）教师资格证，2万多名中小学在岗教师进行教师资格注册。加强师资培养培训，圆满完成中小学校长和骨干教师培训、高中教师职务培训、第25期中学新任教师培训、中小学教师信息技术应用能力提升培训、幼儿园园长培训、班主任培训等各级各类培训任务，有力促进了全市中小学校长、幼儿园园长和教师队伍整体素质的提升。

（五）教育科研工作进一步深化

加强教科研工作，各学科的常规教研与现代信息技术深度融合，创新教研方式，常规教研取得新发展。圆满完成全国义务教育阶段学生科学和德育质量监测工作，高质量开展普通高中教学质量监测和分析。落实和推进学科教研基地活动，市教研中心学科教研员每月2次以上赴学科基地开展教研指导活动。加强对珠海西部地区学校教师的指导和帮扶，带动西部地区教师业务素质的提升。积极组织开展青年教师教学技能大赛、高中数学应用与创新活动、化学实验创新成果大赛、中小学实验教学课活动等学科竞赛活动，为教师业务提升搭建平台。

在2016—2017年度"一师一优课、一课一名师"活动中，全市1万多名教师"晒课"近2万节，"晒课"率为195%，居全省第一；共获省级优课455节，其中313节获推荐参评部级优课，占全省1/6。创新教研模式，组织开展多学科联动课堂观察系列主题研究活动，大力推进"同课同构"新型教研模式，有效促进了教师间的交流与合作。加强课题研究，立项珠海市教育科研"十三五"规划2017年课题152项、微课题270项，推荐2017年度珠海市科技计划（教育类）项目15项，向省推荐2018年重点课题3项、一般课题10项。评出首批40门珠海市中小学校本精品课程，丰富了中小学教育内涵，增加了课程的选择性，满足了学生个性化的多元成长需求。在每四年举办一次的2017年广东省教育教学成果奖（基础教育）评比中，珠海市获奖率为50%，远高于省平均30%的获奖率，一等奖获奖数量位居全省第三。举办三期"珠海教育大讲堂"，邀请国内外知名专家开展高端学术讲座，拓展全市广大教育工作者的视野。

（六）教育信息化水平不断提升

继续完善全市教育网络体系和各级各类学校教育信息化基础设施建设，重点支持西部地区硬件资源配置、网络改造和提速，构建满足教育教学需要的信息环境。积极推进云计算、4G技术、移动终端网络教学、视频教学、电子书包等教学研究、应用和服务。深入推进"粤教云"项目和智慧校园建设，完成了2016年30所"粤教云"应用学校建设，2017年新建30所"粤教云"应用学校，验收了5所高中"智慧课堂"电子书包实验班项目。加强创客教育，首批25个青少年创客教育基地建设取得阶段性成果，确定了第二批13个青少年创客教育基地，珠海入选为"十佳广东中小学创新创客教育实验园"。

各级各类教育

【基础教育】大力促进学前教育公益性普惠性发展。认真落实市民生实事，推动各区出台普惠性民办幼儿园奖补办法，对207所经认定的普惠性民办幼儿园按每生每年2万元的标准给予奖励；指导各区全面完成对学前教育困难家庭幼儿给予每生每年1500元的资助工作。积极推进幼儿园上等级，2017年分别有2所、7所幼儿园被评为省一级、市一级幼儿园，全市现有省、市一级幼儿园125所。新成立香洲区教育幼儿园、南山幼儿园2个一体化发展联盟，8所省一级公办幼儿园分别带动5所区内相对薄弱或新办幼儿园的发展。公办属性幼儿园和普惠性民办幼儿园占全市幼儿园总数的75%，规范化幼儿园比例达91.5%。

推进义务教育优质均衡发展。2017年全市小学阶段公办学校计划招生22 102人，报名27 913人，录取22 058人，学位增长14.3%；初中阶段公办学校计划招生18 445人，报名21 264人，录取18 465人，学位增长4.4%；全市公办小学积分入学报名人员录取率为61.2%，初中为76.1%，较好保障了随迁子女入学需求。扎实开展中小学办学联盟各项工作。2017年1亿元提升西部及海岛地区教育水平专项资金主要用于西部地区教育信息化建设、教师支教、特色项目培育、校园文化建设等，有力促进了西部地区教育发展水平的提升。

【职业与成人教育】加快构建现代职业教育体系。开展中职学校教学诊断与改进工作，珠海市理工职业技术学校成为省的试点学校。成立了中职研究性工作室，从校园文化、产学研、德育、教学、校企合作等方面做强中职教育。中职学生在国家和省职业院校技能大赛中取得优异成绩，3个项目5名学生获国家级二等奖，22名学生获省级一等奖。大力推进中高职衔接的办学模式，珠海市第一职业学校等6所学校"三二分段"招生人数达2 165人。

【高等教育】着力提升高校创新驱动能力和水平。积极推进中山大学"天琴计划"基建工程、配套项目建设以及暨南大学创新科技园建设。助推北京师范大学珠海分校转型升级，广东省政府、珠海市政府和北京师范大学于8月底签订协议，三方共建北京师范大学珠海校区；有关落实工作积极推进。市政府与中山大学签署进一步加强新型战略合作协议，明确将汇聚粤港澳以及其他国际国内优势资源，在中山大学珠海校区建设国际高水平核科学、深空、深海、深地和电子信息等创新集群，新型战略合作项目动工仪式于10月27日举行。大力支持暨南大学珠海校区等5所高校与市政府联合申报8个广东省重点学科，促进了高校学科建设和教学、科研水平的提升。开展了珠海特聘学者、珠海市优势学科、珠海市重点实验室/重点研究基地、珠海市协同创新中心四大项目的年度考核工作，各项目绝大部分总体进展良好，对推动和促进高校学科建设及珠海创新驱动发展产生了积极作用。

【民办教育与特殊教育】民办教育和特殊教育加快发展。认真贯彻落实《珠海市进一步促进民办教育规范特色发展实施办法》，出台《珠海市民办教育发展专项资金管理办法》。加强民办学校年检工作，进一步规范民办学校办学行为，民办学校标准化覆盖率为85.7%。开展贯彻落实《民办教育促进法》实施情况执法检查，积极组织民办学校举办者和校长学习《民办教育促进法》修法精神。加快发展特殊教育，认真落实特殊教育提升计划，基本形成了以特殊教育学校为骨干、以随班就读为主体、以送教上门为补充的特殊教育办学体系。第二批20个随班就读资源教室基本建成，为残疾学生提供个性化服务。各区对不能到校就读的重度残疾儿童少年建立学籍，将其纳入送教上门工作计划。联合UIC举办自闭症学生课堂管理讲座，提高教师特殊教育专业技能。

教育成果与特色

【素质教育】扎实推进素质教育，坚持立德树人根本任务，切实加强和改进德育工作，加强中华优秀传统文化教育，积极培育和践行社会主义核心价值观，在全市中小学组织开展了学习和争做美德少年、中华经典诵读、向国旗敬礼等主题教育活动，评选出年度"十佳美德少年"、64名"最美珠海少年"。深入开展文明校园创建活动，评出第一届珠海市文明校园16所，2所学校被评为全省文明校园，香洲区杨匏安纪念学校获首届全国文明校园称号。强化学校体育工作，组织开展了田径、游泳、羽毛球、武术、健美操等10余项目中小学体育竞赛活动。大力推进校园足球工作，构建了从幼儿园到高校的五级校园足球常态化竞赛体系，新创建全国青少年足球特色学校22所、广东省校园足球推广学校26所，推荐香洲区申报广东省校园足球试点区。加强学校艺术工作，出台了《关于全面加强和改进学校美育工作的实施意见》，举办了第29届珠海市青少儿艺术花会。加强中小学特色教育，2017年共评选出41个特色项目培育对象，验收30个特色项目。科技教育硕果累累，珠海市学生在全省青少年科技创新大赛中获一等奖4项、二等奖9项、三等奖21项，珠海市第一中学学生李晨天代表广东省参加全国青少年科技创新大赛获一等奖。积极推进环境教育，珠海市实验中学等3所学校被评为广东省

·市域教育·

EDUCATION IN VARIOUS CITIES

绿色学校。继续推进教育系统"逐梦100"团建项目和中小学生课外实践活动，第三批35所中小学校与高校结对共建，召开2017年项目推进会，评出9所优秀结对学校及一批优秀指导教师和优秀大学生志愿者。

【教育对外开放】 与香港保良局签订教育合作与交流项目备忘录、与澳门教育暨青年局签订教育合作与交流协议，建立定期互访制度。2017年，珠港新缔结了6对姊妹学校。教育部姊妹学校平台建设工作会议在珠海召开。珠海城市职业技术学院与英国友好城市朴次茅斯市朴次茅斯大学就两校短期交流与长期合作项目进行多次深入沟通，签署了备忘录。继续推动吉林大学珠海学院与瑞典耶夫勒大学开展"3+1"双学士学位项目、林奈·帕尔蒙国际交流项目、硕士项目，开展了第八轮教师和学生交换项目，学校已选派156人赴瑞典耶夫勒大学交流学习。吉林大学珠海学院选派16名学生赴韩国水原大学公费留学半年；招收韩国水原大学的16名学生到学校留学半年。暨南大学珠海校区与澳大利亚阳光海岸市积极开展学术交流，拟进一步在科研和学生培养等方面开展合作。2017年11月，横琴"创新方"项目与哈罗国际（中国）管理服务有限公司及礼德国际控股有限公司携手合作，筹建由哈罗国际（中国）管理的横琴礼德学校。

【依法治教】 全面推进依法治教，大力推进制度建设，建立完善教育费附加分配办法、项目支出管理办法、财务及经费收支管理办法、预算执行管理制度、采购管理制度、机关合同管理制度等制度，切实提高依法治教水平。中小学招生政策调整等重大行政决策严格执行公众参与、专家论证、风险评估、合法性审查等程序。加大政务信息公开力度，加强通讯员、信息员队伍建设，充分利用市教育局官方网站、微信、微博，加大教育宣传力度，市教育局微信公众号"珠海特区教育"自2017年5月开通以来，总用户数达38万人，编发184期，推送528条新闻，总阅读量达500余万次。深入推进依法治校，2017年成功创建4所学校申报省级依法治校示范校、26所依法治校达标校。加大教育督导力度，按国家和省的要求开展大中小学（幼儿园）开学工作情况、学前教育第二期三年行动计划执行情况、德体美育等课程开课情况、公办义务教育学校"20条底线"要求达标情况、幼儿园办园行为等10余项专项督查，进一步规范了办学行为。健全教育系统学法制度，整合和利用各种法制教育资源，全面加强学校法制教育，努力营造有利于青少年学生健康成长的校园法治环境。

【校园安全】 全面加强安全稳定工作，建立校园安全工作会议和安全检查工作制度，组织开展影响社会稳定矛盾问题和各类风险隐患专项排查，切实抓好重要时间节点和特别防护期各项安全维稳工作，确保了全市教育系统的安全稳定。加强校车安全管理和培训，会同市公安交警支队、市交通运输局对全市开展校车安全攻坚治理和学生上下学交通安全专项检查。完成珠海市第一中学保安人员聘请市专业保安公司特保加强校园安保工作的试点，并在市直属学校逐步铺开，取得了良好效果。协助省教育厅顺利举办广东省第22个全国中小学安全教育日系列活动，并在珠海市香洲区第十五小学举行应急疏散示范演练。对珠海市第一中学等18所中小学校进行消防检查，认真做好迎接国务院消防考核准备工作。积极开展防溺水宣传教育，在全市315个村（社区）安装防溺水宣传板，在城区主干道LED显示屏播放防溺水公益广告，向全市中小学生发放《致全国中小学生家长的一封信》《珠海市青少年防溺水安全教育手册》。举办了200多人参加的校园突发事件应急处置演练活动，有力提升了珠海市校园应急管理能力和水平。家校合作共建"平安校园"，举办珠海市首届中小学生"平安校园"安全知识竞赛，23.5万名中小学生、家长参与，进一步提升了中小学生安全防范意识和参与"平安校园"建设的积极性。新创建"平安校园"48所，珠海市实验中学等15所中小学（幼儿园）被评为广东省安全文明校园，全市"平安校园"比例达98.52%。

【助学帮扶】 认真做好助学帮扶工作，成立了市学生资助管理办公室，统筹全市学生资助工作。全年约有24.14万名学生享受中小学12年免费教育，财政补贴3.71亿元，其中免费义务教育21.29万人，财政补贴3.21亿元。切实做好困难家庭子女上大学资助工作，2017年共对150名考上大学的贫困生（本科72人、专科78人）资助134.4万元，对90名珠海市户籍高校在校生资助27万元。全面开展普通高校本专科生和研究生生源地信用助学贷款工作，各区与国家开发银行股份公司签订生源地信用贷款三方协议，有序开展贷款相关工作。认真做好对高州市禾田村、军屯村的精准扶贫工作。启动新一轮对口帮扶阳江教育工作，推动百家学校签订结对帮扶协议，开展教研员跟岗、骨干教师交流、珠海名师巡讲、教育统计培训4项帮扶工作。积极开展对口帮扶云南怒江州教育工作，设立了4个"珠海班"，派出支教教师26人次，珠海9所学校

（高中3所、初中2所、小学4所）与怒江中小学结对帮扶；完成了怒江州中小学校长幼儿园园长珠海培训班、怒江州中小学骨干教师珠海培训班各2期，培训了40名校长（园长）、129名骨干教师；帮扶怒江州职教中心进行专业建设，开展"1+2"分段培养方式合作办学，第一批56名学生已到珠海市技师学院学习；建立教育信息化对口帮扶合作，向怒江州113所已接通宽带网络的学校输送优质教育教学资源，送出优质课120多节，同课异构40多节。选派2名教师赴西藏林芝地区支教，选派8名教师赴广东揭西县支教；香洲区选派21名中小学教师赴市内西部（海岛）地区支教，同时接收10名教师跟岗学习，显著提高了受援地区学校的教育教学水平。

（撰稿　周　佩；审稿　陈智霖）

汕头市教育

概　　况

2017年,汕头市有中小学校1 049所(完全中学60所,十二年一贯制学校10所,高级中学24所,初级中学117所,九年一贯制学校93所,小学745所)。在校中小学生886 251人(普通高中生140 639人,初中生219 152人,小学生526 460人)。中等职业技术学校24所(含粤东高级技工学校),本地在校生71 826人。特殊教育学校8所,在校生1 789人。幼儿园923所,在园幼儿185 089人。民办学校99所(小学24所,初级中学7所,九年一贯制学校49所,完全中学4所,十二年一贯制学校10所,中等职业学校5所),民办学校在校生149 702人。

各级各类教育

【基础教育】(一)学前教育

2017年,汕头市有幼儿园923所,其中公办园285所,民办园638所。全市所有镇(街道)均设立了中心幼儿园。全市3～6周岁在园幼儿185 089人,学前三年入园率为96.81%。幼儿园教职工约2.27万人,其中专任教师约1.51万人,教师学历达标率为100%,大专以上学历占77.8%。全市有省一级幼儿园11所,市一级幼儿园31所,广东省规范化幼儿园544所,约占全市幼儿园总数的60%。

(二)义务教育

2017年,汕头市加大防流控辍力度,实施义务教育薄弱学校基本办学条件改造计划,改善义务教育办学条件,缩小城乡差距,提高均衡化程度。全市有小学745所,在校生526 460人,小学适龄儿童净入学率为100%,辍学率为零。初中210所(含九年一贯制学校),在校生219 152人,初中教育毛入学率为111.29%,初中辍学率为0.05%。公办义务教育学校标准化覆盖率达100%。

(三)高中阶段教育

2017年,汕头市高中阶段教育毛入学率为96.22%。普通高中方面,汕头市有普通高中(含完全中学和十二年一贯制学校)94所,在校生140 639人。全市84所普通高中均为市一级及以上普通高中。组织9所市一级普通高中向省提交申报省一级普通高中的材料,其中汕头市第二中学已顺利通过评审验收。全市已有国家级示范性普通高中12所,省一级普通高中10所。按规划积极实施普通高中改造提升规划。积极做好高中阶段教育普及攻坚计划学校建设规划(2017—2020年)。

(四)特殊教育

全市有特殊教育学校8所,其中市属学校2所、区级学校6所。设立特教班的普通学校4所。全市残疾儿童少年在各类学校接受教育1 789人,其中就读特殊教育学校748人,就读普通中小学附设特教班47人,在普通中小学随班就读994人。继续推动汕头市特殊教育发展,重点是加快相关区特殊教育学校建设力度。金平区存心特殊教育学校改扩建工作正在办理项目立项手续。龙湖区育智特殊教育学校易址重建方案已完成,将进入建筑施工图设计阶段。澄海启智学校异地新建工程已全部封顶,进入装修阶段。潮南区特殊教育学校建设项目已进入招投标阶段。

【职业与成人教育】2017年,汕头市有中等职业学校24所(含粤东高级技工学校),其中国家级重点学校3所、省级重点学校5所、市级重点学校2所。中等职业学校专业覆盖土木工程类、加工制造类、交通运输类、信息技术类、医药卫生类、商贸财经类等16类110多个专业。全市有11个省级重点建设专业、6个省级实训中心(不含技工)。中等职业学校本地在校生71 826人,全市中职毕业生就业率达96%。全市高级职业技术教育、高级技工教育、成人高中等学历教育呈现良好发展态势,取得一批优秀教学成果,学生就业率稳步提高。

【民办教育】2017年，汕头市有民办学校99所（小学24所，初级中学7所，九年一贯制学校49所，完全中学4所，十二年一贯制学校10所，中等职业学校5所）。民办学校在校生149 702人，其中普通高中生17 825人，初中生62 487人，小学生60 816人，中职学生（不含技工，下同）7 613人。民办中小学就读学生占全市在校生的15.92%。民办中职学校5所，占全市中职学校数的20.83%，民办中职在校生7 613人，占全市中职在校生的12.97%。民办幼儿园638所，占全市幼儿园总数的69.12%。就读民办幼儿园幼儿10.85万人，占全市在园幼儿总数的58.63%。

教育成果与特色

【教育"创强争先"督导】2017年，汕头市积极有序推进教育现代化工作，金平区、龙湖区被省教育厅授予"广东省推进教育现代化先进区"称号，在粤东地区率先建成广东省推进教育现代化先进区。做好教育强镇复评工作，夯实教育现代化工作基础。全市16个镇（街道）完成教育强镇（街道）复评督导验收。积极推进省一级普通高中、省一级幼儿园创建和督导评估工作，汕头市第二中学通过督导验收，被授予省一级学校称号，汕头经济特区幼儿园通过督导验收，被授予省一级幼儿园称号。完成2017年全国义务教育阶段学生科学学习质量、德育状况监测任务，全市有龙湖区、澄海区、濠江区、潮阳区、潮南区被教育部评为国家义务教育质量监测实施县级优秀组织单位。推进中小学校责任督学挂牌督导工作，开展"全国中小学校责任督学挂牌督导创新县"创建工作，金平区、龙湖区在粤东地区率先完成创建工作并通过国家评估认定，被国务院教育督导委员会授予"全国中小学校责任督学挂牌督导创新县"称号。

【教育投入】2017年，全市教育总投入104.05亿元，比2016年增加3.87亿元，增长3.86%。财政性教育经费82.82亿元，占国内生产总值的3.52%。其中公共财政预算安排的教育经费81.3亿元，政府性基金安排教育经费1.52亿元。公共财政教育投入占公共财政预算支出的比例为23.78%，比2016年下降1.32%。生均公共财政预算教育事业费支出增长情况：与2016年相比，学前教育增长2.92%，小学增长8.95%，初中增长17.18%，普通高中增长15.83%，中职增长8.56%，普通高校增长17.56%。生均公共财政预算公用经费支出增长情况：与2016年相比，学前教育增长1.25%，小学增长2.42%，初中增长2.28%，普通高中增长3.65%，中职增长5.12%，普通高校增长9.44%。全年全市学校基建总投入9.03亿元，新建、扩建、改建公办民办学校709所，竣工建筑面积126.57万平方米。至2017年底，生均校舍面积小学6.59平方米，中学15.53平方米。

【教育法治】2017年，汕头市教育局印发《汕头市教育局2017年法治建设工作要点》，全面推进依法治教、依法治校，健全教育治理体系。深入开展法治宣传教育。组织开展"学宪法讲宪法"演讲比赛等系列活动，全市有3人次在全国学生"学宪法讲宪法"演讲比赛广东省选拔赛中获奖。联合市普法办等单位组织"汕头市2017年法律进校园系列活动"，在全市各区县学校举办8场"法律进校园"系列活动。开展依法治校创建活动，全市有汕头市金山中学等366所学校被认定为汕头市第一批广东省依法治校达标校，汕头市第二中学等23所学校被认定为汕头市依法治校示范校，其中10所学校通过省教育厅2017年"广东省依法治校示范校"认定。

【学校安全教育】2017年，汕头市教育局重视学校安全管理工作，全面落实学校安全工作责任，建立覆盖面最为广泛的校园安全工作责任体系，全面促进师生安全意识的形成。2017年8月4—19日举办2017年汕头市学校安全工作专题培训班，为全市各地各学校培养了1 300多名安全管理工作责任人，采取多种形式，开展安全演练和安全实践，增强广大青少年学生安全防范意识和自护自救能力。认真排查整治安全隐患。抓好交通安全教育工作，开展夏季防溺水安全教育专项活动，有效避免中小学学生溺水事件的发生。加强校园周边社会面的管控和治安环境的清理整治。

【教师队伍】2017年，全市有中小学教职工60 915人，专任教师54 311人。生师比、教师队伍结构进一步优化，专任教师学历达标率进一步提升。小学、初中和普通高中专任教师学历达标率分别为100%、100%、99.55%。汕头市教育局按照"统筹规划、改革创新、按需施训、务求实效"原则，做

·市域教育·

EDUCATION IN VARIOUS CITIES

好教师继续教育工作；做好国培、省培等培训项目学员选派工作以及市级常规教师培训，开展市级培训活动；委托浙江大学、北京师范大学、华东师范大学、重庆师范大学、华南师范大学、广东第二师范学院、市委党校举办了系列培训，参训约 2 600 人。继续组织开展"代转公"教师培训，分期分批对全市 5 243 名"代转公"教师进行培训。落实"走出去"培训计划，实施"请进来"培训模式，制定《2017 年汕头市教育局外请专家莅汕讲学系列活动实施方案》，邀请一批学科专家到汕头讲学培训。

完善健全教师激励机制。市教育局联合市人社局共表彰市优秀校长 16 人、市优秀教师 100 人、市优秀教育工作者 30 人，市教育局表彰市优秀青年教师 50 人。启动实施"三名工程"，授予 10 名同志"汕头市名教师"称号、6 名同志"汕头市名班主任"称号、10 名同志"汕头市名校长"称号。

【教育信息化】截至 2017 年底，全市中小学校教学仪器总值达 15.5 亿元，图书 2 876 万册，电脑学习终端达 19.6 万台，学校每百名学生电脑终端达 19 台；全市学校宽带网络实现 100% 接入，其中金平区、龙湖区等通过教育现代化先进区的城镇中小学网络接入带宽达 500M 以上，其他学校不低于 100M；课室网络多媒体平台 2.5 万套，比 2016 年新增 2 000 多套，覆盖率达 92%，其中普通课室网络多媒体平台覆盖率达 96%。实现网络多媒体教学平台进班级。加速推进教育资源公共服务平台建设，按计划完成汕头教育云平台基础支撑及中考标准化考场设备招标采购，完成智能化数据机房设备安装，项目实施完成后将有效改善局网络信息系统安全环境，初步构建汕头教育云平台和教育资源公共服务平台数据库，为全市师生开展教育教学信息化应用服务。强力推动"一师一优课、一课一名师"活动开展。全市教师晒课数达 46 071 节，教师晒课率达 96.5%，列全省第二位，获省级优课 339 节，列全省第四位；获部级优课 64 节，列全省第五位。汕头市应邀在省"一师一优课、一课一名师"市级管理员培训会上介绍先进经验。组织全市教师自制教育软件评比、学生电脑制作活动、中小学生创客大赛、信息学奥林匹克竞赛、实验教师实验操作与创新技能竞赛、教师教育技术论文比赛等竞赛活动，全年全市师生在各类信息技术竞赛获得全国一等奖 25 人次、二等奖 28 人次、三等奖 32 人次，省一等奖 47 人次、二等奖 112 人次、三等奖 140 人次。

【教育教学】2017 年，汕头市组织申报广东省"强师工程"项目，23 项课题被批准立项，其中重点课题 1 项、一般课题 22 项。开展汕头市教育科学规划 2017 年度课题申报，批准立项 200 项，其中一般课题 180 项、重点课题 20 项。编辑出版 6 期《汕头教育》，刊登文字约 72 万字。为韩山师范学院主办的《粤东基础教育研究》杂志提供 4 期稿件共 65 篇。

【语言文字工作】2017 年，面向社会人员和在校生开展普通话水平测试，共测试社会人员 1 000 多人次，在校生 1 400 多人次。

2017 年 3 月份，汕头市东方小学、汕头市潮南区两英镇古厝小学、汕头市潮阳区启声学校获第三批"省级规范汉字书写教育特色校"称号；汕头市飞厦中学、汕头市龙湖区龙湖小学、汕头市澄海区汇璟小学获第五批"省级语言文字规范化示范校"称号。

开展市级"示范校""特色校"评审工作，于 6 月份组织评估验收小组对申报学校进行评审验收，通过审核评估，汕头市聿怀初级中学等 24 所学校通过"汕头市第五批语言文字规范化示范学校"评估，汕头市龙湖区金阳小学等 13 所学校通过"汕头市第三批规范汉字书写教育特色学校"评估。

8 月份，组织全市中小学生 150 人参加广东省第九届规范汉字书写比赛，获得特等奖 14 名、一等奖 29 名、二等奖 38 名、三等奖 31 名。

【第二届中小学生灯谜大会】2017 年 12 月 13—15 日，汕头市第二届中小学生灯谜大会在市实验学校举行。此次大会主题是"激扬文字，传承文化"，比赛分为小学组、初中组和高中组 3 个专场。全市 19 所小学、16 所初中、14 所高中参加比赛，争夺各组冠军。

每个组别都经过初赛和决赛两场比赛。初赛采用笔猜形式，以各队 3 名选手笔猜的成绩总得分为依据进行排名。经过上半场 1 个小时紧张的初赛，桂花小学等 10 支队伍、广厦私立学校等 8 支队伍、金山中学等 6 支队伍率先分别进入小学组、初中组、高中组的团体决赛。

决赛借助电控抢答器进行。比赛分五轮，分别有集体笔答和集体抢答、选手轮答等形式。汕头市金山中学获得高中组的第一名，私立广厦学校获得小学组和初中组的团体"双冠军"，汕头市桂花小学、汕头市龙湖区金珠小学、汕头市金平区浮西小学荣获小学组二等奖，汕头市飞厦中学、汕头市世贸实验学校荣获初中组团体二等奖，汕头市第一中学获得高中组团体二等奖，汕头市长厦小学、澄海建阳小学、汕头市红领巾路小学、澄海隆都中心小学、澄海道南小学、龙湖区渔五小学获得小学组三等奖，澄海集贤学校、汕头市金园实验中学、澄海实验学校、汕头市新溪中学、澄海东里第三中学获得初中组团体三等奖，汕头经济特区林百欣中学、汕头市第四中学、澄海中学、汕头市聿怀中学获得高中组团体三等奖。

【学校思想政治和德育】2017年，汕头市教育局以培育和践行社会主义核心价值观为指引，围绕立德树人的根本育人目标，以创建文明校园为抓手进一步加强学校德育工作。各区县、各中小学通过主题班会、主题团（队）日、主题演讲会、辩论会、征文比赛、志愿服务等多种形式进一步深入开展核心价值观主题教育活动。常态化开展"三爱"（爱学习、爱劳动、爱祖国）教育、文明礼仪养成教育和公民意识、责任教育。继续与市检察院联合开展"法治进校园"巡讲活动，加强法治教育，增加学生法治意识。全市1 000多所学校在"6·26"国际禁毒日前后开展禁毒宣传教育活动；推荐50所学校作为禁毒宣传教育示范学校，进一步夯实禁毒教育基础工作。加强德育骨干队伍建设，发挥德育系列工作室（高中、初中、小学班主任工作室和少先队工作室）作用，为学校德育工作者搭建交流学习平台。11月份，举行第二届广东省中小学心理教师专业能力大赛汕头市初赛，推荐4名选手参加省决赛，获得1个综合一等奖、3个综合二等奖和1个单项一等奖。教师节期间评选表彰18个"汕头市德育先进集体"、30名"汕头市先进德育工作者"、80名"汕头市优秀班主任"，评选表彰915名市级三好学生和365名优秀学生干部。汕头市获2017年度潮汕星河奖个人奖89名（特等奖2名、一等奖19名、二等奖27名，三等奖41名）、集体奖17个（一等奖1个、二等奖3个、三等奖13个）。

【体育、卫生工作和艺术教育】2017年，切实加强学校体育、卫生工作和艺术教育。一是以校园足球为突破口，积极推进学校体育工作，提高中小学生身体素质。龙湖区和金平区被授予广东省校园足球推广试点县（区），有19所中小学校被命名为全国青少年校园足球特色学校，75所中小学校被命名为广东省校园足球推广学校。扎实做好学校卫生工作，确保师生健康安全。广泛开展学校艺术工作，提高中小学生艺术素养。成功举行"让文明歌声响遍校园"——2017汕头市中小学校园合唱节小学组、初中组和高中组总决赛。创建艺术特色学校，引领全市艺术特色教育的开展。推选了广东汕头华侨中学、金阳小学、丹霞小学、东厦中学、长厦小学、澄海华侨中学、澄海永新小学7所学校参加广东省中小学艺术教育特色学校评比活动；汕头市文化艺术学校、澄海莲下中心小学被广东省教育厅推荐为第二批全国中小学中华优秀文化艺术传承学校参评单位。

【高考录取】2017年，汕头市第一批（重点）本科上线人数6 834人，比2016年增加428人，一本上线率为14.8%。本科以上上线人数为23 240人，比2016年增加915人，本科上线率为50.4%，本科率居粤东西北12市前列。全市总上线人数为47 164人，总上线率为96%，连续多年保持上线率超九成。全市有31人被清华大学、北京大学录取，987人被"985"重点大学录取，1 789人被"211"重点大学录取。

【中职教育专业建设】2017年，汕头市教育局加强中职学校专业管理，鼓励各中职学校调整优化专业结构，适应区域经济发展和产业调整升级对技能人才的需求，全市新设及开设新的专业方向共7个，更好地服务地方产业发展。完善全国中职学校专业管理信息系统的相关信息；推动汕头市鮀滨职业技术学校等7所中职学校18个专业与广东科学技术职业学院等8所高职院校开展2017年中高职衔接三二分段试点工作。

【中职学生技能竞赛】汕头市教育局组队参加2017年广东省中职学校技能大赛，学生组参加10个专业类别25个项目比赛，获二等奖20人、三等奖24人、优秀奖54人；教师组参加4个专业类别4个项目比赛，获三等奖10人。

【中职学校教学诊断与改进工作】召开教学诊改部署工作会议，提出全市中职教学诊改的初步思路和方案。推动全市中职学校进行办学五项基本条件自查及会同主办单位制订相应的改进工作台账，结合市创建职业教育综合改革示范市的项目全面开展情况摸查。组织中职有关学科教师研究确定接受专业合格抽查的学校和专业，并召开会议对相关学校布置做好抽查的各项工作。委托重庆师范大学组织市中职学校教学诊断与改进提升班培训，通过专家引领、名校实地学习，对全市开展中职教学诊改工作起到很好的启发和借鉴。做好中职学校人才培养状态数据采集工作，结合教学诊改工作开展要求，各中职学校开展中职教育质量年度报告的编制和发布工作。中职教学诊改工作的推进有效推动了全市中职学校办学质量的提升。

【创建广东省现代职业教育综合改革示范市工作】成立汕头市创建工作领导小组，加强职业教育的统筹协调，推动全市职业教育按普职比例大体相当的要求稳定职业教育的招生和办学规模。开展中职教育教学诊断与改进工作，强化职业教育内涵发展水平。推动职业学校加强校企合作和信息化建设，开展中高职三二分段衔接试点工作，支持中职学校聘任高技能人才到校兼职，促进职业学校特色发展和优质发展，提高职业教育服务汕头市经济社会发展的能力和水平。开展创建项目的调研和规划，制订创建工作方案和2018年实施方案，完成创建项目的申报资料，于11月初报市政府审定并以市政府名义向省教育厅申报创建项目。

【推进成人教育工作】开展全市教育培训机构的情况调查，推动各县区加强教育培训机构的管理。组织全市全民终身教育活动周，推进各地各中职学校发挥职能作用，推动全民终身学习活动的开展。加快汕头电大业大职大向开放教育、社区教育转型，完成《汕头开放大学（汕头社区大学）建设方案》的制订，做好汕头电大业大职大转型的相关工作。

【扶困助学】2017年，汕头市在幼儿园、义务教育阶段、普通高中、中等职业学校等方面做好扶困助学工作。

2017年春季学期开始，全市学前教育家庭经济困难儿童资助标准由原每人每学年300元调整为每人每学年1000元，用于资助家庭经济困难儿童、孤儿和残疾儿童入园和生活等费用。全市资助家庭经济困难及孤残儿童22 186人。

2017年全市资助义务教育阶段家庭经济困难寄宿生549人，农村非寄宿生58 797人，共发放生活费补助1 679.57万元。省下达建档立卡义务教育阶段家庭经济困难学生人数13 044人，共发放金额3 913.2万元。

2017年全市共资助普通高中家庭经济困难学生15 055人，发放资助金额3 011万元。享受普通高中免学杂费资助人数（建档立卡等家庭经济困难学生）为2 544人，免学费金额为598.113万元，发放建档立卡1 616人的生活费补助485.4万元。

2017年汕头市中等职业学校学生享受免学费人数24 362人，受资助资金约8 527万元，地方配套资金约2 558万元，其中市级资金1 455万元、区县资金1 103万元。享受助学金人数2 997人，助学资金约599.4万元，地方财政配套179.82万元，其中市级资金97.62万元、区县资金82.2万元。

【招生考试】2017年，汕头市招生办组织正式考试超过20场，市级高考模拟考试2场，全年合计考生数超过40万人次。

2017年，全市高考普通类总上线人数47 164人，总上线率为96%。本科以上上线人数23 240人，本科上线率为50.4%。全市普通类考生被高校录取45 610人，其中本科19 982人、专科25 628人。录取人数比2016年增加730人，增幅为1.6%。

2017年，在汕头市报考硕士研究生人数为2 488人，比2016年增加901人，增幅为56.8%。

2017年，汕头市报考成人高校考生人数为5 596人，比2016年减少3 826人，减幅为40.6%。其中，高中起点报考专科3 308人，高中起点报考本科216人，专科起点报考本科2 072人。

2017年，汕头市组织4次自学考试，报考9 280人次、19 537科次。考生数比2016年增加878人次，增幅为10.4%。全年办理毕业登记861人，其中本科694人、专科167人。

2017年，汕头市参加高中阶段学校招生考试的考生人数为68 845人（其中进城务工人员随迁子女8 927人），比2016年减少3 782人，减幅为5.2%。

全年全市组织2次普通高中学业水平考试，考生68 136人次，报考227 248科次。考生数比2016年增加12 622人次，增幅为22.7%。

2017年，汕头市参加初中生物、地理学科学业考试考生人数为70 971人，比2016年减少630人，减幅为0.9%。

2017年，汕头市组织2次中等职业技术教育专业技能课程考试，考生1 972人次，比2016年增加244人次，增幅为14.1%。

2017年，汕头市组织2次全国英语等级考试，考生2 248人次，比2016年增加370人次，增幅为19.7%。全市组织2次全国计算机等级考试，考生9 428人次，比2016年减少856人次，减幅为8.3%。

【民办教育扶持】2017年，汕头市民办教育经费总投入16.77亿元，比2016年增加0.73亿元，增幅为4.55%，民办教育经费占全市教育经费总投入的16.12%；各级财政安排民办教育发展专项资金866万元，主要用于各级各类民办学校校舍设施改造，购置更新教学设备。出台《关于进一步加强我市民办学校初中招生管理工作的通知》，重申"四严"的规定，明确民办学校办学宗旨。做好《民办教育促进法》修法宣传。

（撰稿　林楚江；审稿　王溦波）

佛山市教育

概 况

2017年,在佛山市委、市政府的领导下,全市教育系统紧紧围绕迎接党的十九大胜利召开和学习宣传贯彻党的十九大精神,以习近平新时代中国特色社会主义思想为统领,认真落实习近平总书记对广东工作的重要批示精神,全面贯彻党的教育方针,以新思想、新思维、新理念为引领,加快推进佛山市教育现代化进程,取得令人瞩目的成绩。

（一）全面加强新时期教育改革发展顶层设计,突出教育优先发展地位

佛山市委、市政府始终坚持高站位、大格局、宽视野、实做事的原则,从全局和战略的高度研究部署教育工作,着力做好教育事业发展的顶层设计。一是颁布了《佛山市全面提升教育现代化发展水平实施方案（2017—2020年）》,搭建起更高水平教育现代化建设的总体框架、目标系统、行动路径和项目抓手体系,提出到2020年将佛山建成教育综合改革示范高地,成为国内一流的教育强市。二是出台了佛山市历史上第一份发展高等教育的文件——《中共佛山市委 佛山市人民政府关于加快高等教育发展的实施意见》,基本完成全市高等教育跨越式发展的战略设计,开启了南方高等教育名城建设新征程。三是《佛山市基础教育"强师工程"行动计划（2017—2020年）》《佛山市人民政府关于加强全市幼儿园教师队伍建设的实施意见》等文件正式颁布,加快构建新时代教师工作体系,努力把佛山市建成南方教育名师名家、骨干人才、青年拔尖人才和创新特色人才的成长聚集高地。四是颁布了《佛山市普通高中优质多样特色发展实施方案》,以前所未有的统筹力度启动全市普通高中分类改革创建工作,形成全市普通高中标杆带动、特色纷呈、整体提升的发展格局,创新新高考背景下人才培养模式。五是出台《佛山市加强工业机器人相关领域人才培养实施方案（2017—2020年）》,全面加强工业机器人研发、制造、应用、维护相关领域人才培养。

（二）全市教育工作开创新局面,跨步迈入教育现代化新阶段

2017年,佛山按照省委、省政府提出的教育事业"争先进、当标兵、建高地"的部署要求,全面推进教育现代化建设,教育战线各项工作亮点纷呈、成效突出。总体上可以概括为"四个新":一是教育改革统筹发展再上新台阶。加强教育事业统筹和教育改革顶层设计,先后出台全面提升教育现代化水平、加快高等教育发展、加强教师队伍建设等系列政策文件,全市教育事业呈现统筹综合、协调推进、同向发力、质效并举的良好态势。健全教育优先发展体制机制,持续加大教育投入力度,2017年全市教育经费总投入231.4亿元,其中国家财政性教育投入155.5亿元,为教育改革发展提供了坚实保障。二是各类教育协调发展迈出新步伐。学前教育公益普惠发展加快推进,全市公益普惠性学前教育覆盖率超过70%。城乡义务教育一体化发展深入实施,新增义务教育优质学位3.3万个,义务教育标准化学校覆盖率达100%,教育基本公共服务均等化水平全省领先。高中阶段教育向多元化、特色化发展迈进,省一级高中占比84.7%,普通高中优质学位达100%。职业教育、民办教育、终身教育等各类教育体系日益完善,高水平学习型城市初步建成。三是教育惠民取得新成效。集中力量办了一批师生家长关心、群众普遍期待的实事好事,如新市民随迁子女入读公办学校人数达29万人,占比超过70%,综合成效稳居全省首位;特殊教育实现"零拒绝""全接纳","三残"儿童义务教育阶段入学率达100%;教育扶贫实现从学前教育到高等教育全覆盖,各类学校受助学生达4.2万人,资助金额近7500万元。四是教育服务经济社会发展能力有了新提高。南方高等教育名城建设初见成效,佛山科学技术学院仙溪新校区全面建成投入使用,四方共建南方医科大学、广东财经大学全学段佛山校区工作顺利推进,北京科技大学顺德研究生院、北京外国语大学佛山研究生院建设加快。产教融合深入推进,成功举办全省首届产学研对接大会,与省教育厅共建广东高校科技成果转化中心,为佛山市产业转型升级提供了创新动力和活力。

（三）全面加大全市统筹力度,加快形成教育全链条改革的工作格局

一年来,全市教育系统自加压力、转变作风,

·市域教育·
EDUCATION IN VARIOUS CITIES

以大格局、宽视野布局全市教育事业，围绕佛山教育要在满足民生需求的同时，也要成为城市发展的竞争力这一新的定位，坚持问题导向和对标标兵相结合、全面部署和专项攻坚相结合、顶层设计和基层行动相结合，开启了全链条改革，构建了"总体方案+配套政策+资源支撑+重点突破"的教育工作新格局，力求充分发挥教育在"惠及民生、集聚人才、智力支撑、创新源泉"的新作用。

各区政府高度重视教育工作，一手抓民生需求，一手抓发展潜力，展现了良好的发展势头和差别化的竞争新优势。例如，禅城区积极推进"区管校聘"教师管理改革，统筹全区教师资源和师资均衡发布成效明显。南海区大力推进普通高中优质多样特色发展，打造优质高中集群。顺德区在2015年底召开教育综合改革动员大会以来，在高等教育、职业教育方面改革创新力度很大。高明区在2017年高规格召开推进深化教育领域综合改革动员大会，提出到2020年要建成广东省县域教育综合改革试验标杆区。三水区自2016年启动新一轮教育综合改革以来，实施"提质创优建高地"行动成效初显。

2017年，在市委、市政府的正确领导下，在各级部门的大力协助下，佛山教育改革发展成绩得到上级部门的充分肯定。2017年5月份，教育部副部长朱之文专门到佛山调研教育工作，认为佛山坚持教育现代化，坚持改革创新、公平发展，坚持产学研结合发展的做法非常好，值得肯定和各地学习。6月份，"迎接十九大·教育看变化"中央媒体团走进佛山，新华社、中国青年报等近20家中央级及省、市级媒体聚焦报道佛山以教育信息化推进教育现代化的成果，以及推进教育现代化的先进经验和做法。

各级各类教育

【基础教育】普惠性学前教育建设取得新成就。佛山市坚持学前教育公益普惠的改革主线，率先建立了普惠性幼儿园认定和管理制度，努力扩大普惠性学前教育资源。积极开展学前教育学位需求情况调研，科学谋划学前教育发展，深入推进国家学前教育改革发展实验区建设，全市公益普惠性学前教育覆盖率达75%，公益普惠性幼儿园生均公用经费标准提高到每生1 000元/年，全市落实提标经费1.53亿元。全面实施公益普惠幼儿园教师从教津贴制度，2017年补助标准不低于平均每人每月400元。制定2017年市级学前教育专项经费使用方案，加大对公办幼儿园及村集体独立举办幼儿园基础设施补助，引导各区发展公办学前教育资源。启动实施幼儿园游戏化课程市级项目，着力提升幼儿园保育教育质量。2017年度共完成66所规范化幼儿园、29所市一级幼儿园、6所省一级幼儿园的督导评估。

义务教育优质均衡发展取得新进步。佛山市已经迈过了义务教育"基本均衡"的阶段门槛，迈向了"优质均衡"的新阶段。佛山市教育局紧紧围绕全市义务教育发展新阶段的新情况、新变化，积极落实国家统筹推进城乡义务教育一体化改革发展部署，巩固义务教育标准化学校建设成果，大力推进义务教育学校办学联盟、学区制、一贯制等改革。将落实义务教育阶段学校基础设施五年提升行动计划，新（改扩）建一批学校列为2017年佛山市十件民生实事之首。市长朱伟代表市政府与各区政府签订工作责任书，强力推进，确保了全年全市完成新建、改（扩）建义务教育阶段学校33所，新增学位3.3万个，超原定计划6 000个。编制《佛山市消除义务教育阶段学校大班额工作方案（2016—2020年）》，科学制定佛山市消除义务教育阶段学校大班额专项规划。组织全市五区开展了义务教育优质均衡发展区全面自查自评，圆满完成义务教育质量监测工作。积极做好义务教育招生工作，加大义务教育招生工作的改革统筹力度。秋季学期佛山市公办小学起始年级招收学生近8.3万人，同比增招9 000多人，增长12.22%；其中，接收新市民子女超过3.8万人，与2016年基本持平。公办初中起始年级招收学生近6.2万人，同比增招近6 000人，增长11.06%；其中接收新市民子女近3万人，比2016年增招近3 000人。佛山市2017年义务教育学校新市民随迁子女在校学生41万人，入读公办学校人数达29万人，占比70.28%，综合成效仍居全省首位。

普通高中优质发展取得新提升。佛山市不断深化普通高中课程改革，持续提升学校办学品质，2017年高考成绩全面"飘红"：第一批本科上线率为24.59%，比2016年提高了1.98个百分点；第二批本科上线率为69.17%，比2016年提高了2.02个百分点；高分层学生人数和占全省的比重持续增加，其中有3名学生进入全省总分前十名。被清华大学、北京大学两所高校录取的考生达到23人，人数创下历史新高。2017年全省规模以上（报考人数超过800人）品牌高中高考重点率超90%的有11所，佛山就占2所，其中佛山市第一中学实现"双破九"，第一批本科上线人数达941人，上线率达90.7%。佛山市艺术类高考成绩也十分突出，音体美的高考成绩处于全省领跑位置。2017年佛山市美术生高考重点率达24.48%（2016年为15.15%），继续保持在省内艺术类高考重点率位列第一的优势。

特殊教育全纳化改革取得新进展。国家特殊教育改革实验区建设取得阶段成果，全市"三残"儿童少年义务教育阶段入学率达100%，实现"三残"学生义务教育"零拒绝""全接纳"。研究拟订《佛山市第二期特殊教育提升计划（2017—2020年）》。积极推进残疾儿童少年随班就读资源教室建设，落实"一人一案"，完善以随班就读为主要形式的残疾儿童少年教育安置机制。佛山市已经构筑起由特殊学校、随班就读、送教上门三类形式组成，学前教育、义务教育、高中教育纵向衔接，康复教育、文化教育、职业教育横向贯通的特殊教育体系。

【职业教育】教育部现代学徒制改革不断深入，研制出台《佛山市职业教育现代学徒制试点管理办法》，建立完善的校企双主体育人制度，加强现代学徒制公共实训中心建设，推进7所职业院校17个专业点实施现代学徒制人才培养模式改革，并顺利通过教育部现代学徒制年检。推动佛山市华材职业技术学校、梁銶琚职业技术学校、顺德中等专业学校相关专业成功入选全国职业院校示范专业点。出台《佛山市职业院校兼职教师管理实施办法》《佛山市职业院校教师企业实践实施办法》，破解制约深化职业教育产教融合、体系建设的瓶颈问题。研制佛山市职业教育生均拨款制度，构建促进职业教育发展的长效投入机制。加大财政投入，启动1个现代学徒制公共实训中心（教学平台）、3个对接产业专业示范点建设。成功举办2017年职业教育活动周系列活动和全市职业学校技能大赛。

【高等教育】顺利完成佛山科学技术学院"高建"重大节点工作。佛山科学技术学院仙溪校区新区工程如期竣工交付，9月中旬，人文教育学院、经济管理、机械工程、土木工程等7个专业学院正式进驻。学校被省教育厅确定为2017年博士学位授予立项建设单位，更名工作已明确纳入省"十三五"高校设置规划。10月份，市政府颁布《关于扩大和落实佛山科学技术学院办学自主权推进高水平理工科大学建设的若干意见》，在学科专业、编制、岗位、进人用人、职称、薪酬、经费、资产管理、科研活动管理等方面落实办学自主权，向佛山科学技术学院下放行政审批事项9项，简化审批流程事项5项，进一步激发了学校自主发展动力。学校顺利实现从普通大学向理工科大学的转型。

顺利推进四方共建全学段校区。5月19日，市政府、省教育厅分别与南方医科大学、广东财经大学以及两校在佛山市驻地的顺德区、三水区政府签署四方共建协议，首次实现省属驻地高校在佛山建设全学段校区。2017年秋季学期，南方医科大学、广东财经大学在佛山校区进行全学段学习的学生共538人，拨付南方医科大学顺德校区和广东财经大学佛山校区全学段学生生均经费补贴共271.7万元。

加强创新驱动，推动高校产学研工作取得重大突破。6月3日，广东省高水平大学建设推进会暨产学研对接大会在佛山市成功举办，大会发布719项科技成果，其中25所高校及6个佛山科研机构现场展示了154项科技成果，500多家企业到场观展和对接，现场签约项目17个。省教育厅厅长景李虎与市长朱伟签署了《广东高校全面服务佛山创新驱动发展战略合作框架协议》，协定共同举办广东高校科技成果转化中心，明确佛山市将配套设立"广东高校科技成果转化投资基金"，为汇聚全省高校创新资源，服务佛山产业转型升级提供了稳定高效的合作渠道和资金保障，首次推动全省高校创新资源与佛山产业大规模精准对接。

优质高等教育资源加快向佛山市聚集。佛山市获批新建一所本科高校，正式启动筹建工作；加快建设北京科技大学顺德研究生院和北京外国语大学南方研究生院；成功推动广东顺德创新设计研究院和佛山市南海区广工大数控装备协同创新研究院分别被全国工程专业学位研究生教育指导委员会评为工程研究生联合培养开放基地和示范基地；顺利完成广东省研究生联合培养基地（佛山）2016级联合培养研究生入驻工作，启动2017级109名研究生企业对接工作；加快推进佛山职业技术学院、顺德职业技术学院建设广东一流职业院校工作，推动佛山广播电视大学转型升级为佛山开放大学。佛山市高等教育资源建设和引进力度不断加大，结构水平和创新驱动服务能力不断提升。

【民办教育】落实新修订的《民办教育促进法》和《国务院关于鼓励社会力量兴办教育促进民办教

·市域教育·
EDUCATION IN VARIOUS CITIES

育健康发展的若干意见》，研究探讨民办学校分类登记制度，规范扶持民办教育健康发展。出台《佛山市民办学校义务教育阶段初中招生工作意见》，规范民办初中学校招生行为。2017年获省级民办教育发展竞争性专项资金450万元，用于改善普惠性幼儿园和以招收随迁子女为主的民办中小学校办学条件，举办全市民办幼儿园教师素质提升培训班和中小学校长能力提升培训班，共200名民办中小学校长和幼儿园园长参加培训，有效提升了民办学校管理人员和骨干教师的素质和能力。积极协助省教育厅做好报批手续，力促佛山伊顿外籍人员子女学校在佛山市落成招生。

教育成果与特色

【立德树人工作】以生动活泼的活动为载体，促进德育在实践活动中有效渗透。组织开展2017年中小学"弘扬中国精神 共筑中国梦想"传统文化主题教育、"中华传统美德 百善以孝为先"中华孝德文化书信节和"我心目中未来的佛山"征文、绘画、手抄报、摄影、演讲比赛等20多项社会主义核心价值观主题教育系列活动。推进市级德育品牌项目、"书香校园"、心理健康教育特色学校、文明校园等的创建评选工作。广泛开展中华优秀传统文化教育、心理健康教育、师德师风教育、法治教育、家庭教育和卫生健康教育。深入开展高校思想政治工作调研，积极推动新形势下高校思想政治工作。扎实推进校园足球、校园篮球、校园武术工作，成功举办佛山市第九届运动会学校体育丁组比赛，19人8队21次破16项市中学生运动会纪录。积极开展艺术特色学校和中华优秀传统文化艺术传承学校创建工作，基本形成"一校一品"或"一校多品"的局面，初步形成具有佛山特色的现代化学校美育体系。

【教师队伍建设】全市教育系统紧密围绕建设更高水平教育现代化的总目标，坚持分类指导，坚持目标导向、问题导向和改革导向，加强全市教师队伍建设统筹规划和顶层设计，着力提升中小学教师培训水平，健全培训体系及评价体系，继续实施"中小学教师素质提升工程""中小学教师强师工程""中小学教师信息技术提升工程"，全面启动"百千万人才培养计划"，加强职业教育专业带头人和"双师型"教师培养，全年参加各级各类培训共2 239人次。落实中小学校长、教师定期交流轮岗制度，2017年交流轮岗1 880人，占义务教育阶段教师总数的6.3%，超过了省教育厅要求的5%的工作目标。积极稳妥做好中小学教师高级教师职称评审和推荐工作，完成全国中小学教师资格面试和认定工作。举行庆祝2017年教师节座谈会，进一步营造尊师重教的良好氛围。

【教育装备工作】10月份，佛山市成功举行2017年城市教育装备合作与发展大会，来自全国近50个城市的教育局、学校和研发单位代表等共300多人参加。实施创新创客教育行动，顺利完成了150名创客教师和50名创客导师的培养任务；成功举行全市中小学生（含中职）创客大赛选拔。在首届全省学生创客大赛上，佛山市获奖等级及数量均位居全省前列。佛山市工作成果在教育部基础教育装备有关会议和刊物上交流展示。

【教育信息化】佛山市教育局与中国移动佛山分公司和中国电信佛山分公司分别签订战略合作框架协议，双方优势互补，共同推进"三通两平台"的覆盖范围和应用水平，在未来的5年，合作双方将发挥各自优势，开拓进取，努力开创教育信息化工作新局面。2017年，全市100%中小学校实现"校校通"，100%教室配备多媒体教学平台，人机比达5∶1，师机比达1∶1，全市100%学校建成了校园网络，100%学校实现"宽带网络校校通""优质资源班班通"，97%师生实现了"网络学习空间人人通"。

【安全稳定工作】佛山市教育局紧紧围绕建设"平安校园"的工作目标，不断完善"党政同责、一岗双责、失职追责"的责任体系，以"打牢校园安全基础、提高安全教育质量、规范安全工作管理、净化校园周边环境、突破安全工作瓶颈、坚决维护安全稳定"为工作主线，统筹教育系统政治稳定和校园安全工作，着力抓好意识形态和高校思想政治工作，以做好党的十九大特别防护期安全稳定为抓手，全方位、多举措织密中小学校园安全网，全面构建校园安全群防联治、联动协作的工作格局，顺利完成省市"两会"、香港回归20周年、党的十九大召开等重要时期的校园安保攻坚战。成立了校园安全、高校政治安全、信访工作和网络安全工作小组,打造了"警家校"校园联动管理体系,在全省率先组建200多支家校护畅队伍,3 100名"专业型家长"校园安全管理队伍,狠抓了校园及周边治安治理、校园消防安全、学生溺水防治、学生交通安全、食品安全等重点工作,学生溺水人数比前3年下降48%。对全市924所幼儿园规范办园行为和安全隐患排查开展拉网式专项督查,840所幼儿园全部通过13项指标内容督查,占比达到90.9%。确保了全市各级学校安全责任事故、恶性案件和群体伤亡"零事故",有效维护了教育系统安全稳定。

【教育保障】2017年全市教育经费总投入约225亿元,比2016年增长18亿元,增长9%,其中国家财政性教育投入约155亿元,比2016年增长15亿元,增长11%,国家财政性教育经费占教育总投入的比例高达69%。佛山市家庭经济困难学生资助政策体系实现从学前教育到高等教育全覆盖,2017年全市各类学校受助学生42 997人次,资助金额7 489万元。不断加大开展专项督导工作力度,顺利完成春秋季开学检查、德体美育课程开课情况督查、中小学校安全工作督查、幼儿园办园行为检查等9项专项督查。不断丰富督导内涵,统筹五区顺利通过全国中小学校责任督学挂牌督导创新区实地核查。提升教育治理能力,认定验收2017年市级依法治校示范校30所。畅通群众信访举报渠道,加强治理教育乱收费工作,全年收到信访、投诉共190件,所有信访件办结率达100%。

【教学研究和教育科研工作】不断加强学科建设,培育和创建"示范教研组",深入推进"有效教学"研究,形成"四级联动"教研机制。2017年在省总工会和省教育厅举办的广东省首届中小学青年教师技能大赛上,佛山市共有33个学科获得全省一等奖。顺利完成全国、全省教育科学"十三五"规划2017年度课题项目申报工作,组织佛山市"十二五"教育科研优秀课题成果推荐和答辩交流活动,深入基层指导一线教师开展科研服务。

【党建工作】一是在全市教育系统迅速掀起学习宣传贯彻习近平新时代中国特色社会主义思想和党的十九大精神热潮,多形式、多途径开展大学习、深调研、真落实活动。通过学习、培训、宣讲、研究等手段,实现党的十九大精神在全省教育系统传达学习全覆盖。突出教育特色,树立从娃娃抓起、从学生抓起的理念,推进习近平新时代中国特色社会主义思想进教材、进课堂、进师生头脑、进网络、进学生社区,习近平新时代中国特色社会主义思想和党的十九大精神在广大师生心中落地生根。二是全面加强教育系统党建工作。建立全市教育系统意识形态工作联席会议制度,加强意识形态阵地建设和管理。扎实推进"两学一做"学习教育常态化制度化,持续推进党支部规范化建设,开展"党支部规范化建设年"活动。统筹推进中小学和民办学校党建工作,成立佛山市民办学校、中小学校党建工作领导小组,建立一批中小学党建工作示范点和民办学校党建工作监测点。加强党风廉政建设和反腐败工作,强化"两个责任",落实"一岗双责",筑牢拒腐防变防线。成立出台《佛山市中小学校食堂管理廉洁风险同步预防工作指引(试行)》,加强廉洁风险防控。加强基层党组织建设和干部队伍建设、作风建设、党风廉政建设,营造良好教育生态。

(撰稿 林建娜;审稿 姚汉强)

韶关市教育

概 况

2017年，韶关市教育工作在市委、市政府的正确领导和高度重视下，在省教育厅的亲切关怀和悉心指导下，在全市教育工作者的辛勤工作和不懈努力下，教育教学水平得到不断提升。

（一）党建工作进一步加强

坚持党要管党、从严治党，党建主体责任落实到位；强化基层党组织建设，着力推进"两学一做"学习教育常态化制度化，党组织战斗堡垒作用和党员先锋模范作用得到充分发挥；突出学校党建工作创新，把党建工作融入教育教学、立德树人、培养"四有"教师的全过程，"一校一品"党建特色品牌创建成效显现。

（二）办学条件进一步改善

2017年11月，韶关市被省教育厅确定为广东省寄宿制学校建设工作试点市之一。截至2017年底，全市共下达中央改薄专项资金12 734万元，已支付7 211.17万元，已竣工项目学校104所；全市新建、改扩建一批中小学（幼儿园），优质学位不断增加；市区教育资源整合项目有序推进：韶关市第二中学、曲仁中学合并迁建项目开工建设，完成投资7 000万元；浈江区风采实验学校完成勘探、设计和设备采购工作，完成投资1 760万元；北江中学宿舍楼项目和韶关市机关第一幼儿园改造项目已完成初步设计。

（三）教育现代化进一步加快

2017年，武江区、乳源瑶族自治县顺利通过了广东省推进教育现代化先进区（县）暨教育强区（县）复评督导验收，成功创建"广东省推进教育现代化先进县（区）"；浈江区、曲江区、始兴县、仁化县四县（区）已申报广东省推进教育现代化先进区（县）暨教育强区（县）复评督导验收并公示完毕，准备接受省验收。

（四）队伍素质进一步提升

2017年，全市招聘教师782人，其中招聘农村教师331人、幼儿园教师120人；有3万多名教师参加了各级各类培训；有4 005人参加学历提升学习；评选表彰"市优秀乡村教师（校长）"100名和韶关市最美乡村教师10名；圆满完成市中小学名班主任工作室第一周期建设任务；有32名教师享受韶关市首期市政府特殊津贴（全市111人）；教师参加各级各类竞赛和评比活动51科（项）次，共有505人次获省级和国家级奖励；有49个学科（专业）的586名教师参加了由市总工会、市教育局联合举办的青年教师教学能力选拔赛，获奖选手参加了省的首届比赛并获得佳绩，韶关市教育局获优秀组织奖；共有11 403名教师参加了"一师一优课、一课一名师"活动，完成率为113.3%。

各级各类教育

【基础教育】（一）学前教育

2017年，全市有幼儿园553所，其中公办141所、民办412所，公办幼儿园和普惠性民办幼儿园共462所，占全市幼儿园总数的83.6%。全市在园幼儿121 856人，3～5周岁幼儿学前三年毛入园率为98.27%，其中农村学前三年毛入园率为92.4%。

（二）义务教育

全市有义务教育阶段学校322所（不含完全中学和特殊教育学校）。小学在校生236 257人，学龄人口毛入学率为102.83%；初中在校生101 780人，学龄人口毛入学率为113.9%；市属义务教育阶段初中学校合计毕业3 139人。

（三）普通高中教育

全市有普通高中学校25所（完全中学9所，独立高中16所），其中省一级普通高中学校22所（含国家级示范性普通高中学校12所）。普通高中在校生52 754人，高中阶段毛入学率为98.32%，比2016年提高了0.64个百分点。2017年，全市普通高中合计毕业19 919人，肄业1人。2017年秋季普通高中招生17 009人，基本完成招生任务。

（四）特殊教育

全市有特殊教育学校7所，专任教师110人，义务教育阶段残疾儿童少年在校生1 605人，残疾儿童少年入学率为98.47%。

（五）民族教育

全市有少数民族学校4所，义务教育阶段少数民族在校生6 827人，少数民族学龄人口入学率为100%。继续实施少数民族考生中考加分政策。

【职业与成人教育】（一）职业教育

全市有中等职业学校（含韶关学院韶州师范分院中职部和韶关学院医学院中职部）15所，其中公办11所、民办4所、国家级重点中等职业学校3所、省级重点中等职业学校4所。已建成省级实训中心5个，省级中等职业学校重点建设专业（点）6个。招生人数为10 176人，占招生计划任务数的130.6%。

（二）成人教育

乐昌市、始兴县被确认为省级农村成人教育和职业教育示范县创建单位。曲江区、浈江区、乳源瑶族自治县3个县（区）顺利通过了省级社区教育实验的复评。全市有南雄市、曲江区、浈江区、乳源瑶族自治县4个省级社区教育实验区。乐昌、始兴、翁源、新丰等县（市）正在抓紧创建工作。

【民办教育】全市有民办教育机构523个，在校生138 007人。其中民办幼儿园417所，在园幼儿89 958人；民办小学3所，在校学生2 529人；初级中学6所，在校学生7 341人；民办完全中学1所，在校学生4 959人；民办中等职业学校4所，在校学生6 109人，非学历文化类培训机构92个，学员27 111人。全市各级各类民办教育教职工总数为12 627人。

【高等教育】（一）普通高等教育

全市有普通高等教育学校2所，2017年招生10 630人，其中专科4 495人、本科6 135人；在校生38 798人，其中专科15 271人、本科23 997人；毕业生10 689人，其中专科4 848人、本科5 841人。教职工2 443人，其中专任教师1 728人，教授109人，副教授447人，讲师927人。学校占地面积219万平方米，校舍建筑面积84.4万平方米，教学设备总值34 770万元，图书总藏量为325万册。

（二）成人高等教育

全年招生10 794人，在校生23 956人，毕业生7 256人，教职工总人数2 549人（其中专任教师1 573人）。全市学校占地面积195万平方米，校舍建筑面积62万平方米。

教育成果与特色

【扎实推进教育人事制度改革】稳步推进中小学教师"县管校聘"管理改革。印发实施了《关于推进全市基础教育学校公办教师"县管校聘"管理改革工作的意见（试行）》和《关于推进韶关市教育局直属学校教师"局管校聘"管理改革的工作方案》，召开了"县管校聘"工作动员部署和专项培训会，确立了浈江区、南雄市为试点区（市），韶关被教育部列为第二批"县管校聘"管理体制改革示范区。校长教师交流轮岗不断加强，共有1 929名教师和121名校长参与交流轮岗。按时保质完成省"三区"支教工作，共有76名优秀教师分别到乐昌、南雄、新丰、乳源支教，韶关市还选派了2名优秀教师到西藏支教。

稳步推进中小学校校长职级制管理改革。《关于推行中小学校长职级制改革的实施意见（试行）》及4个细化配套方案已多次征求省教育厅的意见，修订完善形成了送审稿。积极推进中小学教师职称制度改革。291名教师获得中小学高级教师职称，7名中学教师获得正高级教师职称。63名中职学校教师获得讲师职称，10名中职学校教师获得高级讲师职称。推进中小学教师资格考试和注册制度改革。首次中小学教师资格定期注册合格人数为21 706人。《韶关市高中阶段学校考试招生制度改革方案》已修订完善并报省教育厅审核。

【学生资助工作成效明显】各项资助政策和惠民举措得到全面落实，韶关市学生资助工作考评得分位列全省21个地级市的第一名，也是考评结果获得优秀的唯一一个地市；韶关市教育局和乐昌市教育局获得"广东省首届百佳学生资助工作单位典型"荣誉。

【做好异地务工人员随迁子女入学和升学工作】2017年秋季，韶关市安排了异地务工人员随迁子女

6.51万人（含韶关市各县区农民进城务工人员子女2.37万人及外省市进城务工人员随迁子女4.14万人）就读，除0.51万人（占全市义务教育阶段异地务工人员随迁子女总数的7.8%）自主选择了民办学校就读外，其余的6万人（占全市义务教育阶段异地务工人员随迁子女总数的92.2%）全部安排进入公办学校免费就读（其中，小学安排学位4.74万个，初中安排学位1.26万个）。

修订印发《关于进城务工人员随迁子女接受义务教育后在韶参加初中升学考试工作方案》，降低了准入门槛，进一步扩大了受益面。2017年全市普通高中秋季招生人数为17 009人，有786名考生符合《韶关市人民政府办公室修订关于进城务工人员随迁子女接受义务教育后在韶参加初中升学考试工作方案的通知》的普通高中录取相关条件，享受了与韶关市户籍考生同等录取的待遇。

【教育教学质量稳步提高】学生文明素养得到大幅提升。坚持立德树人，把未成年人思想道德建设工作与全市"创文"工作有机结合起来，加强德育教育、法治教育、安全教育、文明礼仪、学生良好行为习惯养成教育、心理健康教育，通过文明校园创建、法治校园共建、万人签名活动、工作推进会等形式，学校校风、校貌显著提升，文明氛围浓厚。全市中小学生德育考核优良率为86.3%，全市共确定市级文明校园67所，其中，广东北江中学、曲江区九龄小学同时获广东省文明校园和全国文明校园称号。

【体育艺术工作成绩显著】成功举办韶关市第十五届青少年运动会学校体育组暨韶关市第二十二届中小学生"英东杯"体育竞赛，参与竞赛的运动员有2 517人。校园体育、艺术活动广泛开展，特色亮点纷呈，韶关市教育局获国家体育总局授予"2013—2016年度全国群众体育先进单位"荣誉称号。

（撰稿　卢　升；审稿　郭韶燕）

河源市教育

概 况

2017年，河源市教育系统在市委、市政府和上级教育行政主管部门的坚强领导下，深入贯彻落实党的十九大精神，以习近平新时代中国特色社会主义思想为指导，以习近平总书记对广东做出的重要指示批示精神为统领，全面落实国家、省、市中长期教育改革和发展规划纲要（2010—2020年）。以推进教育现代化先进市创建工作为抓手，深入实施教育信息化工程和"强师工程"，推进"三通两平台"建设。以教师队伍建设为重点，坚持立德树人根本任务，深化教育领域综合改革，推进依法治教，促进教育质量提升和学生全面发展。全面加强教育系统党的建设，不断深化教育领域综合改革，推动教育事业迈上新台阶。

截至2017年底，河源市共有基础教育学校1 098所，其中学前教育学校558所、义务教育学校494所、普通高中40所、特殊教育学校6所。在校生607 073人，其中学前教育125 297人、义务教育417 427人（小学在校生299 994人、初中在校生117 433人）、普通高中60 983人、在校残疾少年儿童3 366人（含跟班就读、送教上门）。教职工50 385人，其中专任教师41 585人。学前教育毛入园率达96.69%，小学学龄人口入学率达100%，初中学龄人口入学率达100%，高中阶段教育毛入学率达94.7%，适龄残疾儿童少年入学率达100%。

各级各类教育

【基础教育】（一）学前教育

在各级政府和各部门的共同努力下，河源市学前教育工作取得了长足发展，除教师持证上岗率低于省定目标28.29个百分点及规范化村级幼儿园建设比率低于省定目标0.59个百分点外，其余指标均已达到或超过省定目标，三年行动计划目标任务基本完成。

根据市区（源城区、江东新区）各镇（街道）人口发展趋势及分布，结合旧城改造情况，鼓励和支持镇政府街道办事处通过扩建、新建公办幼儿园，破解市区入园贵的问题，推进市区学前教育事业发展。

（二）义务教育

2017年，河源市积极推进中心城区学校建设，彻底扭转中心城区学校建设相对滞后局面，不断满足群众对优质学位的需求。开展义务教育阶段寄宿制学校办学情况摸底调查。农村寄宿制学校建设是促进义务教育均衡发展的基础工程。组织各县区对义务教育阶段寄宿制学校办学情况进行了摸底调查工作。部署全市2018—2020年农村义务教育寄宿制学校建设规划工作。河源市各县通过调整完善学校建设规划、保障学校建设用地需求、落实工程建设资金、推进规划学校建设、足额均衡配置师资、规范义务教育招生行为等措施保证学位供给。

【职业教育与成人教育】（一）中等职业教育

2017年，河源市委、市政府多管齐下、多措并举，全面推进中职教育内涵式发展。制定和完善职业教育综合改革政策举措，扎实推进集团化办学；开展职业教育与企业用工专题调研，建立校企合作办学沟通机制，达成共建、共享、共赢办学模式；指导学校深化与企业合作，设立企业专班，实行技能人才定向定岗培养，探索"现代学徒制"改革；指导学校探索"校中厂、厂中校"办学模式，力促学校办学更贴近企业、贴近市场，确保学生毕业即可上岗；指导各中职学校举办毕业生供需见面会或专场招聘会，邀请省内外知名企业到校招聘应届毕业生，毕业生首次签约率达92%。河源市被省确定为"第二批现代职业教育综合改革示范市项目创建单位"，并获省级财政3 000万元专项资金支持。继续稳步推进中职教学工作诊断与改进，指导全市中职学校按照《中等职业学校教学诊断与改进工作实施方案》的要求全面自评，开展全市中职学校办学

·市域教育·

EDUCATION IN VARIOUS CITIES

条件检查、举办全市中职学校教学诊断与改进工作交流培训会等，提升职教系统干部素质和业务能力，举办中职师生各级各类技能大赛、教学能力大赛等，提升全市中职学校办学质量。继续扎实做好中职招生宣传，力促高中阶段教育协调发展。2017年秋季，全市中职在校生48 064人（市内中职在校生30 404人、输送外市中职在校生17 660人），实现高中阶段教育毛入学率达94.7%。力促各校成立职教集团，搭建起校企（行业学会）合作平台，有效推进校企一体化办学，全市已有4所中职学校成立职教集团。继续加强毕业生就业指导，全市各中职学校举办毕业生供需见面会，邀请市内外知名企（事）业单位现场招聘毕业生，为毕业生就业提供"零距离"服务。2017年全市中职学校毕业生7 008人，已就业6 762人，就业率为96.5%。继续做细做实中职学生资助工作，积极宣传中职学生免学费政策、国家助学金政策以及建档立卡扶贫政策，完善中职学生资助体系，做好精准扶贫学生生活补助信息核对与审核工作，确保资助政策发挥最大效益。

（二）成人教育

2017年，河源市贯彻落实国家、省大力推进成人教育发展的相关政策，继续推进成人教育，努力构建全民终身教育体系。指导源城区申报社区教育示范区工作，启动全市职业教育活动周工作，指导各县区开展职业教育成果展、技能展示、艺术展演、开放校园等职业教育活动，加强乡镇成人技术学校业务指导和市直成人教育培训机构工作检查，力促培训机构依法依规诚信办学。举办2017年全民终身学习活动周，营造全社会重视和支持成人教育和社区教育发展的浓厚氛围。2017年，龙川县申报创建第五批国家级农村职业教育和成人教育示范县，并通过省级评估。紫金县被列为广东省第二批省级农村职业教育和成人教育示范县创建单位。

【高等教育】河源职业技术学院创办于2001年，属国家教育部注册、地方政府投资的全日制普通高等学校。截至2017年底，学校有全日制大专在校生12 025人，教职工664人，其中专任教师534人，副高级以上职称127人，双师素质教师482人。学校下设机电工程学院、电子与信息工程学院、工商管理学院、艺术与设计学院、人文学院、继续教育学院、思想政治理论教学部7个教学院部；设有应用电子技术、模具设计与制造、旅游管理、服装设计、文秘、英语教育、音乐表演等49个专业；建有35个校内实习基地（180个实训室或车间）、437个校外实习基地；现有教学仪器设备总值9 444.1万元，图书馆纸质藏书105.8万册。

学校以"坚持市场导向，以现代制造业和现代服务业类专业为主，工、管、师范类专业协调发展"为专业定位，围绕"培养特色、深化内涵"，继续推进以应用电子技术专业为龙头的电子信息专业群、以模具设计与制造专业为龙头的机电工程类专业群、以旅游管理专业为龙头的管理类专业群、以服装设计专业为龙头的艺术设计类专业群、以商务英语为龙头的人文师范类专业群5个专业群的布局建设，实现以重点专业建设为龙头，带动相关专业群发展，提升整体办学水平。

教育成果与特色

【推进"创现"工作】一是全市及五县两区先后召开动员会，全面部署创建省推进教育现代化先进区（以下简称"创现"）工作；市、县（区）通过召开"创现"培训会、率队到兄弟市开展学习交流活动、邀请专家做专题培训等方式，理清"创现"工作的思路、方法和重难点；组织召开了全市创建教育现代化先进市工作推进会，进一步压实县（区）政府及市直有关部门的工作责任。二是推动教育强镇复评工作。完成率已达59%，超额完成年度任务。三是源城区已向省政府督查室提交了接受验收的申请报告，申报材料已公示，于2018年1月底接受督导验收。

【实施"强师工程"】一是加强师资队伍培训。组织校长、教师参加"国培计划"、骨干校长高级研修班、乡村校长教师跟岗学习班等培训达23 926人次，其中校长（园长）3 017人次，骨干教师6 375人次，专任教师14 534人次，有效提升校长教师整体素质。二是优化师资队伍结构。提高教师准入门槛，市直学校招聘教师，小学要求全日制本科以上学历，中学要求全日制重点本科院校以上学历。实施《河源市农村小学教师培养机制改革方案》，新招收114名农村小学教师定向培养对象，从源头上改变农村小学师资来源素质不高的问题。实施《河源市教师学历提升工作方案（2016—2018

年)》，以学费补助的形式，鼓励在职教师通过进修等形式提升学历。三是建设良好师德师风。把师德教育列为教师开学第一课，举办教师节表彰、优秀教师现场访谈、"师德讲堂"、"师德承诺"、"年度教师"评选等系列师德专题教育活动，大力宣传优秀教师事迹，充分发挥榜样引领作用，传播教书育人正能量，师德师风建设取得明显成效。

【提升教育教学质量】一是深入实施振兴初中行动计划。评选了10所初中示范校和66名首席教师，带动薄弱学校发展，引领全市教师专业水平提升。二是抓好高考备考工作。一方面借深圳对口帮扶河源的契机，邀请省内外专家和名师到河源培训指导；另一方面积极组织高三骨干教师到深圳中学等国内名校考察学习，有效提高教育备考质量。三是全力推好课堂教学改革。开展全市义务教育阶段课堂教学大赛，组织义务教育送教下乡活动，大力推进"一师一优课、一课一名师"活动。

【增加市区学位供给】河源市政府把2017年定为"大建学校"年，启动市区深圳中学河源实验学校（含小学部）、河源市第二中学小学部、公园西第二小学等22所市区学校新建、扩建、续建工作。其中源城区公园东学校等8所学校均已于9月投入使用，新增学位13 420个，其中小学新增9 820个、初中新增3 600个。

【推进教育信息化】一是推进"三通两平台"建设。印发《河源市教育专网建设方案》，推进学校网络带宽扩容，中小学网络带宽全部扩容至200M，教学点（除不具备建设条件外）采用20M宽带接入互联网；全市学校装备"班班通"多媒体教学设备10 173套，占比85%；大力推进"网络学习空间人人通"，启动"河教云"建设，逐步为学生和教师建立实名网上学习空间环境，达到省定要求。二是推进信息技术与教育教学的深度融合。采取分级培训的形式，由市里负责骨干教师培训，县（区）负责全员培训，学校负责计算机基础技术培训，提高教师信息技术使用能力。

【推动各级各类教育协调发展】一是增强学前教育公益性普惠性。出台实施《河源市发展学前教育第三期行动计划（2017—2020年）》，开展2018—2022年学前教育学位预测和公办幼儿园办园情况调研，启动10所公办园新建、改扩建工作，建成后将增加公办园学位约1 600个。实施《河源市普惠性民办幼儿园认定、扶持和管理办法》，全市认定普惠性民办幼儿园255所，公办园和普惠园学位占比达78.71%。二是促进城乡义务教育高位均衡。推进义务教育"全面改薄"工作，累计投入资金70 706万元，完成269所学校34万平方米的校舍建设任务。优化学校布局调整，撤并农村教学点69个。启动农村寄宿制学校建设工作，各县已完成建设规划初步编制工作，全市建设方案正在研究制订过程中。三是推进普通高中多样化特色发展。完成9所薄弱普通高中学校的改造提升或撤并工作。逐步打造河源市田家炳实验中学、东源附城中学、和平阳明中学、龙川隆师中学等一批体艺教育见长的特色学校。四是深化职业教育产教融合、校企合作。推进中职教育办学模式改革，各中职院校与企业合作开办"汉能班""中兴通讯班"等企业冠名专班近100个，共建数百个校外生产实习基地和校外实训基地，服务经济社会发展的能力显著提升。五是保障特殊群体受教育权利。启动推进源城区特殊教育学校建设。严格落实残疾儿童少年免费接受义务教育政策，2017年全市入读适龄残疾儿童少年3 366人，入学率为100%。

【筹建本科院校】2017年9月30日，河源市政府与广东技术师范学院签订共建广东技术师范学院河源校区合作协议。各项前期工作顺利推进，并已完成《广东技术师范学院河源校区建设方案》起草工作，顺利征收建设用地7万平方米，学院及周边市政道路建设项目全面启动。

【落实立德树人根本任务】一是加强未成年人思想道德建设。深入开展社会主义核心价值观教育"三进"（进校园、进课堂、进头脑）活动，向市区中小学免费印发《扣好人生第一粒扣子》等教材。强化实践育人，开展学工学农、周末家务作业、社会调查等实践活动。大力推进文明创建，召开校园文化建设现场会7场次，评出校园文化建设示范校30所，评出市级文明校园62所，其中2所学校被评为广东省文明校园、1所学校被评为全国文明校园。二是加强学校体育工作。开足开齐体育课程，落实"每天运动1小时"要求，并将其列入学校校长考核指标。加快发展青少年校园足球，创建全国青少年校园足球特色学校23所、省级校园足球推广学校4所、省级校园足球试点县（区）2个，命名40所"市校园足球推广学校"，建立"市长杯"校园足球联赛制度，组织教师900余人次参加国家、省、市培训。三是加强美育工作。督促各地各校配齐师资、开齐课程，组织兴趣小组，开辟第二课堂，并通过举办首届全市师生书画比赛、藏书票培训、中学生文艺展演等艺术活动，提供展示平台。

（撰稿　陈远锋；审稿　李志彬）

梅州市教育

概 况

2017年，梅州教育在广东省教育厅的具体指导和梅州市委、市政府的正确领导下，坚持以党的十八大、十九大，以及习近平新时代中国特色社会主义思想为指针，紧紧围绕省委、省政府和省教育厅"创强争先建高地"的工作部署，以创建"广东省推进教育现代化先进市"为统领，巩固提升基础教育，着力改善办学条件，切实加强教师队伍建设，努力提高教育教学质量，扎实推进教育惠民工程，教育事业改革与发展取得明显成效。

全市有各级各类学校1481所。其中小学452所，在校生341593人，学龄儿童入学率为100%，毛入学率为103.6%，升学率为100%；初级中学167所，在校生142636人，学龄儿童入学率为100%，毛入学率为103.97%，升学率为100%；普通高中（含完全中学）63所，在校生89626人，升学率为95.48%；中职学校27所，在校生29074人，高中阶段教育毛入学率为95.1%；幼儿园764所，在园（班）幼儿160294人；特殊教育学校8所，在校生734人。全市有国家级示范性普通高中10所，国家级重点中职（技工）学校5所。全市中小学教职工60607人，其中专任教师52189人。

各级各类教育

【基础教育】（一）学前教育

2017年，梅州市有幼儿园764所，在园幼儿160294人，全市幼儿园共有教职工13358人，教师8221人。积极实施《梅州市发展学前教育第二期三年行动计划（2014—2016年）》《梅州市促进普惠性民办幼儿园发展实施意见的通知（试行）》等文件，促进学前教育规范健康发展。积极筹措资金，不断加大投入，新建、改建、扩建了一大批幼儿园。全市学前教育毛入园率达96.4%，公办（含公办性质）幼儿园占比为31.8%。认真落实学前教育资助制度，扎实开展清理整治无证幼儿园工作，幼儿园办园行为进一步规范。认真做好学前教育相关数据统计和分析，积极完成全国学前教育管理信息系统项目数据更新、审核工作，幼儿园管理更加规范。

（二）义务教育

2017年，梅州市有小学452所，在校生341593人，教职工19185人；普通中学（含完全中学、高级中学、普通初中）230所，在校生232262人，教职工25962人。认真做好"全面改薄"工作，学校办学条件进一步改善，全市义务教育标准化学校（含民办）覆盖率达98.96%。认真落实国家、省相关部署，制定了消除大班额专项规划（2016—2020年）。积极加强与凤仪助学小组的沟通衔接，扎实开展扶贫助学活动，2017年，累计资助金额达6.9万元。

（三）特殊教育

2017年，梅州市有特殊教育学校8所，在校生734人，教职工172人。认真贯彻落实《梅州市特殊教育提升计划（2014—2016年）》，稳步推进标准化特殊教育学校建设工作。认真组织做好申报新建或改扩建特殊教育学校建设项目相关工作。科学规划设置随班就读资源教室，积极做好适龄残疾儿童接受义务教育的组织工作，提高适龄残疾儿童少年接受义务教育水平，保障残疾儿童接受义务教育的权利。2017年，全市"三残"儿童入学率为95.19%。

【中等职业教育】 2017年，梅州市有中职学校27所，在校生29074人，中职学校教职工1930人，其中专任教师1555人，教师学历达标率为95.82%。全市普通高中招生27964人，中职招生9760人，全市高中阶段教育毛入学率达到94.5%。大力实施《关于进一步推进职业技术教育改革发展的决定》，积极争取中央和省对梅州市职教资金支持，各县（市、区）职业教育能力建设得到进一步加强。扎实推进梅州南方紫琳职业学院筹建工作，不断健全完善梅州市现代职业教育体系。积极组织参加国家和省中等职业学校技能大赛，获省一等奖3个、二等奖6个、三等奖35个。

【民办教育】2017年，梅州市有民办幼儿园521所，幼儿80 574人；民办小学4所，学生2 986人；民办初中3所，学生6 588人；民办高中3所，学生1 053人；民办中职学校11所，学生3 886人。大力扶持民办教育发展，认真实施《中华人民共和国民办教育促进法》《中华人民共和国民办教育促进法实施条例》《梅州市关于促进民办教育发展的若干意见（试行）》，切实加大对民办学校、幼儿园审批、招生和办学行为的监督力度，规范民办学校办学行为。认真落实广东省教育厅《关于实行民办学校年度检查制度的通知》精神，扎实开展对民办学校的年度检查，并把年检结论作为民办学校评优评先、资助、奖惩的重要依据，促进民办学校规范健康发展。

教育成果与特色

【教育"创强争先"保持粤东西北地区领先地位】梅州市坚持把加快推进教育现代化作为教育工作的总抓手，明确责任，主动作为，扎实推进，创建工作取得了明显实效：蕉岭县、梅江区、梅县区和平远县4个县（区）顺利通过"广东省推进教育现代化先进县（区）"验收；大埔、丰顺2个县也顺利接受了"广东省推进教育现代化先进县"的验收工作；五华县已基本完成申报"广东省推进教育现代化先进县"的整改工作，省教育厅已进行了公示，正在等待省的验收；兴宁市正在对省提出的问题落实整改措施，积极进行整改。此外，梅州市扎实做好教育强镇复评工作，夯实"争先"基础，全市112个镇（街）全部完成教育强镇复评并已接受省的抽查确认，在粤东西北地区率先完成了教育强镇复评工作。

【各级教育均衡协调发展】一是梅州城区优质学位供给能力不断提升。义务教育"全面改薄"工作顺利推进，全市义务教育标准化学校（含民办）覆盖率达98.96%。二是突出学前教育的公益性和普惠性。积极筹措资金，新建、改建、扩建了一大批幼儿园。全市学前教育毛入园率达96.4%，公办（含公办性质）幼儿园占比为31.8%。三是主动适应新型城镇化发展，扎实推进教育供给侧改革。在各县（市、区）县城规划建设优质实验中小学、幼儿园，已动工24所，建成21所，共新增学位近5万个。东山中学复办了初中部，共开设8个教学班，招录了学生400多人。四是高职院校筹建工作扎实推进。至6月底，在征地拆迁方面，累计签约房屋184座，完成第一期任务（268座）的68.7%。土地方面累计已签约集体土地230 248平方米，完成第一期任务（319 070平方米）的72.2%。

【师资整体水平进一步提高】一是大力实施高素质人才引进工程。积极引进高层次教育人才，2017年，梅州市市直学校积极打破人才流通壁垒，建立更加灵活的人才绿色通道，严把人才入口关，招聘了58名重点高校的优秀本科师范院校毕业生和本硕连读研究生充实到教师队伍，进一步优化师资学历结构。主动顺应国家和省的改革要求，积极推进教师"县管校聘"工作，切实加强县域内校长教师队伍的统筹管理，已形成《关于推进中小学教师"县管校聘"管理改革的实施意见》并报省审批。通过举办各类教师培训班以及组织校长、骨干教师到河北衡水中学跟岗学习等形式，累计培训教师6万多名，提高了师资水平。不断提升教师福利待遇，在实现"两相当"的基础上，将山区和农村边远地区学校教师补贴政策实施范围从义务教育学校扩大到普通高中和公办幼儿园，2017年，根据省委、省政府要求按人均每月不低于900元的省定标准全部发放到位。广泛开展"叶剑英基金优秀教师"评比活动，在全社会掀起新一轮尊师重教的热潮。

【教育信息化水平有新提升】教育信息化规划更为科学，出台了《梅州市教育信息化建设水平提升工程实施方案》等文件，进一步明确了发展目标；不断加大投入，教育信息化基础设施得到进一步完善，市教育云数据中心机房、教育资源公共服务平台升级改造工作顺利完成，教育城域网实现与中国电信、中国移动两大电信运营商的互通互联，全市网络多媒体教室占教室的总比例为高中96%、初中92%、小学89%。教育信息化应用能力进一步提升，累计组织了500多名中小学校长参加教育信息化专题培训学习，各级各类学校"一师一优课、一课一名师"活动如火如荼开展，全市获省优、部优课的比例居全省前列。

【教育惠民工程有效实施】 一是优质普通高中指标到校工作扎实推进。积极推进10所国家级示范性学校和6所省一级学校"指标到校"工作，全市分配到各地各学校的优质普通高中学位比例提高至50%，全市共有4345名学生受益。二是外来务工人员子女升学就读问题有效解决。外来务工人员子女就读梅州市义务教育阶段公办学校实行积分入读，认真实施《进城务工人员子女在梅州市参加中考实施办法》，切实保障务工人员随迁子女公平接受教育的权利。全市义务教育阶段进城务工人员随迁子女入读公办学校的比例为94.63%。三是教育民生实事落实到位。"市属公办中等职业学校免学费补助标准从每生每年3 500元提高到4 000元，市属民办、县属中等职业学校免学费补助标准从每生每年3 000元提高至3 500元"和"农村寄宿制学校生均住宿费补助标准提高到每年200元，学前教育困难家庭幼儿资助标准提高到每年1 000元"两项工作均已落实到位。四是教育扶助工程扎实推进。学前教育资助、义务教育学生免学杂费和家庭经济困难学生生活费补助、普通高中家庭经济困难学生国家助学金资助、提高中职教育家庭经济困难学生助学金标准等各项工作均已严格按照省有关政策规定落实到位，未出现"因贫失学"问题。五是学生营养改善计划顺利实施。积极推进学生饮用奶推广工作。

【教育服务水平稳步提升】 一是教育系统党建工作进一步加强。积极在全市教育系统中深入开展"不忘初心、继续前进"主题活动，重点开展了学习十九大报告、《习近平谈治国理政》（第一卷和第二卷）、习近平总书记在参加十三届全国人大一次会议广东代表团审议时的重要讲话精神等活动，不断提高教育系统广大党员干部的思想政治素质；全面完成教育系统肃清流毒工作；积极配合市委第一巡察组的工作，自觉主动接受巡察并做好相关整改工作。二是党风廉政建设主体责任得到落实。认真落实党风廉政建设主体责任，以"两学一做"学习教育、"机关作风整治"等活动为契机，积极抓好纪律教育学习、机关作风建设，以及廉洁自律各项规定的落实，局机关干部职工的政治素养和纪律观念显著增强，工作效率和服务效能不断提高。三是风清气正的教育氛围逐步形成。积极运用监督执纪"四种形态"，加强对教育系统干部职工的政治纪律、廉政纪律教育，积极做好党员领导干部"八小时以外"活动监督管理试点工作。认真抓好廉洁文化进校园、民主评议政风行风、行风热线、"微访谈"等工作，努力树立教育良好形象。四是教育系统创建全国文明城市工作扎实推进。制订了《梅州市教育局创建全国文明城市工作实施方案》《梅州市未成年人思想道德建设工作任务分解表》等文件，细化了创建任务，并逐一分解落实到各相关科室、各学校，明确了目标、时间和具体措施，形成了良好的工作机制，各项工作开展卓有成效，为全市如期获得创文资格做出了应有的贡献。还召开了全市教育系统"创文"工作推进会暨青少年禁毒宣传工作会议，对今后的"创文"工作提出了明确要求。

（撰稿　李文清；审稿　董芳远）

惠州市教育

概 况

2017年，在惠州市委、市政府的坚强领导下，全市教育系统全面贯彻党的十九大精神，以习近平新时代中国特色社会主义思想为指导，全面落实全省教育"争先进、当标兵、建高地"的工作要求，紧密围绕惠州市率先全面建成小康社会、建设绿色化现代山水城市的发展目标，努力提升民生福祉，办好人民满意的教育，教育工作取得明显成效。全市基础教育和高中阶段教育有各级各类学校1 464所（不含高校），在校学生总数1 151 472人，比2016年增加56 271人（不含技工学校1 123 506人），其中义务教育阶段在校生753 940人，比2016年增加38 672人。全市中职学校数25所，招生19 143人，比2016年减少690人，在校生53 284人，比2016年减少2 162人。全市技工学校数11所，招生10 413，比2016年增加109人；在校生27 966人，比2016年增加1 715人。全市教职工84 448人（含基础教育、高中阶段教育、中职教育、技工教育），比2016年增加4 850人，其中专任教师65 635人，比2016年增加3 275人。

各级各类教育

【基础教育】（一）学前教育

2017年，全市有幼儿园695所，比2016年增加58所，全市在园幼儿22.4万人，学前三年毛入园率达98.38%。全市已实现乡镇规范化中心幼儿园100%全覆盖，全市规范化幼儿园比例高达96.23%。坚持公益性和普惠性，多种形式扩大学前教育资源，公办民办相结合，形成以政府为主导、以镇中心幼儿园为示范、以市一级以上幼儿园为骨干、以公办民办相结合为发展模式的办园格局。通过"三个统一"（统一规划、统一配置、统一预算），有力促进了教育资源均衡配置，实现了学前教育普及普惠发展。幼儿园的管理实行地方负责、分级管理和各有关部门分工负责的原则，地方各级人民政府的教育行政部门，主管本行政辖区内的幼儿园管理。市、县（区）政府将学前教育列入财政预算，切实加大财政投入力度，落实学前教育投入逐步增长的主体责任。财政性学前教育经费在同级财政性教育经费中要占合理比例并逐步提高。财政性学前教育投入要最大限度地向农村、贫困和民族等薄弱地区倾斜。公共财政对入读符合普惠性收费标准幼儿园的儿童，给予每生每年400元的资助，2017年有50 773名幼儿受益。

（二）义务教育

全市有小学463所，九年一贯制学校135所（含小学），十二年一贯制学校9所（含小学）。小学在校生556 985人，小学毛入学率为100%，小学毕业生升学率为100%。全市有初级中学88所，九年一贯制学校135所（含初中），十二年一贯制学校9所（含初高中）。初中在校生196 955人，初中毛入学率为100%，初中流动率为3.06%，初中辍学率为0.22%，初中三年巩固率为99.53%，初中毕业生升学率为99.14%。全市有高级中学13所，完全中学18所，十二年一贯制学校9所（含初高中）。高中招生30 262人，比2016年减少704人，在校生90 562人，比2016年增加301人，高中阶段教育毛入学率为97.3%。

推进中小学新建、改扩建，增加义务教育学位供给。市政府工作要点要求"新增学位2.2万个以上"。通过"增压"将任务分解到各县区，并于3月发出《关于实行公办义务教育学校新建改扩建月报的通知》，4月召开全市基础教育工作推进会加以强调，5月在大亚湾区召开全市新建改扩建学校工作现场会加以交流，6月发出以中小学新建改扩建为主要内容的基础教育工作情况通报。通过一系列跟进、督办等措施，年内实现完工新建10所、改扩建17所、共新增学位2.65万个的目标，超额20.5%完成市政府下达的任务。2017年成为惠州市教育发展史上中小学基础设施建设力度最大之年。

规范义务教育招生行为，完成了年度消除大班额的目标任务。出台了《惠州市消除义务教育大班额专项规划》，明确了全市2017—2020年各年度工作目标和实现路径。为开好头、起好步，保证实现首年目标，印发了《惠州市2017年义务教育招生入学工作规定》和《关于严肃中小学招生工作纪律"八个严禁"的通知》，利用《惠州日报》等主流媒体进行招生宣传，开展了招生工作检查。通过"高压"态势从严落实免试就近入学原则和全面实行阳光招生，全市2017年秋季一年级和七年级基本上达到规定班额，消除了66人以上超大班额，其中龙门县、大亚湾区消除了56人以上大班额。全市2017年消除大班额的目标任务圆满完成。

（三）特殊教育

2017年，全市特殊教育学校招生161人，在校生872人。特殊教育（含随班就读、中小学校送教上门学生）招生313人，在校生1630人。其中义务教育阶段（含随班就读、中小学校送教上门学生）在校生1551人。

积极推进"全纳"教育。惠州市努力构建"全覆盖、零拒绝"服务体系，保障每个残疾孩子都能接受义务教育。通过以县（区）为单位，对每一个孩子的残疾类型、残疾程度和家庭情况进行全面了解，制订具体解决办法，把责任落实到校。对于适合进入普通学校的残疾孩子，就近就便安排随班就读；对于中重度残疾孩子，安排到特殊教育学校就读；对于确实不能进校就读的重度残疾孩子，各县区统筹安排特殊教育学校和普通学校教育资源，制定"一人一案"，提供送教上门服务。2017年，省要求视力、听力、智力残疾儿童少年义务教育的入学率为90%，惠州市达100%。

【职业与成人教育】（一）中等职业技术教育

2017年，全市有中职学校25所，招生19 143人，比2016年减少690人；在校生53 284人，比2016年减少2 162人。全市有技工学校11所，招生10 413人，比2016年增加109人；在校生27 966人，比2016年增加1 715人。中职学校专任教师2 404人，技工学校专任教师1 066人。

职业教育"诊改"工作成效显著。确定了惠阳区职业技术学校、博罗中等专业学校作为市级"诊改"试点学校，上报了惠阳区职业技术学校为省级学校并得到省认可，成立了"惠州市中等职业学校

教学工作诊断与改进专家委员会"，并对全体专家、各中职学校"诊改"工作人员进行了两轮培训；10—11月，市专家委员会成员分成三组对全市所有中职学校教学工作诊断与改进工作开展情况进行检查、指导，收到了良好的效果。

职业院校技能竞赛取得好成绩。惠州市选拔了124名中职学生参加了省中职学校12类38个项目的比赛，高职院校选拔了45组（队）89名学生参加了16类28个项目的比赛，中职组选手有104名学生获奖，高职组选手有38名学生获奖。组织全市中职学校5类9个项目的技能竞赛，共有342名学生参加。组织教师参加省技能竞赛，获得了1个二等奖、3个三等奖。组织4名教师参加广东省中职学校青年教师教学能力大赛，分别获得了1个二等奖、3个三等奖。

加强中职教师技能培训。为推动惠州市职业学校教师专业发展和教学能力提升，积极举办各类培训，培训人数共计572人。高规格举办"微课制作"培训，共168人参加。认真实施教学诊改培训，共163人参加。组织心理健康教育培训，共114人参加。开展信息技术类学科带头人专题培训，共40人参加。组织"班主任团队管理能力训练"及"创新思维和创新方法"培训，共87名教师参加。以上培训主题覆盖面广，受众面积大，培训内容优质，专家水平高。根据不同培训主题统筹制订方案，邀请各专业资深专家为培训对象授课，答疑解惑，受到广大教师的欢迎。

（二）成人教育

依托广播电视大学，开创成人教育新局面。惠州市广播电视大学位于惠城区河南岸斑樟湖路20号，建筑面积2万多平方米，占地面积3万多平方米，是一所以举办开放教育本专科学历教育、职业教育、社区教育、老年教育及各类职业培训为主的新型高校。学校有教职工148人（在职在编教职工124人），离退休32人，外聘教师15人，聘有副教授、高级讲师22人，中级职称教师43人，"双师型"教师46人。成人开放教育本专科在校生3 500人，共有123个教学班级，全年成人教育短期培训达到3万多人次，干部网络培训超过5万人次。校内设立了惠州市干部培训网络学院、市社区教育指导服务中心、市志愿服务培训基地。与市委组织部、市残联实施了"培养村官大学生""社区干部素质提升""乡镇干部素质提升""残疾人大学圆梦"和"残疾人工作者素质提升"5项惠民德政工程，逐步实现成人开放教育、职业教育和各类培训协调发展

的新局面。

开展全民终身教育活动周。积极推进成人教育和社区教育，引导条件具备的县（区）争创国家级和省级社区教育示范区，推动各县（区）建设"四位一体"职教中心。帮助、指导惠东、龙门两县成功创建省级农村职业教育和成人教育示范县，博罗县、惠东县成功创建国家级农村职业教育和成人教育示范县。为提倡全民终身学习，根据国家和省的部署，11月4日，会同市人社局、惠城区教育局举行了2017年惠州市全民终身教育活动周启动仪式，市政府相关领导、市教育局、市人社局、各县（区）教育局分管领导、各培训机构负责人及学校代表、群众代表约3 000人出席了开幕式，各县（区）组织了多场活动，积极促进学习型城市建设。

【社会办学】截至2017年底，全市共有民办学校（含幼儿园）726所，占全市学校总数的49.66%；在校生41.5万人，占全市在校生总数的36.05%。在各类民办学校中，幼儿园542所，在园幼儿16.1万人，占全市在园幼儿总数的71.71%；民办中小学（含九年一贯制学校、十二年一贯制学校）163所，在校生21.4万人，占全市中小学生总数的25.31%。共有民办中等职业技术学校13所，其中市直7所、惠城区1所、惠阳区3所、博罗县2所，民办中职学校在校生共22 483人（不含技工学校），占全市中职学生总数的41.6%。

加强民办教育扶持与管理。2016—2017学年度，市直公办学校共选派26名教师到市直民办学校支教挂职，组织市直民办学校1 173名教师参加免费体检。为加强对民办教育的规范管理，制订了《惠州市民办学校奖惩"红黑榜"实施细则（试行）》（以下简称《细则》），《细则》对"红黑榜"上榜学校标准、发布形式等做了明确规定。民办学校奖惩"红黑榜"的发布接受惠州市社会信用体系建设统筹协调小组办公室的指导。该细则已报市法制局审核。2017年5—6月，完成全市民办学校年度检查工作，规范民办学校办学行为。

民办中等职业教育情况。2017年，全市民办中等职业技术学校共开设涵盖了理学、工学、农学、商学、艺术学、文学等学科的45个专业（其中省重点专业1个、市重点专业6个，工商行政管理事务、机械加工技术、金融事务、美容美体、美术绘画、民族音乐与舞蹈、平面媒体印刷技术、商务助理、社会文化艺术专业是公办中职学校没有的专业），每年为珠三角地区输送约7 000余名技能型人才。民办中职学校教职员工1 135人，其中专职教师835人。教师的职称结构初级、中级、副高级之比为66∶26.5∶7.5；教师学历结构专科、本科、硕士以上之比为28.5∶69.5∶2。全市民办中职学校实验、实训设备总额达9 188万元。

【高等教育】与国内外知名大学合作。2017年，惠州市教育局积极参与与哈尔滨工业大学、香港城市大学、武汉理工大学、长春理工大学、以色列希伯来大学、西北工业大学等院校的接触洽谈，推进合作办学工作。10月11日，市政府与哈尔滨工业大学签署了《惠州市人民政府－哈尔滨工业大学共建哈尔滨工业大学国际教育基地合作协议》，实现了市委提出办两所本科院校的目标，也破解了惠州市没有研究生院的难题。参与"潼湖高校科技成果转化试验区大学创新园"的引进洽谈，积极推动项目落户和建设。做好惠州城市职业学院和澳大利亚维多利亚大学、德国F＋U萨克森职业培训学院，惠州学院与乌克兰国立技术大学合作办学各项材料的修订及上报工作。积极与德国BSK国际教育机构、骏马精密（惠州）工业有限公司合作。7月份，惠州市教育局与德国BSK国际教育机构签署了合作备忘录、惠州工程职业学院与骏马精密工业有限公司签署合作协议后，双方积极互动，BSK亚洲事务执行总裁费德勒两次到惠州市访问，探讨合作办学项目事宜。惠州工程职业学院按照协议要求，引进德国双元制职业教育模式招收中职"骏马班"为骏马公司培养急需人才，相关事项推进顺利。

教育成果与特色

【教育能力建设】2017年，惠州市全部县（区）获评省中小学责任督学挂牌督导创新县（区），惠城区通过全国中小学责任督学挂牌督导创新区实地核查。着力推动基础教育优质均衡发展。完成15个省教育强镇复评。新增幼儿园58所、普惠性学前教育学位1万多个。乡镇规范化中心幼儿园100%覆盖，规范化幼儿园比例达96.23%。新建中小学校10所、改扩建17所，新增义务教育学位2.65万个。

普通高中教育实现规模和品质双提升，惠州中学建设全面推进，华南师范大学附属龙门学校、广东外语外贸大学附设大亚湾外国语学校、惠州一中国际双语学校等多所优质民办学校建成开学。

【校园文化建设】22所学校成功创建为市级依法治校示范校，11所学校通过省级依法治校示范校专家实地抽查认定。惠州市华罗庚中学获评第二批全国心理健康教育特色学校。成功创建62所国家级校园足球特色学校、62所省级校园足球推广学校、1个国家级校园足球试点县、2个省级校园足球推广试点县（区）。仲恺中学女子足球队获"省长杯"青少年校园足球联赛全省总决赛女子组冠军。成功举办第三届"市长杯"青少年校园足球联赛。开展第二届寻找"最美南粤少年""学习和争做美德少年"活动，69名学生荣获第二届"最美惠州少年"称号。开展优秀学生评选活动，全市有19名学生获评"广东省优秀学生"，1 220名学生获评"惠州市优秀学生"；开展未成年人思想道德建设"旭日奖"评选活动，评选出美德少年"旭日奖"3 000名、思想道德进步"旭日奖"500名；在第十三届全国中等职业学校"文明风采"竞赛广东省复赛中，惠州市教育局、惠州商贸旅游高级职业技术学校获评优秀组织奖。惠州市第十一小学金榜分校《"三生"润沃土，文化育新人》荣获全国中小学德育工作优秀案例奖。

【教师队伍建设】2017年，全市各类学校（含中等职业技术学校、普通中学、小学、幼儿园、特殊学校）教职工人数共83 046人，其中专任教师64 500人。一年来，惠州市深入实施"强师工程"，推进教师队伍体制机制改革，不断提高教师队伍整体素质，为惠州教育事业的健康快速发展提供坚实的师资保障。全力提高教师工资福利待遇，不断提升教师的获得感和幸福感。坚持实施教师工资待遇"两持平一鼓励"政策；贯彻落实山区和农村边远地区学校教师生活补助政策，补助标准提高至月人均不低于900元；继续实行公办学校和民办学校教职员同等待遇的政府免费体检措施。坚持表彰、宣传、报道先进教师、先进教育工作者和尊师重教先进单位，共同营造全社会尊师重教的良好氛围，在全市教师节庆祝大会上，共表彰了422名先进个人和19个尊师重教先进单位。继续在全市教育系统开展师德建设主题教育月活动，宣传报道"身边好教师"，弘扬高尚师德风范。全市有1名教师被评为"广东省最美教师"、8名教师被评为"惠州好人"。

【推进教育公平】始终坚持阳光招生。根据省教育厅《关于做好2017年全省高中阶段学校招生工作的通知》要求，先后下发《关于做好2017年普通高中招生工作的通知》《关于下达市直优质普通高中2017年招生名额直接分配到初中学校指标数的通知》《关于规范2017年全市民办普通高中学校招生工作的通知》等8份通知，对惠州市2017年高中阶段各学校招生数、特长生招生办法、优质普通高中直分指标下达、民办学校招生规范等做了明确要求，对普通高中招生工作环节的各项重点工作及责任进行了分工，不断加强基础管理，完善规章制度与招生工作机制，确保招生工作平稳进行。2017年，广东省下达惠州市普通高中招生指标25 700人，惠州市下达公办普通高中学位25 124个，民办学校自主招生指标5 658人。7月7日，公布2017年市区第一批普通高中学校录取分数线，之后各县（区）相继公布本县（区）普通高中录取分数线。截至2017年12月1日，惠州市普通高中学籍平台录入数为30 059人。

加大补贴助学力度。全市按小学不低于每生每年1 150元、初中不低于每生每年1 950元的标准，不分城乡发放义务教育生均预算内公用经费。对城乡义务教育家庭经济困难寄宿生，按小学每生每年1 000元、初中每生每年1 250的标准给予生活费补助。2016年秋季学期起，给予在校的广东省户籍建档立卡贫困户学生补助生活费每生每年3 000元。2017年，惠州市视力、听力、智力残疾儿童少年义务教育入学率实现100%，高出省的目标值10个百分点。全市义务教育阶段随迁子女入读公办学校比例为55.21%，并对入读民办学校的给予公用经费小学每生每年950元、初中每生每年1 550元和电子教育券200元的补助。

进一步完善积分入学制度。将随迁子女义务教育纳入招生计划和财政保障范围。本着更加公平和便民利民的原则，简化申请流程，优化积分项目及标准，进一步完善了随迁子女积分入读公办学校的办法。全市有义务教育阶段随迁子女学生319 713人，其中在公办学校就读176 585人，入读公办学校比例为55.21%。

【高考成绩再创辉煌】2017年，惠州市高考全线丰收、再创佳绩：重点本科上线3 595人，比2016年新增106人；普通本科上线15 672人，比2016年新增547人。2名考生荣列全省前10名，其中惠州市第一中学洪汇琳、徐琰2名学生分别荣列全省文科总分第1名、第3名的优异成绩；全市共有15名考生进入全省文（理）科总分前100名，其中8名考生进入前50名。上述成绩，为惠州市10年来高考取得的最好成绩，创惠州市高考历史新纪录，标志着惠州市基础教育全面进入内涵发展、品质提升新阶段。

【维护校园安全】强化安全教育制度"五落实"。认真上好每周一堂安全法制教育课、每天两次（中午和下午放学时）安全提醒、每周一个校讯通安全信息提示、每月一次安全应急演练，做到安全教育"五落实"，即落实计划、课时、师资、教材和考试。惠州市率先把中小学安全教材纳入政府采购免费发放，同时制作了《青少年防溺水安全》专题教材、《孩子的生命 教师的使命》交通安全教育专题DVD、《水火无情》安全科教专题电影、《中小学校消防安全教育及演练》DVD等。采取课堂教学、知识讲座、模拟事故、案例警示教育、自救互救演练、家庭安全隐患排查及社会实践等多种方式，结合季节特点、地域特征和家庭情况，利用新媒体，探索互动体验式教学，使学生在潜移默化中受到教育。为了增强安全教育的时效性，采取"请进来、走出去"的方法，邀请派出所领导担任安全法制副校长，对学生进行安全法制宣讲；组织学生参观消防中队，学习消防知识和防火常识。全市各类学校邀请交通、消防、卫生、法制、应急、急救等专家到校为学生做讲座、演练共2800余场次，其中心连心公益协会组织防溺水宣传演练进校园400余场，马路天使公益协会组织交通安全讲座100多场。

【德育建设成效显著】注重核心价值观建设。深入开展"我的中国梦"主题教育活动，利用清明、六一、七一等重要时间节点，开展"清明祭英烈""学习和争做美德少年""童心向党""向国旗敬礼"等主题活动，引导未成年人把个人梦想和"中国梦"结合起来，从小立志为实现"中国梦"而奋斗。开展"拥军爱国跟党走——不忘初心好少年"中小学主题教育系列活动，开展爱学习、爱劳动、爱祖国教育活动，推动核心价值观渗透到未成年人的日常学习生活之中；开展优秀童谣征集、推广、传唱活动，开展"惠州市第一次全国可移动文物普查成果图片展"进校园活动，传承中华民族传统文化；印发《诚信主题教育活动实施方案》，开展中华经典诵读活动，开展"不忘初心 与爱同行"感恩主题教育实践活动，引导未成年人继承优良传统、提高道德素养；开展文明旅游教育"参与·分享·传播"活动，推动文明旅游进校园。

注重提升学生法治素养。印发《关于推进青少年学生法治教育工作方案》，有效开展青少年法治宣传教育"十个一"活动；组织学生参加全国青少年学生法治知识网络大赛及南粤法治报告会；开展反邪教及知识产权、打黄扫非、保密法进校园活动；开展宪法学习宣传教育活动，发放《宪法教育读本》3000册；开展"12·4"宪法晨读活动；组织第二届全国学生"学宪法讲宪法"演讲比赛广东选拔赛惠州初赛。系列活动的开展，拓宽了全市青少年学生法治知识面。印发《关于做好2017学年度学校毒品预防教育工作的通知》，常态化开展形式多样的禁毒宣传教育"十个一"活动。组织开展"走进戒毒所"禁毒警示教育活动，组织开展2017年全国青少年禁毒知识竞赛惠州市初赛，联合开展万名教师禁毒知识轮训，在部分职业院校开展播放禁毒电影工作，推荐45所学校申报省级毒品预防教育示范校、打造3所市级毒品预防教育示范校。新创建22所市级依法治校示范校，11所学校成功申报省级依法治校示范校。

注重加强学生国防教育。组织开展第五届"南粤长城杯"演讲比赛，指导31所学校参评2017年省国防教育特色学校，在惠城区、博罗县率先开展创建国防教育示范学校的区域试点工作。在第十七个"全民国防教育日"期间，以"赞颂辉煌成就，赓续红色基因，支持改革强军"为主题，开展"国防教育进校园"活动。印发《惠州市教育局关于进一步加强学生军事训练管理工作的通知》，创新军训内容与形式，把急救、救护、传染病预防、政治安全与防暴恐、国防形势教育、心理教育、纪律教育、法治教育、禁毒教育以及消防教育等主题教育纳入军训课程计划；把学生军事训练情况记入《广东省普通高中学生档案》；组织参训学校开展交叉督导检查，提高军训工作实效。

【党建工作成效显著】深入学习宣传贯彻党的十九大精神。按照中央、教育部、省委和市委的部署要求，印发《市直教育系统学习宣传贯彻党的十九大精神工作方案》（惠市教〔2017〕277号）；举办惠州市教育系统学习贯彻党的十九大精神专题学习会，惠州市教育局局长袁清山以《深入学习贯彻落实党的十九大精神努力创建广东省推进教育现代化标兵市》为题做专题辅导报告；切实推进"十个一"活动，力争做到"学懂弄通做实 真信真用笃行"，以党的十九大精神指引全市教育事业发展。

狠抓好党风廉政建设。召开2017年市直教育系统党风廉政建设工作会议，总结部署市直教育系统全面从严治党工作，深入推进党风廉政建设工作。印发《惠州市教育局2017年落实党风廉政建设主体责任清单》《惠州市教育局党组2017年落实党风廉政建设主体责任工作方案》及《关于进一步做好谈话提醒工作的通知》等文件，理清责任边界、细化责任分工，明确责任内容、强化责任考核、严格责任追究；党组书记与班子其他成员、市直学校党组织书记，班子其他成员与分管科室负责人分别签订《党风廉政建设主体责任书》。举办纪律教育学习月动员会暨党纪政纪法纪教育专题学习班，传达学习惠州市深入推进全面从严治党暨领导干部党纪政纪法纪教育专题培训班精神，部署开展市直教育系统纪律教育学习月活动，组织观看党风廉政教育专题警示片《蜕变的心》；组织局机关干部到惠城区廉政教育基地进行廉政教育；组织参观"清风惠州"廉政书法及山水花鸟国画作品展。

（撰稿　李国强；审稿　郭金萍）

汕尾市教育

概 况

2017年，汕尾市教育系统认真贯彻党的十九大、省第十二次党代会及市第七次党代会精神，按照全市教育攻坚战动员大会和2017年全市教育工作会议的部署要求，以创建广东省推进教育现代化先进市为目标，以办人民满意的教育为宗旨，举全市之力大打教育翻身仗。特别是2017年全市教育工作会议后，各级党委、政府不断加大投入，优化管理，整合资源，各项工作全面加速推进，教育事业取得长足发展。

（一）市委、市政府主持召开了全市教育工作会议

9月11日，市委、市政府主持召开了全市教育工作会议，通报表扬全市教育系统先进模范，部署今后一个时期全市教育事业发展特别是创建教育现代化先进市和教师队伍建设有关工作。市委书记石奇珠出席会议并做讲话，市四套班子领导同志出席会议。市长杨绪松主持会议。常务副市长邹广宣读全市2017年推进教育攻坚战优秀代表名单。各县（市、区）党委、政府主要负责同志，分管教育工作的负责同志、教育局局长、市直有关单位主要负责同志，市委巡察组组长、巡察办成员，2017年推进教育攻坚战优秀代表，全市中小学（含技工学校、幼儿园、特殊教育学校）校长、幼儿园园长，共约1300人参加了会议。

（二）打出强师"组合拳"，强力推进教师队伍建设

2017年，市委、市政府致力"重塑师德师风、重建教师队伍"，打出一整套强师"组合拳"：重塑师德师风，表彰优秀校长和教师99名，评选"最美教师"10名；全面开展师德师风专项整治行动，设立"师德师风曝光台"235个，曝光查处违规违纪教育行政干部和教职工74名。重建师资队伍，组织开展三批中小学校长竞聘，共招聘校长64名；引进38名研究生学历教师，招聘252名本科学历教师；组织19874名在职教师参加各级各类培训；组织2827名专科学历教师参加本科学历提升学习；选派63名教师到深圳市科学高中跟岗学习。利用深圳对口帮扶汕尾指挥部援建资金6000万元，建设市级教师发展中心；市城区、海丰县、陆河县、陆丰市均大力推进建设教师发展中心。创建名师工作室，新增创建了10个名教师工作室、10个名班主任工作室和5个名校长工作室。认真做好山区农村教师生活补助发放工作，全市享受山区农村生活补助对象16767人，均按省规定标准平均每人每月发放900元。积极开展支教工作，从城区、海丰、陆丰抽调10名教师到陆河支教一年，从海丰、陆丰选派2名教师到西藏支教。进一步规范校长和教师队伍管理，海丰县以海丰县实验小学为试点，已率先在全市开展了义务教育教师"县管校聘"管理体制改革工作。

（三）推进教育现代化提速进位，坚决不拖全省后腿

市委、市政府召开全市教育工作会议，部署推进教育现代化工作，层层传导责任和压力，要求6个县（市、区）在2018年6月底前全部向省申报验收。市设立专项奖补资金1.8亿元，对如期完成教育现代化建设任务的县（市、区）给予奖补。各县（市、区）政府相应加强财政资金统筹，通过预算安排、专项补助、"PPP"（政府和社会资本合作）、社会捐资助学等办法加大对教育现代化的投入。2017年10月，城区已率先向省申报督导验收。全市学校基础设施建设取得显著成效，教师队伍建设迈出重要步伐，教育信息化建设、学前教育等工作扎实推进，为推进教育现代化打下了良好基础。

（四）加强教育信息化建设，扩大优质教育资源覆盖面

2017年，全市投入1300万元，建设市教育资源公共服务平台和教育城域网；全市100%的中小学校接入互联网，中心校以上规模学校实现带宽100M以上接入；全面更新建设"短焦投影+互动电子白板"或互动一体机等平台设备；实施网络学习空间"人人通"教与学的应用；陆河县、陆丰市50多个班开展基于"电子书包"的"智慧课堂"试点教学，实现移动学习终端平板电脑（iPad）进入课堂，构建新型教学模式。市直学校、陆河、市城区等地建设录播室，积极开展"专递课堂""名

师课堂"等活动,充分发挥名师的示范、辐射和指导作用。

(五)统筹兼顾各类教育发展,教育布局进一步优化

学前教育方面,实施学前教育三年行动计划,新建、改扩建一批公益普惠幼儿园。开展清理整治无证幼儿园专项行动,2017年全市共清理整顿无证幼儿园431处,其中取缔177处,整改后注册12所,整改后能基本招生办学6所,限期整改待报批30处。全市公办和取得办学许可的民办幼儿园共230所;学前教育三年毛入园率为90.32%,比2016年增长27%。义务教育方面,汕尾市义务教育标准化学校覆盖率为97.1%,初中毕业生升学率为95.99%,义务教育九年巩固率为94.5%;城镇义务教育"大班额"现象得到有效缓解,基本消除了66人以上超大班额;做好随迁子女平等接受义务教育工作,全市义务教育阶段异地务工人员随迁子女总计14 972人,占比83.82%。高中阶段教育方面,实施普通高中改造提升工程,全市投入资金7亿多元,新建一批普通高中学校;河田中学获得国家级示范性普通高中称号。全市共有国家级示范性普通高中3所、省一级普通高中7所,高中阶段教育毛入学率为91.2%。发展中职教育,陆丰市第二职业技术学校和海丰县中等职业技术学校被评定为省级重点中职学校,中职毕业生就业率达95%以上。特殊教育方面,实施特殊教育提升计划,市直和四个建制县(市、区)均建设1所特殊教育学校,全市共有5所在建特殊教育学校,3所已投入使用。民办教育方面,汕尾市采取加大用地支持、建立市级民办教育发展专项资金、师资扶持、优先招生等优惠措施,大力扶持民办学校发展。2017年,陆丰市引进社会资金5亿元建设汕尾市普宁华美实验学校。

(六)积极打造市直属学校,发挥辐射带动作用

汕尾市高度重视市属学校建设,在软硬件上都给予大力支持倾斜,着力提升其示范、领军地位。汕尾市林伟华中学与深圳市高级中学签订了对口帮扶协议,引进了由深圳市教育局推荐的新校长,投入5 000万元,全力打造"全市基础教育标杆学校"和国家级示范性普通高中。汕尾市实验初级中学完成汕头职业技术学院B区场地置换后,投入1 200万元用于综合楼维修,同步推进学校办学条件改造提升。汕尾市职业技术学校各项基建工程推进顺利。汕尾市实验小学2017年秋季招生严格执行就近免试入学有关规定,坚决执行招生计划,剩余学位进行公平公开摇号,切实推行阳光招生。

(七)加强校园安全管理,维护教育系统和谐稳定

2017年突出消防、校舍、防溺水、交通等安全工作重点,吸取海丰公平"12·9"火灾事故教训,深入开展中小学幼儿园消防安全隐患排查整治专项行动;市政府专题召开全市幼儿园安全工作会议,部署幼儿园综合治理工作。着力加强安全宣传教育,2017年仅海丰县就张贴、悬挂安全标语和安全横幅1 142条,出版安全专栏823版,开展安全主题会226场;全市发放《致家长的一封信》253 200份,举办专题法治讲座34场次,开展专项安全督查18场次,400多所学校举行了应急演练,有效强化了师生的安全意识。一年来,全市校园内无发生重大社会安全类事件、安全事故、公共卫生事件,无发生校车安全事故,无发生教师殴打、虐待、侵害学生等师德师风事件。狠抓招生考试纪律,高考考点全部实现标准化建设,监控系统、考生身份识别系统、指纹系统完备齐全,高考实现零作弊,考风考纪问题实现零投诉,招生工作依法依规、公开透明。学校后勤管理持续加强,定期排查学校食堂、学生宿舍和小卖部,抓好人员培训,严把食品进货关,确保师生饮食安全。

(八)加强党的建设,确保事业发展有坚强的思想政治保障

2017年,局党组召开学习贯彻党的十九大精神有关会议8场次,党组书记、机关党委书记到基层宣讲党的十九大精神5次,切实推动党的十九大精神进校园、进班级。深化"两学一做"学习教育,结合市委第一巡察组巡察整改、市纪委深化政务整治、正风肃纪集中行动、纪律教育学习月等活动,筑牢教育系统党员干部思想防线,坚定理想信念、强化宗旨意识、增强党性修养。采取座谈会、调研等形式,督导检查各县(市、区)教育局和市直学校学习贯彻党的十九大精神和全市教育工作会议精神的情况,把贯彻落实党的十九大精神、深化"两学一做"学习教育成果集中体现到推动2017年全市教育工作会议精神的落地落实,推进教育更加均衡、充分发展。开展了寻访红色革命遗址、重温入党誓词等活动,增强仪式感,强化党员意识、党性观念。

(九)接受巡察检阅,提升队伍战斗力

2017年,局党组把接受市委巡察、落实巡察整改当作重要政治任务,全力配合支持市委第一巡察组开展巡察工作,坚决拥护、全面认领巡察整改意见,围绕巡察组提出的15个问题和6个建议,成立

专门机构，落实整改责任，制订整改清单，倒排时序期限，并做到"六个一"，即"一个存在问题、一个整改方案、一个工作台账、一名责任领导、一个责任部门、一个督办机制"，坚持真抓真改、立行立改、建章立制、标本兼治，不折不扣将问题整改落实到位。通过整改，真正把党的纪律和规矩立起来、严起来，切实强化党员领导干部的党章党规党纪意识，提高党员干部干事创业的积极性和创造性，着力规范党内政治生活，强化党内监督，推动全面从严治党从"宽松软"走向"严紧硬"。

（十）积极开展教育系统"创文""创卫"工作

根据市委、市政府"创文""创卫"工作部署和要求，汕尾市教育局认真开展中心城区教育系统"双创"工作，持续加大"双创"宣传工作力度，营造良好氛围；持续加强未成年人思想道德建设，加强中小学生交通、卫生、防火、防溺水等安全教育，加强交通文明和法制宣传教育，加强拒绝毒品、防范邪教教育；大力开展爱国卫生运动和环保健康教育；组织开展安全文明校园创建活动；加强全市教育系统干部职工社会公德、职业道德、家庭美德、个人品德教育；组织开展主题教育活动、社会实践活动和志愿者服务活动；持续开展道德课堂、文明旅游、文明出行、文明餐桌、文明网络传播和诚信教育活动，开展"我推荐、我评议身边好人"和"最美教师""最美少年"评选活动；牵头联合公安、城管、文广新等职能部门，持续开展校园周边环境整治活动；联合市委宣传部、市文明办、团市委、市妇联开展一系列以热爱祖国、热爱学习、热爱劳动为主题的教育实践活动和以孝敬、友善、节俭、诚信为主题的德育实践活动；落实挂驻帮扶中区社区开展文明创建工作；落实对海丰县公平镇平三村的扶贫工作责任。

各级各类教育

【基础教育】（一）学前教育和特殊教育

全市共有幼儿园230所，其中公办74所、民办156所，在园幼儿74 670人，学前教育三年毛入园率为90.32%，教职员工5 791人，其中专任教师3 864人。特殊教育学校3所，在校生243人（不含随班就读），教职工56人，其中专任教师45人，"三残"儿童少年入学率为96.2%。

（二）义务教育

全市有小学470所，其中公办414所、民办56所，在校生255 489人，小学适龄儿童入学率为100%，专任教师16 075人，专任教师学历达标率为90.32%。初中128所，在校生114 810人，初中毕业生升学率为95.99%，初中专任教师9 538人，专任教师学历达标率为99.29%。

（三）高中阶段教育

全市共有普通高（完）中学校41所，在校生62 544人，专任教师4 767人，专任教师学历达标率为94.82%，高中阶段教育毛入学率为91.2%。中等职业学校和技工学校14所，在校学生14 970人，教职工1 094人，专任教师920人，专任教师学历达标率为91.3%。

（四）社会力量办学

全市共有社会力量办学249所，其中幼儿园156所、小学56所、初中26所、普通高中9所、中职学校2所。在校生141 419人，占比27.06%，其中学前教育51 250人，占比68.64%；小学59 594人，占比23.33%；初中20 862人，占比18.17%；普通高中9 173人，占比14.67%；中职540人，占比4.78%。

【成人教育】全市共有普通高校1所，在校生6 145人，在岗教职工457人，其中专任教师347人。成人教育学校（开放大学）4所，在校生7 689人，教职工120人，专任教师68人。全年参加成人高考共有7 229人。

教育成果与特色

【做好教育精准扶贫工作】认真做好教育精准扶贫工作，建档立卡贫困学生生活费及免学费工作做到不漏发、不错发；选派得力干部挂驻对口扶贫村开展帮扶工作并取得实效；大学生生源地信用助学贷款工作顺利开展；派出精干力量驻陆丰市甲西镇参与禁毒工作；教育宣传全面到位，《汕尾日报》多次报道教育工作情况，办好《汕尾教育》杂志，用好教育信息网，全年编发教育信息简报49条，比2016年增长32%。信访工作扎实有效开展，全年共受理群众来信85件，办结率达100%，接待群众到访6批25人次，做到事事有回音、件件有落实。

【提高教育教学质量】一是积极"请进来、走出去"。聘请省内外高水平专家名师45人次，高规格、高质量开展教师培训；借助深汕帮扶开展深汕学校之间对接交流16场次，组织学校管理层、教研员、骨干教师280人次到外地取经学习，借力提升汕尾市教学水平。二是加大教学质量监测力度。每学期对义务教育教学质量监测开展全市抽测，对监测排名后三位的学校负责人采取处理措施，促使学校改进教育教学工作。三是扎实开展教学研究活动。一年来共开设示范课58节，举办教材分析15次，教法学法讲座12次；开展了为期一个多月的高三备考工作视导，教研员与高三一线教师面对面、点对点交流备考策略、优化备考方案。四是积极开展教育科研课题研究。2017年，推荐2018年度省重点课题2个、省一般课题10个，市级2017年度立项课题共142个。五是加强教育督导工作。成立了市教育督导委员会，负责对各级各类学校教育教学工作开展督导，对学校办学行为进行监测评估、检查指导，促进学校加强管理、提升质量。

【落实立德树人根本任务】认真落实立德树人根本任务，以活动为载体，扎实推进学校思想政治教育与体育艺术卫生工作，积极推进社会主义核心价值观融入中小学教育全过程。围绕创建文明城市，开展"文明祭祀、绿色清明"主题活动，举办了教育系统"喜庆十九大、筑梦向未来"文艺会演，开展优秀童谣作品征集活动，开展首届校园气象防灾减灾知识邀请赛。继续深化学校体育工作，大力推进校园足球运动，举办了2017年汕尾市青少年校园足球联赛，有全国青少年校园足球特色学校24所、广东省校园足球推广学校34所，城区、陆丰成为2017年省级校园足球推广试点县（市、区）。认真落实法治广东建设考评责任分工，广东省依法治校示范校达到17所，中小学（含中职学校）30%以上的学校达到省级依法治校示范校创建标准。

（撰稿 吴娘辉；审稿 林汉旋）

东莞市教育

概　况

2017年，东莞市有幼儿园1 077所，其中公办（集体办）园200所、民办园877所。全市在园幼儿34.74万人，学前三年毛入园率为103.2%。小学329所（不含九年一贯制学校、十二年一贯制学校），小学在校生76.51万人，户籍学龄儿童小学入学率为100%，小学毕业生升学率为100%。初中193所（不含完全中学、十二年一贯制学校），初中在校生22.91万人，户籍适龄少年初中入学率为100%，初中毕业生升学率为98.5%。普通高中学校41所（含完全中学和十二年一贯制学校），在校生8.1万人，普通高中招生2.8万人。中职学校27所（含技工学校6所），全日制在校生7.98万人，中职学校招生2.9万人。特殊教育学校2所，在校生640人。经批准开办的民办幼儿园877所，民办普通中小学285所，其中小学122所、初中9所、九年一贯制学校138所、完全中学1所、普通高中1所、十二年一贯制学校10所、十五年一贯制学校4所；民办中职学校12所（含3所民办技工学校）。民办学校在校生97.24万人，分别为幼儿园27.6万人、小学50.21万人、初中13.47万人、普通高中2.9万人、中职学校3.08万人。全市有5所独立的成人高等教育机构（专修学院4所、成人高校1所）、32所乡镇成人文化技术学校、718所民办培训机构，各类成人教育培训总量达66.02万人次。全年全市有3.18万人报名参加成人高考，3.96万人次报名参加全国高等教育自学考试。普通高等院校9所（其中普通本科院校5所、高职院校4所），高校全日制在校生11.84万人，高校教职工7 078人。

各级各类教育

【基础教育】（一）学前教育

截至2017年，东莞市有幼儿园1 077所，其中公办、集体办幼儿园200所，民办幼儿园877所。在园幼儿34.74万人，学前三年毛入园率达103.2%。全市幼儿园教职工4.67万人，其中园长、教师2.52万人，教师学历达标率为99.86%，大专以上学历占83.87%。全市有"广东省规范化幼儿园"1 023所，公益普惠性幼儿园765所，省、市一级优质幼儿园522所，其中省一级幼儿园17所、市一级幼儿园505所。

2017年，东莞市认真落实国家、省的教育方针政策，研究制定《东莞市发展学前教育第三期行动计划（2017—2020年）》，以"挖潜提质，促普惠优质均衡发展"为战略重点，强化政府责任，健全工作机制，加强师资建设，积极扩大资源总量，提升办园质量。根据《东莞市公益普惠性幼儿园认定、扶持和管理办法》，认定公益普惠性幼儿园765所。加大对集体办幼儿园和普惠性民办幼儿园的专项扶持力度，将基本补助标准从原来每班每年0.6万元提高至0.75万元，向688所符合条件的集体办幼儿园和普惠性民办幼儿园拨付奖补资金7 139.5万元。全年培训幼儿园教职工5 324名，继续发挥幼儿园名师、名园长工作室的引领作用。深入贯彻《3—6岁儿童学习与发展指南》，与东莞广播电视台联合策划制作《宝贝豆丁·快乐的幼儿园》系列宣传片，宣传科学教育理念。加强教研指导，印发实施《东莞市幼儿园课程游戏化建设的实施意见》。指导筹备成立"东莞市学前教育协会"。

（二）义务教育

2017年，东莞市有小学329所，在校生76.51万人，比2016年增加2.64万人，户籍学龄儿童小学入学率达100%，小学毕业生升学率达100%。全市有初中193所，在校生22.91万人，比2016年增加13 215人，户籍适龄少年初中入学率达100%，初中毕业生升学率达98.5%。

2017年，东莞市义务教育学校非东莞户籍学生80.12万人，比2016年增加2.51万人。非东莞户籍小学生63.58万人，比2016年增加1.51万人，其中在公办小学就读的非东莞户籍小学生14.49万人；非东莞户籍初中生16.54万人，比2016年增加9932人，其中在公办初中就读的非东莞户籍初中生4.2万人。

（三）普通高中教育

2017年，东莞市有普通高中（含完全中学和多层次学校高中部）41所，在校生8.1万人，比2016年增加1201人。东莞高级中学内地新疆班招收新生189人。市内地新疆高中班在校生735人。

（四）特殊教育

2017年，东莞市有特殊教育学校2所，在校生640人，户籍"三残"（智残、体残、肢残）儿童入学率达98%。完善残疾学生入学机制，加强随班就读和送教上门管理及指导，建立特殊教育干部教师全员培训体系，培训765人次。

【职业与成人教育】（一）职业教育

2017年，东莞市有中等职业学校27所（含技工学校6所），其中公办13所、民办14所；有省级以上重点中职学校15所，其中国家级重点10所；省级示范性中职学校4所，其中有2所国家示范性中职学校建设立项学校。中职学校在校生7.98万人，其中省级以上重点中职学校在校生6.35万人，占整个中职学校在校生人数的79.6%；招生2.9万人，其中接收广东省东西两翼和粤北山区的"双转移"学生2.84万人。全市中职学校有教职工5262人，其中专任教师3772人；有"双师型"（教师和技师）教师1331人，占专业教师的80.9%。

2017年，市政府将创建"广东省职业教育综合改革示范市"作为市政府主要目标任务。每季度定期向市领导汇报进展，落实创建责任，定期跟踪督办。

继续深化中职教育资源整合工作，撤销办学条件不达标的中职学校。根据《东莞市中职学校资源整合实施方案》要求，认真做好了撤销市家具学校、市纺织学校大朗校区的学生分流、教师分流和校产处理工作。市家具学校、市纺织学校大朗校区已于9月开始停止招生，正式撤销。

督促指导市体育运动学校、五星职业技术学校和南博职业技术学校3所学校按照省重点中职学校的评估体系和标准，进一步改善办学条件，扩大办学规模，抓好内涵发展，提高教育质量，认真做好迎评工作。6月，市体育运动学校通过省专家组评估验收，10月成功创建成为省重点中职学校。11月，五星职业技术学校和南博职业技术学校通过省专家组评估验收。

（二）成人教育

截至2017年，东莞市有5所独立的成人高等教育机构、32所乡镇成人文化技术学校（其中有12所省级示范成人文化技术学校）、718所民办教育培训机构，年培训量达66.02万人次，成人高等学历教育规模达4.93万人。

2017年6月28日，万江街道被广东省教育厅评为广东省社区教育实验区；截至2017年，东莞市成功创建全国社区教育实验区1个、全国社区教育示范乡镇3个、广东省社区教育实验区23个。

【民办教育】2017年，东莞市经批准开办的民办幼儿园877所；民办普通中小学285所，其中小学122所、初中9所、九年一贯制学校138所、完全中学1所、普通高中1所、十二年一贯制学校10所、十五年一贯制学校4所。民办学校在校生94.18万人，其中幼儿园27.6万人、小学50.21万人、初中13.47万人、普通高中2.9万人。2017年，吸纳民间资金23.48亿元投资兴办民办教育，共建成投入使用的中小学、幼儿园63所，向社会提供学位4.06万个。

2017年，完成了44所民办义务教育标准化学校和47所民办市一级学校的验收和发文认定工作。全市民办义务教育标准化学校274所，占比达99.3%，基本实现标准化学校全覆盖；全市民办义务教育市一级以上学校156所，优质学校比例达61.9%。向1.95万多名教师发放从教津贴5285.64万元。获得2017年省级民办教育发展专项资金的民办学校45所，获得市级民办中小学扶持专项资金的民办学校61所。

2017年，东莞市规范民办学校管理，将无证中小学、幼儿园排查工作纳入市社会服务管理"智网工程"，依靠社区网格管理员排查辖区内的无证中小学、幼儿园。一年来，指导镇街清理整顿长安阳光幼儿园等8所无证幼儿园，分流安置幼儿300多人；参加2017年度检查的民办学校有1160所，其中年检合格的有1143所，占98.5%；限期整改的有8所，占0.7%；年检不合格的有9所，占0.8%。至2017年，东莞市民办教育协会有单位会员789个、个人会员57个。

加强民办教育培训机构监管。2017年，下发了《关于明确民办教育培训机构使用名称和许可证编码等问题的通知》《关于进一步明确民办教育培训机构放权审批备案等问题的通知》，全面加强培训机构管理。组织镇街清理无证机构工作，特别是在寒暑假前，坚决取缔了无证和超范围经营的机构，遏制了无证经营和超范围培训的行为。为加强对民办教育培训机构的管理,将"民办教育培训机构持证率"纳入各镇街党政主要领导年度考评项目。督促各镇街党政领导统筹属地清理规范无证教育培训机构,净化教育培训市场。在市政府的统一安排下,制定了《东莞市教育局2017年深化简政强镇事权改革实施方案》,并组织全市镇街进行放权简政业务培训,并实地到镇街指导审批和档案管理工作,实现审批管理顺利过渡。

【高等教育】截至2017年,东莞市有普通高等院校9所,分别为东莞理工学院、广东医科大学(东莞校区)、东莞理工学院城市学院、广东科技学院、中山大学新华学院(东莞校区)、东莞职业技术学院、广东创新科技职业学院、广东亚视演艺职业学院、广东酒店管理职业技术学院。按类别分,有本科院校5所、高职院校4所。全市高校的学科专业设置涵盖了除军事学、哲学和历史学以外的10个学科门类,共有本科专业点168个、专科专业点133个,有省级重点学科13个、省级特色示范专业建设项目23个、校级特色示范专业建设项目44个。拥有各类实验室和实训中心847个,省重点实验区6个,各类实习基地1 845个。全市有普通高校全日制在校生118 416人,比2016年增加6 849人;毕业生28 219人,毕业生就业率为94.3%。全市共有普通高校教职工7 078人,专任教师5 257人,其中研究生学历教师3 336人,占专任教师总数的63.4%。

教育成果与特色

【教育投入】2017年,东莞市教育总投入229.07亿元,比2016年增加15.11亿元,增长7.06%。其中,国家财政性投入136.6亿元(含中央和省财政补助5.76亿元),增加1.9亿元,增长1.41%。

东莞市学校基建总投入13.7亿元,新建、扩建、改建公民办学校(幼儿园)66所(含跨年度建设学校及幼儿园),竣工建筑面积51.85万平方米。至2017年底,生均校舍面积小学9.29平方米、初中17.22平方米。

东莞市民办教育经费总投入94.03亿元,比2016年增加12.76亿元,增幅为15.7%,民办教育经费占全市教育经费总投入的41.05%。东莞市对民办学校的在校生给予学杂费减免,补助标准(含公用经费和教科书补助)小学每生每年1 270元,初中每生每年2 155元。全年共下拨各级补助经费8.93亿元。

东莞市根据二级办学教育经费分担的有关规定,市财政按规定下拨直属学校教育经费46.79亿元(不包括教育收费4.82亿元),并继续加大对镇街教育经费的投入,全年下拨镇街教育补助经费19.95亿元。同时,镇街财政相应投入教育经费64.1亿元,保障学校的正常运作。

【教育督导】2017年,组织督学全员培训,加强督导队伍建设;按国家和省有关要求推行督学责任区制度,指导全市32个督学责任区开展督导工作,加强对学校经常性督导。继续推进基础教育均衡优质标准化发展,全市有省、市一级公办普通高中24所(含广东省国家级示范性普通高中7所),市一级民办普通高中10所;公办义务教育标准化学校比例达100%,民办义务教育标准化学校比例达99.3%。

【教育装备】2017年,全市中小学校(含公、民办)教学仪器设备总值262 132万元,共有多媒体教室24 588间,已建校园网学校495所,校园网建成率为89%;全市中小学校共有计算机150 910台,计算机师机比达1:1、生机比为8.7:1,全市中小学校图书馆藏书共25 004 535册。全市中小学校教学班课室总数为20 971间,其中,配备一体机/电子白板的课室为7 578间,占比36.14%;配备幕布、电脑、投影仪的课室为12 819间,占比61.13%;配备其他多媒体教学设备的课室486间,占比2.32%;未配备多媒体教学设备的课室88间,占比0.42%。

2017年,对50所义务教育阶段民办学校教育信息化基础设施建设给予财政奖励,总金额达2 898.5万元;7个课题获全国教育技术课题立项;全市中小学校师生在广东省优秀自制教具、创客、实验操作与创新技能、实验教学、教育技术优秀论文等竞赛活动中获得省级一等奖15项、二等奖15项、三等奖28项。

【教育科研】2017年,东莞市进一步推进教育科研制度建设，印发实施《东莞市教育局教育科研课题管理办法》《东莞市教育局优秀教育教学成果评审推广办法》两个规范性文件。2017年度东莞市年度规划课题共有申报项目1 114项，数量历年最多，经评审，批准立项677项；开展"精品课题"培育，批准25项课题为市第四批"精品课题"；开展东莞市"慧教育"专题研究项目申报，批准立项60项；组织省市级立项课题鉴定，471项课题通过结题验收；组织开展东莞市第十四届教育教学成果评审，评出获奖项目328项；组织申报2017年度广东省"强师工程"项目，15项课题获批准立项；组织申报2017年广东省中小学教育创新成果奖，共有84项成果获奖，获奖总数位列全省第一；推荐48项成果申报2017年广东省教育教学成果奖（政府奖），26项成果获奖（其中中职类5项、基础教育类21项）；推荐10所学校参与广东省教育研究院举办的基础教育实验基地学校评选，均通过立项；开展2017年市教育学会论文评选，收到参评论文498篇，评出获奖论文250篇。

【教育发展研究】2017年，东莞市加大有效扩充教育资源研究，开展"补齐教育短板，提升教育公共服务品质"专题调研，形成《扩大公办优质教育资源迫在眉睫——基础教育发展不平衡不充分的问题与对策》调研报告；专题开展"东莞市教育资源配置研究"调研，形成《东莞市基础教育学位资源需求与对策研究》调研报告。加大教育优质均衡发展研究，开展集团化办学、办学模式改革专题调研，形成《东莞市推行基础教育集团化办学工作思路》《关于赴镇江杭州考察学习办学模式改革的调研报告》；推进义务教育公办学校托管民办学校研究，课题"提升民办学校办学水平路径的实践研究——基于托管模式探索"已申请省立项。深化教育综合改革研究，东莞市教育局领导班子领头开展专题调研，形成《地市推动教育管办评分离的制度设计和实施路径研究报告》《关于中小学校长职级制专题调研报告》《东莞高校校企合作办学情况调研报告》《打造"莞式慕课"，推动东莞教育供给侧改革》等9份调研报告。省立项课题"构建公益普惠性学前教育公共服务体系的政策研究"和"保障外来务工人员子女接受高水平义务教育的改革研究"经专家评审顺利结题。

【教师专业发展】2017年8月27—30日，在中国教科文卫工会主办的第一届全国中小学青年教师教学竞赛决赛中，东莞市韩松锦老师荣获全国初中组一等奖。

2017年11—12月，在省总工会、省教育厅主办的首届广东省青年教师教学能力大赛决赛中，东莞市50名参赛教师全部获奖，其中一等奖25人、二等奖14人、三等奖11人；有5名教师以学科（专业）组决赛第一名进入总决赛，莞城中心小学彭才华老师最终摘取小学组总决赛桂冠，并被授予广东省"五一劳动奖章"；东莞市教育局因在比赛组织工作中表现突出，获主办单位颁发"优秀组织奖"。

【教师培训】2017年，东莞市教育局组织100个培训项目，参加培训教师10万人次，其中市专项经费重点项目培训班有35个，培训44 709人次。教师信息技术应用能力提升工程培训7.3万人。获评市第三批名师培养对象50人、名校（园）长培养对象20人和教育名家培养对象5人。遴选第二批民办学校骨干教师培养对象165人、骨干校长培养对象35人。幼儿园专任教师大专以上学历达83.87%，小学专任教师本科以上学历达74.89%，初中专任教师本科以上学历达91.89%，普通高中专任教师研究生或硕士学位及以上学历达15.36%，中职学校专任教师研究生或硕士学位及以上学历达15.06%。

【师资队伍建设】2017年，对市直属校长绩效考核方案进行了完善，调整校长考核等次，增加第三方机构评价学校创新发展和学校满意度评价两个环节，把对校长绩效考核与学校工作考核结合起来，引入第三方机构和家长评价，提高了考核的客观性和科学性。

完善公开招聘，组织4场公开招聘公办教师活动，聘用715名公办教师。其中研究生96人、本科生619人，分别占总数的13.4%、86.6%。同时，修订了调入本省外市公办学校在编在职教师的资格条件和程序，不断拓宽教师引进的渠道。

新增并聘任中小学正高级教师8名、中小学高级教师265名，完成中小学教师职称改革后第二次岗位聘任和职称评审工作，有效化解了高职低聘矛盾，激发了教师积极性。

东莞市继续推动义务教育阶段学校校长、教师交流，健全教师交流制度。颁布了《市属学校教师交流和公办初中跨镇街教师交流工作的通知》，进一步促进义务教育阶段学校教师交流，搭建起非义务教育阶段学校教师交流的平台。

东莞市根据广东省教育厅的要求，选派18名中小学教育工作者赴韶关支教，选派1名教师到香港担任教学指导教师，选派5名教师到西藏林芝地区支教和1名教师在当地教育局挂职锻炼，选派17名教师到新疆支教。

2017年，发放民办学校从教津贴5 285.64万元，获得从教津贴37 053人次，进一步发挥从教津贴对稳定民办学校教师队伍的作用。

实施名师津贴，完成名师工作考核，发放名师津贴445万元。认定748名市优秀教师和50名市优秀教育工作者，新增1名广东省"特支计划"教学名师。

【"莞式慕课"】2017年，东莞市继续推进"莞式慕课"教学改革，确立了116所慕课试点学校和石龙镇、松山湖两个试点镇（园区），通过公开招标开展"义务教育阶段民办学校教学资源建设、运维和研训等服务"项目工作，东莞市教育局教学资源应用平台（dg. etiantian. net）上线，新建设慕课资源20 496节、习题20万道、教学素材6万个，所有慕课资源推送59 347节次，其中向民办学校推送22 635节次，各学科累计送课到校3 661节。举行教学资源应用研训57场，参加人数16 734人次。截至2017年底，市教育资源公共服务平台共有优课、微课、教学设计、教学案例、典型习题、精选试题等各类数字化教学资源34万多个，其中优课、微课有3.9万节，下载总量达46.6万次。参加国家"一师一优课、一课一名师"活动，晒课总数19 983节，晒课率达75.9%，评出市级优课621节，有179节获省级优课奖、90节获部级优课奖，晒课的数量和获奖的数量均位于广东省前列。开展了"优课教研室"全国网络直播活动、广东省初中数学"同一堂课"网络教研活动，赴四川、重庆进行信息化教学改革调研，召开了东莞"慧教育"智慧课堂（翻转课堂）试点应用启动会、东莞市2017年中小学慕课试点工作现场会、义务教育阶段教学资源建设与应用研训活动、"慧教育·融合创新"智慧课堂展示活动，编撰了《2017年东莞市慕课试点工作现场会交流材料》，开展东莞市第三届优秀慕课创新案例评选活动，征集慕课创新案例462个，积累了一批优秀改革经验。东莞市教育局副局长何炳基应邀在第五届中国南方教育高峰年会上做了题为《用心打造"莞式慕课"，让每一个学生受到最适合的教育》的主旨演讲。

【慕课教育信息化工程】全市共享优质慕课课程资源。建立符合普通高中、职业教育、终身教育学习生态的慕课学习平台，购买慕课课程135门，引入中国大学慕课全部课程资源，让全市师生、市民只要能上网就可以随时随地学习感兴趣的课程，充分扩大优质教育资源覆盖面。

支持智慧课堂教学改革试验。项目遴选高中、初中、小学10所试点学校，利用平板电脑开展智慧课堂平板教学试验，采用先学后教的方式，教师依托信息技术能实时掌握学生学习动态，实现精准教学，提升教学效率。已开展了超过200节公开课、10场"慧教育·融合创新"智慧课堂展示研讨现场会，现场观摩的教师近2 000人，网络直播观看的教师近16万人。

支持托管、帮扶等教学教研工作。一是建成教师协作平台，融合网络协同备课、互动教研等功能，为公、民办教师结对帮扶提供便利，便于名师带动年轻教师、薄弱学校教师提升专业水平。二是建成探究学习平台，支撑校际多个班级的学生开展第二课堂、课外实践的协同项目式探究学习。

构建职业教育信息化管理体系。建成职业教育3个市级应用子平台，12个校级应用子模块，融合管理、教学、实训一体化的信息化应用平台，将传统教学优势与互联网技术融合实现线上与线下、理论与实践的混合学习方式，提高教学效率。

【普通高考】2017年，东莞市普通高考再创佳绩。上线入围方面，参加高考考生3.2万人，其中普通类考生2.63万人、高职类考生0.57万人。在普通类考生中，第一批本科上线5 584人，比2016年增加743人，增幅为15.35%；本科以上上线16 093人，比2016年增加1 145人，增幅为2.26%；专科以上上线25 724人，比2016年增加1 630人。在高职类考生中，上线总人数4 183人，比2016年增加1 822人。录取方面，总共录取25 123人。其中第一批本科院校录取5 439人，比2016年增加523人，增幅为10.6%；本科以上院校录取15 946人，比2016年增加712人，增幅为4.7%。

【成人高考】2017年，东莞市成人高考报名3.18万人，其中报考专科起点升本科类11 528人，高中起点升本科、专科20 279人，报考人数在全省排第三位。录取27 222人，录取率为85.58%。其中高中起点升本科、专科录取17 534人，录取率为59.62%；专科升本科录取9 688人，录取率为86.46%。

【自学考试】2017年，东莞市自学考试报考39 670人次，报考92 251科次。非学历证书考试（包括中英合作专业）报考7 243科次。自学考试毕业1 927人，其中本科1 036人、专科891人。

【中职学校对外合作办学】2017年，东莞市电子商贸学校、东莞市汽车技术学校从9月起开办日本课程班，全市共有7所中职的12个专业参与中外合作办学，每年招生规模达800人。

【制定校企合作配套政策】2017年1月，印发了《东莞市职业院校定点实习实训基地认定和管理办法》，8月制定了《东莞市职业院校定点实习实训基地认定实施细则》和《东莞市职业院校定点实习实训基地经费管理办法》。

【落实东西部扶贫工作】2017年秋季学期起，东莞市连续3年定向招收一定数量的昭通应届初中毕业生到东莞市公办中职学校就读，毕业后由学校推荐在东莞市就业。2017年共接收了1293名昭通学生在东莞市中职学校就读。

【网络学习空间"人人通"培训基地】东莞市大朗镇巷头小学大胆利用信息技术解决师资不足、探索家校互动新模式，创新应用微课掌上通将网络学习空间概念延伸到移动端，从一所农村小学脱颖而出，被教育部授予"全国中小学网络学习空间人人通培训基地"称号，同时还是"联合国互联创未来项目校""全国首批教育信息化试点校"。每年轮训全国各地中小学校长、骨干老师，对外宣传东莞教育信息化特色应用。

【语言文字工作】2017年，全市有6所学校创建省级语言文字规范化示范校、4所学校创建省级规范汉字书写教育特色校。积极组织参加中央电视台"中国汉字听写大会"并获第三名；参加广东省第八届规范汉字书写大赛，获特等奖、一等奖、优秀指导教师奖等奖项；东莞市教育局连续3年被评为优秀组织奖。举办了东莞市"中国汉字听写大会"、第九届东莞市中小学规范汉字书写大赛、中华经典诵读比赛等，参与师生达50万人，东莞市电视台播出新闻节目12次，印刷宣传海报1.8万张，播出广告2200条次。有序开展普通话水平测试，完成培训测试1.5万人次。

【体育教育】抽取12 000名学生进行体质健康状况监测并形成分析报告，动态把握学生体质健康变化趋势。创建国家级青少年校园足球特色学校12所、省级青少年校园足球推广学校40所，麻涌镇和南城街道被评为省校园足球工作试点县（区）；创建全国青少年校园篮球特色学校16所。全年举办中小学生体育竞技赛事12项，参与人数达10 285人。组织参与国家和省级学生体育赛事，获得2017年中国中学生健美操比赛初中组团体总分第一名和高中组团体总分第二名、2017年全国高中篮球联赛男子组第三名、2017—2018年中国高中男子篮球联赛（广东赛区）男子组冠军、2017年省体育传统项目学校篮球比赛男子组冠军、2017年"省长杯"青少年校园足球比赛中职男子组冠军、2017年省中学生健美操啦啦操联赛总决赛团体总分第一名、2017年省中学生乒乓球锦标赛初中组团体总分第一名、2017年省体育传统项目学校乒乓球比赛初中组团体总分第一名。

【中小学心理健康教育】2017年，举办全市心理健康教育教师专业技能比赛，组织参加省心理健康教育教师专业技能比赛，获一等奖3个、二等奖1个，居全省前列。

【市属学校基建工程建设】2017年，完成东莞市商业学校东校区新建学生宿舍和食堂工程建设、虎门中学二期学生宿舍工程建设、东莞市纺织服装学校校园道路及排水系统修复工程建设。推进雅园新村幼儿园工程建设，东莞启智学校新校用地手续办理。统筹、指导常平中学体育馆项目、市第四高级中学体育馆项目、市纺织服装学校教学实训楼和学生宿舍楼项目、东莞高级中学新疆校区礼堂及学生宿舍项目、市汽车技术学校教学楼及学生宿舍楼项目、塘厦中学学生宿舍楼项目、市第七高级中学教学楼续建项目、长安中学学生宿舍楼项目、市教师进修学校校舍扩建项目、新建市中小学德育基地项目等市属公办学校开展项目前期工作，履行各项审批程序。

【依法治教】2017年，东莞市完善行政许可流程管理，推进行政执法公示，实施行政审批结果双公开。落实行政审批标准化，编制行政审批事项办事指南和业务手册。向镇街（园区）新增下放3项职权事项。加强政府信息公开，及时更新政府信息公开目录和内容，向社会主动公开市教育局及其下属单位财政预算、决算9份，"三公"经费预算、决算9份。推进教育信息公开，全市287所公办中小学校依托学校网站建立信息公开专栏。依法做好政府信息依申请公开，按期答复行政复议申请。推进依法治校，基本实现全市中小学"一校一章程"以及"一校一法律顾问"，开展"依法治校示范校""依法治校达标校"创建，全市有"依法治校示范校"203所、"依法治校达标校"209所。

【学校安全管理】2017年，组织开展各类主题教育、安全宣传、专题培训活动18次，参与师生418万人次，发放宣传资料52万册。强化校园安保工作，联合公安部门落实重点时段校门口见警察、见警灯、见警车；规范校车安全管理，完成11个镇街停靠站点建设，联合交通部门查处非法接送学生案件2起，校车逾期未年检、标牌未续期29车次。加强排查火灾隐患、校园禁毒、防范溺水等工作，开展校园安全大排查大整治专项督查行动，累计排查整治安全隐患237处，全市溺亡学生人数同比下降14.3%。全市累计创建"平安校园"1563所，覆盖率达到96.8%；全年全市学生非正常死亡人数同比下降8%。

【教育信息化基础设施建设】按"三通两平台"要求打造教育信息化"慧环境"，为教育教学提供强有力支撑。（1）教育城域网。已建成宽带出口20G的全市高速教育城域网，学校接入千兆宽带，部分学校准备接入万兆宽带，逐步实现全市WiFi统一实名安全登录。（2）教育信息化装备。市级财政投入建设20套智慧课堂设备、14个微课制作室，分布于各镇街，带动其他学校改善信息化环境。（3）教育数据中心。采用购买服务的形式建成教育数据中心，加强网络信息安全建设和管理，逐步实现统一认证授权、数据共享交换，构建东莞教育大数据体系。（4）教育信息化平台。整合、开发了教育资源、教学应用、教育管理、教师发展、家校互动五大体系超过50个信息化平台，实现全市师生、家长"1人1号"即可登录使用有授权的所有平台。（5）教育网络信息安全。联合市公安局印发《东莞市教育行业网络安全工作方案》，各级教育门户网站集群化管理，各级教育信息系统清理整合、集中托管，进一步加强网络安全防护能力。

【国家教育资源公共服务平台试点】依托国家数字教育资源公共服务平台试点，打造"教、学、研"三位一体的教育资源公共服务体系。积极融入国家数字教育资源公共服务体系建设，形成了国、省、市一体化优质教育资源三级联动共享机制，310万名东莞师生、家长可以同时共享各级平台的优质教育资源，包括应用于教师"教"的课件素材、学生"学"的自主学习微课、教师"研"的教学课例等，全市可通过网络实现校际教研互动与资源共享，促进校际均衡发展。已汇聚各类数字化教学资源81.4万个，电子期刊、多种版权的电子图书4000种，专业慕课课程135门，下载次数达到83万多次。

【"全民终身学习活动周"活动】2017年4月，东莞市获全民终身学习活动周工作小组、中国成人教育协会授予"2016年全民终身学习活动周优秀组织奖（地市级）"，长安镇被授予"2016年全民终身学习活动周优秀组织奖（县区级）"。

2017年10月16—20日，东莞市举行"2017年全民终身学习活动周"活动，全市33个辖区全部参加，各辖区通过举办开幕式、宣传社区教育成果和提供免费培训课程等模式，鼓励更多市民参与终身学习活动，参加免费教育咨询和课程培训活动的单位、社区和培训机构有460个，提供公益教育咨询和课程培训项目1300多个，免费培训名额15万个。

2017年10月31日，广东省2017年全民终身学习活动周总开幕式暨社区教育论坛在寮步镇举行；2017年11月，寮步镇成人文化技术学校被中国成人教育协会评为"2017年事迹特别突出的优秀成人继续教育院校（培训机构）"；2017年11月，东莞市"尚荷教育"被全民终身学习活动周工作小组、中国成人教育协会评为"2017年终身学习品牌项目"。

（撰稿　刘晓东；审稿　杜润江）

中山市教育

概 况

2017年是全面建成小康社会的关键之年，也是全市教体系统不忘初心谋改革、牢记使命促发展、凝心聚力求突破的重要之年。一年来，在市委、市政府的正确领导和省教育厅、省体育局的正确指导下，中山市教育和体育局（以下简称市教体局）认真学习贯彻落实党的十九大精神，坚持稳中求进的总基调，紧紧围绕"深改革、促发展、惠民生"的发展思路，坚持以立德树人和体育惠民为根本任务，以促进公平和提高质量为主线，以深化改革为根本动力，推动全市教育和体育事业稳步发展。

（一）谋篇布局固根基，运用战略思维推动基础工程建设，为促进事业发展提供坚实的基础保障

坚定教育强市和体育惠民的战略定位，不断加强统筹谋划，规范项目管理，擦亮服务品牌，为教育事业持续健康发展夯实了基础。

1. 做强设计，高位谋划发展方向。推动市政府出台了《中山市公办中小学建设计划（2017—2020年）》，联合相关部门印发了《中山市购买义务教育阶段民办学校学位暂行办法》，制定了《中山德育名师5160工程项目管理办法》和《在人员密集公共体育场地增设儿童活动设施工作方案》等一系列文件和方案，统筹推进全市教育体育事业发展的政策体系更加完善，教体事业发展的环境更加优化。

2. 做实管理，统筹规范内部运作。编制了《中山市教育和体育局内部控制手册》等系列内部管理制度，财务管理制度和公务用车管理等制度不断健全，干部请销假制度全面落实，办文办事办会制度不断优化，局机关内部运转更加规范。

3. 做亮服务，营造和谐稳定环境。强化服务意识，积极为群众排忧解难，处理各类信访事项2 000多项次，初信初访初电一次办结率高达80%，交办、转办信访件办复率达100%。高质量办理建议提案66件（市重点建议提案6件），占全市建议提案总数的18%，代表委员满意率高达100%。语言文字工作不断加强，成功承办了广东省第20届全国"推普周"活动，举办了小学生汉字听写大赛和规范汉字书写大赛，完成了3 588人次的普通话水平等级测试，并高质量完成了教育部县域普通话普及普查工作。

4. 做深督导，扩大优质资源覆盖面。进一步完善"市教育督导室—督导责任片—督导责任区—中小学校（幼儿园）"四级督导工作体系，有效促进市、镇两级学校（幼儿园）畅通交流，进一步扩大了优质教育资源覆盖面，形成了具有中山特色的督导体系，顺利通过了"全国中小学校责任督学挂牌督导创新市"省级评估验收，并获推荐参与2018年国务院教育督导委员会评估认定。

5. 做精技术，提升信息化应用水平。制定了《中山市普通中小学教育装备工作方案（2018—2020年）》，着力强化教育装备标准化建设。强力推进信息技术与教育教学深度融合，全年"晒课"4 395节，其中获评国家级优课10节、省级优课72节。探索实施信息素养培育提升工程，并与中山图书馆签订共同开发"中山市e启阅数字阅读平台"，推动教育信息化应用向纵深发展。

（二）创新模式建高地，运用系统思维加强教师队伍建设，为提升教育质量提供厚实的智力支撑

进一步明确教师队伍建设定位，全方位推进教师队伍建设，为提升教育质量提供了厚实的人才和智力保障。

1. 实施新工程，点燃教师队伍新动力。制定了《中山市新一轮"强师工程"实施方案（2017—2020年）》，启动了新一轮"强师工程"，着力打造具有高尚师德品行、先进教育理念、引领教育现代化发展的高素质专业化教师队伍。名师带动战略深入推进，全年开展"名师在行动"3期、名师巡回讲座28场次、名师研讨课96节、名师名校长论坛2场，参与教师达6 300人次，基本覆盖到全市所有中小学校。

2. 迈向新征程，释放师德建设新活力。师德教育机制不断完善，建立了教师个人诚信档案，将师德表现作为教师考核、职称评定、聘任聘用和评价的重要标准，实行"一票否决制"。构建了师德建设宣传激励机制，评选出1 456名优秀教师和100名优秀教育工作者，利用《中山日报》等新闻媒体刊登先进典型事迹，营造了尊师重教的浓厚社会氛

围。进一步强化了师德监督机制，制定《中山市教育体育系统诚信红黑榜公布管理实施细则（试行）》，将50名中山市师德标兵和10个师德工作先进集体列入市社会信用体系红榜向社会公布，接受人民群众监督。

3. 瞄准新方向，拓宽教师成长新空间。扎实推进教师培训提升工程，推动培训工作向科学化、制度化、规范化方向发展，全年开展市级培训项目120项，统筹安排培训经费3 352万元，带动镇区投入培训经费3 335万元，全市参训人数达122 600人次。农村初中"3680"种苗工程第三期研修班顺利结业，"中山德育名师5160工程""学前教育210种子工程"等全面启动，教师专业发展的空间更加广阔。

4. 实践新举措，激发干部队伍新生机。严格把好干部教师队伍入口关，全年新招录公务员5名，选调公务员1名，选聘市属校长1名、副校长11名。选派了4名机关年轻干部到镇区学校或直属学校挂职锻炼、32名基层干部到机关跟岗锻炼，局机关和基层学校双向培养干部的机制不断优化。校长教师交流轮岗制度化、常态化推进，全年交流轮岗的校长教师达426人，其中校级领导53人。

（三）奋发进取谋发展，运用创新思维推进关键领域改革，为打造优质教育环境输出强大的引擎动力

改革就要敢于推陈出新，攻坚克难。2017年，市教体局立足新时代社会主要矛盾的新变化，创新推进教育领域综合改革，以善作善成的实效描绘了中山教育发展新蓝图。

1. 招生制度改革稳中有进。一是改革体艺生中考机制。取消美术、音乐、舞蹈艺术生全市联考，实行招生学校自主考试或校际联合考试，推动学校更加关注艺术生的专业特长。二是调整体育考试政策。精简了必考项目，调整了选考项目分值，将理论考试调整为直接分类认定赋分。三是调整录取照顾政策。调整了少数民族户籍考生加分政策，由加分调整为同分条件下优先录取。

2. 德育领军队伍强势崛起。一是加强名班主任工作室建设。建立了6个市级名班主任工作室，推动学校建立了一批校内名班主任工作室。二是成立"德育6D成长联盟"，促进中小学德育工作水平显著提升。中山纪念中学、东区朗晴小学荣获首批"全国文明校园"称号。三是成立了"中山市中小学心理健康教育研究与指导中心"，学校心理健康教育水平不断提升，中山市第一中学被评为第二批全国心理健康教育特色学校。

3. 校园高雅艺术遍地开花。一是美育工作改革深入推进。制定了《中山市中小学生艺术素质测评实施细则》，深入开展义务教育阶段音乐课堂五线谱教学法试点，探索形成了"以美育人"新模式。二是校园美育百花齐放。举办了全市学校美育工作成果展活动，4 000多名师生参与其中，社会各界1万多人次到现场观摩，30多万人次观看了网络直播。三是提升文化艺术品位。通过举办声乐、民乐、粤剧等高雅艺术进校园系列活动，师生审美能力和艺术修养不断提高，中山市美育工作的经验做法得到教育部和省教育厅的充分肯定，东区朗晴小学在全国美育工作推进会上做了典型发言。

4. 职业教育改革成效显著。一是现代学徒制试点工作成效显著。中山市作为国家首批职业教育现代学徒制试点市再次通过教育部检查验收，中山职业技术学院、火炬职业技术学院被确定为第二批全国职业教育现代学徒制试点高职院校。二是中高职一体化发展稳步推进。以中山职业技术学院等3所职业学院为龙头，分别制定中高职一体化发展章程，推进中高职一体化发展取得阶段性成效。三是联合开展高技能人才队伍建设专项评审。评选出3个专业集群、5个紧缺适用专业和500名现代学徒，获得财政补贴1 050万元。四是中职技能大赛成果丰硕。获得全国中等职业技术学校技能大赛奖项6个、省中等职业技术学校技能大赛奖项106个。

5. 高等教育发展内涵丰富。一是中外合作办学迈出了新步伐。推动中山职业技术学院与瑞士洛桑酒店管理学院签订了合作办学协议，电子科技大学中山学院与德国代根多夫应用技术大学签订了合作办学意向书及前期工作协议。二是努力推进省市共建本科高校。市政府批准电子科技大学中山学院和广东药科大学中山校区省市共建本科高校建设规划方案，并划拨省市共建本科高校建设专项经费1亿元。三是深入推进省市共建研究生联合培养基地。广东省研究生联合培养基地（中山）新增了4家研究生工作站企业，顺利培养了首批6名毕业生，并新招收了29名硕士研究生。

6. 民办教育彰显规范特色。一是规范民办教育机构办学行为。借助年检和教育系统红黑榜进一步加强民办教育机构的监督管理，引导学生选择报读规范合法的民办教育机构。二是成功举办民办教育成果推介会，吸引了1万余名市民到现场观摩，《南方日报》等主流新闻媒体进行了详细报道，全方位展示了民办教育办学成果。三是支持社会力量兴办

教育。向18所民办学校下拨奖补资金243万元,撬动社会资本投入1 000多万元改善民办学校办学条件,全市94.5%的民办学校达到广东省义务教育阶段标准化学校标准。

7. 审批服务改革优质高效。一是扩大校车使用许可改革成果。借力信息技术,实现校车行驶路线自动生成路线图功能,最大限度方便群众办事需要。二是规范幼儿园审批。严格执行审批标准和程序,批准新开办幼儿园19所、筹设17所。三是妥善做好教师资格认定。全年共接受申请1 080人次,其中634人通过认定并取得教师资格证书。

8. 校园安全管理扎实有效。一是安全教育取得新突破。年内组织了预防校园暴力等10个专项教育,进一步提高了教师、学生和家长的安全防范意识,安全教育与管理"两手抓"的"2+5+5"中山教育安保模式初步形成,得到省、市政协提案部门推介。二是组织参加全国消防安全知识网络大赛,全市46名中小学生晋级第二届全国中小学生消防知识网络大赛。

(四)提质增效惠民生,运用群众思维推动实现共建共享,为满足群众切身感受创造更多优质成果

切实将人民群众对优质教育和体育的需求转化为实际行动,努力使其在深化改革、共建共享发展中有更多获得感。

1. 教育公平得到进一步保障。一是加快推进公办中小学建设。完成新建、改建、扩建公办学校15所,动工建设18所,新增公办学位8 115个。二是稳步增加积分入学指标。全市积分入学指标达24 670个,切实保障了进城务工人员随迁子女接受义务教育的权益。三是实施购买民办学位服务。市镇两级共购买民办学位22 417个,"两为主"(以流入地政府为主、以公办学校为主)比例提高至47.1%。四是实施"特殊教育提升计划"。特殊教育资源室建设稳步推进,残疾儿童入学率达98%以上。五是高质量推进直属学校基础建设。高标准完成中山纪念中学旧址(古建筑群)修缮工程和中山市第一中学南校区扩建等重点工程项目,全市学校办学条件不断改善。

2. 学前教育普惠性进一步凸显。一是不断增加规范化幼儿园学位。大力扶持有条件的幼儿园改善办园条件,全面增加规范化幼儿园学位9 745个,"入园难"问题得到有效缓解。二是大力发展公益普惠性幼儿园。新增公益普惠性幼儿园15所,全市公益普惠性幼儿园达396所,占比达79.4%,有效缓解了"入园贵"难题。

3. 普通高考成绩进一步飞跃。一本上线4 167人,比2016年增加202人,上线率达24.9%;本科上线11 659人,比2016年增加970人,上线率由2016年的68.74%提升到69.7%;总上线率达99.58%。三项上线率继续稳居全省第一。

4. 教育扶贫质量进一步提升。一是精准帮扶肇庆市广宁县石咀镇浪沙村。坚持"精确识别、精细管理、精准帮扶"原则,实行一支部结对一贫困户,量身定做脱贫策略,努力实现精准帮扶,得到当地群众的一致认可,浪沙村被确定为中央主要媒体蹲点村。二是对口帮扶云南昭通。深入开展名师昭通行"送教活动",协助昭通建立名师管理评价体系,提升昭通名师教育教学水平。招收了720名昭通籍学生到中山市中职学校就读,共享中山优质教育资源。三是开创援藏支教新模式。创新"互联网+支教"模式,让西藏林芝的中小学生共享中山优质教育教学资源。新华社等多家新闻媒体对此进行了详细报道,中山市远程支教与公益助学服务平台入选广东电子政务优秀案例。

(五)旗帜鲜明讲政治,运用政治思维全面实行从严治党,为树立正确的发展方向提供坚强的政治保障

坚持以学习贯彻党的十九大精神为主线,以基层党建"四化"和"两学一做"学习教育常态化、制度化建设为抓手,推动全面从严治党向纵深发展,确保各级党组织政治信仰不变、政治立场不移、政治方向不偏。

1. 营造学习宣传贯彻党的十九大精神浓厚氛围。围绕把学习宣传贯彻习近平新时代中国特色社会主义思想和党的十九大精神引向深入这条主线,广泛开展"百场宣讲进校园""多元学习进万班"等活动,引导广大党员干部和教职工在学懂弄通做实上下功夫,确保522所各级各类学校全覆盖,5 639名党员、5万名教师、60万名学生参与,营造了"学起来、教起来、研起来、干起来、实起来"的浓厚氛围,有力促进党的十九大精神落地生根发芽,结出丰硕成果。

2. 积极配合市委巡察组并做到立行立改。一是市委教育工委积极向市委申请成立市教体局党组,并获得批准。二是拟定《关于加强和改进新形势下市属高校党的建设的实施意见(征求意见稿)》《关于加强和改进市属高校思想政治工作的实施方案(征求意见稿)》等制度,加强对高校党的建设和思想政治工作的领导。三是以推进"两学一做"常态

化制度化、推进基层党建标准化体系建设为主要抓手，要求36个基层党组织开展自查自改，制订"问题清单"，提出整改措施，进一步加强基层党的建设。

3. 认真履行从严治党主体责任。一是认真贯彻执行民主集中制。凡属"三重一大"事项一律上班子会研究，主要领导坚持对所有议事决策"末位表态"。全年召开市委教育工委会议12次，局长办公会20次，民主讨论、集体决策184个事项，其中审议干部任免23项。二是实施基层党组织书记抓党建"一述一评一考核"制度，精准指导基层党组织建设。强化审计监督，全年开展任期责任审计、财务收支及预算执行情况审计项目38个，总金额24.68亿元，提出整改意见267条。持续正风肃纪，全年共处理违纪党员8名，其中4人为校级领导班子成员。

4. 着力提升党建工作科学化水平。建立了基层党建调研督导工作机制，由主要领导牵头开展基层党建大调研活动，重点指导基层党组织强化党组织领导核心和政治核心作用，制订了党组织设置调整优化方案，对4所中职学校党组织按组织原则重新设置。市委教育工委系统无软弱涣散党组织，指导驻点联系神湾镇海港村"第一书记"整顿软弱涣散党组织，收到良好成效。

5. 强化党对教育系统意识形态的绝对领导。一是建立高校思想政治工作和意识形态工作联席会议制度，联合多个市直部门成立了领导协调小组；建立信息交流与形势研判工作机制，由市委领导定期组织开展信息交流和形势研判活动。二是代拟了《关于加强和改进高校思想政治工作的实施方案》和《落实高校思想政治工作任务清单》等文件，指导高校分别针对网络、论坛、课堂、社团、教材、涉外活动等重点敏感领域出台严格的管理制度。三是开展专项行动，及时排查政治安全和意识形态苗头隐患，合力联动及时调处化解教育系统出现的政治安全隐患和意识形态领域的风险，确保意识形态领域总体安全稳定。

各级各类教育

【基础教育】（一）学前教育

完成《中山市中心城区幼儿园建设专项规划》编制工作，并经市政府同意实施。全年新增规范化幼儿园学位9 745个，幼儿园数量达到525所，新增公益普惠性幼儿园15所，全市公益普惠性幼儿园共计396所，占比为75%，努力为群众提供收费合理、质量保障的学前教育资源。创新学前教育培训方式，实施"210种子培训"工程，成立3个幼儿园园长工作室和5个幼儿园教师工作室。

（二）义务教育

全市有全日制普通小学207所，普通初中84所（含九年一贯制学校37所）。小学学龄儿童入学率和升学率均为100%，小学在校学生29.7万人。初中在校学生10.7万人，初中升学率为99%。全市义务教育阶段学校专任教师22 751人，其中本科学历16 828人、研究生学历1 213人。2017年全市义务教育阶段100%的公办学校和94.5%的民办学校达到广东省义务教育标准化学校标准。

（三）普通高中教育

全市有全日制普通高中19所（含5所完全中学、5所十二年一贯制学校），在校学生47 212人。全市普通高中专任教师3 659人，其中大专学历8人、本科学历2 513人、研究生学历1 138人。中山纪念中学、市第一中学、市华侨中学、市实验中学、桂山中学、市第二中学、东升高中、龙山中学、小榄中学、濠头中学为广东省国家级示范性普通高中。杨仙逸中学通过广东省国家级示范性普通高中初期督导验收。

（四）特殊教育

2017年，中山市残疾儿童少年在校生数为1 558人，其中，在特殊教育学校就读的879人、在普通学校随班就读465人、接受送教服务214人。全市特殊教育学校专任教师238人。中山市特殊教育指导中心统筹管理指导全市特殊教育工作，组织开展特教师资培训。各镇区利用特殊教育资源教室为开展随班就读、送教上门服务提供有力支持。

【职业与成人教育】（一）职业教育

2017年，全市有市属高等职业技术学院2所，全日制在校生14 061人；独立设置中等职业学校14所（含体育运动学校和高级技工学校），其中国家级重点中等职业学校5所（含国家级示范校3所、省级示范校1所）、省级重点中等职业学校7所。全市中等职业技术学校全日制在校生3.5万人。全市中职招生12 335名，其中市教体系统8 169人、人社系统4 166人、昭通市对口帮扶中职招生710人、中德合作（中山）职业技能人才培训基地中职招生200人。市教体系统共7 402名中职学生毕业，双证率达98.13%，466名学生取得高级技能证，占6.3%，2 191名学生进入高等院校深造，占29.6%，就业率（含升学）达99.18%。开展职业教育现代学徒制试点工作，6月30日，中山市作为国家首批职业教育现代学徒制试点市，顺利通过教育部现代学徒制中期检查。8月23日，中山职业技术学院、中山火炬职业技术学院被列为第二批全国职业教育现代学徒制试点高职院校。2017年初，广东理工职业学院、中山职业技术学院、中山火炬职业技术学院分别牵头制订了中高职一体化发展章程，12月20日，市教体局召开中山市中高职一体化发展工作推进会暨2018年中高职一体化招生对接会议。市教体局和市人社局联合组织高技能人才队伍建设专项评审工作，共有3个专业集群、5个紧缺适用专业、499名现代学徒通过了专家评审，市财政补贴1 049.6万元。举办中山市第十九届中等职业学校学生技能竞赛，设加工制造、旅游服务、财经商贸、数字艺术、信息技术、文化艺术6类24个竞赛项目，有13所中职学校共604名选手参加比赛。在2017年广东省中等职业学校技能大赛中，共获得106个奖项，其中14个一等奖、43个二等奖、49个三等奖。在2017年全国职业院校技能大赛中，共获5个二等奖、1个三等奖。在第44届世界技能大赛上，中山市技师学院应用系毕业生、留校教师梁嘉伟获信息网络布线项目金牌，这是中国代表团在此项目中首次夺金。10—12月，中职学校青年教师参加首届广东省青年教师教学能力大赛，6人获省一等奖。

（二）成人教育

2017年，全市有省骨干成人文化技术学校8所，市级示范镇区成人文化技术学校16所，市级示范村（社区）成人文化技术学校109所。8月，市编委办正式批复同意中山市广播电视大学更名为中山开放大学；9月22日，中山开放大学正式挂牌。全市有13个镇区创建成为广东省社区教育实验区，占镇区总数的54.16%。小榄镇、石岐区高分通过省社区教育实验区复检验收。全年各级成人文化技术学校培训5种重点对象（包括退伍军人、农村基层干部、农村技术人员、乡镇企业职工、在乡初高中毕业生），培训总人数25.7万人次，培训率达87.3%。全市共有5 971人参加全国成人高等教育考试，录取5 475人，录取率达91.7%。全国高等教育自学考试（含中英合作考试）全年累计报考16 816人次，共报考课程40 273科次；全年共有900人获得不同层次的毕业证书，其中专科毕业160人、本科毕业740人。

【高等教育】2017年，全市有电子科技大学中山学院、中山职业技术学院、中山火炬职业技术学院、广东药科大学中山校区、广东理工职业学院中山校区5所普通高校和中山开放大学1所成人高等教育学校。全市普通高等教育全日制在校生5.14万人，各类各层次成人高等教育在学学员近2万人。中外合作办学取得重大进展，中山市人民政府与广东外语外贸大学、英国考文垂大学正式签订合作办学协议，中山职业技术学院、民森房地产发展有限公司与瑞士洛桑酒店管理学院签订合作办学协议，电子科技大学中山学院与德国代根多夫应用技术大学双方函签了合作办学意向书及前期工作协议。省市共建本科高校工作继续推进，市政府先后批准了电子科技大学中山学院、广东药科大学中山校区省市共建本科高校建设规划方案，向两校下达共计1亿元的省市共建本科高校建设专项经费，材料科学等2个专业获批为省重点学科。省市共建研究生联合培养基地持续开展。6月28日，"广东省研究生联合培养基地（中山）"6名2015级硕士研究生全部顺利毕业，成为联合培养基地首批毕业生；9月8日，基地迎来2016级29名硕士研究生，研究生工作站企业新增4家，已有13家高新技术企业成为联合培养基地的研究生工作站，2017年基地进驻硕士研究生共计35人。

【民办教育】全市有民办中小学校73所（包括特殊教育学校1所），在校学生约17万人。民办中小学教职工总数9 000余人，其中专任教师8 000余人。教育部门审批的教育培训中心共293所，中小学生校外托管中心91所。年内出台《中山市民办教育专项资金管理办法（修订）》，进一步规范民办教育专项资金的管理和使用。激励民办学校改善办学条件，向18所办学条件相对薄弱的民办学校发放奖补金，用于校舍修缮、功能室建设和设施设备添置等，促进民办学校转型升级。完成对全市民办学校、教育培训中心、托管中心网上年检工作，认定年检结果合格的404所、基本合格的19所、不合格的16所、清理停办（或注销）18所。年检结果及时在报纸和网站上予以公布，接受社会监督，引导群众报读规范办学的教育机构。联合工商部门开展民办教育培训机构专项整治,治理无证办学或违规办学行为;配合工商和金融部门,分别开展教育培训机构"双随机"抽查和非法集资排查,引导和监督教育培训机构规范办学,防范办学风险,保障就读学生权益。举办民办教育各类从业人员培训,全年近100名民办学校董事长(董事)、校长(副校长)以及1200余名专任教师参加培训,提升了从业人员业务素养和能力。举办主题为"梦想·我能"的全市民办教育办学成果推介会,参展单位63所,参演单位40所,推介会当天进场观展人数累计近万人。此次推介会是中山历年来规模最大、参与面最广、参展形式最丰富的一次民办教育成果展。

教育成果与特色

【教育督导】全面开展"全国中小学校责任督学挂牌督导创新市"创建工作,11月3日通过"全国中小学校责任督学挂牌督导创新市"省级评估验收。完善中小学校责任督学挂牌督导制度和长效工作机制,构建"市教育督导室—督导责任片—督导责任区—中小学校(幼儿园)"四级督导工作体系,进一步加强督导责任区和责任督学管理。调整中山市人民政府教育督导委员会第五届总督学和副总督学,副市长徐小莉任总督学,市教体局局长李嘉颖、市人民政府办公室副主任周尚谦任副总督学,吴月霞同志不再担任总督学,李长春同志、何杰斌同志不再担任副总督学。大力巩固义务教育均衡发展成果,黄圃镇人民政府被授予"广东省促进义务教育均衡发展先进集体",西区党工委书记关瑞麟被授予"广东省促进义务教育均衡发展先进个人"。按照教育部基础教育质量监测中心的统一部署,中山市20所中小学参加了2017年国家义务教育质量监测工作。开展中小学校(幼儿园)规范办学行为专项督查,有力促进中山市基础教育健康发展和优质均衡发展。聘任魏娴等45名市学前教育督导员。继续推进省规范化幼儿园和市一级幼儿园建设,全年新增省规范化幼儿园18所、中山市一级幼儿园7所。首次开展全市责任督学挂牌督导论文及案例征集活动,评选出优秀论文21篇、优秀案例45篇。

【教育投入】2017年,全市教育总投入108.67亿元,其中高等教育投入11.72亿元,中等职业教育投入8.23亿元,普通教育投入70.57亿元,其他教育投入18.15亿元。市财政核拨教育经费72.83亿元,比2016年增长2.99亿元,公共财政教育支出占公共财政预算支出的比例为14.32%。

【高考录取】2017年高考,中山市专科以上共录取16 381人,总录取率达97.91%,高出全省约13个百分点。本科以上共录取11 445人,录取率达68.41%,高出全省28.5个百分点。一本共录取4 238人,录取率达25.33%,高出全省13.8个百分点。据统计,北京大学、清华大学共录取17人。"211"和"985"高校共录取1 377人,比2016年增加42人,其中"985"高校录取672人,比2016年增加14人。

【教育科研】"教研培一体化"教师培训模式在全市逐步推广,小学阶段的"1+1"质量共进工程、初中学段的教研基地建设成为常规工作的亮点。2017年,中山市教研室率先提出"移动教研"的概念,并且与林芝市教育局联合开展首次"互联网+支教"两地四校网络示范课活动,开启中山教育援藏工作全新进程。此外,市教研室积极发挥在中山教育发展中的智库功能,其学术探索成果《创新驱动发展战略背景下地市级教育智库的建设》在第五届南方教育高峰论坛上与同行分享。教研网、微课网、精品课程网的管理与维护工作使"移动教研"有硬件的保证。组织评审市第五届微课、2017精品微课,开发2017微课应用课例。组织多次全市小学各科教师信息技术应用能力提升培训活动。完成2014年度市级立项课题的结题工作,发放结项证书110份。组织市第十届教育科研成果申报工作,上报课题中获得全国教育科学规划办课题立项1项、省教育科学规划办课题立项15项,省课题结题16项。

【教师培训】制定实施2017年教育干部培训与教师继续教育计划。启动新一轮"强师工程",出台《中山市新一轮"强师工程"实施方案(2017—2020)》。重视青年教师培训培养,制定新教师三年培训规划,通过"1年体验、2年成长、3年升华",让新教师更好规划职教生涯。通过培植初中青年干部"3680"种苗工程培训班、小学教育质量"1+1"共进工程、德育队伍"5160"工程等多个优质培训项目,夯实基础教育强大中场。加大力度对校长实施分层分类分级培训,着力提升校长整体素质和专业水平，先后举行女校长班、骨干校长班、初中级校长提高班、直属学校领导拓展班等6个专题培训班，实现中小学校长培训全覆盖。组织名师名校长前往芬兰、日本，校长及管理骨干前往香港、台湾等境外考察交流学习，共7个班61人。2017年统筹安排市级培训项目120个、镇区项目12个。落实选派国培项目12个，省级培训项目28个共167人次，完成市级项目120个8 600人次、镇区项目87个36 000人次、市属学校240个21 000人次。全年参加各级各类培训（未含网络及校本）合计65 600人次。2017年全市在职在编专任教师完成72学时继续教育学分17 856人，完成率达97.9%。年内省、市、镇三级财政投入培训经费6 687.93万元。

【教师职务评聘】按照评聘结合要求完成中小学教师职称评审，申报正高级评审9人，通过8人，通过率达88.9%；申报副高级424人，通过203人，通过率为47.9%；申报中级674人，通过396人，通过率达58.8%；申报初级123人，通过99人，通过率为80.5%。公办中小学取得职称人员按评聘结合原则进行岗位聘用，民办学校可参照执行。完成中专系列讲师职称评审，申请高级讲师评审106人，通过41人，通过率为38.7%；申请讲师评审92人，通过56人，通过率为60.9%；申请初级评审1人，通过1人，通过率达100%。申请初次认定取得专业技术资格共1 438人，其中，中级151人、初级1 287人。

【名教师、名校长工程】新增"市名班主任"认定和相关工作室组建工作，新增17个市级教师班主任校长工作室，招募工作室成员131名。以名师名校长工作室建设为抓手，发挥名师名校长工作室管理办公室作用，明确目标任务，落实定期考核制度，以省市教师班主任校长工作室为龙头，带动镇区学校建立相应工作室，充分发挥各级名教师、名班主任、名校长辐射带动作用。广泛开展名师"送教上门""名师巡讲"活动，全年共开展"名师在行动"3期，名师讲师团巡回讲座28场次，研讨课96节，名师名校长论坛2场次，参加人数达到6 300人次。中山名师名校还深入到西藏林芝及工布江达、云南昭通等地送教送课，反响十分热烈，深受当地师生欢迎。

【校长职级制评定】完成2016年申报校长职级的评审认定，共评定职级255人，其中初等职级53名、中等职级92名、高等职级44名。为完善校长职级评定工作，市教体局于2017年10月下发《中山市教育和体育局关于做好中小学（幼儿园）校（园）长职级申报工作的通知》（中教体通〔2017〕245号），开展校长（园长）初级和自动晋升评定申报工作，共有13人申报初级校（园）长，9人申报自动晋升校（园）长，经市镇评定工作组审核，有10人符合认定初级职级条件，有1人符合自动晋升中级一等条件，有2人符合自动晋升高级二等条件。

【教师资格认定及注册】2017年，按省统一部署，结合中山市实际，选取南朗镇和中山市中等专业学校等4所市属学校组织开展首次中小学教师资格定期注册试点工作，全市共有1 429人经省终审注册合格。继续做好教师资格笔试、面试和认定工作，全市报名参加教师资格考试笔试5 671人，实际考试4 678人，合格人数1 571人，通过率为33.6%；全市报名参加教师资格面试1 351人，实际面试1 320人，到考率为97.7%。全市通过中小学教师资格认定取得教师资格合计634人。

【公开招聘教职员】2017年，中山市采取在定点高校公开招聘和在市内统一公开招聘相结合的方式招聘教职员，探索开展音体美"小专场"招聘。分别在福建师范大学、华南理工大学和华南师范大学组织了一场定点高校公开招聘，在市内组织了一场大型的统一公开招聘，在星海音乐学院组织了一场音体美"小专场"招聘。全年招聘教职员893人，比2016年增长92.9%。

【德育教育】2017年实施"中山德育名师5160工程"，引领德育队伍专业发展。出台《中山市中小学名班主任工作室建设与管理办法》，规范和引领各类工作室建设。成立了"德育6D成长联盟""中山中职德育联盟""中山高中德育联盟"，加强区域合作。出台了《中山市中小学名班主任工作室建设与管理办法》，成立了黄文继、边慧琼、张丽娟、黄平、孙川、彭永红6个市级名班主任工作室。不断深化校园文化建设，提升学校软实力，联合《中山日报》开展了"校园文化名校行"媒体系列报道活动，开辟专栏集中展示了36所中小学校校园文化建设的阶段性成果。组织认定了64所市级文明校园。中山纪念中学、中山市东区朗晴小学获得第一届"全国文明校园"称号；中山纪念中学、中山市东区朗晴小学、杨仙逸小学体育路学校获得第一届"广东省文明校园"称号。丰富普法载体，创新法治教育方式。联合市检察院推进11所中职学校开展"检校共建"活动；举办"中山市首届中学生法治情景剧大赛"。2017年广东省青少年毒品预防教育课件设计征集活动中，全市共有162个作品获奖，中山市教育和体育局获得优秀组织奖。组织50所中小学创建省级禁毒教育示范校。心理健康教育有序发展，率先在全省成立了市心理健康教育研究与指导中心。在广东省第二届心理教师专业技能大赛中，中山市中等专业学校王雅、中山市华侨中学陈晓新、石岐中学韩毅、石岐中心小学王丽分别获得中职组、普高组、初中组和小学组一等奖的优异成绩。中山市第一中学被教育部公布为第二批全国心理健康教育特色学校。德育科研全面发展，20个课题通过省教育厅2017年省级学校德育项目立项，市实验小学研学课程、沙溪中学影视德育课程获评2017年"全国中小学德育工作优秀案例"。团少工作聚焦改革，引领创新发展。成立了首批5个市少先队名师工作室和5个市中学共青团名师工作室。黄权标少先队名师工作室被命名为"全国少先队名师工作室"。

【体育艺术教育】校园足球发展取得新突破，中山市成为首批签署全国青少年校园足球改革备忘录的试点县（区）。积极推进广东省第十五届运动会组队工作，与组队主要学校完成2018年广东省第十五届运动会组队框架协议签订。举办了以"阳光体育 快乐校园"为主题的第六届学校体育节，向全社会展示中山市青少年学生文明礼貌、顽强拼搏、积极向上的良好精神风貌。中山市教师合唱团与广州交响乐团合作，参加大型交响组歌《孙中山》公演。教育部体卫艺司副巡视员万丽君对中山市开展学校美育工作督导检查调研，并给予高度评价。东区朗晴小学受邀前往北京参加教育部举办的全国学校美育工作经验交流会并代表广东省和中山市做典型发言。举办中山市学校美育工作成果展系列活动。全年共举办了声乐、民乐、粤剧等艺术形式共7场高雅艺术进校园系列活动。小榄镇丰华学校（剪纸）、中山市建斌中等职业技术学校（茶艺）获教育部"第二批全国中小学中华优秀文化艺术传承学校"称号，东区朗晴小学、三乡光后中心小学、东凤小沥小学、小榄丰华学校、小榄绩西小学、石岐中心小学大信学校通过广东省艺术教育特色学校的评定。

【学校卫生保健】全年共组织86场以"多吃蔬菜水果""预防肺结核""儿童保健常识""口腔保健""保护视力""青春期性教育""预防儿童性侵害""预防艾滋病"等为主题的健康讲座，受益学生及家长约25 000人次。组织"世界防治结核病日""世界无烟日""全国学生营养日"和"全国爱牙日"4场主题纪念日现场宣传活动以及全市高一学生预防艾滋病专题视频讲座。联合市卫计局等有关部门继续深入推广健康促进学校工作，全年共有12所学校通过健康促进学校铜奖验收。中山纪念中学等8所学校荣获世界卫生组织（WHO）上海合作中心颁发的"健康促进单位"证书及牌匾，这是继2016年中山市东区水云轩小学之后，中山市再有8所学校获此殊荣，也是2017年广东省内仅有的获奖代表。全年共有7间学校食堂通过"中小学规范化食堂"验收。全年完成116所中小学校学生的健康体检，体检学生约21万人次。开展了学生脊柱侧弯、视力、口腔、营养健康干预项目，共惠及150所学校，约100万人次。承办广东省教育厅主办的2017年学校卫生管理人员观摩学习活动。

【扶困助学】2017年，市镇两级资助家庭经济困难中小学生1 446人次，资助金额163.41万元，其中涉及市专项资金资助861人次，资助金额117.1万元。通过助学金资助家庭经济困难大学生521人，资助金额206.25万元；家庭经济困难大学生申请广东省生源地信用助学贷款11人，领取贷款金额9.4万元。市扶困助学专项资金累计筹集7 866.88万元。2017年各镇区可支配扶困助学资金1 171万元。

【积分入学】2017年，中山市积分入学指标为24 670个，比2016年增长6.02%，积分入围公示人数占申请人数的71%，积分入学成功率较高。全市在公办义务教育学校就读的非户籍学生达11.7万人（含购买民办学位1.9万个）。

【学校安全工作】全力打造安全教育与安全管理"两手抓"的"2+5+5"中山教育安保模式，"平安校园"建设取得新成效。全市共有27所学校获"广东省安全文明校园"称号，87所中小学获"中山市安全文明校园"称号，3所学校被评为"全国消防安全教育示范校"，2所小学被评为"全国和谐校园先进学校"，1个单位被中国教育学会评为县级安全教育实验区全国示范单位，3所学校被评为安全教育实验区全国示范学校，受到了市领导批示肯定，全市教育系统保持着安全平稳态势，为教育改革与发展奠定了坚实的安全基础。

【数字化教育工程】继续实施"一体式互动教学平台示范工程"项目，为全市中小学校配备128套一体式互动教学平台。实施"'一对一'数字化学习终端建设示范工程"，为全市26个中小学校共配备1 300多个学习终端设备。共有17项课题通过中央电教馆的全国教育信息技术研究课题立项（广东省通过数量仅31项）。中山市第一中学和晓东、黄圃镇培红小学梁贤慧、东升初级中学王彩娟3名教师入选全国中小学实验教学说课活动并获得1金

2银。在第十八届全国中小学电脑制作活动中，共收集学生作品1 361件，比2016年增长32%，其中131件作品在全省比赛中获奖，7件作品在全国赛中获奖。"一师一优课、一课一名师"活动全年"晒课"4 395节，比2016年增长47%，其中获评国家级优课10节、广东省级优课72节。与中山图书馆共同开发了"中山市e启阅数字阅读平台"，面向全市开放视频云直播服务，全年通过直播系统开展了20多场大型的在线教学或校园文艺活动。

【中山市教师健康基金】2017年，修订中山市教师健康基金会章程，基金接受全市高校、中小学、民办学校、幼儿园共2.71万名教职工捐款，捐款总额273万元。为949人发放医疗补助462.25万元，拨出135.738万元，为2万多名65周岁以下的教职工购买保险。保险公司为46人赔付186万元。

【行政审批】全年共完成审批服务事项1 122件，涉及筹设、正式设立、变更、注销、有效期延续等行政许可审批，包括幼儿园77件、教育培训机构58件、中小学5件、高危险性体育项目59件、校车使用许可158件、教师资格认定765件，网上受理率及全流程办理率均达100%。

（撰稿　罗福军；审稿　徐全胜）

江门市教育

概况

2017年,江门市教育系统认真贯彻落实市委、市政府的决策部署,开拓创新,在全面推进各项工作的基础上,突出工作重点,形成工作亮点,较好完成了各项工作目标和任务。

(一)坚定抓好年度工作重点

认真落实市委、市政府决策部署。2017年,江门市教育局承办省民生实事6项、市委督办任务10项、2017年政府工作清单任务25项(牵头15项、会办10项)、市政府常务会议交办任务3项。江门市教育局成立领导小组,明确督办事项时间节点,确定了由局长负总责,各分管局长按分工抓督办,科室具体落实的组织领导机制,坚持做到件件抓落实,所有事项均按进度完成。

加快推进"三二一"工程。建立周报、月报通报制度和专项工作微信群,认真开展督办协调工作,推进工程全面落实。年内组织专项督导组,对各市、区落实情况进行实地督导近20次,对进度缓慢、整改措施不得力项目进行通报,对发现的问题及时组织相关职能部门进行会商解决。截至2017年底,17所学校中已经建成并投入使用的有5所,已开工建设的有12所,总体进展情况顺利。

加快民办教育发展。贯彻落实《江门市人民政府关于加快民办教育发展的措施(试行)》文件精神,调动社会参与民办教育的积极性,加大优质资源的培育和引进力度,成功引入新会区广雅中学、新会区广雅小学、广东外语外贸大学附设江门外国语学校。广雅中学主体工程完成75%以上,广雅小学主体工程完成65%以上;广东外语外贸大学附设江门外国语学校一期工程已完成桩基施工。正在加快引进广东省实验中学江门学校等项目。

加快"幼高专"建设。积极争取广东江门幼儿师范高等专科学校纳入省高校设置"十三五"规划,现已列入省重点建设项目,已完成江门幼儿师范高等专科学校筹设工作。在市委、市政府统一部署下,江门幼儿师范高等专科学校新校区的建设工作已完成用地审批、规划报建、项目勘察设计、施工总承包及其他配套服务招标等工作,于2017年11月16日正式开工建设。

(二)深入推进改革,促进教育提质

推动学前教育继续普惠发展。组织实施《江门市发展学前教育第三期三年行动计划》,出台《江门市普惠性民办幼儿园认定、扶持和管理实施细则》,研究制定《江门市住宅小区配套幼儿园建设和管理实施办法》,完成学前教育第二期三年行动计划的各项目标任务,全市适龄幼儿学前三年毛入园率达113.4%,残疾儿童学前教育毛入园率达85%,全市学前教育专任教师学历达标率为99.39%,顺利通过省学前教育第二期三年行动计划督查验收。

推进教改课改。加强全市中小学教学研究,制定《进一步推进全市中小学课堂教学改革的指导意见》,大力开展高效课堂的探索试验,大力倡导集体备课,努力提升教学质量。组织初中和高中集体备课优秀成果征集评选活动。"引进来"和"走出去"相结合,聘请全国著名专家对各学科的全体高中教师进行培训,研究新课标高考教学与备考策略。2017年高考实现新突破,重点入围人数3460人,比2016年增加307人。本科上线13592人,比2016年增加169人,创历史新高。全市本科入围率首次超过五成,达52.43%。全市6人考上清华大学、北京大学。

推进职业教育综合改革。加快推进广东江门中医药职业学院、广东江门幼儿师范高等专科学校建设,推进职业教育结构层次协调发展。推进中等职业学校教学工作诊断与改进工作,成立诊改专家委员会,举办培训会,推进中高职衔接"三二分段"试点工作。2017年,江门市7所中职学校22个专业(点)获省教育厅批准为开展改革试点。大力创建农村职业教育与成人教育示范点,开平市顺利完成国家级农村职业教育与成人教育示范县验收工作,台山市列入第四批国家级农村职业教育与成人教育示范县创建名单,恩平市入围广东省农村职业教育与成人教育示范县创建单位。以赛促教,举办全市中职学校学生技能竞赛。选拔的选手获国赛一等奖3人、二等奖4人、三等奖4人,获省赛一等奖13人。

(三)多措并举,推进教育公平

完善非户籍人口子女接受教育的保障制度。按照"以流入地政府管理为主、以全日制公办学校为主"的原则,妥善安排非户籍人口子女接受义务教育。2017年全市公办学校共安排小学一年级随迁子女2.35万人,占公办小学一年级在校生的40.97%,入读公办学校比例达82.86%;全市公办学校共安排初中一年级随迁子女1.56万人,占公办初中一年级在校生的33.86%,入读公办学校比例达83.22%。

推动特殊教育全面普及。加快特殊教育学校建设,鹤山市特殊教育学校秋季正式开班招生,台山市特殊教育学校完成征地工作。对轻度残疾儿童少年实施回归主流和一体化的融合教育,以普通学校随班就读和附设特教班为主的形式开展。截至2017年7月,全市建有随班就读资源教室56个,随班就读在校生615人。2017年6月26日,江门市教育局在教育部2017年特殊教育改革发展专题研讨班上做经验介绍,得到上级和同行们一致好评。

完善助学体系。制定了《江门市教育局关于推进教育精准扶贫精准脱贫三年攻坚的实施方案》,建立完善"奖、贷、助、勤、补、减、免"全方位助学工作体系,实现从学前教育到普通高等教育各学段的全覆盖,助学工作走向规范化和制度化。截至2017年11月,全市各学段贫困学生享受国家政策资助人数约12万人次,资助金总额约1.7亿元,没有一个学生因贫失学。积极引导和鼓励企业、个人、社会团体等面向各级各类学校依法设立奖学金、助学金,资助家庭经济困难学生完成学业。2017年,五邑慈善会高考助学共资助困难家庭大学生新生125人,资助金额25万元。

改善贫困地区孩子的上学条件。台山、开平、恩平三地不断加大财政投入,2017年共计投入31.2亿元持续改善办学条件。一是实施明厨亮灶工程,让学生吃得放心,台山、恩平两市完成143所学校的"明厨亮灶"建设项目。二是提供优质校车服务,保障学生安全出行,台山市按照"分类实施、分步推进"的思路,率先开展利用新型专用校车接送小学生上下学试点工作,台山市校车项目共投放68辆校车,开通接送线路78条、338个上落站点,解决10个镇25所学校6 645名农村路远小学生上下学交通安全问题,每年投入营运费用1 710多万元。认真贯彻落实教师工资福利待遇"两相当"政策,并着力改善山区和农村边远地区中小学教师待遇。台山、开平、恩平和鹤山四市按不低于人均每月900元的标准对农村教师发放岗位津贴,其中台山、开平和恩平三市山区和农村教师岗位津贴已达到人均每月1 000元以上,山区和农村边远地区学校教师待遇的显著提高,有效稳定了山区和农村边远地区教师队伍,吸引优秀教师到山区、农村任教。实施校长教师交流制度,促进师资均衡配置。

扶弱助残精准扶贫。制定了《江门市教育局关于推进教育精准扶贫精准脱贫三年攻坚的实施方案》。多次慰问身患残疾的困难居民,为身患重病的困难职工募集爱心捐款11 650元,开展市慈善公益捐款活动,募集爱心捐款92 709元。做好市直困难教职工的调查摸底工作,并向市总工会报送困难情况,不定期对教职工进行走访慰问活动,进一步完善市直困难教职工档案的动态管理,使有困难的教职工能及时得到帮扶。

(四) 强化保障,育人环境持续优化

党建全面加强。深入学习宣传贯彻党的十九大精神,以党组名义制定印发学习宣传贯彻工作方案及贯彻意见,充分发挥校园网、宣传栏、广播、微博、微信、移动客户端和新媒体的作用,在教育系统兴起学习党的十九大精神热潮。加强学校党组织建设,全面落实党建工作责任制,抓好学校书记履责,明确党建工作主体责任,与市委组织部联合对学校的党建工作进行督查。

继续改进学校德育工作。坚持"立德树人",促进德育工作规范化发展。加强德育队伍建设,设立德育活动专项经费20万元,投入25万元开展名班主任工作室建设,对现有的10个江门市名班主任工作室进行考评,举办各级名班主任工作室培训12期。深入开展"我们的节日"主题活动,先后组织了寻找"最美南粤少年""拥军爱国跟党走 不忘初心好少年""扣好人生第一粒扣子""开笔礼""向国旗敬礼"等多项主题活动,引导学生自觉践行社会主义核心价值观。2017年,创建全国文明校园1所、广东省文明校园2所、广东省青少年科学教育特色学校1所,获得省级以上优秀组织奖9项、省级以上个人德育奖135人次,通过广东省教育科学"十三五"规划2017年度研究项目(德育专项)立项2项(全省仅有10项)。强化军训,增强学生的国防意识和防护能力,2017年全市共有42 500名高中(中职)新生完成了军训。

加快推进"强师工程"。按照《广东省教师队伍建设"十三五"规划》(粤教师〔2017〕7号)和《广东省"强师工程"实施方案(2017—2020年)》(粤教师〔2017〕8号)要求,江门市全力推进"强师工程",引人才、育名师。制定"名医名师名家"和"专家工作室"评选方案,在教育人才队伍中评选出60名"名医名师名家"和遴选出4个"专家工作室"。实施名师工程、学历提升工程、中青年教师培养工程、诚信工程、交流轮岗工程，落实和保障教师工资福利待遇，全面加强中小学高素质专业化教师队伍建设，促进教师队伍结构优化、素质提升。江门市已形成了3个专业高质的名师梯队，包括若干名在全省有影响力的教育专家型名师，一批在全市具有高知名度的市级名师，一大批县（区）级名师、学科带头人和教育教学骨干。全市已有全国模范教师2人、全国优秀教师3人、省级名校长2人、名教师3人、名班主任10人、省级校长（园长）工作室主持人4人、教师工作室主持人12人、班主任工作室主持人3人、在岗特级教师43人，新一轮省"百千万人才培养工程"培养对象20人，地市级名校长23人、名教师51人、名班主任27人、学科带头人95人、江门教育专家培养对象46人，市政府重大决策专家咨询论证委员会专家委员3人，优秀中青年专家和拔尖人才3人，县级名校长78人、名教师363人、名班主任81人、学科带头人1 486人。还有已入库的各级"名师"培养对象过千人。加大师资培训力度，组织各类培训班20多期，7 727人参加，组织6 900多人参加公需课学习，14 088人参加专业课学习，派出494人参加"国培""省培"项目培训，39 275人完成了提升工程学习，累计参加各类培训教师达68 484人次。组建面试考官库，加强考点建设，启动教师资格定期注册工作，完成约10 000名在职在岗中小学教师资格首次注册工作，切实做好教师资格系列工作。

"教育信息化工程"成绩显著。制定江门市教育信息化发展"十三五"规划，召开2017年度教育信息化工作会，做好教育信息化统筹管理与指导工作。与中国移动通信集团广东有限公司江门分公司签订教育信息化战略合作协议，探索教育信息的市场运作模式。全面实施"教育宽带网络提速工程"，全市基本完成城镇中小学接入带宽不低于500M，其他学校不低于100M宽带接入互联网。精心打造"江门智慧教育云平台""教育装备管理公共服务平台"和"邑微课平台"，促进教育资源的共享，提升江门市中小学教师信息技术应用能力。深化应用融合创新，全市有2万余名教师网上"晒课"，活动成果稳居全省前列。指导和组织师生参加各项比赛，239人次荣获省级以上奖励。强化措施，保障网络安全。完成政务网和基教网两网合一整合上线工作，开展信息系统（网站）普查，加强监测和应急管理，2017年全市教育系统没有发生重大网络安全事故。

保持校园安全稳定。联合综治、公安等部门开展学生校园周边综治治理、消防安全、交通安全、危化品安全、食品卫生安全、地质灾害、学生溺水等校园安全隐患排查，共组织检查组244个，检查人员3 246人次，抽检学校（幼儿园）500多所，发现安全隐患695处，完成隐患整改695处，整改率达100%。联合公安交警部门开展校车安全专项整治，在春季和秋季开学初，累计派出96个督查组，检查人员3 368人次，检查校车312辆，检查校车驾驶人460人次。认真组织开展师生的安全教育，突出抓好防溺宣传工作，共计发送防溺水宣传警示短讯70多万条，电话访问提醒家长6 300多人次，开展家访活动3 700多户。加强内地民族班管理，制定和实施《江门市关于加强内地民族班管理工作方案》，推进实行"混班混宿"办学管理模式，得到省教育厅充分肯定。2017年全市基础教育系统无校园安全责任事故的发生。

进一步强化教育督导。以教育强镇复评为抓手，全力提升"固强争先"水平。江门市教育局抓早抓好复评督前检查工作，4月份组织3个督前检查组，对2017年到期复评的11个镇街，进行教育强镇复评督前检查，重点查找薄弱学校办学条件、规范办学行为、师资队伍、体育美育等方面存在的突出问题，顺利完成各项省级专项督查。按照上级的统一部署，年内组成49个专项督导组对全市487所义务教育公办学校基本办学条件20条"底线要求"进行专项督导，对每一所学校列出问题清单，提出整改意见，监督整改进度，全面落实整改。11月22—24日，蓬江区、江海区、台山市和开平市接受了省专项督查组的督查，江门市全面改善义务教育学校基本办学条件的工作得到省专项督查组的赞许。

各级各类教育

【基础教育】（一）学前教育

2017年，全市共有幼儿园575所，在园幼儿14.46万人，适龄幼儿学前三年入园率达111.2%。共有专任教师（含园长）8 943人，专任教师学历达标率为99%（见表1）。印发《江门市发展学前教育第三期行动计划》，建立健全管理制度，规范幼儿园办学行为。着力发展公办幼儿园，加大力度扶持公办幼儿园和普惠性民办幼儿园。进一步推进规范化幼儿园和优质幼儿园建设，促进学前教育规范优质发展。

（二）义务教育

2017年，全市有义务教育阶段学校493所，其中小学319所、九年一贯制学校47所、初级中学96所、完全中学31所；其中民办学校38所（见表1）。

全市义务教育阶段学校普通在校学生45.74万人，其中，小学32.29万人、初中13.45万人。民办学校在校生6.11万人。小学学龄儿童入学率达100%，小学五年保留率为96.92%，小学毕业生升学率达100%。初中阶段教育毛入学率为120.42%，初中三年保留率为94.25%，初中毕业生升学率为98.58%。小学辍学率为零，初中辍学率为0.22%。

（三）高中阶段教育

2017年，全市有普通高中学校46所，其中完全中学31所。在校学生7.5万人。全市高中阶段教育毛入学率为98.29%。

（四）特殊教育

2017年，全市有特殊教育学校6所，随班就读资源教室56个。义务教育阶段适龄残疾儿童少年在校学生1 863人，"三残"儿童入学率为97%。继续实施全市"送教上门"国家特殊教育改革实验区各项工作，努力实现全市适龄残疾儿童少年受教育全覆盖。江门市已形成以普通中小学附设特殊教育班和随班就读为主体、特殊教育学校为骨干、送教上门为补充的特殊教育办学格局，尽可能使每一个残疾孩子都能接受合适的教育，不断满足适龄"三残"儿童少年的教育需求。

表1　2017年江门市幼儿园基本情况

幼儿园数（所）	班数（个）	招生数（人）	在园生（人）	毕业生（人）	教职工合计（人）	专任教师（人）	园舍占地面积（万平方米）	园舍建筑面积（万平方米）
575	4 560	50 123	144 611	48 118	16 236	8 943	179	118

表2　2017年江门市中小学校基本情况

项目	学校数（所）	教学班数（个）	招生人数（人）	在校生数（人）	毕业生数（人）	教职工数合计（人）	专任教师（人）	校舍占地面积（平方米）	校舍建筑面积（平方米）
合计	514	11 905	132 301	534 911	115 326	40 985	32 129	10 956 168	4 190 087
普通中学	189	4 437	73 248	210 114	67 118	18 098	16 018	6 456 012	2 617 578
其中：初中	143	2 936	47 201	134 515	42 110	11 879	10 151	4 501 178	1 580 017
高中	46	1 501	26 047	75 599	25 008	6 219	5 867	1 954 834	1 037 561
小学	319	7 401	58 859	322 934	48 067	22 682	15 926	4 454 839	1 547 675
特殊教育	6	67	194	1 863	141	205	185	45 317	24 834

【中等职业教育】2017年，全市有中职学校（不含技工学校，下同）17所，在校生40 207人，教职工2 390人，其中专任教师2 166人（见表3）。全市有国家级重点中职学校10所、省级重点中职学

校 2 所，3 所中职学校成为立项建设的国家中职教育改革发展示范学校，4 所学校被认定为广东省示范性中等职业学校，2 所学校承担全国制造业和服务业技能型紧缺人才培养培训工程任务，全国重点建设专业 1 个，全国数控技术职业教育实训基地 1 个，省级以上重点建设专业（点）25 个。学生基本技能和专业水平能力不断提高，毕业生就业率达到 98%。打造了计算机及应用、计算机软件、数控技术应用、电子技术应用、汽车运用与维修、机电技术应用、学前教育、旅游服务与管理、中药、护理、药剂等一批省级品牌专业。

表3 2017 年全市中等职业教育基本情况

中职学校（所）	专业数（个）	招生数（人）	在校生（人）	毕业生（人）	教职工		校舍占地面积（万平方米）	校舍建筑面积（万平方米）
					合计（人）	专任教师（人）		
17	66	13 242	40 207	14 436	2 390	2 166	124.32	68.98

【高等教育】 五邑大学是珠江三角洲西岸唯一一所以工科为主的多科性教学型地方大学，同时也是广东省省市共建本科高校、省市共建高水平理工科大学、研究生推免资格高校。学校设有 17 个教学院（部），拥有工学、理学、经济学、管理学、文学、法学、艺术学 7 个学科门类，45 个本科专业，6 个一级学科硕士学位授权点，27 个二级学科硕士学位授权点，2 个专业硕士学位类别。现有各类在籍学生 2.4 万余人，其中全日制本科生 1.8 万余人，研究生 300 余人。在职教职工 1 000 余人，其中专任教师 800 余人，具有高级职称的教师占专任教师比例近 40%，具有硕士、博士学位教师占专任教师的比例近 80%；学校拥有 6 个省级重点学科，9 个广东省工程技术研究中心和人文社科基地，29 个省教育厅、江门市工程技术中心与科研平台。现有国家级特色专业、国家级专业综合改革试点共 5 个，省级重点（名牌）专业、省级应用型人才培养示范专业等共 29 个，省级实验教学示范中心 13 个。

江门职业技术学院是一所综合性的公办全日制普通高等学校。学院设有材料技术、电子与信息技术、经济管理、机电技术、教育与教育技术、外语、艺术设计和思想政治理论课教学部 8 个教学系部，开设涉及理学、工学、文学、管理学与艺术类等学科的 42 个专业（82 个专业方向），在校生 12 600 人；全院专任教师中副高以上职称教师占 23%，具有硕士及以上学位的教师比例达 47.57%，"双师素质"教师超过 1/3。

广东南方职业学院（原名广东江门艺华旅游职业学院，于 2012 年 2 月 23 日正式改名为广东南方职业学院）是经广东省人民政府批准、国家教育部备案的全日制普通高等院校。办学以来，学院坚持以就业市场为导向，把人才培养质量放在学院工作的首位，面向广东省特别是珠江三角洲，结合区域经济发展需求和新兴行业发展趋势，不断调整和优化专业结构，形成了工学、经济学、管理学、文学等学科协调发展的专业布局。学院有在校生近万人，教职工 400 余人，毕业生总体就业率每年均保持在 98% 以上。

广东江门中医药职业学院是 2017 年 3 月经广东省人民政府批准、教育部核准成立的公办全日制专科层次普通高等职业院校。学院有教职工 200 多人，其中硕士以上学历教师 41 人，副教授及以上职称教师 117 人；学院拥有一间直属附属医院和 80 多个校外实习基地。开设有护理、药学、中药、医学检验技术、中医康复技术等专业。

教育成果与特色

【教学教研】 2017 年，江门市获得广东省普通教育教学成果奖 6 项，其中一等奖 4 项、二等奖 2 项，18 所学校入选"广东省基础教育研究实验基地"，33 项广东省教育科学规划课题顺利通过省的结题验收。江门市编印的《中国梦·我的梦——习近平新时代中国特色社会主义思想学习读本》在全市 53 万名中小学生中使用；经广东省教育厅审定的教材《江门历史》在全市推广使用；出版《广东省基础教育课程改革实验项目成果丛书》15册。评出了2017年江门市普通教育教学成果奖31项，其中特等奖1项、一等奖5项、二等奖25项。全市有137项"江门市基础教育课程改革实验项目"顺利结项。完成广东省教育研究院委托的研究项目《江门市中小学课程教学改革"十二五"总结与"十三五"前瞻研究》，并在《广东教育改革发展研究报告（2016）》发表。由江门市教育研究院副院长、正高级教师、特级教师陈育庭著的《复杂教学系统演化规律及调控研究》正式出版。

【教师继续教育】一是加强特殊教育教师队伍的培训。明确每年安排专项资金组织特殊教育教师参加特教专业培训。二是鼓励教师参加学历提升计划。逐年加大继续教育专项经费用于学历提升的比例，鼓励教师积极提升学历层次。除用好省专项资金外，台山、开平、恩平三市在地方政府的支持下，加大教师学历提升的投入资金，通过对取得学位的教师进行奖励补助、全额学费报销等措施，吸引大批教师进行学历提升。江门市幼儿园专任教师大专以上学历比例、义务教育阶段专任教师本科以上学历比例、高中阶段专任教师研究生以上学历比例均逐年提高。全市各学段的教师学历比例已达到并超过"广东省推进教育现代化先进市"的有关要求。

【德育工作】坚持"立德树人"，以推进素质教育为核心，深入推进德育领域改革，全面提高人才培养质量，促进德育工作规范化发展。完成德育（创文）特色学校及示范点创建70所，其中国家级2所（航空特色示范校1所、科技特色学校1所）、省级6所（科技特色学校4所、绿色学校2所）、地市级62所（江门市文明校园示范点20个、江门市青少年科学教育特色学校20所、江门市青少年科学教育特色学校创建单位11个、环保类特色学校11所）。获得省级以上优秀组织奖9项（江门市教育局2项，恩平市3项，蓬江区1项，江门市第一中学、新会区葵城中学、江门市紫茶小学各1项）、省级以上个人德育奖135人次（其中美德学生2人、优秀学生17人、优秀共青团员16人、班主任个人奖项4人、省科技专项个人96人次），荣获国家级奖项的学生有9人。

【体卫艺教育】坚持体艺"2+1"，促进学生体质和审美能力提升。坚持以提高学生体质健康和美育水平为工作重点，以"校园足球"为重要抓手，以转观念、重普及、抓创新、创特色、补短板、促发展为主线，坚持大体育、大健康、大美育发展理念，实施《国家学生体质健康标准》和《学校艺术教育工作规程》，创建有"一校一品""一校多品"的教学模式推进体艺教育特色。为提高体艺教师教学水平，强化培训，提高体育教师教学水平，采取"请进来"和"送出去"的方法培训在职教师，进一步提高了教师的自身素质和教学科研水平。组织全市体育骨干教师参加省级以上培训。举行了2017年江门市中小学体育教师健美操啦啦操培训班，2017年江门市体育教育教学和科研工作研讨会，第十三届全国学生运动会科学论文撰写专题讲座；组织参加了"全国十省中小学体育名师创新常态课堂观摩研讨活动暨全国校园足球、校园排球教学特训班"活动；举办了"江门2017年青少年校园足球教练员培训班"暨广东省开展校园足球宣讲和送教下基层活动。江门市教育局联合市体育局举办了2017江门市中小学比赛，涵盖了游泳、健美操、排球、网球、毽球、足球、乒乓球、田径、篮球和羽毛球10个项目。加强督导评估职责，落实各地各学校学生体质健康监测评价等工作。

【安全教育】2017年，江门市教育局被评为2016年度江门市消防安全工作先进单位、2017年度江门市食品安全考核先进单位，江门市培英初级中学获评"广东省交通安全文明示范校"，恩平市恩城二中获评全国青少年毒品预防教育"6·27"工程先进学校，台山市敬修职业技术学校获评江门市"雷霆扫毒"专项行动先进集体。全年创建"江门市防震减灾示范校"7所、省依法治校示范校8所、市依法治校示范校7所。

全市共有省级安全文明校园61所（2017年申报20所）、市级安全文明校园116所、县级平安校园617所，达标率高达99%。全市登记在册的校车共有535台，已100%安装了江门市校车卫星定位监管平台。市直学校（幼儿园）已100%安装校园视频监控接入公安110报警服务系统，各市、区教育局也逐步完成安装。全市1058家学校食堂已全部完成量化分级评定工作，其中评定A级食堂223家、B级食堂835家、C级食堂0家，江门市已完成学校食堂灭"C"计划。2017年江门市全年无校园安全责任事故发生。

各地各学校累计出版墙报专栏6000多期，发放《致家长的一封信》140多万封、宣传资料70多万份，发布短信息280多万条，张贴警示宣传标语1200多条，举办大型培训班6期，累计培训各类人员2556人次，组织开展应急疏散演练3846场次，进一步增强广大师生的安全意识和应急处置能力。

（撰稿　刘巨波；审稿　雷彬森）

阳江市教育

概况

2017年，在阳江市委、市政府的坚强领导下，全市教育工作紧紧围绕推进教育现代化先进市建设这一核心任务，按照"立德树人、提高质量、促进公平"的发展思路，全面实施素质教育、全面深化综合改革、全面推进依法治教，努力推动教育改革发展新跨越。

全市共有各级各类学校（幼儿园）831所，在校生506701人。其中普通高校1所，在校生10388人；广播电视大学2所，在校生8000人；普通高中15所，在校生44955人；中等职业技术学校6所，在校生17349人；义务教育学校243所（小学147所、初中39所、九年一贯制学校57所），在校生318604人（小学233790人、初中84814人）；幼儿园559所（公办194所、民办365所），在园幼儿106419人；特殊教育学校5所，在校生986人。学前教育毛入园率为95.32%，适龄残疾儿童少年义务教育入学率为99%，小学毛入学率为103.3%、升学率为100%，初中毛入学率为112.33%、升学率为96.61%、义务教育九年巩固率为97.06%，高中阶段教育毛入学率为98.3%，普职比为54.6∶45.4。公办义务教育标准化学校覆盖率达100%，民办义务教育标准化学校覆盖率达72.73%。

全市共有各级各类学校（幼儿园）专任教师33301人。其中普通高校468人，广播电视大学80人，中职学校584人，普通高中3561人，初中7178人，小学14161人，幼儿园7269人。幼儿园、小学专任教师大专以上学历占比分别为70.2%、98.9%，师生比分别为1∶14.6、1∶16.5。初中、普通高中、中职学校专任教师本科以上学历占比分别为88.3%、99.9%、94.7%，师生比分别为1∶11.8、1∶12.6、1∶24.7。

各级各类教育

【基础教育】（一）学前教育

基本完成学前教育第二期三年行动计划各项目标任务，学前教育资源进一步扩大和优化，监管体系进一步规范和完善，幼儿园办园水平和保教质量显著提升。全市100%的镇（街道）建成1所以上规范化公办镇中心幼儿园。全市公办园占比为34.7%，规范化幼儿园占比达62.43%，公办幼儿园和民办普惠性幼儿园占比达80%。

（二）义务教育

全面实施改善贫困地区义务教育薄弱学校基本办学条件项目，完成了182个校园校舍建设类项目以及168个设施设备购置类项目，竣工面积达17.4万平方米。制定义务教育学校消除大班额专项规划，明确了消除大班额措施及完成时间。完成了寄宿制学校摸查工作，为国家和省下一步决策提供了准确的数据。启动实施义务教育质量提升行动计划（2017—2020年），要求各地制定"一校一策"措施，为进一步促进阳江市义务教育均衡优质标准化发展提供行动指南。

（三）高中阶段教育

2017年全市高考总上线率为90.01%，较2016年提升13个百分点，为历年来最高。重本和本科上线率分别为8.06%和33.43%，分别比2016年提升0.42个和2.28个百分点。职业教育服务能力显著增强，大力推行工学结合的人才培养模式，积极打造"一个专业一个品牌""一个项目一个特色"，以"4+2"建设带动中等职业技术学校整体办学水平和教学质量的提高。全市普职在校生比例为54.6∶45.4，中职毕业生就业率达97%以上。

【民办教育】出台《阳江市人民政府办公室印发关于加快民办教育规范特色发展的意见的通知》（阳府〔2017〕11号），进一步明确了民办教育发展目标、扶持政策、管理措施等，加快推进阳江市民办教育规范特色发展。

教育成果与特色

【教育改革不断深化】顺利完成海陵区教师"县管校聘"改革试点工作,积极推进教师资格和中小学教师职称评审制度改革。持续深化考试招生制度改革,调整中考各学科分值,进一步扭转片面应试教育倾向。指导普通高中学校改革教学评估体系,提升普通高中学校办学水平。推动职业教育管理制度改革,促进职业教育与现代产业对接融合。完成修编《阳江市基本公共服务均等化实施方案(2009—2020年)(2017年修编版)》公共教育专题,促进阳江市基本公共教育服务均等化综合改革试点工作得到有效贯彻落实。

【素质教育扎实推进】全面落实立德树人根本任务,把社会主义核心价值体系融入教育全过程,不断完善学校家庭社会"三位一体"全方位立体化德育网络,推荐了4所学校申报省级依法治校示范校。继续做好中小学心理健康教育工作,定期组织召开全市中小学心理健康教育教研活动,累计参加心理辅导教职人员300人次。不断丰富体育艺术教育,加强中小学生身体健康锻炼和教育,确保学生每天锻炼1小时,强化青少年校园足球推广工作,举办阳江市中小学校园足球教学观摩展示活动。组织全市中小学生音乐、美术技能比赛,促进和培养学生对音乐、美术的爱好,推动中小学生综合素质的全面发展。重视加强中小学体育艺术师资队伍建设,多次组织开展音乐、舞蹈骨干教师专业培训,组建成立阳江市教师艺术团。

【教育惠民政策全面落实】全面落实山区教师岗位津贴政策。2017年全市山区和农村边远地区教师生活补助按照月人均不低于900元标准发放。扶贫助学保障机制全面完善,全市共资助46 699人,发放金额9 188.815万元。切实做好教育精准扶贫工作。全面落实"建档立卡"家庭学生生活费补助和免学费政策,完成2016年秋季学期和2017年春季学期资助资金发放,其中2016年秋季学期生活费补助11 178人、补助资金1 688.9万元,2017年春季学期生活费补助11 123人、补助资金1 680.65万元,已基本实现"不让一个学生因家庭经济困难而失学"的目标。

【教师队伍不断优化】深入实施"强师工程",不断优化教师队伍结构,提升教师队伍整体素质。全市招聘"211"院校以上毕业生12人,其中研究生3人;公开招考招聘371人,其中本科以上学历252人。深入开展"三名工程"培养,选拔110名教师作为市名校长、名班主任、名教师培养对象,选拔179名教师作为省、市骨干教师培养对象。组建16个阳江市首批中小学教师工作室、4个省级名班主任工作室、9个市级名班主任工作室。全市累计参加各级各类培训98 051人次,人均参训4.2次,培养培训经费2 967万元。

【校园安全工作全面加强】深入开展"平安校园"建设工作,阳江市中小学校(幼儿园)安全防控体系和信息化网络系统处于全省领先水平。积极联合公安、交通等部门认真抓好预防学生溺水、校车安全管理、校园消防安全等各项校园安全工作,并完成相关应急预案的制订和演练。定期举办安全知识教育讲座,重点突出溺水、消防、交通、食品卫生以及禁毒、反邪教、防诈骗、防拐骗、防传销等方面的安全知识教育。定期进行学校生活饮用水、卫生防疫与传染病防控、学生健康管理和学校健康教育及学校教学生活环境卫生等风险隐患的排查,有效推动了阳江市各学校卫生防疫与食品安全工作的规范开展和管理水平的提升。

(撰稿 曾令存;审稿 郑 柏)

湛江市教育

概况

2017年，湛江市以办好公平优质、人民满意的教育为目标，以推进教育现代化为总抓手，统筹推动各级各类教育协调、均衡、优质、快速发展。霞山区、坡头区获"广东省推进教育现代化先进区"称号。其中霞山区成为粤西首个"广东省推进教育现代化先进区"，麻章区、湛江经济技术开发区、徐闻县、赤坎区和遂溪县接受"广东省推进教育现代化先进县（区）"验收。

各级各类教育

【基础教育】（一）学前教育

2017年，湛江市有幼儿园1959所，其中公办幼儿园642所、占32.8%，民办幼儿园1317所、占67.2%；在园幼儿32.89万人，其中公办幼儿园12.02万人、民办幼儿园20.81万人；教职工3.02万人，其中专任教师2.1万人；学前三年入园率达98.66%。基本形成"公办示范，鼓励社会力量参与举办，多种办园形式相结合"的学前教育体系。

湛江市制定并实施《湛江市第三期学前教育行动计划（2017—2020年）》，县（市、区）根据出生人口开展2017—2022年学位预测和2017—2020年学前教育项目规划，通过加大公办幼儿园建设、支持普惠性幼儿园发展、健全成本分担机制、加强师资队伍建设、加强管理提高保教质量等措施满足二孩政策后群众对普惠性优质学前教育学位的需求。扶持公办、民办幼儿园建设。全年全市新建4所、改扩建33所公办幼儿园，市级财政对公办幼儿园建设奖补905万元，增加公办园学位2300个；市级民办教育发展专项资金对普惠性民办幼儿园奖补366.4万元，支持其改善办学条件。加强幼儿园规范管理。组织幼儿园规范办学业务培训，规范幼儿园办学行为。继续组织第二轮城乡幼儿园帮扶活动，开展现场观摩、主题发言等多项学习交流活动。指导2个《3—6岁儿童学习与发展指南》实验区、16所《3—6岁儿童学习与发展指南》实验园开展教科研活动，开展《3—6岁儿童学习与发展指南》学前教育征文比赛。开展幼儿园教师技能大赛，提高教师专业素质。

（三）义务教育

2017年，湛江市有小学802所、小学教学点525个，小学在校生63.32人；普通初中学校230所（含九年一贯制学校53所），在校生25.83人。小学毛入学率为102.91%，比2016年下降0.34个百分点；小学毕业生升学率为99.6%，与2016年持平。初中毛入学率为108.75%，比2016年增加1.79个百分点；初中毕业生升学率为98.3%，比2016年增加0.95个百分点。

湛江市加强学校设施建设，学校办学条件逐步改善。实施《湛江市城区中小学校和幼儿园学位建设三年规划实施方案（2015—2017年）》，规划总投资23.28亿元，新增校园面积69.94万平方米、校舍面积53.57万平方米、学位5.53万个。通过新建、改扩建中小学校9所，新增学位1.17万个。实施全面改善贫困地区义务教育薄弱学校基本办学条件改造工程，2014—2017年，全市规划投入资金8.97亿元，累计投入13.21亿元、支出9.44亿元；规划校舍建设总面积50.36万平方米，开工面积48.88万平方米，竣工面积43.39万平方米；规划室外运动场地建设面积64.83万平方米，开工面积59.29万平方米，竣工面积57.18万平方米；规划设备购置资金总额2.05亿元，完成采购3.11亿元，采购完成率达151.7%。实施义务教育标准化学校建设工程，公办义务教育学校标准化覆盖率达100%。制定《2018—2020年农村义务教育寄宿制学校项目建设规划》，推进农村义务教育寄宿制学校建设，缩小城乡教育发展差距，提高乡村教育水平。规范办学行为，教育治理能力不断提高。贯彻落实《国务院办公厅关于进一步加强控辍保学提高义务教育巩固水平的通知》要求，组织和督促适龄儿童、少年入学并完成义务教育。执行免试就近入学的义务教育招生政策,印发《转发关于做好2017年义务教育招生入学工作的通知》,规范招生入学工作秩序;出台《湛江市消除大班额专项规划(2016—2020年)》,明确全市从2017年秋季开始,一年级和七年级班额必须达到《广东省义务教育标准化学校标准》要求,其他年级基本消除66人以上超大班额;印发《湛江市教育局关于进一步规范中小学生学籍管理的通知》,利用全国学籍系统管理功能,规范学籍管理和转学管理,控制学生无序流动,从技术上、源头上杜绝和遏制违反规范办学行为,提高教育综合治理能力。贯彻落实《关于进一步做好进城务工人员随迁子女在我市接受义务教育工作的通知》《关于做好进城务工人员随迁子女接受义务教育后在我市参加中考工作的通知》要求,出台《关于印发〈湛江市教育局关于市高层次人才子女入学优待实施办法(试行)〉的通知》,落实义务教育就近免费入学政策,妥善解决随迁子女就学问题。2017年,全市义务教育阶段在校生中有进城务工人员随迁子女8.77万人,其中在公办学校就读6.38万人,进城务工人员随迁子女就读义务教育阶段公办学校的比例为72.84%。符合异地中考资格考生1906人。加强留守儿童教育关爱保护,出台《中共湛江市委 湛江市人民政府关于加强农村留守儿童关爱保护工作的实施意见》,促进农村留守儿童健康成长。

(四)普通高中教育

2017年,湛江市有普通高中学校78所,比2016年减少4所;招生4.67万人,比2016年减少3199人,下降6.41%;在校生15.34万人,比2016年减少1.41万人,下降8.41%。高中阶段教育毛入学率为97.18%,比2016年增加2.08个百分点。

湛江市促进高中阶段教育内涵特色发展。按照"提升、整合、特色发展"的高中办学思路,全面完成薄弱高中改造提升工程,推动湛江第一中学新校区建设,新建湛江市第二十九中学等,总投入超过10亿元。市政府出台《湛江市人民政府关于湛江市高中阶段公办学校整合工作的指导意见》,开展高中阶段公办学校整合,推进普通高中集中县城办学,将市、县(市、区)属公办普通高中从73所整合为50所。抓好高中阶段学校招生制度改革。印发实施《关于做好2017年初中毕业生学业考试与高中阶段学校招生工作的通知》,从统一市区公办普通高中招生范围、停止部分高中阶段学校招生、统一各批次普通高中学校划线比例、扩大民办普通高中学校招生自主权、允许外地中考的湛江市户籍考生参加第一批普通高中补录5个方面进行改革,根据《广东省教育厅关于进一步推进高中阶段学校考试招生制度改革的实施意见》的要求,做好中考改革试点工作前期准备工作,稳妥推进高中阶段学校考试招生制度改革。

(五)特殊教育

2017年,湛江市有市直属特殊教育学校1所、县级特殊教育学校8所。全市81个4万人口以上的镇(街)100%建有随班就读资源教室。特殊教育学校(班)在校生1356人。普通中小学在校生中有随班就读残疾少儿1865人。接受学前教育、普通高中教育和职业教育的人数均有所增长。特殊教育小学入学率为96.7%,比2016年增加0.1个百分点;初中入学率为96.2%,比2016年增加0.2个百分点。

湛江市扩大特殊教育资源。落实国家、省特殊教育第二期提升计划的工作任务和要求,研究起草《湛江市特殊教育第二期提升计划》,制订特殊教育第二期提升计划项目库。申报省2017年特殊教育学校建设维护资金补助项目获省教育厅、省财政厅评审通过,获省补助资金4200多万元,资金主要用于建设特殊教育资源中心(教室)、特殊教育学校维护扩建。组织各级教育行政部门与各级残联联合调查未入学残疾儿童少年实名登记信息,对教育部下发的2016年未入学残疾儿童少年名单进行核实,建立"三残"(智残、体残、肢残)儿童少年台账,采用"随班就读""送教上门"等方式保障适龄残疾少儿入学。市、县两级财政部门从教育费附加中安排专项资金支持特殊教育学校建设。市残联安排100万元用于支持特殊教育学校发展。提高义务教育阶段残疾学生生均公用经费标准,对特殊教育学校学生按不低于普通学生8~10倍的标准拨付,附设特教班学生按不低于5倍且每年不低于6000元的标准拨付,随班就读、送教上门学生按每年不低于6000元的标准拨付。各级财政支持的残疾人康复项目优先资助6周岁以下(含6周岁)残疾儿童。

【职业与成人教育】2017年,湛江市有高等职业教育学校2所,即湛江幼儿师范专科学校、广东文理职业学院;有中等职业学校46所,其中中职学校40所,技工学校6所,被认定为国家示范学校的有3所,即湛江技师学院、湛江财贸中等专业学校、湛江机电学校,有国家重点学校7所、省重点学校5所。本地高等职业在校生1.38万人,中等职业学校招生2.68万人（技工学校招生5568人），在校生8.29万人（技工学校在校生1.75万人），外送生源7万人，职业教育规模位于全省前列。高等职业学校教职工1400人，其中专任教师1020人，生师比为13.5∶1。中等职业学校教职工3707人，其中专任教师2730人，生师比为22.3∶1。专任教师中，中职专业课教师1662人，其中"双师型"教师1042人，占比62.6%。高等职业教育专业设置70个，中等职业教育专业设置85个，其中省重点专业22个、市重点专业39个。职业学校学生就业率（含升学）连续多年达98%以上，专业对口率和起薪点逐年提升，人才培养质量稳步提升。

湛江市121个乡镇（街道）有108个乡镇（街道）设立乡镇（街道）成人文化技术学校，占全市乡镇（街道）数的89.2%。其中，20所乡镇成人文化技术学校被评为湛江市示范性乡镇成人文化技术学校，参加培训人数约70万人次。11月13日，湛江市广播电视大学更名为湛江开放大学。全市有社区大学1所、分校6所，年培训6.8万人次。全市有各类非学历教育职业培训机构99个，年培训量达16.5万人次。依托湛江开放大学，在现有网络设备和软件资源基础上投入80万元建成具有鲜明特色、灵活开放、满足市民群众多样化教育需求的湛江市民终身学习网，湛江市民通过网络随时随地上网学习，年接待上网学习人数120万人次。

2017年，湛江市加快推进广东省现代职业教育综合改革示范市创建。加快发展现代职业教育，进一步整合中等职业办学资源，实行错位发展、特色发展、内涵发展，做强做优湛江市中等职业教育专业品牌。推进中高职一体化、产教融合、校企合作，实行校企一体化育人。支持广东省湛江卫生学校、湛江机电学校、湛江财贸中等专业学校、湛江艺术学校、徐闻县职业高级中学、廉江市吉水职业高级中学等12个项目通过省现代职业教育综合改革示范市项目库审批，3月，3000万元项目资金由省财政下拨至各项目单位，各项目单位抓紧开展项目既定任务。向省教育厅申请粤东西北地区县域中等职业教育创优争先发展项目资金，获批371万元，其中雷州256万元、吴川115万元。

湛江市开展中等职业学校教学诊断与改进工作，建立健全工作机制，提升学校管理水平。湛江市教育局出台《湛江市中等职业学校教学工作诊断与改进实施方案（试行）》，开展全市中等职业学校办学条件合格检查，建立中等职业学校办学条件台账，科学核定学校办学规模和年度招生人数，严格实行招生准入制度。建立全面质量管理理念，把学习者职业道德、技术技能水平和就业质量作为人才培养质量评价的重要标准，强化人才培养全程的质量监控，完善由学校、行业、企业、社会机构和学生家长共同参与的质量评价、反馈与改进机制，定期开展质量评估，强化结果运用，全面保证人才培养质量。

【高等教育】2017年，湛江有高校7所，其中省管公办普通高等学校3所，即广东海洋大学、广东医科大学、岭南师范学院，民办普通本科高校1所，即广东海洋大学寸金学院，市属普通专科学校1所，即湛江幼儿师范专科学校，民办高职专科院校1所，即广东文理职业学院，市属成人高等学校1所，即湛江开放大学。全市全日制高等学校在校生11.55万人（不含非全日制），毕业生2.77万人，是全省除广州市以外高等学校最多的地级市。专业设置广泛，包括理学、工学、农学、文学、法学、经济学、管理学、教育学、医学等学科。广东海洋大学、广东医科大学是博士学位和硕士学位授予单位，岭南师范学院2017年再次列入广东省硕士学位授予立项建设单位。是年，新增本科专业8个、专科专业16个。

积极落实市政府与驻湛高校（院所）联席会议研究确定的相关事项，支持高校做大做强做优，抓好省市共建本科院校相关工作，做好广东医科大学新校区建设前期工作，支持广东文理职业学院专升本工作。2017年，湛江幼儿师范专科学校一期工程建成使用。学校总投资5.1亿元，校园占地面积33.2万平方米，总建筑面积18万平方米。项目分两期建设，其中第一期建筑面积13.9万平方米，总投资4.5亿元，采用BT模式融资建设，于2012年12月底开工建设，2016年8月底完成建设，同年9月投入使用。现有在校学生2447人，教学仪器设备总值3694万元，固定资产总值6.29亿元，馆藏纸质图书48.1万册，建有专业实训室及专用教室108间。

教育成果与特色

【教育经费投入】2017年，湛江市推动健全以政府投入为主渠道的多元教育投入机制，保障教育投入稳定增长。全年全市城乡义务教育公用经费拨付资金12亿元，地方教育经费总投入137亿元，比2016年增长6.04%，其中，国家财政性教育经费110.39亿元，比2016年增长3.36%；公共财政教育经费支出98.78亿元，比2016年增长4.81%。

【教育信息化建设】2017年，湛江市完善教育信息化基础设施，除农村分教点外，全市"校校通"和"班班通"比例均达100%、"人人通"比例达75%；建成教育信息化应用试点示范学校18所。湛江市中小学在线云课堂项目基本建成。

【教育装备建设】2017年，建成湛江市教育资源公共服务平台和湛江市中小学在线云课堂项目，启动建设湛江市教育专网，分批次实施全市"种子100"信息化教学融合创新应用培训活动。

【教师培养】2017年，湛江市全面落实农村边远地区义务教育学校教师生活补助制度及高校毕业生到农村从教上岗退费政策，举办首届农村小学教师普通话能力大赛，1 100多名城镇教师参加农村支教活动。培训教师8万多人次，培养省级骨干教师、骨干校长对象234人；培养培训市级名校长、名教师、骨干班主任、学科骨干教师3 687人；获省授牌名校长、名班主任、名教师工作室9个；建设市级名校长工作室12个和名教师、名班主任工作室130个。开展"师道湛江——寻找湛江'四有'教师"大型活动。举办陈田满老师教学思想研讨会，开展新入职教师师德专题培训，组织师德宣讲团巡回宣讲，师德师风建设不断加强。通过实施"强师工程"，城乡教师队伍综合素质明显提高，获评省级优秀教师（先进个人）93人、省特级教师24人、正高级中小学教师21人。

【教育资助】2017年，湛江市按标准落实中等职业学校免学费补助，2016—2017学年全市资助中等职业教育免学费学生4.86万人，补助金额1.7亿元。落实学生资助政策，2016—2017学年落实资助资金15亿元，受益学生114.6万人。做好教育精准扶贫工作，建立教育扶贫工作部门联动机制，全面实施对就读各教育阶段的建档立卡贫困户子女免学杂费并给予生活费补助政策，加大对贫困家庭的教育资助。是年，湛江市获2016年广东省宋庆龄奖学金评选工作优秀组织奖。

【乡村教师支持计划实施方案出台】2017年2月，湛江市人民政府办公室印发《湛江市乡村教师支持计划实施方案（2015—2020年）》（以下简称《方案》），《方案》明确乡村教师支持计划的总体目标、基本原则、范围对象、主要举措、组织保障。要求深入实施优化乡村教师队伍结构、提高乡村教师待遇、提升乡村教师素质能力工程。力争到2018年，湛江市乡村学校优质教师来源得到多渠道补充，乡村教师数量基本满足需要，乡村教师资源配置得到改善，教育教学能力水平稳步提升，工资福利待遇得到较好保障，职业吸引力明显增强，职业认同感显著提高，乡村教师队伍逐步形成"下得去、留得住、教得好"的良好局面。到2020年，努力造就一支数量充足、结构合理、素质优良、甘于奉献、扎根乡村的教师队伍，为湛江市基本实现教育现代化提供坚强有力的师资保障。对全面提高乡村教师思想政治素质和师德水平、有效拓展乡村教师补充渠道、切实改善乡村教师待遇和工作生活条件、建立与教育事业发展相适应的乡村学校教师编制管理制度、职称（职务）评聘向乡村学校教师倾斜、推动城乡教师合理流动、促进城乡教育资源均衡、推进乡村教师专业发展、建立乡村教师荣誉制度等提出明确要求。

【教育资源公共服务平台建成】2017年12月12日，湛江市教育资源公共服务平台完成开发建设并开通运行。服务平台含基础支撑服务系统、平台门户、资源中心、网络空间、智慧教育数据成果展示系统和平台移动端等功能模块。遵循国家标准化的资源元数据定义规范，支持与国家资源平台对接，支持第三方资源接入，并可将教师原创性资源汇聚到本级平台。同步资源支持目录检索条件、资源筛选排序、资源推荐功能，并支持预览、下载、保存、分享、评价资源等功能。截至2017年底，预置覆盖小初高全学科的湛江地区教材同步资源，资源包含教学设计1.14万个、课件1.47万个、媒体素材3.1万个、精选习题1.45万个、导学案4 489个，为教师备课、授课、练习、作业等场景提供资源。

【教育专网启动建设】2017年12月，湛江市教育专网启动建设,全程使用光纤接入,实现全市教育行政部门和各类学校互联互通。设有一条出口带宽20G专线。项目建设预算经费4012万元,中标经费1398万元,节约2614万元。县(市、区)教育行政部门和市教育局下属机关单位接入带宽10G,市直属学校接入带宽1000兆,县(市、区)所属学校接入带宽100兆~1000兆。

【首届小学教师普通话能力大赛】2017年9月8日,湛江市首届小学教师普通话能力竞赛决赛在湛江第一中学举行,全市各县(市、区)11支代表队参加比赛。竞赛内容含读单音节字词、读多音节词语、朗读短文、词组听写4个环节。旨在促进全市小学教师提高普通话水平,更好地培养学生从小讲好普通话的能力,推动全市语言文字工作。湛江市二中海东小学代表队获一等奖,赤坎区代表队、徐闻县代表队获二等奖,雷州市代表队、廉江市代表队、麻章区代表队获三等奖。

【东海中学开工建设】2017年3月18日,东海中学开工建设,计划总投资4.9亿元,占地面积28万平方米,建设规模为120个教学班,全面建成后将新增学位6000个。首期计划投资2.94亿元,办学规模为54个教学班,容纳就读学生2700人。东海中学建成后,将为东海岛居民和企业职工子女提供优质教育服务,提升东海岛办学水平。

【湛江市实验小学建成使用】2017年8月31日,湛江市实验小学在坡头区落成揭牌。该校为公办小学,学校占地面积2.67万平方米,总投资约9066万元,按48个班2160个学位规划建设。校舍建筑面积2.1万平方米,包括教学楼1栋、综合楼1栋、附属用房1栋,校区分为教学(办公区)、体育运动和中心广场三大功能区。

【《湛江市第三期学前教育行动计划(2017—2020年)》出台】2017年12月,市教育局、市发展和改革局、市财政局、市人力资源和社会保障局经市政府批准联合印发《湛江市第三期学前教育行动计划(2017—2020年)》(以下简称《计划》)。《计划》明确学前教育行动的发展目标、重点任务、主要措施、工程项目、组织实施。具体目标是:扩大普惠性幼儿园覆盖面,到2020年,县(市、区)学前教育三年毛入园率达98%以上,全市及县(市、区)公办园占比30%以上,公办园和普惠性民办园占比80%以上。加强规范化幼儿园建设,到2020年,县(市、区)规范化幼儿园比例达70%以上,基本消除无证幼儿园。加快发展农村幼儿园,到2020年,全市每个乡镇建有1所以上规范化公办乡镇中心幼儿园;常住人口规模4000人以上的行政村举办规范化普惠性幼儿园。提高幼儿园保教队伍素质,落实保教人员持证上岗制度,到2018年,幼儿教师持证上岗率达80%;到2020年,基本实现幼儿园教师全员持证上岗;到2020年,县(市、区)大专以上学历的幼儿园教师比例达70%以上,取得专业技术职称的教师比例进一步提高。提升保教质量和水平,建立健全学前教育教研体系,县(市、区)配备1名以上专职教研员,指导各幼儿园开展常态化教研活动。幼儿园办园行为普遍规范,"小学化"现象基本消除,保教质量进一步提高。全市建立30个特色办园优质幼儿园,开展第三轮城乡幼儿园帮扶活动。

【中小学在线云课堂项目建成】2017年,湛江市中小学在线云课堂项目建成。项目通过"互联网+硬件+软件"方式建立湛江市中小学在线云课堂综合系统,以市教育局为中心,通过互联网流媒体技术联通市、县两级教育行政部门和各级各类学校,形成市、县和学校三层递进的应用梯级,实现市级、区县级与校园级平台大数据互联互通,逐步推动精品课堂资源共享,名师课堂带动农村薄弱教学点互动教学。项目包括4个子系统模块和1个视频资源应用中心,即湛江市直属学校云课堂子模块、市名校带弱校子系统模块、市特殊教育学校云课堂子模块、市教育系统云视频会议子模块和优质教育资源应用中心。此项目实现课堂的云采集、直播录播、课程点播、户外活动实况直播、远距离互动教学、教研互动、在线课室、微课制作、"人人通空间"等教育教学功能,无缝对接教育局会议及云课堂一体化平台,实时转播市教育局与省教育厅的视频会议,市教育局和下属单位在互联网发起远程会议并指定相关单位观看直播或者点播,支持手机和平板进行直播拍摄,支持实时远程切换。

【湛江籍学生梁智滨、黄枫杰获第四十四届世界技能大赛冠军】2017年10月19日,第四十四届世界技能大赛在阿联酋阿布扎比举办。中国代表团在此届大赛中获金牌15枚、银牌7枚、铜牌8枚,居各国金牌榜和奖牌榜首位。广东省入选中国代表团的选手获金牌5枚、银牌4枚、铜牌6枚和优胜奖2项,金牌数和奖牌数均居全国第一。其中,湛江籍选手黄枫杰和梁智滨各获金牌1枚。11月21日,人力资源和社会保障部在北京举行第四十四届世界技能大赛参赛总结大会,黄枫杰、梁智滨各获国家奖励30万元。12月22日,广东省人民政府发出关于表彰第四十四届世界技能大赛广东省获奖选手和为参赛工作做出突出贡献单位及个人的通报。黄枫杰和梁智滨又受到省通报表扬和奖励，各奖励人民币50万元，并给予晋升高级技师职业资格或职业技能等级。对技术指导专家组各奖励人民币50万元。黄枫杰出生于1996年，是雷州附城镇麻演村人，在广州市技师学院就读，获世界技能大赛原型制作项目金牌。这是中国选手历史上首次参加该项目比赛。梁智滨出生于1998年，是吴川兰石镇蒲袍村人，在广州市建筑工程职业学校就读，获世界技能大赛砌筑项目金牌。

【中职学生参加技能比赛成绩优异】2017年，湛江市中等职业学校参加各类技能竞赛取得优异成绩。参加全国职业技能竞赛，获二等奖2人次、三等奖1人次，总成绩位列粤东西北地区首位。参加省技能竞赛，学生组获二等奖6人次、三等奖41人次、优秀奖78人次，教师组获二等奖3人次、三等奖1人次。参加市级技能竞赛，获一等奖92人次、二等奖101人次、三等奖116人次。10月，参加全市首届青年教师教学能力大赛，中等职业组获市级一等奖26人、二等奖8人。11月，参加省青年教师教学能力大赛，中等职业组获省级一等奖1人、二等奖1人、三等奖7人。

【学生素质教育】2017年，湛江市教育局加强学生落实立德树人的根本任务，以创建全国文明城市为抓手，以培育践行社会主义核心价值观为重点，广泛开展中国梦、社会主义核心价值观、中华优秀传统文化、心理健康、生态文明等系列主题教育活动，取得显著成效。是年，成功创建湛江市文明校园192所，累计创建湛江市文明校园381所。湛江第一中学、湛江市第八小学被广东省精神文明建设委员会评为首届广东文明校园，湛江市第八小学被评为首届全国文明校园。创建广东省禁毒教育示范学校53所。参加省教师禁毒教育课件评比活动获一等奖8人、二等奖13人、三等奖26人、优秀奖43人。开展中小学生禁毒教育宣传画制作大赛和禁毒知识竞赛活动。举办首期中小学教师禁毒教育专题培训班，培训教师170人。组织评估湛江市心理健康教育特色学校10所，累计成功创建湛江市心理健康教育特色学校38所、广东省心理健康教育特色学校5所。与岭南师范学院合作的中华优秀传统文化进校园项目启动，首期培训优秀传统文化教育教师100人，中小学普遍开展中华优秀传统文化讲座、中华经典诵读活动，创建广东省书香校园9所，湛江市书香校园10所。

【教育教学质量逐步提升】2017年，全市高考上一本线4 770人、一本率为7.2%，上本科线22 519人、本科率为34%，上专科线以上5.8万人、高考上线率为84.9%，有12名学生被清华大学、北京大学录取，占粤西地区的2/3，上述指标均创历史新高。组织教师参加省首届中小学青年教师教学能力大赛，获一等奖10个、二等奖16个，居粤东西北地区首位；获省教育科研成果特等奖第1名，被省教育厅推荐到教育部参加评比。学业水平测试和中考成绩有较大幅度提高，低分层大幅减少，普通高中上线率从2016年的52%提高至2017年的63.4%。

【全民终身学习活动周举办】2017年12月21—25日，第二届湛江市"全民终身学习活动周"举办。开幕式在湛江市霞山区商业步行街开心舞台举行。活动周以"推进全民继续教育，加快建设学习型社会"为主题，旨在通过开展多样化学习活动，宣传终身教育思想，推动全民树立终生学习理念，建设学习型社会。活动期间，湛江开放大学面向广大社区居民，特别是老年人和市民等重点群体，开展化妆礼仪培训、义诊健康讲座、实用技术等"菜单式"培训，以满足社区居民多元化的需求。图书馆、博物馆、体育场馆、青少年宫、老年活动中心在活动周期间向市民优惠或免费开放，为市民提供学习机会和场所，全力构建"人人皆学、处处能学、时时可学"的学习型社会。

（撰稿　李　迪；审稿　林尚武）

茂名市教育

概况

茂名市地处粤西，现辖电白区、茂南区、滨海新区、高新区，代管信宜市、高州市、化州市3个县级市，是一个人口大市、教育大市。2017年，茂名市有教育功能镇（街道办）103个，有各级各类学校3 209所，其中独立建制幼儿园1 525所、义务教育学校1 582所、特殊教育学校6所、普通高中学校64所、中等职业学校（含技工学校）26所、高等院校（含在建）6所。在校在园学生约150万人，其中在园幼儿30.77万人、小学生62.09万人、初中生27.75万人、普通高中生17.22万人、特殊教育学校学生（含特殊学校"送教上门"人数）1 262人、中等职业学校（含技工学校）学生8.11万人、高等学校学生4.02万人。专任教师10万多人，其中公办教师（含聘任教师）88 584人、民办教师15 597人。茂名市教育局除了宏观管理全市学校外，还直接管理市城区43所直属公办学校，在校学生107 577人，在职公办教职工5 735人。

各级各类教育

【基础教育】（一）学前教育

截至2017年底，茂名市有在园幼儿30.77万人，学前教育三年毛入园率达94.96%。独立建制幼儿园1 525所，其中公办幼儿园570所，占比37.38%；民办幼儿园955所，其中普惠性民办幼儿园645所；普惠性幼儿园（含公办园和普惠性民办幼儿园）1 215所，占比79.67%。规范化幼儿园937所，占比63.89%。茂名市有教育功能镇103个，共建有乡镇中心幼儿园115所，100%的乡镇建成1所以上公办乡镇中心幼儿园。常住人口4 000人以上的行政村共581个，已有495个建成村级幼儿园，占比85.2%。2015—2017年，茂名市大力实施公办幼儿园扩容提质工程、小区幼儿园配套建设工程、农村幼儿园优先发展工程、民办幼儿园普惠扶持工程、学前教育特殊群体资助工程五大工程，取得了较好成效。2017年9月，由茂名市教育局牵头，联合相关部门，制定并出台《茂名市住宅小区配套幼儿园建设和管理工作暂行办法》，规定新建住宅小区必须坚持配套幼儿园与小区建设"四同步"（即同步规划、同步建设、同步验收和同步交付使用），有效缓解幼儿就近入读公益性和普惠性幼儿园的需求。不断优化幼儿园师资配置，切实加强幼儿园教师队伍建设，完善市、县、镇、园四级培训网络，大力开展继续教育，利用"直播课堂"的形式，通过远程课堂直播系统把示范幼儿园在幼儿园管理、特色教学、科学保教等方面的做法和经验传送到最基层的幼儿园，有效提高了幼儿园保教工作水平。进一步加强对幼儿园规范办园、安全管理和师德师风建设情况的监督指导，坚决防止幼儿园出现伤害幼儿事件，切实保障幼儿安全健康。

（二）义务教育

茂名市教育局印发《关于做好2017年义务教育学校招生入学工作的通知》，严格要求各地按照"就近入学、分区入学"原则，坚持免试入学，杜绝义务教育阶段学校跨区招生。遏制大班额现象，制定了《茂名市化解大班额专项规划》，并做好未来五年学位需求预测工作；新建、改扩建学校，按需要相应增加学位，有步骤地消除义务教育学校大班额，2017年比2016年减少大班额1 167个。2017年秋季开学一年级和七年级均杜绝了大班额现象。大力推进素质教育。在高州市召开全市义务教育阶段学校落实素质教育措施第二次推进会暨阅读博览节展示观摩活动，引导了全市学校广泛开展阅读博览活动。同时，以局直属学校为主阵地，掀起科技创新节活动热潮。狠抓"防流控辍"工作。发文督促指导各地各学校用心做好春季和秋季学生返校工作，全市发文通报各地"防流控辍"情况。2017年度全市辍学率小学为0，初中不超过1%，均控制在

"创强""创现"指标范围以内。加强学校常规管理。发文部署规范办学行为，指导各学校严格执行国家、省的课程计划，按要求开齐开足开好各类课程。编制了《茂名市2017—2018学年全日制中小学校校历》，统一规范学校作息时间。全力抓好"全面改薄"工作。继续执行茂名市改薄工作双月通报制度，全市2017年度改薄建设项目完成率为95.27%。组织各地做好2014—2017年改薄规划调整及2018年改薄新规划的填报工作。做好"全面改薄"20条底线的督查工作。

（三）普通高中教育

2017年，茂名市大力创建示范性普通高中，已建成国家级示范性普通高中8所、省一级学校22所、省普通高中教学水平评估优秀学校15所，普通高中优质学位率达95%以上。投入资金4.39亿元，对11所薄弱普通高中进行全面改造提升，公办普通高中学校全部为市一级以上学校，优质学校比例达100%。茂名市从2015年起分批推进优质化、多样化、特色化高中建设，共有43所高中学校开展了建设，占公办高中的86%，全市优质多样特色高中教育格局初步形成。

2017年高考，茂名市考生上重点线5 505人，上本科线27 837人，上专科线64 412人，上本科线人数连续11年排全省第二。

（四）特殊教育

茂名市教育局积极推进标准化特殊教育学校建设，茂名市特殊教育学校、高州市特殊教育学校和电白区特殊教育学校顺利完成标准化建设任务；进一步完善随班就读支持体系建设，并推出"送教上门"系列制度，提高巩固适龄残疾儿童少年义务教育普及率，按照"一人一案"原则安置入学，茂名市适龄残疾儿童入学率为97.53%。

【民办教育】2017年，茂名市有民办中小学校（含民办中职）、幼儿园1 013所，在校学生24.74万人。其中，民办幼儿园955所，在园幼儿15.91万人；民办小学19所，在校学生2.9万人；民办中学（含初级中学、一贯制学校、高级中学、完全中学）33所，在校学生5.25万人；民办特殊学校1所，在校学生142人；民办中职学校5所，在校学生0.67万人。全市有民办中小学校（含民办中职）、幼儿园专任教师1.4万人。其中，民办幼儿园专任教师0.91万人、民办小学专任教师0.14万人、民办初中专任教师0.21万人、民办高中专任教师0.11万人、民办中职专任教师360人。

2017年，出台了《茂名市教育局推行随机抽查规范事中事后监管工作实施细则》，完善了放管服制度，强化了事中事后监管；成立了民办学校（机构）设置评议委员会，规范民办学校的设置，依法审批了市华英外国语学校、市五一南香学校、市五一黎明学校、市朝阳天骄学校、市朝阳西城学校、市朝阳春苑小学6所民办中小学校，解决了历史遗留问题。对民办学校首次启动了"双随机一公开"抽查并将抽查结果向社会公开，加大了事中事后的监管力度。创新了民办教育专项资金的分配办法，以现场演讲答辩与评审、实地考察相结合的办法竞争分配市级民办教育发展专项资金。

【职业教育】2017年，全市有高等职业院校3所（茂名职业技术学院、广东茂名健康职业学院、广东茂名幼儿师范专科学校），正在筹建的高等职业院校2所（广东茂名农林科技职业学院、广州科技职业技术学院滨海校区）。高职院校全日制在校生2.26万人，专任教师898人，其中研究生以上学历261人、博士学历3人。全市有中等职业学校20所，技工学校6所。其中，国家级中职示范学校2所（茂名技师学院、广东省高州农业学校），省级中职示范学校2所（茂名市第一职业技术学校、高州市第一职业技术学校），国家级重点中职学校4所，省级重点中职学校3所。全市中职、技工学校在校生81 057人，其中中职学校在校生50 046人、技工学校在校生31 011人。中职学校在职教职工2 937人，专任教师2 551人，专任教师占中职学校教职工总数的86.8%，专业课教师1 736人，"双师型"教师1 091人，"双师型"教师占专业课教师的62.8%；技工学校教职工1 485人，专任教师893人，专任教师占技工学校教职工总数的60%。

茂名市积极推进广东省首批现代职业教育综合改革示范市创建工作和农村职业教育和成人教育示范县创建工作。信宜、高州、化州三个县级市被确定为创建国家级农村职业教育和成人教育示范县。2017年6月，信宜市被教育部等六部门认定为第二批国家级农村职业教育和成人教育示范县。高州已接受"国家级农村职业教育和成人教育示范县"专家组的复核调研，正在等待教育部等部门认定。

2017年，在省技能大赛学生组竞赛中，茂名市共有4人获一等奖、13人获二等奖、45人获三等奖；教师组竞赛中，有2人获二等奖、11人获三等奖。2015—2017年，茂名市连续三年获"广东省中等职业学校技能大赛优秀组织奖"。

教育成果与特色

【教育现代化推进工作】2017年，茂名市政府先后在茂南区、高州市和信宜市组织了"教育创现，走听看想"活动，以点带面推进教育现代化工作。各级教育部门统筹推进，重点抓好师资队伍建设、信息化建设，抓素质教育和均衡发展，制定了推进教育现代化工作通报和挂钩视导制度，强力推进"创现"工作。举行教育"创现"专题辅导和组织领导干部赴深圳等地学习调研，提升"创现"工作能力。制作教育"创现"宣传标语1800多条，与茂名电视台联合制作"走马城乡看教育创现"电视专题栏目，进一步营造人人关心、支持"创现"的浓厚氛围。各级学校重点抓精细化管理，抓教育教学质量，抓校园文化、美化、绿化。"创现"工作稳步推进，全市完成了64个镇的强镇复评工作；评定了37所茂名市"创建广东省推进教育现代化先进市工作首批示范校"；在全省15个被考核的地区中，茂名市"创现"资金的使用支出率排名第三。

【"一本五专"高校发展格局】2017年，茂名市"一本五专"高校格局基本形成。广东石油化工学院西城校区、广东茂名农林科技职业学院动工建设；广东石油化工学院成功入选广东高水平理工科大学建设单位；茂名职业技术学院加快配套建设，图书馆、报告厅、体育活动中心即将竣工；广东茂名健康职业学院和广东茂名幼儿师范专科学校扩建项目开工建设；广州科技职业技术学院滨海校区已进入内部装修尾声。6所高校紧密对接区域主导产业、新兴产业和产业转型升级需求，办学特色鲜明，错位发展，有力扭转了茂名高等教育薄弱的局面。

【创建职业教育综合改革示范市工作】茂名市政府把现代职业教育综合改革示范市创建工作列为2017年重点工作，25个项目全部动工建设，8个项目已投入使用，推动中等职业学校教学诊断与改进工作，建立中等职业教育质量年度报告制度。中职教育规模不断扩大，2017年中职（含技工、输送珠三角）教育招生44405人，完成省下达招生任务的106.9%。茂名开放大学以及各区、县级市开放大学相继挂牌成立。信宜市成为第二批"国家级农村职业教育和成人教育示范县"。化州市被确定为第四批创建国家级农村职业教育和成人教育示范县，茂名市是广东省"创建国家级农村职业教育和成人教育示范县"最多的地级市。

【精准扶贫】2017年，茂名市教育局认真落实精准扶贫主体责任，切实抓好落实对口帮扶单位高州市马贵镇朗练村的精准扶贫和新农村示范村建设工作。投入单位自筹资金和扶贫资金155.69万元，帮助朗练村发展村级集体项目3个、户级项目180多个。2017年朗练村再脱贫12户56人，占贫困总人口的45%。茂名市教育局还联系茂名市规划设计研究院做好了创建社会主义新农村示范创建规划，积极开展了"三清理、三拆除、三整治"工作。

【党建工作】2017年，茂名市教育系统深入学习党的十九大精神和习近平新时代中国特色社会主义思想。坚持全面从严治党，扎实推进"两学一做"，健全"三会一课"、专题组织生活会和民主评议党员等制度，实施"第一书记"项目，组建"一支部一安全员""一支部一微宣讲员"队伍，举办党务培训班，完成基层党组织"六个有"和"三栏两室"工作平台建设，不断强化党支部的战斗力。抓好高校思想政治工作，确保高校政治安全。组织开展纪律作风专题教育活动，加强了党员干部的廉洁自律意识，提高党员干部拒腐防变能力。

【人事制度改革】2017年，茂名市教育局制定《茂名市"强师工程"实施方案（2017—2020年）》，深入推进"强师工程"。新招聘招考教师935人，比往年增加近500名。中小学体育、音乐、美术以及英语、信息技术等学科教师紧缺状况明显改善。实施教师学历提升计划，1500多人完成本科以上学历提升，5000多名教师在读本科以上学历。实施市"三名"工程，评选了市名校长、名教师、名班主任共50名。稳步推进教师资格认定改革和教师职称评聘工作。公开选拔建立校长后备人才库，中小学校长后备人才培养模式在市直、电白、茂南、信宜等地全面铺开，第一批300多名正副校长后备人才已基本提拔使用。茂名市被省教育厅确定为名师网络工作室示范市，市直学校被评为广东省中小学教师信息技术应用能力提升工程示范区。茂名市教育局顺利完成第一批青年名师培养对象的培养工作，组织开展了第二期中小学书法骨干教师培训等50多项市级培训。在首届广东省中小学青年教师教学能力大赛中，茂名市荣获一等奖5人、二等奖16

人，被省总工会、省教育厅授予优秀组织奖。

【教育信息化】2017年，茂名市教育局继续投入资金5亿多元，大力推进教育装备工作，教育信息化在粤东西北走在前列。"校校通"覆盖率达100%，中学和城区小学实现500M光纤接入，镇级学校实现20M～100M光纤接入，68%的学校网络宽带已达500M以上。"班班通"覆盖率达90%，实现100M网络到教室。"人人通"注册总人数达171万人。教育资源公共服务平台和教育管理公共服务平台完成升级，教育资源容量高达23TB。大力推进教育装备应用培训，培训人数达4.3万人次。组织开展名师课堂网络直播、学科网络教研等示范教学活动，参与师生达5万多人次。"一师一优课、一课一名师"教师晒课43 000多节，排全省第三，有9节优课在全省优课直播共享。茂名市在全省电教工作会议上做经验介绍。

【立德树人工作】2017年，茂名市教育局继续推进"价值引领·梦想起航"青少年核心价值观培育工程，开展创建第三批市级培育和践行社会主义核心价值观学校示范点活动，创建示范校39所。加强弘扬中华优秀传统文化教育，开展"感恩学子""冼夫人文化""好心高凉"等主题活动。开展"关爱女生，健康成长"大型公益巡回讲座，有8万多名女生参加讲座培训。开展创建"全国优秀家长学校实验区"和100所优秀家长学校示范点。开展"法制进校园"活动，提高广大师生特别是农村地区学生的法律意识和法制观念。打造"无毒校园"，全市共有53所省级禁毒示范学校。开展"小手拉大手"活动，关爱保护留守儿童。

【素质教育】2017年，茂名市教育系统开展"阅读博览节""科技创新节""艺术节"和"体育节"活动，孵育校园社团，树立一批素质教育示范学校。在高州市召开全市素质教育措施第二次落实推进会，带动各学校推进校园社团活动。茂名市第十六中学科技创新代表队参加全国青年科普创新实验暨作品大赛蝉联全国冠军并获得"2018年探知未来冠军团队美国科技行"出访机会，《科普实验单元：火星探索》获得全场唯一满分的成绩。在第五届广东省虚拟机器人比赛中，茂名市龙岭学校4支队伍全部荣获一等奖，包揽该组别的初中、小学组的第一、第二名。

【体育卫生和艺术工作】2017年，茂名市教育系统坚持开展"体育、艺术2+1""阳光体育运动"和大课间活动，扎实推进校园体育工作。抓好校园足球普及，举办"市长杯"青少年足球联赛。创建

市域教育
EDUCATION IN VARIOUS CITIES

24所全国青少年校园足球特色学校、48所广东省校园足球推广学校，高州市被评为广东省校园足球试点县（区）。成功举办茂名市第十三届运动会学校体育组赛事。加强学校食堂（课间餐）的安全管理。做好健康教育、学生健康体检、学生常见病传染病防治和学校清洁家园活动工作。开展"创建艺术教育特色学校"和"农村学校艺术教育实验县创建"活动，举办了"迎创观、展风采"合唱比赛。

【教育科研】2017年，茂名市教育局建立以五校联盟为核心的高考备考共同体，出台《茂名市高考质量评价方案》，给高中学校注入动力。组织中小学校相关学科开展联动教研活动50多次。积极开展义务教育课程改革及课堂教学改革试点工作，高州试验区构建"一核一轴两学线，六练六环十要素"教学模式，茂名市龙岭学校开发了36项校本课程，编订校本教材14本，其中《数学之美》被评为广东省特色课程和特色教材一等奖。积极开展学科教育教学半月坛活动，全市共有26个学科开展，全市4万多名教师受益。推进学科教研组建设工作，茂名市博雅中学被评为省优秀历史示范教研组，茂名市第一中学生物科组被评为省优秀学科组。成功申报4项省级重点课题、26项省级一般课题，获得省教育教学成果奖（基础教育）一等奖5项、二等奖4项，获得省中小学教育创新成果奖二等奖1项、三等奖6项。

【安全管理】2017年，茂名市教育局积极开展"平安校园"创建工作，组织开展平安暑假、防溺水、秋季安全第一课、消防安全教育等专项活动。联合市食品安全委员会办公室、市食品药品监督管理局、市疾控中心开展学校食品安全监管专项督导。联合公安、交通和安监等部门进行校车安全问题集中整治，有力打击违规校车和"黑校车"非法接送学生等违法行为。联合消防、安监开展学校消防大排查大整治工作，集中整治寄宿制学校宿舍消防安全问题。开展禁止学生违规驾驶摩托车（电动车）大行动，有力遏制了学生违规驾驶行为。

【招生考试】2017年，茂名市教育局全年共组织24次各类考试，实现成绩与考风考纪双丰收。创新试卷安全保密措施，建立茂名市国家教育统一考试试卷安全保密人才库。投入600万元对高考考点的考试安全整体保障能力进行检测、升级。成功举办超过165家省内外高校参展的2017年茂名市高校招生咨询现场会。

（撰稿　陈晓玲；审稿　吴月明）

肇庆市教育

概 况

2017年，肇庆市实施创新驱动发展"1133"工程，创建"全国中小学校责任督学挂牌督导创新县（市、区）""广东省中小学校责任督学挂牌督导创新县（市、区）"，成为首批"国家数字教育资源公共服务体系建设与应用试点示范市"，实现广东省推进教育现代化先进县（市、区）100%覆盖目标。

扎实推进教育现代化先进市创建，教育发展地位得到进一步提升。全市8个县（市、区）已通过"广东省推进教育现代化先进县（市、区）"督导验收，覆盖率达到100%。各级各类教育稳步发展，办学实力不断增强。规范化幼儿园占比96.79%，公益普惠性学前教育资源覆盖率达85%以上；公办学校已100%创建成为标准化学校，民办义务教育学校中标准化学校占比90.9%；肇庆学院"创新强校工程"考核位列全省地方高校第一名，广东工商职业学院"升本"通过省的升格本科考察验收，广东理工学院鼎湖校区正式投入使用，肇庆广播电视大学更名为肇庆开放大学；创建广东省现代职业教育综合改革示范市工作稳步推进。优化教育服务管理，教育保障基础得到强化。大力促进中小学教师学历提升，普通高中教师研究生比例、初中教师本科比例、小学教师本科比例分别由2012年的7.37%、52.5%、13.45%提高到15.69%、91.53%、72.38%，师资队伍高层次学历比例位于全省前列；创新教师教育合作培养机制，肇庆学院省级中小学教师发展中心2016年、2017年连续两年在全省8个中心考评中位列第一；创新教育督导工作，端州区被国务院教育督导委员会办公室授予"第一批全国中小学校责任督学挂牌督导创新县（市、区）"称号，是全国29个、广东省4个获此殊荣的县（市、区）之一。立德树人教育成效凸显。全面开展创建全国文明城市工作，推行中华传统文化"知行合一"教育实践和"立德树人"各项活动，肇庆市"立德树人"传统文化教育项目获"广东省基础教育科研成果二等奖"，肇庆奥威斯小学被评为"全国未成年人思想道德建设先进单位"。全市文明校园覆盖率达96%，实现市级"平安校园"100%覆盖。党风廉政建设成效显著。扎实开展"两学一做"教育活动，全市教育系统教师和干部职工精诚团结，政风、行风、党风建设成效明显。其中市招生服务大厅群众满意度高达100%，肇庆市教育局被评为2016—2017年度文明单位、招生办服务大厅被评为"文明窗口单位"。学校党建工作获得中组部和教育部联合检查组的高度评价。

各级各类教育

【基础教育】（一）学前教育

2017年，肇庆市有幼儿园561所，比2016年增加42所；在园（班）幼儿15.39万人。学前教育教师（含园长）9 370人，比2016年增加684人，教师学历达标率为99.95%，其中大专以上学历占83.71%。优质幼儿园181所，其中省一级幼儿园15所、市一级幼儿园166所，端州区育才幼儿园成为第四所省一级民办幼儿园。全市有规范化幼儿园543所，占幼儿园总数的96.79%。市政府再次将学前教育家庭经济困难儿童资助工作列入年度十件惠民实事，困难儿童资助标准为每人每年1 000元；按时足额完成困难家庭幼儿生活费补助发放，资助覆盖面占在园儿童总人数的16.57%；受政府资助幼儿2.55万人，比2016年增加9 820人，发放补助资金2 666万元。

2017年，肇庆市启动第三期学前教育行动计划，各地筹备实施行动计划的各项准备工作。基本普及学前教育，学前教育毛入园率达100.79%，比2016年下降0.22个百分点；各县（市、区）、肇庆高新区学前教育毛入园率均达98%以上，与2016年持平。分期分批升级改造未达到规范化标准的幼儿园，新认定规范化幼儿园42所，规范化幼儿园覆盖率达96.79%，比2016年提高0.26个百分点。构建广覆盖、保基本、有质量、以公办幼儿园和普惠性民办园为主体的学前教育公共服务体系，扩大普惠性幼儿园覆盖率，满足人民群众对优质学前教育的需求。落实《广东省普惠性民办幼儿园认定、扶持和管理办法》，通过购买服务、综合奖补、税费优惠、派驻公办教师、培训教师、教研指导等方式，支持民办幼儿园提供普惠性服务。新认定普惠性民办幼儿园28所，普惠性民办幼儿园共289所，比2016年增加25所，公办幼儿园和普惠性民办幼儿园合计占比85.38%。

（二）义务教育

全市有小学221所，比2016年减少1所；小学阶段在校生36.92万人，比2016年增加1.28万人；初级中学（含九年一贯制学校）146所，比2016年增加1所；初中阶段在校生15.34万人，比2016年减少759人。小学适龄人口入学率达100%，小学辍学率为0.02%；初中阶段入学率为99.46%，初中辍学率为0.52%。"普九"各项主要指标均达到或超过国家和省的有关规定。义务教育阶段坚持"以流入地政府为主、以全日制公办中小学为主"的原则，建立完善异地务工人员随迁子女接受义务教育机制，保障异地务工人员随迁子女平等接受义务教育权利。端州区、高要区、广宁县、德庆县和肇庆高新区等均出台了《外来务工人员随迁子女入读义务教育阶段公办学校的暂行办法》，明确外来务工人员随迁子女可通过积分方式申请入读义务教育阶段公办学校起始年级，促进公平入学，解决进城务工人员随迁子女读书问题。2017年，在肇庆市义务教育学校就读的非户籍学生和进城务工人员随迁子女共5.81万人，其中在公办学校就读4.64万人，入读公办学校比率为79.79%，比2016年提高3.12个百分点。

肇庆市教育行政部门督促各县（市、区）实施义务教育阶段学校消除大班额计划。通过强化主体责任、优化学校布局、扩大学位供给、规范办学行为、均衡配置师资、加强宣传引导、建立长效机制等，逐步解决义务教育阶段学校大班额问题。至2017年底，全市小学平均班额38.75人，小学每班46～55人的有2 922个，占比30.66%；初中平均班额45.96人，初中每班51～55人的有427个，占比12.8%；义务教育阶段每班56～60人大班额的有328个，占比2.55%；没有60人以上的超大班额班级。

全市启动新建、扩建义务教育学校25所，新增义务教育阶段学位9 040个。其中端州区新建肇庆市第一中学实验学校、奥威斯实验小学景德校区，新增学位3 420个；鼎湖区扩建永安镇中心小学、桂城水坑一小学，新增学位1 500个；高要区扩建金利镇中心小学，新增学位900个；广宁县扩建南街镇中华西小学，新增100个学位；怀集县扩建凤岗镇中心小学、凤岗镇碛下小学、大岗镇石田小学、大岗镇谭珠小学、冷坑镇第二小学、甘洒镇石梅教学点、洽水镇珠岗教学点、怀城镇眉田小学顺岗教学点、怀城镇谭勒小学富扬教学点，新增小学学位2 520个、初中学位300个；肇庆高新区扩建高新区中心小学，新增学位300个。

（三）高中阶段教育

全市有普通高中学校33所，比2016年减少1所；普通高中学校在校生7.53万人，比2016年减少6 187人。市一级以上优质普通高中学校29所，占比87.88%。28所公办普通高中学校达到市一级以上学校标准，其中国家级示范性普通高中7所、省一级学校6所、市一级学校15所。肇庆市教育局组织各县（市、区）编制"高中阶段教育普及攻坚计划"学校建设规划，以创建省一级普通高中学校为目标，重点支持列入高中阶段教育学校布局专项规划且计划长期保留的公办普通高中，优化办学条件，发展普通高中教育。全市13所公办示范性普通高中和省一级普通高中学校继续实行"指标到校"招生，正取生招生名额占比50%，有6 440名初中毕业生通过该方式入读省一级以上公办普通高中学校，比2016年减少650名，占省一级以上公办普通高中学校正取生总数的51.62%。肇庆中学、肇庆市第一中学、鼎湖中学、四会中学、高要市第一中学（国家级示范性普通高中）继续开展自主招生，推进优质普通高中学校招生模式的多样化。

（四）特殊教育

全市有特殊教育学校8所，其中启聪学校1所、启智学校7所。特殊教育在校生2 847人，比2016年增加107人。义务教育阶段适龄残疾儿童少年2 622人，其中入学2 596人、未入学26人，入学率为99.01%，比2016年提高1.05个百分点。2017年，肇庆市继续巩固特殊教育提升计划实施成效，督促各特殊教育学校实施改建扩建学校、建设资源教室、配备完善教育教学与康复训练仪器设备等。各地教育行政部门通过推进特殊教育学校办学、普通学校随班就读、送教上门等开展教育教学，将其纳入学籍管理，保障残疾儿童少年接受教育的权利。全市的市、县两级将高中阶段残疾学生免费教育资金纳入财政预算,对残疾学生实施从义务教育到高中阶段教育的12年免费教育,免收学杂费、课本费。提高特殊教育学生生均公用经费保障水平,按时足额拨付特殊教育学生生均公用经费,2017年共拨付1 978.88万元,其中省财政拨付1 498.692万元、市财政拨付169.306万元、县财政拨付310.882万元。

【职业与成人教育】全市高等职业教育院校有广东理工学院、广东工商职业学院和广东信息工程职业学院,招生8 537人,在校生3.12万人。教职工1 664人,其中专任教师1 279人,正高职称教师146人,副高(含高级讲师)职称教师351人,中级职称教师464人。学校占地面积145.69万平方米,校舍建筑面积73.55万平方米;藏书197.84万册,电子图书61.21万册。固定资产总值27.47亿元,其中教学仪器设备总值2.07亿元。

全市中等职业学校有肇庆市工业贸易学校、肇庆市农业学校等20所,其中国家级重点中等职业学校5所、省级重点以上中等职业学校9所、国家级示范学校2所;省级实训中心5个,省级以上示范专业8个,国家级技能型紧缺人才培养培训基地3个。招生2.55万人,比2016年减少0.94%;在校生7.39万人,比2016年减少0.98%;毕业生2.36万人,毕业生就业率达98%。教职工4 101人,其中专任教师3 179人,正高职称教师13人,副高(高级讲师)职称教师291人,中级职称教师1 502人。学校占地面积202.85万平方米,校舍建筑面积125.47万平方米;藏书207.35万册,电子图书128.81万册。固定资产总值18.01亿元,其中教学仪器设备总值4.16亿元。

全市职业院校实施校企合作办学,合作企业210多家,建立与经济社会紧密联系、灵活的办学体制,为产业转型升级提供服务。拓展集团化办学机制,组建中职教育职教集团2个,中职学校与企业、行业单位合作办学46个。推行订单式培养人才,全市中职学校与知名企业实施校企合作、订单培养,为企业定向提供技能人才。开展学前教育中高职贯通培养试点,市农业学校与湛江幼儿师范专科学校合作建立学前教育高职学院,合作培养专科层次学前教育专业技能人才。

全市开展中职学校教学诊断和改进工作,提高技能人才培养质量。改革中等职业学校学前教育专业教学,规范办学行为,提升办学水平,肇庆市财经中等职业学校、肇庆理工中等职业学校、广宁县中等职业学校、怀集县职业技术学校的学前教育专业通过省级备案。推动县域职业教育资源优化整合与转型发展,推行"订单式"培养,校企合作共育技能人才,实现技能人才"精准"供给,肇庆市工业贸易学校、肇庆市农业学校等职业学校与知名企业合作,开设美芝精英班、达牛手机APP开发班、华红科技精英班、深圳联合宠物医院精英班、华润班、科龙班等,按企业岗位要求制订人才培养方案,实施订单培养和协同育人。

组织全市职业院校师生参加省级各类职业技能竞赛。在年度全省职业院校技能大赛中,中职学生组获一等奖2名、二等奖5名、三等奖15名,中职教师组获三等奖1名、优秀奖1名,高职学生组获一等奖1名、二等奖6名、三等奖10名。参加广东省中等职业学校教师信息化教学大赛,获一等奖、二等奖各1名,三等奖2名。举办全市中职学校学生技能大赛,设3个赛场、21个赛项,其中16所中职学校的497名学生参加,获得一等奖44名、二等奖87名、三等奖127名。

全市有103个乡镇(街道)创建成人文化技术学校,其中省级示范性学校7所、市级示范村(社区)成人文化技术学校81所。参加各类技能培训40万人次,农民实用技术培训率达43%,比2016年提高2个百分点。各县(市)开展省级农村职业教育和成人教育示范县(市)创建活动,将创建工作纳入全市现代职业教育综合改革试点工作方案。肇庆市农业学校继续担负新型职业农民培养培训任务,采取农学结合、校企合作等形式培养新型职业农民,举办农业技术推广员技能培训班23期,1 028人参加培训。

【高等教育】2017年,肇庆市有高等教育院校(校区)7所,其中普通高等院校(校区)6所、成人高等教育院校1所。普通高等院校招生2.66万人,在校生9.16万人,在校生比2016年增加1.02%,毕业生2.35万人。教职工4 559人,其中专任教师3 539人,正高职称349人,副高(高级讲师)职称952人,中级职称1 268人。学校占地面积305.39万平方米,校舍建筑面积186.72万平方米;藏书524.99万册,电子图书262.51万册;固定资产总值31.83亿元,其中教学仪器设备总值5.65亿元。

公办普通高等院校(校区)有3所,分别是肇庆学院、广东金融学院肇庆校区、肇庆医学高等专科学校;民办普通高等院校有3所,分别是广东理工学院、广东工商职业学院、广东信息工程职业学院。肇庆学院设16个教学单位,有本科专业65个,涵盖经济学、法学、教育学、文学、历史学、理学、工学、农学、管理学、艺术学十大学科门类，面向全国（含港澳台地区）22个省（自治区、直辖市）招生，有全日制在校生3.03万人。广东金融学院肇庆校区设25个本科专业，涵盖经济学、管理学、法学、文学、理学、工学6个学科门类，在校生3 100多人。肇庆医学高等专科学校是广东唯一独立设置医学专科学校，设临床医学、口腔医学、中医学等17个专业，形成应用医学类和健康管理类学科专业体系。广东理工学院开设17个本科专业，形成以工学为主，经济学、管理学、文学、艺术学协调发展的学科专业布局。广东工商职业学院有机电工程、建筑工程、计算机应用技术、经济管理、工商管理、财会、应用外语、艺术设计8个系，设48个专业；学院"升本"项目通过省教育厅高校评议委员会验收。广东信息工程职业学院开设软件技术、机械制造与自动化、电子商务等28个专业。

肇庆开放大学是肇庆市唯一的成人高等教育院校，在各县（市、区）设开放大学分校6所；学校设12个本科开放教育专业、19个专科开放教育专业及5个业余中专专业，为学习者提供多样化、多层次的学历教育和非学历教育。2017年，全市开放大学招生5 315人，在校生8 460人；教职工431人，其中专任教师247人，副高（高级讲师）以上职称29人，中级职称244人；占地面积27.52万平方米，校舍建筑面积10.24万平方米；藏书32.45万册；固定资产总值1.17亿元，其中教学仪器设备总值4 240.48万元。

【社区教育】2017年，怀集县正式成为省级社区教育实验区，肇庆市实现省级社区教育实验区全覆盖。年内，全市各县（市、区）开展全民终身学习活动周，形式包括读书、孝道感恩道德讲堂、科普知识宣传、全民健身活动及文娱活动等，参加活动周人数达20多万人次。广东肇庆广播电视大学更名为肇庆开放大学，成为服务全民终身学习的新型高等学校，面向基层、行业、社区和农村，开展职工教育、社区教育、老年教育、新型农民教育和各类培训。肇庆市获年度全民终身学习活动周地市级成功组织奖，端州区和广宁县获年度全民终身学习活动周县级成功组织奖。

教育成果与特色

【教育资源下乡】2017年，全市开展教育信息化工作，打造特色课程，推广教育资源公共服务体系建设与应用。组织骨干教师开展"一师一优课、一课一名师"活动，以高考专题辅导为重点建设地方特色网络课程，融合国家教育资源公共服务体系，拓宽国家、省、市三级数字教育资源共建共享渠道，成为首批"国家数字教育资源公共服务体系建设与应用试点示范市"，其中62节课例获省级优秀奖。以教育资源公共服务平台为依托，探索"智慧课堂"教学新模式，开展"一课三学"教学试验并取得良好效果：在全国新技术支持下的个性化学习高峰研讨和应用成果展示活动中，有3节课例获全国一等奖；肇庆市教育局和市机关直属幼儿园获全国优秀组织奖。运用互联网技术，构建基于"互联网+"的协同联动教学模式，促进教育改革创新，11月10日，肇庆与广州市、西藏自治区林芝市米林县举行"互联网+优课"教研展示活动，开展基于互联网的网上互动研讨；12月20—21日，与广州市、佛山市等举办"广佛肇梅清云韶大数据与可视化学习"论坛，加强教育信息化的合作与交流；在第五届"中国移动同步课堂杯"远程教育资源征集和应用评比活动中获全省第一名。

【教育督导】2017年，全市贯彻落实《教育督导条例》，创建"全国中小学校责任督学挂牌督导创新县（市、区）""广东省中小学校责任督学挂牌督导创新县（市、区）"，提升责任督学挂牌督导工作实效。端州区被国务院教育督导委员会办公室授予"第一批全国中小学校责任督学挂牌督导创新县（市、区）"称号，成为全国第29个、广东省第4个获此殊荣的区。鼎湖区、高要区、四会市建成"广东省中小学校责任督学挂牌督导创新区（市）"。截至12月，全市有省级以上"中小学校责任督学挂牌督导创新县（市、区）"4个，覆盖率达50%。开展省级、市级"依法治校示范校"创建，新建省级"依法治校示范校"8所、县级"依法治校示范校"17所。至2017年底，累计有27所中小学校建成"肇庆市依法治校示范校"，37所中小学校成为"广东省依法治校示范校"。

【高考情况】2017年，全市参加高考2.53万人（不含新疆班），上重点线人数2 545人，比2016年增加212人;上本科线以上人数1.13万人,比2016年增加370人。重点上线率为10.05%,比2016年提高1.54个百分点,首次突破10%;本科上线率为44.69%,比2016年提高4.77个百分点,首次突破40%。

【课程改革】2017年,全市严格执行国家课程计划和课程标准,开齐开足国家规定课程。建设地方特色课程,推进以广府文化为特色的中华优秀传统文化进课程、进课堂。鼓励学校结合培养目标开发特色校本课程,满足学生兴趣特长发展和学习成长的需要。支持学校开发、建设选修课程,增强课程的开放性和选择性。加强新课标与新教材的培训,落实新课程理念,邀请各学科教材相关的出版社派专家到肇庆培训教师,1.1万名教师参加培训。7月27日,召开肇庆市义务教育"三科"教师培训工作部署会,解读《肇庆市义务教育道德与法治、语文、历史学科教师培训工作方案》,观看教育部副部长朱之文关于"三科"教师培训讲话视频,全市起始年级任课老师3 000多人参加培训。推进义务教育"体育、艺术2+1"项目,建立课堂教学、课外活动和校园文化"三位一体"的体育、艺术教育发展推进机制,提高学生运动技能和艺术技能。

【教育装备建设】2017年,全市推进基础教育装备建设,规范教育装备管理,开展实验教学,加强各类实验教学设备设施的维护与管理。继续将物理、化学、生物和计算机实验操作考试纳入中考范畴,开展2016—2017学年"书香校园"线上读书系列活动,全市有3名学生获奖,其中1名学生获省"阅读之星"称号,另外2名学生获得"优秀读后感"表彰;组织学生参加2017内地与港澳青少年STEAM创客挑战赛,有4个作品进入前六名,2个作品获"最受欢迎奖"。参加省中小学物理化学科学实验操作与创新技能大赛,获8个奖项;参加省中小学实验教学说课活动,获6个奖项。

【创新驱动发展"1133"工程实施】2017年,《肇庆市实施创新驱动发展"1133"工程五年(2017—2021年)行动方案》提出"未来五年内,确保建成10所左右本科以上高校教育机构"目标。市政府印发《肇庆市人民政府办公室关于成立肇庆市高等院校建设发展工作领导小组的通知》,肇庆市教育局制订《高等教育规模发展行动计划》方案,统筹全市高等教育建设发展,提升现有高等院校办学层次和水平,支持广东工商职业学院"升本";推进肇庆医学高等专科学校"升本"建设,做好整体迁建工作。2017年,引进广东华商职业学院、华南农业大学珠江学院、广东工业大学华立学院3所高等院校项目进驻四会市广佛肇教育新城。

【肇庆实现广东省推进教育现代化先进县(市、区)全覆盖】2017年8月,肇庆市成为全省第9个实现"广东省推进教育现代化先进县(市、区)"全覆盖的地级市。2013年,召开创建"广东省推进教育现代化先进市"动员会,出台《关于推进教育现代化的决定》《肇庆市创建推进教育现代化先进市实施方案》,以"政府统筹、分类指导、内涵发展、质量提升"为原则。截至2017年上半年,全市投资16亿元实施师资队伍素质提升、学前教育和义务教育提质、高中阶段教育优化、教育信息化能力建设、教育质量水平提升、教育内涵特色建设"六大工程",形成学前教育普及化、义务教育均衡化、普通高中优质化、职业教育品牌化、高等教育大众化的教育现代化发展格局。端州区、高要区、四会市、鼎湖区、德庆县、封开县、广宁县和怀集县先后成为广东省推进教育现代化先进县(市、区)。

【2017年"省长杯"青少年足球联赛】2017年11月28日至12月15日,广东省"省长杯"青少年足球联赛在肇庆市工业贸易学校举行。该赛事由广东省教育厅、广东省体育局主办,肇庆市教育局、肇庆市体育局承办。省教育厅副巡视员陈健,肇庆市副市长陈宣群,省、市校园足球领导小组成员单位领导,各地级市教育局领导,全体足球运动员、教练员、裁判员及工贸学校师生代表共5 000多人参加开幕式。全省21个地级市65支队共1 500名运动员分高中组和中职组进行137场比赛。在12月6日和12月15日的分组总决赛中,华南师范大学附属中学获高中男子组冠军,惠州仲恺高新区仲恺中学获高中女子组冠军,东莞市电子科技学校获中职组男子冠军。

【扶贫助学】2017年,全市教育部门落实学前教育、义务教育、普通高中教育阶段各项资助政策,实施中等职业教育免学费、助学金政策,落实高等教育家庭经济困难学生资助政策,实施精准扶贫助学建档立卡贫困户学生,发动社会力量捐资助学,使家庭经济困难学生得到资助,确保各级各类学生不因经济困难而失学。落实学前教育资助资金2 666万元,资助学前教育困难家庭幼儿2.55万人,资助面达17.14%,人均资助1 045元;符合认定条件的城乡义务教育家庭经济困难小学、初中寄宿生全部按省定标准分获1 000元、1 250元生活费补助,春季学期受惠学生6 102人、秋季学期受惠学生6 075人,发放城乡义务教育家庭经济困难寄宿生生活补助款 720.53 万元；农村义务教育非寄宿家庭经济困难学生生活费补助，春季学期受惠学生 4.86 万人，秋季学期受惠学生 4.48 万人，全年发放补助资金 1378 万元；全市 1.16 万名家庭经济困难普通高中学生获资助，发放助学金 2327.4 万元。全市中等职业教育享受免学费 4.79 万人，免除学费 1.9 亿元；享受助学金 5434 人，发放助学金 977.6 万元。全市高等教育 3100 人得到资助，发放资助资金 2383.8 万元；生源地信用助学贷款 2914 人，贷款金额 2232 万元。国家、省、市实行资助优惠政策，开展精准扶贫教育，全市 1.94 万名建档立卡贫困户子女免学费 383.1 万元，发放生活补贴 5509.8 万元。全市各类社会团体及个人资助 1.8 万名学生，资助金额 2425 万元。

【强师工程】2017 年，全市坚持教育优先发展战略，制定《肇庆市"强师工程"实施方案》，组织实施各类培训项目。分级落实培训经费，教师队伍规模、结构、质量、效益协调发展，整体水平稳步提高，公办学校专任教师 100% 持证上岗。支持教师参加国家和省级教师培养培训项目，进行分层次、分时段、分内容的"立体式培训"，为教师培养提供相应的发展平台，教师培训常态化机制正逐渐完善。开展农村小学美术、音乐、体育与健康和信息技术学科骨干教师跟岗实践培训班，农村中小学英语教师英语语言村培训项目，特殊教育学科培训，小学兼职（转岗）体育教师培训等专项培训，提升农村骨干教师的教育教学水平。委托广东省第二师范学院开展"三名"培养工程项目，培育中小学市级名校长培养对象 60 名、名教师培养对象 300 名、学科带头人培养对象 100 名，提高骨干教师的示范引领能力。加强与国际和港澳地区教育交流合作，2017 年 3 月继续选派 35 名中学校长赴香港浸会大学参加研修培训。市级财政安排 1910 万元奖补提升学历教师，其中对取得硕士学位的教师奖补 8000 元，取得本科学历的山区县教师奖补 1000 元（非山区县教师奖补 700 元），各县（市、区）和学校相应制定奖补措施。全市幼儿园专任教师大专以上学历平均比例达 84%，小学专任教师本科以上学历比例平均为 75%，初中专任教师本科率达 95%，普通高中教师研究生学历或硕士学位以上比例为 18%。利用肇庆学院的资源优势，促进教师队伍建设，与肇庆学院达成教师教育、教育研究等合作协议，共建教育硕士联合培养基地和肇庆教育发展研究院，支持肇庆学院在怀集、封开、广宁建设教师教育改革创新试验区，协助开展教师培养和师范生顶岗支教合作活动。支持肇庆学院建设省级中小学教师发展中心，引导县（市、区）教育行政部门和学校使用省级中小学教师发展中心开展师资队伍培训，提升教师队伍教育教学的能力和水平。

【校长教师交流轮岗】2017 年，全市执行《关于推进县域内义务教育学校校长教师交流轮岗工作的实施办法》，完善县域内公办义务教育学校校长、教师定期交流机制，健全教师晋升、评优、评聘等政策，推进"县管校聘"。加强与人社部门沟通，解决教师岗位聘用问题，稳定教师队伍。全年义务教育学校共交流校长 166 人，交流教师 2228 人，城镇学校及优质学校教师交流轮岗教师 1231 人、骨干教师交流人数 614 人。

【山区教师生活补助政策】2017 年，肇庆市继续执行山区和农村边远地区学校教师生活补助政策，做好山区教师生活补助政策"提标扩面"工作。有关县（市、区）按月足额发放山区教师生活补助，全市享受政策的教师月人均发放金额 917 元，超过月人均 900 元的省定发放标准。

（撰稿　姚灵娟；审稿　黄红敏　刘其全　李吉涛）

清远市教育

概　　况

2017年，清远市教育工作紧紧围绕省委、省政府"加快创建教育强省、争当教育现代化先进区、打造南方教育高地"（即"创强争先建高地"）的战略部署，以推进基本公共教育服务均等化为重点，以推进教育现代化为目标，以"让每一个学生受到最适合的教育"为核心理念，坚持"公平、均衡、优质、创新、共享"的价值取向，不断深化教育体制机制改革，加强教师队伍建设，扎实推进教育惠民工程，着力提高教育教学质量，教育事业发展取得丰硕成果。

（一）加强党的建设，全面学习贯彻党的十九大精神和习近平新时代中国特色社会主义思想

认真部署，扎实开展党的十九大精神学习宣传。制定党的十九大学习宣传工作方案，举办"喜迎十九大做学生引路人"优秀教师宣讲会，指导各地学校开展"大学习、深调研、真落实"，增强抓机关党建"一岗双责"的政治意识，推进"两学一做"学习教育常态化，推动党建责任由"软"变"硬"，将主体责任落到实处。

落实党建工作责任，加强基层党组织建设。成立中国共产党清远市委教育工作委员会。加强基层党建工作考核，开展基层党组织书记述职，对基层党组织进行评议。把党建工作纳入学校绩效考核要求，提出考核标准，层层落实党建责任。进一步加强民办学校党的建设工作，强化民办学校党的政治核心作用。落实中央关于加强中小学党建工作的要求。

加强意识形态工作，成立清远市大中专院校思想政治教育基地和联盟。加强全市高校思想政治工作，召开专项工作会议，扎实开展体系式学习，努力形成一批高质量的学术研究成果。

深化全面从严治党，加强党风廉政建设。配合市委巡察组开展对清远市教育局巡察并认真整改，进一步落实全面从严治党主体责任和监督责任，强化"党政同责"和"一岗双责"，成立了纪检监察科。认真开展纪律教育月活动，提高党员干部遵守党纪法规的自觉性。

（二）提升教育公共服务水平，加快推进教育现代化建设

制定实施《清远市教育"十三五"规划》；出台市政府首部规章《清远市教育设施规划建设管理规定》（市政府第1号令），有效扩充公共教育资源。2017年，全市累计改扩建义务教育学校23所，新增学位5 625个。推动落实政府主体责任，设立1.5亿元专项资金，对完成创建广东省推进教育现代化先进县（市、区）（以下简称"争先"）任务的县（市、区）给予奖励；2017年，清城区、连南瑶族自治县、佛冈县成功创建为"广东省推进教育现代化先进区（县）"。清远市政府下达的2017年确保完成3个县（市、区）"争先"任务的目标顺利实现，清远市"争先"工作走在粤东西北的前列，并在2017年全省教育重点工作座谈会上做了"争先"工作专题经验介绍发言。

（三）补强短板，教育体系进一步完善

2017年，清远市各级各类教育稳步发展。全市公、民办义务教育阶段学校标准化实现全覆盖，学前教育毛入学率达108%。新建综合性、标准化特殊教育学校2所，改扩建4所，全市特殊教育学校达到7所，有特殊教育资源中心2个，随班就读资源教室79间，全市适龄残疾儿童少年入学率达98.8%。成立清远市特殊教育指导中心，实现了全市30万以上人口的县（市、区）特殊教育学校全覆盖。同时，大力推进中高职融会贯通、校企合作、产教融合以及现代学徒制试点。全市高中阶段教育毛入学率达到95.36%。全面推进创建省社区教育实验区，已有4个县（市、区）接受了省社区教育实验区专家组调研检查。大力发展学前教育，全市公办幼儿园和普惠性民办幼儿园占比达到84.75%，规范化幼儿园占比达到81.11%。努力办好农村寄宿制学校。全市各级投入资金约1.6亿元，使寄宿制学校达到"五有"要求。省职教基地建设5所学校立项招标全面完成，建设职院首期工程已开工。引进本科高校——广东金融学院已于2月23日与清远市政府签订共建清远校区的合作协议。在全省率先全面完成三类城市语言文字工作评估工作。

（四）坚持立德树人，学校文化教育品牌建设取得新突破

以创建全国文明城市为抓手，加强社会主义核心价值观教育和未成年人思想道德建设，强化立德树人，全市教育由规模扩张向内涵发展转变。2017年，清远市荣获"全国未成年人思想道德建设工作先进城市"称号（广东省唯一），3所学校荣获首届"全国文明校园"称号；4所学校被评为"广东省文明校园"，清城区教育局被评为"广东省文明单位"；全市评选首批市级"校园文化建设示范校"20所、"文明校园"171所，进一步凸显市区学校龙头带动作用。

（五）坚持优质取向，全面提升人才培养质量

扎实开展教育帮扶工作。抓住广清对口帮扶的机遇，与广州市教育局签订了合作协议，大力推进"广清一体化"教育先行、聚焦先进的教育理念、名校长名教师的培养、教科研能力提升等九大项目务实推进；共派出300名教师到广州市学校跟岗学习；启动广清帮扶"优课解码"种子教师（25名）培训，连山壮族瑶族自治县借助天河区资源开通了连山民族中学课堂直播间。2017年，全市落实各类资助17.93万人次，投入各级各类资助资金2.67亿元；进城务工人员随迁子女入读公办学校占比达83.15%；学前教育"民办公助"，市、县两级累计投入5 262.48万元，受惠幼儿园519所。

加强师资队伍建设。推行校长"去行政化"、教师"系统人"等多项改革，加大教师交流轮岗。实施"强师工程"，大力培养和引进优秀教师。2017年，市级共培训教师26 757名，市直学校招录新教师61人，其中全日制研究生31人，完成617名教师资格认定和首批15 817名教师资格注册，为全市从教20年教师发放荣誉证书。加强师德师风建设，开展"最美教师"评选工作，完善师德考核办法，建立师德档案，实行师德考核"一票否决制"。

加强教科研建设。创新教研方式，组织全市3 000多名教师开展高中分片教研活动。积极探索"互联网＋教研"，充分利用网络设备资源优势，初步实现了学科教研与信息技术的深度融合。认真组织评审第18批课题共354项（其中通过立项一般项目170项、重点项目8项），努力做好教学成果培育指导工作，有5项教学成果在省教育教学成果评审中获得二等奖。

加强体育、卫生、艺术工作和国防教育。举行了清远市第三届U互动5人足球赛、"市长杯"足球联赛（高中组）暨中小学生足球联赛总决赛、中小学生乒乓球赛和中学生篮球赛，承办了第六届运动会健美操啦啦操比赛和田径比赛，举办了清远市第五届"南粤长城杯"以"中国梦 强军梦"为主题的中学生演讲比赛。组织了275人参加各级各类足球管理人员、教练员和裁判员培训班，12批次120人参加全省体育骨干教师培训班，举办了全市音乐（120名）、美术（50名）骨干教师高级研修班。成功创建全国足球特色学校37所、广东省校园足球推广学校44所、全国国防教育特色学校12所、全国校园篮球特色学校15所、中华优秀文化艺术传承学校2所。清城区和清新区创建成广东省校园足球推广试点区。

全面加强学校安全稳定。抓好消防、溺水防范、交通安全教育以及开展针对性安全教育活动。2017年，全市中小学生非正常死亡人数为16人，死亡率为0.24‰，比2016年的17人减少了1人，下降了5.88%。加强禁毒教育，建设了50所省级禁毒教育示范校。全面做好特殊防护期的各项工作，确保全市教育系统安全生产形势更加稳定和谐。

（六）扎实推进教育信息化应用

加大了投入，统筹推进"三通一库"建设（校校通、班班通、人人通、网络教学资源库），加强农村教师信息技术应用和校长教育信息化领导力培训。举办第二届农村40岁以上教师信息化技术教学比赛，承办全省教学点优课交流活动。市教研院启动了英语微课制作，连南瑶族自治县启动了"瑶微课"制作并举办了全国第四届微课大赛，有力地提升教师使用现代化手段的教学能力。创新优质教育资源的供给模式，通过"互联网＋"手段，促进教育公平、均衡发展。

（七）教育良好形象进一步提升

充分发挥《清远日报》《清远观察》《清远教育》以及清远电视台和市政府网站、清远教育网、微博、微信等教育宣传阵地功能。刊登68个专版、1 200多条教育信息，开设"最美教师"专题报道，微信、微博平台同步发布图文总数758篇，总关注人数近2万人。构建了立体的宣传网络，清远教育宣传影响力进一步扩大，树立了良好的外部形象。

各级各类教育

【基础教育】（一）学前教育

2017年，清远市有幼儿园715所，比2016年增加47所，其中公办幼儿园188所、民办幼儿园527所。全市在园（班）幼儿171 927人，比2016年增加7 430人，学前教育毛入园率为108%；学前教育专任教师9 774人。全市创建规范化幼儿园580所，覆盖率达81.12%，比2016年提高了1.33个百分点。公办及普惠性幼儿园占比84.76%。全市有212所民办幼儿园获得"民办公助"补助，补助总额达到2 004.68万元。

（二）义务教育

2017年，清远市有小学330所、初中147所，小学在校生34.32万人、初中在校生12.85万人，义务教育阶段专任教师28 551人。全市有公办义务教育学校453所，公办义务教育标准化学校453所，公办义务教育标准化学校覆盖率达100%；有民办义务教育学校26所，完成义务教育标准化学校建设的学校26所，民办义务教育标准化学校覆盖率达到100%。至此，清远市义务教育学校标准化实现全覆盖。

（三）普通高中教育

2017年，清远市有普通高中32所，在校生6.8万人，专任教师5 400人。全市普通高中招生22 591人，招生完成率达122.78%。制定实施《清远市市直普通高中协同发展试点工作方案》，推动示范性普通高中在学校管理、强师兴教、教育教学、科研能力、育人质量、学生活动等方面对市直省一级以下薄弱高中实行精准帮扶，确定4所试点学校，明确"一对一"帮扶方案。推进"清远市普通高中特色发展"项目，以深化课程教学改革为主要抓手，立足于构建富有特色的学校课程体系以及相应的运行和管理体制，促进学生全面有个性地发展，促进高中学校特色发展。为应对新高考改革，提高普通高中教学质量，实施精细化管理，市直普通高中2018年招生班额从原来54人缩减至50人，并要求各县（市、区）根据学位情况适时调整。

（四）特殊教育

2017年，清远市有特殊教育学校7所，在校生0.08万人，专任教师192人。共有残疾学生2 840人，比2016年增加557人。已入学的2 840人中，810人在特殊教育学校就读，送教上门人数为693人，随班就读人数为1 337人。全市适龄残疾儿童入学率为98.8%。

【职业与成人教育】（一）职业教育

2017年，清远市有中等职业学校13所，其中国家中等职业教育改革与发展示范性学校1所、省级及以上重点中等职业学校7所，特殊教育学校附设中职班1个。全市中等职业学校全日制在校生30 930人，高中阶段普职比为55∶45；教职工1 865人，其中专任教师1 613人，生师比为18.84∶1，专任教师"双师型"比例为76.71%，本科及以上学历教师1 394人，占专任教师的86.42%。另有技工院校4所，其中技师学院1所。技工院校有在校生12 515人，教职工609人，其中专任教师573人，生师比为21.84∶1，专任教师"双师型"比例为49.74%；本科以上学历教师488人，占专任教师的85.17%。

（二）成人教育

2017年，清远市推动创建广东省社区教育实验区建设工作，清城区、英德市、佛冈县、连南瑶族自治县、清新区、阳山县已向广东省教育厅递交创建广东省级社区教育实验县（区）申报材料。开展全民终身学习活动周系列活动，11月，清远市教育局在清新区成功举办2017年清远市全民终身学习活动周启动仪式。连南瑶族自治县"瑶族刺绣"项目被中国成人教育协会评为"终身学习品牌项目"。

【高等教育】2017年，清远市共有高职院校4所，在校生2.8万人，教职工2 372人。清远市人民政府加强与广东金融学院沟通联系，双方起草了《清远市人民政府与广东金融学院共建广东金融学院清远校区合作意向书》，引入广东金融学院到清远办学，填补清远无本科院校的空白。推进申报重点学科建设。根据《清远市落实创新驱动发展近期重点工作任务评价监测实施办法的工作方案》和《广东省教育厅关于开展2017年广东省重点学科联合申报工作的通知》要求，清远市教育局加大与有关本科院校对接力度，按要求联合广东工业大学与大连理工大学申报了化学工程与技术重点学科，联合广东技术师范学院与中南大学联合申报了机械工程重点学科，争取清远市在省创新驱动评价的重点学科建设数量上实现突破。

【民办教育】2017年,清远市有民办教育机构564个,总固定资产约50亿元,在校生(含幼儿)16.6万人,占全市在校生总数的22.33%。其中民办幼儿园527所,在园幼儿11.66万人,占全市园幼儿总数的67.81%;学历教育学校36所,占全市学校总数的2.91%;民办小学10所,在校生25 717人,占全市小学生总数的7.49%;民办初中(含九年一贯制学校)16所,在校生14 252人,占全市初中学生总数的11.1%;民办高中7所,在校生5 430人,占全市高中学生总数的7.99%;民办中职学校3所,在校生3 457人,占全市同类学校学生总数的11.18%;培训机构(非学历教育)27个,在校生1万人。

教育成果与特色

【创建广东省推进教育现代化先进市】2017年7月14日,清远市清城区被广东省教育厅授予"广东省推进教育现代化先进区"称号,成为粤东西北第一批、清远市第一个"广东省推进教育现代化先进区"。连南瑶族自治县、佛冈县分别于2017年11月、12月顺利通过省"创建广东省推进教育现代化先进县"督导评估验收,成为广东省推进教育现代化先进县。

【创文工作】2017年11月17日,清远市在北京召开的全国精神文明建设表彰大会上荣获"全国未成年人思想道德建设工作先进城市"称号,成为广东省唯一一个当选的城市。同时,清远市新北江小学、清城区飞来湖中学、清城区凤翔小学荣获第一届全国文明校园称号。

【教育督导】2017年,清远市人民政府教育督导室组织开展了全市高中学校常规工作督导检查和对义务教育学校的随访督导。综合督导检查高中学校29所,随访督导检查学校139所,随堂听课412节,组织反馈会84次,专题督导学校文化建设66所,评出第一批清远市学校文化建设示范学校20所。清远市责任督学对市、县(区)、乡(镇)学校开展常态化督导检查,规范学校办学行为,促进学校内涵发展和教育教学质量的提升。

【依法治校】2017年,清远市各县(市、区)教育局在清远市教育局的组织下,开展县级依法治校示范校的创建活动,共有179所学校达到省依法治校创建标准,被评为县级依法治校示范校。在县级示范校的基础上,54所学校(含市直)被评为市级依法治校示范校。通过遴选和评比,清远市第二中学、阳山县碧桂园小学等9所学校被推选为广东省依法治校示范校,并在2017年底通过了省专家组的评估验收。

【法治政府建设】2017年,清远市教育局紧紧围绕清远市创建全国文明城市和创建推进教育现代化先进市的目标任务,在全市教育系统广泛深入地推进依法行政、依法治教、依法治校、法制宣传教育等工作,推进教育依法行政工作规范化法治化建设。重视行政管理人员的法律素质提高与培养,每年定期开展业务人员的法律培训,以问题为导向,以整改为抓手,营造教育法治化的良好氛围。

【教育投入】2017年,清远市教育经费总投入955 953万元,比2016年增长0.6%;国家财政性教育经费拨款787 656万元,比2016年减少0.41%;公共财政预算安排的教育经费764 239万元,比2016年减少3.08%;公共财政教育支出689 126万元,比2016年减少2.74%。2017年,继续按2015年标准实施城乡义务教育公用经费补助政策,即小学每生每年1 150元、初中每生每年1 950元。对特殊教育学校智力残疾、孤独症、脑瘫及多重残疾学生,按不低于普通学生生均公用经费补助标准的10倍拨付经费;对特殊教育学校盲聋哑学生,按不低于普通学生生均公用经费补助标准的8倍拨付经费;对普通学校、儿童福利机构、残疾人托养机构附设特教班学生,按不低于普通学生生均公用经费补助标准的5倍且每生每年不低于6 000元拨付经费;对随班就读、送教上门的特殊学生,按每生每年不低于6 000元的标准拨付经费。对农村小学和教学点规模不足100人的,在新增生均公用经费中提取部分经费,按正常生均拨款1.2~4.0倍的标准给予倾斜,确保村小和教学点有较充裕的办学经费。同时,提高义务教育寄宿制公办学校公用经费补助标准。在公用经费补助标准的基础上,对农村义务教育寄宿制公办学校按寄宿生每生每年250元的标准增加安排公用经费补助。

【基本公共教育服务均等化推进】2017年,清远市教育局贯彻落实《广东省教育厅关于印发〈广东省义务教育标准化学校标准〉的通知》（粤教基〔2013〕17号）的建设任务和建设标准，加快推进义务教育标准化学校的建设工作进度。是年，全市公办义务教育标准化学校有450所，覆盖率为100%；民办义务教育学校26所，均创建为标准化学校，覆盖率为100%，全市义务教育阶段学校标准化实现全覆盖。妥善解决进城务工人员随迁子女接受义务教育问题，2017年在清远市义务教育阶段学校就读的进城务工人员随迁子女47 001人，占义务教育阶段学生总数的10.59%，其中在公办学校就读38 264人，所占比例为81.42%。清城、清新两区特殊教育学校均落成投入使用，其中清城区特殊教育学校招生22人，清新区特殊教育学校招生32人。佛冈县特殊教育学校实现了选址新建，投入建设的石角镇中心小学启智楼已封顶装修。

【教育装备及信息化】2017年，清远市教育局启动初中英语微课程库建设，多次组织对清远市初中英语教师进行线上和线下培训，在统一规划的知识体系下完成七年级的微课程制作，制作300节初中英语微课，帮助师生更好地教与学，提高初中英语教学的质量。启动创客教育建设，完成清远市创客教育工作室建设，并制定市直高中建设创客教育工作方案，推进市直创客教育的全面开展。建设移动平板辅助办公系统，提高领导班子会议效率。举办2017年校长信息化领导能力专题培训，260名公办中小学校长分两期参加，提高中小学校长的教育信息化决策和管理水平。完成清远市基础教育网（"校校通"）中心机房改造工作。借力广清帮扶，2017年9月18日启动"优课解码"活动，该活动计划分3期进行，每期时长1年，"优课解码"平台主要培养"种子教师"，通过"优课解码"平台开展教研活动，提高广大教师教研教学水平。

【广清教育对口帮扶】2017年5月17日，广州、清远两地教育局签订《广州市教育局与清远市教育局教育帮扶协议书》，开启新一轮广清教育对口帮扶工作。是年，"一对一"结对帮扶学校增至197所，其中学前教育结对35所、义务教育结对125所、普通高中结对26所、中职学校结对11所；教育重点帮扶项目9项，全年全市选派3 000多名教师到广州参加培训或跟岗学习。

【教育科研】2017年，清远市申报广东省教育厅中小学教师教育科研能力提升计划（"强师工程"）项目13项，全部通过评审获得立项，其中重点项目3项、一般项目10项。申报市级课题354项，立项178项。市级立项课题中，有重点课题8项、一般课题170项。是年，清远市教育教学研究院继续对市级课题研究予以经费支持，重点课题10 000元/项、一般课题7 000元/项。全年市级课题申请成果鉴定50项，通过50项。市级课题申报数量同比上升140.8%，立项数目同比上升104.5%，资金支持与2016年持平；申请成果鉴定数量同比上升2%，成果鉴定通过数量同比上升2%。

【教育收费督查】2017年，清远市教育局贯彻实施《广东省信访条例》，规范信访工作秩序，依法及时处理信访诉求和社会、群众涉及教育的投诉，以及"市政府热线12345热线"和其他途径转办的各类涉及教育收费、补课、办学等问题的投诉，依据法定流程做好调查、资料整理、回复及归档等工作；设立投诉电话、举报信箱和上访部门，接受群众监督，做到有诉必查、有错必纠。2017年，清远市教育局收到教育乱收费、规范办学行为投诉件近30宗，所有投诉件均建立台账，按时、按规地进行处理并进行反馈。

【校长聘任制】2017年，清远市教育局聘任市直学校副校长2名，安排市直学校校级领导换岗交流2人次、挂职锻炼2人次，市教育教学研究院配备部门主任2名。通过选拔任职、换岗交流、挂职锻炼，校级领导在多个岗位得到历练，有效地促进干部流动，激发干部干事创业的活力。

【教师培训】2017年，清远市教师培训主要分6个系列：一是教育管理干部培训，全年共组织、选派89人参加各类教育干部培训；二是全市中小学（幼儿园）"提升工程"学科教师全员培训，全年培训教师13 178名；三是学科教学与信息技术深度融合培训，全年培训教师10 762名；四是广清合作项目，培训教师112名；五是能力提升培训，与新西兰学校交流培训教师30名，学科能力提升培训教师170名；六是省级常规培训1 200名，其中"国培"60名、"省培"1 140名。2017年，全市共约26 754名干部教师参加市级以上培训。

【教师职称评定】2017年，清远市全年审核确定参加中小学正高级专业技术职称评审4人，通过2人，通过率为50%；中职教师高级专业技术职称评审15人，通过5人，通过率为33%；中职教师中级专业技术职称评审458人，通过324人，通过率为70.8%；中小学教师高级专业技术职称评审304人，通过212人，通过率为69.73%；市直学校教师一级专业技术职称评审10人，通过9人，通过率为90%；市直学校教师二级专业技术职称评审6人，通过6人，通过率为100%。

【高考录取】2017年，清远市普通高考报名人数为24 298人，比2016年减少356人，减幅为1.44%，实考人数为23 497人。高中阶段户籍学籍从外省迁至清远市的应届高中毕业生125人，外来务工人员随迁子女128人，省内考生在清远市借考1 260人，设13个考点，全部为国家教育考试标准化考点。2017年清远市普通高考上线人数为20 471人（不含"3+证书"高职类），比2016年增加729人，增幅为3.69%。其中上第一批重点本科院校线的有1 735人，上线率为7.38%，比2016年增加91人，增幅为5.54%；上第二批本科院校线6 687人，上线率为28.46%，比2016年增加19人，增幅为0.28%；上本科院校线以上8 422人，上线率为35.84%，比2016年增加110人，增幅为1.32%；上第三批专科院校线12 049人，上线率为51.28%，比2016年增加619人，增幅为5.42%。2017年，普通高校录取清远市考生21 046人，占实考人数的89.57%，比2016年增加3.51个百分点，其中，第一批重点本科院校（含农村计划）录取1 721人；第二批本科院校录取5 963人，本科以上录取率为32.7%；第三批专科院校录取9 576人；单考单招类本科录取18人，单考单招类专科录取496人；"3+证书"高职类录取469人。

【高中阶段学校招生考试】2017年，清远市参加中考人数为24 649人，比2016年减少1 119人，减幅为4.3%。全市共设142个考点、887个考场。组织八年级地理、生物学业考试报名报考工作，全市报考总人数40 105人，比2016年增加759人，增幅为1.9%，全市设142个考点、1 400个考场。

【普及高中阶段教育】2017年，清远市高中阶段招生40 825人，完成省下达37 700人招生指标的108.29%，其中普通高中招生22 591人，完成省下达招生任务的122.78%；中职学校、技工学校招生14 960人，完成招生任务的101.08%，在全省排名第六。全市高中阶段教育毛入学率为95.36%，比2016年提高0.41个百分点。

【对外交流活动】2017年，清远市拓展教育国际交流合作，落实与友城新西兰达尼丁市对接项目，推进姊妹学校交流与合作，在学生游学、留学、教师培训、学术交流等方面取得新成效。5月，新西兰达尼丁市贝菲尔德高中（Bayfield High School）、凯科拉瓦利学校（Kaikorai Valley College）的校长到清远市第一中学、清远市第二中学进行交流。10月，清远市教育局副局长高湘琴率团一行6人前往美国、加拿大进行为期8天的教育交流访问活动。清远市教育局、清城区教育局、连南瑶族自治县教育局、英德市教育局、华侨中学等分别与美国、加拿大两国多地的教育部门、学校签订教育备忘录和缔结姊妹学校。11月，美国领导学院的总校长Mr. Richard Morley先生一行到清远市第一中学就办学经验、办学特色、学生文体活动进行沟通交流。深化清港姊妹学校交流合作。清远市第二中学、源潭镇第一初级中学与香港航海学校结为姊妹学校，并签订合作协议书。清远市第二中学组团赴香港航海学校进行交流访问，香港航海学校50多名师生到清远姊妹学校交流访问，加深友谊。

【扶困助学】2017年，清远市落实省、市、县各类政策及资金2.67亿元，资助各类学生（不含免费义务教育政策部分）35.9万人次。其中，学前教育阶段共资助54 350人次，投入资金为2 717.5万元；资助农村义务教育阶段家庭经济困难学生79 516人次，投入资金3 397.7万元；少数民族地区义务教育阶段寄宿制民族班生活费补助9 376人次，投入资金408.2万元；农村义务教育阶段住宿生伙食补助33 808人次，投入资金1 014.3万元；农村义务教育阶段营养改善计划资助45 708人次，投入资金2 383.4万元；普通高中助学金资助16 446人次，投入资金1 644.6万元；普通高中学生免学费资助4 112人次，投入资金514万元；中职助学金资助5 530人次，投入资金553万元；中职免学费资助51 380人次，投入资金8 991.5万元；清远市助学扶志款资助182人次，投入资金12.45万元；扶助贫困省外大学新生117人次，投入资金58.5万元；东莞银行教育基金资助贫困大学新生40人，投入资金20万元。2017年，全市义务教育阶段、高中阶段和外省就读学生共17 229人享受建档立卡学生生活费补助，补助资金5 219.3万元；全市生源地信用助学贷款共有1 500名大学生贷款，金额1 183.8万元。

【教育公平】2017年，清远市进城务工人员随迁子女就读义务教育阶段学校的有52 907人，占学生总数的11.22%。其中，在公办学校就读43 994人，占83.15%；在民办学校就读8 913人，占16.85%。2017年，全市资助贫困学生、建档立卡贫困户学生、中职免学费学生、营养改善或伙食补助学生、少数民族地区困难学生、学前教育困难家庭幼儿等达到179 306人次，国家、省、市、县共投入资助资金26 706万元。

【教育新闻发布会】2017年11月17日，清远市教育局召开了以"新时代开启新征程,清远教育再出发"为主题的新闻发布会。会上,清远市教育局局长张玉兰回顾了"十二五"以来全市教育系统在教育事业发展上取得的丰硕成果,强调要结合贯彻落实党的十九大精神,推进《清远教育发展"十三五"规划(2016—2020年)》全面实施。会议由市教育教学研究院院长邓溯明主持,市教育局领导班子成员及各科室负责人,市直有关单位分管领导,清城区、清新区教育局分管领导及相关股室负责人,市内各高校以及市直学校的相关负责人和新闻发言人,新闻媒体记者等70多人参加了本次新闻发布会。

【语言文字】2017年,清新区、阳山县、连山壮族瑶族自治县、连州市根据《清远市推进三类城市语言文字工作评估实施方案》,完成三类城市语言文字工作的评估验收。开展县域普及普通话情况调查,通过家长会、街头访问、家访等方式,完成3 105人的调查取样,并依时将数据上传至教育部调查平台。组织参加第九届广东省中小学规范汉字书写大赛,评选推荐师生硬笔、软笔书法作品120份送省参评。进行市级语言文字规范化示范校、省级语言文字规范化示范校和规范汉字书写教育特色学校的评选推荐工作。组织全市17 543名小学生参加妙语连珠成语大赛。

(撰稿　王清泉　刘灿辉;审稿　刘能剑)

潮州市教育

概 况

2017年，潮州市委、市政府高度重视教育，坚持以党的十九大精神为指导，把教育发展作为全市五大发展战略之一，纳入全市总体布局，大力推进"教育强市"和教育现代化"争先市"建设。

（一）深入学习宣传贯彻党的十九大精神

全市教育系统把学习宣传贯彻党的十九大精神作为首要政治任务，全力以赴，早谋划、早部署，落实了"五个一"活动，用好传统媒体和新媒体，重点抓实党员、教师、学生学习宣传党的十九大精神工作，并结合学生年龄特点、教育教学实际、家校联动关系，探索创新自选动作，推行了形式多样的主题活动，推进党的十九大精神进教材、进课堂、进师生头脑。

（二）教育系统党建水平不断提升

落实定期学习制度，推进教育系统"两学一做"制度化常态化工作。做好基层党组织换届和新成立党支部工作，配强基层党组织班子。开展全市学校党建专项督查，厘清学校党组织隶属关系，规范学校党建工作。加强意识形态安全管理，开展维护学校政治安全、意识形态安全专项工作。落实党风廉政建设主体责任，加强党员干部纪律教育。

（三）教育基础建设有力推进

全市已投入教育"争先进"资金5.99亿元，推进教育现代化建设。完成市教育发展"十三五"规划。制定实施了新建住宅区配套教育设施建设管理办法。引进名校合作办学，暨南大学附属学校、华南师范大学附属潮州学校、光正实验学校落地潮州，认真贯彻落实省市共建韩山师范学院部署，推动潮州卫生健康职业学院建设项目纳入省高校设置"十三五"规划，协调配合做好潮汕高等研究院（潮汕大学）的筹办，大力推进一批公办学校新建、扩建、重建工程。

（四）各级各类教育协调发展

加强"改薄"和招生办学管理，统筹推进义务教育均衡优质发展；启动学前教育第三期行动计划，做好全市三年学前教育项目规划，规范普惠发展学前教育；积极探索普通高中优化布局；深化教学诊断与改进，引导强化产教融合，大力发展中职教育；申报落实年度省级专项资金项目，推进民办义务教育标准化建设，扶持和规范民办教育发展；新建市特殊教育学校，推进饶平益智学校易址重建，加快发展特殊教育。全市学前教育毛入园率达102.85%，高中阶段教育毛入学率提高到93.7%，中职学校毕业生就业率高于98%，民办教育规范化学校覆盖率提高到78.7%。

（五）教育发展内涵有效增强

深化招生考试改革，提高"指标到校"比例到50%，推进中考考试改革，调整完善有关政策性照顾入学办法，推进义务教育阶段招生改革。加强教研工作，全市共有153个项目获省比赛一等奖。创新德育工作，开展德育支教活动，组建家长讲师团，推进潮州大锣鼓等特色文化进校园，全市2所学校被教育部评为"全国中小学中华优秀文化艺术传承学校"。加强国防教育，全市10所学校被教育部评为"国防教育特色学校"。推行全市学校网站集约化管理，基本实现全市学校网络带宽达到省定"争先进"标准。

（六）教师队伍整体素质得到提升

全面加强师德师风整治建设。实施学历提升工程，力促3300多名教师参与提高学历；积极向省争取研究生培养指标，并赴省内外高校招收硕士研究生39名，努力解决教师研究生学历达标难题。实施教师培训三年规划，推进"十百千人才培养工程"，与编办、人社等共同制订关于公开招聘教育专业技术人才政策，加强名校长、名教师工作室建设，提升教师队伍整体素质，打造名师队伍。推行轮岗制度，全市交流校长教师超1400人，落实"临聘教师"、人才支教等措施，优化教师资源配置。

（七）教育发展环境持续优化

建设实现全市"美丽校园"100%覆盖。开展教育系统创文"十个一"主题系列活动，助力全市"六城"同创，推进文明校园建设。通过开展2017年尊师重教系列活动、奖助师生、表彰家长、召开校长座谈会、评选"十大感动潮州教师"、慰问一线教师等，浓化尊师重教社会氛围。进一步完善教育资助帮扶体系，2017年全市投入1.1亿元，约

5.7万名学生受益,强化教育民生保障。实现全市"平安校园"100%覆盖,建成省级"安全文明校园"35所;完成全市学校章程和法律顾问制度建设100%覆盖,建成省级依法治校示范校89所,打造教育安全法治环境。

各级各类教育

【基础教育】(一)学前教育

启动学前教育第三期行动计划,做好全市三年学前教育项目规划,开展结对帮扶活动和无证办园专项整治行动,深化规范化乡镇中心幼儿园建设。推进市绵德幼儿园、饶平中心幼儿园易址重建。2017年,全市有各级各类幼儿园674所,在园幼儿103 436人,学前教育毛入园率达102.85%。

(二)义务教育

推进义务教育"全面改薄",完成潮安、湘桥各项任务,规划调整饶平4个未动工项目。实施年度招生意见。接受并顺利完成全国义务教育质量监测。新建成潮州市特殊教育学校,推进饶平县直小学、枫溪东田小学等新建工作。2017年,全市有义务教育阶段学校719所(其中初中104所、小学615所)。全市初中、小学在校学生分别为79 290人、199 304人,初中、小学专任教师分别为7 149人、10 372人。小学适龄儿童入学率为100%、辍学率为零;初中毛入学率为134%,辍学率为0.17%。各项指标均达到或优于省规定的标准。全市有特殊教育学校4所,学生209人,残疾儿童少年在全日制小学、初中附设特教班(随班就读)就读399人。

(三)高中阶段教育

整合资源,推行普通高中集合发展,打造多个高中龙头学校,带动提升全市高中办学质量。深化职校教学工作诊断与改进,开展职校招生动员、实习生规范管理、大众创业万众创新等活动,落实饶平县贡天职业技术学校等申报国家重点职中,提质发展职业教育。推进市职业技术学校二期工程,潮州市虹桥职业技术学校易址建设等。2017年,全市有全日制高中阶段学校44所(含民办),其中普通高中35所,中等职业技术学校9所(含民办,不含技工学校)。全市高中阶段在校生60 642人,其中普通高中生51 911人、中职生8 731人(不含技工学校在校生),高中阶段教育毛入学率达到93.7%。全市有国家级示范性高中5所,省一级高中10所,国家级示范性中职学校1所,国家级重点中职学校1所,省级重点中职学校2所。

教育成果与特色

【教师队伍建设工作】圆满完成第一批潮州市"十百千人才培训工程",培养名校长58人、名教师170人;与韩山师范学院联合开展幼儿园师资队伍专项培训;培养市级骨干教师2 953人;新建市级名校长、名教师工作室9个。加强教师师德宣传与学习,开展"感动潮州十大最美教师"评选。提高山区和农村边远地区学校教师生活补助标准,人均达到900元/月,惠及8 688名农村教师。制定《潮州市教育系统引进培养高层次人才实施办法》,吸引优秀师范毕业生和硕士研究生到潮州市任教。加大公办学校研究生招聘比例,鼓励、资助在职教师学历提升。推进中小学教师资格考试和定期注册制度改革,县域内公办义务教育学校教师、校长定期交流轮岗制度进一步完善,教师职称制度改革试点全面实施,全市新增正高级教师1人、副高级教师256人、中级职称教师216人。

【德育工作】把培育和践行社会主义核心价值观活动贯穿学校教育教学全过程,在全市中小学生中举行诵读十九大报告原文、演讲、讲座、征文等活动。2017年,共有43个个人和集体获得星河奖,18名教师获得潮汕星河第六届辉勇师表奖,有639名品学兼优的大学新生获得第九届"金银星"奖学金。在尊师重学系列活动中,共有172名中考优秀生、111名高考优秀生获得奖学金,100名贫困大学生获得新生助学金。积极参与市创建国家文明城市活动,开展"文明校园"创建、"身边美丑随手拍"、"分明分享会"、"致家长的一封信"征文、"师生宣誓签名"等活动，共建、共治、共享美丽家园。进一步加强全市班主任队伍建设，8个潮州市首批市级名班主任工作室揭牌。

【体育卫生和艺术工作】 积极做好全市校园足球推广普及工作，开展校园足球"送教入校"活动，2017年，全市共完成了"送教入校"250余课次。建立和完善潮州市中小学足球联赛制度，举办第二届全市中小学生足球联赛。继续做好全市学校卫生管理工作。指导各级各类学校做好各类常见病、传染病、流行性疾病的预防工作，制定防控预案。推进传统文化进校园工作，以潮州大锣鼓为龙头，带动潮绣、潮剧等特色文化和"非遗文化"进校园。积极发展农村学校艺术教育，组织艺术骨干教师参加广东省新农村舞蹈教师培训工作，提高艺术教师师资水平。2017年，潮州市共有7个新农村少儿舞蹈教室通过省的检查验收认定、5所学校被评选为首批"广东省中小学艺术教育特色学校"、2所学校被评为"全国中小学中华优秀文化艺术传承学校"，饶平县获"广东省农村学校艺术教育实验县"称号。

【教研工作】 加强教师教学能力建设，培养青年教师参加首届广东省中小学青年教师教学能力大赛，潮州市有2名选手夺得全省第二名并获得省一等奖，有9名选手获得省二等奖。开展教材培训工作，组织全市教师参加语文、政治和历史三个学科教材培训，培训约2 000人。邀请全国高考专家到潮州市讲学，组织学校校长参加国家教育行政学院举办的"聚焦学生核心素养培养"的学习培训和"高考改革背景下的学校教育变革专题培训班"。做好教学课题申报和评选，组织全市申报省2017年教育教学成果奖评选，潮州市有3项课题获得一等奖；组织市"十三五"教育教学课题申报，全市共有100多项课题获得市立项。加强高考备考，2017年全市上一本线人数为2 156人，一本上线率为11.1%，比2016年高出0.5个百分点。

【教育信息化工作】 全面实现"校校通"，全市中小学校网络覆盖率达100%，全市中小学校拥有教学计算机6万台，百名学生拥有计算机18.3台，有多媒体平台7 746套，网络多媒体教室占教学班数的88%。组织全市教师参加全国2016—2017年度"一师一优课、一课一名师"活动，全面完成省下达的任务，共晒课10 421节，获评部级优课7节、省级优课111节。组织承担"一师一优课、一课一名师""优课教研室"研讨节目录制活动。组织全市相关学科教师观看"互联网+同一堂课"网络教研活动；组织全市教师参加第十八届广东省中小学电脑制作活动；组织全市中小学校实验教学教师参加全国中小学实验教学说课活动，共收到18个实验教学案例，推荐7个优秀实验教学案例参加省赛；组织举办2017年全市中学物理和小学科学实验教师实验操作与创新技能竞赛活动；联合市科协、市科技局等部门召开2016年全市青少年科技创新大赛总结表彰大会，并组队参加广东省第三十二届青少年科技创新大赛，创历史最好成绩，获得5项一等奖。

【安全工作】 2017年，全市教育系统安全无事故，为潮州市推进教育现代化先进市创建工作提供了坚强的安全保障。认真做好工作部署，2017年初召开了年度全市校园安全工作会议，总结情况，分析问题，部署工作。切实抓好制度建设，强化日常管理。抓教育宣传，提高师生安全意识。认真做好校园及周边环境综合整治和单位内部安保工作。完善"三防"建设，不断提高学校安全防范能力。抓好隐患排查整治。深入推进"平安校园"创建工作。全市763所公办中小学100%达到省、市平安办提出的工作目标，市高级实验学校等10所学校被市综治委授予"潮州市平安创建优秀单位"。全市共建成564所省、市、县（区）级安全文明校园，1 441所中小学幼儿园全部配备专兼职保安人员，校园安全监控系统覆盖率达100%，全市大部分学校安装一键报警系统连接到公安110报警中心或派出所。

（撰稿 刘世通；审稿 李粤斌）

揭阳市教育

概　　况

2017年以来，揭阳市教育局在揭阳市委、市政府的正确领导和广东省教育厅的支持指导下，深入学习贯彻党的十八大、十九大和习近平系列重要讲话精神，以习近平新时代中国特色社会主义思想为引领，认真按照中央、省关于全面深化教育体制改革的部署和要求，以全省教育"争先进、当标兵、建高地"为统揽，以创建"广东省推进教育现代化先进市"为总抓手，认真落实立德树人根本任务，着力提高教育教学质量，促进教育资源公平配置，全面提升教育信息化水平，加快推进教育现代化，全力办好人民满意的教育。

2017年，揭阳市有幼儿园1 049所，在园幼儿24.3万人；小学1 231所，在校生51万人；初中225所，在校生22.8万人；普通高中64所，在校生13.6万人；特殊教育学校5所，在校生336人；中职学校16所，在校生10万人；高职院校2所，在校生1.2万人；成人高校（广播电视大学）5所，在校生5 926人。全市中小学校（含幼儿园、中职）有教职工8.87万人，其中幼儿园2.06万人、小学3.25万人、中学3.3万人、中职2 364人、特殊教育162人；专任教师7.38万人，其中小学专任教师3.02万人、初中专任教师1.86万人、普通高中专任教师1.02万人、中职学校专任教师2 002人。2017年，揭阳市教育经费投入86.8亿元，比2016年增加2.88亿元。

各级各类教育

【基础教育】（一）学前教育

一是研究制订发展学前教育第三期行动计划。经揭阳市政府同意，揭阳市教育局会同揭阳市发改局、财政局、人社局研究出台了《揭阳市发展学前教育第三期行动计划（2017—2020年）》（揭市教〔2017〕424号），明确发展目标、任务及具体措施，为促进学前教育的持续健康发展提供政策保障。二是扩大学前教育资源。2017年，揭阳市有独立幼儿园1 049所，比2016年增加74所；在园（班）幼儿24.3万人，比2016年增加1.2万人；学前三年毛入园率为96.7%，比2016年提高3.3个百分点。三是加大规范办园行为力度，提升办园质量，取得了显著的成效。2017年5月，揭阳市机关少霖幼儿园顺利通过省教育督导学会专家组的评估，被授予"广东省一级幼儿园"，成为揭阳市第一所省一级幼儿园，实现了揭阳市省一级幼儿园零的突破。至2017年底，揭阳市有省一级幼儿园1所、市一级幼儿园9所。

（二）义务教育

一是增加义务教育学位供给。揭阳市政府把增设学位6 000个列为2017年民生实事，将任务下达至各县（市、区），截至12月底，全市累计投入9 967万元。同时，继续实施"全面改薄"工程，至2017年底，全市累计投入资金12.6亿元，超出规划总投资1.8亿元。二是狠抓义务教育控辍保学工作。2017年8月8日，揭阳市委书记李水华召开书记专题会议，研究部署全市义务教育控辍保学工作，提出"不让一个孩子失学"的工作目标；8月16日，揭阳市政府召开全市义务教育阶段控辍保学工作会议，会上，市长陈东对全市加强义务教育控辍保学等工作进行全面部署。揭阳市教育局认真按照揭阳市委、市政府的部署，制定义务教育阶段"控辍保学"工作意见、宣传活动工作方案等，并通过开展户籍适龄人口入学状况普查和控辍保学宣传，实施"精准劝学"行动等强有力措施，全力以赴确保"控辍保学"出实效，做到不漏一人，取得了较好效果。三是实施消除大班额专项规划。针对全市尚存在1 133个教学班班额未达到省定班额标准问题，制定实施《揭阳市消除义务教育学校大班额专项规划（2016—2020年）》，确保于2019年前达到省定班额标准。

（三）高中阶段教育

一是促进普通高中教育优质发展。实施薄弱普通高中改造提升工程。根据《揭阳市改造提升薄弱普通高中专项规划》，全市圆满完成22所薄弱普通高中改造提升工程，累计投入资金约1.9亿元。制订实施《关于高水平高质量普及高中阶段教育的实施意见》（揭市教〔2017〕333号），启动"高中阶段教育普及攻坚工程"，规划投资15亿元，提升46所高中阶段学校办学水平，预计于2020年全面竣工。至2017年底，全市有广东省国家级示范性高中8所、省一级普通高（完）中5所、市一级普通高（完）中35所。二是加快发展中职教育。一方面，加大中职招生力度。2017年广东省下达给揭阳市中职招生最低任务数为35 700人（含技工和输送生源）。2017年全市中职招生24 271人，技工招生1 311人，输送生源10 120人，圆满完成省下达的招生任务。另一方面，注重调整与优化专业结构。2017年，揭阳市综合中等专业学校等5所学校新增设了"旅游服务与管理"等11个新专业，大大优化了中职学校的专业结构。至2017年底，揭阳市有国家级中等职业教育改革发展示范校1所、国家级重点职校1所、省级重点职校2所。

（四）特殊教育

一是改善条件，加强特殊教育基础能力建设。揭阳市惠来县特殊教育学校2017年秋季开始招生办学，在校生65人；揭阳市榕城区特殊教育学校正在抓紧建设中。至2017年底，全市有已招生办学的特殊教育学校5所，在校生336人。二是全力以赴做好适龄残疾儿童少年入学安置（随班就读）工作。至2017年底，揭阳市在校残疾学生2 655人（含送教上门483人），其中2017年安置入学的有530人。三是利用揭阳市特殊教育研究与指导中心（市特教学校）平台加大对全市特殊教育师资的培养、培训力度，有效提高特殊教育教师专业化水平。

【高职与成人教育】2017年，揭阳市有成人高校（广播电视大学）5所，在校生5 926人。高等职业技术学院2所，其中揭阳职业技术学院在校生6 240人、潮汕职业技术学院在校生5 553人。2所学院毕业生就业率均超过95%。2017年以来，揭阳市教育局在全力配合做好创建"中德双元应用科技大学（暂名）"相关工作的同时，积极参与研究推动在揭阳副中心创建应用型本科大学的工作，谋划在揭阳副中心引进武汉理工大学创建揭阳校区，培养目标以理工类应用型本科生为主，兼顾发展研究生教育，努力争取开展博士生教育，积极打造揭阳市高端人力资源平台。

【民办教育】2017年，揭阳市教育局多次组织各地、各民办学校认真学习新修订的《民办教育促进法》等法律法规，准确把握新时期民办教育的新任务新要求，为推进民办教育分类管理改革营造良好氛围。9月1日以来，揭阳市新设立民办学校23所，均为非营利性幼儿园。至2017年底，全市有民办学校931所，其中幼儿园838所、小学48所、初中32所、普通高中9所、中职学校4所，民办学校在校学生29.2万人，教职工2.7人。民办学校占地面积223.6万平方米，建筑面积153.5万平方米。

教育成果与特色

【教育"创先"】2017年2月，揭阳市政府召开全市推进教育现代化动员大会，全面启动教育"创先"工作，计划用3年时间，完成"创建广东省推进教育现代化先进市"任务，总投入33.69亿元。揭阳市教育局全力以赴，精心谋划，制订方案，出台措施，攻坚克难，扎实推进。一是成立工作机构，加强组织领导。2017年6月27日，揭阳市教育局召开专题会议，学习贯彻揭阳市委关于开展"迎盛会·百日百项大行动"的有关部署和要求，研究加快教育"创先"工作措施。印发了《关于成立市教育局创建广东省推进教育现代化先进市工作办公室及工作分工的通知》（揭市教办〔2017〕4号）。二是深入调查研究，全面掌握情况。由揭阳市府办和市教育局组成的揭阳市教育"创先"调研督查组于2017年6月份对全市各地教育"创先"工作情况进行全面调研督查，掌握各地教育"创先"工作进展情况，共同研究解决"创先"工作中碰到的困难和问题。三是精心组织实施，扎实稳步推进。截至2017年12月，揭阳市教育"创先"投入资金15.07亿元，占规划投资33.7亿元的44.7%。全市有45个镇（街道、乡、场）申报广东省教育强镇复评，其中已组织验收的有14个，已组织督前检查而未验收的有22个。揭阳市揭东区实现教育强镇复评验收覆盖率100%，于10月底向省申报"广东省推进教育现代化先进县（市、区）"督导验收，并于12月14日前完成了广东省教育厅提出的整改要求。为总结推广揭东区教育"创先"经验，对全市教育"创先"工作再部署再动员。11月23日，揭阳市政府在揭东区召开全市教育"创先"工作现场推进会。

【德育工作】一是加强班主任队伍建设和名班主任工作室建设。2017年，揭阳市2个省级名班主任工作室期满通过省的考核，其中李桂华工作室期满考核优秀。同时，启动18个市级名班主任工作室建设，揭阳市榕城区启动13个区级名班主任工作室建设。通过加强班主任队伍建设，全面提高班主任素质及班级管理水平，不断开创德育工作新局面。二是加强德育科研工作。2017年，揭阳市有7个德育课题获得省立项，6个德育课题通过省验收顺利结题。三是以主题活动为抓手，提高学生基本道德素养。组织全市中小学开展了以培育和践行社会主义核心价值观为主题的系列活动、以加强中华传统文化教育为主题的系列活动和以加强公民意识为主题的系列教育活动等。同时，重点加强禁毒宣传教育工作，全面推动无毒学校、无毒社区的创建工作，2017年揭阳市共创建禁毒宣传教育示范学校50所，净化了青少年成长环境。全年全市有29名学生被评为广东省优秀学生，964名学生被评为市级三好学生、427名学生被评为市级优秀学生干部，有401个班级被评为市级先进班集体。

【教育教学改革】一是深化课堂改革，创新教学方式。2017年，揭阳市教育局先后在揭阳市第一中学等9所学校举行学科教学专题观摩研讨活动，深入到揭阳产业园区和空港经济区所有高中学校及揭西县部分学校开展农村学校教学视导，组织各学科先后在揭阳市第一中学等11所学校举行课堂教学现场研讨活动等，通过各项活动的开展，有效提高课堂教学质量。二是积极组织师生参加全国、全省各种比赛、竞赛、评比活动，取得了可喜的成绩。揭阳市教师参加全省各类竞赛评优活动，荣获省特等奖2人、一等奖75人、二等奖151人、三等奖234人；学生参加全国、全省有关竞赛活动，获得国家级一等奖103人、二等奖210人、三等奖39人，省级一等奖197人、二等奖149人、三等奖183个，教育教学成果得到有力彰显。三是有效备考，实现高考大丰收。一方面，揭阳市高考再创新佳绩，实现平安高考和骄人成绩双丰收。2017年，揭阳市高考报考43 675人，共设28个考点，1 507个考场。全市高考上省线39 912人，上线率达91.4%，同比增长4.9个百分点；上本科线19 521人，上线率达44.7%，同比增长2.27个百分点；上重点本科线4 337人，上线率达9.93%，同比增长0.14个百分点。普通类本科上线率跃居全省第7名，居粤东西北地区首位，实现历史性突破。普通高考考生被高校录取36 645人，报考录取率达83.79%，同比增长1.16个百分点，其中有5名考生被北京大学、清华大学录取。9月26日，揭阳市召开2017年高考总结表彰暨2018年高考备考工作会议，揭阳市第一中学等20所高考成绩优异的学校、28个国家级定点考点以及郭志仪等317名优秀监考员受到表彰。另一方面，全市中考工作顺利开展。2017年全市中考报考人数为72 229人。

【教师队伍建设】一是加大人才引进力度。揭阳市高度重视对优秀人才的引进工作，继续组织到华南师范大学和南京特殊教育师范学院等高校招聘优秀学子投身揭阳教育事业。2017年，全市新增配教师658人，其中研究生8人、本科生398人，师资力量得到进一步增强。二是加强教师培养培训。一方面，全面落实教师全员培训制度。2017年，揭阳市参加校本培训教师56 961人次，参加县级培训教师41 990人次，参加市级培训教师42 922人次，推荐教师参加省级培训7 674人次。全市中职学校校长和教师参加国家级培训12人次，省级培训263人次，市级培训1 054人次。全面推进中小学教师信息技术应用能力提升工程培训，2017年揭阳市共有54 573名教师参加线上研修和面授培训并结业。另一方面，深入开展与北京师范大学的战略合作。根据揭阳市实际，制订了《北京师范大学揭阳市教育改革创新培养培训项目（2017—2019年）》，该项目经揭阳市政府常务会议审议通过并付诸实施。计划开展培养培训项目13个，培养培训教师770人次。通过加强高层人才的培养培训，将大大提高全市教师队伍素质。2017年，揭阳市教育局教研室主任李绪强顺利通过广东省新一轮"百千万人才培养工程"首批教育家对象验收，其专著《教育现代化路上的行与知》由南方日报出版社出版，产生积极的社会影响；副主任黄锐辉荣获2016—2017年度广东省中学思想政治教研突出贡献奖；方少芹老师荣获2017年广东省普通教育教学成果奖二等奖，同时被评为广东省中小学名教师工作室主持人；倪东明老师被评为广东省中学历史学科带头人。三是狠抓师德师风建设。9月，在全市开展以"立德树人，做好学生引路人"为主题的师德建设主题教育月活动,以良好的师德师风带动学风、校风建设。同时,以做好庆祝教师节活动为契机,围绕"迎接党的十九大,做好学生引路人"主题,组织召开全市教师节座谈会,大力宣传优秀教师先进事迹,树立师德模范典型,进一步营造尊师重教的良好社会氛围。11月,揭阳市教育局印发了《严禁中小学校和在职中小学教师有偿补课专项治理工作方案》,在全市大力开展有偿补课专项治理,严肃查处违规行为,进一步完善制度,规范管理,建立健全师德建设长效机制,引导教师自觉遵守师德规范,争做"四有"好教师。四是切实提高教师福利待遇。全面落实教师和公务员工资福利待遇"两相当"。全面实施义务教育学校绩效工资,教师依法依规享受养老保险和基本医疗保险,并全部落实教师住房公积金。积极落实山区和农村边远地区教师生活补助,2017年全市共有37 314名教师按人均每月不低于900元的标准领取生活补助。积极落实高校毕业生到农村学校从教"上岗退费"政策,全市共有1 322名到农村从教的高校毕业生领取上岗退费津贴。对长期在基层和艰苦边远地区工作的教师实行待遇从优等倾斜政策,提高教师福利待遇,激发教师工作积极性,农村教师向城镇流动明显减少。五是深化教师管理改革。一方面,大力推进校长教师交流轮岗。2017年全市安排交流教师2 791人,安排交流校长184人,市直学校派往基层农村薄弱学校支教的教师21人,促进了优质师资的均衡配置。另一方面,加快探索"县管校聘"管理改革。把推进"县管校聘"管理改革工作列入重要议事日程,初步制定了《关于推进中小学教师"县管校聘"管理改革的实施方案》,进一步加强教师统筹管理,促进县域内教育均衡发展。同时,推进教师资格定期注册工作。2017年完成了20 901名教师的定期注册工作,在规范教师持证上岗方面迈出了关键一步,促进了高素质专业化教师队伍的建设。

【体育美育】一是大力加强体育工作。一方面,加大投入发展学校体育。2017年全市各地各学校投入体育工作经费6 947.3万元,举办单项比赛480项、运动会140次,参加竞赛活动学生达546 214人次。8月份,揭阳市教育局与揭阳市体育局联合举办全市第七届运动会暨第四届学生运动会,参赛学生1 280人,设足球等9个比赛项目,参赛学生人数和比赛项目数均创历届运动会之最。另一方面,大力推广校园足球。2017年揭阳市新增全国青少年足球特色学校21所,累计达66所;成功申报省级校园足球推广校93所,校园足球试点县(区)2个(揭东区、普宁市);新增足球场地47块;各地各学校组织举办各类足球比赛活动738场次,参加学生达37 274人。二是切实加强美育工作。一方面,积极开展艺术教育工作和艺术教育特色学校创建,全市共有960所中小学1 200个特色项目参加,评选7所中小学校申报省艺术教育特色学校,普宁市申报省农村学校艺术教育实验县(市、区)。同时,选取以潮乐、书画为艺术教育亮点的榕城区红旗小学、普宁华侨中学申报全国中华优秀文化艺术传承学校,努力推动全市艺术教育工作全面发展。另一方面,举办书画比赛展风采。2017年举办了揭阳市中小学生"星河杯"现场书画大赛,并组织获得比赛一、二等奖的选手参加第十届"星河杯"潮汕青少年书画比赛,荣获一等奖1个、二等奖5个、三等奖8个。

【教育信息化】2017年,揭阳市教育局紧紧围绕全市教育"创先"中心任务,大力推进教育信息化建设。一是重点加快推进揭阳市教育资源和教育管理公共服务平台(以下简称"两平台")的建设,组织开展教育"两平台"建设现场调研并做好征求意见的收集整理,形成了平台建设规模、建设模式、服务方式的方案,扎实做好"两平台"建设基础工作。二是继续推进全市基础教育专网主干网和市、县(市、区)节点的升级改造,高标准推进"校校通",全市各中小学校均接入互联网,实现"市—县—学校(教学点)"教育宽带接入率达100%。三是继续推进网络多媒体平台配备建设,至2017年底,全市网络多媒体教室占总教室的比例为80%,教育信息化水平得到显著提高。

【教育督导】一是进一步规范学校办学行为。一方面,积极推进中小学责任督学挂牌督导工作。2017年聘任了新一届市级督学44人,进一步壮大了督学队伍。另一方面,认真抓好教育专项督导检查工作,开展了2017年春季开学工作专项督导、学前教育第二期三年行动计划专项督导、中小学安全工作专项督导、德体美育课程开设情况专项督导、2017年秋季开学专项督导、义务教育学校改薄专项督查、幼儿园办学行为和安全保障专项督查等工作。二是积极推进法治进校园活动。2017年,揭阳市教育局与揭阳市委、市政法委联合举办了"揭阳市青少年学生法治教育周"活动,并在惠来县第一中学举行启动仪式;与揭阳市检察院、榕城区教育局、揭阳捷和职业技术学校联合创建检校合作"法治校园"示范点。积极创建广东省依法治校示范校,向广东省教育厅推荐了12所省级依法治校示范校,12

所学校于11月30日接受省专家组抽查验收。三是重视解决治理教育乱收费问题。高度重视群众反映的教育热点难点问题，认真受理群众来信来访，2017年共办理群众反映的教育乱收费问题9件，办结率达100%。四是认真做好人大、政协建议提案的办理工作。认真办理揭阳市政府办公室移交市教育局办理的市政协提案7件，提案反映问题得到较好解决，提案者的满意率达100%。五是努力提升依法行政水平。认真清理行政职权和编制权责清单，经过精简、清理，重新确立揭阳市教育局112项行政职权，切实做到法无授权不可为、法定职责必须为。六是以文明城市创建为契机，全面加强机关作风建设，大力整治庸、懒、散、奢、浮，努力建设学习型、服务型、优质、高效、廉洁、文明的教育行政机关。11月，揭阳市教育局被揭阳市直工委命名为2016—2017年市直机关"文明创建 机关表率"先进单位。

【学校安全管理】学校安全"责任重于泰山"。2017年，揭阳市教育系统始终坚持"安全第一，预防为主，综合治理"的方针，强力推进学校安全管理工作，为教育系统的和谐稳定打下坚实基础。一是完善制度建设，落实安全责任。学校安全工作实行"一把手"负责制，加强对安全工作的领导；各级教育部门和各级各类学校层层签订学校安全维稳工作管理目标责任书，明确责任，确保安全管理工作落实到位。二是注重宣传教育，强化安全意识。一方面，利用各种平台，采取多种形式狠抓安全宣传教育。2017年，全市共悬挂安全标语42 492条，张贴安全宣传标牌45 804副；开设安全讲座1 982场；举办全市中小学（幼儿园）安全管理培训班，9 000多人参加培训；举办全市学校食堂食品安全管理人员培训班，176人参加培训。另一方面，经常性开展安全逃生演练活动，2017年全市组织开展应急演练5 088场次，切实做到警钟长鸣，让安全意识深入到每一位师生心中。三是重拳综合整治，排查安全隐患。一方面，经常性开展安全检查活动。各地各学校（幼儿园）每季度开展一次综治安全大检查，并以"安全生产月"为契机，联合有关部门开展全方位的安全检查活动，将检查结果计入学校年终安全工作考核。2017年，全市共检查学校2 231所，检查6 320次，发现隐患1 115处，已落实整改1 111处。同时，联合有关部门开展校车专项整治活动，建立学校（幼儿园）接送学生上下学车辆台账，制订《揭阳市校车管理服务方案》。开展学校卫生和食堂食品安全检查活动。2017年共开展学校食堂专项检查、联合督查5次，接受省交叉检查2次，各类食堂食品安全专项检查实现对全市642所学校（含托儿机构）全覆盖，保障了广大师生的饮食安全。另一方面，及时、正确处理和化解各种矛盾，全市共排查化解校园内不稳定问题848宗，确保校园内稳定祥和。全力以赴做好原民办代课教师自查、审核及维稳工作。揭阳市登记上报的原民办代课教师2.4万多人，揭阳市教育局严格按照社会矛盾专项治理和维稳工作要求，积极妥善化解原民办代课教师领域社会矛盾，切实做好维护教育系统和社会和谐稳定工作。2017年，揭阳市各级各类学校安全稳定，未发生一起安全维稳事故，未发生疫情，食堂未发生食品安全事故，全市教育系统实现了政治安全、意识形态安全、治安安全、消防安全、卫生安全。至2017年，揭阳市有全国和谐先进学校2所、省安全文明校园42所、市级平安校园353所、县级平安校园1 621所。

（撰稿 林建英；审稿 陈育文）

云浮市教育

概 况

2017年,云浮市教育工作在市委、市政府的正确领导下,在省教育厅的具体指导下,深入贯彻落实党的十九大精神,以习近平新时代中国特色社会主义思想为统领,以推进教育现代化为抓手,围绕办人民满意教育的目标,全面实施云浮市教育发展"十三五"规划,不断深化教育改革,教育发展水平不断提升,教育综合实力和竞争力逐步增强,取得较好的工作成效。

(一) 推进教育现代化工作卓有成效

2017年3月,云浮市召开全市教育工作暨推进教育现代化先进市工作会议,部署开展创建教育现代化先进市工作,编制《云浮市推进教育现代化先进市责任分工方案》,并以补齐办学短板、抓教育强镇复评为主要内容加快推进教育现代化工作。至年底,全市累计投入"创现"资金9.41亿元,占计划投入的62.25%。全市完成41个镇的教育强镇复评工作,其中,云城区、新兴县全部完成教育强镇复评。云城区、新兴县推进教育现代化先进县(区)暨教育强县(区)复评(两评合一)验收报告和验收材料已报省政府教育督导室。

(二) 全面实施素质教育

扎实推进德育工作。坚持立德树人,积极弘扬和培育社会主义核心价值观。一是以创建毒品预防教育示范学校为抓手,进一步加强青少年毒品预防教育。全市有国家级和省级禁毒示范学校各1所、市级禁毒示范校20所、县(市、区)级毒品预防教育示范学校59所,建设有毒品预防宣传教育室52个、禁毒教育基地65个(其中54个设在各中小学校校园内),全市在校生吸毒率为零。同时,积极组织开展广东省青少年毒品预防教育课件设计征集活动,全市共有112名教师103个课件作品分别获得省各组别一、二、三等奖和优秀奖。二是以法治进校园为抓手,开展主动临界预防工作。协助举办"法治中国少年行"巡回普法讲座,面向云浮市110多所学校、10余万名学生举办了101场讲座,全面覆盖了云浮市所有的中学,取得了良好的社会效应。2017年5月份与云浮市人民检察院启动了"法治进校园"巡讲活动,将用3年时间把巡讲活动覆盖到各地中小学校乃至幼儿园。三是以评选活动为载体,提高学生思想道德素质。2017年,全市共评选出市级"三好学生"140名、市级"优秀学生"干部78名。与团市委顺利开展寻找"最美南粤少年"活动,共有223名候选人参加市级评审。出台了《云浮市创建文明校园工作实施方案》并制定了评估细则。

全面提升美育体育质量。青少年足球事业蓬勃发展,联合市体育局等单位举办了"市长杯"足球联赛、"校园足球联赛"和"U互动"五人足球联赛等赛事,形成各级各层次的常态化的比赛机制,提高了青少年校园足球水平,推动了云浮市校园足球事业的发展。全市有19所学校被评为全国青少年校园足球特色学校,有36所学校被评定为广东省校园足球推广学校,云城区被评定为广东省校园足球试点区,云浮市第一中学、郁南县西江实验学校被评为广东省足球传统学校。青少年校园文化生活不断充实,各县(市、区)各学校积极开展学校艺术教育专项活动,结合"六一""五四""元旦""国庆"等节日,组织开展学校艺术周、艺术展演等活动,促进了学校艺术教育的开展,推动了学校艺术教育的改革和发展,全市有4所学校被评为首批广东省中小学艺术特色学校,有2所学校被评为第二批全国中小学中华优秀文化艺术传承学校。全市有5所学校被评为2017年全国青少年科学调查体验活动推广示范学校,校园科技教育、"创客"教育正迅速在全市普及。

教学教研工作有新突破。全市教研气氛活跃,各学科根据实际,举行了不同类型、不同层次、不同规模的学科教研活动。如青年教师教学能力大赛、教学示范观摩活动、优秀论文评比、优质课评比、学科专题研讨、聘请专家讲座、组织外出学习、组织网上交流、组织学科竞赛、开展新课程后续培训等一系列形式多样的教研活动,活跃教研氛围,提高教研实效。2017年,云浮市教师在各类教研活动中获得省级以上奖励的有355人次。同时,注重抓好课程的开设,完善课程结构。把检查、督促学校开齐课程、开足课时作为一项重要任务去落实,从开齐课程、开足课时起步，逐步达到开好课程，实现完善课程结构、优化教育过程、提升课程运行质态的目标。注重抓好课堂教学，提高课堂实效。采取分散与集中相结合的方式，深入学校，深入课堂，与基层教师共同学习课标，处理教材，答疑解惑，研究解决课改中遇到的实际问题。注重外出学习交流，2017年12月，组织市、县（市、区）教育教研骨干人员前往浙江、上海等地调研学习新高考改革经验；并组织高中毕业班教师到佛山交流学习。2017年，云浮市普通高考一本、本科上线率均比2016年有所提高。

（三）深入推进教育信息化工作

按照创建教育现代化先进市的要求，积极推进教育信息化工作。对全市学校网络接入进行了升级改造，"云浮市智慧教育云平台"已部署完毕，进入测试和安全等级测试阶段，"云浮市可视化教育资源管理平台"已初步建成。全市教育信息化基础设施不断完善，全市"班班通"率由2016年的75%提升到2017年的91.2%，其中新兴县、云城区"班班通"率达100%，郁南县、罗定市"班班通"率达90%以上。加大对农村教师信息能力培训，2017年通过与华南师范大学合作举办了7期培训班，对罗定市、郁南县350多名农村教学点教师微课制作进行了技术培训，2018年上半年将继续完成云城区、云安区和新兴县共450名农村教学点教师微课制作技术培训。全面启动了云浮市第三届"中国移动和教育同步课堂杯"远程教育教学资源征集与应用评比活动、云浮市第八届中国"电信杯"计算机教育软件大赛、云浮市中小学电脑制作活动、"一师一优课、一课一名师"等一系列比赛和活动，以赛促用，鼓励和促进广大师生充分利用教育信息化手段开展教育教学活动。2017年3月，组织举办云浮市中小学电脑制作活动3D创意设计指导教师培训班，共有120名教师参加了培训。全市中小学教师参加2017年"一师一优课、一课一名师"活动共晒课7 902节，经过逐级评审，评选出市级优课322节、省级优课25节。主动和佛山市教育信息中心对接，搭建佛山-云浮学与教数字资源共享平台，实现佛山、云浮两市在各学段各学科的优质教育资源网上共建共享。

（四）大力加强师资队伍建设

实施"强师工程"，大力培养名校长、名教师、名班主任和学科带头人。做好"三名工程"考核工作，全市名校长、名班主任、名教师考核合格以上的共有493人。全市新增省级工作室8个，其中校长工作室1个、教师工作室7个；评选出云浮市第二批名师工作室主持人43人；评选出第二批学科带头人72人。加强教师交流和培训。选派教师赴港交流培训4人，赴国外交流4人，到河源市东源县和紫金县进行为期1年的支教活动15人，到佛山跟岗学习80人。开展市级培训项目2个，培训人数11 720人。认真落实山区和农村边远地区义务教育学校教师岗位津贴制度，月人均标准从2016年的800元提高到2017年的900元。加快公办教师管理改革，根据市政府的要求，草拟了《关于推进全市基础教育公办学校教师"县管校聘"管理改革工作的意见（试行）》。同时，做好2017年正式开始实施的教师资格五年一注册工作，经摸查，全市应注册教师24 862人，2017年完成注册16 433人，占应注册总人数的66%。

各级各类教育

【基础教育】（一）学前教育

积极实施第三期发展学前教育行动计划（2017—2020年），做好学前教育项目规划，规划到2020年投入资金2.74亿元用于新建、改扩建71所公办幼儿园。加大规范化幼儿园建设力度，加快农村学前教育发展步伐，改善乡镇中心幼儿园和村级幼儿园办园条件，利用闲置校舍改建成幼儿园。进一步规范幼儿园管理，严把办园"入口关"，严格执行民办幼儿园年检制度。为解决好城镇住宅小区配套中小学校、幼儿园建设问题，保障适龄儿童就近接受义务教育和普惠性学前教育，根据市政府的要求，云浮市教育局草拟了《云浮市加强住宅区配套中小学校和幼儿园建设管理工作的实施办法》，已呈报市政府审定。全市学前教育平稳发展，有幼儿园422所，在园（班）幼儿113 952人，学前教育毛入园率为96.08%。普惠性幼儿园288所，占比68.24%。其中规范化幼儿园295所，占比69.91%。全市有63个镇（街），其中62个镇（街）建有公办规范化中心幼儿园。

（二）义务教育

全面实施《中华人民共和国义务教育法》，按要求开齐课程，开足课时，全面落实义务教育阶段学校适龄儿童就近入学。全力推进义务教育均衡优质标准化工作，全市公办义务教育学校100%建成标准化学校。落实《义务教育小学科学课程标准》，从2017秋季学期起，全市一年级起开设小学科学课程。抓好义务教育学校新扩建工程，增加学位供给，2017年秋季，罗定市泷州小学、新兴县惠能小学投入使用。做好发展规划，开展农村义务教育寄宿制学校建设试点工作，规划到2020年全市共投入资金11.56亿元进行寄宿制学校建设；制定了《云浮市义务教育学位资源工作规划》，规划建设25所标准化学校，彻底解决中小学大班额问题。切实做好随迁子女和留守儿童接受教育工作，随迁子女共33 354人，其中小学21 439人、初中8 115人、高中3 800人，98%在云浮市公办学校就读，与户籍生享受同等待遇。

（三）普通高中教育

2017年3月，罗定市第二中学（原素龙第一中学）顺利通过了改造提升薄弱普通高中办学水平验收，达到了市一级学校的办学水平和标准，这标志着全市普通高中薄改工程全面完成，全部20所普通高中学校都达到了市一级等级，为广大群众提供优质的学位保障。进一步巩固了普及高中阶段教育成果，2017年，云浮市高中阶段教育毛入学率为93.37%，比2016年增加1.21个百分点。同时，云浮市教育局还按省教育厅的要求，做好"高中阶段教育普及攻坚计划"学校建设规划，规划到2020年全市共投入13.62亿元，对高中阶段学校进行改扩迁建工作。

（四）特殊教育

巩固特殊教育提升计划实施成果，改扩建4所特殊教育学校，落实4万人口以上镇都建有特殊教育资源教室的要求，招收残疾学生5人以上的普通学校按《普通学校特殊教育资源教室建设指南》逐步进行资源教室建设，对不能到学校接受教育的特殊儿童，开展"送教上门"工作，切实保障特殊儿童少年接受义务教育。严格执行义务教育阶段残疾学生生均公用经费标准，落实义务教育残疾学生免费政策，按时按标准划拨生均公用经费。此外，还实施高中阶段残疾学生免学杂费、课本费政策。全市特殊教育学校在校学生395人，普通学校随班就读学生559人，送教上门学生146人。

【职业教育】新兴县入围第二批省级农村职业教育和成人教育示范县创建名单，并入围第四批国家级农村职业教育和成人教育示范县创建名单。积极开展中等职业教学诊断与改进工作，建立教学质量考核评价制度，为职业教育改革提供有力支撑。2017年11月，新兴中药学校被广东省教育厅确定为中等职业学校教学诊断与改进工作省级试点学校。提高职业教育服务地方的能力，根据云浮市"四新一特"产业发展需求，在云浮市中等专业学校增设客户信息服务、物流服务与管理等专业。加快实训中心建设，云浮市中等专业学校投入2 000多万元建设综合实训楼，为创建省级示范性中职学校打下坚实基础。

【高等教育】云浮市高等教育正逐步形成公办与民办并举、普通高校与高职院校共同发展的格局。一是广东药科大学云浮校区建设顺利推进，将填补云浮市没有本科院校的空白。二是罗定职业技术学院扩容提质，在云浮、罗定两级党委政府支持下，规划在罗定市环市西路征地建设罗定职业技术学院新校区，新校区将与旧校区互相辉映，形成一校两区的格局。三是广州华立科技职业学院云浮校区已向省教育厅正式申请2018年秋季开始专科招生，并筹划以云浮校区为主体进行专升本的申报工作。四是云浮广播电视大学已正式更名为云浮开放大学。

教育成果与特色

【广东药科大学云浮校区建设进展迅速】广东药科大学云浮校区建设项目是云浮市"头号工程"，是省、市重点建设项目。云浮市教育局把云浮校区建设作为重中之重来抓，切实加强与广东药科大学的沟通协调，积极向省教育厅请示汇报，争取支持，同时，与住建、财政、国资、编办、人社和卫计等部门密切配合，全力推进云浮校区项目建设各项工作。至2017年12月31日，项目的主体建筑共35个单体已完成封顶25个单体。二期用地报批、建筑设计等工作抓紧推进。云浮市累计投入建设资金5.2亿元，其中工程建设经费2.31亿元，征地拆迁资金2.9亿元。设立广东药科大学云浮校区，可进一步优化云浮市省本科高等教育区域布局，有效解决省高等教育发展不平衡不充分的问题，弥补云浮市普通本科高校的空白。

【教师队伍建设不断加强】 云浮市积极探索开展义务教育教师队伍"县管校聘"管理改革，草拟《关于推进云浮市基础教育公办学校教师"县管校聘"管理改革工作的意见（试行）》，破解教师交流轮岗工作中遇到的困难和问题，为促进校长、教师合理流动，优化教师资源配置，均衡县域内师资配置提供制度保障。2017年，继续启动"三名工程"培养，遴选第二批名校长培养对象100人、名班主任培训对象200人、名教师培养对象200人，并进行系统培养。从2013年起，对全市在职在编幼儿园、中小学和中等职业学校取得提升学历的教师实行奖补。2017年，云浮市幼儿园教师大专及以上学历比2013年提高了16.39个百分点，小学教师本科以上学历比2013年提高了24.14个百分点，初中教师本科及以上学历比2013年提高了23.48个百分点，高中教师研究生学历比2013年提高了4.48个百分点，中等职业学校教师研究生学历比2013年提高了2.05个百分点。2013年至今，云浮市共有2825名教师参加学历提升学习，累计发放市级奖补资金近54.66万元。

（撰稿　林文裕　罗颖琪；审稿　张育川）

教育统计

EDUCATIONAL STATISTICS

广东省学校数

(单位：所)

年份 类别	2000年	2005年	2010年	2015年	2016年	2017年	2017年比 2016年增加数	2017年比 2010年增加数
各级各类教育合计	41 497	36 892	33 336	31 849	32 903	33 794	919	486
一、培养研究生单位	26	29	31	28	28	28	0	-3
其中：普通高校	18	21	23	25	25	25	0	2
二、高等教育	93	122	146	158	163	165	2	19
（一）普通高等学校	52	111	131	143	149	151	2	20
1. 本科院校	31	46	55	62	64	64	0	9
2. 专科院校	21	65	76	81	85	87	2	11
（二）成人高等学校	41	20	15	15	14	14	0	-1
三、高中阶段教育	2 093	1 813	1 838	1 663	1 665	1 651	-14	-187
（一）中等职业教育	960	641	566	481	468	459	-9	-107
（二）技工学校	186	191	246	163	166	162	-4	-84
（三）普通高中	947	981	1 026	1 019	1 031	1 030	-1	4
其中：完全中学	822	716	697	573	563	560	-3	-137
十二年一贯制学校	—	—	—	106	121	130	9	—
高级中学	125	265	329	340	347	340	-7	11
四、普通初中	3 017	3 301	3 308	10 126	3 479	3 536	57	228
五、小学	24 202	21 228	16 806	6 285	10 178	10 258	80	-6 548
教学点	—	—	—	16 368	6 178	6 103	-75	6 103
六、幼儿教育	12 027	10 359	11 161	—	17 288	18 048	760	6 887
其中：普惠性民办幼儿园	—	—	—	116	5 219	7 082	1 863	—
七、特殊教育学校	61	67	75	—	127	133	6	58
八、工读学校	4	2	2	—	3	3	0	1

注：1. 普通高等学校数包含独立学院。
2. 2014年起，中国科学院大学所辖的广州化学研究所、南海海洋研究所、华南植物研究所、广州能源研究所和广州地球化学研究所的教育事业统一归口中国科学院大学管理，从2013年起研究生数据均不含以上培养研究生单位数据。
3. 各级各类教育合计数含高等教育、高中阶段教育、普通初中、小学、幼儿教育、特殊教育学校、工读学校数据。

广东省毕业生数

(单位：人)

年份 类别	2000年	2005年	2010年	2015年	2016年	2017年	2017年比2016年		2017年比2010年	
							增加数	增长率（%）	增加数	年均增长率（%）
各级各类教育合计	4 331 620	5 059 396	5 859 631	5 813 770	5 904 846	5 841 200	-63 646	-1.08	-18 431	-0.04
一、高等教育	95 876	271 102	514 911	720 468	759 726	802 674	42 948	5.65	287 763	6.55
（一）研究生	2 182	9 489	17 862	26 174	27 155	27 148	-7	-0.03	9 286	6.16
1. 博士	417	1 342	2 436	2 947	2 947	3 055	108	3.66	619	3.29
2. 硕士	1 765	8 147	15 426	23 227	24 208	24 093	-115	-0.48	8 667	6.58
（二）普通本专科	49 714	157 082	334 187	476 901	489 397	511 222	21 825	4.46	177 035	6.26
1. 本科	24 074	61 059	152 893	224 145	233 592	245 563	11 971	5.12	92 670	7.00
2. 专科	25 640	96 023	181 294	252 756	255 805	265 659	9 854	3.85	84 365	5.61
（三）成人本专科	43 980	97 547	144 427	183 503	210 813	236 540	25 727	12.20	92 113	7.30
1. 本科	4 120	26 057	46 973	55 713	61 693	60 095	-1 598	-2.59	13 122	3.58
2. 专科	39 860	71 490	97 454	127 790	149 120	176 445	27 325	18.32	78 991	8.85
（四）网络本专科	—	6 984	18 435	33 890	32 361	27 764	-4 597	-14.21	9 329	6.02
1. 本科	—	6 368	10 545	14 102	14 726	12 101	-2 625	-17.83	1 556	1.99
2. 专科	—	616	7 890	19 788	17 635	15 663	-1 972	-11.18	7 773	10.29
二、高中阶段教育	440 527	659 528	1 027 389	1 288 599	1 253 882	1 165 497	-88 385	-7.05	138 108	1.82
（一）中等职业教育小计	258 173	285 083	459 741	561 909	550 582	488 811	-61 771	-0.11	29 070	0.06
1. 中等职业教育	215 408	189 083	331 741	417 278	389 163	342 297	-46 866	-12.04	10 556	0.45
2. 技工学校	42 765	96 000	128 000	144 631	161 419	146 514	-14 905	-9.23	18 514	1.95
（二）普通高中	182 354	374 445	567 648	726 690	703 300	676 686	-26 614	-3.78	109 038	2.54
三、普通初中	1 135 845	1 368 854	1 534 663	1 292 909	1 213 188	1 114 551	-98 637	-8.13	-420 112	-4.47
四、小学	1 484 833	1 674 305	1 741 881	1 214 916	1 270 381	1 319 106	48 725	3.84	-422 775	-3.89
五、幼儿教育	1 171 609	1 082 389	1 036 468	1 293 693	1 403 768	1 435 015	31 247	2.23	398 547	4.76
其中：普惠性民办幼儿园	—	—	—	—	428 465	563 740	135 275	31.57	—	—
六、特殊教育学校	2 819	3 086	4 165	3 053	3 786	4 254	468	12.36	89	0.30
七、工读学校	111	132	154	132	115	103	-12	-10.43	-51	-5.58

注：1. 表中中等职业教育的有关数据不含技工学校数据。技工学校有关数据由省人力资源和社会保障厅提供。
2. 2013年起，研究生数据不含中国科学院大学所辖的5个研究所数据。
3. 各级各类教育合计数含高等教育、高中阶段教育、普通初中、小学、幼儿教育、特殊教育、工读学校数据。

广东省招生数

(单位：人)

年份 类别	2000年	2005年	2010年	2015年	2016年	2017年	2017年比2016年		2017年比2010年	
							增加数	增长率（%）	增加数	年均增长率（%）
各级各类教育合计	5 090 408	5 935 082	6 885 508	6 825 879	6 919 560	7 072 652	153 092	2.21	187 144	0.38
一、高等教育	212 121	490 208	659 262	868 086	850 480	905 823	55 343	6.51	246 561	4.64
（一）研究生	5 702	17 054	25 798	30 650	32 393	38 832	6 439	19.88	13 034	6.02
1. 博士	1 053	2 802	3 307	3 540	3 742	3 997	255	6.81	690	2.74
2. 硕士	4 649	14 252	22 491	27 110	28 651	34 835	6 184	21.58	12 344	6.45
（二）在职人员攻读硕士学位	—	4 779	4 902	5 243	4 948	0	-4 948	-100.00	-4 902	-100.00
（三）普通本专科	120 784	306 956	440 167	561 456	549 822	570 775	20 953	3.81	130 608	3.78
1. 本科	50 109	136 527	217 048	275 399	280 433	285 585	5 152	1.84	68 537	4.00
2. 专科	70 675	170 429	223 119	286 057	269 389	285 190	15 801	5.87	62 071	3.57
（四）成人本专科	85 635	144 159	161 757	241 193	224 860	254 854	29 994	13.34	93 097	6.71
1. 本科	11 765	49 090	57 130	60 360	55 637	78 386	22 749	40.89	21 256	4.62
2. 专科	73 870	95 069	104 627	180 833	169 223	176 468	7 245	4.28	71 841	7.75
（五）网络本专科	—	17 260	26 638	29 544	38 457	41 362	2 905	7.55	14 724	6.49
1. 本科	—	12 593	11 830	12 806	18 104	17 674	-430	-2.38	5 844	5.90
2. 专科	—	4 667	14 808	16 738	20 353	23 688	3 335	16.39	8 880	6.94
二、高中阶段教育	556 169	978 015	1 779 201	1 259 159	1 181 505	1 122 491	-59 014	-4.99	-656 710	-6.37
（一）中等职业教育小计	269 344	408 262	1 023 320	594 783	538 212	511 107	-27 105	-5.04	-512 213	-9.44
1. 中等职业教育	210 961	279 265	741 320	395 377	351 909	322 267	-29 642	-8.42	-419 053	-11.22
2. 技工学校	58 383	128 997	282 000	199 406	186 303	188 840	2 537	1.36	-93 160	-5.57
（二）普通高中	286 825	569 753	755 881	664 376	643 293	611 384	-31 909	-4.96	-144 497	-2.99
三、普通初中	1 424 737	1 626 601	1 663 662	1 164 480	1 218 075	1 266 817	48 742	4.00	-396 845	-3.82
四、小学	1 557 286	1 641 550	1 359 159	1 658 031	1 711 845	1 743 657	31 812	1.86	384 498	3.62
五、幼儿教育	1 337 009	1 195 189	1 420 443	1 868 715	1 950 684	2 024 707	74 023	3.79	604 264	5.19
其中：普惠性民办幼儿园	—	—	—	—	543 252	690 295	147 043	27.07	—	—
六、特殊教育学校	2 770	3 363	3 666	7 303	6 853	8 893	2 040	29.77	5 227	13.50
七、工读学校	316	156	115	105	118	264	146	123.73	149	12.61

注：1. 从2013年起，不含中国科学院大学所辖的5个研究所数据。
2. 从2016年起，各级各类教育合计数含高等教育、高中阶段教育、普通初中、小学、幼儿教育、特殊教育、工读学校数据。
3. 从2016年起，增加普惠性民办幼儿园数据。
4. 从2017年起，在职人员攻读硕士学位纳入非全日制硕士生统筹管理。

广东省在校学生数

(单位：人)

类别 \ 年份	2000年	2005年	2010年	2015年	2016年	2017年	2017年比2016年 增加数	2017年比2016年 增长率（%）	2017年比2010年 增加数	2017年比2010年 年均增长率（%）
各级各类教育合计	17 390 028	21 260 953	22 724 378	22 841 033	23 114 181	23 685 298	571 117	2.47	960 920	0.59
一、高等教育	513 908	1 270 366	2 048 028	2 725 085	2 756 623	2 805 841	49 218	1.79	757 813	4.60
（一）研究生	13 023	43 942	72 455	89 404	92 875	102 912	10 037	10.81	30 457	5.14
1. 博士	2 558	9 049	12 341	14 474	14 990	15 686	696	4.64	3 345	3.49
2. 硕士	10 465	34 893	60 114	74 930	77 885	87 226	9 341	11.99	27 112	5.46
（二）在职人员攻读硕士学位	—	12 457	18 087	20 974	21 523	17 075	-4 448	-20.67	-1 012	-0.82
（三）普通本专科	299 475	874 686	1 426 624	1 856 355	1 892 878	1 925 775	32 897	1.74	499 151	4.38
1. 本科	150 316	428 579	778 595	1 040 784	1 076 753	1 105 754	29 001	2.69	327 159	5.14
2. 专科	149 159	446 107	648 029	815 571	816 125	820 021	3 896	0.48	171 992	3.42
（四）成人本专科	201 410	295 618	463 987	664 495	651 963	653 103	1 140	0.17	189 116	5.01
1. 本科	25 491	96 523	161 569	172 624	161 829	178 084	16 255	10.04	16 515	1.40
2. 专科	175 919	199 095	302 418	491 871	490 134	475 019	-15 115	-3.08	172 601	6.66
（五）网络本专科	—	43 663	66 875	93 857	97 384	106 976	9 592	9.85	40 101	6.94
1. 本科	—	34 627	34 263	42 732	45 139	48 775	3 636	8.06	14 512	5.17
2. 专科	—	9 036	32 612	51 125	52 245	58 201	5 956	11.40	25 589	8.63
二、高中阶段教育	1 525 555	2 528 077	4 391 247	3 814 722	3 572 059	3 440 246	-131 813	-3.69	-951 001	-3.43
（一）中等职业教育小计	800 279	1 038 214	2 301 785	1 760 689	1 598 332	1 547 577	-50 755	-3.18	-754 208	-5.51
1. 中等职业教育	655 657	710 162	1 547 785	1 172 119	1 065 745	993 850	-71 895	-6.75	-553 935	-6.13
2. 技工学校	144 622	328 052	754 000	588 570	532 587	553 727	21 140	3.97	-200 273	-4.31
（二）普通高中	725 276	1 489 863	2 089 462	2 054 033	1 973 727	1 892 669	-81 058	-4.11	-196 793	-1.40
三、普通初中	3 881 614	4 627 044	4 758 296	3 553 170	3 478 440	3 561 001	82 561	2.37	-1 440 039	-4.74
四、小学	9 299 314	10 670 304	10 569 906	8 688 785	9 052 214	9 419 581	367 367	4.06	934 083	1.50
五、幼儿教育	2 141 789	2 139 186	2 192 932	4 022 844	4 216 668	4 414 144	197 476	4.68	1 641 851	6.87
其中：普惠性民办幼儿园	—	—	—	—	1 323 045	1 733 053	410 008	30.99	—	—
六、特殊教育学校	27 507	25 752	25 938	36 048	37 756	44 084	6 328	16.76	18 020	7.80
七、工读学校	341	224	226	379	421	401	-20	-4.75	193	9.83

注：1. 从2013年起，不含中国科学院大学所辖的5个研究所数据。

2. 从2016年起，增加普惠性民办幼儿园数据。

3. 从2016年起，各级各类教育合计数含高等教育、高中阶段教育、普通初中、小学、幼儿教育、特殊教育、工读学校数据。

广东省教职工数

(单位：人)

年份 类别	2000年	2005年	2010年	2015年	2016年	2017年	2017年比2016年 增加数	2017年比2016年 增长率（%）	2017年比2010年 增加数	2017年比2010年 年均增长率（%）
各级各类教育合计	951 170	1 148 512	1 383 057	1 661 786	1 722 523	1 806 682	84 159	4.89	423 625	3.89
一、高等教育	56 900	99 943	123 849	144 174	146 873	152 239	5 366	3.65	28 390	2.99
（一）普通高等学校	46 827	90 771	114 018	139 888	142 864	148 059	5 195	3.64	34 041	3.80
（二）成人高等学校	10 073	9 172	9 831	4 286	4 009	4 180	171	4.27	-5 651	-11.50
二、中等职业教育小计	343 437	424 028	531 889	562 595	565 172	573 320	8 148	1.44	41 431	1.08
（一）中等职业教育	56 955	49 087	58 754	57 760	57 472	58 112	640	1.11	-642	-0.16
（二）技工学校	10 796	14 600	27 800	29 439	29 249	30 362	1 113	3.81	2 562	1.27
三、普通中学（普通初高中）	275 686	360 341	445 335	475 396	478 451	484 846	6 395	1.34	39 511	1.22
四、小学	420 385	463 715	487 773	514 405	535 967	560 350	24 383	4.55	72 577	2.00
五、幼儿教育	129 060	158 971	236 760	436 203	469 367	515 112	45 745	9.75	278 352	11.74
六、特殊教育学校	1 329	1 782	2 719	4 271	4 986	5 426	440	8.82	2 707	10.37
七、工读学校	59	73	67	138	158	235	77	48.73	168	19.63

注：1. 从2011年起，广播电视大学的分校教师不计入学校教师数，2011年前含分校教师数，故成人高等学校教职工数大幅减少。

2. 从2016年起，各级各类教育合计数含高等教育、高中阶段教育、普通初中、小学、幼儿教育、特殊教育、工读学校数据。

3. 因一贯制学校的存在，小学教职工数和普通中学教职工数按照一定的比例进行折算。

广东省专任教师数

(单位：人)

年份 类别	2000年	2005年	2007年	2015年	2016年	2017年	2017年比2016年		2017年比2010年	
							增加数	增长率（%）	增加数	年均增长率（%）
各级各类教育合计	747 285	909 893	1 108 664	1 307 083	1 344 685	1 400 051	55 366	4.12	291 387	3.39
一、高等教育	25 905	61 528	84 684	101 449	103 598	106 890	3 292	3.18	22 206	3.38
（一）普通高等学校	20 433	54 257	78 569	98 897	101 160	104 381	3 221	3.18	25 812	4.14
其中：正高级职称	1 691	5 214	8 787	12 267	13 004	13 982	978	7.52	5 195	6.86
副高级职称	6 233	15 328	20 585	25 824	26 710	28 373	1 663	6.23	7 788	4.69
（二）成人高等学校	5 472	5 401	6 115	2 552	2 438	2 509	71	2.91	-3 606	-11.95
其中：正高级职称	111	117	64	52	52	55	3	5.77	-9	-2.14
副高级职称	1 149	1 032	1 034	510	497	536	39	7.85	-498	-8.96
二、高中阶段教育	87 954	130 113	188 402	216 844	218 012	219 242	1 230	0.56	30 840	2.19
（一）中等职业教育	37 213	33 734	43 533	44 972	44 776	45 197	421	0.94	1 664	0.54
（二）技工学校	6 800	10 300	19 800	21 011	21 624	22 610	986	4.56	2 810	1.91
（三）普通高中	43 941	86 079	125 069	150 861	151 612	151 435	-177	-0.12	26 366	2.77
三、普通初中	184 661	221 224	266 445	275 787	275 836	279 821	3 985	1.44	13 376	0.70
四、小学	364 118	403 824	430 735	468 608	486 578	507 788	21 210	4.36	77 053	2.38
五、幼儿教育	83 552	91 789	136 321	240 749	256 471	281 656	25 185	9.82	145 335	10.92
六、特殊教育学校	1 053	1 360	2 026	3 550	4 069	4 451	382	9.39	2 425	11.90
七、工读学校	42	55	51	96	121	203	82	67.77	152	21.82

注：1. 从2011年起，广播电视大学的分校教师不计入学校教师数，2011年前含分校教师数，故成人高等学校专任教师数大幅减少。

2. 从2016年起，各级各类教育合计数含高等教育、高中阶段教育、普通初中、小学、幼儿教育、特殊教育、工读学校数据。

广东省各级各类教育基本情况（一）

类别＼年份	2000年	2005年	2010年	2015年	2016年	2017年	2017比2016年增加数	2017比2010年增加数
一、教育普及情况	—	—	—	—	—	—	—	—
（一）学前教育毛入园率（%）	58.40	66.69	82.57	100.97	105.00	109.08	4.08	26.51
（二）小学	—	—	—	—	—	—	—	—
1. 学龄儿童入学率（%）	99.70	99.68	99.95	99.98	100.00	100.00	0.00	0.05
2. 五年巩固率（%）	100.00	100.00	98.24	98.37	98.52	98.24	-0.28	0.00
（三）初中	—	—	—	—	—	—	—	—
1. 小学毕业生升学率（%）	96.15	97.15	95.51	95.85	95.88	96.04	0.15	0.53
2. 毛入学率（%）	99.55	100.00	109.61	114.62	112.43	110.94	-1.49	1.33
3. 三年保留率（%）	88.35	93.14	90.41	94.84	94.57	94.68	0.11	4.26
4. 义务教育九年巩固率（%）	—	—	—	93.74	94.37	93.42	-0.95	—
（四）高中	—	—	—	—	—	—	—	—
1. 初中毕业生升学率（%）	60.51	70.74	94.30	93.78	93.95	97.99	4.04	3.69
2. 高中阶段教育毛入学率（%）	38.70	57.50	86.20	95.66	96.00	96.48	0.48	10.28
（五）高等教育毛入学率（%）	11.35	22.00	28.00	33.02	35.10	38.71	3.61	10.71
二、生均校舍面积（平方米）	—	—	—	—	—	—	—	—
（一）小学	5.35	5.97	6.92	7.62	7.46	7.31	-0.15	0.39
（二）普通中学	7.94	9.40	10.71	17.46	18.71	19.38	0.67	8.67
（三）中等职业教育	—	18.58	10.14	14.14	15.38	16.81	1.43	6.67
（四）普通高等学校	40.32	35.10	30.23	26.74	27.60	25.91	-1.69	-4.32
三、生均教学仪器设备值（元）	—	—	—	—	—	—	—	—
（一）中等职业教育	—	3 852.14	2 910.15	5 535.30	6 626.15	7 597.44	971.29	4 687.29
（二）普通高等学校	7 757.00	7 384.01	9 748.64	10 848.58	12 303.47	13 780.64	1 477.17	4 032.00
四、生均图书（册）	—	—	—	—	—	—	—	—
（一）小学	13.56	15.64	19.11	21.62	21.70	21.66	-0.04	2.55
（二）普通初中	16.02	16.60	17.56	35.11	37.40	38.01	0.61	20.45
（三）普通高中	36.49	38.26	34.50	55.15	58.41	61.76	3.35	27.26
（四）中等职业教育	—	35.24	16.24	24.84	26.08	26.86	0.78	10.62
（五）普通高等学校	94.73	68.33	67.68	69.37	73.47	74.30	0.83	6.62
五、生均预算内教育事业经费支出（元）	—	—	—	—	—	—	—	—
（一）小学	644.34	1 305.60	3 487.02	8 757.95	9 997.31	11 267.58	1 270.27	7 780.56
（二）普通初中	881.28	1 807.03	3 920.97	11 456.70	13 725.98	16 084.37	2 358.39	12 163.40
（三）普通高中	1 892.32	3 220.02	5 312.93	10 863.23	13 478.72	15 642.56	2 163.84	10 329.63
（四）职业中学	2 469.33	3 349.13	5 102.39	12 349.39	15 788.27	18 960.64	3 172.37	13 858.25
（五）中等职业学校	—	—	4 815.30	9 977.89	11 598.22	13 861.44	2 263.22	9 046.14
（六）普通高等学校	7 886.55	7 529.40	11 200.22	17 823.43	20 398.26	24 149.23	3 750.97	12 949.01

注：1. 初中毕业生升学率（%）＝新学年高中阶段一年级招生数（普通高中招生数＋中职招应届初中毕业生数＋技工学校招生数）／初中毕业生总数（普通初中毕业生数＋职业初中毕业生数）×100%。

2. 初中毕业生升学率若计算包括升学到外省的学生数则2015年结果为96.16%。

广东省各级各类教育基本情况（二）

类别 \ 年份	2000年	2005年	2010年	2015年	2016年	2017年	2017比2016年增加数	2017比2010年增加数
六、生均预算内公用经费支出（元）	—	—	—	—	—	—	—	—
（一）小学	82.17	233.68	735.85	2 251.09	2 489.27	2 699.99	210.72	1 964.14
（二）普通初中	140.21	373.55	974.19	2 947.44	3 278.49	3 597.45	318.96	2 623.26
（三）普通高中	443.13	769.10	1 508.96	2 601.07	3 092.79	3 241.87	149.08	1 732.91
（四）职业中学	636.61	—	—	—	—	—	0.00	0.00
（五）普通高等学校	2 927.75	3 399.36	5 864.76	7 694.91	8 665.85	10 254.16	1 588.31	4 389.40
七、专任教师学历、职称比重（%）	—	—	—	—	—	—	—	—
（一）小学								
1. 高中毕业及以上	98.97	99.45	99.73	99.98	99.99	99.99	0.01	0.26
2. 大专毕业及以上	26.08	68.12	83.51	95.25	96.35	97.41	1.06	13.90
3. 中级职称及以上	22.32	41.35	60.03	60.56	57.73	48.96	-8.77	-11.07
（二）普通初中	—	—	—	—	—	—	—	—
1. 大专毕业及以上	87.79	95.45	98.70	99.96	99.96	99.96	0.00	1.26
2. 本科毕业及以上	17.16	36.32	60.87	79.66	82.78	86.95	4.17	26.08
3. 中级职称及以上	29.74	42.77	54.00	60.96	60.51	60.83	0.32	6.83
（三）普通高中	—	—	—	—	—	—	—	—
1. 本科毕业及以上	67.51	83.62	94.38	98.76	98.86	99.02	0.16	4.64
2. 中级职称及以上	53.57	54.69	58.78	62.85	63.23	64.47	1.25	5.69
（四）中等职业教育	—	—	—	—	—	—	—	—
1. 本科毕业及以上	—	76.81	85.82	91.69	92.39	92.96	0.56	7.14
2. 中级职称及以上	—	58.38	58.45	61.64	61.93	61.54	-0.40	3.09
（五）普通高等学校	—	—	—	—	—	—	—	—
1. 研究生毕业以上	40.85	46.00	61.75	69.52	70.82	72.61	1.79	10.86
2. 副高职称及以上	40.73	37.86	37.38	38.52	39.26	40.58	1.32	3.19
（六）成人高校	—	—	—	—	—	—	—	—
1. 研究生毕业以上	13.23	14.12	18.66	32.13	31.46	31.13	-0.33	12.47
2. 副高职称及以上	23.99	21.27	17.96	22.02	22.52	23.56	1.04	5.60

广东省各级各类教育基本情况（三）

类别\年份	2000年	2005年	2010年	2015年	2016年	2017年	2017比2016年增加数	2017比2010年增加数
八、普通高等学校各学科学生数比重（%）	—	—	—	—	—	—	—	—
（一）哲学	0.10	0.03	0.04	0.06	0.07	0.07	0.00	0.03
（二）经济学	17.57	6.11	7.30	8.83	9.03	8.86	-0.17	1.56
（三）法学	4.53	4.53	3.53	4.12	4.00	3.95	-0.05	0.42
（四）教育学	4.26	7.22	5.31	2.64	2.57	2.54	-0.04	-2.77
（五）文学	16.79	14.93	15.68	11.38	11.47	11.56	0.09	-4.13
（六）历史学	1.18	0.30	0.32	0.44	0.42	0.40	-0.02	0.08
（七）理学	12.12	5.64	5.34	7.01	6.84	6.83	-0.01	1.49
（八）工学	32.07	30.32	29.85	26.89	27.63	28.32	0.69	-1.53
（九）农学	3.62	1.41	0.98	1.44	1.38	1.35	-0.03	0.37
（十）医学	7.76	7.31	6.29	6.36	6.30	6.32	0.02	0.04
（十一）管理学	—	22.20	25.36	23.80	23.23	22.68	-0.56	-2.69
（十二）艺术学	—	—	—	7.03	7.06	7.13	0.07	—
九、每万人口在校学生数（人）	—	—	—	—	—	—	—	—
（一）小学	1 279.14	1 285.11	880.42	800.88	823.00	856.40	33.40	-24.02
（二）普通初中	533.92	557.27	518.89	327.51	316.25	323.80	7.55	-195.09
（三）普通高中	99.76	179.44	216.79	189.33	179.45	172.08	-7.37	-44.71
（四）中等职业教育	—	85.53	160.59	108.04	96.89	90.36	-6.53	-70.23
（五）普通高等学校	41.19	105.35	148.02	171.11	172.10	175.09	2.99	27.07
（六）成人高等学校	27.70	35.60	48.14	61.25	59.27	59.38	0.11	11.24
十、生师比	—	—	—	—	—	—	—	—
（一）小学	25.54	26.42	19.70	18.54	18.60	18.55	-0.05	-1.15
（二）普通初中	21.02	20.92	18.77	12.88	12.61	12.73	0.12	-6.04
（三）普通高中	16.51	17.31	16.71	13.62	13.02	12.50	-0.52	-4.21
（四）中等职业教育	—	21.05	35.55	26.06	23.80	22.00	-1.80	-13.55
（五）普通高等学校	16.44	17.40	18.80	18.69	18.50	18.21	-0.29	-0.59

注：1. 根据教育部2015年《中国教育监测与评价统计指标体系》，普通高校折合在校生的计算公式为：
普通本专科在校生数＋硕士研究生在校生数×1.5＋博士研究生在校生数×2＋留学生在校生数（总数－培训生数）×3＋进修及培训（一年及以上）注册生数＋普通预科生注册生数＋成人脱产本专科在校生数＋成人业余（夜大）本专科在校生数×0.3＋成人函授本专科在校生数×0.1＋本校中职在校生数。

2. 普通高校生师比计算公式为：普通高校折合学生数÷（校本部专任教师＋本学年聘请校外教师×0.5）。医药院校聘请校外教师含附属医院临床教师。

3. 每万人口在校生数采用上一个年度的常住人口数计算。

4. 表中中等职业教育不含技工学校数据。

5. 由于2011年采用了新的高职高专教育指导性专业目录，各学科分类全面调整，专科学科分类无法与往年对照，从2011年开始各学科学生比重只能统计本科学生（不含专科学生）。

6. 由于教育部2013年调整分学科设置，新增"艺术学"学科分类，因此，"艺术学"与2012年前数据对比情况为空。

广东省各级各类民办教育基本情况（一）

（单位：人）

类别	2000年 计	2000年 占全省比例(%)	2005年 计	2005年 占全省比例(%)	2010年 计	2010年 占全省比例(%)	2015年 计	2015年 占全省比例(%)	2016年 计	2016年 占全省比例(%)	2017年 计	2017年 占全省比例(%)	2017年比2016年 增加数	2017年比2016年 增长率(%)	2017年比2010年 增加数	年均增长率(%)
一、高等教育	—	—	—	—	—	—	—	—	—	—	—	—	—	—	—	—
（一）普通本专科																
学校数（所）	6	11.54	33	29.73	47	35.88	52	36.36	55	36.91	54	35.76	−1	−1.82	7	2.00
毕业生数	1 223	2.46	12 384	7.88	94 411	28.25	147 235	30.87	154 084	31.48	163 865	32.05	9 781	6.35	69 454	8.20
招生数	4 929	4.08	57 578	18.76	132 047	30.00	193 501	34.46	188 774	34.33	196 650	34.45	7 876	4.17	64 603	5.85
在校生数	11 361	3.79	120 700	13.80	404 632	28.36	618 020	33.29	643 656	34.00	654 506	33.99	10 850	1.69	249 874	7.11
教职工数	—	—	11 568	12.74	27 951	24.51	37 257	26.63	38 201	26.74	39 560	26.72	1 359	3.56	11 609	5.09
专任教师数	—	—	7 481	13.79	19 875	25.30	28 053	28.37	28 904	28.57	29 881	28.63	977	3.38	10 006	6.00
（二）成人本专科																
学校数（所）	—	—	1	5.00	1	6.67	1	6.67	1	7.14	1	7.14	0	0.00	0	0.00
二、高中阶段教育	—	—	—	—	—	—	—	—	—	—	—	—	—	—	—	—
（一）高中阶段教育小计																
学校数（所）	46	2.41	209	12.89	282	17.71	285	19.00	300	20.01	307	20.62	7	2.33	25	1.22
毕业生数	1 148	0.29	28 131	4.99	82 138	9.13	99 113	8.66	101 459	9.29	102 395	10.05	936	0.92	20 257	3.20
招生数	5 581	1.12	64 136	6.56	169 263	9.51	125 935	11.88	135 362	13.60	133 911	14.34	−1 451	−1.07	−35 352	−3.29
在校生数	11 103	0.80	145 844	6.63	380 868	10.47	335 056	9.21	358 596	11.80	377 038	13.06	18 442	5.14	−3 830	−0.14
（二）中等职业教育	—		—		—		—		—		—		—		—	

续上表

年份 类别	2000年 计	2000年 占全省比例(%)	2005年 计	2005年 占全省比例(%)	2010年 计	2010年 占全省比例(%)	2015年 计	2015年 占全省比例(%)	2016年 计	2016年 占全省比例(%)	2017年 计	2017年 占全省比例(%)	2017年比2016年 增加数	2017年比2016年 增长率(%)	2017年比2010年 年均增长率(%)
学校数（所）	—	—	123	19.19	156	27.56	123	25.57	118	25.21	116	25.27	-2	-1.69	-4.14
毕业生数	—	—	16 455	8.70	55 514	16.73	50 771	12.17	50 053	12.86	44 342	12.95	-5 711	-11.41	-3.16
招生数	—	—	36 511	13.07	132 092	17.82	56 291	14.24	61 069	17.35	57 345	17.79	-3 724	-6.10	-11.24
在校生数	—	—	80 171	11.29	279 753	18.07	155 759	13.29	159 168	14.93	161 425	16.24	2 257	1.42	-7.55
教职工数	—	—	6 355	12.95	10 507	17.88	7 219	12.50	7 309	12.72	7 902	13.60	593	8.11	-3.99
专任教师数	—	—	3 632	10.77	6 809	15.64	4 925	10.95	5 049	11.28	5 639	12.48	590	11.69	-2.66
（三）普通高中教育															
学校数（所）	46	4.86	86	8.77	126	12.28	162	15.90	182	17.65	191	18.54	9	4.95	6.12
毕业生数	1 148	0.63	11 676	3.12	26 624	4.69	48 342	6.65	51 406	7.31	58 053	8.58	6 647	12.93	11.78
招生数	5 581	1.95	27 625	4.85	37 171	4.92	69 644	10.48	74 293	11.55	76 566	12.52	2 273	3.06	10.87
在校生数	11 103	1.53	65 673	4.41	101 115	4.84	179 297	8.73	199 428	10.10	215 613	11.39	16 185	8.12	11.42

注：1. 中等职业教育不含技工学校。
2. 表中普通高校学校数含中外合作办学高校数。

广东省各级各类民办教育基本情况（二）

（单位：人）

类别	2000年 计	2000年 占全省比例(%)	2005年 计	2005年 占全省比例(%)	2010年 计	2010年 占全省比例(%)	2015年 计	2015年 占全省比例(%)	2016年 计	2016年 占全省比例(%)	2017年 计	2017年 占全省比例(%)	2017年比2016年 增加数	2017年比2016年 增长率(%)	2017年比2010年 增加数	2017年比2010年 年均增长率(%)
三、义务教育																
（一）义务教育小计																
学校数（所）	433	1.59	1 307	5.33	1 539	7.65	1 615	11.93	1 665	12.19	1 693	12.27	28	1.68	154	1.37
毕业生数	21 944	0.84	173 906	5.71	355 462	10.85	447 295	17.84	476 420	19.18	488 099	20.06	11 679	2.45	132 637	4.63
招生数	83 176	2.79	342 663	10.48	509 621	16.86	660 773	23.41	668 758	22.83	699 202	23.23	30 444	4.55	189 581	4.62
在校生数	292 958	2.22	1 427 327	9.33	2 047 492	15.18	2 675 509	21.86	2 776 679	22.16	2 899 706	22.34	123 027	4.43	852 214	5.10
（二）普通初中																
学校数（所）	74	2.45	486	14.72	712	21.52	912	26.71	961	27.62	994	28.11	33	3.43	282	4.88
毕业生数	5 834	0.51	61 007	4.46	145 095	9.45	202 471	15.66	213 399	17.59	214 612	19.26	1 213	0.57	69 517	5.75
招生数	22 339	1.57	129 059	7.93	220 355	13.25	260 001	22.33	279 307	22.93	300 636	23.73	21 329	7.64	80 281	4.54
在校生数	44 437	1.14	322 699	6.97	586 002	11.72	714 511	20.11	744 109	21.39	787 810	22.12	43 701	5.87	201 808	4.32
（三）小学																
学校数（所）	359	1.48	821	3.87	827	4.92	703	6.94	704	6.92	699	6.81	-5	-0.71	-128	-2.37
毕业生数	16 110	1.08	112 899	6.74	210 367	12.08	244 824	20.15	263 021	20.70	273 487	20.73	10 466	3.98	63 120	3.82
招生数	60 837	3.91	213 604	13.01	289 266	21.28	400 772	24.17	389 451	22.75	398 566	22.86	9 115	2.34	109 300	4.69
在校生数	248 521	2.67	1 104 628	10.35	1 461 490	17.22	1 960 998	22.57	2 032 570	22.45	2 111 896	22.42	79 326	3.90	650 406	5.40
专任教师数	9 773	2.42	44 849	11.11	60 116	13.96	86 805	18.52	93 366	19.19						

续上表

年份 类别	2000年 计	2000年 占全省比例（%）	2005年 计	2005年 占全省比例（%）	2010年 计	2010年 占全省比例（%）	2015年 计	2015年 占全省比例（%）	2016年 计	2016年 占全省比例（%）	2017年 计	2017年 占全省比例（%）	2017年比2016年 增加数	2017年比2016年 增长率（%）	2017年比2010年 增加数	2017年比2010年 年均增长率（%）
四、幼儿教育																
学校数（所）	3 547	29.49	6 128	59.16	8 648	77.48	11 585	75.15	12 341	71.38	13 138	72.79	797	6.46	4 490	6.16
毕业生数	—	—	312 787	28.90	506 491	48.87	755 361	58.39	834 539	59.45	881 365	61.42	46 826	5.61	374 874	8.24
招生数	163 115	12.20	364 391	30.49	713 434	50.23	1 110 175	59.41	1 201 028	61.57	1 273 702	62.91	72 674	6.05	560 268	8.63
在校生数	366 155	17.10	883 922	41.32	1 687 083	60.86	2 610 690	64.90	2 800 569	66.42	2 997 151	67.90	196 582	7.02	1 310 068	8.56
教职工数	34 937	27.07	92 090	57.93	178 077	75.21	315 511	72.33	344 761	73.45	381 004	73.97	36 243	10.51	202 927	11.48
专任教师数	21 347	25.55	53 353	58.13	102 228	74.99	170 889	70.98	184 798	72.05	203 623	72.29	18 825	10.19	101 395	10.34
其中：普惠性民办幼儿园																
学校数（所）	—	—	—	—	—	—	—	—	5 219	30.19	7 082	39.24	1 863	35.70	—	—
毕业生数	—	—	—	—	—	—	—	—	428 465	30.52	563 740	39.28	135 275	31.57	—	—
招生数	—	—	—	—	—	—	—	—	543 252	27.85	690 295	34.09	147 043	27.07	—	—
在校生数	—	—	—	—	—	—	—	—	1 323 045	31.38	1 733 053	39.26	410 008	30.99	—	—
教职工数	—	—	—	—	—	—	—	—	160 323	34.16	213 717	41.49	53 394	33.30	—	—
专任教师数	—	—	—	—	—	—	—	—	84 723	33.03	113 382	40.26	28 659	33.83	—	—
五、特殊教育																
学校数	—	—	3	4.48	5	6.67	7	6.03	6	4.72	6	4.51	0	0.00	1	3.09

注：1. 2000年没有民办普通高校的教职工和专任教师数据；没有成人高校数据。
2. 中职民办教育从2002年开始统计。
3. 民办普通高中、初中的教职工数、专任教师数暂未能提供。
4. 从2016年起，幼儿教育增加普惠性民办幼儿园数据。

广东省主要教育综合指标在全国排位情况（一）

类别		年份	2016年			2017年			排位在广东前的省（自治区、直辖市）
			全国水平	广东	排位	全国水平	广东	排位	
按常住人口计算	每万人口普通本专科在校生（人）		196.12	172.10	24	198.09	172.42	24	—
	每万人口成人本专科在校生（人）		42.51	59.27	4	39.14	58.47	2	北京
	每万人口高中阶段教育在校生（人）		288.37	324.79	11	261.05	258.44	18	—
	其中：每万人口中等职业教育学校在校生（人）		116.20	145.32	5	90.23	88.98	15	—
	每万人口普通高中在校生（人）		172.17	179.45	14	170.82	169.46	19	—
	每万人口普通初中在校生（人）		314.95	316.25	16	319.55	318.83	17	—
	每万人口小学在校生（人）		721.15	823.00	10	726.12	843.37	10	—
	每万人口幼儿园在园儿童（人）		321.10	383.37	6	330.93	395.21	6	福建、河南、广西、贵州、新疆
按户籍人口计算	每万人口普通本专科在校生（人）		195.19	210.13	12	197.80	210.13	12	—
	每万人口成人本专科在校生（人）		42.31	72.38	3	39.09	71.26	3	北京、上海
	每万人口高中阶段教育在校生（人）		287.00	396.54	1	260.67	314.95	6	海南、贵州、青海、宁夏、新疆
	其中：每万人口中等职业教育学校在校生（人）		115.65	177.43	1	90.10	108.44	6	广西、海南、贵州、青海、宁夏
	每万人口普通高中在校生（人）		171.35	219.11	4	170.57	206.51	6	宁夏、贵州、甘肃、青海、新疆
	每万人口普通初中在校生（人）		313.46	386.15	4	319.08	388.55	5	贵州、宁夏、云南、新疆
	每万人口小学在校生（人）		717.74	1 004.91	1	725.05	1 027.79	1	—
	每万人口幼儿园在园儿童（人）		319.58	468.10	1	330.44	481.64	2	新疆

注：表中每万人口高中阶段教育在校生数中的技工学校学生数是采用上年度技工学校在校学生数。

广东省主要教育综合指标在全国排位情况（二）

年份 类别		2016 年			2017 年			2017 年排位在广东前的省（自治区、直辖市）
		全国水平	广东	排位	全国水平	广东	排位	
小学教师学历达标率（%）		99.94	99.99	2	99.96	99.99	3	内蒙古、江苏、安徽、上海、河南、吉林、四川（8省并列第一）、陕西
小学教师专科以上学历比重（%）		93.65	96.35	8	95.26	97.41	9	北京、上海、浙江、江苏、陕西、内蒙古、西藏、天津
普通初中教师学历达标率（%）		99.76	99.96	3	99.83	99.96	3	内蒙古、上海（与内蒙古并列第一）、北京、四川（与北京并列第二）
普通高中教师学历达标率（%）		97.91	98.86	7	98.15	99.02	7	上海、北京、江苏、浙江、天津、吉林、山东（与吉林并列第六）
普通高校教师高职称比重（%）		42.20	39.26	20	42.80	40.58	20	—
普通高校学校数（所）		2 596	149	2	2 631	151	2	江苏
成人高校学校数（所）		284	14	6	282	14	6	北京、黑龙江、辽宁、四川、陕西
普通本专科招生数（人）		7 486 110	549 822	3	7 614 893	558 417	2	河南
成人本专科招生数（人）		2 112 251	224 860	1	2 175 302	254 854	1	—
普通本专科在校生数（人）		26 958 433	1 892 878	2	27 535 869	1 925 775	3	山东、河南
成人本专科在校生数（人）		5 843 883	651 963	1	5 441 429	653 103	1	—
研究生在校生数（人）		1 981 051	92 875	7	2 639 561	119 987	8	北京、江苏、上海、湖北、陕西、四川、辽宁
中等职业学校招生数（人）		5 875 744	538 212	1	5 824 235	511 107	1	—
中等职业学校在校生数（人）		15 973 214	1 598 332	1	15 924 893	1 547 577	1	—
普通高中在校生数（人）		23 666 465	1 973 727	2	23 745 484	1 892 669	2	河南
"两院"院士（人）		—	—	—	—	—	—	
其中：高等学校		—	34	—	—	41	—	
国家级重点学科（个）	一级学科	304	5	13	306	5	14	—
	二级学科	883	44	7	857	44	7	北京、辽宁、上海、江苏、湖北、四川

注：本专科招生数含专升本和五年一贯制转入学生数；普通高校学校数包含独立学院数。

广东省主要教育综合指标在全国排位情况（三）

年份 类别	2016年			2017年			2017年排位在广东前的省（自治区、直辖市）
	全国水平	广东	排位	全国水平	广东	排位	
国家重点实验室（个）	468	11	9	470	11	9	北京、黑龙江、上海、江苏、浙江、湖北、四川、陕西
国家工程研究中心（个）	207	6	9	189	8	8	北京、江苏、上海、辽宁、陕西、湖北、福建
国家工程技术研究中心（个）	243	10	8	261	9	9	北京、湖北、江苏、上海、湖南、辽宁、山东、陕西
博士学位授权一级学科点（个）	2 867	141	6	2 927	141	6	北京、江苏、上海、湖北、陕西
博士学位授权二级学科点（不含一级学科覆盖点）（个）	1 450	29	13	1 329	31	12	—
硕士学位授权一级学科点（个）	8 094	363	7	8 210	366	8	北京、江苏、山东、湖北、陕西、上海、辽宁
硕士学位授权二级学科点（不含一级学科覆盖点）（个）	5 263	124	15	4 844	117	15	—
博士后科研流动站（个）	2 879	141	6	2 895	142	6	北京、江苏、上海、湖北、陕西
国家重点（培育）学科（个）	220	12	6	232	12	5	上海、北京、江苏、湖北
省、部级重点学科（一级）（个）	3 697	176	8	4 046	218	6	江苏、湖北、浙江、河南、福建
省、部级重点学科（二级）（个）	4 894	91	20	4 528	117	17	—
国家财政性教育经费占GDP比例（%）	尚未公布数据			尚未公布数据			—
公共财政教育支出占公共财政一般预算支出比例（%）							—

注：1. 国家财政性教育经费占GDP的比例，教育部没有公布省、直辖市数据。
2. 从2014年起，预算内教育经费占财政支出比例（%）改为公共财政教育支出占公共财政一般预算支出比例（%）。

广东省各地级以上市学校数

(单位:所)

类别省市	幼儿园			小学			普通初中			普通高中			中等职业教育(不含技工学校)		
年份	2016年	2017年	增减	2016年	2017年	增减	2016年	2017年	增减	2016年	2017年	增减	2016年	2017年	增减
广东省	17 288	18 048	760	10 178	10 258	80	3 479	3 536	57	1 031	1 030	-1	468	459	-9
广州市	1 693	1 775	82	953	961	8	390	397	7	124	121	-3	83	83	0
深圳市	1 579	1 683	104	337	342	5	276	289	13	76	79	3	15	15	0
珠海市	298	319	21	118	122	4	53	54	1	20	20	0	9	8	-1
汕头市	914	923	9	747	745	-2	208	210	2	95	94	-1	22	21	-1
佛山市	877	914	37	408	409	1	139	142	3	59	58	-1	36	35	-1
韶关市	524	553	29	191	196	5	127	126	-1	25	25	0	18	16	-2
河源市	561	558	-3	340	343	3	149	151	2	39	40	1	13	13	0
梅州市	700	764	64	452	452	0	167	167	0	61	63	2	27	27	0
惠州市	637	695	58	456	463	7	213	223	10	39	40	1	24	25	1
汕尾市	203	230	27	467	470	3	127	128	1	41	41	0	12	12	0
东莞市	1 016	1 077	61	328	329	1	191	193	2	40	41	1	22	21	-1
中山市	499	518	19	206	207	1	83	84	1	19	19	0	11	11	0
江门市	552	575	23	316	319	3	142	143	1	46	46	0	21	19	-2
阳江市	544	559	15	146	147	1	94	96	2	14	17	3	5	5	0
湛江市	1 967	1 959	-8	780	802	22	227	230	3	82	78	-4	55	54	-1
茂名市	1 498	1 525	27	1 381	1 385	4	193	197	4	64	64	0	21	21	0
肇庆市	519	561	42	222	221	-1	145	147	2	34	33	-1	18	18	0
清远市	668	715	47	318	330	12	147	149	2	32	32	0	14	13	-1
潮州市	678	674	-4	615	615	0	104	104	0	35	35	0	10	10	0
揭阳市	975	1 049	74	1 232	1 232	0	224	225	1	65	64	-1	18	18	0
云浮市	386	422	36	165	168	3	80	81	1	21	20	-1	14	14	0

广东省各地级以上市招生数

(单位：人)

省市	幼儿园 2016年	幼儿园 2017年	增减	小学 2016年	小学 2017年	增减	普通初中 2016年	普通初中 2017年	增减	普通高中 2016年	普通高中 2017年	增减	中等职业教育（不含技工学校）2016年	中等职业教育（不含技工学校）2017年	增减
广东省	1 950 684	2 024 707	74 023	1 711 845	1 743 657	31 812	1 218 075	1 266 817	48 742	643 293	611 384	-31 909	351 909	322 267	-29 642
广州市	174 280	179 411	5 131	180 334	191 092	10 758	116 292	122 090	5 798	58 260	54 406	-3 854	67 560	63 027	-4 533
深圳市	173 978	202 474	28 496	173 804	181 516	7 712	101 066	108 820	7 754	42 615	43 575	960	13 964	13 005	-959
珠海市	27 740	29 318	1 578	27 872	29 876	2 004	20 647	21 968	1 321	9 902	10 493	591	7 795	5 906	-1 889
汕头市	82 978	80 734	-2 244	96 016	92 085	-3 931	75 283	75 766	483	47 233	46 429	-804	19 004	14 604	-4 400
佛山市	101 328	104 132	2 804	95 733	105 318	9 585	71 944	77 255	5 311	39 384	39 117	-267	23 903	20 946	-2 957
韶关市	51 294	49 722	-1 572	44 216	44 973	757	34 987	35 724	737	17 576	16 990	-586	9 103	9 719	616
河源市	69 610	62 950	-6 660	53 177	50 569	-2 608	39 579	42 053	2 474	20 975	20 844	-131	8 098	7 547	-551
梅州市	89 617	95 640	6 023	63 905	60 806	-3 099	47 517	50 100	2 583	30 792	27 964	-2 828	10 345	9 760	-585
惠州市	106 591	106 535	-56	100 177	102 481	2 304	68 713	73 063	4 350	30 966	30 262	-704	19 833	19 143	-690
汕尾市	45 695	52 381	6 686	45 429	45 441	12	39 356	38 589	-767	21 626	18 688	-2 938	4 701	4 126	-575
东莞市	134 681	133 053	-1 628	138 184	142 485	4 301	83 528	87 838	4 310	27 153	27 916	763	21 697	20 703	-994
中山市	45 289	47 257	1 968	53 432	55 626	2 194	37 043	39 170	2 127	15 758	15 528	-230	7 856	8 173	317
江门市	50 268	50 123	-145	57 310	58 859	1 549	45 992	47 201	1 209	26 061	26 047	-14	14 776	12 938	-1 838
阳江市	50 363	52 253	1 890	44 202	43 892	-310	28 435	30 859	2 424	15 536	14 381	-1 155	5 539	4 942	-597
湛江市	188 233	184 372	-3 861	119 341	120 170	829	85 880	88 491	2 611	49 910	46 711	-3 199	24 564	21 656	-2 908
茂名市	190 408	216 213	25 805	115 143	115 751	608	93 977	92 112	-1 865	60 886	52 966	-7 920	18 514	21 172	2 658
肇庆市	66 424	70 946	4 522	67 228	67 796	568	51 072	52 874	1 802	26 679	23 131	-3 548	20 451	18 335	-2 116
清远市	72 455	73 453	998	64 161	68 151	3 990	43 781	45 553	1 772	23 765	22 626	-1 139	11 933	11 145	-788
潮州市	46 211	42 743	-3 468	36 377	33 029	-3 348	26 716	27 967	1 251	17 512	16 288	-1 224	3 460	3 075	-385
揭阳市	119 501	127 560	8 059	91 788	89 769	-2 019	76 659	78 257	1 598	44 995	41 704	-3 291	30 692	24 271	-6 421
云浮市	63 740	63 437	-303	44 016	43 972	-44	29 608	31 067	1 459	15 709	15 318	-391	8 121	8 074	-47

广东省各地级以上市在校学生数

（单位：人）

类别省市	幼儿园 2016年	幼儿园 2017年	幼儿园 增减	小学 2016年	小学 2017年	小学 增减	普通初中 2016年	普通初中 2017年	普通初中 增减	普通高中 2016年	普通高中 2017年	普通高中 增减	中等职业教育（不含技工学校）2016年	中等职业教育（不含技工学校）2017年	中等职业教育（不含技工学校）增减
广东省	4 216 668	4 414 144	197 476	9 052 214	9 419 581	367 367	3 478 440	3 561 001	82 561	1 973 727	1 892 669	-81 058	1 065 745	993 850	-71 895
广州市	463 037	483 497	20 460	968 531	1 004 695	36 164	329 410	338 751	9 341	176 275	170 676	-5 599	216 974	196 796	-20 178
深圳市	463 319	504 955	41 636	910 974	964 510	53 536	272 239	290 542	18 303	124 216	127 099	2 883	39 665	39 234	-431
珠海市	71 727	77 854	6 127	155 269	162 238	6 969	57 643	60 246	2 603	29 285	29 991	706	21 597	20 117	-1 480
汕头市	182 473	185 089	2 616	516 195	526 460	10 265	221 311	219 152	-2 159	146 265	140 639	-5 626	64 729	58 701	-6 028
佛山市	282 112	294 356	12 244	512 455	543 598	31 143	197 004	210 765	13 761	116 350	116 913	563	71 963	66 878	-5 085
韶关市	123 078	121 856	-1 222	227 248	236 257	9 009	97 295	101 780	4 485	56 167	52 754	-3 413	24 888	25 339	451
河源市	123 578	125 297	1 719	291 572	299 994	8 422	112 461	117 433	4 972	62 652	60 983	-1 669	22 354	21 896	-458
梅州市	152 762	160 294	7 532	330 179	341 593	11 414	138 294	142 636	4 342	98 209	89 626	-8 583	32 523	29 074	-3 449
惠州市	207 214	224 848	17 634	530 498	556 985	26 487	184 770	196 955	12 185	90 261	90 562	301	55 446	53 284	-2 162
汕尾市	65 526	74 670	9 144	250 227	255 489	5 262	117 432	114 810	-2 622	68 964	62 544	-6 420	12 211	11 289	-922
东莞市	331 710	347 381	15 671	738 686	765 120	26 434	215 902	229 117	13 215	79 851	81 052	1 201	57 243	57 964	721
中山市	133 357	139 477	6 120	285 941	297 389	11 448	100 831	107 244	6 413	47 851	47 212	-639	23 139	23 133	-6
江门市	144 031	144 611	580	313 894	322 934	9 040	132 318	134 515	2 197	76 293	75 599	-694	43 523	40 419	-3 104
阳江市	102 762	106 419	3 657	221 471	233 790	12 319	78 997	84 814	5 817	47 250	44 955	-2 295	14 607	14 399	-208
湛江市	315 783	328 901	13 118	602 486	633 240	30 754	266 084	258 281	-7 803	167 483	153 396	-14 087	71 251	65 433	-5 818
茂名市	297 805	307 681	9 876	598 560	620 850	22 290	283 966	277 491	-6 475	186 683	172 257	-14 426	48 905	51 168	2 263
肇庆市	148 792	153 934	5 142	356 373	369 217	12 844	154 138	153 379	-759	81 513	75 326	-6 187	58 290	55 274	-3 016
清远市	164 497	171 927	7 430	320 395	343 170	22 775	123 627	128 450	4 823	69 236	67 981	-1 255	32 763	30 935	-1 828
潮州市	102 275	103 651	1 376	198 443	199 304	861	79 430	79 292	-138	56 528	51 911	-4 617	11 030	9 472	-1 558
揭阳市	231 308	243 460	12 152	502 299	510 277	7 978	230 994	227 652	-3 342	144 808	135 635	-9 173	117 899	100 097	-17 802
云浮市	109 522	113 986	4 464	220 518	232 471	11 953	84 294	87 696	3 402	47 587	45 558	-2 029	24 745	22 948	-1 797

2017年广东省各普通高校研究生、普通本专科招生数和在校生数

(单位：人)

名称	招生数				在校生数			
	合计	研究生	本科	专科	合计	研究生	本科	专科
全省合计	609 496	38 721	285 585	285 190	2 028 362	102 587	1 105 754	820 021
本科合计	339 451	38 721	285 585	15 145	1 266 028	102 587	1 105 754	57 687
公办本科院校	222 666	38 721	174 172	9 773	838 127	102 587	699 144	36 396
中山大学	15 173	7 421	7 752	0	53 020	20 531	32 489	0
华南理工大学	11 934	5 842	6 092	0	40 539	15 893	24 646	0
暨南大学	9 666	3 636	6 030	0	34 810	10 293	24 517	0
华南农业大学	11 016	2 118	8 898	0	41 583	5 023	36 560	0
南方医科大学	4 766	1 726	2 951	89	18 503	4 898	13 150	455
广州中医药大学	4 383	1 465	2 671	247	17 533	4 150	12 551	832
华南师范大学	9 577	3 492	6 085	0	33 956	9 121	24 835	0
广东工业大学	11 229	2 365	8 864	0	43 645	5 767	37 878	0
广东外语外贸大学	6 128	1 208	4 920	0	23 135	3 150	19 985	0
汕头大学	2 843	1 072	1 771	0	10 549	3 105	7 444	0
广东财经大学	6 555	709	5 846	0	27 881	1 733	26 148	0
广东医科大学	4 843	398	4 445	0	19 494	1 175	18 319	0
广东海洋大学	7 710	278	7 432	0	32 513	651	31 861	1
仲恺农业工程学院	5 598	269	5 329	0	20 923	440	20 483	0
广东药科大学	6 663	434	6 229	0	21 167	1 249	19 918	0
星海音乐学院	1 307	93	1 214	0	4 515	251	4 264	0
广州美术学院	1 511	250	1 261	0	6 024	721	5 303	0
广州体育学院	1 978	309	1 669	0	7 294	725	6 569	0
广东技术师范学院	1 934	344	1 545	45	16 609	574	15 769	266
岭南师范学院	7 535	0	6 591	944	27 013	0	23 046	3 967
韩山师范学院	5 201	0	4 365	836	18 969	0	16 005	2 964
广东石油化工学院	5 935	0	5 008	927	23 054	0	19 022	4 032
广东金融学院	5 766	73	5 693	0	22 345	122	22 223	0
广东警官学院	1 634	0	1 634	0	6 286	0	6 286	0
广东第二师范学院	3 271	0	3 271	0	11 559	0	11 559	0
广州航海学院	4 508	0	3 272	1 236	12 965	0	9 469	3 496
广州大学	11 070	1 471	7 384	2 215	41 085	3 619	30 582	6 884
广州医科大学	2 631	738	1 893	0	11 556	2 131	8 221	1 204

续上表

名称	招生数				在校生数			
	合计	研究生	本科	专科	合计	研究生	本科	专科
深圳大学	9 435	2 681	6 754	0	34 955	6 538	28 417	0
南方科技大学	1 002	0	1 002	0	3 528	0	3 528	0
韶关学院	7 442	0	6 135	1 307	29 509	0	23 997	5 512
嘉应学院	6 813	0	5 207	1 606	25 443	0	19 674	5 769
惠州学院	4 192	0	4 192	0	16 824	0	16 822	2
东莞理工学院	5 167	0	5 167	0	20 429	0	20 429	0
五邑大学	5 378	171	5 207	0	19 219	411	18 808	0
佛山科学技术学院	4 999	158	4 841	0	16 785	316	16 469	0
肇庆学院	5 873	0	5 552	321	22 910	0	21 898	1 012
民办本科院校	38 719	0	33 347	5 372	132 425	0	111 134	21 291
广东培正学院	4 719	0	4 719	0	14 993	0	14 993	0
广东白云学院	5 009	0	4 927	82	18 005	0	17 800	205
广东科技学院	4 362	0	4 184	178	17 325	0	16 302	1 023
广州商学院	4 405	0	4 257	148	17 988	0	17 840	148
广东东软学院	2 408	0	2 066	342	9 330	0	7 078	2 252
广州工商学院	6 937	0	4 816	2 121	22 052	0	13 695	8 357
广东理工学院	8 008	0	5 507	2 501	24 206	0	14 900	9 306
北京师范大学－香港浸会大学联合国际学院	1 599	0	1 599	0	5 563	0	5 563	0
香港中文大学（深圳）	943	0	943	0	2 634	0	2 634	0
深圳北理莫斯科大学	113	0	113	0	113	0	113	0
广东以色列理工学院	216	0	216	0	216	0	216	0
独立学院	78 066	0	78 066	0	295 476	0	295 476	0
北京师范大学珠海分校	6 341	0	6 341	0	23 262	0	23 262	0
电子科技大学中山学院	4 634	0	4 634	0	18 758	0	18 758	0
北京理工大学珠海学院	6 250	0	6 250	0	26 190	0	26 190	0
吉林大学珠海学院	8 197	0	8 197	0	29 803	0	29 803	0
广东工业大学华立学院	4 301	0	4 301	0	13 059	0	13 059	0
广州大学松田学院	1 820	0	1 820	0	8 758	0	8 758	0
东莞理工学院城市学院	5 134	0	5 134	0	20 220	0	20 220	0
中山大学新华学院	5 587	0	5 587	0	22 260	0	22 260	0
中山大学南方学院	4 900	0	4 900	0	18 283	0	18 283	0
华南理工大学广州学院	5 380	0	5 380	0	21 583	0	21 583	0
华南农业大学珠江学院	3 267	0	3 267	0	11 739	0	11 739	0
广东外语外贸大学南国商学院	2 214	0	2 214	0	9 052	0	9 052	0

续上表

名称	招生数				在校生数			
	合计	研究生	本科	专科	合计	研究生	本科	专科
广东财经大学华商学院	5 384	0	5 384	0	21 931	0	21 931	0
广东海洋大学寸金学院	6 821	0	6 821	0	22 029	0	22 029	0
广东技术师范学院天河学院	4 458	0	4 458	0	14 227	0	14 227	0
广州大学华软软件学院	3 378	0	3 378	0	14 322	0	14 322	0
专科合计	270 045	0	0	270 045	762 334	0	0	762 334
公办专科院校	190 180	0	0	190 180	535 729	0	0	535 729
广州民航职业技术学院	4 141	0	0	4 141	12 542	0	0	12 542
公安边防部队高等专科学校	0	0	0	0	0	0	0	0
广东轻工职业技术学院	6 456	0	0	6 456	19 965	0	0	19 965
广东省外语艺术职业学院	2 963	0	0	2 963	7 167	0	0	7 167
广东机电职业技术学院	5 219	0	0	5 219	14 579	0	0	14 579
广东工贸职业技术学院	4 952	0	0	4 952	14 642	0	0	14 642
广东职业技术学院	4 487	0	0	4 487	13 204	0	0	13 204
广东建设职业技术学院	2 678	0	0	2 678	7 728	0	0	7 728
广东理工职业学院	3 932	0	0	3 932	11 760	0	0	11 760
广东科学技术职业学院	7 535	0	0	7 535	22 827	0	0	22 827
广东交通职业技术学院	4 917	0	0	4 917	14 031	0	0	14 031
广东工程职业技术学院	3 605	0	0	3 605	9 320	0	0	9 320
广东科贸职业学院	3 131	0	0	3 131	9 149	0	0	9 149
广东水利电力职业技术学院	4 795	0	0	4 795	14 143	0	0	14 143
广东司法警官职业学院	1 552	0	0	1 552	4 355	0	0	4 355
广东行政职业学院	1 921	0	0	1 921	4 385	0	0	4 385
广东体育职业技术学院	1 158	0	0	1 158	2 893	0	0	2 893
广东文艺职业学院	1 324	0	0	1 324	4 155	0	0	4 155
广东食品药品职业学院	5 017	0	0	5 017	13 629	0	0	13 629
广东女子职业技术学院	1 799	0	0	1 799	6 092	0	0	6 092
广东松山职业技术学院	3 188	0	0	3 188	9 289	0	0	9 289
广东农工商职业技术学院	6 598	0	0	6 598	18 616	0	0	18 616
广东邮电职业技术学院	1 627	0	0	1 627	4 488	0	0	4 488
广东环境保护工程职业学院	3 206	0	0	3 206	10 009	0	0	10 009
广东青年职业学院	1 775	0	0	1 775	5 774	0	0	5 774
广东舞蹈戏剧职业学院	753	0	0	753	2 359	0	0	2 359
广东生态工程职业学院	1 936	0	0	1 936	5 317	0	0	5 317
广州番禺职业技术学院	4 293	0	0	4 293	11 631	0	0	11 631
广州体育职业技术学院	817	0	0	817	2 074	0	0	2 074
广州工程技术职业学院	2 703	0	0	2 703	8 173	0	0	8 173

续上表

名称	招生数				在校生数			
	合计	研究生	本科	专科	合计	研究生	本科	专科
广州铁路职业技术学院	2 800	0	0	2 800	7 687	0	0	7 687
广州城市职业学院	2 875	0	0	2 875	8 918	0	0	8 918
广州科技贸易职业学院	1 576	0	0	1 576	5 763	0	0	5 763
广州卫生职业技术学院	1 652	0	0	1 652	3 158	0	0	3 158
深圳职业技术学院	7 293	0	0	7 293	21 990	0	0	21 990
深圳信息职业技术学院	5 354	0	0	5 354	15 604	0	0	15 604
珠海城市职业技术学院	2 114	0	0	2 114	6 192	0	0	6 192
汕头职业技术学院	3 449	0	0	3 449	10 159	0	0	10 159
河源职业技术学院	4 359	0	0	4 359	12 015	0	0	12 015
惠州卫生职业技术学院	1 618	0	0	1 618	4 911	0	0	4 911
惠州城市职业学院	2 489	0	0	2 489	6 844	0	0	6 844
汕尾职业技术学院	2 349	0	0	2 349	6 145	0	0	6 145
中山火炬职业技术学院	2 403	0	0	2 403	6 243	0	0	6 243
中山职业技术学院	2 767	0	0	2 767	7 824	0	0	7 824
江门职业技术学院	4 040	0	0	4 040	11 937	0	0	11 937
佛山职业技术学院	3 591	0	0	3 591	8 277	0	0	8 277
阳江职业技术学院	3 856	0	0	3 856	10 397	0	0	10 397
茂名职业技术学院	4 864	0	0	4 864	13 112	0	0	13 112
广东茂名健康职业学院	1 667	0	0	1 667	3 418	0	0	3 418
广东茂名幼儿师范专科学校	2 541	0	0	2 541	4 064	0	0	4 064
肇庆医学高等专科学校	3 033	0	0	3 033	9 700	0	0	9 700
清远职业技术学院	4 070	0	0	4 070	11 560	0	0	11 560
揭阳职业技术学院	2 207	0	0	2 207	6 240	0	0	6 240
罗定职业技术学院	3 422	0	0	3 422	9 345	0	0	9 345
顺德职业技术学院	4 711	0	0	4 711	15 703	0	0	15 703
东莞职业技术学院	3 556	0	0	3 556	9 493	0	0	9 493
湛江幼儿师范专科学校	1 794	0	0	1 794	2 477	0	0	2 477
广东南华工商职业学院	3 593	0	0	3 593	10 598	0	0	10 598
广东江门中医药职业学院	845	0	0	845	845	0	0	845
惠州工程职业学院	814	0	0	814	814	0	0	814
民办专科院校	79 865	0	0	79 865	226 605	0	0	226 605
私立华联学院	2 579	0	0	2 579	7 314	0	0	7 314
潮汕职业技术学院	2 145	0	0	2 145	5 559	0	0	5 559
广东新安职业技术学院	1 765	0	0	1 765	4 228	0	0	4 228
广东岭南职业技术学院	6 559	0	0	6 559	17 842	0	0	17 842
广东亚视演艺职业学院	1 056	0	0	1 056	2 032	0	0	2 032

续上表

名称	招生数				在校生数			
	合计	研究生	本科	专科	合计	研究生	本科	专科
广州康大职业技术学院	0	0	0	0	1 335	0	0	1 335
珠海艺术职业学院	1 827	0	0	1 827	4 314	0	0	4 314
广州涉外经济职业技术学院	3 092	0	0	3 092	9 943	0	0	9 943
广州南洋理工职业学院	3 713	0	0	3 713	10 744	0	0	10 744
广州科技职业技术学院	2 775	0	0	2 775	10 381	0	0	10 381
惠州经济职业技术学院	3 680	0	0	3 680	10 603	0	0	10 603
广东工商职业学院	1 554	0	0	1 554	9 580	0	0	9 580
广州华南商贸职业学院	1 724	0	0	1 724	5 164	0	0	5 164
广州华立科技职业学院	4 744	0	0	4 744	13 472	0	0	13 472
广州现代信息工程职业技术学院	2 569	0	0	2 569	6 768	0	0	6 768
广州珠江职业技术学院	3 374	0	0	3 374	8 793	0	0	8 793
广州松田职业学院	1 087	0	0	1 087	3 327	0	0	3 327
广东文理职业学院	4 104	0	0	4 104	11 299	0	0	11 299
广州城建职业学院	6 594	0	0	6 594	18 765	0	0	18 765
广东南方职业学院	3 888	0	0	3 888	9 896	0	0	9 896
广州华商职业学院	3 335	0	0	3 335	9 771	0	0	9 771
广州华夏职业学院	4 947	0	0	4 947	13 657	0	0	13 657
广东创新科技职业学院	4 597	0	0	4 597	13 434	0	0	13 434
广州东华职业学院	3 571	0	0	3 571	10 174	0	0	10 174
广东信息工程职业学院	755	0	0	755	2 941	0	0	2 941
广东碧桂园职业学院	405	0	0	405	1 126	0	0	1 126
广东酒店管理职业技术学院	3 426	0	0	3 426	4 143	0	0	4 143

注：研究生招生数、在校生数不含科研机构数据。